土方巽

衰弱体の思想

宇野邦一

みすず書房

猛烈な衰弱体とでも言うべきものが
私の舞踏の中には必要だったんです。

——土方巽「舞踏行脚」

土方巽　目次

HIJIKATA TATSUMI

I　やや哲学的な肖像

II　土方巽の謎

p.1 より順にアスベスト館外観、内階段、
2 階板の間、同階台所、同階土方巽の居間。
p.8 より 1985 年、アスベスト館 1 階での
「土方巽舞踏講座」風景

付録

写真（特記外） 田鶴濱洋一郎

土方巽　衰弱体の思想

LA PENSEE DU CORPS EPUISE

I　やや哲学的な肖像

PORTRAITS UN PEU
PHILOSOPHIQUES

土方巽の生成

死後に『美貌の青空』という表題のもとに編まれた土方巽の文集は、同時代にむけて放たれた鋭角的で挑発的な言葉を集めていて、いまも輝きを失っていない。たとえばジュネやバタイユを引用しながら「犯罪舞踏」を提唱する一文「刑務所へ」は、資本主義社会の「労働の疎外」に対してひたすら「無目的な肉体の使用」を讃え、犯罪や男色や祝祭を呼びよせ、分断され統制された存在の「非連続性」をこえる試みとして舞踏による革命を提唱している。

> 今日、劇場にヒステリックな作品を、送り込むことの意義は大きい。ほとんど生まの素材にひとしい悪趣味や雑音のなかに、アクチュアリティの保証を求める権利がぼくたちにはある。犯罪の崇高な苦業。拷問に耐え抜くすっからかんの顔。ナンセンスな活力を賢く体得した若者たち。希望を砕かれる以前に出てきた純粋な絶望たち。これ等を舞踊の集団のなかで組織し、裸の兵隊に仕上げるのが、

ぼくの仕事だ[1]。

　的確な力強い文章で土方は、自分の舞踊が何をめざすかを説明している。彼がそれを不撓の意志と勇気をもって実践したことは多くの人が知るとおりである。マルクーゼやサルトルさえも引用する土方は、一九六〇年代から七〇年代にかけての前衛と反抗の潮流のなかに自分の肉体と舞踏を位置づけ、そのための思想と文体もしたたかに鍛えあげていた。独特のねじれや飛躍や凝縮を特徴とする土方の言葉は、この時代の革命的な潮流においても際立った速度と弾力をもっていた。それは彼の主宰するパフォーマンスと一体になって「肉体の叛乱」となり、時代潮流のひとつの先端を示す宣言となったのだ。土方巽はたしかに時代とともにあり、読書と交友を通じて貪婪に他者から吸収し、時代の先導者のように生きた。この時代の変革の要求がたんに知識や教養の問題ではなく、あるいは広範な社会的構造変化に対応するだけでなく、もっと敏感な肉体的、主体的次元に根ざすものであったとすれば、土方巽こそはそのような次元をまざまざと体現する人物のひとりであったにちがいない。「政治の貧窮を、はるかに黙殺した夢見る凶器にかかわってのみ、人間改造は、果されて行くだろう」と書く土方は、たしかに彼の肉体としての存在を近代文明に、資本主義に、あるいは政治や民主主義にさえも対置したのだ。

　けれども彼のこの時代のエッセーを注意深く読むなら、彼を時代と連帯させ、あるいは時代の先導者のひとりにする思想の強さに打たれると同時に、その中心の動機において彼がどこか時代から孤立している側面もみえてくるのだ。つまり土方を時代のうねりの先端に押しだす強い動機は、同時に彼を時代からほとんど孤立させる過剰な線分を含んでいた。その過剰さが、過剰さを必要とする時代のうねりと共振し、時代の過剰さを導いたが、彼の存在の過剰さと時代の過剰さとのあいだには強い軋轢もあった。土方の精神はこの軋轢をほとんど楽しむほどの大きさと倒錯ぶりをそなえていたが、やはり彼はこの軋轢に傷つき、消尽したにちがいない。七〇年代前半から演出はしても二度と舞台に立つことがなかったのは、このことと無関係ではありえない。

たしかに土方が構想し実践したのはひとつの〈革命〉であり、それも舞踏による〈革命〉だったのである。この時代にさまざまな魂が異なる動機によって異なる革命を思い描き、身悶えしたにちがいないが、土方の革命においてはまさに肉体が動機であり目的であり、しかも彼は肉体の生成と現状とゆくえについて異様なほど鮮明な知覚と認識をもっていた。彼の肉体という根拠からは「政治」はたちまち「貧窮」としてあらわれるしかなかった。別の政治が必要なのではなく、「政治」として存在する制度や力や合理性そのものが「肉体」にとっては欺瞞や隠蔽や分断や排除の機構にすぎなかった。

時代潮流の混沌のなかで、直接民主主義や自主管理や文化革命や知識人の特権批判が課題になっていたとき、「肉体」の位置はどこにあったのだろうか。「肉体」は、正確にはどんなふうに問われたのだろうか。このときには「性の解放」や「エロティスム」もまた問われたのであり、都市の青年たちは主として欧米の書物を読みながら新しいライフスタイルを模索したのである。しかし土方の「肉体」の問いはこれらの青年の欲望と共振しながらも、かなり違っていた。

土方にとってはたんに肉体派や土着派であることも不可能だった。東北・秋田の風土を濃厚に記憶にも体にも刻んでいたが、彼はどんな「土着派」とも違う形で「肉体」の問いを提出するしかなかった。一方ではサド侯爵やバタイユやジュネの思想を真剣に受けとめながら、彼の問いの原点はあまりにも濃密に、明白に日本の農村と自然のなかで生きられた時間のなかにあった。そのため彼の問いは、西欧の書物から来たいかなる「思潮」にもすんなり溶けこむことがなかった。とはいえ結局彼は、ただ西欧に日本を、知識に対して肉体を、都市に対して自然を対置し、ひとつの根拠や領土のなかに安住してしまうにはあまりにも機敏な思考をもった人だった。彼の肉体そのものが異様に開かれた地平としてあった。そしてこの肉体はけっして黙ってはいなかった。開かれた肉体をさらに開くために異様なほど言葉を必要とし、言葉を酷使しながら、その言葉でさらに肉を開くようにして彼はひとつの探究を持続した。

　つまり彼の肉体が生成する場面は彼が生まれ育った東北の地理のなかにあり、眩しい光から荒々しい風、そして密やかな影や黴にからみつくおびただしい感覚の束としていつまでも生きつづけた。しかし、彼の言葉はこの生成の場をさらに切開し、散乱させ、遠く国境をこえた地平のなかに再生させた。同時代の詩人たちからも、シュルレアリスムからも多くを学び、自分の日本語を多くの撞着、飛躍、諧謔で満たしたが、それはけっして彼みずからも詩人になるためではなかった。彼は詩的言語さえも酷使して、彼の肉体を切開し拡張するために用いた。「誰もが今では、からだに命令を下すことで踊ろうとしても、踊れなくなって来ている……」。つまり踊るということは、肉体を既成の価値に従わせることではなく、新たな地平にむけて肉体を開くことでなければならなかった。

　まず、舞踏によって肉を研ぎ「兇器」にするという発想がみえる。

　年頃になって私は、舞師を選んだ者であるが、何故か硬いものを欲していた者であり硬い舞踊ならば、ドイツダンス、と思い選んだ結果が、今日になった。何故か、身体全体が、兇器になる様な、或種の運動で一斉に筋が切れて、それ自体が伴奏者となる様な、ペニスはもうＳＴＡＩＮＬＥＳＳの様に錆びず、劇場に登録されて、不自由さを囲わぬ様な、関節は棒状に歩行は鋳型に、時折そよぐ他は毛の生長は成されず、ニスで固めて数え上げられる様に、尻にパイプ、一滴の劇薬で総ての化粧が果されて。肉は削らねばならぬ、〔…〕[2]

しかしそのような舞踊を欲する土方自身の根源はたしかにひとつの大地であった。

昭和十三年代に、東北の単作地帯に一種の肛門膣塞が大流行したことがある。今、その泣き声は保存文化の中に新しく登録されてある筈である。今日、ぼくの舞踊の重要な伴奏音になっているのであるが、それは、東京にぼくが住みつく様になって十二年経た今日、初めていなせる程の「原始泣き」であったのである。日常性への絶えざる注視によって叫びを、秘儀化した仕種の奥行きを、ぼくは噛みしめている。舞うことと、飛ぶことが、合体し得なかった暗い土の上から、今日の鋳型の歩行を、ぼくは案出している。少年時に様々の卒倒を、ぼくに教えた舞踊の教師に日本の暗い土がある。[3]

硬く冷ややかな金属製の兇器のような無機的身体の皮膜の下には、暗い土の広がりとそこに折りたたまれた風光があり、有機的な生命の叫びと身振りがある。このふたつからなるキメイラが土方巽であり、彼の書いた言葉もまたみごとにそれを凝縮し、ふたつを結合していた。

つまり彼には、ひとつの大地からけっして飛び立とうとせず、抽象や観念に重たく閉じてしまう「土着性」も、また肉体と大地を貫通するあらゆる渦や振動から隔離されてしまった「先進性」も我慢がならなかった。いつも両方に対して過剰な精神として、過剰な肉体としてむかったが、それは魂と生命のありかを正確に計量した結果だった。だから舞踏による革命を構想するのと同時に、ほとんど独力で舞踏という芸術を構築する厳密な作業と思考を怠らなかった。舞踏による革命を構想しても、舞踏自体は古来さまざまな祝祭や儀式と一体のものであり、それぞれに巧まれた様式や形式をもっている。恍惚や熱狂、つまり連続性の状態は様式や形式という不連続性の面と不可分である。舞踏が本来破壊や狂乱や混沌の側にあることは土方にとって明白な事実であり、彼の資質の一部でもあったが、彼にはまた極度に逆説的で倫理的、内省的な性向があったので、舞踏はまさに破壊と構築をたえず瞬時に交代させるような両義的な行為としてしか存在しえない。「遊びのレトリック」というじつにそっけない題をもつエッセーは、このような厳しい逆説を極点で結晶させた美しい舞踏論である。

脆さは適合性の妖精である。脆さの精素を用いて遊ぶ舞踏には、人間であることを忘れるという刺激が、人間以下のものに好意を寄せる状態を導き出してくる。非人間的な力、人間以下の力の所有が、無生物の心理を摘出したりする辛辣な情緒に行きついたりする。重要な点は、この力の持主が人間の身体であるという注目に於いてである。この状態は憑依状態にまで発展するが、その運動の渦中に於いて、この力の持主は、憑依状態にありながらも疲労と距離の関連を手離さず、諸事物との距離を消す戯れをかくしている。舞踏者は、願望が動作に直結している動物（鶴、狸、獅子、梟、禿鷹、その他様々の家畜類）の力を借りたり、未だ摘発されないで眠っている子供の単独な驚異を透視したりする。[4]

このエッセーを土方は「一六二三年代《〔ママ〕》のフランスのマーモ公が自分のリューマチをコレオグラフィーにまとめて痛風のバレエを作ったというようなものまでが、記録として残っている」と結んでいる。この文章の発想は、そのまま『病める舞姫』に注ぎこむ。ここで土方は、はっきりと「非人間的な力、人間以下の力」を「脆さ」と定義し、「脆さ」によって戯れることを舞踏の究極と考えている。そして「脆さ」を体現するものとして、とりわけ動物や子供や、病んだ身体をあげている。前衛であり反乱であり、暴力、野生、挑発、破壊として舞踏による革命を考えた土方と、この文章を書いた舞踏家は別人なのだろうか。土方はただ成熟し、優しく、繊細になったのだろうか。もちろん土方は変わったのではなく、ただ彼の革命の根拠のなかに深く降り、彼を時代と連帯させると同時に、時代から孤立させもする「肉体」をみつめる行為を一歩進めただけなのだ。

「脆さ」を核とする舞踏を、土方はここで繰り返し「迷走」と呼んでいる。舞踏は、文学とも絵画とも違って、けっして記録され固定される形をもたず、「刹那の暗示」に支配されているだけである。また、どんなに卓抜な技術や習練によっても、「身体の事実」そのものをそっくり表現することはできない。このような不安定な条件とともにある芸術を、むしろ土方は「宇宙の迷走にあやかっている」というわけで肯定しようというのだ。舞踏はたんに脆さを主題とし、脆さの味方であるだけでなく、本来脆い芸術としてあるしかなく、ただそのことを究めるしかないのだ。舞踏が身振りであり、演技であり、観客を欺く行為であるということさえも、むしろ「操縦の働きを万象の上にかぶせてしまう」ことであり、かえって万物によって補われ、同意された「欺き」であり、それこそ「迷走の根拠」なのである。舞踏によって人は必ずしも他者や宇宙と一体化し、憑依や恍惚によって連続性を実現するとはかぎらない。むしろ意識と肉体を非連続なままに保ち、たとえ迷走するにすぎないにしても、そのとき意識もまた自然のなかを横断する光の様相として自然を補い、自然に補われる。「脆さ」や「迷走」のような言葉によって、土方は舞踏する肉体を際限なく微分し、自然と人間を貫通する独自の観点を確かめているのだ。

　土方のこのような舞踏論は、独力でひとつの新たな芸術をつくりだそうとする徹底した作業の到達点であった。彼はスクラップブックに古今東西にわたる画集の切り抜きを張りつけ、画家の筆跡をみずからの手でたどり、あるいは部分を鉛筆で囲み、矢印をつけ、注目した箇所に短い言葉を書きつけるといった作業を延々と続けていた。それがしばしば舞踏作品の重要なモチーフになった。切り抜きにはデ・クーニング、アンリ・ミショー、エゴン・シーレ、ターナー、ピカソ、ドローネーがあり、ダ・ヴィンチから藤田嗣治まで、また同時代の日本の画家たち、ときに中国の古い陶器の写真までが含まれている。その陶器の雲や煙のように漠然とした模様までも鉛筆で囲い、注視していた跡がある。デ・クーニングの荒々しい色彩のなかに崩れた女性の形のあらゆる細部を、まるで図解するようにしてびっしりメモで埋めている。「とかす為にかためる」とか「かためてとかす」とか、「皮相への執着」といった短い言葉、「ドテラの中に顔がいくつもあってそれを捕獲するもう一つの肉化をたどる動き」などという注釈が読める。土方は、こんなふうに絵のイメージにむかい、形の生成をみつめ、たぶんそこに肉体と身振りのさまざまな「迷走」を見ていたにちがいない。形の生成を手でたどり、それを切断し、囲み、別の形に解体し、また構成するというような鍛練を続けていたのだ。アンドレ・ブルトンが言及したダ・ヴィンチのあの教えに従うように、形のない壁のしみを見て、あらゆる形を生みだす訓練をすると同時に、形を解体しては迷走し、堅固なものを構成する脆さを発見し、脆さを結びつけてまた堅固にするような方法を探していたかもしれない。

形とは肉体あるいは物体の輪郭（境界）であるが、輪郭（境界）はたえず振動しており、そこにはさまざまな交換や浸透や干渉が起きている。

ほんとうは肉体を根拠にする革命などという発想は、はなはだしく逆説的なものだ。肉体は精神よりも確実に古く、復古的であるからだ。しかし土方の時代に、世界は精神によって支配され、肉体を押さえつけ閉じこめる政治、体制、モラルに包囲されていると感じた人々、若者たちはたくさんいた。もちろん高度成長の時代でもあって、自由経済の進展にみあうだけの肉体的自由を求める感性も育っていた。多くの日本人は都市にむかい、都市の流動性のなかに解放感を見いだした。土方巽はそんな時代に社会思想的に最先端にある身体のイメージを見据える一方で、農村で送った幼少年期における自然と肉体とのすさまじいほどの交感を何にもかえがたい充実として記憶していた。肉体・暴力・欲望を根拠とする革命の構想は、あの時代の脈絡では十分に意味のあるものだったが、それ自体が社会的な自由が進むなかで発想されたもので、その根拠自体を十分に突きつめたものはまれだった。誰もが、肉体についてやすやすと語りすぎる……。土方はその時代の性急さ、過剰さに十分つきあいながら、なぜ肉体が、舞踏が存在を革新し、解放することでありうるのか突きつめずにはいられなかった。当然ながら、そのような思索と実験の成果は、肉体という主題も舞踏という領域もこえた意味をもたずにはいない。

おそらく『病める舞姫』は、土方がこうした状況のなかで自分に問いつづけてきたことすべてに対する答えだった。舞踏のあいだにあり、舞踏を補完し、検証し、叱咤するように書かれた短いエッセーと違って、それはまぎれもないひとつの作品であった。それは小説でも物語でも、回想記でも舞踏論でも詩篇でもなく、綿密に選択され、調律された文体をもつ散文作品である。書かれているのはほとんど秋田の農村ですごした幼少の時空での出来事のようだ。出来事といっても、固有名はほとんど出てこないし、肉親も誰もはっきりと名ざされることはまれだ。虫や黴や箸や電球のように無意味なものとの交渉、子供の体に触れ、あるいは体を通りぬけていく微細な感覚が果てしなく描かれている。感覚が折り重なり、渦を巻き流動する時間にあたうかぎり忠実に構成された散文は、ほとんど読みがたいものになっているが、もし読み方を発見できれば、もちろん読みうるのである。長大な散文詩として読むこともできるが、詩のように言葉がみずからの形と存在を主張することはなく、どの言葉もたしかにひとつの意味を追っているのだ。

「寝たり起きたりの病弱な人が、家の中の暗いところでいつも唸っていた。畳にからだを魚のように放してやるような習慣は、この病弱な舞姫のレッスンから習い覚えたものと言えるだろう。彼女のからだは願いごとをしているような輪郭でできているかに眺められたが、それとてどこかで破裂して実ったもののような暗さに捉えられてしまうのだった」[5]。ここで土方は、この本のタイトルの由来にもはっきりふれながら、『病める舞姫』が舞踏の根拠を検証する書物であることを表明している。驚くほど微細な光景と運動が果てしなく描かれているが、土方はたんに回想しているのではなく、踊る身体を、渦巻く自然と人間の交渉のなかにおき、舞踏の生成そのものを演じるようにして、ひとつの宇宙を新たにつくりだしている。この子供には、もちろん自分と他人と自然の区別などない。生と死、光と影のめくるめくような交替のなかで、この子供は疾走しては、またじっとうずくまり、それらすべてのあいだで自己を見つめて遊んでいる。子供は、周囲の病人や障害者や不幸な女たちや、あらゆる他者と混淆してはまたひとりに戻る。そしてこの子供はもうその時空をなつかしがっている。これは回想記ではない。大人が子供を回想しているのではなく、土方のなかの子供が大人を蹴散らすようにして時間という幻想の欺瞞をあばいているだけなのだ。

いくつかの問い

1 受動態

何よりもまず不世出の舞踏家として知られる土方巽が、舞踏の世界をはるかにこえて、自分が出会った魂たちを鷲づかみにするような衝撃を与えつづけたこと、しかもその舞踏をこえていたことのすべてがひとつひとつまた厳密に舞踏に結びついていたことは、詩人吉岡実による『土方巽頌』や夫人元藤燁子の『土方巽とともに』をはじめとする数々の貴重な記録に十分に示されていることだ。

土方巽の舞踏とはどんなものだったか。まだ舞踊界にデビューしたてだったころ、高校生のダンスのために書いたエスキスに、彼はこんなことを記している。

A、肉体に眺められた状態で発展するこの舞踏展示会は外側から運動として与えられた舞踏性は一切肉体の表面から放逐される。

この舞踏展示は単なる肉体にまで還元されるもので個体がもち、所属している所番地、姓名をはずすと肉体のなかにその住所を与えるものといってよかろう。なにをするかでなく、なにをされたか、この場合の世界にとび込まれた肉体と解釈してよい。この作品は肉体に命令するのではなく、肉体を作る意図をもっているが、その為にも高校生を採用した。（…）

C、小さな金属板が突如スクリーンになる。そこに映写される映像はこの切断された金属板によって切断されたり、運ばれたり、重ねられたり、伏せられたり、走ったり、投げられたりする映像として蘇生する。行為の死骸としての映写ではなく、スクリーンそのものによって解体され、結合されたバラバラの肉体をそこで始めて獲得するはずである。[1]

肉体を徹底して受動的な配置のなかにおき、主体的意志も外側からの「命令」も排し、ただ世界に飛びこまれるだけの肉体としてつくりなおす。生徒のもつ金属板がたえず肉体の像を解体しては新たに結合する。〈表現〉としての舞踊芸術を成立させてきた通念と強制を土方はもう毅然として拒絶し、肉体のあり方も、肉体をみつめる思考もまったく転倒させている。早い時期から土方のなかには、こんなふうに肉体について強靱な思想が形づくられていた。そしてこの思想と肉体は、ある〈闇〉と溶けあっていた。男色をテーマにしたデビュー公演『禁色』（一九五九年）について、合田成男はこう回想している。

明るい所へ出てくるのは美少年（大野慶人）一人なんです。美少年だけが出てきて、じいっと自分の手を見る。要するに、ホモ的に犯された自分の手をじいっと見る、これは明るい所でやるわけですけど、実際に共演している土方巽は一回も暗い所から出てこないわけです。うっすらとした光の中で少年の行動をじいーっと見ている。(2)

その「暗い所」に土方の肉体の「受動性」が、他のあらゆる特性が根ざしていた。そしておそろしいほど冷徹にそのような暗黒を見つめる思考がこれらと同居していた。けれども土方巽はまたとない冷徹な肉体とその闇の観察者として、前衛芸術の司祭になっただけではない。東京にやってきて先鋭なデカダンスと抵抗の美学を身につけていく以前に、土方巽の身体には東北の光と闇、人と生物の気配やまなざし、身振りや臭いや影がおびただしく束ねられていた。ひとつの大地における自然と人間のあいだの過剰なほどの交感が、さまざまな出会いを通過して土方のなかで舞踏となり前衛となったことに疑いはない。『禁色』から『肉体の叛乱』にいたる激しい挑発に貫かれた作品のかたわらには、東北の記憶を素材にした「静かな作品」の系列があることを合田成男は指摘している。(3)人を驚かすようなことは何もなく、ただ幼少の記憶の静かな、さりげない一コマを簡潔に再現したような作品である。

七三年以降二度と舞台に立つことがなかった土方巽は、やがて『病める舞姫』を書き、「東北歌舞伎計画」と題した一連の公演を最後まで演出しつづけた。荒々しいアヴァンギャルドの時代を通過した後の土方の晩年は、より親密な主題に傾き、ひたすら自己の表現の根を点検することに費やされたようにみえる。たぶん土方巽のこの「静かな」側面をしっかりとらえなくては彼の独創の深みにふれることはできない。いまは残された書物『病める舞姫』をじっくり読むしかない。彼の荒々しい挑発的な面と、繊細で内にこもった面とがどんなにひとつの結晶体のなかで硬く結びあっているか見えてくるはずだ。

2　測るということ、イメージ

自分のうちに何か膨大な嵐のようなもの、マグマや渦巻きを抱えていて、どうしてもそれが迸り出る。あるいは、決定的な出会いや出来事の刻印が激震する言葉や形象を呼び寄せる。たしかにそういう表現者たちが存在する。土方巽もまたそういう表現者であったことを疑わない。けれども、私の記憶にいまも新しい土方巽のいずまいは、それ以上に何かを測る人、ひたすら計量する人というイメージを与えている。

そして彼の測る対象は、とてつもないカオスなのだ。内からも、外からもカオスはやってくる。それを無理やり裁断し、整除するよりも、とりあえずその前に立ち、計測し、カオスの断片のあいだにどんな出来事が発生するか見つめ、さらにまた計測すること。土方巽の探究と芸術は、そんな所作に貫かれていた。けっしてこの人の多層をなす切子面をひとつに切りつめたくていうのではない。私の眼に映ったこの人の一面をくっきりと描いてみたくて、あえて「カオスを測る」ことについて書こうとしている。

そして〈イメージ〉に対しても、彼はそんなふうに〈測る〉ようにして対したのではないだろうか。しばしば土方巽は、見ること自体を根底から疑っている。「私たちの眼は眼であることによって敗北しているのかもしれない[4]」。「私は絵は飾ってみないで、全部裏にして上からのぞくんですよ。絵かきが最初に絵をかく状態にして鑑賞する。自分をもう一回鑑賞することと、絵というものは運んだり、手にとったりするものだという習慣があるわけです。ですから、絵を飼っているとか〔…〕[5]」。「私はやはり行為で見るほうだから、ぶれた揺りかごにのっかっているようなあんばいで見るほうだから[6]」

こういう言葉は、土方巽の「眼に見えるもの」への深い疑いが、舞踏の根拠でもあったと思わせる。眼は光との接触によって進化の末につくられた。つまり光を触覚する器官なのだ。そこで彼はこの器官を形成したおびただしい振動や流れや変化を測ろうとする。『病める舞姫』では、そのような測量の作業が果てしなく続く。もちろん、言葉そのものもそのような測量の対象となっている。

イメージに対して、眼に対して底知れない疑いをもちながら、一方で土方は「舞踏そのものを成り立たしているものは、他ならぬ描写という技術に他ならないのです」などともいっている。彼はそのような疑いを通じて描写とイメージにこだわり、多くの絵画を見つめつづけた。彼の「舞踏譜」は、しばしば絵をスクラップし、その画面を「読み」、鉛筆でなぞり、注釈するという異様な作業からなっていた。

舞踏を成立させる「描写という技術」は、絵画という描写をさらに描写するという作業を糧にしていた。ダリ、ピカソ、エゴン・シーレ、ミショー、デ・クーニング、フランシス・ベーコンそしてターナーまでがこのような作業の対象になっている。『なだれ飴』のためのスクラップブックでは、とりわけデ・クーニングの絵の細部を注視しながら、そのまま舞踏の動きにそれを翻訳している。「怒れる老婆にこの表情をつけて」、「笑って後退する老バ」、「顔が風にやられ足がそろっている」……。土方巽は、デ・クーニングの、あの激しい色彩と描線の渦に解体した女性の抽象的図像をほとんど「具象的」に読みとっているのだ。

そのデ・クーニングは、自分の創作をこんなふうに説明していた。「内容は滑る視線であり、稲妻のような出会いである。内容はとても稀薄である。私はそれを漂うものから受けとる[7]」。見える対象など

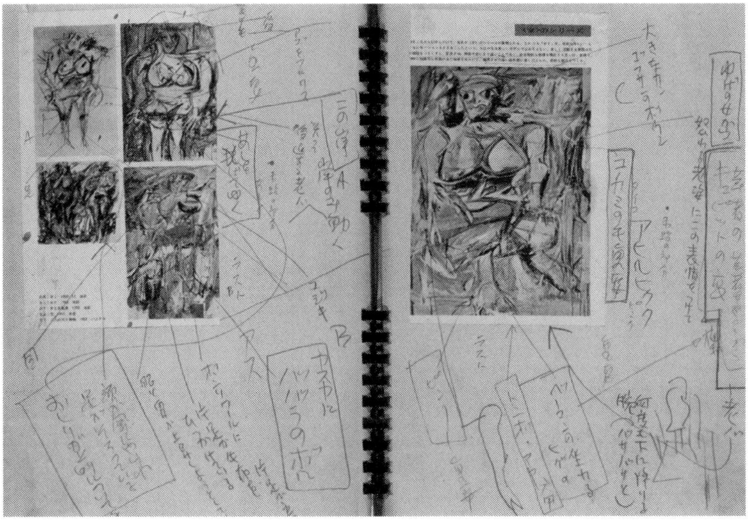

スクラップブック「なだれ飴」よりデ・クーニングのページ

ない。見えるもののたえまない運動と、私の動く視覚だけがある。固定した形態も、まして内容も存在しない。視覚を安定の方向に決定しようとする私たちの習慣は全面的に破壊されている。絵画は、このとき「描けないもの」に直面するしかない。ただ「描けないもののあいだの連結」を描くしかない。

　このような「視線」にとっては、具象と抽象という定義も根底から揺らいでしまう。具象的なものから抽象を「抽出」するという過程そのものに根拠がなくなる。土方はデ・クーニングの絵をとても具象的に舞踏の所作に翻訳しているようにみえる。しかし、それが具象も抽象も解体したところに開かれた、視覚としては定義できない振動の図像でなければ、けっして舞踏における「描写」の素材として援用することはできなかったにちがいない。

　デ・クーニングは、自分の周囲にあるものをなんでも「測って」みようとする風変わりな男の話をしている。「彼はなんでも測ってみた。道、蛙、自分の足、壁、自分の鼻、窓、のこぎり、サナギなど。〔…〕彼はノスタルジアも、記憶も、時間の感覚ももたなかった。自分について知っていたのは、ただ自分の身の丈が変化するということだけだった」[8]。計測するということは、ここではもっとも素朴な行為に見える。それは物の形や意味を把握し理解する以前の行為であって、ただ大きさを測り、自分の丈との関係を定めようとする。けれども自分の丈そのものが一定であるとどうしていえるだろう。すべてを測ろうとするなら、測ろうとする自分の尺度も測られてしまう。これは錯乱だろうか。それとも、このうえなく愉快な距離の迷宮だろうか。

デ・クーニングの絵がいったい何を測ろうとしていたか、あるいはどんなふうに測りえないものに直面し、そこに分け入っていたか、土方が鈍感でありえたはずがない。

土方もまた「測ること」について、たいへん明らかなコメントをしている。「人間というのは腹の中からでてきたとたんに、自分の身長だとか体重だとかをはかるすべを失ってしまうんですね。だから身の高さをはかれない。〔…〕はかれないものばかりのひとが、何かはかれるものにちかづきたいといって一挙に身をまかせようとするのがセックスであったりするわけでしょう」[9]

いったい何を測ろうとするのか。

「身の置きどころがない」という表現がある。われわれはこの身ひとつで世界に投げだされている。この身体は世界から孤立し、しかも抜きがたく世界に連結され、浸透されている。この身体は他の身体や物体と距離をもち、そしてたえず距離を測っている。知覚は知覚される世界を果てしない世界から抽出し、たえず測定し、決定する。

けれども距離は伸縮している。世界の空間は知覚されない深さをはらんでいる。大きさも形も、その深さから立ちあがってくる。その深さには見えない光や、聞こえないざわめきがひしめいている。「自分のからだにはしご段をかけておりていったらどうだろうか[10]」などという土方は、けんめいにその深さを測ろうとしていたようなのだ。

その深さを測ろうにも、私たちは定規も尺度ももたない。深さは測るたびに測るという行為と知覚の変動によって知られるだけだ。したがってデ・クーニングの語った男のように、いつも測りつづけるしかないし、測っている自分の身体そのものの変化をいつも感じていることになる。

絵画の遠近法は偽の深さを与えているだけであり、消失点に向けて配置されたイメージにはどこにも出口がなく、破れがない。しかし、知覚される以前の深さには頂点も焦点もなく、いたるところに渦やねじれや裂け目があるだけだろう。ターナーの絵は、そのような深さに降りていくことで遠近法を破壊してしまう。土方がターナーの絵に舞踏を発見したことは驚きであると同時に、ちっとも不思議ではない。「生まれながらに壊れてしまっている自己を直視する[11]」と書く土方は、人格の破壊などについて語っているのではなく、知覚以前の、知覚を成立させる深さにたえず直面していたようなのだ。

ある種の画家たちは、視覚をきわめながら、視覚の与件そのものに分け入っていった。「見えることが腐る地点[12]」を描くことになってしまった。このような到達が高度な知性のなすところであったかわからない。それはむしろ眩暈のなかに立ち、カオスのなかを彷徨し、しかも知覚の統御を回復することを要請した。土方はこのような状況を何よりもまず子供の世界に、子供であった自分のなかに見て、たえずそれを再発見しようとしていた。

「私の中に潜んでいたものを堂々と表に出して子供の頃の世界に近づきたいと思う[13]」という表明は、なぜ『病める舞姫』のような書物が書かれなければならなかったのか、なぜ土方は絵画をあのような「深さ」の体験としてとらえたのか、なぜその「深さ」が同時に彼の舞踏の動機であり、目標でもあったのかよく説明している。土方の画家たちとのかかわりは、そういう「深さ」の問いとともにあって、美術の理論や批評の次元よりもいっそう深いところにあった。

3　言葉

土方巽について書こうとしていつのまにか汗ばんでしまうのは、この人の思い出が私の心身の、自分では測れないような場所にいまでも侵食してくるからである。それはいまもって大いなる挑発であり、驚異である。きっと彼自身がいつも測りがたいものを測るようにして考え、動き、語り、生きたからである。

土方巽自身の公演としては最後のシリーズとなった『燔犠大踏鑑』（一九七三年）の映像を見る機会があり、八ミリフィルムに記録されていたパフォーマンスの威力に眼を見はった（荒井美三雄監督、YAS－KAZ音楽による『土方巽 夏の嵐』）。私が土方巽と出会ったのは彼の晩年のことであり、彼のダンスそのものを見る機会はなかった。残念なことに映像に残ったシーンは少なく、細部の動きまでがリアルに伝わるフィルムはきわめて少ない。おそらく土方巽の表現の根本的な姿勢が精度の高い記録映像を残すことを拒否していたのだろう。

それでも、彼の舞踏を構成する細部の動きがすさまじい強度とともに出現する瞬間をとらえた映像はあった。「からだを知らない所へ連れて行こうと、怪しい火照りが、空のつくりをはずしたり、骨で風の関節を折るような真似をさせていた」という『病める舞姫』の一節がある。[14] その映像で土方は、まさに無数の見えない「関節を折る」かのように身体全体を脱臼させ、あるいはいたるところに細かい関節を生みだし、滑らせ、痙攣させ、ばらばらになりそうなそれらすべてを引きしめては（「骨よせ」という言葉を思い出す）、また緩め、ときに操り人形のように浮遊して重力と戯れ、それら移動する無数の関節のあいだにさまざまな線、曲線を描いている。その間に踊り手は数々の存在に変身し、またその細部にも、細部のあいだにもけっして停止することのない形を描いていく。停止することがないから、それは形というよりもむしろ錯綜した波動なのだが、一瞬一瞬それは形を描き、生成し崩壊するときさえもまた別の形を描いている。身振りとか物語とか意味とか、そういったものをほとんど寄せつけない、まったく別の機敏で微細な単位からこの舞踏はなっている。それはまた、静止や固定において成立する形態をほとんど拒否していたと思える。そのことをこの肌理の粗い貴重な映像は十全に伝えてくれたのだ。

だからこそ「暗黒舞踏」から、ただ静止した印象的なイメージだけを受けとり凍結するとしたら、情けないことである。白塗りや異装や、グロテスクな表情や儀式めいた所作などがどうしても不可欠な舞踏の本質的要素だったとは思えない。土方が「肉体」に見ていたものは、途方もない深さと広がりにむけて開かれている。彼にとって、精神や観念は静止や安定にむかおうとするが、肉体はあくまでも動きのなかにあって本質的に限定されないものである。「舞踏」から、ただ様式や表情や技法だけを受けとっても、何も受けとらないよりはましだとしても、土方巽というめざましい出来事からは何も受けとらないことに等しい。

　そしてこの出来事は肉体の出来事であると同時に、言語の出来事でもあった。土方は、言葉とともにじつにしたたかに戯れた。詩人たちの言葉をふんだんに搾取した。しかも、詩人や文学者たちとは少し違う次元で言葉の仕事を執拗に続けた。おそらく言葉こそが肉体を固定し、拘束する大いなる敵でもあった。だからこそ彼は、まるで言葉そのものの関節をはずすようにして言葉にむかったのである。

　たとえば「もう一つのからだが、いきなり殴り書きのように、私のからだを出ていこうとしている[15]」というような文章をたんに比喩として読むことはできない。『病める舞姫』の文章すべてが、言葉の出来事であり、「からだ」の出来事である。これはやはり異様な試みなのだ。言葉とは分節された音声に意味作用を結合したものであるということは、食べ、呼吸し、叫ぶ口から言葉が隔てられ、身体性から分離していることを前提とする。言葉とは非身体であり、成立するために身体から離れることを必要とする。身体は、身体として社会的な生のなかで、身体的生のあらゆる振幅を還元し、調教し、統制するなかで構成されている。土方巽の実験はつねに二重の要求を含んでいた。まず身体をめぐるそのような政治、慣習、教育の外で身体を再発見することである。そして身体をめぐる統制の中心には言語が君臨しているのだから、言葉そのものを変えなくてはならない。もちろん土方は、言語を破壊しようとしたわけではない。言語のおびただしい変形が試みられる。それは言語が排斥し、また身体の制度そのものが排除してきた身体の振幅と振動を再発見することと同時に実践されなければならない。言葉と身体の境界線を本質的な意味でこえるという、ほとんど不可能な、大それた試みを、土方は舞踏の仕事と言葉の作業の両方を通じて実践したのだ。両方を実践することは彼にとってまったく必然的な要請であった。

身体を統制するものが言葉であるなら、身体を再発見するには、言葉の統制力と闘わなければならなかった。そしてもちろん言葉を酷使しながら、彼は言葉のあいだにも、身体の無限の振動のさまざまな痕跡や記号を発見して、それを身体の仕事に還流させようとしたのだ。

『病める舞姫』は土方のそのような動機とプログラムの表現であり、同時に実践であった。だからこそこの本は、舞踏家の自伝にも舞踏の方法論、理論書にも長大な散文詩にも分類できない不可能なもくろみを達成した本なのだ。

「脛に炭火の火型を付けていた私は、いつもわれとわがからだに怪しまれるような困難を感じていた。私は、その怪しむところに踏み込んでいっては、変な時空を抱いていたのだ。混乱の皮を被っている私は、それを脱ぎ捨てたからだとして扱いたがっていたのだろう。せばめられた額が、そのまま空の隙間に繋がっているような顔の中や、脇腹のあたりに楽隊めいたものを貯えた私は、時折り敏捷な怯えをみせたりしていた。お日様がかげると、気持ちもかげって、そのままからだに似てくるのだった」[16]。からだの宇宙学、からだの存在論、思考学、からだの記号論、そんなふうにかぎりない発見が、そこにはおびただしく折りたたまれている。

舞踏の書、死者の書

舞踏家、土方巽は他のどんな本にも似ていない一冊の驚異的な書を私たちに残してくれた。『病める舞姫』は、書物というよりもむしろ出来事それ自体のような本である。いったいそこには何が、どんな言葉が書いてあるといえばいいだろうか。『病める舞姫』は舞踏論でもなければ舞踏家の自叙伝でもなく、舞踏のシナリオでもない。むしろそのような限定をすべて斥けて、同時に理論でもあり、自伝でもあり、詩、物語でもあり、シナリオでもあるような書物になっている。たくさんの要素を積分することによって包括的な書物になっているのではない。子供の体に渦巻くありふれた村の酷しい気象や生態をかぎりなく微分することによって、限定を知らない開いた舞踏の書になっているのだ。

この本は、幼少の肉体を通過する無数の事件や映像を果てしなく記述する。回想記としてではない。記述の生みだす時間は過去も現在も溶かしてしまう。

一寸先は危うくなり、蝶々のひらひらした空気に似たものに包まれていた。溶けかかった小さな蛇を黙って見ているような私のまわりの気体も蝶と一緒に密封されたところへ差し掛かっていた。そんな私の姿には幼年も過去もない。仕方なしに発明しなければならないようなものもない[1]。

かぎりなく微分された世界に溶けた時間と身体が、書く言葉によって即座にすくいあげられ、また混乱に戻っていく。この本はこんなふうにして土方巽の舞踏の宇宙の稠密な一部となり、地図となり、装置となっているのだ。

『病める舞姫』は、繰り返し読みながら読み方を見つけなければ読むことのできない本である。とくに難解な言いまわしや、意味のわからない言葉や隠された謎で満ちているわけではない。しかし、ひとつの本を読むとき、私たちがいつも頼りにしているあらゆる儀式的な手続き、物語を成立させるための人称や冗長性や意味の配分、時間と空間の座標軸、叙述を成立させるための状況説明、出来事の速度、知覚の相対的な安定、心理的単位、そんなものはいっさい締めだされている。何かを伝達することにともなうどんな節約の観念もそこにはみられない。そこには表現の技巧や文体の工夫といったものは少しもないのだ。

ひとつひとつの文章は詩の密度をもっているようにみえる。しかし、詩的言語の「権利」をあらかじめ前提とするようにして暗喩や飛躍をもちいた散文詩として書かれているわけではない。『病める舞姫』はあくまで出来事を忠実に記録する散文として書かれているのだ。たしかにこの散文は詩の速度や密度を仮想しないかぎり、読みがたいほど濃密で速い。しかし言葉はいつも知覚の微粒子として、たえず移動しながらあくまで記述を続ける。そこに暗喩的な要素はあたうかぎり稀少である。ひとつの文字、言葉、韻律にとどまることは許されていない。叙述の速度にも方向にも読者を寄せつけないようなものがある。この本はまるで速度と方向の束だけでできあがっているようにめまぐるしく対象を移していく。伝達することも説得することも、作品であることも問題でないみたいだ。風のような記述の意志がこの本を貫いていて、言葉は風の流線、たえず変化する光の閃き、気配の音楽のようなものになってしまっている。それが妥協なしにどこまでも徹底されているのに驚くばかりだ。

フランスの詩人たちを独特の嗅覚で読んでいた土方巽は、シュルレアリスムに対しても並々ならぬ興味と理解をもっていたはずだが、一見超現実的な展開に満ちてみえる『病める舞姫』は、シュルレアリストたちの自動記述にも、コラージュにもデペイズマンにも似てはいない。無意識を方法的に抽出し、操作しながら夢の世界に似た奔放なイメージをつくりあげる、といった欲求とは何か根本的に異質な志向をこの本は不滅の運動の軌跡としてはっきり記している。そこにはイメージとして静止し、作品と化して観想の対象になるような出来事は何ひとつないのだ。

東北の村に生きる子供であるらしい「私」にみえる世界には、「私」という定まった中心も、「私」と特定の人物との関係も、それらの関係を包みこむ地形も、風景も、時代も、要するに座標らしいものがいっさい欠けている。いや「欠けている」のではなく、言葉はそのような座標を受けつけない異なる知覚のレベルで過剰に、切れ目なく充塡されているのだ。そこには「私」もなく「私の身体」もない。「私の身体」はあらゆる方角に蜘蛛の糸のように分散してのびていき、形も仕切りもない空間そのものと化している。『病める舞姫』は肉体の讃歌でさえなく、肉体の不在証明なのだ。肉体が形を消してしまうほど生命体は流れや気配や影や異物に親しく充填され、貫通されているからだ。

私は何者かによってすでに踊らされてしまったような感じにとらわれた。私は湯気に包まれるか、ただぽしゃらっと生命を失った物体のようになっていた。からだ自体の感ずる重力の無さ加減が、ふと思うことのなかに浮かんだ形を素早く食べてしまうような身振りを、私に教えてもいたのであろう。私の挙動には、情愛めいたものや分別めいたものが入り込む隙がなくなっていたようだ。からだが自分の持ちものでないように、手脚を忘れからだ自体も忘れられていたのであろう。(2)

「からだ」はたえずそれ以外のものに浸食されて、輪郭を失っている。光線や蒸気や、影や砂糖や薬や、昆虫や動物や、煙や幽霊や、畳や障子や飴によって貫通され、喰われているのだ。そしてこれらのひとつひとつのものが、やはり他のものに射し貫かれて存在している。「情愛」も「分別」もなく、「からだ」を自分のものとしてとらえる体感は世界に分散してしまっている。

　空に迅速な異変でも起こらぬ限り、このからだは、こうして喰われ続けていくのだろうということばかり考えていた。

　どこの家へ行ってもズタズタに引き裂かれた神様の一人や二人はいたし、どこの家の中にも魂の激情をもう抑えきれない人が坐っていて、あの懐かしい金火箸を握って金切声を出して叫んでいた。腑抜けになる寸前のありったけの精密さを味わっているこれらの人々を、私は理解できるような気がして、眺めていたのだろう。

確かに、めざとく見つけ出したものなどは、こういう状態に較べれば、おおかたは破損され、型の亡骸でしかないものだろう。人間である根拠はもうまわりの方からも崩れていたから、私が考えなくてもいいことのように眺められたのだろう。[3]

世界や物や、母親や幽霊や獣たちの断片や気配が、親密な闇のなかに〈私の身体〉をとらえている。「啜っている洟水の音がかすかに精神に似ている」ようなこの闇のなかに、舞踏の原形は根を拡げている。そして原形にはもっと濃い闇が病んでいるのだ。

寝たり起きたりの病弱な人が、家の中の暗いところでいつも唸っていた。畳にからだを魚のように放してやるような習慣は、この病弱な舞姫のレッスンから習い覚えたものと言えるだろう。彼女のからだは願いごとをしているような輪郭でできているかに眺められたが、それとてどこかで破裂して実ったもののような暗さに捉えられてしまうのだった。誰もが知らない向こう側の冥《くら》さ、この暗い甦りめいた始まりを覚えていなかっただろう。[4]

病む人々を見て舞踏することを学んだという土方巽の原点に横たわる闇の形はこのようなものである。病はイメージがとぎれる地平線の出来事である。〈病〉はたしかに〈闇〉なのだ。情感も不幸も、悲壮さもそこに伴っていない。器官を病んでぐったりと横たわった肉体の重量が器官のない闇に溶けている。

器官を脱して巨大な濃い闇の一部になって波打っているのだ。そこでは「影が光に息をつかさせている」。誰もがこのような闇からやってきて、この闇に半分体を浸して生きつづけているにちがいない。ただ意識も言葉も、あるいは無意識さえもそこにうまく降りていくことができないだけだ。

あの見えているものは確かに馬や牛だが、あれは暗い穴そのものなのか、その穴の中に入って見えなくなってしまうものだろう[5]。

土方巽がいつも見ていた「舞踏する闇」に、人は「暗黒舞踏」という〈主題〉や〈映像〉を見ていただけかもしれない。だから長いあいだ舞台に立つことのなかった土方巽は、もしかすると「暗黒舞踏」をこえて、ひたすら暗黒に忠実であるための手法を磨いていたのかもしれない。『病める舞姫』に書かれた世界はなんの媒介もなしに現在に注ぎ、未来に忍びこむ歪んだ酵母のように直線的な時間を受けつけない過去である。こんな途方もない時間性を生きていた人に、「舞台に立たない」十数年は私たちの想像もおよばないような仕方で生きられたと思ってみるのもいいことだ。

その宇宙では世界と「私」とのあいだにいっさい対立めいたものも、まして調和も存在しない。力のせめぎあいといったものはみられない。ただすべてが浸透しあい、交替しあう柔らかい残酷な世界が果てしなく拡がっている。「私」ではなくて風みたいな触感が語りつづけるのだ。幼年の体に渦巻く感覚の混乱を、どんな「童話」も交えずに敏捷に残忍に描きつくしている。何か異様と思わせるほど連続し、開いた感受性が、ただ幼年の体を訪れたあらゆる事象の異様な密度として遠い近い距離をこえ、それらを連結する資質として存在している。闘い、勝利し、支配する天才ではなく、どこまでもありふれたものでできあがった世界の微粒子を感受し、あらゆるものに巻き添えになってしまうような天才なのだ。肉体はたしかに定まった形と寸法のなかにおさまってはいない。少年の肉体と知覚は四散して、大気のなかで伸縮する。いくつもの「からだ」がめくられ、消費され、たえず大気に放たれるようだ。

> 脛に炭火の火型を付けていた私は、いつもわれとわがからだに怪しまれるような困難を感じていた。私は、その怪しむところに踏み込んでいっては、変な時空を抱いていたのだ。混乱の皮を被っている私は、それを脱ぎ捨てたからだとして扱いたがっていたのだろう。せばめられた額が、そのまま空の隙間に繋がっているような顔の中や、脇腹のあたりに楽隊めいたものを貯えた私は、時折り敏捷な怯えをみせたりしていた。お日様がかげると、気持ちもかげって、そのままからだに似てくるのだった。片身しかない鮭のように、私は塀に背中をくっ付けていた[6]。

　少年の体は空にまでのびあがり、距離も大小もない混乱になっている。同じように、土方巽のなかの少年が過去も現在も未来もない混乱した時間のなかで『病める舞姫』を書いたのだ。少年はいつも唐突に出現する死者たちにとりまかれて凄まじい混乱のあいだを動きつづける。大人たちの陰惨な表情、剝き出しの不幸、欲望や激怒は自然のなかに解消されてしまったのではない。自然と同じスケールに解体され、同じ渦のなかの無数のモザイクになってしまっただけだ。そこに女たちと病人たちがある異質の濃厚な気配をいつも送ってくる。重く、優しく淀んだ緩慢な流れがそこにはある。「病める舞姫」はこのような宇宙の巫女なのだ。健康な、いかつい労働する男たちがこの混乱した宇宙を、ある力強い中心のまわりに構築している。この宇宙に無制限に拡がったまま、まだ自分の体をもたない子供には、この男たちがまるで鈍重な棒きれのように感じとられている。病者と女たちだけが混乱の淵で、半分流体のようにして溶けるように逸脱した脆い体を脆いままにあらわにして震えながら生きているようなのだ。「身体にとって器官は無用なものだ」とかつてアントナン・アルトーはいった。

人間は病んでいる、誤ってつくられているからだ。
決心して、彼を裸にし、彼を死ぬほどかゆがらせるあの極微動物を掻きむしってやらねばならぬ、
　神、
　　そして神とともに
　　その器官ども。

わたしを監禁したいならするがいい、
しかし器官ほどに無用なものはないのだ。
人間に器官なき身体を作ってやるなら、
人間をそのあらゆる自動性から解放して真の自由に戻してやることになるだろう。(7)

土方巽もまたまったく独自な出所から、器官のない「からだ」をまぎれもない現実として知っていた。その「器官なき身体」は、アルトーのそれとはまったく異質のものにみえる。あるいは、身体を厳しく排斥する体制と観念に包囲されたアルトーが「器官なき身体」をいつも分裂的な苦悩のなかで、まれにしか肯定的に実現することができなかったとすれば、おそらく土方は、あたかも「器官なき身体」しか知らないかのように徹底してこの身体を生きうる地理をつくりあげていた。アルトーに深い共感を抱いていた土方巽は、だからこそおりにふれて「やっぱりぼくはアルトーじゃないんだ」と吐かなくてはならなかった。どちらが正しく、すぐれていたというようなことではない。「器官なき身体」は、「器官」がないからこそあらゆる状態を通過し、さまざまな仮の形態をとりうるものにちがいない。それはとうていアルトーひとりに属する発明などではない。身体を遠ざける器官＝神の体制に包囲されて生きたアルトーは「器官なき身体」の自覚をしばしば性急で破壊的な傾斜のなかで具体化しなければならず、メキシコやヘリオガバルスの帝国やバリ島などの遠隔地にそのモデルを探さなくてはならなかった。

　土方にとって「器官なき身体」はもっと具体的で直接的なものだったような気がする。土方の「器官なき身体」がアルトーのそれとまったく違う様相を帯びてしまうのはそのためだ。土方もまたたしかに反乱や暴力や破壊の時代を生きなければならなかった。「器官なき身体」がいたるところで排斥されているため、「器官なき身体」のほうも仮面をかぶり、武装し、否定的な意志に塗りこめられ、叫びをあげなければならないのだ。しかし『病める舞姫』の世界には、もうどんな仮面も武装も否定も存在しないように思える。世界は繊細な差異と運動の群に微分され、生と死も分かたれないような銀河に変わってしまっている。たしかにここで生成は神話のなかにおぼろな形で隠されているのではなく、具体的な現実として生きられているのだ。この本はたえまなく生成に立ち会う本であるために、ほとんど読みがたい本になっている。

そして『病める舞姫』は徹底して生成に関する本であることによって、また死についての書物に、ひとつの「死者の書」にもなっている。この本のなかで死者はいつも唐突に、どこにでもあらわれる。あらゆるものにふれ、あらゆるものになろうとする少年は繰り返し死者のまねをする。

確かに死んだ人の肌に吹いているであろう風を、はっきりと毛穴から私は吸い取るのだった。もう少しだ、もう少しだ、と励ますのは誰なのか、透きとおった風にすすがれたり、慰めに晒されたりしているのだった。目の裏に雷の光がはいっても安心して寝ていられるのは死人だけだからか。[8]

その湿った土からくる痛い注射のせいで、嘘だらけなのにもう嘘もつけなくなったからだになりかけていた。そんなからだのまわりに立て掛けられているものは、なんだか私という昏い木目を残してすっかり死んでしまったようにも眺められた。私というものが死んだあとも、こうして私の腕組みした形は残っているだろう。私のまわりで、噂する声が聞こえてきた。[9]

家のなかには誰もいなくなっていた。靴を逆さまにして振っていた無口な人もいつの間にか掻き消えていった。蚯蚓が沈んでいるだけだ。見慣れない透けた胃袋の形をつけて大股に歩いていった死体の人を見たような気がする。細長い胃袋の形をした死体がその細い胃を締めたりして、やや未練たらしく消えていくのも見たことがあるような気がする。[10]

「器官なき身体」は、生命の讃歌であるよりもかぎりなく死と親密なレクイエムなのだろうか。私の耳に、風のように村の家を訪れる死霊の声をまねたときの土方の、濃い闇の束のように喉から絞りだされたしわがれ声がまだ残響している。死者や死体や、死者の放つ視線や声は、少年の体に渦巻く気象の欠かせない一部なのだ。身体を器官の外に解き放った生き方は、必然的に死ともまた異様な関わりをもつことになる。繰り返し死のさまざまなヴァリエーションを通過しながら、身体の限定を闇のなかに、あるいは渦のなかに斥けていくのだ。死もまた「器官なき身体」のひとつの形態であるかのようだ。アルトーの「残酷」と「演劇」や土方の「暗黒」や「舞踏」がやはり「器官なき身体」の無限のヴァリエーションの一部であるように。

そして最後にもう一度驚いていいことは、これらすべてのことが言葉のうちに包みこまれているということではないだろうか。『病める舞姫』はほとんど読みがたいような本でありながら、やはり言葉の生態へのある深い信頼を前提しないでは成立しないような本ではないだろうか。たしかにその言葉は、意味するための安定や経済をほとんど拒絶している。しかし、意味は空《くう》にむけて吸引されてしまうのではない。思考でも分析でも描写でもないもので言葉は充填されている。ナンセンスではなく、意味を凝固させないで言葉を出来事の渦に直結させようとしているのだ。しかも言葉はけっして出来事それ自体ではなく、現実そのものでもない。言葉は世界と厳しく一枚の壁で隔てられている。あるいは言葉そのものがその壁なのだ。『病める舞姫』でこの言葉の壁は極端に薄く柔らかくなっているが、それで生の現実をとらえたと錯覚してしまうようなナイーヴさはけっしてみえない。この壁はむしろよけいに強靱な薄膜として確かめられている。それが書かれた世界であることは一時も忘れられてはいない。言葉はそれがほとんど耐えきれないような乱流に、暗黒にむかっている。死とはその乱流が個体を呑みこんでしまうことだ。そして言葉自身もまた死を呼びさます力を独自にもっている。言葉として人間がもっている力が人間の生を切断し、停滞させ、腐食させることがある、ということだ。

　言葉が死を斥け、恐ろしい乱流に対してほんとうに生を維持することがあるとすれば、そのため言葉をいったいどんなふうに用いればよいのだろうか。たしかに巨大な乱流に接近しながら、個体のなかの小さな乱流をそれに合流させていかなくてはならない。しかし乱流どうしがいきなり短絡し、爆発してしまわないためにはどうしたらいいのだろうか。『病める舞姫』は、ある深い聡明さを含んだ生と死についての書物であると思う。その言葉は風のように速く、野生で優しく非人間的であり、どんな制度にも、美学にも、教養にも従おうとしない。健康や筋肉や、権威や美学や、最後には天皇までもちだして弱さと鋭敏さを何重にも鎧ってついに切腹の儀式によって反時代的でなければならなかったひとりの作家が土方のデビューに一役買って出たのだった。土方の生き方はこの作家と百八十度違うものだった。彼はいっさい外のものを必要としなかった。彼自身がまったく外であったからだ。なんらかの外にすがって内を補強するような回路は不必要であった。そのため肉体を特権化したり、偶像化したりする必要もなかったのだ。『病める舞姫』には何ひとつ鎧も仮面も武装もない。何ひとつ固定されず、主張もされない。世界はかぎりなく微細に、あるがままにあり、しかもたえず逃れていくのだ。そしてこのような動きをいつも絶やさないようにしているのは言葉なのだ。

土方巽とアルトーはどこで出会うのか

1　アルトーのほうへ

アントナン・アルトーの全生涯とさまざまな領域での実験にとって、主要な関心のひとつはまさに生そのもの、生と生命性であったといってよい。しかし、まさにその生という言葉が、アルトーが発するとき何か他にない不穏で異様な響きを帯びている。人生とか生活とか生命といった言葉で私たちが漠然と指示する意味をとても寄せつけない未知の内容で「生」という言葉が充塡されているという印象を与えるのだ。それはまったく特異で、異様に強度で、定義不可能で、抑制しがたい、不透明な、暴力的な、脆い、剝き出しの、執拗な（acharné）感じを伴う生である。もちろん「執拗な」とは、肉（chair）と切り離せない関係を指示している。それは人間的な生の境界において注視され再発見される生であり、さまざまな仕方で規定されるみずからの輪郭の境界上で振動する生なのだ。

『演劇とその分身』の冒頭のあの忘れがたい文は、アルトーがこの生の限界的、危機的次元に対して投

次ページ・映画「ナポレオン」（監督アベル・ガンス、1927年）でマラーを演じるアルトー

げかけた特異な問いを正確に表現している。「生そのものが消え去ろうとしているいまほど、文明や文化が語られたことはない。現今の退廃の根元にある生の全般的な崩壊と、いまだかつて生と一致したことがなく生を押さえつけるために作られてきた文化の関心とのあいだには奇妙な並行性がある[1]」

たしかに生と演劇の関係、演劇の生、演劇における生、生における演劇といった主題はアルトーにとって、また彼の「残酷演劇」にとって第一義的な、じつに特別な意味をもっていた。彼は、生と演劇の関係の肯定性と否定性にたえず直面しつづけた。

ミシェル・フーコーが「生‐政治学」を定義しつつ語ったことは、アルトーが生と演劇に対して提起した問題とのあいだにある種の共鳴を見いだすように思われる。アルトーの関心の的であった生とは、どんな場合も一般的な、無条件の、無垢な生ではなく、一定の歴史的時期と地理において生を規定したあらゆる条件にかかわり、生に浸透し生を隈なく包囲するもろもろの条件にかかわるものであったにちがいない。いうまでもなく人間の生はいつも社会的、歴史的、政治的に規定されている。それはたんに社会的なコンテクストによって外部から侵入され影響されているのではない。社会とは身体にとってほとんど先天的な、内部の与件である。アルトーにとって身体に内側から強いられるこの先天的な条件こそは耐えがたいものだった。そして生‐政治学がすでにアルトーの時代をはるかにさかのぼって生の状況にますます深く浸透し、生を変形してきた政治であったとすれば、それこそは彼にとって耐えがたく、憎むべきもの、おぞましいものである。もちろんアルトーは「生‐政治」というような言葉を用いたわけではないが、彼はこれに対して例外的な感受性をもち、これをめぐって戦いつづけたのである。

フーコーは次のように生‐政治学を定義した。「身体の規律と人口の統制は二極を構成し、これらをめぐって生に対する権力の組織が繰り広げられる。古典主義時代に、生のもろもろのプロセスに向けられた、解剖学的かつ生物学的、個別化し、かつ種別化するという二つの面をもつ、あの大規模なテクノロジーが確立されたことは、一つの権力を特徴づけており、おそらくこの権力の最も高度な機能とは、もはや殺すことではなく、限なく生を包囲することである[2]」。したがってこの権力は生を限なく包囲し、生はこの権力をみずからの組織、みずからの器官、みずからの有機性の原理として採用しつつ、この権力を内部化することをみずからに強いるようになる。こうして生－政治学は生の内部のいたるところで機能する。生そのものは明らかに自然のあらゆる力の交錯と循環において構成され造形されるのだが、生はまた社会のなかでもろもろの組織網、統治機構、経済システム、慣習、制度、テクノロジーのあいだで構成され、とりわけ家族は欠くことのできないひとつの歯車装置となっている。動物性における生（ゾーエ）は多かれ少なかれ社会あるいは文明における生（ビオス）として多重的に成型される。そしてふたつのあいだの境界はあくまであいまいなものだ。生－政治学はこの境界をできるだけ綿密に操作し、規定することをも課題とするだろう。

　フーコーが「生－政治学」として定義した体制は、彼のいうとおり古典主義時代以降の西欧に属している。そして生－政治学に対応する生－権力は、知と科学も巻きぞえにし、あらゆる統治、管理、操作、調査、監視の技術を通じて精密化の過程をたどることになる。生に対する例外的に濃密で鋭利な知覚をもってある種の生－政治学的な問題系に直面するアルトーにとって、はじめから生を限なく包囲するあらゆるものに対して特異な闘いを挑むことが問題である。彼は生を包囲する権力と政治の、非常に具体的ないくつかの側面に極度に敏感だった。アルトーの演劇はまさに生に対する、また生を包囲するものに対するこのような感受性の表出であり、それゆえの奇妙な戦いの実践にほかならない。「演劇によって革新される生のゆくえを信じなくてはならない。そこでこそ人間は大胆不敵にいまだ存在しないものの主人となり、まだ存在しないものを生まれさせるのだ。そしてまだ生まれていないすべてのものは、われわれがたんなる記録の器官にとどまることに満ち足りていないかぎり、まだ生まれることができる。それゆえ生という言葉を発するとき、事実からなる外部によって認知される生が問題ではなく、形式がけっして触れることのない、あの壊れやすい活動的な焦点が問題だということを理解しなければならない[3]」

シュルレアリスムに参加していた時代に書いたテクストのなかで、彼は自殺について語りながら、すでにまったく明瞭に、生に対する権力のもろもろの組織網、さまざまな「枝分かれ」に対するこの感受性を表明している。「創造されること、生きること、ほんのちっぽけな片隅にいたるまで取り返しがつかぬほど限定された自己のまったく考えもおよばない分岐にいたるまで、自己を感じること、たしかにそれはおぞましいことだ[4]」

そしてアルトーの関心を占めるのは、このような生の特異なイメージだけではなく、まったく独自の角度から発見される身体でもある。彼にとって生とは精神の生ではなく身体の生である。しかしここでもやはり問題になるのはきわめて特異な身体であり、すでに青年期から彼は「ぼくの自我とあんなにも折り合いの悪かったもろもろの器官の制限[5]」から是が非でも抜け出ようとする。

たしかに生‐政治学は、もしそのようなものが存在するとすれば、ほとんど生物学的な水準においても器官と有機性にいたるまで生と身体に同時に作用しているにちがいない。アルトーが器官に対して一生続ける戦いとこれにむける奇妙な憎しみは、そのように理解することができる。身体はその動物的側面（ゾーエ）において生の限界を決定しているが、それはけっして社会的に組織されたもろもろの側面から自由であることはできず、したがってこうした側面はほとんど身体の諸器官そのものを構成しているといえる。それなら彼は、ひたすら生の剝き出しの動物性へとむかうのだろうか。そうであり、そうではない。演劇、詩、映画、小説、旅、精神病院で始め死にいたるまで書きつづけたノートを通じて、彼の探求と実験の軌跡をつぶさにたどってみなければならない。

ジョルジョ・アガンベンは『アウシュヴィッツの残りのもの』で、生のふたつの側面を表象する古くからのギリシャ語、ビオスとゾーエをとりあげ、強制収容所で経験された限界状態の生にゾーエをみていた。これは生－政治学の対象となりうる領域の限界に押しやられた生について考え、限界状態からさかのぼって主体と主体性の構成を新たに定義しながら、生とは何か、生きる主体とは何かを再考するための試みであったと思われる。その発想には重要な問題提起が含まれていたが、アガンベンの関心は人間における生、生命、身体としての人間よりはるかに法的次元の操作、つまり法の例外状態のほうに集中しているようにみえる。

おそらくアルトーにとっての生は、このゾーエと、つまり剝き出しの、無一物の純粋な動物性と無関係ではない。しかし発生あるいは自己生成としての生、異様に強度な、侵入しがたい、動いてやまない、境界を斥ける力としての生と、これに一致する身体の感覚を彼はけっして失ったことはない。これはもはやビオスあるいはゾーエという用語で決定することのできない生であり、あらゆる意味で決定不可能な生である。一方、社会は統治、教育、調教、監視、制度によって身体の生をたえず包囲し決定しようとする。とりわけ『ヘリオガバルス』と約四百冊のノートで、彼は生と身体を限なく包囲するこのシステム、この組織網、もろもろの「枝分かれ」について思索し、これに対して戦いつづけたのである。

フーコーの『狂気の歴史』において、アルトーが理性の暗い背後に構築された監禁のシステムとともに狂気の規定そのものを弾劾する重要な人物としてあらわれたことをわれわれは知っている。そしてこの弾劾は近代ヨーロッパの生をめぐる体制そのもの、生の内部の深みにまで浸透するその体制のなかにとらえられた生の規定そのものの弾劾につながる。その結果われわれは生とともに、有機体と器官にさえも批判を向けることになりうる。生‐政治学は、生のあらゆる位相に押しよせる「残酷な」力としてアルトーが極限まで身をもって実験した何かなのだ。

フーコーが提案したような生‐政治学の問題系に、いま私は仮説的にアルトーの問いを位置づけたが、このことはアルトーにまったく例外的な一連の「仕事」を要求することになる。それはとりわけ彼がロデーズの病院で、言葉だけではなくデッサンでも埋め尽くしたノートのなかで実現された。アルトーにおいて「生」という言葉が特異な響きをもつように、「仕事」という言葉もやはり特異な響きを帯びることになる。「人は自分の身体をみずからの手によって見いだす――ぶあつい塊は精霊からではなく、手の努力から生まれたのだ。意志は流体ではなくひとつの身振りであり、厚みは押しつけること、圧力をかけること、捏ねることといった仕事の結果であり、精神の状態ではない[6]」。器官に対する闘いは、このようなエクリチュールとデッサンの仕事を要求した。

そしてアルトーの仕事とはまさに自分の身体を、身体の厚みをつくりなおすことだった。「存在または神の電流があるのではない。ひとつひとつの石を積みあげるという人間の仕事を私は身体に対してするのであり、それがすべてだ[7]」。もちろん身体をつくりなおすためのこの仕事は時間を要求するが、それもやはりまったく特別な時間である。「コーヒーはいかに沸くのか。／静止によって。／それなら静止がどのようにコーヒーを沸かすのか。／静止に対する仕事によって、／これは新しい仕事ではなく／別の仕事である。／それは苦しみそのものと呼ばれる[8]」。この仕事はそれゆえに特別な時間と、時間に対する特別な仕事を必要とする。「私だけが想像力をもち、意味を解している何かであり、それはもはや再生すべき永遠の流れではなく、私の時間が堆積するための蜂起であり、それが錆を生じさせる[9]」

　アルトーはなぜか「錆」と「釘」に執着している。「私は錆の箱を破壊することができるが、それを破壊しないだろう。私はもう少し錆つかせるだけだ、なぜならこの箱は私自身であるからだ[10]」。「なぜなら不動の錆の箱とそこから出てくる一〇〇スーの硬貨は、時間とともにこの瞬間に獲得されたのであって、じつに多くの苦労、仕事、努力によって獲得されたのだ[11]」。ここで「錆」は「仕事」に対応し、苦痛を横切りながらアルトーが時間に対して仕事をした、その時間の堆積に対応するのだ。

　そして「釘」も、彼のデッサンとテクストのあらゆるところに出現する。釘はとりわけ皮膚に打ちこまれる。「なぜなら精霊はマグマそのものであったから。／精霊によって盗まれたマグマの下にあるものを救うには／その上に釘を打ちこまなくてはならない[12]」

　私はアルトーの書いた戯曲『チェンチ一族』で、父チェンチに犯されたベアトリスがそのチェンチの頭に打ちこむ巨大な釘を思い出す。ノートでもアルトーは釘の物語を続ける。「果てしない反乱の方向に、下方からやってきた釘／まるで下から上まで、端まで、靴を履いたように。／皮膚の前面に釘を打つこと／あらゆる空虚が埋められるように、／最後の春の葉という葉。／精霊たちとは存在に対する仕事、そして存在のたえまない仕事の、束の間の状態でしかなかった、存在ではなく、絶対に消えなければならず、けっして復帰してはならない状態でしかなかった[13]」。「なぜなら私は、私を攻撃し横領しようと欲するかもしれぬ全存在から決定的に避難するために十分釘を打ったのだから……[14]」。「そして大地の背後に釘のような芽を大地の上に生えさせる私[15]」。釘はそれゆえに新しい身体の芽なのかもしれない。錆と釘は、生と身体の仕事全体にかかわり、身体と、身体とともに共存する時間に対する未聞の仕事のじつに繊細な戦術に関係する。アルトーの暴力、叫び、残酷について多くのことが言われてきた。ここでは彼のきわめて繊細で巧みな戦い方のほうを少し強調したいのだ。

　そのためにはまさにたえまなく例外的な仕事をしなければならなかった。しかしそれにはまた多くの精妙さが要求された。この仕事全体が「内部の身体」を実現するためのものだった。それはまた「凝縮されたひとつの外部でしかない」と彼は言う。「事物はひとつの絵であり、内部の身体は凝縮されたひとつの外部でしかない。画布の上の色彩のように[16]」。彼の仕事があくまで外部を「凝縮し」、この凝集された外部とともに内部をつくりなおし、彼がまさに言うように「私の内部の夜の身体を拡張すること」であったことに注目しなくてはならない。彼のデッサンもエクリチュールも同時に「押しつけること、圧力をかけること、捏ねること」という作業によって凝縮されたこの身体を実現するのだ。

　まさにこのようにして、彼の最後のノート群は異様な実験的工房となり、すべてが「絶対的身体の観念」にむかって収束する。「もはや雨も洪水もない／濃密な炎だけ／それは私の存在の真の状態である／そこで私を邪魔しようとあらゆるものがぬけ出そうとした、／それを私は見るだろう、／それは私から出たのではなかった、それは私の内ではなかった、外でもなかった、／それは私が外でつくったもので私はそれを〈私の〉身体の内に入れなおそうとした、／私とは別のもの、／それはもっと私であり、／私はそれではなく／私はそれになるだろう、／私のなかに後退した状態によってではなく、私に対する意志、私とともにある意志によって、／つまり心も魂ももたぬ非人間的なもの／知性も精神ももたないもの、／絶対的身体の観念」(17)。この工房で彼は身体を空にし、身体の外部を圧縮し、この外部を折りたたみ、新たに内部の濃密な厚さとして身体を獲得するという異様な作業を続けるのだ。

この作業には終わりも到達点もなく、それはただ中断も静止もない不屈不撓の注意深い作業を要求する。私たちはアルトーのヴァン・ゴッホ論で、まさにそれを確かめることができる。アルトーによって描かれた画家の肖像は、彼自身が実行する手の仕事のプロセスにぴったり対応している。その仕事は、身体を生－政治学的な全組織網から離脱させようとして、例外的な慎重さをもって絶対的身体の観念と実質のような何かを構築しようとするものであった。そこで身体は還元不可能な生として剝き出しになっている。それは例外状態の生でなく、それ以外のものに還元しえない身体の生である。

2　土方巽のほうへ

ここまで私はアルトーのテクストのなかでもとりわけ晩年のノートのいくつかを読みあらため、フーコーが定義した生－政治学の潜在的な文脈に照らして解読を試みた。生－政治学という言葉は、いままで私にとって問題だった「生」という次元が何を意味するか考えなおすことをうながしたのだ。ここで私はアルトーの投じた身体と生の問題から少し離れ、私たちの舞踏家、土方巽の足跡を考えなおしてみたいと思う。

　土方巽はとりわけ一九六〇年代に日本で新しいダンスを創造したのだが、それは既成のダンスというジャンルをたんに革新することにとどまるものではとうていありえなかった。彼のまったく独創的で特異な体験が、まず生きのび、さまざまな制限の外に出る手段を見いださなくてはならなかった。そしてそのためにはたえまなく生と身体を実験し、同時に知覚、思考、そして言語を実験しなくてはならなかった。何ひとつこの実験をまぬかれることはできない。つねに身体の問題をめぐっていた彼の実験と探求において、彼は同時にたくさんのことを試練にさらし、したがって新しいダンスの創造は彼にとってはもちろん彼の仕事のじつに重要な部分であったにせよ一部分にほかならず、彼が探求し実験したことのなかのひとつの成果にすぎなかった。

　彼の言語表現は、彼の探求と実験を貫く動線の記録として大変貴重なものである。彼はしばしば自分の子供時代の身体の記憶を点検し、あらゆるもの、空気と風、光と闇、呼吸とまなざし、昆虫たちと動物たちの生命、身辺の道具類、臭いや黴にいたるまですべてに開かれた子供の身体を再発見し、生きなおそうとした。それらとともに彼の周囲に生きていた病んだ体、障害をもつ身体の記憶がいまここに現前する。これは幼年時代のノスタルジアを歌いあげるものではない。子供の身体を訪れたあらゆる出来事を再生させるようにしながら、土方は異様に外部に開かれた身体を再創造しようとする。この開かれた空間的身体をまさぐりながら、彼はひとつの革命を構想する（彼の記念碑的なパフォーマンスのひとつは「肉体の叛乱」と名づけられた）。それは生の輪郭と形態を決定しているさまざまな社会的、合理的、道徳的あるいは感情的な境界を破壊しようとするものだった。土方においてもまた、私たちが先ほどアルトーにみたようなある種の生−政治学と密接な関係をもつ生の知覚が存在していたといえる。たしかに土方はまったく独自の道をたどって、ある「剝き出し」の生と身体を発見していたのだ。

　生を閉じるもの、身体の生を分断するもの、「私の内部の夜の身体を拡張すること」を阻み、身体に固有の不透明性と開放性を拡張することを妨げるすべてのものに極度に敏感な人々がたしかに存在する。土方、アルトー、パゾリーニ、ジャン・ジュネたちはこういう種族を形成して、身体の特異な生を擁護しようとした。もちろん身体という存在をたえず干渉し干渉される能力として、たえず変化する無数の微粒子からなる絶対に流動的な様態として肯定した最初の哲学者のひとりとしてスピノザを忘れるわけにはいかない。彼の哲学は、死の権力と制度に対してどこまでも生を擁護しようとするものだった。

　土方が一九六九年にこう書いたことに注目しよう。「世界の舞踊はまず立つところから始まっている。ところがわたくしは立てないところから始めたのである。わたくしは切羽つまっていたのだ。ことの起る前に、思わず、おしっこを洩らしてしまうような予感体ではなかったのである。こうした風景の有様は神秘が縛られて虫になったようなものだが、摑らない敏捷さがからだから抜け出た後の、形骸の節々ではない。からだのふるさとに向って動いたのだ。確かに力の回復には役立ちそうな形を、折り曲げられたからだで示しているが、それは呪術に縋った情念もついに底上げになって乾いてしまうときに、ひびが入って形成されたからだだからである[18]」

　土方は彼の「舞踏」をいまではよく知られている表現によって定義した。「命掛けで突っ立った死体」。また彼は「ただの一度も、肉はそこにあるものを名差したことがない。肉はただこのように暗いのだ[19]」とも書いている。土方の言葉は一見して読みがたく、それは規範的な伝達に適する日本語をまったく脱臼させていた。この日本語は、彼が今定義したような「ひび」をまさぐりつつ、身体をめぐるあらゆる経験と思考を通じて異様な密度と感受性でみずからを充填し、脱臼するのだ。彼にとって身体の経験はとりわけ亀裂（ひび）の経験である。彼の思考も根本的にこの亀裂に結ばれていた。

七〇年代はじめから後、土方はダンサーとしての活動を中止し、演出、振付だけを続けた。彼自身のダンスを再開する意図をもっていたが、結局死がそれを妨げた。彼の最後の本格的創造は『病める舞姫』と題された一冊の本であり、その主題は著者自身によってこう紹介されている。「私の中に潜んでいたものを堂々と表に出して子供の頃の世界に近づきたいと思う[20]」。これはまさに土方にとってダンスよりもう少し重要なことがあったことを示している。ダンスはけっしてあらかじめ存在するものではなかった。ダンスそのものを再発明するばかりか、身体を再発見しなければならなかった。彼はこんな問いを提起する。「自分のからだにはしご段をかけておりていったらどうだろうか[21]」。彼の身体の特異な経験における特異な何かが、彼に踊ることを要求した。身体が特異に生きたことを理解し、表現するためには踊らなくてはならなかった。しかしこの生きられたものはたえず膨張し、ダンスそのものをこえていく。土方は芸術や表現において、停止し、凍結し、形式化し、重々しくなるものすべてに対して異常に警戒的だった。ダンスもまた例外ではない。じつに繊細に真摯に大胆に表現されたものさえも、表現すべきものを明白にし外に出すことで裏切ってしまいうる。彼はダンスを通じてダンスをこえる何かを探求していた。この何かはダンスを逸脱し、この逸脱さえも嘲り笑う。ダンスはこの何かを問い、この逸脱の身振りを問うための実験でもあったにちがいない。

彼の言葉はこの複雑な運動を忠実に記録し、彼のあらゆる創造と体験を特徴づける倒錯性に満ち満ちている。

彼はじつに多くのことを疑った。「私たちの眼は眼であることによって敗北しているのかもしれない」[22]。「瀧口さんの手は単なる現実的な手の機能を犯し続けているわけだ」[23]。メルロ＝ポンティはまさに「ひとつの手だけでは、何かに触れるのに十分ではない」と書いた。ひとつの器官はけっして部分的に組織されたかのようにみえる機能によって定義されはしない。メルロ＝ポンティは、身体はひとつの対象ではなく、けっして目に見える形で局部的に規定された諸機能の総和に還元されはしない、といいたかったのだろう。身体は主体と客体が分離する以前のある厚さ、ねじれ、襞などの集積なのだ。もうひとりの身体の哲学者として土方もまた器官とその機能、見る目、触る手を弾劾した。彼はいわば機能的に決定された諸器官を排斥するカオスのなかに、カオスの前にいたのだ。このカオス状態では何もまだ識別可能ではなく、私たちはそこに出現するものをただ測ることができるだけで、カオスはある深さにほかならない。

日本語には「身の置きどころがない」という意味深長な言葉がある。われわれはみんなこの世界にひとつの孤立した身体として投げ出される。この身体は世界から孤立し、しかも同時に世界につながれ、世界に侵入されている。この身体は他の物、身体のあいだにあり、それらとある距離をもち、たえずこの距離を測っている。しかしこの世界を構成する空間は知覚しがたい深さからなり、そのなかで距離はたえず変化している。形式、量、質、計量しうるすべてのものはこの深さから出現する。たしかに、誰もがこの深さのなかに降りていくことができる。しかしそれを正確に測るための原器や基準は存在しない。たとえばこの深さのなかに降りていく画家たちは、しばしば遠近法あるいは幾何学をつくりなおすことを強いられる。土方はターナー、ミショー、デ・クーニングなど彼の選んだ画家たちの複製されたイメージを鉛筆でたどり、分析し、細部についてコメントしながら独特の作業を続け、そこから舞踏のための材料を抽出しつづけた。

土方がとりわけ注目していたデ・クーニングの発言のなかにじつに滑稽な一節が見つかる。デ・クーニングは自分の周りにあるものをすべて測ろうとするひとりの男のことを語っている。「彼はなんでも測ってみた。道、蛙、自分の足、壁、自分の鼻、窓、のこぎり、サナギなど。〔…〕彼はノスタルジアも、記憶も、時間の感覚ももたなかった。自分について知っていたのは、ただ自分の身の丈が変化するということだけだった[24]」。このデ・クーニングのじつに興味深い言葉は、彼の絵画的創造のモチーフを照らしだすものだが、同時に、それと土方をとらえていた尺度のない深さとが共振するように思える。尺度のない世界に対面して、ひとりのアーティストは深さを測ろうとするが、おそらく尺度を構成するのは計量するという行為そのものでしかない。「わたしなんか、なに、生れたときからね、ぶっこわれて生れて来てるんだからね[25]」と土方はいうが、それでも「見えることが腐る地点」が存在するのだ。ダンスはこの深さのなかに身体を投げこむという奇妙なパフォーマンスなのだろう。そして身体は、ある仕方でこの深さを可視的にする形象にすぎないといえる。ダンスは土方にとってこの尺度なき深さ、たえまない波動を計量する試みであり、この波動をわれわれはただ測ることができるだけで、それがどんな質をもっているのか、どんな形態をもっているのか知ることさえできない。この波動の外に立つことができないまま、それでも測りつづけるのだ。

ほとんど表現形態としてのダンスを破壊するというリスクを土方は冒さなくてはならなかった。言語の表現において土方は、ダンスよりもある意味で自由でありえたかもしれない。彼はいつも少しだけ限界をこえるようにして言葉を歪め変形することができたからだ。言葉と同じように身体を扱うことはできないだろう。

　私は土方巽と田中泯のあいだで交わされた興味深い会話に立ち会ったことがある。あるとき土方は田中泯に、いつものさばけた挑発的な調子でこういったのだ。「生まれたことがすでに即興でしょう。なぜ即興で踊るのですか」

　ここには些細ではない問題が横たわっている。生誕をやりなおし、第二の誕生を実現するという奇妙な意志が存在するのだ。そしてこれはたんに生に対する絶望的、否定的な、憎しみに満ちたペシミズムの表明ではない。土方はしばしば快活に、私はぶっ壊れて生まれた、生まれたときから壊れていた、ひび割れとともに生まれた、と繰り返した。舞踏のダンサーは「立ち上がる死体」のようでなければならない。そして誕生についてこのようなことを言い、それを創造行為の強力な基盤にしたのは土方だけではない。

　ある日サミュエル・ベケットがシャルル・ジュリエとの対話で言ったことを読んで、私は仰天したことがある。それはベケット自身ではなくまずユングが若い女性の患者について言ったことで、ベケットはそれをユングの講演で聞いたのだ。ユングの言葉はこうである。「彼女は実は、生まれたことがなかったのだ[26]」。戦慄すべき表現である。しかしベケットはこの言葉を、少しコンテクストをずらしながらとりあげている。ベケット自身の言葉も同じように戦慄すべきものだが、少し調子が違っているのだ。

　私がこの言葉に仰天したのは、このベケットの『また終わるために』のなかの謎めいた奇妙なテクストのひとつがこんなふうに始まっていたからである。「おれは生まれるまえからおりていた、そうにさまってる、ただ生まれないわけにはいかなかった、それがあいつだった、おれは内側にいた、おれはそう見てる、おぎゃあと泣いたのはあいつだ、おれは泣いたりしなかった、おれは光なんか見なかった[27]」。つまり、私はまだ生まれていないばかりか結局生まれたことなどなく、別の人間、「あいつ」が私のかわりに生まれたのだ。ここで誕生は即興されたどころか即興の拒絶であり、生まれる、創造されるという事実の拒否なのである。先天性をもって、あらゆる先天的なものとともに生まれるということの拒否である。人間は先天的でありつつ、先天性とともに生まれる。まさにこのことが、ある人々にとっては恐ろしいこと、耐えがたいことなのだ。

　アルトーもまた、まさにこの問題について書いている。「私は先天的な生殖性である、つまびらかに言うなら、私はけっして自己を実現したことがない。／自分が存在であると、先天性によって存在であるなどと信ずるばか者どもがいる。／私は存在するために自分の先天性を鞭打たなくてならないもののひとりだ[28]」

　先天的生殖性とは、それゆえ、自分自身で生まれようとし、先天性を拒絶して第二の誕生を実現しようとすることである。なぜならもし私が先天的存在であるとすれば、すべてはあらかじめあり、私はけっして生まれたことがないのだから。結局私は一度も生まれたことがなかった。ベケットの作品では、けっして生まれたことがなく誕生を拒否するこの私が、生まれた別の私について書くのだ。誕生のこの奇妙な拒絶、この第二の誕生への願望、それはたんにペシミズムのしるしではないだろう。それがペシミズムだとしても、それはまったく奇妙なペシミズムなのだ。そして「先天的生殖性」の問題は、自分自身の生まれてきた身体をあらゆる機能、あらゆる器官、触れる手、見る目、呼吸する肺などとともに糾弾する身体の問題である。アルトーははじめから器官に対して奇妙な戦いを宣告し、器官なき身体にいたろうとした。この身体の経験は、身体をもってする芸術だけでなくエクリチュールと思考において起きていることを理解するうえでも大変重要と思える。土方は彼独特の方法で、器官を排除する身体と第二の誕生の探求を試みた。

　始まりとはいつもじつに複雑な問題である。いかにして始めるか。人が何かを始めるとき、その前に何もないとしたら、人は始めることさえできない。しかし人が始める前にすでに何かがあったとしたら、人はけっしてほんとうに始めることができない。要するになんであれ、私たちはけっして始めることができない。始めるのはいつも私以外の誰かである。私の知らない他者が私の背後で、私が存在していないときに、あるいは始まったことさえも知らない間に始めるのだ。私たちはけっして始まりを支配することはできない。「私は先天的生殖性である」といいながら、アルトーは始まりを、誕生を全面的に支配しようとする意欲を表現していたのだろうか。そうであり、そうではない。始まりを支配することよりも、まず始める力をもつ身体を再創造することが問題であり、身体を意識から、身体を支配しようとする私の意図あるいは他者の意図から離脱させることが問題なのだ。もし私が始めることができないなら、他者も始めることはできない。先天的生殖性として何も支配しようとしないまま始めるのは、まさに身体なのだ。

　ハンナ・アーレントは独特の政治学的文脈で、ときに「創設」という言葉で始まりの問題について考えた。もっともダイナミックな政治的生、古代ギリシャ人が創造した公共的生の上に構築される政治的生はアーレントにとっては根本的に、始まりの力と状態に結びついていた。彼女にとって革命は、始まりに比べればそれほど重要ではない。革命という言葉はあまりにも何かへの回帰を意味し、たんに支配的な理性の導きに従って始まりを模倣するものである。ところが始まりにはただ論争と対話と、おのおのの差異の相互的な承認だけがある。始まりの政治学は、それゆえ「先天的生殖性」に似た何かとして始まりをつくりだし、たえず始まりを持続させようとするだろう。

　アントナン・アルトーの最大の強迫観念のひとつは、自分の身体が神によって操られる自動人形にすぎないということだった。しかし彼はこの自動人形を破壊しようとしたわけではなく、彼の麻痺した身体から抜け出ようとしたわけでもない。彼が実現しようとしたのは、限定されない諸力と流れに従って自己を生成する別の自動人形を構築し、あるいは発見することだった。器官は、それが神のつくる自動人形を決定するもろもろの秩序（これはある種の生－権力に対応する）を代表し分節しているかぎり、おぞましいものだ。だからこそアルトーは器官に対する闘いを一生続けなくてはならなかった。身体によって生きられる、対象化し物象化するあらゆる回路と装置があるとすれば、これはまったく特異で、しかもまったく普遍的な闘いになる。『神の裁きと訣別するため』の闘いは、とりわけ身体の先天的生殖性の問題、身体における限定を排除しようとする自己生成の問題にうながされている。それはむしろ見えるものであれ見えないものであれ、身体を統治することをめざすもろもろの制度とテクノロジーからやってくる「裁き」との闘いでもある。

　生と身体とは根底において同じひとつのものである。しかしそれがほんとうにひとつのものであるためには、身体をその固有の生成の力において発見しなければならない。そのような意味で、この身体は

「剥き出し」の生であり、アガンベンが指摘したような意味での「例外状態」の生ではない。そのような身体は唯一の実存的そして政治的場所であり、その上に生に対するあらゆる限定が積み重なり、集中し、折りたたまれるのだ。それは可視の、または不可視の力、生と死とが交錯する戦場であり、そこにさまざまな組織網、権力、戦略が絡みあっている。

土方はいつものように異様な密度をもつ短いテクストをアルトーについて書いた。そのタイトルは「アルトーのスリッパ」だった。なぜ靴ではなくスリッパだったのかは不明だが、彼によればアルトーはある朝、ベッドのかたわらでスリッパを口にくわえて死んでいた（伝記によれば、アルトーはベッドのわきに座ったまま片手に靴を握って死んでいたとある）。「われわれは幸福にも、思考の崩壊を恐れつつ生かされていることを、また死なされていることも既に知っている。われわれは、何者によってその崩壊の様相が握られ、誰の手によって崩壊が徹底的な現実として表われることをこばまれているのか。われわれの生は、くりかえし死に向う寛容な精神の種族によって握られているのだ。彼の生理の叫喚が必要としている一回限りの行為を持続すべく、錯乱という思考の対極のものとしてみなされてきた劇場、即ち肉体を新たな名のもとに彼は欲しているのだ」。「アルトーが臨終のまぎわに口にくわえたスリッパは、果たしてどのような最後の科白であったのか、果たして完全な思考であったのか、ということをあらためてわれわれは思考させられるのである[29]」

その思考の「危機」は、これほどまでに根深い生に対する限定と、身体に侵入する脅威の表現である。土方がアルトーを見つめる視線の深い親密性には驚くほかない。

封印された演劇

1

言葉と身体は不可分なのに、そのあいだにはこえがたい断裂がある。言葉が言葉を呼び、身体のあいだに、身体をこえて自立的な次元を生みだす。言葉は身体でないものとして身体をあやつり、身体に命令する。言葉の外部にありながら、それでもなお言葉に深く浸透された身体があり、身体なしでは存在せず、身体の状態と事情を敏感に反映する言葉というものがある。土方巽の残した言葉を前にすると、あらためてそのことを考えずにはいられない。これほど身体に密着して流動し粘りつく言葉がまれならば、これほど身体から離脱して乱舞しているかにみえる言葉も稀有なのだ。

食べる口、吠える口、笑う口、愛撫する口はしゃべる行為と相容れない。

語り、聞き、書き、読んでいる人はほとんど自分の体を意識することがない。

視覚、聴覚を伴う言語の機能は高度に構造化されていて、容易に揺らぐことがなく、身体の動揺によっても影響されない。
記号の交換は身体の交感ではない。
しかし身体があからさまに介入しはじめると、言葉の運用はどこか変調をきたす。
幼児はたんに言語を学習するのではなく、言語という構造を獲得する。あるいは構造のようなものを注入される。そういう言葉は何かを意味し指示する以前に、ある空虚な次元にありながら、しかしたしかに実在する（そんな認識を極限まで進めたという印象を与えるのは精神分析にあらわれた「象徴界」の概念である）。

言葉は事物とも身体とも無関係に存在しうる。「み」という音は言語においては〈み〉という音のイメージであり、「み」を発音する身体とも、〈身〉という指示物とも独立している。このことの延長で私たちはしゃべるのではなく、会話するのではなく、読むことも書くこともなく、ただ意味のない独り言をいうことができ、また独り言を口にしなくても、頭には意味のある、意味のない言葉がたえず明滅している。頭のなかで独語しているこの声、いったいこれは私の声なのか、と問うことができる。これは私の声じゃないということができる。それにしても、このとき「私」とは、声にも言葉にも、身体にも属さない「私」とはなんだろうか。『病める舞姫』の語り手さえも頻繁に「私」と言うのであるが。

「私」は言葉として存在し、身体として存在することができる。同時に言葉として身体として存在している。しかし言葉として存在しながら身体を遠ざけ、身体として存在しながら言葉を排除している。

言葉と身体のあいだのそのような断絶と相互浸透を、土方巽もたしかに経験し、したたかに生き、しかも他にないほどに激しく両極の間を揺れたのにちがいない。土方巽の言葉が異様であるとすれば、それは通常の言葉が表現しえないものを迎え入れ、そのことで過剰なほどに満ちているからである。言葉はそのせいで歪み撓んで、はちきれそうになっている。あるいはすでに張り裂け、ひび割れている。しかしその言葉はまた異様にすばやく、軽やかでもある。激しい動揺に引き裂かれた言葉が、それでもあるリズムで振動し、雲や霧のように不思議な図形を描きつづける。そのすばやさは肉から解き放たれた言葉の速度であるかもしれないが、じつは言葉以前の身体の次元で生きられている知覚や思考の速度からじかに来るものでもある。「からだ自体の感ずる重力の無さ加減が、ふと思うことのなかに浮かんだ形を素早く食べてしまうような身振りを、私に教えてもいたのであろう[1]」。このような「身振り」がたえまなく言葉に注ぎこまれたのだ。

けっして早いとか遅いとかいう動きが問題になっているのではない。むしろここには時間の質にかかわる問題がある。土方の生きた時間の様態こそが異様なのだ。延々と続く微分された「私の少年」の感覚的記述において、土方は「そんな私の姿には幼年も過去もない」と記している[2]。大人でもなく幼児でもない。現在ではなく過去でもない。いや現在であり過去である、大人であり幼児である、という同時性として時間は生きられ、反復され、また新たに紡がれる。おそらく土方の〈舞踏〉もこのような時間とともにあり、ありつづけた。こういう時間を、たとえば〈舞踏〉ではなく〈演劇〉に注ぎこもうとすればどういうことになりえたであろうか。

いまからみれば土方とほぼ同時代を生きたといえる寺山修司はこんなことを書き残している。

土方巽や笠井叡らの、魅力ある肉体の演技は、多様性と異質性とにおおわれた唯一者の問題として私たちの前にある。それを、エリアーデ風に言うならば、「究極の実在の探求」であり、「ヴェーダーンタの宇宙の幻力や、サーンキャ、ヨガのような人間の解脱への探索の無限運動」であり、いわば肉の原質の伝奇的な転変行為である。私は、彼らの舞踊が、唯一者というテーゼを生成して行く過程を高く評価するものだが、それが決定的に反演劇的であり、反ダイアローグ的なものだ、ということは確かである。

したがって彼らを、「演劇的」陰謀にまきこむことは不可能であり、彼らはあくまでも古典的呪師からシンボルへの回路を、暗黒のなかにまさぐりつづける。彼らは、美しいから指名される。彼らの行為は、隠喩的ではなく、あくまでも暗喩的なのだ。(3)

「土方巽巽や笠井叡ら」を一括して論じるのは少々荒っぽい見方であるとはいえ、寺山は彼らを尊敬しながらも「舞踊」に「演劇」を対置して、たしかに彼独自の問題提起をしている。「肉体の演技」、「肉の原質の」行為、「暗黒のなかに」肉をまさぐる探求、「究極の実在の探求」はいかにも美しいが、「反演劇的」であり「反ダイアローグ的」であると寺山は言う。この批判をただ鵜呑みにするわけにはいかないが、ここにはおそらく根深い問題が潜んでいる。こういう問いを投げかけている寺山自身も、それがどのような問題であるのかどこまで突きつめられたのかわからない。「反ダイアローグ的」という寺山は、ここで「ダイアローグ」という言葉の行為と、肉体の「原質」のあいだの離反を指摘してもいる。この問いは、たしかに言語と身体の間の浸透と背反という問題にもかかわるのだ。

他方で土方巽は「演劇のゲーム性」という一文を書いていて、そのころ流行した「不条理演劇」の批判を書いている。「喋る男を観に行くという謎めいた童心をこの東京に紛失してしまってから」と彼は書きはじめている。[4] たしかに「演劇」とは〈喋る人を観せる〉という不思議なジャンルなのだ。「心理的な手摑み作戦や精神の垂流し演技に、からだという道具を外したところで稼がせている人たちは悪い人たちである」[5]。そういう「心理」や「精神」の演劇に比べれば、むかしの葬祭の夜に跳梁するいかさま師たち、神社の沈黙、行商のふるまい、心中死体の写真、鼠や痴漢が横行し映写機がしばしば故障して騒ぎになる映画館のようなものがはるかに観賞に値するというのだ。

要するに土方は「からだ」も「もの」も裏切る心理的観念的な現代演劇に業を煮やしている。むしろむかしの祭礼や日常や、場末の映画館や、そして犯罪報道のなかにさえも演劇があるといいたい土方は、同時代の演劇に関してほとんど反近代主義者のように語っている。しかし、それを語る土方の文体はあいかわらず激しく屈折し、言葉の線を捩じらせ、「開かれた〝もの〟たちの側に」「身を乗り出す」ような表現を求めている。そして舞踏家は、不条理演劇のやっていないことを実現していると自信たっぷりに主張している。この舞踏家は、身体だけでなく言葉さえも手玉にとってみせるといわんばかりに。

舞踏家の場合は、予め定められた、「あっ、ビクターの犬だ」という台詞が、劇場備付けの付帯設備に対し発せられた即興的な台詞、「マチューに触わるな」と全く等しい価値において使用されているし、開幕が遅れた場合は「遅れて済みません」という台詞が唯一のチャンスとして進行形をとることが出来る。舌の上に乗せた台詞が点数を稼げなかった場合、動きを最大限に遠廻りさせて、完全に台詞との親近関係の切れたところで、同じ台詞を舌の上に引きずり込むのである。これは何度でも繰返して行われていいものである。この開かれたゲームの上で台詞は一個のボールである。台詞は動きの穴に嵌って点数を稼いでいく。その都度動きが捕獲することばは舞踏に変質していくのである。動きと台詞の薄暗がりの関係の中から、名無しの行為だけを充分に脹れぼったくさせて置いて、不意に台詞を手摑みにした場合は、その台詞を皿の上に盛ることも可能になって来る[6]。

ここで土方が提案しているのは、端的に「ことば」さえも「舞踏」に変質させ、「ことば」と「身ぶり」のずれや衝突から「舞踏」を生みだすような実験であり、そのための技法であるようだが、土方が実際にそのような作品をつくったという例を知らない。それでも「慈悲心鳥がバサバサと骨の羽を拡げてくる」として知られている語りの録音とその記録は、まさにことばを舞踏に変質させるような実践だったにちがいないし、土方は日常の会話でもそのようなことを実践し、またたえずレッスンしていたともいえるのだ。

寺山修司にとって「舞踏」とは、繊細な身体の感覚を極限まで研ぎすますという意味ではけっして知らぬふりを決めこんでいい芸術ではない。それでも寺山の「演劇」にとって「舞踏」はまったく自己追求型の特権的な美をめざす芸術にすぎず、寺山の「演劇」はこれとはまったく別の次元にあった。

ところが土方の「舞踏」にとっては、「遅れて済みません」の一言だって何度も繰り返すべき台詞であり、「不意に手摑みする」ことのできる言葉であり、どんな片言隻句も、意味のわからない吃音でさえも何ひとつ舞踏に変貌しえない言葉はないのだ。もちろん「台詞」が自明の何かではないように、「舞踏」も「名無しの行為」である。土方の言い方は確信に満ちているようだが、「台詞」も「舞踏」もあくまで「薄暗がりの関係」のなかで不意に形を結晶させるものにすぎない。
「舞踏」は反演劇的であり、どんなに苛酷な超越的冒険をしようとも、ひたすらひとつの肉体を磨きあげ、鍛えあげようとする密室の行為であり、閉じた空間における自己充足的実践ではないか、それが寺山の問いであった。そこで寺山のほうは街路に、団地に、銭湯にと出向いて、前衛演劇のことなどおよそ考えもしなかった市民を突然演劇に巻きこむことを彼の演劇の使命と考えた。個人、肉体、密室のなかの実験や鍛錬にとどまるのではこの社会を変える演劇にならないと苛立っていた寺山の挑発を大いに評価してもいい。土方に対しては「密室で肉体をいじりすぎる」と寺山はぜひともいわなければならなかったのだ[7]。その寺山の実験演劇さえも、土方にとってはまったく観念的な「不条理演劇」にすぎなかったかもしれない。そういう寺山はかなりペダンチックな知的演劇人である一方では、新劇的なものを唾棄し、むしろどさ回りの大衆演劇の雰囲気のほうをはるかに好んでいたのだ。寺山も土方も、土着的大衆的なものを前衛と接合するという態度をたしかに共有していた。

　土方は寺山の批判に答えて、密室で肉体をいじりすぎるというけれど、「おいそれとどこへ開放するのか」と問い、「これはもうすこしストックしてかかる問題だ。そう云う風なエネルギーに僕は非常に関心を持っているわけなんだ。そう云うエネルギーを単純な価値判断でたちきって了っては息が続かなくなって了う」、「破壊行為にたえずかつがれるメカニカルの若さと云うものをじっくり吟味して疑り深く取り組んでいかなきゃならない」[8]とむしろ慎重に反論している。寺山は演劇をめざし、土方は舞踏をめざしただけだと考えてしまったら、この対立はさして意味深いものでもなくなる。しかし、いまあえて同じひとつの地平で土方巽の〈演劇〉について考えてみると何が見えてくるだろうか。それはたとえば『病める舞姫』という書物はどういう演劇として構成されているか、と問うことである。土方が他界したあとにすでに『病める舞姫』というタイトルで舞台作品がつくられたことがあり、これからもつくられることだろうが、それをどう舞台化するかということよりも、土方巽の言葉と思考にどんな演劇的元素が含まれているかということを問いたいのだ。

土方巽の探求とは、何よりもまず肉体の襞の間に降り、ひとつひとつの動きに影のようにまつわる流線をすくいあげるようなことであったかもしれない。そのような襞、影、流線を言葉に注入し、そのようなもので充満した言葉でさらに肉体の襞や影や流線を探索し、増殖させるような試みをしながら、舞踏作品において土方は原理的に言葉を封じこめていた。つまり演劇の可能性もまた封じこめられていたのだ。それなら舞台上で言葉の封印を解くだけでよかったのか。「あっ、ビクターの犬だ」「マチューに触わるな」「遅れて済みません」というような台詞を挿入するだけで、そこに演劇的な異物が侵入しえただろうか。

おそらく土方の演劇はもっと潜在的な次元にあって、彼があくまで肉の体験に密着しながら観察と捏造を続けた時間に深くかかわっている。「そんな私の姿には幼年も過去もない」と書く「何者か」は、幼年として過去として囲うことのできない時間のなかでたえず出来事を観察し、この時間を捏造しつつ再構成している。この何者かはすでに観客であり、俳優である。「不条理演劇」を批判し、およそ知的文化的な雰囲気をもたない卑俗な場末にむしろ反近代的演劇を発見した土方のなかにもうひとつの演劇が存在した、とあえて言おう。

2

「そうらみろや、息がなくても虫は生きているよ。あれをみろ、そげた腰のけむり虫がこっちに歩いてくる。あれはきっと何かの生まれ変わりの途中の虫であろうな」。これは『病める舞姫』の冒頭の「台詞」で、誰が言ったものか示されていない。「言いきかされたような観察にお裾分けされてゆくようなからだのくもらし方で、私は育てられてきた」と続く[9]のだから、「私」を育てた大人がそんなことを言ってきかせたのだろう。

「息がなくても」生きている「虫」とは、「けむり虫」とはこの「からだをくもらす」私と別のものではないだろう。「生まれ変わりの途中の虫」でもあるこの私は生と死の中間にぶらさがっている。「からだの無用さを知った老人の縮まりや気配り」につきまとわれてもいる。「私の少年」、私という少年も「ただ生きているだけみたいな異様な明かるさを保っていた」。まわりにはただ「ふにゃふにゃ」であったり「あやふや」であったり、輪郭のぼけた身体や「脱臼したかたち」だけがある。私も「感情が哀れな陰影と化すような抽象的なところに棲みつ」き、「媒介のない手続きの欠けたからだ」になっている。

アントナン・アルトーのノートを読んでいて、「私の思考の演劇的幼虫」という言葉に出会ったことがある。そこにはただ幼い演劇があるのではなく、「演劇」とは「幼虫」の行為である、また「演劇」は深く「幼生」にかかわるという発想があるのではないか。「生まれ変わりの途中の虫」の舞踊、そしてその幼虫の演劇があるのではないか。「からだに霞をかけて、かすかに事物を捏造する」土方の子供はたえず幼虫(「けむり虫」)を模倣し、捏造し、まわりの事物もそれに伝染することになる。そして土方の試みそのものが、そういう子供をたえず模倣し、捏造することなのだ。奇怪な試みだとはいえ、そのことは一貫し、徹底されている。それは結局ただ「けむり虫」のように踊ることを舞踏家に要求するのではないかと思えるだろう。しかしその前に「けむり虫」は観察され、模倣され、捏造されなければならない。そこには最小限の演劇的元素もあるのだ。

説明し、物語り、推論するような言葉は、土方にとってあまりに遅く、ただ事物の輪郭を強制することになる。『病める舞姫』はそういう言葉をすりぬけていく言葉だけで書かれている。しかしそういう言葉さえも、もし舞台で俳優に発語されてしまったら、『病める舞姫』の描く世界と時間を裏切ってしまうのではないか。要するに『病める舞姫』の演劇は不可能ではないか。演劇化するのではなく、むしろその世界と時間に含まれている潜在的「演劇」を抽出するようにして潜在的な「演劇的構造」を舞台に表出させることができないだろうか。

ダンスの場に歌ではなく、テクストを挿入することはきわめてむずかしい。それほど私たちは意味を読みとることと、身振りを見ることを同時進行させることには慣れていないのだ。たとえば大げさな身振りで話す人のお喋りを聞くことにはすっかり慣れているのに。ここにはいったいどういう問題がひそんでいるのだろう。言葉の意味をたどることと、身振りを読解し鑑賞することとが〈バッティング〉するということでもある。しかし能でも歌舞伎でもミュージカルでも、そのような〈バッティング〉は起きないのだから、むしろそれはリズムの問題だともいえる。身振りのリズムとテクストのリズムが異なること、あるいはリズムのある身振りとリズムのないテクストが衝突するのだ。ところが微細に知覚するなら、もちろん身振りにも、テクストにも、その発声にもいろんなレベルにリズムは存在している。

そのような異なる微細なレベルでリズムを調整することがむずかしいのだ。

　そしてもちろん言葉をたどる思考と、身振りを読む感覚とが衝突するので、思考と感覚を通いあわせる通路を発見する作業が必要になる。そのことはさまざまなリズムを調整するという課題とおそらくまったく別のことではない。

　『病める舞姫』は延々と「からだ」について語りつづける。「からだ自体の感ずる重力の無さ加減が、ふと思うことのなかに浮かんだ形を素早く食べてしまうような身振りを、私に教えてもいたのであろう」。「いろいろなものが、輪郭をはずされたからだに纏いつき、それを剝がすと新しい風が印刷される」[10]。そういう「身振り」や「からだ」の状態をたえまなく練習する子供がいて、それはほとんど舞踏家土方巽のレッスンそのものである。しかしその記述は、舞踏のための素材であり鍛錬であることをこえて奇妙な時空をあらわすのだ。

　「そんなからだのまわりに立て掛けられているものは、なんだか私という昏い木目を残してすっかり死んでしまったようにも眺められた。私というものが死んだあとも、こうして私の腕組みした形は残っているだろう」[11]。そういう「からだ」はやはり生と死のあいだの形象であり、「生まれ変わりの途中の虫」なのである。そしてそれは「観察され」「捏造される」。とりわけ言葉によって、観察、捏造はおこなわれる。それをアルトーに従って「演劇的幼虫」と呼んでもいい。それはまったく出来そこないの演劇のようだが、それこそ演劇の本来の姿であり、使命でもあるかもしれない。そのようなものを誰も演劇とは呼ばないとしても。そして土方巽はあくまで舞踏をめざしたのであり、演劇などとてもまだるこくてやっていられなかったとしても。

『病める舞姫』の「からだ」の演劇は延々と続く。

「からだを知らない所へ連れて行こうと、怪しい火照りが、空のつくりをはずしたり、骨で風の関節を折るような真似をさせていた[12]」

「からだの中には、際限もなく墜落していくものがあって、そんな時からだは私を置き去りにして、そんなおっかなさを沈めるために走り出したりしていた[13]」

「いろいろな人型が飾り気のない姿で私のからだを剝がし取っているのだった[14]」

「体の中で奪い合いをしているような思いを、からだを遅らせることで守るやり方を知らなかったので、すぐに風の内臓に食い付いたりするのだった[15]」

「からだに漂着したものを解読しているような時間がからだに結ばれたりほどけたりした[16]」

「私のからだが、私と重なって模倣しているような、ちらちらしたサインにとらえられていた[17]」

「私のからだの中から崖のようなものが引きずり出されて、大きな影のような土の上に置かれた。私はその崖をジグザグに滑るように歩いていた[18]」

「もう一つのからだが、いきなり殴り書きのように、私のからだを出ていこうとしている[19]」

これほどめまぐるしい「からだ」の出来事は、あらゆる表現にとって無限の素材を与える可能性でもある。

おそらく同時に大人であり子供であり、女性であり男性であり、多重人格であり、過去と現在を分け隔てなく生きるひとり（または複数）の人物を、仮に生成しなければならない。それは実際に土方がいくつかの舞台で試みたことだ。そして過去と現在を同時存在させる時間的装置、遠近を自在に伸縮させ、内外をねじらせ連結させる空間的装置をつくりださなければならない。

『病める舞姫』からは、これらの基本的なモチーフがとりだされる。

言葉で肉体を揺さぶり、肉体で言葉を酷使しながら、土方巽はあまり例のない形で言葉と肉体を連結することができた。土方のように微細な単位で、言葉と肉体の連結を執拗に練りあげるような芸術的行為に寺山の関心はむかおうとはしなかった。寺山の演劇そしてダイアローグはこれとは別の次元にあり、荒地に等しい都市や社会にあるようだった。

人類はどうやら言葉とともに人類となったのに、（だからこそ）どこまでも言葉から逃れようとする。音楽、絵画、舞踊、写真、映画、どれをとってみてもイメージ、色彩、リズム、身振り、動きによって言葉から逃れたところに存在しようとする実践なのではないか。しかも、そこに言葉がたえず返ってきて介入し、そのような種々のイメージが自立することをいつも妨げようとするのだ。

言葉を緻密に練りあげる作業の場は、演劇よりもむしろ文学であるにちがいない。それなら肉体の実在と動きを掘り下げる探求は、演劇よりもむしろダンスのものであるにちがいない。〈しゃべる人間を見せる〉演劇という芸術はじつはまったく折衷的で、言葉と身体のあいだを揺れ、しかも公共的であることから逃れられない。ついには文学を捨て去るようにして演劇にのめりこんだ寺山はそのことをよくわかりながら、あくまでも演劇を必要とした。また演劇を必要とする社会を幻視しつづけた。もちろん演劇はしゃべらない人間を見せてもいいのだ。ただ言葉、身体、物、空間のあいだに過ぎ去る時間を共有するだけでもよい。共有される時間において公共性を切開し、覚醒させること、寺山はそういう言葉を使っていなくても、演劇の元素がなんでなければならないかよくわきまえていた。観客に睡眠薬入りのスープを飲ませるという上演さえ試みた寺山は、たとえ催眠という手段を用いても日常の時間を切断し、裏返し、眠りの後には鋭く覚醒させることを演劇の目標としたようにみえる。

しかし土方のなかには演劇的なものがなく、ただ密室で肉体をいじる芸術に集中したという寺山の批判は重要な問題提起をしていたとはいえ、けっしてあたってはいない。そのように肉体を鍛え、人間をこえる天使のように美しく踊った伝説的舞踊家はたしかにいる。

しかしおそらく誰よりも土方巽はそのように踊ることを拒みつづけて消尽し、やがて踊ることなく踊ることを探求することになった。そしてその探求はますます深く死に親和し、死に浸透された生の形に執着するようになった。

「確かに死んだ人の肌に吹いているであろう風を、はっきりと毛穴から私は吸い取るのだった[20]」

「私という人間はもうそこで終わっていたのかも知れない[21]」

「私は骸骨で生まれたのだ[22]」

そしてもう一度引用する。「そんなからだのまわりに立て掛けられているものは、なんだか私という昏い木目を残してすっかり死んでしまったようにも眺められた。私というものが死んだあとも、こうして私の腕組みした形は残っているだろう[23]」

肉体を美しく鍛えあげて超越的な次元に達するような行為に、およそ土方は背をむけるようになっていた。果てしなく追求された少年のからだは、同時に病者や老年の「衰弱体」に通い、一個人の記憶や身体の拡がりをまったく逸脱していた。そこでは無数の生の微粒子が交換し、交感し、ダイアローグを続けている。そういう生の微粒子は、すさまじい速度で生死を繰り返し、たえず死の光線に照らされている。そこには舞踊を逸脱してほとんど演劇的なものがあるが、それは上演不可能な演劇でもある。このような演劇は、上演不可能なもののまわりをめぐるしかないのだ。この不可能は演劇の「公共性」の可能と不可能に深くかかわることにちがいない。

　そして演劇的なもの、それは土方自身の死の体験に深くかかわる。死を体験することは不可能だとしても、この不可能をいかに生の深みに迎えるか、と問うことができる。たしかに多くのめざましい演劇は死の演劇であり、同じくめざましいダンスは死のダンスである。「突っ立った死体の舞踏」を踊ろうとした土方は生体のダンスを拒否しようとした。それは「私というものが死んだ」後のダンスでなければならない。それはゾンビたちのダンスではないし、幽霊の演劇、死者の鎮魂のための演劇でもない。「死者たちだけが、もっとも高価な代償を支払って固有な地位と特異性と、鮮やかな、ほとんど道化た輪郭を獲得する」と書いたカントールの「死の演劇」とも微妙にすれ違う。土方にとって死と生の境界はかぎりなく薄い。死は不断に、刻々いたるところで体験される（生きられる）。もし演劇がぎりぎりまで切りつめた形でおこなわれる公共性、共同性の構築であり、覚醒であり、再発見であるのなら、それはまたこのような死を公共化し、可視的にする機会でもある。

『病める舞姫』の最後には、突然語りが転調して、黒マントと白マントのふたりの女が対話しはじめる大雪のなかのシーンがある。それは不可能な演劇が一瞬結晶して出現させた「ダイアローグ」だったのか。あるいは消尽の果てで「衰弱体」が見いだしたもうひとつの舞踏の予感だったのか。

II

土方巽の謎

ENIGMES DE HIJIKATA TATSUMI

『肉体の叛乱』まで

1　出会いの印象

一九八三年春、出会ったとき土方巽は、すでにぶあつい神話的オーラで囲われた存在であった。どうやら、みずからも数々の神話をつくりだそうとして、周到にそれをなしとげてきた。しかし、はじめての出会いのとき彼はその神話の霧から出てきて、神話の匂いなどひとつも発散しないように、ただ素っ気なく目の前で微笑していた。彼をめぐってどんな神話が形成されていたのか、じつはよくわきまえていたわけではなかった。舞台から消えたあとも土方巽が続けていた創作・振付作品のひとつ（『小日傘』）を学生時代に京都で見ていた。圧倒的というわけではなくても、若い時代に見た数少ない舞台作品のひとつとして鮮明な詩的印象を刻まれていた。しかしそれ以上に何か恐ろしく大胆で残酷で挑発的な表現をしつづけた人物として、おそらく世に膾炙していた印象を、私も漠たる神話的オーラに包んで記憶のどこかにほったらかしにしていたのだろう。

私自身の問題であるかのように身近にダンスの行為と肉体を心身で受けとめ、思考も感覚も攪乱されるような出会いを最初にもたらしたのは、フランスにやってきた田中泯であった。裸身を地面に投げだし、植物がめざめるような速度で肉体を変成させる行為は、ダンスというよりも身体を問う過程そのものと思われた。やがてその田中泯の導きによって遭遇した「肉体の叛乱」の人は、私の前に「踊る人」としてあらわれたのではない。その小劇場（Plan-B）で土方はかつての上演の映像を編集したスライドショーを準備中で忙しい最中だったはずだったが、そんな雰囲気は微塵も漂わせず、ただ身ひとつでそこにいて、どんな出会いにも無心に備えている感じだった。そしてフランスから帰ってきたばかりの若いアルトー研究者から、アルトーに関するどんな言葉が聞こえてくるのかさっそく興味津々だった。

出会いの回想録を書くのが、この一文の目的ではない。しかし土方巽とは何者だったのか、彼は何を実現したのか、何を実現しようとしたのか、何を考え、探求したのか、と問うならば、私は彼から何を受けとったのかとあらためて問うことになる。そしてこの問いは、数年にわたる〈強度な〉出会いの印象から始まっていることはたしかなのだから、私の問いもその出会いの場面に繰り返し戻っていかざるをえない。

土方巽は、まずすさまじい〈言葉の人〉として私の目の前にあらわれた。不世出の〈踊り手〉である土方の踊りをついに目の前にみることはかなわなかった。それは大いなる闇のなかの不在対象のようなもので、やがて亡くなってから、数々の映像記録に接して驚きを新たにし、また謎自体も深めることになった。私は奇妙な不均衡状態に宙吊りになったまま、出会いの時間を土方の死の床まで、そして死後も長く反芻することになった。

じつは彼のかなりの数にのぼる文章さえも、生前には『犬の静脈に嫉妬することから』と『病める舞姫』というふたつの書物を目にするだけで近づきがたく、よく把握してはいなかった。夕刻から早朝まで、あるいはもう一夜にわたって続いた歓談の席で、土方巽はほとんどの場合上機嫌でユーモアたっぷりで、しかもひどく生真面目な会話を続けた。多くは土方の自在で突飛な語りが続き、そのあいまに即答のむずかしい質問を投げかけ、私も他のメンバーも答えに窮すると、また独壇場になるが、けっして独り芝居をしているのではない。答えに窮しても、みんな敏感に反応していた。こうした奇妙な会合が一晩過ぎ、もう一晩が明けて早朝になってもまだ続いていたが、ついに燃料の尽きたエンジンのように言葉が雑音に変わり、そのまま途切れて土方は眠りこんでしまったこともあった。

まだ一冊も本を出したことがなく、雑誌に発表したアルトーや小林秀雄、美術に関するエッセーのコピーを渡すと、ほとんど丸暗記するように頭に入れて、土方はそれを材料に団欒を始めるのである。インフォーマントとしての私の役割はたしかにあって、彼の周囲にいたきらびやかな文学者たちの世代のあとに何が革新され、何が出現したかを貪婪に知りたがっていた。私が彼から学ぼうとしたのは、もちろんダンスではなく、特定の見識や理論のようなものではありえなかった。むしろ根底の方法のようなもの、おおげさにいえば表現や存在の倫理のようなものだったかもしれない。

暗黒、闇を失った現代世界への批判を彼は何度も口にした。芸術や思想を「売る」こと。「時代と寝ること」の破廉恥さについてもたびたび批判を聞いた。けっしてロマン主義や神秘主義の匂いがしたことはない。その思考は簡素で機敏で、しかも屈折していた。いつもユーモアが欠けたことはないが、もちろん軽口の冗談を続けるには、彼はあまりに生真面目、真剣でもあった。私にとっていちばん印象的で稀有に思えたのは、そのように精妙に計量された思考の均衡だったかもしれない。世の多くの人々は、土方巽に比べれば重すぎ、そして軽すぎた。

アルトーについての理解も、従来の神秘主義的、オカルト的実践、残酷、狂気、侵犯、破壊のヒーローとしてのアルトーというイメージから土方は距離をとろうとしていた。たしかに『肉体の叛乱』という上演（一九六八年）では、アルトーの書いた『ヘリオガバルス』に表現された両性具有的ヒーローの采配する侵犯の祝祭というイメージが濃厚に現前していた。しかしそれ以上に、いわば峻厳な〈マテリアリスト〉として思考と肉体の極点を見つめ計量することのできたアルトーというイメージを、私は土方を通じて確かめることができたようだ。

土方の生前に、私は彼に触発された文章をいくつか書きはしても、彼の思想についても、ましてダンスに関しても正面から書くことはできなかった。彼の死後には、ただ追悼の文章だけを繰り返し書いてきたようなものだ。彼をとりまくそれぞれに強烈な文学者や芸術家から、私ははっきり彼を特別な存在として区別していた。とりわけ三島由紀夫、澁澤龍彦、種村季弘のような存在とは、彼らがいかに偉大であろうとも、そして土方が多くのものを彼らから吸収していたにしても区別する必要が私にはあった。『病める舞姫』、そして死後に編まれた文集『美貌の青空』、やがて刊行された『全集』を繰り返し読みあらため、残されたダンスの映像を見ながら、私は約三年の交友の印象ばかりをただ確かめ、強化し、補強するようにして書いてきた。

当然ながら、私の書いてきた土方巽像には多くの欠落や不備がある。出会いの印象ばかりを追悼し反復しつづけているという意味でまったく個人的偏愛的な文章だが、私のアルトーやドゥルーズの読解の過程と一体の土方像を描いているという意味でもきわめて偏向したものだ。彼のダンスをじかに目にしたことがないということも決定的で、彼のダンスがなんだったか、と考えることはあらかじめ遠慮してきたのである。私はただ彼自身との出会いの記憶と残された文章と対面しながら、土方について考えつづけてきた。もちろんその間にもたくさんの証言や論評に接し、感銘を受けたものも多いが、私はいわば差し向かいで土方の言葉と対話しながら書くことだけを続けてきた。

しかし、私は最近、手元にあるそれほど多くはない土方巽関連の資料を読みなおしてみたのである。稲田奈緒美による伝記『土方巽 絶後の身体』を再読し、「アスベスト館通信」(一―十号)、慶應大学アート・センターから出版された数々の上演の資料や、雑誌の特集号などにもふれて、ただ差し向かいで土方の印象と彼の残した言葉だけに頼ってきた私の考察から少し迂回することになった。そこで浮かんできた問いや印象が、いま新しい土方巽の分身となって漂い、渦巻きはじめている。彼のダンスも、もはや大いなる不在対象のままにしておくことはできない。ダンスの身体というまぎれもない中心をもつ彼の生涯の輪郭や変化を、数々の貴重な証言を通じて再考してみたい。西洋の前衛の刺激をふんだんにとりいれていた『肉体の叛乱』までのパフォーマンスと、その後の「東北歌舞伎計画」にいたる「日本回帰」とみえた晩年の創作とのあいだの変容についても、ずっと気にかかってきたことなので考えなおしてみたい。

2 隠された中心

土方巽の多くのダンス上演について緻密な観察と批評を記してきた合田成男の文章は、もちろん貴重な記録以上のもので稀有な舞踏論にもなっている。土方巽の出現を告げる記念的公演になった『禁色』（一九五九年五月）に関しても、合田は貴重な記述を残している。

> まず、うす暗がりのシモ手奥に少年〔大野慶人〕が登場、カミ手舞台前へ移動する。この間に少年の背後に迫るように鶏を抱いた男〔土方巽〕がカミ手奥から出る。〔…〕この土方の走りはうす暗がりで明らかではなかったが、脚を伸ばしたまま、踵でどんどん床を打って移動する奇形な走り方であった、と〔大野は〕いう。男の気配が少年に迫ると、少年は身体を硬ばらせ、悲痛な面持ちで自分の両手、掌を見たり、また自分の身体を叩いたりする。それは自らの運命を予感し、運命に殉じる決意をする過程のようであった。舞台中央に絞られた細いサスペンション〔ライト〕が落ち、少年が足を引き摺るようにして（脚を硬直させるようにして）重く歩み寄ると、サスペンションの反映のなかに、鶏を持った男がすでに待ち受けていたのである。〔…〕男は鶏をサスペンションの明るい光のなかに突き出す。鶏は羽ばたき、暗い舞台のなか、まさに白色のハイライトとなった。少年は緊張し鶏を受け取る。[1]

こうして少年は受けとった鶏を股間にはさんで圧殺する（鶏は死んだのではなかった、という証言もある）。それは犠牲の祭儀であり、愛の儀式である。やがて舞台は暗転し、少年は男に「略奪され」、ふたりは重なって転げまわり、録音された「うめき声や呼吸音」が流れ、男は「ジュテーム」と叫ぶ。逃げる少年と追う男の足音、ブルース調のハーモニカが響き、うす暗がりにあらわれた少年は動かない鶏を抱いたまま舞台から消えた。「獣姦」や「男色」のイメージは直截で、ほとんど隠喩でさえない。全日本芸術舞踊協会の新人公演の演目であったが、そこにダンスの形跡はなかった。観客は衝撃を受け、土方は協会から追放された。文字どおりスキャンダラスなデビューだった。

　これを見た合田はそこに「高貴なもの」を感じたが、「ノート」では振り返ってこう書いている。「しかし、この舞台の九〇パーセント以上を占め、終始、居座っていた暗さの量をどの瞬間にか、問いかけておれば、しっかりとした均衡を保ってこの作品を解しただろうと思う」。「人々がこの暗さ、領域、背景を感じつつ、男と少年の行動や鶏を見れば、それらの存在や行為の意味が転換されており、そのような領域、暗黒が自分自身のなかにあるという共感を持っただろうと思う」。そして「少年も男も鶏も暗黒の住人であり、その暗黒は土方自身の肉体内の時空間なのである」と合田はこの感想を結んでいる。[2]「暗黒」は舞台の構想や美学である以上に、土方の資質に、中心的モチーフに属していた。

　合田は土方の死後に、初期の作品におけるこの「暗黒」の質量を回想しながら新たに批評的に位置づけ、その後の土方の表現をも回想しつつ批評しなおすという作業をこの「ノート」で試みた。『禁色』についてのこの文章でさらに合田は、「観客の反応、嫌悪や嘆声を梃子のように利用して、意想外な表現に高めようとする異様な意志さえ感じられる」[3]というように、土方のしたたかな作劇術さえも指摘しているが、これもうひとつの重要な側面である。挑発や侵犯さえも方法的に設計されていたということとである。「暗黒」には方法が伴い、方法は「暗黒」という思想的中心に裏づけられていたということである。

合田が『禁色』において注目したのは土方の表現の根底的方法としての「暗黒」であり、これを貫く反美学的な方法的思考である。それはたんに照明や暗転にかかわる、あるいは演出・振付にかかわる「技法」ではなかった。舞台の時空間の構成と肉体の状態にかかわる根底の方法と思想が『禁色』には集中的に示されていたにちがいない。

土方は、その三ヵ月後「9月5日6時の会・6人のアヴァンギャルド」という公演で、もう一度『禁色』と題した作品を上演することになるが、こんどは二部からなり、第一部は大野一雄の踊る「ディヴィーヌの死」であり、ジャン・ジュネの小説『花のノートルダム』の主人公を題材にしたダンスだった。改訂された『禁色』が第二部を構成した。

「ディヴィーヌ抄」の大野一雄（1960年）

しかし、この第二の『禁色』を見て合田は「初演時の感動を再び体験するに至らなかった」と回想している。[4]そしてこの回想された印象を「空間」と「時間」という語彙によって説明している。「強調の余り新奇な行為（時間あるいは文学的叙述）に走り、時間を空間の堆積とする具体性を導入し得なかったからだと思う」[5]。初回の『禁色』には「行為と感性の均衡を静かに持続した暗がり」[6]があった。そのような「暗がり」のなかで「舞踊する肉体がそこに堆積させ、滞留して顕在させる空間性」が実現されていた。そういう闇も「空間性」も第二回の『禁色』

『禁色』改訂版、土方巽（左）と大野慶人（1959年）

には欠けていたというのである。ただし合田の『禁色』Ⅱの評価はまったく否定的であったわけではない。少年が男たちの象徴的な仕草によって凌辱される場面での手や背中や下半身の動きには、「身体行動を分節して、身体を日常から引き離す単純で見事な技術の開発」[7]がみられると指摘しているのだ。合田にとって「技術」に関する考察は、資質と意識の間の一致（資質を意識化すること）という問題としても本質的な問いとなる。舞踏の「技術」は、合田の批評にとってその後も中心の主題となる。もちろん舞踏の本質をなすという意味での「技術」であるが、じつは「技術」の問題は、土方の思考に照らすなら容易に決着がつかない複雑な面をもっている。技術は不可欠であるにしても、舞踏はけっして技術として定着されてはならないものでもある。

　とにかく合田にとって二回目の『禁色』には、初回の舞台の核心であった「暗黒」そして「空間性」が欠けていた。「時間」と「空間」という語はまったく合田に固有の文脈で用いられており、「舞踊する肉体がそこに堆積させ、滞留して顕在させる空間性」というとき、「堆積」や「滞留」とは、むしろ時間的概念ではないかと思われる。しかし「空間性」のほうに重きをおいたのは、あくまでも空間として実現される舞踊の方法に合田の論は焦点をあわせているからである。公演パンフレットに「求心からの逸脱に価値づけられた時間の責絵として踊り手があります」と書いた土方のいう「時間」に対して、合田は疑問を突きつけているのだ。「このような時間を軸とした肉体の行為には本来、そこに先行するものがなく、従って非日常、非現実、また非文化、非芸術のものとなる」と合田は書いている。

　合田の考察は回想のうちに自己批判も含んでいるようで、実際に第二の『禁色』を見た当時には、合田はこれを力作と讃え、〈前衛舞踊家〉土方巽に拍手を送ったというのだ。しかし第二の『禁色』の批判はいわば前衛の批判であり、異端の作家、三島由紀夫の認知と援護を得てたちまち異彩を放つ前衛芸術家となった土方のむしろ〈別の面〉に光をあてるようにして、土方の芸術の変容の跡を合田はたどっている。

『禁色』の二回の上演の対照的な評価に続いて、「〝土方舞踏〟作品ノート5」で合田成男がとりあげているのは、土方が振り付けたあまり知られていない小品ふたつ『バンザイ女――昭和十五年十二月七日旗日』（一九五九年十二月上演）、『嫁――四月十九日大安』（一九六〇年四月上演）で、両方とも十分以内の上演だった。舞台に立った女性舞踊家は、音来サヒナという名で津田信敏の門下生だった。

『バンザイ女』は出征する兵士を駅で見送る母親の姿が主題である。母親は息子が着るはずの軍服、戦闘帽、軍靴を身につけている。記憶に欠落があるとしながら、合田が回想している終幕部は次のようなものだ。「両手に日の丸の小旗を持った彼女が人形振りのような歩行で中央に現れる。だぶっとした軍服から出ている顔と手が意外に小さく心細く見え、軍服が歩いてきたといった方があの場面では適切であったかもしれない」。「羞恥の肉体、凝縮の肉体、この異質の素材にだぶだぶの軍服を着せた眼光はなんとも鋭い」。「精いっぱい両腕を伸ばし旗を横にはげしく振るうちに、戦闘帽が浮き上がり、ころりと後に落ちたのをはじめ、足の運びに乱れが出たりするのだが、彼女の肉体はとても正直で、それがごく当然のことと自他ともに許され、むしろ劇的な昂揚、すなわち舞台上の過去、息子の死やうつろな気分と関連して、まさに軍国の母といった様相、ある必死な状態を創り上げるのだ。下手の端まで辿り着いて暗転となり、『バンザイ女』は終る[8]」

『嫁』のほうも短い簡潔な作品で、対面するふたりの男性の姿から始まり、そのシルエットは馬に似ているが、男ふたりには家長の威厳があって、わずかな身振りによって対決の場面が続く。やがてその家に嫁いだ花嫁の登場はさらに簡素な場面で、「一瞬、待たせるタイミングが利いて、薄暗がりの中から黒紋付で現れる花嫁の動作は鈍く、角隠しだけが鮮やかだ。私のメモは、「途中である種の失語症にかかるときがある」と記している。このたじろぎの瞬間こそ家から家へ移ってゆく嫁の、当時の嫁取りのすべてを象徴したものであった。それが演技だったのか、資質だったのか判別し難い。中央前に出た花嫁がゆっくりと顔を上げる。観客は飛び上がらんばかりに哄笑した。両頰に赤い円、おちょぼ口に紅を差した顔が角隠しの下からふわっと現われ、はにかんで、にいっと笑ったからである。観客の笑いを切るように幕は下りた[9]」

合田成男も指摘するとおり『バンザイ女』も『嫁』も、後に『病める舞姫』という書物に描かれる世界を髣髴させる。それはすべての事象が柔らかく微細な気配や影に分解されたような世界で、出征や嫁入りのような〈出来事〉もかぎりなく精細な身振りや表情のなかに凝縮され、ほとんど消え入りそうになっている。「〝土方舞踏〟作品ノート」は土方の死後になって、長らく土方巽の舞踏の厳密で入念な観察者、同伴者、批評家であった合田が、いわばみずからにとって土方舞踏のエッセンスとは何かを再考しようとしたもので、もちろんそのエッセンスにむけて体験や観察の総量を引き絞っている。たくさんの顔をもつ多面体としての土方を、その舞踏を、ある潜在的中心にむけて収束するかのように論じている。合田は『禁色』の暗黒の空間や『バンザイ女』の母親の走り、『嫁』の最後の滑稽な笑い顔に土方の舞踏の原点をみた。合田の回想の中心はけっして『肉体の叛乱』における倒錯的前衛の、犠牲のオルギアのイメージではなかった。

二つの女性舞踊家を中心にした作品は「すでに『禁色』Ⅰ、Ⅱにより前衛舞踊家と評価されはじめていた、いわば彼の本来の意志に属する奔放な外的活動と相対して、自然な呼吸に自足しているひっそりとした領域を、奇しくも開示する根拠となったからである[10]」と合田は書いている。土方自身による奔放な『叛乱』の舞踏ではなく、女性舞踊家のつましい最小限の身振りと表情が、土方の表現の焦点として後年の土方の振付にまで引き継がれ、貫徹されるというのだ。

合田はさらに精妙な考察に入っていった。「すべてが克明なのであって、その克明さが透明で沈静な肌合いを完結させたのだ。バンザイ女も嫁も、この肌合いを揺さぶって、この作品の沈静の度合いを確かにするための存在であったともいえる。しかしそのような存在に成ること自体は、当時の踊り手一般にとって至難のことであった[11]」。それには踊り手の資質と表現を一致させる作舞の理念と方法論が必要である。また踊り手自身もみずからの肉体を強固に意識化することが必要となる。やがて土方自身も、土方の周囲の舞踊手たちも、経験や省察を重ね、そのような方法論や意識を鍛えていったにちがいない。しかし踊り手の〈意識〉はけっして完結されはしない。そもそも肉体の刻々の変化を完璧に意識の鏡に映しだすことなどできない。したがって「舞踏は空白のある生を空白のある肉体でもって踊ることなのかもしれない。そして、佇むに始まり、佇むを連ね、佇むに終るのかもしれない」[12]。肉体と意識とのあいだには葛藤、間隙、亀裂が消えることがない。

『バンザイ女』と『嫁』に出演した音来サヒナの「恥じらいの資質」に土方は着目したと合田は推測している。この資質は次のようなことを意味する。「いわゆる表出を打ち消し、拡散させ、自らの肉体を積極的に退行させてゆく（身を縮める）この習性は、それ自体、空白部分の存在を知覚していることである。また空白部分と空白でない部分とが微妙にバランスをとっている結果としての充足とも恍惚ともいえる状態ではないかと思う。だからこそ、現実的な身体や身体表現は突出することなく、周辺の状況（条件）を受容して静穏な存在となるのである」[13]。こうして女性舞踊家は、ただ受容し、かぎりなく貪欲に受容する。そのためには身体における空白のバランスを、精妙に計量しなければならなかった。

　この舞踊家は、「現実からの刺激すなわち経験を知覚化してしまうといい換えてもよい、経験、この現実の形を微塵に粉砕して粒子と化し、その粒子で肉体を充たしているといったタイプだ。そのような肉体がその肌で接する時間、空間は青空、雲、風、雨そして太陽や星に属するものであろう」[14]。こうして「恥じらい」は資質であることをこえ、法外な受容の能力と化し、与えられた現実を変形する方法となる。「恥じらいや身体を縮める習性は、時空間のかけ離れた支点から困難をおして現実に戻る物腰ともいえるようにも思う」。土方巽の表現の隠れた中心をとりだそうとする驚くべき精妙な指摘である。もちろん、このような合田の思考そのものが土方の舞踏によって触発されたにちがいない。そしてこのような〈批評〉そのものが土方の表現を微粒子に解体して「受容」し、新たに現実（そして自然）に接続している。

「現実に戻る物腰」という言葉も印象深い。それは土方巽の表現の中心にあった現実主義、あるいは即物主義に注意をうながしているのだ。土方の表現の中心にあったのは神秘でも超越でも破壊でもなく、あるマテリアリズムであったということを示している。ここではこのマテリアリズムは、ある女性的なものに、〈受容性〉に、空白の計量に、与えられた現実の変形にかかわる。このようなマテリアリズムは、やがて『病める舞姫』という実験の書にあますところなく注ぎこんでいくのだ。

3　『肉体の叛乱』

まさに前衛の祝祭のようだった『肉体の叛乱』（一九六八年）については、さまざまな評価がおこなわれてきた。合田自身も引き裂かれていた。この上演が、「まさに肉体の叛乱として騒がれ、あるいは日本回帰と中傷されたり、賛美されたりしたときも、私は容易にどちらにも与し得ず、彼が彼自身に立ち戻ろうとしている宣言と受けとめたのであるが、それも二作品（『バンザイ女』と『嫁』）の持っていた自然な呼吸、土方巽がほっと息をつく場所を知っていたからだ」[15]。フランス文学の異端の作家たち（ジュネ、ロートレアモン、サド……）に大いに共感し、前衛として走りつづけた六八年までの土方について、「彼の

『肉体の叛乱』(1968年)馬鹿王の行列。左ページ・模造男根を装着して踊る

肉体は、さらに疲労度を増し、遂に彼の踊りが表現を失して、ほとんど戸惑いの状態にあった[16]」という合田の辛辣な回想も無視することはできない。

舞台美術を担当してこの上演に深く関与した中西夏之は、土方が最初に作品のイメージを語った言葉を記している。「薊《あざみ》、猟犬、風の翻訳者、最初の花、犬の歯、犬の歯は燃えている、鐘、馬の背に蓋をするもの・鞍、共同の食事、十七歳、蛙、歯型、朝鮮薊、硫黄、回虫、笑い声、沸騰、恋の球体、トマト、大ホーズキ、朝鮮朝顔、空想的な飲物、櫛、温室、甲冑の虫、天道虫……[17]」。その舞台には、中西の考案した六枚の真鍮板(二・四メートル×一・二メートル、厚さ一・二ミリ)をはじめ、リヤカー、乳児用ベッド、蚊帳、発動機、理髪店のアメン棒、ピアノ、模造男根、模型飛行機、ロープ、ふいごなどの道具が生きた豚や兎や鶏とともに登場し、会場入口には白馬がつながれて観客を迎えた。

まず「馬鹿王」として登場した土方は、ブロンズ

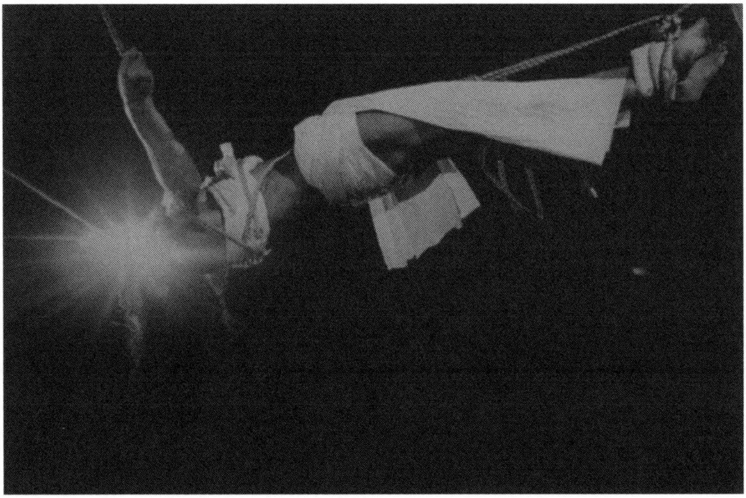

『肉体の叛乱』キリスト昇天のラストシーン（撮影・中谷忠雄）

の男根をつけた裸体の場面も交えて次々衣装を変え、男として女として踊り、少女や水兵やフラメンコダンサーなどに変身し、最後はロープにつながれて、観客の上を昇天し舞台に戻って終わった[18]。

岡田隆彦は、この上演についてこう書いた。「もちろんこれはひとつの根源的な行為の開陳であって演劇ではないが、その源初的な身振りが固有の影としてきわまり、それゆえにこそ無限なひろがりへ反響しつつ、現実世界の頂点で起爆力を占有するとき、アントナン・アルトーとともに錬金術と相似する演劇のエレメンタルな性格を思いおこすことである[19]」。岡田はアルトーの『演劇とその分身』を想起しているのだ。そして最後にはこう書いている。「ほかならぬ目的としての舞踏を、アルトーの感動とともに意識して考えてみるなら、土方巽のそれが一〇年という充分なワン・サイクルを経て、ひたすら核心に向かおうとする激情ゆえに疲弊してしまったことを思わずにはいられない[20]」。この否定の影を含んだ複雑な感想は無視できない。

どうやら『肉体の叛乱』は、アルトーの演劇論を知るものにはこれを連想せずにはいられないパフォーマンスだった。この公演と同じ年に細江英公は、土方を被写体として、やがて『鎌鼬《かまいたち》』として知られることになる一連の写真を展示したが、これに寄せた種村季弘の一文が、そのまま『肉体の叛乱』の上演パンフレットに収録されることになる。この一文はおそらく土方の構想も、また観客の印象も大いに誘導しうる内容をもっていた。「凶兆をはらんだ暗黒の空の下をなまめいた女の薄物をひるがえしながら、狂気のヘルマフロディトスが魔のように疾走する。風景は卵形にたわみ、中心に穢された白い肉体が胎児の姿勢で跼蹐したまま大地母神の凌辱におののいている」(21)。ローマ帝国を破局的な無政府状態に陥れたシリア出身の少年皇帝ヘリオガバルスを想起させる始まりである。アルトーはこのヘリオガバルスを主題に小説を書いたが、彼の提唱する「残酷劇」の〈モデル〉としてこれを書いたのである。

さらに「ロシア革命の発火点はニジンスキーの肉体にあってレーニンの脳髄にはない」と書く種村は、逸脱するエロスによって革命を挑発する扇動者として土方巽を描いているのだ。そのような舞踏家は、種村の文章で「両性者」「畸型の子」「シャーマン」「徒刑囚の肉体」「ポリオ患者」「操り人形」「白痴男」「天気男」「馬鹿王」などと次々名前を変え、「肉体のバスティーユ監獄」から「労働と能率の囚人」を解放する暴動を、「集団狂気舞踊」を指揮するはずなのである。一九六八年という世界的な叛乱の時代の〈渦中〉のパフォーマンスとして、その怒濤や熱気に波長をあわせた作品を土方は構想したにちがいない。しかし、そういう作品が「土方巽と日本人——肉体の叛乱」と題されたのは首を傾げさせる。

前衛か技術か

1 〈技術〉という問題

『肉体の叛乱』（一九六八年）を見た何人かの観客は、そこに土方の表現の「疲弊」や「荒廃」や「誇示癖」を見て辛辣な批判を書き残している。「最大の駄作」（刀根康尚）というような酷評さえあった。種村季弘の華麗な檄文とともに挑発と逸脱の儀式によってたくさんの観客を揺さぶり、前衛神話を定着させたと同時に、どうやら『肉体の叛乱』は土方の表現の曲がり角を示していた。合田成男はそれを「大胆な屈折点」と呼んだ。「具体的には彼のなかで抽象的にしか存在し得ない西欧を切り捨て、自らの変革を期するということであったようだ。その舞台で彼は彼の傲慢さや卑猥さや、惨虐さなど彼自身のすべてを曝し、またワルツやポルカ、スパニッシュなど西欧の舞踏をその音楽とステップを明らかに外して延々と踊ったりした」[1]。合田はまた別の講演で、自分の身に受けてきた西洋の音楽や舞踏やその観念を「全部拒否して一回吐き出し」、「全部崩していく作業」を土方は試みた、と総括している[2]。こうして

次ページ・映画「臍閣下」（監督西江孝之、1969年）、土方巽の踊りのシーン

土方巽は西洋の影響を脱し、ついに「日本人」になろうとした、というわけである。

「チグハグな舞踊はわれわれのなかに深い倦怠をもたらせたのである。この後半の舞台の荒廃は、もうそれを収拾するどのような手段もないだろうと思わせるほどで…」。[3] 前にもふれたように『バンザイ女』や『嫁』のようにめだたない小品に土方の表現の隠れた中心を見いだしていた合田は、『肉体の叛乱』ではなく、それ以降の「四季のための二十七晩」や、土方が振付だけに専念するようになってから結成した芦川羊子を中心とするグループ〈白桃房〉の舞踏のほうに高度な技術的達成をみることになる。そして合田の観察は、ますます土方の「舞踏」に、その技術的洗練と完成のほうに絞られていった。とくに土方の死後には、「技法を明文化すること」という課題にますます注意を傾けるようになった。

たとえば「がに股」の技術について、合田はこう述べる。「土方舞踏の技法の根幹はがに股にある。もし日常の一般の体位に水平線を設定するとすれば、土方舞踏手たちは水平線下十五糎の存在となる。縮んだ足の外側で立ち、緩んだ膝、股間に腰を降ろす。腰の上に脊椎を立てる。この最も基本的な直立の姿勢でも、われわれの日常にないバランスのための意識や努力が必要となる。それはわれわれのからだの機構と機能の再構成に連なることである。そして、このようなからだには自ら日常のからだにはない表情が宿る」。土方巽は、このような「がに股」の技法を、鯨の「あの大きなからだのなかのメカニズムの正確さ」に重ね合わせて考えていた、と合田は証言している。[4]

合田は「舞踏の動詞12」というような文章でも「沈む」「浮く」「漂う」「縮む」といった動詞に対応する舞踏の技術について書いている。[5]「がに股」の技術は「足の裏の外側から次第に足の裏全体に何千、何万の、無数の支点のあること」の発見とともにある。「足の裏の支点の変化から腰にかけての微妙な揺れや、顔の演技を決定的にするため、背骨を湾曲させるその度合」[6]などが、「沈みながら浮く」という両義的な所作を可能にし、「空気」の感覚に呼応して踊ることを可能にする。とりわけ芦川羊子という舞踏手によって体現されたこのような技術に対する合田の観察は精細で美しいが、彼みずからが「舞踏の動詞」の末尾で「適確な論理を展開することができず、極めて主観的な、安易なものとなってしまった。このような技術面からの企画は、舞踏家はもちろん関係者、多くの人たちの力を借りるべきだ」と記して終えている。舞踏の技術への合田の関心は「土方舞踏を抽象的に記述することはほとんど不可能といえる」、「さらに時代（現代）と対照させて論議することはもう無意味に近い」という感想とともにあって強い必然性をもっていた。[7]合田にとって、抽象的観念でも時代の表現でもないところにある舞踏の本体とは、ある特異な技術の体系でなければならない。といっても舞踏の技術を完璧に確立し説明することはきわめてむずかしく、この困難には何かしら本質的なものがあった。

　土方の達成した技術なしに舞踏はありえなかったが、そもそも技術とは何かという問題はどこまでも解決しがたい。これは〈芸術〉とはけっして〈技術〉そのものではなく、技術を必要とすると同時に技術を斥けるものでもあるという逆説にも直結するのだ。

　土方自身は晩年に「技術」についてこんなふうに語ったのである。「技術というのは何かを表現するために練習をする、まぁクラシックバレエとか日本舞踊とかですね、そういう技術もありますし、技術の問題じゃない、技術の生まれてくる、その場所が問題なんだということもありますね。あいつは胸で話をするとか口先でものを言うからすぐかき消えてしまうんだとかその人の言葉があるんですが、技術もその通りで、どこから生まれてくるのかも大事なんですが、その場所ばっかり言うのは、どこからというところに問いかけがあって、技術というふうに独り立ちしていかないのです[8]」

　したがって私の関心が少々逸脱しており、恣意的であるにちがいないにせよ、舞踏家、芸術家という範囲をはるかにこえて開かれていた土方の存在を私は忘れるわけにはいかない。『禁色』から『肉体の叛乱』にいたる舞台を発想し上演しつづけた土方の、ほとんどアンチ・ダンス、反技術的ともいえる行動と表現も、彼の時代性や抽象性も、そして彼の生きた日常のディテールさえも、合田の注目した土方の知られざる傑作（『バンザイ女』『嫁』）や精緻な技術的洗練という面と同じように、いまも私の興味をひくのだ。また美術家や詩人など、たくさんの才能を巻きこんだコラボレーションという面も土方の表現の重要な枠組みでありつづけた。

　たしかに土方巽という全存在が、しだいにある根本的な変化を生きたにちがいない。それは「叛乱」「反逆」「倒錯」を強く意味する初期の文章から、『病める舞姫』や「風だるま」のような講演にいたる全集の文章を読み進んでも明らかなのだ。たしかに後期の土方は、東北で生まれ育った子供の身体に折りたたまれた、自然から村落や家にいたるあらゆる記憶の襞をつぶさに精査するかのような作業をとりわけ『病める舞姫』で実践したのである。土方の舞踏の探求においても、この方向はますます強いモチーフになっていった。けれどもじつは何ひとつ切り離すことはできない。土方が強い影響をこうむった西洋の文学、芸術、とりわけ異端の作品や実験的前衛的表現と、日本的身体の再発見とは同じ心身のなかで、最後までみごとに混成してカオスをなしていたと思えるのだ。

　いまさらながら、私には「行動する詩」（poésie en action）というような言葉が浮かんでくる。「詩人はもはや行動にリズムをつけるのではなく、前に進むのです」というランボー十六歳の手紙から私は思い浮かべたものか（ランボーも宮沢賢治も、土方と友人たちの歓談で何度でもめぐってくる話題の的だった）。ランボーはもはや「行動」ではなく「前進」だと言いたかったのだが、土方について「行動そのものとしての詩」というふうに発想してみることは無意味ではない。土方の言語的詩的才能は驚嘆すべきものだった。しかし舞踊の才ばかりか詩的言語を巧みにあやつることもできたというような次元のことではない。土方の言葉と〈ポエジー〉は、もっと根源的な次元で作動して、言葉もダンスも生活も貫通するような〈行為〉だった。

2 詩的実験

土方の発表した最初の文章といわれるものを読みなおしてみよう。「社会の糾弾によるペッティングの実技明細目録を附録している永劫組合の発刊による不安な著書の中のひとりでに開く頁には密告された吐息が記号の斬首に挟まれて並立されて居ります。その—下の「災害係数」は対象を得る為の夥しい動詞の死によって組まれて居る様に、あの危険な美質を受取る為の私に選ばしめた種々の仕草を想起させるのですがこの吐息が純粋な仮象にくちづけさせる命令行為を手堅く悪の効用に変質させる巨大な化物の支配下に置く時にあの熱いリアリテが生れ落ちるのです[9]」。慣用的な美辞麗句や散文的な説明は皆無で、冒頭から挑発的な語彙がひしめき、過剰に饒舌でありながら、しかも断絶や屈折に満ちた文章はすでに土方独自のものである。ここにはたしかに多くの詩もあり、反逆や逸脱やエロスの所作や誘惑もある。濃密な詩的パフォーマンスも含まれている。多くの現代詩を愛読し暗唱もしていた土方だが、彼の行動の、生き方の原理そのものが詩であった。私は誇張しているのではないし、彼が生きながらの詩人であったというようなことを言いたいわけでもない。彼の詩はこのような逸脱の、断絶の、屈折の詩であり、それが表現の中心をなしていた。彼が生きながら実践したのは、そのような〈詩〉であった。

　このマニフェスト的文章で「組合」「社会」「災害」というような言葉にどういう圧力や変形がおよんでいるかにも注目しよう。「ペッティングの実技明細目録」「純粋な仮象にくちづけ」のように笑いを誘うエロス的表現の活力に社会的な用語はさらわれていく。彼自身の資質をシュルレアリスムやフランスの詩や日本の現代詩にぶつけながら、土方はこういう強烈な批判的文体と思考を鍛えていた。

『禁色』から『あんま』『バラ色ダンス』そして『肉体の叛乱』も、舞踊（舞踏）の実験をはるかに逸脱してこのような土方の〈詩〉をまるごと表現しようとして、それを実現しようとしたものにちがいないのだ。詩的逸脱はたしかに詩的意匠をこえて叛乱や批判や挑発の機能を伴っていた。だからこそ「行動のなかのポエジー」とあえて呼んでみるのだ。もちろんこのポエジーは言語として表出され実現されると同時に、言語以前、あるいは言語を排除したところでも表出、実現された。ダンスはこのポエジーにとって不可欠であったとしても、このポエジーはダンスに閉じられたものではなかった。また言語によって実現されるときも、このポエジーははるかに言語の外にむかって意味や効果を広げていた。

　作品のなか、作品を書き、つくる次元では非凡でも、生活においてはまったく凡庸な作家、芸術家とは、それはそれでじつに好ましいものだとしても、土方巽はそうではなかった。彼はいつだって詩的であり、彼の詩を実践するのに忙しかった。「誇示癖」などと呼ばれようと、彼はじつに生真面目に彼の詩を探求し、実践しつづけたと思う。西欧からも日本からも、近くからも遠くからも貪婪に詩的素材を吸収しつづけた。この詩のモチーフはすでに彼のなかに濃厚に資質として育ち、形成されたものとしてあり、まぎれもなく彼のものだった。しかし彼の貪婪に他者から盗み吸収する力も驚異的だった。そして彼のモチーフも問題も、微妙に推移していったのだ。それはやはり私には謎のままだ。

3　慎重な探求

土方巽は大胆な冒険者であると同時に、あくまで慎重な一面をもっていたことも忘れられない。六〇年代はじめの座談会で、寺山修司と同席して意気投合しながらも土方が「密室で肉体をいじりすぎる」という寺山の批難に対して、「おいそれとどこへ開放するのか」と答え、「これはもうすこしストックしてかかる問題だ」とか「破壊行為にたえずかつがれるメカニカルの若さというものをじっくり吟味して疑り深くとり組んでいかなきゃならない」と寺山の挑発には慎重に応答している[10]。澁澤龍彦との対談でも「ハプニングもそうだし、いまの新劇もそうだし、肉体を何かの起爆力として利用する。そこに私はうさんくささを見ますね」と語っている[11]。もちろん、ただ慎重だったのではない。「すぐ自分の外側に砂漠を設定して、水もないなどと言う。そんなこと言う前に、自分の肉体の中の井戸の水を一度飲んでみたらどうだろうか、自分のからだにはしご段をかけておりていったらどうだろうか[12]」という土方は、肉体において潜在的なものに対して、内部の隠れた襞に対していつも極度に敏感だった。この敏感さがたえず変化を要求したにちがいない。

中西夏之はインタビューで、「ついこの前までアヴァンギャルドだった人が、そうでないところまで降りていった。六〇年代、彼はアヴァンギャルドと言っているし、美術の方でもそう見られていた。でも、僕はそうは思わない。あれはアヴァンギャルドが崩壊して、始末に負えなくなって、別なもので修復していかなければならない、そっちの方だったと僕は思っている」と指摘している。[13]『肉体の叛乱』以降の舞踏の大きな変容、そしてやがて舞台に立たずに振付だけを続けたこと、『病める舞姫』への集中、どれも土方の慎重な作法の裏にある「肉体の中の井戸」というような潜在的モチーフを暗示している。そして多くは謎に包まれたままだ。けれども、それはいつか解明される秘密のようなものではない。潜在性は、潜在するからこそ強い動機として作用しうる。そして私たちもその動機にふれることによって別の思考や実践をうながされるのだ。

ここまで私は、土方をめぐる合田成男の観察、回想、批評に多く依拠しながら、土方の芸術の変容を、その本質を、重心の移動を再考してきた。私にとって闇に隠れたままの土方のダンスの追求を考えるためには、合田成男の批評の軌跡そのものを読みとくことがとても役に立った。そして合田の貴重な業績と、その〈舞踏観〉を紹介すること自体も私の課題となった。総じて熟成した回想のなかで合田が把握してきた土方の探求は、種村季弘や澁澤龍彦らのつくりあげたような衝撃的、倒錯的な前衛のイメージからかなり隔たりをもっている。『禁色』から『土方巽と日本人』（『肉体の叛乱』）までの九年間は技法（肉体）に重心がかかっていた。いわば想念が奔流して現れるような身体の様態、情念的な表出に拠っていた。暗黒舞踏を名乗った時代でもあり、なによりも既成のモダン・ダンスの否定という現実的な行動も主眼となっており、速戦即決といった性急な作品が多かった」[14]。土方の〈前衛神話〉に明らかな距離をとっている合田は、だからこそ「技法（肉体）」ではなく「技術（身体）」に重点をおくという。ここでも合田は独特の用語法を設けているが、彼にとって土方の舞踏が〈前衛〉から〈技術〉へと重心を移していったことは一大事件だったのだ。そういう技術の探求は、とりわけ『肉体の叛乱』のあと「四季のための二十七晩」（一九七二年）のシリーズで、そしてその後の〈白桃房〉の振付において「システムとして花開くのである」。それはおのずから日本的身体の技術（システム）の探求になっていったが、それにしても「日本的」というような言葉を、その意味を問わないまま不用意に用いるわけにはいかない。

「四季のための二十七晩」の最初の作品『疱瘡譚』は、完全な映像記録（大内田圭弥監督）を見ることができる。土方はそのなかで長い「癩者」の踊りを踊った。市川雅は「混とんとした身振りが一度に肉体にとりつくと、こういうことになるのかと思うのだが、肘は屈折し、目は虚空をにらみ、手首はだらりと下がり、膝は宙に漂っている。肉体の諸部分が絶えずあらぬ方に走りかねない不均衡を示しているにもかかわらず、その不均衡を自身の肉体のなかに包み込むことは難事であり、土方ならではできないことである」という舞台評を記し、「肉体の技術と主題がまったく分離しがたく結ばれている」[15]と讃えた。

同じ場面について合田の観察はさらに微細である。「このような状態の絶頂は、起とうとして床に落ちたそれまでのリズムを打ち破って、突然、ぐらりと仰向けに倒れたときに立ち現われる。上向くことを忘れてしまった首（頭—つむじ）から曲折した背骨、開かない（伸びない）腰、脚、さらに内側へ湾曲した足、このようなからだに長々とねそべる快楽は許されはしない」。「そこでは、わずかに手と足の指が空しくうごめき、指自体の意志を示すのだが、その部分の動きは頭と脚を宙に浮かせたからだの均衡の絶対的な強固さを拡大させて見せるだけである。いい換えれば、それは動かし得ない凝固した肉体であり、肉体における終着であるのだが、そのとき、このどん底の状態を栄光に反転させた行為こそ肉体の凝固を裏切る体の、深く、無音のあくびなのである[16]」。ここで精細に観察された舞踏の技術は、合田のいうところの「聖なる行為」の技術だったのである。

たしかにこのような「技術」の探求は、晩年の土方の「衰弱体の採集」という課題と一体だったにちがいない。『病める舞姫』はそのような「採集」の果てしない作業であり、それ自体が言葉の〈上演〉であり、とりわけそれは東北に育った子供の身体に折りたたまれてひしめく記憶の採集を通じておこなわれた。そのような探求と採集は日本的身体や身振りへの〈回帰〉のようでもあり、土方巽の作品は西洋的前衛や実験から離れて日本に集中していったかにみえた。合田のように技術のシステム化を本質的な問題と考える立場からは、この〈日本回帰〉は文化的なアイデンティティやナショナリズムのような理念的レベルにあったのではなく、あくまで日本人の身体のリアリティを技術的に探求するものであっただろう。そのような技術は身体の具体的所作を探求し、これに密着しながら、その事実自体を表現するものでなければならないだろう。

『疱瘡譚』を見た郡司正勝の観点は、少しニュアンスが異なっている。「土方の前こごみになる姿勢は、恥ずかしさにはにかみ、優しさの極をみせるが、その途端、地獄から吹いてくる風が、骨のきしみを奏でる。骨寄せの優雅な手先は、霊妙な音楽となって立ち昇る。そこには、世の常の肉体の修練と言うものがない。表現、素材と言った肉体の修練を無視した骨身が呼んでいる動きがあるだけである。修練、積み重ねといったマヤカシがない[17]」

要するに、そこに高度な技術的達成があったにしても、それは通常技術といわれ、修練を通じて獲得

次ページ・2点とも『疱瘡譚』（1972年）の
土方巽（撮影・鳥居良禅）

されるものとはまったく次元が異なっていることを郡司は指摘している。それはいわば「彼岸の」技術であり、技術の「彼岸」なのだ。そのうえで郡司は『疱瘡譚』の印象を「古典」と呼び、「東北の原日本人」と呼んだりもしている。いずれにしても、土方が達成した技術とは異様な技術であり、ただ彼の本質的な探求と密着し一体であるかぎりにおいて意味をもつものにちがいなかった。そして「日本回帰」さえも、そういう本質的探求のひとつのあらわれにすぎなかったと思われる。

土方はたしかに次のような発言によって〈回帰〉の理由を示唆してもいた。「〔外国の場合は〕体に対して指揮者がいるんです。生きていることが体に指揮してカーッと出てくると物体になってしまう。ところが日本人の肉体というのは、無数の指揮者に指揮されていて雑音を持っているんです。だからいいハーモニーができるわけだ。日本人は雑音だけですばらしいハーモニーを作ってしまう」。心身において中心化されない構造と、たくさんのノイズの知覚が問題になっている。「むかしは、霞かけたり、日暮れ時に日本人の肉体を捉えたりですんだけれど、そういう断層だけじゃだめだ。日本人の体をもっと剝製体にすべきだと。かつて飛んでいたものをさらに飛ばせるために、一度体を剝製にして、それには日本人はうってつけの体だと思うんですね。昔はガニ股でやってきたけれど、最近はちょっと趣旨変えて剝製のほうへ行っちゃった。かつて飛んでいたものを体に回収しようかと思ってるわけです[18]」。土方巽特有の、問題提起のための突飛な語法で語っているが、これは『病める舞姫』で精密に探求された世界と肉体にかかわることでもある。

輪郭がなく果てしなく流動する生命の知覚に、日本の、アジアの身体はより開かれてきたかもしれない。西洋の身体ははるかに規律化され、秩序や制度や形式や輪郭のなかに固定されてきたかもしれない。

しかし、そのような日本的身体もアジア的知覚も自然の所与ではなく、すでに失われた世界のものであるかもしれないのである。もはや世界のどこであろうと、そのような身体のノイズもノイズの知覚も、輪郭を斥けるたえざる流動も、探求し発掘しなければ獲得されることはない。土方巽の生の軌跡において西洋／日本（アジア）の対立はまだ深刻な緊張や葛藤を迫り、探求をうながすものでありえたが、私たちはもはや同じ地勢的状況に生きてはいない。そして土方自身もけっして日本を特殊化し特権化しようとしたわけではない。次のような発言はむしろ日本性を普遍的位相においてとらえている。「東北歌舞伎ですが、イギリスにも東北はありますからね。暗黒なんて世界じゅうにあるんじゃないですか。思考することが闇なんですから。何も考えないことにあっさり慣れたら、そのために究極的に考えるわけであって、何も秋田県の一地方を指さないんですね。ただ非常に妙なところであることは確かです」。「北一輝なんか、日本をいきなり飛び超えたヴィジョンを持ってしまう。宮沢賢治もそうですね。〔東北は〕大きい飛躍を捏造する風土としては最適な、物をある程度凍結しておくにはいい温度ということがあるのかも知れません」[19]。土方が〈日本〉と呼んだものは世界のいたるところにあった。しかしそれを土方は日本に発見したのである。そしてこの日本はけっして抽象的な観念や同一性ではない。それは何よりも身体の細密な過程として思考されていた。

4　自己のテクノロジーとして

たしかに舞踏の〈技術〉は、日本の自然や生産様式に従って形成された生活習慣や体形や身振りに密着して探求されることになった。そもそも芸術とは技術にほかならず、描いたり踊ったり書いたり、音楽を奏でたりする技術のことにほかならない。そのために精神を集中し、身体を操作する技術にほかならない。しかし芸術はたえずそのような技術を変容し、革新し、また技術それ自体の革新は、写真や映画の技術のように芸術自体を大きく変えることもあった。二十世紀にはとりわけ新しい技術、メディアの登場と連動して芸術と技術そのものの関係自体も激変したといえる。その結果、逆に技術の介入などいっさい斥けるかのような奔放な芸術表現も、また他方では機械技術と一体化したかのような非主体的創造も出現したのである。芸術そのものの概念も変容し、これにつれて技術の規定も、芸術と技術の関係も変容し複雑化して新たな問題になったのである。

たとえばミシェル・フーコーの後期の思索では、技術は道具や機械とともにある技術の次元を離れ、権力や統治の技術（テクノロジー）として、ひいては〈自己なるもの〉の形成や自己をめぐる関係や配慮のレベルでも問われるようになった。そのような文脈に照らすなら、ダンスさえも、踊る身体をめぐる自己のテクノロジーという側面をもっているのである。舞踏の「技術」も、そのような文脈におけるテクノロジーとして問うことができるのだ。このテクノロジーは、それぞれの時空における存在と生存の様式にかかわっている。

後期の土方の活動がますます緻密な技術的洗練、システム化、形式化にむかうと同時に、東北の身体（衰弱体）の探求であり、回帰であり、再発見であるような道を歩んだとすれば、日本への関心もこれに密着し、けっして抽象的なドグマの次元ではなく、あくまで身体や身振りや知覚の具体的なレベルにあったにちがいない。

ある地域（たとえば日本）の芸術表現は、地域に固有な（日本的な）ものを含んでいなければならないだろうか。いまではどのジャンルでもアーティストは必ずしも日本を意識することなく、いきなり普遍的なコンテクストで表現することができるようになっているといえる。しかし一方では、西洋で表現するアジアのアーティストは、多かれ少なかれアジア性の表現であることを要求されてもいる。そしてもちろん西洋の影響の外に出ること自体が、アーティストの表現の強いモチーフにもなりえてきた。この状況とモチーフはまだすっかり消えてしまったわけではないし、西洋外の芸術表現にとって、あいかわらず強い葛藤の理由になりうる。さらには地域に固有のものといっても、それをいったいどこに見いだすのかという問題がある。伝統、文化、歴史のようなマクロなレベルに見いだすのか、それとも「日本」や「東北」といった固有名さえ受けつけない微細な感覚や所作に見いだすのか。そしてもちろん両方の次元は、いつでも相互浸透しあうのである。

　最晩年にも、私のようなフランス帰りの駆け出しの研究者から、新しいアルトーのイメージや思想の新潮流について熱心に話を聞きだそうとした土方の一面もあった。「器官なき身体」のような概念にはたちまち鋭く感応し、すでに彼の思考の深部に潜入していたアルトーが、ふたたび彼の思考の地表でうごめきはじめた。私が批評活動の出発点として書いた小林秀雄論はまったく両義的なもので、一連のドストエフスキー論にいたる小林秀雄の西洋と日本、精神と肉体、革新と伝統、個人主義と社会性の相克するまさに「十字路」において近代的批評の道を切り開いた小林を高く評価しても、そのような十字路の葛藤を脱ぎ捨てたかのように美学と伝統のほうへ閉じこもってしまった戦後の小林には、まったく否定的な評価を与えたのである。小林秀雄をよく読んでいたはずの土方は、私のこの極端に両価的な小林論にも驚くほど敏感に対応した。そしてあらためて小林のどこを評価するか、どのように読みあらためるかをいっしょに問いつづけたのだった。

そのダンスを見たことのない「絶後の」ダンサーである土方、そして時代の渦のなかで生き、荒々しく渦を掻き立て、やがて時代から距離をとるようにしてひそかな探求に重心を移していった土方の軌跡はおぼろげに察知しただけで、彼の舞踏についても、舞台を去った経緯についても、技術の問題についても、日本回帰のことも彼自身からほとんど聴いたことはなかった。そもそも彼は彼自身のことを、彼の問題をあまり語らなかったのだ。しかし本質的な関心を韜晦していたというわけではないだろう。むしろ彼にとって本質的なことだけを真剣に語りあおうとしていた。舞踏よりも本質的なことがあったということではない。彼は次の舞台を準備し、復帰しようとしていた。アルトー論がそのテーマになると口にしたこともあった。しばらくするとやっぱりアルトーはやめにして、ドストエフスキーにする、などと翻した。

舞踏は彼にとって本質であったが、たしかに舞踏をこえて本質的なものがあった。舞踏はその本質に開かれていたにちがいない。もっとも本質的なアーティストにとって、アートはけっして自己目的ではない。作品という概念が否定されるほど作品は外部に開かれている。その外部にあるもののほうが重要だということだ。その外部に触れるために作品は必要であり、技術も必要となった。しかし作品よりも技術よりも、もっと本質的なものはその外部にある。そういう外部に触れるような作品は超越的、侵犯的であるよりはむしろ凡庸な、簡潔な表情をもっているようだ。ジャコメッティ、ベケット、フェルナンド・ペソア。そして『病める舞姫』の土方巽。もっとも本質的なアーティストは、自分のアートに対してそのような〈弁証法〉をつくりだしている。凡庸に、簡素に、過不足なく作品それ自体であること。しかし（そして）作品よりも重要な、作品の外部があること。ジル・ドゥルーズと哲学の関係にしても、そのようなものだった。土方巽の舞踏にもそのような弁証法があったのではないか。弁証法というような重々しい言葉ではなく、たんに両義性と言ってもいい。[20] したがって、後期の土方巽が舞踏の技術的完成をめざしたということを私は理解しつつも認められないのである。むしろその「技術」を、ある存在のテクノロジー、生存の様式として問わなければならない。

中西夏之のほうから

私はこの画布の前にいる。しかしこの画布はどこにあるか？
それは無限遠点から計られたここにある。
だから画布と自分の足場の連続性も疑われ、揺れ、分解する。
（中西夏之、二〇〇三年一月個展「弓形が触れて」パンフレット）

1　モノとアナロジー

前にもふれたように『肉体の叛乱』（一九六八年十月）の舞台のホリゾントには、六枚の真鍮板が吊り下げられ、舞台装置の中心を占めていた。これを考案したのは画家の中西夏之であり、『肉体の叛乱』を土方・中西というふたりの表現者のコラボレーションという角度からみるなら、おのずからこの作品の含む別の位相が浮かびあがってくるようだ。

当時のアヴァンギャルドの権化のように思われていた土方に対して、「あれは、アヴァンギャルドが崩壊して、始末に負えなくなって、別なもので修復していかなければならない」という辛辣な指摘も後で中西はしている。「人間を考えたとき、染色体や分子構造のメカニズムとか、それを神の手に委ねるとか考えることができるけど、もう一つ、人間はガス状で、輪郭のみある、という意見にも僕は賛成なの。土方さんも賛成だと思う。六〇年代にあった、人間が解体されているという素朴な意味での物体と

次ページ・『肉体の叛乱』（1968年）、
鶏が吊るされた真鍮板と土方巽

いうレベルでは、今はないよね[1]」。いわば素朴な実在主義にもとづく前衛的表現（解体や破壊）を批判するこの指摘は、肉体、物質について彼らがどう考え、どういう実践をしたかにもかかわることだ。中西夏之の思索や記録を通じて、そのことを振り返ってみよう。これには中西の絵画におけるその後の探求の軌跡を無視するわけにはいかない。土方との共同作業が中西の絵画にどう反映されたか、かなり精妙なやりとりがあったことにも注目して考えてみたい。

『肉体の叛乱』の舞台に戻ろう。「縦２４００ミリ横１２００ミリ厚さ１・２ミリの真鍮の板は一本のピアノ線に結ばれて吊られているので、その自重によって静止していることがなかった。だが、いつもせわしなく廻転していたわけではない。真鍮の板の重さが細いピアノ線をゆっくり捩り、それに連れて板は身を斜めにし、一本のピアノ線につながった一本の垂直線になり、再び斜めになって裏側をわずかに見せ、逆方向に廻転する。完全な正面を向いていたと思うと正面性をよけ、光を強く反射して、わずかに奥行を見せる[2]」六枚の金属板はすでに自立して、ただならぬ存在感をまとっている。それ自身が生きた不穏な踊り手であるかのように。位置を変えて一本の垂直線になったときには、抽象的な線となり、一瞬消えてしまったかのようだ。

「それぞれの局面の一つには、ある時、例外的に廻転を止めてしまったこともあった。それら全ての局面において、反射する光が、それぞれの身の処し方に応じて、現われ、消え、密着していたのはいうまでもない[3]」。発光体であり、光を呼吸する物体としての真鍮板は、たえず揺らぎ、消え、反映し、反映を送り返し、変容してやまない。

二〇キログラムの真鍮板は、ひとりの男がもちあげられるほどの重さであるが、それは平たい器に注いだ水のようなもので、「水は広い面の中をいろいろな場所に移動し、タライの重心を移り気なものにしてしまう」。「この平面は撓い、身を捩らせて持ち手を手こずらせ、鈍い音響を発する」[4]。この金属板は水のようにしなやかで、扱いがたく、抵抗しつづける。光だけでなく音を発する。気流を反映して撓み、震える。

しかし「このように重心を遍在させる真鍮板ではあるが、重心を一点に固定してしまうと、すなわち細い一本のピアノ線によって掲げられてしまうと、素直な性格、受身の性格を現わす。音響も自らの力、重心を移動させる時の力によって発することもない」。「耳をこの吊られた板に近づけてみると、空気の流れを受けている微かな響きが感じられる[5]」

当然ながら、中西の設計では上演中に舞踏手がこの真鍮板に触れることはありえなかった。その運動は「自立したもの」、真鍮板は運動、質、光、音において生きたものであり、これに干渉されるのはむしろ舞踏手自身でなければならない。中西はあえて「モノに触れてはいけない」と言い、土方は「わかった、わかった」と答えた[6]。ところが土方巽は、黄金の摸造ペニスをつけて裸体で踊りだす場面でこの真鍮板にぶつかった。

稲田奈緒美（『土方巽 絶後の身体』）によれば、寺山修司との対談でこの真鍮板がなんであったのか尋ねられた土方は「楽器みたいなもの」と答えた。この答えに中西はいたく失望したというのである。「土方さんは、アナロジーでモノに親近性を持つ方なのね。すると、世界はアナロジーによって成り立つ、というような系統の論者がまわりに結構いる。澁澤龍彦なんかもそう。でもモノは、アナロジーではなくて、差異、違うことによって成り立つんだということが、造形の中にはある。違うということの方が大きい。そこなんだよね。「全部だ」って言っちゃえばいいんだ。あれでもあり、これでもあり。「それは全部だから、全体が肉体者としての土方のものだ」って言っちゃえばいいのに。楽器と言うと、そっちの方に分裂させることになる。アナロジーで言うと、アナロジーの数が増えるだけだし、それに対する専門家が出てきて分散し始めて、弱まってしまう。アナロジーだと、プライオリティの問題になって、誰が発見したかという問題になってくる」[7]。興味深く本質的な発言だが、稲田によるインタビューの記録には「アナロジー」についてこれ以上の発言はみあたらない。

とにかく土方は、真鍮板の「存在」を「楽器」であると性急に形容してしまった。土方自身も体をぶつけて真鍮板を遊具のように使役し、これと戯れてしまった。中西はそこに「アナロジー」をみた。土方をとりかこんだ博覧強記の文学者たちも、いわば世界を同型的に同じパターンによって認識し、東西古今の書物を読破してきた「アナロジー」の知性であったかもしれない。知識の前に立ちはだかるモノの存在の差異にいちいち敏感に遭遇していたら、そういう知性は成立しない。アナロジー（的知性）はモノの解釈を果てしなく増殖させるが、モノ自体の知覚を性急に超越してしまう。

この「アナロジー」という言葉にはかなり根本的な指摘が含まれていると感じて、私は再考をうながされた。ここで歴然と〈アナロジー対差異〉という対立項を立てている中西の思考と絵画の中核的モチーフにも、あらためて注意を引かれるのだ。もちろんこの指摘は、私にとって何よりもまずひとつの問題提起であって、けっして土方の立場にそのままあてはまるとは思わない。アナロジーにもとづく縦横無尽な発想をしたと同時に、土方はやはりアナロジーを適用できないモノに出会いつづけ、「差異」を思考しつづけた人でもあった。たとえば澁澤龍彦があらゆる場面で華麗にアナロジーを操る知性であったとすれば、私にはむしろ土方の資質は対極にあると思えていた。自分の表現に関しても深い疑いをもち、葛藤的関係を、つまり差異の意識を濃密にもつ人でもあった。

いっそう驚きなのは、中西は『肉体の叛乱』の真鍮板の制作から、彼がその後に追求する絵画のダイアグラムのようなものを厳密な方法として、主題として抽出したということだ。彼はそれをはっきりと言葉に記している。「その後数年を経て、これら舞台上の真鍮板の掲げられ方が絵画及び画布と描き手の在り様を示唆していることに気づき幾つかのデッサンを試みることになった[8]」。これについて中西は次のように記している。

a　立とうとする。

b　崩れる。

c　顫える、そして立てる。

d　ただ立っている。

e　立っている姿勢の向きを、〝真正面として位置づけてくれる拡がりのあるモノ〟が捩れ、廻転しそうになってゆく。だがはじめのうちは右に捩れ、あるいは左に捩れて廻転の方向を決めかねている。その時、そのモノの縁が見え、壁ではなく限られた厚み、それも薄いものだということを暴露してしまう。

f　そのモノの水平な底辺は地表に接していない。上の一点で吊られている。

g　その支点のありか……（を求められるか）。

h　絵画を作るのではなく、ただひたすら、そのモノの前に立つこと、そのための所作。
——背に水、または老人、砂、幼児、を負って——[9]

六枚の真鍮板を、解体された六曲屏風に見立てると、そこには「絵画というもののたたずまいの隠された構造が露呈する」と中西は書いている[10]。固定した壁に描かれる西洋絵画（フレスコ）の伝統ではなく、屏風や襖のように移動可能な、柔らかい支持体に描く日本の伝統を、いわば脱構築するようにして新たな解釈を与えたのである。

キャンヴァスは揺れ、その前に立つ画家の位置も揺れている。そのキャンヴァスに長く細い筆で、ゆるやかに筆触を重ねていく。画家の位置は波打ち際のようなもので、キャンヴァスは広大な海が描く震える弧の接線のようなものである。そういう広大な空間の境界上の、時間の行為として絵画がある。中西はそのように〈正面〉として出現するイメージに連なる無限の延長と、画家の背後に広がる果てしない延長との境界として絵画を構想し、ふたつの延長のあいだの震える境界に絵画の正面性を位置づけた。この震える円弧の構造が、中西の絵画という〈行為〉の時間を一貫して支えているようだ。

同じ文章で中西は最後に、絵画の構造（屏風のイメージ）からもう一度舞踏のほうに戻ってきて、ここでも「アナロジー」を問題にするようにして、こう書いている。

> 「肉体の叛乱」の六枚の真鍮板は、六曲屏風でもあり、解体された屏風でもあり、鏡でもあり、あちらとこちらを開閉する廻転扉でもあり、叩けば打楽器となり、風を送ればヴァイブレーションする

吹奏楽器でもありうるものだ。が、それらすべてであると同時にそのすべてでもない。もしそのような多様なものならば、その各々の属性に見合った職業、あるいは表現が「すべてである」ところの真鍮板の各属性を分かち合ってしまうのだ。或はその各局面の属性に群がり、我さきに所有と、表現の優先権を主張して争い、「すべて」としての真鍮板を粉々に分散し矮小にしてしまう。舞踏者はその争いを止揚し、「すべて」を統合したまま独占すべきである。そのために「すべてでない」と言い切り、すなわち真鍮板から金属性を剝ぎとるべきだろう。そして部分的属性を矮小な表現者に投げ捨ててあげる。舞踏家がすべてを独占するとは、剝ぎとられてなにも無くなったものを所有することである。[11]

ここにはまさに中西の芸術思想の「弁証法」のようなものがある。「舞踏者」はまず「すべて」を肯定し、そのあとには「すべて」を斥け、「無」を手にいれなければならない。しかし絵画も舞踏もそのような「無」をめざすとまでは言っていない。そういう「無」の弁証法にも罠があるからである。しかし全体も充実も斥けなければならない。そういう機敏な方法を絵画に関しても、舞踏に関しても画家は要求しているのである。

私はここからひとつの結論を引きだすのではなく、ただ「真鍮板」をめぐるふたりのアーティストの攻防と弁証法においてまさに震えているものに注目する。

中西は「キャンヴァスがたえず揺れ、ゆっくり廻転すると、キャンヴァスの不安定な位置と、自分がそれに向かう位置の亀裂が大きなものだとわかる」というように、この「亀裂」を、やがて絵画の方法・思想として大きく展開する。舞踏家の「突っ立った死体」の背後に吊られて揺れ、震えていたこの真鍮板にはそれほど豊かな意味が充填されていた。

もうひとつ注目すべきことは、中西の「無」ではなく「空気」の美学である。「肉体というのはバラバラではなくて、肉体が消えても、そこに呼吸みたいなものがある、呼吸は終わっているけど、霊気みたいなものが出ている。中国風の気ではなくてね」、「人間はガス状で、輪郭のみある」というような肉体の認識を土方も気づいていた、と中西は指摘していたのだ。[12] 横尾忠則は少し違うニュアンスで「土方さんは、肉体ではなく、実はそこから抜け出した身体を見ていたと僕は思う」と語っている。[13] 横尾のようにそれを「アストラル・ボディ」（霊体）などと呼ぶと、別のニュアンスが入りこむが、そのような「亀裂」や「空気」の意識はたしかに土方にもあったにちがいないのだ。彼らはたくさんの問題や意識を共有したにちがいなく、刺激しあい、影響しあい、せめぎあったにちがいない。

しかしあたかも中西は、土方の「肉体」から肉の重量や有機性を排除して非身体化し、気化させたかのようである。中西が「ペラッペラッ」の質感やカタチを好むとすれば、土方のほうは「プレス機械でガーンと衝撃を与えて、ガチッと輪郭のはっきりした形が抜ける、それがカタチなんじゃないか」と言ったりする。[14]

「光と闇とか非常にきつい対極がたえず問題になっている土方さんなんだけど、その対極というのは不動で対立するものですね。そこで僕はピンクと緑のように、流動するもの、合体するようでいて、しない、つまりメリハリのない、甘さを持ち込んだんです」[15]という鮮明な対比は、ふたりのアンドロギュヌス（両性具有）という性的特質にもかかわる。『肉体の叛乱』で見せたように両性のエロスを過剰なほど強調し混合し満載した土方のアンドロギュヌスと、ほとんど性的特質をミニマルな曲線や質感にまで還元するかのように中性的な中西のそれとはかなり差異がある。

日本の画家としての中西の追求は、西洋伝来の油絵の技法をいかに脱構築するかという鋭敏な葛藤的意識とともにあった。この追求をただたんに日本的美学の延長線上に位置づけるのはもちろん間違っている。紫、オレンジ、薄緑、灰色のような抑制された中間色とますます白に傾斜する彼の色彩哲学も、優美な柔らかい筆跡も、一見〈純日本的〉にみえるが、その日本は、彼の『等伯画説』をめぐる文章に表明されたように浮遊する「列島」でしかない。

「等伯（達）は、中国大陸から移入された宋元絵画に受動的、ひたむきなまでの受動性で受けねばならなかった。彼等はこの列島の地理を俯瞰しなかっただろうし、出来なかっただろうが、起源というもののないあやうい列島の中、ここが足を支えてくれる処と思うと揺れ、あそこが足場と思えば沈む、そういう列島の中にいるのを認識していたかもしれぬ」。「この列島は大陸から反りかえり、離岸しようとしているようにみえる」[16]。『肉体の叛乱』の真鍮板もまさに「受身の性格」をもち、撓み、揺れ、反りかえる島のようなものだった。さらに中西は、そういう日本列島を不安定に揺れる小船にたとえている。それはすなわち画家の立つ位置（列島＝小船）のことでもあり、キャンヴァスもまたつねに揺れている。この揺れのなかで「水を器に盛り、こぼさぬようにそっと水面をみつめ、移された絵を写すような、受身のひたむきさ」が絵画の方法でなければならない。磐石の基礎ではなく、漂うなかにもささやかな水準器が必要である。このとき「日本」も、伝統への回帰や再生などとはほど遠いかたちで「問題化」されていた。

ところで中西の側から、このように批判を含んだかたちでさまざまな違和感が表明されたのは、とりわけ『肉体の叛乱』にいたる前衛時代の土方の表現についてであった。

一方には、「肉体ではなく、実はそこから抜け出した身体」というふうに、中西が土方と共有していたにちがいない「身体へのまなざし」がある。そして土方はやがて舞台に立つことをやめ、「東北歌舞伎」として実験的な追求を続け、それはますます日本的特性を強く意識したものになる。やがて『病める舞姫』によって、前衛時代とは一線を画すかにみえる微細な、弱く脆い流動的身体の追求に土方は集中していくのである。『病める舞姫』の世界もまた「ペラッペラッ」で「ガス状」のものに満ちているとさえいえる。もはや「アナロジー」ではなく、微細な差異だけが果てしなく渦巻いている、ともいえる。〈肉〉の次元を脱してまさに〈身体〉が問題になったともいえる。

中西は、とりわけ土方との対立においては肉体的な〈実存〉そのものに懐疑をむけていたようだ。そして「アナロジー」を批判したときには土方の「肉体」の意識にも語彙にもおよんだアナロジー的な用法を批判的にみつめたのである。むしろ「空気」や「無」を通じて、「肉体」からも「物質」からも離れた薄い表面に身をおこうとしたようなのである。中西がその後追求し洗練していく芸術は、たしかに肉の影も物質の重量も感じさせない。しかしけっして身体を拒んでいるのではない。また舞踏の肉体から、ただ遠く離れていったわけでもない。むしろ身体の行為に、身体の出来事に、そのたえまない変容や振動のほうに集中を傾けたのである。おそらく中西は土方の〈舞踏〉からも、とりわけ身体の出来事、行為を受けとったのである。出来事、行為はただ動詞であり、けっして無ではないが、実体ではない。むしろ非物質的、非肉体的であるが、これもまた独自の身体の追求であったといえる。

ところでこれは土方自身の問題でもあり、土方にとってもけっして「肉体」は明白な実体、実存なのではなかった。すでに前衛的な時代からこの〈非実体〉の意識を抱えていたからこそ、合田成男が注目したように、肉体の暴力も有機性も斥けるような、さりげない作品もつくりえたのである。そしてその後も大きく深く変化していくのである。土方にとって、中西の場合よりもはるかに〈肉体〉が問題であったことはたしかであるにしても、やはり肉体から身体へと、身体の出来事へと関心を移して『病める舞姫』のように破格の探求に入っていった。中西夏之の驚くべき一貫性からも、土方巽の顕著な、しかしじつは一貫性を内包した激しい変化からも、私たちはたくさん学ぶことがあるはずだ。

2　絵画の戦略

市川雅の記した中西夏之と土方巽のコラボレーションのリストは、それぞれの意匠とともに、この文章自体がほとんどポエジーのようなものなので全部を引用する。

> 六三年の「あんま」で踊り手の頭髪に洗濯バサミを装着してはりねずみのようなヘア・スタイルを発明し、股間に氷嚢を付着させた。六五年「バラ色ダンス」ではコンパクトな卵形オブジェを会場ロビーに展示、招待状のデザインをする。そして、土方巽の片足をピンク色に、大野一雄の片脚を緑色に染める。ダンサー玉野黄市の背中に水化粧で女陰を描き、舞台にビクターの犬を持ち込み、後ろ向きの人体を数人舞台の背景に並べた。六六年「性愛恩懲学指南図絵——トマト」ではミケランジェロ

の「アダムとイヴ」の模写の大画面を点状に消去して指先を残した背景と等身大男子裸体像のプラカードを作る。六七年の「ゲスラー・テル群論」では舞台で踊る土方巽にピンク色のペイントをぶっかけた。六七年の高井富子舞踏会、ガルメラ商会謹製（土方振付）は竹棹で何人かの人数で支えられた移動式背景幕を考案。胸に二つの手鏡を付着させたドレスをデザイン、土方の背中に肋骨が強調された解剖図を描く。防毒マスクと二連式フイゴの胸当てを考案。防毒マスクを装着したダンサーにフイゴの胸当てをつけたダンサーが空気を送る。六八年の「土方巽と日本人――肉体の叛乱」で六枚の真鍮板を一点ずつぶら下げ、床面より浮かすようにした。真鍮板には鶏が一羽くくりつけられていた。この作品で唖呆王土方巽が輿に乗って通路を通って舞台にあがるが、中西は土方用の蚊帳付き輿と豚のための蚊帳付き輿を作り、また兎を頭上高く静止させるためのポールを作った。馬の肋骨およびそれに付着する軽二輪車のエンジン、蛍光燈、床屋の電飾看板……[17]。

市川のエッセーのタイトルが示しているように、土方と中西のコラボレーションは「肉体」と「物」との相克として把握されている。「中西は肉体を包囲、肉体を限定して物質化しようとしており、一方土方は肉体の外延としての物を周囲にちりばめて、物に受容させようとしているのがわかるだろう。物と肉体の対立はやがて融合したり、すれちがったりしながら、混乱を引き起こし、攪拌状態にまでいきつく[18]」

六〇年代の中西は、ハイレッド・センターの〈反芸術的〉パフォーマンスに参加し、舞踏家たちとのコラボレーションにも精力を傾けるが、そのような前衛的時代のあとでは、とりわけ絵画の探求に集中していったようにみえる。土方が『肉体の叛乱』の後に歩む道とそれを対比しても興味深く、さまざまな想いを喚起されるが、中西の足跡における絵画と前衛（反芸術）の関係もじつに入り組んでいて、性急な批評によって核心をとらえることはできない。土方の荒々しい前衛的実験に同伴した中西はさまざまなオブジェ、装置を考案しながら、舞台空間で造形と色彩の探求も続けていたのである。そして『肉体の叛乱』のための真鍮板という装置が後の中西の絵画にとって繰り返し反復される原型的装置になったことは、すでに書いたとおりだ。反芸術的パフォーマンスとみえた数々の実験的コラボレーションによって、たしかに中西は芸術が生成される制度的美学的空間をほとんどゼロ点に還元する思考実験をしたにちがいない。

もともと中西は藝大を卒業した時代から、「韻」と題されたシリーズで、砂を混ぜた白いペイントの地にひたすらT字型のメカニカルな痕跡を配置していく平面の作品をつくりつづけていた。絵画の具象性にも、あるいはアンフォルメルな抽象性にも批判的なアイロニーがはっきり表出されている。傷跡やうごめく昆虫のようなT字型の群れには、ある有機性や物質性の表情も含まれるが、奇妙に静謐な、しかし中心や深さを拒否する表面性がかなり徹底して実現されていた。この「韻」のシリーズの核心は、後年の絵画においてたしかに「韻」を踏むようにして反復されるのである。

六〇年代の〈反芸術〉や〈前衛〉の嵐をくぐりぬけた中西が絵画に対してどういう〈弁証法〉を形成したのかという問題は、土方の『肉体の叛乱』の前後の過程と対比しても大変興味深い。たんに前衛的な動乱を経由したあと絵画という芸術に帰還し、あらためて集中するようになったというようなことではありえまい。日本的な中間色に執着して優美で装飾的な画面を実現したというふうにみられた例もある。しかし「絵画場」や「絵画衝動」について、また「正面性」についてしたたかな考察を重ねてきた中西の創作は、じつに厳密な概念に裏づけられてきた。作品がそのまま概念の表現であるという意味でのコンセプチュアル・アートとはかなり違う意味で、中西の絵画はあまり例をみないコンセプトの実践でもある。「絵具が画面に塗られ、絵画の表皮が形成されることそのこと自体が、一つの概念性の発動であるような、そのようなタイプの絵画が要請される[19]」というように的確にこのことを指摘した評言もある。

　彼にとって絵画は少しも自明な表現行為でもジャンルでもない。中西の絵画論に執拗にめぐってくるいくつかの主題がある。前にもふれたように、まず絵画の平面を、無限遠点の中心をもつ巨大な円の弧とみなし、あるいはこれに接するものとみなすことだ。一方この平面の前に立つ画家も、あるいはやがてそこに描かれる絵を見つめるものも、巨大な円を背にしてそれに接しているということだ。画家はふたつの無限大の円の境界に立つことになる。しかも正面の円環も背後のそれも海のように波立ち、揺れている。画家の立つ境界は波打ち際のようなもの、画家の場所はふたつの海のあいだで揺れる小船のようなもの、このような「絵画場」の理念に忠実に、画家は釣竿のように長い柄をつけた筆で、揺れる画布に揺れながら触れるであろう。このように揺らぐふたつの円環の観念を中西はときに天秤のイメージやオブジェに凝縮したことがある。画家自身がふたつの重みのあいだで震える天秤のようなものだ。「絵画場」はこうしておのずからふたつの空間の、ふたつの知覚の交点、間隙であり、けっして〈ひとつ〉に収束しない。「自身の体は片身ずつ左右からやってきたもの[20]」、あるいはふたりの人物が隣り合わせて、二人三脚のようにそれぞれの片目を結合してものを見るという奇妙な思考実験を中西はうながしている。あるいは尾形光琳の「紅梅白梅図屏風」にさえも、そのように右半双の紅梅と左半双の白梅とを接合する渦巻く川を見、絵の運動を「左右の極限からの接近、狭まり」としてみている。

要するに巨大な地勢図のなかの間隙、空隙の観念が、中西の絵画論と実践のほとんど中心を占めているようなのだ。「足裏と地表との間にかすかな空隙を感じたままでいることが、画家の現実なのではないか。画家は飛翔しない[21]」。ここにあるのはたんにそのような間隙の観念、あるいは概念ではない。むしろ絵画の概念そのものがある間隙であり、この間隙とともにあるのだ。

画布の向こうの巨大な円環も画家の背後の無限の円も、ある自然の観念や自然主義を連想させるかもしれないが、「絵画を自然から屹立させるために[22]」とも書く中西の絵画は、むしろ自然から剥離した、自然の間隙として出現するのである。

そして自然から屹立するものとはまさに「正面性」であり、流れとともに歩む運動ではなく、むしろ橋の上に立ち、流れを正面に受けとるとき正面として出現するものである。それは時間の「持続」に対してはむしろ時間の切断であり、瞬間、不連続なのだ。中西を論じた評論のなかには、ときにベルクソンの持続の観念を援用したものが散見される。もちろんベルクソンがつねに批判したような、延長としての「空間」に分割され翻訳される機械的な時間概念は中西にも無縁のものだ。しかし中西の時間（そして瞬間）の観念は、けっして絶対的連続性においてとらえられた「持続」に相当するものではない。切れ目がなく、飴のように伸びてつながるこの「持続」の観念を批判した哲学者はひとりではない。彼らはベルクソンの融合や連続性の哲学に警戒せざるをえなかった。中西がときに引用したバシュラールの「瞬間」の思想も、ベルクソンを批判するものだった。正面性であり、瞬間性である時間は、むしろ持続を断つのである。水平的な持続を、むしろ垂直面によって切断するのである。時間がもし川のように表象されるなら、この「正面性」はそこに垂直に落下する滝のような面によって与えられるが、落下は必ずしも荒々しい重力の表出ではなく、むしろ重力の中断なのだ。

　中西は、通常は中間色とみなされる紫、オレンジ、緑をむしろ「原色」と定義して、きわめて抑制した色使いを洗練してきた。彼の色彩法においても、まさに「中間」が「原基」なのだ。近年はますます白あるいは灰色で画面を満たすようになった。流れや噴出を感じさせる、ときに華麗な線形の勢いはだんだん影をひそめ、ぎこちないように画布に触れただけのような白色の筆跡が基調になっていることが多い。

「間隙」について中西はこんなふうに語ったこともある。「太陽をめざし上昇したイカルスは、墜落したにもかかわらず、地表に激突し粉砕したのではなく、墜落しながらも地上スレスレの見えない薄い地表層を架構し、そこに着地し、この地上の人でありながらそうではなく、この地上に隣接して地上を見、眺める足場と視点を獲得したのだ[23]」。したがって、「正面性」とはスレスレの俯瞰でもある。

　イカルスには光が眩しかった。そして眩しいときには、眼を閉じるのではなく眼を開くべきなのだ。そうなると「私達の眼は眼でなくなる。体の中に光を導く入口となる。一旦、光でこじあけられたその孔は拡がってゆき、顔自体が大きく穿れ、深い胸部にまで光を注ぎ入れる採光口となってゆく[24]」。この言葉は土方の「私たちの眼は眼であることによって敗北しているのかもしれない[25]」と遠くから響きあう。

　これは光に関するかなり異様な思想だ。眩しいという状態はたしかに奇妙である。光が過剰なせいで物が見えず、ただ光しか見えない。むしろ何も見えず、光の強度だけが目を打つ。触覚に衝突するように光は目に突き刺さる。若いとき、「内触覚」（haptic）というアロイス・リーグルの言葉を引用した『イコンとイデア』（ハーバート・リード）を読んで触発され、中西は「内触覚儀」という作品をつくったことがある。

中西の中間色は、日本的な「ぺらぺら」した地味な色使いという以上に、じつはそのような強度の光を体験した人の触覚的な着色法であるのかもしれない。色彩（色材）は光を吸収し、反射する。中西の絵を前にしていると光の吸収、光の否定、負の光としての色彩が異様な強度を帯びて見えることがある。

土方巽はいかなる理由からか、しだいに舞踏に距離をおくようになった中西の絵画への執着を「定着」とみなして批判の目でみていたふしがある。それはもはや土方を必要としなくなった中西への優しいルサンチマンのようなものだったのか。しかしこの種の心理的洞察は役に立たない。どうやら、いつも創造は変異する距離のドラマとともにある。たしかにそれは「アナロジー」では語れない。

三島由紀夫という同時代人

1　『禁色』

あの濃い闇に包まれた『禁色』という「新人舞踊公演」は、三島由紀夫の小説の題名を〈盗用〉したものだった。これが土方巽と三島由紀夫の出会いの糸口にもなるのだが、土方の前衛時代は総じて男性の出演者が主流で、しばしば女装のダンスがみられた。芦川羊子をはじめとする女性ダンサーを振り付ける作品に重心が映っていくのは『肉体の叛乱』よりあとの時代である。ホモセクシャル、ホモソーシャルな雰囲気が初期にはたんに主題や題材であることをこえて土方の表現の根幹にかかわっていた。土方自身が同性愛者であったのか、あるいはバイセクシャルであったのか、それはあまり重要なことではない。ドゥルーズ＝ガタリのように言うならば土方が同性愛者になろうとしたことのほうが確実でめざましく、また舞踏の本質にかかわることとして大胆に性を標榜する問題提起でもあったはずなのだ。

「私の使用する素材の尻に触れて禁色一部二部とに股がった焦点の修正をシリーズの中に果して行こう

1959年、三島由紀夫取材時の津田舞踊塾（後のアスベスト館）での『禁色』稽古（撮影・大辻清司）

と思ひます。巨大な肉の根に自失している少年の肛門は堅く自恃の念を持って花開きます。肉の枝に棒状の液を覗かせて、引き裂れる刻を進んで意欲する少年を禁色の冒頭にソロで放ちました。一瞬たりとも幻を見ることなしに、身震いせずに犯罪の理想的本質を分有している雄達の肉体の柱に身を投げる少年です」[1]。土方の『禁色』の発想は、三島の小説の内容よりも悪と同性愛を直結させていて、むしろジャン・ジュネの文学の影が濃い。土方の表現する性は直截で野生的でシニカルなところがない。しかし三島の『禁色』のほうは、日本文学においてほとんどはじめて同性愛を稠密に描き、しかもそれを異性愛に対するシニカルな逆説として機能させ、また通俗的な物語性や風俗描写さえも巧みにこれと合体させるというアクロバットをやってのけている。

　三島文学において〈愛〉は冷酷な自意識の光で透過され屈折して、いつでもファルスでありフェイクであり、演劇であり仮面であるという性格を刻まれている。そういう意味では土方と三島は、セクシャリティにおいてほとんど対照的だった。小説『禁色』の〈あらすじ〉とは、「女に対する絶ちがたい憎悪に悩まされつづけた」醜い老作家がけっして女を愛することのない美青年に出会い、この青年を利用してかつて自分を苦しめた女たちを詭計に陥れ、次々復讐してゆくというものだ。三島の小説には「われわれが思想と呼んでいるものは、事前に生れるのではなく、事後に生れるのである」、「死人の目で見たときに、現世はいかに澄明にその機構を露わすことか！」、「自然は生れるものであり、創られるものではない」といったシニカルな理知的アフォリズムがいたるところにちりばめられている。そういう怜悧な知的世界と、土方の不穏な〈暗黒〉の世界とは、ほとんど共通点がなかった。ふたりとも時代に先駆けて異端の性・愛を大胆にとりあげて、肉体に深く透過するかのような表現を試みた。しかし、ふたりのあいだでその「肉体」の様相はまったく異なっていたのだ。

少し迂回することになるが、このごろ三島の『禁色』を再読した私の印象を記しておこう。見方によっては、この小説はその前の『仮面の告白』や代表作というべき『金閣寺』『豊饒の海』以上に犀利に分析的に書きこまれた性愛をめぐる心理小説で、端正な語り口も構成もむしろ古典的手法に属する。土方の美学と方法が早くから二十世紀の先鋭的な表現のもたらした断絶を強く意識していたとすれば、三島の表現は彼自身がいうように、むしろ「古典派」的である。それでも三島のこの小説はいくつかの点で斬新であり、深く大きなスケールをもっている。すでに一家をなして何度か全集まで出している作家である人物、檜俊輔がこの小説の影の主人公であるが、その人物造形は緻密でしたたかであり、プルーストのように、あるいはボルヘスのように、三島は架空の作家の架空の作品を構想し、語り手に入念に解説させ、批評までおこなわせている。そしてこの醜い老作家、檜俊輔はギリシャ神話のナルシスやエンデュミオンのように美しく、女を愛さない青年、南悠一を見いだし、かつて自分を裏切った女たちに復讐するための復讐劇の主人公として彼を選ぶのである。悠一は、檜のシナリオどおりに偽りの結婚をしながら、同性の若者との恋の戯れ、年長の同性愛者との打算的交際、そして復讐劇のためにかつて檜を裏切った女性を誘惑するという、いわば三つ巴の愛の戯れを演じつづける。やがて狂言回しの作家であるはずの檜さえも、悠一に恋し悩みつづけるという錯綜した嫉妬と瞞着のファルスが繰り広げられる。この錯綜を巧みに描き分けた二十代半ばの作家の力量は驚嘆に値する。

主人公の悠一がはじめて都心の公園の裏手で目撃した「この種族の集り場所」の闇の光景に、土方巽が注目したかどうかわからない。「この渇望の、選択の、追求の、欣求《ごんぐ》の、嘆息の、夢想の、彷徨の、習慣の麻薬によっていやまさる情念の、美学に関する業病によって醜貌に化した肉慾の群は、互いに仄暗い街灯のあかりをたよりに、じっと悲しげな凝視の視線を交わしてさまよっていた。夜のなかにひらかれた幾多の渇いた眼が、みつめあいながら流動していたのである。小径の折れるところでこすれあう腕、ふれあう肩、肩ごしの眼、梢をわたる夜風のそよぎ、ゆるやかに往ったり来たりしながら又同じところをすれちがうときに鋭く投げられる検査の視線、〔…〕「これがみんな僕の同類だ」と悠一は歩きながら考えた[2]」

この「種族」をめぐる犀利な観察はまだまだ続く。「そこは異様な粘着力のある植物が密生したいわば感性の密林だったのである。／その密林のなかで道を見失った男は、瘴癘《しょうれい》の気に蝕まれ、はては一個の醜悪な感性のお化けになった。誰も嗤えない。程度の差こそあれ、男色の世界では、否応なしに人間を感性の泥沼に引きずりおろすふしぎな力に抵抗し了せている男はいないのである」[3]。ギリシャ神話のように美貌の男たちが徘徊するはずの怪しい場所はこのような「密林」でもある、と三島は書く。これは稀なほど理知的とみえた作家の、精密な自己観察の反映でもあったにちがいない。

『禁色』の人物たちは醜い耽美的老作家、神話のように美しく狡猾な若い主人公とその取り巻き、老いた同性愛者、そのしたたかな妻、奔放に男を弄ぶ熟女、若い倒錯的な夫に献身的にふるまう純真な若妻、等々というように多彩で、三島はそれぞれを外から冷ややかに見つめながら、一方ではしばしば内から一体化するようにしてこの人物たちを巧みに描き分けている。まさに三島自身のなかにこういった醜い、美しい、倒錯的な、純真な、若い、老いた人物たちが同居していたかのようなのだ。すぐれた作家の力量とは、そのように多重人格的な変身の想像力でもある。しかし、じつに多様な人物と性に「なる」三島の能力には、たしかに驚異的なものがある。そしてそれは過剰なほどの作為や演技の能力でもある。私は感心して読み進んだが、最後には奇妙な非現実感、空しい幻想の感触が残ってしまう。

　それにしてもそういう倒錯、作為に満ちた世界のもっとも美しい裏切り者である青年悠一が妻の出産に立ち会う場面は、奇妙に例外的で印象に残る。悠一はそれまでいつも「見られる」存在であったが、このときだけはまったく例外的に「見なければならぬ」と独語して見る存在に変わった、と作家は書くのである。「妻の肉体の裏返しにされた怖ろしい部分は、事実、陶器以上のものだったのである。彼の人間的関心は、妻の苦痛に対して感じていた共感よりもさらに深く、無言の真紅の肉に向けられ、その濡れた断面を見ることは、まるでそこに彼自身を不断に見ることを強いられているかのようであった」[4]。「見られることなしに確実に存在しているという、この新たな存在の意識は若者を酔わせた。つまり彼自身が見ていたのである」[5]。鉗子によって「肉の泥濘」から引きずりだされる胎児を見つめ、そのときの妻の表情を見た「男」の印象は、これに比べれば「人間のどんな悲喜哀歓の表情も、お面のようなものにすぎない」というものである。長々と続く倒錯的な狂言回しのあとに描かれたまったく例外的な場面である。青年はこのとき家族の絆に目覚めたわけではなく、生まれてくる生命の尊さを自覚したわけでもない。むしろこれは視線の転換という出来事なのである。そして視線の転換には、出産という「肉」の出来事、生命の劇に立ち会う場面が必要であり、三島文学の理知も作為も倒錯もこの出来事を何か絶対的な脅威として迎えている。三島の〈多重人格〉はこれほどの激しい振幅を抱えていたのである。

ところで土方巽の表現を熱く歓迎し、いささか庇護者の役割を果したのは三島のほうだった。三島は『禁色』の時代の土方に何をみていたのか。

一九五九年から六一年にわたって、三島は四つの文章を土方に捧げている。「私は本来古典派であって、かういふ前衛芸術とは流派がちがふのだが」と、さっそく自分と前衛土方を截然と分けて書きはじめるのだが（「推薦の辞」一九五九年九月）、「現代といふ奇怪な炎のなかへ、われとわが手をつっこんで、その烈しい火傷の痛みに、真の現代の詩的感動を発見するやうな人たちのはうを、私はもっともっと愛する。古典派と前衛派は、このやうな地点で、めぐり会ふのである。なぜなら生存の恐怖の物凄さにおいて、現代人は、古代人とほぼ似寄りのところに居り、その恐怖の造型が、古典的造型へゆくか、前衛的造型へゆくかは、おそらくチャンスのちがひでしかない」[6]。つまり「生存の恐怖の物凄さ」を、三島は土方と共有するというのである。

一九六〇年七月の文章では、土方がしきりに「危機」という言葉を使うことに三島は着目している。

古典バレエでは「トウ・シューズという無理な不自然な履物」が身体のバランスを失わせ、かろうじて立っていられるという危機状態におき、華麗な技巧を生みだした。しかし前衛舞踊は、もはやそのような人工的危機で幻惑することを必要としない。「人間存在そのものの危機と不安が、何ら人工的前提のない、あるひはできるだけそれの少ない状態で、ただ人間の肉体の純粋表現を通じて、如実に現前しなければならぬ[7]」。そのような「危機と不安」の表現は「象徴言語」という難解な形をとらざるをえないが、じつはその動機はきわめて直截で単純なものだと三島はいうのだ。三島の批評は、その「象徴言語」がいかに舞台上に構成されたかに着目するよりも、ただ「実存主義」的、思想的に土方の表現に対している。そして一九六一年九月の文章では「前衛舞踊と物の関係」について書いている。

「この間、小児麻痺の患者が物をつかまうとするところを見ましたが、手が直接に物体に向はず、幾度か試行錯誤をして、手を反対の方向へ廻してから、大へんな遠まわりをして、やっと物をつかむ恰好が、僕がかねて人に教えていた独特の手の動きと同じだということを発見して、意を強うしました[8]」という土方の話を三島は書き留めている。そして土方の表現は「人間と物とのきびしい恐ろしい関係」を隠す「馴れ合いのヴェール」を引き裂く、というのである。土方の「前衛舞踊」では「〝物自体」が、たとへ舞台上に具象化されてゐなくても、どこかに厳然と存在してをり、人間と物との関係は、悲劇的な矛盾に充ち、人間の動作は、物へ到達しようとして空しく空中に辷り、あるひは、完全に物に支配されて動く[9]」。あらゆる対象も身体も、強固な唯美主義と自意識のなかに包みこむようにして華麗で鋭利に〈つくりこむ〉創作を続けた作家が、ここではむしろ土方の表現の「物自体」をめぐる「動作」を、その即物主義を讃えている。これは三島の文学にはめったに顕在しない面だった。しかし「生存の恐怖」「物自体」「悲劇的な矛盾」という指摘は、たしかに三島の根底の問題にもかかわっていたにちがいない。

2　存在の秩序の「破調」

当時の土方をめぐる文学者たちの評言で、これに劣らず際立って本質的と思えるのは埴谷雄高のそれで、彼は海外の映画にみられるような「呪術的」な基盤をもつリズミカルなダンスに対比して、「土方巽舞踏派」は「手足を胎児のように縮めて床の上にころがっているところの謂わば胎内瞑想をその舞踏の原型としている」と指摘した。埴谷はさらに書いている。「男性舞踏者は鋭角的に、女性舞踏者はスローモーション・カメラに写されたように緩徐調に動くが、その動きは、敢えていえば、私達が次の瞬間、空間に予期したところのかたちにならずに停ってしまうところにその存在の意味をもっているのであって、かたちのある空間への期待の絶えざる否定がこの舞踏の本質となっている」。こう書いたかつての文章（「世界」一九六二年八月号）を振り返って、後年の埴谷はさらに興味深い指摘をしている。

> 極めて極めて大ざっぱにいえば、生と存在のなかで、そしてまた、生と存在に対して或る種の隙もなく、間然するところもない対応と或る種の諧調をもっている西欧系の「生の充実感」と私達のそれとのあいだには、一種埋めがたい落差があることをまた示しているのであって、それは、いってみれば、できるだけ「生と存在の秩序に慣れ染まぬ」ようにと、生と存在のはじめのはじめから「無意識的に考えている」のが私達の姿勢であるというふうに暗示しているがごとくである。このような最初の出

発点における姿勢をさらになおできるだけ遠く、先の先まで延長してみれば、恐らく私達の「革命」は、社会や自然に「ぴったりと隙もなく密着するところの或る調和的な行動」ではなく、いまある生と存在のかたちから恐ろしいほどの幅を敢えて踏みでようとするところの何らかの破調であるのであろう、と私はぼんやり推察せざるをえない[10]。

土方巽にも気に入ったという「胎内瞑想」という言葉は「母胎回帰」のようなロマンチスムではなく、むしろ「生の充実感」の対極にあって「生と存在の秩序に慣れ染まぬ」という胎児の状況を意味してもいた。そこで「恐ろしいほどの幅」を踏みでるときの生の「破調」を舞踏は表現するというのである。あるいは、この舞踏はそのような「破調」の実践でもありうるのだろうか。「生存の恐怖の物凄さ」あるいは「人間と物との関係は、悲劇的な矛盾に充ち…」と書いた三島の思想と、この埴谷の推察は遠くから響きあう。土方の舞踏は、すでに同時代のふたりの例外的作家にこのような思想や推察を喚起したのである。そういう土方の舞踏の根底的モチーフは、たんに〈前衛〉にも〈日本回帰〉にも還元できるはずがなかった。

このようなモチーフにとって、いわば日本回帰－母胎－充実のような円環はけっして成立しないのだ。三島も埴谷も、表現の中心に、ある癒しがたい断裂を抱えている。この時代には、土方のすぐ近くにそういう作家たちがいたのである。もちろんこの問題は、西欧－日本という大まかな対立に還元しうるものではなかった。

もう一度三島由紀夫に戻ると、彼の肉体の思想は最終的に『太陽と鉄』というエッセーのなかに凝縮して表現されることになった。その後の土方の肉体（と身体）の思想の展開とこれを対比すれば、一九六〇年ごろの出会いと共感を経ながら、このふたりはまったく対極的な道を歩んだというほかない。土方がけっして「暗黒」を、あるいは「闇」を手放すことがないとすれば、三島は「太陽」に導かれて死にいたる肉体のドラマを設計し、生き、完結したのである。「太陽は私に、私の思考をその臓器感覚的な夜の奥から、明るい皮膚に包まれた筋肉の隆起へまで、引きずり出してくるようにそそのかしていた」[11]

ありあまる言葉の才能にめぐまれて早熟な作家となった三島にとって、肉体は「まず言葉に蝕まれた観念的な形態で現れた」。あらかじめ失われていた肉体をなお斥けるようにして、ひたすら人工的な言葉の世界を強固に構築する一方で、けっしてそれでは完結せずに、肉体に対するフェティシズム的な要求を若い三島はしだいに強めていった。言葉の世界は夜に属し、そこに閉じこもった青年は太陽を「敵視」していた。やがてこの構図が逆転する。太陽によって青年作家は肉体へと導かれる。その太陽とは死の太陽でもあり、戦後のある日に「おびただしい夏草を照らしていた苛烈な太陽」である一方、「この同じ太陽が、すぐる月日、すぐる年月、全的な腐敗と破壊に関わってきたのだった。もちろんそれは、出撃する飛行機の翼や、銃剣の林や、軍帽の徽章や、軍旗の縫取りを、鼓舞するように輝かしてきたにはちがいないが、それよりもずっと多く、肉体からとめどもなく洩れる血潮と、傷口にたかる銀蝿の胴を輝やかせ、腐敗を司り、熱帯の海や山野における多くの若い死を宰領し、最後にあの地平線までひろがる赤銹いろの広大な廃墟を支配してきたのであった[12]」。この「太陽」を土方巽の「暗黒」と「肉体」というモチーフに照らすなら、奇妙なコントラストが浮かびあがる。

やがて鉄塊との「付合」（ボディビル）によって、文字どおりに三島は肉体を獲得するのである。「鉄が私の精神と肉体との照応を如実に教えた」。「私にとって肉体よりも先に言葉が来たのであるから、果敢、冷静、剛毅などの、言語が呼びおこす諸徳性の表象は、どうしても肉体的表象として現われねばならず[13]」というように、三島は、こんどは精神と肉体の完全な「照応」を追求して、過剰なほど肉体を制御し造形しようとする。言葉自体の創造がますます洗練や独創を要求しながら「腐食作用」を強めていったのに対し、みずから鍛えた筋肉に三島が見いだしたのは「一般性の栄光」つまり「私は皆と同じだ」という「栄光の萌芽」である。こうして三島は、鉄によって鍛えた筋肉を通じて、ついに透明な感覚を獲得し、「言語」も「肉体」も支配下において「太陽」と合体するのである。「しかし、筋肉はこのときもっとも本質的な働きをし、人々の信じているあいまいな相対的な存在感覚の世界を、その見えない逞しい歯列で噛み砕き、何ら対象の要らない、一つの透明無比な力の純粋感覚に変えるのである。もはやそこには筋肉すら存在せず、私は透明な光りのような、力の感覚の只中にいた[14]」

この「純粋感覚」において、三島は「皆と同じ」と言いながら歴史も他者もいっさい視野から排除し、肉を透過するかのような「力の感覚」にひたすら集中している。それは際限のない権力の感覚でもある。彼は自分の言葉の才能と理知の高みに肉体自身も到達させて、いまは意識も肉体も思うままに操り、制御し、輝かせ、透明にすることさえできる。「意識の絶対値と肉体の絶対値とがぴったりとつながり合う接合点のみが、私にとって真に魅惑的なものだった[15]」

そのようなふたつの「絶対値」の最良の試練とは、肉体に苦痛を課すことである。「苦痛とは、ともすると肉体における意識の唯一の保証であり、意識の唯一の肉体的表現であるかもしれなかった。筋肉が具わり、力が具わるにつれて、私の裡には、徐々に、積極的な受苦の傾向が芽生え、肉体的苦痛に対する関心が深まって来ていた[16]」。ボディビルと格闘技の鍛錬を通じて入念に追求した意識と肉体の「極値」は、苦痛の試練によって、肉体の苦痛と苦痛の意識において「絶対値」に達する。そのすぐむこうには「死」がひしめいていた。

「英雄主義と強大なニヒリズムは、鍛えられた筋肉と関係があるのだ」。この奇妙な修練は他者も世界も自然も排除して、ひたすら「力の純粋感覚」として自己完結、完成をめざすことになる。苦痛の試練はやがて明白に「死」と呼ばれることになる。「太陽」は明白に死の太陽となった。肉体への過剰な極限的要求は肉体の破壊によってしか達成されない。もはや「死」しか「絶対値」を実現するものはない。

三島はこのような倒錯的肉体論の実践を二・二六のクーデターの主張や〈純粋天皇制〉のドグマと接合することになる。しかし彼の実践の本質的な動機は、ほとんど『太陽と鉄』の論理で説明し尽くされている。かろうじてそれに歴史や他者の次元を注入したのは、日本の「近代」も「戦後」もすべて虚妄とみなすかのような政治的文脈であった。もちろんそれはたんに自死の口実であったわけではないし、三島の肉体の原理主義がそのような口実を必要としたはずもない。倒錯的肉体主義を政治的な行為として実践しなければならなかったのは、明晰な三島にとって、とりわけ肉体の欠如と感じられた戦後の空虚は、それ自体歴史的な条件のなかにあると考えられたからにちがいない。

三島の幼少期に訪れた言語の過剰も、肉体の欠如も太陽の体験も、じつはある大きな歴史的条件のなかにあった。二・二六の青年将校らの決起や「神風連の乱」や、あるいはヒトラーに粛清される〈純真な〉ファシスト、エルンスト・レームに着目することで（『わが友ヒットラー』）、三島は彼の倒錯的肉体主義のよってきたる歴史的条件を性急に充塡しようとしたが、ほんとうは死へと一足飛びに超越するのではなく、一生かけて追究すべき思想的課題がそこにはひそんでいたはずだ。

『太陽と鉄』が出版されるのは『肉体の叛乱』と同じ年、同じ月（一九六八年十月）である。それ以前に三島は『英霊の声』（一九六六年）を出版し、自衛隊への体験入隊に続いて「楯の会」を結成するなど政治的行動を先鋭にしていた。「文武両道」は、作家が武術を実践するという意味をはるかにこえて「意識の絶対値と肉体の絶対値とがぴったりとつながり合う接合点」の実現という課題になり、「「文武両道」にはあらゆる夢の救済が断たれており、本来決して明かし合ってはならない一双の秘密が、お互いに相手の正体を見破っている。死の原理の最終的な破綻と、生の原理の最終的な破綻とを、一身に擁して自若としていなければならぬ」と書くところまで窮められている。[17]

「私が私自身に、言葉の他の存在の手続きを課したときから、死ははじまっていた[18]」。言葉の外に出なければならず、出てしまうことは避けられない。人工の肉体をつくりあげ、言葉を支配したようにその肉体を支配しようとする。言葉とのあいだで拮抗しうるほどその肉体は透明になる。もはやその肉体からも言葉からもさらに外に出なければ生の意識も意識の生もまっとうされない。三島は自死する以外に解決がないところまで彼の認識と実践の接合点を収斂させていった。それ以上生きながらえるなら、むしろ収斂しつつあるものも、絶対も純粋も失われてしまう。

特攻隊を回想しながら三島の思索は、最後には死に収斂しようとした肉体の論理をほんの少し自己の外に開こうとする。「集団というものは肉体の原理にちがいない」。「集団は死へ向かって拓かれていなければならなかった[19]」。肉体を獲得したと思ったとき、三島はその肉体を通じて「皆と同じ」という意識をも手に入れた。しかしその「集団」は、なんら彼の自己完結した自意識と肉体の自意識の輪を引き裂く〈問題〉とはならなかった。

『太陽と鉄』の最終章（エピローグ）は、著者みずからが超音速ジェット戦闘機に乗った体験を劇的に描いて終わる。もはやそこには肉体さえなく、光、空、速度、絶対に澄明な意識、男根のように空に突き刺さる戦闘機、精液のような雲、そして自分の尾を嚙む巨大な蛇があるだけだ。まさに「力の純粋感覚」の絶頂である。超音速機のコックピットのなかで肉体も、肉体という問題もついに霧散したかのようだった。三島の自我は大空に放射される一粒の「精虫」にすぎない。

三島由紀夫はどうやら、土方巽との出会いの場所からあまりにも遠くに行ってしまった。

三島の衝撃的な蜂起と自決を土方がどう受けとめたのか、伝記や交遊録を読んでもあまりよくわからない。じつは土方自身が三島の死を解しかねて、新聞に追悼文を書いた澁澤龍彦に詰めよった。「三島由紀夫はおれの友人だ。それがすべてだ。文句あるか」という答えが返ってきただけだった[20]。中村文昭は、三島の死に動転した澁澤が電話してきたとき、土方は「オレが死んだわけじゃないし」と「冷静に」反応したというエピソードを記している[21]。中村はまた、三島と土方の関係について合田成男が伝えたことも記している。「名刀の美しさ、凶器の完璧さを自慢する三島にたいし、本当の凶器というのは土を耕す百姓がその手の鋤をくるっとかえしたとき[22]」と土方は語った、と合田はいうのである。

すでに書いたように『禁色』のタイトルを盗用した作品は、土方の表現にとって画期的な意味をもったとしても、三島の美学や思想的問題までも土方は共有していたわけではない。三島の文学の美的、自意識的、知的、技巧的、都会的な傾向からすれば、土方のモチーフははじめから遠いところにあった。三島は官僚の父、祖父をもち、学習院に通い、やがて虚弱体質で早熟な文才と知性そのままに作家になった。東北の農村で荒々しい自然とともに、そこの民衆のあいだで育った土方巽とはほとんど共通点がなかったが、土方は独学で貪婪に読書し、まったく独自の詩的教養を身につけていた。何よりも、すでに秋田でモダンダンスを学んで、ダンスを通じてまったく独自の野生的表現者になっていくのだ。

三島由紀夫は土方の『禁色』を寛大に迎えるだけでなく、前衛土方の表現の本質を鋭敏にとらえて擁護した。その批評は緻密で本質的、しかもスケールが大きい。しかしふたりの美学にも肉体哲学にもかけ離れたところがあった。「衰弱体の採集」として『病める舞姫』のような追求に注いでいく身体論と、『太陽と鉄』に表現され、幻想的超越的な政治行動と接合された三島の肉体哲学にはほとんど相容れるところがない。

しかし「衰弱体」の追求は『肉体の叛乱』のあとにだんだん凝縮していくもので、土方自身も『禁色』から『肉体の叛乱』にいたる前衛的な時期には暴力や破壊、倒錯や犠牲の主題を男性舞踊手の剛直な身体とともに追求しようとしたのである。三島由紀夫がさかんに土方を擁護する文章を書いたのは、この時期の最初のころである。

そしてそれ以降の土方の転換に、つまり「東北歌舞伎」を追求し『病める舞姫』の探求に集中していった土方の変化に一九七〇年の三島の自決が影響をもたらしたかどうか、これについてもたしかなことはわからない。影響がなかったとは考えられない。しかし影響はアンチテーゼとしてあらわれるしかなかった。肉体、力（権力、暴力）そして生死に関する思想の転換のために、土方は三島の言動から啓示を受ける必要は少しもなかったはずだ。

それでも「土方の《衰弱体の採集》は、美から脱出しメッセージへと自死した三島由紀夫にたいする再度の返答、その第一歩だったのかもしれない[23]」という推測は当然成立しうる。いずれにしても三島の与えた衝撃や影響があってもなくても、あるいはインパクトを拒否するためだったにしても、土方は肉体に関して、生死に関してまったく対極的といってよい答えを出していく。

しかしふたりの歩んだ方向が対極的であろうとも、六〇年代は肉体をめぐる実践と思考、試行錯誤が激しく続けられた坩堝のような時代でもあった。そこには肉体を透過するように冷徹でシニカルな思考から、たんに破壊的な挑発的行動までが含まれていた。祝祭、叛乱、侵犯、そして慎重で繊細な洞察も数々あった。土方巽が発見し標榜し、その後も追求した〈肉体〉と、三島由紀夫が発見し鍛錬した〈肉体〉はまったく似ても似つかなかったが、〈肉体〉は問題の焦点にちがいなかった。そしてそれは集団、民衆、共同体という政治にかかわる次元と無縁であるはずがなかった。

三島の悲劇的な自意識は、まず肉体を要求し、さらには集団を必要として、その必要を「英霊の声」によって満たすのである。土方の肉体はそのような歴史的要求に従って造形され、透明になるようなものではありえない。また「自己」の肉体として獲得され、自意識によって隈なく統御されるようなものでもありえない。そして彼にとって集団（共同体）も、そのあとに自己完結を補強する幻想的超越的外部のようなものではない。肉体はあらかじめ暗く、思考に服従することがなく、あらかじめ共同体に属していたのである。肉体はあらかじめ存在し、その存在は明白だったが、その存在の内容はけっして明白ではない。それは鉄の鍛錬によって明白なものとして獲得されるような実体ではない。身振りや運動や時間とともにたえず流動し変形して、果てしない襞を折りたたんでは広げるものである。けっして自意識や美意識のなかに包括されてしまうことがないものである。

　超人のように肉体を鍛え、超人のようにその肉体を幻想の「英霊」たちに犠牲として差しだした三島は、肉体も集団もまったく彼の自意識のなかに凍りつかせたまま自己完結させた。果てしなく開かれた肉体も、集団も彼にはありえなかった。肉体は閉じて冷えた鉄の塊のようなもので、その孤立を開くはずの集団は、幻想の天皇を抱いて純粋無垢な同じ魂からなる閉じた共同性にほかならなかった。それに比べれば土方の追求した、凡庸で非力な身体の開かれた生態はまったくありふれた民衆のそれでもあり、だからこそ小さく無力でありながら、じつは広大な拡がりに開かれ連結されていた。

　土方のように衰弱、老い、子供、無力を受け入れ、崩壊、亀裂、破調と結ばれ、ますますそれを微細なスケールで生き、受容することは名前のない〈民衆〉と結ばれることであったはずだ。

　河村悟の本『舞踏、まさにそれゆえに——土方巽　曝かれる裏身体』（現代思潮新社、二〇一五年）は冒頭に土方と三島の出会いについてふれて、土方にとっての「身体」を理解するための重要な参照項をそこからとりだしている。そして土方の表現の展開を「三島への返答」として読みといている。三島が生きた言葉と肉体との激しい葛藤のドラマを、土方は言葉と肉体の別の結び目をつくりだすことによって、別の仕方でくぐりぬけたのだ。河村は土方が三島について語った言葉を引用している。「彼は、何かと結びたかったんだ。祝祭をやりたかったんだ。腹を切る、ということは、結ぶということですよ」[24]。もちろん三島は彼の親衛隊の青年たちと「結ばれ」ようとした。彼の死の理念的〈理由〉となった純粋天皇制、二・二六の純正な反乱者たち、純情な殉死者たちと結ばれ、政治も社会も超越した純粋な力、絶対的な権力と「結ばれ」ようとしたのである。それなら土方巽は、舞踏によって何と結びあおうとしたのだろうか？

『病める舞姫』以前

1　言葉になりがたい言葉の位相

稀代の独創的ダンサーであったにちがいない土方巽は、ダンサーとしてはまったく例外的におびただしい言葉を残した。自作を紹介するマニフェスト的な文章、ダンスや演劇に関する考察、評論やエッセー、公演や展覧会に寄せた文章、自伝的回想、対話や座談の記録が残されて、いまでは大部分が二巻の全集に収められている。この他にもダンス作品をつくる過程で記された数々の言葉があり、他のダンサーや〈弟子〉たちによって書きとめられた言葉もいまだ全貌がわからないほど数々ある。ダンスにおける土方の創造がなんであったかは、それ自体が厳密な考察の対象でなければならないが、土方はただダンスだけによって世に出現したのではなかった。ダンスを考え、命名し、マニフェストを書き、さまざまな共同作業を企画し、そのためのアイディアを発信しつづけた土方の表現活動の全体が忘れがたいものとして記憶されている。土方の創造はいつも独特の濃密な言語の活動とともにあったので、けっしてダンスの行為とそれを切り離すことはできない。

　それらの言葉の多くは屈折や飛躍に満ち、ときに超現実主義の詩のようであり、あるいは禅問答のようでもあり、謎をかけ、煙に巻き、挑発し、韜晦し、迂回し、とくに初期にはみずからにも他者にも刃を突きつけるような暴力に満ちていた。あらゆる意味で彼が前衛であり冒険者であろうとした一九五〇年代、六〇年代には、まだ飢えや野生やさまざまな闘争に揺れていた社会の混沌や騒乱の表現であるかのようにみえる時代的な荒々しいパフォーマンスを続け、それを鼓舞するような言葉を記している。秋田県出身の踊る青年、本名米山九日生《くにお》が土方巽と名乗るのは五〇年代末のことだが、このころすでに土方はまったく時代的であり、反時代的であった。あの時代の欲望や夢想や、葛藤や抑圧の渦のなかから生まれた時代の子であったことは間違いないが、そのなかにあって制度にも習俗にも道徳にも支配的価値にも親和することがなく、孤立し、抵抗し、破壊し、挑発し、創造しようとしたという意味でまったく反時代的だった。

　その言葉の多くはたしかに彼独自のダンスの追求に密着していた。ダンスを追求しながら、どんな仕事でもして生きのびてきたかなり長い修業時代のあと、『禁色』を発表した一九五九年は土方にとってかなり重要な転回の年だったにちがいない。この年の公演パンフレットの文章はすでに詩的挑発、暴力や倒錯の雰囲気に充満して、破天荒なダンス表現に同伴している。すでにみたように「社会の糾弾によるペッティングの実技明細目録を附録している永劫組合の発刊による不安な著書の中のひとりでに開く頁には密告された吐息が記号の斬首に狭まれて並立されて居ります」、と冒頭から「糾弾」「ペッティング」「永劫」「不安」「密告」「斬首」といった不穏な言葉のパレードである[1]。

同性愛的な肉の荒々しい混交を讃えるシュルレアリスト的な倒錯的挑発に満ちた文体は、すでに鍛えあげられたものである。しかしただ挑発的な語句を弄んでいるわけではなかった。その挑発は誰よりもまず書き手自身に向けられていた。「その持続の中に短命な成長を垣間見ることはむしろ息絶えたままで長い道程を走ることになってしまった私への窺に違いありません」。こういう洞察にはある敏感な内省が、独特の形而上学が含まれている。土方の最初のマニフェスト的な文章は、ただその内容や文体が〈不穏〉であり独創的であるだけではない。それはひとつの〈思考〉の出現を告げるものでもあった。もちろんそれはダンスの追求、ダンスの行為、ダンスの肉体と、そして土方独自の肉体の自覚と切り離せなかっただろう。しかしそのダンスは、ほとんど異様なほどに、例外的に言葉とともにあったのである。ダンスが言葉を掻き立て、析出し、その言葉がダンスに衝突し、散乱させ、渦巻かせ、増殖させ、集中させる。さらにダンスがそんな言葉を追いこし、加速し、言葉を酷使する。この言葉とダンスのあいだのドラマは、それ自体がやがて『病める舞姫』で十全に表現され、点検され、特異な散文として結晶することになる。

　あくまで土方巽の〈舞踏〉の創造とその足跡を重視する人々にとっては、数々の書かれ語られた言葉は、いわば補助的なドキュメントであり、じつに貴重ではあっても、そのテクスト群、そして『全集』を、文学者や思想家の作品のように研究のコーパスとして読むことはむずかしいという立場もあるだろう。それ自体興味の尽きない伝記的研究も、すでにいくつか出版されているが、それらはたしかに舞踊家、舞踏家土方巽の足跡をおもにダンス作品の創作の過程を中心に考察して、土方の残した言葉のほうは資料（史料）として使うことになる。

誰でも土方の言葉の宇宙に出会うなら、それ自体を計り知れない迷宮のように感じることになる。土方の言葉が迷宮ならば、彼のダンスもまた迷宮であったにちがいない。彼の言葉はダンス論でもあり、ダンサーの自伝でもあり、創作メモのようなものでもあり、しかもどれでもない分類不可能な性質をもっている。その思考にとってダンスは不可欠で、ダンスに密着していても、はるかにダンスをこえた次元にまでその言葉は届いて、たしかにこれをひとつの作品として、あるいは思想として読むこともできるのだ。

そこで私の読解の試みは、批評であり思想であるような追求に時間を費やしてきた書き手の、思い入れゆえのアプローチということになる。あくまで踊る人、土方巽を重視したいという見方も、もちろん正当な〈思い入れ〉であり、土方巽の創作に同伴し、あるいはその舞台の情熱的な観客であり、証人であり、精緻な批評家であった人々の言葉に私はいつだって耳を傾けることにしている。これらの人々は例外なく土方のしばしば難解な独創的言語表現にも驚かされ、魅惑されてもいるが、その言葉の迷宮的世界そのものに分け入る試みは、河村悟の著作『肉体のアパリシオン』『舞踏、まさにそれゆえに』などわずかしかない。

吉本隆明は『ハイ・イメージ論』のなかで土方の『病める舞姫』を批評し、「これは言葉で書かれた類例がない舞踏だといえる」と書いて、その言葉の特徴と舞踏との関係を真剣に読みとこうとした。「土方巽にとって言葉の舞踏と身体の舞踏とがおなじものだったために、言葉の舞踏がつくりあげている純粋詩から散文詩までのかたちに暗喩されたかれの舞踏は、さまざまな舞踏家の身体の舞踏にあらわれることになった」と書いた吉本は、あくまで土方の言葉を舞踏の「暗喩」として読んでいる。「暗喩」

である以上、その言葉は舞踏から自立しているが、あくまで舞踏の暗喩であるかぎり舞踏に従属している。そのため「舞踏だということから背負った不可視の重荷に退屈するのだ」とも吉本は書かずにいられなかった[2]。

吉本の指摘は興味深いが、違和感も覚えさせる。「言葉の舞踏と身体の舞踏がおなじものだった」という意見には、とうてい従えない。土方の舞踏において「言葉と身体」が例外的に密接に絡みあっていたことはたしかだが、「言葉の舞踏と身体の舞踏がおなじもの」でないからこそ、そこに劇的な交感が生じ、双方にめざましい何かが生まれたのである。

土方の言葉を「暗喩」として「詩」として読み、「言葉の舞踏」として読みながら、あとではカフカの文章と比べ、カフカとの違いをやはり土方の「舞踏」という根拠に照らして吉本は説明している。吉本は土方の詩的言語の独創性を十分読みとりながらも、それを舞踏に還元し、舞踏論をせずにはいられない。私の違和感はなんだろうか。土方の言葉がいつでも舞踏の体験、探求、発見とともにあったことは間違いないとしても、一方では土方の言葉はそれ自体の思考の次元をもち、そしてつくりだしていた。これはけっして矛盾することではないのだ。その言葉は舞踏に同伴し、それにうながされ、それに溶けているが、けっして溶けこんでしまうことはない。それは舞踏と並走し、離反し、舞踏を監視し、自立する言葉でもあるのだ。舞踏と言葉との関係は、土方においてけっして一義的なものではなかった。

土方巽が『病める舞姫』という一冊の書物にたどりついたことは決定的なのだ。これによって舞踏の言葉、言葉の舞踏を、たしかに舞踏から自立させることになったからである。私は土方巽も含めて何人かのアーティスト、とくに画家や映画作家たちの言葉を大変貴重だと思うのである。たとえばセザンヌの（ジョアシャン・ガスケとの）対話、ジャコメッティの『エクリ』（文集）、ロベール・ブレッソンの『シネマトグラフ覚書』、そして日本では中西夏之、若林奮のような美術家の書いた文章はあくまで彼らの芸術的探求とともにあり、多くは端的に探求の手段であり省察であるが、言葉に結晶した彼らの思考は、ある自立した次元をもっている。文学者や哲学者の言葉に匹敵する内容をもつ言葉であることが重要なのではない。むしろ文学も哲学も芸術もない無境界の次元に思考が出現したことが重要なのだ。

　これについては「普遍的」というような言葉も不用意には使えない。それはまったく独自の特異な探求や体験の過程に密着し、密着しすぎてしばしば難解な言葉で表現されている。たしかに普遍的であるが、けっして一般的でも包括的でもない。そういう思考は、精密に体験され観察された知覚の次元での出来事に密着している。それがなければじつは創造も発見もないのだ。しかし、それはしばしば見えがたく、優れた芸術家や知識人でさえも直視せず表現せずにすましてしまうような次元なのだ。『病める舞姫』をはじめとする土方の言葉もまた、そういう次元に触れて、そこに言葉を通わせ、言葉を結晶させた稀有な実例だと私は受けとっている。

　どうやら、じつに言葉になりがたい秘められた、知覚しがたい潜在性の次元があるのだ。まずそのような次元のあることを認知し肯定しなければならないが、それが言葉に捕獲され、言葉と一体になり、言葉に結晶することがある。言葉になりがたいことが言葉になったということはめざましい出来事だと言わなければならない。歴史を語るめざましい言葉も、耳目をひきつける感動的な物語も、偉大な作品も、必ずしもそういう言葉で書かれるわけではない。しかしそういう言葉は、またそれに対応する思考、知覚はいたるところにあって、じつは歴史的な作品の言葉さえも掻き立てているのだ。

2　前衛主義の底部には

死後に編まれた『美貌の青空』のなかでも、一九六〇年代の、多くは上演のためのパンフレットとして書かれた文章は、反時代的であり、そして時代的であった土方独自の前衛的な姿勢を十分に凝縮し表現している。「中の素材／素材」（一九六〇年）「暗黒舞踊」（一九六〇年）「刑務所へ」（一九六一年）は、前にとりあげた一九五九年のパンフレットと連続して「テロリスト」「テロダンス」を標榜し、新しいダンスのイメージを悪や犯罪、倒錯や惨劇の雰囲気に充満した詩的思索とともに提出している。「中の素材／素材」の冒頭は、「鳩尾《みぞおち》をテロリストに仕上げるには胃を高々と引揚げねばならぬ」[3]と始まっている。つまり、ただ暴力的倒錯的な観念が羅列されているのではない。それを肉体的な実存に密着させようとする注意がつねに働いている。「背骨はいくらか前面に傾斜している。その傾斜を滑る舞踊がある」というような繊細な指摘が含まれている。屈折、切断、混沌に満ちた文章なのに、折り目正しいといえるような形式的配慮も感じられる。「肛門芸術」「劇薬ダンス」「背面ダンス」「毛のダンス」「体験舞踊」「テロダンス」「バラ色ダンス」「暗黒舞踊」「サクラフェイス」「滑稽ダンス」のようなダンスのイメージがめまぐるしく交錯する。「まず私は、一切の芸術教養を抹殺しなければならないと思う」と断言して、ランボー、ロートレアモン、マルキ・ド・サドたちを土方は彼の「叛乱」のよりどころにしている。苛烈な前衛的意志の表現が続くが、「親父がつぶしてくれた鶏は赤かった」[4]というように、幼少期を過ごした秋田の光景がそこに忍びこんでいる。やがてこの幼少期はたんなる回想の対象ではなく、かぎりなく微視的に掘り起こされ、広大なスケールに拡げられて土方の思索の中心を占めるようになるのだが、いまは彼の「叛乱」の設計図のなかにひそかな場所を占めているだけである。

『肉体の叛乱』は土方がある叛乱、革命としてダンスを実践しようとした時期の集大成的な上演であったが、そういうダンスに集成される思考は、すでに一九六一年の「刑務所へ」のような文章でいわばマニフェストとして周到に表現されていた。たしかにこの文章も、「石を眺めては風邪を引き、風景の中に人間が居ないのを見届けて不安になり、それを片輪だと思って、ぼくは育って来た[5]」というように、およそ前衛的実験のマニフェストらしくはない象徴的述懐のような文章から始まっている。しかしすぐに「屍体に見えて仕方が」ない大都会の住人への激しい拒絶が記される。「十全な腐爛を、なまなましい恐怖を、世界に撒き散らすような仕事はないものだろうか」と挑発が始まる。「民主主義などという空手形」「生産性社会」「労働の疎外」「政治の貧窮」というように、土方は彼を包囲し、抑圧し、攻撃する敵として社会や文明や道徳や資本や政治を指弾している。こんどはバタイユやジュネやニーチェ、そしてマルクーゼに言及しながら、土方は「肉体屋」「人間復権業」として、舞踊家の使命を位置づけているのだ。「新しい個の人間像の確立と、その連帯」ひいては「人間改造」というような後にも先にも土方の文章にあまり見かけないような時代がかった文言さえも出現する。しかし土方は「アンガージュマン」などとはいわない。政治的な舞踊ではなく、むしろ政治を拒絶して「血肉化した舞踊」をつくることだけが彼の革命だった。

「ぼくは、ぼく一個の生命と、宇宙との対話を続ければいい」。「ぼくの舞踊が犯罪や、男色や、祭典や、儀式と基盤を共通にしていると言い得るのも、それが生産性社会に対して、あからさまに無目的を誇示する行為だからである」[6]。ただ悪や倒錯やデカダンスへの讃歌を表明しているだけなら、いかにも時代がかった文学的な反抗にみえただろう。それと一線を画するものが土方のなかにあったとすれば、「ぼく一個の生命」に対する異様に強い自覚に彼の言葉が裏打ちされていたからだった。この文章のタイトルのとおり思考実験の場として仮想された「刑務所へ」におけるダンスは、ダンスでさえなく、ただ「喋ることを止められ、耳に音は届かぬように仕掛され、色とは名付けがたい色の着衣に、依然として、裸のまま立つことを、意識し続けることだろう」[7]。

ここで土方は「裸体」を「交流状態」として、「存在の連続性に道をひらく」状態として定義したバタイユに言及しながら、舞踊家の身体の状態を仮構していく。死刑囚の「完全な受動性」がそれに重ねられる。さらにサルトルの『聖ジュネ』を引用しながら、死刑囚の状態を描出し、それを舞踊のモデルとしている。

> 断頭台に向かって歩かされる死刑囚は、最後まで生に固執しつつ、すでに死んでいる人間である。死と生の強烈なアンタゴニズム（抗争）が、法律の名の下に不当な状態を強いられた、この一人の悲惨な人間のうちに極限化され、凝集的に表現される。歩いているのではなく、歩かされている人間、生きているのではなく、生かされている人間、死んでいるのではなく、死なされている人間……この完全な受動性には、にもかかわらず、人間的自然の根源的なヴァイタリティが逆説的にあらわれているにちがいない。「今や、断頭台上に立ち手を縛られた罪人は、まだ死んではいない。死ぬには、一瞬間が足りないのだ。死を猛烈に意欲するあの生の一瞬が……」とサルトルも書いている。かかる状

態こそ舞踊の原形であり、かかる状態を舞台の上につくり出すことこそ、ぼくの仕事でなければならない[8]。

「完全な受動性」にこそ「根源的なヴァイタリティ」があるという指摘が「裸体と死刑とが不可分に結びついたドラマ」の観念に重ねられている。この発想はもはやバタイユでもサルトルでもなく土方独自の洞察であり、彼の生命感に、そして舞踏哲学に直結しているのだ。「裸体」や「完全な受動性」は、「素材は生き物だ」という土方の激しい生命の自覚と切り離せない。そしてこの自覚はその生命を包囲する社会と権力への鋭敏な知覚と一体である。土方の〈革命〉の焦点は民主主義でも社会主義でも人権でもなく、まさに〈生命〉なのだ。焦点はけっして生きのびることではなく、ある生命の形であり状態なのだ。土方は政治について多く語ることはなくても、生‐政治、生‐権力に対する鋭敏な知覚を研ぎすましていた。

「一個の有機体の中にあって、いつもはぐれている手や足たちを、ぼくは怒りに似た持続の中で修繕する[9]」と書く土方の視線は、「有機体」というレベルの身体をまなざしている。あるいは「舞うことと、飛ぶことが、合体し得なかった暗い土の上から、今日の鋳型の歩行を、ぼくは案出している」と書いて、「歩くこと」（そして「歩けないこと」）という最小の身体の動きに焦点を定めている。そういう生命、裸体、身体のほうに降りていこうとする舞踏にとって、その教師は「日本の暗い土」であり、「その踏みごたえを、劇場にそのまま持ち込まねばならぬ[10]」と書く土方のマニフェストは、「人間改造」をめざすという大げさな挑発的身振りの底に独自の繊細な生命の知覚を露出させている。人権、民主でも、生産、労働でもなく、舞踏による彼の革命の焦点はむしろ生命であり、生命を焦点として生命を囲いこむ力の体制であり、ある種の政治（生-政治）である。「日本の暗い土」に目をむけることも、たんに先祖返りやルーツの探求である以上に、その生命の現実の全幅を確かめるために切実になっていくのだ。土方のダンス自体も、たしかにそのような生命に対する独自の濃密なセンスとともにあったのである。

娯楽でも、社交でも、祭礼でもなく、物語や感情の表現でもなく、厳密に生-政治的な葛藤のまっただなかで踊られるダンス、生を限なく包囲する力関係に反応するダンスがありうる。土方はそういう次元にまで彼の肉体の自覚と、ダンスの行為を導いていった。たしかに彼のダンスの動機がそのようなものだったというほかない。

3 「でんぐり」のトポロジー

『美貌の青空』の第二のパートに年代順に収められた文章を読んでいくと、『肉体の叛乱』の年（一九六八年）に発表された文章「アジアの空と舞踏体験」のあたりから、主題にも文体にもある変化が見える。土方は凶悪なテロル、倒錯と叛乱のダンサーという身振りを棄てていった。「アジアの空が薄気味悪く曇ろうとしている時、土間の隅にうずくまって、毎日私は消炭を喰わされていた」。「私がやったのは、きんかくしに歯をたてて頑張ったり、身体にフイゴを仕込んで、生きているふりをして呼吸の秘密を修得しなければならないような子供達の舞踏である」[11]。たしかにみずからの幼少期への関心がめだつようになっているが、たんに幼少のときと育った土地の回想をしているのではなく、しばしば何が起きたのかわからない書き方をしている。けっして散文詩のような回想記を書きたいのではなく、「舞踏の持つ深い挙動のいわれ」を回想のうちに探求することが彼の課題になっている。「穀物や湯気や板きれや親父や羽根でくるんだ鶏の側で、阿呆のように目を開いて生きていた[12]」。こういう回想そのものがすでに「舞踏」でなければならなかった。

すでに四十歳になっている夜叉や鬼のような顔をもつ前衛舞踏家土方巽は、東北の子供時代が彼の舞踏の源泉であることを早くから示唆してきたが、そのことが彼の探求にとって中心を占めるようになったことを、こうした文章は端的に告知している。けっして作家の自伝のように幼少期を語るわけではない。子供は世界を見つめるとき、すでに世界に見つめられ、世界に飛びこむとき、すでに飛びこまれている。土方という大人も、その子供に見つめられ、飛びこまれている。他者に、そして肉体に見る以上に見られ、飛びこむ以上に飛びこまれていることが、「舞踏の持つ深い挙動のいわれ」にかかわっている。この回想はひとつの壮大な実験であり、長期にわたる探求となって『病める舞姫』に注ぎこまれるのである。

すでに『病める舞姫』を刊行し終えている最後の講演（一九八五年）で、土方は「子供の頃の世界」について驚くほど明瞭に語っている。「当時の私のアルバムの中にある子供の頃の写真はしかめっ面をしている。人前であんまりしかめっ面するもんじゃないのに。しかし、私は今子供の頃のしかめっ面をもっとも大事にしている。そのしかめっ面を今こそ表に出してですね、私の中に潜んでいたものを堂々と表に出して子供の頃の世界に近づきたいと思う。だからしかめっ面もまたみょうに親しみ深い。ほんとになつかしいなにか、ちっぽけなもの、人間の心のほんとにちっぽけなもの、それが肥大して人間を束縛してきている。この悲傷をまず聞いて、摑んでやる。後はもう磨くだけだ。それから人の告げ口なんかしてる暇がない。奔放なものと末梢なものが混じり合って、それが現実だ[13]」。土方はまさにこのような探求を『病める舞姫』を書いて実践したにちがいないのに、『病める舞姫』のあとも、まだまだこの探求を続けていくと言っているのだ。しかし、それから二ヵ月あまりあとで、土方は世を去ることになる。

〈子供の探求〉は、土方にとってけっして〈感情〉の原形のようなものの探求ではない。作家たちの幼少期の回想とは、多くの場合〈子供の感情〉をめぐるものである。精神分析のように〈近親相姦的リビドー〉を持ち出しはしないとしても、幼少期の回想とは、しばしば満たされたり奪われたりする近親の〈愛情〉の物語なのだ。ところが土方が問題にしたのは子供の〈感情〉ではなく、あくまで〈感覚〉であり、〈感覚〉としての子供なのである。『病める舞姫』では父や母、近親とおぼしい人物たちが顔をもち心理をもつ人物として出現することはほぼ皆無であるが、他の文章でも、土方が感情的な関係として家族について語ることは稀だった。ひとりの姉は土方の体のなかで立ちあがって踊りだすような存在であるし、父母の回想はしばしば彼らの〈身振り〉をめぐるもので、感情的性格をもたない。親の喧嘩に巻きこまれる子供は、すでにそれを芝居の立ちまわりとして意識し、身振りや衣装のほうに注目している。

土方が実際にそのような子供であったかどうかは別の問題で、伝記作家の領域に属する。しかし土方自身が回想し、探求し、反復する子供（幼少期）は、とにかく〈感覚〉と〈身振り〉からなっている。そしてそれらはたんにひとりの子供の身体の出来事ではなく、すべて子供が生きた時空や関係や自然に結ばれており、「奔放なものと末梢なものが混じり合って」広大な現実を形成している。たしかにそこに舞踏の源泉があるならば、すでに舞踏は土方がダンサーになる前に実践されていた。

一九七〇年前後の文章で、土方はまだみずから舞台に立ちながら、そういう探求を予告し、すでに始めている。じつはこの探求は、舞踏家となってから彼がずっと続けてきたことでもあった。「肉体に眺められた肉体学」（一九六九年）や「人を泣かせるようなからだの入れ換えが、私達の先祖から伝わっている」（一九七一年）、さらに「包まれている病芯」（一九七七年）のような文章には「挑発」や「侵犯」や「破壊」とは別のモチーフの萌しがたしかにみえる。

肉体を眺めることは、むしろ眺められることである。踊ることは踊られること、私が世界に飛びこむ前に私は世界に飛びこまれている。見ることは見られることであるという交差《キアスム》（メルロ＝ポンティ）という概念を土方が知っていたかどうか不明だが、現象学者よりもずっと先鋭に、ダイナミックに主体と客体の構図を逆転し、たえず反転する知覚の渦のなかに生命を再発見するような発想を土方はもっていた。「肉体に眺められる」こと、その「肉体の闇」についてかなり難解な思索を展開しているが、とにかく肉体を「素材」や「道具」とみなすことに対する批判を土方は徹底している。「〔肉体の〕闇自体は、いかなる対立もない聖なる土地を持っていると、わたしは思う[14]」と、その「闇」が存在の究極の中心であるかのように書いているのだ。

人が「肉体に眺められ」て狼狽し、「肉体の表面で混乱した」ケースとして連続強姦殺人犯について語り、『ニジンスキーの手記』をとりあげては、「肉体に衝突した」状態としてその狂気について語っている。「肉体に眺められた世界とは、世界に飛び込まれた肉体であることは勿論だが、肉体が世界であることで飛びこむ前の一瞬の散歩が、熟視のフォルムをとっている」[15]。さらには死んだ愛人の性器を切除した事件で知られた阿部定について「この人の肉体は没落を知らないように見える」[16]と書いて、凶悪犯とも舞踏家ともまったく違う肉体的存在としてこの女性をまつりあげている。阿部定自身は「肉体に眺められた」ばかりか、土方さえも眺める肉体そのものであるかのようだ。

ダンスの根拠については、「ニジンスキー氏のからだは、乳飲児的発見をもって自分のからだと衝突できたのである。誰も知らないことを、誰もが知っている環境で知ろうとすれば、肉体の反乱は必至のものだ」と土方は書いている[17]。ここで「肉体の反乱」と言われていることは、六八年に上演された舞踏作品の「肉体の叛乱」というタイトルが意味することとは少しニュアンスが異なっている。後者の「叛乱」には時代的な革命的祝祭の意志が込められていたとすれば、ニジンスキーの「反乱」はただ「肉体に眺められ」、「肉体のカタチに立ちもど」ることにほかならず、それが彼の画期的ダンス表現であったと土方は言うのだ。ニジンスキーの狂気さえも土方にとっては、あくまでも「肉体に眺められる」ことの延長線上にあった。分裂症の症状の克明な記録でもあるニジンスキーの手記に、土方は「告白された舞踏体」を読みとったのだ。ニジンスキーにはごくわずかしかふれていないが、そのダンスの根源的モチーフを洞察する土方の言葉は直截で衝撃的である。

とにかく土方は、ニジンスキーの狂気にも連続殺人犯や阿部定の行為にも「肉体に眺められる」という問題をみて、精神病理学や犯罪心理学の専門家たちの分析や解釈とはまったく異質な「肉体学」を繰り広げている。土方の独特の哲学がますます求心的に展開されている。独自の論理を貫いているようだが、論理的な言語で述べているのではない。整合的な定義を重ねて完結した論理を構築したりすれば、思考はむしろ停止するにちがいない。その思考はしばしば暗喩と飛躍に満ちて、すばやくイメージを与えては壊していく。私たちは文意をいちいち厳密に解釈していくような読み方でそれを読みとけるかどうかわからない。少なくとも、そういう読み方に対して土方はあらかじめ抵抗している。むしろ発見を続け、発見したものをさらに問いつづける姿勢で、意味をはぐらかすような書き方をたえず実践している。そのせいだろうか、土方の人と言葉にふれてから三十年以上経っても、まだその言葉は私にも新しい意味を放ちつづけるのだ。

　土方は「肉体の闇」だけではなく「からだ」の「裂け目」についても語っている。「つまりからだの裂目にからだが落ちたのではなく、裂目はもともとからだなのである」。「無数の裂目が埋められた肉体の声は、物質の叫びを改めてハンカチにつつむようなものだ[18]」。肉体の闇とは、もちろんただのっぺらぼうの均質な闇ではない。この闇は「無数の裂目」に満ちて揺動する闇である。「ある肉体一個の中でもめくるめくほどはぐれているものがありますしね」。身体のなかでも、身体と自己のあいだでも、たえず分離や移動が起きている。それに注意をむけ、「はぐれる」ことを、ある方法にまで鍛錬するようなことを土方は考えたのだ。

　そして見ることはすなわち見られることであり、また見ることはそれ以上に見られることであるという〈交差〉と〈逆転〉の発想は、現象学的である以上にむしろトポロジー的な発想にかかわる。「包まれている病芯」というエッセーで「でんぐり」（紙製のおもちゃ）について語った土方は、そのことを「包むものが包まれている」状態としてはっきり言葉にしている。「肉体で、たとえば花を、そのおもちゃのめくられてゆく花弁が包み込んでいるようにも、包み込まれているものが包み込んでいるようにも描写した場合、すでに内部に病気が巣を作っている」。「内臓が皮膚に、皮膚が内臓になるという裏返された連続性のなかにこそ、さまざまな思い出の蘇生が始源の姿を鮮明に保ち得ているとも考えられる[19]」。そのような状態を「病体」と呼び、その「病芯」について「ふるえながら包まれている病芯も、その病芯によって包み込まれていく花弁も、すべての出入口が開かれているような状態であるにもかかわらず、出入口はない」と土方は説明している。

そこから土方は自己論（「自明でない自己」）に進み、やはり舞踏の話に移っていくのだ。「病体」とはむしろ根源にかかわり、発生の状態にかかわるという。生物の発生の過程が、細胞層が内側に折りたたまれる「陥入」の過程とともにあることをイメージしてもいい。土方は生物学を引用することはないし、その必要もなかったが、身体の身振り（舞踏）にも、思考のイメージにも共通の、内部と外部を反転させ連結する構造（トポロジー）を土方が思い描いていることは重要である。「そういう仕ぐさや身振りによって浮かびあがってくる現象は、想うことが即座に征服されるように体に行き届き、それを解読した時間に体が結ばれ、また即座に解かれるように、溶解した現実の内側から内部の自己と連れ合って出てくる一種のよみがえりとしてあらわれてくる姿に違いない[20]」。土方はここではそのような「自己」と「体」を連結する位相空間とともに生きられる時間に、この「ぬきさしならぬ時間」に注目しているのだ。

土方の、あの「人を食った」ようにみえる難解な饒舌は、ときには相手を煙に巻き挑発するパフォーマンスでもあったが、このような「ぬきさしならぬ時間」に忠実であろうとすれば、彼はそういう言葉とともに考えるしかなかった。たんに空間的論理的図式に還元することは、この「ぬきさしならぬ時間」の現実を裏切ることになってしまう。「包まれている病芯」という文章は『病める舞姫』が連載される年（一九七七年）に発表されたものだ。初期の文章の前衛的な気負いと熱気に満ち満ちた攻撃性がほとんど影を潜めていることも印象的だ。

　そして舞踏家と、子供だった彼の身体との関係にしても、包むものが包まれ、包まれるものが包むような関係なのである。寝床に入るとき、寝床は「わたくしのからだから過去との距離を取り払う最後の砦のようなもの」で、「終わりはいつもこうして始まりとなるのだが、始まりは終わりに向って完結しない[21]」。これもまた時間にかかわる話で、過去と現在、始まりと終わりの〈包み包まれる〉関係にかかわっている。精神分析（とくにラカンの場合）の中核にトポロジーの図式が組みこまれたことはよく知られているが、土方巽の舞踏的思考にもめざましいトポロジーがみられる。それは現代幾何学の卓抜な応用といったものではなく、あくまで肉体の闇を見つめる、そしてそれに眺められる精密な知覚のなかに出現したものである。

　内部と外部、自己と他者、大人と子供、男性と女性、肉体と言葉のあいだにたえまない往還の回路がつくられている。たしかに土方は、彼のダンスと生き方を通じて、そのような肉体のトポスをつくりあげていた。

『舞姫』あるいは兆候

1　発見、中断、持続

前に指摘したように『肉体の叛乱』を演じた年（一九六八年）に発表された「アジアの空と舞踏体験」のような文章には、主題にも文体にも明らかな変化が見てとれる。土方の上演作品の足跡をみても、『肉体の叛乱』がある転回点を記すものであったことは当時の数々の批評や感想からも推し量ることができる。そもそも舞踊家土方の『禁色』（一九五九年）以来の上演は、部分的な映像記録の残っている一九六三年の『あんま――愛慾を支える劇場の話』や一九六五年の『バラ色ダンス』をみても混沌としたハプニングやパフォーマンスの要素が濃い。強烈な個性をもつダンサーたちと共演しているとはいえ、またダンスのセンスが全体を牽引していたとはいえ、隅々までダンス作品として緻密に構成されたものではなかった。むしろ既成のダンスの形式（性）にあらがう破壊的な実験であったにちがいない。そういう不穏な動機がダンスを揺り動かしていた。『肉体の叛乱』はその果てで、西洋伝来のダンスの目録のような場面を繰り広げ、あたかも西洋から学んだダンスをすべて清算するかのようなパフォーマンス、〈アンチ・ダンス〉のパレード、犠牲そして訣別の儀式、狂乱の祝祭のような上演だったのである。

極論するならば、土方は『肉体の叛乱』のあとにようやく彼自身のダンスを発見し、ダンスに集中するようになったのに、数年後にはみずから舞台に立つことをやめて、さらに異なる探求に入ってしまうのである。この「変化」は、秋田に生まれた子供の感覚に舞踏の根源をみてその探求と表現に舞踏の重心を移していった土方の変化に対応してもいる。

あえていえば、ようやく踊りを発見してからたちまち土方は踊りをやめ、考えこんでしまったようなのである。「白桃房」に集結したダンサーたちの踊る作品を演出し、振付に集中しすぎて、みずから踊ることがむずかしくなった、と土方は述懐してもいる。「二年半も人の身体に舞踏家として関心うばわれると大損失ですからね」。「そしてどっちかが死なないと形が相手に乗り移らない[1]」。「舞踏という全感触の中でそれを記号として登録してゆく作業なので、とても教えるなどという一方的なことではできない[2]」と語る土方は、みずから舞台に立つことをやめて、さらに新しい困難な追求を始めたかのようだった。そういう過程を経ていよいよ集中的にダンスを考え、つくりはじめたともいえるのである。

『肉体の叛乱』までの舞踏では、あえて私はそれを〈アンチ・ダンス〉と呼んでみるが、もちろん土方はダンスを放棄したことはなく、あまりダンスらしい場面のない『禁色』のようなデビュー作でも、その闇と光の設計や、ほとんど動かないたんなる肉体の現前にさえも土方の強度の芸術的センスは隅々まで貫通していたにちがいない。しかし踊る身体の細部まで、その精密な所作まで設計された一貫した舞踏の作品は、七二年、土方みずからが踊った最後の本格的公演「四季のための二十七晩」に始まり、やがて結成された〈白桃房〉によってつくりつづけられるようになったらしいのである。

前にもふれたように合田成男はそれを「技術」の形成という問題としてとらえていた。六〇年代の「舞踏」は、肉体の「主体性」を前面に押しだし、既成の枠をこえて「肉体の新たな領域、まさに肉体自身を顕在させた」。このことだけで、すでに土方は同時代のダンスに対してまったく新たな道を切り開いていたといえる。ところが「半面、この肉体を開示することが目的となり、極端に主観的な表現に陥る弊害や奇を衒う傾向も現れた[3]」。後にそのように回想する合田が『肉体の叛乱』について否定を含む感想をもっていたことも前にふれた。もちろん合田の言う「技術」は、たんに既成の舞踊が要求する身体能力や身体の操作法のことではなかった。それは「死者のための技術」と合田が形容するような異様な方法でもある。「土方巽は、まず、記憶の束としての肉体に立ち戻った。舞踏のための肉体論は一応、棚上げにされ、まったく個的な肉体の再構成を記憶に頼ったのである。当然、土方自身の過去は回収されたが、その過程に、彼を取り巻いていた、すなわち彼を育んだ多くの人物、動物、事物、現象を見たのである。そして、既に死滅してしまったそれらを復活させることこそ彼自身の舞踏であると行き着いた。彼はそこで彼自身を捨てる決意をした[4]」。その「技術」とは、幼少の土方をとりまいていた、すでに死滅した生の無数の記憶と交感するための技術だと合田は言うのである。そういう「技術」は古今の身体技法や伝来の舞踊の技術と無関係ではないとしても、それらと同じ次元にあるはずがなかった。『肉体の叛乱』後の土方に何が起き、どんな深い変化が訪れて、いわば〈作舞〉に集中し、みずからは（舞台上で）踊ることをやめてしまうのか、その大きな変化は合田の「彼自身を捨てる決意」という激しい言葉からもうかがうことができる。

ここで私はもはや「前衛か技術か」という問題を蒸し返そうとは思わない。たしかに土方の表現は大きく変貌したのだ。その〈変化〉がなんだったか。いま一度「四季のための二十七晩」の観客がそれをどう受けとったかを参照しながら考えてみよう。

この〈変化〉を市川雅はむしろ〈回帰〉として説明した。〈回帰〉といってもそれはルーツ（アイデンティティ）の追求ではなく、あくまで〈肉体〉の問題なのである。「人は土地から離れていけばいくほど、自分の肉体にこびりついている土地の痕跡を明確に感じはじめて土地に回帰していくのだ。そして、その土地が自分の肉体を呪縛している重大な理由に気がつき始める。土方がジュネやロートレアモンを主題にしていた時は近代芸術の極北に位置していた。それが一転し前近代に回帰して行ったのはどうしてだろうかと疑問を抱く人もいるだろう。だが、近代芸術とはいえジュネやロートレアモンは肉体を通還せずにはおかない文学であり、肉体そのものが主題の作家達である。土方がそれを題材にしたからには、登場する人物を見ていて俺には誇っていかねばならない肉体があったのだと思ったのだろう。だから、そういう文学との接触と秋田とは遠くにあるように見えるが、肉体を媒介にして隣合せになっていたのである[5]」。そこで市川は「技術」への配慮よりもむしろ土方のいう「肉体」という根拠の探求として、その探求の延長線上で「肉体」をとりまく「土地」に下降していくところに土方の「東北歌舞伎」の核心をみていた。しかしその「土地」も「肉体」も、おそらく土方以外の誰も見たことのない、誰も経験したことのない「土地」であり「肉体」であったかもしれないのである。

こうして市川は、土方は統一的人格としての踊り手を「肉片に砕いてしまった」と書いている。「彼にとっては肉体の部分と表情が大事なのであって、侵化され、歪んだことのない肉体などには関心がな

『疱瘡譚』（1972年）の女性舞踏手たち。手前が芦川羊子（撮影・小野塚誠）

いのだ。想像力に奉仕する肉体こそが必要であり、しかも肉体が世の残酷——病気、労働、性に侵化されているとなれば、過酷な表情も帯びて想像の領域を超えるほどに想像的空間をかたちづくっていく[6]」。「想像」という言葉を市川は繰り返し記している。そこに充塡された濃密な意味がたしかにあったはずだ。

　観客の見方は当然ながら多様で、ときに相反していた。歌舞伎研究家である郡司正勝は「今日の歌舞伎が、ことごとく脱落させていったもの、その肉塊を拾いあつめて、骨寄せした幻影なのであろうとおもう[7]」と日本列島でおこなわれた歌舞の源流に交わるものとして『疱瘡譚』を批評したのだ。

「四季のための二十七晩」の最初の作品『疱瘡譚』を、映像記録によりながらもう一度振り返ってみよう。この上演は、土方自身の三回のソロと土方以外の男女の群舞やデュエットから構成されている。多くの場面で土方は背をかがめ、ひざを曲げた姿勢を

次ページ・同、芦川羊子と和栗由紀夫のデュエット。
191-192ページ・同、土方巽（撮影・小野塚誠）

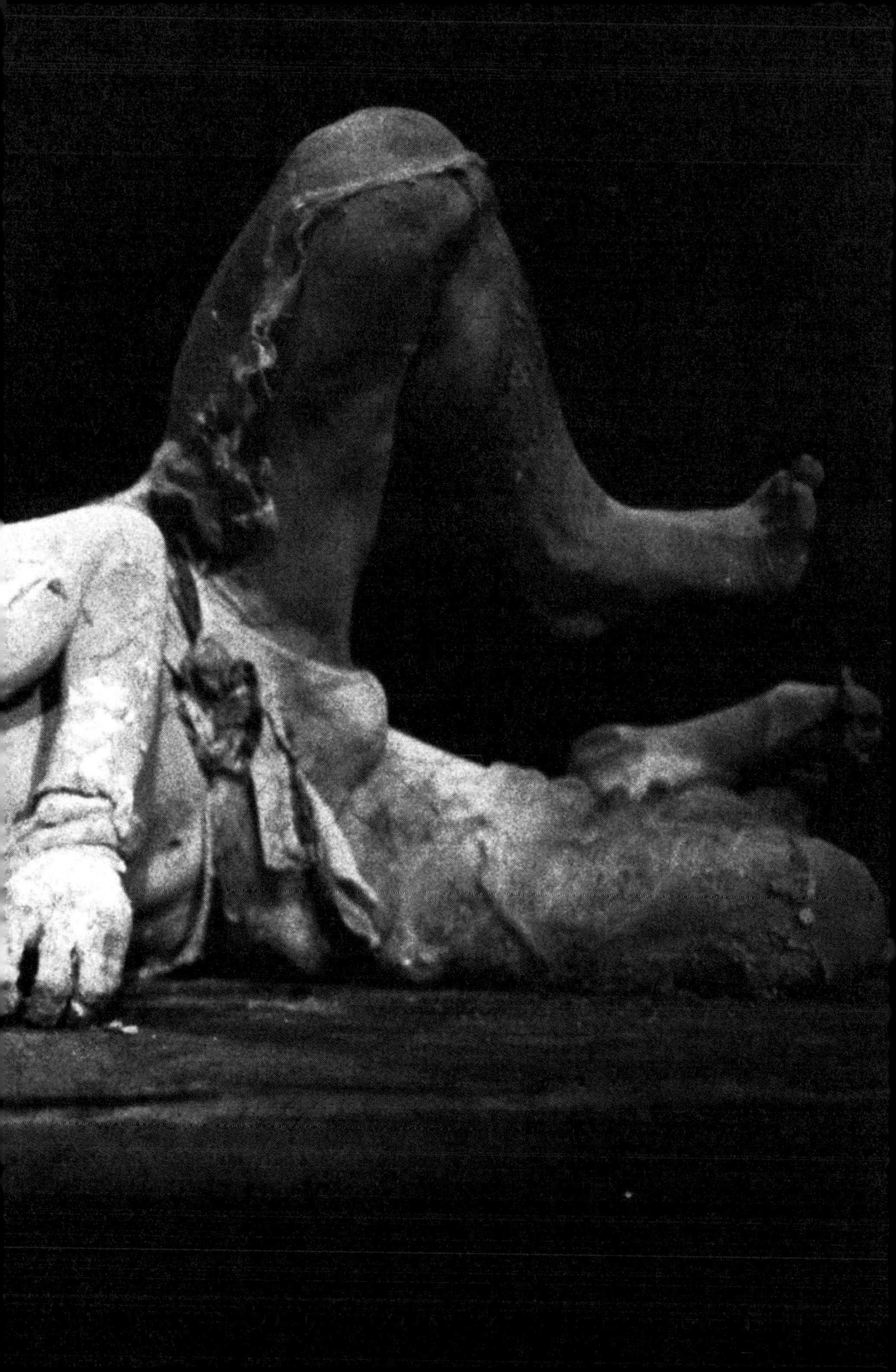

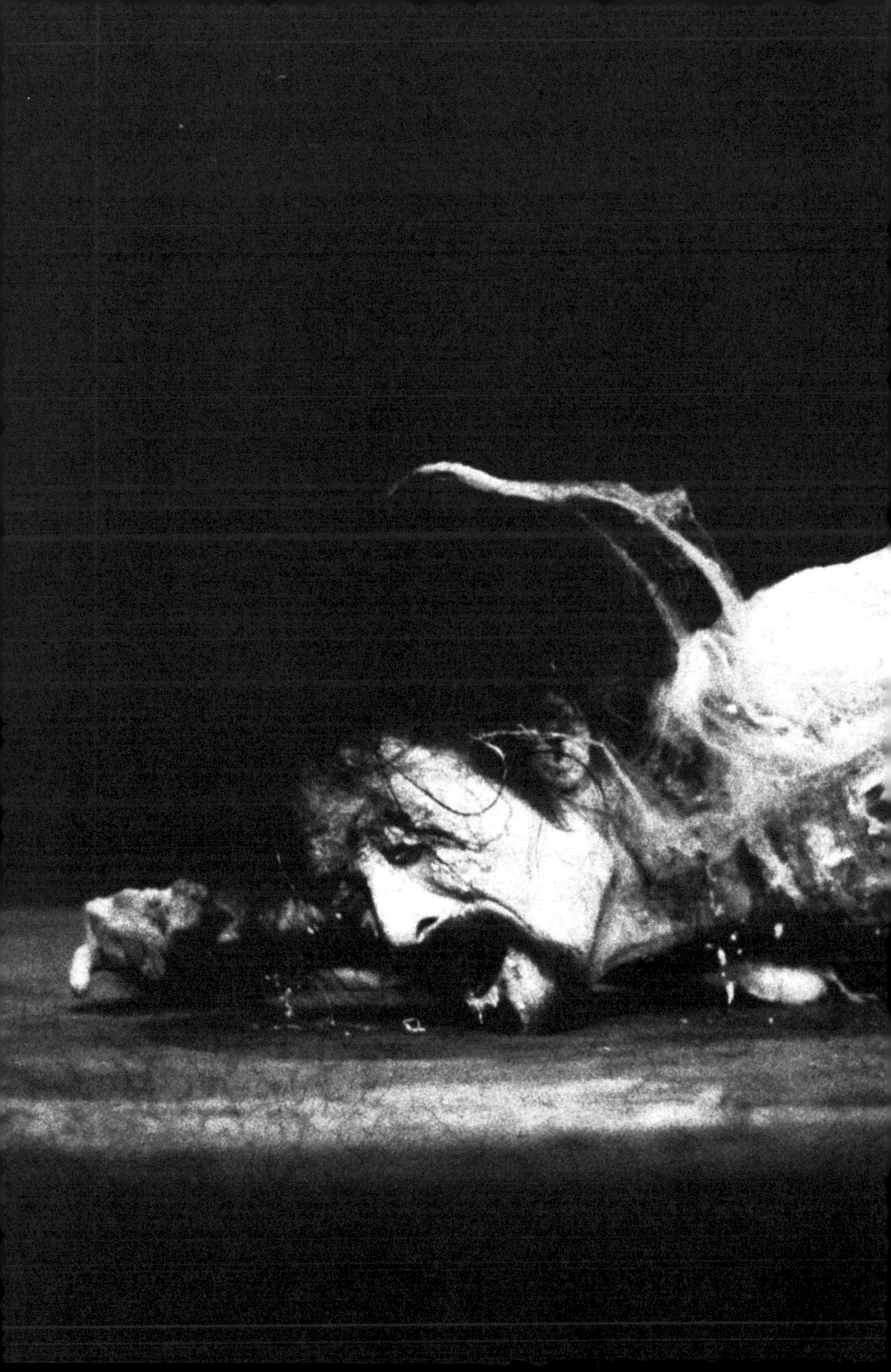

基調とし、他のダンサーたちにもそれを基調にして〈振付〉をしている。音楽は三味線で伴奏する瞽女《ごぜ》の歌や義太夫節のほか、一部にはヨハン・シュトラウスのワルツやマリー＝J・カントルーブ作曲の「オーヴェルニュの歌」より「バイレロ」（羊飼いの歌）など西洋音楽が用いられているが、ダンスそのものでは西洋的な動きはほとんど影をひそめ、曲がった身体の屈折した不連続な動きが続く。とくに土方の二番目の「バイレロ」を伴うソロは、しゃがみ、あるいは横たわり、体を沈めては床から少し浮かびあがるようにして四肢を細かく動かす踊りである。土方はぼろ切れや綿のようなものだけをまとった骨がらみの体で、憔悴し崩壊しつつある生命の最後の痙攣のような動きをゆっくり踊っている。死の痙攣はときに胎児の震えのようでもあり、このダンスの時間は生命の発生と終息の閾をさまよっているのである。

ニジンスキーの『牧神の午後』を思わせる、横向きになり、腰を落とし、腕を前に出した姿勢で動く男性ダンサーの群舞があり、そこに土方の幼少期の風景につきものの鶏の動きを思わせる所作も挿入されている。そもそも横たわった土方の微動のダンスは、『牧神の午後』でうずくまったニジンスキーの所作と無関係ではなかっただろう。ダンサーの多くの所作は操り人形のように設計されて、自然な有機的動きを厳しく排除している。音楽は日本と西洋の音楽そして（佐藤康和による）音響を不連続に交替させて、これも有機的な連続性を断つように構成されている。この作品が〈東北回帰〉の表現であり、土方の幼少期の世界の探求であるとしても、作品の構成は多くの亀裂や不連続を含み、むしろそのこと自体が表現のモチーフにもなっていた。もはやいかにも前衛的な表現には見えないとしても、そのようにしてたしかに現代の作品の特徴を備えていた。

おそらく映像記録を精細に分析したにちがいないフランスの研究者アリクス・ド・モランは、踊る土方のたえざる「姿勢の変化」に注目している。「姿勢の変化に気づくのは難しい。観客には緩慢なように見える一つの所作を執拗に繰り返すことで、変化が隠蔽されているためである。しかしこの変化は実際は非常に敏速である。腰を揺らし、座り込み、しゃがみ、這う。土方は次から次へと敏捷に姿勢を変える。土方の動きが一見不器用なものに見えるのは、実は不慣れな支点を探究しているためである。このため身体は不等辺多角形の連続と化してしまう」[8]。観客にとってそういう動きが「不器用」に見えたかたしかではないが、土方の作舞が〈バロック的〉をこえてほとんど〈フラクタル的〉な細部を重ねるものであったことをこの指摘は想像させるのだ。

おおむね肯定的な感動の記録のなかにあって、印象に残る留保や批判の表明もあった。たとえば小林正佳は、土方が「肉体の闇」を真摯に掘り下げる追求を続け、彼自身の肉体の動きによって正確にその「闇」を表現しえたとしても、「土方は、自らの内なる暗闇にとどまるのか、それとも、そこを突き抜けてゆくのか」と問うている。それは「突き抜ける」方向が見えないという批評でもあった[9]。

「私はいたく感動したが、しかし極めて嫌な気分であった」とまったく両義的な感想を詩人の鈴木志郎康は述べている。「〔女性ダンサーたちの体現する〕あの幻の婆さんたちと、客席で感動している私らとの距離に、私はすっかりまいってしまったのだ。私はその距離を縮めたいなどと考えはしない。そんな非人間的な思考は持ち合わせてはいない。私はひたすら、あの幻の婆さんたちと、それを舞台の上に実現した土方巽と、それを見て感動したこの私自身と無縁になりたいと思っているのだ[10]」。鈴木の否定の理由はそれほど詳らかに説明されているわけではない。彼はダンサーたちの「個々の肉体が自由ではない」こと、つまり土方巽の「表現の独裁」に批判をむけ、すでに土方の芸術が制度にもジャーナリズムにも認知されてしまったことに対しても批判的だった。

いま私が書き進もうとする文脈で、こうした留保や批判まで受けとめて考えを進めることはできないが、忘れがたい指摘として心に留めておこう。土方自身がそういう問いを自分にむけたかどうかわからない。しかしやがて舞台に立つことをやめて演出・振付と『病める舞姫』の執筆に専念することになる土方にとって、舞台に立つことも舞踏の作品をつくることも踊ること自体も、ある危機をはらんできわめて脆く不安な状況にあったにちがいない。自分自身の立てた難問のあいだで綱渡りをしていたようなものだ。後にみずからが踊る作品を再開する予定はあっても、慎重で疑い深く、病に倒れてついにそれを実現することがなかった。しかしこれも土方の創造性の重要な側面だったと思うしかない。

『疱瘡譚』の貴重な映像記録（大内田圭弥監督）は多くのものを見せてくれる。それによって、たった一度かぎりの公演を見ただけでは見えない細部を繰り返し観察することもできる。しかしあの時代のあの場所で、土方自身の数々の試行錯誤のあとの中断を経て、三島由紀夫の自決や連合赤軍事件の生々しい記憶を頭に刻まれた観客のまなざしのなかで、あの時代の「ぬきさしならぬ時間」のなかで上演され見られたことは、再現不可能だとしても想像する必要がある。そういう脈絡なしに、あの舞台もあの時間もなかったのである。

「そうらみろや、息がなくても虫は生きているよ。あれをみろ、そげた腰のけむり虫がこっちに歩いてくる。あれはきっと何かの生まれ変わりの途中の虫であろうな[11]」という誰の言葉かわからないカッコつきの発語から『病める舞姫』は始まっている。「けむり虫」は生きており、生まれ変わりの途中であり、息をしない仮死状態でもある。生死が混淆し隣接する領域がさっそく提示されている。私は若いアルトーの作品『冥府の臍』というタイトルを、あるいは晩年のノートに記された「私の思考の演劇的幼虫」という言葉を連想する。生誕と死が隣接するとはどうしても生きがたい場所にちがいないが、土方にとって、そこを離れてはそもそも表現することの意味がない。

「言いきかされたような観察にお裾分けされてゆくようなからだのくもらし方で、私は育てられてきた[12]」。「観察」とは私が「観察」するのではない。「観察」するのはいつも他者であり、その他者もまた別の他者の観察を分有することができるだけである。そういう「観察」がとらえた「からだのくもらし方」も、誰かが方法として主意的に実践したりするものではない。それはあくまで観察に分有され、観察と溶けあった方法であり、「言いきかされ」ること、「観察」「お裾分け」(分有、共有、贈与)とともに獲得される。そして「からだのくもらし方」はすでに何重にも屈折して間接的になり、そのなかで「私」が育つというのだ。

『病める舞姫』のどんな一行をとってみても、ひとつひとつがこの書物の世界とその思考、その運動の全体を包含し、凝縮するかのような微粒子(モナド)を形成している。それらはけっして見取り図や俯瞰図に展開されることはないようで、異なる層面や位相を次々反映する細部のモザイクだけが並べられている。ただしモザイクは鉱物のように分割された輪郭をもつのではなく、いつも輪郭をくもらせて他のモザイクあるいはモナドに浸透し、分身を増殖するのである。くもり、くもらされる「からだ」は言いきかすもの、観察するもの、それを「お裾分け」するものをすでに折りたたんでおり、また新たに折りたたんで「育つ」のである。

「からだの無用さを知った老人の縮まりや気配りが、私のまわりを彷徨していたからであろう」。「無用なからだ」については、かつて土方が「ぼくが舞踊と名づける無目的な肉体の使用は、生産性社会にとっての最も憎むべき敵であり、タブーでなければなるまい[13]」と、ずっと攻撃的に、意志的に、ある〈革命〉の文脈のなかに「無用さ」を位置づけていた姿勢も思い出される。「からだの無用さ」は、はるかに衰弱し消尽して、空気のように漂う「からだ」をすでにまなざす言葉であるが、これも『病める舞姫』の探求の基軸を示す言葉なのだ。

「私の少年も、何の気もなくて急に馬鹿みたいになり、ただ生きているだけみたいな異様な明かるさを保っていた」。かつて私はその少年だった。「私の子供」というように「私の少年」というこの話者は、私と少年の近さと距離を同時に言明しているようだ。主人公はあくまでこの少年であり、私はこの少年に見つめられ、私のなかの少年をたえず発見させられる。二度とその少年に戻れるわけではないし、また完璧な回想ができるわけでもない。異様に精密な回想が続くようだが、「私の少年」は回想を捏造してやまないのだ。語り手は、成人した自己の輪郭をできるだけ抹消するようにして私の子供の世界を掘り下げ、広げていきたい。とりわけ「肉体」に、「肉体の闇」に眺められることについて語ってきた舞踏家がいまはなぜ「ただ生きているだけみたいな異様な明かるさを保っていた」と言いだすのか。もちろん影も、暗い穴も、闇も、暗がりもいたるところにあらわれる。あたかも大人にとって闇であるものも子供にとっては明るみであるかのよう、少なくとも明暗のたえまない交替のようで、自在に目をつけたり取り外したりするように物を見る子供にとっては、見えることと見えないことの差異がそれほど決定的ではない。光も闇も視覚の外にあり、「私の少年」は視覚の手前で世界を知覚しているようだ。だから「闇」さえも明るいのだ。

「そのくせ、うさん臭いものや呪われたようなものに視線が転んでいき、名もない鉛の玉や紐などに過剰なほどの好奇心を持ったりした。鉛の玉や紐は休んだ振りをしているのだと、スパイのような目を働かすのであった」[14]。いつだって物や道具（釜、甕、包丁、椀、箸、棒、鏡、布団、蚊帳、風呂敷、帯、綿……）が、あらゆる生物が、世界がこの少年を見つめているので、少年は果てしなく遊び、観察することができる。のっけから土方は「私の少年」の世界に、数行の記述からなるじつに入り組んだ位相空間を通じて入りこんだ。このようなねじれや連続・不連続と、決定不可能な距離や時間からなる構造は、けっして消えてしまうことはない。土方と子供のあいだにたえず反転が起き、分離と溶融が起き、その過程自体がたしかにダンスのようなリズムや図像を描きつづける。ダンスは物や生物や人のたたずまいや動きや所作に発見されるだけでなく、そのような構造や位相空間の反転や振動や移動やずれや間隙からも発生するようだ。ダンスの素材も、モチーフも、ダンスの要求も、ここから無限にあらわれてくる。

　このはじめの数行に提示された生と死、生成（生まれ変わり）、すでに「観察」に含まれている複数の知覚のねじれた構造（トポロジー）、無用な「からだ」の果てしない潜在性、「明るさ」と「闇」の奇妙な交替、子供が見つめる事物が子供を見つめ、踊ることがすでに踊られていることであるというたえまない逆転の構造は、『病める舞姫』のほとんどすべての部分で持続され反復されている。そしてこのような構造には、ほとんど発展も、始まりも終わりもあるはずがなかった。この本に物語のような展開や、結論へと展開する主張や推論を求めても、ただ裏切られるしかない。

「私の少年」はいっこうに成長せず、成長へと向かうことがない。彼は子供のままでなくてはならないが子供でいつづけるために、成長したりしないために子供はすでに大人なのである。大人である私の少年は、「何の気もなくて急に馬鹿みたいになり、ただ生きているだけみたいな異様な明かるさ」を保っている。こうしてじつは大人でも子供でもない異様な存在になって成長を拒否し、ただ反復する探求と遊戯を続けているようなのだ（二十世紀の忘れがたい作品のあるものは「反復」からなり、それぞれに「反復」を発見した作品である。ベケット、フィリップ・グラス、エリック・サティ、アンディ・ウォーホール……その前にすでに反復の思想的発見者であったキェルケゴール、ニーチェ、フロイト、そしてドゥルーズ。土方とあまり似たところのないこれらのアーティスト、思想家はみなそれぞれに、異なるタイプの反復のめざましい発見者であった）。

「梅雨どきの台所にある赤錆びた包丁の暗さを探っては、そういう所に立って、涙の拭き具合いを真剣に練習したりしていた。からだの中に単調で不安なものが乱入してくるから、からだに霞をかけて、かすかに事物を捏造する機会を狙っていたのかもしれない[15]」。こういうくだりでは「私の少年」は、奇妙な「練習」をしたり「事物を捏造」したりして、まさに舞踏を探求し実践する少年である。この子供はすでに舞踏の才能を発揮していた、というような回想ではない。捏造するのは捏造された少年であり、二重の捏造は回想である以上に、「お裾分け」と言われたような分有や譲渡を重ねる探求と実験の過程そのものである。少年の感覚をとりまく微細な事物や出来事との出会いが果てしなく列挙されていくが、それはまず冒頭に提示された位相空間のなかに繰り広げられる。同時に、土方の記述がそのような空間を次々編みだし、繰り広げていくともいえる。

「包まれている病芯」のあの一節は、『病める舞姫』のもくろみと方法を克明に定義する文章でもある。「そういう仕ぐさや身振りによって浮かびあがってくる現象は、想うことが即座に征服されるように体に行き届き、それを解読した時間に体が結ばれ、また即座に解かれるように、溶解した現実の内側から内部の自己と連れ合って出てくる一種のよみがえりとしてあらわれてくる姿に違いない[16]」。『病める舞姫』において土方は、「私の少年」を通じて果てしない「解読」の試みを続けているといってもいい。その「解読」の時間は、「体」に結ばれてはまた即座に解かれる。その時間は、身体の現実と解読の行為とのあいだで結ばれては「剥がれる」。そのあいだの〈不即不離〉の交替として、舞踏の「仕ぐさや身振り」を考えた土方の発想は、たしかに『病める舞姫』の発想でもあったにちがいない。「からだに漂着したものを解読しているような時間がからだに結ばれたりほどけたりした[17]」。「私のからだが、私と重なって模倣しているような、ちらちらしたサインにとらえられていた[18]」という『舞姫』のなかの言葉も、この発想を言いかえたもののようだ。

3　暗くてはっきりわからぬが

「ある日、家の中で着物の着付けをしている女の人が、畳から一本の紐を銜《くわ》えて少し伸び上がった。それから、恐ろしい顔になって帯のうしろに手を廻し、きっとした目付きで私の方を睨んだことがあった[19]」。こんなふうに舞踏作品の一場面のような踊りの仕種も書きこまれている。「からだは、いつも出てゆくようにして、からだに帰ってきていた。額はいつも開かれていたが、何も目に入らないかのようになっていた。歩きながら躓き転ぶ寸前に、あっさり花になってしまうような、媒介のない手続きの欠けたからだにもなっていた[20]」というように、からだを出入りするもの、視覚をこえて感覚を全開状態にした子供の状態が、ときには抽象的に描かれている。「私の少年」は「感情が哀れな陰影と化すような抽象的なところに棲みつくようになっていた」というように、ある抽象的な次元を保持している。

「からだ」の出来事はすべて風であり、流体であり、煙、靄、霧、霞、湯気、蒸気であり、流れはある空虚、空洞、洞の形成によって持続される。そういう「空洞」は「抽象的なところ」でもある。「私は、身を捩じり地団駄踏んで暴れ騒ぐのだが、からだの中を蝕む空っぽの拡がりの速さに負けてくるのであった[21]」。「私の痩せたからだを品評しているような空気が、そこいらにはあるのだった。いろいろなものがめくられ、そこには洞もできていたが、その洞に包まれてあるものは死ぬようにできている[22]」。「空気に穴があいてたような状態を骨無しが追っ駆けているように、ずるずると私は動いていたのだろうか[23]」。そういう空洞－抽象によって流れが持続するのだ。

　そして「からだ」は私から出たり入ったりして、私はからだの内にも外にもいるし、からだは私の内にも外にもある。「からだの中には、際限もなく墜落していくものがあって、そんな時からだは私を置き去りにして、そんなおっかなさを沈めるために走り出したりしていた[24]」。「私のからだの中から崖のようなものが引きずり出されて、大きな影のような土の上に置かれた。私はその崖をジグザグに滑るように歩いていた[25]」。「もう一つのからだが、いきなり殴り書きのように、私のからだを出ていこうとしている[26]」

フランシス・ベーコンの描いた真っ赤な斜面を歩くゴッホの肖像を私は思い出した。あの絵の複製が、土方のスクラップブックにも貼ってあったはずだ。こうした文章にも前にふれたような、からだの内外を折り返し、めくりかえす土方のトポロジーが記されているが、けっしてメビウスの帯のように、そこを滑らかに移動できるわけではない。それは「私」も「からだ」も裏返しにして引き裂くようなカタストロフィックな体験、体感でもある。

「私の少年」は、家のなかから鏡を持ち出して遊ぶのである。「私は大きな鏡をそっと家の中から持ち出して、庭に置いてある盥の中の水にその鏡を宥めるように沈めたり、濡れた鏡をゆっくりと持ち上げたりしていた。流れた顔や抉られた顔が、説明抜きで鏡の面に現われてくるのを厭かずに眺めては、ゆらゆらした人体感覚を掬いあげるようにしたり、すがれた声を出してその鏡の中の顔や空を笑ったりしていたのだ[27]」。この鏡の用法は、自己の身体の統一性を発見する幼児という「鏡像段階」の話とはなんの関係もない。ただ鏡を世界のなかに置き、世界を鏡のなかに置き、そのように内外を反転させる構造のなかで、たえまなく変化する歪像として身体を解体しつつ感覚する実験なのだ。土方の「未発表草稿」のなかに繰り返しあらわれる「密室」の内と外の思考は、あの「でんぐり」という紙の玩具のトポロジーとともに『病める舞姫』の世界の構造を示してもいる。「密室の内側にいることによって同時に密室の外側にも存在するためには、私たちは密室が生成されるその瞬間にさながら身を置くようにすればよい。時間のトンネルを導入して空間に孔をうがつのだ[28]」。このトポロジーはある時間的形式(「時間のトンネル」)を伴う。空間として不連続(内と外)であっても、時間として連続しているのだ。

『舞姫』も終わりに近い十二章では、この鏡の戯れの延長線上にあるともいえる「湯気」の劇場とドラマが繰り広げられる。「低くたなびく湯気に、古ぼけた運命みたいなものと向き合っている脳味噌が流れて、白い湯の表面に着物を着終わった子供がサッと立ち上がった」[29]。もちろん湯気のなかですべては輪郭を失い、次々形はあらわれ、衝突し、たがいに浸食しあい、また消えていく。どうやら私の少年は、鏡を家の外に持ち出して遊んだように、台所の釜の湯をのぞいて、そこに水を注いでは遊んでいたにすぎない。それまでにみた無数の風景がくんずほぐれつして、そこに舞い戻ってきたように、少年は湯気の劇場を見つめているのだ。「そこに水が注がれた瞬間釜のなかの様子が一変した。さっと冴えない蒸気が湯の表面を流れ、すぐさま薄い蒸気が一斉に羽をつけて白く立ち昇り、淋病のような霧が抉られて大口を開けた湯気になって、あやふやに崩れ落ちてくる」[30]。「あやふや」という言葉は、ここでもほかでもまったく肯定的な意味をもっている。その劇場に見え隠れして踊るのは、「病める舞姫」の分身である以上、病んだ「からだ」であり、「淋病のような霧」であり、病者なのである。

「釜の底はがらがら、湯の表面がぐらぐらで、がらがら、ぐらぐらと渦巻くなかに、一切の病が白い浮腫を浮かべては沈み、巻き込まれては浮かび、桁はずれの絶妙なお化け湯となって湯玉を産卵をしながら怒り合い、泡の除け者を巻き込み、たちまち一つの輪を作り、霧の雨を覆い被せては、またその輪のなかに戻ってくる。なだめるにはあまりにも強い勢の湯の底では、いまや泡を毛羽だてた透明なゴリラが黒い蝙蝠傘を盛りあげていた」[31]。輪郭のない「けむり虫」の世界も「からだのくもらし方」も、ここまで徹底され、自在になり、加速され、おそらく加速されすぎたのだ。土方はこのあとの最後の二章では明らかにリズムと速度を変え、構成を変え、語りの声も変更しなければならないのである。

『病める舞姫』の世界では、タイトルからしても男たちの影はまったく希薄である。しかし後半になってわずかにあらわれる男の姿は、印象的な掌編小説として浮かびあがる。たとえば「虹男」の話、「この冬場に身籠った鳥のように、怪しい虹を眼に流している男が、まわりの人に嫌われながら現われてくることがあった」。それは「人に指をさされるようなそんなだめな男」で「あんな男に近づいていけば、お前もあのような片端者になってしまうぞ」と言われながらも、少年は男と仲良くしたい。「よくもまあ、足許から顔付きまで似てきて」と言われるほど「虹男」の分身になっているのだ。[32]

あるいは「懐にうっかり風を抱えてしまった」男、ほかのところでは「風男」と名づけられた男もいる。「虹男」と同じ人物なのかどうかわからない。「虹男」だって兄弟なのか親類なのかもわからないのだ。「さんざん俄か雨に叩かれた案山子《かかし》のような風情がこの男のからだに晒されて残っている」[33]。輪郭のない子供や女の表情や細部の影だけが、死霊たちとともにさまよい荒れ狂う世界の探求を果てしなく続けていたが、土方の記述はここにようやく人物とおぼしい形姿をかすかに定着させようとしている。

最後の十三、十四章で、土方は「黒マント」の女とその分身でもあるかのような「白マント」の女を出現させ、ふたりに語らせ、歌わせ、踊り比べをさせている。「私の少年」の果てしない戯れ、探求、発見、観察、省察の息詰まるような反復を追いかけてきた読者にとっては、拍子抜けして、とまどうような転回ともいえる。十一章でようやくひとりかふたりの男の肖像を描き、十二章ではあの目まぐるしいまでに加速された「湯気の劇場」を描いたあと最後になって、土方にはある「他者」の声と肉体、歌謡と、文字どおりの「舞踏」をそこに迎える必要があったようなのだ。

もちろんあてどのない、次々クローズアップされる部分のイメージが渦巻いて、いつどこで何が起きたのか不明で、どうやら「私の子供」の母親であるらしい「黒マント」が吹雪のなかの雪道をなぜ歩いているのかもわからない語り口に、前から変わりはない。しかし多くはふたりの女の対話で構成され、七五（ときに八五）調に整えた歌の文句がやりとりされるのだ。『病める舞姫』の最後の言葉を、ここに書き写しておく。

きれぎれだが力のはいったしっかりした声で黒マントの唄う歌が聞こえてきた。

くるりと去年のはなれ技
あちらこちらと生きのびて
何も喰わずに生きのびて
いまぱっくりと鯉の口
暗くてはっきりわからぬが
詳しくはっきりわからぬが
ぼけたサナギの一生を
誓願ここにささげたり
何千年、何万年の生き残り
眠りをしぼってこねあげて
そこに朝日もしのばせて
尿のにごりで鳥描いた
いま描いた鳥は染まるだけ

いまその鳥は染まるだけ

真鍮製の花とぎっちりと詰まった羊羹を、炎症にかかった青紫色の手に持って現われた黒マントの歴史を、黙って白マントが嗅ぎに行った。どこに行っていたのとは、もう白マントも聞かなかった。羊羹の切り口には形容し難い倒錯した空が小さく映っていた。そうしてお互いにつなぎ目がなくなり、お互いを呼吸していた二人は固く口をつぐんだまま、しだいに青みがかっていった。[34]

つねに敏感に屈折し、飛躍し、事物と「からだ」の襞に深く入りこんでは見つめ、見つめ返される印象を解体し、また目くるめく探求を続けてきた言葉は、ここで緩やかになり、優しく弛緩し、溶けて終わるかのようである。これは死の風景であり、葬送の歌でもあるかのようだが、もちろんそれは『病める舞姫』の果てしない探求と相容れないことではない。ここでも生成と死はかぎりなく近接し、たえず交替し、ときには不分明な帯域をあらわすのである。

しかし同時に「私の少年」のこの前代未聞の探求から、どうやら土方は出口をさがしていたかのようである。物質、道具、生物、死霊、家、大自然が輪郭を失って交錯する世界をさまよう、すでに無数の分身をもつモノローグに、こんどは他者の声を迎えて別のダンス、別のオペラをかいまみたかのようである。おそらく「東北歌舞伎」といわれるような一連の探求を続けたあとの新たな表現の兆しがここに描かれていたと考えることもできなくはない。

「私のからだが、私と重なって模倣しているような、ちらちらしたサインにとらえられていた[35]」。「もう一つのからだが、いきなり殴り書きのように、私のからだを出ていこうとしている[36]」。繰り返し引用するが、そういう言葉はいきなり飛びかかってくる。何度読んでも、どのページから読んでも本そのものが生きていて、たえず仕組みや組織を変えているように、読む者は新しい表情や動き、未知の「からだ」に出会うようだ。ほんとうは複雑に入り組んだ言葉の重層にいくつもの意味やイメージが絡みあっているので、読み返すたびにほんの少しでも読む側の視点や姿勢や気分が変われば、そのたびに新しい意味やイメージが浮かびあがり、ときにはきらめき出てくるのだ。

　土方巽の「舞踏」がまさにそういうふうに踊られ、そういうふうに見られることを要求していたかもしれない。その「舞踏」の時間自体は二度と戻ってこないし、戻らないことがまさに「舞踏」の生命であったにちがいない。

「あの見えているものは確かに馬や牛だが、あれは暗い穴そのものなのか、その穴の中に入って見えなくなってしまうものだろう[37]」。「いろいろなものがめくられ、そこには洞もできていたが、その洞に包まれてあるものは死ぬようにできている、というかすかな微笑を私は察知するのだった[38]」。『病める舞姫』は「舞踏の書」であるとともに「死者の書」でもあるのだ。「明かるく死んだあとのエコーを摑まえようとしていたのか[39]」。「おまえは必ず死ぬのだからな[40]」。「蒸れた死を大人たちは運んでいるように見えてくるのだった[41]」

「私というものが死んだあとも……[42]」と「私の子供」はいつも「私」の死後の風景を見ている。もちろん大人の土方にとって、その子供の世界はすでに死んだ世界で、その死んだ世界をあらかじめ子供は生きた世界に重ねて見つめている。奇妙に親しく明るい死者の次元があって、そこから射してくる光がある。あたりには次々死んでいく人がいる。小さな棺のなかに入れられた自分のイメージもそのあいだにある。真昼の光のなかにさえも、しばしば死霊がさまよっている。踊るのはしばしば死者であり、踊りはいつも死の光に照らされる。踊ることは死者と出会うこと、死後の自己と出会うこと、死者として踊ること、死から復帰しようとして踊ること、しかしけっして死者と一致することはできないので死との距離そのものを踊ることである。この「舞踏の書」が「死者の書」でもあったことは、土方にとってまったく必然的であったにちがいない。

舞踏論のためのノート

1　ダンスはなんの〈象徴〉か

『病める舞姫』を読みとく作業を、難解な言葉の壁に突きあたりながら何度も繰り返してきたのだが、何よりもまず舞踊のジャンルをはるかにこえた土方巽の表現の核心を見極めたいという思いで、私はこれを試みてきた。この本を舞踏論として、土方の舞踏の独自なアプローチとして読むことができると同時に、ひとつの言語の作品として読むことはもちろん可能なのだ。あるいは両方の読み方を往復し、重複させて読むことも可能なのである。つまり同時に「舞踏の言語」として「言語の舞踏」として読むこともできる。どうやら私はそのような同時並行的な読み方をしてきたのだ。

　ダンスの批評家であろうとしたことも、ありたいと思ったこともないのは、けっしてすべてのダンスに惹かれるわけではないし、私にとって言葉と思考を触発されるダンスはわずかであるからだ。それでも私は書きつづけるためにダンスを必要としてきたようである。つまりダンサーがみずからの身体と動きを通じて世界を探知し、踊りながら時間と空間の形式まで知覚し変形しようとするような試みを言語の行為に迎え、同時に言語自身をも変形しようという欲求を培ってきたようなのだ。たくさんの言葉を残した土方巽は、そのようなダンスと、そのような言語表現を両方とも実践して、前人未踏といいたくなるほどふたつの探求を結びつけ、掘り下げ、拡張したといえる。

　ダンスに関していえば、もちろん土方のあのような実験的前衛的、あるいは探求的なダンスだけがダンスではなく、たんに体を開放的に動かすありふれた身振りから、祭りや盛り場の踊りやパーティのダンス、高度に鍛錬された伝統舞踊、儀礼のダンスそして世界中でしのぎを削って新しい体の動きや表現を生みだそうとする現代の芸術的ダンスまで、あらゆるダンスはダンスの本質を共有しているにちがいないのだ。いまダンスの美学や人類学のような範囲にまで話を広げようとは思わないので、ここでは私の考察のための素描にとどめておくしかないが、「言葉の舞踏」などと言うならば、さっそくその「舞踏」という語がじつは何を示すのかという問いが浮かんでくる。

「外的なものは何もない！　踊り子は外部というものを持たないのです……、彼女が自分の行為によってかたちづくるシステムの彼方には、何一つ存在しないのです……」[1]などと書いて外部に目的をもつ動物や人間のあらゆる行為（たとえば「歩行」）と、無目的な行為としてのダンスを対比したヴァレリーの考察（「舞踏の哲学」）は基本的なものだが、しかしこの「無目的性」は遊戯であり、祭儀であり、娯楽、社交であり、やがて芸術となったダンスについて語るにはあまりに一般的すぎて、けっして十分ではない。ヴァレリーの論のもくろみは、あくまでも「すべての芸術」にあてはまる「一般観念」を、ダンスの「無用性」を通じて説明することである。

バレエについて書いた詩人マラルメは、それ自体散文詩のような「芝居鉛筆書き」中のテクストで、バレリーナの身体は暗喩、記号、紋章、象形文字などであると書いている。「すなわち踊り子は踊る女ではない。それは次のような並置された理由による、すなわち、彼女は一人の女性ではなく、我々の抱く形態の基本的様相の一つ、剣とか盃とか花、等々を要約する隠喩なのだということ、そして彼女は踊るのではなく、縮約と飛翔の奇跡により、身体で書く文字によって、対話体の散文や描写的散文なら、表現するには、文に書いて、幾段落も必要であろうものを、暗示するのだ、ということである。書き手の道具からすべて解放された詩篇だ[2]」。マラルメのこういう散文も、ときにそれ自体が「言葉の舞踏」のようだが、彼はバレリーナのダンスに、いわば言葉から解放された理想の詩的記号を見いだしている。「踊る存在の非個人性（état impersonel）」のせいで、踊る存在はもはや個人ではなく、言葉でもなく、「紋章」以外の何ものでもない、などと断言するのだ。

必死の苦行のように純粋詩を追求した象徴主義の詩人は、詩の言語自体はけっして十分に純粋ではないので、つまり意味や伝達の要求に汚れてしまっているので、むしろダンスのほうに彼が追求する詩の理想的状態を発見した。ここでダンスは最高の純粋詩の〈暗喩〉となっているのだ。しかしこれは一種の〈倒錯〉であるというしかない。バレエあるいはダンスが身体を操作する芸術として、あたかもその身体の存在さえも昇華するようにして純粋な記号となることができるとすれば、ダンサーの身体よりもはるかに記号そのものである言語にとって、どうして純粋な記号になることがそれほどむずかしいのか。マラルメ自身が踊らないとしても、彼はまさにそういう記号の創造をめぐって奮闘したのだ。しかもダンスというはるかに不純な言語行為にそういう理想的記号を発見しては、言語を純粋な記号に近づけるという彼自身の困難な試みに魅入られたのだ。しかしほんとうは、生きた肉体のあらゆる特性とともにあるダンサーの身体にとって純粋な記号になることはずっとむずかしいはずではないか。

いずれにしても、そんなふうにバレエを純粋な詩的象徴としてみている詩人は、ただ自分の理想をダンサーに投影しているだけで、他の観客の多くは、洗練された所作が言語ではなく、やはり舞台に現前する肉体の躍動とともに美しく繰り広げられるのに注目して魅了されていたにちがいない。そのマラルメの詩作をもとにドビュッシーが作曲した『牧神の午後』をニジンスキーが踊ったバレエ（一九一二年パリ初演）を、マラルメ自身が見ることはかなわなかった。マラルメは物議をかもしたニジンスキーのあのスキャンダラスなダンスに、どんな〈暗喩〉を見ただろうか。

マラルメの考えは、言語の事象でしかないことをバレリーナの身体に投影しているという意味ではまったく倒錯しているのである。ダンスの身体はむしろ言語の外にあり、言語から解放されているから、私たちの興味を引くのではないか。しかし、これもじつはたしかなことではなくて、ダンスも含めてあらゆる芸術表現は表現である以上、物語や意味で充満している。ニジンスキーのようなダンサーは、同時代の絵画や音楽などにおける新しい作品の登場を意識しながら伝統的バレエの華麗な動きを抑制して、醜怪とも思われた「牧神」のダンスによって、肉体を昇華させるかわりに肉体の実在それ自体に密着するような舞踊表現をつくりだしたのである。

ジャン・ジュネの『薔薇の奇跡』を翻訳していて、私は次のような一節に出会った。「監獄の房では、極端にゆっくりと身動きすることができる。身動きの一つひとつの合い間に、静止することもできる。僕たちは時間と思考の支配者なのだ。ゆっくり進めるから僕たちは強いのだ。それぞれの動きが、重々しい曲線にそって方向を変える。僕たちはためらい、選ぶ。監房での生の贅沢はこういうものだ。しかしこの身動きのゆるやかさは、素早く移動するゆるやかさでもある。ときに突進することもあるのだ。ひとつの動きの曲線に永遠が押し寄せ、監房の隅々までが自分のものになる。なぜならその空間全体を、注意深く自らの意識で満たすからだ。このゆるやかさに重さは欠けているにしても、それぞれの身動きをゆるやかに実行することができるなんて、なんという贅沢だろう。僕の絶望を完璧に打ち砕くものは何もない。絶望は順を踏んで作り直されるのだ。それは自己の内部にある分泌腺で調節されるからだ。絶望はこの分泌腺から、ときにはゆるやかに、しかし一時も中断することなく湧きでてくる」[3]。どうやらジュネはけっして〈純粋な記号〉などを追求することはなく、マラルメもヴァレリーも想像しなかった新しいダンスのモチーフを、監獄を舞台にして描きだしていた。囚人の身体の状況とはたんに刑務所の状況ではない。「刑務所へ」のような文章を書いた土方巽は、ただ悪の文学にひかれていたのではなく、みずからの生と身体の隅々にまでおよぶ力や制度を見つめようとしていたのだ。その身体が監禁された空間で、ゆるやかに踊りだす。それはたしかに「純粋」な記号のようなダンスではない。せめぎあう力のあいだに囚人の身体がかすかに描く流線は不純である。

マラルメは言語では実現しがたい純粋な詩をバレエのなかに見ていたが、要するにバレエのなかに、ある「記号」を見ていたのである。「記号」の呪縛から逃れようとしていたはずなのに、「記号」でないものにも、やはり「記号」を見てしまう。ほんとうは記号の外の、いわば〈イマージュ〉をマラルメは手に入れたいのではないか。イマージュとはけっしてたんに視覚対象のことではない。さまざまな感覚の根底にあって、視覚にも聴覚にも還元できない知覚対象があるのだ。視覚対象はけっして光そのものではなく、感覚された光のイマージュであり、盲目の人でさえもそのイマージュをもつことができる。聴覚を失った人も、音のイマージュを操って作曲することができる。たんに音の記憶があるのではなく、音のイマージュがあり、イマージュのレベルでは視覚、聴覚、触覚……の分割が自明ではない。むしろすべてが触覚のような知覚に、光の触覚、音の触覚のようなものに還元される。『病める舞姫』の子供は眼球を眼鏡のようにつけたり外したりして周りのものを知覚する。つまり視覚以前の知覚で世界を感じているのである。

ミシェル・セールは、もろもろの感覚にとって共通の根源的な「皮膚の感受性」を考えた。「皮膚のある部分が、やわらかくなり、繊細になり、超感受性をもつようになったとき、その場所にもろもろの感覚器官が生まれる。このような特定の場所で、皮膚は洗練されて透明になり、自らを開き、ぴんと張って振動し、眼差しとなり、聴力となり、嗅覚となり、味覚となる……。皮膚はそれ自体様々に変化する基体であり、もろもろの感覚器官はその皮膚が特殊な形に変化したものである。すなわち皮膚は共通感覚《サンソリオム・コミュヌ》、すべての感覚に共通の感覚である」[4]。これは感覚の「発生」や「進化」の過程である以上に、感覚が現にどのように器官を貫通するかのように作用しているかを説明している。共通感覚とそれが感覚するイマージュがあるからこそ、私たちは世界を見たり聞いたりすることができるのだ。

マラルメは、言語の外部に出ようとしてバレエに純粋な記号を発見したが、むしろそこには記号の外部の兆候があると言わなければならない。言い方を変えれば、あらゆる記号は外部の記号でもあるのだ。言語の知覚も、さまざまなイマージュの作用の間にあって、シニフィアン－シニフィエの組み合わせなどにとうてい還元することはできない。ダンスの記号学のような試みが存在して、もちろんそういう試みのあることに異存はないが、ダンスはけっして記号に〈還元〉されるものではない。それを記号とみなすにしても、すでにダンスを見ることと、ダンスを踊ることは同じ記号の体験ではない。そして共通感覚《サンソリオム・コミュヌ》のような次元を考えるなら、ダンスを見ることと踊ること、踊る身体を見ることと、踊るみずからの身体を知覚することが区別しがたいような知覚の帯域を、そのような〈イマージュ〉の場所を考えなければならなくなる。記号をめぐるマラルメの〈神経症的倒錯〉があり、彼の書いたテクスト（「牧神の午後」）からはニジンスキーのむしろ〈分裂症的〉なダンスが出現したが、少なくともニジンスキーのダンスは、記号をめぐる倒錯的な悪循環の外に記号も身体も一気に開放してしまったようなのだ。

2　舞踏と言語

前にもふれた吉本隆明の「舞踏論」は、まず「舞踏」に対する「先入見」を表明することから始まっていた。「耳から身体にはいるリズムがどこかで堰きとめられ、失調している。また音階が入ってきても身体をうごかす言葉になるまえに、あとかたもなく消えてしまって、身体が律動からとりのこされる。わたしはそのため舞踏にちかづいたことはない。あれは人間のやることでも、人間にできることでもないという先入見が取り除けないからだ[5]」。いきなり出だしで、リズムや律動の〈欠如〉という感想から始めて、舞踏について「人間にできることではない」という意見にまで短絡しているのには恐れ入るほかない。にもかかわらず吉本が土方巽について論じたのは、「さいわい土方巽は肉体を文字にし、文字を肉体にして舞踊や舞踏の概念を、身体と言葉のあいだで同一の暗喩にしてしまっている。わたしはかれの舞踏をみたことがないが、言葉をみれば舞踏をみたとおなじことになる」からである。

「言葉の舞踏」は「舞踏の言葉」でもあるという同一視は、バレエを論じたマラルメの〈倒錯〉を連想させるが、マラルメは少なくともバレエの熱心な観客で、「言葉をみれば舞踏をみたとおなじことになる」などと不用意なことはいわなかった。吉本は土方の「犬の静脈に嫉妬することから」をカフカの「ある犬の研究」と比較して読解し、「犬として人間だという在り方の暗喩を記述するのに、人間の言葉、感情、倫理の響きを使っている状態が、舞踊または舞踏なのだ」と書いて、すっかり彼独自の文芸批評的分析に入っていくが、舞踏を見くびったというより、むしろ土方の舞踏が身体だけでなく言葉でも実現されたという印象に驚いているのだ。「土方巽は舞踊や舞踏の動きを、物や出来事の動きの暗喩にまで近づけたかったにちがいない」。またしても「暗喩」（メタフォール）であるが、「暗喩」とは何よりもまず言葉の用法に関する言葉であって、それをダンスに関して適用することはそれ自体まったく「暗喩」的で、じつはダンスについて何も語っていないのに等しい。

『病める舞姫』という「散文詩ふうの言葉の舞踏」をひとしきり抜粋して、わかりやすく凝縮してみせた後で吉本はもう限界を感じている。「ほんとをいうとこの『病める舞姫』の全体は、読むものを疲れさせ、型にまで昇華しようとする動きを壊しつづけていながら、物や出来事を破壊する実際の動きがすくない。そのため解放感がなくて耐えがたいほど退屈する」。「舞踏だということから背負った不可視の重荷に退屈するのだ」。「ふつうの追想でもなく、物語や自己劇化でもなくて、ただ舞踏化する意志だけで飽くことなく言葉の暗喩を畳みかけている」。「この散文詩的な世界は充実した持続だが、疲労させ、緊張させ、ぐったりさせる世界だ[6]」

吉本の指摘は的を射ているようでもある。『病める舞姫』の「追求」の特異性を読みとったうえで、その読みがたさにもふれている。それにしても『病める舞姫』が「言葉の舞踏」であるのかどうか、人は言葉でも舞踏しうるものか、そもそも問う余地がある。たしかに土方の言葉は、彼自身の舞踏の生成を見つめ、生成としての舞踏を確かめようとして舞踏と密着していた。しかし舞踏はその言葉にけっしてすっぽり収まり、収拾されてしまうわけではない。舞踏はあくまでもこの言葉の外部にあり、舞踏をめぐるこの言葉も、「人間」の馴れあった知覚や思考の外部に注意深く脱出しようとしていた。この〈外部性〉には何かしら未知のものが含まれている。吉本隆明がそういう外部性や未知のものに鈍感な批評家であったはずはないが、ここでは「言葉の舞踏」に、土方の舞踏の本質も、それをめぐる思考のあらゆる可能性も閉じこめてしまうかのような姿勢が見える。この舞踏論の最後で吉本は「言語としての身体の舞踏」と題して、多くは〈舞踏系〉の名だたるダンサーたちの特徴を一覧表にまとめているが、それは退屈であるどころかもはや珍奇というほかない。

吉本隆明は、土方の「言葉の舞踏」を夏目漱石の幼児期の体験に近づけ、そこに「失調体験」を見て、ほとんどフロイト主義者のように幼児期のトラウマに舞踏を直結させている。次にはカフカの『日記』の一節と読み比べて、カフカについては「この感じはじぶんが胎児になって羊水のなかを出口のほうへすすんでゆく感じであり、外側と内側とが緊密に同一化されていることがわかる」と述べ、「土方巽の舞踊や舞踏は、暗喩を連続的に使って内側へ内側へと重畳されてゆくように見かけ上はみえる。でもほんとは内側と外側の差異を拡大し、分裂させている。内側は凝固して凍って死体のイメージの方へゆき、外側は窮乏をとりだし、それを身体からひき剝して保存できる昨日の博物館にひきいれている」と書く。(7)難解な表現は、ますます土方の「言葉の舞踏」からも、もちろん「舞踏」からも離れて吉本の思想を語るだけになっている。吉本はこのような「失調」「分裂」という言葉を、まるで精神分析をするように土方の表現にあてはめようとする。たしかに土方は、自己にも肉体にも「亀裂」が走っていることを繰り返し述べた（「裂目はもともとからだなのである」）。しかしそれをけっして心理や感情における亀裂や失調などとして問題にしたことはない。土方は肉体論として亀裂を語っているのに、吉本はあくまでも心理的な亀裂について語ろうとする。吉本のこのアプローチでは、土方の「言葉の舞踏」と暗喩の錯綜に対しては独自のうがった批評を試すことができても、ついに言葉から舞踏のほうに視点を移すことができずに、ただ言葉の地平にむけて彼自身の思考を折り返すだけだった。土方の言葉を「言葉の舞踏」として自立した言葉として読もうとしたが、やはりそれが舞踏に密着した言葉であることに吉本は終始否定的に対している。私も、土方の言葉をある自立した言語表現として読みとこうとする点は変わらない。しかし言葉として自立していることは言葉として完結していることではない。土方の「舞踏」にしても、そのつど完成をめざしたとしても、それは完結ではない。けっして完結せず開いた余白を保つために、土方はけっして舞踏に従属しない言葉を必要とし、書きつづけ、しゃべりつづけたのである。

3　生成変化

『病める舞姫』を幼児期の回想として読むことは可能だとしても、そのように読むことで、多くの兆候を取り逃がすことになる。心理的な読解、まして精神分析的解釈はほとんどこの本の意図に逆行することになる。端的に〈舞踏の身体〉という土方の問題の焦点が見失われてしまうのだ。幼少期の「失調」を分析するよりは、ドゥルーズとガタリが提案した「子供になること」、「子供への生成変化」という概念を真剣に受けとって参考にしたほうがいい。そして土方は舞踏の追求のために、たしかに子供時代を回想するのではなく「私の少年」になるという壮大な、しかしまったく慎ましい実験を必要としたのである。近親のあいだで幸福だったり不幸だったりする子供の感情やイメージや情景を思い出すことではなく、子供に「なること」はほとんど子供の知覚を回復すること、さらに追求することである。もちろんそういう要求は、土方のダンスの本体が子供の知覚とともにあり、それを彼の舞踏のモチーフにしつづけたことと切り離せなかった。その子供はたえまなく周囲の動物や女性や病者等々になろうとしたのである。子供はそれらを知覚し、それらが知覚しているものを知覚しようとして知覚の襞を増殖させていたのである。子供になることはそういう知覚の転変のすさまじいほどの具体性とともにあって、子供時代を〈回想する〉のとはまったく別のことである。

　子供は生成途上であり、子供の知覚は生成の知覚である。たしかにそれさえも失調や分裂の状態としてみることもできる。いわゆる「部分対象」（メラニー・クライン）が荒れ狂う世界であるともいえる。しかし分裂や亀裂はむしろ生成途上のダイナミックな現象だともいえる。それは世界に飛びこむ前に飛びこまれ、踊る前に踊られているというような状態で、そこでは身体器官や知覚器官の秩序や分節さえも混沌としているようだが、ただ混乱しているのではない。生成の混沌さえも、ある秩序とともにあるにちがいないが、それは成熟した生命の安定状態の秩序と同じものではない。「器官なき身体」という言葉を土方巽は最晩年のインタビューで口にしたが、ドゥルーズ＝ガタリを知る前から土方は、彼自身の実践と思想の過程を通じて独自の「器官なき身体」を発見し、鍛錬し、言語化し、証明していたのだ。「とにかくきみたちはそれをひとつ（あるいはいくつか）もっている」[8]といわれるように「器官なき身体」はこの世界のいたるところにあるものでもあり、東洋的、日本的身体としても存在しうるものだとしても、私たちの世界で「器官なき身体」という問題提起的な概念に土方巽ほどふさわしい実践と思考と生き方をした人はさしあたって見当たらない。土方がとくに偉大なアーティストであるとか最高の舞踊家であるとかいったランクづけをすることはまったくナンセンスだが、「器官なき身体」の稀有な創造者、実験者ということになれば、この人がどうしても浮かんでくるのだ。ドゥルーズにとって「器官なき身体」の提案者はアルトーであり、たとえば「器官なき身体」の画家はフランシス・ベーコン、作家はウィリアム・バロウズであった。いたるところに「器官なき身体」はあり、その特徴をもつ表現や実践は方々に存在するとしても、まさにそれにふさわしい人物はごくわずかしかいない。しかもダンスという身体の芸術にとってこそ「器官なき身体」は永遠の、究極の課題ではないだろうか。「究極の」といっても、それは最高のアスリートになるように輝かしいことではないはずだ。それはいたるところにある。慎ましいがむずかしい試みになる。土方のように、アルトーのように生きること、ふるまうことによって実現できることでもない。そもそも誰も彼らの〈ように〉生きることはできないし、彼らにしても誰かのように生きようとしたわけではない。誰もそういう生き方をあらかじめわかって生きるわけでもないのだ。

4　犠牲と紋章

フランスの作家パスカル・キニアールは『ダンスの起源』で、ときに日本の「舞踏」のダンサーたちにふれながら、ダンスの起源について書いている。ダンスの起源について考えながら、起源のダンスについて思索を届かせている。彼にとってダンスとは、とりわけ生成あるいは生誕のモチーフに深くかかわる。「一九六二年に土方は小さな舞台の闇で、観客を前に、剝き出しの両足ではさんだ雄鶏の喉を掻き切った。／起源との絆、器としての母の身体への内属性が、一撃で、腰の一振りで断ち切られる。生誕の瞬間とはこういうものだ」。「暗黒舞踏とはこういうもので、地表を這いまわり、生きのびようとする新生児をゆさぶる闇のダンスである……[9]」

生誕のドラマ、母胎からの離別、離脱、おずおず這いはじめ、躓きながら立つ乳児。それがダンスの原型であるという。キニアールは繰り返し「神話」に戻っていく。ギリシャ神話のメデアは自分を裏切った夫を殺し、子供までも殺してしまう。子を産むことのできる性は、子を殺すことのできる性でもある。キニアールのテクストでは、メデアはふたりの子を殺したあとは自分の腹の胎児までも抉りだし、切り刻んでしまう。キニアールは、メデアを主題にしたダンス作品のシノプシスを舞踏のダンサー、カルロッタ池田のために書いたのだ。それがこのダンス論のきっかけになっている。生誕の残酷、恍惚、そして不器用さ。生誕の場面とともに発想されたダンスとは、もちろんヴァレリー、マラルメにとってのバレエとはほど遠いイメージを与えて貴重である。キニアールの発想は美しく雄大であり、ダンスとは何かを考えるのにはとても参考になる。しかしダンスの身体があまりに遠い神話と歴史の円環のなかに置かれて、抽象化されてしまうという印象を受ける。

キニアールのダンス論は、もうひとつ神話的場面にある舞踏を連想させた。『古代中国の舞踏と伝説』という書物のことを私は思い出したのだ。そこに描き出された舞踏のイメージはいかにも不吉である。「紀元前五百年頃、孔子は踊り手を八つ裂きにし、屍体をばらばらにした。それは特異な出来事であり、事実である何の保証もない」[10]。敵対する主君をこらしめるために、主君の遣わした踊り手たちが処罰されたというのである。踊り手は主君のかわりに生贄になった。それによって徳が、秩序が回復されたといわれる。踊り手はいかがわしく、警戒すべき危険な存在である。

古代中国の舞踏に関してもうひとつ注目すべきことは、舞踏とはしばしば動物の踊りであったという点である。「祭礼の本質は舞踏にあり、十二の動物が踊られる」[11]。踊り手たちは熊の毛皮を着け、あるいは毛、羽、角などをつけた。彼らは叫びをあげて走りまわり、松明をもって悪疫を追放した。過ちを犯した臣下がそのように踊らされたあとに処刑されることもあった。

さらには「王朝の舞踏は、音楽と身ぶりによる紋章のようなもの」であり、「恐るべき霊力」を行使する。「舞踏の鼓は、聖地の神に声と魂をあたえる。鍛冶師は金属を創るために身を犠牲にし、金属に自分の魂と名前をさずける。族長は生まれると、聖地に自分の名前をつけ、身を捧げ、魂をさずける。そこでは憑依され、やつれはてて半身不随となった者が足をひきずり、一足の神のように踊るのだ」[12]

犠牲、悪魔祓い、聖性、紋章としての舞踏は死の舞踏であると同時に、混沌、災厄、悪疫を追い払い秩序を回復する新生のための踊りでもある。もちろん舞踏は、そういう生死の円環をめぐる神話や歴史と無縁ではありえない。西欧の神話よりも古代中国の伝説からは、もっとあらわに舞踏をめぐる不吉な混沌のほうが見えてくる。

しかし、神話からも、伝説からも、歴史からも遠くにある舞踏の身体は、ただ簡素であるしかない。いまここにあってただの身体存在であること、ただ立つこと、いや立ちさえしないこと、身体を剝ぐこと、言葉を剝ぐこと、すさまじい実験のようだが、そっけない慎ましい修練にすぎないことでもある。このダンスは反神話的、反歴史的である。「一人、立っている人がいる。ただ立っているだけだ。ただ立っている、そんな筈はあるまい。眼はどこを見ているのか、何を見ているのか、何も見ていないのか。……立った人の背中はやや曲がり、首が少し前に出ている。猫背の人だ。故意の微塵もない背中。胸を突き出しているわけでもなく、肩いからせているわけでもなく、腹も尻も何も主張することなく、ただある、ように見える。……何もしていない、しかしなんでもすぐにできそうな、すぐにでも始めることが可能なような気配だ。ただ、どんな事をするのか、想像もつかない。ただあるだけ。……上空に浮上するかの如きこの人の上体とは打って変わってその下半身は地下にめり込んで行くかのような佇まいをただよわせてある。……立って、ただ居ることへの妄執は尽きない。「今」が無限の呼吸＝風となってカラダから放たれる。……」[13]。ひとりのダンサーが、土方巽のことを語っていたのにいつのまにか自分の踊りに思考を移している。いや、ふたつのダンスの見分けがつかなくなり、誰のダンスなのかわからなくなっている。ただひとつのダンスが、伝説とも神話とも遠いところでただ踊られている。ダンスはそういう慎ましい、いっさいの特性を欠いた行為である。それを何か偉大な達成、境地、悟りのようなものと考えるべきではない。

付録

AU FIL DU TEMPS

死と舞踏家

土方巽のいるアスベスト館からアルコールに浸かった白い滑らかな脳を貫通する針のような言葉をいくつも刺しこまれ、動きはじめた明け方の町におずおずと出て、帰ることを恥じるように電車に乗った。彼のほうは、眠りながらその眠りを引き裂くように館で叫びつづけていた。透明で巨大なパイプラインのなかみたいに人の群れの流れる町に、奇妙な使命を担った異人のように私は流れる群とは逆に泳いでいった。

ある種の言葉の気圏で私は彼に出会い、彼は私に憑き、私の言葉などことごとく吸引してしまうような勢いで語りつづけた。もの静かに、むさぼるように、深みから敏捷に立ちあがってきて、けっして立ち止まることのない挑発的な言葉と笑い。彼は歓談のあいだに枯れつくした幹の形のような、疲労とも絶望ともつかぬ表情を見せることもあった。それほど徹底して生を消尽していた。

私が知った土方巽は、いつも死と交わり、死に半分身体を溶かせながら生き、思考し、他者に対する人であった。これはいつも死の意識に脅かされたり、あるいはうながされたりして激しく急いで生きたというのとは少し違う。

ある日彼は言った。「生まれてきたことが即興じゃないの」。すると死もまた即興、ということになるだろうか、あるいは死だけは即興じゃないのだろうか、と私は柩のなかの人にたずねていた。そして去年の秋、彼が「残念ながら、人間は死なないんだ」と言ったのも思い出した。死を美化したり、感傷したり、死の脅かしを何かと取り引きしたり、つまり死をめぐるいっさいの瞞着に土方はけっして生きる時間を一秒たりとも譲り渡したくなかったのだと思う。

そのため彼はいつも病を根源的な現実として、恒常的な状態として生きる手法を徹底した。肉体が刻々死に、刻々病み、また治癒し、また形を変え、移動し、交わり、失われることに彼はつねに立ち会っていたにちがいない。『病める舞姫』はその証として読まれる。彼の言葉は刻々病む脆い肉体の震えにふれて、たえまなく治癒するような言葉なのだ。

そんなふうにして彼は生と死をけっして切断したものとは考えまいとし、生と死を、微細な世界から巨大な宇宙にいたるまでいつも交替し、交錯しあう舞踏としてとらえていた。またそのような場所として肉体をとらえていた。最期にやってくる死の脅かしにけっして屈しないで、悪意に満ち、病に貫かれた即興として、どこまでも生を肯定したのだ。

幻影としての死を彼は憎悪し、軽蔑した。しかし病としての微細な死、たえまない腐食として身体を襲う死なら、彼はやさしくそれを迎え、もはやけっして死と分かたれない生の、充実した、停止することのない状態を休みなく言葉にすくいとり、「衰弱体の採集」という作業を自分に課し、来るべき舞踏を着々と準備していた。

一年前にした講演のなかで土方は、ある僧侶が夢のなかで死んだ自分の体が思うように焼けないのを魂だけになって見つめているという『日本霊異記』の話を引いている。僧侶は自分の身体がよく焼けるように、みんなに小枝を集めて小さく切った骨と肉をそれに串刺しにして、ゆっくり焼くように勧めたというのだ。土方が死を予感していた、などと私は言いたいのではない。私が知った土方巽は、いつも全身をこんなふうにデリケートな死で満たして異様なほど充実して生きていた。

私はなんの誇張もなしに、土方はひとりのツァラトゥストラであったというだろう。ツァラトゥストラとしての哲学は大学も書物も必要としない。知ではなく血であり、言葉の旅ではなく神経の旅なのだ。ツァラトゥストラはきらびやかな知性によっても、東洋と西洋の知のポタージュ・スープや無菌室での厳密な研究によっても出現しない。土方はツァラトゥストラのように駱駝の時代、獅子の時代、小児の時代をめぐり、嫌悪や受容、挑発と破壊、快活と自在を通過した。それらをすべて体のなかに折りたたんで休みない認識のプリズムを形成していた。生を損う数々の幻影の制度や、その手先たちに対する鋭い嗅覚をいつも研ぎすまし、妥協のない運動法則によって、学校ともジャーナリズムとも芸術のアカデミーとも無縁な場所に、名前も形もないひとつの共同体を生みだす触媒となった。それだけではない。生の肯定を完遂するために、彼はなによりもまず舞踏する人であり、それゆえ『ツァラトゥストラ』を書いた人よりもなおツァラトゥストラ的であった。

（一九八六年）

まだ踊りつづける人に

最近私はアルトーが死の数ヵ月前にラジオ放送のために書いたテキスト『神の裁きと訣別するため』を翻訳したが、このテキストはもう六年前に土方巽に見せるつもりで小さな学習ノートにひととおり訳していながら未完成なままにしてあったものだ。一九八三年二月に少し長居しすぎたパリから戻って、田中泯の仲介により土方巽に出会ってから、まもなく私はアルトーについて書いた一文とアルトーの放送を録音したテープとを彼に贈ったのだった。

　土方巽は、かつて澁澤龍彥の部分訳によってアルトーの『ヘリオガバルス』に出会ったときの興奮を繰り返し語ってくれたが、私との出会いが彼の脳髄にアルトーをよみがえらせたらしかった。けれども私にとってすばらしいこの出会いは、同時に私のなかのアルトーが問われ、試され、結局私自身の心身が試練にかけられるような、いくらか「残酷」な出会いでもあった。

　土方巽がどんなに深刻で敏捷な挑発と冗談で人々を煙に巻きながら教育し、自他を鍛えつづけたか、そのことは多くの人々が証言しているとおりだ。けれども、もうひとつ私を驚かせたのは、彼はまた法外に貪婪に他者から吸収する人であったということだ。一度話しただけで私は彼の鋭敏さと解釈の強靱さに打たれた。私のアルトー論など弱々しく小賢しい戯言にすぎないと思えてしまうのだった。

　アルトー論を読んだ彼は驚くほどこれをほめ、私を励ましてくれた。けれども土方巽が人をほめるとき、そこにはいつも何か独特の戦略が込められている。

『美貌の青空』に収められた交遊録であり、人物評であり、しかも土方独特の文体で貫かれた文章を私は読みかえしてみたところだ。土方はそこでいつも人をほめているが、ひとりひとりの肖像は彼が動物の生理を眺め、微細な物の奇異な表情を読むときの視線でいつも凝視されている。土方は人をほめるとき、そこに何か残酷な視線を通わせて、その人が生きている弱い部分、懸命な部分、強靱な部分まで彼流に「吸い取って」しまうのだ。私は仮に「残酷な」といったが、それを「優しい」といっても別段変わらない。

　土方巽が私のアルトー論を「ほめた」ことは少しもこのアルトー論の出来がいいことを示していたのではなく、土方の貪婪な解読装置が残酷に機能しはじめたことを意味していた。その後私はしばしばこの人を読者に想定して書くことがあったが、あらかじめ負けているような、つまり書く前にもう読まれてしまっているような気がしたものだ。小林秀雄論、いくつかの絵画論、舞踏論を雑誌に発表するたびに神戸から上京すると彼はアスベスト館にいつも数人の友人たちを呼びよせ、必ず徹夜を覚悟の歓談をあつらえてくれたが、書いた当人よりも文章の細部まで鮮明に記憶していて、それを肴に果てしなく、たとえば小林秀雄について語りつづけるのだった。

アルトーについて、またアルトーのテープを聞いて印象を言ったとき、彼は「アルトーは舞台に立った男だよ」と何度か繰り返し言った。「舞台に立ったこと」にどんな意味を込めようとしているか、あまりはっきり教えてはくれなかった。けれどもそこにアルトーとの深い共感が濃縮され、屈折して含まれているような気がした。舞台空間に立つ肉体に刻まれるさまざまなねじれ、観客の視線の痕跡、他者と物質と光と闇の圧力、浸透……私はけんめいに想像してみる。

土方はあるとき、踊りを再開するといい、そのタイトルは「アルトー論」にすると語った。それからしばらくして「もうアルトーじゃないんだ」といい、タイトルは「ドストエフスキー論」に変更されたらしかった。

私はそんなふうにジグザグに展開する土方の考えから、さまざまな信号を受けとった。土方とアルトーとのあいだに深い共通性があるかどうか、それはあまり問題ではない。けれどもアルトーを読み、アルトー論を考える土方巽の遠近法が私のアルトーの理解にも複雑な襞を与えてくれたのはたしかだ。私がアルトーに読んだ多くのもの、存在を病として、病の視線から逆転して見つめるような方法、思考を肉に透過させる体験、権力・国家・文明の枠組みが身体に深く侵入しているという認識に立って身体を残酷に繊細に変形する試み、こういったことをすべて私は土方巽に投影してみようとした。土方にアルトーをみようとしたのではなく、土方によって私のとらえたアルトーを検証しようとしたのである。一度フランス語で書いたアルトー論を日本語で出版するまでには、土方巽からの触発が彼の死後もずっと絶えたことがなかった。

土方巽が『病める舞姫』でとらえたような東北の光と肉の舞台には、けっして倫理や宗教や宇宙にむけて思考を閉じることのない、もうひとりの宮沢賢治がいる。賢治について語ったときの土方の異様な童顔を私は忘れられない。

しかし世俗の襞にしっかり根をおろし、しかもそこにからめとられないように、土方はさまざまな演出をほどこして生きたように思える。アルトーのアナーキーは錯乱という高い代償を支払わなければならなかった。舞踏の長い中断を生きながら、豪奢な精神的開放を持続した土方がどんな代償を強いられたか私にはわからない。晩年の彼にしばしば接する幸運にめぐまれたが、何もわかっていないという気もする。

「人間はまだ構成されていない」というようなアルトー的問いに、何かしら答えを送るような繊細な苛立ちを、この人はたしかにもっていたと私は思う。私はアルトーによって、他の何人かの作家によって、そして土方によって言語と肉体の限界についての思考を開かれ、試された。けれども、土方はきらびやかな天賦の才を他者に贈るような月並みな天才ではない。彼は人を迎え、ほとんどその人自身が自分では享受していないような可能性さえ察知し、吸引する敏感なシステムをもっていた。しかしけっしてこの可能性を自分のものにしてしまうわけではない。彼自身と他者のあいまに出て、そこに可能性の束を紡ぐようにするのだった。それもまた彼の休みない「舞踏」であったことに疑いはない。

貪婪に奪い、豪奢に開き、けっして停滞しない人、彼はまだ踊りつづけている。「土方巽」という固有名は、たしかにもはやひとりの個人に属するものではなかったからだ。

（一九八九年）

スイカを食べる

「私は学問がないから食い物の話ばかりするのですよ。スイカの食える舞踏家がいなくなったね。スイカのいちばんうまいのは、皮と底の赤いところですよ。ところが味覚がダラクして、頂点のアルプスのところがおいしいと思ってる。スイカは両手でおさえてね、歯をハモニカみたいにとばして食べるもんですよ、食うか食われるかという食べ物はスイカが一番。顔にスイカの半月をつけて、着物をベシャッとぬらして食うようなことが踊りの基本にならなければ」(土方巽)

食べるという行為には何かすさまじいものがある。土方巽がスイカをむさぼる写真を見ると、人がスイカを食べているのか、スイカが人を食べているのかわからない。食べられたものが人の体の見えない組織に侵入し、形を失い、体のなかの闇に溶けてしまう。スイカを支える指がむしろスイカの思考にひきこまれて、食べる肉と食べられる肉のあいだの震えを舞っている。スイカにかぶりつく少年の食欲の輝かしさと、スイカに食べられてしまう脆い肉体から裂けてくる闇が重なりあう。光に満ちたスイカの肉がむさぼられながら、踊る人のなかのよじれた闇に吸いこまれる。果肉の光はみずみずしいのに、肉体は渇いていく。食べながら男は泣き、そして哄笑している。スイカは突然仮面に変わり、この仮面が顔を剝き出しにする。食べるという奇妙な儀式がこの儀式自体を破壊して、光の舞いは果肉を透過し、闇に渦巻いていく。

（一九八九年）

言葉と脱ヒューマニズム

土方巽の残したおびただしい言葉はすんなり読みとけるものであったためしがなく、理解しようとする姿勢そのものを変更しなければならない。その言葉を読むことは終わりのない試練となるが、もちろん辛い試練でしかないのならあきらめてもいいのだ。あのように感じ、考え、生き、踊った人の言葉を親密に体内、脳内に呼びこむようにして読む時間は、わずかな書き手だけが与えてくれる類のものだから、理解の欲望を棄ててただ言葉の息遣いや触感やイメージをたどるだけでもいいと思えるのだ。

　およそ「噛んで含める」ような言い方をしないのはなぜだっただろうと考えてみる。相手を煙に巻こうとした。挑発的だった。半分喧嘩腰みたいなもので、和合もなれあいも求めない。良識的、社交的あるいは知的、教養的な紋切型にはいつもつむじを曲げていた。彼の探求にとってそれは必要なことだったが、早くから本能のように身についた姿勢でもあった。いや、もともと異次元の生を体験してきたので、通常の日本語でそれが表現されるわけがなかった。

肝心なことを言おうとすれば言葉はいつでも不十分で不足している。言葉を歪め、酷使し、すばやく移動し、言葉と言葉のあいだで考えなければならない。肝心なことは明瞭に定式化できないし、しないほうがいい。ときには韜晦的にもみえたが、それほど敏感に、厳密に考えていたということだ。

理論や概念にも注意深く応対したが、構築や硬直に対してきわめて警戒的なので、それらによって気づいたことも、さっそく彼の思考の柔らかい高速の渦巻きに投げこまれてしまうようだった。ときに超現実主義の詩人のように語ったが、彼は詩人であるにはあまりにも言葉に対して苛酷だった。彼の感覚的思考と、思考をうながす感覚に密着した言葉が選ばれたが、言葉、感覚、思考はいつでもたがいに、すんなり密着するわけではなく、注意深く間隙を操作しなければならない。そういう探索の時間を土方巽は、休みなく生きつづけたようだ。挑発的にみえたのは、そういう探索の要求したことで、挑発それ自体が目的だったとは思わない。むしろ独特の教育さえ、そこに含まれていた。

『全集』に未収録の文章を読んでいたら「腐肉の思想」（「随筆サンケイ」昭和四十四年十一月）と題されたものがとくに印象深かった。「日本の食事にババア汁というものがあるそうだ」と、「人を食う」話から土方は書きはじめている。そして「猟奇的」といわれる事件のリストが続く。「愛する人の物なら、何でも食べてしまいたい、という女がいる。愛する妻の死骸を見ているうちに顔の皮を剝ぎ取ったという夫もいる。この夫は妻の顔の皮を破って〔被ってだろうか？〕、テレビを見ている最中に逮捕されたが、ポケットには、妻の目玉がはいっていた。また、自分の体に無数の切傷を自分で抉って、死体となって発見された女性もいる。女陰がたくさん体に欲しいと考えたものらしい」。土方はここから進んで真剣に肉体論を述べている。

「人権一切に、正確にツバをひっかけ、厳粛なものは滑稽なものに、自我も個性も、不愉快な現象のままで、一歩も進展しないところで体をもてあそんだ滑稽な事件として、これらの事件を私は眺める。すると、恐怖よりも笑いが、一足先に体を訪れる」。「もともと肉体というものは、自然の中の一つの裂け目としてあるもので、その裂け目に肉体が落ちているような関係で七転八倒しているようなものである」。グロテスクな事件もそういう「裂け目」の現象だから、「あやふやな人間主義」ではけっして理解できない。しかしそれは「極端に窮屈な」行為であって、もっといいのは「腐肉として肉体を眺める」ことである。そうするなら「虫歯が一本あれば独房で十年は暮らせるし、水虫・下痢・脱腸・脱臼と続けば、脱ヒューマニズムというものは、おちゃのこさいさいであろう。腐肉として肉体を眺められるようになれば、暇を持てあますことも無く、夢を絞ったり、膿をすったりして、肉の中に穴を開けて、結構、無心に遊べる」。土方はここで「舞踏」にふれていないのだが、じつは「舞踏」こそがそういう「遊び」であり、「腐肉の思想」を実践していると言いたいのだろう。

「猟奇的事件」という言葉があるが、いったい猟奇的なのは事件を起こした人物なのか、事件を報道し、報道に群がる野次馬たちなのか、しばしば逆転が起きている。ヒューマニズムを確かめて安心したいのか、非人間的な行為を覗き見したいのか、これもごっちゃになる。大衆的な媒体に掲載されたこの文章の挑発は入り組んでいるが、土方の姿勢ははっきりしていた。異常な殺人さえも肉体の出来事であり、そもそも肉体は人間の次元の外にはみ出ている。そのことを直視できずにただ野次馬になっている「ヒューマニズム」に我慢がならない舞踏家の言葉が読みがたいのは必然的だった。土方巽は言葉を用いながら、人間の言葉に抵抗しつづけた。そういう言葉で舞踏を鼓舞していたということだ。もちろん舞踏のほうからも、たえずそんな言葉が舞いもどってきたにちがいない。

（二〇一六年）

注

土方巽の生成

（1）「刑務所へ」、『土方巽全集Ⅰ〔普及版〕』河出書房新社、二〇〇五年、二〇一ページ。
（2）「暗黒舞踊」、同、一九六ページ。
（3）「刑務所へ」、同、二〇二ページ。
（4）「遊びのレトリック」、同、二三八ページ。
（5）『病める舞姫』、同、一八ページ。

いくつかの問い

（1）元藤燁子『土方巽とともに』筑摩書房、一九九〇年、六五ページ。
（2）合田成男「彼はそういう舞踏家であった」、「江古田文学」一七号（一九九〇年冬号）、七ページ。
（3）同、九ページ。
（4）未発表草稿「踊ることだ…」、『土方巽全集Ⅱ』河出書房新社、二〇〇五年、二七一ページ。
（5）対談「暗闇の奥へ遠のく聖地をみつめよ」、同、三八ページ。

（6）対談「白いテーブルクロスがふれて」、同、九四ページ。
（7）Yves Michaud, «De Kooning, la soupière et le grand style», in *Willem de Kooning*, Centre Georges Pompidou, 1984, p.24.
（8）*ibid.*, p.23.
（9）インタビュー「暗黒の舞台を踊る魔神」、『土方巽全集Ⅱ』一八ページ。
（10）インタビュー「肉体の闇をむしる……」、同、一一ページ。
（11）「踊ることだ…」、同、二七〇ページ。
（12）未発表草稿「距離という蠅と蠅を位置づける即興…」、同、二九五ページ。
（13）講演「舞踏行脚」、同、一四九ページ。
（14）『病める舞姫』、『土方巽全集Ⅰ』河出書房新社、二〇〇五年、三三ページ。
（15）同、五〇ページ。
（16）同、三三―三四ページ。

舞踏の書、死者の書

（1）『病める舞姫』、『土方巽全集Ⅰ』河出書房新社、二〇〇五年、七三―七四ページ。
（2）同、一五ページ。
（3）同、一七ページ。
（4）同、一八ページ。
（5）同、二〇ページ。
（6）同、三三―三四ページ。
（7）アントナン・アルトー『神の裁きと訣別するため』宇野邦一、鈴木創士訳、河出文庫、二〇〇六年、四四―四五ページ。
（8）『病める舞姫』、『土方巽全集Ⅰ』八四ページ。
（9）同、一〇四ページ。
（10）同、一二〇ページ。

土方巽とアルトーはどこで出会うのか

（1）アントナン・アルトー『演劇とその分身』安堂信也訳、アントナン・アルトー著作集第1巻、白水社、一九九六年、七ページ。

（2）ミシェル・フーコー『知への意志』渡辺守章訳、新潮社、一九八六年、一七六―一七七ページ。

（3）アントナン・アルトー『演劇とその分身』一八ページ。

（4）アントナン・アルトー「自殺について」宇野邦一訳、「ユリイカ」一九九六年十二月号「増頁特集アントナン・アルトー」、七九ページ。

（5）同、七八ページ。

（6）Antonin Artand, *Œuvres Complètes*, XXI, *Cahiers de Rodez Avril-25 mai 1946*, Gallimard, 1985, p.51.

（7）*ibid*, p.96.

（8）*ibid*, p.160.

（9）*ibid*, p.55.

（10）*ibid*, p.46.

（11）*ibid*, p.47.

（12）*ibid*, p.12.

（13）*ibid*, p.105.

（14）*ibid*, p.132.

（15）*ibid*, p.455.

（16）*ibid*, p.367.

（17）*ibid*, p.171-172.

（18）「人を泣かせるようなからだの入れ換えが、私達の先祖から伝わっている」、『土方巽全集Ⅰ』河出書房新社、二〇〇五年、二三三―二三四ページ。

（19）同、二三四ページ。

（20）講演「舞踏行脚」、『土方巽全集Ⅱ』河出書房新社、二〇〇五年、一四九ページ。
（21）インタビュー「肉体の闇をむしる……」、同、一一ページ。
（22）未発表草稿「踊ることだ…」、同、二七一ページ。
（23）「線が線に似てくるとき」、『土方巽全集Ⅰ』二六五ページ。
（24）Yves Michaud, «De Kooning, la soupière et le grand style», in *Willem De Kooning*, Centre Georges Pompidou, 1984, p.23.
（25）「慈悲心鳥がバサバサと骨の羽を拡げてくる」、『土方巽全集Ⅰ』三六三ページ。
（26）シャルル・ジュリエ『ベケットとヴァン・ヴェルデ』吉田加南子、鈴木理江子訳、みすず書房、一九九六年、一一ページ。
（27）サミュエル・ベケット『また終わるために』高橋康也、宇野邦一訳、書肆山田、一九九七年、三九ページ。
（28）アントナン・アルトー『神経の秤・冥府の臍』粟津則雄、清水徹編訳、現代思潮社、一九七七年、六ページ。
（29）「アルトーのスリッパ」、『土方巽全集Ⅰ』二五八―二五九ページ。

封印された演劇

（1）『病める舞姫』、『土方巽全集Ⅰ』河出書房新社、二〇〇五年、一五ページ。
（2）同、七四ページ。
（3）寺山修司『迷路と死海』白水社、一九七六年、一一五ページ。
（4）「演劇のゲーム性」、『土方巽全集Ⅰ』二〇五ページ。
（5）同、二〇七ページ。
（6）同、二一〇―二一一ページ。
（7）「三田文学」一九六一年一月号掲載のシンポジウム記録「芸術の状況」、一四ページ。
（8）同、一二―一三ページ。
（9）『病める舞姫』、『土方巽全集Ⅰ』一一ページ。
（10）同、一五ページ。
（11）同、一〇四ページ。

(12) 同、三三ページ。
(13) 同、三五ページ。
(14) 同、三六ページ。
(15) 同、三七ページ。
(16) 同、四〇ページ。
(17) 同、四一ページ。
(18) 同、四六ページ。
(19) 同、五〇ページ。
(20) 同、八四ページ。
(21) 同、九四ページ。
(22) 同、九六ページ。
(23) 同、一〇四ページ。

『肉体の叛乱』まで

(1) 合田成男「〝土方舞踏〟作品ノート2」、「アスベスト館通信5」一九八七年十月、三九―四〇ページ。
(2) 同、四二―四三ページ。
(3) 同、四三ページ。
(4) 合田成男「〝土方舞踏〟作品ノート3」、「アスベスト館通信6」一九八八年一月、四三ページ。
(5) 合田成男「〝土方舞踏〟作品ノート4」、「アスベスト館通信7」一九八八年四月、二四ページ。
(6) 同、二六ページ。
(7) 合田成男「〝土方舞踏〟作品ノート3」、「アスベスト館通信6」四四ページ。
(8) 合田成男「〝土方舞踏〟作品ノート5」、「アスベスト館通信8」一九八八年八月、三一ページ。
(9) 合田成男「〝土方舞踏〟作品ノート6」、「アスベスト館通信10」一九八九年七月、五二ページ。
(10) 同、四七ページ。

(11) 同。
(12) 同、四八ページ。
(13) 同。
(14) 同、四八―四九ページ。
(15) 同、五〇ページ。
(16) 同。
(17) 中西夏之「手当と復習・舞踏の足の裏」、『大括弧――緩やかにみつめるためにいつまでも佇む、装置』筑摩書房、一九八九年、五二ページ。
(18) 『肉体の叛乱――舞踏1968／存在のセミオロジー』慶應義塾大学アート・センター、二〇〇九年、参照。
(19) 岡田隆彦「土方巽舞踏公演」、『肉体の叛乱――舞踏1968／存在のセミオロジー』五七ページ。
(20) 同、五八ページ。
(21) 種村季弘『土方巽の方へ』河出書房新社、二〇〇一年、一〇六ページ。

前衛か技術か

(1) 合田成男「物腰の自立性」、「現代詩手帖」一九七七年四月号、五五ページ。
(2) 合田成男「彼はそういう舞踏家であった」、「江古田文学」一七号（一九九〇年冬号）、一〇ページ。
(3) 合田成男「物腰の自立性」、「現代詩手帖」前掲、五六ページ。
(4) 合田成男「〝土方巽〟作品ノート1」、「アスベスト館通信2」一九八七年十月、三〇ページ。
(5) 合田成男「舞踏の動詞12」、「現代詩手帖」一九八五年五月号、九五―一〇三ページ。
(6) 同、九八ページ。「足の裏」の技術について合田は次のようにも書いている。「足の裏には無限の支点がある。舞踏はその一点を刻々と選択する身体作業であるともいえる。この選択作業によって上半身はゆるやかにほぐれ、微妙に揺れる。人体に直立などというものはない、とすれば、この作業は身体をあるがままの人体に戻すことであり、永遠の時空間の存在とすることでもある」（「〝土方巽〟作品ノート1」、「アスベスト館通信2」三五ページ）
(7) 合田成男「〝土方巽〟作品ノート1」、「アスベスト館通信2」、三一ページ。

（8）「極端な豪奢　土方巽氏インタビュー」、「ダブル・ノーテーション」第二号、一九八五年、UPU、一六ページ。

（9）「650 EXPERIENCE の会《6人のアヴァンギャルド》」パンフレット（一九五九年）。『土方巽［舞踏］資料集　第1歩』慶應義塾大学アート・センター、二〇〇〇年、五六ページに収録されている。

（10）座談会「芸術の状況」、「三田文学」一九六一年一月号。

（11）インタビュー「肉体の闇をむしる……」、『土方巽全集Ⅱ』河出書房新社、二〇〇五年、一〇ページ。

（12）同、一一ページ。

（13）稲田奈緒美『土方巽　絶後の身体』日本放送出版協会、二〇〇八年、二四〇―二四一ページ。

（14）合田成男「〝土方巽〟作品ノート1」、「アスベスト館通信2」三四ページ。

（15）市川雅「肉体が思想に昇華」、「読売新聞」一九七二年十月三十一日、『土方巽の舞踏――肉体のシュルレアリスム身体のオントロジー』川崎市岡本太郎美術館、慶應義塾大学アート・センター編、慶應義塾大学出版会、一四九ページに収録されている。

（16）合田成男「凝固を体現した肉体」、「オン・ステージ」一九七二年十月、同じく『土方巽の舞踏』一四八ページに収録。

（17）郡司正勝「死という古典舞踏」、「美術手帖」一九七三年二月号、一二二ページ。

（18）土方巽、鈴木忠志、扇田昭彦（司会）、「座談会　欠如としての言語＝身体の仮設」、「現代詩手帖」一九七七年四月号、一二五ページ。日本を意識する土方の発言は他にも多い。たとえば「西欧のひとは部分的に年をとっていきますが、日本人は総体的に年をとっていく。なぜでしょうね。人間というのは、自分の一個の肉体の中にはぐれているものにであえないばっかりに、何か外側に思想でも欲望でもいいから外在化して納得したい。しかし、そういうとき、日本人の肉体というものを、けんめいにこらえながら熟視すれば、そのはぐれたものにであっていたのではないか、ということをマジメに考えるんです」（「暗黒の舞台を踊る魔神」、『土方巽全集Ⅱ』二〇ページ）。「〔日本には〕神がないとかいってますけど、神を代行するもの――例えば日常ですね、そういうものは私たちの周囲にあるし、また、それを感知できるのが日本人だ。ただ、日常にだまされてはいけないので、そのへんの葛藤術が日本人は世界一優れているから、できる、と思うんです。／舞踏のたくわえなんか世界一なんですよ、――形が日常行為に追いすがっていくと、それがすぐに切りとって舞踏になってもいい、歌舞伎や能にしてもああいうものは外国にないですよ、もともと日本人は肉体概念がアナーキーですからね」（「暗黒の奥へ遠のく聖地をみつめよ」、同、四一ページ）。そのように土方は、日本に見いだされるものを敏感に指摘しているが、その「日本」自体が、何を示すか、アジアではなくとくに日本なのか、どの日本なのかについてはそれほど厳密ではない。

（19）「極端な豪奢　土方巽氏インタビュー」、「ダブル・ノーテーション」第二号、一七—一八ページ。

（20）ここで私は、肯定に否定、否定に肯定を重ねて〈総合〉にいたるという包括的な思考としての弁証法を考えているのではない。土方の厳しい否定性は、むしろたえず異質性を導入する方法になっていた。矛盾したものを同質化することを拒否する方法をあえて弁証法と呼んだ思想家は、たとえばヴァルター・ベンヤミンである。

中西夏之のほうから

（1）稲田奈緒美『土方巽 絶後の身体』日本放送出版協会、二〇〇八年、二四一ページ。

（2）中西夏之『大括弧——緩やかにみつめるためにいつまでも佇む、装置』筑摩書房、一九八九年、四五ページ。

（3）同。

（4）同、四五—四六ページ。

（5）同、四六ページ。

（6）稲田奈緒美『土方巽 絶後の身体』二七八ページ。

（7）同。

（8）中西夏之『大括弧——緩やかにみつめるためにいつまでも佇む、装置』四七ページ。

（9）同。

（10）同、五三ページ。

（11）同、五四—五五ページ。

（12）稲田奈緒美『土方巽 絶後の身体』二四〇ページ。

（13）同、二四三ページ。

（14）中西夏之「吊るされた真鍮板」、「アスベスト館通信」第七号、一九八八年四月、一六ページ。

（15）同、一八ページ。

(16) 中西夏之『大括弧――緩やかにみつめるためにいつまでも佇む、装置』一八一―一八二ページ。
(17) 市川雅「肉体の物質性、物質の肉体性」、「美術手帖」一九八六年五月号、三一―三二ページ。
(18) 同、三二ページ。
(19) 南雄介「中西夏之と絵画」、「中西夏之展」図録、東京都現代美術館、一九九七年、二九ページ。
(20) 中西夏之『大括弧――緩やかにみつめるためにいつまでも佇む、装置』一八ページ。
(21) 同、一〇八ページ。
(22) 同、一一三ページ。
(23) 「二箇所　絵画場から絵画衝動へ　中西夏之」展カタログ第三分冊、中西夏之展実行委員会、二〇〇三年、三一ページ。
(24) 同、二三ページ。
(25) 未発表草稿「踊ることだ…」、『土方巽全集II』河出書房新社、二〇〇五年、二七一ページ。

三島由紀夫という同時代人

(1) 「650 EXPERIENCE の会《6人のアヴァンギャルド》」パンフレット、一九五九年（『土方巽［舞踏］資料集　第1歩』慶應義塾大学アート・センター、二〇〇〇年、五六ページ）。
(2) 三島由紀夫『禁色』新潮文庫、改版二〇一三年、九二―九三ページ。
(3) 同、一六〇ページ。
(4) 同、四八一ページ。
(5) 同、四八二―四八三ページ。
(6) 三島由紀夫「推薦の辞」、川崎市岡本太郎美術館、慶應義塾大学アート・センター編『土方巽の舞踏――肉体のシュルレアリスム　身体のオントロジー』慶應義塾大学出版会、二〇〇三年、一八ページ。
(7) 三島由紀夫「危機の舞踊」、同、一六ページ。
(8) 三島由紀夫「前衛舞踊と物との関係」、同。
(9) 同、一六―一七ページ。

(10) 埴谷雄高「胎内瞑想について」、「新劇」一九七七年八月号、『土方巽舞踏大鑑』悠思社、一九九三年、一三〇ページ。
(11) 三島由紀夫『太陽と鉄』中公文庫、一九八七年、二七ページ。
(12) 同、二四ページ。
(13) 同、三二ページ。
(14) 同、三八ページ。
(15) 同、四四ページ。
(16) 同。
(17) 同、五七ページ。
(18) 同、七五ページ。
(19) 同、九八ページ。
(20) 稲田奈緒美『土方巽 絶後の身体』日本放送出版協会、二〇〇八年、三四五ページ。
(21) 中村文昭『舞踏の水際』思潮社、二〇〇〇年、八九ページ。
(22) 同、九〇ページ。
(23) 同、一六八ページ。
(24) インタビュー「東北から裸体まで——土方巽の遺言」、『土方巽全集II』河出書房新社、二〇〇五年、一三二ページ。

『病める舞姫』以前

(1) 『土方巽「舞踏」資料集 第一歩』慶應義塾大学アート・センター、二〇〇〇年、五六ページ。
(2) 吉本隆明『ハイ・イメージ論III』ちくま学芸文庫、二〇〇三年、三七—四〇ページ。
(3) 「中の素材／素材」、『土方巽全集I』河出書房新社、二〇〇五年、一八七ページ。
(4) 同、一九〇ページ。
(5) 「刑務所へ」、同、一九七ページ。
(6) 同、一九八ページ。

(7) 同、二〇〇ページ。

(8) 同、二〇〇—二〇一ページ(サルトルからの引用は『聖ジュネ——演技者と反抗者1』白井浩司、平井啓之訳、人文書院、一九六六年、一二八ページ)。

(9) 同、一九八ページ。

(10) 同、二〇二ページ。

(11) 「アジアの空と舞踏体験」、同、二一二ページ。

(12) 同、二一三ページ。

(13) 講演「舞踏行脚」、『土方巽全集Ⅱ』河出書房新社、二〇〇五年、一四九ページ。

(14) 「肉体に眺められた肉体学」、『土方巽全集Ⅰ』二一九ページ。

(15) 同、二三〇ページ。

(16) 同、二三三ページ。

(17) 同、二三一ページ。

(18) 同、二三五ページ。

(19) 「包まれている病芯」、同、二四五ページ。

(20) 同、二四七ページ。

(21) 「人を泣かせるようなからだの入れ換えが、私達の先祖から伝わっている」、同、二二六ページ。

『舞姫』あるいは兆候

(1) 対談「森羅万象を感じとる極意」、『土方巽全集Ⅱ』河出書房新社、二〇〇五年、八四ページ。

(2) 同、八七ページ。

(3) 合田成男「舞踏の動詞12」、「現代詩手帖」一九八五年五月号、九五ページ。

(4) 同、九六ページ。

(5) 市川雅「燔犠大踏鑑」、『燔犠大踏鑑　四季のための二十七晩』土方巽アーカイヴ、慶應義塾大学アート・センター、一九九八年、五三ページ。

(6) 同、五五ページ。
(7) 郡司正勝「死という古典舞踏」、同、四一ページ。
(8) アリクス・ド・モラン「『疱瘡譚』第六場：『牧神の午後』への返歌」横山義志訳、『土方巽の舞踏――肉体のシュルレアリスム　身体のオントロジー』慶應義塾大学出版会、二〇〇四年、一五五ページ。
(9) 小林正佳「地の舞踏」、『燔犠大踏鑑　四季のための二十七晩』四六ページ。
(10) 鈴木志郎康「極私的感想」、同、四四ページ。
(11) 「病める舞姫」、『土方巽全集Ⅰ』河出書房新社、二〇〇五年、一一ページ。
(12) 同。
(13) 「刑務所へ」、同、一九八ページ。
(14) 『病める舞姫』、同、一一ページ。
(15) 同、一一―一二ページ。
(16) 「包まれている病芯」、同、二四七ページ。
(17) 『病める舞姫』、同、四〇ページ
(18) 同、四一ページ。
(19) 同、一三ページ。
(20) 同、一四ページ。
(21) 同、一七ページ。
(22) 同、二一ページ。
(23) 同、二三ページ。
(24) 同、三五ページ。
(25) 同、四六ページ。
(26) 同、五〇ページ。
(27) 同、四八ページ。
(28) 未発表草稿「距離という蠅と蠅を…」、『土方巽全集Ⅱ』三〇四ページ。

(29)『病める舞姫』、『土方巽全集Ⅰ』一三六ページ。
(30)同、一三七ページ。
(31)同。
(32)同、一二一ページ。
(33)同、一二二―一二三ページ。
(34)同、一六二―一六三ページ。
(35)同、四一ページ。
(36)同、五〇ページ。
(37)同、二〇ページ。
(38)同、二一ページ。
(39)同、二六ページ。
(40)同、四二ページ。
(41)同、四五ページ。
(42)同、一〇四ページ。

舞踏論のためのノート

(1)ポール・ヴァレリー「舞踏の哲学」松浦寿輝訳、ゴーチェ／マラルメ／ヴァレリー『舞踏評論』渡辺守章編、新書館、一九九四年、二四七ページ。
(2)ステファヌ・マラルメ「芝居鉛筆書き」渡辺守章訳、『マラルメ全集Ⅱ　ディヴァガシオン他』筑摩書房、一九八九年、一六六―一六七ページ。
(3)ジャン・ジュネ『薔薇の奇跡』宇野邦一訳、光文社古典新訳文庫、二〇一六年、二九一―二九二ページ。
(4)ミシェル・セール『五感――混合体の哲学』米山親能訳、法政大学出版局、一九九一年、九一ページ。
(5)吉本隆明『ハイ・イメージ論Ⅲ』ちくま学芸文庫、二〇〇三年、六ページ。
(6)同、三八ページ。

（7）同、二四ページ。

（8）ジル・ドゥルーズ、フェリックス・ガタリ『千のプラトー』上巻、宇野邦一、小沢秋広、田中敏彦、豊崎光一、宮林寛、守中高明訳、河出文庫、二〇一〇年、三〇七ページ。

（9）Pascal Quignard, *L'Origine de la danse*, Galilée, 2013, p. 33.

（10）マルセル・グラネ『古代中国の舞踏と伝説』明神洋訳、せりか書房、一九九七年、一三二ページ。

（11）同、一八〇ページ。

（12）同、三一四ページ。

（13）田中泯『僕はずっと裸だった』工作舎、二〇一一年、二六一―二六二ページ。

あとがき

出会いの印象、耳に刻まれた声、書物におさめられた言葉、数々の写真、映像、証言等々を通じて、土方巽の〈肖像〉を自身の言葉で描く作業を私は何度も繰り返してきたようだ。そういう執着をもつようになった人物は、フランスの数人の存在を除けばそれほど多くはない。しかも土方巽に関してはあくまで門外漢の立場で、ただただ自分の恣意的な想いを投影しながら書きつづけ、少しずつ考えを改めてきた。いまやっと刊行することのできるこの本は、そういう反復の反復としてできあがった。

堅固な構想をもって体系的にみえる書物を書くことは、もともと自分の身につかないことだったとはいえ、とりわけ土方巽についてはひとりの画家が同じ人物の肖像をそのつど素描したり、もっと描きこんだタブローにしたり、ときには誰か識別できぬ混沌にしたりするような作業だけを繰り返してきたようだ。そして土方巽によって、私はそのように反復することを強いられたともいえる。しばしば彼の同じ文章に注意を引かれて、何度も考察を繰り返している。そんなわけで一冊の本の構想はなかなかできないまま、機会が訪れるたびにもう一度肖像を描きなおすしかなかった。
出会ったころには、混沌としながらも、ただひとりのきわめて磁力の強い人物の姿があって、かつての荒々しく不穏な表現者のイメージと、そんな自分の過去のことはほとんど語らずに、当時の関心にしたがって考えつづけようとする土方のひたむきな姿のあいだに矛盾など感じる余地は、私のほうになかったのだ。土方巽は死後もたびたび夢にあらわれて私を励まし、脅かすのだった。

何よりもまず残された作品『病める舞姫』の言葉を読みとくことが私にとって大きな課題になり、まずはこのことを反復してきた。やがて『舞姫』以前のすべての文章や言葉も読みつづけ、舞台の映像を見つめて、しだいに土方巽の歩んだ軌跡における大きな変化にも思いあたるようになった。そこにはもうひとりの、あるいは数人の土方巽がいたようだが、晩年のすっかり変わってしまった土方巽に出会ったという感触をもったことはない。大きい変化、小さい変化をそれぞれに生きたことも同じ土方巽という「人格」の一部なのだ。「人格」という言葉は土方にはあまりそぐわない言葉だとしても、土方の前衛舞踏と、「東北歌舞伎」・『病める舞姫』を対立させる見方を私はとらない。前衛土方の上演を目撃してはいないが、たくさんの文章や資料からは、土方の挑発や倒錯の必要性も繊細さも十分伝わってくるのだ。たしかに土方はそういう過程を通過することを必要としたし、時代がそれを必要としてもいたにちがいないのだ。

冒頭の文章「土方巽の生成」の内容をフランス語にして、モントリオールで講演してからは、とくにブラジルでこの本の第一部の内容を語りつづけてきた。「舞踏」について、とくに大野一雄と土方巽に関する海外の関心はあいかわらず高いが、「舞踏」に対するさかんなエキゾチスムに応えることも、土方巽の前衛性を既知の文脈でノスタルジックに語ることも私の課題ではない。ブラジルの知人たちの強い関心も、たしかにそういう文脈の外にあって、現在の表現の課題を探ること自体を喫緊のモチーフにしている。土方巽の舞踏が身体と生命をどのように問題化したかという問いにむきあうことは、六八年の反乱のコンテクストをこえ、日本やラテンアメリカという地域性をこえて表現にとって本質的な課題でありうる。消費、情報、グローバリズムに翻弄される世界で「身体が何をなしうるのか」、あらためてスピノザのように問う必要があるにちがいないのだ。

数年前にフランスの出版社で日本の前衛芸術をめぐるシリーズを采配しているBruno Fernandesから土方巽論を企画したいという提案があって、私はようやく一冊の本を思い浮かべるようになった。土方についてそれまで書いてきたことだけでは不十分で、私にとって「謎」でありつづけていることをもう一度究明したいという思いで、月刊「みすず」に「土方巽の謎」という文章を連載した。これにもう一編「舞踏論ノート」を加えて書きあらため、この本の第二部とした。最後に追悼の文をはじめ、おりにふれて書いた短文をおさめて付録としている。

慶應義塾大学アート・センターで「土方巽アーカイヴ」を采配する森下隆さんには全集に未収録の文章のコピーをいただいたが、そもそもセンターですでに所蔵され発行された多くの資料にたいへん助けられてきた。

舞踊評論家の國吉和子さんには、この本の校正刷りをていねいに点検していただき、誤りをただすことができた。國吉さんには、これまでもいろんな疑問点にお答えいただいてきた。

さらに私をかつてダンスの世界にひきいれ、土方巽と出会わせ、たびたびPlan Bで土方巽について話す機会を設けてくださった田中泯さんの名をあげなければならない。

この本に幸いにも掲載することができた未公開の土方巽自身やアスベスト館の写真は、パリ留学時代からの友人の画家、田鶴濱洋一郎が一九八〇年代に撮影していたものである。そしてみすず書房の編集者、遠藤敏之さんが写真の構成や造本を入念に工夫して仕上げてくださった。

以上のみなさんに厚く感謝を表したい。

じつは他にも多くの人々の姿が目の前に浮かんでいる。この本は、私としては例外的に多くの出会いが織りこまれた一冊になった。

この本の原稿があらまし完成しつつあった昨年十月、中西夏之さんが他界された。氏の作風から、独特の思考から、たくさん触発されてきた。まだまだ対話を続けたかったが、これからは残された作品と言葉と対話するしかない。ご冥福をお祈りする。

二〇一七年一月

宇野邦一

初出一覧（いずれの原稿も改稿している）

土方巽の生成　「文藝」一九九七年冬号／『詩と権力のあいだ』現代思潮社、一九九九年

いくつかの問い　「怪しいからだ」（土方巽『慈悲心鳥がバサバサと骨の羽を拡げてくる』あとがき、書誌山田、一九九二年／『詩と権力のあいだ』）、「土方巽の測量」（「舞踏学」第二十四号、舞踏学会、二〇〇一年十一月／『破局と渦の考察』岩波書店、二〇〇四年）、「〈風の関節を折る〉言葉と舞踏」（『土方巽の舞踏——肉体のシュルレアリスム　身体のオントロジー』慶応義塾大学出版会、二〇〇三年／『破局と渦の考察』）の三篇から再構成

舞踏の書、死者の書　「ユリイカ」一九八六年七月号／『混成系』青土社、一九八八年

土方巽とアルトーはどこで出会うのか　二〇〇三年七月、フランス、ノルマンディーのスリジー＝ラサールにおけるコロック *Antonin Artaud—questions ouvertes*（「アントナン・アルトー　開かれた問い」）でのフランス語発表原稿／「現代詩手帖」二〇〇四年四月号／『〈単なる生〉の哲学』平凡社、二〇〇五年（「抵抗する生」の章）

封印された演劇　京都造形芸術大学舞台芸術センター、山田せつ子、八角聡仁、森山直人編『土方巽——言葉と身体をめぐって』角川学芸出版、二〇一一年

『肉体の叛乱』まで（以下六篇）　「みすず」二〇一五年九—十二月号、二〇一六年三—四月号

舞踏論のためのノート　書き下ろし

死と舞踏家　「ユリイカ」一九八六年三月号／『混成系』

まだ踊りつづける人に　「アスベスト館通信」十号、一九八九年七月／『詩と権力のあいだ』

スイカを食べる　シンポジウム「土方巽・舞踏・文化・時代」チラシ、一九八九年六月

言葉と脱ヒューマニズム　『土方巽全集Ⅱ』新装版月報、河出書房新社、二〇一六年

写真提供

田鶴濱洋一郎　p.1-8, p.10, p.12, p.14, p.16, p.19, p.89-92, p.95, p.97, p.210-211, p.227-228

慶應義塾大学アート・センター（土方巽アーカイヴ）　p.35, p.103-104, p.110-112, p.115, p.125, p.133, p.151, p.190-193

著者略歴

（うの・くにいち）

1948年，島根県生まれ．京都大学文学部卒業後，パリ第8大学で文学と哲学を学び、アントナン・アルトーについて博士論文を執筆．立教大学名誉教授．著書『意味の果てへの旅』（1985）『風のアポカリプス』（1985）『外のエティカ』（1986）『混成系』（1988，以上青土社）『予定不調和』（河出書房新社1991）『日付のない断片から』（1992）『物語と非知』（1993，以上書肆山田）『D　死とイマージュ』（青土社1996）『アルトー　思考と身体』（白水社1997/増補・新装復刊2011）『詩と権力のあいだ』（現代思潮社1999）『他者論序説』（書肆山田2000）『ドゥルーズ　流動の哲学』（講談社選書メチエ2001）『反歴史論』（せりか書房2003/講談社学術文庫2015）『ジャン・ジュネ　身振りと内在平面』（以文社2004）『破局と渦の考察』（岩波書店2004）『〈単なる生〉の哲学』（平凡社2005）『映像身体論』（みすず書房2008）『ハーンと八雲』（角川春樹事務所2009）『ドゥルーズ　群れと結晶』（河出ブックス2012）*The Genesis of an Unknown Body*（n-1 publications, 2012）『アメリカ、ヘテロトピア』（以文社2013）『吉本隆明　煉獄の作法』（みすず書房2013）『〈兆候〉の哲学』（青土社2016），訳書ドゥルーズ＆ガタリ『アンチ・オイディプス』（河出文庫）ドゥルーズ『フランシス・ベーコン　感覚の論理学』（河出書房新社）ベケット『伴侶』『見ちがい言いちがい』（以上書肆山田）ジュネ『判決』（みすず書房）『薔薇の奇跡』（光文社古典新訳文庫）ほか．

宇野邦一
土方巽
衰弱体の思想

2017年 1 月 31 日　印刷
2017年 2 月 10 日　発行

発行所 株式会社 みすず書房
〒113-0033 東京都文京区本郷 5 丁目 32-21
電話 03-3814-0131(営業) 03-3815-9181(編集)
http://www.msz.co.jp

本文組版 キャップス
本文印刷・製本所 中央精版印刷
扉・表紙・カバー印刷所 リヒトプランニング

ISBN 978-4-622-08568-3
［ひじかたたつみ］
落丁・乱丁本はお取替えいたします

Fundamentals of Modern VLSI Devices

Third Edition

by

Yuan Taur and Tak H. Ning

第3版

タウア・ニン

最新VLSIの基礎

Fundamentals of Modern VLSI Devices
THIRD EDITION

Yuan Taur（陶　元）, Tak H. Ning（甯　徳雄）
宮本恭幸・内田　建 監訳　竹内　潔・寺内　衛 訳

丸善出版

第3版の日本語版に寄せて

この度，*Fundamentals of Modern VLSI Devices* の第3版の日本語訳が完成いたしました．2013年の第2版の翻訳以来11年ぶり，2002年の第1版の翻訳以来22年ぶりとなります．チームメンバーの多くは3つの版すべてに携わってきました．

日本語は，3版とも翻訳されている唯一の言語です．これは，日本のマイクロエレクトロニクス産業と半導体デバイス・技術に関する学術研究の裾野の広さを証明するものです．日本の学生，研究者，エンジニアにとって，本書の日本語訳を最新の状態に保つことは有益であると確信しています．

2024年8月

陶　元 (Yuan Taur)
カリフォルニア大学サンディエゴ校
甯　徳雄 (Tak H. Ning)
IBM T. J. ワトソン研究所 (退任)

第3版の原著者の序

本書の初版刊行から24年，第2版から13年が経過した．両版とも日本語に翻訳されている．第2版は中国語にも翻訳されている．この間，VLSI集積回路産業は躍進を続けている．最小特性寸法は10倍以上縮小し，現在では10 nm以下に達している．トランジスタ数は，最も集積度の高いICチップで100億をはるかに超えている．新技術の推進分野には，ダブルゲートMOSFET (FinFETとして知られる)，絶縁膜上の薄膜シリコン (ET-SOI) デバイス，不揮発性メモリーチップの3次元集積などがある．一方，部分的に空乏化したSOI CMOSに適したSOIウェーハは，n–p–nおよびp–n–pラテラルバイポーラの集積に新たな用途を見出し，VLSIのCMOSを補完するバイポーラという興味深い可能性を提供している．

第3版執筆の目的は，第2版完成後に開発された題材を加えて，この本を更新することである．追加された主な題材は，high-κゲート絶縁膜，メタルゲート技術，ひずみシリコン移動度，MOSFETの非GCA (グラジュアルチャネル近似) モデリング，SOI上の横型バイポーラトランジスタなどである．さらに，本書の各章は再編成され，さまざまなテーマに関する議論は付録から主要な章に集約されている．

この機会に，励ましと本の改善のための貴重な示唆を与えてくれたすべての友人や同僚に感謝したい．とくに，SOIデバイス技術に関してグルノーブル・アルプ大学のSorin Cristoloveanu教授，IBMのKangguo Cheng博士，ひずみシリコン移動度に関してフロリダ大学のScott Thompson教授に感謝したい．

Tak Ningは，IBMの多くの同僚，とくにJin Cai博士 (現TSMC)，Jeng-Bang Yau博士，Ghavam Shahidi博士のSOIラテラルバイポーラープロジェクトへの貢献に感謝したい．Yuan Taurは，カリフォルニア大学サンディエゴ校の多くの学生，とくに第3版の完成に協力いただいたChuyang Hong，Qian Xie，とBo Yu，に感謝したい．また，この作業中におけるKatieとKo Taurの愛情と支援にも感謝したい．

陶　　元 (Yuan Taur)
甯　徳雄 (Tak H. Ning)

第3版の監訳者の序

1998 年に第 1 版，2009 年に第 2 版が刊行された本書の第 3 版は 2022 年に米国で刊行されました．原著者の年齢，役職などからみて本版は最終版になるとも思われます．第 3 版は構成が従来と変わっており，いままで付録に入っていたものが本章に入るだけでなく，半導体の基礎の導入がよりしっかりとなされており，また MOSFET 関係では high-κ やひずみシリコン，FinFET やナノワイヤ FET といったマルチゲートなどの新しい技術にも追従できるような記述が加わっていることから，大学院レベルの教科書としてより好ましい形になっています．その日本語版を今回お届けできることは，訳者一同でうれしく思っております．

第 1 版は，広島大学の芝原健太郎先生が監訳者を務め 2002 年に日本語版が刊行され，第 2 版は芝原先生を中心に作業をしていましたがその途中で逝去され内田建先生と宮本が監訳者に加わる形で，2013 年に刊行されました．今回は当初より，内田先生と宮本が監訳者としての体制で進めさせていただきましたが 25%ほどの改訂とはいえ，それなりの時間が必要でした．専門の関係でバイポーラトランジスタ関係の訳は宮本が担当いたしました．バイポーラトランジスタの中で今回新たに加わった SOI を用いた横型トランジスタは，現在まで論理回路の報告例がなく，原著者の専門的な興味で書かれている要素が強いことから，10 章，11 章における SOI を用いた対称横型トランジスタについての記述は，初学者においては読む必要はないとも思います．

なお，演習問題については，第 1 版，第 2 版に引き続き，諸般の事情より割愛せざるをえず，原文では「演習問題を参照せよ」となっているところなどを「読者の宿題としたい」などと表記していますが，今回は，おそらく最終版であることもあり，下記の URL で翻訳版を公開していくつもりです．この文章を書いている時点では演習問題の翻訳がまだ終わっていないことから，翻訳ができたところから順次公開になっていってしまいそうであることはお許しいただきたいと思います．

https://www.maruzen-publishing.co.jp/info/n20884.html

2024 年初秋

監訳者を代表して　宮　本　恭　幸

第3版の翻訳者一覧

監訳者

宮本恭幸　東京科学大学工学院 教授　（1章，2章，3.1節，9章，10章，11章）

内田　建　東京大学大学院工学系研究科 教授　（3.2節，3.3節，4章，5章，8章）

訳　者

竹内　潔　東京大学生産技術研究所 特任研究員　（6章）

寺内　衛　甲南大学マネジメント創造学部 教授　（7章，12章）

（2024年10月現在）

初版の翻訳者一覧

監訳者　芝原健太郎

訳　者　竹内潔
寺内衛
寺田和夫
堀敦
宮本恭幸

第 2 版の翻訳者一覧

監訳者　芝原健太郎
宮本恭幸
内田建

訳　者　竹内潔
寺内衛
寺田和夫
堀敦

初版ならびに第 2 版の「日本語版に寄せて」,「原著者の序」,「監訳者の序」は下記の URL からご覧いただけます.

https://www.maruzen-publishing.co.jp/info/n20884.html

物理定数と単位変換

物理定数	記号	値および単位
電子の電荷 (素電荷)	q	1.6×10^{-19} C
ボルツマン定数	k	1.38×10^{-23} J/K
真空の誘電率	ε_0	8.85×10^{-14} F/cm
シリコンの誘電率	$\varepsilon_{\mathrm{si}}$	1.04×10^{-12} F/cm
酸化膜の誘電率	$\varepsilon_{\mathrm{ox}}$	3.45×10^{-13} F/cm
真空中の光速	c	3×10^{10} cm/s
プランク定数	h	6.63×10^{-34} J·s
自由電子の質量	m_0	9.1×10^{-31} kg
熱電圧 ($T = 300$ K)	kT/q	0.0259 V
オングストローム	Å	1 Å $= 10^{-8}$ cm
ナノメートル	nm	1 nm $= 10^{-7}$ cm
マイクロメートル (ミクロン)	µm	1 µm $= 10^{-4}$ cm
ミリメートル	mm	1 mm = 0.1 cm
メートル	m	1 m $= 10^{2}$ cm
電子ボルト	eV	1 eV $= 1.6 \times 10^{-19}$ J
エネルギー = 電荷 × 電位差	$E = qV$	J = C × V
電荷 = 容量 × 電圧	$Q = CV$	C = F × V
電力 = 電流 × 電圧	$P = IV$	W = A × V
時定数 = 抵抗 × 容量	$t = RC$	s = Ω × F
電流 = 電荷/時間	$I = Q/t$	A = C/s
抵抗 = 電圧/電流	$R = V/I$	Ω = V/A

[**長さの単位に関する注意**] 本書では，厳密にはすべて MKS 単位を使用すべきであるが，電子工学では慣例として cm もよく使われる．全部ではないが方程式によっては m も cm も使う．計算を行う際に単位の整合性を常にチェックした方がよい．方程式に値を入れる前に長さの単位を m に変換しなくてはならないこともある．

記　号　表

記 号	説　　明	単 位
A	面積	cm^2
A_{E}	エミッタ面積	cm^2
α	ベース接地電流利得	—
α_0	静的ベース接地電流利得	—
α_{F}	順方向ベース接地電流利得 (エバース–モル・モデル)	—
α_{R}	逆方向ベース接地電流利得 (エバース–モル・モデル)	—
α_{T}	ベース輸送係数	—
α_{n}	電子による電子–正孔対生成率 (単位長さあたり)	cm^{-1}
α_{p}	正孔による電子–正孔対生成率 (単位長さあたり)	cm^{-1}
BV	降伏電圧	V
BV_{CBO}	エミッタ開放コレクタ–ベース接合降伏電圧	V
BV_{CEO}	ベース開放コレクタ–エミッタ接合降伏電圧	V
BV_{EBO}	コレクタ開放エミッタ–ベース接合降伏電圧	V
β	エミッタ接地電流利得	—
β_0	静的エミッタ接地電流利得	—
β_{F}	順方向エミッタ接地電流利得 (エバース–モル・モデル)	—
β_{R}	逆方向エミッタ接地電流利得 (エバース–モル・モデル)	—
c	真空中の光速 ($= 3 \times 10^{10}$ cm/s)	cm/s
C	容量	F
C_{d}	空乏層容量 (単位面積あたり)	F/cm^2
C_{d}	MOS ゲート空乏層容量 (単位面積あたり)	F/cm^2
C_{dBC}	ベース–コレクタダイオード空乏層容量 (単位面積あたり)	F/cm^2
$C_{\mathrm{dBC,tot}}$	総ベース–コレクタダイオード空乏層容量	F
C_{dBE}	ベース–エミッタダイオード空乏層容量 (単位面積あたり)	F/cm^2
$C_{\mathrm{dBE,tot}}$	総ベース–エミッタダイオード空乏層容量	F
C_{dm}	最大空乏層容量 (単位面積あたり)	$F(F/cm^2)$
C_{D}	拡散容量	F
C_{D}	MOS ゲート空乏層容量	F
C_{Dn}	過剰電子による拡散容量	F
C_{Dp}	過剰正孔による拡散容量	F
C_{DE}	エミッタ拡散容量	F
C_{fb}	フラットバンドでの MOS 容量 (単位面積あたり)	F/cm^2
C_{FC}	MOSFET 不揮発性メモリ素子のフローティングゲートとコントロールゲート間の容量	F
C_{g}	固有ゲート容量	F

C_{G}	MOSFET の総ゲート容量	F
C_{inv}	反転領域における MOS 容量 (単位面積あたり)	F/cm^2
C_{i}	反転層容量 (単位面積あたり)	F/cm^2
C_{it}	界面トラップ容量 (単位面積あたり)	F/cm^2
C_{J}	接合容量	F
C_{L}	負荷容量	F
C_{in}	論理ゲートの等価入力容量	F
C_{inv}	反転した MOSFET 容量 (単位面積あたり)	F/cm^2
C_{min}	最小 MOS 容量 (単位面積あたり)	F/cm^2
C_{out}	論理ゲートの等価出力容量	F
C_{ov}	ゲート–ソース (–ドレイン) オーバーラップ容量 (片側あたり)	F
C_{ox}	酸化膜容量 (単位面積あたり)	F/cm^2
C_{p}	ポリシリコン–ゲート空乏層容積 (単位面積あたり)	F/cm^2
C_{si}	シリコン容量 (単位面積あたり)	F/cm^2
C_{w}	配線容量 (単位長さあたり)	F/cm
C_{π}	小信号ハイブリッド π 型等価回路モデルのベース–エミッタ容量	F
C_{μ}	小信号ハイブリッド π 型等価回路モデルのベース–コレクタ容量	F
d	MOSFET の空乏層幅	cm
d_{si}	非 GCA モデルにおけるシリコン中の深さ	cm
D_{it}	エネルギー当たりのトラップの面密度	1/cm^2·eV
D_{n}	電子の拡散係数	cm^2/s
D_{nB}	n–p–n トランジスタのベース中における電子の拡散係数	cm^2/s
D_{p}	正孔の拡散係数	cm^2/s
D_{pE}	n–p–n トランジスタのエミッタ中における正孔の拡散係数	cm^2/s
ΔV_{t}	短チャネル効果によるしきい値電圧のロールオフ量	V
ΔE_{g}	見かけ上の禁制帯幅縮小	J
ΔE_{gB}	ベース領域中の禁制帯幅縮小係数	J
$\Delta E_{\mathrm{g\,max}}$	Ge の存在による最大バンドギャップ縮小量	J
$\Delta E_{\mathrm{g\,SiGe}}$	SiGe ベースバイポーラトランジスタの Ge によるベース禁制帯幅縮小	J
ΔL	MOSFET のチャネル長変調	cm
$\Delta Q_{\mathrm{total}}$	不揮発性メモリに蓄積される総電荷量	C
E	エネルギー	J
E_{c}	伝導帯端	J
E_{v}	価電子帯端	J
E_{a}	イオン化アクセプタ準位	J
E_{d}	イオン化ドナー準位	J
E_{f}	フェルミ準位	J
E_{g}	シリコンのエネルギーバンドギャップ	J
E_{gB}	バイポーラトランジスタのベース領域のバンドギャップエネルギー	J
E_{gE}	バイポーラトランジスタのエミッタ領域のバンドギャップエネルギー	J
E_{i}	真性フェルミ準位	J
E_{fn}	電子の擬フェルミ準位	J
E_{fp}	正孔の擬フェルミ準位	J
$\mathcal{E}$	電界	V/cm
$\mathcal{E}_{\mathrm{c}}$	速度飽和の臨界電界	V/cm
$\mathcal{E}_{\mathrm{eff}}$	MOSFET 中の実効垂直電界	V/cm

$\mathcal{E}_{\mathrm{ox}}$	酸化膜電界	V/cm
$\mathcal{E}_{\mathrm{s}}$	シリコン表面の電界	V/cm
$\mathcal{E}_{x}$	シリコン中の垂直方向電界	V/cm
$\mathcal{E}_{y}$	シリコン中の水平方向電界	V/cm
ε_0	真空の誘電率 ($= 8.85 \times 10^{-14}$ F/cm)	F/cm
ε_{i}	ゲート絶縁膜の誘電率	F/cm
$\varepsilon_{\mathrm{si}}$	シリコンの誘電率 ($= 1.04 \times 10^{-12}$ F/cm)	F/cm
$\varepsilon_{\mathrm{ox}}$	酸化膜の誘電率 ($= 3.45 \times 10^{-13}$ F/cm)	F/cm
f_{D}	電子準位が占有される確率	—
f	周波数，クロック周波数	Hz
f_{max}	電力利得周波数 (最大発振周波数)	Hz
f_{T}	単位電流利得周波数 (遮断周波数)	Hz
FI	ファンイン	—
FO	ファンアウト	—
ϕ	障壁高さ	V
ϕ_{bg}	SOI におけるバックゲートの仕事関数	V
ϕ_{ox}	シリコン–シリコン酸化膜界面の電子障壁	V
ϕ_{ms}	金属とシリコンの仕事関数差	V
ϕ_{n}	電子の擬フェルミ・ポテンシャル	V
ϕ_{p}	正孔の擬フェルミ・ポテンシャル	V
ϕ_{Bn}	電子のショットキー障壁高さ	V
ϕ_{Bp}	正孔のショットキー障壁高さ	V
g	縮退度	—
g_{ds}	単位幅あたり小信号出力コンダクタンス	A/V·cm
g_{m}	単位幅あたり小信号相互コンダクタンス	A/V·cm
G_{E}	エミッタガンメル数	$\mathrm{s/cm^4}$
G_{B}	ベースガンメル数	$\mathrm{s/cm^4}$
G_{d}	MOS 反転層における等価コンダクタンス (単位面積あたり)	$1/\Omega\cdot\mathrm{cm^2}$
G_{n}	電子放出レート (電子生成レートともよばれる)	$1/\mathrm{cm^3}\cdot\mathrm{s}$
G_{p}	正孔放出レート (正孔生成レートともよばれる)	$1/\mathrm{cm^3}\cdot\mathrm{s}$
γ	エミッタ注入効率	—
h	プランク定数 ($= 6.63 \times 10^{-34}$ J · s)	J · s
i	時間依存電流	A
i_{B}	バイポーラトランジスタの時間依存ベース電流	A
i_{b}	時間依存小信号ベース電流	A
i_{C}	バイポーラトランジスタの時間依存コレクタ電流	A
i_{c}	時間依存小信号コレクタ電流	A
i_{E}	バイポーラトランジスタの時間依存エミッタ電流	A
I	電流	A
I_{B}	バイポーラトランジスタの静的ベース電流	A
I_{C}	バイポーラトランジスタの静的コレクタ電流	A
I_{E}	バイポーラトランジスタの静的エミッタ電流	A
I_{S}	ECL 回路スイッチング電流	A
I_{g}	MOSFET のゲート電流	A
I_0	しきい値における MOSFET の単位幅あたり電流	A
I_{dsat}	MOSFET 飽和電流	A

I_{on}	MOSFET オン電流	A
I_{off}	MOSFET オフ電流	A
$I_{\mathrm{N/w}}$	nMOSFET 電流 (単位幅あたり)	A/cm
$I_{\mathrm{P/w}}$	pMOSFET 電流 (単位幅あたり)	A/cm
I_{N}	nMOSFET 電流	A
I_{P}	pMOSFET 電流	A
I_{ds}	MOSFET ドレイン–ソース電流	A
I_{sx}	MOSFET 基板電流	A
$I_{\mathrm{ds,Vt}}$	しきい値での MOSFET の電流	A
$I_{\mathrm{onN/w}}$	nMOSFET オン電流 (デバイス幅あたり)	A/cm
I_{onN}	nMOSFET オン電流	A
$I_{\mathrm{onP/w}}$	pMOSFET オン電流 (デバイス幅あたり)	A/cm
I_{onP}	pMOSFET オン電流	A
λ	MOSFET のスケール長	cm
J	電流密度	$\mathrm{A/cm^2}$
J_{B}	ベース電流密度	$\mathrm{A/cm^2}$
J_{C}	コレクタ電流密度	$\mathrm{A/cm^2}$
J_{CF}	エミッタから注入されるコレクタ電流密度	$\mathrm{A/cm^2}$
J_{CR}	コレクタから注入されるコレクタ電流密度	$\mathrm{A/cm^2}$
J_{n}	電子電流密度	$\mathrm{A/cm^2}$
J_{p}	正孔電流密度	$\mathrm{A/cm^2}$
k	ボルツマン定数 ($= 1.38 \times 10^{-23}$ J/K)	J/K
κ	スケーリング因子 (> 1)	—
l	平均自由行程	cm
L	長さ，MOSFET チャネル長	cm
L_{D}	デバイ長	cm
L_{E}	バイポーラトランジスタのエミッタストライプ長	cm
L_{n}	電子拡散長	cm
L_{p}	正孔拡散長	cm
L_{min}	MOSFET の最小のチャネル長	cm
L_{w}	配線長	cm
m	MOSFET ボディ効果係数	—
m	ガンメルプロットにおける電流の理想係数	—
m_0	自由電子の質量 ($= 9.1 \times 10^{-31}$ kg)	kg
m^*	電子有効質量	kg
M	なだれ増倍係数	—
m_{l}	縦方向の電子有効質量	kg
m_{t}	横方向の電子有効質量	kg
μ	キャリア移動度	$\mathrm{cm^2/V{\cdot}s}$
μ_{eff}	実効移動度	$\mathrm{cm^2/V{\cdot}s}$
μ_{n}	電子移動度	$\mathrm{cm^2/V{\cdot}s}$
μ_{p}	正孔移動度	$\mathrm{cm^2/V{\cdot}s}$
n	自由電子密度	$\mathrm{cm^{-3}}$
n_0	熱平衡自由電子密度	$\mathrm{cm^{-3}}$
n_{i}	真性キャリア密度	$\mathrm{cm^{-3}}$
n_{ie}	実効真性キャリア密度	$\mathrm{cm^{-3}}$

n_{ieB}	バイポーラトランジスタベース中の実効真性キャリア密度	cm^{-3}
n_{ieE}	バイポーラトランジスタエミッタ中の実効真性キャリア密度	cm^{-3}
n_{n}	n 領域中の電子密度	cm^{-3}
n_{p}	p 領域中の電子密度	cm^{-3}
N_{a}	アクセプタ密度	cm^{-3}
N_{d}	ドナー密度	cm^{-3}
N_{b}	バルクシリコンにおける不純物濃度	cm^{-3}
N_{bt}	酸化膜トラップ密度 (体積，エネルギー当たり)	$\mathrm{cm}^{-3}\cdot\mathrm{eV}^{-1}$
N_{c}	伝導帯の実効状態密度	cm^{-3}
N_{p}	ポリシリコンゲートのドーピング濃度	cm^{-3}
N_{v}	価電子帯の実効状態密度	cm^{-3}
N_{B}	ベースドーピング濃度	cm^{-3}
N_{C}	コレクタドーピング濃度	cm^{-3}
N_{E}	エミッタドーピング濃度	cm^{-3}
$N(E)$	電子状態密度 (体積あたり)	$1/\mathrm{J}\cdot\mathrm{m}^3$
p	自由正孔密度	cm^{-3}
p_0	熱平衡自由正孔密度	cm^{-3}
p_{n}	n 領域中の正孔密度	cm^{-3}
p_{p}	p 領域中の正孔密度	cm^{-3}
P	電力消費	W
P_{ac}	動作時電力消費	W
P_{off}	待機時電力消費	W
q	電子の電荷 (素電荷)($= 1.6 \times 10^{-19}$ C)	C
Q	電荷	C
Q_{B}	ベース中の過剰少数電荷 (単位面積当たり)	$\mathrm{C/cm}^2$
$Q_{\mathrm{B,tot}}$	ベース中の総過剰少数電荷	C
Q_{BE}	ベース–エミッタ空間電荷領域中の過剰少数電荷 (単位面積当たり)	$\mathrm{C/cm}^2$
$Q_{\mathrm{BE,tot}}$	ベース–エミッタ空間電荷領域中の総過剰少数電荷	C
Q_{BC}	ベース–コレクタ空間電荷領域中の総過剰少数電荷 (単位面積当たり)	$\mathrm{C/cm}^2$
$Q_{\mathrm{BC,tot}}$	ベース–コレクタ空間電荷領域中の総過剰少数電荷	C
Q_{DE}	順方向活性状態のバイポーラトランジスタ中に蓄えられた小数キャリアの総電荷	C
Q_{E}	エミッタ中の過剰少数電荷 (単位面積当たり)	$\mathrm{C/cm}^2$
$Q_{\mathrm{E,tot}}$	エミッタ中の総過剰少数電荷	C
Q_{pB}	n–p–n トランジスタベース中の正孔電荷 (単位面積あたり)	$\mathrm{C/cm}^2$
Q_{s}	シリコン中の総電荷 (単位面積あたり)	$\mathrm{C/cm}^2$
Q_{d}	空乏層電荷 (単位面積あたり)	$\mathrm{C/cm}^2$
Q_{i}	反転層電荷 (単位面積あたり)	$\mathrm{C/cm}^2$
Q_{g}	MOS ゲートの電荷 (単位体積あたり)	$\mathrm{C/cm}^2$
Q_{t}	界面トラップ電荷 (単位面積あたり)	$\mathrm{C/cm}^2$
Q_{ox}	等価酸化膜電荷 (単位面積あたり)	$\mathrm{C/cm}^2$
r, R	抵抗	Ω
r_{b}	ベース抵抗	Ω
r_{bi}	真性ベース抵抗	Ω
r_{bx}	外部ベース抵抗	Ω
r_{c}	コレクタ直列抵抗	Ω
r_{e}	エミッタ直列抵抗	Ω

r_0	小信号ハイブリッド π 型等価回路モデルの出力抵抗	Ω
r_π	小信号ハイブリッド π 型等価回路モデルの入力抵抗	Ω
R_L	負荷抵抗	Ω
R_s	ソース直列抵抗	Ω
R_d	ドレイン直列抵抗	Ω
R_n	電子捕獲レート (電子再結合レートともよばれる)	$1/\mathrm{cm}^3{\cdot}\mathrm{s}$
R_p	正孔捕獲レート (正孔再結合レートともよばれる)	$1/\mathrm{cm}^3{\cdot}\mathrm{s}$
R_sd	ソース–ドレイン直列抵抗	Ω
R_ch	MOSFET チャネル抵抗	Ω
R_w	配線抵抗 (単位長さあたり)	Ω/cm
R_Sbi	真性ベース層のシート抵抗	Ω/□
R_sw	CMOS ゲートの等価スイッチング抵抗	Ω
R_swn	nMOSFET 引き下げ動作等価スイッチング抵抗	Ω
R_swp	pMOSFET 引き上げ動作等価スイッチング抵抗	Ω
ρ	抵抗率	Ω·cm
ρ_sh	シート抵抗	Ω/□
ρ_ch	MOSFET チャネルのシート抵抗	Ω/□
ρ_sd	ソース–ドレイン領域のシート抵抗	Ω/□
ρ_c	コンタクト抵抗率	$\Omega{\cdot}\mathrm{cm}^2$
ρ_net	正味の電荷の体積密度	$\mathrm{C/cm}^3$
S	MOSFET サブスレッショルドスロープ	V/decade
S_p	正孔表面再結合速度	cm/s
σ_n	電子捕獲断面積	cm^2
σ_p	正孔捕獲断面積	cm^2
t	時間	s
t_B	ベース走行時間	s
t_BE	ベース–エミッタ空乏層走行時間	s
t_BC	ベース–コレクタ空乏層走行時間	s
t_BOX	SOI における埋め込み酸化膜厚	cm
t_i	ゲート絶縁膜の厚さ	cm
t_inv	反転層電荷の計算のための等価酸化膜厚	cm
t_ox	酸化膜厚さ	cm
t_r	通過時間	s
t_w	配線厚さ	cm
t_si	シリコンの厚さ	cm
T	絶対温度	K
τ	寿命	s
τ	回路遅延	s
τ_b	バッファつき遅延	s
τ_int	真性 (無負荷) 遅延	s
τ_F	バイポーラトランジスタの順方向走行時間	s
τ_n	電子寿命	s
τ_n	nMOSFET 引き下げ遅延	s
τ_nB	n–p–n トランジスタベース中の電子寿命	s
τ_p	正孔寿命	s
τ_p	pMOSFET 引き上げ遅延	s

$\tau_{\rm pE}$	n–p–n トランジスタエミッタ中の正孔寿命	s
$\tau_{\rm R}$	バイポーラトランジスタの逆方向走行時間	s
$\tau_{\rm w}$	配線 RC 遅延	s
$\tau_{\rm E}$	エミッタ遅延時間	s
$\tau_{\rm B}$	ベース遅延時間	s
$\tau_{\rm BE}$	ベース–エミッタ空乏領域遅延時間 $(= t_{\rm BE})$	s
$\tau_{\rm BC}$	ベース–コレクタ空乏領域遅延時間 $(= t_{\rm BC})$	s
U	正味の再結合レート	$1/{\rm cm}^3{\cdot}{\rm s}$
v	速度	cm/s
v	小信号電圧	V
$v_{\rm th}$	熱速度	cm/s
$v_{\rm d}$	キャリアドリフト速度	cm/s
$v_{\rm sat}$	キャリア飽和速度	cm/s
$v_{\rm T}$	MOSFET ソースの熱注入速度	cm/s
V	電圧	V
V	MOSFET チャネル中の擬フェルミ・ポテンシャル	V
$V_{\rm A}$	アーリー電圧	V
$V_{\rm app}$	p–n ダイオード印加電圧	V
$V'_{\rm app}$	p–n 接合印加電圧 ($V_{\rm app}$ より外部 IR 降下分低い)	V
$V_{\rm BE}$	ベース–エミッタバイアス電圧	V
$V_{\rm BC}$	ベース–コレクタバイアス電圧	V
$V_{\rm CE}$	コレクタ–エミッタ電圧	V
$V_{\rm CG}$	不揮発性メモリ素子のコントロールゲート電圧	V
$V_{\rm FG}$	不揮発性メモリ素子のフローティングゲート電圧	V
$V_{\rm bq}$	SOI のバックゲートバイアス電圧	V
$V_{\rm dd}$	電源電圧	V
$V_{\rm ds}$	ソース–ドレイン電圧	V
$V_{\rm dsat}$	MOSFET ドレイン飽和電圧	V
$V_{\rm fb}$	フラットバンド電圧	V
$V_{\rm ox}$	酸化膜電圧	V
$V_{\rm g}$	MOS のゲート電圧	V
$V_{\rm gs}$	MOSFET のゲート–ソース電圧	V
$V_{\rm bs}$	MOSFET 基板バイアス電圧	V
$V_{\rm t}$	しきい値電圧 ($2\psi_B$ の定義にもとづく)	V
$V_{\rm on}$	線形外挿で求めたしきい値電圧	V
$V_{\rm in}$	論理ゲートの入力節点電圧	V
$V_{\rm out}$	論理ゲートの出力節点電圧	V
$V_{\rm x}$	NAND ゲート縦積み nMOSFET 間の節点電圧	V
$V_{\rm t,high}$	不揮発性メモリ素子の高い側のしきい値電圧	V
$V_{\rm t,low}$	不揮発性メモリ素子の低い側のしきい値電圧	V
W	幅，MOSFET 幅	cm
$W_{\rm n}$	nMOSFET 幅	cm
$W_{\rm p}$	pMOSFET 幅	cm
$W_{\rm B}$	真性ベース幅	cm
$W_{\rm d}$	空乏層幅	cm
$W_{\rm dBE}$	ベース–エミッタ接合空乏層幅	cm

W_{dBC}	ベース–コレクタ接合空乏層幅	cm
W_{dm}	最大空乏層幅	cm
W_{E}	エミッタ層幅 (厚さ)	cm
$W_{\mathrm{E\text{-}C}}$	横型バイポーラトランジスタのエミッタ/コレクタ間の間隔	cm
W_{S}	ソース接合空乏層幅	cm
W_{D}	ドレイン接合空乏層幅	cm
ω	角周波数	rad/s
x_{j}	接合深さ	cm
x_{c}, x_{i}	反転層深さ	cm
ψ	ポテンシャル	V
ψ_{B}	フェルミ・ポテンシャルと真性ポテンシャルの差	V
ψ_{bi}	内蔵電位	V
ψ_{f}	フェルミ・ポテンシャル	V
ψ_{i}	真性ポテンシャル	V
ψ_{p}	ポリシリコンゲートのバンドの曲がり量	V
ψ_{s}	MOS の表面電位	V
$\psi_{\mathrm{s,min}}$	短チャネル MOSFET の最小界面電位	V

目　　次

1

序　　章

1947 年のバイポーラトランジスタの発明以来，半導体産業は人々の仕事や生活に非常に大きな影響を与えながら未曾有の発展を遂げてきた．そのなかでもひときわ大きな成長は，過去 40 年以上にわたって大規模集積回路 (VLSI: very-large-scale-integration) の分野においてみられた．VLSI 技術の絶え間ない成長は，トランジスタ寸法の間断のない縮小によって牽引されたものである．微細化によってもたらされる利点 (高密度化・高速化・低消費電力化) こそが，従前の技術ではなしえなかった，今日のコンピュータと無線・通信システムの性能・機能当たりのコストとサイズに革新的な進歩をもたらした鍵である．経済的な面では，集積回路 (IC: integrated-circuit) 産業が世界全体の売上高で，1970 年の 10 億ドルから 1984 年の 200 億ドルへと成長し，2020 年には 4390 億ドルに到達した．エレクトロニクス産業は，多くの国々において，生産高のみならず雇用者数の面でもいまや最大規模の産業である．経済面，社会面，そして政治面での世界規模の発展に対するマイクロエレクトロニクスの重要度が増大し続けることは疑う余地もない．VLSI 製造技術に対する世界的な巨額の投資は，集積回路の集積度とスピードの向上を，物理法則の限界を超えない範囲内で保証する大きな力として働いている．

1.1　VLSI デバイス技術における革新

1.1.1　歴 史 的 展 望

MOSFET (metal–oxide–semiconductor field effect transistor) (金属–酸化物–半導体電界効果トランジスタ) の初期の概念から 1980 年代の半ばの VLSI 応用に至る進化の道筋は，Sah の論文 (Sah, 1988) に詳しく書かれている．図 1.1 は VLSI 技術の開発における主要な出来事を標した年表である．縦型バイポーラトランジスタは初期に開発され，1960 年代にメインフレームコンピュータ用の最初の集積回路メモリに使われた．バイポーラ回路は個々の回路レベルでは最速であったため，縦型バイポーラトランジスタは回路速度が最も重要視される場所でずっと使われてきた．しかしながら，縦型バイ

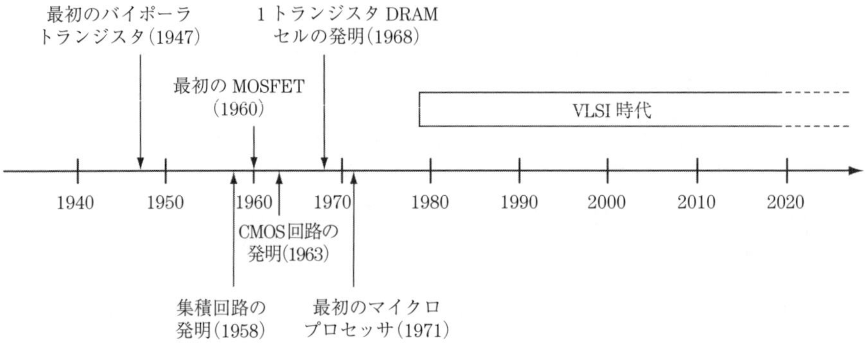

図 1.1　VLSI 開発史における主要な出来事を記載した年表

ポーラ回路の大きな電力消費によって，その集積度は 1 チップ当たり 1 万個程度[1]に制限されてきた．この集積度は今日の VLSI の標準に比べると非常に低いものである．

電界を加えることで半導体表面の伝導度を変調する，というアイデアは 1930 年にはじめて構想されている．しかし，表面電界制御デバイス製作の初期の試みは成功しなかった．外部電界の影響が高密度の表面準位に遮蔽され，表面電位に及ばなかったためである．シリコン基板を使った最初の MOSFET は，1960 年にゲート絶縁膜に SiO_2 を用いてつくられた (Kahng と Atalla, 1960)．1960 年代から 1970 年代にかけて，n チャネルと p チャネルの MOSFET はバイポーラトランジスタとともに，シリコンチップに回路機能を与えるために広く用いられた．MOSFET はバイポーラ素子に比べて動作速度が遅かったが，素子のレイアウト密度が高く，製造がより簡単であった；最も簡単な MOSFET は，4 枚のマスクと 1 回のドーピング工程で製作できる．しかし，n 型または p 型どちらかだけを用いた MOSFET 回路は，縦型バイポーラ回路と同様に待機時の電力消費が大きく，1 チップへの集積度には限りがあった．

1963 年の CMOS (complementary MOS) の発明 (Wanlass と Sah, 1963) が，集積度に大きなブレークスルーをもたらした．CMOS では，n チャネルと p チャネルの MOSFET が，同一基板上に形成される．CMOS 回路では通常，n チャネル MOSFET と p チャネル MOSFET が，電源端子間に直列に接続されており，待機時の電力消費は無視できるほど小さい．電力は主に，回路のスイッチングの際に，つまり回路がアクティブなときに消費される．アクティブな電力消費を抑えるよう回路のスイッチング動作をうまく設計すれば，1 個の集積回路チップ上に数十億個もの CMOS トランジスタを集

[1] 11.2 節で議論する ECL 回路．

積することが可能であり，それでも冷却が空冷ですむほどである．リソグラフィの最小寸法が 180 nm に到達するまで CMOS の集積度は，チップレベルでの電力消費ではなく，製造技術によって制限されていた．また，レシオレス (ratioless) とよばれる電源電圧に等しい論理振幅が CMOS 回路のもう一つの利点である．この振幅は CMOS 回路に大きなノイズマージンをもたらし，設計を容易にする．

1990 年代前半になって CMOS スケーリング (縮小化) が 0.5 μm のレベルに到達すると，CMOS チップの集積度が高いため，CMOS でつくられたハイエンドコンピュータの性能は，バイポーラでつくられたものに迫り始めた．ハイエンドのコンピュータの設計者も，バイポーラトランジスタのかわりに CMOS を用いて，彼らの性能目標を達成することができるようになった (Rao ら，1997)．それ以降，CMOS はデジタル回路用技術となり，縦型バイポーラは主に RF (radio-frequency) あるいはアナログ用となった．

リソグラフィとエッチングの技術の進展がトランジスタの寸法を縮小し，同じ面積の中により多くのトランジスタを積載することを可能にしてきた．このような進展がチップサイズの着実な増加とあいまって，トランジスタ数，あるいはメモリのビット数の指数関数的な増大をもたらした．これらにおける 2020 年までの技術動向を図 1.2 に示す．古くから DRAM (dynamic random-access memory) は，すべての集積回路チップの中でも最も多くのトランジスタを集積したものとなっている．これは DRAM に用いられている 1 トランジスタメモリセル (Dennard, 1968) が小さなサイズであることと，コ

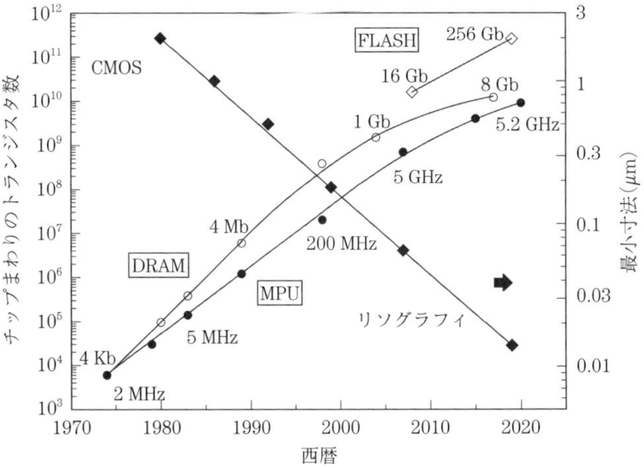

図 1.2 リソグラフィ最小寸法．DRAM と MPU のチップ当たりトランジスタ数，フラッシュのチップ当たりメモリビット数の傾向．DRAM のトランジスタ数は，周辺制御回路を考慮するために，チップ当たりのメモリセルトランジスタ数の 1.5 倍として算出した．データ点は先端製品の発表の際の値をもとにした．

ンピュータシステムにおけるメモリ容量増大の要求が飽くことを知らぬためである．興味深いことに，この本の内容すべては，1997 年に量産された, 面積が $1.2 \times 1.2\,\mathrm{cm}^2$ 相当の 64M DRAM チップ一つの中に収まる．

情報産業の急速な成長を支えたシリコンデバイスの特筆すべき特徴は，サイズが小さくなるにつれ動作速度が速くなり，コストが低下するという点である．2020 年に製造されているトランジスタは 20 年前と比べ，10 倍速く，面積は 1％以下であった．これは図 1.2 に，MPU (microprocessor unit) のトレンドとして示されている．MPU のクロック周波数の増大は，そのアーキテクチャとトランジスタの速度改善の相乗効果によるものである．

1.1.2 最近開発された技術

2009 年に本書の第 2 版が出版されて以来，VLSI 業界では大きな進展があった．当時登場したいくつかの製造技術が定着し，チップレベルの高密度化が進み，トランジスタ当たりのコストとメモリビット当たりのコストが継続的に削減された．これらは，半導体産業の継続的な成長の原動力となっている．このような最近の動向には，次のようなものがある．

- 液浸リソグラフィが，IC の大量生産に採用されている (Lin, 2004)．液浸リソグラフィは，フォトリソグラフィの解像度向上技術で，最終レンズとウェーハ表面の間のギャップを，1 より大きい屈折率をもつ液体媒体に置き換える．解像度の向上は，使用する液体の屈折率に等しくなる．液浸により，深紫外 (DUV) リソグラフィシステムは，今日も半導体製造の主力となっている．
- バッテリー駆動個人用機器への低消費電力で軽量なデータ記憶装置の必要性から，NAND フラッシュ (不揮発性メモリで最も高密度で大容量を有する) の開発が 1990 年代中盤以降に例外的なほど急速に立ち上がった．その 10 年ほどの間で，図 1.2 (Kim, 2008) に示すように NAND フラッシュは DRAM を超えて最も集積度の高い IC チップとなった．その後，NAND フラッシュメモリのセルを 100 層以上積み重ねて 3 次元 IC チップを形成する 3D NAND プロセス技術とセル当たりでの記録を多値化とする設計の組み合わせにより，NAND フラッシュのチップレベルのビット密度は飛躍的に向上した．
- スケーリングされた CMOS デバイスの設計においては，デバイスの目標性能を達成するために，デバイスのしきい値電圧を下げ，オフ電流の増加を許しつつ，オン電流を増加させるというのが長い間の一般的なやり方であった．その結果，微細化された CMOS デバイスのオフ電流は世代を追うごとに増加していった．65 nm ノードに到達する頃には，CMOS デバイスのオフ電流は 100 nA/μm に達し，ハイエンドマイクロプロセッサの設計者が許容できる最大レベルに達した．それ以降，高性能な CMOS デバイスは，公称オフ電流が 100 nA/μm で設計されている (Kuhn ら 2012)．CMOS デバイスの設計において，オン電流とオフ電流のトレードオフによる制限は，マイクロプロセッサの速度 (クロック周波数) を大きく制限する．今日，最高速のマイクロプロセッサは 5.2 GHz で動作するが (Berry ら 2020)，実質的に 2009 年の値と同じである (図 1.2 参照)．

- オフ電流を増やすことができないため，CMOS の設計者は，デバイス本体が完全に空乏化されたデバイス構造へと移行していき，デバイスのサブスレッショルド振幅が室温で理想的な 60 mV/decade に達することができるようになった．現在では，従来のプレーナーバルク CMOS のみならず，フィンのような形状をした FinFET CMOS や，SOI CMOS を完全空乏化したプレーナー ETSOI (極薄膜 SOI) CMOS が量産されている．
- PD (部分空乏型) プレーナー SOI CMOS は，1999 年に 220 nm ノードで最初の PD SOI CMOS マイクロプロセッサが製造され (Shahidi ら 1999)，2015 年に 22 nm ノードで最後のものが製造され (Freeman ら 2015)，約 15 年の間に一巡した．PD SOI CMOS は，より小さな寸法へのスケーラビリティがないと判断される．
  しかし，PD SOI CMOS に適した SOI ウェーハは，(n–p–n と p–n–p を集積化した) 相補型横型バイポーラに新しい用途を見出し (Cai ら，2011)，VLSI 用バイポーラに興味深い可能性を提供している．

1.2　本 書 の 概 要

本書の執筆にあたり目標としたのは，現在の VLSI デバイスの性能を支配している要因を読者に深く指し示すことである．まず，デバイス物理についてデバイスパラメータ個々に至るまで議論を行い，それからこれらのパラメータが微細な現代のトランジスタが基本回路のレベルでどのように性能を左右するか議論する．この目標に沿うよう本書は構成されている．本書のかなりの部分を割いて，現在の CMOS，およびバイポーラトランジスタの設計においてデバイスのパラメータが相互にどう影響し合うか，そしてどのような微妙なトレードオフの関係にあるかを詳細に論じる．

大学院生あるいは学部高学年生のマイクロエレクトロニクスの講義の教科書に使えるように，本書には十分な量の背景的な説明も含めている．その場合，1 学期分の固体物理あるいは半導体物理をすでに履修していることが望まれる．企業で働く技術者にとっては，本書は CMOS およびバイポーラトランジスタの製法・デバイス・回路の基礎を幅広く網羅した情報源を提供するものである．この点で，デバイスの原理を学ぼうとする VLSI プロセスの技術者，あるいは専門領域をより深く学ぼうとするデバイス設計者，評価技術者に役立つであろう．

第 3 版では，ETSOI と FinFET，MOSFET の非 GCA (グラジュアルチャネル近似) モデル，比較的最近に開発されたSOIを用いた対称横型バイポーラトランジスタに関する章を拡張し，新しい話題と資料を掲載した．また，高 κ ゲート絶縁体，金属ゲート，移動度に対するひずみ効果，界面状態モデルに関する節も追加された．さまざまなテーマをより集中的にカバーするために，付録をすべて主要な章に統合することで，第2版での説明の多くを再編成している．以下は，各章の簡単な説明である．

2章　デバイス物理の基礎

2章は，適切なレベルのデバイス物理の基礎の紹介に用いられている．この章の目的は，本書だけでことが足りるようにすることと，本書の残りの部分を理解するのに必要なデバイス動作と材料物理の背景を読者に予習していただくことである．

まずシリコンのエネルギーバンドから始め，フェルミ準位，キャリア密度，ドリフトと拡散による電流輸送，ポアソン方程式などの基本的な考えかたを導入する．また，発生と再結合，少数キャリアの寿命，電流の連続式についても取り上げる．

3章　p–n 接合と金属–シリコン接触

3章では，p–n 接合，ショットキーダイオード，および金属シリコン接触全般の基本的な物理と動作について解説する．p–n 接合はバイポーラトランジスタの基本構成要素であり，MOSFET の主要部品である．その特性に関する基礎知識は，バイポーラデバイスの動作をさらに理解し，MOSFET を設計するための前提条件となるものである．また，ショットキーダイオードの基本的な知識は，金属–シリコン接触全般を理解し，コンタクト抵抗の低いオーミック接触を設計するための前提条件となる．3章の最後では，逆方向にバイアスされたダイオードにおける高電界効果について解説する．

4章　MOS キャパシタ

4章では，MOSFET トランジスタの前提条件となる MOS キャパシタの基礎について解説する．真空準位と仕事関数の基本概念から始まり，シリコン中の電荷と電位の解法，C–V 特性の完全な記述へと続く．次に，薄い酸化物の MOS キャパシタにとって重要な量子力学的効果について論じる．第3版では，界面準位と酸化物トラップに関する新しい節が追加された．最後に，高電界の節では，トンネル電流，高誘電率 (high-κ) ゲート絶縁膜，ゲート酸化膜の信頼性を取り上げている．

5章　長チャネル MOSFET デバイス

5章では，MOSFET デバイスの基本的な特性について，n チャネル MOSFET を例にして説明する．電荷シートモデル，領域的な I–V モデル，サブスレッショルド電流特性などの節で，より初歩的な長チャネル MOSFET を扱っている．最近開発された非 GCA モデルは，ほとんどの標準的な教科書にある「ピンチオフ」という誤解を招きやすい用語の意味を明確にしながら，飽和領域の挙動に洞察を与えている．チャネル移動度の節では，電子と正孔の移動度に対する二軸および一軸のひずみ効果について議論する．最後の節では，長チャネルでのしきい値電圧に対するボディ効果，温度の効果，量子効果を取り上げている．

6 章　短チャネル MOSFET

この章ではより取り扱いが複雑な短チャネル MOSFET を取り扱う．大部分の回路は電流が大きくとれ静電容量が小さい短チャネル MOSFET を用いて構成される．主なトピックとして短チャネル効果，スケール長モデル，速度飽和，非局所輸送などを取り上げる．MOSFET 電流の上限を議論するためバリスティック MOSFET モデルも紹介する．続いて CMOS テクノロジーにおける主なデバイス設計課題 (オフ電流の制約を満足しつつ高オン電流を得るためのしきい値電圧選択，電源電圧の選択，不均一チャネルドーピング設計，しきい値電圧に対する離散不純物効果) について検討する．最後に短チャネル MOSFET における高電界効果を議論する．

7 章　SOI MOSFET およびダブルゲート MOSFET

7 章は完全空乏型 SOI MOSFET およびダブルゲート MOSFET を取り扱う．一般的な非対称ダブルゲートモデルが長チャネル SOI MOSFET に適用される．対称ダブルゲート MOSFET (これは，FinFET の一般形である) に関しては，全動作領域を連続的にカバーする解析電位モデルが記述される．6 章でバルク MOSFET に関して導入されたスケール長モデルが，短チャネル DG MOSFET に対して適用できるように修正される．長チャネルデバイスおよび短チャネルデバイスの双方のナノワイヤ MOSFET モデルも議論される．最終節では，量子力学的考察に基づく DG MOSFET およびナノワイヤ MOSFET のスケーリング限界を考察する．

8 章　CMOS 性能因子

8 章ではまず，VLSI の進化における密度，速度，電力の向上を達成するための指針である MOSFET のスケーリングについて概説する．スケーリング以外の要因，具体的には熱電圧とシリコンのバンドギャップが CMOS 進化の道筋に与える影響について議論する．8 章の残りの部分では，基本的なデジタル CMOS 回路のスイッチング性能と消費電力を支配する重要な要因について扱う．スタティック CMOS 論理ゲートとそのレイアウト，ノイズマージンについて簡単に説明した後，8.3 節では，CMOS 回路の遅延に悪影響を及ぼす寄生抵抗と寄生容量について考察する．これには，ソースとドレインの直列抵抗，接合容量，オーバーラップ容量，ゲート抵抗，配線の容量と抵抗が含まれる．8.4 節では，遅延方程式を定式化し，直列 (縦積み) 回路において，配線負荷，デバイスの幅と長さ，ゲート酸化膜厚，電源電圧，しきい値電圧，寄生成分，基板の感度などさまざまなデバイスおよび回路パラメータに対するCMOS遅延の感度を調べた．最後の節では，RF回路におけるMOSFETの性能因子，とくに，単位電流利得(遮断)周波数と単位電力利得(遮断)周波数を取り上げている．

9章　バイポーラデバイス

9章では，バイポーラトランジスタの基本的な構成要素が記載されている．SiGeベーストランジスタを含む縦型バイポーラトランジスタとSOIを用いた対称横型バイポーラトランジスタの両方をカバーする．まず，最も一般的に使用されている縦型n–p–nトランジスタに焦点を当てて解説する．また，縦型n–p–nトランジスタと対称横型n–p–nトランジスタの違いについても，適宜指摘する．

バイポーラトランジスタの基本的な動作は，背中合せに接続された二つのp–nダイオードの動作，とみることができる．p–nダイオードの基本理論を修正し，バイポーラトランジスタの電流式を導くことに用いる．これらの電流式を手がかりに，このほかのデバイスパラメータや，電流利得，アーリー電圧(Early voltage)，ベース広がり，拡散容量などの現象について考察する．基本的な等価回路モデルを，デバイスパラメータと回路パラメータを関連づけながら構築する．これらの等価回路モデルは，回路応用においてバイポーラトランジスタの性能を議論する出発点となる．

10章　バイポーラデバイス設計

10章では，バイポーラトランジスタの基本的な設計を扱う．個々のデバイス領域，すなわち，エミッタ，ベース，コレクタの設計を個別に議論する．詳細なバイポーラトランジスタの特性は動作点に依存するため，この章では所望の動作条件と動作環境に応じて，デバイス設計を最適化することに焦点を当てる．最適化においてなされなければならないトレードオフにも焦点を当てる．縦型SiGeベーストランジスタのデバイス物理と特性について詳細に議論を行う．また，SOIを用いた対称横型バイポーラトランジスタの設計についても，デバイスパラメータ，ベース電流，コレクタ電流，走行時間の解析モデルの開発を含めて解説する．

11章　バイポーラ性能因子

11章では，回路応用においてバイポーラトランジスタの性能を左右する主要な因子を議論する．一般に広く用いられる性能指数，すなわち遮断周波数，最大発振周波数，論理ゲート遅延について考察し，バイポーラトランジスタがこのような性能指数に対してどのように最適化できるかを議論する．また，論理ゲートの重要な遅延成分について検討し，これらの成分をどのように最小化できるかについても述べる．高速デジタル論理回路のための縦型バイポーラトランジスタのスケーリング特性について説明する．RFおよびアナログ回路アプリケーションのためのバイポーラトランジスタの最適化に関して考察する．本章の終わりでは，RF およびアナログ回路アプリケーションにおける対称横型バイポーラトランジスタの設計上のトレードオフと最適化について考察する．最後に，対称横型バイポーラトランジスタが提供するいくつかのユニークな可能性 (そのうちのいくつかは CMOS の能力を超えるものもある) について説明する．

12 章　メモリデバイス

12 章では，普及しているメモリデバイスの基本動作およびデバイス設計原理が議論される．この章で取り扱われるメモリデバイスには，CMOS SRAM，DRAM，バイポーラ SRAM，および不揮発性メモリとして一般的に用いられているいくつかのデバイスが含まれる．種々のメモリアレイの代表的な読み出し／書き込み／消去動作が説明される．スケーリングされた CMOS SRAM セルのノイズマージン問題が議論される．多値セル，3D NAND，およびウエアレベリング (性能劣化のデバイス内平準化) を含む，NAND フラッシュ技術の近年の開発が簡潔に議論される．

2

デバイス物理の基礎

本章では，半導体デバイス物理の基礎について概説する．ここでは，シリコンのエネルギーバンド，フェルミ準位，n 型と p 型シリコン，静電ポテンシャル，ドリフト拡散による電流輸送，VLSI デバイスの動作を支配する基本方程式を扱っている．これらは，本書の残りの部分で議論されるより高度なデバイスの概念を理解するための基礎となる．

2.1 シリコンのエネルギーバンド

VLSI 製造の出発点となる材料は，結晶シリコンである．シリコンウェーハは，⟨111⟩，あるいは ⟨100⟩ のどちらかに平行な面でカットされる (Sze, 1981)．⟨100⟩ が最もよく用いられるが，これは主に，⟨100⟩ ウェーハを用いると製作工程の間に酸化膜とシリコンの界面に生じる電荷量が最も少なく，移動度も高い値が得られるためである (Balk ら, 1965)．シリコン結晶中では，それぞれの原子が 4 個の価電子を最近接の 4 個の原子と共有している．価電子は，**共有結合** (covalent bond) とよばれる対になった形態で共有される．**固体中の電子の振る舞いを記述するために量子力学を応用した最も重要な結果は，電子に許されるエネルギー準位がバンド状に分けられるということである** (Kittel, 1976)．**このとき，バンドは，固体中の電子が占有することができないエネルギー領域，すなわち禁制ギャップ** (forbidden gap) **で分けられている．** 0 K において，電子で完全に満たされているバンドのうち最もエネルギーの高いものを，**価電子帯** (valence band) とよぶ．その次のエネルギーがより高く，価電子帯と禁制ギャップで分けられているバンドを，**伝導帯** (conduction band) とよぶ (図 2.1)．

2.1.1 シリコンのバンドギャップ

絶対零度においては，価電子帯が電子で完全に満たされている一方，伝導帯は完全に

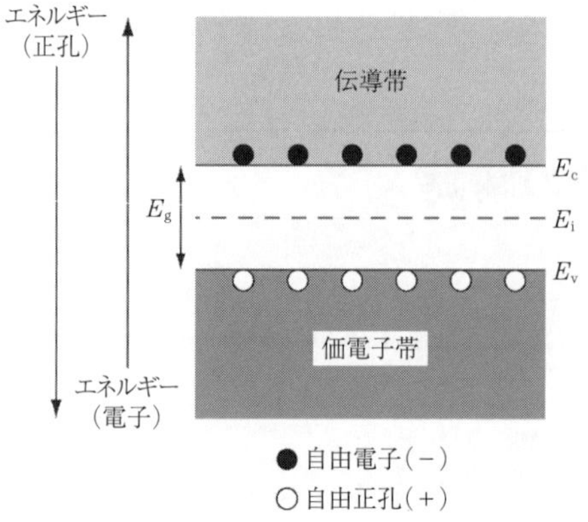

図 **2.1** シリコンのエネルギーバンド図

空いており，伝導帯と価電子帯の間隔，すなわち**バンドギャップ** (band gap) は 1 eV のオーダーである．このことが，シリコンのような半導体と，金属や絶縁物とを異なるものにしている．0 K では伝導帯に電流のキャリアが存在せず，完全に満たされた価電子帯では，電子は電界によって加速されたりエネルギーを得たりすることができないため，電子伝導は不可能である．一方，室温においては，バンドギャップは十分小さく，少数の電子が価電子帯に空孔，すなわち**正孔** (hole) を残して伝導帯に励起される．よって，伝導帯の電子と価電子帯の正孔の移動によって，わずかではあるが伝導が起こりうる．これと対照的に，絶縁体は，少なくとも数 eV という大きな禁制帯のギャップをもち，室温での伝導は事実上不可能である．逆に金属は絶対零度でさえも部分的に占められた伝導帯を有し，電子は，印加された電界に反応して，より高いエネルギーの状態に容易に移動することができる．この性質ゆえに，金属はどんな温度でも良導体である．

図 2.1 において，伝導帯における電子のエネルギーは上にいくほど増大し，価電子帯における正孔のエネルギーは下にいくほど高い．伝導帯の底は E_{c}，価電子帯の頂上は E_{v} と表記される．よって，これらの間隔，すなわちバンドギャップは $E_{\mathrm{g}} = E_{\mathrm{c}} - E_{\mathrm{v}}$ と表される．シリコンの E_{g} は，室温 (300 K) で 1.12 eV である．バンドギャップは温度上昇とともにわずかに減少し，300 K 付近での温度係数は，$\mathrm{d}E_{\mathrm{g}}/\mathrm{d}T \approx -2.73 \times 10^{-4}\ \mathrm{eV/K}$ である．このほかのシリコンとシリコン酸化膜の重要な物理定数が表 2.1 に示されている (Green, 1990).

2.1.2 状 態 密 度

あるエネルギー幅に対する電子の状態密度は，このエネルギー幅において許される異なる運動量の数から求められる．量子力学に基づいて，位相空間の体積 $(\Delta x \Delta p_x)(\Delta y \Delta p_y)(\Delta z \Delta p_z) = h^3$ の中には一つの許容された状態が存在する．ここで p_x, p_y, p_z はそれぞ

表 2.1 Si と SiO_2 の室温 (300 K) における物理定数

物 理 定 数	Si	SiO_2
原子 (分子) の質量数	28.09	60.08
原子 (分子) の密度 $(1/cm^3)$	5.0×10^{22}	2.3×10^{22}
密度 (g/cm^3)	2.33	2.27
結晶構造	ダイヤモンド構造	アモルファス
格子定数 (Å)	5.43	—
エネルギーギャップ (eV)	1.12	8〜9
比誘電率	11.7	3.9
真性キャリア密度 (cm^{-3})	1.0×10^{10}	—
キャリア移動度 $(cm^2/V \cdot s)$	(電子) = 1430	—
	(正孔) = 480	—
実効状態密度 (cm^{-3})	N_c(伝導帯) $= 2.9 \times 10^{19}$	—
	N_v(価電子帯) $= 3.1 \times 10^{19}$	—
降伏電界 (V/cm)	3×10^5	$> 10^7$
融点 (°C)	1415	1600〜1700
熱伝導度 (W/cm·°C)	1.5	0.014
比熱 (J/g·°C)	0.7	1.0
熱拡散率 (cm^2/s)	0.9	0.006
熱膨張係数 $(°C^{-1})$	2.5×10^{-6}	0.5×10^{-6}

れ電子の運動量の x, y, z 成分であり，h はプランク定数である．ここで伝導帯中のエネルギー E と $E + \mathrm{d}E$ の間の単位体積当たりの電子の状態密度数を $N(E)\,\mathrm{d}E$ とすると，次式が成り立つ．

$$N(E)\,\mathrm{d}E = 2g\,\frac{\mathrm{d}p_x\,\mathrm{d}p_y\,\mathrm{d}p_z}{h^3} \tag{2.1}$$

ここで $\mathrm{d}p_x\,\mathrm{d}p_y\,\mathrm{d}p_z$ は，電子のエネルギーが E と $E + \mathrm{d}E$ の間にある運動量空間の体積，g は伝導帯の最小点の等価な数で，2 という係数は電子のスピンが 2 通りありうることによる．シリコンの伝導帯は 6 重に縮退しているので $g = 6$ である．ここでは MKS 単位系が使われていることに注意されたい．(たとえば，長さの単位はセンチメートルでなくメートルである．)

電子の運動エネルギーが大き過ぎなければ，伝導帯の最小点付近では，エネルギーと運動量の関係は放物線状と考えることが可能であり，以下の式が得られる．

$$E - E_\mathrm{c} = \frac{{p_x}^2}{2m_x} + \frac{{p_y}^2}{2m_y} + \frac{{p_z}^2}{2m_z} \tag{2.2}$$

ここで $E - E_\mathrm{c}$ は電子の運動エネルギーで，m_x, m_y, m_z は有効質量である．運動量空間において一定のエネルギーをもつ面は，各回転軸において m_x, m_y, m_z の平方根に比例する長さをもつ楕円体となる．シリコンの伝導帯の $\langle 100 \rangle$ 方向では，有効質量のうち二つは横有効質量 $m_\mathrm{t} = 0.19m_0$ であり，3 番目が縦有効質量 $m_\mathrm{l} = 0.92m_0$ となる．ここで，m_0 は自由電子の質量である．運動量空間中での式 (2.2) による楕円体の体積は

$(4\pi/3)(8m_x m_y m_z)^{1/2}(E-E_\mathrm{c})^{3/2}$ となる．したがってエネルギーが E から $E+\mathrm{d}E$ の間にある運動量空間の体積 $\mathrm{d}p_x\,\mathrm{d}p_y\,\mathrm{d}p_z$ は $4\pi(2m_x m_y m_z)^{1/2}(E-E_\mathrm{c})^{1/2}\mathrm{d}E$ であり，式 (2.1) は

$$N(E)\,\mathrm{d}E = \frac{8\pi g\sqrt{2m_x\,m_y\,m_z}}{h^3}\sqrt{E-E_\mathrm{c}}\,\mathrm{d}E = \frac{8\pi g\sqrt{2{m_\mathrm{t}}^2 m_\mathrm{l}}}{h^3}\sqrt{E-E_\mathrm{c}}\,\mathrm{d}E \quad (2.3)$$

となる．

そこでエネルギー図における 3 次元での電子状態密度は伝導帯端にその下向きの頂点をもつ放物線関数となり，価電子帯の正孔状態密度も同様である．この様子は図 2.2 (Sze, 1981) に示されている．

2.1.3　分布関数：フェルミ準位

固体中の電子のエネルギー分布は，フェルミ–ディラック統計の法則で支配される．熱平衡状態における，この統計による主な結果が，**フェルミ–ディラック分布関数** (Fermi–Dirac distribution function) である．これはエネルギー E の電子状態が電子で占有される確率を，下式で表すものである．

$$f_\mathrm{D}(E) = \frac{1}{1+e^{(E-E_\mathrm{f})/kT}} \quad (2.4)$$

ここで，k は**ボルツマン定数** (Boltzmann's constant) を表し，$k = 1.38\times10^{-23}$ J/K，T は絶対温度である．この関数は，**フェルミ準位** (Fermi level) とよばれるパラメータ E_f を含んでいる．フェルミ準位とは，電子によるエネルギー状態の占有確率がちょうど 1/2 になるエネルギーのことをいう．絶対零度 ($T=0\,\mathrm{K}$) では，フェルミ準位より下の状態がすべて埋まっており ($E<E_\mathrm{f}$ のとき，$f_\mathrm{D}=1$)，フェルミ準位より上の状態がす

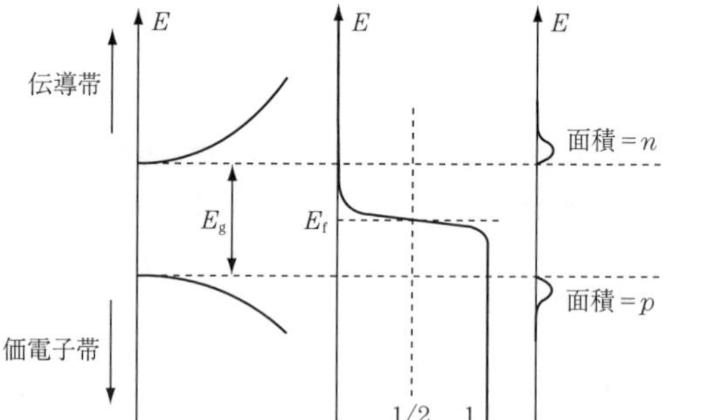

図 2.2　バンド図中での電子エネルギーに対する状態密度，フェルミ–ディラック分布関数，およびその積 (Sze, 1981 より引用)

べて空いている ($E > E_{\mathrm{f}}$ のとき，$f_{\mathrm{D}} = 0$)．有限の温度では，フェルミ準位より上のいくらかの状態は埋まっており，フェルミ準位より下のいくらかの状態は空いていることになる．そのとき，確率分布 $f_{\mathrm{D}}(E)$ は，フェルミ準位をはさんでエネルギーが高くなるに従い，1 から 0 に向かってスムーズに遷移する．その遷移の幅は熱エネルギー kT に左右される．フェルミ準位が禁制帯の真ん中にあるとき (この理由は次に明らかになる) の様子を図 2.2 に示した．室温の熱エネルギーは 0.026 eV であり，これがおおよそシリコンのバンドギャップの 1/40 であることを記憶しておくことは大切である．エネルギーが，kT の少なくとも数倍フェルミ準位より上か下であれば，式 (2.4) は以下のように近似できる．

$$f_{\mathrm{D}}(E) \approx e^{-(E-E_{\mathrm{f}})/kT} \qquad (E > E_{\mathrm{f}}) \tag{2.5}$$

$$f_{\mathrm{D}}(E) \approx 1 - e^{-(E_{\mathrm{f}}-E)/kT} \qquad (E < E_{\mathrm{f}}) \tag{2.6}$$

式 (2.6) は，$E < E_{\mathrm{f}}$ において，正孔 (すなわち，電子で占有されていない空状態) を見つける確率が $e^{-(E_{\mathrm{f}}-E)/kT}$ であると解釈されるべきである．式 (2.5)，(2.6) は，古典的粒子に対するマクスウェル–ボルツマン統計から直接求められる．この統計は，エネルギーが E_{f} から少なくとも数 kT 離れているならば，フェルミ–ディラック統計の良い近似である．

フェルミ準位は系の平衡状態を表すには必須である．フェルミ準位 E_{f1} と E_{f2} にそれぞれ接触をもった二つの電子系を考えよう．相当する分布関数は $f_{\mathrm{D1}}(E)$ と $f_{\mathrm{D2}}(E)$ である．もし $E_{\mathrm{f1}} > E_{\mathrm{f2}}$ ならば $f_{\mathrm{D1}}(E) > f_{\mathrm{D2}}(E)$ であり，両方の系に電子状態があるエネルギー E において，常に系 2 に比べて系 1 の状態の方が電子で占有されている割合が多いことを示している．同様に，両方に電子状態があれば系 1 に比べて系 2 の状態の方が空いている割合が多い．二つの系を電子が交換できるように接触すれば，系 1 での高い電子の占有確率は，系 2 へ分布し直し，系 2 でも同様である．この再分布は，系 1 から系 2 への電子の正味の移動を起こし，系 2 から系 1 への電流 (正の電荷によって定義される) となる．もしも，異なるフェルミ準位を持続させる電源が系につながっていないなら，最終的には二つの系は平衡状態に達し，$E_{\mathrm{f1}} = E_{\mathrm{f2}}$ となる．すべてのエネルギー E において，二つの系の電子状態が同じ割合で占有されれば，電子の正味の移動は止まってしまう．この結論は，二つの系の状態密度には依存しないことに注意しよう．たとえば，二つの系が，二つの金属であっても，金属と半導体でも，異なるドーピングまたは異なる組成をもつ二つの半導体であっても成り立つ．**二つの系が，その間で電流の流れなくなった熱平衡状態にある場合，二つのフェルミ準位は等しくなければならない**．ここから，**接触している金属または半導体の連続した領域では，熱平衡状態のフェルミ準位は均一，すなわち領域全体で空間的に一定**，と拡張できる．定常電流を流すように電圧が印加されたときの接触したフェルミ準位の役割については，2.4.2 項でさらに詳しく述べよう．

2.1.4　キャリア密度

$f_\mathrm{D}(E)$ はエネルギー E の電子の状態が電子で占有される確率なので，伝導帯での体積当たりの電子の総数は，

$$n = \int_{E_\mathrm{c}}^{\infty} N(E)\, f_\mathrm{D}(E)\, \mathrm{d}E \tag{2.7}$$

で与えられる．ここで伝導帯の上端は E_c より十分高いとして，積分の上限は無限大とした．$N(E) f_\mathrm{D}(E)$ の積と n, p を図 2.2 に示す．完全なフェルミ–ディラック分布関数である式 (2.4) と合わせた式 (2.7) については 2.2.3 項で説明する．フェルミ準位が少なくとも E_c から $3kT/q$ 以上離れて位置する非縮退のシリコンでは，フェルミ–ディラック分布関数はマクスウェル–ボルツマン関数で近似でき，式 (2.5) となる．そこで式 (2.7) は

$$n = \frac{8\pi g\sqrt{2{m_\mathrm{t}}^2 m_\mathrm{l}}}{h^3} \int_{E_\mathrm{c}}^{\infty} \sqrt{E - E_\mathrm{c}}\, e^{-(E-E_\mathrm{f})/kT} \mathrm{d}E \tag{2.8}$$

となる．変数を変えることで，積分はガンマ関数の標準系 $\Gamma(3/2)$ で表現でき，その値は $\pi^{1/2}/2$ と等しい．そこで伝導帯中の電子密度は

$$n = N_\mathrm{c} e^{-(E_\mathrm{c}-E_\mathrm{f})/kT} \tag{2.9}$$

とできる．この式の指数関数にかかる係数は**有効状態密度** (effective density of state) であり，

$$N_\mathrm{c} = 2g\sqrt{{m_\mathrm{t}}^2 m_\mathrm{l}} \left(\frac{2\pi kT}{h^2}\right)^{3/2} \tag{2.10}$$

である．似たような表現が価電子帯中の正孔でも導出できる．

$$p = N_\mathrm{v} e^{-(E_\mathrm{f}-E_\mathrm{v})/kT} \tag{2.11}$$

ここで N_v は価電子帯における有効状態密度であり，正孔の有効質量と価電子帯の縮退度を用いて求められる．N_c と N_v はどちらも $T^{3/2}$ に比例する．室温における値を表 2.1 に示す (Green, 1990)．

真性なシリコンでは $n = p$ である．なぜなら，伝導帯に励起された電子すべてに対し，空孔 (もしくは正孔) が価電子帯に残るからである．真性シリコンのフェルミ準位あるいは**真性フェルミ準位** (intrinsic Fermi level) E_i は，式 (2.9)，(2.11) を等しいと仮定し，E_f に対して解くことで求められる．

$$E_\mathrm{i} = E_\mathrm{f} = \frac{E_\mathrm{c} + E_\mathrm{v}}{2} - \frac{kT}{2} \ln\left(\frac{N_\mathrm{c}}{N_\mathrm{v}}\right) \tag{2.12}$$

式 (2.12) を式 (2.9) あるいは式 (2.11) の E_f に代入することで，真性キャリア密度 $n_\mathrm{i}(=n=p)$ が求められる．

$$n_\mathrm{i}=\sqrt{N_\mathrm{c}N_\mathrm{v}}\,e^{-(E_\mathrm{c}-E_\mathrm{v})/2kT}=\sqrt{N_\mathrm{c}N_\mathrm{v}}\,e^{-E_\mathrm{g}/2kT} \tag{2.13}$$

熱エネルギー kT はシリコンのバンドギャップ E_g よりずっと小さく，$\ln[N_\mathrm{c}/N_\mathrm{v}]$ は大きくないので，**真性フェルミ準位の位置は，伝導帯と価電子帯の中央にほぼ等しい**．実際，E_i が $(E_\mathrm{c}+E_\mathrm{v})/2$ であると仮定しても，誤差はたかだか $0.3kT$ 程度であり，E_i はしばしば，ミッドギャップエネルギー準位とよばれる．室温における真性キャリア密度 n_i は，表 2.1 にあるように $1.0\times10^{10}\,\mathrm{cm}^{-3}$ である．この値はシリコンの原子密度に比べ，ずっと小さい．

式 (2.9) と式 (2.11) は n_i と E_i によって

$$n=n_\mathrm{i}\,e^{(E_\mathrm{f}-E_\mathrm{i})/kT} \tag{2.14}$$

$$p=n_\mathrm{i}\,e^{(E_\mathrm{i}-E_\mathrm{f})/kT} \tag{2.15}$$

と書き替えうる．この式は，バンドギャップの真ん中になる真性フェルミ準位に対しての (バンド端に近づき過ぎない場合の) フェルミ準位の位置で，平衡状態の電子と正孔の密度を与える．2.2 節で，シリコン中での伝導型や不純物原子の濃度によって，フェルミ準位がどのように変わるかを示す．E_f の変化は，n と p に逆方向の変化を与えることから，**一般的な便利な関係として，**pn **積**

$$pn={n_\mathrm{i}}^2 \tag{2.16}$$

は平衡状態において一定であり，フェルミ準位の位置に依存しない．

2.2　n 型シリコン，p 型シリコン

室温における真性シリコンは非常に低い自由キャリア密度をもつ．ゆえにその抵抗率がたいへん高い．実際には，真性シリコンが室温で存在することは得がたいほど高い純度の原料が必要となるため，ほとんどありえない．一方，多くのシリコン中の不純物は，禁制帯内に付加的なエネルギー準位をつくる．このエネルギー準位は容易にイオン化して，不純物準位がどこにいるかによって，伝導帯に電子を，あるいは価電子帯に正孔を加える働きをする (Kittel, 1976)．**シリコンの電気伝導度は伝導型と不純物原子の濃度，すなわちドーパント** (dopant) **の濃度に支配される**．このようなシリコンを，**外因性** (extrinsic) とよぶ．

2.2.1 ドナーとアクセプタ

シリコンは，1 原子あたり 4 個の価電子をもつ IV 族元素である．電気的に活性な不純物には 2 通りある．一つはヒ素やリンといった V 族の不純物であり，もう一つはホウ素のような III 族のものである．図 2.3 のように，シリコン格子中の V 族原子はほかのシリコン原子と共有結合を形成した結果として，ゆるく結合した一つの過剰な電子をもつ．ほとんどの場合，室温の熱エネルギーは不純物をイオン化させるのに十分であり，この過剰な電子は伝導帯に解き放たれる．このようなタイプの不純物を**ドナー** (donor) とよぶ．ドナーはイオン化した際に正電荷をもつ．V 族不純物 (ドナー) を添加されたシリコンを **n 型シリコン** (n-type silicon) とよぶ．n 型シリコンの電気伝導度は，伝導帯中の電子で支配される．一方，シリコン格子中の III 族原子は，ほかのシリコン原子と共有結合を形成した結果として，一つの電子が欠損した状態をもつ (図 2.3)．このような不純物原子もまた，価電子帯から電子を受け入れることでイオン化し，これにより電気伝導に寄与する自由に動ける正孔を価電子帯内に残す．このような不純物を**アクセプタ** (acceptor) とよぶ．アクセプタはイオン化した際に負電荷をもつ．III 族不純物 (アクセプタ) を添加されたシリコンは **p 型シリコン** (p-type silicon) とよばれる．p 型シリコンの電気伝導度は，価電子帯中の正孔で支配される．不純物原子が電気的に活性になるためには，**置換位置** (substitutional site) [**格子間** (interstitial) とは対照的である] になければならないことに注意する必要がある．

図 2.4 のエネルギーバンド図にあるように，ドナーはバンドギャップ中の伝導帯端に近接した位置に，許容された電子状態を加える．一方，アクセプタは価電子帯端のすぐ上に，許容された状態を加える．ドナー準位はイオン化すると (空になると) 正電荷をもつ．アクセプタ準位はイオン化すると (満たされると) 負電荷をもつ．それぞれのイオン化エネルギーは，ドナーの場合，$E_{\mathrm{c}} - E_{\mathrm{d}}$，アクセプタの場合，$E_{\mathrm{a}} - E_{\mathrm{v}}$ である．図 2.5

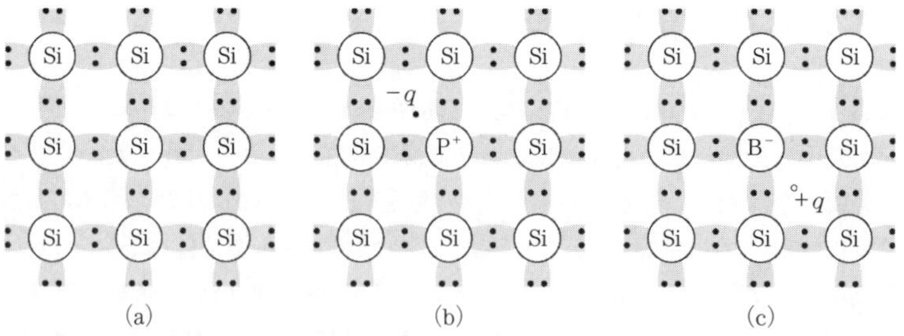

図 2.3　基本的な 3 状態におけるシリコンの結合図．(a) 不純物のない真性シリコン，(b) ドナー (リン) の入った n 型シリコン，(c) アクセプタ (ホウ素) の入った p 型シリコン (Sze, 1981 より引用)．

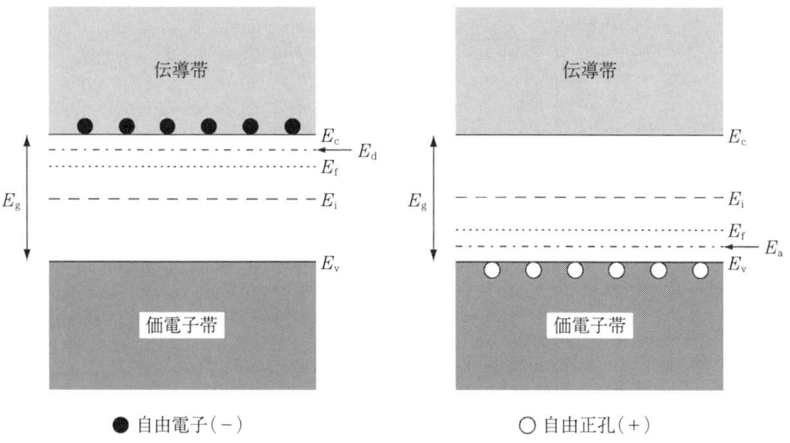

(a)　n 型　　(b)　p 型

図 2.4　エネルギーバンド図を用いた表示．(a) n 型シリコン中のドナー準位 E_d とフェルミ準位 E_f，(b) p 型シリコン中のアクセプタ準位 E_a とフェルミ準位 E_f．

に，シリコン中の一般的な不純物によるドナー準位およびアクセプタ準位と，そのイオン化エネルギーを示す (Sze, 1981)．リンとヒ素がよく使われるドナー (n 型ドーパント) であり，これらのイオン化エネルギーは，$2kT$ 程度と低い．また，ホウ素はよく使われるアクセプタ (p 型ドーパント) であり，同じ程度のイオン化エネルギーをもつ．図 2.6 は，重要なシリコンの不純物の**固溶限** (solid solubility) を温度の関数として示している (Trumbore, 1960)．ヒ素，ホウ素，リンは，すべての不純物中で最も高い固溶限をもち，これにより VLSI 製造技術の分野で最も重要なドーピング種となった．

2.2.2　外因性半導体中のフェルミ準位

真性シリコンと異なり，外因性シリコンのフェルミ準位はミッドギャップ (ギャップの中心) に位置していない．n 型シリコンのフェルミ準位は，伝導帯に向かって上方へ，すなわち $E_\mathrm{c} - E_\mathrm{f}$ が減る方向に，動く．これは式 (2.9) で表される電子密度の増加と整合している．一方，p 型シリコンのフェルミ準位は価電子帯に向かって下方へ，すなわち $E_\mathrm{f} - E_\mathrm{v}$ が減る方向に，動く．これは式 (2.11) で表される正孔密度の増加と整合している．これらの様子が図 2.4 に描かれている．正確なフェルミ準位の位置は，イオン化エネルギーとドーパントの濃度による．たとえば，ドナー濃度が N_d の n 型シリコンの場合，電荷中性の条件は下式で与えられる．

$$n = {N_\mathrm{d}}^+ + p \tag{2.17}$$

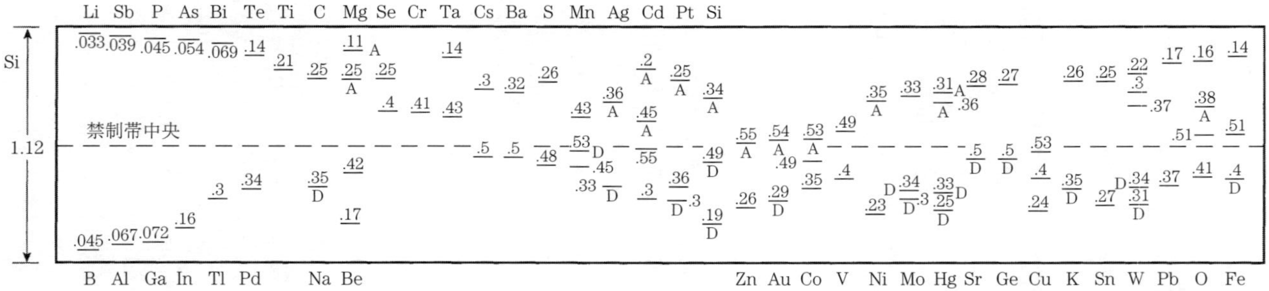

図 2.5　シリコンのさまざまな不純物のドナーとアクセプタ準位．準位の側に記した数値はイオン化エネルギー $E_c - E_d$（ドナー）あるいは $E_a - E_v$（アクセプタ）を eV の単位で示している（Sze，1981 より引用）．

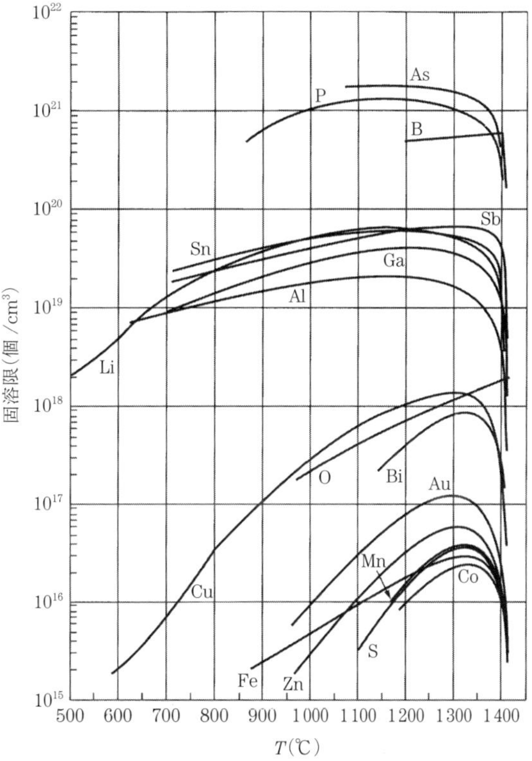

図 2.6　温度の関数として表したシリコン中のさまざまな元素の固溶限 (Trumbore，1960 より引用)

ここで ${N_d}^+$ は，以下の式で与えられるイオン化ドナー密度である．

$$
{N_\mathrm{d}}^+ = N_\mathrm{d}[1 - f_\mathrm{D}(E_\mathrm{d})] = N_\mathrm{d}\left(1 - \frac{1}{1 + \frac{1}{2}e^{(E_\mathrm{d} - E_\mathrm{f})/kT}}\right) \tag{2.18}
$$

なぜなら，ドナー準位が電子で占められる (すなわち中性となる) 確率が $f_\mathrm{D}(E_\mathrm{d})$ で与えられるからである．$f_\mathrm{D}(E_\mathrm{d})$ の分母中の係数 1/2 は，イオン化ドナー準位[1]の占有可能な電子状態のスピン縮退度 (上向き，または下向き) による (Ghandhi, 1968)．つまり，中性のドナー原子は失う電子が一つだけなのに対し，正電荷のドナー原子は二つの可能な状態のうち一つで電子を奪還することができるのである．式 (2.9) と式 (2.11) を式 (2.17) の n と p に代入すると，下式が得られる．

---

[1] 詳細な研究より，ドナーの電子の基底準位にスピン以外の縮退がないことが示されている (Ning と Sah，1971)．

$$N_c\, e^{-(E_c-E_f)/kT} = \frac{N_d}{1+2e^{-(E_d-E_f)/kT}} + N_v e^{-(E_f-E_v)/kT} \tag{2.19}$$

これは代数方程式であり，E_f について解くことができる．n 型シリコンでは，電流キャリアのほぼすべてが電子であり，一方，正孔は電流キャリアとしては少数に限られる．これは，式 (2.19) 右辺の第 2 項が無視できることを意味する．浅いドナーを低濃度から中濃度程度ドープした場合，室温付近では $(N_d/N_c)\exp[(E_c - E_d)/kT] \ll 1$ であるので，E_f の良い近似解が以下のように求められる．

$$E_c - E_f = kT\ \ln\left(\frac{N_c}{N_d}\right) \tag{2.20}$$

このとき，フェルミ準位は少なくとも数 kT，E_d よりも下方に位置し，本質的にすべてのドナーは空 (イオン化) である．すなわち，$n = {N_d}^+ = N_d$ が成り立つ．

式 (2.16) で示したように，平衡状態では，多数キャリアと少数キャリアの積は ${n_i}^2$ と等しく，ドーパントの型やフェルミ準位の位置に依存しない．n 型シリコン中の正孔密度は下式で与えられる．

$$p = {n_i}^2/N_d \tag{2.21}$$

同様に，浅いアクセプタ濃度が N_a の p 型シリコンにおけるフェルミ準位の位置は以下のように表される．

$$E_f - E_v = kT\ \ln\left(\frac{N_v}{N_a}\right) \tag{2.22}$$

正孔密度は $p = {N_a}^- = N_a$ であり，少数電子密度は以下のとおりになる．

$$n = {n_i}^2/N_a \tag{2.23}$$

図 2.7 は，幅広い不純物濃度範囲におけるエネルギーギャップ内のフェルミ準位の位置と温度の関係をプロットしたものである (Grove, 1967)．この図には，シリコンのバンドギャップの温度による変化 (わずかな量であるが) も盛りこまれている．温度が上がるにつれて，フェルミ準位がミッドギャップ付近の真性準位に近づいていることがわかる．真性キャリア密度がドーピング濃度を上回ると，シリコンは真性の状態になる．室温を含む中間的な温度域では，すべてのドナーあるいはアクセプタはイオン化している．このとき，多数キャリア密度は温度に無関係に，ドーピング濃度で与えられる．一方，これよりも低い温度域では，**フリーズアウト** (freeze-out) が起きる．フリーズアウトは浅い準位であっても，すべての不純物原子をイオン化させるのに熱エネルギーがもはや十分でない状態である (Sze, 1981)．このとき，多数キャリア密度はドーピング濃度よりも低く，E_f，n，p を求めるには式 (2.19) を数値的に解かなければならない (Shockley, 1950)．

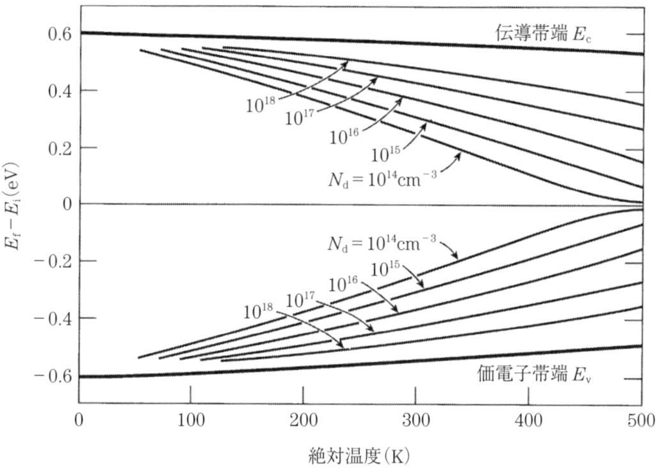

図 2.7 さまざまな不純物濃度における，シリコン中フェルミ準位の温度に対する変化 (Grove, 1967 より引用)

N_c と N_v を用いたり E_c や E_v を参照するかわりに，式 (2.12)，(2.13) で定義される n_i と E_i を用いて，式 (2.20) と (2.22) はもっと有用な形式に書き直すことができる．

$$E_f - E_i = kT \ln\left(\frac{N_d}{n_i}\right) \qquad \text{(n 型シリコン)} \tag{2.24}$$

$$E_i - E_f = kT \ln\left(\frac{N_a}{n_i}\right) \qquad \text{(p 型シリコン)} \tag{2.25}$$

つまり，**フェルミ準位とミッドギャップ近くに位置する真性フェルミ準位との差はドーピング濃度の対数関数で表される．**これらの式は本書中で広く用いられる．

2.2.3 縮退ドープされたシリコン

高濃度にドーピングされたシリコンでは，不純物濃度 N_d，N_a が有効状態密度 N_c，N_v を上回ることがあり，そのため，式 (2.20) と式 (2.22) から $E_f > E_c$，または $E_f < E_v$ となる．言い換えると，n^+ シリコンでは伝導帯の中に，p^+ シリコンでは価電子帯の中に，フェルミ準位が入り込む．このような状況において，シリコンは**縮退した** (degenerate) といわれる．縮退ドープしたシリコンにおいて，ボルツマン近似 [式 (2.5) および (2.6)] は成り立たない．電子密度のための式 (2.7) において完全なフェルミ–ディラック分布関数を使わなければならない．

$$n = \frac{8\pi g\sqrt{2m_t{}^2 m_l}}{h^3}\int_{E_c}^{\infty}\frac{\sqrt{E - E_c}}{1 + e^{(E-E_f)/kT}}\,dE \tag{2.26}$$

この積分は，解析的には解けない．フェルミ–ディラック積分の項を下記

$$F_{1/2}(u) \equiv \int_0^\infty \frac{\sqrt{y}}{1+e^{y-u}}\,\mathrm{d}y \tag{2.27}$$

のように定義すると，式 (2.26) は次のような形になる．

$$n = \frac{2}{\sqrt{\pi}} N_\mathrm{c} F_{1/2}\left(\frac{E_\mathrm{f}-E_\mathrm{c}}{kT}\right) \tag{2.28}$$

ここで，有効状態密度 N_c は式 (2.10) で与えられる．フェルミ–ディラック積分の数値解を図 2.8 に示す．その漸近近似値 (Blakemore, 1982) は

$$F_{1/2}(u) \approx \begin{cases} \dfrac{\sqrt{\pi}}{2} e^u & (u \ll -1) \\ \dfrac{2}{3} u^{3/2} & (u \gg 1) \end{cases} \tag{2.29}$$

となる．$E_\mathrm{c} - E_\mathrm{f} \gg kT$ となる非縮小極限では，式 (2.28) は式 (2.9) になることに注意しよう．

高濃度ドープシリコンのもう一つの効果は，**バンドギャップ縮小** (bandgap narrowing) である．不純物濃度が $10^{17}\,\mathrm{cm}^{-3}$ より高くなると，ドナー (またはアクセプタ) 準位がバンド状に広がり始める．その結果，実効的なイオン化エネルギーが減少し，最終的に不純物バンドが伝導帯 (または価電子帯) と合体してイオン化エネルギーがゼロになる．バンドギャップ縮小はバイポーラデバイスにおいて無視できない影響を及ぼし，9.1.1.2 目でより詳細に説明される．

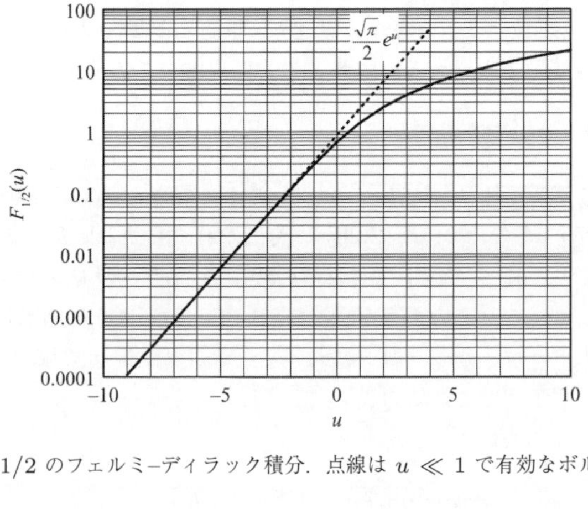

図 2.8　階数 1/2 のフェルミ–ディラック積分．点線は $u \ll 1$ で有効なボルツマン近似を表す．

2.3 シリコン中のキャリア輸送

シリコンに電流を流すキャリア輸送は，2 種類の異なるメカニズム

(1) 電界の存在下で起きるキャリアの**ドリフト** (drift)
(2) 電子あるいは正孔の濃度勾配によって生じるキャリアの**拡散** (diffusion)

で行われる．この節では，それらについて説明する．

2.3.1 ドリフト電流：移動度

熱平衡下では，電子は平均として kT に比例する運動エネルギーをもつ．電子はシリコン結晶中を平均的な熱速度 v_{th} でランダムな方向へ運動する．室温では，v_{th} は 10^7 cm/s のオーダーである．電界がなければ，熱運動はまったくランダムなので，いかなる方向についても電子の正味の速度はゼロである．しかし，電界 $\mathcal{E}$ が加えられると，キャリアは加速され，ランダムな熱運動に重畳したドリフト速度を獲得する．電子の有効質量を m^* とすると加速度は $q\mathcal{E}/m^*$ で与えられる．しかし，キャリアのドリフト速度は，格子 (フォノン) やイオン化した不純物原子との散乱が多いため，電界加速で無制限に速くなるわけではない．各衝突後電子の速度は再びランダム化し，平均ドリフト速度が 0 にリセットされる．その結果，ドリフト速度は，衝突間の**平均自由時間** (mean free time) τ の間だけ蓄積され，次のような値になる．

$$v_{\mathrm{d}} = q\mathcal{E}\tau/m^* \tag{2.30}$$

τ は $\tau = l/v_{\mathrm{th}}$ を介して，キャリアが衝突するまでの平均的な移動距離である**平均自由行程** (mean free path) l と関連している．典型的な値は，$l \approx 10\,\mathrm{nm}$ で $\tau \approx 0.1\,\mathrm{ps}$ である．これにより，低電界では，ドリフト速度 v_{d} は電界強度 $\mathcal{E}$ に比例し，**移動度** (mobility) と定義される比例定数 μ をもつことが示される．すなわち

$$v_{\mathrm{d}} = \mu\mathcal{E} \tag{2.31}$$

および

$$\mu = \frac{q\tau}{m^*} = \frac{ql}{m^* v_{\mathrm{th}}} \tag{2.32}$$

となる．

低不純物濃度シリコン中での電子と正孔の移動度は表 2.1 に示した．伝導帯の電子の有効質量は価電子帯の正孔よりずっと小さいので，電子の移動度は正孔の移動度のおおよそ 3 倍である．

図 2.9 にドーピング濃度に対する電子と正孔の室温移動度の変化を示す．低不純物濃度の場合，移動度は主にシリコン格子あるいは音響フォノンによるキャリア散乱によって制限される (Kittel, 1976)．ドーピング濃度が $10^{15} \sim 10^{16}\,\mathrm{cm}^{-3}$ を超え増加するにつれて，クーロン相互作用を介した荷電 (イオン化) 不純物原子との衝突がよりいっそう重要になり，移動度は低下する．一般に，移動度への異なる機構の寄与を含めるには下式で表される**マティーセン則** (Matthiessen's rule) を用いる．

$$\frac{1}{\mu} = \frac{1}{\mu_{\mathrm{L}}} + \frac{1}{\mu_{\mathrm{I}}} + \cdots \tag{2.33}$$

ここで μ_{L} と μ_{I} はそれぞれ，格子散乱と不純物散乱に制限された移動度の成分である．高温では移動度は格子散乱で制限される傾向にあり，$T^{-3/2}$ に比例し，ドーピング濃度の影響は相対的に小さい (Sze, 1981)．低温では移動度は大きいが，不純物散乱によって制限されるため，ドーピング濃度の強い関数となる．図 2.9 に示されているのはシリコン基板中での，表面から十分に離れた部分における伝導に適用できる**バルク移動度** (bulk mobility) である．**MOSFET の反転層では，電流の流れは，バルク移動度よりずっと小さい表面移動度で支配される**．これは，表面に垂直な高電界の存在下で起こる，キャリアと Si–SiO_2 界面間の散乱機構が加わることによる．表面散乱によって，式 (2.33) に新たに一つの項が加えられる．MOSFET の表面反転層におけるキャリア移動度については，5.2 節でより詳しく議論する．

2.3.1.1　抵　抗　率

動ける電子の密度 n が均一な n 型シリコンでは，電界 $\mathcal{E}$ 下でのドリフト電流密度が

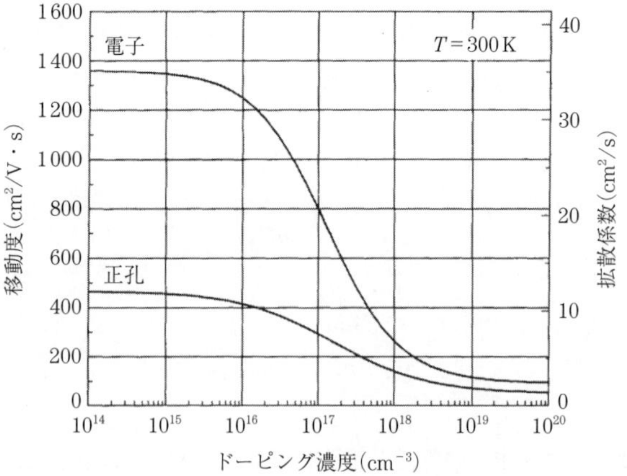

図 2.9　300 K のバルクシリコンにおける，ドーピング濃度に対する電子と正孔の移動度．右軸は 2.3.4 項で説明する拡散係数．

下式で与えられる．

$$J_{\mathrm{n,drift}} = qnv_{\mathrm{d}} = qn\mu_{\mathrm{n}}\mathcal{E} \tag{2.34}$$

ここで，q $(= 1.6\times 10^{-19}\,\mathrm{C})$ は素電荷，μ_{n} は電子移動度である．$J_{\mathrm{n,drift}} = \mathcal{E}/\rho_{\mathrm{n}}$ (オームの法則の一表式) で定義される n 型シリコンの抵抗率 ρ_{n} は，下式で与えられる．

$$\rho_{\mathrm{n}} = \frac{1}{qn\mu_{\mathrm{n}}} \tag{2.35}$$

p 型シリコンでも同様に，

$$J_{\mathrm{p,drift}} = qp\mu_{\mathrm{p}}\mathcal{E} \tag{2.36}$$

と

$$\rho_{\mathrm{p}} = \frac{1}{qp\mu_{\mathrm{p}}} \tag{2.37}$$

となる．ここで μ_{p} は正孔移動度である．一般に，総抵抗率には，多数キャリア成分と少数キャリア成分の両方が含まれる．電子と正孔の双方が電気伝導に貢献するので下式が成り立つ．

$$\rho = \frac{1}{qn\mu_{\mathrm{n}} + qp\mu_{\mathrm{p}}} \tag{2.38}$$

図 2.10 に，室温において測定した n 型 (リンドープ) と p 型 (ホウ素ドープ) シリコンの不純物濃度に対する抵抗率を示す．

2.3.1.2 シ ー ト 抵 抗

長さ L，幅 W，厚さ t の均質な導電体の抵抗は，下式で与えられる．

$$R = \rho\,\frac{L}{Wt} \tag{2.39}$$

ρ は単位 $\Omega\cdot\mathrm{cm}$ の抵抗率である．プレーナ IC 技術では，導電性領域の厚さは均一であることが多く，通常，領域の長さや幅よりずっと小さい．それゆえに，**シート抵抗** (sheet resitivity) とよばれる次の量を定義することが有益である．

$$\rho_{\mathrm{sh}} = \frac{\rho}{t} \tag{2.40}$$

シート抵抗の単位は $\Omega/\square$ である．また，

$$R = \frac{L}{W}\,\rho_{\mathrm{sh}} \tag{2.41}$$

である．すなわち，総抵抗は配線における $L/W = 1$ である正方形の数とシート抵抗の積に等しい．シート抵抗は正方形のサイズに依存しないことに注意されたい．シート抵抗を測定する最も一般的な手法が 4 探針法である．外側の 2 本の探針に低電流を流し，

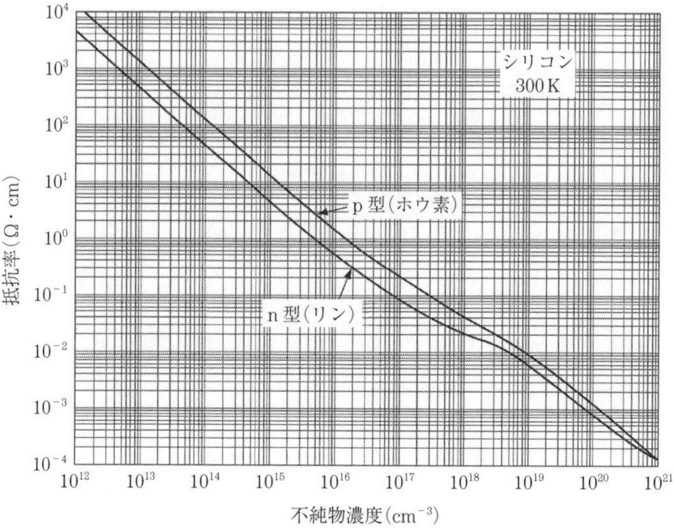

図 **2.10**　300 K における p 型シリコンと n 型シリコンの抵抗率と不純物濃度の関係 (Sze, 1981 から引用)

内側の 2 本の探針で電圧を測定する手法である (Sze, 1981)．探針間の距離が，膜厚よりもずっと大きく，かつ導電性薄膜の全体の大きさよりもずっと小さいならば，測定された抵抗は $V/I = \rho_{\mathrm{sh}}(\ln 2)/\pi \approx 0.22\rho_{\mathrm{sh}}$ で近似される．これより，ρ_{sh} は容易に求められる．

2.3.2　速　度　飽　和

2.3.1 項で議論された速度と電界の線形の関係は，電界が高過ぎず，キャリアが格子との熱平衡の状態から大きく外れていない場合にのみ，適用できる．高電界下では，キャリアのエネルギーが増大し，キャリアは電界からエネルギーを得ても，ほとんど瞬時にそのエネルギーを光学フォノンによって放出してしまう．これにより電界が強まるに従って速度と電界の関係における傾きが減り，ついには，ドリフト速度は $v_{\mathrm{sat}} \approx 10^7$ cm/s という上限に達する．この現象を**速度飽和** (velocity saturation) とよぶ．

高純度シリコンを用いて室温で測定された，電子・正孔の速度と電界の関係を図 2.11 に示す．低電界域では，ドリフト速度は電界に比例し (両対数目盛りで 45° の傾き)，その比例係数は電子あるいは正孔の移動度である．電子の場合，電界が 3×10^3 V/cm を上回ると速度飽和が起こり始める．一方，正孔の飽和速度は，電子と比べて同程度かやや低い値であるが，低い移動度ゆえに，正孔の速度の飽和はより高い電界で起こる．ドーピング濃度が高いと，低電界移動度は不純物散乱のせいで低下する (図 2.9) が，飽和速

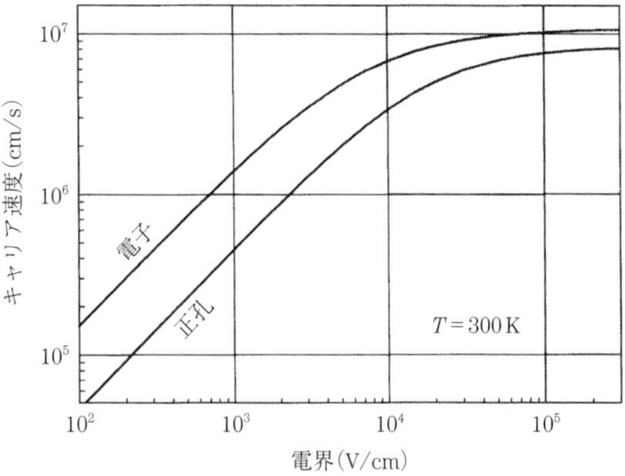

図 2.11　300 K でのシリコン中の電子・正孔の速度と電界の関係

度は不純物に関係なく，本質的に同じである．v_{sat} は，温度上昇に伴ってわずかに低下する弱い温度依存性を示す (Arora, 1993).

2.3.3　拡 散 電 流

シリコン中の拡散電流は，キャリア密度が空間的な変動をもつときに起こる．すなわちキャリアは高濃度領域から低濃度領域へと移動する傾向がある．拡散現象の描像を得るために図 2.12 の 1 次元モデルを考えよう．ここでは電子密度 n が x 方向に分布をもっている (Muller と Kamins, 1977). x にある面を，単位面積および単位時間当たりに通過する電子数について考える．電子は熱速度 v_{th} で左右どちらかに運動しており，平均として，平均自由行程 l に等しい距離を移動するたびに散乱を受ける．ゆえに，x にある面を左から散乱時間内に通過する電子はおおよそ $x-l$ から，すなわち平均自由行程だけ x の左方に離れたところから，出発する．電子は，右あるいは左に運動する均等な可能性を有するので，$x-l$ の半分の電子が次の衝突が起きるまでに x を通過することになる．これらの電子の運動により，単位面積当たりの電流密度は以下のように求まる．

$$J_{-} = \frac{1}{2}\,qn(x-l)\,v_{\mathrm{th}} \tag{2.42}$$

正方向に移動する負電荷によるので，この電流は負の方向をもつ．同様に，$x+l$，すなわち x の平均自由行程だけ右に離れた点の電子の半分は，x にある面を右から通過し正の電流密度を得る．

$$J_{+} = \frac{1}{2}\,qn(x+l)\,v_{\mathrm{th}} \tag{2.43}$$

x での正味の拡散電流は下式となる．

$$J_{\mathrm{diff}} = J_{+} - J_{-} = \frac{1}{2}\,qv_{\mathrm{th}}[n(x+l)-n(x-l)] \tag{2.44}$$

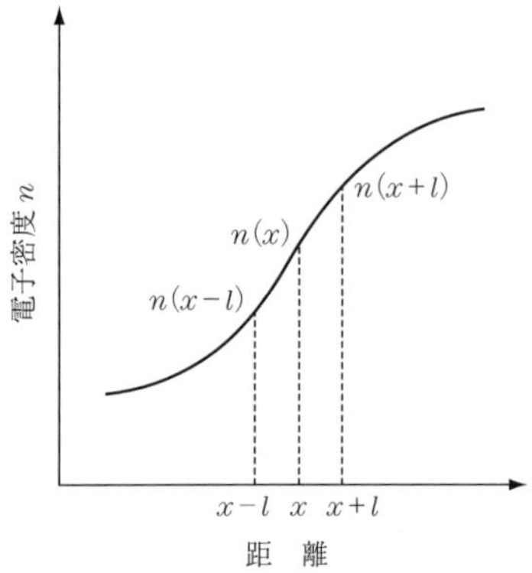

図 **2.12**　1 次元の場合でのキャリア密度分布図 (Muller と Kamins, 1977 より引用)

テイラー展開を $n(x+l)$ と $n(x-l)$ に用いて，1 次の項だけを用いると次式が得られる．

$$J_{\text{diff}} = \frac{1}{2} q v_{\text{th}} \left[\left(n(x) + l \frac{\mathrm{d}n}{\mathrm{d}x} \right) - \left(n(x) - l \frac{\mathrm{d}n}{\mathrm{d}x} \right) \right] = q v_{\text{th}} l \frac{\mathrm{d}n}{\mathrm{d}x} \tag{2.45}$$

このように，拡散電流密度は電子密度の空間の微分に比例することがわかる．つまり，拡散電流は濃度勾配中の荷電キャリアのランダムな熱運動から生じる．

通常，拡散電流は次のように表される．

$$J_{\text{n,diff}} = q D_{\text{n}} \frac{\mathrm{d}n}{\mathrm{d}x} \qquad (\text{電子}) \tag{2.46}$$

$$J_{\text{p,diff}} = -q D_{\text{p}} \frac{\mathrm{d}p}{\mathrm{d}x} \qquad (\text{正孔}) \tag{2.47}$$

比例定数 D_{n} と D_{p} は，電子と正孔の**拡散係数** (diffusion coefficient) とよばれ，単位は cm^2/s である．正孔 (正電荷) 濃度が減少する方向に拡散電流は流れるため，式 (2.47) には負符号がついている．

2.3.4　アインシュタインの関係式

物理的には，ドリフトと拡散は両方とも，ランダムなキャリアの熱運動およびキャリアとシリコン格子や不純物との衝突に密接に関連している．ここでは，熱平衡からあまり離れていないことが暗黙の前提となっている．移動度と拡散係数の間には，**アインシュタインの関係式** (Einstein relation) とよばれる一対一の関係がある．

式 (2.45) と (2.46) から，拡散定数は次のように定義される．

$$D \equiv v_{\text{th}} l \tag{2.48}$$

電子または正孔のいずれかによって，それぞれのパラメータが適用される．式 (2.48)

と (2.32) の比から

$$\frac{D}{\mu} = \frac{m^* {v_{\mathrm{th}}}^2}{q} \tag{2.49}$$

となる．1 次元の場合はエネルギー等分配の法則から

$$\frac{1}{2}\, m^* {v_{\mathrm{th}}}^2 = \frac{1}{2}\, kT \tag{2.50}$$

となる．したがって

$$\frac{D}{\mu} = \frac{kT}{q} \tag{2.51}$$

が電子と正孔の両方で成り立つ．

明示的には，電子と正孔のアインシュタインの関係式は，以下のとおりである．

$$D_{\mathrm{n}} = \frac{kT}{q}\, \mu_{\mathrm{n}} \tag{2.52}$$

$$D_{\mathrm{p}} = \frac{kT}{q}\, \mu_{\mathrm{p}} \tag{2.53}$$

室温での拡散係数の値は，右側の縦軸の目盛りを使って図 2.9 から読み取ることができる．

2.4　デバイス動作に関連する基本的な方程式

2.4.1　ポアソン方程式：静電ポテンシャル

VLSI デバイスの動作を司る方程式の中でもとくに鍵を握るのが，**ポアソン方程式** (Poisson's equation) である．これはマクスウェルの第 1 方程式に由来し，電荷分布に伴う静電気力に関するクーロンの法則に基づくものである．ポアソン方程式は，可動キャリアの位置エネルギーを素電荷 q で割った，静電ポテンシャルを用いて記述されている．先に図 2.1 のエネルギーバンド図に関して議論したように，キャリアのエネルギーは伝導帯端あるいは価電子帯端にある．静電ポテンシャルの空間的な変化のみが重要であるため，任意の値を足してエネルギーを定義することができる．ポテンシャルを表すのに，E_{c}，E_{v}，あるいは一定量バンド端から離れたほかのもののどれを用いても，本質的な差異はない．通常，真性フェルミ準位を用いて次のように静電ポテンシャルが定義される．

$$\psi_{\mathrm{i}} = -\frac{E_{\mathrm{i}}}{q} \tag{2.54}$$

ここで E_{i} は電子のエネルギーとして定義され，ψ_{i} は正電荷に対して定義されていることから，負符号をもっている．したがってバンド図は，電子エネルギーとは反対の方向の，下向き方向でポテンシャルが増えていくポテンシャル図と考えることができる．

電界 $\mathcal{E}$ は，単位電荷当たりの静電力と定義され，ψ_{i} の負の傾きに等しい．

$$\mathcal{E} = -\frac{\mathrm{d}\psi_\mathrm{i}}{\mathrm{d}x} \tag{2.55}$$

以上から，ポアソン方程式は以下のように書ける．

$$\frac{\mathrm{d}^2\psi_\mathrm{i}}{\mathrm{d}x^2} = -\frac{\mathrm{d}\mathcal{E}}{\mathrm{d}x} = -\frac{\rho_\mathrm{net}(x)}{\varepsilon_\mathrm{si}} \tag{2.56}$$

ここで，$\rho_\mathrm{net}(x)$ は点 x における単位面積当たりの正味の電荷密度であり，ε_si はシリコンの誘電率，$11.7\varepsilon_0$ である．ε_0 は真空の誘電率で，その値は 8.85×10^{-14} F/cm である．

ポアソン方程式のもう一つの表式が，式 (2.56) を積分して得られる**ガウスの法則** (Gauss's law) である．

$$\mathcal{E}(x_2) - \mathcal{E}(x_1) = \frac{1}{\varepsilon_\mathrm{si}}\int_{x_1}^{x_2} \rho_\mathrm{net}(x)\,\mathrm{d}x = \frac{Q_\mathrm{s}(x_1, x_2)}{\varepsilon_\mathrm{si}} \tag{2.57}$$

ここで $Q_\mathrm{s}(x_1, x_2)$ は，(x_1, x_2) の中において単位面積当たりで積分した電荷密度である．

シリコン中の電荷は，**可動電荷** (mobile charge) と**固定電荷** (fix charge) の 2 種類に分類できる．可動電荷とは電子と正孔であり，これらの密度は n と p と表される．固定電荷とはイオン化ドナー (正に帯電している) とアクセプタ (負に帯電している) の原子であり，その密度は ${N_\mathrm{d}}^+$，${N_\mathrm{a}}^-$ と表す．これより，式 (2.56) は以下のように書き直される．

$$\frac{\mathrm{d}^2\psi_\mathrm{i}}{\mathrm{d}x^2} = -\frac{\mathrm{d}\mathcal{E}}{\mathrm{d}x} = -\frac{q}{\varepsilon_\mathrm{si}}[p(x) - n(x) + {N_\mathrm{d}}^+(x) - {N_\mathrm{a}}^-(x)] \tag{2.58}$$

電界がない場合，均一にドープされた n 型あるいは p 型シリコンは電気的に中性である．式 (2.58) の右辺は 0 であり，ポテンシャルは試料中で一定である．

2.4.1.1　誘電体の境界条件

式 (2.56) は 1 次元であり，均一の材料，シリコンのためのものである．基本的なデバイス動作を説明するにはこれで十分である．いくつかの場合，たとえば短チャネルの MOSFET では，2 次元のポアソン方程式が必要となる．さらに，あるデバイス領域では図 2.13 で示すように異なる誘電率をもつ二つの異なる材料があるかもしれない．誘電体の界面と交差する電界成分には，二つの基本境界条件がある．

2 次元のポアソン方程式は次のような一般形をとる．

$$\frac{\partial(\varepsilon\mathcal{E}_x)}{\partial x} + \frac{\partial(\varepsilon\mathcal{E}_y)}{\partial y} = \rho_\mathrm{net} \tag{2.59}$$

ここで $\mathcal{E}_x = -\partial\psi/\partial x$ と $\mathcal{E}_y = -\partial\psi/\partial y$ は，それぞれ誘電体の境界に垂直と平行の

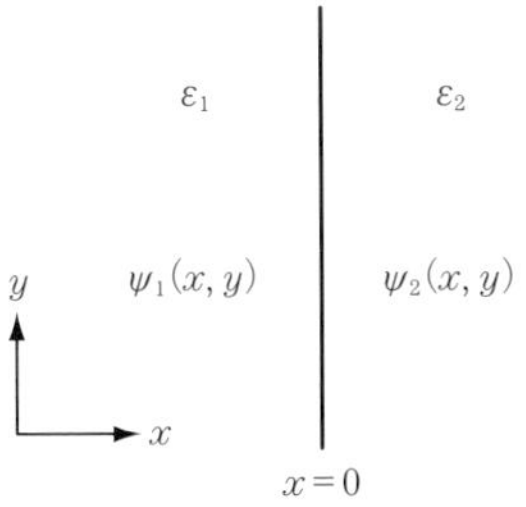

図 2.13　二つの誘電体媒質の界面での電界の境界条件を検討するための図

電界成分である．図 2.13 で定義した形状では，ε は x 方向のみでのステップ関数であり，y に依存していないことに注意しよう．もしも二つの誘電体でのポテンシャルの形状が $\psi_1(x, y)$ と $\psi_2(x, y)$ と表されるならば，界面で連続でなければならない．すなわち $\psi_1(0, y) = \psi_2(0, y)$ である．さらに y 方向の微分係数，または**接線方向の電界も連続**であり，

$$\mathcal{E}_{1y}(0, y) = \mathcal{E}_{2y}(0, y) \tag{2.60}$$

となる．有限の体積電荷密度 $\rho_{\rm net}$ では，式 (2.59) の x 方向の微分は，$x = 0$ で有限でなければならない．これは，$\varepsilon\mathcal{E}_x$ も誘電体の境界と交差する x 方向において連続でなければならないことを意味する．したがって

$$\varepsilon_1\mathcal{E}_{1x}(0, y) = \varepsilon_2\mathcal{E}_{2x}(0, y) \tag{2.61}$$

となる．すなわち，**電束密度 $D = \varepsilon\mathcal{E}$ の直交成分は連続である**．誘電体界面において面電荷が存在すると，$\rho_{\rm net}$ は面積当たりの界面電荷密度 $Q_{\rm it}$ と同じ大きさをもったデルタ関数と考えられる．そこで，最後の条件が $\varepsilon_2\mathcal{E}_{2x} - \varepsilon_1\mathcal{E}_{1x} = Q_{\rm it}$ と変わる．MOS キャパシタにおける界面トラップ電荷は 4.5 節で議論する．

2.4.1.2　静電ポテンシャルの関数としてのキャリア密度

この章でこれまでに議論したパラメータの多くが，静電ポテンシャル $\psi_{\rm i}$ を用いて表すことができる．たとえば，式 (2.24) と (2.25) は n 型，p 型の両方に用いることができるよう組み合わせて次の一つの方程式にできる．

$$\psi_{\rm B} \;\equiv\; |\psi_{\rm f} - \psi_{\rm i}| = \frac{kT}{q}\,\ln\left(\frac{N_b}{n_{\rm i}}\right) \tag{2.62}$$

ここで，$\psi_{\rm f} = -E_{\rm f}/q$ はフェルミポテンシャル，$N_{\rm b}$ はドナーあるいはアクセプタの濃度を表す．式 (2.62) は，フェルミポテンシャルとミッドギャップの差 $\psi_{\rm B}$ と，ドーピング濃度を関連づけるたいへん有用な式である．(不完全なイオン化の場合は，イオン化したドーパント濃度との関係となる．) この式は電荷中性の条件に基づいていて，局所的な正味の電荷密度，すなわち局所的な可動キャリア密度とイオン化したドーパント濃度の和，または式 (2.58) の右辺がゼロであるときのみ成り立つ．

通常，バンドギャップ中のどこにフェルミ準位があっても，式 (2.14) と (2.15) によるキャリア密度を静電ポテンシャルによって次のように求めることができる．

$$n = n_\mathrm{i}\, e^{q(\psi_\mathrm{i}-\psi_\mathrm{f})/kT} \tag{2.63}$$

$$p = n_\mathrm{i}\, e^{q(\psi_\mathrm{f}-\psi_\mathrm{i})/kT} \tag{2.64}$$

この 2 式は**ボルツマンの関係式** (Boltzmann's relation) とよばれるもので，熱平衡状態にあるシリコンにおいて n 型，p 型どちらの場合でも有効である．式 (2.63) と (2.64) は状態密度とフェルミ準位との考察から導出され，電荷中性に依存しないことに注意しよう．この 2 式は，$|\psi_\mathrm{f}-\psi_\mathrm{i}|$ が式 (2.62) では得られない場合でも，(可動電荷と固定された電荷密度の差による) 正味の電荷や (ψ_i の空間的変化による) バンド曲がりに一般的に適用できる．

2.4.1.3　デ バ イ 長

空間的にドーピング濃度が変わるシリコンにおいては，バンド ($E_\mathrm{c}, E_\mathrm{v}, E_\mathrm{i}$) は均一なドーピングのときのように一定ではなくなる．真性フェルミ準位もバンドも式 (2.62) で示されるドーピングの変化に従う．しかし，ドーピング濃度が非常に短い距離で急峻に変化すると，バンドはすぐには追従できない．ポアソン方程式において，ψ_i とその空間での 1 次導関数が連続であるためである．有限温度においては，可動キャリアが拡散し，急激なドーピング変化の領域でのバンドの遷移を滑らかにする．

$x<0$ の領域では一様に N_d をドーピングした n 型シリコンを考える．$x=0$ では，$N_\mathrm{d}+\Delta N_\mathrm{d}$ にドーピングが階段状に変化し，$x>0$ の領域へ続いていく．$x=0$ のすぐ右側の領域で，式 (2.63) を式 (2.58) に代入すると，次のようになる．

$$\frac{\mathrm{d}^2\psi_\mathrm{i}}{\mathrm{d}x^2} = -\frac{q}{\varepsilon_\mathrm{si}}\left[N_\mathrm{d}+\Delta N_\mathrm{d} - n_\mathrm{i}\, e^{q(\psi_\mathrm{i}-\psi_\mathrm{f})/kT}\right] \tag{2.65}$$

$x=0$ の左端では，式 (2.62) より，$\psi_\mathrm{i}(x=-\infty)-\psi_\mathrm{f}=(kT/q)\ln(N_\mathrm{d}/n_\mathrm{i})$ となる．$x=0$ 付近の遷移領域では，$\psi_\mathrm{i}(x)=\psi_\mathrm{i}(x=-\infty)+\Delta\psi_\mathrm{i}(x)$ としよう．バイアス印加や電流印加がない場合は，フェルミ準位は空間的に一定のままである．すなわち 2.1.3 項で説明したように ψ_f は x に依存しない．式 (2.65) の右辺の $\exp(q\Delta\psi_\mathrm{i}/kT)$ 項を展開し，1 次の項のみを用いることで次の式が求められる．(0 次項は N_d とともにキャンセルされる．)

$$\frac{\mathrm{d}^2(\Delta\psi_\mathrm{i})}{\mathrm{d}x^2} - \frac{q^2N_\mathrm{d}}{\varepsilon_\mathrm{si}kT}\,\Delta\psi_\mathrm{i} = -\frac{q}{\varepsilon_\mathrm{si}}\,\Delta N_\mathrm{d} \tag{2.66}$$

この式は $\Delta\psi_\mathrm{i}$ の解を $\exp(-x/L_\mathrm{D})$ の形で与える 2 階微分方程式であり，ここで

$$L_{\mathrm{D}} \equiv \sqrt{\frac{\varepsilon_{\mathrm{si}} kT}{q^2 N_{\mathrm{d}}}} \tag{2.67}$$

を，**デバイ長** (Debye length) とよぶ．物理的には**急峻なドーパント濃度の空間的変化に対しシリコンのバンドが追随するためには，L_{D} 程度の距離が必要であること**を意味する．電荷の不均衡のために小さな電界がこの領域に生じる．デバイ長は通常，横方向のデバイス寸法よりずっと小さい．たとえば，$N_{\mathrm{d}} = 10^{16}\,\mathrm{cm}^{-3}$ のとき，$L_{\mathrm{D}} = 0.04\,\mu\mathrm{m}$ である．

2.4.2　電流密度方程式

以下の一連の式が電流密度方程式である．全電流密度は，式 (2.34) と (2.36) で与えられるドリフト電流密度および式 (2.46) と (2.47) で与えられる拡散電流の和で求められる．つまり，

$$J_{\mathrm{n}} = qn\mu_{\mathrm{n}}\mathcal{E} + qD_{\mathrm{n}}\frac{\mathrm{d}n}{\mathrm{d}x} \qquad (\text{電子電流}) \tag{2.68}$$

$$J_{\mathrm{p}} = qp\mu_{\mathrm{p}}\mathcal{E} - qD_{\mathrm{p}}\frac{\mathrm{d}p}{\mathrm{d}x} \qquad (\text{正孔電流}) \tag{2.69}$$

と求められる．総伝導電流は，$J = J_{\mathrm{n}} + J_{\mathrm{p}}$ で与えられる．

式 (2.55) とアインシュタインの関係式 (2.52)，(2.53) を用いると，電流密度は以下のようになる．

$$J_{\mathrm{n}} = -qn\mu_{\mathrm{n}}\left(\frac{\mathrm{d}\psi_{\mathrm{i}}}{\mathrm{d}x} - \frac{kT}{qn}\frac{\mathrm{d}n}{\mathrm{d}x}\right) \tag{2.70}$$

$$J_{\mathrm{p}} = -qp\mu_{\mathrm{p}}\left(\frac{\mathrm{d}\psi_{\mathrm{i}}}{\mathrm{d}x} + \frac{kT}{qp}\frac{\mathrm{d}p}{\mathrm{d}x}\right) \tag{2.71}$$

もし n と p が平衡時の値だとすれば，式 (2.63)，(2.64) が式に代入でき，

$$J_{\mathrm{n}} = -qn\mu_{\mathrm{n}}\frac{\mathrm{d}\psi_{\mathrm{f}}}{\mathrm{d}x} \tag{2.72}$$

$$J_{\mathrm{p}} = qp\mu_{\mathrm{p}}\frac{\mathrm{d}\psi_{\mathrm{f}}}{\mathrm{d}x} \tag{2.73}$$

となる．そこで総電流は，

$$J = J_{\mathrm{n}} + J_{\mathrm{p}} = -\frac{1}{\rho}\frac{\mathrm{d}\psi_{\mathrm{f}}}{\mathrm{d}x} \tag{2.74}$$

となる．ここで ρ は式 (2.38) で与えられたシリコンの抵抗率である．式 (2.74) は 2.3.1.1 目で議論したオームの法則 $J_{\mathrm{drift}} = \mathcal{E}/\rho$ に似ている．拡散電流を足すことで，**総電流はフェルミポテンシャルの傾きに比例**するようになり，電界 $\mathcal{E} = -\mathrm{d}\psi_{\mathrm{i}}/\mathrm{d}x$ には比例しなくなる．このことは，2.1.3 項で述べた：金属や半導体が熱平衡状態にあり，電流が流れていない連結系では，フェルミ準位は系全体で平坦，すなわち空間的に一定である．フェ

ルミ準位が電流を流す原動力であることは，電圧差が回路内の電流を駆動することと同じであり，留意すべき重要なポイントである．

厳密にいえば，電流が流れるとき，系は平衡ではなく，フェルミ準位をきちんと定義できなくなる．電子の分布関数はエネルギーだけの関数ではなくなる．進行方向の運動量をもった電子状態数が多くなるために電流方向に非対称になる．しかしながら，電流が多過ぎず，熱速度に比べて電子輸送の正味の速度が小さい場合は，平衡からのずれはわずかしかない．そこで，考えている場所での**局所的な**平衡に基づいた，**局所的な**フェルミ準位 $E_{\mathrm{f}}(x)$ または $\psi_{\mathrm{f}}(x)$ を考察することに意味がでてくる．このとき，フェルミ準位の概念を一般化して，**局所的な**電子と正孔の密度がその平衡値である式 (2.63) と (2.64) に等しいなら，電流密度の式 (2.72)，(2.73) が有効とする．

外部の電池や電圧源がデバイスにつながれたとき，ある接点に電子が注入され，状態をもち上げ，ほかの接点に比べて高いエネルギーとなる．接点での接触の定義から，電子と正孔の密度は接点において平衡状態と等しくなる；したがって，考慮している二つの接点のそれぞれのフェルミ準位，たとえば E_{f1} と E_{f2} が定義される．外部からの電圧印加なしでは，定常状態では $E_{\mathrm{f1}} = E_{\mathrm{f2}}$ である．**電圧源がつながれたとき，$E_{\mathrm{f1}} - E_{\mathrm{f2}} = qV_{\mathrm{app}}$ となる．ここで V_{app} は電圧の低い (電子エネルギーの高い) 側が接点 1 につながった場合の印加電圧である**．外部電源によってつくられた，この接点間のフェルミ準位の不均衡が，デバイスの定常状態電流をつくる．この本の中で，フェルミ準位は，端子電圧の基準として，また電子のエネルギーバンドの相対関係を定めるために使われていく．

2.4.2.1　擬フェルミポテンシャル

ここまでの議論は，電子も正孔も局所的な平衡値をもち，かつ局所的なフェルミ準位が定義できるときだけ有効である．VLSI でのデバイス動作では，片方，または両方のキャリアの密度が式 (2.63) や (2.64) で与えられる平衡時の値から逸脱した，非平衡な状態がしばしば起こる．とくに，少数キャリア密度は，隣接した領域からの注入により簡単に決まってしまう．生成–再結合過程が遅いため (2.4.3 項と 2.4.4 項で説明)，電子と正孔の間の平衡を取り戻すには，VLSI デバイスの寸法よりもはるかに大きな寸法が必要である．それより前では，電子のみにおける局所的な平衡状態や，正孔のみでの局所的な平衡状態があっても，電子と正孔は互いには平衡状態にない．ここまで述べてきた式 (2.72)，(2.73) で示されるようなフェルミ準位と電流密度の関係などを拡張するには，電子と正孔で別々の異なるフェルミ準位を導入しなければならない．この準位は**擬フェルミ準位** (quasi-Fermi level) E_{fn}，E_{fp} とよばれ，式 (2.14)，(2.15) の E_{f} が置き換えられるように定義される．

$$n = n_{\mathrm{i}}\, e^{(E_{\mathrm{fn}} - E_{\mathrm{i}})/kT} \tag{2.75}$$

$$p = n_{\mathrm{i}}\, e^{(E_{\mathrm{i}} - E_{\mathrm{fp}})/kT} \tag{2.76}$$

このとき，擬フェルミ準位は，状態の占有に関してフェルミ準位と似た物理的解釈をもっている．**すなわち，伝導帯の電子密度はフェルミ準位を E_{fn} としたとして計算でき，価電子帯の正孔密度はフェルミ準位を E_{fp} とすれば計算できる．**この定義の基で，電流密度の式 (2.72) と (2.73) は

$$J_{\mathrm{n}} = -qn\mu_{\mathrm{n}}\frac{\mathrm{d}\phi_{\mathrm{n}}}{\mathrm{d}x} \tag{2.77}$$

$$J_{\mathrm{p}} = -qp\mu_{\mathrm{p}}\frac{\mathrm{d}\phi_{\mathrm{p}}}{\mathrm{d}x} \tag{2.78}$$

となる．ここで**擬フェルミポテンシャル** (quasi-Fermi potential) ϕ_{n}，ϕ_{p} は

$$\phi_{\mathrm{n}} \equiv -\frac{E_{\mathrm{fn}}}{q} = \psi_{\mathrm{i}} - \frac{kT}{q}\ln\left(\frac{n}{n_{\mathrm{i}}}\right) \tag{2.79}$$

$$\phi_{\mathrm{p}} \equiv -\frac{E_{\mathrm{fp}}}{q} = \psi_{\mathrm{i}} + \frac{kT}{q}\ln\left(\frac{p}{n_{\mathrm{i}}}\right) \tag{2.80}$$

として定義される．式 (2.77)，(2.78) は，式 (2.72)，(2.73) よりもずっと一般的に用いることができる．電子と正孔の電流が異なるフェルミポテンシャルにより決まる：**電子の擬フェルミポテンシャルの傾きが電子電流をつくり，正孔の擬フェルミポテンシャルの傾きが正孔電流をつくる．**電流が流れるとき，$E_{\mathrm{fn}}(x)$ と $E_{\mathrm{fp}}(x)$ (または $\phi_{\mathrm{n}}(x)$ と $\phi_{\mathrm{p}}(x)$) は，式 (2.72)，(2.73) で示した局所的な $E_{\mathrm{f}}(x)$ の場合における位置 x での**局所的な**平衡と同様に考えるべきである．

電子と正孔がお互いの間で平衡状態にないときは，pn 積は

$$pn = {n_{\mathrm{i}}}^2 e^{q(\phi_{\mathrm{p}}-\phi_{\mathrm{n}})/kT} = {n_{\mathrm{i}}}^2 e^{(E_{\mathrm{fn}}-E_{\mathrm{fp}})/kT} \tag{2.81}$$

となる．これは $\phi_{\mathrm{p}} = \phi_{\mathrm{n}} = \psi_{\mathrm{f}}$ のとき，${n_{\mathrm{i}}}^2$ となる．擬フェルミポテンシャルは，電流の計算において，今後も頻繁に使われる．

2.4.3　生 成 – 再 結 合

電子と正孔の生成–再結合過程は多くの半導体デバイスの動作で重要な役割を果たす．また電流–電圧特性がこれによって決まることも多い．電子と正孔の生成–再結合は価電子帯と伝導帯の間で直接起こりうるし，エネルギーギャップ内のトラップを介して間接的にも起こりうる．シリコンでは，間接バンドギャップをもつため，**放射過程** (エネルギーの光子への移動) や**オージェ過程** (エネルギーのほかのキャリアへの移動) によるバンド間直接再結合の確率は非常に低い．再結合過程のほとんどは，禁制ギャップの中央付近にあるトラップや深い不純物準位を経由して間接的に起こる．バンドギャップ内のトラップ中心を介した生成と再結合に関するモデルは，ショックレー–リード–ホールに

よって早くから研究されている (Hall, 1952; Shockley と Read, 1952; Sah ら，1957).

2.4.3.1 ショックレー–リード–ホール (SRH) 理論

シリコン結晶が単位体積当たり濃度 N_{t} のトラップ (捕獲中心：trap center) を有するとする．簡単化のために，すべてのトラップが同一のものでバンドギャップ内の E_{t} に位置すると仮定する．また，それぞれのトラップは，電子に占有されていなければ中性，電子に占有されていれば負に帯電，という二つの荷電状態を有すると仮定する．占有されていないトラップは伝導帯から電子を捕獲することができる (電子捕獲)．占有されているトラップの電子は伝導帯に放出されうる (電子放出)．同様に，占有されているトラップは価電子帯から正孔を捕獲することができる (正孔捕獲)．占有されていないトラップは価電子帯に正孔を放出しうる (正孔放出)．この 4 種の捕獲・放出過程は図 2.14 に示されている．正孔捕獲が起きると，トラップは負の帯電状態 (占有) 状態から中性 (未占有) 状態に変わることに注意されたい．価電子帯からの正孔捕獲は価電子帯への電子放出と等価である．正孔放出の場合は，トラップは中性 (未占有) 状態から負の帯電状態 (占有) 状態に変わる．正孔放出は価電子帯からの電子捕獲と等価である．

全トラップ密度 N_{t} のうち，${N_{\mathrm{t}}}^-$ 個のトラップが電子によって占有されていると仮定する．このとき，占有されていないトラップの密度は，$N_{\mathrm{t}} - {N_{\mathrm{t}}}^-$ となる．図 2.14 を参照しながら

$$\frac{\mathrm{d}{N_{\mathrm{t}}}^-}{\mathrm{d}t} = R_{\mathrm{n}} - G_{\mathrm{n}} - R_{\mathrm{p}} + G_{\mathrm{p}} \tag{2.82}$$

を得る．ここで，R_{n} は電子捕獲率，G_{n} は電子放出率，R_{p} は正孔捕獲率，G_{p} は正孔放出率である．これらは $\mathrm{cm}^{-3}\mathrm{s}^{-1}$ の単位をもつ．SRH 理論では，R_{n} は伝導帯の電子密度 n と，非占有トラップの密度 $N_{\mathrm{t}} - {N_{\mathrm{t}}}^-$ に比例する．この比例定数 (単位：$\mathrm{cm}^3\mathrm{s}^{-1}$) は，従来，電子捕獲断面積 σ_{n} と電子熱速度 v_{th} の積で表現されている．すなわち

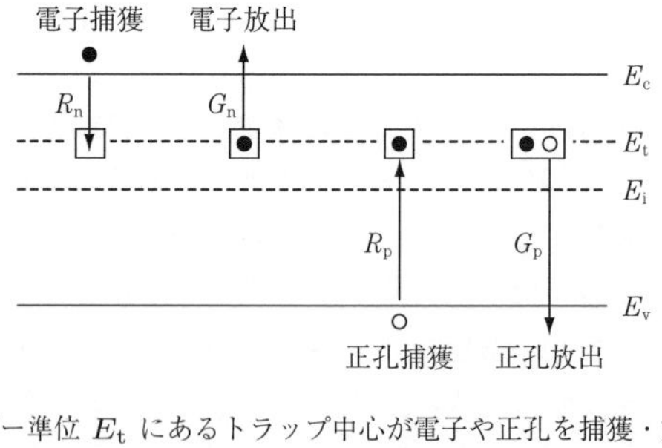

図 2.14　エネルギー準位 E_{t} にあるトラップ中心が電子や正孔を捕獲・放出する過程を説明する図．E_{i} は真性フェルミ準位である．n 型であれば伝導帯近くに，p 型であれば価電子帯近くにあるべきフェルミ準位 E_{f} は描かれていない．ここで述べた物理的メカニズムは，ドーパントの種類に関係なく適用される．

$$R_\mathrm{n} = \sigma_\mathrm{n} v_\mathrm{th} n(N_\mathrm{t} - {N_\mathrm{t}}^-) \tag{2.83}$$

である．電子放出率 G_n は，捕獲された電子が 1 秒当たりに伝導帯に放出される密度である．伝導帯にはその電子が入ることのできる状態がたくさんあるので，G_n は単純に電子が占有するトラップの密度 ${N_\mathrm{t}}^-$ に比例し

$$G_\mathrm{n} = \mathrm{constant} \times {N_\mathrm{t}}^- \tag{2.84}$$

となる．

熱平衡では，${N_\mathrm{t}}^- = [{N_\mathrm{t}}^-]_0$ はフェルミ–ディラック分布関数，すなわち，

$$[{N_\mathrm{t}}^-]_0 = f_\mathrm{D} \times N_\mathrm{t} = \frac{N_\mathrm{t}}{1 + \exp[(E_\mathrm{t} - E_\mathrm{f})/kT]} \tag{2.85}$$

によって与えられる．したがって，熱平衡における非占有トラップの密度は，$N_\mathrm{t} - [{N_\mathrm{t}}^-]_0 = (1 - f_\mathrm{D})N_\mathrm{t}$ となる．

詳細釣り合いの原理から，熱平衡時には伝導帯からの電子の捕獲率と伝導帯への電子の放出率が等しくなる，すなわち $[R_\mathrm{n}]_0 = [G_\mathrm{n}]_0$ となる．このことから，式 (2.84) の定数は式 (2.83) の比例定数を用いて表すことができ，次のようになる．

$$G_\mathrm{n} = \frac{\sigma_\mathrm{n} v_\mathrm{th} n_0 (N_\mathrm{t} - [{N_\mathrm{t}}^-]_0)}{[{N_\mathrm{t}}^-]_0} \times {N_\mathrm{t}}^- = \frac{\sigma_\mathrm{n} v_\mathrm{th} n_0 (1 - f_\mathrm{D})}{f_\mathrm{D}} \times {N_\mathrm{t}}^- \tag{2.86}$$

ここで

$$n_0 = n_\mathrm{i} e^{(E_\mathrm{f} - E_\mathrm{i})/kT} \tag{2.87}$$

は熱平衡状態での伝導帯の電子密度である．正孔の捕獲率と放出率も同様に扱うと，次のようになる．

$$R_\mathrm{p} = \sigma_\mathrm{p} v_\mathrm{th} p N_\mathrm{t}^- \tag{2.88}$$

$$G_\mathrm{p} = \frac{\sigma_\mathrm{p} v_\mathrm{th} p_0 f_\mathrm{D}}{1 - f_\mathrm{D}} \times (N_\mathrm{t} - {N_\mathrm{t}}^-) \tag{2.89}$$

ここで，熱平衡の正孔密度は

$$p_0 = n_\mathrm{i} e^{(E_\mathrm{i} - E_\mathrm{f})/kT} \tag{2.90}$$

である．

一般に，熱平衡でないときは，$n \neq n_0$ または $p \neq p_0$ である．トラップと伝導帯の間で電子の正味の捕獲または放出があり，トラップと価電子帯の間で正孔の正味の捕獲ま

たは放出がある．定常状態では，電子が占有するトラップの密度 $N_t{}^-$ は，時間とともに変化しない．式 (2.82) を考慮すると，これは次のことを意味する．

$$R_n - G_n = R_p - G_p \tag{2.91}$$

式 (2.83)，(2.86)，(2.88)，(2.89) を上記の条件に代入することで $N_t{}^-/N_t$ を n と p で表せる：

$$\begin{aligned}\frac{N_t{}^-}{N_t} &= \frac{\sigma_n n + \sigma_p p_0 \dfrac{f_D}{1-f_D}}{\sigma_n\left(n + n_0\dfrac{1-f_D}{f_D}\right) + \sigma_p\left(p + p_0\dfrac{f_D}{1-f_D}\right)} \\ &= \frac{\sigma_n n + \sigma_p n_i \exp\left[(E_i - E_t)/kT\right]}{\sigma_n\{n + n_i \exp\left[(E_t - E_i)/kT\right]\} + \sigma_p\{p + n_i \exp\left[(E_i - E_t)/kT\right]\}}\end{aligned} \tag{2.92}$$

最後の式は，$(1-f_D)/f_D = \exp[(E_t - E_f)/kT]$ と n_0 と p_0 の式 (2.87) と (2.90) を利用した．式 (2.91) は，伝導帯からの電子の正味捕獲率が価電子帯からの正味捕獲率に等しいことを意味する．この率は，エネルギー E_t で密度 N_t のトラップを介した，伝導帯の電子と価電子帯の正孔の正味の再結合率 U を表す．$N_t{}^-/N_t$ について式 (2.92) を用いると，次のようになる．

$$\begin{aligned}U &\equiv R_n - G_n \\ &= R_p - G_p = \frac{\sigma_n \sigma_p v_{th} N_t (np - n_i{}^2)}{\sigma_n\{n + n_i \exp[(E_t - E_i)/kT]\} + \sigma_p\{p + n_i \exp[(E_i - E_t)/kT]\}}\end{aligned} \tag{2.93}$$

U の符号が $np - n_i{}^2$ の符号と同じであることは当然である．熱平衡では，生成速度は再結合速度に等しく，$np = n_i{}^2$ である．熱平衡でないとき，$np > n_i{}^2$ なら再結合のみ，$np < n_i{}^2$ なら生成のみとなる．

2.4.3.2　ミッドギャップトラップ

式 (2.93) は，正味の再結合率が，電子と正孔の密度，電子と正孔の捕獲断面積，およびトラップのエネルギーの関数，すなわち $U = U(n, p, \sigma_n, \sigma_p, E_t)$ であることを示す．もし電子と正孔の捕獲断面積が E_t に依存しないと仮定すると，$\partial U/\partial E_t = 0$ から，

$$E_{t,max} = E_i + \frac{kT}{2}\ln\left(\frac{\sigma_p}{\sigma_n}\right) \tag{2.94}$$

となる $E_t = E_{t,max}$ のとき再結合率が最大となる．$|\sigma_n/\sigma_p|$ の比が 1000 と大きい場合でも，$|E_{t,max} - E_i|$ は $3.5kT$ 以下となる．つまり，**有効な正味の再結合中心はミッドギャップ状態，すなわち E_i に近いエネルギー準位をもつ状態**である．伝導帯や価電子

帯に近いエネルギー準位をもつ状態は，電子や正孔の捕獲率が同等ではなく，正味の再結合中心として効率的に機能しない．

ミッドギャップに近いエネルギーをもつトラップのみが効率的な正味の再結合中心となるため，**単純に $E_t = E_i$ を仮定し，その捕獲断面積のみで生成–再結合中心を特徴づけることは物理的に合理的で便利である**．したがって，式 (2.93) は次のようになる．

$$U(n, p, \sigma_n, \sigma_p, E_t = E_i) = \frac{\sigma_n \sigma_p v_{th}(np - {n_i}^2)N_t}{\sigma_n(n + n_i) + \sigma_p(p + n_i)} \tag{2.95}$$

2.4.3.3 少数キャリアの寿命

光などにより過剰な少数キャリアが生成すると，再結合速度が生成速度を上回り，平衡に戻ろうとする．多数キャリア密度 $n \gg p$ である n 型シリコン領域を考える．式 (2.95) の分母は $\sigma_n n$ 項が支配的である．小さな摂動，$n - n_0 \ll n_0$ および ${n_i}^2/n \approx {n_i}^2/n_0 = p_0$ では，式 (2.95) は以下のようになる．

$$U(\text{n 領域}) \approx \sigma_p v_{th} N_t(p - {n_i}^2/n) \approx \sigma_p v_{th} N_t(p - p_0) \tag{2.96}$$

これは次の形で表すことができる．

$$U(\text{n 領域}) \equiv \frac{p - p_0}{\tau_p} \tag{2.97}$$

ここで，少数正孔の寿命は次のように定義された．

$$\tau_p = \frac{1}{\sigma_p v_{th} N_t} \tag{2.98}$$

同様に，p 型シリコンでは，少数電子の寿命 τ_n は次式で与えられる．

$$\tau_n = \frac{1}{\sigma_n v_{th} N_t} \tag{2.99}$$

2.4.4 電流連続の式

以下の 1 組の式が，可動電荷の保存に基づく**電流連続の式** (current continuity equation) である．

$$\frac{\partial n}{\partial t} = \frac{1}{q}\frac{\partial J_n}{\partial x} - R_n + G_n \tag{2.100}$$

$$\frac{\partial p}{\partial t} = -\frac{1}{q}\frac{\partial J_p}{\partial x} - R_p + G_p \tag{2.101}$$

ここで，G_n と G_p は電子と正孔の生成速度で，R_n と R_p は電子と正孔の再結合速度である．$\partial J_n/\partial x$ と $\partial J_p/\partial x$ は，x に出入りする可動電荷の正味の流れを表す．たとえば，

$\partial J_p/\partial x > 0$ は，$x+$ において x に流入する正孔の数よりも，$x-$ において x から流出する正孔の数が多いことを意味する．

定常状態では，$\partial n/\partial t = \partial p/\partial t = 0$ であり，また，電子の正味の減少率は，正孔の正味の減少率と等しくならなければならず，$R_n - G_n = R_p - G_p$ であるべきなので，どこにおいても時間に依存した正味の捕獲された電荷の増加はない [式 (2.82) 参照]．式 (2.100) から式 (2.101) を引くと $\partial(J_n + J_p)/\partial x = 0$，または総電流 $J_n + J_p$ の連続が出てくる．生成と再結合が無視できるデバイス領域では，定常状態の連続の式は $\mathrm{d}J_n/\mathrm{d}x = \mathrm{d}J_p/\mathrm{d}x = 0$ と簡単化でき，これは電子電流の連続と正孔電流の連続の両方が成立することを意味する．

2.4.4.1　誘電緩和時間

多数キャリアの応答時間，または**誘電緩和時間** (dielectric relaxation time) は半導体の中では非常に短い．均質な n 型シリコンでは 1 次元において以下のように見積もることができる．多数キャリア密度に局所的な変動 Δn があるとしよう．ポアソン方程式より，生じた電荷の不均衡が変動の近傍に電界の発散 $\partial\mathcal{E}/\partial x = -q\Delta n/\varepsilon_{si}$ を生じさせる．続いて，オームの法則 $J_n = \mathcal{E}/\rho_n$ により発散する電流が生じ，多数キャリア密度を平衡な，電荷中性の値に戻そうとする．連続の式 (2.100) で R_n と G_n を無視すると，

$$\frac{\partial\Delta n}{\partial t} = \frac{1}{q}\frac{\partial J_n}{\partial x} = \frac{1}{q\rho_n}\frac{\partial\mathcal{E}}{\partial x} = -\frac{\Delta n}{\rho_n\varepsilon_{si}} \tag{2.102}$$

となる．この式の解である $\Delta n(t)$ は $\exp(-t/\rho_n\varepsilon_{si})$ に比例する．ここで $\rho_n\varepsilon_{si}$ が**誘電緩和時間**とよばれるものである．**シリコン中の多数キャリアの応答時間は一般的に，$\mathbf{10^{-12}}$ s のオーダーで，これはほとんどのデバイスのスイッチング時間よりも短い**．

$\rho_n\varepsilon_{si}$ が，寄生容量がない理想的な 1 次元の場合の最小応答時間であることには注意されたい．実際には，多数キャリアの応答時間は，シリコンデバイスの構造やコンタクトによる RC 遅延で制限されたりもする．

2.4.4.2　少数キャリアの拡散長

2.4.4.1 目で述べた多数キャリアの応答時間とは対照的に，少数キャリアの寿命は非常に長い．これは，少数キャリア密度が，電荷の中性を崩すことなく，熱平衡値を数桁上回ったり下回ったりできるためである．少数キャリア密度を熱平衡値まで回復させる唯一のメカニズムは，生成–再結合プロセスであるが，これはかなり時間がかかる．

多数キャリア密度とアクセプタのドーピング濃度が等しいことで，電荷の中性性がほぼ確立されている p 型シリコンを考えてみよう．すなわち $p_0 = N_a$ である．平衡少数キャリア密度 $n_0 = {n_i}^2/p_0$ は，p_0 より何桁も小さい．試料の左端で，光などによって過剰な少数キャリア密度が生成し，維持されているとする．平衡状態から外れた少数キャ

リア密度 n は n_0 よりもはるかに大きくなる可能性があるが，それでも低注入条件下では p_0 よりもはるかに小さくなる．電子が右に拡散するにつれて，n を平衡値 n_0 に戻すための正味の再結合が起こる．定常状態における式 (2.100) は，シリコンに電界がないため，拡散電流のみから構成され $J_\mathrm{n} = qD_\mathrm{n}\mathrm{d}n/\mathrm{d}x$ となる．式 (2.97) を電子に書き換えると $R_\mathrm{n} - G_\mathrm{n} = (n - n_0)/\tau_\mathrm{n}$ となる．それより

$$\frac{\mathrm{d}^2 n}{\mathrm{d}x^2} - \frac{n - n_0}{D_\mathrm{n}\tau_\mathrm{n}} = 0 \tag{2.103}$$

が得られる．解 $n(x) - n_0$ は $\sim \exp(-x/L_\mathrm{n})$ の形になる．ここで

$$L_\mathrm{n} \equiv \sqrt{D_\mathrm{n}\tau_\mathrm{n}} = \sqrt{(kT/q)\mu_\mathrm{n}\tau_\mathrm{n}} \tag{2.104}$$

は p 型シリコンにおける電子の**少数キャリア拡散長** (minority carrier diffusion length) である．最後のステップでは，アインシュタインの関係式 (2.52) を利用した．L_n は，過剰な少数キャリアが多数キャリアと再結合するまでに移動する平均距離と解釈できる．

実験的には，τ_n または τ_p は，シリコン結晶の質にもよるが，10^{-4}〜10^{-9} 秒の範囲 (図 3.14 参照) である．拡散長は，シリコンでは通常数ミクロンから数ミリメートルとなる．L は **VLSI デバイスの活性部の寸法よりはるかに長いため，一般に生成–再結合はデバイス動作にほとんど関与しない**．CMOS ラッチアップ，SOI における基板浮遊効果，接合でのリーク電流，放射線誘起によるソフトエラーなど，いくつかの特殊な状況においてのみ，生成–再結合メカニズムを考慮すべきである．

3

p–n 接合と金属–シリコン接触

半導体領域が電流を流すためには，導電性物質に接触しているか，接続されている必要がある．半導体領域と導電性物質との接触は，接触を通過する電流に対して線形な I–V 挙動を示す**オーミック** (ohmic) 型と，一方向 (順方向) に流れる電流が他方向 (逆方向) よりも容易に流れる**整流** (rectifying) 型がある．整流素子は，しばしば**ダイオード** (diode) とよばれる．p 型半導体領域と n 型半導体領域が接触して形成されたダイオードは，**p–n 接合** (p–n junction) または **p–n ダイオード** (p–n diode) とよばれる．半導体領域に金属を接触させて形成したダイオードを**ショットキーダイオード** (Shottky diode) または**ショットキー障壁ダイオード** (Shottky barrier diode) とよぶ．p–n 接合は，すべての MOSFET およびバイポーラデバイスの重要な構成要素であると同時に重要なデバイスである．能動素子としては，p–n ダイオードは比較的遅い．ショットキーダイオードは，p–n ダイオードよりもはるかに速い応答時間をもち，マイクロ波回路によく使用される．本章では，p–n 接合とショットキーダイオードの基本的な物理と動作，および金属シリコン接触一般について説明する．

3.1　p–n　接　合

p–n ダイオードは n 型にドープされた半導体基板の領域と，すぐ近くの p 型にドープされた領域からなる．シリコン p–n ダイオードは，ドープされたシリコンの一部をカウンタードープすることで形成される．たとえば，p 型シリコン基板または “ウェル” に p–n ダイオードの n 領域を形成するために，n 型の不純物をカウンタードープする．このように形成された n 型の領域は，アクセプタ濃度よりドナー濃度の方が高い．

ドナーとアクセプタ不純物の両方を含み，かつどちらの不純物濃度も，もう一方を無視できなくなる場合，この半導体領域は**補償** (compensated) された状態とよばれる．補償された半導体領域においては，**正味**のドーピング濃度 (たとえば，もし n 型なら $N_{\rm d} - N_{\rm a}$, p 型なら $N_a - N_d$) がフェルミ準位とキャリア密度を決定する．しかしながら，単純化のためにドープされた領域が補償されていない，たとえば，ダイオードの n 側は正味のドナー濃度 N_d を，ダイオードの p 側は正味のアクセプタ濃度 N_a をもつと仮定しても，p–n ダイオードの特性と振る舞いを得られる．補償されたドープ領域をもつダイオードにおいて，n 領域に対しては N_d を $N_d - N_a$ に置き換え，p 領域に対しては N_a を $N_a - N_d$ に置き換えることで，補償がない結果から拡張できる．

3.1.1　p–n ダイオードのエネルギーバンド図と内蔵電位

2.1.3 項で示したように，熱平衡状態では，フェルミ準位は空間的に一定である．さらに，2.4.2 項で示したように，シリコンの両端に外部から電圧 V_{app} をつなげると，低い電圧側のフェルミ準位が，高い電圧側に対して，qV_{app} だけ相対的にシフトする．ここでは，この結果から p–n ダイオードのバンド図を定めよう．

p 型シリコン領域と n 型シリコン領域が互いに離れている状況から考えよう．2.2.2 項で示したように，p 型シリコンのフェルミ準位は価電子帯に近いところにあり，n 型シリコンのフェルミ準位は伝導帯に近いところにある．それぞれのシリコンのエネルギーバンド図を図 3.1(a) に示す．

p 型シリコンと n 型シリコンを p–n ダイオードをつくるためにつなげると，エネルギーバンド図は図 3.1(b) のようになる．熱平衡状態では，フェルミ準位は p–n ダイオード構造全体においてフラットでなければならず，p 領域のエネルギーバンドは，n 領域のエネルギーバンドよりも高いところに位置する．接合した場所の近傍では，p 領域と n 領域におけるエネルギーバンドを連続させるため，エネルギーバンドは曲がる．バンドの曲がりは遷移領域における電界 $\mathcal{E} = -\mathrm{d}\psi_i/\mathrm{d}x$ となる．この電界は電子電流と正孔電流におけるドリフト成分を流す．熱平衡状態では，このドリフト成分は，接合付近の大きな電子と正孔の濃度勾配により，反対方向へ流れていく電子電流と正孔電流の拡散成分とちょうど釣り合う．最終結果として，熱平衡状態での p–n 接合は電子電流も正孔電流もゼロとなる．

電圧 V_{app} の電池がダイオードにつながっていて，p 型側にプラス側が，n 型側にマイナス側がつながっているならば，n 型側のコンタクトのフェルミ準位は p 型側のコンタクトに比べて qV_{app} だけシフトする．この様子を図 3.1(c) に示した．

ダイオードの n 側と p 側の表記を容易かつ明瞭にするため，n 側においてはパラメータの添字に n をつけ，p 側においてはパラメータの添字に p をつけることによって区別する (Shockley, 1950)．たとえば，n_n と p_n はそれぞれ，n 側の電子密度と正孔密度を示し，n_p と p_p はそれぞれ p 側の電子密度と正孔密度を示す．ここで，n_n と p_p は多数キャリア密度を示し，n_p と p_n は少数キャリア密度を示す．

熱平衡時の p–n ダイオードの n 側を考えてみる．もし，n 側が N_d の濃度に対して非縮退であれば，式 (2.24) によって

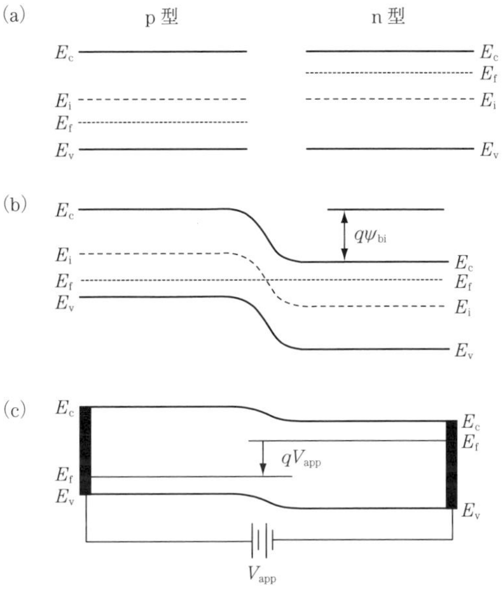

図 3.1 p–n ダイオードのエネルギーバンド図．(a) 均一にドープされた p 型シリコン領域と均一にドープされた n 型シリコン領域が物理的に切り離された状態．(b) 熱平衡状態での p–n 接合．垂直の実線は，冶金学的接合を示す．(c) 電池につながれた p–n ダイオード．n 型が電池のマイナス側に，p 型がプラス側につながっている．太い垂直の線は， p 領域と n 領域のオーミック接触を示す．図を簡単化し明瞭化するため，E_{i} は示していない．

$$E_{\mathrm{f}} - E_{\mathrm{i}} = kT \ln\left(\frac{N_{\mathrm{d}}}{n_{\mathrm{i}}}\right) = kT \ln\left(\frac{n_{\mathrm{n0}}}{n_{\mathrm{i}}}\right) \tag{3.1}$$

となる．ここで n_{n0} は熱平衡時の n 側の電子密度を示している．同様に，熱平衡時の p–n ダイオードの p 側が N_{a} の濃度に対して非縮退なら，式 (2.25) は

$$E_{\mathrm{i}} - E_{\mathrm{f}} = kT \ln\left(\frac{N_{\mathrm{a}}}{n_{\mathrm{i}}}\right) = kT \ln\left(\frac{p_{\mathrm{p0}}}{n_{\mathrm{i}}}\right) \tag{3.2}$$

となる．ここで，p_{p0} は熱平衡時の p 側の正孔密度を示している．

p–n ダイオードの**内蔵電位** (built-in potential) は，

$$q\psi_{\mathrm{bi}} = E_{\mathrm{i,p側}} - E_{\mathrm{i,n側}} = kT \ln\left(\frac{n_{\mathrm{n0}}\, p_{\mathrm{p0}}}{{n_{\mathrm{i}}}^2}\right) \tag{3.3}$$

となる．ここで $E_{\mathrm{i,p側}}$ と $E_{\mathrm{i,n側}}$ は p 側と n 側の真性フェルミ準位をそれぞれ示す．$n_{\mathrm{n0}}p_{\mathrm{n0}} = n_{\mathrm{p0}}p_{\mathrm{p0}} = {n_{\mathrm{i}}}^2$ であるから，式 (3.3) は，

$$q\psi_{\mathrm{bi}} = kT \ln\left(\frac{p_{\mathrm{p0}}}{p_{\mathrm{n0}}}\right) = kT \ln\left(\frac{n_{\mathrm{n0}}}{n_{\mathrm{p0}}}\right) \tag{3.4}$$

とも書ける．これより，内蔵電位には p–n ダイオードの両側の電子密度，正孔密度が関与している．

3.1.2　空　乏　近　似

p–n ダイオードのデバイスモデルとしては，電荷中性の p 領域と電荷中性の n 領域およびそれらにはさまれたバンドが曲がった領域の 3 つに分けるのが一般的である (Shockley, 1950)．p 領域と n 領域は電荷が中性であると仮定しているため，図 3.1 に示すように，一様にドーピングすれば，そのエネルギーバンドは平坦になる．

静電ポテンシャル $\psi_{\mathrm{i}}(x)$ の空間依存性はポアソン方程式，すなわち式 (2.58) によって支配される．図 3.1(b) に示唆されているように，$\psi_{\mathrm{i}}(x)$ は一様にドープされた準中性領域では x に依存しない．バンドが曲がっている領域内では $\psi_{\mathrm{i}}(x)$ は，p 側の準中性領域と接している端では $-E_{\mathrm{i,p側}}/q$ であったのが，n 側の準中性領域と接している端では $-E_{\mathrm{i,n側}}/q$ に変化する．バンドが曲がっている領域で，式 (2.63) から $\psi_{\mathrm{i}}(x)$ が変化すると電子密度が非常に急激に低下し，n 領域端ではイオン化したドナー密度と等しいが，$\psi_{\mathrm{i}}(x)$ が 60 mV 変化するごとに室温で 1/10 倍ずつ下がることを示唆している．そこで，バンドが曲がっている領域の中では，準中性の n 領域に隣接していて，$q(\psi_{\mathrm{i}} - \psi_{\mathrm{f}})$ が $3kT$ より小さい，ごく狭い領域を除けば，電子の濃度はイオン化したドナーの濃度に比べて無視できる．同様に，式 (2.64) から，バンドが曲がっている領域では，準中性の p 領域に隣接しているごく狭い領域を除けば，正孔の濃度はイオン化したアクセプタの濃度に比べて無視できる．

もしバンドが曲がった領域全体で電子も正孔もその濃度が無視できるとすると，ポアソン方程式の解析解が求めうる．このやりかたを**空乏近似** (depletion approximation) とよぶ．この場合，階段接合は図 3.2(a) に示したような，可動キャリアが空乏化した $x = -x_{\mathrm{p}}$ から $x = x_{\mathrm{n}}$ までの領域を含む 3 つの領域で近似できる．p 領域，すなわち $x < -x_{\mathrm{p}}$ の領域と，n 領域，すなわち $x > x_{\mathrm{n}}$ の領域の両方ともが，電荷中性であると仮定される．遷移領域はしばしば，**空乏領域** (depletion region)，または**空乏層** (depletion layer) とよばれる．遷移領域では電荷中性の条件が成り立たないので，**空間電荷領域** (space charge region)，または**空間電荷層** (space charge layer) ともよばれる．空間電荷領域に隣接した p および n 領域は**準中性領域** (quasineutral region) とよばれる．

可動キャリアがないとき，空乏領域に対するポアソン方程式，すなわち式 (2.58) は，

$$-\frac{\mathrm{d}^2\psi_{\mathrm{i}}}{\mathrm{d}x^2} = \frac{\mathrm{d}\mathcal{E}}{\mathrm{d}x} = \frac{q}{\varepsilon_{\mathrm{si}}}\left[{N_{\mathrm{d}}}^{+}(x) - {N_{\mathrm{a}}}^{-}(x)\right] \tag{3.5}$$

となる．単純化のため，空乏領域のドナーとアクセプタはすべてイオン化していて，接合は階段接合で，補償されていない (p 型にドナーが存在せず，n 型にアクセプタが存在

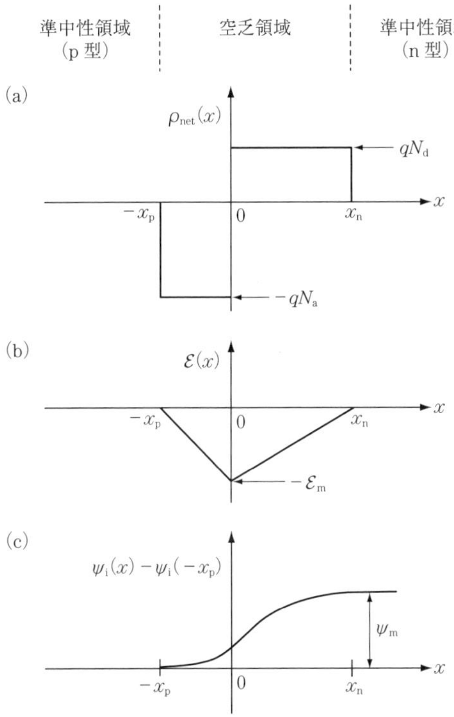

図 3.2 p–n 接合の空乏近似．(a) 電荷分布，(b) 電界，(c) 静電ポテンシャル．

しない) と仮定する．これらを仮定すると式 (3.5) は，

$$-\frac{d^2\psi_i}{dx^2}=\frac{qN_d}{\varepsilon_{si}} \qquad (0\le x\le x_n) \tag{3.6}$$

$$-\frac{d^2\psi_i}{dx^2}=-\frac{qN_a}{\varepsilon_{si}} \qquad (-x_p\le x\le 0) \tag{3.7}$$

となる．

$x=-x_p$ と $x=x_n$ で $d\psi_i/dx=0$ という境界条件の下で，$x=0$ から $x=x_n$ までを式 (3.6) で 1 回積分し，$x=-x_p$ から $x=0$ までを式 (3.7) で 1 回積分すると，$x=0$ に位置する最大電界 $\mathcal{E}_m$ が得られる．すなわち

$$\mathcal{E}_m\equiv\left|\frac{-d\psi_i}{dx}\right|_{x=0}=\frac{qN_dx_n}{\varepsilon_{si}}=\frac{qN_ax_p}{\varepsilon_{si}} \tag{3.8}$$

である．n 側の空乏領域の内部にある全空間電荷は，p 側の空乏領域の内部にある全空間電荷に等しい (符号は逆)．このようにして図 3.2(a) の二つの電荷分布の面積は同じになる．式 (3.8) はガウスの法則の式 (2.57) から直接得ることもできる．

ψ_m を p–n 接合全体の電位降下とする．すなわち，$\psi_m=[\psi_i(x_n)-\psi_i(-x_p)]$ とす

る．$x=-x_{\rm p}$ から $x=x_{\rm n}$ まで，式 (3.6) と (3.7) を 2 回積分することによって $\psi_{\rm m}$ を求めることができる．

$$\psi_{\rm m}=\int_{-x_{\rm p}}^{x_{\rm n}}{\rm d}\psi_{\rm i}(x)=-\int_{-x_{\rm p}}^{x_{\rm n}}\mathcal{E}(x)\,{\rm d}x=\frac{\mathcal{E}_{\rm m}(x_{\rm n}+x_{\rm p})}{2}=\frac{\mathcal{E}_{\rm m}W_{\rm d}}{2} \tag{3.9}$$

ここで $W_{\rm d}=x_{\rm n}+x_{\rm p}$ は全空乏層幅である．式 (3.9) からわかるように，$\psi_{\rm m}$ は図 3.2(b) の $\mathcal{E}(x)$–x プロットの面積に等しい．式 (3.8) と (3.9) から $\mathcal{E}_{\rm m}$ を消去することによって，

$$W_{\rm d}=\sqrt{\frac{2\varepsilon_{\rm si}(N_{\rm a}+N_{\rm d})\,\psi_{\rm m}}{qN_{\rm a}N_{\rm d}}} \tag{3.10}$$

を得る．

3.1.2.1　外部からバイアスされた接合

図 3.1(b) に示したように，熱平衡状態では，$\psi_{\rm m}$ は内蔵電位 $\psi_{\rm bi}$ と等しい．p–n ダイオードに対して外部から印加された電圧は，p 領域コンタクトのフェルミ準位に対して，n 領域コンタクトのフェルミ準位を相対的にシフトさせる．もし印加された電圧が $\psi_{\rm m}$ を小さくするなら，ダイオードが**順バイアス** (forward bias) されたという．もし印加された電圧が $\psi_{\rm m}$ を増やしたなら，ダイオードが**逆バイアス** (reverse bias) されたという．VLSI デバイスにおける p–n ダイオードでは，順バイアス特性の方が，逆バイアス特性よりも重要である．そこで，慣習として，正印加電圧が順バイアス電圧を意味することとする．物理的には，図 3.1(c) に示すように n 側に対して p 側に正になるように外部電圧が接続されていることを意味する．ポテンシャルの総変化 $\psi_{\rm m}$ と外部印加電圧の関係は

$$\psi_{\rm m}=\psi_{\rm bi}-V_{\rm app} \tag{3.11}$$

と表され，ここで $V_{\rm app}>0$ ではダイオードが順バイアスされ，$V_{\rm app}<0$ では逆バイアスされていることを意味する．

空乏近似モデルは，p–n 接合に外部バイアスがかかっている状況にも適応可能である．空間電荷領域内の可動キャリアの密度がイオン化した不純物濃度に比べて小さい場合，可動キャリアは単に無視でき，空乏近似の結果，すなわち式 (3.6) から (3.10) が適用される．空間電荷領域内の可動キャリアの密度がイオン化不純物濃度に比べて無視できない場合は，可動キャリアをポアソン方程式に含める必要がある．これはバイポーラトランジスタのモデリングで実際によく行われることである (9 章，10 章，11 章参照)．

準中性領域は不純物濃度によって決まる有限の抵抗率をもつ (図 2.10 参照)．有限の抵抗率をもつ領域に電流が流れると電流経路に沿って，IR による電圧低下が起こる．式 (3.11) では，準中性領域での IR による電圧低下は無視できると仮定したので $V_{\rm app}$ は接

合電圧，または空間電荷領域に印加される電圧 V'_{app} と等しい．もし準中性領域における IR による電圧低下が無視できないなら，式 **(3.11)** において V_{app} は V'_{app} で置き換えるべきである．

整流器としての p–n ダイオード　ダイオードが順バイアスされていると，電流を制限していたエネルギー障壁が低くなり，電子が n 側から p 側へ，正孔が p 側から n 側へ注入され，ダイオードに電流が流れる．順方向電流は，V'_{app} に対して指数関数的に増え，非常に大きくなる (3.1.5 項をみよ)．ダイオードが逆バイアスされると，電流を制限するエネルギー障壁は高くなる．電子や正孔の注入による電流は流れず，相対的に小さなバックグラウンド電流やリーク電流だけとなる．そこで，ダイオードは，順バイアスでは伝導し，逆バイアスでは伝導しない，整流電流–電圧特性をもつ．図 3.3 にその様子を示す．電流–電圧特性を決める方程式は，3.1.5 項で導出される．

空乏層容量　印加電圧に小さな変化 $\mathrm{d}V_{\mathrm{app}}$ を与えよう．$\mathrm{d}V_{\mathrm{app}}$ は面積当たり電荷 $\mathrm{d}Q$ を p 側に流し入れるが，これは p 側空乏層の電荷変化に等しい．空乏近似では，すべての可動キャリアは無視しているので，p 側空乏領域の面積当たりの電荷は

$$Q_{\mathrm{d}}(\mathrm{p}\ 側) = -qN_{\mathrm{a}}x_{\mathrm{p}}(V_{\mathrm{app}}) \tag{3.12}$$

と書ける．ここで，p 側空乏層の幅 x_{p} は V_{app} の関数として示した．イオン化されたアクセプタは $-q$ の電荷をもつので，p 側の Q_{d} は負であることに注意しよう．面積当たりの空乏層容量は

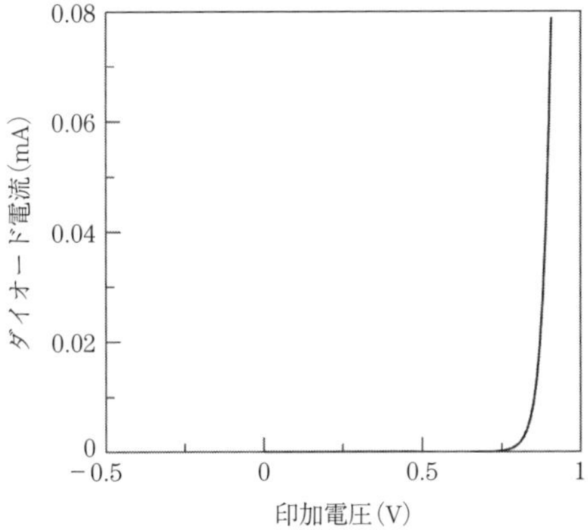

図 **3.3**　印加電圧の関数として示した典型的なシリコンダイオードの電流の線形プロット．線形のプロットでは，逆方向電流は，見えないほど小さい．

$$C_{\mathrm{d}} \equiv \frac{\mathrm{d}Q}{\mathrm{d}V_{\mathrm{app}}} = \frac{\mathrm{d}Q_{\mathrm{d}}(\mathrm{p}\ 側)}{\mathrm{d}V_{\mathrm{app}}} = \frac{\varepsilon_{\mathrm{si}}}{W_{\mathrm{d}}} \tag{3.13}$$

となる．つまり，ダイオードの空乏層容量は平板間距離が W_{d} で誘電率 $\varepsilon_{\mathrm{si}}$ の平行平板コンデンサと等しい．物理的には，印加電圧に応答する電荷が，空乏層内の空間電荷ではなく，空乏層端にいる多数キャリアのみであることによる．

3.1.2.2　片　側　接　合

MOSFET のソースまたはドレインの接合，もしくはバイポーラトランジスタのエミッタ–ベースダイオードのような多くの応用においては，p–n ダイオードの片側は縮退ドーピングされているのに対し，もう一方は低濃度にドーピングされている．この場合，全電圧降下および空乏層は，実質的にダイオードの低濃度ドーピングされた方のみで決まる．これは式 (3.8) から出る $x_{\mathrm{n}} = N_{\mathrm{a}}W_{\mathrm{d}}/(N_{\mathrm{a}} + N_{\mathrm{d}})$，$x_{\mathrm{p}} = N_{\mathrm{d}}W_{\mathrm{d}}/(N_{\mathrm{a}} + N_{\mathrm{d}})$ という関係より容易に推測できる．それゆえ片側 p–n 接合の特性は，低濃度ドーピングされた方の性質だけで主に決まる．ここでは，特性が p 側によって決定される n^{+}–p ダイオードに対する式を導出する．この結果は，p^{+}–n ダイオードにもそのまま拡張できる．

縮退するまでドーピングされた n 型のシリコンに対して，フェルミ準位は伝導帯端にあると仮定するのが良い近似である (2.2.3 項をみよ)．そこで，熱平衡状態で縮退するまでドーピングされた n 側では，$E_{\mathrm{f}} = E_{\mathrm{c}}$ となる．したがって，式 (3.2) と (3.3) からの n^{+}–p ダイオードの内蔵電位は，

$$\begin{aligned} q\psi_{\mathrm{bi}} &= E_{\mathrm{f}} - E_{\mathrm{i,n側}} + kT\ \ln\left(\frac{N_{\mathrm{a}}}{n_{\mathrm{i}}}\right) \\ &= (E_{\mathrm{c}} - E_{\mathrm{i}})_{\mathrm{n側}} + kT\ \ln\left(\frac{N_{\mathrm{a}}}{n_{\mathrm{i}}}\right) \\ &\approx \frac{E_{\mathrm{g}}}{2} + kT\ \ln\left(\frac{N_{\mathrm{a}}}{n_{\mathrm{i}}}\right) \end{aligned} \tag{3.14}$$

で与えられる．ここでは n 側に対して真性フェルミ準位は，伝導帯端と価電子帯端から等距離に位置するとさらに近似している (2.1.4 項をみよ)．図 3.4 は，式 (3.14) の近似を用いて，ψ_{bi} を低濃度側のドーピング濃度の関数としてプロットしたものである．

式 (3.10) と (3.11) から空乏層幅は，

$$W_{\mathrm{d}} = \sqrt{\frac{2\varepsilon_{\mathrm{si}}(\psi_{\mathrm{bi}} - V_{\mathrm{app}})}{qN_{\mathrm{a}}}} \tag{3.15}$$

で表される．ここでもしダイオードが順バイアスされているなら $V_{\mathrm{app}} > 0$ であり，逆バイアスされているなら $V_{\mathrm{app}} < 0$ である．面積当たりの空乏層容量は式 (3.13) によって与えられる．図 3.5 は $V_{\mathrm{app}} = 0$ において，ドーピング濃度の関数として空乏層幅と容量をプロットしたものである．準中性領域における IR による電圧低下が無視できない場合には，式 (3.15) の V_{app} は V'_{app} で置き換えるべきであることに再度注意しよう．

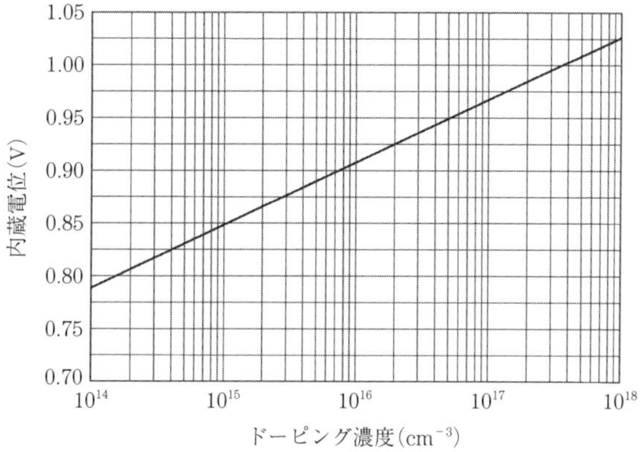

図 3.4　低濃度側のドーピング濃度に対する片側 p–n 接合の内蔵電位

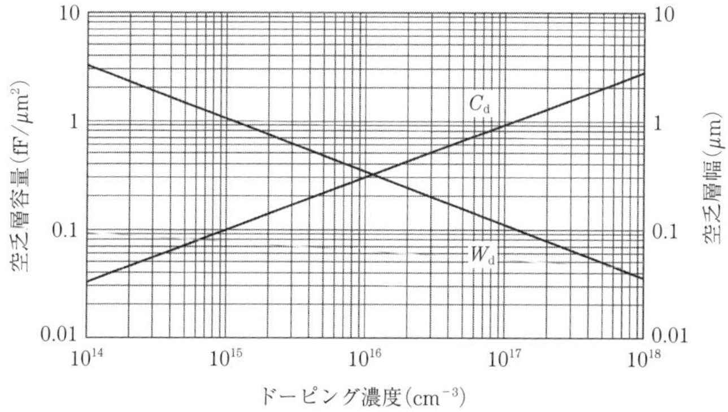

図 3.5　片側 p–n 接合の低濃度側のドーピング濃度に対する，ゼロバイアス時の空乏層幅と空乏層容量

3.1.2.3　薄い i 層をもつ p–i–n ダイオード

現代の VLSI デバイスは，いくつかの p–n ダイオードでは，その空乏領域内部を非常に高電界にして動作させている．実際，接合電界はしばしばとても高いので，なだれ増倍やホットキャリア効果などの好ましくない高電界効果により，達成可能なデバイスや回路の性能が制限されている．ダイオード内の高電界によって課される制限を克服するためにデバイス設計者はしばしば，薄いが低濃度の領域を p 領域と n 領域の間に挿入している．これは，ドープ層のエピ成長の間に低濃度の層をはさんだり，イオン注入または拡散によって接合付近のドーピング濃度勾配をゆるくすることによって実現できる．低濃度ドーピング層が真性あるいはアンドープであると仮定する，つまり，i 層であると仮定することによって，上記のようなダイオード構造の解析が非常に簡単化される．こ

れは，i 層における正味の電荷密度が p 層または n 層のどちらの空間電荷に対しても数分の 1 以下である場合，接合電界への i 層電荷の寄与が無視できるので，実際悪い近似ではない．図 3.6 は，そのような p–i–n ダイオードの電荷分布を示している．それに対応するポアソン方程式は下記のようになる．

$$-\frac{\mathrm{d}^2\psi_\mathrm{i}}{\mathrm{d}x^2} = \frac{qN_\mathrm{d}}{\varepsilon_\mathrm{si}} \qquad (d < x < x_\mathrm{n}) \tag{3.16}$$

$$-\frac{\mathrm{d}^2\psi_\mathrm{i}}{\mathrm{d}x^2} = 0 \qquad (0 < x < d) \tag{3.17}$$

$$-\frac{\mathrm{d}^2\psi_\mathrm{i}}{\mathrm{d}x^2} = -\frac{qN_\mathrm{a}}{\varepsilon_\mathrm{si}} \qquad (-x_\mathrm{p} < x < 0) \tag{3.18}$$

これらの方程式は式 (3.6), (3.7) と同じようにして解くことができる．$x = -x_\mathrm{p}$, $x = x_\mathrm{n}$ で，電界はゼロという境界条件の下に，方程式を 1 回積分すると，

$$\mathcal{E}_\mathrm{m} = \frac{qN_\mathrm{a}x_\mathrm{p}}{\varepsilon_\mathrm{si}} = \frac{qN_\mathrm{d}(x_\mathrm{n} - d)}{\varepsilon_\mathrm{si}} \tag{3.19}$$

が得られる．ここで $\mathcal{E}_\mathrm{m}$ は，$0 \leq x \leq d$ の領域に存在する最大電界である．方程式を 2 回積分すると，接合をまたがる全ポテンシャル降下 ψ_m が求められ，

$$\psi_\mathrm{m} = \frac{\mathcal{E}_\mathrm{m}(W_\mathrm{d} + d)}{2} \tag{3.20}$$

となる．ここで $W_\mathrm{d} = x_\mathrm{n} + x_\mathrm{p}$ は，全空乏層幅である．式 (3.19) と (3.20) から $\mathcal{E}_\mathrm{m}$ を消去すると，

$$W_\mathrm{d} = \sqrt{\frac{2\varepsilon_\mathrm{si}(N_\mathrm{a} + N_\mathrm{d})\,\psi_\mathrm{m}}{qN_\mathrm{a}N_\mathrm{d}} + d^2} \tag{3.21}$$

となる．p 側と n 側で同じドーピング濃度をもつダイオードで，同じ外部印加電圧での i 層のあるものとないもので比較をしてみよう．これらの二つのダイオードは同じ ψ_m をもっている．式 (3.21) から i 層のあるダイオードに対して，

$$W_\mathrm{d} = \sqrt{{W_\mathrm{d0}}^2 + d^2} \tag{3.22}$$

となる．ここで W_d0 は式 (3.10) によって与えられる i 層のないダイオードに対する空

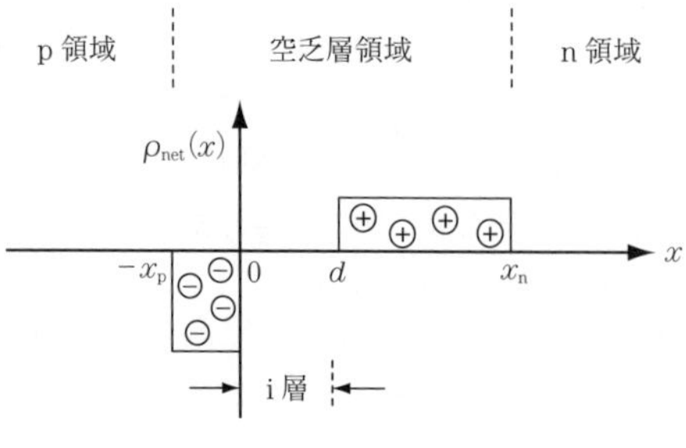

図 3.6　p–i–n ダイオードの電荷分布

乏層幅である．したがって，

$$\frac{W_{\mathrm{d}}}{W_{\mathrm{d0}}} = \sqrt{1 + \frac{d^2}{{W_{\mathrm{d0}}}^2}} \tag{3.23}$$

が得られる．i 層のないダイオードに対する最大電界を $\mathcal{E}_{\mathrm{m0}}$ とすると，式 (3.9) と (3.20) から，

$$\frac{\mathcal{E}_{\mathrm{m}}}{\mathcal{E}_{\mathrm{m0}}} = \frac{W_{\mathrm{d0}}}{W_{\mathrm{d}} + d} = \sqrt{1 + \frac{d^2}{{W_{\mathrm{d0}}}^2}} - \frac{d}{W_{\mathrm{d0}}} \tag{3.24}$$

と電界比が得られる．このように，非常に低濃度のドーピング層をダイオードの p 領域と n 領域の間に挿入することによって，接合の最大電界を減少させることができる．二つのダイオードに対する空乏層の電荷の比はガウスの法則によって，

$$\frac{Q_{\mathrm{d}}}{Q_{\mathrm{d0}}} = \frac{\mathcal{E}_{\mathrm{m}}}{\mathcal{E}_{\mathrm{m0}}} = \sqrt{1 + \frac{d^2}{{W_{\mathrm{d0}}}^2}} - \frac{d}{W_{\mathrm{d0}}} \tag{3.25}$$

となる．ここで Q_{d0} は，i 層のないダイオードに対する空乏層の電荷である．

面積当たりの空乏層容量は式 (3.13)，つまり $\mathrm{d}Q_{\mathrm{d}}$(p 側)$/\mathrm{d}V_{\mathrm{app}}$ から計算でき，下式で与えられる．

$$C_{\mathrm{d}} = \frac{\varepsilon_{\mathrm{si}}}{W_{\mathrm{d}}} \tag{3.26}$$

接合空乏層容量と空乏層幅の関係は，i 層のある場合でもない場合でもまったく同じである．これは，容量が平板間の固定電荷分布でなく平板間の距離によって決まる平行平板コンデンサの物理描像から予測される．i 層をもつダイオードともたないダイオードの容量比は，

$$\frac{C_{\mathrm{d}}}{C_{\mathrm{d0}}} = \frac{W_{\mathrm{d0}}}{W_{\mathrm{d}}} = \frac{1}{\sqrt{1 + d^2/{W_{\mathrm{d0}}}^2}} \tag{3.27}$$

となる．ここで，$C_{\mathrm{d0}} = \varepsilon_{\mathrm{si}}/W_{\mathrm{d0}}$ は，i 層をもたないダイオードの空乏層容量である．

3.1.3 擬フェルミポテンシャルの位置による変動

p–n ダイオードの電流–電圧特性を考える際には，真性フェルミポテンシャルのかわりに，擬フェルミポテンシャルを用いると便利である．電流密度と擬フェルミポテンシャルは，式 (2.77)〜(2.81) により与えられる．以下に再掲する．

$$J_{\mathrm{n}}(x) = -qn(x)\,\mu_{\mathrm{n}}(x)\frac{\mathrm{d}\phi_{\mathrm{n}}(x)}{\mathrm{d}x} \tag{3.28}$$

$$J_{\mathrm{p}}(x) = -qp(x)\,\mu_{\mathrm{p}}(x)\frac{\mathrm{d}\phi_{\mathrm{p}}(x)}{\mathrm{d}x} \tag{3.29}$$

ここで

$$\phi_{\mathrm{n}}(x) \equiv \psi_{\mathrm{i}}(x) - \frac{kT}{q}\ln\left[\frac{n(x)}{n_{\mathrm{i}}}\right] \tag{3.30}$$

は電子の擬フェルミポテンシャル，

$$\phi_p(x) \equiv \psi_i(x) + \frac{kT}{q} \ln \left[\frac{p(x)}{n_i} \right] \tag{3.31}$$

は正孔の擬フェルミポテンシャルであり，ψ_i は静電ポテンシャルである．擬フェルミポテンシャルを用いた際には，pn 積は以下の式で表される．

$$p(x)\,n(x) = {n_i}^2 \exp\left\{ \frac{q[\phi_p(x) - \phi_n(x)]}{kT} \right\} \tag{3.32}$$

式 (3.28) から (3.32) を書くときに変数の x 依存性を明示的に示している．

p–n ダイオードの少数キャリア密度や電流の流れの式を導く際に使用する座標系についての注意点を示す．図 3.1，3.2，3.6 のような p–n ダイオードの模式図では，その名の通り，p 領域は n 領域の左側に配置されるのが普通である．文献では，p–n ダイオードにおける少数キャリア電流の流れに関する電流方程式の導出において，左側から右側に注入されるキャリアを検討する．そこで，考慮された少数キャリアが左から右へ，すなわち x 方向に流れるようにすることが一般的である．つまり，少数キャリアの電流方程式は，通常，n 側に流れる正孔について導かれる (Shockley, 1950; Sah, 1966 など参照)．その結果得られた少数正孔の電流方程式は，p–n–p バイポーラトランジスタのベースに流れる正孔電流の記述にそのまま適用可能である．**しかし，最近の縦型バイポーラトランジスタは n–p–n 型であり**，そのエミッタ–ベースダイオードは片側の $\mathrm{n^+}$–p ダイオードである．したがって，少数キャリア密度と電流の導出には，一般的な p–n ダイオードの概略図ではなく，図 3.7 の $\mathrm{n^+}$–p ダイオードの概略図を参照することにする．ダイオードの物理的な洞察は，使用するダイオードの概略図に関係なく同じであるが，結果の方程式は，9，10，11 章で示す最新の n–p–n バイポーラトランジスタの記述とモデリングに直接適用することができる．

理論では，ダイオードの電流–電圧特性は式 (3.28) から (3.32) を併せて解けば良い．しかしながら，電子，正孔密度および電流に関して印加電圧に対する単純，かつ解析的な方程式が，いくつかの近似と仮定の下で得ることができる．ここでは，これらの近似値や仮定が，後にダイオードの電圧に対する挙動を記述する方程式を得るために使用できる物理的根拠について説明する．

準中性　2.4.4.1 目で述べたように，多数キャリアの応答時間は 10^{-12} 秒のオーダーである．後で示す (図 3.14(b) 参照) ように，この時間は典型的な少数キャリアの寿命時間に比べて非常に短い．したがって，ドープしたシリコン領域に少数キャリアが注入されると，多数キャリアは，電荷の準中性条件を保つようにほぼ即座に応答する．たとえば，順バイアスされたダイオードの p 領域を考えよう．電子が n 側から注入されて起こる p 領域での電子密度の変化は，準中性を保つように $\Delta p_p(x) = \Delta n_p(x)$ のような正孔密度の変化をすぐさま起こす．同様に，順バイアスされたダイオードの n 領域では，$\Delta p_n(x) = \Delta n_n(x)$ が得られる．

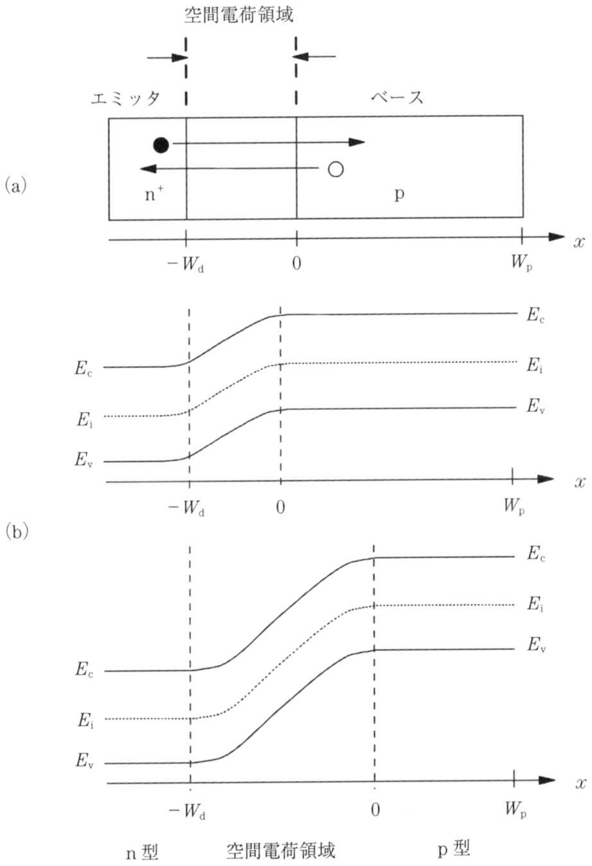

図 3.7 幅 W_d の空間電荷層をもつ n^+–p ダイオードの模式図．準中性 p 領域は $x = 0$ から $x = W_p$ まで広がっている．n 側の空間電荷領域の境界は，$x = -W_d$ に位置する．(a) 物理構造の模式図．(b) ダイオードが順バイアスの場合 (上) と逆バイアスの場合 (下) のエネルギーバンドの概略図．

低水準注入　もし注入される電子密度が，多数キャリア密度より小さい場合は，順バイアス電圧が p–n ダイオードでの少数キャリアの低水準注入を起こしたとされる．低水準注入では，しばしば解析解が得られ，p–n ダイオードの動作に深い考察が得られる．**とくに断らない限り，すべての説明には低水準注入を仮定する．**

高水準注入　もし注入される電子密度が，多数キャリア密度より大きい場合は，順バイアス電圧が p–n ダイオードでの少数キャリアの高水準注入を起こしたとされる．高レベルの注入が発生すると，空間電荷領域の境界はもはや十分に定義できなくなる．通常，ダイオードの任意の点における電子と正孔の密度を決定するためには，式 (3.28)～(3.32) を用いて数値シミュレーションを行う．

3.1.3.1 準中性領域における多数キャリアの擬フェルミポテンシャルの空間的変化と IR による電圧降下

図 3.7 で示されたダイオードの準中性 p 領域を考えよう．バイアスはダイオードに電流をつくり，準中性 p 領域にも n 領域にも電流が通っていく．p 領域に正孔電流が流れると，式 (3.29) に従って ϕ_p が変化する．すなわち

$$d\phi_p(x) = -\frac{J_p(x)}{qp_p(x)\mu_p(x)}dx \qquad (\text{p 領域}) \tag{3.33}$$

となる．式 (3.33) を $x = 0$ (空乏層端) から $x = W_p$ (p 領域のコンタクト) まで積分すると，

$$\phi_p(W_p) - \phi_p(0) = -\int_0^{W_p} \frac{J_p(x)}{qp_p(x)\,\mu_p(x)}dx = \int_{W_p}^0 J_p(x)\rho_p(x)\,dx \tag{3.34}$$

が得られる．ここで，$\rho_p = 1/qp_p\mu_p$ は p 領域の抵抗率である [式 (2.37) を参照]．式 (3.34) は，2 点間の多数キャリア擬フェルミポテンシャルの差が，2 点間の IR 降下に等しいことを端的に表している．

任意の点での傾き $d\phi_p/dx$ は，式 (3.29) で示されるように正孔電流密度で決まる．順バイアスのダイオードでは，p 領域から出た正孔は n 領域に至り，拡散によって流れ続ける．3.1.3.2 目で，p 側の空間電荷領域境界 ($x = 0$) の $d\phi_p/dx$ は，n 側の空間電荷領域境界 ($x = -W_d$) の $d\phi_p/dx$ と関係があり，それは

$$\left.\frac{d\phi_p(x)}{dx}\right|_{x=0} \ll \frac{kT}{qL_p} \qquad (\text{p 領域}) \tag{3.35}$$

となることが示される．ここで，L_p は n 領域での正孔拡散長である．L_p は $N_d = 1 \times 10^{17}\,\text{cm}^{-3}$ の場合の約 100 μm (このとき $kT/qL_p = 0.26\,\text{mV}/\mu\text{m}$) から，$N_d = 1 \times 10^{19}\,\text{cm}^{-3}$ の場合の約 3 μm (このとき $kT/qL_p = 9\,\text{mV}/\mu\text{m}$) まで変わる．すなわち，$[d\phi_p/dx]_{x=0} \ll 10\,\text{mV}/\mu\text{m}$ である．この傾きは，空間電荷層の電位変化約 10 V/μm (内蔵電位約 1 V，空乏層幅約 0.1 μm) に比べて小さい (図 3.4，3.5 参照)．同様の結論が n 領域の ϕ_n にも当てはまる．その結果，順バイアスのダイオードのエネルギーバンド図では，p 領域と n 領域でそれぞれ ϕ_p と ϕ_n が比較的平らに**見える**．逆バイアス p–n ダイオードの場合，電子と正孔の電流は無視できるので，ϕ_p と ϕ_n はそれぞれ p 領域と n 領域で平坦である．

3.1.3.2 準中性領域における少数キャリアの擬フェルミポテンシャルの空間的変化

図 3.7 のダイオードの p 領域における $\phi_{\mathrm{n}}(x)$ の空間的な変化を見てみよう．準中性領域である p 領域では，電子の輸送は拡散，すなわち式 (2.103) で決まる．

$$\frac{\mathrm{d}^2 n_{\mathrm{p}}(x)}{\mathrm{d}x^2} - \frac{n_{\mathrm{p}}(x) - n_{\mathrm{p0}}}{{L_{\mathrm{n}}}^2} = 0 \tag{3.36}$$

ここで

$$L_{\mathrm{n}} \equiv \sqrt{\tau_{\mathrm{n}} D_{\mathrm{n}}} = \sqrt{\frac{kT\mu_{\mathrm{n}}\tau_{\mathrm{n}}}{q}} \tag{3.37}$$

は，p 領域の電子拡散長である．式 (3.36) を解くと，p 領域における少数電子分布は次のようになる．

$$n_{\mathrm{p}}(x) - n_{\mathrm{p}}(W_{\mathrm{p}}) = [n_{\mathrm{p}}(0) - n_{\mathrm{p}}(W_{\mathrm{p}})]\frac{\sinh[(W_{\mathrm{p}} - x)/L_{\mathrm{n}}]}{\sinh(W_{\mathrm{p}}/L_{\mathrm{n}})} \tag{3.38}$$

ここで，$n_{\mathrm{p}}(0)$ は $x = 0$ に位置する空間電荷領域境界の少数電子密度である．$x = W_{\mathrm{p}}$ の p コンタクトでは電子密度は平衡少数電子密度 n_{p0} に等しく，すなわち，$n_{\mathrm{p}}(W_{\mathrm{p}}) = n_{\mathrm{p0}}$ となる．式 (3.38) は，平衡時からの比 $n_{\mathrm{p}}(0)/n_{\mathrm{p0}} > 1$ となった順バイアス，$n_{\mathrm{p}}(0)/n_{\mathrm{p0}} < 1$ となった逆バイアスのどちらにも適用できる．

一様にドープされた p 領域では，ψ_{i} は x に依存しないので，式 (3.30) は次のようになる．

$$\begin{aligned}\phi_{\mathrm{n}}(x) - \phi_{\mathrm{n}}(W_{\mathrm{p}}) &= \psi_{\mathrm{i}}(x) - \psi_{\mathrm{i}}(W_{\mathrm{p}}) - \frac{kT}{q}\ln\left[\frac{n_{\mathrm{p}}(x)}{n_{\mathrm{i}}}\right] + \frac{kT}{q}\ln\left[\frac{n_{\mathrm{p0}}}{n_{\mathrm{i}}}\right]\\ &= -\frac{kT}{q}\ln\left[\frac{n_{\mathrm{p}}(x)}{n_{\mathrm{p0}}}\right]\\ &= -\frac{kT}{q}\ln\left\{\left[\frac{n_{\mathrm{p}}(0)}{n_{\mathrm{p0}}} - 1\right]\frac{\sinh[(W_{\mathrm{p}} - x)/L_{\mathrm{n}}]}{\sinh(W_{\mathrm{p}}/L_{\mathrm{n}})} + 1\right\}\end{aligned} \tag{3.39}$$

ここで，平衡時からの比 $n_{\mathrm{p}}(x)/n_{\mathrm{p0}}$ には式 (3.38) を用いている．式 (3.39) は準中性 p 領域内での ϕ_{n} の変化を決めている．空間電荷領域の境界では，ϕ_{n} の勾配は

$$\left.\frac{\mathrm{d}\phi_{\mathrm{n}}(x)}{\mathrm{d}x}\right|_{x=0} = \frac{kT}{qL_{\mathrm{n}}\tanh(W_{\mathrm{p}}/L_{\mathrm{n}})}\left[1 - \frac{n_{\mathrm{p0}}}{n_{\mathrm{p}}(0)}\right] \tag{3.40}$$

である．

図 3.8(a) は，広い $(W_{\mathrm{p}}/L_{\mathrm{n}} = 10)$ p 領域での x/W_{p} の関数として，kT/q で規格化した $\phi_{\mathrm{n}}(x) - \phi_{\mathrm{n}}(W_{\mathrm{p}})$ のプロットを示したものである．エネルギーバンド図から，図 3.8(a) は，$\{[-q\phi_{\mathrm{n}}(x)] - [-q\phi_{\mathrm{n}}(W_{\mathrm{p}})]\}$ は順バイアス時には正で，$x = 0$ の空間電荷領域境界で最大になり，そこから，数 L_{n} 程度離れたところでゼロに向かって減少することを示している．逆バイアスでは，図 3.8(a) に示すように，$\{[-q\phi_{\mathrm{n}}(x)] - [-q\phi_{\mathrm{n}}(W_{\mathrm{p}})]\}$ は負

(a)

(b)

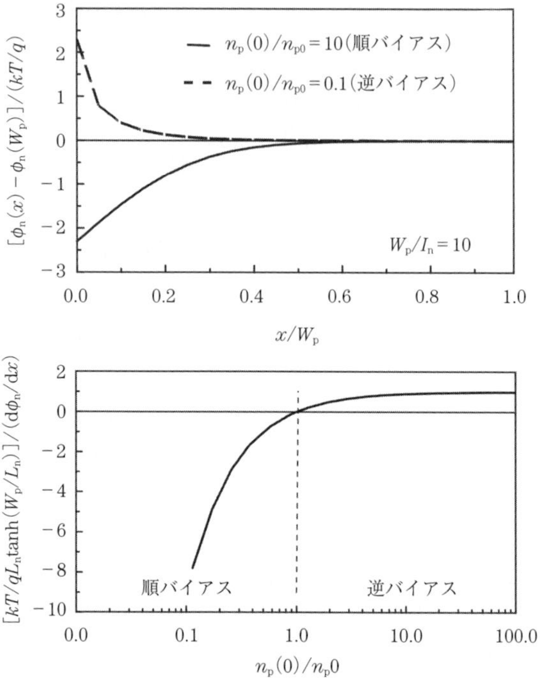

図 3.8　(a) 広い p 領域で kT/q で規格化した，x/W_p の関数としての $\phi_\mathrm{n}(x) - \phi_\mathrm{n}(W_\mathrm{p})$．(b) $kT/qL_\mathrm{n} \tanh(W_\mathrm{p}/L_\mathrm{n})$ で規格化した，平衡時からの比 $n_\mathrm{p}(0)/n_\mathrm{p0}$ の関数としての $x = 0$ での傾き $\mathrm{d}\phi_\mathrm{n}(x)/\mathrm{d}x$ [$W_\mathrm{p} > 2L_\mathrm{n}$ のダイオードの場合，$\tanh(W_\mathrm{p}/L_\mathrm{n}) \approx 1$ であり，y 軸の単位は単に kT/qL_n となる]．(a)，(b) ともに，$n_\mathrm{p}(0)/n_\mathrm{p0} > 1$ は順バイアス，$n_\mathrm{p}(0)/n_\mathrm{p0} < 1$ は逆バイアスの場合である．

となり，$x = 0$ の空間電荷領域境界で差が最大で，数 L_n 以内でゼロに向かって減少していくことがわかる．

図 3.8(b) は，傾き $[\mathrm{d}\phi_\mathrm{n}(x)/\mathrm{d}x]_{x=0}$ を $kT/qL_\mathrm{n} \tanh(W_\mathrm{p}/L_\mathrm{n})$ で規格化して，比率 $n_\mathrm{p}(0)/n_\mathrm{p0}$ の関数としてプロットしたものである．順バイアスでは，傾きは正で，順バイアスとともに増加するが，$n_\mathrm{p}(0)/n_\mathrm{p0}$ が約 8，つまり約 $2kT/q$ の順バイアス電圧に相当するとき，はやくも $kT/qL_\mathrm{n} \tanh(W_\mathrm{p}/L_\mathrm{n})$ の飽和値，すなわち広い p 領域 ($W_\mathrm{p} \gg L_\mathrm{n}$) における kT/qL_n となる．

このとき，空間電荷領域境界での n 領域における多数キャリアである電子の擬フェルミポテンシャルの傾き $[\mathrm{d}\phi_\mathrm{n}(x)/\mathrm{d}x]_{x=-W_\mathrm{d}}$ を調べることは有益である．式 (3.28) より，順バイアス時に n^+ 領域を出る電子の電流密度は

$$J_\mathrm{n}(x = -W_\mathrm{d}) = -qn_\mathrm{n}\mu_\mathrm{n} \left.\frac{\mathrm{d}\phi_\mathrm{n}(x)}{\mathrm{d}x}\right|_{x=-W_\mathrm{d}} \tag{3.41}$$

となる．空間電荷領域での生成–再結合を無視すれば，式 (3.41) は領域に入る少数キャリアとなった電子電流密度 $J_n(x=0)$ と同じになるはずである．すなわち

$$n_n \frac{d\phi_n(x)}{dx}\bigg|_{x=-W_d} = n_p(0)\frac{d\phi_n(x)}{dx}\bigg|_{x=0} \tag{3.42}$$

となる．低注入時では $n_p(0) \ll n_n$ であるから，$[d\phi_n(x)/dx]_{x=-W_d}$ は $[d\phi_n(x)/dx]_{x=0}$ よりずっと小さい，つまり kT/qL_n よりずっと小さい (Shockley, 1950)．傾き $d\phi_p(x)/dx$ についても同じ結論が導き出せる．この結果は，先の式 (3.35) の正当化に用いられた．

図 3.8(b) から p 領域の傾き $[d\phi_n(x)/dx]_{x=0}$ が逆バイアスで負になっていることもわかる．この傾きの大きさは逆バイアスが大きくなるにつれて大きくなる．この点については，3.1.3.3 目でさらに議論を深めることにしよう．

3.1.3.3 空間電荷領域にわたる擬フェルミポテンシャルの空間的変化

次に，空間電荷領域におけるポテンシャルの差 $\phi_n(-W_d) - \phi_n(0)$ を V_{app} の関数として評価しよう．式 (3.3) と (3.11) から，

$$\Delta\psi_i \equiv \psi_i(-W_d) - \psi_i(0) = \psi_{bi} - V_{app} = \frac{kT}{q}\ln\left(\frac{N_d N_a}{{n_i}^2}\right) - V_{app} \tag{3.43}$$

になる．ここで，生成–再結合電流を無視すると，空間電荷領域の電子電流密度は一定となり，次式で与えられる．

$$J_n = -q\mu_n n_p(0)\,\frac{d\phi_n(x)}{dx}\bigg|_{x=0} = \frac{-kT\mu_n[n_p(0) - n_{p0}]}{L_n \tanh(W_p/L_n)} \tag{3.44}$$

ここで，式 (3.40) を用いている．

式 (2.75) から，電子密度は次のように書ける．

$$n(x) = n_i e^{q[\psi_i(x) - \phi_n(x)]/kT} \tag{3.45}$$

これを式 (3.28) に代入すると，次のようになる．

$$e^{-q\phi_n(x)/kT} d\phi_n = \frac{-J_n(x)}{q\mu_n n_i} e^{-q\psi_i(x)/kT} dx \tag{3.46}$$

式 (3.46) を J_n が一定である $x = -W_d$ から $x = 0$ まで積分すると，次のようになる．

$$\begin{aligned} e^{-q\phi_n(0)/kT} - e^{-q\phi_n(-W_d)/kT} &= \frac{J_n}{kT\mu_n n_i}\int_{-W_d}^{0} e^{-q\psi_i(x)/kT} dx \\ &= -\frac{\delta[n_p(0) - n_{p0}]\, e^{-q\psi_i(0)/kT}}{n_i} \end{aligned} \tag{3.47}$$

ここで

$$\delta \equiv \frac{1}{L_n \tanh(W_p/L_n)} \int_{-W_d}^{0} e^{q[\psi_i(0)-\psi_i(x)]/kT} dx \tag{3.48}$$

を定義している．ここで

$$\frac{n_p(0)}{n_{p0}} = \frac{e^{qV_{app}/kT} + \delta}{1+\delta} \tag{3.49}$$

と

$$\phi_n(-W_d) - \phi_n(0) = \Delta\psi_i - \frac{kT}{q} \ln\left[\frac{N_d}{n_p(0)}\right] = \frac{kT}{q} \ln\left[\frac{1+\delta e^{-qV_{app}/kT}}{1+\delta}\right] \tag{3.50}$$

を示すことは読者の宿題としよう．式 (3.50) は順バイアス ($V_{app} > 0$) と逆バイアス ($V_{app} < 0$) に適用可能である．パラメータ δ は，$\phi_i(x)$，W_d，V_{app} の関係がわかれば，式 (3.48) を必要に応じて数値積分することにより求めることができる．図 3.7(b) から容易に推測できるのは，$\phi_i(0) - \phi_i(x)$ が空間電荷領域で負となるため，式 (3.48) の積分が W_d より小さくなることである．すなわち $\delta < W_d/L_n \tanh(W_p/L_n)$ となる．一般的なシリコンダイオードの場合，$\delta \ll 1$ である．

具体的な例として，図 3.7 の n^+–p ダイオードを考えてみよう．空間電荷領域の静電ポテンシャルはポアソン方程式で決まる．

$$\frac{d^2\psi_i}{dx^2} = \frac{q}{\varepsilon_{si}} N_a \tag{3.51}$$

ここで，イオン化したアクセプタの密度に比べて可動電子の密度を無視したが，これは低水準注入近似では妥当である．式 (3.51) は 2 回積分することで次のようになる．

$$\psi_i(x) = \frac{qN_a}{2\varepsilon_{si}} x^2 + \psi_i(0) \tag{3.52}$$

式 (3.15) より，以下のようになる．

$$W_d = \sqrt{\frac{2\varepsilon_{si}\Delta\psi_i}{qN_a}} \tag{3.53}$$

ここで，$\Delta\psi_i$ は式 (3.43) で与えられる．式 (3.43)，(3.52)，(3.53) を用いて，式 (3.48) を数値積分して V_{app} の関数としてパラメータ δ を求め，それを用いて $n_p(0)/n_{p0}$ と $\phi_n(-W_d) - \phi_n(0)$ を V_{app} の関数として求めることができる．

図 3.9(a) と図 3.9(b) はポテンシャル差 $\phi_n(-W_d) - \phi_n(0)$ を V_{app} の関数としてプロットしたものである．この図から，差は 2 つの領域に分かれていることがわかる．順バイアスの場合，差は実質的にゼロである (拡大するとわずかにマイナスである)．つまり，**$\boldsymbol{\phi_n(x)}$ と $\boldsymbol{\phi_p(x)}$ は，順バイアスでは空間電荷層全体で実質的に平坦である**．

逆バイアスでは，$\phi_n(-W_d) - \phi_n(0)$ は $|V_{app}|$ とともに増加し，図 3.10(b) に示すよ

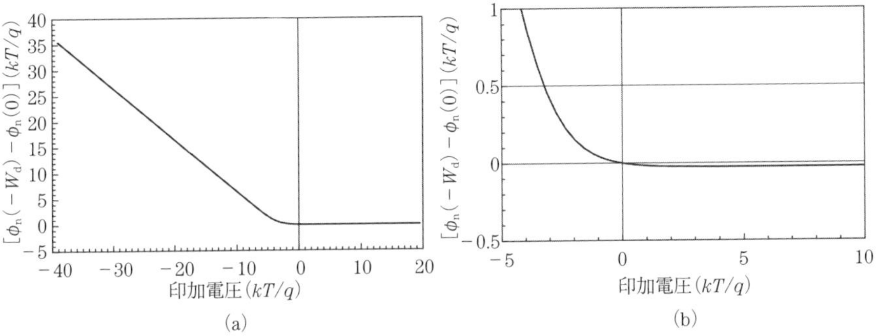

図 3.9 (a) 空間電荷領域での ϕ_n のプロット，すなわち，図 3.7 のダイオードにおいて式 (3.50) で与えられる V_{app} の関数としてのポテンシャル差 $\phi_n(-W_d)-\phi_n(0)$．$V_{app}>0$ は順バイアス，$V_{app}<0$ は逆バイアスの場合である．仮定としては：$N_d = 1\times 10^{20}\ \mathrm{cm}^{-3}$ (n^+ 領域)；$N_a = 1\times 10^{18}\ \mathrm{cm}^{-3}$，$L_n = 20\ \mu\mathrm{m}$，$W_p = 1\ \mu\mathrm{m}$ (p 領域) である．(b) (a) と同じプロットだが，$V_{app}=0$ 付近で拡大したもの．

うに，まず数 kT/q までの $|V_{app}|$ では比較的ゆっくり増加する．さらに逆バイアスを増加させると，差分 $\phi_n(-W_d)-\phi_n(0)$ は逆バイアスによって急激に増加することがわかる．図 3.10(a) は，$|V_{app}|>4kT/q$ で $|V_{app}|$ の増加に一対一で線形に追従する差分を示している．$V_{app}=-40kT/q$ のときの差 $\phi_n(-W_d)-\phi_n(0)$ は $36kT/q$ である．この結果は図 3.8(b) と一致し，接合部での逆バイアスの増加とともに傾き $[\mathrm{d}\phi_n(x)/\mathrm{d}x]_{x=0}$ の大きさが増加することがわかる．

エネルギーバンド図から，図 3.9 の結果は逆バイアスされたダイオードにおいて次のようなことを示唆している．逆バイアス電圧を $V_{app}=40kT/q$ とし，$x=W_p$ の p 領域コンタクトから $x=-W_d$ の n 側空間電荷領域境界まで $\phi_n(x)$ をたどると，p 領域での差 $\phi_n(0)-\phi_n(W_p)$ は約 $4kT/q$，空間電荷層での差 $\phi_n(-W_d)-\phi_n(0)$ は約 $36kT/q$ となる．つまり，**逆バイアスされたダイオードでは，実質的にすべての $\boldsymbol{\phi_n}$ と $\boldsymbol{\phi_p}$ の変化が空間電荷領域を横切って起こる**．

Yang と Schroder (2012) によって，逆バイアスされた p–n 接合では，空間電荷領域内の ϕ_n と ϕ_p はバンド端である E_c と E_v の間にあることが示された．このことと，図 3.8 と図 3.9 のプロットの考察から，一般的な p–n ダイオードの $\phi_n(x)$ と $\phi_p(x)$ の空間変化は，図 3.10 に模式的に示すようなものだと考えられる．

3.1.4 ダイオード方程式

図 3.10 に示すようなエネルギーバンドと擬フェルミ準位をもつ一般的な p–n ダイオードを考える．ダイオードが順バイアスの場合，ダイオード端子間の電圧 V_{app}，空間電荷領域間の電圧 V'_{app}，および擬フェルミポテンシャルは，次の関係で表される．

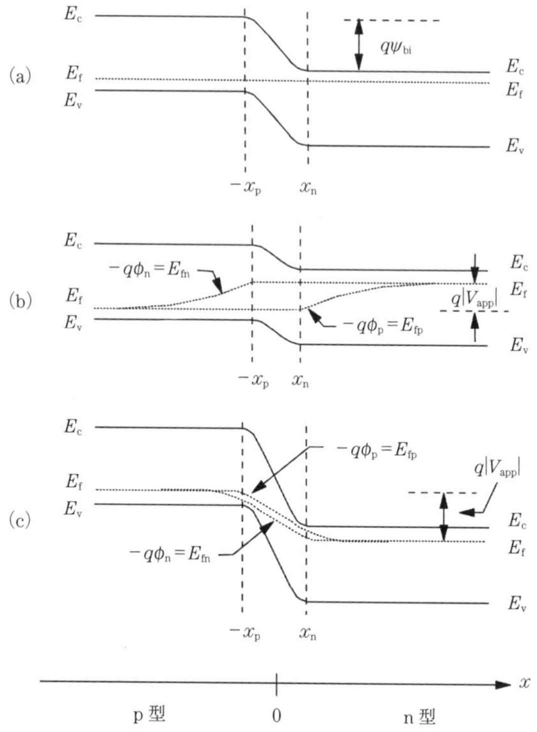

図 3.10　一般的な p–n ダイオード中での位置を関数とした，正孔の擬フェルミポテンシャル ϕ_p と電子の擬フェルミポテンシャル ϕ_n の変化の様子．(a) $V_{app} = 0$ での熱平衡状態でのダイオード．(b) 準中性領域での IR による電圧降下が無視できる場合の順バイアスされたダイオード ($V_{app} > 0$)．(c) 逆バイアスされたダイオード ($V_{app} < 0$)．

$$\begin{aligned} V'_{app} &\equiv V_{app} - IR(\text{p 側}) - IR(\text{n 側}) \\ &= V_{app} - [\phi_p(\text{p 接触}) - \phi_p(-x_p)] - [\phi_n(x_n) - \phi_n(\text{n 接触})] \\ &= \phi_p(-x_p) - \phi_n(x_n) \end{aligned} \tag{3.54}$$

V'_{app} は接合電圧または真性電圧ともよばれる．式 (3.54) では，3.1.3.1 目と 3.1.3.3 目の結果を用いている．したがって，空間電荷領域境界の p 側の電子については，式 (3.32) から次のようになる．

$$\begin{aligned} n_p(-x_p) &= \frac{{n_i}^2}{p_p(-x_p)} \exp\{q[\phi_p(-x_p) - \phi_n(-x_p)]/kT\} \\ &= \frac{{n_i}^2}{p_p(-x_p)} \exp\{q[\phi_p(-x_p) - \phi_n(x_n)]/kT\} \qquad \text{(順バイアス)} \end{aligned}$$

$$= \frac{{n_\mathrm{i}}^2}{p_\mathrm{p}(-x_\mathrm{p})} \exp(qV'_\mathrm{app}/kT) \tag{3.55}$$

同様に，空間電荷領域境界の n 側にある正孔に対しては

$$p_\mathrm{n}(x_\mathrm{n}) = \frac{{n_\mathrm{i}}^2}{n_\mathrm{n}(x_\mathrm{n})} \exp(qV'_\mathrm{app}/kT) \qquad \text{(順バイアス)} \tag{3.56}$$

となる．式 (3.55) と (3.56) は，**p–n ダイオードの動作を支配する最も重要な境界条件である**．これらは，準中性領域の空間電荷領域境界における少数キャリア密度を，多数キャリア密度および空間電荷領域の電圧に関連づけるものである．式 (3.55) と (3.56) は，しばしば**ショックレーのダイオード方程式** (Shockley diode equation) (Shockley, 1950) とよばれている．

V'_app と V_app の区別は，寄生抵抗が無視できず，そこに大きな電流が発生する場合，たとえばバイポーラトランジスタでの順バイアスされたエミッタ–ベースダイオードでは重要である．ほとんどの場合，寄生抵抗は，抵抗値がゼロの真性ダイオードに直列に接続された抵抗としてモデル化することができ，V'_app と V_app の差を容易に定量化することができる．**式 (3.55)，(3.56) を用いて電流–電圧特性の式を導出する際には，式の書き方を簡単にするため，$\boldsymbol{V'_\mathrm{app}}$ と $\boldsymbol{V_\mathrm{app}}$ の区別をしない**．V'_app と V_app の区別は，重要であり，そうすべきときに指摘することとする．

3.1.4.1　p 領域での電子輸送のためのダイオード方程式

ここでは，n–p–n バイポーラトランジスタのベースにおける電子輸送に容易に適用できるようダイオード方程式を設定していく．図 3.7 の $\mathrm{n^+}$–p ダイオードを参照すると，式 (3.55) は次のようになる．

$$p_\mathrm{p}(x=0)n_\mathrm{p}(x=0) = n_\mathrm{i}^2 \exp(qV_\mathrm{app}/kT) \tag{3.57}$$

これは，次のように書き換えることができる．

$$[p_\mathrm{p0}(0) + \Delta p_\mathrm{p}(0)][n_\mathrm{p0}(0) + \Delta n_\mathrm{p}(0)] = {n_\mathrm{i}}^2 \exp(qV_\mathrm{app}/kT) \tag{3.58}$$

V_app が数 kT/q 以上の場合，$n_\mathrm{p0}(0)$ は $\Delta n_\mathrm{p}(0)$ に比べて無視できるので，式 (3.58) は次のようになる．

$$[p_\mathrm{p0}(0) + \Delta p_\mathrm{p}(0)]\Delta n_\mathrm{p}(0) \approx {n_\mathrm{i}}^2 \exp(qV_\mathrm{app}/kT) \tag{3.59}$$

V_app が数 kT/q 以上であること以外には，注入レベルについての仮定がないため，**式 (3.59) はすべての注入レベルに対して数学的に成立する**．[ただし，式 (3.59) の適用範囲は，最後に述べるように，空間電荷領域の境界が十分に定義できる注入レベルに限られる]．準中性では $\Delta n = \Delta p$ を意味するため，式 (3.59) は $\Delta n_\mathrm{p}(0)$ の二次方程式であ

り，解をもつ (Cai ら，2014)

$$\Delta n_{\mathrm{p}}(0)=\frac{p_{\mathrm{p0}}(0)}{2}\left[\sqrt{1+\frac{4n_{\mathrm{i}}{}^2}{p_{\mathrm{p0}}{}^2(0)}\exp(qV_{\mathrm{app}}/kT)}-1\right]\quad\text{(すべての注入条件で)}\tag{3.60}$$

低注入では平方根内の第 2 項が 1 に比べて小さく，式 (3.60) は以下のようになる．

$$\Delta n_{\mathrm{p}}(0)\approx n_{\mathrm{p0}}(0)\exp(qV_{\mathrm{app}}/kT)\qquad\text{(低注入)}\tag{3.61}$$

この式は，順バイアスダイオードのショックレー方程式 (Shockley, 1950) として有名である．[式 (3.61) は，低注入近似，すなわち $\Delta n=\Delta p\ll p_{\mathrm{p0}}$ と仮定することにより，式 (3.58) から直接求めることもできる．このような仮定は，$\Delta n=\Delta p\ll p_{\mathrm{p0}}$ という条件が満たされる低～中程度の V_{app} 値で動作するダイオードに有効である．9.2.2.2 目では，高電流密度による悪影響を避けるため，**縦型バイポーラトランジスタのエミッタ–ベースダイオードは通常，低注入領域で動作することが示される**．]

高注入限界である $\Delta n_{\mathrm{p}}=\Delta p_{\mathrm{p}}\gg p_{\mathrm{p0}}$ では平方根の第 2 項が 1 に比べて大きくなるため，式 (3.60) は式 (3.58) から予想されるように

$$\Delta n_{\mathrm{p}}(0)\approx n_{\mathrm{i}}\exp(qV_{\mathrm{app}}/2kT)\qquad\text{(高注入限界)}\tag{3.62}$$

となる．なお，寄生 IR ドロップが無視できない場合は，これらの式中の V_{app} は V'_{app} で置き換える必要がある．

図 3.11 に，従来のダイオード方程式である式 (3.61) をデバイスのモデリングに使用した場合の誤差の可能性を示す．図 3.11(a) では，式 (3.60) を用いて曲線を算出している．計算した曲線は，V_{app} が大きくなると直線，すなわち $\exp(qV_{\mathrm{app}}/kT)$ 依存性から外れており，バイアス電圧が大きい場合に式 (3.61) を用いた場合に誤差が生じる可能性が示唆される．図 3.11(b) は式 (3.60) による $\Delta n_{\mathrm{p}}(0)$ と式 (3.61) による $\Delta n_{\mathrm{p}}(0)$ の比をプロットしている．$N_{\mathrm{a}}=2.5\times10^{18}\,\mathrm{cm}^{-3}$ では $V_{\mathrm{app}}=0.97\,\mathrm{V}$ で，$N_{\mathrm{a}}=1\times10^{19}\,\mathrm{cm}^{-3}$ では $V_{\mathrm{app}}=1.04\,\mathrm{V}$ で式 (3.61) は少数キャリア密度を 20％過大評価することがわかる．つまり，N_{a} が少なくなるにつれて，低電圧で誤差が生じる可能性がある．

式 (3.60) は少数キャリア注入のすべてのレベルに対して数学的に有効だが，$\Delta n_{\mathrm{p}}=\Delta p_{\mathrm{p}}$ が p_{p0} に近づくと，実デバイスに適用するには注意が必要となる．このような高いレベルの少数キャリア注入では，空間電荷領域を確定した概念はもはや有効ではなく，ダイオードのどの領域でも擬フェルミポテンシャルが単純な振る舞いをしない (Gummel, 1967)．少数キャリア注入量が多い場合に p–n 接合の「境界」がどのように「再設定」されるかの例は，9.3.4 項の縦型バイポーラトランジスタのベース広がり効果の議論に関連する．

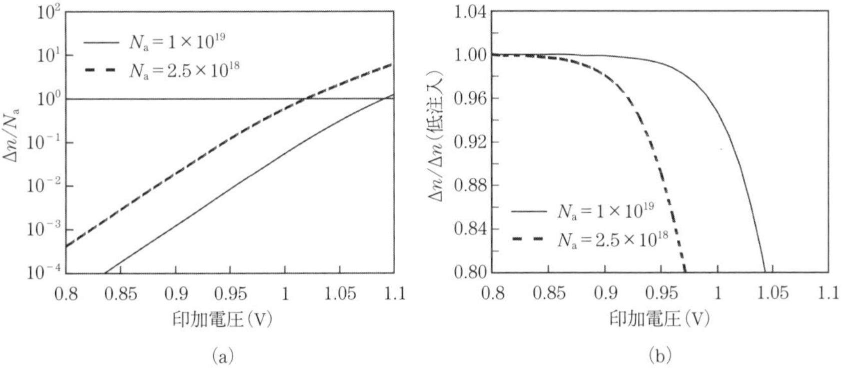

図 3.11 (a) 式 (3.60) による比 $\Delta n_p/p_{p0}=\Delta n_p/N_a$ のプロット．(b) 式 (3.60) で与えられる Δn_p と式 (3.61) で与えられる Δn_p の比のプロット．p 側ドーピング濃度 N_a の二つの値は，表中に示されたとおりである．

3.1.5 ダイオード方程式に支配される電流–電圧特性

本項では，拡散電流のみを含むショックレーのダイオード方程式 (3.55)，(3.56) で決まる電流–電圧特性について考察する．空間電荷領域内の生成–再結合による電流は，3.1.6 項で取り上げる．拡散電流と空間電荷領域電流の組み合わせについては，3.1.7 項で検討する．

本書では，縦型バイポーラトランジスタと SOI を用いた対称横型バイポーラトランジスタの 2 種類を取り上げている (9 章参照)．**バイポーラトランジスタを速度劣化なく動作させるための最大コレクタ電流密度は，ベースドーピング濃度またはコレクタドーピング濃度のどちらか小さい方に制限される**．9 章では，縦型バイポーラトランジスタの記述に低注入近似式，すなわち式 (3.61) が適切であることが示される．**式 (3.60) はすべての注入レベルで有効であり，SOI を用いた対称横型バイポーラトランジスタにおいて用いるべきである**．縦型バイポーラトランジスタは，本稿執筆時点では SOI 横型バイポーラトランジスタよりもはるかに広く使用されているため，この章で少数キャリア輸送の導出に用いるのは低注入近似，すなわち式 (3.61) に限定する．式 (3.60) への切り替えの必要性については，バイポーラトランジスタを扱う章で必要に応じて指摘する．

図 3.7 のダイオードを参照し，p 領域と n 領域が一様にドープされていると仮定する．p 領域の少数電子の分布は，式 (3.38) で与えられる．ダイオードが順バイアスの場合，$x=0$ における n_p の境界条件は式 (3.61) で与えられる，すなわち

$$n_p(0)\approx\Delta n_p(0)=n_{p0}\exp(qV_{app}/kT) \qquad (\text{順バイアス}) \tag{3.63}$$

ここで，$n_{\mathrm{p}} = n_{\mathrm{p0}} + \Delta n_{\mathrm{p}} \approx \Delta n_{\mathrm{p}}$ を利用している．$x = W_{\mathrm{p}}$ における n_{p} の境界条件は

$$n_{\mathrm{p}}(W_{\mathrm{p}}) = n_{\mathrm{p0}} \tag{3.64}$$

となる．式 (3.63) と (3.64) を式 (3.38) に代入して

$$n_{\mathrm{p}}(x) - n_{\mathrm{p0}} = n_{\mathrm{p0}}\left[\exp\left(qV_{\mathrm{app}}/kT\right) - 1\right]\frac{\sinh[(W_{\mathrm{p}} - x)/L_{\mathrm{n}}]}{\sinh(W_{\mathrm{p}}/L_{\mathrm{n}})} \tag{3.65}$$

を得る．p 領域に入る電子の拡散電流密度は

$$J_{\mathrm{n}}(0) = qD_{\mathrm{n}}\left(\frac{\mathrm{d}n_{\mathrm{p}}}{\mathrm{d}x}\right)_{x=0} = -\frac{qD_{\mathrm{n}}n_{\mathrm{p0}}[\exp(qV_{\mathrm{app}}/kT) - 1]}{L_{\mathrm{n}}\tanh\left(W_{\mathrm{p}}/L_{\mathrm{n}}\right)} \tag{3.66}$$

となる．電子は電荷 $-q$ をもち，x 方向に流れるため，J_{n} は負の符号となることに注意しよう．

n 領域に流入する正孔の拡散電流密度も同様に導出できる．**p–n ダイオードを流れる全電流は，p 側の少数電子電流と n 側の少数正孔電流の和となる**．すなわち，順バイアスされたダイオードの拡散電流密度は

$$J_{\mathrm{diode}} = -\frac{qD_{\mathrm{n}}{n_{\mathrm{i}}}^2[\exp(qV_{\mathrm{app}}/kT) - 1]}{N_{\mathrm{a}}L_{\mathrm{n}}\tanh\left(W_{\mathrm{p}}/L_{\mathrm{n}}\right)} - \frac{qD_{\mathrm{p}}{n_{\mathrm{i}}}^2[\exp(qV_{\mathrm{app}}/kT) - 1]}{N_{\mathrm{d}}L_{\mathrm{p}}\tanh\left(W_{\mathrm{n}}/L_{\mathrm{p}}\right)} \tag{3.67}$$

となる．ここで，$p_{\mathrm{p0}} = N_{\mathrm{a}}$，$n_{\mathrm{n0}} = N_{\mathrm{d}}$ と，すべてのドーパントがイオン化していると仮定している．W_{n} は準中性 n 領域の幅である．式 (3.67) の負符号は，p 領域を n 領域の右側に配置したため，電子は $+x$ 方向に，正孔は $-x$ 方向に流れることによる．p 領域を n 領域の左側に配置すれば，負の符号は付かない．

符号を無視すれば，式 (3.67) を**ショックレーのダイオード電流方程式** (Shockley diode current equation)，あるいは単にショックレーのダイオード方程式とよぶことが多い．この電流は**理想ダイオード電流** (ideal diode current) ともよばれ，室温では V_{app} が 60 mV 増えるごとに 1 桁増える (60 mV/decade).

ダイオードが逆バイアスされると，n 領域から p 領域に電子が注入されるのではなく，空間電荷領域境界付近の p 領域にある電子が n 領域に向かって拡散する．すなわち，Δn_{p} は負であり，空間電荷領域境界付近では，$n_{\mathrm{p}} < n_{\mathrm{p0}}$ となる．逆バイアス電圧が数 kT/q 以上の場合，式 (3.38) で用いる最も単純な境界条件は，空乏近似を仮定し，次のように設定する．

$$n_{\mathrm{p}}(x = 0) = 0 \qquad \text{(逆バイアス)} \tag{3.68}$$

$x = W_{\mathrm{p}}$ における n_{p} の境界条件は式 (3.64) のままである．式 (3.64) と (3.68) を式 (3.38) に代入すると次のようになる．

$$n_\mathrm{p}(x) - n_\mathrm{p0} = -n_\mathrm{p0}\frac{\sinh[(W_\mathrm{p} - x)/L_\mathrm{n}]}{\sinh(W_\mathrm{p}/L_\mathrm{n})} \qquad (\text{逆バイアス}) \tag{3.69}$$

電子が p 領域から n 領域に向かって逆方向に拡散することによる電流は

$$J_\mathrm{n}(0) = qD_\mathrm{n}\left(\frac{\mathrm{d}n_\mathrm{p}}{\mathrm{d}x}\right)_{x=0} = \frac{qD_\mathrm{n}{n_\mathrm{i}}^2}{p_\mathrm{p0}L_\mathrm{n}\tanh\left(W_\mathrm{p}/L_\mathrm{n}\right)} \qquad (\text{逆バイアス}) \tag{3.70}$$

となる．$[n_\mathrm{p}(x) - n_\mathrm{p0}]$ が負で，逆方向に拡散する電子が $-x$ 方向に流れるため，逆バイアスでは J_n が正であることに注意しよう．式 (3.70) は，逆バイアスされたダイオードのリーク電流の電子拡散成分である．また，ダイオードの電子の**飽和電流** (saturation current) ともよばれる．正孔での飽和電流も同様に導出できる．拡散によるリーク電流の合計は電子の飽和電流と正孔の飽和電流の和である．式 (3.70) には空間電荷領域での電子–正孔対の生成による電子電流は含まれない．生成によるリーク電流については，3.1.6 項で説明する．

式 (3.66) は，擬フェルミ準位が空間電荷領域全体で平坦である順バイアスの場合である．仮に $V_\mathrm{app} < 0$ で式 (3.66) が成り立つとすると，負のバイアスが大きい場合には式 (3.70) が成り立つことになる．すなわち，式 (3.67) の全拡散電流は順バイアスされたダイオードに対して導かれたものであるが，大きな負の V_app に対しても正しい逆バイアスの電子・正孔飽和電流を与える．そのため，**式 (3.67) は，理想的な (低注入近似に従い，空間電荷領域電流を無視した) p–n ダイオードの電流密度の式として，順バイアス ($\boldsymbol{V_\mathrm{app} > 0}$) および逆バイアス ($\boldsymbol{V_\mathrm{app} < 0}$) の両方で用いられることが多い**．

3.1.6 空間電荷領域での電流

生成と再結合の反応を支配する方程式は，2.4.3 項に示された．正味の再結合率は式 (2.95) で与えられる，すなわち

$$U = \frac{\sigma_\mathrm{n}\sigma_\mathrm{p}v_\mathrm{th}(np - {n_\mathrm{i}}^2)N_\mathrm{t}}{\sigma_\mathrm{n}(n + n_\mathrm{i}) + \sigma_\mathrm{p}(p + n_\mathrm{i})} \tag{3.71}$$

である．実用的なシリコンダイオードでは，空間電荷領域電流は式 (3.67) で与えられるショックレーのダイオード電流と同等かそれ以上である可能性がある．ここでは，空間電荷領域での電流の電圧依存性を考える．

3.1.6.1 順バイアスにおける再結合電流

順バイアスでは，図 3.10(b) に示すように空間電荷領域内では ϕ_n と ϕ_p は一定であ

る．しかし，静電ポテンシャル $\psi_{\mathrm{i}}(x)=-E_{\mathrm{i}}(x)/q$ は，空間的に一定ではない．これを図 3.12 に示す．空間電荷領域内の $n(x)p(x)$ 積は空間的に一定であり，次式で与えられる．

$$n(x)\,p(x)={n_{\mathrm{i}}}^2 e^{q(\phi_{\mathrm{p}}-\phi_{\mathrm{n}})/kT}={n_{\mathrm{i}}}^2 e^{qV_{\mathrm{app}}/kT} \tag{3.72}$$

式 (2.75) と (2.76) からは

$$n(x)=n_{\mathrm{i}}e^{[-q\phi_{\mathrm{n}}+q\psi_{\mathrm{i}}(x)]/kT} \tag{3.73}$$

および

$$p(x)=n_{\mathrm{i}}e^{[q\phi_{\mathrm{p}}-q\psi_{\mathrm{i}}(x)]/kT} \tag{3.74}$$

となり，電子と正孔の密度は $\psi_{\mathrm{i}}(x)$ を介した暗黙の空間依存性をもっていることがわかる．式 (3.71) の正味の再結合率も，$n(x)$ と $p(x)$ を介した暗黙の空間依存性をもっている．$\psi_{\mathrm{i}}(x)$ は印加電圧に依存するため，正味の再結合率も印加電圧の関数であることに注意すべきである．与えられた印加電圧に対して，空間電荷領域内の正味の再結合率の最大値を決定しよう．

式 (3.72) を用いると，式 (3.71) を V_{app} と n の関数として書き換えることができる，すなわち，

$$U=U(V_{\mathrm{app}},x)=U[V_{\mathrm{app}},n(x)]=\frac{\sigma_{\mathrm{n}}\sigma_{\mathrm{p}}v_{\mathrm{th}}{n_{\mathrm{i}}}^2(e^{qV_{\mathrm{app}}/kT}-1)N_{\mathrm{t}}}{\sigma_{\mathrm{n}}(n+n_{\mathrm{i}})+\sigma_{\mathrm{p}}\left(\dfrac{{n_{\mathrm{i}}}^2e^{qV_{\mathrm{app}}/kT}}{n}+n_{\mathrm{i}}\right)} \tag{3.75}$$

である．ここで，正味の再結合率が最大となる位置を x_{m} とする．x_{m} は，以下の条件から決定される．

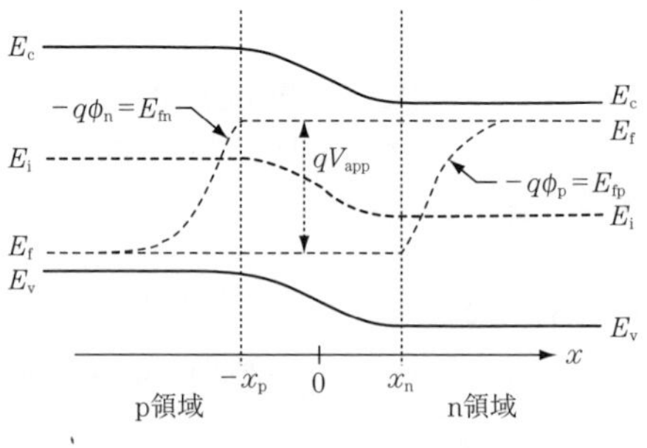

図 3.12　順方向にバイアスされた p–n ダイオードの空間電荷領域中における $-q\phi_{\mathrm{p}}$，$-q\phi_{\mathrm{n}}$，および $E_{\mathrm{i}}=-q\psi_{\mathrm{i}}$ の空間分布を示す図

$$\left.\frac{\partial U[V_{\mathrm{app}}, n(x)]}{\partial n(x)}\right|_{x=x_{\mathrm{m}}} = 0 \tag{3.76}$$

これより

$$n(x_{\mathrm{m}}) = \sqrt{\frac{\sigma_{\mathrm{p}}}{\sigma_{\mathrm{n}}}} n_{\mathrm{i}} e^{qV_{\mathrm{app}}/2kT} \tag{3.77}$$

および

$$p(x_{\mathrm{m}}) = \sqrt{\frac{\sigma_{\mathrm{n}}}{\sigma_{\mathrm{p}}}} n_{\mathrm{i}} e^{qV_{\mathrm{app}}/2kT} \tag{3.78}$$

となる．$\sigma_{\mathrm{n}} n(x_{\mathrm{m}}) = \sigma_{\mathrm{p}} p(x_{\mathrm{m}})$ となることに注意しよう．すなわち，電子の捕獲確率と正孔の捕獲確率が等しい場所で正味の再結合率が最大となる．それ以外の場所では，電子と正孔の捕獲が釣り合わないため，正味の再結合率は小さくなる．式 (3.77) を式 (3.75) に代入すると，次のようになる．

$$U_{\max} \equiv U(V_{\mathrm{app}}, x_{\mathrm{m}}) = \frac{\sigma_{\mathrm{n}}\sigma_{\mathrm{p}} v_{\mathrm{th}} {n_{\mathrm{i}}}^2 (e^{qV_{\mathrm{app}}/kT} - 1) N_{\mathrm{t}}}{2\sqrt{\sigma_{\mathrm{n}}\sigma_{\mathrm{p}}} n_{\mathrm{i}} e^{qV_{\mathrm{app}}/2kT} + n_{\mathrm{i}}(\sigma_{\mathrm{n}} + \sigma_{\mathrm{p}})} \tag{3.79}$$

V_{app} が数 kT/q より大きい場合，式 (3.79) は以下のようになる．

$$U_{\max} \approx \frac{\sigma_{\mathrm{n}}\sigma_{\mathrm{p}} v_{\mathrm{th}} {n_{\mathrm{i}}}^2 e^{qV_{\mathrm{app}}/kT} N_{\mathrm{t}}}{2\sqrt{\sigma_{\mathrm{n}}\sigma_{\mathrm{p}}} n_{\mathrm{i}} e^{qV_{\mathrm{app}}/2kT}} = \frac{1}{2}\sqrt{\sigma_{\mathrm{n}}\sigma_{\mathrm{p}}} v_{\mathrm{th}} n_{\mathrm{i}} e^{qV_{\mathrm{app}}/2kT} N_{\mathrm{t}} \tag{3.80}$$

空間電荷領域からの発生と再結合によるダイオードの電流密度は，印加電圧の関数であり，次式で与えられる．

$$J_{\mathrm{SC}}(V_{\mathrm{app}}) = q\int_{-x_{\mathrm{p}}}^{x_{\mathrm{n}}} U(V_{\mathrm{app}}, x)\,\mathrm{d}x \tag{3.81}$$

式 (3.81) から再結合電流を求めるのは実用的でない．しかしながら，この式から電流は $U_{\max}$ と空間電荷層の厚さ W_{d} の積の何分の一かになると予想される，すなわち，次のように予想される．

$$J_{\mathrm{SC}}(V_{\mathrm{app}} > 0) \sim qU_{\max} W_{\mathrm{d}} \tag{3.82}$$

$U_{\max}$ について式 (3.80) を用いると，次のようになる．

$$J_{\mathrm{SC}}(qV_{\mathrm{app}}/kT \gg 1) \sim q\sqrt{\sigma_{\mathrm{n}}\sigma_{\mathrm{p}}} v_{\mathrm{th}} n_{\mathrm{i}}\, e^{qV_{\mathrm{app}}/2kT} N_{\mathrm{t}} W_{\mathrm{d}} \tag{3.83}$$

すなわち，**空間電荷領域での再結合電流は，$\boldsymbol{\exp(qV_{\mathrm{app}}/2kT)}$ 依存性をもつ**．

3.1.6.2　逆バイアス時の生成による電流

逆バイアス時，空間電荷領域では空乏近似により $n = p = 0$ となり，式 (3.71) は次のようになる．

$$U(n = p = 0) = \frac{-\sigma_\mathrm{n}\sigma_\mathrm{p}v_\mathrm{th}n_\mathrm{i}N_\mathrm{t}}{\sigma_\mathrm{n} + \sigma_\mathrm{p}} \tag{3.84}$$

生成による空間電荷領域電流は

$$J_\mathrm{SC}(V_\mathrm{app} < 0) = q\int_{-x_\mathrm{p}}^{x_\mathrm{n}} U\,\mathrm{d}x = \frac{-qn_\mathrm{i}W_\mathrm{d}}{\tau_\mathrm{n} + \tau_\mathrm{p}} \tag{3.85}$$

となる．ここで式 (2.98)，(2.99) の捕獲断面積と寿命の関係を用いている．生成した電子は n 側に，生成した正孔は p 側に流れるので，式 (3.85) は負となる．

3.1.6.3　空間電荷領域での電流の電圧依存性

ゼロバイアスでは，$np = n_0p_0$，$U(x) = 0$ であり，予想通り空間電荷領域の電流はゼロである．これを式 (3.83) と (3.85) の結果と組み合わせて，Sah (Sah ら, 1957; Sah, 1991) は空間電荷領域電流を次のような形で書くことを提案した．

$$J_\mathrm{SC}(V_\mathrm{app}) = J_\mathrm{SC0}(e^{qV_\mathrm{app}/2kT} - 1) \tag{3.86}$$

ここで

$$J_\mathrm{SC0} = \frac{qn_\mathrm{i}W_\mathrm{d}}{\tau_\mathrm{n} + \tau_\mathrm{p}} \tag{3.87}$$

である．式 (3.86) は，**サー–ノイス–ショックレーのダイオード方程式** (Sah–Noyce–Shockley diode equation) (Sah ら 1957; Sah, 1991) とよばれる．この方程式は，実用的なシリコンダイオードで観測される空間電荷領域電流を良く記述している．

3.1.7　ダイオード電流の測定値と理想係数

接合面積 A_diode の p–n ダイオードの測定電流 I_total は，式 (3.67) で与えられる拡散電流と式 (3.86) で与えられる空間電荷領域電流の和となる．すなわち

$$I_\mathrm{total} = I_\mathrm{diode} + I_\mathrm{SC} \tag{3.88}$$

ここで I_diode は

$$I_\mathrm{diode} = I_0[\exp(qV_\mathrm{app}/kT) - 1] \tag{3.89}$$

と

$$I_0 = A_\mathrm{diode}q{n_\mathrm{i}}^2\left[\frac{D_\mathrm{n}}{N_\mathrm{a}L_\mathrm{n}\tanh{(W_\mathrm{p}/L_\mathrm{n})}} + \frac{D_\mathrm{p}}{N_\mathrm{d}L_\mathrm{p}\tanh{(W_\mathrm{n}/L_\mathrm{p})}}\right] \tag{3.90}$$

とで与えられ，I_{SC} は

$$I_{\mathrm{SC}} = I_{\mathrm{SC0}}[\exp(qV_{\mathrm{app}}/2kT) - 1] \tag{3.91}$$

と

$$I_{\mathrm{SC0}} = \frac{A_{\mathrm{diode}} q n_{\mathrm{i}} W_{\mathrm{d}}}{\tau_{\mathrm{n}} + \tau_{\mathrm{p}}} \tag{3.92}$$

で与えられる．図 3.13 は，ダイオードの電流測定値を，直列抵抗を無視した順バイアス端子電圧の関数として表した片対数図 (ガンメルプロット) である．ガンメルプロットの傾きは，しばしばダイオードの理想性を推測するために使用される．すなわち，ダイオードの順方向電流の測定値は，しばしば次のような形で表される．

$$I_{\mathrm{total}}(\text{順方向}) \sim \exp(qV_{\mathrm{app}}/mkT) \tag{3.93}$$

ここで，m は**理想係数** (ideality factor) とよばれる．m が 1 であるとき，その電流は "理想的" とみなされる．図 3.13 は，順方向ダイオード電流が，非常に小さい順バイアスと非常に大きい順バイアスを除いては理想的であることを示唆している．小さな順バイアスでの非理想性は，空間電荷領域での電流によるものである．空間電荷領域での電流に起因する．空間電荷領域電流が $m \sim 2$ につながる．非常に高い順方向電流での $m \sim 2$

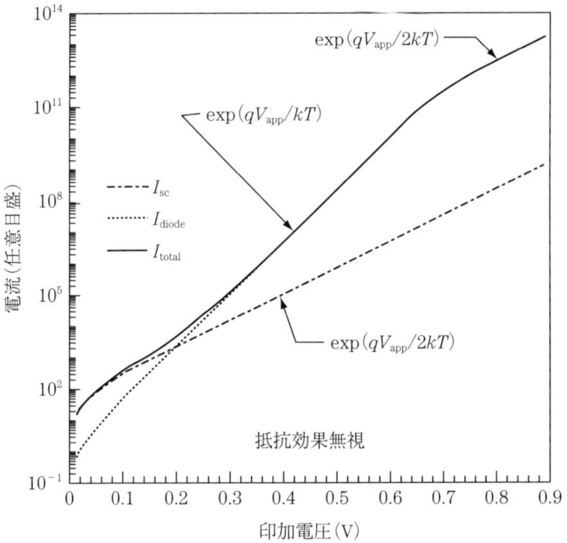

図 3.13 p–n ダイオードの順バイアスでの電流のガンメルプロット．直列抵抗の効果は無視した．I_{diode} はショックレーのダイオード電流である．I_{SC} は空間電荷領域による電流である．

の非理想は，ショックレーのダイオード電流の高注入効果によるものである [式 (3.62) 参照].

3.1.8　ダイオードリーク電流の温度依存性と大きさ

逆バイアスされたダイオードの場合，全リーク電流は，それぞれ式 (3.90)，(3.92) の拡散飽和電流 I_0 と空間電荷領域での飽和電流 $I_{\rm SC0}$ の和となる．I_0 の温度依存性は ${n_{\rm i}}^2$ 係数の温度依存性によって支配され，これは $\exp(-E_{\rm g}/kT)$ に比例する ($E_{\rm g}$ はバンドギャップエネルギー)．空間電荷領域のリーク電流 $I_{\rm SC0}$ は，$n_{\rm i}$ に比例し，$\exp(-E_{\rm g}/2kT)$ の温度依存性をもつ．つまり，拡散によるリーク電流の活性化エネルギーは約 1.1 eV，生成によるリーク電流の活性化エネルギーは約 0.5 eV である．この活性化エネルギーの違いを利用して，観測されたリーク電流の発生源を区別することができる (Grove と Fitzgerald, 1966).

適切に処理された $\rm n^+$–p ダイオードの測定では，拡散によるリーク電流は室温での空間電荷領域のリーク電流と同等であり，どちらも 10^{-13} A/cm^2 のオーダーである (Kircher, 1975)．しかし，拡散によるリーク電流は活性化エネルギーが大きいため，高温では空間電荷領域によるリーク電流よりも大きくなるのが普通である．

3.1.9　少数キャリアの移動度，寿命，拡散長

少数キャリアの輸送パラメータである寿命，移動度，拡散長の 3 つのうち，寿命と移動度だけが独立である．拡散長は $L = (kT\mu\tau/q)^{1/2}$ [式 (2.104) 参照] で与えられる．これまで何度も少数キャリアの寿命，移動度，拡散長の測定は試みられてきた．ドーピング濃度が $1 \times 10^{19}\,\rm cm^{-3}$ より大きい場合，少数キャリア密度が非常に低く測定が難しいため，報告された値にもばらつきがある (Dziwior と Schmid, 1977; Dziewior と Silber, 1979; del Alamo ら，1985a, 1985b)．デバイスモデリングのために，以下の経験式が少数キャリア電子 (Swirhun ら，1986) と少数キャリア正孔 (del Alamo ら，1985a, 1985b) に対して提案されている．

$$\mu_{\rm n} = 232 + \frac{1{,}180}{1 + (N_{\rm a}/8 \times 10^{16})^{0.9}}\ \rm cm^2 \cdot V \cdot s^{-1} \tag{3.94}$$

$$\mu_{\rm p} = 130 + \frac{370}{1 + (N_{\rm d}/8 \times 10^{17})^{1.25}}\ \rm cm^2 \cdot V \cdot s^{-1} \tag{3.95}$$

$$\frac{1}{\tau_{\rm n}} = 3.45 \times 10^{-12} N_{\rm a} + 0.95 \times 10^{-31} {N_{\rm a}}^2\ \rm s^{-1} \tag{3.96}$$

$$\frac{1}{\tau_{\rm p}} = 7.8 \times 10^{-13} N_{\rm d} + 1.8 \times 10^{-31} {N_{\rm d}}^2\ \rm s^{-1} \tag{3.97}$$

これらの方程式からの少数キャリアの移動度，寿命，拡散長がドーピング濃度の関数としてそれぞれ，図 3.14 の (a), (b), (c) にプロットされている．

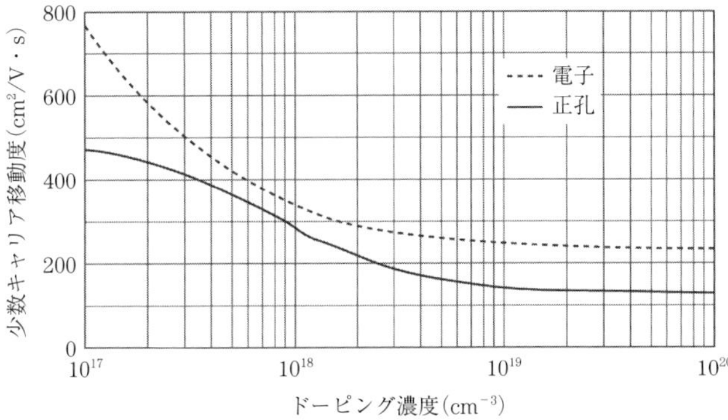

(a)

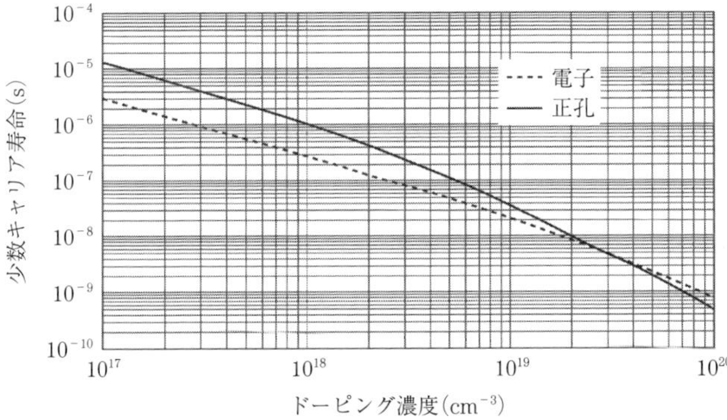

(b)

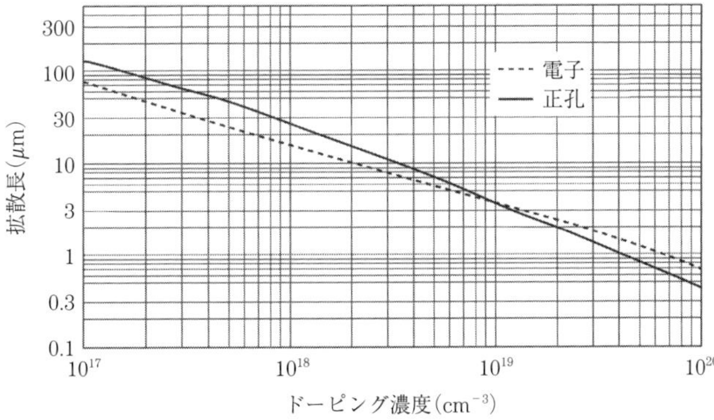

(c)

図 3.14　経験式 (3.94)～(3.97) を用いて計算されたドーピング濃度に対する少数キャリアの，(a) 移動度，(b) 寿命，(c) 拡散長．

少数キャリアの移動度については，より新しいいくつかのモデルがある．具体的には，多数キャリアと少数キャリアの移動度を，矛盾なく説明する物理的モデルがある (Klaassen, 1990)．少数電子については，クラッセンのモデルは図 3.14(a) とほぼ同じである．少数の正孔については，クラッセンのモデルは，図 3.14(a) の移動度に対して，高いドーピング濃度 ($> 2 \times 10^{18}\,\mathrm{cm}^{-3}$) ではほぼ等しく，低いドーピング濃度 ($< 1 \times 10^{18}\,\mathrm{cm}^{-3}$) では 30 %ほど低い値を与える (Klaassen ら，1992)．

デバイス応用，たとえば光検出器として使用される場合，ダイオードの応答は少数キャリアの拡散と再結合プロセスを介する．準中性領域が拡散長に比べて非常に狭い場合を除き，少数キャリアは主に再結合によって応答し，その応答時間は少数キャリアの寿命によって決定される．文献には，シリコンダイオードの応答時間を改善するために，特殊なプロセス技術を使って，図 3.14(b) の値よりはるかに短い寿命にした報告が多数ある．E_c より 0.55 eV 低いエネルギーレベルのトラップを形成する金を“寿命キラー”としてシリコンに添加することが多い (たとえば Forbes, 1977 などを参照)．現代のバイポーラトランジスタでは，エミッタ–ベースダイオードのベース領域は，その少数キャリア拡散長よりもはるかに狭くなっている．縦型 SiGe ベースバイポーラトランジスタでは，この場合，ダイオードの応答時間は寿命ではなく，拡散プロセスによって，あるいは拡散とドリフトの組み合わせによって決まる (9 章と 10 章を参照)．

3.2　金属–シリコン接触 (コンタクト)

金属–半導体接触 (コンタクト) は，あらゆる半導体デバイスにおいて非常に重要な構成要素である．シリコンデバイスを電流電圧端子 (ターミナル) へ接続するためには，コンタクト部で発生する電圧降下を最小限に抑える必要がある．そのために，金属–シリコン接触では，整流作用がなくコンタクト抵抗 (接触抵抗) が小さくなければならない．一般的に，金属–半導体接触は，p–n 接合と類似の整流性の電流–電圧特性をもつ．本節では，金属–シリコン接触の基本的な物理と動作について，ショットキーダイオードとして機能する場合の電流–電圧特性と，オーミック接触 (コンタクト) として機能する場合の電流–電圧特性を中心に説明する．

3.2.1　ショットキーダイオードの静特性

ショットキーダイオードにおいて，半導体の表面電位は，半導体表面における表面準位の電子占有率の影響を受ける．そのため，ショットキーダイオードの特性は金属の物性や半導体の物性および表面準位に依存する．ここではまず，すべての表面準位を無視したショットキーダイオードの静特性について論じ，次に表面準位がダイオード特性をどのように変化させるかについて論じる．

3.2.1.1 表面準位をもたないショットキーダイオード

熱平衡状態における金属–n 型シリコン接触のエネルギーバンド図を図 3.15 に示す．界面における真空準位を考慮すると，電子のショットキー障壁高さ $q\phi_{\mathrm{Bn}}$ は次のようになる．

$$q\phi_{\mathrm{Bn}} = q(\phi_{\mathrm{m}} - \chi) \quad (\text{表面準位が無い場合}) \tag{3.98}$$

ここで $q\phi_{\mathrm{m}}$ は金属の仕事関数，$q\chi$ はシリコンの電子親和力である．内蔵電位 ψ_{bi} は

$$q\psi_{\mathrm{bi}} = q\phi_{\mathrm{Bn}} - (E_{\mathrm{c}} - E_{\mathrm{f}})_{\mathrm{bulk}} = q\left(\phi_{\mathrm{Bn}} - \frac{E_{\mathrm{g}}}{2q} + \psi_{\mathrm{B}}\right) \tag{3.99}$$

となる．ここで，$\psi_{\mathrm{B}} = |\psi_{\mathrm{f}} - \psi_{\mathrm{i}}|$ である [式 (2.62) を参照]．内蔵電位は，シリコン空乏層中の電荷量に依存する．金属–シリコン系の全体的な電荷中性を維持するために，この空乏電荷は，金属–シリコン界面の金属に単位面積当たりに同じ密度の逆極性電荷のシートを誘起する．

図 3.15 と式 (3.98) に示したショットキーダイオードの物理的な描像は，バルクシリコンと金属のエネルギーバンド図に基づいている．半導体の表面特性は考慮されていない．**実験で測定された障壁高さは，式 (3.98) と一致しない．**いくつかの半導体では，測定された障壁高さは金属の仕事関数にほとんど依存しない．ほかの半導体では，仕事関数への依存性は式 (3.98) が示唆するよりも弱い．障壁高さの金属仕事関数への依存性が式 (3.98) よりも弱いのは，表面準位の存在に起因する．これについては，3.2.1.2 目で議論する．

3.2.1.2 表面準位を有するショットキー障壁ダイオード

多くのアイディアやモデルが，現実のショットキーダイオードをより深く理解するために提案されてきた．そのようなモデルはすべて，測定によって得られた障壁高さと金属

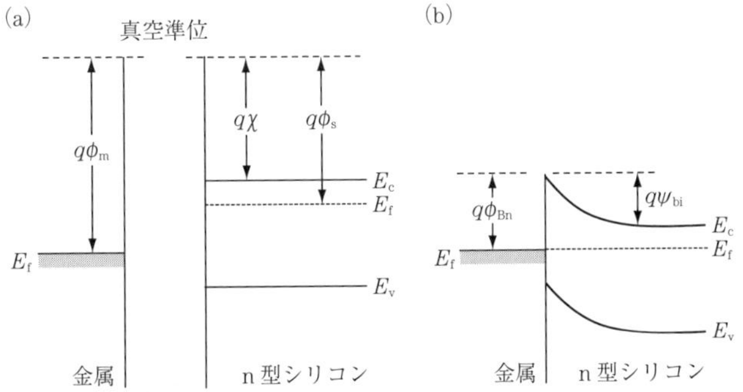

図 3.15 シリコン表面に表面準位がないと仮定した場合の金属–シリコン系のエネルギーバンド図．(a) 金属とシリコンが離れている場合．(b) 金属とシリコンが接触しており，外部から電圧を印加していない場合．

仕事関数の関係を説明するために，表面準位の影響を取り込んでいる．ここでは，表面準位がどのように障壁高さに影響を及ぼしうるかを，定性的に議論する．多くのアイディアやモデルを詳細に議論した優良な文献については Henisch (1984) を参照されたい．

表面準位を考慮に入れると，図 3.16 に示されているように，金属–半導体接触の物理描像はより複雑になる．図 3.16(a) は，金属とシリコンが物理的にも電気的にも分離している状況を示している．電気的に切り離された系なので，金属とシリコンの間には電荷のやりとりはない．いくらかの表面準位が電子によって占有されると，単位面積当たり Q_{d} の正の空乏電荷が表面近傍のシリコン中に誘起され，表面付近でエネルギーバンドが上方に湾曲される．バンド曲がりの総量は表面電位 ψ_{s} で表される．空乏電荷密度

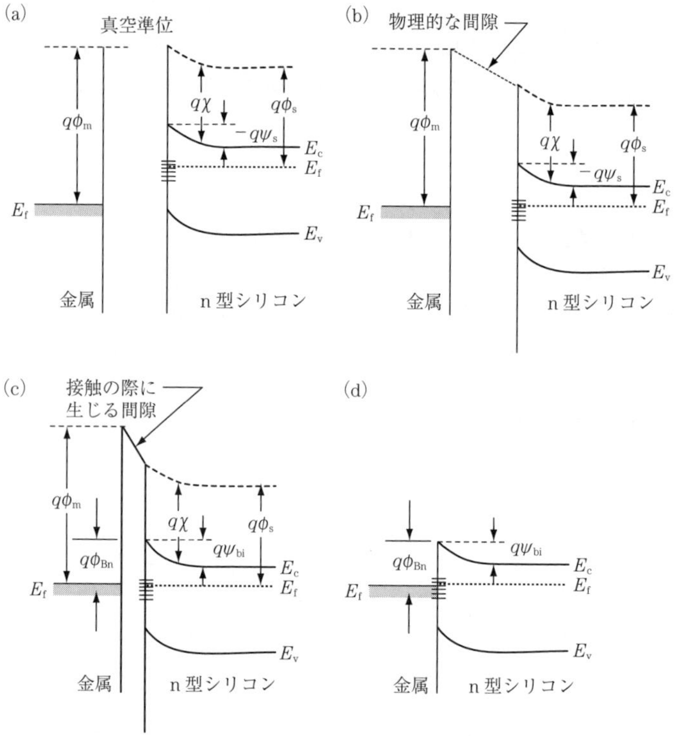

図 3.16　金属–シリコン系のバンド図．シリコンには大量の表面準位があると仮定した．(a) 金属とシリコンが電気的に接続されていないとき．界面準位のいくつかは電子で満たされており，バンドが上向きに曲がっている．(b) 金属とシリコンが電気的に接続され一つの系をなしているが，物理的には間隙をもって離れている．(c) 金属がシリコンと接触し，ショットキーダイオードを形成している．接触してもなお存在する原子程度のスケールの間隙も示している．(d) 接触で生じる間隙を省略した簡単化した図．

と表面電位の関係は，片側階段ダイオードの式 (3.15) から推察される．すなわち，

$$-q\psi_{\mathrm{s}}(\text{自由表面}) = \frac{[Q_{\mathrm{d}}(\text{自由表面})]^2}{2\varepsilon_{\mathrm{si}}N_{\mathrm{d}}} \tag{3.100}$$

となる．ただし，N_{d} は n 型半導体のドーピング濃度である．

図 3.16(b) は，金属とシリコンが電気的に接続されているが，金属と半導体の表面は物理的な間隙をもって物理的に分離されている状況を図示している．(ショットキーダイオードのモデルを確立することを目的とする研究論文では，この物理的な間隙は，MOS キャパシタと類似的に，酸化膜にとって代わられることがしばしばある)．金属とシリコン間の電荷交換は，フェルミ準位が系全体にわたって空間的に一定になるまで起こる．界面を横切る真空準位は連続であり，ギャップ内に電界が存在することを示唆している．この電界は，ガウスの法則で要求されるように，金属表面の電荷 Q_{M} によって保持される．Q_{M} は，図 3.16(b) に示されている電界の方向から，負の電荷である．もし，表面準位において単位面積当たりの正味の電荷の総量が Q_{it} であれば，金属–シリコン系での全体的な電荷中性から，$Q_{\mathrm{M}} = -(Q_{\mathrm{it}} + Q_{\mathrm{d}})$ が要求される．金属表面とシリコン表面の間の間隙が減少すると，間隙における電界が増加する．その結果，Q_{M} の大きさは増大し，$(Q_{\mathrm{it}} + Q_{\mathrm{d}})$ の大きさも増大することが求められる．

バーディーンのモデル (Bardeen, 1947) は，表面準位が果たす役割を取り扱い，電荷 Q_{M}，Q_{it}，Q_{d} が協動して変化する様子を説明する物理的な描像を与える．バーディーンのモデルによれば，金属–半導体コンタクトが形成される際の電荷移動過程に伴う電荷は，4 つの 2 重層によってもたらされる (2 重層は，正の電荷の層と，それと同じ電荷量の負の電荷層からなる)．これらの 2 重層は，(i) 金属表面における 2 重層，(ii) 半導体表面における 2 重層，(iii) 金属および半導体上の表面電荷からなる 2 重層，(iv) 半導体表面上の，表面電荷と半導体内の空乏電荷層から形成される 2 重層，である．このモデルによれば，Q_{M} には (i) と (iii) の 2 重層からの寄与があり，Q_{it} には (ii)，(iii)，(iv) の 2 重層からの寄与があり，Q_{d} には (iv) の 2 重層からの寄与がある．

バーディーンは，表面準位の密度が低い (約 $10^{13}\,\mathrm{cm}^{-2}$ 以下) 半導体では，2 重層 (iii) の強度が小さく，また Q_{M} の変化は，主に 2 重層 (ii) と (iv) の間の電荷移動と釣り合うことを示した．この場合には，図 3.16(b) の物理的な間隙が狭くなり，Q_{M} に生じた変化は主として Q_{d} の変化と釣り合い，Q_{it} にはわずかな変化を引き起こすだけである．十分に表面準位の密度が高い ($10^{13}\,\mathrm{cm}^{-2}$ 以上) 半導体では，2 重層 (iii) が Q_{M} のあらゆる変化の源泉となりうる．この場合には，図 3.16(b) の物理的な間隔が狭くなり，Q_{M} に生じた変化は主として Q_{it} の変化と釣り合い，Q_{d} にはわずかな変化を引き起こすだけである．Q_{d} に変化がほとんどなければ，表面電位にも変化はほとんどなく，同様に半導体表面における，エネルギーバンド端のフェルミ準位に対する相対的な位置もほとんど変化しない．半導体表面におけるフェルミ準位は，高密度の表面準位によって多少

なりとも固定されるといえる.

金属がシリコンと接触しショットキーダイオードを形成すると，エネルギーバンド図は図 3.16(c) のようになる．バーディーンモデルの 2 重層 (i)(ii)(iii) を含む領域を表すために，接触の間隙が示されていることに注意しよう．接触の間隙の幅は，少なくとも意図しない界面物質が存在しない理想的な接触では，原子の寸法程度である．接触の間隙は，金属とシリコンの間で電子の移送を阻害しない程度に十分に薄いと仮定する．図 3.16(b) のように，ショットキーダイオードが形成される前では，表面電位 ψ_s は物理的な間隙の距離に依存する．もしフェルミ準位のピニングが弱ければ，ψ_s は物理的な間隙の距離に伴って変化する．フェルミ準位のピニングが強ければ，ψ_s は物理的な間隙の距離には相対的に依存しない．図 3.16(c) では，$\psi_s = -\psi_{bi}$ となる (ψ_{bi} はショットキー障壁ダイオードの内蔵電位である)．電子のエネルギー障壁高さは $q\phi_{Bn}$ である．(接触の間隙は，金属とシリコン間の電子輸送をまったく阻害せず透過的である.) 良好な金属–半導体接触における接触の間隙は，金属と半導体間の電子輸送を阻害せず透過的であると仮定しているので，エネルギーバンド図からこの間隙を完全に取り去り，ショットキーダイオードのデバイス特性をモデル化できる．(以下の段落で議論するように，このような操作は注意深く行う必要がある.) ショットキーダイオードの**簡略化された**エネルギーバンド図を図 3.16(d) に示した.

図 3.16(c) は，表面準位密度が高いときには，$\phi_{Bn} \neq \phi_m - \chi$ であることを示している．これは，図 3.15(b) に示す表面準位がない場合である $\phi_{Bn} = \phi_m - \chi$ とは異なることと対比される．接触の間隙を厚さゼロの層として描くと，真空準位は金属–シリコン界面において不連続になる．したがって，一般的には図 3.16(d) がショットキーダイオードの図として描かれ，また使われるのであるが，完全な物理描像としては，金属–半導体系の全域で真空準位を連続にするために，有限の厚さの接触の間隙を含むべきである．仕事関数差，表面準位密度，接触の間隙の厚さを考慮に入れたショットキー障壁や表面準位のより詳細な論考 (ショットキー障壁高さに関する数学的なモデルを含む) は Cowley と Sze (1965) を参照されたい.

図 3.16 に示すエネルギーバンド図は，明確に定義された金属とシリコンの表面や，明確に定義された接触の間隙領域を仮定することで描かれている．密な接触では，金属は表面準位を広げる傾向にある．さらに，Heine (1965) は，表面準位における電子の波動関数は有限の距離だけ確かに広がること，金属–半導体接触におけるバンド曲がりの概念は局在した電子の波動関数が広がる距離以上にはあまり深刻に取り扱うべきでないことを示した．したがって，密な金属–半導体接触では，接触の間隙領域を決める界面の境界は，図 3.16(c) に示されるようには良く定義することができない．幸運にも，ショットキーダイオードの電気特性を記述し確立する目的には，接触の間隙領域における詳細は，その領域が電子輸送を阻害せず透過的であるために，重要でない.

図 3.16(c) や図 3.16(d) で示されている金属–シリコン接触での内蔵電位は,

$$q\psi_{\rm bi} = -q\psi_{\rm s}(\text{接触表面}) = \frac{[Q_{\rm d}(\text{接触表面})]^2}{2\varepsilon_{\rm si}N_{\rm d}} \tag{3.101}$$

と表される．ひとたび，内蔵電位がわかれば，電子エネルギー障壁は式 (3.99) から求められる．

3.2.1.3 測定された障壁高さ

表面準位によるフェルミ準位ピニング (Fermi level pinning) の程度は，半導体や金属–半導体接触を形成する製造プロセスの詳細にしばしば依存する．多くの “清浄” な IV 族や III–V 族の半導体表面への金属接触では，ピニングだけですべてが決まるように見え，測定によって得られた電子障壁高さは使われた金属の種類に実際に依存しない (Mead と Spitzer, 1964)．シリコンの場合には，金属–半導体構造を熱処理し，金属–シリサイド–シリコン接触が形成されるため，そもそもの金属とシリコンの接触による障壁高さとは異なるが，より再現性のある障壁高さが得られる (Andrews, 1974; Andrews と Phillips, 1975)．Tung (1992) は，表面準位や表面電荷の分布も界面と直交する方向で存在しうることを指摘した．そのため，金属–半導体界面は，ナノメートルサイズの局所的なつぎはぎからなるとモデル化することができる．ここで，各つぎはぎは，その場所において，それぞれの電子エネルギー障壁をもつ (Im ら，2001)．測定で求められた障壁高さは，コンタクト全体での平均的な障壁高さを表している．

図 3.16(b) と図 3.16(d) からただちに推測できるように，正孔のエネルギー障壁 $q\phi_{\rm Bp}$ は，電子のエネルギー障壁 $q\phi_{\rm Bn}$ と，次の式で示される関係がある．

$$q\phi_{\rm Bn} + q\phi_{\rm Bp} = E_{\rm g} \tag{3.102}$$

ここで $E_{\rm g}$ は半導体のエネルギーバンドギャップである．ここでは，議論を n 型シリコンと金属の接触に絞り，障壁高さは $q\phi_{\rm Bn}$ となる．p 型半導体への金属接触では，障壁高さは $q\phi_{\rm Bp}$ となるが，以降では明示的には議論しない．

3.2.1.4 鏡像力による障壁低下

図 3.17 に描かれたような，自由空間において，金属表面から x の距離にある電子について考える．この電子は金属内 $-x$ の位置に正の鏡像電荷 $+q$ を誘起する．鏡像電荷によって及ぼされた，電子に働く引力は，

$$F_{\rm image}(x) = \frac{-q^2}{4\pi\varepsilon_0(2x)^2} = \frac{-q^2}{16\pi\varepsilon_0 x^2} \tag{3.103}$$

となる．ここで ε_0 は真空の誘電率である．鏡像力は，電子を金属表面に引っ張るので，鏡像力による電界 (単位電荷当たりの静電力) は

$$\mathcal{E}_{\rm image}(x) = \frac{F_{\rm image}(x)}{-q} = \frac{q}{16\pi\varepsilon_0 x^2} \tag{3.104}$$

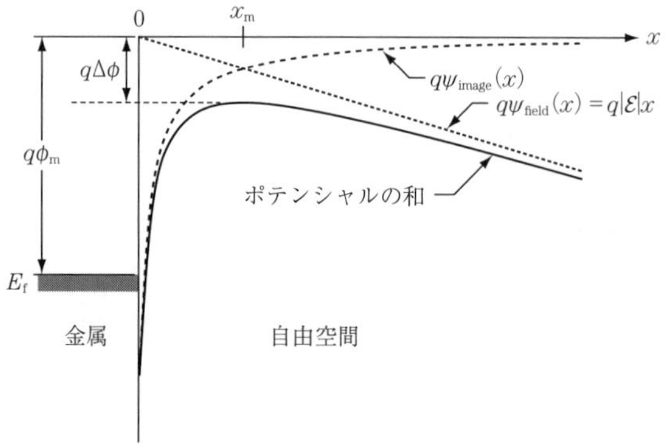

図 3.17　金属と自由空間におけるバンド図．金属から自由空間への電子放出を説明する．金属の仕事関数は $q\phi_m$ である．しかし，電子放出のエネルギー障壁は $q(\phi_m - \Delta\phi)$ である．

となる．これによる静電ポテンシャル $\psi_{image}(x)$ は，

$$\mathcal{E}_{image}(x) = -\frac{d\psi_{image}(x)}{dx} \tag{3.105}$$

で与えられ，この式を $\psi_{image}(\infty) = 0$ という境界条件を用いて積分すると，

$$\psi_{image}(x) = \int_x^\infty \mathcal{E}_{image}(x)\,dx = \frac{q}{16\pi\varepsilon_0 x} \tag{3.106}$$

が得られる．

電圧を印加して電子を金属表面から引き離そうとすると，図 3.17 に示すように，自由空間に一定の電界 $\mathcal{E}$ が生じる．関連する静電ポテンシャル $\psi_{field}(x)$ は，

$$\mathcal{E} = -\frac{d\psi_{field}(x)}{dx} \tag{3.107}$$

で与えられ，$\psi_{field}(0) = 0$ の境界条件の下で積分をすると，

$$\psi_{field}(x) = |\mathcal{E}|x \tag{3.108}$$

が得られる．電界 $\mathcal{E}$ で自由空間にある金属表面から引き離される電子が感じる全静電ポテンシャルは $\psi_{image}(x) + \psi_{field}(x)$ である．このポテンシャルから得る電子のエネルギーは，

$$PE(x) = -q[\psi_{image}(x) + \psi_{field}(x)] = -\left(\frac{q^2}{16\pi\varepsilon_0 x} + q|\mathcal{E}|x\right) \tag{3.109}$$

である．$PE(x)$ は真空準位 $E_f + q\phi_m$ よりも低い位置にピークをもつ．すなわち，電界と鏡像力が合成することで，金属表面から電子を放出させる障壁を下げる．この現象

は**ショットキー効果** (Schottky effect) あるいは**ショットキー障壁低下** (Schottky barrier lowering) として知られる．障壁低下量 $q\Delta\phi$ とポテンシャルピークの位置 x_{m} をともに図 3.17 に示している．これらは，$\mathrm{d}PE(x)/\mathrm{d}x = 0$ の条件下で得られ，

$$x_{\mathrm{m}} = \sqrt{\frac{q}{16\pi\varepsilon_0|\mathcal{E}|}} \tag{3.110}$$

および

$$q\Delta\phi = \sqrt{\frac{q^3|\mathcal{E}|}{4\pi\varepsilon_0}} \tag{3.111}$$

と表される．

ショットキー障壁低下は，金属–半導体系 (ショットキーダイオード) にも適用できる．この場合，式 (3.103) の ε_0 が半導体の誘電率で置き換えられる (Sze ら，1964)．ショットキー効果を説明するための金属–半導体ショットキー障壁ダイオードのエネルギーバンド図を図 3.18 に示す．表面付近にはバンドの曲がりに由来する電界が存在する．電界は空乏領域の電荷のために一定ではない．この電界に関係する静電ポテンシャルが $q\psi_{\mathrm{field}}(x)$ である．電界は金属–シリコン界面で最大となり，その絶対値は

$$\mathcal{E}_{\mathrm{m}} = \frac{qN_{\mathrm{d}}W_{\mathrm{d}}}{\varepsilon_{\mathrm{si}}} \tag{3.112}$$

となる．ただし，N_{d} はドーパント濃度，$\varepsilon_{\mathrm{si}}$ はシリコンの誘電率，W_{d} は空間電荷層［式 (3.8) を参照］の幅である[1]．$x_{\mathrm{m}} \ll W_{\mathrm{d}}$ であるので，

$$x_{\mathrm{m}} \approx \sqrt{\frac{q}{16\pi\varepsilon_{\mathrm{si}}\mathcal{E}_{\mathrm{m}}}} \tag{3.113}$$

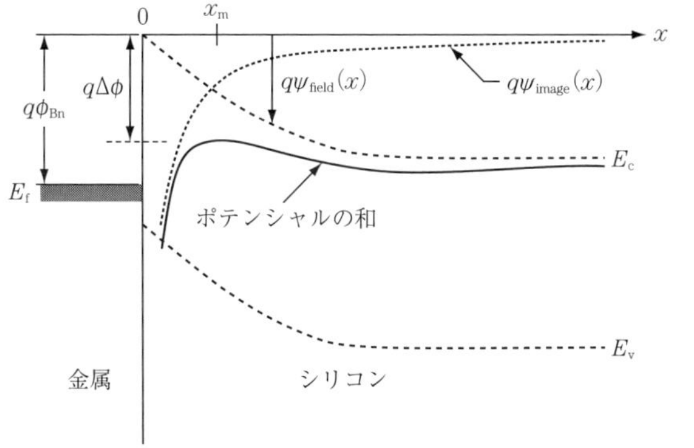

図 3.18　金属–シリコンのショットキーダイオードのエネルギーバンド図．電子放出のエネルギー障壁高さを求めるための静電ポテンシャルも描かれている．

[1] 典型的なショットキーダイオードについて，ポテンシャル障壁のピーク位置 x_{m} が W_{d} に比べて小さいことを示すのは読者の宿題としよう．

および

$$q\Delta\phi \approx \sqrt{\frac{q^3\mathcal{E}_m}{4\pi\varepsilon_{si}}} \tag{3.114}$$

となる．すなわち，金属–半導体系では，ショットキー障壁低下の大きさを決めるのは，表面における最大電界である．最大電界が $\mathcal{E}_m = 1 \times 10^5$ V/cm の場合，シリコンのショットキーダイオードでは，障壁低下は $q\Delta\phi = 35$ meV となる．

文献によると，ショットキー効果は金属あるいは半導体から絶縁体への電子注入によっても引き起こされる (Berglund と Powell, 1971)．この場合，式 (3.110) と (3.111) の ε_0 を絶縁体の誘電率で置き換える．しかしながら，半導体と絶縁体の界面に鏡像力の概念を適用することの妥当性に疑問を呈する文献もある．興味のある読者はより詳細な議論を参照されたい [たとえば Fischetti ら (1995) とその引用文献参照]．

ショットキー効果の結果として，金属から半導体に入る電子によって観察される，ショットキーダイオード内における実際のエネルギー障壁は，式 (3.114) で与えられる $q\Delta\phi$ を使って，$(q\phi_{Bn} - q\Delta\phi)$ となる．シリコンにおけるバンド湾曲の合計は，ショットキーダイオード全体にわたって印加される電圧 V_{app} を使って，$q(\psi_{bi} - V_{app})$ となる．全バンド湾曲に対応する空間電荷層の厚さ W_d は，式 (3.15) から求められる．最大電界 $\mathcal{E}_m$ は，式 (3.8) の W_d を用いて求められる．ダイオード全体にわたって印加される順方向バイアス $V_{app} > 0$ は電界を減少させ，実効エネルギー障壁を増加させるが，逆方向バイアス $V_{app} < 0$ は電界を増加させ，したがって実効エネルギー障壁を減少させる．

3.2.2　ショットキーダイオードの電流–電圧特性

この項では，まずショットキーダイオードにおいて，電流に関与する可動性のキャリアについて調べる．続いて，可動性のキャリアが金属–半導体界面を横断して輸送される物理的な機構について議論し，ショットキーダイオードの電流電圧特性を導出する．

3.2.2.1　多数キャリア素子としてのショットキーダイオード

n 型シリコンのショットキーダイオードの界面を横切って流れる電子の様子を，エネルギーバンド図を使って図 3.19 に模式的に示す．エネルギー $E = E_f$ をもつ金属中の電子からは，$q\phi_{Bn}$ のエネルギー障壁が見える (議論を簡単にするため，障壁低下の効果は無視する)．エネルギー $E = E_f + \Delta E$ をもつ電子には，$q\phi_{Bn} - \Delta E$ のエネルギー障壁が見える．同様に，$E = E_c$ のエネルギーをもつ準中性なシリコン中の電子からは，$q(\psi_{bi} - V_{app})$ のエネルギー障壁が見える．E_c よりも ΔE だけ高いエネルギーをもつ電子には，$q(\psi_{bi} - V_{app}) - \Delta E$ のエネルギー障壁が見える．電流の流れを考える際に，これらのエネルギー障壁を，ショットキーダイオード自体のエネルギー障壁 $q\phi_{Bn}$ と混同してはならない．

熱平衡状態では，図 3.19(a) に示すように，ダイオードのいずれの方向にも正味の電

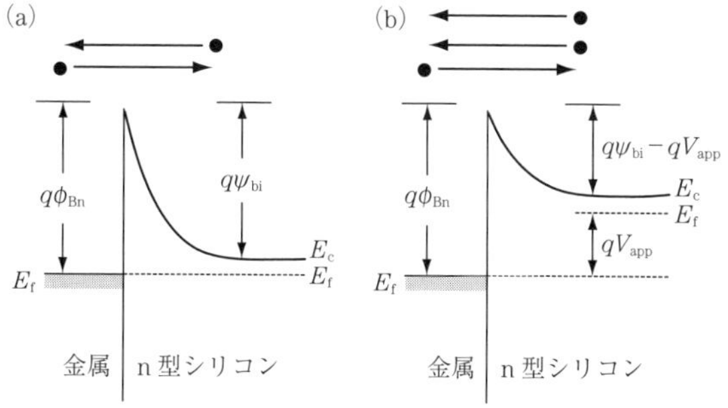

図 3.19　n 型ショットキーダイオードの電子の流れを示す模式的なエネルギーバンド図. (a) 熱平衡状態. 等しくまた逆向きの電子の流れが存在する. (b) 順方向バイアスを印加したとき. シリコンから金属への正味の流れがある. 簡単のために, 障壁低下効果は省略した図となっている.

子の流れはない. ダイオードに順方向電圧 $V_{\rm app}$ を印加すると, 図 3.19(b) に示すように, n 型シリコンから金属へ正味の電子の流れが生じるが, 少数キャリアである正孔が n 型シリコンに流れ込むことはない. 同様に, p 型シリコンのショットキーダイオードでは, p 型シリコンに少数キャリアである電子が流れ込むことはない. つまり, **ショットキー障壁ダイオードにおける電流は, 半導体内の多数キャリアによるものである**. これは, 電流輸送が主に少数キャリア (p 側の伝導帯に注入される電子と n 側の価電子帯に注入される正孔) による p–n ダイオードと対照的である.

多数キャリア素子であるため, **ショットキーダイオードの応答時間は, 少数キャリア素子である p–n ダイオードよりもはるかに短い**. ショットキーダイオードは, 速度が重要なマイクロ波ダイオードやマイクロ波トランジスタのゲートとしてよく使用される (たとえば, Irvin と Vanderwal, 1969 を参照).

n 型シリコンのショットキーダイオードにおいて, 電子が界面を横切って輸送される過程を図 3.20 に示す. 熱電子放出とは, 電子が (鏡像力効果を含めた) 有効なエネルギー障壁を越えるのに十分なエネルギーをもっていることを指す. 電界放出とは, 伝導帯端付近からの電子のトンネル放出を指す. 熱電界放出は, 伝導帯よりも高いエネルギーをもつが, 障壁を超えるには十分なエネルギーをもたない電子のトンネリングを指す. 能動素子あるいは回路部品として機能するように設計されたダイオードの場合, 通常, ドーピング濃度は十分に薄く, したがって空乏層の厚さも十分に厚く, 熱電子放出が電子輸送の支配的なプロセスとなる. 電界放出は, ドーピング濃度が非常に高い金属–半導体コンタクト (たとえば, 3.2.3 項で述べるオーミック接触) では支配的な輸送過程である.

3.2.2.2　熱　放　出

熱放出では, 最も簡単な理論は, 電子をボルツマン統計のエネルギー分布に従う理想

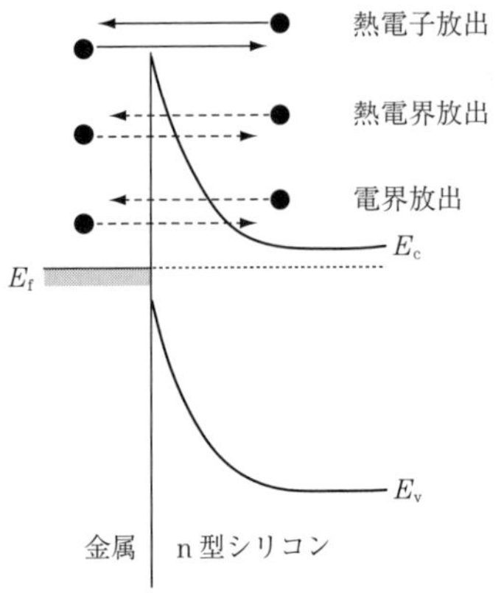

図 3.20　ショットキーダイオードのバンド図. 主な輸送過程を示している.

気体として扱うものである．半導体空乏領域内での電子衝突は無視し，障壁を乗り越えるのに十分なエネルギーをもち，放出の方向に移動している電子のみが放出される．シリコンのように，多谷電子構造の半導体では，各谷からの放出を考慮すべきであり，全電流を得るために，各谷からの電流の和をとる必要がある．

シリコンの伝導帯には 6 つの等価な谷が k_x, k_y, および k_z 軸上に存在する．各谷は回転楕円体形状であり，縦方向の有効質量 $m_l = 0.92m_0$ と横方向の有効質量 $m_t = 0.19m_0$ をもつ．ただし，m_0 は真空中の自由電子の質量である．熱電子放出による電流の導出は ⟨100⟩ シリコンの場合に最も簡単である．⟨100⟩ は最も一般的に利用されているシリコンの方位であるので，ここでは，この方位についてのみ考慮する．ほかの方位についても興味がある読者は，Crowell (1965, 1969) による論文を参照されたい．

空乏領域内での電子衝突は無視するとして，当初のエネルギーがエネルギー障壁を越えるのに十分なシリコン中の電子のみを考える必要がある．式 (2.1) から，$p_x \sim p_x + \mathrm{d}p_x$, $p_y \sim p_y + \mathrm{d}p_y$，$p_z \sim p_z + \mathrm{d}p_z$ の間の運動量をもつ，伝導帯の谷の一つにおける単位体積当たりの電子状態の数は次のようになる．

$$N(p_x, p_y, p_z)\,\mathrm{d}p_x\,\mathrm{d}p_y\,\mathrm{d}p_z = \frac{2}{h^3}\mathrm{d}p_x\,\mathrm{d}p_y\,\mathrm{d}p_z \tag{3.115}$$

たった一つの谷について考えているので，式 (3.115) では伝導帯の等価な谷 (底) の数を表す係数 g は 1 である．準中性領域における電子の運動エネルギーは $E - E_c$ であり，運動エネルギーと運動量の関係は式 (2.2) で与えられる．ボルツマン統計によれば，エネルギー E の電子状態が電子で占有されている確率は $\exp[-(E - E_f)/kT]$ [式 (2.5) 参照] である．したがって，式 (3.115) から，伝導帯の谷の一つにあり，$p_x \sim p_x + \mathrm{d}p_x$, $p_y \sim p_y + \mathrm{d}p_y$，$p_z \sim p_z + \mathrm{d}p_z$ の間の運動量をもつ単位体積当たりの電子数は，

$$\mathrm{d}n(p_x, p_y, p_z) = \frac{2}{h^3} e^{-(E-E_f)/kT}\,\mathrm{d}p_x\,\mathrm{d}p_y\,\mathrm{d}p_z$$

$$= \frac{2}{h^3} e^{-(E_\mathrm{c}-E_\mathrm{f})kT} e^{-({p_x}^2/2m_x kT + {p_y}^2/2m_y kT + {p_z}^2/2m_z kT)} \mathrm{d}p_x\,\mathrm{d}p_y\,\mathrm{d}p_z \tag{3.116}$$

と与えられる．$p_x \sim p_x + \mathrm{d}p_x$ の運動量をもつ単位体積当たりの電子数は，式 (3.116) を p_y と p_z のすべての値について積分することで与えられ，

$$\begin{aligned}
&\mathrm{d}n(p_x) \\
&= \frac{2}{h^3} e^{-(E_\mathrm{c}-E_\mathrm{f})/kT} e^{-{p_x}^2/2m_x kT} \mathrm{d}p_x \int_{-\infty}^{\infty} e^{-{p_y}^2/2m_y kT} \mathrm{d}p_y \int_{-\infty}^{\infty} e^{-{p_z}^2/2m_z kT} \mathrm{d}p_z \\
&= \frac{4\sqrt{m_y m_z}}{h^3} \pi kT e^{-(E_\mathrm{c}-E_\mathrm{f})/kT} e^{-{p_x}^2/2m_x kT} \mathrm{d}p_x
\end{aligned} \tag{3.117}$$

となる．

障壁低下効果を考慮しない　この場合，電圧 V_app がショットキーダイオードに印加されたとき，放出面に垂直な方向に移動する電子が放出障壁を乗り越えるための最小のエネルギーは $q(\psi_\mathrm{bi} - V_\mathrm{app})$ である．$\langle 100 \rangle$ シリコンでは，放出面は k_x 軸に垂直である．単一の伝導帯谷から金属に熱放出される電子による電流密度は，

$$\begin{aligned}
J_{1,\mathrm{s}\to\mathrm{m}}(V_\mathrm{app}) &= q \int_{p_x=p_{x0}}^{\infty} v_x\,\mathrm{d}n(p_x) \\
&= \frac{4\sqrt{m_y m_z}}{h^3} q\pi kT e^{-(E_\mathrm{c}-E_\mathrm{f})/kT} \int_{p_{x0}}^{\infty} \frac{p_x}{m_x} e^{-{p_x}^2/2m_x kT} \mathrm{d}p_x \\
&= \frac{4\pi q\sqrt{m_y m_z}}{h^3} k^2 T^2 e^{-(E_\mathrm{c}-E_\mathrm{f})/kT} e^{-q(\psi_\mathrm{bi}-V_\mathrm{app})/kT}
\end{aligned} \tag{3.118}$$

となる．ただし，$v_x = p_x/m_x$ は x 方向に移動する電子の速度であり，積分の下限 p_{x0} は ${p_{x0}}^2/2m_x = q(\psi_\mathrm{bi} - V_\mathrm{app})$ で与えられる．下付き文字 1 は，たった一つの伝導帯谷からの電流密度であることを示している．$q\phi_\mathrm{Bn} = q\psi_\mathrm{bi} + E_\mathrm{c} - E_\mathrm{f}$ であるので，式 (3.118) は，

$$\begin{aligned}
J_{1,\mathrm{s}\to\mathrm{m}}(V_\mathrm{app}) &= \frac{4\pi q\sqrt{m_y m_z}}{h^3} k^2 T^2 e^{-q\phi_\mathrm{Bn}/kT} e^{qV_\mathrm{app}/kT} \\
&= A\frac{\sqrt{m_y m_z}}{m_0} T^2 e^{-q\phi_\mathrm{Bn}/kT} e^{qV_\mathrm{app}/kT}
\end{aligned} \tag{3.119}$$

と書き換えられる．ここで，物理量

$$A \equiv \frac{4\pi q m_0 k^2}{h^3} = 120\,\mathrm{A/cm^2/K^2} \tag{3.120}$$

は真空中における電子のリチャードソン定数である．

シリコンからの全熱電子放出電流を得るためには，6 つの谷からの電流をすべて足し

合わせる必要がある．⟨100⟩ シリコンでは，k_x 軸上にある二つの谷は $m_y = m_z = m_{\mathrm{t}}$ の有効質量をもち，k_y 軸および k_z 軸上にある 4 つの谷は $m_y = m_{\mathrm{l}}$ と $m_z = m_{\mathrm{t}}$ の有効質量をもっている．シリコンから金属へ流れる全熱電子放出電流の密度は，

$$
\begin{aligned}
J_{\text{n-Si}\langle 100\rangle,\text{s}\to\text{m}}(V_{\text{app}}) &= \sum_{1}^{6} J_{\text{i,n-Si}\langle 100\rangle,\text{s}\to\text{m}}(V_{\text{app}}) \\
&= A\left(\frac{2m_{\mathrm{t}}}{m_0} + \frac{4\sqrt{m_{\mathrm{t}}m_{\mathrm{l}}}}{m_0}\right) T^2 e^{-q\phi_{\mathrm{Bn}}/kT} e^{qV_{\mathrm{app}}/kT} \\
&= A^*_{\text{n-Si}\langle 100\rangle} T^2 e^{-q\phi_{\mathrm{Bn}}/kT} e^{qV_{\mathrm{app}}/kT} \qquad (3.121)
\end{aligned}
$$

となる．ここで，

$$
A^*_{\text{n-Si}\langle 100\rangle} = A\left(\frac{2m_{\mathrm{t}}}{m_0} + \frac{4\sqrt{m_{\mathrm{t}}m_{\mathrm{l}}}}{m_0}\right) = 2.05A \qquad (3.122)
$$

は n 型 ⟨100⟩ シリコンのリチャードソン定数である．

シリコンでは，方向依存性は比較的弱い．n 型の ⟨111⟩ シリコンでは，リチャードソン定数は 2.15A である (Crowell, 1965)．しかし，簡単な熱放出モデルでは，典型的なショットキーダイオードの測定実験で得られた電流を，定性的に記述するだけである．測定によって得られたリチャードソン定数を有効質量テンソルに関する情報を推測することに使うべきでない (Crowell, 1969)．実際には，リチャードソン定数は，実験データをフィッティングするための調整可能なパラメータとして，しばしば取り扱われる (Henisch, 1984)．

印加電圧が 0 のとき，金属からシリコンへの電子放出電流は，シリコンから金属への電子放出電流と，大きさが等しく，向きが逆になる．すなわち，下記のようになる．

$$
\begin{aligned}
J_{\text{n-Si}\langle 100\rangle,\text{m}\to\text{s}}(V_{\text{app}} = 0) &= -J_{\text{n-Si}\langle 100\rangle,\text{s}\to\text{m}}(V_{\text{app}} = 0) \\
&= -A^*_{\text{n-Si}\langle 100\rangle} T^2 e^{-q\phi_{\mathrm{Bn}}/kT} \qquad (3.123)
\end{aligned}
$$

障壁低下効果を無視すると，金属からシリコンへ向かう電子放出のためのエネルギー障壁は V_{app} に依存しない．したがって，障壁低下効果を無視すると，金属からシリコンへの電子放出電流は V_{app} に依存しないと期待できる．n 型 ⟨100⟩ シリコンのショットキー障壁ダイオードの熱放出電流密度は，障壁低下効果を無視すると，

$$
\begin{aligned}
J_{\text{thermionic, n-Si}\langle 100\rangle}(V_{\text{app}}) &= J_{\text{n-Si}\langle 100\rangle,\text{s}\to\text{m}}(V_{\text{app}}) + J_{\text{n-Si}\langle 100\rangle,\text{m}\to\text{s}}(V_{\text{app}}) \\
&= A^*_{\text{n-Si}\langle 100\rangle} T^2 e^{-q\phi_{\mathrm{Bn}}/kT}(e^{qV_{\mathrm{app}}/kT} - 1) \qquad (3.124)
\end{aligned}
$$

となる．

順方向にバイアスされたダイオード ($V_{\text{app}} > 0$) では，電流は半導体から金属への放出

で支配される．逆方向にバイアスされたダイオード ($V_{\mathrm{app}} < 0$) では，電流は金属から半導体への放出で支配される．式 (3.124) は，障壁低下の効果が無視できるとき，ショットキー障壁ダイオードは p–n ダイオード [式 (3.67) と比較せよ] と似た，すなわち順方向では $\exp(qV_{\mathrm{app}}/kT)$ という V_{app} 依存性を示し，逆方向では V_{app} に依存しない飽和電流を示す I–V 特性となることを表している．

障壁低下効果を考慮する場合　障壁低下効果を考慮する場合には，ショットキーダイオードと p–n ダイオードには微妙な差が存在する．障壁低下効果を含むとき，図 3.19 と式 (3.119)〜(3.124) に示すショットキー障壁 $q\phi_{\mathrm{Bn}}$ は実効的なショットキー障壁 $q(\phi_{\mathrm{Bn}} - \Delta\phi)$ と置き換えなければならない．障壁低下効果の項 $q\Delta\phi$ は電界 $\mathcal{E}_{\mathrm{m}}$ [式 (3.114) 参照] を通して印加電圧に依存する．順方向電圧 ($V_{\mathrm{app}} > 0$) は $q\Delta\phi$ を減少し，その結果，実効的なショットキー障壁は増加する．一方で，逆方向電圧 ($V_{\mathrm{app}} < 0$) は $q\Delta\phi$ を増加し，その結果，実効的なショットキー障壁は減少する．それゆえ，式 (3.124) の $q\phi_{\mathrm{Bn}}$ を $q(\phi_{\mathrm{Bn}} - \Delta\phi)$ で置き換えることは，ショットキーダイオードの順方向電流が，V_{app} とともに $\exp(qV_{\mathrm{app}}/kT)$ よりもゆっくりと増加することを示唆する．

研究論文では，ショットキーダイオードにおける輸送過程を記述するための，より複雑な理論が提案されている．半導体空乏領域内での電子衝突の効果を含む拡散放出理論がある．単純な熱放出過程に伴う物理と拡散放出過程に伴う物理を融合した理論もある (Crowell と Sze, 1966a)．すべての理論は式 (3.124) と同様の結果となり，指数関数の前の係数に差があるだけである．興味のある読者は，詳細については文献を参照されたい (Sze, 1981; Henisch 1984)．デバイスの観点からは，ショットキーダイオードの重要な I–V 特性は式 (3.124) の指数因子に含まれている．すなわち，$\exp(-q\phi_{\mathrm{Bn}}/kT)$ における $q\phi_{\mathrm{Bn}}$ 依存性と $[\exp(qV_{\mathrm{app}}/kT) - 1]$ の qV_{app} 依存性である．

3.2.2.3　電界放出と熱電界放出

半導体が高濃度にドープされると，空乏領域の厚さは薄くなり，電子輸送は電界放出と熱電界放出を組み合わせたものになる．この場合，大電流が低い印加電圧でも流れうる．一般的に，電界放出と熱電界放出が電子輸送を支配するとき，金属–半導体接触は整流性のあるダイオードとしては，もはや役に立たない．そのため，熱電界放出の理論をこれ以上は議論しない．興味のある読者は，詳細については文献を参照されたい (Padovani と Stratton, 1966; Crowell と Rideout, 1969)．電界放出は，3.2.3 項でオーミック接触の文脈で議論される．

3.2.3　オーミック接触

オーミック接触は，高濃度にドープされた半導体と，金属あるいは金属シリサイドが接触することで，通常つくられる．この場合，電子輸送過程は電界放出で支配される．はじめに，準中性の半導体領域から金属に，伝導帯の電子がトンネルする様子について考えてみよう．金属–半導体接触近傍でのバンド曲がりを図 3.21 に示す．全バンド曲がりは，順方向電圧 V_{app} が印加されるとき，$q\psi_{\mathrm{m}} = q(\psi_{\mathrm{bi}} - V_{\mathrm{app}})$ である．ある V_{app} で，伝導帯が $x = 0$ において上方に曲がり始めると仮定する．ただし，界面は $x = W_{\mathrm{d}}$ にあり，W_{d} は空乏層の厚さである．伝導帯にある電子を考えているので，図 3.21 に示すように準中性シリコン領域の伝導帯端 $E_{\mathrm{c}}(x < 0)$ をエネルギーの基準にするのが便利である．$\psi(x)$ は位置 x において $E_{\mathrm{c}}(x < 0)$ を基準とした静電ポテンシャルである．すなわち，$-q\psi(0) = E_{\mathrm{c}}(x < 0)$ であり，$-q\psi(x)$ は位置 x における電子の位置エネルギーである．ポアソン方程式 [式 (2.58)] を 2 度積分すると，

$$\psi(x) = -\frac{qN_{\mathrm{d}}x^2}{2\varepsilon_{\mathrm{si}}} - \frac{E_{\mathrm{c}}(x < 0)}{q} \tag{3.125}$$

となる．ここで N_{d} は半導体のドーピング濃度である．式 (3.15) から

$$W_{\mathrm{d}} = \sqrt{\frac{2\varepsilon_{\mathrm{si}}(\psi_{\mathrm{bi}} - V_{\mathrm{app}})}{qN_{\mathrm{d}}}} \tag{3.126}$$

となる．エネルギー障壁を通過するトンネルの WKB (Wentzel–Kramers–Brillouin) 近似によれば，$-q\psi(x)$ と表されるエネルギー障壁をエネルギー E の電子が透過する透過係数は

$$T(E) = \exp\left[\frac{-4\pi}{h}\int_{x_1}^{W_{\mathrm{d}}} \sqrt{2m^*}\sqrt{-q\psi(x) - E}\,\mathrm{d}x\right]$$

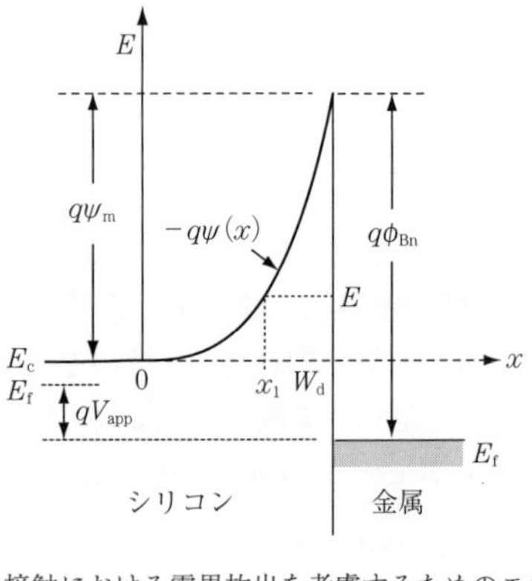

図 3.21　金属–シリコン接触における電界放出を考慮するためのエネルギーバンドを示す図．図に示すように，シリコンのフェルミ準位が，金属のフェルミ準位よりも高いため，ショットキーダイオードは順方向にバイアスされている．

$$= \exp\left[\frac{-4\pi}{h}\int_{x_1}^{W_\mathrm{d}}\sqrt{2m^*}\sqrt{\frac{q^2N_\mathrm{d}x^2}{2\varepsilon_\mathrm{si}}+E_\mathrm{c}(x<0)-E}\,\mathrm{d}x\right] \tag{3.127}$$

と表される (Liboff, 2003). ここで, 積分の下限 x_1 は $-q\psi(x_1)=E$ で与えられる.

オーミック接触について議論するとき, シリコンの準中性領域から, ポテンシャル障壁を通して金属にトンネルする電子によって生じる, 小さな電圧での電流に興味がある. このような電子は, トンネル障壁高さ $q(\psi_\mathrm{bi}-V_\mathrm{app})$ に比べると (V_app が小さいときには, この障壁高さは $q\psi_\mathrm{bi}$ で近似できる), 非常に小さな熱エネルギー (室温で $kT\approx$ 26 meV) だけをもっている. それゆえ, トンネル電子はエネルギー $E=E_\mathrm{c}(x<0)$ をもっていると仮定できる. これらの電子では, トンネル過程は $x_1=0$ で始まり, 対応する透過係数は

$$T[E=E_\mathrm{c}(x<0)]=\exp\left(\frac{-q(\psi_\mathrm{bi}-V_\mathrm{app})}{E_{00}}\right) \tag{3.128}$$

となる. ここで,

$$E_{00}\equiv\frac{qh}{4\pi}\sqrt{\frac{N_\mathrm{d}}{m^*\varepsilon_\mathrm{si}}} \tag{3.129}$$

である. 高濃度ドープされたシリコン領域では, フェルミ準位と伝導帯端はほぼ等しい. すなわち, 図 3.19(a) を参照すると, ψ_bi(高濃度ドーピング) $\approx\phi_\mathrm{Bn}$ である. それゆえ, 高濃度ドーピングされたショットキーダイオードでは,

$$T[E=E_\mathrm{c}(x<0)]=\exp\left(\frac{-q(\phi_\mathrm{Bn}-V_\mathrm{app})}{E_{00}}\right) \tag{3.130}$$

となる. すなわち, オーミック接触では, 電流密度は次のように変化する.

$$J_\mathrm{ohmic}\propto\exp\left(\frac{-q(\phi_\mathrm{Bn}-V_\mathrm{app})}{E_{00}}\right) \tag{3.131}$$

具体的なコンタクト抵抗, あるいはコンタクト抵抗率 ρ_c はオーミック接触の重要な性能指数であり, 次のようになる.

$$\rho_\mathrm{c}\equiv\left(\frac{\partial J}{\partial V_\mathrm{app}}\right)^{-1}_{V_\mathrm{app}=0} \tag{3.132}$$

オーミック接触の式 (3.131) を使うと,

$$\rho_\mathrm{c}\propto\frac{E_{00}}{q}\exp\left(q\phi_\mathrm{Bn}/E_{00}\right) \tag{3.133}$$

を得る. ρ_c の振る舞いは指数因子で支配される. すなわち, 低コンタクト抵抗を保証するためには, 低障壁の金属を使い, シリコンはできるだけ高濃度ドープすべきである (E_{00} を最大化するため). $N_\mathrm{d}=10^{20}\,\mathrm{cm^{-3}}$ で $T=300\,\mathrm{K}$ の場合, $q\phi_\mathrm{Bn}=0.6\,\mathrm{eV}$ で

コンタクト抵抗率 ρ_c はおおよそ $8 \times 10^{-6}\,\Omega \cdot \mathrm{cm}^2$ であり，$q\phi_{\mathrm{Bn}} = 0.4\,\mathrm{eV}$ でおおよそ $8 \times 10^{-8}\,\Omega \cdot \mathrm{cm}^2$ である (Yu, 1970; Chang ら，1971)．最近の実験によって，コンタクト障壁およびコンタクト冶金学に基づく工学技術と，ドーピング濃度を最大にすることを組み合わせることで，$10^{-9}\,\Omega \cdot \mathrm{cm}^2$ に近いコンタクト抵抗率が得られる可能性がある (Zhang ら，2013) ことが示唆された．低抵抗のコンタクトでは，コンタクト抵抗を実験的に決めることは，非常に複雑である．多くのコンタクト抵抗測定方法の議論と比較のための文献を参照されたい (Schroder, 1990).

3.3　逆方向にバイアスされたダイオードにおける高電界効果

ダイオードの空乏領域における電界は，逆方向バイアス電圧が増えるに従い大きくなる．電界が存在すると，キャリアはドリフトしながら電界からエネルギーを得る．これらのキャリアは，フォノンを放出することによってエネルギーを失う．電界が増加するに従い，キャリアの平均エネルギーは増加する．十分に高い電界では，VLSI デバイスの設計や動作に重要な意味をもつ多くの物理現象が発生する可能性がある．シリコン/酸化膜界面から離れたバルクシリコンにおける高電界の場合，これらの現象にはインパクトイオン化，すなわち電子–正孔対の生成，接合の降伏，バンド間トンネリングなどが含まれる．この節では，これらの現象の基本的な物理について説明する．シリコン/酸化膜界面に関連する高電界効果については，4.6 節で取り上げる．

3.3.1　インパクトイオン化となだれ降伏

大きな電界がかかった p–n ダイオードの空乏層を考える．伝導帯の電子が電界から十分大きなエネルギーを得て，そのエネルギーを衝突によって価電子帯の電子に与えると，価電子帯の電子が伝導帯にもち上げられ，伝導帯には 1 個の自由な電子が，価電子帯には 1 個の自由な正孔が生成されうる．この現象を**インパクトイオン化** (impact ionization) とよぶ．同様に，価電子帯の正孔が電界からエネルギーを得て，インパクトイオン化を起こすこともある．電界が非常に強いと，インパクトイオン化によって生じた電子や正孔が，さらにインパクトイオン化を引き起こし，キャリアの増倍が始まる．この増倍プロセスが暴走してなだれ (avalanche) のような状態になると p–n ダイオードは降伏する．(整流作用が失われ，大量に逆方向電流が流れる．)

インパクトイオン化を起こすのに十分大きな逆方向電界がかかった p–n ダイオードを考え，その空間電荷領域両端の位置を $x = 0$, $x = W$ とする．$x = 0$ において，正孔電流 I_{p0} が流れ込むとする (図 3.22)．この正孔電流は電子–正孔対を発生させる．発生した電子と正孔は空間電荷層を横切る間にさらにインパクトイオン化を引き起こす．したがって，正孔電流は距離とともに増加し，$x = W$ において最大となる．その値を $M_{\mathrm{p}} I_{\mathrm{p0}}$

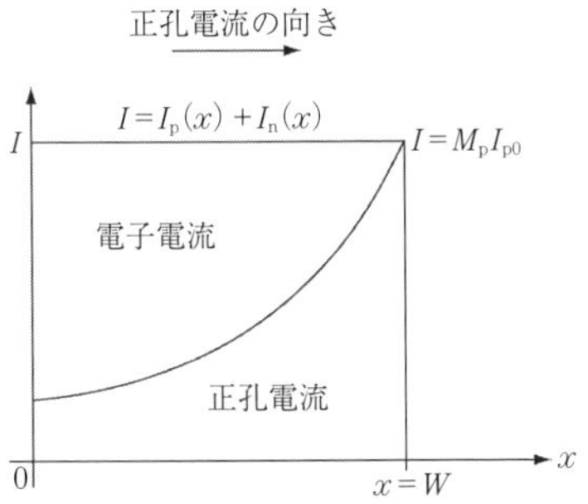

図 3.22　p–n ダイオードの空間電荷領域における正孔誘起のインパクトイオン化による定常電流を示す模式図

とおく．(M_p を正孔の増倍率とよぶ.) 定常状態では全電流 I は場所によらず一定であるから，$I = M_\mathrm{p} I_\mathrm{p0}$ である．空間電荷領域内の全電流は電子電流と正孔電流の和であるから (Moll, 1964)，

$$I = I_\mathrm{p}(x) + I_\mathrm{n}(x) \tag{3.134}$$

となる．図 3.22 にこれらの電流成分を示す．電界は，正孔が右 ($x = W$) に，電子が左 ($x = 0$) に流れるようにかかっているとしている．

$[x, x + \mathrm{d}x]$ 間の微小区間に着目する．ここを単位時間当たり通過する正孔の数は $I_\mathrm{p}(x)/q$ である．この微小区間を通過する間に正孔は，$[\alpha_\mathrm{p}(x) I_\mathrm{p}(x)\,\mathrm{d}x/q]$ 個の電子–正孔対を発生させる．ここで α_p は**正孔による単位長当たりの電子–正孔対生成率**である．同様に，電子が生成する電子–正孔対の数は，α_n を**電子による単位長当たりの電子–正孔対生成率**として，$[\alpha_\mathrm{n}(x) I_\mathrm{n}(x)/q]$ となる．したがって，微小区間を電子と正孔が通過することによる正孔電流の増加は，

$$\mathrm{d}I_\mathrm{p} = \alpha_\mathrm{p} I_\mathrm{p}\,\mathrm{d}x + \alpha_\mathrm{n} I_\mathrm{n}\,\mathrm{d}x \tag{3.135}$$

となる．式 (3.134) および (3.135) から，

$$\frac{\mathrm{d}I_\mathrm{p}}{\mathrm{d}x} = (\alpha_\mathrm{p} - \alpha_\mathrm{n})\, I_\mathrm{p} + \alpha_\mathrm{n} I \tag{3.136}$$

を得る．境界条件を $I_\mathrm{p}(0) = I/M_\mathrm{p}$ とすると，この式の解は (Sze, 1981)，

$$I_\mathrm{p}(x) = I\left[\frac{1}{M_\mathrm{p}} + \int_0^x \alpha_\mathrm{n} \exp\left(-\int_0^{x'} (\alpha_\mathrm{p} - \alpha_\mathrm{n})\,\mathrm{d}x''\right)\mathrm{d}x'\right] \exp\left(\int_0^x (\alpha_\mathrm{p} - \alpha_\mathrm{n})\,\mathrm{d}x'\right) \tag{3.137}$$

となる．

ここでは正孔注入によるインパクトイオン化を考えており，$x = W$ での電子注入はないとしているため，$x = W$ において正孔電流は I に等しい．したがって，式 (3.137)

から，

$$\frac{1}{M_{\rm p}} = \exp\left(-\int_0^W (\alpha_{\rm p} - \alpha_{\rm n})\,{\rm d}x\right) - \int_0^W \alpha_{\rm n} \exp\left(-\int_0^x (\alpha_{\rm p} - \alpha_{\rm n})\,{\rm d}x'\right){\rm d}x \tag{3.138}$$

を得る．同様に，電子注入によるインパクトイオン化において電子の増倍率 $M_{\rm n}$ は，

$$\frac{1}{M_{\rm n}} = \exp\left(-\int_0^W (\alpha_{\rm n} - \alpha_{\rm p})\,{\rm d}x\right) - \int_0^W \alpha_{\rm p} \exp\left(-\int_x^W (\alpha_{\rm n} - \alpha_{\rm p})\,{\rm d}x'\right){\rm d}x \tag{3.139}$$

で与えられる．なだれ降伏は，インパクトイオン化によるキャリアの増倍が暴走したとき，すなわち増倍率が無限大になったときに生じる．**p–n 接合がなだれ降伏する条件は，降伏が電子注入によって始まるか，正孔注入によって始まるかによらず同じになる．**

電子と正孔のなだれ増倍は，インパクトイオン化によって生じた電子と正孔の両方が，電子と正孔をさらに生成する正帰還過程に寄与することに留意すべきである．その結果，ある大きな逆方向電圧のときに，有限の W, $\alpha_{\rm n}$, $\alpha_{\rm p}$ の値でなだれ降伏，すなわち $M_{\rm n}$ と $M_{\rm p}$ が無限大になることが可能である．もし，二次電子や二次正孔のどちらかによる帰還過程が無ければ，有限の $\alpha_{\rm n}$ と $\alpha_{\rm p}$ の場合に，なだれ降伏は起こらない．この点を示すために，正孔によって開始されるインパクトイオン化について考えてみよう．ただし，増倍率 $M_{\rm p}$ は式 (3.138) で与えられるとする．もし二次電子による正帰還がなければ，$\alpha_{\rm n} = 0$ となる．この場合，式 (3.138) が示すように，あらゆる $\alpha_{\rm p}$ に対して $M_{\rm p}$ は有限となる (降伏は起こらない).

もし，インパクトイオン化が起こる高電界領域が広範囲にわたると，正帰還過程により最終的にはなだれ降伏に至る．$\alpha_{\rm n}$ と $\alpha_{\rm p}$ が距離や電界によらず一定である特別な場合に，高電界領域の幅が $[\ln(\alpha_{\rm p}/\alpha_{\rm n})/(\alpha_{\rm p} - \alpha_{\rm n})]$ に近づくとなだれ降伏が起こる．

理論的には式 (3.138) と (3.139) から増倍率が求まり，降伏電圧が計算できる．しかし現実には，イオン化率の値や接合の不純物プロファイルが十分正確にはわからないため，VLSI の設計に使えるほどの精度で降伏電圧を計算できない．このため，降伏電圧は通常，実験的に決定されている．

3.3.1.1　インパクトイオン化率の測定値

実測されるインパクトイオン化率はしばしば，次のような**経験的**な式で表される．

$$\alpha = A \exp(-b/\mathcal{E}) \tag{3.140}$$

ここで A, b は定数，$\mathcal{E}$ は電界である (Chynoweth, 1957)．文献に報告されているインパクトイオン化率は大きくばらついていたが，最近の測定ではだいたい一致した結果が得られている (van Overstraeten と de Man, 1970; Grant, 1973)．その結果を表 3.1

と図 3.23 に示す．

図 3.23 より，まず二つのことがわかる．(1) とくに低電界において，α_{n} は α_{p} よりずっと大きい．その原因は正孔の有効質量が電子よりも非常に大きいことにある．次に，(2) インパクトイオン化率は，電界が増すと，急激に大きくなる．電界が一様ではない p–n ダイオードの空間電荷領域においては，電界が最大となる点に近い，ごく狭い領域でほとんどのインパクトイオン化電流が発生する．よってインパクトイオン化を抑えるためには最大電界を小さくする必要がある．3.1.2.3 目で述べたように，p–n 接合の最大電界を抑えるには，不純物分布に勾配をもたせること，低濃度領域や真性 (ドーピングしない) 領域を用いることが有効である．

インパクトイオン化率は温度が上がると低下する (Grant, 1973)．これは，高温における格子振動の増大が原因である．表 3.1 と図 3.23 のデータは室温での結果である．

3.3.2 バンド間トンネリング

逆バイアスされた p–n 接合の電界が 10^6 V/cm に近づくと，p 領域の価電子帯の電子

表 3.1 シリコン中のインパクトイオン化率

出典	電界の範囲 (V/cm)	$\alpha_{\mathrm{n}}(\mathrm{cm}^{-1})$		$\alpha_{\mathrm{p}}(\mathrm{cm}^{-1})$	
		$A_{\mathrm{n}}(\mathrm{cm}^{-1})$	$b_{\mathrm{n}}(\mathrm{V/cm})$	$A_{\mathrm{p}}(\mathrm{cm}^{-1})$	$b_{\mathrm{p}}(\mathrm{V/cm})$
van Overstraeten	$1.75\times10^5 < \mathcal{E} < 4.0\times10^5$	7.03×10^5	1.231×10^6	1.582×10^6	2.036×10^6
と de Man (1970)	$4.0\times10^5 < \mathcal{E} < 6.0\times10^5$	7.03×10^5	1.231×10^6	6.71×10^5	1.693×10^6
Grant (1973)	$2.0\times10^5 < \mathcal{E} < 2.4\times10^5$	2.6×10^6	1.43×10^6	2.0×10^6	1.97×10^6
	$2.4\times10^5 < \mathcal{E} < 5.3\times10^5$	6.2×10^5	1.08×10^6	2.0×10^6	1.97×10^6
	$5.3\times10^5 < \mathcal{E}$	5.0×10^5	0.99×10^6	5.6×10^5	1.32×10^6

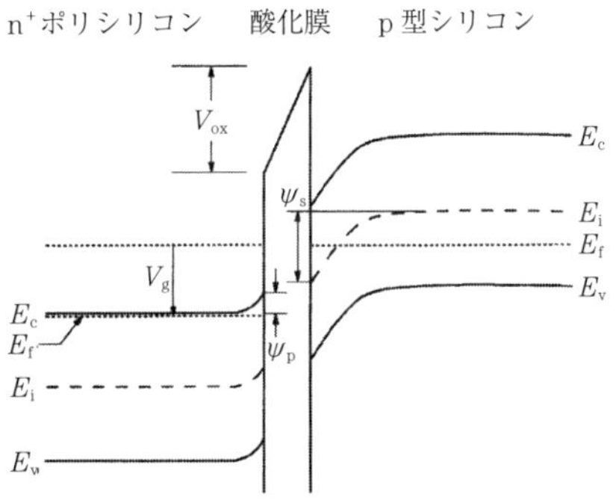

図 3.23 シリコンのインパクトイオン化率．実線は Grant (1973) のデータであり，破線は van Overstraeten と de Man (1970) のデータである．

が n 領域の伝導帯にトンネルすることにより，大きな電流が流れる．この現象を図 3.24 に模式的に示す．シリコンの場合，このトンネル過程は通常，フォノンの放出または吸収を伴い (Chynoweth ら, 1960; Kane, 1961)，トンネル電流密度は次式で与えられる (Fair と Wivell, 1976).

$$J_{\text{b-b}} = \frac{\sqrt{2m^*}\ q^3 \mathcal{E} V_{\text{R}}}{4\pi^3 \hbar^2 E_{\text{g}}^{1/2}}\ \exp\left(-\frac{4\sqrt{2m^*}\,E_{\text{g}}^{3/2}}{3q\mathcal{E}\hbar}\right) \tag{3.141}$$

ここで $\mathcal{E}$ は電界，E_{g} はバンドギャップエネルギー，V_{R} は接合に印加する逆バイアス電圧である．ピーク電界の上限値は片側接合を仮定することで求められる．この場合，3.1.2.2 目の解析によれば，電界の上限値は

$$\mathcal{E}_{\max} = \sqrt{\frac{2qN_{\text{a}}(V_{\text{R}} + \psi_{\text{bi}})}{\varepsilon_{\text{si}}}} \tag{3.142}$$

で与えられる．N_{a} はダイオードの低濃度側濃度 (p 型と仮定)，ψ_{bi} は内蔵電位である．この近似式を用いると，$N_{\text{a}} = 5 \times 10^{18}\,\text{cm}^{-3}$，$V_{\text{R}} = 1\,\text{V}$ のとき，バンド間トンネル電流は $1\,\text{A/cm}^2$ となる (Taur ら，1995).

より最近, Solomon ら (2004) は, バンド間トンネル電流を実効トンネル距離の概念を用いることでモデル化できることを示した．このモデルでは, トンネル電流は $\exp(-w_{\text{T}}/\lambda_{\text{T}})$ に比例すると仮定される．ただし，w_{T} はトンネル距離であり，図 3.24 に模式的に示されており，λ_{T} は実効トンネル減衰長である．詳細は，Solomon の論文を参照されたい．

トランジスタを微細化していくと不純物のドーピング濃度はより高く，接合の不純物分布はより急峻になるため，バンド間トンネリングが増大する．バンド間トンネリングによるリーク電流がいったん測定できる程度までに大きくなると，電界もしくはトンネル距離の減少によってリーク電流は急激に増大する．最近の VLSI デバイスでは，バンド間トンネリングは最も重要なリーク電流成分の一つとなっており，リーク電流を非常に小さく抑える必要がある DRAM や電池で動作するシステムのような応用ではとくに重要である．

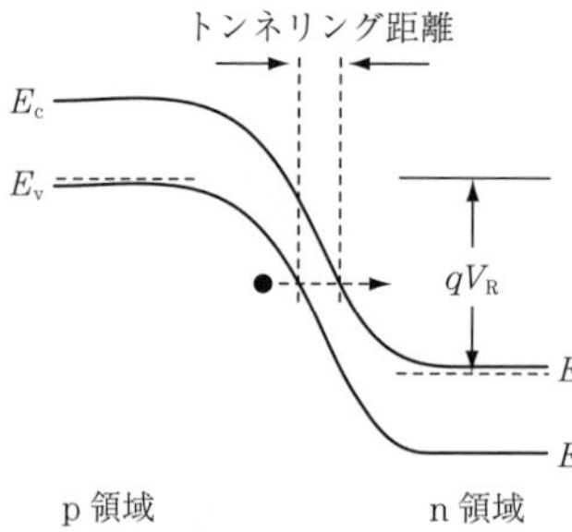

図 3.24　p–n 接合におけるバンド間トンネリングの模式図

4

MOS キャパシタ

MOSFET デバイスの基本は，金属–酸化膜–半導体 (MOS) キャパシタにある．Si–SiO_2 MOS 構造は，ほとんどのプレーナーデバイスや集積回路に直接関係しているため，広範囲に研究されてきた (Nicollian と Brews, 1982)．本章では，MOS キャパシタの基本的な特性と，その動作を支配する基本方程式について概説する．酸化膜および酸化膜–シリコン界面における電荷トラップの影響は，4.5 節で説明する．

22 nm ノードを超える CMOS ロジック技術 (22 nm 以下のリソグラフィ線幅解像度を意味する) では，VLSI 産業は，ゲート酸化膜トンネルとポリシリコンゲート空乏の問題に対処するため，SiO_2 から，より比誘電率の高い (high-κ) 誘電体と金属ゲートによる技術に移行した．これらのテーマは，4.3.5 項および 4.6.1 項で説明する．

4.1 MOS 構造のエネルギーバンド図

4.1.1 真空準位，仕事関数，フラットバンド電圧

図 4.1 は MOS キャパシタの断面図を示している．MOS キャパシタは，シリコン基板上に形成した二酸化シリコン (silicon dioxide, SiO_2) 薄膜の上部に，導電性ゲート電極 (金属，あるいは高濃度にドープされたポリシリコン) を有している．この 3 つの構成要素がそれぞれ離れているときのエネルギーバンド図が，図 4.2 である．MOS デバイスのエネルギーバンド図を議論する前に，まず**真空準位** (free electron level)[1] と**仕事関数** (work function) の概念を導入する．これらの概念は二つの異なる材料が接触するときに，エネルギーバンドの相対的な位置関係を決める上で重要な役割を果たす．図 4.2(c)

[1] 訳注) 日本語版では，「真空準位」が広く使われている用語のために，“free electron level” の訳語として「真空準位」を引き続き使用する．

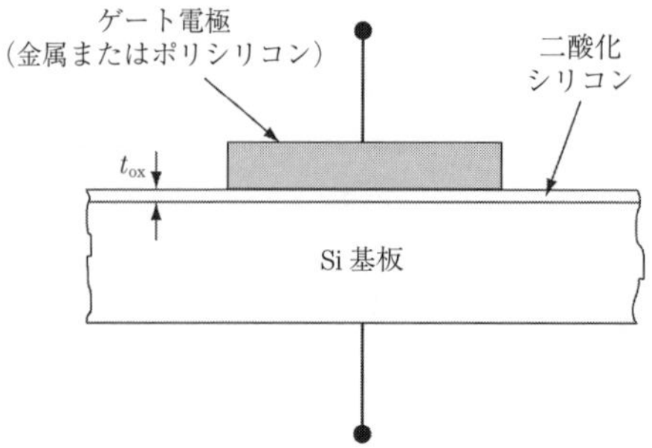

図 4.1　MOS キャパシタ (ダイオード) の断面模式図

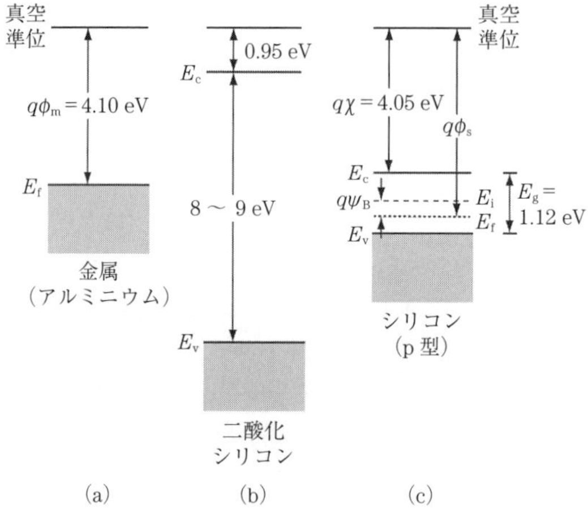

図 4.2　MOS キャパシタの 3 つの構成要素，(a) 金属 (アルミニウム)，(b) 二酸化シリコン，(c) p 型シリコンのエネルギーバンド図

は，p 型シリコンの伝導帯の上に真空準位を付加して示したものである．真空準位は，その準位にある電子は自由である，すなわち格子に束縛されていない，として定義されるエネルギー準位である．シリコンでは，図 4.2(c) に示すように，真空準位は 4.05 eV だけ伝導帯端よりも上にある．つまり，伝導帯端にある電子が，シリコンの結晶から解き放たれるためには，4.05 eV のエネルギー [**電子親和力** (electron affinity) $q\chi$] を得る必要がある．図 4.2(b) は，8～9 eV のエネルギーギャップをもつ二酸化シリコンのバンド図である．二酸化シリコンの真空準位は，その伝導帯より 0.95 eV だけ上に位置する．

仕事関数 (work function) は真空準位とフェルミ準位のエネルギー差と定義される．図 4.2(c) の p 型シリコンの例では，仕事関数 $q\phi_s$ は

$$q\phi_s = q\chi + \frac{E_g}{2} + q\psi_B \tag{4.1}$$

と表される．ここで，ψ_{B} はフェルミポテンシャルと式 (2.62) で与えられる真性ポテンシャルの差である．金属の場合にも，仕事関数 $q\phi_{\mathrm{m}}$ は図 4.2(a) に示すように同様に定義できる (金属では伝導帯は電子によって半分だけ占有されていることを思い出して欲しい)．このことは，フェルミ準位にある電子は，金属の束縛から離れて自由になるためには $q\phi_{\mathrm{m}}$ のエネルギーを獲得する必要があることを意味する．金属が異なれば，仕事関数も異なる．

二つの異なる材料が接触すると，界面において二つの材料は同じ真空準位を共有しなくてはならない．すなわち，ある材料から次の材料へと，真空準位は連続でなくてはならない．なぜなら，二つの材料の界面では，ある材料の結晶の束縛から解き放たれた電子は，別の材料の結晶の束縛からも自由であるからである．図 4.3(a) には，**フラットバンド状態** (flatband condition)，つまり 3 つの構成材料内で電界がまったく存在しない場合での MOS 構造のバンド図を示す．この例では，金属の仕事関数はシリコンの仕事関数よりも小さいため，フラットバンド状態は，シリコン基板を基準にして負のゲート電圧，$-(\phi_{\mathrm{s}} - \phi_{\mathrm{m}}) \equiv \phi_{\mathrm{ms}}$ を印加することで実現されている．この電圧を**フラットバンド電圧** (flatband voltage) とよぶ．これは，図 4.3(a) で，二つのフェルミ準位のずれとして現れている．一般に，MOS デバイスのフラットバンド電圧は，

$$V_{\mathrm{fb}} = (\phi_{\mathrm{m}} - \phi_{\mathrm{s}}) - \frac{Q_{\mathrm{ox}}}{C_{\mathrm{ox}}} = \phi_{\mathrm{ms}} - \frac{Q_{\mathrm{ox}}}{C_{\mathrm{ox}}} \tag{4.2}$$

で与えられる．ここで，Q_{ox} は酸化膜–シリコン界面 (4.5 節で定義される) における単

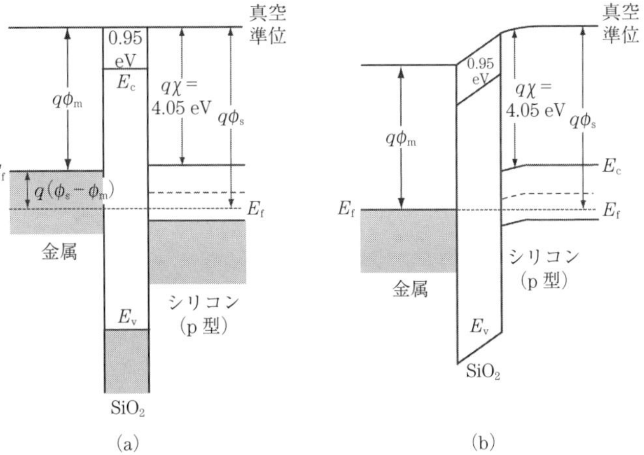

図 4.3 MOS 系 (MOS system) のバンド図．(a) フラットバンド状態，(b) ゲート電圧が 0 V の状態．

位面積当たりの実効的な酸化膜電荷であり，C_{ox} は単位面積当たりの酸化膜容量で，

$$C_{ox} = \frac{\varepsilon_{ox}}{t_{ox}} \tag{4.3}$$

と，酸化膜厚 t_{ox}，誘電率 ε_{ox} を用いて与えられる．現代の VLSI テクノロジーでは，Si–SiO_2 界面における Q_{ox}/q は，$\langle 100 \rangle$ 面の場合には $10^{10}\,\mathrm{cm}^{-2}$ 以下に抑えられる．そのフラットバンド電圧への影響は，ゲート酸化膜が 10 nm より薄い場合には無視できる．そのため，フラットバンド電圧は仕事関数差 ϕ_{ms} によって主として決まる．

ゲート電圧が 0 V のときには，フェルミ準位が一直線に並ぶ．図 4.3(b) に示すように酸化膜とシリコンの両方に電界が発生する．電子親和力 $q\chi$ は材料の性質であり，半導体の種類のみに依存し，ドーピングの型や深さには依存しない．図 4.3(b) に示すようにバンド曲がりがあるとき，p–n 接合の空乏領域と同じように，真空準位も伝導帯と平行に曲がり，真空準位と伝導帯の間の距離は，エネルギーギャップのように一定に保たれる．このとき，真空準位は一つの材料内で平坦ではないが，隣接する材料間では連続でなければならない．真空準位は界面では一致するので，**シリコンの伝導帯と二酸化シリコンの伝導帯の間のポテンシャル障壁は $q\phi_{ox} = 4.05\,\mathrm{eV} - 0.95\,\mathrm{eV} = 3.1\,\mathrm{eV}$ となる**．この数字は，Si–SiO_2 系の信頼性を議論するときに非常に重要である (4.6 節)．簡単のために，以後の MOS のバンド図では，真空準位は多くの場合に省略する．異なる材料間の相対的なバンド配置を決める際に，真空準位が重要な役割を果たすことは記憶に留めておくべきである．

真空準位が界面で連続であるという原理は，金属–半導体接合 (3.2 節で議論したショットキーダイオード) やヘテロ接合デバイス (デバイス内で異なるバンドギャップが存在する) にも，バンド整合の関係を確立するために適用される．

4.1.2　ゲート電圧，表面電位，シリコン中の電荷

図 4.4 は，ゼロ以外のゲート電圧が印加された MOS デバイスのバンド図を示している．真空準位は酸化膜領域の上でのみ示し，ゲートやシリコン領域では示していない．印加されるゲート電圧 (この場合 > 0) により，ゲートのフェルミ準位は p 型基板に対して qV_g だけ下方に変位する．金属と酸化膜のバンドの関係は一定のままであるため，酸化膜の金属側の伝導帯は同じ量だけずれることとなる．この結果，電界が酸化膜内に生じ，同時に，p 型シリコンの表面近くのバンドが下向きに曲がることとなる．シリコン中のバンド曲がりの量は**表面電位** (surface potential) ψ_s と定義される．図 4.4 に示すように，酸化膜にわたる電位降下は V_{ox} と現れる．ゲート側とシリコン側の電位成分を足し合わせ，ゲートとシリコンの電位差 V_g と等しいとすると，

$$(V_{ox} + \phi_m) - (\chi - \psi_s + E_g/2q + \psi_B) = V_g \tag{4.4}$$

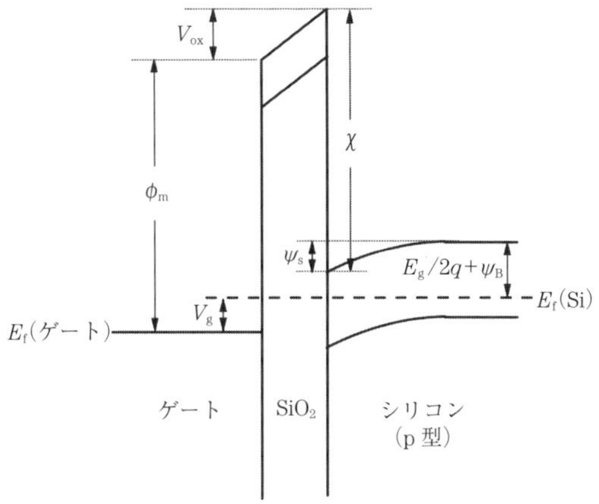

図 4.4　正のゲート電圧を印加した場合の MOS キャパシタのエネルギーバンド図とポテンシャル図．この図では，電子のエネルギーは上方に増加し，電位または電圧は下方に増加することに注意されたい．

となる．上記の式は，式 (4.1) と式 (4.2) を用いて，ϕ_s と V_{fb} の観点から再グループ化でき，

$$V_g - (\phi_m - \phi_s) = V_g - V_{fb} = V_{ox} + \psi_s \tag{4.5}$$

となる．ここで酸化膜電荷 (Q_{ox}) がゼロであることを仮定した．$V_g - V_{fb}$ がどのように ψ_s と V_{ox} に分割されるかは酸化膜厚と p 型シリコンのドーピング濃度に依存する．

酸化膜–シリコン界面のトラップ電荷が無視できるのであれば，酸化膜中の電界 $\mathcal{E}_{ox}$ とシリコン中の表面電界 $\mathcal{E}_s$ には，2.4.1.1 目で議論した誘電体境界条件によって次の関係が存在する．

$$\varepsilon_{ox}\mathcal{E}_{ox} = \varepsilon_{si}\mathcal{E}_s \tag{4.6}$$

この式は，電界の大きさと方向の両方に適用されることに注意されたい．酸化膜には電荷がなくポアソン方程式は $\mathrm{d}\mathcal{E}/\mathrm{d}x = 0$ となるため，酸化膜中の電界は一様である．そのため，$\mathcal{E}_{ox} = V_{ox}/t_{ox}$ であり，C_{ox} が式 (4.3) で与えられるから上の式の左辺は $\varepsilon_{ox}V_{ox}/t_{ox} = C_{ox}V_{ox}$ となる．ガウスの法則から，上式の右辺は $-Q_s = \varepsilon_{si}\mathcal{E}_s$ となる．ここで，Q_s はシリコンに誘起される単位面積当たりの全電荷である．V_{ox} と Q_s の関係を式 (4.5) に代入すると，**ゲート電圧の方程式が次のように表される**．

$$V_g - V_{fb} = V_{ox} + \psi_s = \frac{-Q_s}{C_{ox}} + \psi_s \tag{4.7}$$

式 (4.7) の Q_s の前に負の符号があるのは，金属ゲート上の電荷は常にシリコン内の電荷と大きさは等しいが符号が反対であるためである．したがって，$V_g - V_{fb}$ が正のとき Q_s は負であり，その逆もまた同様である．式 (4.7) は，印加されるゲート電圧と，その結果生じるシリコン中の電位と電荷の間の中心的な関係を表している．電位と電荷密度を，V_g の関数として別々に求めるには，シリコン中のポアソン方程式を解く必要がある．これは 4.2 節で行う．

4.1.3　蓄積，空乏，反転

図 4.5 は p 型 [(a)〜(d)] と n 型 [(e)〜(h)] MOS キャパシタのバンド図で，フラットバンド電圧を基準として，さまざまなゲート電圧を印加した場合のものである．簡単のために，フラットバンド電圧はすべての場合で 0 であるとした．図 4.3 で議論した p 型 MOS のフラットバンド状態は，図 4.5(a) に示されている．フラットバンド状態では，電荷および電界がなく，シリコン全体にわたって，キャリア密度はイオン化したアクセプタ濃度と等しい．ここで図 4.5(b) に示されるように，p 型 MOS キャパシタのゲートに負の電圧を印加した場合を考える．この場合には，金属側のフェルミ準位 (電子のエネルギー) がシリコン側のフェルミ準位に対して上昇し，負の電荷をシリコン基板側に加速させるような電界を生成する．電界はシリコン表面にも誘導され，その方向は酸化膜電界と同じである．シリコン中のキャリア密度は (金属の場合と比較して) 低いため，バンドは酸化膜界面に向かって，上方に曲がる．2.4.2 項で議論したように，**正味の伝導電流が存在しないため，フェルミ準位はシリコン内部で平坦である**．バンド曲がりのために，表面でのフェルミ準位は，シリコン内部におけるフェルミ準位と比べて，価電子帯端により近づいている．このため表面における正孔密度は，熱平衡状態におけるシリコン内部の正孔密度よりもはるかに高い．過剰な正孔が表面に蓄積されるこの状態を**蓄積** (accumulation) とよぶ．この過剰な正孔は，負のゲート電圧によって表面側に引きつけられていると考えてもよい．電気的中性条件によって，MOS キャパシタの金属側に等量の負の電荷が現れる．

他方，p 型 MOS キャパシタのゲートに正の電圧が印加されると，金属のフェルミ準位は下方に移動し，負の電荷を金属電極側に加速するような電界が酸化膜内に生成される．同じような電界がシリコン内にも生成され，図 4.5(c) に示されるように表面に向かってバンドが下方に曲がる．この状態では表面における価電子帯端が，シリコン内部での価電子帯端に比べて，よりフェルミ準位から離れており，表面における正孔密度はシリコン内部よりも低くなる．この状態を**空乏** (depletion) とよぶ．正のゲート電圧によって，正孔が表面から押しやられていると考えてもよい．この状況は 3.1.2 項で議論した p–n 接合における空乏層と同様である．表面において正孔が空乏化することにより，残存しているイオン化アクセプタに起因する負の電荷が空乏領域に残される．等量の正の電荷がキャパシタの金属側に現れる．

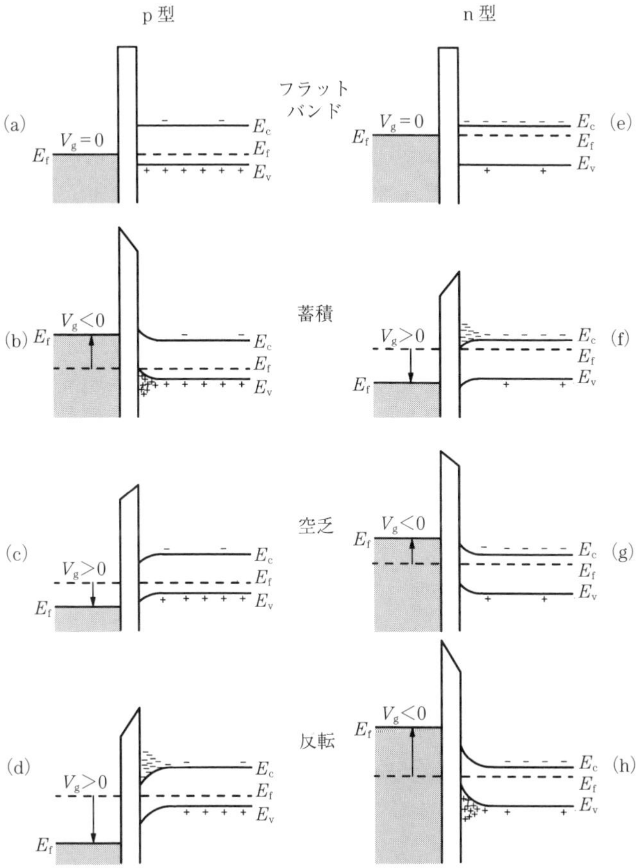

図 4.5 (a)〜(d) p 型，(e)〜(h) n 型理想 MOS 構造における異なったバイアス条件下でのエネルギーバンド図．(a), (e) フラットバンド；(b), (f) 蓄積；(c), (g) 空乏，そして (d), (h) 反転 [Sze (1981) より引用]．

正のゲート電圧を増加させていくとバンドの曲がりも増大し，その結果，より広い空乏領域と，より多くの (負の) 空乏電荷が出現する．この状況は，バンドの下方への曲がりが大きくなり，表面において伝導帯端が価電子帯端よりも，フェルミ準位に近づくまで続く (図 4.5(d))．このような状況になると，正孔が表面から排斥されるだけでなく，電子が伝導帯に湧き出すことがエネルギー的に有利となる表面電位となる．言い換えれば，表面が式 (2.63) によって与えられる電子密度をもった n 型材料のように振る舞う．**この n 型の表面は，不純物ドーピングによって形成されたのではなく，電界を印加することによって，もとの p 型の基板を反転させたものである**ことに留意されたい．この状態を**反転** (inversion) とよぶ．シリコン中の負電荷は，イオン化したアクセプタと，伝導帯に熱的に励起された電子との双方によって構成されている．この場合でも，これらは，金属ゲート側の等量の正電荷と釣り合っている．表面は，$E_{\mathrm{i}} = (E_{\mathrm{c}} + E_{\mathrm{v}})/2$ が E_{f} と交差するやいなや反転する．この状態を**弱反転** (weak inversion) とよぶ．弱反転とよばれる理由は，E_{i} が E_{f} よりかなり下になるまで，電子密度が小さいままであるからである．ゲート電圧がさらに増大すると，表面における電子密度は基板中の正孔密度と等しくなり，さらなるゲート電圧の増大によってそれを上回る．この状況が**強反転** (strong inversion) である．

これまでは，p 型 MOS キャパシタの表面における蓄積，空乏，および反転に関するバンドの曲がりをみてきた．同様の状況が，電圧，電荷，およびバンドの曲がりの方向を反転し，電子と正孔の役割を相互に入れ換えることによって，n 型 MOS キャパシタに関しても成り立つ．n 型 MOS キャパシタのフラットバンド，蓄積，空乏および反転状態におけるバンド図を図 4.5(e)～(h) に示す．ここで，電荷当たりの金属の仕事関数 ϕ_{m} と n 型シリコンの仕事関数は等しく，このとき，n 型シリコンの仕事関数は，

$$\phi_{\mathrm{s}} = \chi + \frac{E_{\mathrm{g}}}{2q} - \psi_{\mathrm{B}} \tag{4.8}$$

で与えられる．蓄積は金属ゲートに正の電圧が印加された場合に起こり，シリコンのバンドは表面で下方に曲がる．空乏および反転はゲート電圧が負の場合に起こり，バンドは表面に向かって上方に曲がる．

4.2　シリコンにおける静電ポテンシャルおよび電荷分布

4.2.1　ポアソン方程式

この項では，表面電位，電荷，および電界間の関係式が，シリコンの表面領域においてポアソン方程式を解くことによって導かれる．p 型シリコンの表面付近における，より詳細なバンド図を図 4.6 に示す．ポテンシャル $\psi(x) = \psi_{\mathrm{i}}(x) - \psi_{\mathrm{i}}(x = \infty)$ は，位置 x におけるバンドの曲がりの量として定義される．ここで，$x = 0$ はシリコン表面であり，$\psi_{\mathrm{i}}(x = \infty)$ はバルクシリコンの真性ポテンシャル (intrinsic potential) である．バンドが下方に曲がった場合に $\psi(x)$ が正であることに留意されたい．境界条件は，バルクシリコンでは $\psi = 0$ であり，表面では $\psi = \psi(0) = \psi_{\mathrm{s}}$ である．表面電位 ψ_{s} は，4.1.2 項において議論したように，印加されたゲート電圧に依存する．式 (2.58) で与えられるポアソン方程式は，

$$\frac{\mathrm{d}^2\psi}{\mathrm{d}x^2} = -\frac{\mathrm{d}\mathcal{E}}{\mathrm{d}x} = -\frac{q}{\varepsilon_{\mathrm{si}}}\left[p(x) - n(x) + N_{\mathrm{d}}{}^{+}(x) - N_{\mathrm{a}}{}^{-}(x)\right] \tag{4.9}$$

となる．

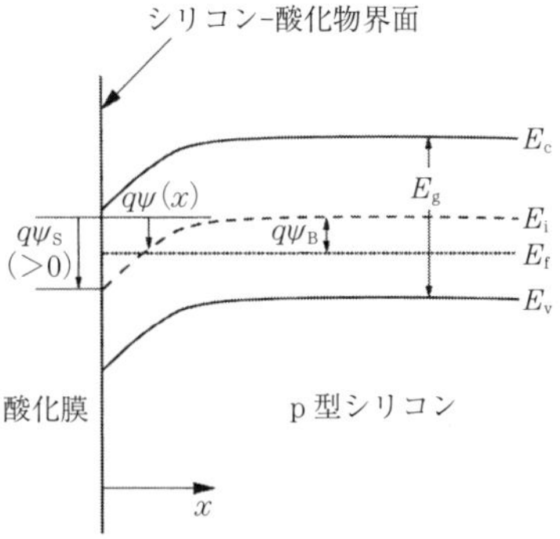

図 4.6 p 型シリコン MOS 構造の表面付近のエネルギーバンド図 (バンド曲がり ψ は，バンドが基板に対して下向きに曲がった場合に正となるように定義した．$\psi_s < 0$ の場合には蓄積が，$\psi_s > 0$ の場合には反転が起こる．)

完全にイオン化された濃度 N_a のアクセプタで均一にドープされた p 型基板では，場所によらず $N_d{}^+(x) - N_a{}^-(x) = -N_a$ となる．表面から深い位置でのバルク基板の電荷中性条件から，

$$N_d{}^+(x) - N_a{}^-(x) = -N_a = -p_0 + \frac{n_i{}^2}{p_0} \tag{4.10}$$

が要請される．ここで，$p_0 = p(x = \infty)$ および $n_i{}^2/p_0 = n(x = \infty)$ は，それぞれバルク基板における多数キャリア (正孔) 密度と少数キャリア (電子) 密度である．一般に，$p(x)$ と $n(x)$ は式 (2.63) と (2.64) で与えられ，図 4.6 で定義されているように $\psi(x) = \psi_i(x) - \psi_i(x = \infty)$ および $\psi_B = \psi_f - \psi_i(x = \infty)$ の関係を使うと $\psi(x)$ に関する式で表される．

$$p(x) = n_i\, e^{q\,[\psi_f - \psi_i(x)]/kT} = n_i\, e^{q[\psi_B - \psi(x)]/kT} = p_0\, e^{-q\psi(x)/kT} \tag{4.11}$$

$$n(x) = n_i\, e^{q[\psi_i(x) - \psi_f]/kT} = n_i\, e^{q[\psi(x) - \psi_B]/kT} = \frac{n_i{}^2}{p_0}\, e^{q\psi(x)/kT} \tag{4.12}$$

ψ_f は場所 x に依存しない．なぜなら，表面に垂直な方向には電流は流れず，フェルミ準位は平坦だからである．また式 (4.11) と (4.12) の最後の段階で，$p_0 = p(x = \infty) = n_i \exp(q\psi_B/kT)$ であり，$n_i{}^2/p_0 = n(x = \infty) = n_i \exp(-q\psi_B/kT)$ であることに注意されたい．

現実には，$N_a \gg n_i$ であり，式 (4.10) から $p_0 \approx N_a$ である．直近の 3 つの式を式 (4.9) に代入し，p_0 を N_a と置き換えることで，

$$\frac{d^2\psi}{dx^2} = -\frac{q}{\varepsilon_{si}} \left[N_a \left(e^{-q\psi/kT} - 1 \right) - \frac{n_i{}^2}{N_a} \left(e^{q\psi/kT} - 1 \right) \right] \tag{4.13}$$

が得られる．式 (4.13) の両辺に $(\mathrm{d}\psi/\mathrm{d}x)\,\mathrm{d}x$ を掛け，シリコン内部 ($\psi = 0$, $\mathrm{d}\psi/\mathrm{d}x = 0$) から表面に向かって積分することにより，

$$\int_0^{\mathrm{d}\psi/\mathrm{d}x} \frac{\mathrm{d}\psi}{\mathrm{d}x}\mathrm{d}\left(\frac{\mathrm{d}\psi}{\mathrm{d}x}\right) = -\frac{q}{\varepsilon_{\mathrm{si}}}\int_0^{\psi}\left[N_{\mathrm{a}}\left(e^{-q\psi/kT}-1\right)-\frac{{n_{\mathrm{i}}}^2}{N_{\mathrm{a}}}\left(e^{q\psi/kT}-1\right)\right]\mathrm{d}\psi \tag{4.14}$$

これを利用すると，位置 x における電界 $\mathcal{E} = -\mathrm{d}\psi/\mathrm{d}x$ について ψ に関する式が得られる．

$$\mathcal{E}^2(x) = \left(\frac{\mathrm{d}\psi}{\mathrm{d}x}\right)^2 = \frac{2kTN_{\mathrm{a}}}{\varepsilon_{\mathrm{si}}}\left[\left(e^{-q\psi/kT}+\frac{q\psi}{kT}-1\right)+\frac{{n_{\mathrm{i}}}^2}{{N_{\mathrm{a}}}^2}\left(e^{q\psi/kT}-\frac{q\psi}{kT}-1\right)\right] \tag{4.15}$$

$x = 0$ において，$\psi = \psi_{\mathrm{s}}$ および $\mathcal{E} = \mathcal{E}_{\mathrm{s}}$ であるとする．ガウスの法則 (2.57) より，シリコン内に誘起された単位面積当たりの総電荷量 (金属ゲートに誘起されたものと等量かつ逆符号を有している) は，

$$\begin{aligned} Q_{\mathrm{s}} &= -\varepsilon_{\mathrm{si}}\,\mathcal{E}_{\mathrm{s}} \\ &= \pm\sqrt{2\varepsilon_{\mathrm{si}}kTN_{\mathrm{a}}}\left[\left(e^{-q\psi_{\mathrm{s}}/kT}+\frac{q\psi_{\mathrm{s}}}{kT}-1\right)+\frac{{n_{\mathrm{i}}}^2}{{N_{\mathrm{a}}}^2}\left(e^{q\psi_{\mathrm{s}}/kT}-\frac{q\psi_{\mathrm{s}}}{kT}-1\right)\right]^{1/2} \end{aligned} \tag{4.16}$$

となる．この関数をプロットしたものが図 4.7 である．フラットバンド状態では，$\psi_{\mathrm{s}} = 0$ および $Q_{\mathrm{s}} = 0$ である．蓄積の場合には $\psi_{\mathrm{s}} < 0$ (バンドが上方に曲がる) であり，$-q\psi_{\mathrm{s}}/kT > 1$ が成立するなら，式における大括弧の中の第 1 項が主要項となる．しかし，式 (4.16) はボルツマン近似に基づいており，フェルミ準位が価電子帯や伝導帯にある場合には正確ではない．図 4.7 では，$\psi_{\mathrm{s}} < -0.2\,\mathrm{V}$ または $\psi_{\mathrm{s}} > 0.9\,\mathrm{V}$ の場合，電荷密度が過大評価されている．フェルミ–ディラック分布を用いた適切な取り扱いは，4.2.1.3 目に記載されている．空乏では，$\psi_{\mathrm{s}} > 0$ で $q\psi_{\mathrm{s}}/kT > 1$ であるが，${n_{\mathrm{i}}}^2/{N_{\mathrm{a}}}^2$ の項が主要項となるほどには $\exp(q\psi_{\mathrm{s}}/kT)$ の項は大きくない．それゆえ，大括弧の中の $q\psi_{\mathrm{s}}/kT$ の項が主となり，(イオン化したアクセプタ原子に起因する) 負の空乏電荷密度が $\psi_2^{1/2}$ に比例することになる．ψ_{s} がさらに大きくなると，${n_{\mathrm{i}}}^2/{N_{\mathrm{a}}}^2\exp(q\psi_{\mathrm{s}}/kT)$ の項が次第に $q\psi_{\mathrm{s}}/kT$ の項よりも大きくなり，大括弧中の主要項となる．このとき，反転状態が発生する．

強反転の開始の一般的な基準は，表面電位が $({n_{\mathrm{i}}}^2/{N_{\mathrm{a}}}^2)\exp(q\psi_{\mathrm{s}}/kT) = 1$ となる場合である．すなわち表面電位が，

$$\psi_{\mathrm{s}}(\text{反転}) = 2\psi_{\mathrm{B}} = 2\,\frac{kT}{q}\,\ln\left(\frac{N_{\mathrm{a}}}{n_{\mathrm{i}}}\right) \tag{4.17}$$

によって与えられる場合である．この条件下では，式 (4.12) によって与えられる表面で

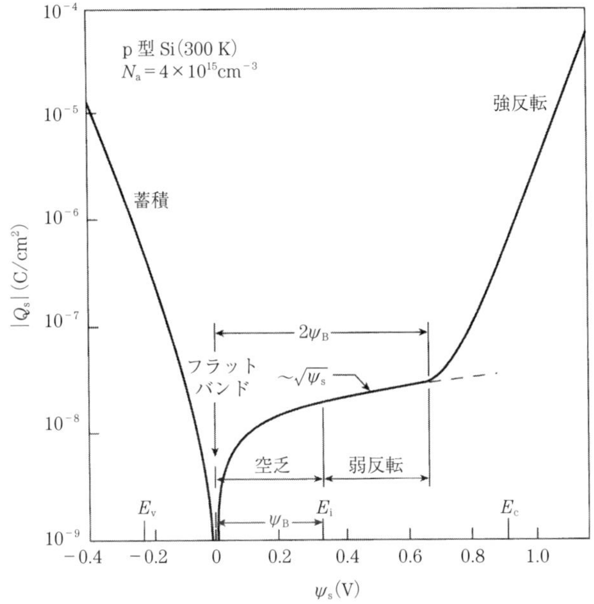

図 4.7　表面電位 ψ_s の変化による p 型シリコン MOS 構造中の全電荷量の変化 (固定電荷および可動電荷の合計)．記号 E_v, E_i, E_c は，価電子帯端，真性準位，伝導帯端をフェルミ準位が横切るときの表面電位を示す．この例では，$\psi_B = 0.33$ V である．[Sze (1981) より引用]．

の電子密度が空乏電荷密度 N_a と等しくなる．**反転が起こると，表面電位のわずかな増加によって，表面における電子密度が著しく増加する**．この反転層によって，ゲートによる電界のシリコン側への浸透が実効的に遮蔽される．増大した電荷のほとんどすべてが電子によるため，空乏電荷あるいは空乏層幅の増加はもはやない．式 (4.17) は基板ドーピング濃度に対する弱い依存性を示している．$N_a = 10^{16}\sim10^{18}\ \mathrm{cm}^{-3}$ という代表的な値の場合に，$2\psi_B$ は 0.70 V から 0.94 V へとわずかに変化するだけである．

4.2.1.1　空　乏　近　似

一般に，$\psi(x)$ を求めるためには式 (4.15) は数値的に解かなくてはならない．ただし，$2\psi_B > \psi > kT/q$ の特定の領域では，大括弧中の $q\psi/kT$ の項のみを保持すれば，積分を解析的に実行できる．すなわち，

$$\frac{\mathrm{d}\psi}{\mathrm{d}x} = -\sqrt{\frac{2qN_a\psi}{\varepsilon_{si}}} \tag{4.18}$$

この式は因子を並べ変えることで積分を実行できる．

$$\int_{\psi_s}^{\psi} \frac{\mathrm{d}\psi}{\sqrt{\psi}} = -\int_0^x \sqrt{\frac{2qN_a}{\varepsilon_{si}}}\,\mathrm{d}x \tag{4.19}$$

ここで，ψ_s は先に仮定したとおり，$x=0$ における表面電位である．よって，

$$\psi = \psi_s \left(1 - \sqrt{\frac{qN_a}{2\varepsilon_{si}\psi_s}}\,x\right)^2 \tag{4.20}$$

となり，

$$\psi = \psi_s \left(1 - \frac{x}{W_d}\right)^2 \tag{4.21}$$

と表現できる．これは $x = W_d$ で最小値 $\psi = 0$ をとる 2 次関数である．ここで，

$$W_d = \sqrt{\frac{2\varepsilon_{si}\psi_s}{qN_a}} \tag{4.22}$$

であり，W_d は空乏層幅であり，バンドの曲がりがのびる距離として定義される．シリコン中の合計の空乏電荷密度 Q_d は，空乏領域内のイオン化アクセプタによる単位面積当たりの電荷量と等しい．

$$Q_d = -qN_aW_d = -\sqrt{2\varepsilon_{si}qN_a\psi_s} \tag{4.23}$$

これらの結果は，3.1.2.2 目において議論した空乏近似下での片側階段 p–n 接合の結果とよく似ているが，**MOS の場合には，$\boldsymbol{\psi_s = 2\psi_B}$ で規定される強反転の開始時に，$\boldsymbol{W_d}$ がその最大値 $\boldsymbol{W_{dm}}$ に到達する**．式 (4.17) を式 (4.22) に代入することにより，最大空乏幅が与えられる．

$$W_{dm} = \sqrt{\frac{4\varepsilon_{si}kT\,\ln(N_a/n_i)}{q^2N_a}} \tag{4.24}$$

4.2.1.2　強　反　転

強反転領域では，式 (4.15) において反転電荷を表す $({n_i}^2/N_a^2)\exp(q\psi/kT)$ の項が重要になるため，空乏電荷の項とともに保持する必要がある．

$$\frac{\mathrm{d}\psi}{\mathrm{d}x} = -\sqrt{\frac{2kTN_a}{\varepsilon_{si}}\left(\frac{q\psi}{kT} + \frac{{n_i}^2}{{N_a}^2}\,e^{q\psi/kT}\right)} \tag{4.25}$$

この式は数値解析の手法を用いないと積分できない．境界条件は，$x=0$ において $\psi = \psi_s$ である．$\psi(x)$ が解かれると，反転層における電子分布 $n(x)$ が式 (4.12) から計算される．$N_a = 10^{16}\ \mathrm{cm}^{-3}$ の場合に数値計算で得られた $n(x)$ を，二つの ψ_s についてプロッ

トしたのが図 4.8 である．**電子は，50 Å 未満という反転層幅で，表面にきわめて近いところに分布している**．より高い表面電位，すなわち電界により，電子をさらに表面に近いところに局在させられる．一般には，反転層内の電子は 2 次元電子ガスとして量子力学的に取り扱われなければならない (Stern と Howard, 1967)．このことについての詳細は，4.4 節において議論する．

4.2.1.3　フェルミ–ディラック分布

ここまでは，ポアソン方程式を解く際には，計算を簡単にするためにボルツマン近似が用いられてきた．しかし，強反転におけるキャリア密度は，フェルミ準位が E_c に近いかそれ以上の場合に過大評価される．2.2.3 項では，完全なフェルミ–ディラック分布を用いて電子密度を導出した．図 4.6 に示すように，MOS キャパシタが反転にバイアスされている場合を考える．式 (2.27) と式 (2.28) をポアソン方程式に適用すると，次のようになる．

$$\frac{\mathrm{d}^2\psi}{\mathrm{d}x^2} = \frac{q}{\varepsilon_\mathrm{si}}[n(x) + N_\mathrm{a}] = \frac{q}{\varepsilon_\mathrm{si}}\left[\frac{2}{\sqrt{\pi}}N_\mathrm{c}\int_0^\infty \frac{\sqrt{y}}{1+e^{y-u}}\,\mathrm{d}y + N_\mathrm{a}\right] \tag{4.26}$$

ただし，

$$u(x) = \frac{-E_\mathrm{g}/2 - q\psi_\mathrm{B} + q\psi(x)}{kT} \tag{4.27}$$

である．$u(x)$ は $\psi(x)$ に線形に依存する．ここでは，空乏電荷と反転電荷だけを含めた．式 (4.13) と同様に，式 (4.26) は両辺に $\mathrm{d}\psi/\mathrm{d}x$ または $\mathrm{d}u/\mathrm{d}x$ を掛けることで 1 回積分できる．

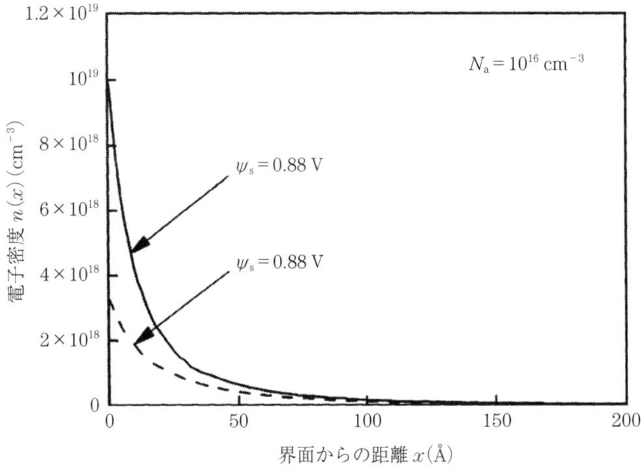

図 4.8　p 型 MOS デバイスにおける反転層内の電子密度と距離の関係

$$\left(\frac{\mathrm{d}u}{\mathrm{d}x}\right)^2 = \frac{2q^2}{\varepsilon_{\mathrm{si}}kT}\int_{u(\infty)}^{u(x)}\left[\frac{2}{\sqrt{\pi}}N_{\mathrm{c}}\int_0^\infty \frac{\sqrt{y}}{1+e^{y-u}}\,\mathrm{d}y + N_{\mathrm{a}}\right]\mathrm{d}u$$

$$= \frac{2q^2}{\varepsilon_{\mathrm{si}}kT}\left[\frac{2}{\sqrt{\pi}}N_{\mathrm{c}}\int_0^\infty \sqrt{y}\ln(1+e^{u-y})\,\mathrm{d}y + N_{\mathrm{a}}u\right]\Bigg|_{u(\infty)}^{u(x)} \qquad (4.28)$$

$u(\infty) = -(E_{\mathrm{g}}/2 + q\psi_{\mathrm{B}})/kT$ の場合には，角括弧内の第 1 項が ${n_{\mathrm{i}}}^2/N_{\mathrm{a}}$ であることが示され無視される．すると，

$$\left(\frac{\mathrm{d}\psi}{\mathrm{d}x}\right)^2 = \frac{2kTN_{\mathrm{a}}}{\varepsilon_{\mathrm{si}}}\left\{\left[\frac{2}{\sqrt{\pi}}\frac{N_{\mathrm{c}}}{N_{\mathrm{a}}}\int_0^\infty \sqrt{y}\ln(1+e^{u-y})\,\mathrm{d}y\right] + \frac{q\psi}{kT}\right\} \qquad (4.29)$$

また，シリコンにおける全電荷は，

$$-Q_{\mathrm{s}} = \varepsilon_{\mathrm{si}}\left|\frac{\mathrm{d}\psi}{\mathrm{d}x}\right|_{x=0} = \sqrt{2\varepsilon_{\mathrm{si}}kTN_{\mathrm{a}}}\left\{\left[\frac{2}{\sqrt{\pi}}\frac{N_{\mathrm{c}}}{N_{\mathrm{a}}}\int_0^\infty \sqrt{y}\ln(1+e^{u_{\mathrm{s}}-y})\,\mathrm{d}y\right] + \frac{q\psi_{\mathrm{s}}}{kT}\right\}^{1/2} \qquad (4.30)$$

となる．ここで，$u_{\mathrm{s}} = (-E_{\mathrm{g}}/2 - q\psi_{\mathrm{B}} + q\psi_{\mathrm{s}})/kT$ である．数値積分を行い，図 4.7 と同じ N_{a} を仮定した場合に，フェルミ–ディラック分布を用いた $Q_{\mathrm{s}}(\psi_{\mathrm{s}})$ を図 4.9 にプロットした．ボルツマン近似を用いた式 (4.16) は，フェルミ準位が伝導帯内にある $\psi_{\mathrm{s}} > 0.9\,\mathrm{V}$ の場合，反転電荷密度を大幅に過大評価することが明らかである．漸近的に，式 (2.29) から $u \gg 1$ のとき $F_{1/2}(u) \propto u^{3/2}$ であり，ボルツマン分布による $\sim \exp(q\psi_{\mathrm{s}}/2kT)$ の代わりに，フェルミ–ディラック分布は $Q_{\mathrm{s}} \propto u_{\mathrm{s}}^{5/4} \propto (\psi_{\mathrm{s}} - E_{\mathrm{g}}/2q - \psi_{\mathrm{B}})^{5/4}$ を与える．

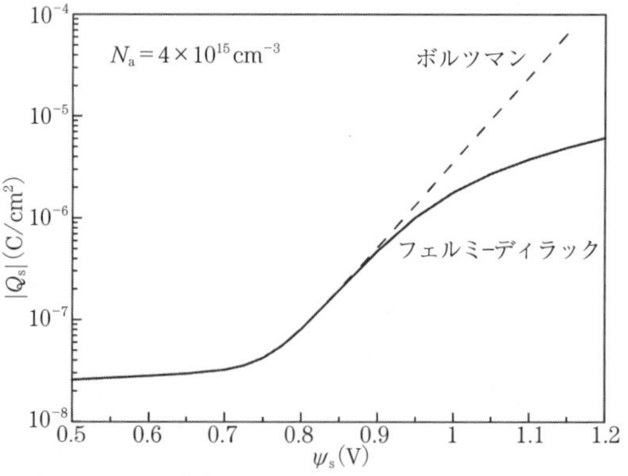

図 4.9　シリコンの全電荷密度と表面電位の関係．フェルミ–ディラック分布による式 (4.30) とボルツマン近似による式 (4.16) の比較をした．

4.2.2　表面電位と電荷密度のゲート電圧に伴う変化

図 4.10 に p 型基板を反転バイアスした MOS キャパシタのバンド図と電荷分布を模式的に示す．シリコンの全電荷 Q_s には，空乏成分 Q_d と反転成分 Q_i が含まれる．どちらも負で，その合計はゲート上の正電荷と大きさは等しく，極性は反対である．議論を簡単にするため，酸化膜と界面のトラップ電荷はここでは無視する．これらは 4.5 節で詳述する．4.2.1.1 目および 4.2.1.2 目で議論したように，空乏電荷は空乏領域の深さ，すなわちバンドの曲がりが起こる領域に一様に分布する．一方，反転電荷はシリコン表面の非常に薄い層に分布する．

4.2.1 項では，シリコンにおける電荷とポテンシャル分布は，表面電位 ψ_s を境界条件として求められた．ψ_s は直接測定することはできないが，印加したゲート電圧によって制御され，また求めることもできる．ゲート電圧の式 (4.7) は，シリコンにおける電荷密度 Q_s とシリコンにおけるバンドの曲がり ψ_s を，ゲート電圧 V_g のフラットバンド電圧からのずれとを関係づける．式 (4.7) と (4.16) を組み合わせると次のようになる．

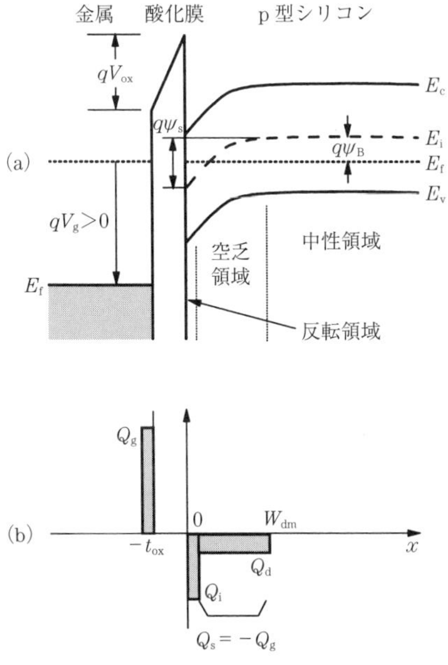

図 4.10　(a) p 型 MOS キャパシタのバンド図．ゲートに正の電圧が印加され強反転に至っている ($V_\mathrm{fb}=0$)．(b) 強反転における電荷の深さ方向分布．

$$
\begin{aligned}
&V_{\mathrm{g}} - V_{\mathrm{fb}} \\
&= \psi_{\mathrm{s}} + \frac{-Q_{\mathrm{s}}}{C_{\mathrm{ox}}} \\
&= \psi_{\mathrm{s}} + \frac{\sqrt{2\varepsilon_{\mathrm{si}} kTN_{\mathrm{a}}}}{C_{\mathrm{ox}}} \left[\left(e^{-q\psi_{\mathrm{s}}/kT} + \frac{q\psi_{\mathrm{s}}}{kT} - 1 \right) + \frac{{n_{\mathrm{i}}}^2}{{N_{\mathrm{a}}}^2} \left(e^{q\psi_{\mathrm{s}}/kT} - \frac{q\psi_{\mathrm{s}}}{kT} - 1 \right) \right]^{1/2}
\end{aligned}
\tag{4.31}
$$

与えられた V_{g} に対して，上記の陰伏方程式は ψ_{s} について解ける．

平方根の中の $q\psi_{\mathrm{s}}/kT$ の項のみが重要である空乏において，ψ_{s} の明示的な解を見つけられる．

$$
V_{\mathrm{g}} - V_{\mathrm{fb}} = \frac{qN_{\mathrm{a}}W_{\mathrm{d}}}{C_{\mathrm{ox}}} + \psi_{\mathrm{s}} = \frac{\sqrt{2\varepsilon_{\mathrm{si}} qN_{\mathrm{a}}\psi_{\mathrm{s}}}}{C_{\mathrm{ox}}} + \psi_{\mathrm{s}} \tag{4.32}
$$

これは，$\sqrt{\psi_{\mathrm{s}}}$ の 2 次方程式であり，解は次のようになる．

$$
\sqrt{\psi_{\mathrm{s}}} = \sqrt{V_{\mathrm{g}} - V_{\mathrm{fb}} + \frac{\varepsilon_{\mathrm{si}} qN_{\mathrm{a}}}{2{C_{\mathrm{ox}}}^2}} - \frac{\sqrt{\varepsilon_{\mathrm{si}} qN_{\mathrm{a}}/2}}{C_{\mathrm{ox}}} \tag{4.33}
$$

一般に，式 (4.31) は数値的に解く必要がある．空乏と反転領域に着目した例を図 4.11 に示す．強反転条件 $\psi_{\mathrm{s}} = 2\psi_{\mathrm{B}}$ 以下では，式 (4.33) から期待されるように ψ_{s} は V_{g} とともにほぼ線形に変化する．$\psi_{\mathrm{s}} = 2\psi_{\mathrm{B}}$ を超えると，ψ_{s} はほぼ飽和し，V_{g} が 2 V 増加する間に 0.2 V も増加しない．ψ_{s} が求まると，Q_{s} を計算し V_{g} の関数として図 4.11 のように示せる．数値的な積分を実行することで，Q_{s} は空乏電荷密度 (Q_{d}) と反転電荷密度 (Q_{i}) の二つの成分に分離され，それらは図 4.11 に示すようになる．**$\psi_{\mathrm{s}} = 2\psi_{\mathrm{B}}$ に達する前には，シリコン中の電荷は空乏型で支配されることは明らかである．**そのような空

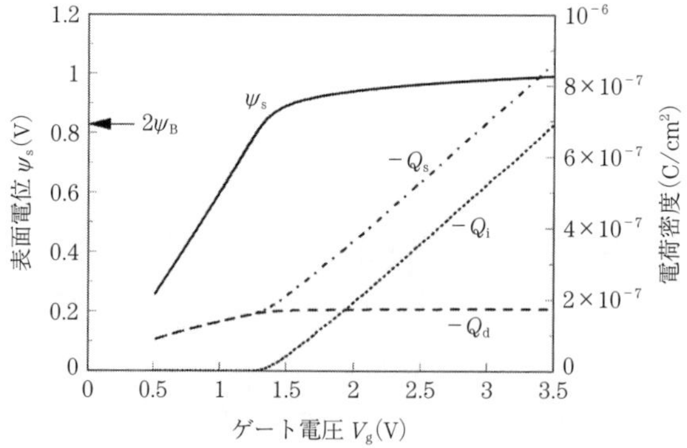

図 4.11　表面電位，シリコンの全電荷密度，反転電荷密度，および空乏電荷の数値解．ゲートバイアスの式 (4.31) から得られた．MOS デバイスのパラメータは $N_{\mathrm{a}} = 10^{17}\,\mathrm{cm}^{-3}$，$t_{\mathrm{ox}} = 10\,\mathrm{nm}$，$V_{\mathrm{fb}} = 0\,\mathrm{V}$ である．

乏状態では，式 (4.23) より $Q_s(\psi_s) = Q_d(\psi_s) = -\sqrt{2\varepsilon_{si} q N_a \psi_s}$ である．$\psi_s = 2\psi_B$ となって以降は，空乏電荷はもはや V_g とともに増加しない，なぜなら以前に議論した反転層によって遮蔽されるからである．**$\boldsymbol{\psi_s = 2\psi_B}$ 以降では，ほとんどすべての $\boldsymbol{-Q_s}$ の増加は，$\boldsymbol{-Q_i}$ によるものであり，その傾きは $\boldsymbol{-dQ_i/dV_g \approx C_{ox}}$ となる**．線形のスケールでは，$\psi_s = 2\psi_B$ のしきい値以前では，$-Q_i$ はほとんど 0 に見えるが，対数スケールでは，$-Q_i$ は実際には有限の値をとり，V_g とともに指数関数的に減少することは明らかである．このことが，MOSFET におけるサブスレッショルド・リーク電流の源である．この重要な設計上の考察については，5.3 節でさらに詳細に議論される．非常に強い蓄積や反転状態では，$-Q_s \approx C_{ox}(V_g - V_{fb})$ となる．なぜなら，CMOS 技術で $V_{dd} \gg 1\,\mathrm{V}$ の場合，V_g および V_{ox} はともにシリコンのバンドギャップである $E_g/q = 1.12\,\mathrm{V}$ よりもはるかに大きくなりうるからである，その一方で，ψ_s は E_g/q を大幅には超えない (表面電位は価電子帯端もしくは伝導帯端にピン止めされる)．

4.3 MOS キャパシタの容量–電圧特性

4.3.1 測定のセットアップ

MOS キャパシタには伝導電流が流れないため，特性評価の唯一の手段は容量–電圧 (C–V) 測定である．図 4.12 に測定方法を示す．直流 (dc) バイアス電圧 V_g ごとに，周波数 ω の電圧源を重畳して同じ周波数の電流を読み取ることで MOS の小信号交流 (ac) アドミタンスを測定する．同相 (in-phase) と逆相 (out-of-phase) の電流成分から，この dc ゲート電圧における MOS のコンダクタンスと容量が得られる．

4.3.2 MOS の容量成分

図 4.13 に MOS デバイスの等価容量回路を示す．MOS 容量は，電圧あるいは電位の

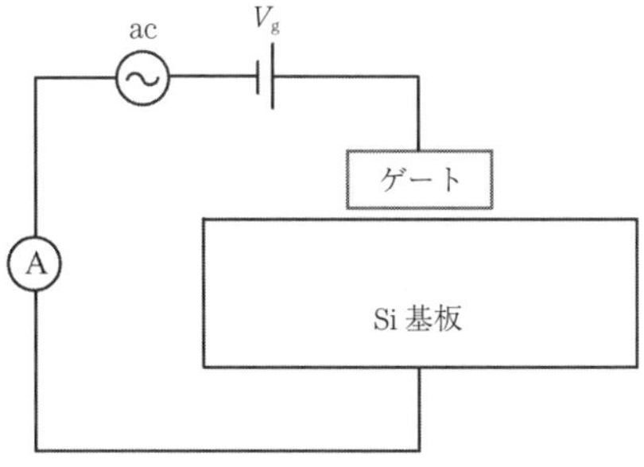

図 4.12 MOS C–V 測定のセットアップ．通常 1 kHz から 1 MHz の範囲の周波数の小信号 ac 電圧が印加される．静電容量は，交流電圧と 90° 位相のずれた同じ周波数の小信号電流に比例する．

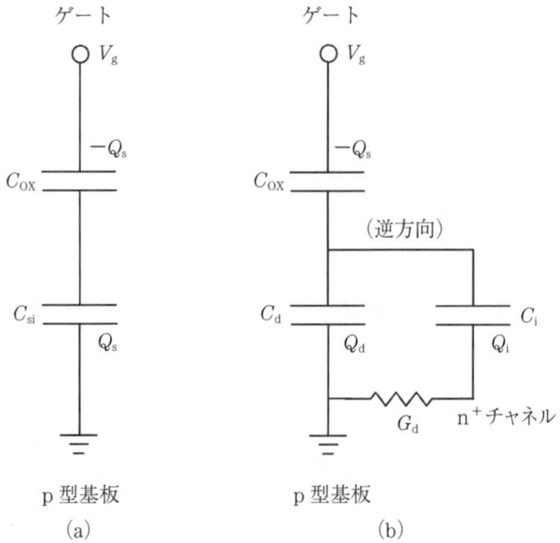

図 4.13　MOS キャパシタの等価回路図．(a) シリコン中の容量がすべて C_{si} に組みこまれた場合，(b) C_{si} を空乏容量 C_d と反転層容量 C_i に分割した場合 (C_d は低周波信号だけでなく高周波信号にも追随できる多数キャリアより生じる．C_i は低周波信号にのみ追随できる少数キャリアより生じる．)

微小な増分当たりの電荷の変化量 (小信号微分) として定義される．単位面積当たりの総 MOS 容量は

$$C_g = \frac{d(-Q_s)}{dV_g} \tag{4.34}$$

で与えられる．式 (4.7) を $-Q_s$ に関して微分し，シリコン部分の容量を，

$$C_{si} = \frac{d(-Q_s)}{d\psi_s} \tag{4.35}$$

と定義すると，

$$\frac{1}{C_g} = \frac{1}{C_{ox}} + \frac{d\psi_s}{d(-Q_s)} = \frac{1}{C_{ox}} + \frac{1}{C_{si}} \tag{4.36}$$

が得られる．すなわち総容量は，図 4.13(a) に示すように，酸化膜容量とシリコン容量とが直列接続されたものに等しい．容量はそれぞれが正の値を有するように定義する．ここでは，酸化膜中に界面準位や電荷トラップがない理想的な MOS キャパシタを想定する．Si–SiO_2 界面トラップの充放電に起因する容量は，4.5 節で議論する．

図 4.10(b) の Q_s と同じ方針に沿って，図 4.13(b) はさらに C_{si} を並列の空乏電荷容量 C_d と反転電荷容量 C_i に分割する．C_d の充放電には多数キャリアが関与するため，本質的に瞬時に発生する (2.4.4.1 目，誘電緩和時間) のに対し，C_i の充放電には少数

キャリアの生成と再結合が必要であり，これはかなり遅い (2.4.4.2 目，少数キャリアの拡散長)．このことは，図 4.13(b) に示されている C_{i} と直列な等価コンダクタンス G_{d} によって考慮されている．その結果，C–V 特性は反転バイアス時に周波数依存性を示す．G_{d} の物理パラメータによる表式は 4.3.3.5 目に示す．

4.3.3　異なるバイアス領域における C–V 特性

図 4.14 は，p 型シリコン基板上の MOS キャパシタの典型的な C–V 曲線で，フラットバンド電圧をゼロと仮定している．ここでは，異なるバイアス領域におけるさまざまな容量の表式を取り上げる．

4.3.3.1　容量–電圧特性 (蓄積状態)

ゲート電圧がフラットバンド電圧に対して負 (数 kT/q 以上) の場合，p 型 MOS キャパシタは蓄積状態にある．この場合，図 4.7 に示すように $Q_{\mathrm{s}} > 0$ となり，負の ψ_{s} に伴ってその大きさは急激に増大する．最初は式 (4.16) の平方根の第 1 項である $Q_{\mathrm{s}} \propto \exp(-q\psi_{\mathrm{s}}/2kT)$ が支配的になる．しかし，フェルミ–ディラック分布のため，$\psi_{\mathrm{s}} < -(E_{\mathrm{g}}/2q - \psi_{\mathrm{B}})$ でフェルミ準位が価電子帯にあるとき，Q_{s} は指数関数的に増加しなくなる．4.2.1.3 目のような処理を行うと，縮退の極限で $Q_{\mathrm{s}} \propto (-\psi_{\mathrm{s}} - E_{\mathrm{g}}/2q + \psi_{\mathrm{B}})^{5/4}$ となる．そのため，$C_{\mathrm{si}} = -\mathrm{d}Q_{\mathrm{s}}/\mathrm{d}\psi_{\mathrm{s}} \propto (-\psi_{\mathrm{s}} - E_{\mathrm{g}}/2q + \psi_{\mathrm{B}})^{1/4}$ となる．ゲート電圧

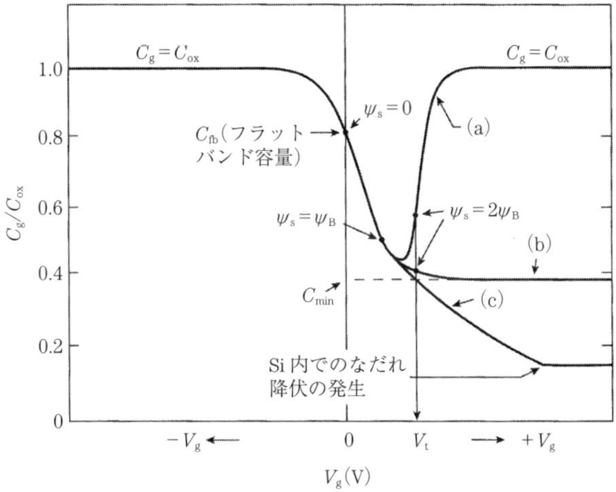

図 4.14　MOS キャパシタの容量–電圧曲線．(a) 低周波，(b) 高周波，(c) 深い空乏，の各条件 [Sze (1981) より引用]．

がフラットバンド電圧のマイナス側にあるとき，MOS 容量は急速に $C_{\rm ox}$ に近づく．

4.3.3.2　容量–電圧特性 (フラットバンド)

図 4.14 においてゲートバイアスがゼロのとき，MOS はフラットバンド状態に近いところにあり，$q\psi_{\rm s}/kT \ll 1$ である．したがって，式 (4.16) における反転電荷の項は無視することが可能であり，最初の指数関数の項を級数展開できる．この級数展開の最初の 3 つの項のみを用いることで，$Q_{\rm s} = -(\varepsilon_{\rm si}q^2N_{\rm a}/kT)^{1/2}\psi_{\rm s}$ となる．式 (4.36) より単位面積当たりのフラットバンド容量は，

$$\frac{1}{C_{\rm fb}} = \frac{1}{C_{\rm ox}} + \sqrt{\frac{kT}{\varepsilon_{\rm si}q^2N_{\rm a}}} = \frac{1}{C_{\rm ox}} + \frac{L_{\rm D}}{\varepsilon_{\rm si}} \tag{4.37}$$

となる．ここで $L_{\rm D}$ は式 (2.67) において定義されたデバイ長である．多くの場合，$C_{\rm fb}$ は $C_{\rm ox}$ よりもいくらか小さい．非常に薄い酸化膜で基板ドーピングが薄い場合には，$C_{\rm fb}$ は $C_{\rm ox}$ よりも十分に小さくなりうる．

4.3.3.3　容量–電圧特性 (空乏状態)

p 型 MOS キャパシタにおいてゲート電圧がフラットバンド電圧よりも高い場合，シリコン表面において正孔の空乏が始まる．このため，$1/C_{\rm si}$ の寄与が大きくなり，容量は低下する．空乏近似を用いると，この場合の $C_{\rm g}$ に対する解析的な表式を見いだせる．式 (4.22) および (4.23) から，

$$C_{\rm d} = \frac{{\rm d}(-Q_{\rm d})}{{\rm d}\psi_{\rm s}} = \sqrt{\frac{\varepsilon_{\rm si}qN_{\rm a}}{2\psi_{\rm s}}} = \frac{\varepsilon_{\rm si}}{W_{\rm d}} \tag{4.38}$$

となる．この最後の式は，3.1.2 項において議論した p–n 接合の単位面積当たりの空乏層容量の標識と同一のものである．式 (4.36) で $C_{\rm si} = C_{\rm d}$ として，また式 (4.38) の $C_{\rm d}$ を $\sqrt{\psi_{\rm s}}$ についての式 (4.33) を用いて $V_{\rm g} - V_{\rm fb}$ について表すと，

$$C_{\rm g} = \frac{C_{\rm ox}}{\sqrt{1 + [2{C_{\rm ox}}^2(V_{\rm g} - V_{\rm fb})/(\varepsilon_{\rm si}qN_{\rm a})]}} \tag{4.39}$$

が得られる．この式は，空乏状態において MOS 容量が $V_{\rm g}$ の増加とともにどのように減少するかを表している．これは図 4.14 に示した C–V 曲線の中間部分において，すなわち MOS キャパシタがフラットバンド付近あるいは反転状態にバイアスされていない場合に，良好な近似となっている．

4.3.3.4　容量–電圧特性 (反転状態［低周波］)

ゲート電圧がさらに大きくなると，$\psi_{\rm s} = 2\psi_{\rm B}$ [式 (4.17)] になって反転が始まるところで静電容量の減少が停止する．**ひとたび反転層が形成されると，反転チャネルが表面**

に近いため，反転電荷の容量が空乏の容量よりもはるかに大きくなるため，静電容量が増加し始める．図 4.14 の低周波 C–V 曲線 (a) に示すように，ゲート電圧が $\psi_s = 2\psi_B$ となる条件を超えると，MOS 容量は急速に C_{ox} に戻る．

上述の考察は，本質的に準静的である式 (4.16) [フェルミ–ディラックの場合は式 (4.30)] の $Q_s(\psi_s)$ に基づいている．図 4.12 において，ψ_s を ac 周波数 ω で変調した場合，少数キャリアの生成と再結合という遅い過程に追随するのに十分な低い周波数でなければ，反転電荷からなる Q_s は応答できない．図 4.13(b) の反転電荷の容量 C_i と直列のコンダクタンス G_d は，低周波 C–V を観測するための基準 $\omega < G_d/C_i$ を与える．

4.3.3.5 容量–電圧特性 (反転状態 [高周波])

G_d を見積もるために，N_a をドーピングした p 型シリコン上の MOS について考える．少数キャリア拡散については，2.4.4.2 目で次の関係を導出した．

$$\frac{d^2 n}{dx^2} - \frac{n - n_0}{L_n{}^2} = 0 \tag{4.40}$$

ここで，L_n は少数キャリア拡散長であり，$n_0 = n_i{}^2/N_a$ は熱平衡での少数キャリア密度である．$x = 0$ で定義される空乏領域の端における過剰少数キャリア密度を Δn とすると，上式の解 $n(x) - n_0$ は $\Delta n \exp(-x/L_n)$ となる．$x = 0$ における拡散電流密度は

$$\Delta J_n = qD_n \left.\frac{dn}{dx}\right|_{x=0} = -\mu_n kT \frac{\Delta n}{L_n} \tag{4.41}$$

となる．Δn はまた，式 (2.79) の電子の擬フェルミ準位 ϕ_n の変化をもたらす．拡散項の微分をとると

$$\Delta\phi_n = -\frac{kT}{q}\Delta\left[\ln\left(\frac{n}{n_i}\right)\right] = -\frac{kT}{q}\frac{\Delta n}{n_0} \tag{4.42}$$

を得る．このことから，

$$G_d = \frac{\Delta J_n}{\Delta\phi_n} = \frac{q\mu_n n_0}{L_n} = \frac{q\mu_n n_i{}^2}{L_n N_a} \tag{4.43}$$

となる (Nicollian と Brews, 1982)．実験的には，L_n は少なくとも 1 μm である (図 3.14)．G_d は $\sim 10^{-8}\,\Omega^{-1}/\mathrm{cm}^2$ と非常に小さい．C_i は $\sim 10^{-6}\,\mathrm{F/cm}^2$ (図 4.9) であるため，低周波 C–V の結果を得るためには，測定周波数は <1 Hz でなければならない．

別の観点から，少数キャリアの応答時間は，空間電荷領域の生成–再結合電流密度から見積もられ，$J_R = qn_iW_d/\tau$ となる．ここで，τ は 3.1.6 項で議論された少数キャリア寿命である．空乏電荷 $Q_d = qN_aW_d$ と同程度のものを置換するのに十分な少数キャリアを生成するためにかかる時間は，$Q_d/J_R = (N_a/n_i)\tau$ のオーダーである (Jund と

Poirier, 1966)．これは通常 0.1〜10 s である．

この議論から明らかなように，100 Hz 程度より高い周波数では，反転電荷は印加された ac 信号に応答できない．信号に応答できるのは空乏電荷 (多数キャリア) のみであり，シリコン容量は式 (4.38) の C_{d} で与えられ，このとき W_{d} は式 (4.24) の最大値 W_{dm} に等しい．したがって，単位面積当たりの高周波容量は，反転状態において一定な最小値 $C_{\min}$ に近づき，これは

$$\frac{1}{C_{\min}}=\frac{1}{C_{\mathrm{ox}}}+\sqrt{\frac{4kT\,\ln(N_{\mathrm{a}}/n_{\mathrm{i}})}{\varepsilon_{\mathrm{si}}q^2N_{\mathrm{a}}}} \tag{4.44}$$

で与えられる．これは図 4.14 の高周波 C–V 曲線 (b) に示されている．

通常，C–V 曲線を描くためには，ゲートにゆっくりと変化するランプ電圧 (時間に対して線形に増加/減少させた電圧) を印加し，それに小さな ac 電圧を重畳する．しかし，ランプ・レートが十分に速く，ランプ時間が少数キャリアの応答時間より短い場合，反転層が形成される時間が不十分となり，図 4.14 の曲線 (c) に示すように，MOS キャパシタは深い空乏状態にバイアスされる．この場合，空乏幅は式 (4.24) で与えられる最大値を超える可能性があり，MOS 容量はインパクトイオン化が起こるまで $C_{\min}$ よりさらに減少する (Sze, 1981)．深い空乏化は定常状態ではないことに注意する必要がある．MOS キャパシタがこのようなバイアス条件下で保持される場合，熱的に発生した少数電荷が反転層に蓄積し，平衡状態が確立されるまで，その容量は $C_{\min}$ に向かって徐々に増加する．MOS キャパシタが深い空乏状態から回復して平衡状態に戻るまでの時間は**保持時間** (retention time) とよばれる．保持時間は，シリコンウェーハの欠陥密度を示す良い指標であり，製造施設内のプロセス装置の品質管理にしばしば用いられている．

4.3.4　スプリット $\boldsymbol{C}$–$\boldsymbol{V}$ 測定

低周波の場合と同様の C–V 曲線を，高い測定周波数を用いて得ることが可能である．一つの方法は，MOS キャパシタに強い光を当て，シリコン中に多数の少数キャリアを生成させることである．ほかの一般的に用いられている方法は，MOS デバイスに隣接する n^+ 領域を作製し，それを p 型基板と電気的に接続する方法である (Grove, 1967)．このとき n^+ 領域は，少数キャリアを反転層と自由に交換できる電子の受け皿として機能する．言い換えれば，n^+ 領域は，反転した MOS デバイスの表面チャネルに接続される．この構造は，4.6.3 項において議論するゲート付きダイオードと同様である．図 4.13(b) に示す等価回路によれば，単位面積当たりの全 MOS 容量は，

$$C_{\mathrm{g}}=\frac{C_{\mathrm{ox}}\,(C_{\mathrm{d}}+C_{\mathrm{i}})}{C_{\mathrm{ox}}+C_{\mathrm{d}}+C_{\mathrm{i}}} \tag{4.45}$$

によって与えられる．

図 4.15(a) に示すスプリット (split) C–V 法を用いて，多数および少数キャリアの全容量への寄与はそれぞれ別々に測定することが可能である (Sodini ら，1982)．ゲートに微小な ac 信号を与えると，位相の異なる ac 電流が二つの電流計で測定される．p 型基板につながれた電流計 (A1) では正孔電流が測定され，n^+ 領域につながれた電流計 (A2) では電子電流が測定される．典型的な測定結果を図 4.15(b) に示す．A1 によって測定した正孔の容量への寄与は

$$-\frac{\mathrm{d}Q_\mathrm{d}}{\mathrm{d}V_\mathrm{g}} = \frac{C_\mathrm{ox}C_\mathrm{d}}{C_\mathrm{ox} + C_\mathrm{d} + C_\mathrm{i}} \tag{4.46}$$

となる．A2 によって測定された電子の容量への寄与は

$$-\frac{\mathrm{d}Q_\mathrm{i}}{\mathrm{d}V_\mathrm{g}} = \frac{C_\mathrm{ox}C_\mathrm{i}}{C_\mathrm{ox} + C_\mathrm{d} + C_\mathrm{i}} \tag{4.47}$$

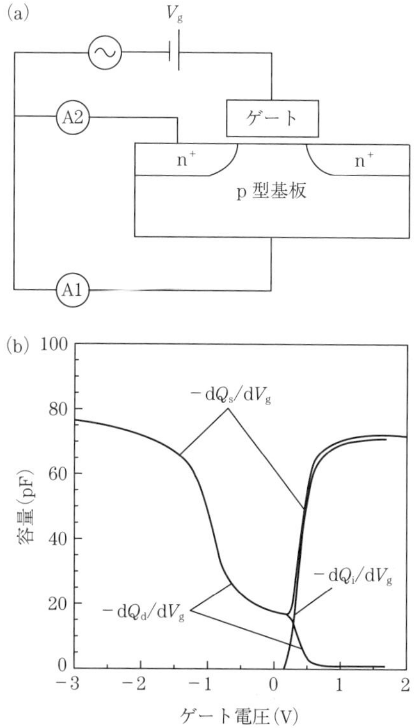

図 4.15 (a) スプリット C–V 測定を実施するための設定．dc バイアスと小信号の ac 電圧の両方がゲートに印加される．小信号 ac 電流が別々に結線された二つの電流計 A1 と A2 で測定される．(b) 測定によって得られた C–V 曲線．$-\mathrm{d}Q_\mathrm{d}/\mathrm{d}V_\mathrm{g}$ 成分は A1 で得られ，$-\mathrm{d}Q_\mathrm{i}/\mathrm{d}V_\mathrm{g}$ 成分は A2 で得られる．その合計が単位面積当たりの全容量 $-\mathrm{d}Q_\mathrm{s}/\mathrm{d}V_\mathrm{g}$ である．

となる．これらを足し合わせると単位面積当たりの全容量 $C_g = -dQ_s/dV_g$ となる．C_i が支配的になる ($\gg C_{ox}$) と，$-dQ_d/dV_g$ 曲線は，強反転の直後に 0 まで減少することに留意されたい．

このことを別の言い方で表すと，きわめて導電性の高い反転層がバルク中の多数キャリアを遮蔽するため，多数キャリアはゲート電界の変調に応答しなくなるといえる．$-dQ_i/dV_g$ 曲線は積分することで反転電荷密度のゲート電圧依存性を与えることになる．チャネル移動度を測定するには反転電荷密度を正確に決めなくてはならないので，このようにして求めた反転電荷密度は，たとえば，チャネル移動度の測定に用いられる．

4.3.5　ポリシリコンゲートの仕事関数と空乏効果

4.3.5.1　ポリシリコンゲートの仕事関数とフラットバンド電圧

ポリシリコンゲートの使用は，現代の CMOS 技術における重要な進歩である．ソースとドレインの領域をゲートに自己整合させられるため，重ね合わせ誤差による寄生成分を排除することが可能になったからである (Kerwin ら, 1969)．さらに，その仕事関数はドーピングによって調整できる．nMOSFET には n^+ ポリシリコンゲートが，pMOSFET には p^+ ポリシリコンゲートが使用され，両デバイスで低いしきい値電圧が得られる (Wong ら, 1988)．

高濃度ドーピング n^+ ポリシリコンのフェルミ準位は伝導帯端に近いため，仕事関数は電子親和力 $q\chi$ で与えられる．式 (4.1) より，ドーピング濃度 N_a の p 型基板上の n^+ ポリシリコンゲートの仕事関数の差は電圧で

$$\phi_{ms} = -\frac{E_g}{2q} - \psi_B = -0.56 - \frac{kT}{q}\ln\left(\frac{N_a}{n_i}\right) \tag{4.48}$$

と与えられる．同様に，ドーピング濃度 N_d の n 型基板上の p^+ ポリシリコンゲート基板に対する仕事関数の差は

$$\phi_{ms} = \frac{E_g}{2q} + \psi_B = 0.56 + \frac{kT}{q}\ln\left(\frac{N_d}{n_i}\right) \tag{4.49}$$

となり，式 (4.48) と対称となる．これらの関係はフラットバンド電圧を生じさせ，6.3 節で説明するように，MOSFET デバイスのスケーラビリティ (縮小可能性) に重要な意味をもつ．

ゲート電圧が 0 V における，n^+ ポリシリコンゲートをもつ p 型 MOS キャパシタのバンド図を図 4.16(a) に示す．この図では，フェルミ準位は一直線にそろっていて，バルク p 型基板の真空準位は n^+ ポリシリコンゲートの真空準位よりも，電子のエネルギーの観点で，高くなっている．この状況では，電子をゲートに向けて加速する方向の酸化膜電界が生じ，また同時に，シリコンのバンドが表面に向かって下方に曲がり (空乏し)，

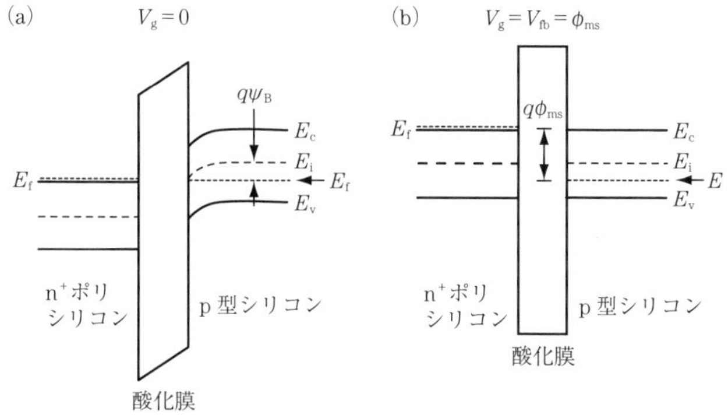

図 4.16 n$^+$ ポリシリコンゲート p 型 MOS キャパシタのバンド図. (a) ゲート電圧 0 V の状態, (b) フラットバンド状態.

同じ方向の電界を生じる. フラットバンド状態は, 図 4.16(b) に示すように, 仕事関数差に相当する負の電圧を, ゲートに与えることで実現される.

4.3.5.2 ポリシリコンゲートの空乏効果

ポリシリコンゲートの欠点は, 約 10^{20} cm^{-3} のレベルまでしかドープできないことであり, このレベルではゲート自体に無視できない空乏幅が生じる可能性がある. このことは, ゲートがイオン注入によってドープされるデュアル n$^+$–p$^+$ ポリシリコンゲートプロセスにおいてとくに問題となる (Wong ら, 1988). ゲートが空乏化すると酸化膜容量に容量が直列に追加されることになり, 結果として, 反転層電荷密度が低減し, MOSFET の相互コンダクタンスの劣化が起こる.

図 4.17 に示されているような, n$^+$ ポリシリコンゲートを有する p 型 MOS キャパシタについて, 反転状態になるようにバイアスされている場合のバンド図を考える. 酸化膜電界は負の電荷をゲートに向かって加速する方向であるため, n$^+$ ポリシリコン中のバンドは, 酸化膜界面に向かってわずかに上方に曲がる. このバンドの曲がりが表面の電子を空乏化し, ポリシリコン層内に薄い空間電荷領域を形成し, その結果, 総容量を低下させる.

4.3.5.3 ポリシリコンの不純物濃度の *C*–*V* 特性への影響

ゲート空乏化の影響が存在する場合の代表的な低周波 C–V 曲線を, 図 4.18 に示す (Rios と Arora, 1994). 明らかな特徴は, 図 4.14 に示されるように, 反転側での容量が酸化膜容量に完全には戻らないことである. そのかわり, 反転容量はポリシリコンゲートの有効な不純物濃度に依存して, C_{ox} よりいくらか小さい最大値を示す. 不純物濃度が高ければ高いほどゲート空乏化効果は小さく, 最大容量も酸化膜容量により近くなる.

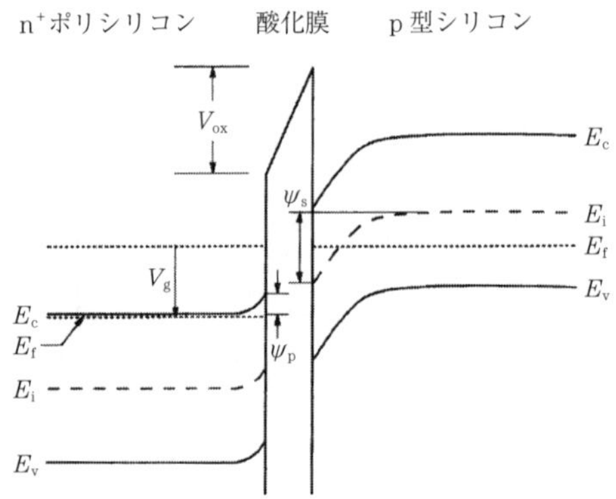

図 4.17　ポリシリコンゲートの空乏効果を示すバンド図．p 型 MOS キャパシタの n^+ ポリシリコンゲートに，正の電圧が加えられている．

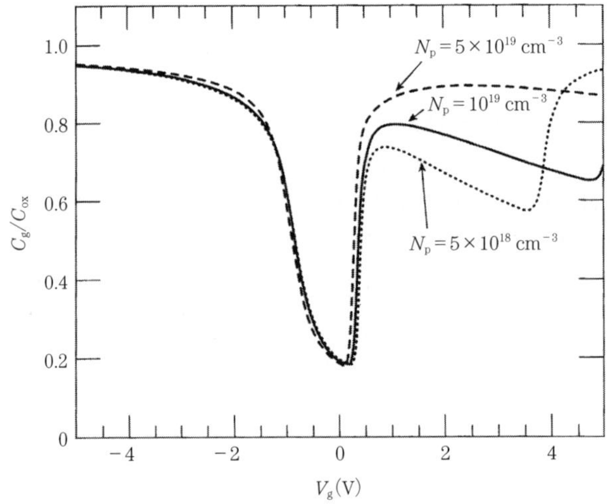

図 4.18　n^+ ポリシリコンゲート p 型 MOS キャパシタの低周波 C–V 特性へのゲートドーピング濃度の影響 [Rios と Arora (1994) より引用]

低周波 C–V 曲線に極大値が存在する理由は，4.3.2 項における MOS 容量の解析結果をポリシリコンの空乏効果を含むように展開することができるからである．図 4.17 において，ψ_s がシリコン基板のバンドの曲がり量，ψ_p が n^+ ポリシリコンゲートのバンドの曲がり量であると仮定する．電気的中性が成り立つ必要から，n^+ ポリシリコンゲートの空乏化した領域に存在するイオン化ドナーによる総電荷密度 Q_g は，シリコン基板中の反転電荷密度と空乏電荷密度との和と，絶対値が等しくかつ符号が逆，すなわ

ち $Q_g = -Q_s$ である (図 4.10(b)). 印加電圧 V_g が与えられたときのゲートバイアスの式は，ポリシリコンゲート中のバンド曲がりに対応する付加項 ψ_p を式 (4.7) に加えることで得られる.

$$V_g = V_{fb} + \psi_s + \psi_p - \frac{Q_s}{C_{ox}} \tag{4.50}$$

この式を $-Q_s$ に関して微分し，容量に関する定義式 (4.34), (4.35) を用いると，

$$\frac{1}{C_g} = \frac{1}{C_{ox}} + \frac{1}{C_{si}} + \frac{1}{C_p} \tag{4.51}$$

が得られる. ここで，$C_p = -dQ_s/d\psi_p = dQ_g/d\psi_p$ はポリシリコン空乏領域の容量である.

空乏近似をポリシリコンのゲート空乏にも適用できる. 式 (4.23) と同様に，全ゲート空乏電荷密度は $Q_g(\psi_p) = \sqrt{2\varepsilon_{si} q N_p \psi_p}$ であり，ここで N_p はポリシリコンゲートのドーピング濃度である. ポリシリコンの空乏容量は，Q_g を用いて次のようになる.

$$C_p = \sqrt{2\varepsilon_{si} q N_p}\frac{1}{2\sqrt{\psi_p}} = \frac{\varepsilon_{si} q N_p}{Q_g} \tag{4.52}$$

V_g がさらに正の大きな値になると，式 (4.51) において，Q_g と C_{si} は増大するが，C_p は減少する. この結果，図 4.18 で見られたように，低周波容量は極大値をもつ. $N_p < 10^{19}\,\mathrm{cm}^{-3}$ の場合には，また別の MOS 容量の急激な増大が，ゲート電圧がより十分に大きなときに見られる場合がある. これは n^+ ポリシリコンの表面の (p^+ への) 反転が始まったためである.

現実的には，ポリシリコンゲートは $1 \times 10^{20}\,\mathrm{cm}^{-3}$ より十分に高くドープすることはできない. 現代の CMOS デバイスはシート電荷密度 $Q_g/q = 10^{13}\,\mathrm{cm}^{-2}$ に対応する 5 MV/cm の最大酸化膜電界でしばしば動作する. これらの値では，ポリシリコンの空乏容量は 3〜4 Å のゲート酸化膜を付加することと等価な効果をもたらす. ここでの議論は，n 型シリコン上の p^+ ポリシリコンゲートにも p 型シリコン上の n^+ ポリシリコンゲートにも当てはまる. n 型シリコン上の n^+ ポリシリコンゲートや p 型シリコン上の p^+ ポリシリコンゲートでは，基板が蓄積状態となるときにゲート空乏化が起こることに留意すべきである.

4.3.5.4 メタルゲート技術

MOSFET 技術はその初期，金属ゲート，すなわちアルミニウムから始まった. アルミニウムは融点が低いため，ソース–ドレインのイオン注入と 800 °C 以上でのアニール後に蒸着し，パターニングする必要がある. ゲートとソース–ドレインを別々にリソグラフィでパターニングすると，重ね合わせ容量 (overlap capacitance) が過大になり，

MOSFET 回路の性能が著しく低下する (8.4 節)．4.3.5.1 目で述べたように，ポリシリコンゲート技術の導入は，ソース–ドレイン領域をすでにパターニングされたゲートに自己整合させることを可能にする大きな進歩であった．また，ポリシリコンゲートでは，CMOS 回路の nMOS には n^+ を，pMOS には p^+ をドープできる．

しかし，ゲート酸化膜が 1.5 nm 程度まで微細化されると，ポリシリコン空乏効果による性能低下が許容できなくなった．それゆえ，VLSI 産業は 45 nm ノードから，高誘電率 (high-κ) ゲート絶縁膜技術の導入とともにメタルゲート技術に戻ることになった．ポリシリコンゲートの利点を維持するために，新しいメタルゲートは，オーバーラップ容量を制御するための自己整合したソース–ドレイン領域を維持しながら，nMOS と pMOS のそれぞれに対応するように，少なくとも二つの異なる仕事関数を準備する必要がある．このため，高温でのソース–ドレインのアニールに耐えなければならないゲート・ファースト・プロセスでは，メタルゲート材料の選択に大きな負担がかかる (Robertson と Wallace, 2015)．プロセスの複雑さを犠牲にして，産業界ではゲート・ラストまたはリプレースメント・ゲートプロセスを採用し，ダミーのポリシリコンゲートを，従来と同様にソース–ドレイン注入の前にパターニングした (Chang ら，2000)．ソース–ドレインのアニール，酸化膜堆積，エッチバックの後，ポリシリコンゲートがエッチング除去され，オープントレンチが残り，1 回または数回の CMP (Chemical-Mechanical-Polish) 工程で最終的なメタルゲートが再充填される．さらなるバリエーションとして，高誘電率 (high-κ) 誘電体とメタルゲートの間にダイポール層を導入して所望の実効仕事関数を実現する方法がある (Bao ら, 2018)．

4.3.6　非平衡状態における MOS

スプリット CV 測定の図 4.15(a) に示すように，n^+ 領域がゲート付きの p 型領域に隣接している MOS キャパシタについて考える．n^+ 領域と p 型領域は n^+–p ダイオードを形成する．ゲート無し構造とゲート付き構造を，それぞれに対応するバンド図と一緒に図 4.19 に示す．

4.3.6.1　非平衡状態における MOS の反転条件

3.1.1 項において議論したように，n^+ 領域と p 型基板とが双方とも同一の電位に接続されている場合 (接地されている場合)，p–n 接合は平衡状態にあり，フェルミ準位は p–n 接合全体にわたって一定である．ゲート電圧が p 型表面を反転させるのに十分なほど大きい場合，すなわち，表面電位が $\psi_s(\text{反転}) = 2\psi_B$ となった場合には，反転チャネルが n^+ 領域と接続され，n^+ 領域と同一の電位を有する．言い換えれば，p 型基板におけるフェルミ準位のみならず，**チャネル領域における電子に対する擬フェルミ準位が，n^+ 領域におけるフェルミ準位と等しい**．この場合に空乏領域は，図 4.19(b) に示されてい

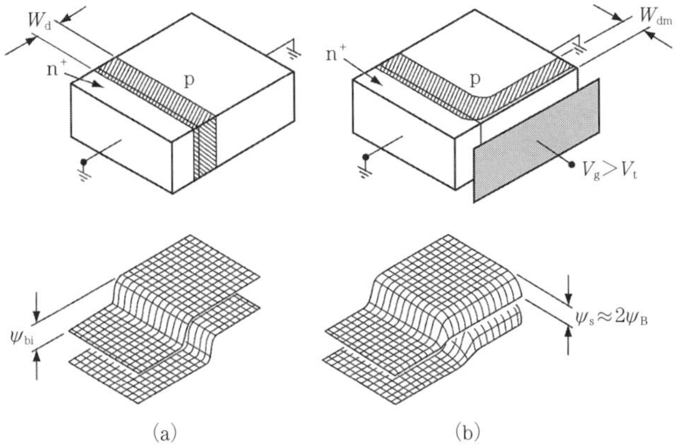

図 4.19　ゲート付きダイオード，あるいは隣接 $\rm n^+$ 領域を有する p 型 MOS キャパシタの平衡状態の図 (p–n ダイオードに加えられている電圧は 0 である)．ゲートは，(a) フラットバンド，(b) 反転の状態，にバイアスされている [Grove (1967) より引用]．

るように，p–n 接合からゲート下の反転チャネルと基板との間の領域にまで延在する．

他方，図 4.20 に示されているように，p–n 接合が電圧 $V_{\rm R}$ によって逆バイアスされている場合には，MOS は非平衡状態にあって $np \ll {n_{\rm i}}^2$ である．式 (3.49) より，接合の p 型側における電子密度は，

$$n = \frac{e^{-qV_{\rm R}/kT}+\delta}{1+\delta}\left(\frac{{n_{\rm i}}^2}{N_{\rm a}}\right) \approx \left[e^{-qV_{\rm R}/kT}+\delta\right]\left(\frac{{n_{\rm i}}^2}{N_{\rm a}}\right) \tag{4.53}$$

となる．ここで，$\delta \ll 1$ である．$V_{\rm R}$ が数 kT/q よりも大きい場合，$n \ll {n_{\rm i}}^2/N_{\rm a}$ となる．図 4.20(b) に示されているように，バンドを $2\psi_{\rm B}$ だけ曲げるのに十分な大きさの正の電圧がゲートに印加された場合を考えてみよう．この場合，表面における伝導帯端は $\rm n^+$ 領域における電子の擬フェルミ準位に $2\psi_{\rm B}$ だけ近づく．表面の電子密度に関する限り，逆バイアスは実質的に $2\psi_{\rm B}$ だけ減少し，これは式 (4.53) の $\exp(-qV_{\rm R}/kT)$ 項に $\exp(2q\psi_{\rm B}/kT) = (N_{\rm a}/n_{\rm i})^2$ を乗じることになる．

$$n = \left[e^{-qV_{\rm R}/kT}e^{2q\psi_{\rm B}/kT}+\delta\right]\left(\frac{{n_{\rm i}}^2}{N_{\rm a}}\right) = e^{-qV_{\rm R}/kT}N_{\rm a}+\delta\left(\frac{{n_{\rm i}}^2}{N_{\rm a}}\right) \tag{4.54}$$

数 kT/q 以上の $V_{\rm R}$ では，これはまだ $\ll N_{\rm a}$ であり，すなわち p 型基板の正孔密度よりはるかに低い．正の電圧が，平衡状態における表面を反転するために十分であったとしても，逆バイアスの場合には反転を起こすには不十分である．なぜなら，**逆バイアスが電子の擬フェルミ準位を低下させ，図 4.19(b) に示されているように，表面におけるバンドが平衡状態と同じだけ曲がった場合においても，伝導帯端は電子の擬フェルミ準位に対して，反転が起こるのに十分なほどには近くないからである．**

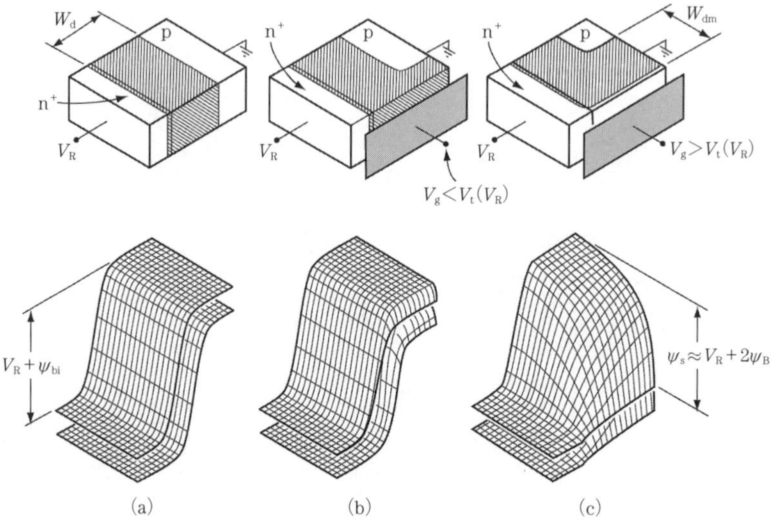

図 4.20　ゲート付きダイオード，あるいは隣接 n^+ 領域を有する p 型 MOS キャパシタの平衡状態の図 (p–n ダイオードには逆バイアスが加えられている)．ゲートは，(a) フラットバンド，(b) 空乏，(c) 反転の状態，にバイアスされている [Grove (1967) より引用].

非平衡の場合に，反転状態に到達するには，p 型領域の伝導帯が図 4.19(b) のように n 型領域のフェルミ準位に近づくように，バンドを $2\psi_B + V_R$ だけ曲げるのに十分な非常に大きなゲート電圧を印加しなければならない．これは図 4.20(c) に示した場合であり，表面の電子密度は $n = N_a$ となり，4.2.1 項で導入した反転の条件と同じである．図 4.20(c) に示すように，表面空乏層は平衡の場合よりもはるかに広くなっており，ちょうど逆バイアス p–n 接合と同様である．

4.3.6.2　非平衡状態下での MOS 構造におけるバンドの曲がりと電荷分布

図 4.20 における状況をさらに図 4.21 に示して説明しよう．ここではゲートに垂直な方向の断面図でゲートから中性 p 領域までの電荷分布とバンドの曲がりが，平衡状態および非平衡状態の双方について示されている．平衡状態は 4.2.1 項で議論したものと同一である．非平衡状態では正孔の擬フェルミ準位は p 型シリコン内部のフェルミ準位と同一であるが，電子の擬フェルミ準位は，n^+ 領域 (図 4.21 には示されていない) におけるフェルミ準位によって規定されており，p 型フェルミ準位よりも qV_R だけ低い．その結果，表面の反転はバンドの曲がりが，

$$\psi_s(\text{反転}) = V_R + 2\psi_B \tag{4.55}$$

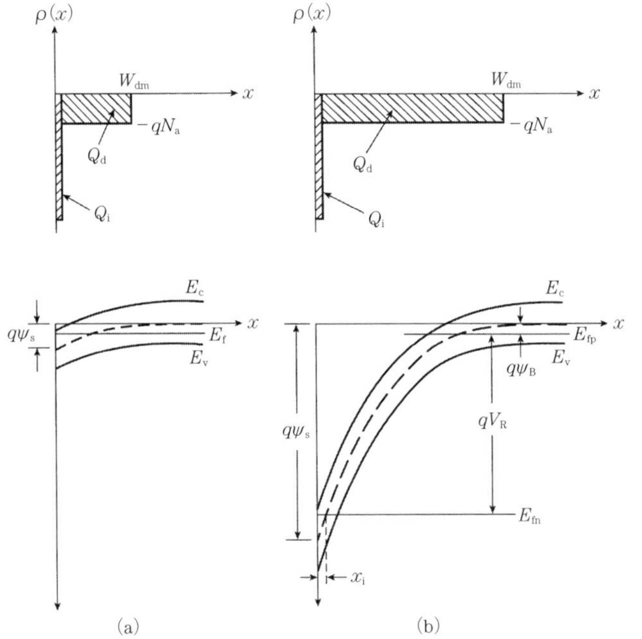

図 4.21　反転した p 領域の，(a) 平衡状態，(b) 非平衡状態，における電荷分布とエネルギーバンドの変化の比較 [Grove (1967) より引用]

で与えられる場合に起こり，最大空乏幅は逆バイアス V_{R} の関数となって式 (4.22) より，

$$W_{\mathrm{dm}} = \sqrt{\frac{2\varepsilon_{\mathrm{si}}(V_{\mathrm{R}} + 2\psi_{\mathrm{B}})}{qN_{\mathrm{a}}}} \tag{4.56}$$

となる．

p 型 MOS 容量について，隣接する逆方向バイアスされた n^{+} 領域が C–V 特性に与える影響を図 4.22 に示す．曲線の下に示されているように，V_{g} を増すと表面電位 ψ_{s} も増加する．$V_{\mathrm{R}} = 0$ の場合には，C–V 曲線は通常の低周波 C–V 曲線 [図 4.14 の曲線 (a)] と似ており，反転 (容量の C_{ox} への急激な上昇) が $\psi_{\mathrm{s}} \approx 0.7\,\mathrm{V}$ $(= 2\psi_{\mathrm{B}})$ となる $V_{\mathrm{g}} \approx 13\,\mathrm{V}$ のときに起こる．V_{R} が増大するにつれ，反転はより正の大きなゲート電圧でみられるようになり，MOS はより深い空乏 (より小さな C_{min} 状態) となる．反転における表面電位の値はおおよそ V_{R} 程度上昇し，このことは式 (4.55) と矛盾しない．C_{ox} と $C_{\mathrm{d}} = \varepsilon_{\mathrm{si}}/W_{\mathrm{dm}}$ の直列接続である C_{min} の V_{R} の増大に伴う減少は式 (4.56) に起因するものである．

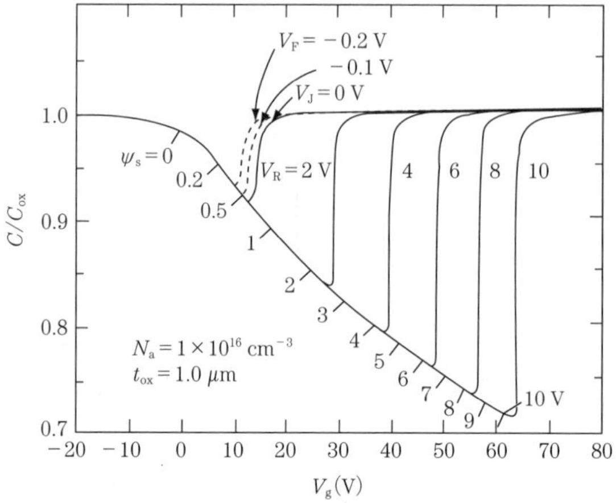

図 4.22　図 4.20(c) に示されているような n^+ 領域が隣接している p 型 MOS キャパシタの規格化された C–V 曲線．V_g は p 型基板を基準としたゲート電圧．n^+–p 接合への逆方向電圧をさまざまに変え，一連の C–V 曲線を示している．

4.4　MOS における量子力学的効果

4.4.1　連立したポアソン–シュレディンガー方程式

4.2.1.2 目で，MOSFET の反転層ではキャリアがシリコン表面近くのポテンシャル井戸中に閉じ込められることを議論した．ポテンシャル井戸は，酸化膜の障壁 (トンネル電流を考える場合以外は無限に高いと考えてよい) と，ゲート電界によって表面に向かって大きく曲げられたシリコンの伝導帯とによって形成される．井戸によって表面に対し垂直な運動が閉じ込めを受けるため，反転層の電子は 2 次元電子ガスとして量子力学的に取り扱う必要があり (Stern と Howard, 1967)，とくに垂直電界が強い場合に量子効果の影響が大きい．電子の垂直運動エネルギーは量子化によって離散的な値をとるが，水平運動については連続値をとる．

電荷とポテンシャルを求めるためには，ポアソン方程式をシュレディンガー方程式に連立させなければならない．ポアソン方程式の電子密度は，古典的な 3 次元での表式である式 (2.9) の $n = N_c e^{-(E_c - E_f)/kT}$ では与えられない．その代わりに，波動関数の大きさの 2 乗を，すべての離散的なサブバンドにわたって合計することで与えられる．また，シュレディンガー方程式のポテンシャルエネルギーはポアソン方程式の静電ポテンシャルに由来する．一般に，連立した方程式を自己無撞着に解くために数値計算手法が用いられる．二つの方程式が非連立となる特殊なケースについては 4.4.3 項で述べる．

数値解法により得られた量子力学的エネルギー準位とバンド曲がりの例を図 4.23 に示

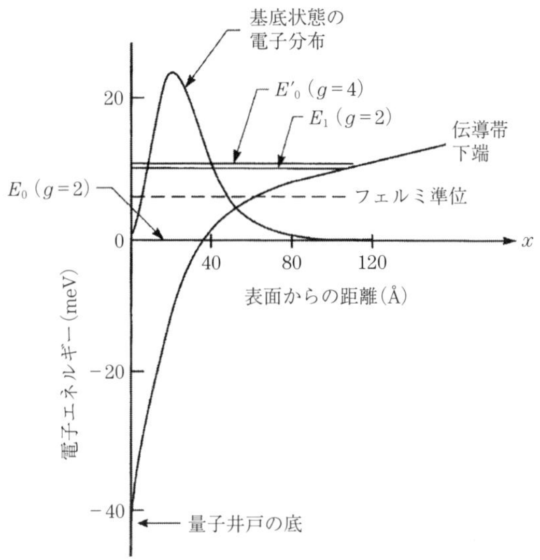

図 4.23 量子力学に基づいて計算した MOS デバイスの表面付近におけるバンドの曲がりと，反転電子のエネルギーレベルの一例 (基底状態は表面での伝導帯底より約 40 meV 高い) (破線は反転層電荷密度が $10^{12}/\mathrm{cm}^2$ のときのフェルミ準位) [Stern と Howard, 1967 より引用].

す．電子波動関数にかせられた境界条件により，電子密度はシリコン–酸化膜界面より離れた場所でピークに達し，界面ではほぼゼロになっている．これは，図 4.24 に描かれているように，電子密度が表面でピークに達する古典的モデルとは対照的である．反転層電子の量子力学的挙動は，MOSFET の動作に以下に示す二つの影響を与える．**第一に，高電界でのしきい値電圧が古典的な場合よりも高くなる．これは，最低サブバンドは伝導帯の底よりもあるエネルギーだけ上にあり，ここに電子を湧かせるために，より多くのバンド曲がりが必要となるためである．第二に，いったん表面に反転層が形成されると，ある大きさの反転電荷密度を生成するためには，古典的な場合よりも，より高いゲート電圧のオーバードライブが必要となる．**これは，実効的なゲート酸化膜厚が物理的厚さよりわずかに厚くなるともいえる．これにより，MOSFET の相互コンダクタンスと駆動電流が低下する．MOS の量子力学的モデリングに関する最近の研究では，ポリシリコンゲートの空乏化と薄いゲート酸化膜を介した直接トンネリングが考慮されている (Lo ら, 1999).

4.4.2 反転層深さへの量子効果の影響

強反転が生じると，反転電荷密度が急激に上昇し，今度は，表面における電界がさらに増大することになる．基底サブバンドと第 1 励起サブバンドのエネルギー差が十分に

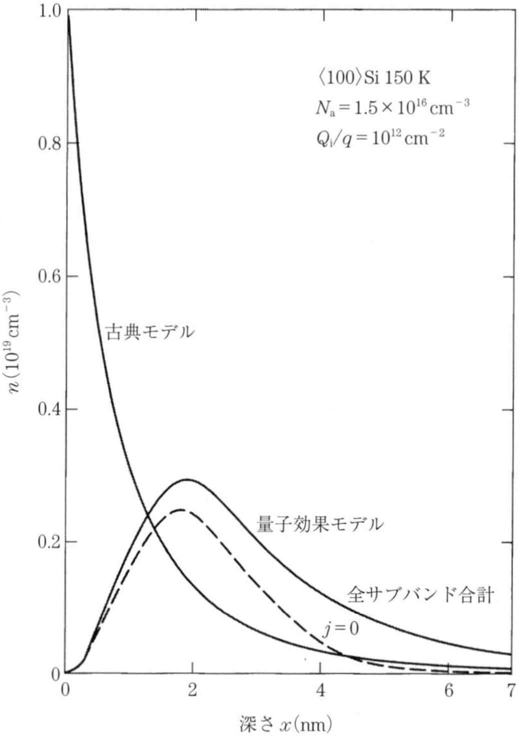

図 4.24　古典計算と量子力学計算による 〈100〉 シリコン反転層における電子の深さ方向分布の比較 (破線は最も低いサブバンドを占める電子の分布である) [Stern(1974) より引用]

大きくなり，最低サブバンドにだけ電荷が湧くようになると，変分法によって電子の表面からの平均的な距離について近似的な表式が導かれる (Stern, 1972).

$$x_{\mathrm{av}}^{\mathrm{QM}} = \left(\frac{9\varepsilon_{\mathrm{si}} h^2}{16\pi^2 m_x q Q^*} \right)^{1/3} \tag{4.57}$$

ここで $Q^* = Q_{\mathrm{d}} + \frac{11}{32} Q_{\mathrm{i}}$ はチャネル中，単位面積当たりの空乏電荷と反転電荷を足し合わせたものである．一般的に，解は数値的に求めるしかない．図 4.25 にシリコンにおいて量子効果を考慮したときと，しないときの反転層深さを実効垂直電界に対してプロットしたものを示す (Ohkura, 1990)．量子力学で求めた値は，広い範囲のドーピング濃度や実効電界に渡って，古典力学で求めた値よりも 10〜12 Å だけ大きくなっている．これは，反転層容量 $-\mathrm{d}Q_{\mathrm{i}}/\mathrm{d}\psi_{\mathrm{s}} = \varepsilon_{\mathrm{si}}/x_{\mathrm{av}}$ (4.3.4 項)[2] を劣化させ，それゆえゲート

[2] 厳密には，容量における因子 x_{av} は ψ_{s} の微小な変化に応答する反転電荷の差分の質量中心である．ここでは，微妙な違いは無視する．

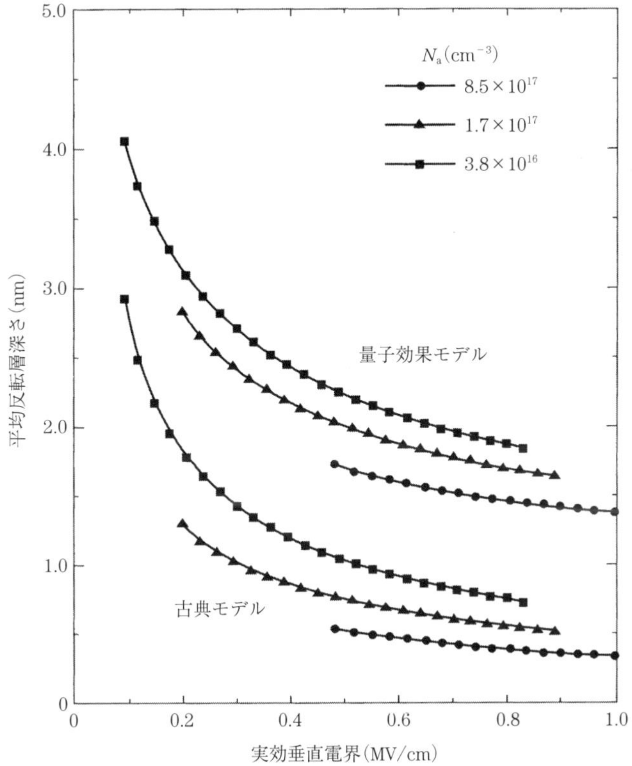

図 4.25　量子力学的，および古典的反転層厚さの垂直電界依存性 (均一ドーピングの濃度を変化させている) [Ohkura (1990) より引用]

容量の反転電荷成分 $-\mathrm{d}Q_\mathrm{i}/\mathrm{d}V_\mathrm{gs} = C_\mathrm{inv} \equiv \varepsilon_\mathrm{ox}/t_\mathrm{inv}$ を劣化させる．**実効的には，量子力学的効果により，$\boldsymbol{\Delta t_\mathrm{ox} = (\varepsilon_\mathrm{ox}/\varepsilon_\mathrm{si})\Delta x_\mathrm{av} = (x_\mathrm{av}^\mathrm{QM} - x_\mathrm{av}^\mathrm{CL})/3}$，したがって 3〜4 Å 程度が $\boldsymbol{t_\mathrm{inv}}$ に追加される**．スプリット C–V 法で測定した C_inv はポリシリコンのゲート空乏効果も同様に t_inv に含めている．全体として，t_inv は物理的な膜厚である t_ox よりも 5〜10 Å 厚い．これは，薄い酸化膜の MOSFET の駆動電流と相互コンダクタンスを劣化させる要因となる．

4.4.3　弱反転における量子力学解

$2\psi_\mathrm{B}$ のしきい値条件以下の弱反転では，反転電荷密度は局所における電場に影響を与えるほど高くはない．これは，電子密度がポアソン方程式で無視できると言い換えられる．ポテンシャルあるいはバンド曲がりは，空乏電荷によってのみ決定される．ポアソン方程式とシュレディンガー方程式は切り離され，量子効果を考慮した反転電荷密度を解析的に導くことが可能になる．この節を通して MKS 単位系が使用されていることに注意されたい (たとえば，長さはセンチメートルではなくメートルを単位として表される).

4.4.3.1　サブスレッショルド領域における三角ポテンシャル近似

反転層電子は表面近くの狭い領域に存在し，その範囲では電界 ($\mathcal{E}_\mathrm{s}$) がほぼ一定とみなせるので，ポテンシャル井戸を三角形で近似できる．すなわち，$x < 0$ の酸化膜では障壁が無限に高く，$x > 0$ では図 4.26 に示すようにポテンシャルが $V(x) = q\mathcal{E}_\mathrm{s}x$ と表せるとする．ここでシュレディンガー方程式を，電子の波動関数が $x = 0$ と無限大でゼロとなる境界条件で解く．すると解はエアリー関数 (Airy functions) で与えられ，その固有エネルギー (eigenvalue) E_j は,

$$E_j = \left[\frac{3hq\mathcal{E}_\mathrm{s}}{4\sqrt{2m_x}}\left(j + \frac{3}{4}\right)\right]^{2/3}, \quad j = 0, 1, 2, \ldots \tag{4.58}$$

となる (Stern, 1972)．ここで，$h = 6.63 \times 10^{-34}\ \mathrm{J \cdot s}$ はプランク定数，m_x は閉じ込め方向の有効質量である．j 番目のサブバンドに属する電子の表面からの平均距離は,

$$x_j = \frac{2E_j}{3q\mathcal{E}_\mathrm{s}} \tag{4.59}$$

となる．シリコンの $\langle 100 \rangle$ 面方位において，サブバンドは 2 種類に分けられる．(2 種類のエネルギー谷が存在する．) 低い方の谷は 2 重に縮退 ($g = 2$) しており，$m_x = m_\mathrm{l} = 0.92m_0$ である．ここで，$m_0 = 9.1 \times 10^{-31}\ \mathrm{kg}$ は自由電子の質量である．これに属するサブバンドのエネルギーレベルを，$E_0, E_1, E_2, \ldots$ と書くことにする．高いほうの谷は 4 重に縮退 ($g' = 4$) しており，$m'_x = m_\mathrm{t} = 0.19m_0$ である．これに属するサブバン

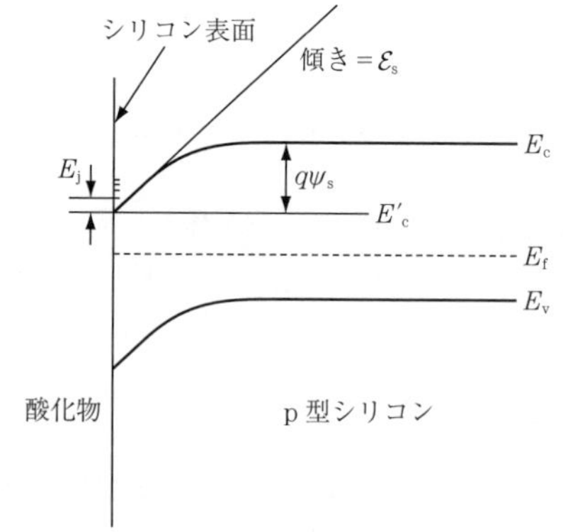

図 4.26　サブスレッショルド領域におけるバンド曲がりと，シリコン表面の反転層における量子化された電子のエネルギー準位を示す模式的なバンド図

ドのエネルギーレベルを，$E'_0, E'_1, E'_2, \ldots$ のように書く．ここで，

$$E'_j = \left[\frac{3hq\mathcal{E}_\mathrm{s}}{4\sqrt{2m'_x}}\left(j+\frac{3}{4}\right)\right]^{2/3}, \quad j = 0, 1, 2, \ldots \tag{4.60}$$

である．室温のしきい値状態においては，両方の谷に属する多くのサブバンドに電子が存在しているが，その大部分が伝導帯底からのエネルギーが E_0 である最も低いサブバンドに存在する．

4.4.3.2　2 次元状態密度

反転層中の電子は，表面に平行な面内で，連続するエネルギーを取りながら自由に動くので，2 次元状態密度は反転層中の電子密度を計算するのに必要である．2 次元電子ガスの状態密度は，3 次元状態密度を求めた 2.1.2 項と同じ方法で導ける．量子力学に基づけば，位相空間の体積 $(\Delta y \Delta p_y) \times (\Delta z \Delta p_z) = h^2$ で一つの状態が許される．ここで p_y と p_z は電子の運動量の y 成分と z 成分であり，h はプランク定数である．$N(E)\,\mathrm{d}E$ を，エネルギーが E から $E + \mathrm{d}E$ の間にある，単位面積当たりの電子の状態数とすると

$$N(E)\,\mathrm{d}E = 2g\frac{\mathrm{d}p_y \mathrm{d}p_z}{h^2} \tag{4.61}$$

となる．ここで，$\mathrm{d}p_y \mathrm{d}p_z$ は，電子のエネルギーが E から $E + \mathrm{d}E$ の間にある運動量空間での面積，g はサブバンドの縮退度であり，係数 2 は電子スピンのとりうる方向が二つあることに由来する．

もし，E_min がある特定サブバンドの基底状態のエネルギーであるとすると，サブバンド基底状態の近傍におけるエネルギーと運動量の関係は，

$$E - E_\mathrm{min} = \frac{{p_y}^2}{2m_y} + \frac{{p_z}^2}{2m_z} \tag{4.62}$$

となる．ここで，$E - E_\mathrm{min}$ は電子の運動エネルギー，m_y および m_z は有効質量である．式 (4.62) で与えられる楕円の運動量空間での面積は $2\pi(m_y m_z)^{1/2}(E - E_\mathrm{min})$ である．したがって，電子のエネルギーが E と $E + \mathrm{d}E$ の間にある面積 $\mathrm{d}p_y \mathrm{d}p_z$ は $2\pi(m_y m_z)^{1/2}\,\mathrm{d}E$ となり，式 (4.61) は

$$N(E)\,\mathrm{d}E = \frac{4\pi g\sqrt{m_y m_z}}{h^2}\mathrm{d}E \tag{4.63}$$

となる．

したがって，このサブバンドにおける単位面積当たりの電子数は，

$$n = \int_{E_\mathrm{min}}^{\infty} N(E) f_\mathrm{D}(E)\,\mathrm{d}E \tag{4.64}$$

と与えられる．ここで $f_{\mathrm{D}}(E)$ は式 (2.4) で示されたフェルミ–ディラック分布関数である．$N(E)$ は定数であり積分の外に出せるので，式 (4.64) は簡単に積分できて，

$$n = \frac{4\pi gkT\sqrt{m_y m_z}}{h^2}\ln\left[1 + e^{(E_{\mathrm{f}} - E_{\min})/kT}\right] \tag{4.65}$$

となる．

4.4.3.3　量子効果を考慮した反転電荷密度

図 4.26 に示すように，表面における伝導帯の底 E'_{c} はバルクの伝導帯端 E_{c} よりも，ゲートから与えられた電界によって $q\psi_{\mathrm{s}}$ だけ低い．ここで，ψ_{s} は 4.2.1 項で述べられた表面電位，すなわちバンドの曲がりである．j 番目のサブバンドでは，電子のエネルギーの最低値は，

$$E_{\min} = E'_{\mathrm{c}} + E_j = E_{\mathrm{c}} - q\psi_{\mathrm{s}} + E_j \tag{4.66}$$

となる．エネルギーが高いプライムを付けた谷 (すなわち，サブバンドエネルギーが $E'_0, E'_1, E'_2, \ldots$ と表されるサブバンド) でも同様である．式 (4.65) を使って両方の谷 ($g = 2$ の谷と $g' = 4$ の谷) のすべてのサブバンドを足し合わせると，単位面積当たりの反転電荷密度の合計が得られる (Stern と Howard, 1967).

$$-Q_{\mathrm{i}}^{\mathrm{QM}} = \frac{4\pi qkT}{h^2}\biggl\{gm_{\mathrm{t}}\sum_j \ln\left[1 + e^{(E_{\mathrm{f}} - E_{\mathrm{c}} - E_j + q\psi_{\mathrm{s}})/kT}\right] + g'\sqrt{m_{\mathrm{t}} m_{\mathrm{l}}}\sum_j \ln\left[1 + e^{(E_{\mathrm{f}} - E_{\mathrm{c}} - E'_j + q\psi_{\mathrm{s}})/kT}\right]\biggr\} \tag{4.67}$$

式 (4.67) に示されているサブバンドのうちの最初のグループでは，閉じ込め方向 (x 方向) は等エネルギー面の縦 (長手) 方向であり，状態密度有効質量 $(m_y m_z)^{1/2}$ は $(m_{\mathrm{t}} m_{\mathrm{t}})^{1/2} = 0.19m_0$ となる．式 (4.67) に示されているサブバンドの 2 番目のグループでは，閉じ込め方向 (x 方向) は等エネルギー面の縦方向と直交する方向であり，状態密度有効質量 $(m_y m_z)^{1/2}$ は $(m_{\mathrm{l}} m_{\mathrm{t}})^{1/2} = 0.42m_0$ となる．

サブスレッショルド領域では，フェルミ準位は最低サブバンドのエネルギー $E_{\mathrm{c}} - q\psi_{\mathrm{s}} + E_0$ より少なくとも数 kT 程度低い位置にあり，因子 $\ln(1 + e^x)$ は式 (4.67) の両方の項で e^x と近似できる．さらに式 (2.9) から，バルクシリコンにおける $E_{\mathrm{f}} - E_{\mathrm{c}}$ は $kT\ln(n/N_{\mathrm{c}})$ あるいは $kT\ln[{n_{\mathrm{i}}}^2/(N_{\mathrm{a}}N_{\mathrm{c}})]$ に等しい．ここで，N_{c} は伝導帯の有効状態密度であり，$n = {n_{\mathrm{i}}}^2/N_{\mathrm{a}}$ はバルクシリコンの平衡状態における電子密度である．不均一にドープされた基板では，N_{a} は空乏層端の p 型の不純物濃度と関係する．すると，式 (4.67) は次のように簡単化される．

$$-Q_{\mathrm{i}}^{\mathrm{QM}} = \frac{4\pi qkT{n_{\mathrm{i}}}^2}{h^2 N_{\mathrm{c}} N_{\mathrm{a}}}\left[2m_{\mathrm{t}}\sum_j e^{-E_j/kT} + 4\sqrt{m_{\mathrm{t}} m_{\mathrm{l}}}\sum_j e^{-E'_j/kT}\right] e^{q\psi_{\mathrm{s}}/kT} \tag{4.68}$$

ここで，$g = 2$ と $g' = 4$ はすでに代入されている．

4.4.3.4 量子力学解の 3 次元の連続解への収束

量子力学効果を考慮した式 (4.68) で与えられる反転電荷密度が，式 (4.58) で与えられる低い谷のエネルギーを E_j としたときに $E_j \ll kT$ の極限で，古典的な 3 次元結果に収束することを示すのは有益である．表面電界が弱いとき (室温で $\mathcal{E} \ll 10^4$ V/cm)，量子化されたエネルギー準位の間隔は kT に比べて小さく，2 次元量子効果は弱い．この場合，式 (4.68) の逐次加算は，$\Delta y \to 0$ の極限で，次の恒等式を用いた積分に置き換えられる．

$$\sum_n e^{-(n\Delta y)^{2/3}} \Delta y = \int_0^\infty e^{-y^{2/3}} \mathrm{d}y \tag{4.69}$$

簡単な変数変換 ($u = y^{1/3}$) により，式 (4.69) の右辺の積分はガンマ関数に変換でき，その値は $3\pi^{1/2}/4$ となる．したがって，低電界の極限では

$$\sum_j e^{-E_j/kT} \to \frac{3\sqrt{\pi}}{4}\left(\frac{4\sqrt{2m_\mathrm{l}}(kT)^{3/2}}{3hq\mathcal{E}_\mathrm{s}}\right) \tag{4.70}$$

となる．プライム付き谷についても同様である．式 (4.68) は次のように計算できる．

$$-Q_\mathrm{i}^\mathrm{QM} = \frac{4\pi qkTn_\mathrm{i}{}^2}{h^2 N_\mathrm{c} N_\mathrm{a}}\left[2m_\mathrm{t}\frac{\sqrt{2\pi m_\mathrm{l}}(kT)^{3/2}}{hq\mathcal{E}_\mathrm{s}} + 4\sqrt{m_\mathrm{t}m_\mathrm{l}}\frac{\sqrt{2\pi m_\mathrm{t}}(kT)^{3/2}}{hq\mathcal{E}_\mathrm{s}}\right] e^{q\psi_\mathrm{s}/kT} \tag{4.71}$$

式 (2.10) から引用した N_c に 3 次元縮退因子 $g = 6$ を適用して，式 (4.71) に代入すると，

$$-Q_\mathrm{i}^\mathrm{QM} = \frac{kTn_\mathrm{i}{}^2}{\mathcal{E}_\mathrm{s} N_\mathrm{a}} e^{q\psi_\mathrm{s}/kT} \tag{4.72}$$

となる．弱反転における，3 次元の古典的な反転電荷密度は式 (4.16) から導出でき，シリコンにおける単位面積当たりの全電荷密度は

$$\begin{aligned} -Q_\mathrm{s} &= \varepsilon_\mathrm{si}\mathcal{E}_\mathrm{s} \\ &= \sqrt{2\varepsilon_\mathrm{si} kTN_\mathrm{a}}\left[\left(e^{-q\psi_\mathrm{s}/kT} + \frac{q\psi_\mathrm{s}}{kT} - 1\right) + \frac{n_\mathrm{i}{}^2}{N_\mathrm{a}{}^2}\left(e^{q\psi_\mathrm{s}/kT} - \frac{q\psi_\mathrm{s}}{kT} - 1\right)\right]^{1/2} \end{aligned} \tag{4.73}$$

となる．$(n_\mathrm{i}{}^2/N_\mathrm{a}{}^2)e^{q\psi_\mathrm{s}/kT} \ll q\psi_\mathrm{s}/kT$ なので，反転電荷の項は，平方根の式をべき級数展開することで，全電荷から分離できる．0 次の項は，空乏電荷密度を与える．1 次の

項は，反転電荷密度を与え，これは $\mathcal{E}_s = \sqrt{2qN_a\psi_s/\varepsilon_s}$ に注意をすると，式 (4.72) と同等である．このことから，表面電界が低い場合や温度が高い場合には，2 次元の量子解は 3 次元の連続な場合に収束することが示される．しかし，高電界においては，Q_i^{QM} は同じバンド曲がりの 3 次元での反転電荷密度よりも低くなり，古典モデルよりも高いしきい値電圧となる．

4.5　酸化膜における界面準位と電荷トラップ

ここまでの説明では，ゲート酸化膜を理想的な絶縁体として扱い，酸化膜には空間電荷がなく，酸化膜と酸化膜が覆っているシリコンとの間でも電荷のやり取りは無かった．実際のデバイスでは，ゲート酸化膜と酸化膜–シリコン界面が，完全に電気的に中性であることはない．酸化膜層には，可動性のイオン電荷，電子，あるいは正孔がトラップされることがある．また，酸化膜–シリコン界面近傍には，製造プロセスで導入された固定酸化膜電荷や，酸化膜–シリコン界面のいわゆる**表面準位** (surface state) にトラップされた電荷が存在することもある．電子と正孔は，酸化膜–シリコン界面近傍の結晶中の状態から表面準位へ，あるいはその逆へと遷移することがある．どのデバイスにも，酸化膜で覆われた領域があるため，デバイスの電気的特性は酸化膜領域の内部およびシリコン–酸化膜界面の電荷の密度と特性に極めて敏感である．

SiO_2 の場合，表面準位の密度，すなわち界面トラップの密度は，シリコン基板の方位に依存し，デバイス製造プロセスにも強く依存する (EMIS, 1988; Razouk と Deal, 1979)．一般に，デバイス製造プロセスにおいて，界面トラップ密度の基板面方位依存性は $\langle 100\rangle < \langle 110\rangle < \langle 111\rangle$ である．また，水素中，または水素を含む雰囲気中での，400 °C 前後の温度での配線工程後あるいは「最後」の熱処理は，界面トラップ密度を最小化するのに極めて効果的である．その結果，$\langle 100\rangle$ シリコンと水素中での配線工程後のアニールは，現代の VLSI デバイス製造において，一般的に使用されている．最新の MOS デバイスでは，デバイス製造プロセスが量産可能な状態になる頃には，酸化膜中の電荷量と表面準位は通常かなり低くなっており，Q_{ox}/q は通常おおよそ $10^{11}\,\mathrm{cm}^{-2}$ 以下である．酸化膜厚 10 nm の MOS デバイスでは，それに対応するフラットバンド電圧シフトはわずか 46 mV である．このような低い表面準位密度では，測定された C–V 曲線が計算されたものと良く一致するという点で，MOS の C–V 特性は非常に理想的である．

シリコン/SiO_2 系は，1960 年代から何十年にもわたって精力的に研究されてきた．このようにして積み上げた膨大な知識により，VLSI 産業は MOSFET の SiO_2 をわずか 2 原子層の厚さに相当する 1 nm という驚異的な厚さにまで微細化できた．しかし，この厚さでは，量子力学的トンネル現象という基本的な物理が立ちはだかり，SiO_2 のさらなる薄膜化が制限されてしまう．過去 10 年から 20 年の間に，産業界は高誘電率 (high-κ) ゲート絶縁膜に目を向けた．SiO_2 層と同じ厚さの高誘電率層は，はるかに大きな容量をもつ．そのため，同じゲート容量であれば，高誘電率ゲート絶縁膜は SiO_2 より厚く，トンネル電流ははるかに小さい．この技術は，ゲート絶縁膜–半導体の界面準位 (interface states) および電荷トラップに関する新しい課題を突きつけてきた．

酸化膜電荷と界面トラップの存在は，デバイス特性に 3 つの大きな影響を与える．第一に，酸化膜中の電荷，あるいは界面トラップ中の電荷は，表面近傍のシリコン中の電荷と相互作用するため，シリコンの電荷分布と表面電位を変化させる．第二に，界面トラップ電荷の密度は表面電位の変化に伴って変化するため，図 4.13 のシリコンの容量 C_{si} と並列に接続された，追加の容量成分を生じさせる．第三に，界面トラップは生成–再結合中心として作用したり，バンド間トンネリング過程をアシストしたりするため，ゲート付きダイオード構造のリーク電流を増やす．これらの効果については，4.5.1～4.5.3 項でより定量的に議論する．

4.5.1　酸化膜電荷のフラットバンド電圧への影響

4.1.1 項の式 (4.2) によれば，ゲートシリコンの仕事関数差 ϕ_{ms} に加えて，酸化膜中の固定電荷 Q_{ox} もフラットバンド電圧に影響を及ぼす可能性がある．図 4.27 では，ゲートからの距離 x の酸化膜中にある，単位面積当たり δQ のシート電荷について考える．これによる x における傾きの変化は，ガウスの法則から

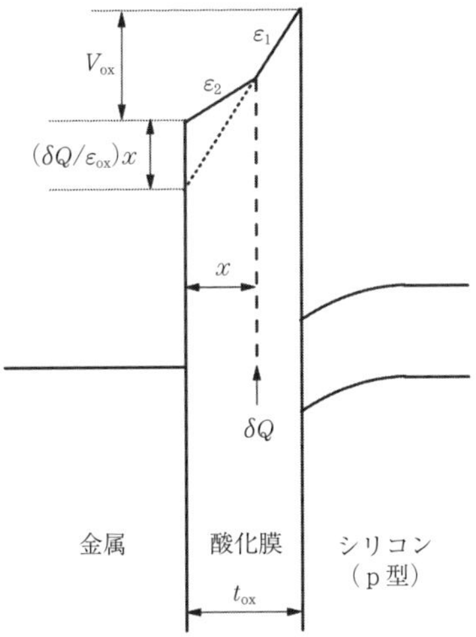

図 **4.27**　ゲートからの距離 x における MOS キャパシタの酸化膜内の面密度 δQ のシート電荷の効果を示す模式図

$$\mathcal{E}_1 - \mathcal{E}_2 = \frac{\delta Q}{\varepsilon_{\text{ox}}} \tag{4.74}$$

で与えられる．ガウスの法則は，ゲートにある電荷について $Q_{\text{g}} = \varepsilon_{\text{ox}}\mathcal{E}_2$，シリコン中の電荷について $Q_{\text{s}} = -\varepsilon_{\text{ox}}\mathcal{E}_1$ を与える．これらを統合すると，予想どおり，電荷中性条件

$$Q_{\text{g}} + \delta Q + Q_{\text{s}} = 0 \tag{4.75}$$

が得られる．傾きの変化を用いると，酸化膜全体での電位変化は，図 4.27 に示すように，

$$V_{\text{ox}} = \mathcal{E}_1(t_{\text{ox}} - x) + \mathcal{E}_2 x = \mathcal{E}_1 t_{\text{ox}} - \frac{\delta Q}{\varepsilon_{\text{ox}}}x = \frac{-Q_{\text{s}}}{C_{\text{ox}}} - \frac{\delta Q}{\varepsilon_{\text{ox}}}x \tag{4.76}$$

となる．上の式の V_{ox} をゲート電圧の等式である式 (4.5) に代入すると，

$$V_{\text{g}} - (\phi_{\text{m}} - \phi_{\text{s}}) + \frac{\delta Q}{\varepsilon_{\text{ox}}}x = \psi_{\text{s}} + \frac{-Q_{\text{s}}}{C_{\text{ox}}} \tag{4.77}$$

となる．左辺は式 (4.7) に従って $V_{\text{g}} - V_{\text{fb}}$ と定義される．したがって，

$$V_{\text{fb}} = (\phi_{\text{m}} - \phi_{\text{s}}) - \frac{\delta Q}{\varepsilon_{\text{ox}}}x = \phi_{\text{ms}} - \frac{\delta Q}{\varepsilon_{\text{ox}}}x \tag{4.78}$$

となる．x におけるシート電荷 δQ の効果は，フラットバンド電圧を $(\delta Q/\varepsilon_{\text{ox}})x$ だけマイナス方向にシフトさせることである．電荷が酸化膜–シリコン界面に近ければ近いほど，フラットバンド電圧への影響は大きくなる．

酸化膜中の電荷がある程度可動であれば，その位置は印加されるゲート電界によってシフトする可能性がある．たとえば，V_{g} が正の場合，可動性の正の酸化膜電荷は，シリコン界面に向かって押し出される傾向があり，その結果，V_{fb} はより負になる．これは，C–V 特性にヒステリシスを生じさせる可能性がある．すなわち，dc バイアスを正方向に掃引する場合と負方向に掃引する場合で，V_{fb} が異なる．

酸化膜電荷が密度 $\rho_{\text{ox}}(x)$ で厚さ方向に分布している場合，フラットバンド電圧への複合的な効果は積分で表される．

$$V_{\text{fb}} = \phi_{\text{ms}} - \frac{1}{\varepsilon_{\text{ox}}}\int_0^{t_{\text{ox}}} x\rho_{\text{ox}}(x)\,\mathrm{d}x \equiv \phi_{\text{ms}} - \frac{Q_{\text{ox}}}{C_{\text{ox}}} \tag{4.79}$$

最後のステップでは，分布 $\rho_{\text{ox}}(x)$ と同じ効果をもたらす酸化膜–シリコン界面の等価電荷を Q_{ox} と定義した．酸化膜が薄いほど，同じ大きさの酸化膜電荷が V_{fb} に与える影響が小さくなることは明らかである．

4.5.2　界面準位容量とコンダクタンス

半導体–酸化膜界面では，バルク半導体の結晶格子とその周期性に関連するすべての特性が終端する．その結果，半導体の禁制されたエネルギーギャップ内のエネルギーをもつ局在状態が，酸化膜界面またはそのごく近傍に導入される (Many ら, 1965)．2.1.3 項で論じたバルクシリコンの不純物エネルギー準位と同様に，電子または正孔による表面準位の占有確率は，フェルミ準位に対する表面準位のエネルギーによって決まる．したがって，表面電位が変化すると，表面のエネルギーバンド端に対して相対的に固定されている表面準位のエネルギー準位も，表面電位に伴って移動する．これを図 4.28 に模式的に示す．フェルミ準位に対する表面準位の位置の変化は，電子による表面準位の占有確率の変化を引き起こす．このような表面電位による界面トラップ電荷の変化は，容量成分の増加を生じさせる．界面準位の容量は，その充放電が瞬時ではないため，コンダクタンス成分を通じて基板に接続される．

シリコン中ではあるが，酸化膜とシリコンの界面付近にある電子は，伝導帯の状態と

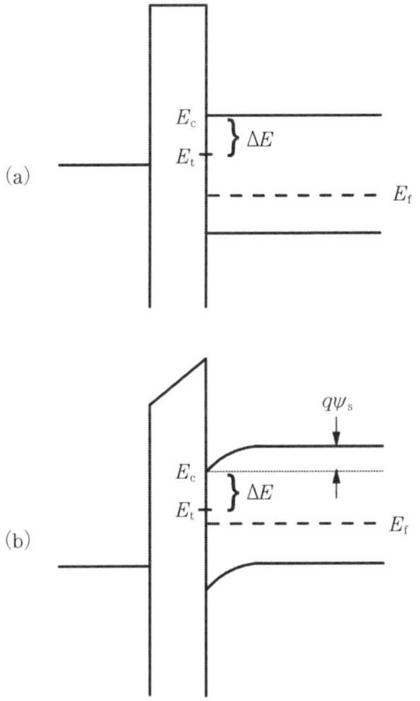

図 4.28　バンドギャップ内のエネルギー E_t に表面準位をもつ MOS キャパシタのエネルギーバンド図の概略．(a) フラットバンド状態，(b) $V_g > V_{fb}$ を印加して $q\psi_s$ のバンド曲がりを起こした状態．E_c に対する E_t の位置は固定であり，$\Delta E = E_c - E_t$ はバンド曲がりに関係なく一定である．

表面準位の間で遷移することができる．伝導帯にある電子は電気伝導に寄与しやすいが，表面準位にある電子，すなわち界面にトラップされた電子は電気伝導に寄与しにくい．同様に，シリコン中ではあるが酸化膜–シリコン界面近傍にある正孔は，価電子帯の状態と表面準位との間を遷移することができ，界面にトラップされた正孔は電気伝導に寄与しにくい．電子と正孔をトラップすることで，表面準位は MOSFET の伝導電流を減少させることができる．さらに，トラップされた電子と正孔は，表面チャネルの可動性のキャリアにとって，界面に位置する荷電散乱中心のように作用し，移動度を低下させる可能性がある (Sah ら，1972)．

4.5.2.1　単一エネルギー準位のトラップ

図 4.28 を用いて，バンドギャップ中のエネルギー E_t における面積当たりの N_t 個の界面準位 (トラップ) 密度を考えてみよう (Nicollian と Brews, 1982)．電子の占有確率は次式で与えられる．

$$f_\mathrm{D} = \frac{1}{1 + \exp[(E_\mathrm{t} - E_\mathrm{f})/kT]} \tag{4.80}$$

これらの準位の全電荷は，

$$Q_\mathrm{t} = -qN_\mathrm{t} f_\mathrm{D} \tag{4.81}$$

となる．表面電位が，$\delta\psi_\mathrm{s} = -\delta E_\mathrm{t}/q$ だけ漸増すると，

$$\begin{aligned} \delta Q_\mathrm{t} &= -qN_\mathrm{t}\delta f_\mathrm{D} \\ &= qN_\mathrm{t}\frac{\exp\left[\left(E_\mathrm{t} - E_\mathrm{f}\right)/kT\right]}{\left\{1 + \exp\left[\left(E_\mathrm{t} - E_\mathrm{f}\right)/kT\right]\right\}^2}\left(-\frac{q\delta\psi_\mathrm{s}}{kT}\right) = -\frac{q^2}{kT}N_\mathrm{t} f_\mathrm{D}(1 - f_\mathrm{D})\delta\psi_\mathrm{s} \end{aligned} \tag{4.82}$$

となる．したがって，これらの界面トラップによる (単位面積当たりの) 等価キャパシタンスは，

$$C_\mathrm{it} = -\frac{\delta Q_\mathrm{t}}{\delta\psi_\mathrm{s}} = \frac{q^2}{kT}N_\mathrm{t} f_\mathrm{D}(1 - f_\mathrm{D}) \tag{4.83}$$

となる．$f_\mathrm{D} = 1/2$ のときに $f_\mathrm{D}(1 - f_\mathrm{D})$ ($\propto \mathrm{d}f_\mathrm{D}/\mathrm{d}E_\mathrm{t}$) が最大になることに注意されたい．**$\boldsymbol{C_\mathrm{it}}$ が $\boldsymbol{E_\mathrm{t} = E_\mathrm{f}}$，すなわちトラップのエネルギー準位がフェルミ準位を横切るときに急峻なピークをとる**ことは驚くべきことではない．

δQ_t は，ψ_s が変調されたときに生じる付加的な充放電を表すため，界面準位容量は空乏容量 C_d と並列になる．しかし，C_d とは異なり，C_it は瞬時に充放電することはでき

ない．2.4.3.1 目でバルクトラップについて説明したような，捕獲と放出のプロセスが必要となる．熱平衡において，式 (2.83) は伝導帯からの電子捕獲レートを与える：

$$R_{\mathrm{n}} = \sigma_{\mathrm{n}} v_{\mathrm{th}} n_{\mathrm{s}} N_{\mathrm{t}} (1 - f_{\mathrm{D}}) \tag{4.84}$$

ここで，n_{s} は表面における電子密度である．R_{n} は伝導帯に戻る電子放出レートと釣り合う．ここで，表面電位 $\delta\psi_{\mathrm{s}}$ を急激に増加させることを考える．トラップの占有率は瞬時には変化しない．伝導帯の電子密度 n_{s} だけが瞬時に変化する．$n_{\mathrm{s}} \propto \exp(q\psi_{\mathrm{s}}/kT)$ なので，

$$\delta R_{\mathrm{n}} = \sigma_{\mathrm{n}} v_{\mathrm{th}} \delta n_{\mathrm{s}} N_{\mathrm{t}} (1 - f_{\mathrm{D}}) = \sigma_{\mathrm{n}} v_{\mathrm{th}} n_{\mathrm{s}} N_{\mathrm{t}} (1 - f_{\mathrm{D}}) q\delta\psi_{\mathrm{s}}/kT \tag{4.85}$$

となる．放出レート G_{n} は，占有されたトラップ密度 [式 (2.84)] にのみ依存するため，瞬時には変化はない．式 (4.85) より，瞬時に生じる充電電流は，

$$\delta J = q\delta R_{\mathrm{n}} = \sigma_{\mathrm{n}} v_{\mathrm{th}} n_{\mathrm{s}} N_{\mathrm{t}} (1 - f_{\mathrm{D}}) q^2 \delta\psi_{\mathrm{s}}/kT \tag{4.86}$$

となり，(単位面積当たりの) コンダクタンス

$$G_{\mathrm{nt}} = \delta J/\delta\psi_{\mathrm{s}} = \sigma_{\mathrm{n}} v_{\mathrm{th}} n_{\mathrm{s}} N_{\mathrm{t}} (1 - f_{\mathrm{D}}) q^2/kT \tag{4.87}$$

となる．同様に，価電子帯からの正孔の捕獲によるコンダクタンスも存在する：

$$G_{\mathrm{pt}} = \sigma_{\mathrm{p}} v_{\mathrm{th}} p_{\mathrm{s}} N_{\mathrm{t}} f_{\mathrm{D}} q^2/kT \tag{4.88}$$

ここで，p_{s} は表面の正孔密度である．等価回路を図 4.29 に示す．

図 4.29 の伝導帯と価電子帯の間の G_{nt} と G_{pt} による接続は，表面準位が局所的な生成–再結合中心のように働くこともできることを意味している．表面電位に応じて，表面準位はまず伝導帯から電子を，あるいは価電子帯から正孔を捕獲する．この捕獲された

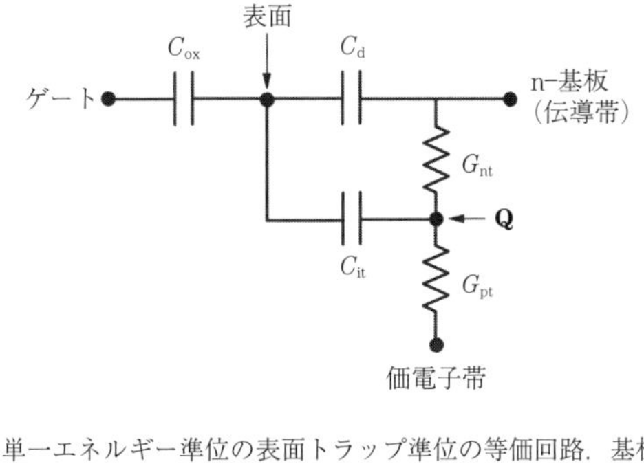

図 4.29 単一エネルギー準位の表面トラップ準位の等価回路．基板は n 型と仮定した．

電子は，その後価電子帯の正孔と再結合したり，捕獲された正孔が伝導帯の電子と再結合したりする．このように，表面準位は再結合中心のように作用する．同様に，表面準位は，最初に電子を放出した後に正孔を放出することによって，あるいは最初に正孔を放出した後に電子を放出することによって，生成中心のように働くことができる．このように，表面準位の存在は，表面の生成–再結合リーク電流につながる．

4.5.2.2　連続したエネルギー分布のトラップ

実際には，界面準位はバンドギャップ内で連続的なエネルギー分布をもつことがわかっており，エネルギー当たりのトラップの面密度である D_{it} によって特徴づけられる．ここでは，D_{it} に業界標準の単位である $\mathrm{cm^{-2}eV^{-1}}$ を採用しているので，$\mathrm{cm^{-2}joule^{-1}}$ を単位とするトラップ密度は D_{it}/q となる．N_{t} を $(D_{\mathrm{it}}/q)\,\mathrm{d}E_{\mathrm{t}}$ で置き換え，各要素を E_{t}(ジュール単位) で積分することで，全トラップ容量とコンダクタンスが得られる．しかし，図 4.29 の回路要素 C_{it}，G_{nt}，G_{pt} は，中心節点である Q が，すべての異なるエネルギーで共通ではない．そのため，直接積分することはできない．これらはまず，図 4.30 に示されている一般的な規則を使用して，Y 結線から Δ 結線に変換する必要がある．節点 A，B，C は，図 4.29 に描かれているように，表面，伝導帯，価電子帯である．図 4.31 は，破線の矩形枠で囲んだ界面準位の成分 C_{Tn}，C_{Tp}，G_{gr} に変換後の回路である．$\mathrm{d}f_{\mathrm{D}}/\mathrm{d}E_{\mathrm{t}} = -f_{\mathrm{D}}(1-f_{\mathrm{D}})/kT$ を用いて，積分変数を E_{t} から f_{D} に変えるとより扱いやすい．そうして，

$$C_{\mathrm{Tn}} = q\int_0^1 \frac{\sigma_{\mathrm{n}} v_{\mathrm{th}} n_{\mathrm{s}}(1-f_{\mathrm{D}}) D_{\mathrm{it}}\,\mathrm{d}f_{\mathrm{D}}}{j\omega f_{\mathrm{D}}(1-f_{\mathrm{D}}) + \sigma_{\mathrm{n}} v_{\mathrm{th}} n_{\mathrm{s}}(1-f_{\mathrm{D}}) + \sigma_{\mathrm{p}} v_{\mathrm{th}} p_{\mathrm{s}} f_{\mathrm{D}}} \tag{4.89}$$

$$C_{\mathrm{Tp}} = q\int_0^1 \frac{\sigma_{\mathrm{p}} v_{\mathrm{th}} p_{\mathrm{s}} f_{\mathrm{D}} D_{\mathrm{it}}\,\mathrm{d}f_{\mathrm{D}}}{j\omega f_{\mathrm{D}}(1-f_{\mathrm{D}}) + \sigma_{\mathrm{n}} v_{\mathrm{th}} n_{\mathrm{s}}(1-f_{\mathrm{D}}) + \sigma_{\mathrm{p}} v_{\mathrm{th}} p_{\mathrm{s}} f_{\mathrm{D}}} \tag{4.90}$$

および

$$G_{\mathrm{gr}} = q\int_0^1 \frac{\sigma_{\mathrm{n}} v_{\mathrm{th}} n_{\mathrm{s}} \sigma_{\mathrm{p}} v_{\mathrm{th}} p_{\mathrm{s}} D_{\mathrm{it}}\,\mathrm{d}f_{\mathrm{D}}}{j\omega f_{\mathrm{D}}(1-f_{\mathrm{D}}) + \sigma_{\mathrm{n}} v_{\mathrm{th}} n_{\mathrm{s}}(1-f_{\mathrm{D}}) + \sigma_{\mathrm{p}} v_{\mathrm{th}} p_{\mathrm{s}} f_{\mathrm{D}}} \tag{4.91}$$

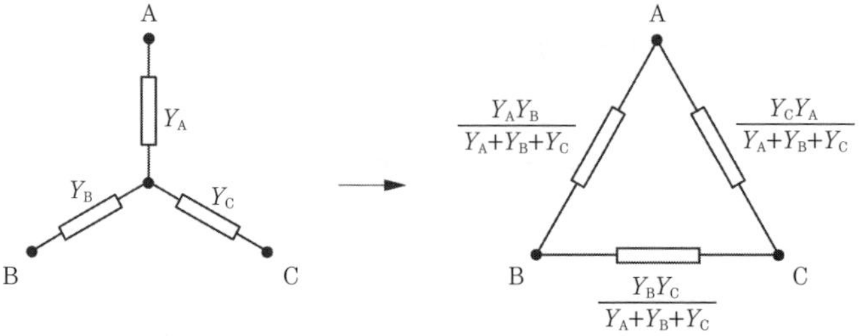

図 4.30　Y 結線から Δ 結線へのアドミタンスの変換

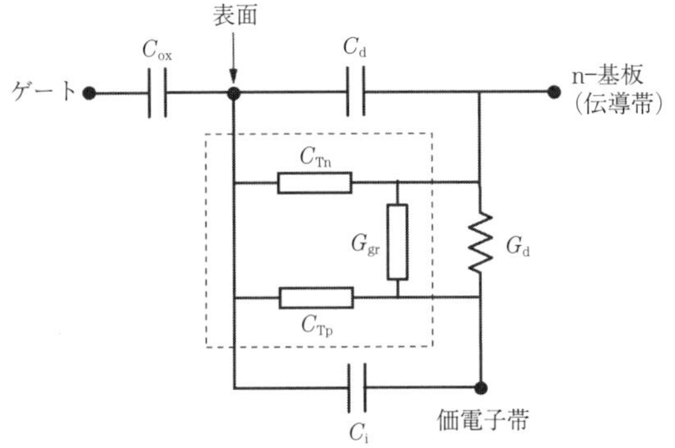

図 4.31 連続したエネルギー分布の表面トラップ準位の等価回路．破線の枠は界面準位からのアドミタンス成分：C_{Tn}, C_{Tp}, G_{gr} を含む．基板は n 型と仮定した．

を得る．この変換は，C_{Tn}, C_{Tp}, G_{gr} が一般的なアドミタンス $j\omega C_{Tn}, j\omega C_{Tp}, G_{gr}$ を表すように，容量とコンダクタンスが混在している．低周波数においてのみ，C_{Tn} と C_{Tp} は純粋な容量であり，G_{gr} は純粋なコンダクタンスである．図 4.31 の残りの回路素子は，図 4.13(b) に示す MOS の本質的な要素である．

$E_t = E_f$ で D_{it} を積分の外に出すのは良い近似である．これは，$f_D \in (0,1)$ の広い範囲で E_t は E_f の (1〜2)kT 以内にあり (図 2.2 参照)，$D_{it}(E_t)$ は kT のスケールで大きく変化しないことから正当化される．図 4.28 から，D_{it} は表面電位 ψ_s の関数であり，したがってゲート電圧の関数であることが推察される．

$$\tau_n = \frac{1}{\sigma_n v_{th} n_s} \tag{4.92}$$

と

$$\tau_p = \frac{1}{\sigma_p v_{th} p_s} \tag{4.93}$$

を導入することで，上記の表式は

$$C_{Tn} = \frac{qD_{it}}{\tau_n}\int_0^1 \frac{(1-f_D)\,df_D}{j\omega f_D(1-f_D) + (1-f_D)/\tau_n + f_D/\tau_p} \tag{4.94}$$

$$C_{Tp} = \frac{qD_{it}}{\tau_p}\int_0^1 \frac{f_D\,df_D}{j\omega f_D(1-f_D) + (1-f_D)/\tau_n + f_D/\tau_p} \tag{4.95}$$

$$G_{gr} = \frac{qD_{it}}{\tau_n\tau_p}\int_0^1 \frac{df_D}{j\omega f_D(1-f_D) + (1-f_D)/\tau_n + f_D/\tau_p} \tag{4.96}$$

となる (Nicollion と Brews, 1982)．一般に，周波数の関数として，アドミタンス $j\omega C_{Tn}$，$j\omega C_{Tp}$，および G_{gr} は，3 つのパラメータ，D_{it}, τ_n, τ_p によって完全に指定される．これらはすべて，表面電位，つまり V_g の dc バイアスによって変化する．

4.5.2.3　コンダクタンス法

複数の周波数を用いたアドミタンス (C–V および G–V) 測定は，界面準位の特性評価に不可欠な手法である．蓄積または空乏にバイアスされた表面準位のない真性 (intrinsic) な MOS では，コンダクタンスも容量の分散も生じない．界面準位に関連する時定数 [式 (4.92) および (4.93)] が，C–V の分散を生じさせ，このことが表面準位が存在する確かな表式となる．

空乏状態にバイアスされた n 型基板上の MOS キャパシタでは，正孔密度 p_{s} は非常に低いため，$1/\tau_{\mathrm{p}}$ は無視できる．唯一の重要な界面準位成分は C_{Tn} であり，これは次のように簡略化できる．

$$C_{\mathrm{Tn}} = \frac{qD_{\mathrm{it}}}{\tau_{\mathrm{n}}} \int_0^1 \frac{\mathrm{d}f_{\mathrm{D}}}{j\omega f_{\mathrm{D}} + 1/\tau_{\mathrm{n}}} = \frac{qD_{\mathrm{it}}}{j\omega\tau_{\mathrm{n}}} \ln(1 + j\omega\tau_{\mathrm{n}}) \tag{4.97}$$

これを実部と虚部に分離して C_{d} と組み合わせると，図 4.32 の等価回路が得られる．ただし，

$$C_{\mathrm{p}} = C_{\mathrm{d}} + \frac{qD_{\mathrm{it}}}{\omega\tau_{\mathrm{n}}} \tan^{-1}(\omega\tau_{\mathrm{n}}) \tag{4.98}$$

および，

$$G_{\mathrm{p}} = \frac{qD_{\mathrm{it}}}{2\tau_{\mathrm{n}}} \ln\left[1 + (\omega\tau_{\mathrm{n}})^2\right] \tag{4.99}$$

である．

C_{p} と G_{p}/ω について ω 依存性をプロットした例を図 4.33 に示す．図 4.33(a) では，C_{p} は，高周波数 ($\omega_{\tau_{\mathrm{n}}} \gg 1$) では表面準位が ac 変調に応答しない C_{d} から，低周波数 ($\omega_{\tau_{\mathrm{n}}} \ll 1$) ではすべての表面準位が ac 信号に応答する $C_{\mathrm{d}} + qD_{\mathrm{it}}$ まで変化する．これは D_{it} 決定のための「高–低 (high-low) 容量法」として知られている．しかし，ほとんどの場合，C–V 測定系では，C_{p} の値が大きな平坦部を観測するだけ十分に低い周波数を実現することができない．D_{it} は，図 4.33(b) に示すように，**G_{p}/ω–ω 曲線のピークから読み取ることもできる．**

$\omega\tau_n \approx 2$ におけるピーク位置は，このバイアス点における τ_n の値を示す．この方法は，「コンダクタンス法」として知られている．V_{g} バイアスがさらに空乏状態に移行すると，表面電子密度 n_{s} が急激に減少するため，τ_{n} が長くなる．このとき，G_{p}/ω のピー

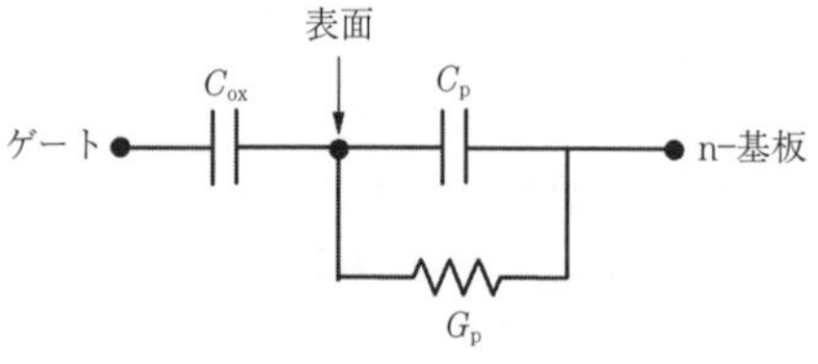

図 **4.32**　空乏状態にバイアスされた表面準位のある MOS の等価回路

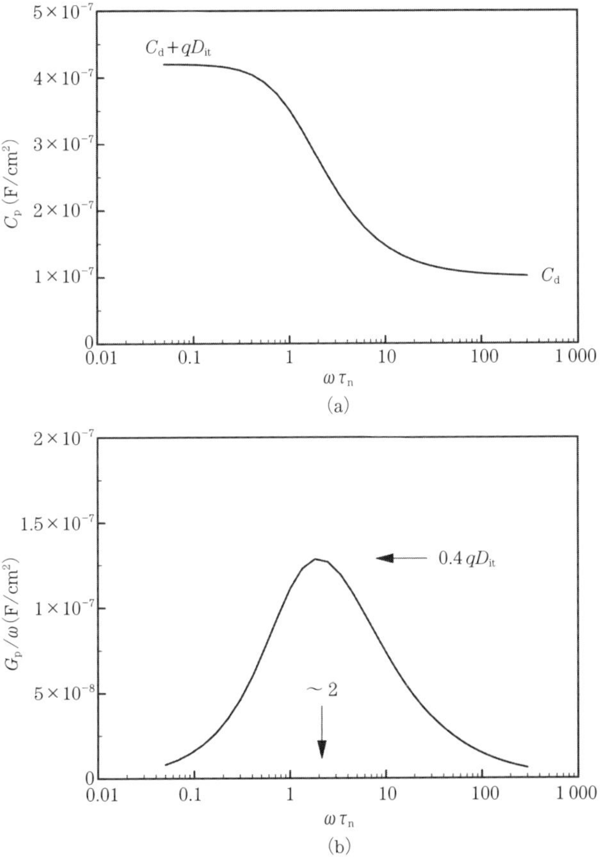

図 4.33　(a) C_p および (b) G_p/ω の ω 依存性に関する式 (4.98) および (4.99) のプロット

クは周波数の測定範囲の下限，たとえば 1 kHz 以下に移動する．1 kHz での C_p がバイアスによって減少するのは，D_{it} が減少するためではなく，τ_n が長くなる影響によるものである (図 4.35 参照).

C_p と G_p は，ゲートと基板間で測定された未処理のアドミタンスデータではないことに注意されたい．未処理のデータでは，C_{ox} が直列に接続されていることの寄与を，はじめに取り除かなくてはならない．C_{ox} を正確に決定するのは容易な作業ではなく，とくに極薄酸化膜では難しい．MOS デバイスは，絶縁破壊の懸念があるため，十分な蓄積状態にバイアスすることはできない．測定された最大容量は，反転層容量，ポリシリコンの空乏化，量子力学的効果のため，C_{ox} を大幅に下回る．実験データは，上記を考慮してモデル化された理想的な C–V 曲線と比較されなければならない．C_{ox} の誤差は，C_{p}，G_{p}，ひいては D_{it} の誤差につながる可能性がある (Chen ら, 2013).

4.5.2.4　界面準位による C–V のストレッチアウト

dc バイアスを線形に変化させた C–V 特性 (C–V ramp) は通常ゆっくりと (静的) に行われ，その場合，V_{g} または ψ_{s} を変化させると，すべての表面準位が充放電される．MOS の容量回路を図 4.34 に示す．静的な V_{g} の増加は，表面電位の増加と以下の関係にある．

$$\Delta V_{\mathrm{g}} = \Delta\psi_{\mathrm{s}} + \Delta V_{\mathrm{ox}} = \Delta\psi_{\mathrm{s}}\left[1 + \frac{C_{\mathrm{d}} + qD_{\mathrm{it}}}{C_{\mathrm{ox}}}\right] \tag{4.100}$$

つまり，D_{it} が存在すると，ゲート電圧による表面電位の制御が難しくなる．バンドギャップの特定のエネルギーに局所的な D_{it} が高密度に存在する場合，ψ_{s} をその点を超えて移動させるには非常に大きな ΔV_{g} が必要になるため，ψ_{s} は表面準位によってそのエネルギーに「固定」されるといわれる．より一般的には，C–V 曲線の高い容量から低い容量への遷移は「ストレッチアウトされる (引き伸ばされる)」．なぜなら，基板をより深く空乏させるには，より大きな V_{g} の振り幅が必要となるからである．

表面準位が ac 信号に応答しないように，たとえば 1 MHz の高周波 C–V を考える．言い換えると，MOS 容量は単純に C_{d} と C_{ox} の直列接続で与えられる．D_{it} の唯一の効果は，C–V 曲線の dc ストレッチアウトである．このようなストレッチアウトから D_{it} を抽出する技術が「Terman 法」(Terman, 1962) として提案されている．実験で得られた C–V は，D_{it} のない理想的な状況を仮定してシミュレーションで得られた C–V と比較される．容量が ψ_{s} の指標となる．式 (4.100) に基づいて，同じ C で二つの曲線の傾き $\mathrm{d}C/\mathrm{d}V_{\mathrm{g}}$ を比較すると以下の式が得られる．

$$D_{\mathrm{it}} = \left[\frac{(\Delta V_{\mathrm{g}})_{\mathrm{data}}}{(\Delta V_{\mathrm{g}})_{\mathrm{ideal}}} - 1\right]\frac{C_{\mathrm{ox}} + C_{\mathrm{d}}}{q} = \left[\frac{(\mathrm{d}C/\mathrm{d}V_{\mathrm{g}})_{\mathrm{ideal}}}{(\mathrm{d}C/\mathrm{d}V_{\mathrm{g}})_{\mathrm{data}}} - 1\right]\frac{C_{\mathrm{ox}} + C_{\mathrm{d}}}{q} \tag{4.101}$$

しかし実際には，標準的な C–V 測定系の最高周波数 (通常 1 MHz) は，C への D_{it} の寄与をすべて取り除くには十分な大きさではない．これは，式 (4.98) の D_{it} 項の減衰が $1/\omega$

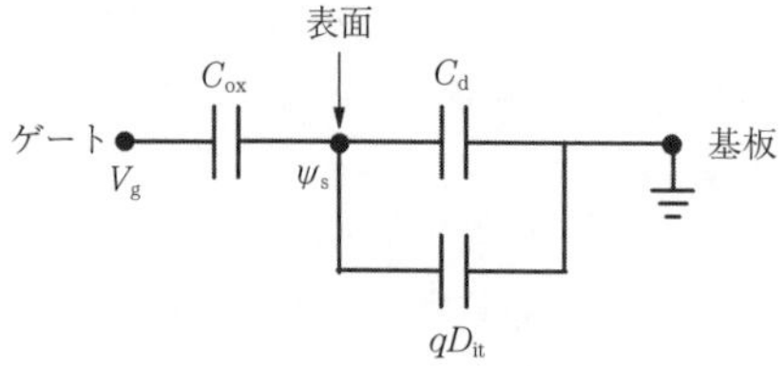

図 4.34　界面準位を含めた dc 容量の回路

と遅いためである．図 4.33(a) は，$C_{\rm p}$ への $D_{\rm it}$ の寄与を無視するためには，$\omega\tau_{\rm n} > 100$ にする必要があることを示している．さらに問題を複雑にしているのは，$\tau_{\rm n}$ がバイアスに依存し，$V_{\rm g}$ による空乏化の程度によって増加するという事実である．測定された 1 MHz 容量に対する $D_{\rm it}$ の寄与がこのように変化すると，$dC/dV_{\rm g}$(したがって抽出された $D_{\rm it}$) に誤差が生じる．

式 (4.100) の重要な意味は，**界面準位がデバイス性能に与える影響は，$\boldsymbol{qD_{\rm it}/C_{\rm ox}}$ で評価されるということである**．理想的には，$qD_{\rm it} \ll C_{\rm ox}$ ならば，$D_{\rm it}$ の効果は無視できる．したがって，ゲート酸化膜を薄くした微細化 MOSFET は，より高い $D_{\rm it}$ レベルを許容できる．

4.5.3 酸化膜トラップの分布回路モデル

シリコン技術は，SiO_2 中の電荷トラップ密度が非常に低いという恩恵に預かってきた．一般に，ゲート絶縁膜中のトラップは，伝導帯の電子によってトンネルを介して，充放電される．図 4.35 に，Al_2O_3 をゲート絶縁膜とした n 型 InGaAs MOS キャパシタの例を示す．ここで，負の $V_{\rm g}$ における空乏–反転領域での C–V 分散は，4.5.2 項で述べた界面準位によるものである (Chen ら, 2012)．蓄積～空乏領域における分散は，酸化膜のトラップによるものである．これは，周波数に対する $\sim \ln\omega$ の依存性をもつ．

図 4.36 は，表面からの距離 x における酸化膜トラップの分布を示している．あるエネルギー $E_{\rm t}$ におけるトラップ密度は $N_{\rm bt}$ であり，単位は $\rm cm^{-3}eV^{-1}$ である．酸化膜トラップによる電子の捕獲と放出は界面準位と同じであるが，電子の波動関数の酸化膜中への減衰に由来するトンネルによる指数関数項 $\exp(-2\kappa x)$ が加わる．ここで，$\kappa = \hbar^{-1}\sqrt{2m^*\phi_{\rm B}}$ は障壁高さ $\phi_{\rm B}$ と有効質量 m^* に依存する [式 (3.127)]．$N_{\rm bt}$ に起因する容量とコンダクタンスの増分成分は，式 (4.83) と (4.87) の $N_{\rm t}$ を $N_{\rm bt}\Delta x\Delta E_{\rm t}$ で置き換え，$n_{\rm s}$ を $n_{\rm s}\exp(-2\kappa x)$ で置き換えた式で与えられる．

$$\Delta C_{\rm bt} = \frac{q}{kT} f_{\rm D}(1 - f_{\rm D}) N_{\rm bt}\Delta x\Delta E_{\rm t} \tag{4.102}$$

$$\Delta G_{\rm bt} = \frac{q}{kT}\sigma_{\rm n} v_{\rm th} n_{\rm s} e^{-2\kappa x}(1 - f_{\rm D}) N_{\rm bt}\Delta x\Delta E_{\rm t} \tag{4.103}$$

ここで，$f_{\rm D}$ は式 (4.80) と同じである．したがって，x から $x + \Delta x$ にある酸化膜トラップからのアドミタンスの増分は

$$\Delta Y_{\rm bt}(x) = \int_{\Delta E_{\rm t}} \frac{j\omega\Delta C_{\rm bt}\Delta G_{\rm bt}}{j\omega\Delta C_{\rm bt} + \Delta G_{\rm bt}} = \frac{q}{kT}\int \frac{j\omega f_{\rm D}(1 - f_{\rm D}) N_{\rm bt}\Delta x}{1 + j\omega f_{\rm D} e^{2\kappa x}/(\sigma_{\rm n} v_{\rm th} n_{\rm s})} {\rm d}E_{\rm t} \tag{4.104}$$

となる．4.5.2.2 目の $D_{\rm it}$ の積分で行ったように，${\rm d}f_{\rm d}/{\rm d}E_{\rm t} = -f_{\rm D}(1 - f_{\rm D})/kT$ を適用し ${\rm d}E_{\rm t}$ を ${\rm d}f_{\rm D}$ に変換することで，$N_{\rm bt}$ は $E_{\rm t} = E_{\rm f}$ の値で積分の外に取り出せる．し

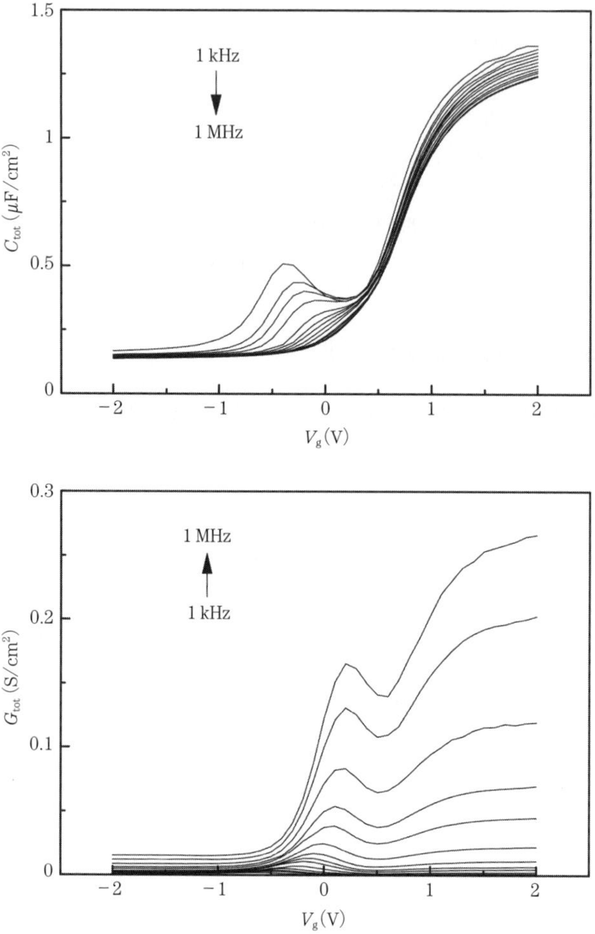

図 4.35　n 型 InGaAs 上の Al_2O_3 MOS キャパシタの容量–電圧およびコンダクタンス–電圧の測定データ (Taur ら, 2015 より引用)

たがって,

$$\Delta Y_{\mathrm{bt}}(x) = j\omega q N_{\mathrm{bt}} \Delta x \int_0^1 \frac{\mathrm{d}f_{\mathrm{D}}}{1 + j\omega f_{\mathrm{D}} e^{2\kappa x}/(\sigma_{\mathrm{n}} v_{\mathrm{th}} n_{\mathrm{s}})} = \frac{q N_{\mathrm{bt}} \ln[1 + j\omega \tau_{\mathrm{n}} e^{2\kappa x}]}{\tau_{\mathrm{n}} e^{2\kappa x}} \Delta x \tag{4.105}$$

となる．ここで，τ_{n} は式 (4.92) で定義されたものと同じである．

酸化膜トラップの分布回路モデルを図 4.37 に示す (Yuan ら，2012)．酸化膜は，直

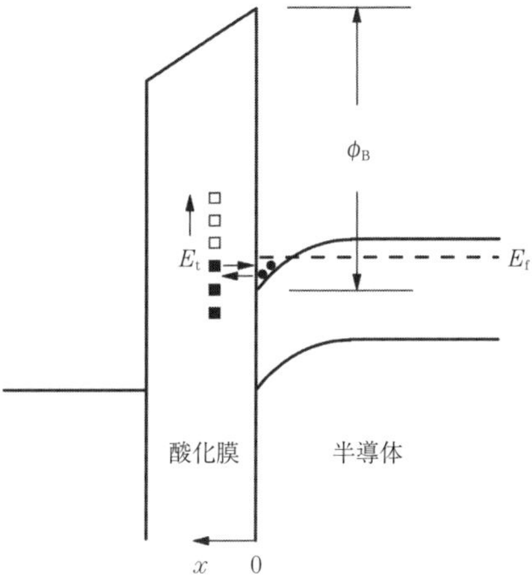

図 **4.36**　伝導帯と界面から短い距離にある酸化膜トラップとの間をトンネルする電子の模式図

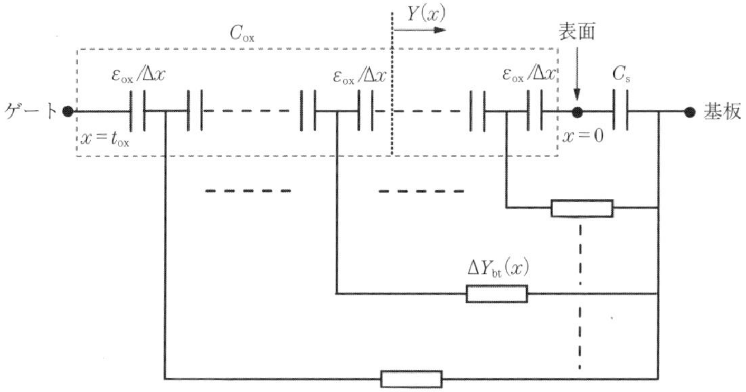

図 **4.37**　酸化膜トラップの分布回路モデル (Yuan ら, 2012 より引用)

列に接続された厚さ Δx のキャパシタに分割される．$Y(x)$ は，酸化膜中の点 x と基板間のアドミタンスとして定義される．$Y(x)$ の再帰関係式は，

$$Y(x+\Delta x)=\Delta Y_{\mathrm{bt}}(x)+\frac{(\varepsilon_{\mathrm{ox}}/\Delta x)\,Y(x)}{(\varepsilon_{\mathrm{ox}}/\Delta x)+Y(x)} \tag{4.106}$$

となる．最後の項をべき級数に展開し，1 次の項だけを残すことで，微分方程式が得られる．

$$\frac{\mathrm{d}Y}{\mathrm{d}x} = -\frac{Y^2}{j\omega\varepsilon_{\mathrm{ox}}} + \frac{qN_{\mathrm{bt}}\ln[1 + j\omega\tau_{\mathrm{n}}e^{2\kappa x}]}{\tau_{\mathrm{n}}e^{2\kappa x}} \tag{4.107}$$

これは，境界条件 $Y(x = 0) = j\omega C_{\mathrm{s}}$ (C_{s} は半導体容量) を用いて数値的に解くことができる．MOS が蓄積状態にバイアスされている場合，C_{s} は 4.3.3.1 目で述べた蓄積容量である．$Y(x)$ が解かれると，$Y(x = t_{\mathrm{ox}}) = G_{\mathrm{tot}} + j\omega C_{\mathrm{tot}}$ が全 MOS アドミタンスを与える．

図 4.38 に，与えられたパラメータセットについて，周波数依存性の結果の例を示す．酸

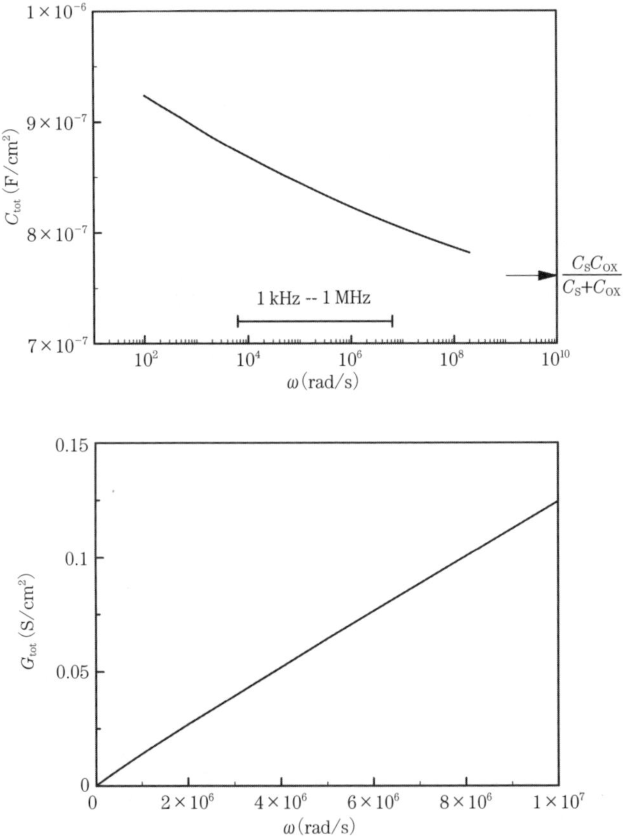

図 4.38　式 (4.107) を解いて得られた C_{tot} と G_{tot} に対する ω の関係．パラメータは $C_{\mathrm{ox}} = 1.06\,\mathrm{\mu F/cm^2}$，$C_{\mathrm{s}} = 2.7\,\mathrm{\mu F/cm^2}$，$\varepsilon_{\mathrm{ox}}/\varepsilon_0 = 6$，$\kappa = 5.1\,\mathrm{nm^{-1}}$，$N_{\mathrm{bt}} = 4.2 \times 10^{19}\,\mathrm{cm^{-3}eV^{-1}}$，$\tau_{\mathrm{n}} = 2.3 \times 10^{-10}\,\mathrm{s}$ である．矢印は，$\omega\tau_{\mathrm{n}} \gg 1$ の極限での値 $0.76\,\mathrm{\mu F/cm^2}$ を示す．

化膜トラップが ac 信号に応答しない十分高い周波数では，MOS 容量は $C_{\rm ox}$ と $C_{\rm s}$ の直列接続に等しい．$C_{\rm tot}$ は，測定された周波数範囲よりはるかに低い範囲まで，$\mathbf{ln(1/\omega)}$ **に対して多少なりとも直線的に上昇する**．コンダクタンス $G_{\rm tot}$ は，全周波数範囲にわたって，基本的に ω の 1 次関数である．ほとんどの実験データは，深さ依存性のない一様な $N_{\rm bt}$ で説明できる．$C_{\rm tot}$ の周波数の対数に対する依存性は，式 (4.107) の $N_{\rm bt}$ 項の容量成分が，$\omega\tau_{\rm n}e^{2\kappa x} > 1$ になると x とともに急速に減衰することに注目すれば理解できる．言い換えれば，**容量に寄与する酸化膜トラップの深さは，$\boldsymbol{\omega}$ において $\boldsymbol{x \approx (1/2\kappa)\ln(1/\omega\tau_{\rm n})}$ となる**．図 4.38 の例では，信号周波数が 1 kHz の場合，この深さは 1.3 nm である．

4.6　酸化膜における高電界効果と酸化膜の劣化

逆バイアスされた p–n ダイオードにおける高電界の影響については，3.3 節で取り上げた．本節では，MOS キャパシタとゲート付き p–n ダイオードにおいて，酸化膜を横切る高電界の影響について述べる．ゲート酸化膜における高電界の場合，重要な現象としては，酸化膜を介したトンネリング，トンネリング電流による酸化膜の劣化，および絶縁破壊が挙げられる．ゲート付きダイオード構造の高電界の場合，シリコンからゲート酸化膜へのホットエレクトロン (熱い電子) やホットホール (熱い正孔) の注入，注入された電子や正孔のゲート酸化膜へのトラップによるゲート酸化膜の劣化などが重要な現象となる．VLSI デバイスに関連するこれらの現象の基本的な物理について議論する．

4.6.1　シリコン酸化膜のトンネリング

高濃度にドープをした n 型ポリシリコンをゲート電極とする MOS キャパシタを考える．フラットバンド状態にバイアスされたときのバンド図は，図 4.39(a) のようになる．$q\phi_{\rm ox}$ は，Si–SiO_2 界面での電子に対するエネルギー障壁であり，図 4.3 に示したように約 3.1 eV である．ここで大きな正のバイアスをゲート電極にかけると，強反転した表面の電子は酸化膜の中へ，あるいは酸化膜を通過してトンネルすることができ，その結果としてゲート電流が流れる．逆にゲートに大きな負のバイアスをかけると，$\rm n^+$ ポリシリコンの電子が酸化膜層をトンネルして，やはりゲート電流が流れる．

4.6.1.1　ファウラー–ノルドハイム・トンネリング

ファウラー–ノルドハイム・トンネリングは，電子が酸化膜の伝導帯にトンネルし酸化膜中をドリフトする現象である．図 4.39(b) は，シリコン表面の反転層電子がファウラー–ノルドハイム・トンネリングを起こす様子である．ファウラー–ノルドハイム・トンネリングの理論はやや複雑である (Good Jr. と Müller, 1956)．温度の影響と鏡像力による障壁低下 (3.2.1.4 目で議論した) を無視する簡単な場合では，トンネル電流密度は，

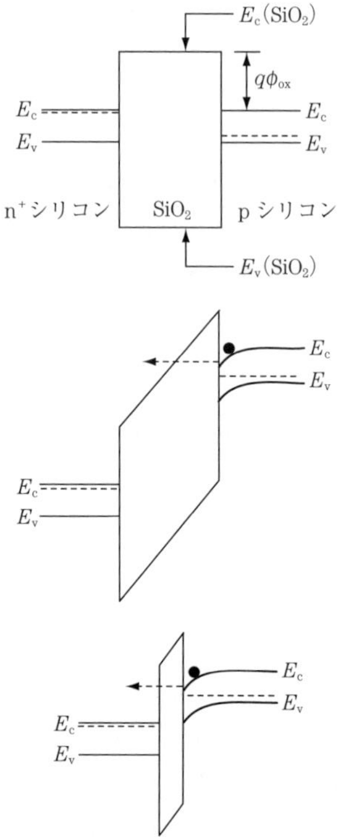

図 4.39　MOS キャパシタ構造におけるトンネル効果．(a) フラットバンドでの n 型ポリシリコン・ゲート MOS 構造のエネルギーバンド図．(b) ファウラー–ノルドハイム・トンネリング，(c) 直接トンネリング．

$$J_{\mathrm{FN}} = \frac{q^2 \mathcal{E}_{\mathrm{ox}}{}^2}{16\pi^2 \hbar \phi_{\mathrm{ox}}} \exp\left(-\frac{4(2qm^*)^{1/2} \phi_{\mathrm{ox}}{}^{3/2}}{3\hbar \mathcal{E}_{\mathrm{ox}}} \right) \tag{4.108}$$

と表される (Lenzlinger と Snow, 1969)．ここで $\mathcal{E}_{\mathrm{ox}}$ は，酸化膜中の電界である．式 (4.108) よりファウラー–ノルドハイム・トンネル電流は，$\log(J/\mathcal{E}_{\mathrm{ox}}{}^2)$ を $1/\mathcal{E}_{\mathrm{ox}}$ に対してプロットすると，直線になる性質がある．

後に 4.6.1.3 目で議論するように，酸化膜にトンネルする電子は酸化膜にトラップされる可能性がある．もし，トンネル電流が一定電圧で測定されると，トラップされた電子は次には観測されるトンネル電流が時間とともに減少する原因となる．酸化膜の厚さや形成プロセスにより，このトンネル電流の減少は状態がある程度安定するまで続く．レンツリンガーとスノーの古典的論文で報告されたトンネル電流では，試料にははじめに約 10^{-10} A/cm^2 の電流密度の電流が流れ，電流を流している 2 時間のうちに，トンネル電流は約 1 桁も減少した (Lenzlinger と Snow, 1969)．図 4.40 はファウラー–ノル

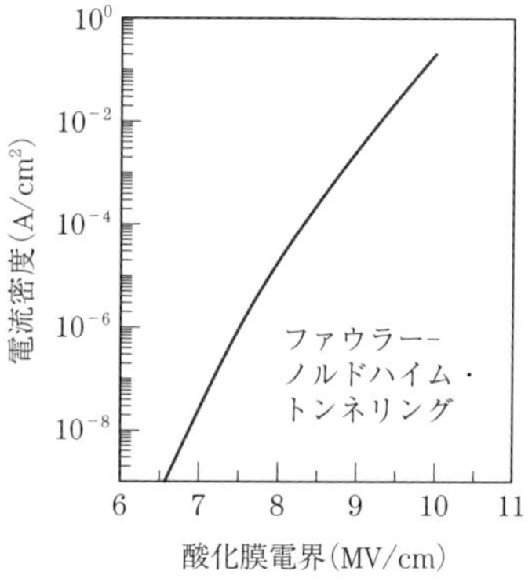

図 4.40　ファウラー–ノルドハイム・トンネリング電流密度と酸化膜電界の関係 (Pavan ら，1997)

ドハイム・トンネリング電流密度を酸化膜電界の関数としてプロットしたものであり，フラッシュメモリデバイス (12.3 節を参照) で使われている酸化膜を測定したものである．

式 (3.141), (4.108) で表されるトンネル電流の特性は，指数因子で主として決まる．二つの式の指数は基本的には同じであることに注意すべきである．ファウラー–ノルドハイム・トンネリングとは，三角形状の障壁で，高さ $q\phi_{\mathrm{ox}}$，傾き $q\mathcal{E}_{\mathrm{ox}}$，そしてトンネル距離 $\phi_{\mathrm{ox}}/\mathcal{E}_{\mathrm{ox}}$ を透過することである[3]．

4.6.1.2　直接トンネリング

酸化膜が非常に薄く (たとえば 4 nm 以下) なると，反転層の電子は SiO_2 の伝導帯へトンネルするのではなく，SiO_2 の禁制帯を完全に通り抜けることができる．この様子を図 4.39(c) に示す．この現象は直接トンネリング (direct tunneling) とよばれ，この理論はファウラー–ノルドハイム・トンネリングよりもさらに複雑で，トンネル電流の電圧や電界への依存性は単純ではない (Chang ら，1967; Schuegraf ら，1992)．直接トンネル電流は酸化膜が薄くなると非常に大きくなる．図 4.41 にポリシリコンゲート MOSFET の薄い酸化膜を通したトンネル電流 (実測およびシミュレーション) の電圧依存性を示す (Lo ら，1997)．図 4.41 に示したゲート電圧範囲では，電流は主に直接トンネリングで流れている．直接トンネル電流は，酸化膜が厚さ 2 nm 以下まで薄くなる極微細 MOSFET において重要である．

4.6.1.3　トンネル電流による欠陥生成

二酸化シリコン膜への電子のトンネルは酸化膜中や酸化膜–シリコン界面に「欠陥」を

[3] トンネリング指数を WKB 近似で求めることは読者の宿題としよう．

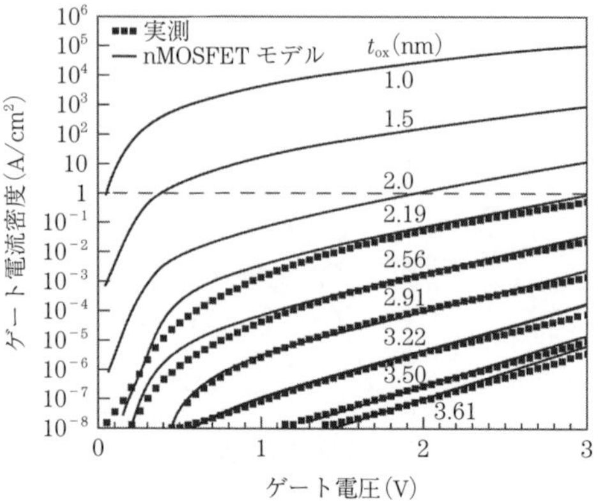

図 4.41　薄酸化膜ポリシリコンゲート MOS デバイスでのトンネル電流．ドットは実測値で，実線は計算値を表す．破線は 1 A/cm^2 のレベルを示す [Lo ら (1997) より引用].

生じる．これらの欠陥は，電子トラップ，正孔トラップ，捕獲された電子，捕獲された正孔などの形態をとる (DiStefano と Shatzkes, 1974; Harari, 1978; Chen ら，1986; DiMaria ら，1993)．これらの欠陥は，トンネル電流の時間依存性を支配し，酸化膜の劣化や最終的には破壊に至る現象で重要な役割を演じる．ここでは，これらの欠陥がトンネル過程にどのように影響を与えるかを簡単に議論する．この主題に関するより詳しい議論は，広範な文献を参照されたい (DiMaria と Cartier, 1995; Suehle, 2002，そしてこれらの引用文献)．

電子トラップへのトンネリング　電子が酸化膜にトンネルすると，電子のいくつかは捕獲される．捕獲された電子は酸化膜の電界を，陰極 (カソード：電子の供給源として働く電極) 付近では減少し，陽極 (アノード：電子の排出先として働く電極) 付近では増加するように変える．この様子は図 4.42 に示されている．陰極付近の電界の減少は，次には，トンネル電流の減少を引き起こす．一定電圧でのトンネル電流測定では，電子の捕獲が電流を時間とともに減少させる原因である．ランプ電圧 (電圧を時間とともに一定のレートで変化させる) でトンネル電流を測定すると，電子捕獲はしばしば電圧–電流プロットにヒステリシスを生じる．

正孔の生成，注入，捕獲　酸化膜の伝導帯を電子が走行するとき，電子は酸化膜電界からエネルギーを獲得する．もし，酸化膜での電圧降下がシリコン酸化膜の禁制帯幅 (図 4.2 に示されているように約 9 eV である) よりも大きければ，電子は酸化膜中でインパクトイオン化を生じるのに十分なエネルギーを得ることとなる．インパクトイオン化で生じ

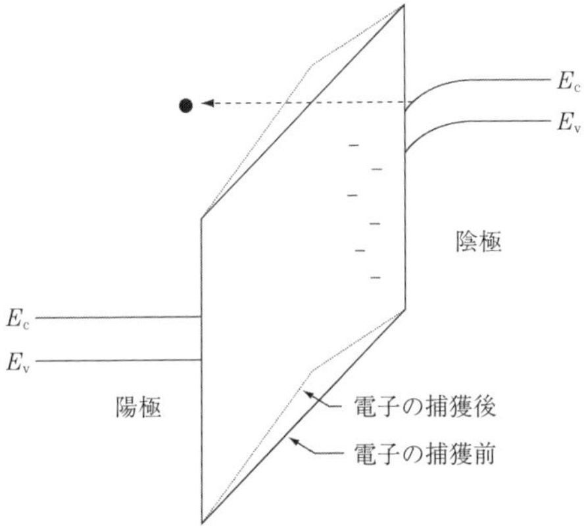

図 4.42 トンネル電子の酸化膜中への捕獲．電子の捕獲が進むと陰極 (電子が入る側) 付近の電界が弱まり，陽極 (電子が出る側) 付近の電界が強まる．

た正孔は，酸化膜中で捕獲されうる．電子が酸化膜にトンネルする際に，正孔が間接的に注入されることもある．トンネル電子が陽極に到着すると，酸化膜–陽極界面近くの陽極でインパクトイオン化を引き起こす．トンネル電子のエネルギーによっては，深い陽極の価電子帯から正孔が生成され，「ホットな (熱い)」状態となりうる．シリコン–酸化膜界面近くのシリコン中のホットホールは，酸化膜に注入される可能性がある．この過程を図 4.43 に示している．注入された正孔は，陰極に向かって走行する間に，酸化膜中に捕獲される可能性がある．酸化膜中に捕獲された正孔は陰極近傍の酸化膜電界を強め，そしてトンネル電流を増加する．この様子を図 4.44 に示す．その結果，正孔の捕獲は電子トンネル過程に正帰還を働かせる．一定電圧でのトンネル電流測定では，正孔の捕獲は電流が時間とともに増加する主たる原因である．

トラップと界面準位の生成 電子電流によって，二酸化シリコン膜と酸化膜–シリコン界面にもトラップは生成しうる (Harari, 1978; DiMaria, 1987; Hsu と Ning, 1991)．電子と正孔の捕獲が増えることに加え，これらのトラップはトンネル過程を助けることでトンネル電流を増加させる．このことは，4.6.1.4 目および 4.6.1.5 目で議論する．

4.6.1.4 バルクトラップアシスティッド・トンネリング

酸化膜中を直接トンネリングするかわりに，電子は陰極から酸化膜中の電子トラップにはじめにトンネルし，それからトラップから陽極にトンネルすることも可能である．そのため，酸化膜中のトラップは，電子がトンネルする際の，踏み石として機能する．この様子を図 4.45 に示す．トンネル電流の増加は，酸化膜中のトラップの生成を促す．その結果，電圧ストレス下では，トラップアシスティッド・トンネリングは，酸化膜の劣

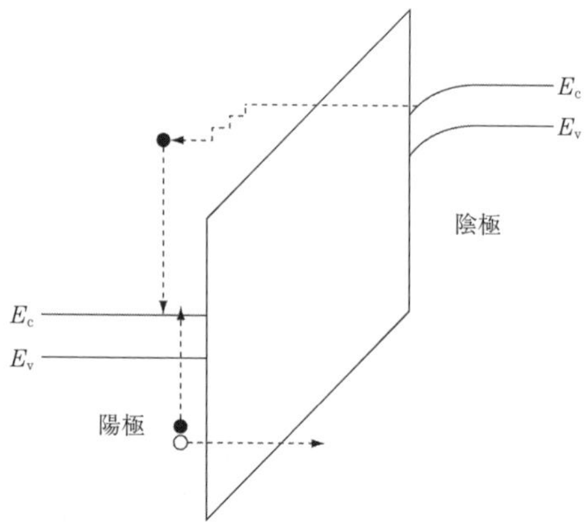

図 4.43　トンネル電子による陽極での電子–正孔対の生成 (生成された正孔の一部は再び，酸化膜中に注入される) (図ではトンネリングによる場合を示している)

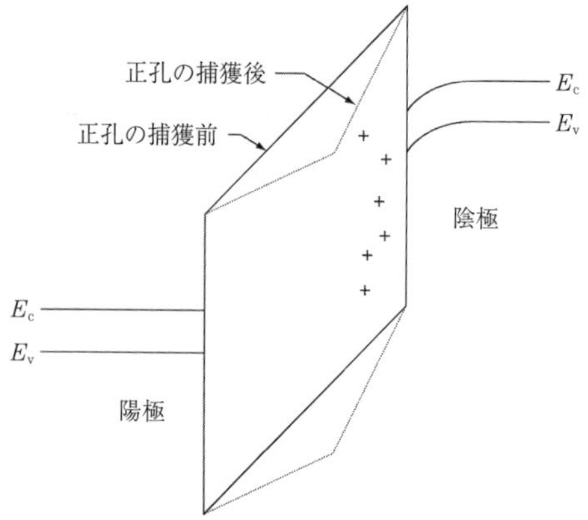

図 4.44　正孔の酸化膜中への捕獲 (捕獲された正孔は陰極付近の電界を強め，陽極付近の電界を弱める)

化に重要な役割を果たす，なぜならトラップ生成とトラップアシスティッド・トンネリングには正帰還が働くからである (DiMaria と Cartier, 1995).

4.6.1.5　低電圧における界面トラップアシスティッド直接トンネリング

界面トラップは同様に直接トンネル過程を助ける．この様子を図 4.46 に示す．界面準位は基板シリコン–酸化膜界面とゲートシリコン–酸化膜界面の両方に存在する．一般的に，フェルミ準位よりも上の状態は空であり，フェルミ準位よりも下の状態は電子で満たされている．図 4.46(a) では，ゲート電極がわずかに負に (フラットバンド状態や p

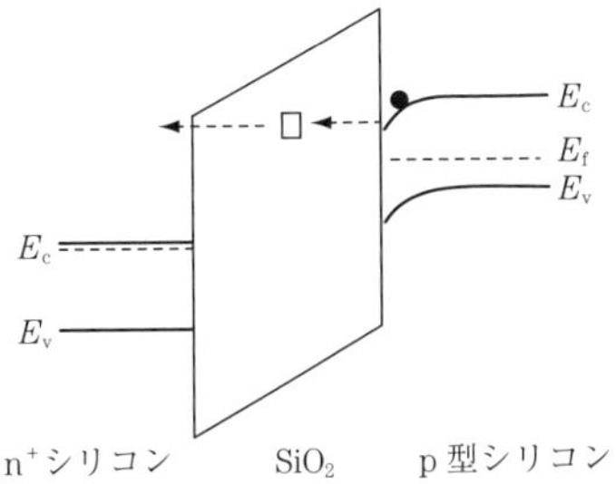

図 4.45　MOS キャパシタのバルクトラップアシスティッド・トンネリングを示す図

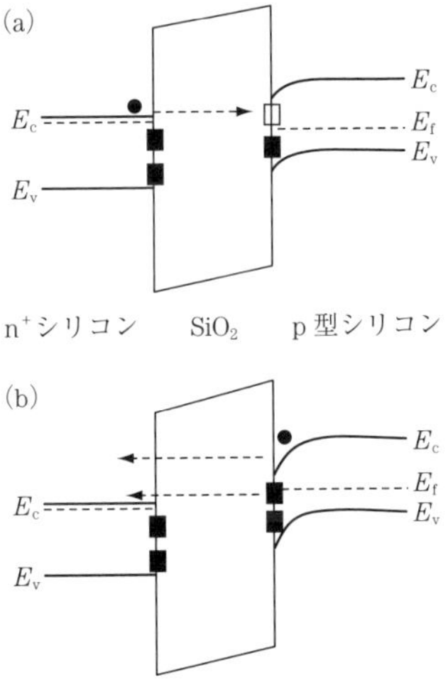

図 4.46　シリコンゲート MOS 構造における電子の界面トラップアシスティッド直接トンネリングを示す図．(a) ゲート電極が若干負にバイアスされているとき．p 型シリコンのフェルミ準位は n^+ シリコンゲートより少し下に位置する．(b) ゲート電極が若干正にバイアスされているとき．p 型シリコンのフェルミ準位は n^+ シリコンゲートより少し上に位置する．

型シリコンが蓄積になる方向に) 電圧印加されている．p 型のシリコンの表面がフラットバンド状態や表面蓄積の方向に向かうにつれ，界面の準位が徐々に空になる．ゲート電極の伝導帯の電子は p 型シリコン表面の空の準位にトンネルする．同様に，図には示されていないが，ゲート電極中の占有された準位にある電子が p 型シリコンの空の準位にトンネルする．このような界面トラップアシスティッド直接トンネリング過程は，ゲート電極の伝導帯から p 型基板の伝導帯への通常の直接トンネルに加えて起こる．

図 4.46(b) では，ゲートが少し正にバイアスされている (p 型シリコンが表面反転する方向)．p 型シリコンの表面が反転に向かうにつれ，表面の準位は徐々に電子で満たされる．p 型シリコンの表面が反転するまで，p 型シリコンの伝導帯からゲート電極の伝導

帯にトンネルする電子はきわめてわずかである．しかし，占有された p 型シリコンの表面準位からゲート電極の伝導帯に，電子はトンネルすることが可能である．界面トラップアシスティッド・トンネリングは直接トンネリング過程であり，薄い酸化膜の場合にのみ重要である．また，図 4.46 から推測されるように，界面トラップアシスティッド・トンネリングは p 型シリコンの表面電位が反転と弱い蓄積の間にあるときのみ重要である．つまり，界面トラップアシスティッド・トンネリングは電圧が低いときのみ重要である．**界面トラップアシスティッド・トンネリングは薄い酸化膜の低電圧でのトンネル電流を増加させ，これはゲート電極が正にバイアスされているか負にバイアスされているかには依存しない．**現代の CMOS デバイスでは，界面トラップアシスティッド・トンネリングは広く研究されている主題である．より詳しい議論には，文献を参照されたい [たとえば，Crupi ら (2002) とその引用文献を参照].

4.6.1.6　高誘電率ゲート絶縁膜

図 4.41 にみられるように，SiO_2 が 4 nm 程度より薄くなると，直接ゲートトンネル電流が急増する．**t_{ox} ~ 1.5 nm の厚さを下回ると，ゲートトンネルリークによる VLSI チップの待機時 (standby) 消費電力が許容できなくなる** (Taur ら，1997)．この問題を軽減するため，VLSI 産業界では，過去 20 年間に高誘電率 (high-κ) ゲート絶縁膜を開発してきた．その方針は，MOSFET の動作に必要な高いゲート容量 ε_{ox}/t_{ox} をより薄い絶縁膜で実現するのではなく，より高い誘電率 $\varepsilon_i \equiv \kappa\varepsilon_0$ (ε_0 は真空の誘電率) の絶縁膜で実現することである．したがって，high-κ 絶縁膜の物理的厚さ t_i は，許容レベルのトンネル電流に抑えられるだけ十分な厚さを保つことができる．よく引用されるパラメータは，等価酸化膜厚 (EOT) とよばれ，

$$\mathrm{EOT} \equiv \frac{\varepsilon_{ox}}{\varepsilon_i} t_i \tag{4.109}$$

で定義され，high-κ 絶縁膜の有効性を示すために使われる．

物理的な厚さ (物理膜厚) 以外にゲートトンネル電流に影響するもう一つの要因は，シリコンとゲート絶縁膜の間の障壁高さ (バンドオフセットともよばれる) である．WKB 近似に基づく式 (3.127) から，負であるトンネル指数の係数は，物理膜厚に比例し，有効質量および障壁高さの平方根に比例する．同じ容量または EOT であれば，物理膜厚は high-κ 絶縁膜の比誘電率に比例する．SiO_2 の性能に対する high-κ 絶縁膜の性能指数は，$\varepsilon_i\sqrt{m^*\phi_{ox}}$ で定義することができる．障壁の高さは，通常，high-κ 絶縁膜のバンドギャップに比例する．絶縁膜のバンドギャップと比誘電率のプロットは，比誘電率が大きいとバンドギャップが小さくなる傾向があることを示している (Robertson と Wallace, 2015)．high-κ 材料の中では，κ 値 (比誘電率の値) が 20〜25 でバンドギャップが 6 eV の HfO_2 が良い選択となる．しかし，界面の完全性と信頼性を維持するためには，界面 SiO_2 層が依然として必要である．これは high-κ の EOT に追加され，各種要素からな

る EOT が 1.0 nm を大幅に下回ることを難しくしている．

EOT はシリコン界面に垂直なゲート絶縁膜中の垂直電界と関係するが，2 次元スケーリングの観点からは，横方向電界 (フリンジ電界とよばれることもある) も重要な役割を果たす．2.4.1.1 目の誘電体の境界条件から明らかなように，絶縁膜の κ がどれだけ高くとも，横方向電界には効果を及ぼさない．6.1 節では，**κ がどんなに高くても，ゲート絶縁膜の物理的な厚さ t_i は，MOSFET のチャネル長に合わせてスケーリングする必要がある**ことを議論する．

4.6.2 シリコンからシリコン酸化膜へのホットキャリア注入

もし十分に高い電界のシリコン領域が Si–SiO_2 界面に位置すれば，その領域の電子や正孔のいくつかは Si–SiO_2 界面障壁を乗り越えて SiO_2 層に入るのに十分なエネルギーを得ることができる．一般に Si から SiO_2 へのホットキャリア注入は，正孔より電子の方が起こりやすい．その理由は，電子の方が正孔よりも有効質量が小さく，電界からエネルギーを得やすいことと，Si–SiO_2 界面でのエネルギー障壁は正孔の方が電子より大きい (正孔で約 4.6 eV，電子で約 3.1 eV) ためである (図 4.2 参照)．ホットエレクトロンやホットホールがシリコン酸化膜に注入される過程は非常に複雑で，定量的なモデル化が難しい．現在までのところ定量的な一致は，正確なバンド構造とすべての関連する散乱過程と非局所的な輸送特性を考慮したモンテカルロ法により，電子がシリコン基板から Si–SiO_2 界面に垂直に走行するという特別な場合についてのみ得られている (Fischetti ら，1995)．ここでは，シリコンから SiO_2 へのホットエレクトロンの注入に関する簡単なモデルについて議論する．同じモデルはシリコンから SiO_2 へのホットホールの注入のモデルにただちに修正可能である．

4.6.2.1 ホットエレクトロン注入のエネルギー障壁

図 4.39(a) に示すエネルギー障壁 $q\phi_{ox}$ は SiO_2 の伝導帯とシリコンの伝導帯のエネルギー差である．3.2.1.4 目には，鏡像力による効果でホットエレクトロンがシリコンから SiO_2 に注入される際の障壁が低下することが示されており，その量は以下に等しい．

$$q\Delta\phi = \sqrt{\frac{q^3\mathcal{E}_{ox}}{4\pi\varepsilon_{ox}}} \tag{4.110}$$

ホットエレクトロン放出の実際のエネルギー障壁は，それゆえ，$(q\phi_{ox} - q\Delta\phi)$ となる．

$\mathcal{E}_{ox} = 1 \times 10^6$ V/cm では，$q\Delta\phi = 0.19$ eV となる．そのため，現実的な大きさである 10^6 V/cm かそれ以上という酸化膜電界では，鏡像力による障壁低下は界面エネルギー障壁の 3.1 eV と比べて無視できない．鏡像力による障壁低下はファウラー–ノルドハイム・トンネリング (Lenzlinger と Snow, 1969) や直接トンネリング (Chang ら，1967) のより正確な理論では取り入れられている．しかし，半導体と絶縁膜の界面で鏡像力の概念を議論することの妥当性について疑問を投げかける文献もある [たとえば Fischetti ら (1995) とその引用文献を参照].

4.6.2.2 ラッキーエレクトロンモデル

簡単な 1 次元の注入過程を図 4.47 に示す．注入過程を記述する最も簡単なモデルは**ラッキーエレクトロン** (lucky electron) モデルでありショックレーによって提案された (Shockley, 1961)．これは経験的なモデルであるが，測定データを驚くほど正確に再現する (Ning ら，1977a)．このモデルでは，シリコン–酸化膜界面から距離 d のホットエレクトロンが酸化膜に放出される確率は次のように書かれる．

$$P(d) = A\exp(-d/\lambda) \tag{4.111}$$

ここで λ はシリコン中のホットエレクトロンがエネルギーを失う実効的な平均自由行程であり，A は実験データに対するフィッティング定数である．パラメータ d，ホットエレクトロン放出の実効的なエネルギー障壁，そして電子のポテンシャルエネルギーの関係を図 4.47 に示す．パラメータ d は次のようにして得られる．図 4.47 で参照されるように，$qV(x)$ が電子の位置 x におけるポテンシャルエネルギーである．$x = d$ における電子は，もし電子が $x = d$ の位置から界面 $x = 0$ までエネルギーを失うような散乱を受けない場合には，実効的なエネルギー障壁を乗り越えて，放出 (エミッション) されるためにちょうど必要なだけのポテンシャルエネルギーをもつ．すなわち，$qV(d)$ は実効的なエネルギー障壁に等しい．シリコンから SiO_2 へのホットホールの注入は，同様の**ラッキーホール** (lucky hole) モデルによって表すことができる (Selmi ら，1993)．

電子放出の実効的なエネルギー障壁は，経験的に求められ，

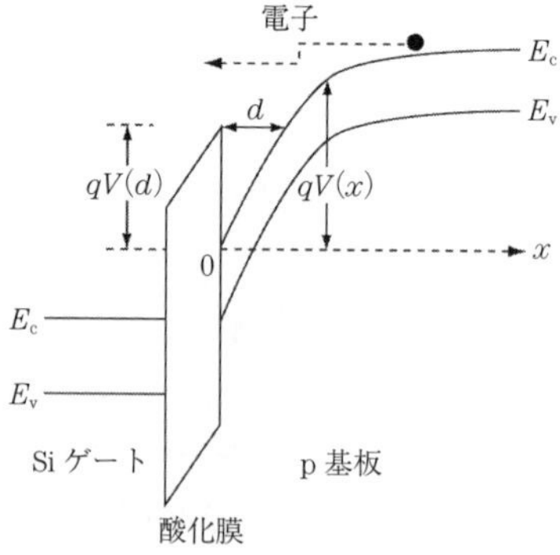

図 **4.47**　Si–SiO_2 界面に向かって運動するホットエレクトロンの SiO_2 層への注入

$$qV(d) = q\phi_{\rm ox} - q\Delta\phi - \alpha\mathcal{E}_{\rm ox}{}^{2/3} \tag{4.112}$$

と書かれる．ここで，最初の二つの項は，前項で議論された Si–SiO$_2$ 界面のエネルギー障壁と鏡像力による障壁低下を表し，第 3 項は，鏡像力によって低下したエネルギー障壁を乗り越えるだけのエネルギーをもっていない電子も，酸化膜をなおトンネルすることができるという事実を考慮するために導入された．$\alpha = 1 \times 10^{-5}\,\mathrm{eV(cm/V)^{2/3}}$ とし，$A = 2.9$ とすると，測定によって得られた放出確率を広い範囲で再現することが可能である (Ning ら，1977a).

ホットエレクトロン注入の温度依存性については，次式に示す実効的な平均自由行程の温度依存性によって説明できる (Crowell と Sze, 1966b).

$$\lambda(T) = \lambda_0 \tanh(E_{\rm R}/2kT) \tag{4.113}$$

ここで，$E_{\rm R} = 63\,\mathrm{meV}$ は光学フォノンのエネルギー，λ_0 は低温極限における λ であり，経験的に 10.8 nm である (Ning ら，1977a). ホットホール注入と関連づけられる平均自由行程は類似の値をもつ (Selmi ら，1993).

4.6.3　ゲート付きダイオードの高電界効果

ここまで高電界効果については，3.3 節で p–n ダイオードについて，4.6.1 項と 4.6.2 項で MOS キャパシタについて，それぞれ別々に考えてきた．ゲート付きダイオードの場合には，電界が最大となる領域，および最大電界の大きさが，ゲート電圧によって変化する．ゲート付き n$^+$–p ダイオードを考えよう．4.3.6 項で議論したように，ゲートをシリコン表面を反転するようにバイアスしたときには，反転した表面が n$^+$ 領域とほぼ同じ電位となり，ゲート付きダイオード全体が大きな n$^+$–p ダイオードであるかのように振る舞う．p 領域が一様にドーピングされていれば，空乏層幅は n$^+$ 領域下と反転した領域下でほぼ等しい．このため，電界の強さは場所によらずほぼ一定で，単純な p–n ダイオードと類似の状態になる．この状況を図 4.48(a) に示す．

ゲートをシリコン表面が蓄積層を形成するように少し負にバイアスしたときは，ゲート下のシリコン表面が p 型基板と同等の電位となる．表面に蓄積された正孔が存在することから，表面は基板よりも濃くドーピングされた p 領域のように振る舞うため，表面付近において空乏層幅がほかの領域よりも狭くなる (図 4.48(b)). この p–n 接合と Si–SiO$_2$ 界面との境界線付近での空乏層幅減少は**電界集中** (局所的な電界の増大) を引き起こし，その周辺での高電界効果を増大させる．

ゲートに十分に大きな負のバイアスがかかると，ゲート下の n$^+$ 領域が空乏化し，さらには反転する (図 4.48(c)). この場合，ゲートと n$^+$ 領域は，n 型「基板」の MOS キャパシタのように振る舞う．電界集中が大きくなり，最大電界も増加する．

ゲート付き p–n 接合においては，ゲート電圧による局所電界集中がなだれ増倍やバ

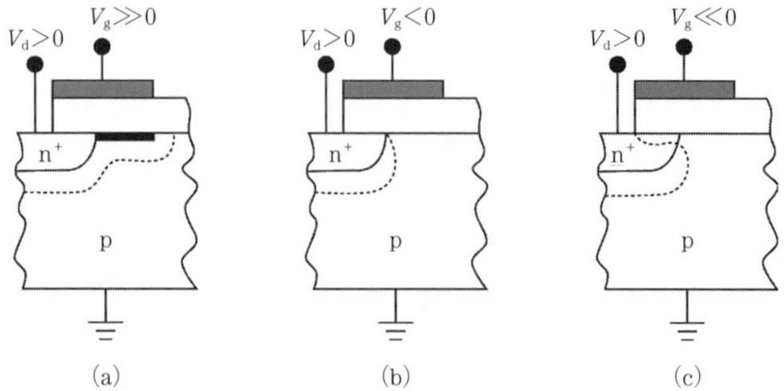

図 4.48　ゲート付き n^+–p ダイオードにおいて，(a) p 領域表面が反転した状態，(b) p 領域表面が蓄積した状態，(c) n^+ 領域の表面が空乏または反転した状態．点線は空乏層の境界を表す．

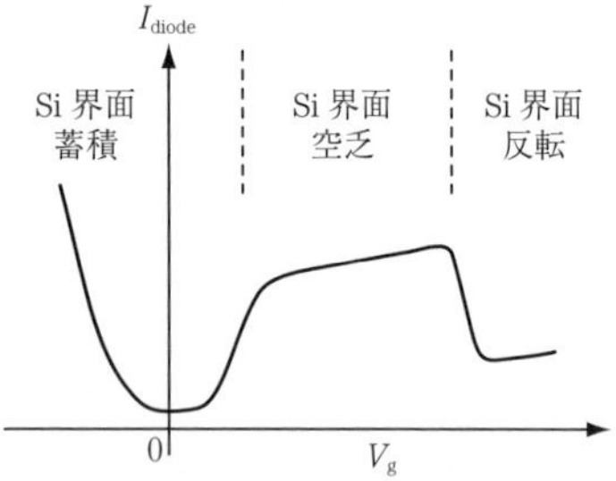

図 4.49　n^+–p ゲート付きダイオードにおけるリーク電流のゲート電圧依存性

ンド間トンネリングといった高電界効果を著しく増大させ，その結果，逆バイアス時のリーク電流をはなはだしく増加させる可能性がある．これは，ゲート付きダイオードのリーク電流をゲート電圧の関数として示した図 4.49 に示されている．図 4.49 では，負のゲート電圧で電界が集中したことによる電流の増加を別にすると，ダイオード電流は空乏層からのリーク電流と露出した表面準位からのリーク電流の単純な和である (Grove と Fitzgerald, 1966)．シリコン表面が蓄積状態 ($V_g \approx 0$) のとき，リーク電流はバルクのダイオードの空乏層からの寄与だけである．シリコン表面が反転状態のとき (V_g が大きいとき)，表面反転層と基板の間に形成されたダイオードの空乏層から付加的なリーク電流のために，リーク電流は大きくなる．シリコン表面が空乏状態のとき (V_g が中程度の大きさのとき)，空乏化したシリコン表面の露出した表面準位からの付加的なリーク電流のために，リーク電流は最大となる．

ドレイン領域とデバイスボディの間に形成されたダイオードにおいて，局所電界がゲート電圧で変調されることにより，MOSFET のドレイン接合に電界集中が起こると，増加した接合リーク電流は，**ゲートによるドレインリーク** (GIDL: gate-induced drain leakage) とよばれる (Chan ら，1987a; Noble ら，1989)．**GIDL は重要なリーク電流成分であり，現代の CMOS デバイスでは最小限に抑えなくてはならない．**

ゲート付き n^+–p ダイオードにおいて，ゲートがシリコン表面を蓄積状態にするようバイアスされたときにゲートにかかる電界は，シリコン基板から酸化膜への正孔注入が起こりやすい向きになっている (Verwey, 1972)．同様に，ゲート付き p^+–n ダイオードでは，基板を蓄積状態にするようにバイアスしたとき電子注入が起こりやすくなる．したがって，ゲート付きダイオードでゲート電圧起因のなだれ増倍が相当程度に生じた場合，シリコンからシリコン酸化膜へは，少数キャリアではなく，多数キャリアが注入される．このようなホットキャリア注入のメカニズムは，一部の EPROM および EEPROM デバイスのプログラミングや消去に採用されている (12.3 節を参照)．

4.6.4　絶　縁　破　壊

4.6.1 項で議論したように，酸化膜に大きな電界が印加されると，電子のトンネルが相当量生じる．酸化膜に定電圧が印加されたときの，トンネル電流の典型的な時間依存性を図 4.50 に模式的に示す．トンネル電流の突然の跳び (jump) は酸化膜試料が**絶縁破壊**事象を受けていることを示している．膜厚 10 nm 以上の酸化膜では，トンネル電流は酸化膜が破壊されるまで徐々に下がる．このような厚い酸化膜では，トンネル電流を測

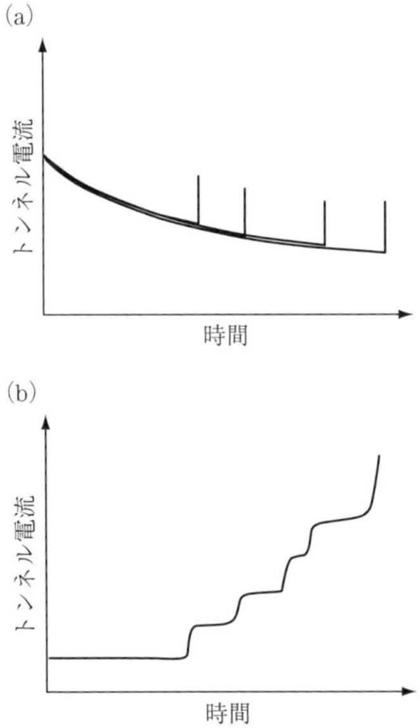

図 4.50　定電圧でのトンネル電流の時間依存性を模式的に示す図．(a) 厚いゲート酸化膜の場合，(b) 薄いゲート酸化膜の場合．トンネル電流の突発的な跳びは絶縁破壊事象の兆候である．

定するために使われている電圧は一般的に大きく，電流を制限するような特別な配慮がなされない限り，破壊事象は酸化膜を物理的に損傷する (Shatzkes ら，1974)．測定によって得られた酸化膜の破壊時間には分布があり (Harari, 1978)，図 4.50(a) はこの様子を示している．

膜厚が 5 nm より薄い酸化膜では，トンネル電流の測定に使われる電圧は通常十分に小さく，個々の破壊事象は必ずしも完全な破壊を招かない．大部分の試料で，最終的あるいは完全な破壊が起こるまでに，**連続的な破壊**事象が観測され (Suñé ら，2004)，その様子は図 4.50(b) に示されている．最終的すなわち完全な破壊に至ると，酸化膜は良質の電気的絶縁体ではなくなる．

薄い酸化膜では，最初の破壊事象から最終的な破壊事象までトンネル電流の増加は，きわめてゆるやかに起こる．回路で使われている現代の MOS トランジスタの薄いゲート酸化膜が，破壊の徴候を示し始めるとき，しばしばゲートトンネル電流が非常に大きな値となり，ゲート酸化膜が最終的に絶縁破壊に至るよりも十分前に，回路が動作不良となる (Kaczer ら，2000; Linder ら，2001)．図 4.51 には，薄い酸化膜 MOS デバイスが一定電圧ストレスを加えられたときの，トンネル電流の時間依存性を模式的に示した．トンネル電流の変化には，おおよそ 3 つの段階がある．最初の段階 (図 4.51 に示す第 1 段階) では，電流は相対的に特徴がなく，典型的には，電子トラップにより減少を始め，その後正孔トラップとトラップアシスティッド・トンネリングにより電流は時間とともに増加する．電流が上昇し続けると，ノイズを示すようになる (第 2 段階)．最後に，電流はより急峻に増え始め (第 3 段階) しばらく後に最終的な破壊に至る．図 4.51 で，I_{fail} は MOS トランジスタを使った回路が正常に動作しなくなるトンネル電流レベルを示している．文献によれば，第 1 段階はしばしば**欠陥生成** (defect generation) 段階あるいは**ストレス誘起リーク電流** (stress-induced leakage current) 段階とよばれ (DiMaria, 1987; Stathis と DiMaria, 1998)，第 2 段階は**ソフトブレークダウン** (soft breakdown) 段階

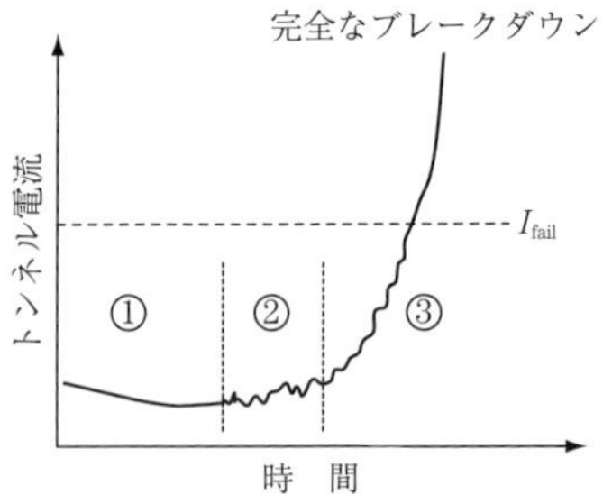

図 4.51　薄い酸化膜の MOS デバイスのトンネル電流の時間変化．定電圧印加時のもの．I_{fail} は，回路においてデバイスが正しく動作しなくなるトンネル電流を示している．1, 2, 3 と 3 つの段階が示され，本文中で議論されている．

とよばれ (Depas ら，1996)，第 3 段階は，**累進破壊** (successive breakdown) もしくは**連続破壊** (progressive breakdown) 段階とよばれ (Okada, 1997; Linder ら，2002; Suñé と Wu，2002)，4.6.4.3 目でさらに議論される．

4.6.4.1 破 壊 電 界

文献では，酸化膜の質は，しばしば絶縁体の絶縁破壊 (通常最初の絶縁破壊事象) が起こる電界で測られる．“良質” の厚い (>100 nm) SiO_2 膜は典型的には 10 MV/cm 以上の電界で絶縁破壊を起こす，一方 “良質” の薄い (<10 nm) SiO_2 膜は，通常，より高い絶縁破壊電界を示し，しばしば 15 MV/cm 以上になる．バイポーラトランジスタは，通常薄い酸化膜は存在しないため，酸化膜にかかる電界は弱く，絶縁破壊は問題とならない．CMOS デバイスでは，最大酸化膜電界は応用先によって広範囲に変化をする．ロジックやメモリ回路で使用されるデバイスでは，最大酸化膜電界は一般的には通常動作時には 3～6 MV/cm の範囲であり，特別な動作のときには，5～9 MV/cm にまで至ることがある (たとえば，デバイスのバーンイン工程の間など)．電気的にプログラム可能な不揮発性メモリ応用では，通常動作時に薄い絶縁体層を介したトンネルを伴い，薄い絶縁膜にかかる最大電界は 10 MV/cm を超える．多くの CMOS デバイスにおいて，絶縁破壊は現実的な関心事である．

4.6.4.2 破壊までの時間と電荷

酸化膜の破壊特性はしばしば，破壊に至るまでに必要な時間である**破壊までの時間** (time to breakdown)，または破壊が起こる直前までにトンネルによって流れる電荷の総量である**破壊までの電荷量** (charge to breakdown) で表現されることが多い．製品設計では，製品の寿命が尽きるまで，CMOS デバイスのゲート電流が回路の不良動作を引き起こすほどには大きくならないことを保証したい．それゆえ，製品設計では，破壊までの時間を知りたくなる．しかし，正孔電流，捕獲，トラップ生成，界面準位生成といった絶縁破壊プロセスに関与する物理メカニズムを，破壊までの電荷量と関係づける物理モデル (Schuegraf と Hu, 1994; DiMaria と Stathis, 1997; Stathis と DiMaria, 1998) を開発する方が，破壊までの時間と関係づけるモデルを開発するよりも容易であろう．絶縁破壊の物理に関する多くの文献は，破壊までの時間でなく，破壊までの電荷量で絶縁破壊を議論している．したがって，破壊までの時間をここではこれ以上議論しない．破壊までの時間と時間領域での破壊の統計的取扱いについては，文献を参照されたい [たとえば Suñé ら (2004) とその引用文献を参照].

4.6.1.3 目で述べたように，トンネルした電子は正孔電流を発生させることができる．そのため，破壊までの電荷量 Q_{BD} は電子による電荷量と正孔による電荷量の和である．2 端子の MOS キャパシタ構造を，Q_{BD} の測定に用いると，そのときは，2 端子素子の性質により，総電荷量しか測定することができない．しかし，n チャネル MOSFET や，

n^+–p ゲート付きダイオードを Q_{BD} の測定に用いると，そのときは，全電荷と正孔による電荷成分の両方を求めることができる．n チャネル MOSFET の場合に，そのような測定のためのバイアス構成を図 4.52 に示す．**電荷分離** (charge separation) **法**の基本的な考え方は，電子電流は n 型の端子で測定され，正孔電流は p 型の端子で測定されることであり，4.3.4 項におけるスプリット C–V 法のセットアップと似ている．ゲート電流の積分から全電荷量が得られ，基板電流の積分から正孔による電荷量が得られる．酸化膜の破壊につながる欠陥の生成には，ホットホールの方がトンネル電子よりもはるかに効果的であることが示されている (Li ら，1999).

4.6.4.3　累進破壊と連続破壊

図 4.51 を参照すると，トンネル電流の変化は，欠陥の発生とトラップアシスティッド・トンネリングとの間の正のフィードバックのプロセスとして記述できる．酸化膜層にわたってストレス電圧が印加されると，最初は酸化膜中に欠陥がほとんどないため，トンネル電流は比較的小さく，電子がトラップされるにつれて，時間とともに減少する．トラップされた正孔が酸化膜中に蓄積し始めると，電流は増加し始める．トンネル電流は欠陥を発生させ，次には，その欠陥がトンネル過程をアシストする (DiMaria, 1987; Stathis と DiMaria, 1998)．ある時点で，酸化膜中の欠陥が十分に密になり，電子がある欠陥中心から別の欠陥中心へと比較的容易にトンネルできるようになると，ソフトブレークダウン (soft breakdown) が始まる．このトラップの補助によるトラップアシスト・トンネル電流はノイズが多い傾向がある (Depas ら，1996)．欠陥密度が増大し続けるにつれて，酸化膜層全体に，重なり合った欠陥の連結経路が存在するようになると，ハードブレークダウン (hard breakdown，破壊事象もしくは連続した破壊事象) が起こる (Degraeve ら，1995; Stathis，1999)．この欠陥がつながった経路は，低抵抗の電子

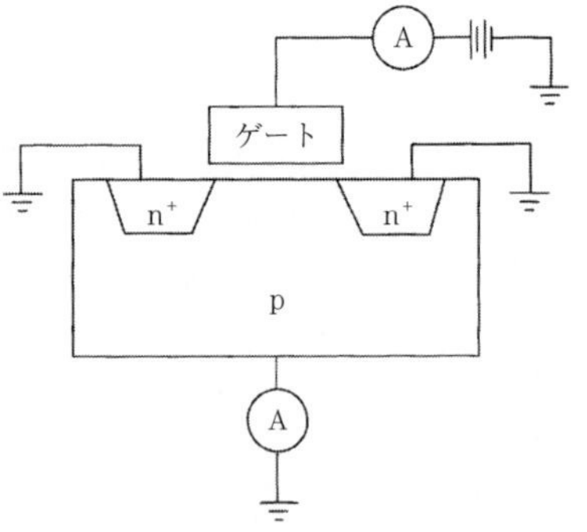

図 **4.52**　破壊までの電荷量とその正孔による電荷成分を測定するための，n チャネル MOSFET へのバイアス構成を示す模式図

伝導経路として機能する．ひとたびハードブレークダウンが始まると，電子による電流はこの低抵抗経路に沿った流れで完全に支配され，電流の大きさはデバイス面積にほとんど依存しない．電子電流は，欠陥がつながった経路の直径を大きくし，電流も大きくなる．電流はなめらかに大きくなるのではなく，階段状に大きくなる．電流が階段状に大きくなるたびに，破壊事象を繰り返す．そして最終的に，酸化膜の完全な破壊に至る．それゆえ，薄い酸化膜は完全な破壊に至るまで，多くの連続した破壊事象を経ることになる (Suñé と Wu, 2002)．酸化膜の劣化の速度 (絶縁破壊により電流の時間平均が増える速度) は，ストレス電圧と強い相関がある (Linder ら, 2002; Lombardo ら, 2003)．図 4.53 は，薄い酸化膜について測定された典型的な劣化速度のプロットである．**ハードブレークダウンが始まった後でさえも，薄い酸化膜かつ低電圧動作の MOSFET におけるトンネル電流は，回路不良を引き起こすだけ十分に大きくなるまでに，長い時間がかかる可能性がある**ことを示唆している．

文献では，破壊までの電荷量の測定の多くは，電流が突然大きくなるまで，あるいは最初の破壊事象が起こるまでのトンネル電流を積分することで得られる．破壊までの電荷量 Q_{BD} は酸化膜電圧の関数として，しばしばプロットされる．図 4.54 は 2.5～10 nm の範囲の酸化膜厚での典型的なプロットである (Schuegraf と Hu, 1994)．このように比較的厚い酸化膜では，Q_{BD} は酸化膜電圧が増すに従い減少する．Q_{BD} は n チャネルでも p チャネルでもほとんど同じであることも示されている (DiMaria と Stathis, 1997)．論文などで発表されているこれらの Q_{BD} の値は，破壊プロセスの累進的な性質を考慮に入れていないため，デバイス信頼性の視点で妥当とされる値よりも，酸化膜への低い許容電圧を予測する．ハードブレークダウン後 (図 4.51 の第 3 段階) の酸化膜の劣化速

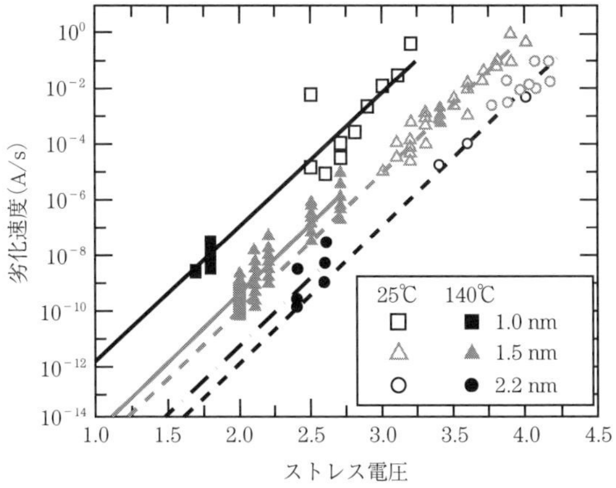

図 4.53　薄い酸化膜の破壊電流が増加する速度の測定データ [Linder ら (2002) より引用]

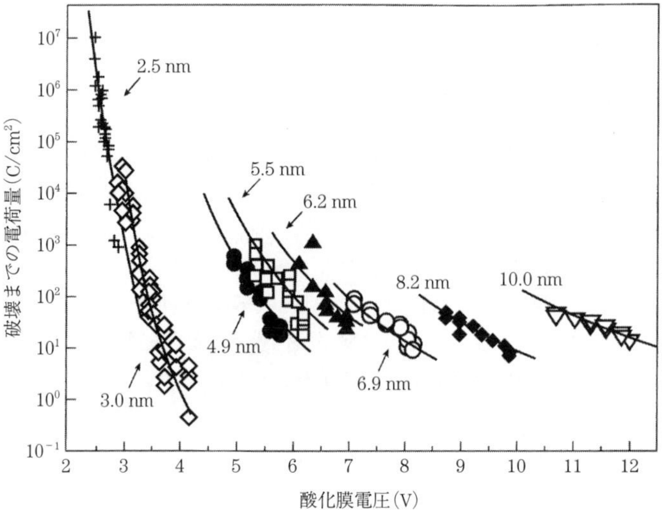

図 4.54　種々の酸化膜厚における破壊までの電荷 (charge to breakdown) の酸化膜電圧依存性の典型的なプロット [Schuegraf と Hu (1994) より引用]

度を考慮に入れた累進破壊や連続破壊のモデルでは，より大きいが，より正確な許容電圧が見積もられる (Linder ら，2002)．薄い酸化膜の信頼性に関する詳細については，文献を参照されたい (Degraeve ら，1998; Suehle, 2002; Suñé ら，2004)．

図 4.51 に示されているように，回路の中での MOSFET のゲートリーク電流は，回路が正常に機能することを止めるまでに，I_{fail} で示される危険な水準に達する．それゆえ，回路応用では，回路設計者が本当に知る必要があるのは，最初の破壊が起こるまでの時間や破壊までの電荷量ではなく，危険な電流水準になるまでの時間である．

5

長チャネル MOSFET デバイス

MOSFET (Metal–Oxide–Semiconductor Field Effect Transistor) (金属–酸化物–半導体電界効果トランジスタ) は，マイクロプロセッサや DRAM などの内部で用いられる VLSI 回路の構成要素である．MOSFET 内の電流はほとんど単極性キャリア (たとえば n チャネルならば電子) によって運ばれるため，MOSFET は通常，ユニポーラあるいは多数キャリアデバイスとよばれる．この章では，n チャネル MOSFET を例にして，デバイス動作の説明やドレイン電流方程式の導出などを行う．得られた結果はドーパントの型や電圧の極性を変えることにより，容易に p チャネル MOSFET に拡張できる．

MOSFET の基本的構造を図 5.1 に示す．MOSFET は 4 端子デバイスで，それぞれの端子は**ゲート** (gate) (添字 g)，**ソース** (source) (添字 s)，**ドレイン** (drain) (添字 d)，**基板** (substrate) あるいは**ボディ** (body) (添字 b) と名づけられている．n チャネル MOSFET または nMOSFET，あるいは短く nMOS は，p 型基板とその中にある，たとえばイオン注入で形成された，二つの n^+ 領域 (ソースとドレイン) で構成される．ゲート電極は通常金属または高濃度ドープされたポリシリコンでできており，基板からは薄い**ゲート酸化膜** (シリコン酸化膜) で隔てられている．ゲート酸化膜は通常シリコンの熱酸化によって形成される．VLSI 回路において MOSFET は，隣接するデバイスから絶縁分離するため，**フィールド酸化膜** (field oxide) とよばれる厚い酸化膜によって囲まれている．ゲート酸化膜下，ソースとドレインの間の表面領域は，**チャネル** (channel) 領域とよばれる MOSFET の電流伝導にとって重要な箇所である．MOSFET の基本的な動作は，4 章で述べた MOS キャパシタから容易に理解できる．ゲートに電圧が加えられないとき，あるいはゲート電圧がゼロのとき，p 型シリコン表面は蓄積か空乏の状態にあり，ソース–ドレイン間には電流は流れない．このとき，MOSFET は二つの逆バイアスされた p–n 接合ダイオードのように振る舞い，低レベルのリーク電流のみが流れ

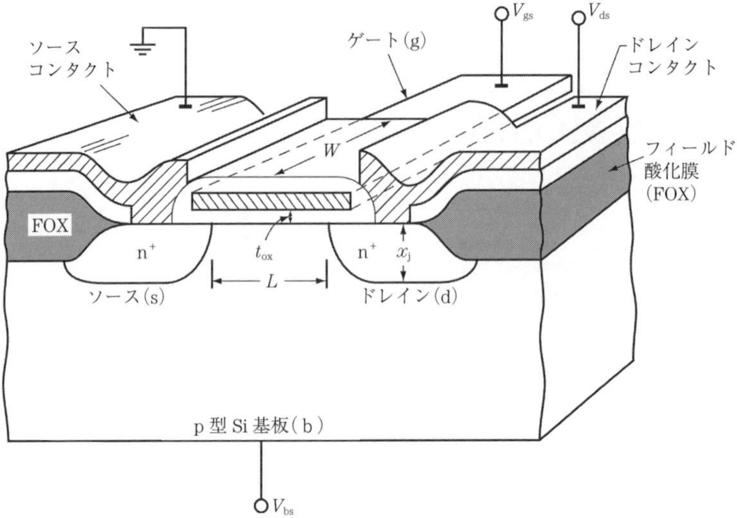

図 5.1　基本的な MOSFET のデバイス構造の 3 次元図 [Arora (1993) より引用]

る．十分に大きい正電圧がゲートに加えられると，シリコン表面は n 型に反転し，n^+ ソース–ドレイン間に伝導性チャネルが形成される．このとき，ソース–ドレイン間に電位差があれば，それらの間に電子電流が流れる．これにより MOSFET は，デジタル回路に理想的に適したスイッチとして動作する．**ゲート電極は基板から電気的に絶縁されているため，MOSFET がオンであるかオフであるかによらず，実効的な dc 電流は流れず**[1]**，チャネルは酸化膜中の電界を通してゲートと容量結合している**．このため，**電界効果トランジスタ** (field-effect transista) とよばれるのである．

この章では，長チャネル MOSFET の基本的な特性を説明し，6 章でより重要だが複雑な短チャネル MOSFET を理解するための基礎とする．

5.1　MOSFET の I–V 特性

この節では，一般的な MOSFET の電流モデルについて**グラデュアルチャネル近似** (GCA: gradual channel approximation) に基づいて，5.1.1 項ではじめに定式化する．GGA は，飽和点を超える部分を除いて，MOSFET 動作の大部分の領域で正しい．その後に，**電荷シートモデル** (charge sheet model) が，5.1.2 項で導入され，ゲートおよびドレイン電圧の関数として，ソース–ドレイン電流の陰関数を求める．5.1.3 項では領

---

[1] ただし，4.6.1 項で議論したような，酸化膜が非常に薄い場合に流れるゲートトンネル電流は除く．

域近似を適用し，線形，放物線，サブスレッショルド領域について，陽ではあるが区分的な I–V 式を導出する．5.1.4 項では，飽和点を超える I–V 特性をモデル化するための非 GCA モデルについて説明する．

図 5.2 に n チャネル MOSFET の断面構造を示す．ソースは左側の n^+ 領域であり，ドレインは右側の n^+ 領域である．また，薄い酸化膜がゲートをソース–ドレイン間のチャネル領域から隔離している．ここで，4.2 節で MOS キャパシタにとったものと同じ xy 座標系を選ぶ．すなわち，x 軸をゲート電極に垂直で p 型基板に向けてとり，$x=0$ をシリコン表面とする．y 軸をチャネル，あるいは電流の流れる方向にとり，ソースを $y=0$，ドレインを $y=L$ とする．この L は**チャネル長** (channel length) とよばれ，MOSFET 性能の重要な指標である．また，MOSFET は z 軸に沿って，長さ W にわたって一様であると仮定する．これを**チャネル幅** (channel width) とよぶ．なお，チャネル幅は，厚いフィールド酸化膜の境界によって決まる．

通常はソース電圧を接地電位として，それぞれ，ドレイン電圧 V_{ds}，ゲート電圧 V_{gs} で表され，p 型基板電圧は V_{bs} でバイアスされる．はじめに $V_{bs}=0$，すなわち基板コンタクトはソース電圧と同じように接地されているものと仮定する．後に 5.3 節で，MOSFET 特性に対する基板バイアスの効果を議論する．p 型基板はアクセプタ濃度 N_a に均一ドープされているものと仮定する．

5.1.1 グラデュアルチャネル近似

1 次元 MOSFET における重要な仮定は，**グラデュアルチャネル近似 (GCA)** である．**GCA は，y 方向 (チャネルに沿った方向) の電界変化が x 方向 (チャネルに垂直な方向) のそれと比べて無視できるほど小さいことを仮定する** (Pao と Sah, 1966)．こ

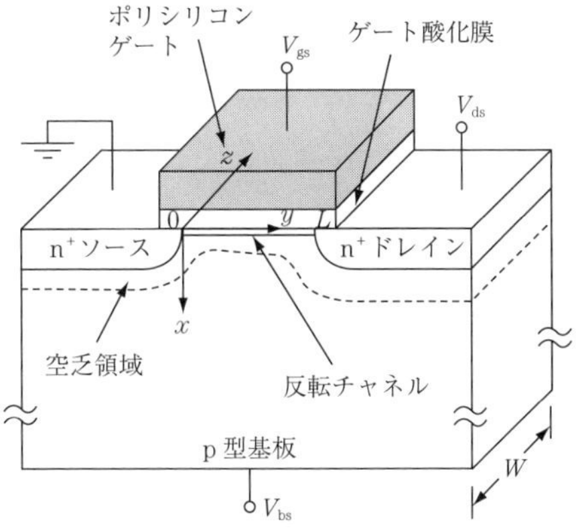

図 5.2 MOSFET 断面の模式図．座標軸とドレイン電流モデルのための端子へのバイアス電圧を示している．

のことによって，ポアソン方程式を式 (4.9) と同様に，1 次元化 (x 成分のみと) することができる．GCA は，後ほど述べる飽和点を越えないほとんどのチャネルで成り立つ．

4.2 節で定義されたように，$\psi(x,y)$ はバルク基板の真性ポテンシャルを基準とした点 (x,y) におけるバンド曲がり，あるいは点 (x,y) における真性ポテンシャルを表す．式 (4.12) から，点 (x,y) における電子密度は因子 $e^{q\psi/kT}$ に比例する．さらに，$V(y)$ は n^+ ソースのフェルミポテンシャルを基準としたチャネルに沿った点 y における電子の擬フェルミポテンシャルであると仮定する．言い換えると，$V(y) \equiv \phi_\mathrm{n}(y) - \phi_\mathrm{n}(0)$ である．V は表面に垂直な方向 x には依存しないという仮定は，電流が擬フェルミポテンシャルの傾きに比例し，MOSFET の電流は主にソースからドレイン方向 (y 方向) に流れるということを考慮すると，妥当であると考えられる．チャネルのソース端では，$V(y=0)=0$ である．チャネルのドレイン端では $V(y=L)=V_\mathrm{ds}$ である．チャネル内の任意の点における電子の擬フェルミポテンシャルは，n 型反転層を横切る垂直方向では，本質的に平坦である．式 (2.75) より，V の効果は，$V=0$ での電子密度に，$e^{-qV/kT} \propto e^{-q\phi_\mathrm{n}/kT} = e^{E_\mathrm{fn}/kT}$ を掛けることであり，点 (x,y) における電子密度は，

$$n(x,y) = \frac{{n_\mathrm{i}}^2}{N_\mathrm{a}} e^{q(\psi - V)/kT} \tag{5.1}$$

で与えられる．4.2.1 項での方法に従うと，電界について式 (4.15) と類似の表式を得ることができる．

$$\begin{aligned}\mathcal{E}^2(x,y) &= \left(\frac{\mathrm{d}\psi}{\mathrm{d}x}\right)^2 \\ &= \frac{2kTN_\mathrm{a}}{\varepsilon_\mathrm{si}}\left[\left(e^{-q\psi/kT} + \frac{q\psi}{kT} - 1\right) + \frac{{n_\mathrm{i}}^2}{{N_\mathrm{a}}^2}\left(e^{-qV/kT}(e^{q\psi/kT} - 1) - \frac{q\psi}{kT}\right)\right]\end{aligned} \tag{5.2}$$

表面反転の条件である式 (4.55) は，$V(y)$ が点 y における逆方向バイアスの役割を果たすので，

$$\psi(0,y) = V(y) + 2\psi_\mathrm{B} \tag{5.3}$$

となる．式 (4.56) より，最大空乏層幅は，

$$W_\mathrm{dm}(y) = \sqrt{\frac{2\varepsilon_\mathrm{si}[V(y) + 2\psi_\mathrm{B}]}{qN_\mathrm{a}}} \tag{5.4}$$

となる．上の両式はともに y の関数である．しかし，$2\psi_\mathrm{B}$ を用いたこれらの式は，強反転領域の近似式にすぎず，本節および 5.1.2 項の一般的なモデルの定式化には適さない．5.1.3 項では，これらの式を適用して，領域に分割された陽な I–V 特性を求める．

5.1.1.1 パオ–サーの二重積分

正孔電流および生成–消滅電流が無視できるとすると，y 方向の電子電流に電流連続の式を適用することができる．別の言い方をすると，全ドレイン–ソース間電流 I_{ds} はチャネル方向の任意の点で等しい．式 (2.77) から点 (x, y) における電子電流密度は，

$$J_{\mathrm{n}}(x, y) = -q\mu_{\mathrm{n}} n(x, y) \frac{\mathrm{d}V(y)}{\mathrm{d}y} \tag{5.5}$$

となる．ここで，$n(x, y)$ は電子密度，μ_{n} はチャネルにおける電子の移動度である．一般にチャネルにおけるキャリア移動度は表面散乱機構が加わるため，バルクにおける移動度よりも非常に小さい (5.2 節)．**$V(y)$ を擬フェルミポテンシャルと定義することによって，すなわち，式 (2.77) における ϕ_{n} の役割を担うとすることによって，式 (5.5) はドリフトと拡散の両成分を含む**．点 y におけるチャネルに沿った全電流を求めるには，式 (5.5) にチャネル幅 W を掛け，それを電流が流れる層の深さにわたって積分すれば良い．積分は $x = 0$ から x_{i} まで行う．x_{i} は無限大でなく，反転層よりもずっと深い p 型基板内のある場所である．

$$I_{\mathrm{ds}}(y) = qW \int_0^{x_{\mathrm{i}}} \mu_{\mathrm{n}} n(x, y) \frac{\mathrm{d}V}{\mathrm{d}y}\, \mathrm{d}x \tag{5.6}$$

ここで，ドレインからソース方向 ($-y$ 方向) に流れる電流を $I_{\mathrm{ds}} > 0$ と定義するために符号を変えた．V は y のみの関数であるから，$\mathrm{d}V/\mathrm{d}y$ は積分の外に出せる．さらに，μ_{n} として平均的なゲート，およびドレイン電界における**実効移動度** (effective mobility) μ_{eff} を用いることができると仮定することによって，それも積分の外に出すことができる．結局，積分の中に残るものは電子密度 $n(x, y)$ であり，反転層の深さにわたる積分は単位面積当たりの反転層電荷 Q_{i} を与える．

$$Q_{\mathrm{i}}(y) = -q \int_0^{x_{\mathrm{i}}} n(x, y)\, \mathrm{d}x \tag{5.7}$$

よって，式 (5.6) は，

$$I_{\mathrm{ds}}(y) = -\mu_{\mathrm{eff}} W \frac{\mathrm{d}V}{\mathrm{d}y}\, Q_{\mathrm{i}}(y) = -\mu_{\mathrm{eff}} W \frac{\mathrm{d}V}{\mathrm{d}y}\, Q_{\mathrm{i}}(V) \tag{5.8}$$

となる．最終段階で，Q_{i} は V の関数として表され，さらに V は y のみの関数であるから，y から V へ積分変数の変換ができる．式 (5.8) の両辺に $\mathrm{d}y$ を掛け，0 から L まで (ソースからドレインまで) 積分すると，

$$\int_0^{L} I_{\mathrm{ds}}\, \mathrm{d}y = \mu_{\mathrm{eff}} W \int_0^{V_{\mathrm{ds}}} [-Q_{\mathrm{i}}(V)]\, \mathrm{d}V \tag{5.9}$$

となる．電流連続性から I_{ds} は一定でなければならない．すなわち，y には依存しないから，ドレイン–ソース間電流は，

$$I_{\mathrm{ds}} = \mu_{\mathrm{eff}} \frac{W}{L} \int_0^{V_{\mathrm{ds}}} [-Q_{\mathrm{i}}(V)]\, \mathrm{d}V \tag{5.10}$$

となる．

もし $n(x, y)$ が (ψ, V) の関数として表せるならば，$Q_{\mathrm{i}}(V)$ の別表式を導出できる．式 (5.1)，すなわち，

$$n(x, y) = n(\psi, V) = \frac{{n_{\mathrm{i}}}^2}{N_{\mathrm{a}}}\, e^{q(\psi - V)/kT} \tag{5.11}$$

を式 (5.7) に代入すると，次式が得られる．

$$Q_{\mathrm{i}}(V) = -q \int_{\psi_{\mathrm{s}}}^{\delta} n(\psi, V) \frac{\mathrm{d}x}{\mathrm{d}\psi}\, \mathrm{d}\psi = -q \int_{\delta}^{\psi_{\mathrm{s}}} \frac{\left({n_{\mathrm{i}}}^2/N_{\mathrm{a}}\right)\, e^{q(\psi - V)/kT}}{\mathcal{E}(\psi, V)}\, \mathrm{d}\psi \tag{5.12}$$

ここで，ψ_{s} は $x = 0$ における表面電位であり，$\mathcal{E}(\psi, V) = -\mathrm{d}\psi/\mathrm{d}x$ は式 (5.2) の平方根で与えられる．積分は $\psi = 0$ において非有界であるため，積分の下限 δ は kT/q よりも十分に小さい任意のポテンシャル (ただしゼロではない) である [特異点を取り除くために，係数 $e^{q\psi/kT}$ を $(e^{q\psi/kT} - 1)$ に置き換える方法もある]．式 (5.12) を式 (5.10) に代入すると，

$$I_{\mathrm{ds}} = q\mu_{\mathrm{eff}} \frac{W}{L} \int_0^{V_{\mathrm{ds}}} \left(\int_{\delta}^{\psi_{\mathrm{s}}} \frac{\left({n_{\mathrm{i}}}^2/N_{\mathrm{a}}\right)\, e^{q(\psi - V)/kT}}{\mathcal{E}(\psi, V)} \mathrm{d}\psi \right) \mathrm{d}V \tag{5.13}$$

が得られる．この式は，**パオ–サー二重積分** (Pao–Sah's double integral) とよばれる (Pao と Sah, 1966)．境界値 ψ_{s} は式 (4.7) と，$Q_{\mathrm{s}} = -\varepsilon_{\mathrm{si}} \mathcal{E}_{\mathrm{s}}(\psi_{\mathrm{s}})$ あるいはガウスの法則から求めることができる．なおここで，$\mathcal{E}_{\mathrm{s}}(\psi_{\mathrm{s}})$ は式 (5.2) において，$\psi = \psi_{\mathrm{s}}$ とすれば得られる．$q\psi_{\mathrm{s}}/kT \gg 1$ である空乏および反転では，式 (5.2) の二つの項だけが重要であり，ほかの項を省略することができる．そうすると式は，

$$\begin{aligned} V_{\mathrm{gs}} &= V_{\mathrm{fb}} + \psi_{\mathrm{s}} - \frac{Q_{\mathrm{s}}}{C_{\mathrm{ox}}} \\ &= V_{\mathrm{fb}} + \psi_{\mathrm{s}} + \frac{\sqrt{2\varepsilon_{\mathrm{si}} kT N_{\mathrm{a}}}}{C_{\mathrm{ox}}} \left[\frac{q\psi_{\mathrm{s}}}{kT} + \frac{{n_{\mathrm{i}}}^2}{{N_{\mathrm{a}}}^2}\, e^{q(\psi_{\mathrm{s}} - V)/kT} \right]^{1/2} \end{aligned} \tag{5.14}$$

となり，$\psi_{\mathrm{s}}(V)$ を含む式となる．式 (5.13) と (5.14) は，数値計算でのみ，解くことができる．

5.1.2 電荷シートモデル

パオ–サーの二重積分は，反転電荷密度 Q_{i} が ψ_{s} の関数として表されると，単一積分に簡略化することができる．このような方法は，反転層がシリコン表面のごく近傍に，薄い電荷のシートとして存在するという事実に基づいた**電荷シートモデル** (Brews, 1978) でとられている．薄い反転層を横切って，電界 (電荷密度の空間積分) の急激な上昇があるが，ポテンシャル (電界の空間積分) はほんのわずかしか変わらない．図 4.11 の例で示されているように，表面電位も空乏電荷密度も強反転の後は，ほとんど変化しない．電荷シートモデルの主要な仮定は，空乏電荷密度の式 (4.23)

$$Q_{\mathrm{d}} = -qN_{\mathrm{a}}W_{\mathrm{d}} = -\sqrt{2\varepsilon_{\mathrm{si}}qN_{\mathrm{a}}\psi_{\mathrm{s}}} \tag{5.15}$$

が，強反転以降にも拡張可能であるとすることである (実際，反転電荷が支配的になると，Q_{d} は ψ_{s} が変化しても，ほとんど変化しない．)．シリコンの全電荷密度 Q_{s} は式 (5.14) あるいは式 (4.7) で与えられるので，式 (5.15) から反転電荷密度は

$$Q_{\mathrm{i}} = Q_{\mathrm{s}} - Q_{\mathrm{d}} = -C_{\mathrm{ox}}(V_{\mathrm{gs}} - V_{\mathrm{fb}} - \psi_{\mathrm{s}}) + \sqrt{2\varepsilon_{\mathrm{si}}qN_{\mathrm{a}}\psi_{\mathrm{s}}} \tag{5.16}$$

と書ける．電荷シートモデルは，すべての反転電荷がシリコン表面に厚さゼロで局在していると，文字通りの仮定をしているわけではない．そのような仮定では，$\mathrm{d}|Q_{\mathrm{i}}|/\mathrm{d}V_{\mathrm{gs}} = C_{\mathrm{ox}}$ となることを意味するが，式 (5.16) からはそのような結果とはならない．というのも，式 (5.14) からわかるように ψ_{s} も V_{gs} とともに増加するからである．

式 (5.10) でドレイン電流を求める積分変数は V から ψ_{s} に変換することが可能である．

$$I_{\mathrm{ds}} = \mu_{\mathrm{eff}}\frac{W}{L}\int_{\psi_{\mathrm{s,s}}}^{\psi_{\mathrm{s,d}}}[-Q_{\mathrm{i}}(\psi_{\mathrm{s}})]\frac{\mathrm{d}V}{\mathrm{d}\psi_{\mathrm{s}}}\mathrm{d}\psi_{\mathrm{s}} \tag{5.17}$$

ここで $\psi_{\mathrm{s,s}}$ と $\psi_{\mathrm{s,d}}$ はソース端およびドレイン端における表面電位の値である．任意の V_{gs} と V_{ds} について，$V = 0$ ($\psi_{\mathrm{s,s}}$ を求める場合) もしくは $V = V_{\mathrm{ds}}$ ($\psi_{\mathrm{s,d}}$ を求める場合) とおき，式 (5.14) を数値的に解くことで，これらの表面電位を求めることができる．式 (5.14) は $V(\psi_{\mathrm{s}})$ を求めるためにも使うことが可能であり，

$$V = \psi_{\mathrm{s}} - \frac{kT}{q}\ln\left\{\frac{{N_{\mathrm{a}}}^2}{{n_{\mathrm{i}}}^2}\left[\frac{{C_{\mathrm{ox}}}^2(V_{\mathrm{gs}} - V_{\mathrm{fb}} - \psi_{\mathrm{s}})^2}{2\varepsilon_{\mathrm{si}}kTN_{\mathrm{a}}} - \frac{q\psi_{\mathrm{s}}}{kT}\right]\right\} \tag{5.18}$$

となる．この式の微分をとると，

$$\frac{\mathrm{d}V}{\mathrm{d}\psi_{\mathrm{s}}} = 1 + \frac{2kT}{q}\frac{{C_{\mathrm{ox}}}^2(V_{\mathrm{gs}} - V_{\mathrm{fb}} - \psi_{\mathrm{s}}) + \varepsilon_{\mathrm{si}}qN_{\mathrm{a}}}{{C_{\mathrm{ox}}}^2(V_{\mathrm{gs}} - V_{\mathrm{fb}} - \psi_{\mathrm{s}})^2 - 2\varepsilon_{\mathrm{si}}qN_{\mathrm{a}}\psi_{\mathrm{s}}} \tag{5.19}$$

となる．式 (5.16) と (5.19) を式 (5.17) に代入すると，

$$I_{\mathrm{ds}} = \mu_{\mathrm{eff}}\frac{W}{L}\int_{\psi_{\mathrm{s,s}}}^{\psi_{\mathrm{s,d}}}\left[C_{\mathrm{ox}}(V_{\mathrm{gs}}-V_{\mathrm{fb}}-\psi_{\mathrm{s}})-\sqrt{2\varepsilon_{\mathrm{si}}qN_{\mathrm{a}}\psi_{\mathrm{s}}}\right.$$
$$\left. + \frac{2kT}{q}\frac{{C_{\mathrm{ox}}}^2(V_{\mathrm{gs}}-V_{\mathrm{fb}}-\psi_{\mathrm{s}})+\varepsilon_{\mathrm{si}}qN_{\mathrm{a}}}{C_{\mathrm{ox}}(V_{\mathrm{gs}}-V_{\mathrm{fb}}-\psi_{\mathrm{s}})+\sqrt{2\varepsilon_{\mathrm{si}}qN_{\mathrm{a}}\psi_{\mathrm{s}}}}\right]\mathrm{d}\psi_{\mathrm{s}} \qquad (5.20)$$

となり，この式でドレイン電流は単一積分で表されている．

式 (5.20) の積分を解析的に求めることはあまりに面倒な作業である．ドレイン電流の解析的な式を得るために，電荷シートモデルでは第 2 の近似を導入している (Brews, 1978)．式 (5.20) の角括弧の最初の 2 項は，単純に $-Q_{\mathrm{i}}$ である．角括弧の最後の項は，kT/q で掛け算をしているため，$Q_{\mathrm{i}} \approx 0$ つまり $C_{\mathrm{ox}}(V_{\mathrm{gs}}-V_{\mathrm{fb}}-\psi_{\mathrm{s}}) \approx \sqrt{2\varepsilon_{\mathrm{si}}qN_{\mathrm{a}}\psi_{\mathrm{s}}}$ でない限り，最初の 2 項に比べると十分に小さい．この関係式を，角括弧の最後の項に適用することは良い近似となり，積分を解析的に行うことが可能となる．その結果，

$$I_{\mathrm{ds}} = \mu_{\mathrm{eff}}\frac{W}{L}\left\{C_{\mathrm{ox}}\left(V_{\mathrm{gs}}-V_{\mathrm{fb}}+\frac{kT}{q}\right)\psi_{\mathrm{s}} - \frac{1}{2}C_{\mathrm{ox}}{\psi_{\mathrm{s}}}^2\right.$$
$$\left. - \frac{2}{3}\sqrt{2\varepsilon_{\mathrm{si}}qN_{\mathrm{a}}}{\psi_{\mathrm{s}}}^{3/2} + \frac{kT}{q}\sqrt{2\varepsilon_{\mathrm{si}}qN_{\mathrm{a}}\psi_{\mathrm{s}}}\right\}\Bigg|_{\psi_{\mathrm{s,s}}}^{\psi_{\mathrm{s,d}}} \qquad (5.21)$$

を得る．

式 (5.21) は MOSFET 動作のあらゆる領域 (サブスレッショルド，線形，飽和) を包含する単一な連続関数であり，表面電位に基づく回路シミュレーション (SPICE) 用のすべてのコンパクトモデルの基本となっている (Gildenblat ら，2006)．ある与えられた V_{gs} と V_{ds} に対して，$\psi_{\mathrm{s,s}}$ と $\psi_{\mathrm{s,d}}$ を式 (5.14) を解くことで数値的に求める方法は数多く開発されてきた．これらの方法は，近似を用いたり，反復法を利用したりするものである．$\psi_{\mathrm{s}}(V)$ の様子の一般的な例を図 5.3 に例示した．デバイスのパラメータは図 4.11 と同じである．$V_{\mathrm{gs}} = 1\,\mathrm{V}$ では，デバイスはしきい値に達しておらず反転電荷は無視できる．すなわち式 (5.14) の角括弧内の $({n_{\mathrm{i}}}^2/{N_{\mathrm{a}}}^2)e^{q(\psi_{\mathrm{s}}-V)/kT}$ の項は無視できる．解である ψ_{s} は V_{gs} に依存する［式 (4.33) 参照］が，V にはほとんど依存しない．$V_{\mathrm{gs}} = 2\,\mathrm{V}$ では，MOSFET はオンになる．このとき，ψ_{s} は多かれ少なかれ，V が大きすぎなければ，V とともに線形に増加する．V が増加すると (V_{ds} が十分に大きい場合)，ψ_{s} は飽和し V に依存しなくなる．これは**飽和**条件とよばれ，このとき式 (5.16) で与えられる Q_{i} は非常に小さくなる．式 (5.18) の対数関数の引数もゼロに近づく．$V_{\mathrm{gs}} = 3\,\mathrm{V}$ では，ψ_{s} が飽和する値は大きくなり，飽和がより大きな V (あるいは V_{ds}) で生じることになる．

二つの近似を行って単純化したために，電荷シートモデルで計算した電流式 (5.21) は式 (5.13) のパオ–サーの二重積分とずれが生じる．誤差は，ドーピング濃度，酸化膜厚，ゲートおよびドレイン電圧に依存する．典型的には，しきい値以上にバイアスさ

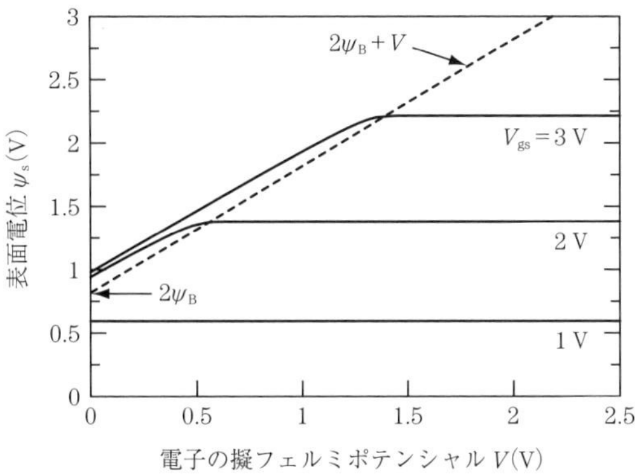

図 5.3 式 (5.14) の数値解．3 つの V_{gs} について示している．破線は 5.1.3 項で使われる領域近似を示している．MOS デバイスのパラメータは $N_a = 10^{17}\,\mathrm{cm}^{-3}$, $t_{ox} = 10\,\mathrm{nm}, V_{fb} = 0$ である．

れたある条件の下では 10 %程度になる (Kyung, 2005)．誤差は一般的にしきい値以下 (subthreshold) の領域で大きいが，その領域では電流レベルは低く，高い精度は主要な課題ではない．

5.1.3 領域的な I–V モデル

ドレイン電流 I_{ds} (V_{gs}, V_{ds}) の線形領域における陽な表式を得るためには，領域近似 (regional approximation) を適用することで，電荷シートモデルを区分的なモデル (piecewise model) にする．精度が，各領域が隣接するところで落ちることは避けられない．

5.1.3.1 線 形 領 域

反転が開始し，飽和になる前には，表面電位は式 (5.3) に示すように $\psi_s = 2\psi_B + V(y)$ と近似できる．図 5.3 では，この表面電位の表式が破線で示され，より正確な実線の曲線と比較されている．このとき，$\mathrm{d}V/\mathrm{d}\psi_s = 1$ となるので，式 (5.17) は難なく積分できる．$\psi_{s,s} = 2\psi_B$ と $\psi_{s,d} = 2\psi_B + V_{ds}$ を適用すると，ゲートおよびドレイン電圧の関数としてドレイン電流を得ることができる．

$$
\begin{aligned}
I_{ds} =& \mu_{eff} C_{ox} \frac{W}{L} \left\{ \left(V_{gs} - V_{fb} - 2\psi_B - \frac{V_{ds}}{2} \right) V_{ds} \right. \\
& \left. - \frac{2\sqrt{2\varepsilon_{si} q N_a}}{3C_{ox}} \left[(2\psi_B + V_{ds})^{3/2} - (2\psi_B)^{3/2} \right] \right\} \qquad (5.22)
\end{aligned}
$$

式 (5.22) は電荷シートモデルに基づいた，MOSFET デバイスの基本的な I–V 特性を表す．これはある与えられた V_{gs} に対して，ドレイン電流 I_{ds} がドレイン電圧 V_{ds} の増加とともに，はじめは線形に増大し [**線形領域** (linear region)，あるいは **3 極管領域** (triode region) とよぶ]，次第に寝てきて飽和値に達する [**放物線領域** (parabolic region)].

V_{ds} が小さいとき，式 (5.22) を V_{ds} に関して級数展開し，最低次 (1 次) の項のみを残すと，

$$
\begin{aligned}
I_{ds} &= \mu_{eff} C_{ox} \frac{W}{L} \left(V_{gs} - V_{fb} - 2\psi_B - \frac{\sqrt{4\varepsilon_{si} q N_a \psi_B}}{C_{ox}} \right) V_{ds} \\
&= \mu_{eff} C_{ox} \frac{W}{L} (V_{gs} - V_t) V_{ds}
\end{aligned}
\qquad (5.23)
$$

ここで，V_t はしきい値電圧であり，

$$
V_t = V_{fb} + 2\psi_B + \frac{\sqrt{4\varepsilon_{si} q N_a \psi_B}}{C_{ox}} \qquad (5.24)
$$

で与えられる．

この式を式 (4.32) と比較すると，**V_t は，表面電位，すなわちバンドの曲がり，が $2\psi_B$ に達するときのゲート電圧であり，そのときのシリコン中の電荷 (平方根の項) は，その電位におけるバルク空乏電荷であることがわかる**．なお，$2\psi_B = (2kT/q)\ln(N_a/n_i)$ であり，その典型値は 0.6〜0.9 V である．V_{gs} が V_t よりも小さいとき，非常に小さい電流が流れ，そのとき MOSFET は，**サブスレッショルド領域** (subthreshold region) にあるといわれる (5.1.3.3 目)．式 (5.23) は，**線形領域における MOSFET は，単にゲート電圧によって変調されるシート抵抗 $\rho_{sh} = 1/[\mu_{eff} C_{ox}(V_{gs} - V_t)]$ をもった抵抗のように振る舞うこと**を示している．

図 5.4 は，区分モデルの低ドレイン I_{ds}–V_{gs} 特性を，$2\psi_B$ で単純化しない全領域連続モデルの数値解と比較したものである．後者は，$V = 0$ で $\psi_s(V_{gs})$ の陰な方程式 (5.14) を解き，同じく $V = 0$ で式 (5.12) の積分から $Q_i(\psi_s)$ を計算することによって得られ

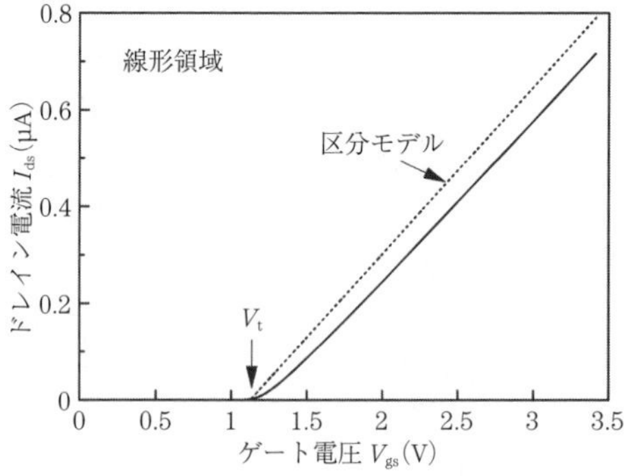

図 5.4　線形領域における MOSFET の I_{ds}–V_{gs} 特性．点線は式 (5.23) の区分モデルであり，実線は式 (5.12) と (5.14) の数値解である．

る．不一致は，**反転層容量** (inversion layer capacitance) の効果に帰することができる．$2\psi_B$ モデルは，すなわち $|Q_i| = C_{ox}(V_{gs} - V_t)$ は，基本的に反転層の厚さがゼロであるため，すべての反転電荷がゲートから t_{ox} 離れたシリコン表面にあると仮定する．これは，しきい値を超えると，反転層容量 $C_i = |dQ_i/d\psi_s|$ を無限大に設定することと等価である．このため，特にしきい値近傍の領域で大きな誤差が生じる．連続な電荷シートのモデルでは，「しきい値電圧」は定義も規定もされていないことに注意すべきである．図 5.4 の数値的な I_{ds}–V_{gs} 曲線の線形部分を $I_{ds} = 0$ での切片に外挿することで得られる外挿されたしきい値電圧 (V_{on}) は，“$2\psi_B$” による V_t よりわずかに (数 kT/q) 高い．

この効果を考慮した反転電荷密度の明示的な式は，図 4.13(b) の小信号容量を考慮することで導出でき (Wordeman, 1986)，

$$\frac{d(-Q_i)}{dV_{gs}} = \frac{C_{ox}C_i}{C_{ox} + C_i + C_d} \approx C_{ox}\left(1 - \frac{1}{1 + C_i/C_{ox}}\right) \tag{5.25}$$

となる．ここでは，強反転の開始後に反転電荷による遮蔽のため，$C_d \approx 0$ となる．式 (4.16) のボルツマン近似を用いると，$|Q_i| \propto \exp(q\psi_s/kT)$ であり，したがって $C_i \approx |Q_i|/(2kT/q)$ となる．$|Q_i| \approx C_{ox}(V_{gs} - V_t)$ であるので，$C_i/C_{ox} = (V_{gs} - V_t)/(2kT/q)$ と書ける．これを式 (5.25) に代入し，V_{gs} に関して積分すると，

$$-Q_i = C_{ox}\left[(V_{gs} - V_t) - \frac{2kT}{q}\ln\left(1 + \frac{q(V_{gs} - V_t)}{2kT}\right)\right] \tag{5.26}$$

が得られる．これは，図 5.4 の V_{gs} が V_t を超える場合の数値計算曲線［$Q_i \times \mu_{eff}(W/L)V_{ds}$］とよく一致する．式 (5.26) は，反転層容量が kT/q の因子に関係することを示している．式 (5.26) は，V_t を超える V_{gs} に対してのみ良い近似であり，V_t 以下の V_{gs} に対しては有効ではないことに注意せよ．

5.1.3.2 放物線領域

大きい V_{ds} に対しては，式 (5.22) のべき級数展開の 2 次の項も重要であり，残しておく必要がある．よって，ドレイン電流の良い近似式は，

$$I_{ds} = \mu_{eff}C_{ox}\frac{W}{L}\left((V_{gs} - V_t)V_{ds} - \frac{m}{2}{V_{ds}}^2\right) \tag{5.27}$$

となる．ここで，

$$m = 1 + \frac{\sqrt{\varepsilon_{si}qN_a/4\psi_B}}{C_{ox}} \tag{5.28}$$

は，1 よりも大きな因子である．5.1.3.3 目および 5.3.1 項では，m 係数が MOSFET デバイスの**サブスレッショルド・スロープ** (subthreshold slope) や**ボディ効果** (body effect) において重要な役割を果たすことを議論する．式 (5.28) は，$\psi_s = 2\psi_B$ におけるバルク空乏容量 C_{dm} に関する式 (4.38) を用いて，いくつかの代替の表式に変換することができる．

$$m = 1 + \frac{C_{dm}}{C_{ox}} = 1 + \frac{3t_{ox}}{W_{dm}} \tag{5.29}$$

最後の式は，$C_{dm} = \varepsilon_{si}/W_{dm}$, $C_{ox} = \varepsilon_{ox}/t_{ox}$ および $\varepsilon_{si}/\varepsilon_{ox} \approx 3$ による．図を用いた m の解釈は図 5.5 に与えられている．しきい値 $\psi_s = 2\psi_B$ 近傍では，反転電荷容量はまだ無視できるので，MOSFET は二つのキャパシタ C_{ox} と C_{dm} が直列につながれたように機能する．m 係数は，ΔV_{gs} だけゲート電圧が増加したときの表面電位の増加を $\Delta\psi_s$ としたときの $\Delta V_{gs}/\Delta\psi_s$ に等しい．ΔV_{gs} はゲートに $+\Delta Q$ のシート電荷密度を誘起し，空乏領域の端 (表面から遠い方の端) に $-\Delta Q$ のシート電荷密度を誘起する．これらは，シリコン中に $\Delta\mathcal{E} = \Delta Q/\varepsilon_{si}$，酸化膜中に $\Delta Q/\varepsilon_{ox}$ の電界変化を起こし，図 5.5 に示すようにポテンシャルの増加 $\Delta\psi(x)$ を生じる．ここで，酸化膜の幅は，その物理的な幅よりも $\varepsilon_{si}/\varepsilon_{ox} \approx 3$ 倍だけ拡張しており，そのためシリコン–酸化膜界面の傾きに変化はない．式 (5.28) は**均一なバルクドーピングの場合にのみ妥当**であるが，式 (5.29) は**不均一ドーピングプロファイルのより一般的な場合でも妥当**であり，これは 6.3.3 項で議論される．$1/m$ は表面電位をゲートで変調する効率の尺度であるので，m は MOSFET の設計ではできるだけ 1 に近い値，たとえば 1.1〜1.4 に保たれる．

式 (5.27) によれば，V_{ds} が増加すると，I_{ds} は図 5.6 に示すように放物線を描きながら，最大値に達する (飽和する) まで増加する．飽和は，

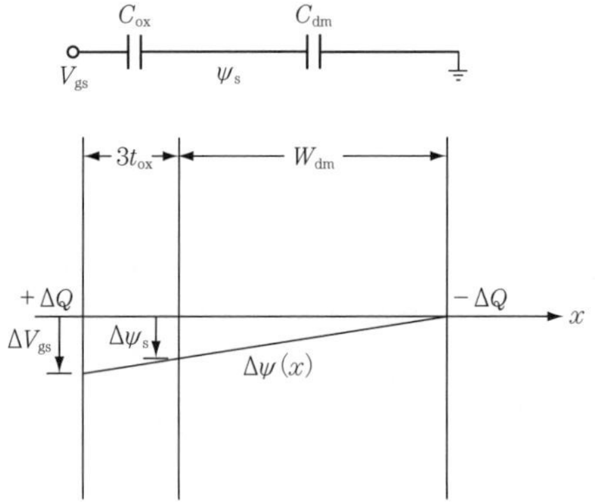

図 5.5　しきい値電圧近傍，あるいはそれ以下でゲート電圧を変調したことによる MOSFET 中のポテンシャルの増加．基板を接地すると，空乏領域のバルク側のポテンシャル ($\Delta\psi = 0$) が決まる．酸化膜中の電位降下 $(\Delta Q/\varepsilon_{ox})t_{ox}$ は $(\Delta Q/\varepsilon_{si})[(\varepsilon_{si}/\varepsilon_{ox})t_{ox}]$ と同じである．m 係数は $\Delta V_{gs}/\Delta\psi_s$ となり，$(W_{dm} + 3t_{ox})/W_{dm}$ と等しい．

$$V_{\rm ds} = V_{\rm dsat} = \frac{V_{\rm gs} - V_{\rm t}}{m} \tag{5.30}$$

のときに

$$I_{\rm ds} = I_{\rm dsat} = \mu_{\rm eff} C_{\rm ox} \frac{W}{L} \frac{(V_{\rm gs} - V_{\rm t})^2}{2m} \tag{5.31}$$

で発生する．式 (5.31) は，バルク空乏電荷が無視できる (基板濃度が低い) とき，すなわち $m = 1$ のときに，よりよく知られた MOSFET の飽和電流式になる．図 5.6 の破線は，異なった $V_{\rm gs}$ における $I_{\rm ds}$–$V_{\rm ds}$ 曲線について，$V_{\rm dsat}$ の軌跡を示す．頂点を過ぎた $I_{\rm ds}$ の減少は明らかに物理的に正しくない．破線の $(V_{\rm dsat}, I_{\rm dsat})$ 曲線は，式 (5.22)，したがって式 (5.27) の導出で使用した領域近似 $\psi_{\rm s} = 2\psi_{\rm B} + V$ の有効性の境界を示している．

ある $V_{\rm gs}$ において，$V_{\rm ds}$ によって $I_{\rm ds}$ が飽和することをより深く理解するために，擬フェルミポテンシャル V の関数として反転電荷密度 $Q_{\rm i}$ を調べる．区分モデルでは，$\psi_{\rm s} = 2\psi_{\rm B} + V$ を式 (5.16) に代入し，平方根の項を V のべき級数に展開し，最も低次の二つの項だけを残すと，

$$-Q_{\rm i}(V) = C_{\rm ox}(V_{\rm gs} - V_{\rm t} - mV) \tag{5.32}$$

となる．ある固定した $V_{\rm gs}$ について，上式の関係を図 5.7 に示した．式 (5.10) から，ドレイン電流は，$V = 0$ から $V_{\rm ds}$ までの間にあって $|Q_{\rm i}(V)|$ を示す線より下の領域の面積に比例することに注意せよ．$V_{\rm ds}$ が小さいとき (線形領域)，チャネルのドレイン端の反転電荷密度はソース端のそれよりわずかに低いだけである．ドレイン電圧が増加するにつれて (ゲート電圧を固定している場合)，面積すなわち電流は増加するが，ドレインで

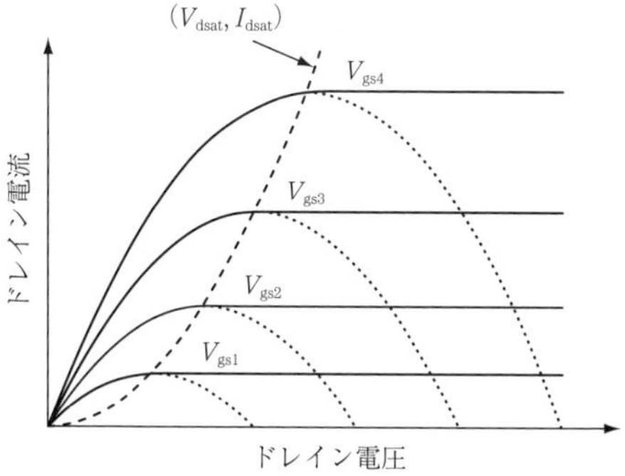

図 5.6 長チャネル MOSFET の異なる $V_{\rm gs}$ に対する $I_{\rm ds}$–$V_{\rm ds}$ 特性 (実線)．破線は電流飽和に至るドレイン電圧の軌跡を示している．点線は飽和以前の放物線状の特性の振る舞いを描くための補助である．

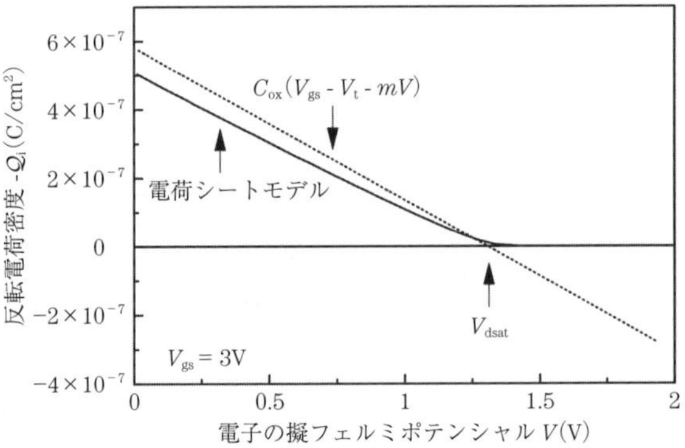

図 5.7　反転電荷密度の擬フェルミポテンシャル依存性．点線は式 (5.32) の関係を示している．実線は電荷シートモデルから求められたものである．パラメータは図 5.3 のものと同じである．

の反転電荷密度は減少し，最終的に $V_{ds} = V_{dsat} = (V_{gs} - V_t)/m$ のときにゼロになる．この時点で，I_{ds} は最大値をとり，式 (5.31) の I_{dsat} に達する．

$\psi_s(V)$ について陰な方程式 (5.14) を数値的に解き，式 (5.16) から $Q_i(\psi_s)$ を計算する．こうして生成された，電荷シートモデルでの連続な $-Q_i(V)$ 曲線も，図 5.7 に示されている． $V = 0$ において，$-Q_i$ は 5.1.3.1 目で議論した反転層容量の効果により，$C_{ox}(V_{gs} - V_t)$ よりもわずかに低くなる．$V = V_{dsat}$ で $-Q_i = 0$ となり，その後に区分モデルのように負になるのではなく，電荷シートモデルの $-Q_i$ は $V \to \infty$ で連続的に 0 に近づく．つまり，電荷シート $-Q_i(V)$ より下の面積に比例する I_{ds} は，V_{ds} が $\gg V_{dsat}$ になるにつれて，連続的に飽和値に収束する．しかし，このような振る舞いは，電荷シートモデルの最初に行った GCA の結果である．V_{dsat} を超えるドレイン電流を適切にモデル化するには，GCA とは異なるモデルが必要である．これについては 5.1.4 項で説明する．

5.1.3.3　サブスレッショルド領域

ゲートとソース–ドレイン電圧によって，MOSFET は図 5.8 に示される 3 領域のうちの一つにバイアスされる．線形および放物線領域の特性については，5.1.3.1 目および 5.1.3.2 目で述べた．この項で，われわれは，$V_{gs} < V_t$ となるサブスレッショルド領域での MOSFET デバイスの特性について議論する．

図 5.9 は，式 (5.14) および (5.12) の連続モデルによって生成された低ドレイン電圧の I_{ds}–V_{gs} 特性を，電流を線形および対数の両スケールでプロットしたものである．線形スケールでは，ドレイン電流はしきい値電圧のすぐ下でゼロになるように見える．しかし，対数スケールでみると，下降するドレイン電流は，V_t よりの下の数百 mV の間，無

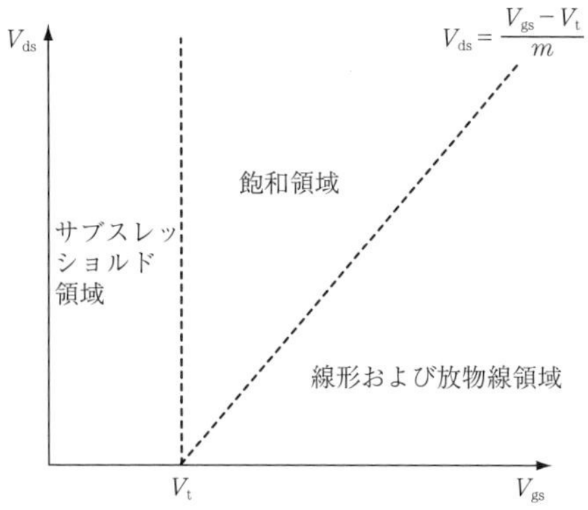

図 **5.8**　V_{gs}–V_{ds} 平面における MOSFET 動作の 3 つの領域

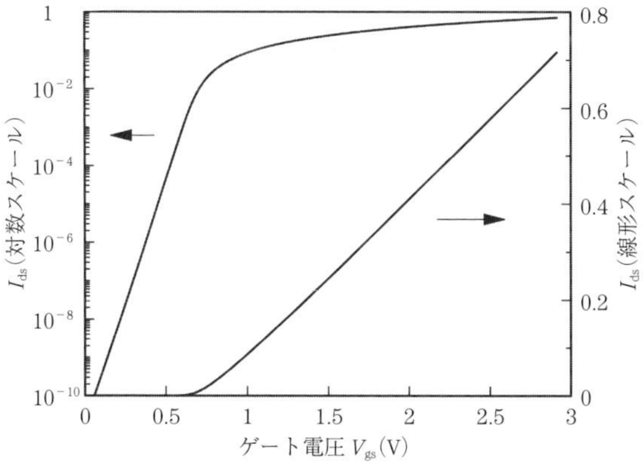

図 **5.9**　電荷シートモデルによって生成された低ドレイン電圧の I_{ds}–V_{gs} 特性．同じ電流を線形スケールと対数スケールの両方でプロットした．

視できないレベルに留まっていることがわかる．これは，反転電荷密度が急激にゼロにならないためである．むしろ，式 (5.11) から明らかなように，ψ_s あるいは V_{gs} に指数関数的に依存する，$\psi_B \le \psi_s \le 2\psi_B$ である V_t 直下のサブスレッショルド領域は，**弱反転領域**ともよばれる．サブスレッショルド領域の動作は，MOSFET デバイスがどのようにスイッチオフするかを説明する．$V_{gs}=0$ での I_{ds} であるオフ電流は，個々のデバイスでは非常に小さいものの，10^9 を超えるトランジスタからなる VLSI チップ全体では，かなりのレベルの待機時電力消費となる．これについては 6.3 節でさらに検討する．

ドリフト電流が支配的であった強反転領域と異なり，サブスレッショルド電流では拡散電流が支配的である．これは，全電流が $\mathrm{d}V/\mathrm{d}y$ に比例するのに対して，ドリフト電流

は電界または $d\psi_s/dy$ に比例することを考えればわかる．図 5.3 では，電荷シートモデルから，しきい値以上では $d\psi_s/dV \approx 1$ であり，電流は主にドリフトであることを意味する．一方，しきい値以下 ($V_{gs} = 1\,\mathrm{V}$ の場合) では，$d\psi_s/dV \approx 0$ となり，電流はすべて拡散となる．一般に，電流の連続性は，個々の成分ではなく，全体の電流にのみ適用される．言い換えれば，ドリフト成分と拡散成分の分率は，チャネルのある点から別の点へと変化する可能性がある．しかし，ドレイン電圧が低い場合，すなわち $V \to 0$ の極限では，式 (5.14) は V_{gs} と ψ_s の間の一対一の関係になる．この場合，$d\psi_s/dV$ はソースからドレインまで同じ値になる．式 (5.14) を微分して $V = 0$ とすると，次のようになる．

$$\frac{d\psi_s}{dV} = \frac{(n_i{}^2/N_a{}^2)\, e^{q\psi_s/kT}}{1 + (n_i{}^2/N_a{}^2)\, e^{q\psi_s/kT} + (C_{ox}{}^2/\varepsilon_{si} q N_a)\,(|Q_s|/C_{ox})} \tag{5.33}$$

ここで，$|Q_s|/C_{ox}$ は酸化膜での電位降下であり，式 (5.14) の最後の項で与えられている．$d\psi_s/dV$ と $1 - d\psi_s/dV$ の両方を V_{gs} に対してプロットしたのが図 5.10 である．$\psi_s < 2\psi_B$ のサブスレッショルド領域では，式 (5.33) の分子が 1 よりはるかに小さく，拡散成分が支配的であることは明らかである．逆に，強い反転を超えると，$d\psi_s/dV \approx 1$ となり，ドリフト電流が支配的になる．

サブスレッショルド電流の式を求めるには，式 (5.14) から，シリコン中の全電荷密度が，

$$-Q_s = \varepsilon_{si}\mathcal{E}_s = \sqrt{2\varepsilon_{si} kTN_a}\left[\frac{q\psi_s}{kT} + \frac{n_i{}^2}{N_a{}^2} e^{q(\psi_s - V)/kT}\right]^{1/2} \tag{5.34}$$

となることに注意をしよう．弱い反転では，反転電荷密度に起因する角括弧内の第 2 項は，空乏電荷密度から生じる第 1 項よりもはるかに小さい．平方根はべき級数に展開で

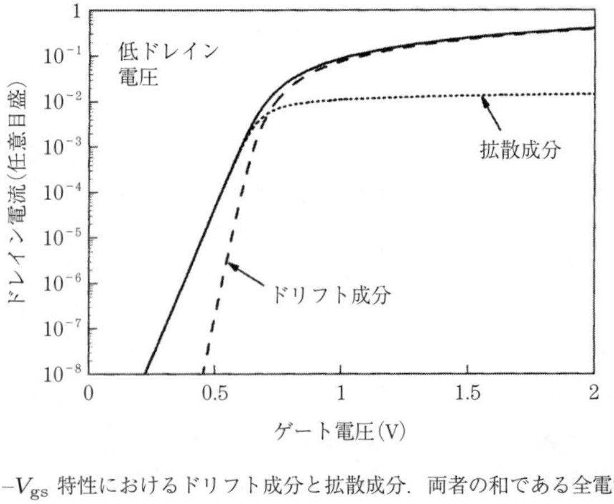

図 5.10　I_{ds}–V_{gs} 特性におけるドリフト成分と拡散成分．両者の和である全電流が実線で示されている．

き，0 次の項は式 (5.15) により空乏電荷密度 Q_{d} として同定され，1 次の項は反転電荷密度を与える．

$$-Q_{\mathrm{i}} = \sqrt{\frac{\varepsilon_{\mathrm{si}} q N_{\mathrm{a}}}{2\psi_{\mathrm{s}}}} \left(\frac{kT}{q}\right) \left(\frac{n_{\mathrm{i}}}{N_{\mathrm{a}}}\right)^2 e^{q(\psi_{\mathrm{s}} - V)/kT} \tag{5.35}$$

表面電位 ψ_{s} は式 (5.14) を通してゲート電圧に関係する．反転電荷密度は小さいので，ψ_{s} は V_{gs} のみの関数であり，V には依存しない．

Q_{i} を式 (5.10) に代入して積分すると，サブスレッショルド領域のドレイン電流が得られる．

$$I_{\mathrm{ds}} = \mu_{\mathrm{eff}} \frac{W}{L} \sqrt{\frac{\varepsilon_{\mathrm{si}} q N_{\mathrm{a}}}{2\psi_{\mathrm{s}}}} \left(\frac{kT}{q}\right)^2 \left(\frac{n_{\mathrm{i}}}{N_{\mathrm{a}}}\right)^2 e^{q\psi_{\mathrm{s}}/kT} \left(1 - e^{-qV_{\mathrm{ds}}/kT}\right) \tag{5.36}$$

式 (5.14) の空乏電荷項のみを保持する必要があり，この式を使うと，ψ_{s} は V_{gs} で表すことができる．

$$V_{\mathrm{gs}} = V_{\mathrm{fb}} + \psi_{\mathrm{s}} + \frac{\sqrt{2\varepsilon_{\mathrm{si}} q N_{\mathrm{a}} \psi_{\mathrm{s}}}}{C_{\mathrm{ox}}} \tag{5.37}$$

この式は，空乏状態の MOS の式 (4.32) と同じである．ψ_{s} に対する解は式 (4.33) で与えられる．結果をさらに単純化するために，ψ_{s} をしきい値 $2\psi_{\mathrm{B}}$ (Swanson と Meindl, 1972) からわずかにずれただけと考える．図 5.5 の $m = \Delta V_{\mathrm{gs}}/\Delta\psi_{\mathrm{s}}$ の概念を用いると，$V_{\mathrm{gs}} = V_{\mathrm{t}} + m(\psi_{\mathrm{s}} - 2\psi_{\mathrm{B}})$ とし V_{gs} を近似できる．ψ_{s} について解き，式 (5.36) に代入すると，V_{gs} の関数としてサブスレッショルド電流が得られる．

$$I_{\mathrm{ds}} = \mu_{\mathrm{eff}} \frac{W}{L} \sqrt{\frac{\varepsilon_{\mathrm{si}} q N_{\mathrm{a}}}{4\psi_{\mathrm{B}}}} \left(\frac{kT}{q}\right)^2 e^{q(V_{\mathrm{gs}} - V_{\mathrm{t}})/mkT} \left(1 - e^{-qV_{\mathrm{ds}}/kT}\right) \tag{5.38}$$

あるいは

$$I_{\mathrm{ds}} = \mu_{\mathrm{eff}} C_{\mathrm{ox}} \frac{W}{L} (m-1) \left(\frac{kT}{q}\right)^2 e^{q(V_{\mathrm{gs}} - V_{\mathrm{t}})/mkT} (1 - e^{-qV_{\mathrm{ds}}/kT}) \tag{5.39}$$

となる．

サブスレッショルド電流は，V_{ds} が数 kT/q より大きくなると，拡散で支配される電流輸送について予想されるように，ドレイン電圧に依存しない．一方，ゲート電圧依存性は指数関数的で，**逆サブスレッショルド・スロープ** (inverse subthreshold slope) または**サブスレッショルド・スイング** (subthreshold swing)

$$S = \left(\frac{\mathrm{d}(\log_{10} I_{\mathrm{ds}})}{\mathrm{d}V_{\mathrm{gs}}}\right)^{-1} = 2.3 \frac{mkT}{q} = 2.3 \frac{kT}{q} \left(1 + \frac{C_{\mathrm{dm}}}{C_{\mathrm{ox}}}\right) \tag{5.40}$$

をもち (図 5.10)，典型的には 70〜100 mV/decade となる．ここで，式 (5.29) より $m = 1 + (C_{\mathrm{dm}}/C_{\mathrm{ox}})$ である．VLSI 回路では，トランジスタ電流のスイッチングオ

フを容易にするため，急峻なサブスレッショルド・スロープが望ましい．したがって，MOSFET の設計では，ゲート酸化膜厚とバルクのドーピング濃度は，係数 m が 1.1 から 1.4 の間など，1 より大きすぎないように選択されるべきである．**サブスレッショルド・スイングの下限は $\boldsymbol{2.3kT/q}$，すなわち室温で 60 mV/decade であり，デバイスの大きさによって変化しない．**このことは，6 章と 8 章で述べるように，しきい値電圧の設計とデバイスのスケーリングに重要な意味をもつ．

5.1.4　飽和領域における非 GCA モデル

これまで取り上げてきた MOSFET 電流モデルは，グラデュアルチャネル近似 (GCA) の枠組みの下で開発されてきた．これは，y 方向またはチャネル方向の電界の勾配は，x 方向またはゲート方向の電界の勾配に比べて無視できると仮定するもので，以下に示す 2 次元ポアソン方程式

$$\frac{\partial^2\psi}{\partial x^2}+\frac{\partial^2\psi}{\partial y^2}=-\frac{q}{\varepsilon_{\mathrm{si}}}\left[p(x)-n(x)+{N_{\mathrm{d}}}^{+}(x)-{N_{\mathrm{a}}}^{-}(x)\right] \tag{5.41}$$

は，式 (4.9) の 1 次元の MOS の式に簡単化される．GCA モデルは，線形，放物線，およびサブスレッショルド領域では問題なく機能するが，$V_{\mathrm{ds}}>V_{\mathrm{dsat}}$ の飽和領域では上手く機能しない．図 5.7 に，$V>V_{\mathrm{dsat}}$ のとき，電荷シートモデルによる可動電荷密度 $(-Q_{\mathrm{i}})$ がゼロに近づくことに気をつけると，このことがわかる．しかし，電流連続の式である式 (5.8) は以下のようであり，

$$I_{\mathrm{ds}}=-\mu_{\mathrm{eff}}W\frac{\mathrm{d}V}{\mathrm{d}y}Q_{\mathrm{i}}(V) \tag{5.42}$$

$(-Q_{\mathrm{i}})\times\mathrm{d}V/\mathrm{d}y$ がチャネル内で一定であることを要求する．$Q_{\mathrm{i}}\to 0$ のとき，$\mathrm{d}V/\mathrm{d}y\to\infty$ となり，GCA を無効なものとする．

ほとんどの標準的な教科書では，これは**ピンチオフ**条件とよばれている．ピンチオフとは，もともとトランジスタ開発の初期に JFET(Junction Field-Effect Transistors; 接合型電界効果トランジスタ) に適用された用語である (Shockley, 1952)．これは，p 型または n 型の伝導経路が，経路の両側にある逆バイアス p–n 接合の空乏領域による侵食によって，ゼロまで絞り込まれることを説明するものである．MOSFET において，電流飽和の点を述べるのに**ピンチオフ**を使うことは誤解を招く恐れがある．それは，$V=V_{\mathrm{dsat}}$ でゼロになるのは垂直電界 $\mathcal{E}_x=-(\partial\psi/\partial x)|_{x=0}$，あるいはゲートで誘導された電荷の密度であり，移動する電荷密度の全体ではないからである．実は，2 次元数値シミュレーション (TCAD[2]) によって得られた図 5.11(a) にみられるように，$\partial^2\psi/\partial x^2$ と $\mathcal{E}_x$ は $V=V_{\mathrm{dsat}}$ を超えると負になる．このことは，図 5.7 に示す電荷シートの曲線での，

[2] TCAD (Technology Computer Aided Design) は，2 次元 (または 3 次元) の半導体デバイスのシミュレーションツールで，ユーザーが指定したデバイス形状上の連立偏微分方程式 (ポアソン方程式と電流連続方程式を含む) を有限要素解析により数値的に解く．いくつかの商用版が利用できる．

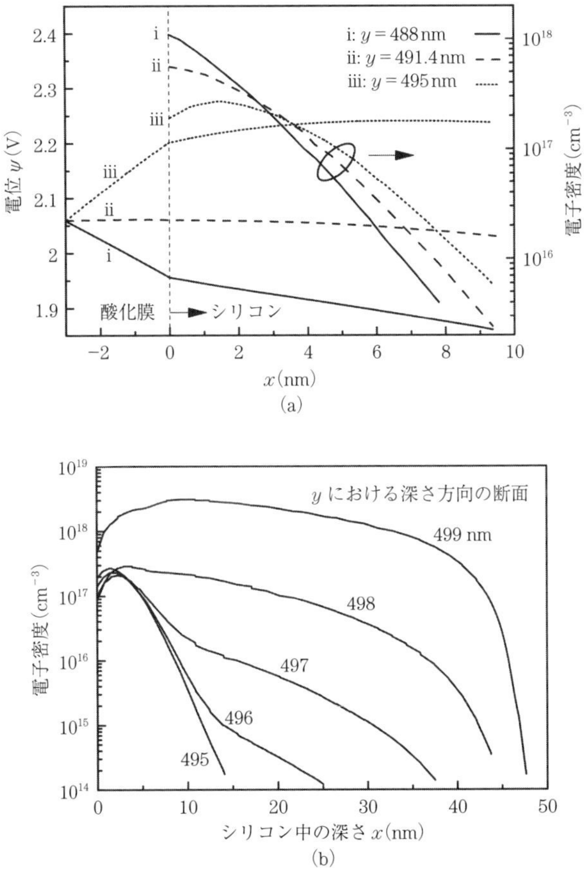

図 5.11　TCAD シミュレーションによるプロット．(a) 電位 $\psi(x)$ と電子密度 $n(x)$ (右軸) を，(i) 飽和点の手前の場所，(ii) 飽和点，(iii) 飽和点を超えた場所，以上の 3 つの場所で垂直方向にチャネルを切断し，チャネルの深さ方向にプロットしたもの．このプロットでは，ψ をソースのフェルミポテンシャルを基準とした真性電位と定義する (図 7.13 参照)．MOSFET のパラメータは，$L = 500\,\mathrm{nm}$，$t_{\mathrm{inv}} = 3.3\,\mathrm{nm}$，$N_{\mathrm{a}} = 10^{18}\,\mathrm{cm}^{-3}$(均一ドープ)，$V_{\mathrm{gs}} = 1.5\,\mathrm{V}$，$V_{\mathrm{ds}} = 2.0\,\mathrm{V}$ である．ゲート仕事関数は n^{+} シリコンのものである．(b) 飽和点とドレイン ($y = 500\,\mathrm{nm}$) 間の 5 つの垂直断面に沿ったシリコン中の電子密度と深さの関係．この場合の接合深さは $x_{\mathrm{j}} = 50\,\mathrm{nm}$ である．

上述の V_{dsat} の振る舞いが，物理的に正しいのではなく，GCA モデルが $\mathcal{E}_x$ を負にすることを許さなかった結果であることを示している．また，図 5.11(a) に示すように，$(\partial\psi/\partial x)|_{x=0}$ が正であろうと負であろうと，電子密度がゼロになることはない．2 次元の式 (5.41) からみると，$\partial^2\psi/\partial x^2$ が負になると，$\partial^2\psi/\partial x^2$ の負を克服するために，

$\partial^2\psi/\partial y^2$ の項がより正になり，合計が正になる．そのため，「ピンチオフ」は決して起こらない．$V > V_{\mathrm{dsat}}$ のとき，垂直方向の電界が負になれば，$\partial^2\psi/\partial y^2$ そして横方向の電界が急激に増大する．

5.1.4.1　飽和領域への連続的な非 GCA モデル

非 GCA モデルを構築するには，$\partial^2\psi/\partial y^2$ 項を，以下のように電流連続式の $-Q_{\mathrm{i}}$ に加える (Taur と Lin, 2018).

$$I_{\mathrm{ds}} = \mu_{\mathrm{eff}} W \left[-Q_{\mathrm{i}}(V) + \varepsilon_{\mathrm{si}} d_{\mathrm{si}} \frac{\mathrm{d}^2\psi}{\mathrm{d}y^2} \right] \frac{\mathrm{d}V}{\mathrm{d}y} \tag{5.43}$$

ここで，d_{si} は体積当たりの電荷密度 $\varepsilon_{\mathrm{si}}\mathrm{d}^2\psi/\mathrm{d}y^2$ を面電荷密度に変換するためのシリコン中の有効深さである．薄いシリコン膜を有するダブルゲート MOSFET では，d_{si} の明確な選択肢はシリコンの厚さである．バルク MOSFET の場合，d_{si} は接合深さ x_{j} の数分の一程度になる．このことは，図 5.11(b) に示した飽和点を超えた電子密度の深さ分布の TCAD プロットをみればわかる．垂直断面がドレイン接合に近づくにつれて，電子密度は接合深さ $x_{\mathrm{j}} = 50\,\mathrm{nm}$ に向かって深く広がっており，電流密度も同様に広がることを示唆している．この点から，d_{si} は物理的な深さではなく，実効的な深さ，または平均的な深さである．この例では，$d_{\mathrm{si}} = 20\,\mathrm{nm}$ の深さパラメータを用いることで良い近似となる．また，図 5.11 にみられるように，面積当たりの電子密度，すなわち x で積分した $n(x)$ は，飽和点 ($y \approx 491.4\,\mathrm{nm}$) の手前で減少していたが，飽和点を経て，ドレイン接合端に非常に近い $y \approx 497\,\mathrm{nm}$ で最小となるまで減少し続ける．

式 (5.43) の $-Q_{\mathrm{i}}(V)$ の表式には，式 (5.32) が適している．

$$-Q_{\mathrm{i}}(V) = C_{\mathrm{inv}}\,(V_{\mathrm{gs}} - V_{\mathrm{t}} - mV) \tag{5.44}$$

これは，$V = V_{\mathrm{dsat}} = (V_{\mathrm{gs}} - V_{\mathrm{t}})/m$ を超えるとマイナスになる (図 5.7 の点線参照). ここで，C_{inv} は反転層容量を考慮するために C_{ox} の代わりに使用される．ソースにおいては，$C_{\mathrm{inv}}(V_{\mathrm{gs}} - V_{\mathrm{t}})$ は，$V = 0$ で $\psi_{\mathrm{s}} = \psi_{\mathrm{s,s}}$ とする電荷シートモデルの式 (5.16) で与えられる．$V_{\mathrm{gs}} - V_{\mathrm{t}}$ が数 kT/q より大きい，たとえば，$V_{\mathrm{gs}} - V_{\mathrm{t}} > 0.2\,\mathrm{V}$ の場合，$Q_{\mathrm{i}}(V)$ を直線のスロープとすることは，妥当な近似である．しきい値近傍のバイアス条件では，反転層容量の効果により，V に伴った $|Q_{\mathrm{i}}|$ の減少はより緩やかになる (図 5.4 を参照) (Ren と Taur, 2020).

$\varepsilon_{\mathrm{si}}\mathrm{d}^2\psi/\mathrm{d}y^2$ の項が重要であるドレイン付近では，電流はほとんどドリフトである (すなわち $\mathrm{d}\psi/\mathrm{d}y \approx \mathrm{d}V/\mathrm{d}y$ である) という理由により，式 (5.43) を解きやすくするために，$\mathrm{d}^2\psi/\mathrm{d}y^2 \approx \mathrm{d}^2V/\mathrm{d}y^2$ という近似がなされる．この代入により，式 (5.43) を一度積分することで，以下の式が得られる．

$$\frac{I_{\mathrm{ds}}}{\mu_{\mathrm{eff}}W}y = C_{\mathrm{inv}}\left[(V_{\mathrm{gs}} - V_{\mathrm{t}})\,V - \frac{m}{2}V^2\right] + \frac{\varepsilon_{\mathrm{si}}d_{\mathrm{si}}}{2}\left[\left(\frac{\mathrm{d}V}{\mathrm{d}y}\right)^2 - \mathcal{E}_0{}^2\right] \tag{5.45}$$

ここで，$\mathcal{E}_0$ は $y = 0$ における $\mathrm{d}V/\mathrm{d}y$ である．$y = 0$ では，式 (5.43) の非 GCA 項は無視できるので，以下の式を得る．

$$\mathcal{E}_0 = \frac{I_{\mathrm{ds}}}{\mu_{\mathrm{eff}}WC_{\mathrm{inv}}\,(V_{\mathrm{gs}} - V_{\mathrm{t}})} \tag{5.46}$$

式 (5.45) は，飽和の前後を問わず，しきい値以上のすべての領域に対して有効な 1 次の常微分方程式である．ある与えられた I_{ds} について，$y = 0$ から $y = L$ まで $V(y)$ を数値的に求め，結果として $V_{\mathrm{ds}} = V(L)$ が得られる．$\mathrm{d}V/\mathrm{d}y = f(y, V)$ を評価し，次の点を求めるために，それを適用するという標準的な方法は，$V \ll V_{\mathrm{dsat}}$ の領域で数値的な不正確さが大きくなるという問題にぶつかる．$V \ll V_{\mathrm{dsat}}$ の領域では，$y(V)$ が式 (5.45) の右辺の第 1 項 (GCA) によって単純に与えられ，$(\mathrm{d}V/\mathrm{d}y)^2$ の項 (非 GCA) が無視できるからである．その代わりに，ある点 (y, V) から次の点 $(y + \delta y, V + \delta V)$ に行くには，次の差分方程式を用いる．

$$\begin{aligned}\frac{I_{\mathrm{ds}}}{\mu_{\mathrm{eff}}W}\delta y = C_{\mathrm{inv}}&\left\{(V_{\mathrm{gs}} - V_{\mathrm{t}})\,\delta V - \frac{m}{2}\left[(2V\delta V) + (\delta V)^2\right]\right\}\\ &+ \frac{\varepsilon_{\mathrm{si}}d_{\mathrm{si}}}{2}\left\{\left[2\left(\frac{\delta V}{\delta y}\right) - \left.\frac{\mathrm{d}V}{\mathrm{d}y}\right|_{y,V}\right]^2 - \left[\left.\frac{\mathrm{d}V}{\mathrm{d}y}\right|_{y,V}\right]^2\right\}\end{aligned} \tag{5.47}$$

ここで，$(\mathrm{d}V/\mathrm{d}y)|_{y,V}$ は点 (y, V) における $\mathrm{d}V/\mathrm{d}y$ の値である．ある与えられた δy に対して，上記は標準的な解をもつ δV の 2 次方程式に再編成することができる．この手順は，GCA が支配的な領域から非 GCA 領域への連続的な遷移を生成するために，表計算ソフトを利用して多数のステップについて繰り返すことができる．

図 5.12 には，二つの異なる I_{ds} の値 (いずれも I_{dsat} をわずかに超える) に対する解である $V(y)$ の例が，y と V の関係としてプロットされている．y は二つの成分に分解されている．すなわち，$-Q_{\mathrm{i}}$ に由来する (GCA と表示) 式 (5.45) の右辺の第 1 項と $(\mathrm{d}V/\mathrm{d}y)^2$ に由来する (非 GCA と表示) 第 2 項である．まず GCA 曲線を考えてみよう．これは，$V = V_{\mathrm{dsat}} = (V_{\mathrm{gs}} - V_{\mathrm{t}})\,/m$ で $y = (I_{\mathrm{dsat}}/I_{\mathrm{ds}})\,L$ のピーク値をもち，その後ゼロに向かって減少する．これは $-Q_{\mathrm{i}}$ 成分のみが電流の原因である図 5.6 で示されるように，V_{dsat} を過ぎると I_{ds} が下降するという非物理的なものである．非 GCA モデルでは，$(\mathrm{d}V/\mathrm{d}y)^2$ による追加成分は，$V < V_{\mathrm{dsat}}$ では無視できるものの，V_{dsat} を超えると急激に増加するため，図 5.12 にみられるように，合計の y (実線の曲線) は L に向かって増加し続ける．もちろん，傾き $\mathrm{d}y/\mathrm{d}V$ が負になることはないが，飽和領域では飽和前よりも傾きははるかに減少する．

チャネル長変調 (CLM: Channel Length Modulation) の概念は，$V = V_{\mathrm{dsat}}$ における GCA 曲線のピークの y 値，すなわち $(I_{\mathrm{dsat}}/I_{\mathrm{ds}})\,L$ が，$I_{\mathrm{ds}} > I_{\mathrm{dsat}}$ であれば L

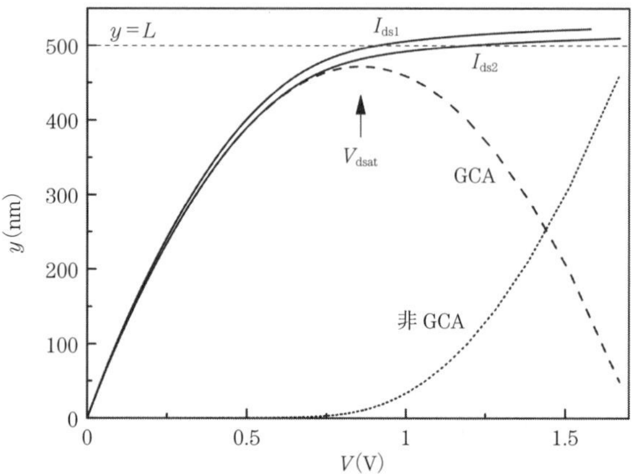

図 5.12　二つの I_{ds} の値に対する式 (5.45) の解となる $y(V)$．I_{ds1} は I_{dsat} より 3％大きく，I_{ds2} は I_{dsat} より 6％大きい．デバイスは図 5.11 と同じで，$V_{\mathrm{t}} = 0.4\,\mathrm{V}$，$m = 1.28$，$V_{\mathrm{gs}} = 1.5\,\mathrm{V}$ でバイアスしているため，$V_{\mathrm{dsat}} = 0.86\,\mathrm{V}$，$I_{\mathrm{dsat}} = 2.0\,\mathrm{A/cm}$ である．d_{si} は 20 nm となるように選んだ．$y = L$ の線との交点は，特定の I_{ds} に対する解 (V_{ds}) を与える．I_{ds2} の結果は，式 (5.45) の右辺の二つの項に従って，さらに二つの曲線に分割される．GCA と表示された破線の曲線は，第 1 項を $(I_{\mathrm{ds}}/\mu_{\mathrm{eff}}W)$ で割ったものである．非 GCA と表示された点線の曲線は，第 2 項を同じ $(I_{\mathrm{ds}}/\mu_{\mathrm{eff}}W)$ で割ったものである．

より小さくなる ($< L$) という事実に基づいている．この y 値を $L - \Delta L$ とすると，$I_{\mathrm{ds}} = I_{\mathrm{dsat}}/(1 - \Delta L/L)$ となる．図 5.12 の実線の $V = V_{\mathrm{dsat}}$ における y 値は，破線 (GCA) 上の $V = V_{\mathrm{dsat}}$ における y 値よりもわずかに高いので，完全な非 GCA モデルを考慮すると，CLM は近似値としてしか機能しない．

図 5.13 に，このモデルから生成された I_{ds}–V_{ds} 曲線を示す．線形領域と放物線領域から飽和領域へと連続している．

5.1.4.2　飽和領域に対する領域近似

式 (5.45) は，図 5.12 で明らかなように，$y \approx L$ の飽和領域では大幅に簡略化できる．$\mathcal{E}_0{}^2$ 項も削除できる．さらに並べ替えると次のようになる．

$$\frac{L}{\mu_{\mathrm{eff}}W}(I_{\mathrm{ds}} - I_{\mathrm{dsat}}) + \frac{m}{2}C_{\mathrm{inv}}\,(V - V_{\mathrm{dsat}})^2 = \frac{\varepsilon_{\mathrm{si}}d_{\mathrm{si}}}{2}\left(\frac{\mathrm{d}V}{\mathrm{d}y}\right)^2 \tag{5.48}$$

ここで，V_{dsat} と I_{dsat} は式 (5.30) と (5.31) で与えられる．V_{ds} が V_{dsat} に近すぎない場合，左辺の第 1 項は第 2 項よりもはるかに小さくなる．**その結果，飽和領域では $\mathbf{d}\boldsymbol{V}/\mathbf{d}\boldsymbol{y}$ は $\boldsymbol{V - V_{\mathrm{dsat}}}$ に対して線形に増加する．さらに積分すると，$\boldsymbol{V(y)}$ は $\boldsymbol{y}$ の指数関数 $\boldsymbol{\propto \exp[y/\sqrt{\varepsilon_{\mathrm{si}}d_{\mathrm{si}}/(mC_{\mathrm{inv}})}]}$ となる．**特徴的な横方向の長さ $\sqrt{\varepsilon_{\mathrm{si}}d_{\mathrm{si}}/(mC_{\mathrm{inv}})}$ と縦方向の大きさとの相関関係は，非 GCA 効果の 2 次元的性質を反映している (Ko ら，

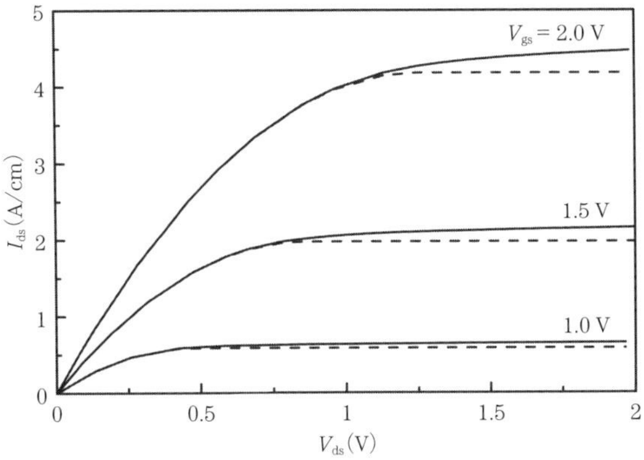

図 5.13 I_{ds}–V_{ds} 曲線 (実線). 図 5.12 のキャプションで説明したデバイスの式 (5.45) から求めたもの. 破線の曲線は GCA モデルによるもので, 電流は I_{dsat} [式 (5.31)] で飽和する.

1981).

CLM 描像に基づくと, Δy と ΔI_{ds} には対応関係がある. 具体的には, $\Delta y/L = \Delta I_{ds}/I_{dsat}$ である. そこで, 式 (5.48) は, 飽和領域における出力コンダクタンスを次のように与える.

$$\frac{dI_{ds}}{dV_{ds}} = \frac{I_{dsat}}{L}\left(\frac{dV}{dy}\right)^{-1} = \sqrt{\frac{\varepsilon_{si} d_{si}}{m C_{inv} L^2}} \frac{I_{dsat}}{V_{ds} - V_{dsat}} \tag{5.49}$$

チャネルの短すぎないデバイスでは, 無次元の平方根の係数は $\ll 1$ であり, たとえば図 5.13 のデバイスでは $\sim 1/40$ である. 飽和領域での傾きは, I_{dsat} 因子を通じて V_{gs} とともに増加し, ある与えられた V_{gs} に対しては V_{ds} とともに減少する.

5.1.5 pMOSFET の *I*–*V* 特性

ここまでは, MOSFET の動作と I–V 特性について説明するために, n チャネルデバイスを例にしてきた. p チャネル MOSFET は, p^+ ソースおよびドレイン領域が埋め込まれた n ウェル内に作製され (図 8.3 参照), すべての電圧および電流の極性が逆であることを除けば, 同様に動作する. たとえば, pMOSFET の $I_{ds} - V_{ds}$ 特性 (図 8.4 参照) は, ソースからドレインに正孔電流が流れるため, ソース端子に対して負のゲート電圧とドレイン電圧をもつ.

pMOSFET のソースはほかの端子に比べて最も高い電位にあるため, CMOS 回路では通常, すべての電圧が正 (またはゼロ) になるように, ソースは電源 (V_{dd}) に接続される. この場合, ゲート電圧が $V_{dd} + V_t$ [$V_t (< 0)$ は pMOS のしきい値電圧である]

より低ければ，デバイスは導通する．p 型基板が通常接地電位に接続される nMOSFET とは対照的に，n ウェルへのオーミックコンタクトも V_{dd} に接続される．このため，n ウェルと基板の接合は逆バイアスとなる．CMOS 回路構成における nMOS と pMOS のバイアス条件の詳細については，8.2 節で説明する．

5.2　MOSFET チャネル移動度

長チャネル MOSFET の電流は，チャネル内のキャリア移動度に比例する [式 (5.8)]. したがって，チャネル移動度は MOSFET の性能を表す指標となる．一般に，電子は正孔よりも有効質量が軽く，移動度が高いため，nMOSFET は pMOSFET よりもデバイス幅当たりの電流が大きくなる．ひずみのないシリコンのキャリア移動度については，5.2.1 項で説明する．移動度に対するひずみの影響については 5.2.2 項で説明する．

5.2.1　経験的なユニバーサル移動度

MOSFET チャネルのキャリア移動度は，バルクシリコンのキャリア移動度よりも著しく低く，これは付加的な散乱機構のためである．格子散乱すなわちフォノン散乱は，表面境界の結晶不連続面で著しく増大する．表面ラフネスは，高い垂直電界の下では，移動度を著しく低下させる．

5.2.1.1　実効移動度および実効垂直電界

5.1.1.1 目では，チャネル移動度は次のように計算された実効移動度 (effective mobility) を定義することで積分から外に出された．

$$\mu_{\mathrm{eff}} = \frac{\displaystyle\int_0^{x_{\mathrm{i}}} \mu_{\mathrm{n}} n(x)\,\mathrm{d}x}{\displaystyle\int_0^{x_{\mathrm{i}}} n(x)\,\mathrm{d}x} \tag{5.50}$$

これは本来，反転層中のキャリア密度によって重みづけされた移動度の平均値である．**$\boldsymbol{\mu_{\mathrm{eff}}}$ と実効垂直電界 (effective normal field) $\boldsymbol{\mathcal{E}_{\mathrm{eff}}}$ の関係をプロットすると，基板バイアス，基板不純物濃度，ゲート酸化膜厚に依存しないユニバーサルな関係が存在する**ことが経験的にわかっている (Sabnis と Clemens, 1979)．実効垂直電界は，Si–SiO$_2$ 界面に垂直な平均電界で，チャネルにおけるキャリアが受けるものとして定義される．ガウスの法則を用いると $\mathcal{E}_{\mathrm{eff}}$ は空乏と反転電荷密度を用いて，

$$\mathcal{E}_{\mathrm{eff}} = \frac{1}{\varepsilon_{\mathrm{si}}}\left(|Q_{\mathrm{d}}| + \frac{1}{2}|Q_{\mathrm{i}}|\right) \tag{5.51}$$

と表される．ここで $|Q_\mathrm{d}|+(1/2)|Q_\mathrm{i}|$ は，反転層中央を通る平面において，ガウスの法則を適用した場合にその平面よりシリコン内部側にある全電荷である．式 (4.23) と (5.24) を用いると，空乏電荷密度は次式のように表される．

$$|Q_\mathrm{d}| = \sqrt{4\varepsilon_\mathrm{si} q N_\mathrm{a} \psi_\mathrm{B}} = C_\mathrm{ox}(V_\mathrm{t} - V_\mathrm{fb} - 2\psi_\mathrm{B}) \tag{5.52}$$

この関係と，$|Q_\mathrm{i}| \approx C_\mathrm{ox}(V_\mathrm{gs} - V_\mathrm{t})$ を式 (5.51) に代入すると，

$$\mathcal{E}_\mathrm{eff} = \frac{V_\mathrm{t} - V_\mathrm{fb} - 2\psi_\mathrm{B}}{3t_\mathrm{ox}} + \frac{V_\mathrm{gs} - V_\mathrm{t}}{6t_\mathrm{ox}} \tag{5.53}$$

が得られる．ここで，$C_\mathrm{ox} = \varepsilon_\mathrm{ox}/t_\mathrm{ox}$ と，$\varepsilon_\mathrm{si} \approx 3\varepsilon_\mathrm{ox}$ を用いた．式 (5.53) は，もしゲート電極が (nMOSFET の場合に) n^+ ポリシリコンならば，$V_\mathrm{fb} = -E_\mathrm{g}/2q - \psi_\mathrm{B}$ を用いてさらに簡単にできる．サブミクロン CMOS 技術ならば，$\psi_\mathrm{B} = 0.30\sim0.42\,\mathrm{V}$ である．よって，実効垂直電界は明示的なデバイスパラメータを用いて，

$$\mathcal{E}_\mathrm{eff} = \frac{V_\mathrm{t} + 0.2}{3t_\mathrm{ox}} + \frac{V_\mathrm{gs} - V_\mathrm{t}}{6t_\mathrm{ox}} \tag{5.54}$$

のように表すことができる．

5.2.1.2 電子移動度のデータ

nMOSFET の移動度と実効垂直電界の関係を表す典型的なデータを図 5.14 に示す (Takagi ら，1988)．室温で $5\times10^5\,\mathrm{V/cm}$ 以下の場合に，移動度は ${\mathcal{E}_\mathrm{eff}}^{-1/3}$ に依存する．この場合の単純な近似式が次である (Baccarani と Wordeman, 1983)．

$$\mu_\mathrm{eff} \approx 32500 \times {\mathcal{E}_\mathrm{eff}}^{-1/3} \tag{5.55}$$

$\mathcal{E}_\mathrm{eff} = 5\times10^5\,\mathrm{V/cm}$ 以上では，$\mathcal{E}_\mathrm{eff}$ の増大とともに μ_eff はより急激に減少する．これは，高い垂直電界の下ではキャリアが表面近くに分布し，表面ラフネス散乱が増大するためである．それぞれの不純物濃度に対して，移動度がユニバーサル曲線から外れて減少してしまう実効電界 (この実効電界よりも低いと，移動度がより低くなる) が存在する．これはクーロン散乱 (あるいは不純物散乱) によるものと推定される．この散乱は不純物濃度が高く，ゲート電圧あるいは垂直電界が低いときにより重要になる．反転層電荷密度が高いときには，電荷遮蔽効果 (screening effect) によって，クーロン散乱はほとんど移動度に影響しない．77 K において μ_eff は，$\mathcal{E}_\mathrm{eff}$ と N_a により強く依存する．低温では，高電界では表面散乱が主として影響を及ぼし，一方で低電界ではクーロン散乱が主となる．

移動度はゲート電圧の上昇とともに低下するため，低ドレイン電圧で測定した $I_\mathrm{ds}-V_\mathrm{gs}$ 特性は，図 5.15 の例に示すように下方に湾曲する．しきい値電圧より約 0.5 V 高い電圧で，傾き (すなわち線形相互コンダクタンス) が最大になる点が存在する．この点を通る接線の切片によって，線形に外挿されたしきい値電圧 V_on を定義するのが通例である．

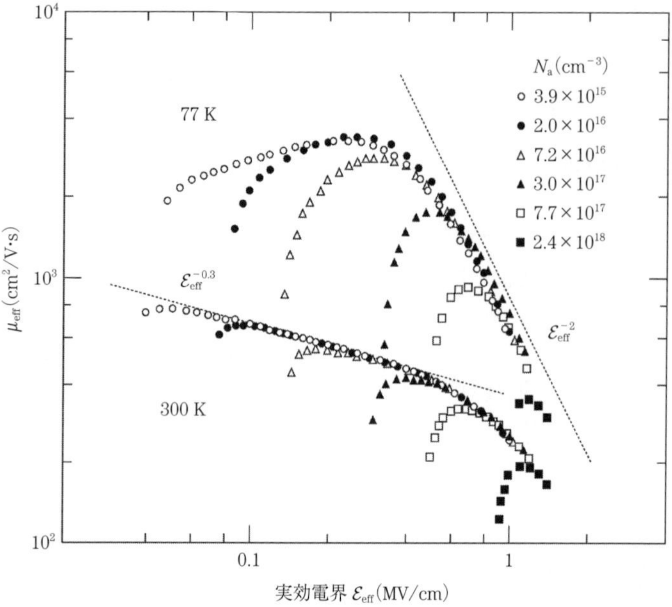

図 5.14　300 K と 77 K で測定された電子移動度と実効垂直電界の関係 (いくつかの基板ドーピング濃度についてプロットしている) [Takagi ら (1988) から引用]

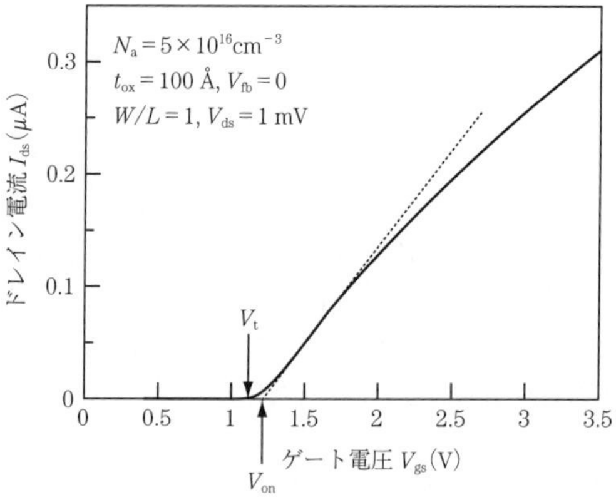

図 5.15　低ドレイン電圧の I_{ds}–V_{gs} 曲線．反転層容量と移動度劣化の影響を考慮した．点線は，線形に外挿したしきい値電圧 V_{on}．

通常は，$V_{\rm on}$ は $\psi_{\rm s}(\rm inv) = 2\psi_{\rm B}$ によるしきい値電圧 $V_{\rm t}$ よりも $(2\sim4)kT/q$ だけ高い．

5.2.1.3 正孔移動度のデータ

pMOSFET について，移動度と電界の同様のデータを図 5.16 に示す．ただし，この場合，実効垂直電界は

$$\mathcal{E}_{\rm eff} = \frac{1}{\varepsilon_{\rm si}}\left(|Q_{\rm d}| + \frac{1}{3}|Q_{\rm i}|\right) \tag{5.56}$$

と定義される．これは測定した正孔移動度を $\mathcal{E}_{\rm eff}$ に対してプロットしたときに，それらがユニバーサル曲線上にのるようにするために必要な処置である (Arora と Gildenblat, 1987)．係数 1/3 はまったく実験的なものであり，その背後に物理的な理由はない．電子移動度と同様に正孔移動度もまた，低電界でクーロン散乱の影響を受け，不純物濃度に依存する．77 K において電界依存性はやはり強くなるが，電子の場合ほどは強くはない．これらの正孔移動度のデータは，$\rm p^+$ ポリシリコンゲートの表面チャネル pMOSFET から得られたものである．

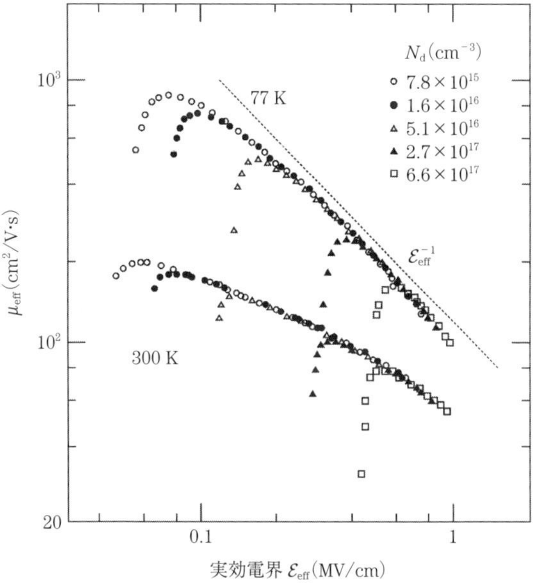

図 5.16 300 K と 77 K で測定された，正孔移動度と (係数 1/3 を用いて計算した) 実効垂直電界の関係．いくつかの基板ドーピング濃度について示している [Takagi ら (1988) から引用]．

高温ではフォノン散乱が増大するため，MOSFET のチャネル移動度が減少する．温度依存性は 2.3.1 項で述べたバルク移動度と同様に，$\mu_{\mathrm{eff}} \propto T^{-3/2}$ である．

5.2.2 移動度へのひずみ効果

ひずみ (引張または圧縮) がシリコンのバンド構造を変化させ，その結果，電子と正孔の移動度に影響を与えることは，長い時間をかけて確立されてきた．過去 20 年ほどの間，IC 産業はこの効果を利用し，n および pMOSFET の性能を向上させるためにさまざまなひずみのエンジニアリングを行ってきた．一般に，ひずみは，ひずみのないシリコンの結晶対称性を破り，伝導帯と価電子帯の縮退を解く．これにより，有効質量の軽い (したがって，より高い移動度をもつ) バンドまたはサブバンドが，より多くのキャリアをもつようにエンジニアリングする (工学的な観点からの最適化をする) ことができる．縮退を解除することで，谷 (バレー) 間の散乱も減少する．場合によっては，バンドの曲率もひずみによって変化し，ひずみのない場合よりも有効質量が軽くなる．5.2.2.1 目と 5.2.2.2 目で説明するように，シリコンで使われているひずみには，二軸ひずみと一軸ひずみの 2 種類のひずみがある．標準的なウェーハの面方位は ⟨100⟩ 面である．

5.2.2.1 二軸ひずみ

図 5.17(a) に示すように，二軸ひずみとは ⟨100⟩ ウェーハ面内で 2 次元的に伸縮することを意味する．これは通常，ウェーハレベルで形成するヘテロ構造で実現される．たとえば，SiGe は，シリコンよりも格子定数が大きい (両者ともに，無ひずみである場合)．SiGe 薄膜をシリコンウェーハ上にエピタキシャル成長させると，SiGe 薄膜は二軸方向に圧縮される．逆に，緩和した SiGe バッファ層の上に成長した薄いエピタキシャルシリコン膜には，二軸引張ひずみが存在する (Rim ら, 1995)．

図 5.18 には，3 次元結晶中の 6 重に縮退したシリコン伝導帯の等エネルギー楕円体を示す．4.4 節では，MOS 反転層において 6 重縮退が Δ_2 谷 (バレー) と Δ_4 谷 (バレー) に分かれることを議論した．低エネルギーの状態は Δ_2 谷であり，その閉じ込め方向の有効質量は $m_{\mathrm{l}} = 0.92m_0$ であり，Δ_4 谷の閉じ込め方向の有効質量 $m_{\mathrm{t}} = 0.19m_0$ より

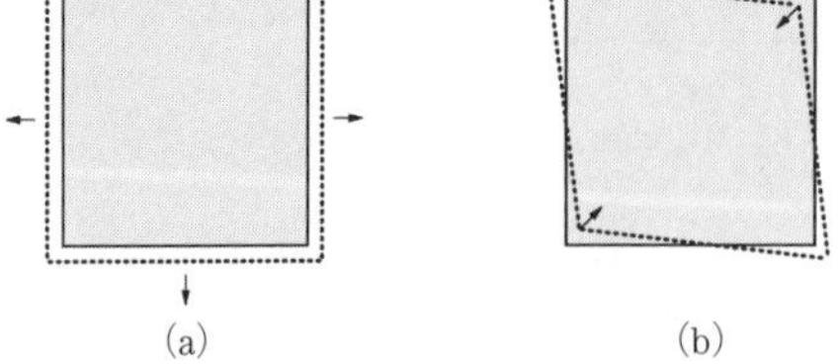

図 5.17 (a) ⟨001⟩ と直交する x–y 平面における二軸引張ひずみの模式図，(b) ⟨110⟩ 方向に沿った一軸圧縮ひずみの模式図 (Sun ら, 2007)

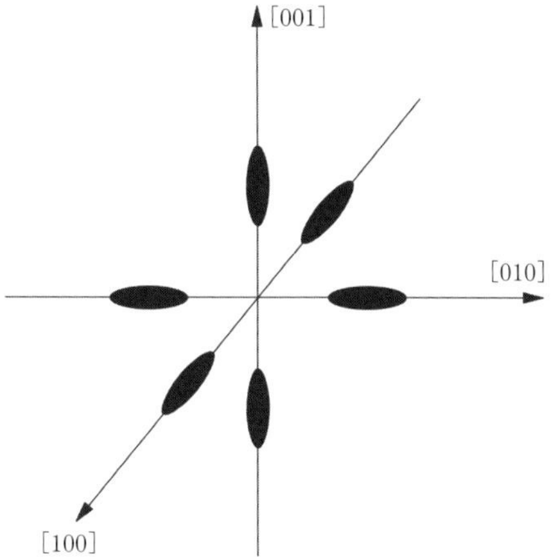

図 5.18 ひずみの無い状態におけるシリコン伝導帯の等エネルギー面

も大きい.

二軸引張ひずみは，伝導帯の 6 重縮退を解き，Δ_2 谷のエネルギーを Δ_4 谷のエネルギーよりも下に移動させるので，電子移動度にとって有益である．MOS 反転層では，これにより二つの谷間のエネルギー差はさらに大きくなる．Δ_2 谷の輸送方向の有効質量は $m_\mathrm{t} = 0.19m_0$ であり，Δ_4 谷の輸送方向の有効質量よりも軽いため，Δ_2 谷にキャリアがより多く存在するほど，全体の移動度は高くなる.

ひずみのない状態では，シリコンの価電子帯も縮退しており，Γ 点 ($k = 0$) で重い正孔 (HH: Heavy Hole) バンドと軽い正孔 (LH: Light Hole) バンドから構成されている．引張ひずみは LH バンドを上昇させ，圧縮ひずみは HH バンドのエネルギーを上昇させる．この場合，どちらのタイプのひずみでも，エネルギー的に最も高いバンドの曲率も変化し，結果として有効質量が軽くなるため，正孔移動度にとって有益である.

5.2.2.2 一軸ひずみ

図 5.17(b) に，⟨110⟩ 方向の一軸圧縮ひずみを模式的に示す．このひずみは製造プロセスで誘起されるものであり，通常 ⟨110⟩ のチャネル方向に沿って印加される (Thompson ら, 2006)．初期の実験報告では，デバイス領域上のエッチストップ用の窒化物層が引張ひずみをもたらし，これが nMOSFET の電子移動度を増加させた．pMOSFET では，選択的にエピタキシャル成長させた SiGe ソース–ドレイン領域が，チャネルに圧縮ひずみを生じさせ，正孔移動度を上昇させることが示された (Gannavaram ら，2000)．ウェーハを曲げる実験では，⟨110⟩ に沿った一軸圧縮ひずみが，⟨100⟩ に沿った一軸圧縮ひずみよりも，正孔移動度の向上にはるかに効果的であることが実証されている (Uchida ら, 2004)．より手の込んだ方式では，窒化膜はデバイスに引張ひずみまたは圧縮ひずみ

を与えるように設計される．マスキングと Ge 注入により，窒化膜を nMOSFET では引張ひずみに，pMOSFET では圧縮ひずみに利用することができ，最も良い効果を得ることができる (Shimizu ら，2001).

全体として，VLSI 産業は，nMOSFET の駆動電流に対して約 10～25 %，pMOSFET の駆動電流に対して 50 %以上の性能向上効果を得るためにひずみを利用してきた．後者の性能向上効果が高いほど，CMOS 回路における nMOSFET と pMOSFET のミスマッチを緩和するのに役立つ．

5.3　MOSFET のしきい値電圧

しきい値電圧は，MOSFET デバイスの最も重要なパラメータの一つである．本節では，基板バイアス，温度，量子効果が，しきい値電圧に及ぼす影響を調べる．

5.3.1　基板感度 (ボディ効果)

5.1.3 項のドレイン電流の式は，基板バイアス (V_{bs}) を 0 と仮定して導いた．もし $V_{bs} \neq 0$ ならば，基板に V_{bs} を印加した状態は，基板を接地したまま，ほかのすべての電圧 (ゲート，ソース，ドレイン電圧) を V_{bs} だけ差し引くことと等価であると考えることで，以前に議論した MOSFET の式を修正できる (図 5.19).

以前のように電荷シートモデルと領域近似である $\psi_s = 2\psi_B + V$ を用いると，式

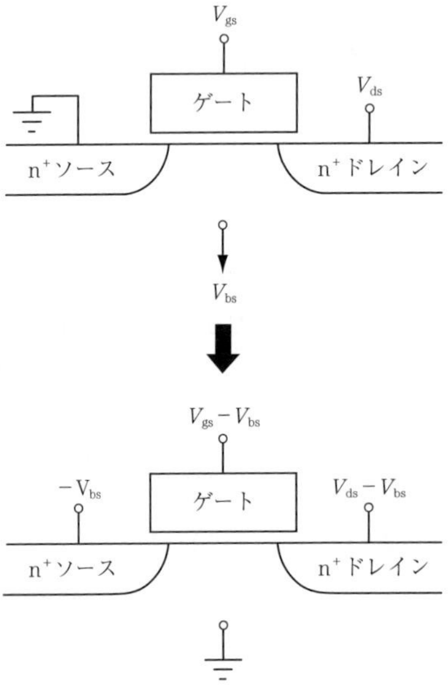

図 5.19　MOSFET の I–V 特性に及ぼす基板バイアスの影響を考慮するための等価回路

(5.16) は，

$$Q_{\mathrm{i}} = -C_{\mathrm{ox}}(V_{\mathrm{gs}} - V_{\mathrm{bs}} - V_{\mathrm{fb}} - 2\psi_{\mathrm{B}} - V) + \sqrt{2\varepsilon_{\mathrm{si}} q N_{\mathrm{a}} (2\psi_{\mathrm{B}} + V)} \qquad (5.57)$$

となる．ここで，V はチャネル内のある点と基板間の逆バイアス電圧である．

電流は Q_{i} を $V = -V_{\mathrm{bs}}$ (ソース) から $V_{\mathrm{ds}} - V_{\mathrm{bs}}$ (ドレイン) まで積分して，

$$I_{\mathrm{ds}} = \mu_{\mathrm{eff}} C_{\mathrm{ox}} \frac{W}{L} \left\{ \left(V_{\mathrm{gs}} - V_{\mathrm{fb}} - 2\psi_{\mathrm{B}} - \frac{V_{\mathrm{ds}}}{2} \right) V_{\mathrm{ds}} - \frac{2\sqrt{2\varepsilon_{\mathrm{si}} q N_{\mathrm{a}}}}{3C_{\mathrm{ox}}} \left[(2\psi_{\mathrm{B}} - V_{\mathrm{bs}} + V_{\mathrm{ds}})^{3/2} - (2\psi_{\mathrm{B}} - V_{\mathrm{bs}})^{3/2} \right] \right\} \qquad (5.58)$$

となる．低ドレイン電圧 (線形領域) では，電流は依然として式 (5.23) によって与えられる．ただし，しきい値電圧は今回，

$$V_{\mathrm{t}} = V_{\mathrm{fb}} + 2\psi_{\mathrm{B}} + \frac{\sqrt{2\varepsilon_{\mathrm{si}} q N_{\mathrm{a}} (2\psi_{\mathrm{B}} - V_{\mathrm{bs}})}}{C_{\mathrm{ox}}} \qquad (5.59)$$

で与えられる．そのため，**逆基板バイアス (reverse substrate bias, $V_{\mathrm{bs}} < 0$)** の効果は，バルク空乏領域を広げ，しきい値電圧を高めることである．図 5.20 は，V_{t} を $-V_{\mathrm{bs}}$ の関数としてプロットしたものである．この曲線の勾配は，

$$\frac{\mathrm{d}V_{\mathrm{t}}}{\mathrm{d}(-V_{\mathrm{bs}})} = \frac{\sqrt{\varepsilon_{\mathrm{si}} q N_{\mathrm{a}} / [2(2\psi_{\mathrm{B}} - V_{\mathrm{bs}})]}}{C_{\mathrm{ox}}} \qquad (5.60)$$

であり，**基板感度** (substrate sensitivity) とよばれる．$V_{\mathrm{bs}} = 0$ において勾配は，$C_{\mathrm{dm}}/C_{\mathrm{ox}}$，あるいは $m - 1$ に等しい [式 (5.28)]．基板感度は，バルクドーピング濃度が高いほど，高くなる．図 5.20 から，基板感度は基板逆方向バイアスが増大するとと

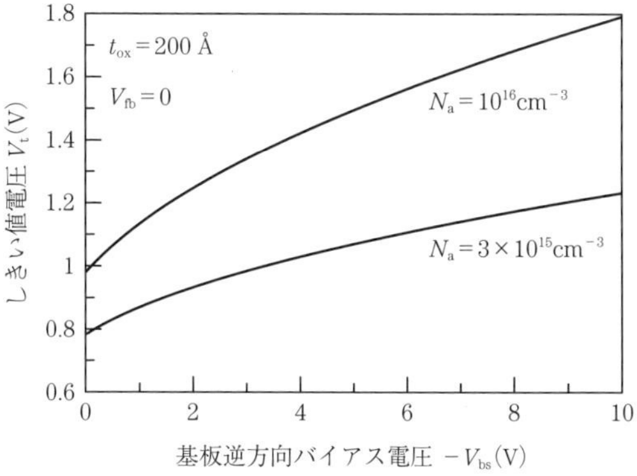

図 5.20 2 種類の均一基板ドーピング濃度における逆基板バイアスによるしきい値電圧の変化

もに減少することが明らかである．逆基板バイアスは空乏領域を広げ，C_{dm} を減らすため，式 (5.40) からわかるように，サブスレッショルド・スロープをいくらか急峻にする．

5.3.2 しきい値電圧の温度依存性

次に，しきい値電圧の温度依存性を調べる．酸化膜電荷がないと仮定すると，n^+ ポリシリコンゲート nMOSFET のフラットバンド電圧は，式 (4.48) より $V_{\mathrm{fb}} = -E_{\mathrm{g}}/2q - \psi_{\mathrm{B}}$ である．これを式 (5.24) に代入すると，基板バイアスが 0 のときのしきい値電圧は，

$$V_{\mathrm{t}} = -\frac{E_{\mathrm{g}}}{2q} + \psi_{\mathrm{B}} + \frac{\sqrt{4\varepsilon_{\mathrm{si}} q N_{\mathrm{a}} \psi_{\mathrm{B}}}}{C_{\mathrm{ox}}} \tag{5.61}$$

となる．V_{t} の温度依存性は，E_{g} と ψ_{B} の温度依存性と関係している．

$$\begin{aligned}\frac{\mathrm{d}V_{\mathrm{t}}}{\mathrm{d}T} &= -\frac{1}{2q}\frac{\mathrm{d}E_{\mathrm{g}}}{\mathrm{d}T} + \left(1 + \frac{\sqrt{\varepsilon_{\mathrm{si}} q N_{\mathrm{a}}/\psi_{\mathrm{B}}}}{C_{\mathrm{ox}}}\right)\frac{\mathrm{d}\psi_{\mathrm{B}}}{\mathrm{d}T} \\ &= -\frac{1}{2q}\frac{\mathrm{d}E_{\mathrm{g}}}{\mathrm{d}T} + (2m-1)\frac{\mathrm{d}\psi_{\mathrm{B}}}{\mathrm{d}T}\end{aligned} \tag{5.62}$$

$\mathrm{d}\psi_{\mathrm{B}}/\mathrm{d}T$ は真性キャリア密度の温度依存性に由来し，式 (2.62) と (2.13) を用いて計算できる．

$$\begin{aligned}\frac{\mathrm{d}\psi_{\mathrm{B}}}{\mathrm{d}T} &= \frac{\mathrm{d}}{\mathrm{d}T}\left[\frac{kT}{q}\ln\left(\frac{N_{\mathrm{a}}}{\sqrt{N_{\mathrm{c}}N_{\mathrm{v}}}\,e^{-E_{\mathrm{g}}/2kT}}\right)\right] \\ &= -\frac{k}{q}\ln\left(\frac{\sqrt{N_{\mathrm{c}}N_{\mathrm{v}}}}{N_{\mathrm{a}}}\right) - \frac{kT}{q\sqrt{N_{\mathrm{c}}N_{\mathrm{v}}}}\frac{\mathrm{d}\sqrt{N_{\mathrm{c}}N_{\mathrm{v}}}}{\mathrm{d}T} + \frac{1}{2q}\frac{\mathrm{d}E_{\mathrm{g}}}{\mathrm{d}T}\end{aligned} \tag{5.63}$$

N_{c} と N_{v} の両方とも $T^{3/2}$ に比例するから，$\mathrm{d}(N_{\mathrm{c}}N_{\mathrm{v}})^{1/2}/\mathrm{d}T = \frac{3}{2}(N_{\mathrm{c}}N_{\mathrm{v}})^{1/2}/T$ を得る．式 (5.65) を式 (5.62) に代入すると，次の式が得られる．

$$\frac{\mathrm{d}V_{\mathrm{t}}}{\mathrm{d}T} = -(2m-1)\frac{k}{q}\left[\ln\left(\frac{\sqrt{N_{\mathrm{c}}N_{\mathrm{v}}}}{N_{\mathrm{a}}}\right) + \frac{3}{2}\right] + \frac{m-1}{q}\frac{\mathrm{d}E_{\mathrm{g}}}{\mathrm{d}T} \tag{5.64}$$

2.1.1 項と表 2.1 から，$\mathrm{d}E_{\mathrm{g}}/\mathrm{d}T \approx -2.7\times10^{-4}\,\mathrm{eV/K}$ で，$(N_{\mathrm{c}}N_{\mathrm{v}})^{1/2} \approx 3\times10^{19}\,\mathrm{cm}^{-3}$ である．$N_{\mathrm{a}} \sim 10^{16}\,\mathrm{cm}^{-3}$ と，$m \approx 1.1$ に対して，**$\mathbf{d}\boldsymbol{V}_{\mathbf{t}}/\mathbf{d}\boldsymbol{T}$ は，通常は $\mathbf{-1\,mV/K}$** である．N_{a} が増加すると温度係数がわずかに減少する．たとえば，$N_{\mathrm{a}} \sim 10^{18}\,\mathrm{cm}^{-3}$ と $m \approx 1.3$ に対して，$\mathrm{d}V_{\mathrm{t}}/\mathrm{d}T$ は $-0.7\,\mathrm{mV/K}$ である．これらの数字は，たとえば温度が $100\,^\circ\mathrm{C}$ に上昇すると，しきい値電圧は 55〜75 mV だけ室温の値よりも低下することを意味する．デジタル VLSI 回路は，熱発生のため，温度が上昇した状態で動作することがよくある．そのような場合，このしきい値電圧低下と温度とともにサブスレッショルド・スロープが劣化することによって，$V_{\mathrm{gs}} = 0$ におけるリーク電流が，室温の値よりもかなり増加する．典型的な場合，$100\,^\circ\mathrm{C}$ におけるオフ状態 MOSFET のリーク電流

は，25 °C におけるリーク電流の，20～50 倍になる．これらは設計上の重要な考慮点であり，6.3 節で詳しく述べる．

5.3.3　量子効果のしきい値電圧への影響

室温で，表面電界 $\mathcal{E}_{\mathrm{s}}$ が 10^4～10^5 V/cm より低いとき，量子効果は弱い．最低のエネルギー準位 E_0 およびサブバンド間のエネルギー差はともに，kT と同等か，それ以下となる．このため多くのサブバンドは電子で占有される．4.4.3.4 目で示したとおり，この場合には，$Q_{\mathrm{i}}^{\mathrm{QM}}$ はサブスレッショルド領域における式 (5.35) で与えられる古典的な単位面積当たりの反転電荷密度とほとんど一致し，次式[3]で表される．

$$Q_{\mathrm{i}} = \frac{kT{n_{\mathrm{i}}}^2}{\mathcal{E}_{\mathrm{s}} N_{\mathrm{a}}}\, e^{q\psi_{\mathrm{s}}/kT} \tag{5.65}$$

しかし，$\mathcal{E}_{\mathrm{s}} > 10^5$ V/cm になると，サブバンド間のエネルギー差が kT より大きくなり，$Q_{\mathrm{i}}^{\mathrm{QM}}$ は Q_{i} より目立って小さくなる．**式 (4.68) による $Q_{\mathrm{i}}^{\mathrm{QM}}$–$\psi_{\mathrm{s}}$ 曲線は，式 (5.65) による古典的な Q_{i}–ψ_{s} 曲線に対して，片対数グラフ上で平行移動する．つまり量子効果があると，古典モデルによる反転電荷量と同じ単位面積当たりの反転電荷を誘起するためには，より大きなバンドの曲がりが必要になる**．よって，古典モデルによるしきい値の条件 $\psi_{\mathrm{s}} = 2\psi_{\mathrm{B}}$ は，$\psi_{\mathrm{s}} = 2\psi_{\mathrm{B}} + \Delta\psi_{\mathrm{s}}^{\mathrm{QM}}$ に変更される必要がある．つまり，$Q_{\mathrm{i}}^{\mathrm{QM}}\left(\psi_{\mathrm{s}} = 2\psi_{\mathrm{B}} + \Delta\psi_{\mathrm{s}}^{\mathrm{QM}}\right) = Q_{\mathrm{i}}\left(\psi_{\mathrm{s}} = 2\psi_{\mathrm{B}}\right)$ である．この定義から

$$\Delta\psi_{\mathrm{s}}^{\mathrm{QM}} = \frac{kT}{q}\ln\left(\frac{Q_{\mathrm{i}}(\psi_{\mathrm{s}}=0)}{Q_{\mathrm{i}}^{\mathrm{QM}}(\psi_{\mathrm{s}}=0)}\right) \tag{5.66}$$

は式 (5.65) と (4.68) の指数にかかる係数部分から計算できる．図 5.21 は $\Delta\psi_{\mathrm{s}}^{\mathrm{QM}}$ を $\mathcal{E}_{\mathrm{s}}$ に対してプロットしたものである．図中の点線からわかるように $\mathcal{E}_{\mathrm{s}}$ が 10^6 V/cm 以上で，電子はほぼ最低のサブバンドに存在する．このとき式 (5.66) は，

$$\Delta\psi_{\mathrm{s}}^{\mathrm{QM}} \approx \frac{E_0}{q} - \frac{kT}{q}\ln\left(\frac{8\pi q m_{\mathrm{t}}\mathcal{E}_{\mathrm{s}}}{h^2 N_{\mathrm{c}}}\right) \tag{5.67}$$

となり，図 5.21 の点線の曲線で示される．$\Delta\psi_{\mathrm{s}}^{\mathrm{QM}}$ がわかれば，量子効果によるしきい値電圧のずれは，

$$\Delta V_{\mathrm{t}}^{\mathrm{QM}} = \frac{\mathrm{d}V_{\mathrm{gs}}}{\mathrm{d}\psi_{\mathrm{s}}}\,\Delta\psi_{\mathrm{s}}^{\mathrm{QM}} = m\Delta\psi_{\mathrm{s}}^{\mathrm{QM}} \tag{5.68}$$

と容易に計算できる．ここでいつものように $m = 1 + (3t_{\mathrm{ox}}/W_{\mathrm{dm}})$ である．

[3] この式は，$\mathcal{E}_{\mathrm{s}}$ を表面電界，N_{a} を空乏層端のドーピング濃度とする非一様ドーピングの場合をカバーするように一般化することができる．

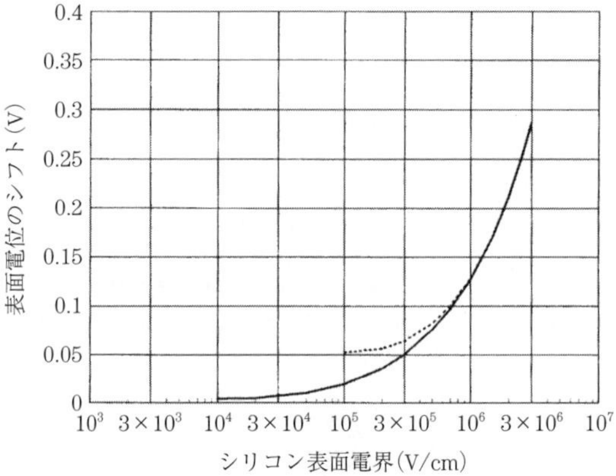

図 5.21　しきい値の条件に到達するために必要な付加的なバンド湾曲 $\Delta\psi_s^{QM}$ (古典的な $2\psi_B$ 値を超える) の表面電界依存性．点線の曲線は，式 (4.68) のエネルギーが最も低い (2 重縮退) 項のみを残して計算したもの．

例として，$N_a = 3\times10^{18}\,\mathrm{cm}^{-3}$ に均一ドープされ，短チャネル効果 (6.1 節を参照) を制御するために $W_{dm} = 20\,\mathrm{nm}$ である 50 nm MOSFET について考える．このデバイスでは，$\mathcal{E}_s \approx 10^6\,\mathrm{V/cm}$ であり，そのため図 5.21 より $\Delta\psi_s^{QM} = 0.13\,\mathrm{V}$ となる．もし $m = 1.3$ であれば，$\Delta V_t^{QM} = 0.17\,\mathrm{V}$ となり，古典的な値よりもずっと高いしきい値電圧となる．レトログレード・ドーピング分布 (6.3.2 項で議論する) は，(ある与えられた W_{dm} についての) 空乏電荷密度を減らすだけでなく，表面電界と ΔV_t^{QM} を減らす．

5.4　MOSFET 容量

MOSFET の容量は，論理ゲートのスイッチング遅延に重大な影響を及ぼす．なぜならば，ある電流において，次段のソース–ドレイン電流をオン (あるいはオフ) するのに必要な電圧まで，いかに速くゲートを充電 (あるいは放電) できるかに，容量が影響するからである． MOSFET 容量は二つの主要部分，真性容量と寄生容量に分けられる．ここでは，チャネル部の反転電荷と空乏電荷に起因する真性な MOSFET 容量に焦点を当てる (寄生容量については 8.3 節で述べる)．これまでのドレイン電流の議論と同様に，ゲート容量もまた，3 つの MOSFET 動作領域に分けて考えられる．すなわち，図 5.8 に示すように，サブスレッショルド領域，線形領域，そして飽和領域である．

サブスレッショルド領域　サブスレッショルド領域では，反転電荷が無視できる．ゲート電圧に伴って空乏電荷だけが変化する．よって，ゲートとソース–ドレイン間の真性な容量は本質的にゼロである (外因的なゲートとソース–ドレイン間のオーバーラップ容量は 8.3 節で考える)．一方，ゲート–基板間容量は，C_{ox} と C_{d} の直列接続として与えられる (図 4.13)．すなわち，

$$C_{\mathrm{G}} = WL\left(\frac{1}{C_{\mathrm{ox}}} + \frac{1}{C_{\mathrm{d}}}\right)^{-1} \approx WLC_{\mathrm{d}} \tag{5.69}$$

ここで C_{d} は，式 (4.38) で与えられる単位面積当たりの空乏容量である．ここで，全ゲート容量 C_{G} を単位面積当たりのゲート容量 C_{g} と区別するために大文字の添字を使った．

線形領域　一度，表面チャネルが形成されると，反転電荷による遮蔽効果によって，ゲート基板間の容量結合はなくなる．すべてのゲート容量は，チャネル，すなわちソースとドレイン端子に対するものだけである．領域的な電荷シートモデル，式 (5.32)，の枠組では，低ドレイン電圧における反転電荷密度 Q_{i} は，ソース端における $-C_{\mathrm{ox}}(V_{\mathrm{gs}} - V_{\mathrm{t}})$ から，ドレイン端 (そこでは $V_{\mathrm{ds}} \ll (V_{\mathrm{gs}} - V_{\mathrm{t}})/m$ である) における $-C_{\mathrm{ox}}(V_{\mathrm{g}} - V_{\mathrm{t}} - mV_{\mathrm{ds}})$ まで線形に変化する．ゲート–チャネル間容量は単に酸化膜容量で与えられる．

$$C_{\mathrm{G}} = WLC_{\mathrm{ox}} \tag{5.70}$$

飽和領域　V_{ds} がある程度大きいとき，反転電荷密度 $Q_{\mathrm{i}}(V)$ は $-C_{\mathrm{ox}}\left(V_{\mathrm{gs}} - V_{\mathrm{t}} - mV\right)$ [式 (5.31)] で与えられ図 5.7 で示されるようになる．ピンチオフ条件では，$V_{\mathrm{ds}} = V_{\mathrm{dsat}} = \left(V_{\mathrm{gs}} - V_{\mathrm{t}}\right)/m$ となり，ドレイン端では $Q_{\mathrm{i}} = 0$ となる．MOSFET の全反転電荷は，長さ方向と幅方向に積分することで得られる．すなわち，$Q_{\mathrm{I}} = \int_0^L Q_{\mathrm{i}}(V)\,\mathrm{d}y$ となる．$\mathrm{d}y$ についての積分は，電流の連続性 [式 (5.8)] を用いて，$\mathrm{d}V$ についての積分に変換することができる．つまり，$I_{\mathrm{ds}} = -\mu_{\mathrm{eff}} W Q_{\mathrm{i}}\,\mathrm{d}V/\mathrm{d}y$ となる．したがって，

$$\begin{aligned} Q_{\mathrm{I}} &= -\frac{\mu_{\mathrm{eff}} W^2}{I_{\mathrm{ds}}} \int_0^{V_{\mathrm{dsat}}} {Q_{\mathrm{i}}}^2(V)\,\mathrm{d}V \\ &= -\frac{\mu_{\mathrm{eff}} W^2 {C_{\mathrm{ox}}}^2}{3mI_{\mathrm{ds}}}\left(V_{\mathrm{gs}} - V_{\mathrm{t}}\right)^3 = -\frac{2}{3} WLC_{\mathrm{ox}}(V_{\mathrm{gs}} - V_{\mathrm{t}}) \end{aligned} \tag{5.71}$$

最後のステップは式 (5.31) から導かれる．その結果，飽和領域におけるゲート–チャネル間キャパシタンスは次のようになる．

$$C_{\mathrm{G}} = \frac{2}{3} WLC_{\mathrm{ox}} \tag{5.72}$$

6

短チャネル MOSFET

5 章における長チャネル MOSFET の議論から明らかなように，同じ電源電圧であればチャネル長が小さいほど MOSFET の電流が増加する．また短チャネルとするほどデバイス自身の静電容量が減ってスイッチングが容易になる．しかしながら使用するプロセス技術のリソグラフィ能力による制限を度外視したとしても，チャネル長を無制限に縮小できるわけではない．本章ではデバイス設計において考慮すべき，短チャネルデバイスに関わる諸事象について述べる．まず短チャネル効果について議論した後，速度飽和現象について述べる．

6.1 短チャネル効果

6.1.1 しきい値電圧の低下

短チャネル効果 (SCE：short-channel effect) とはチャネル長があるところから短くなるにつれて MOSFET のしきい値電圧が下がる現象である．一例を図 6.1 (Taur ら，1985) に示す．しきい値電圧低下はとくにドレインが電源電圧 (使用上の最高電圧) にバイアスされたとき最も顕著になる．CMOS VLSI を実際に製造すると，チャネル長がチップ間，ウェーハ間，ロット間で統計的にある程度変動することは避けられない．その場合でも最小チャネル長のデバイスのしきい値電圧が低くなりすぎないように，SCE によるしきい値電圧低下をきちんと考慮したデバイス設計を行うことが重要である．

短チャネル MOSFET を特徴づけるのは図 6.2 に見られるような空乏層内電界の 2 次元的分布である．図 6.2(a) に示す長チャネル MOSFET の場合，等電位線は酸化膜–シリコン界面，あるいはチャネル長方向 (y 軸) にほぼ平行である．電界はデバイスのほとんどの場所でこれと垂直な方向 (x 軸方向) を向いており，1 次元的な分布になっている．

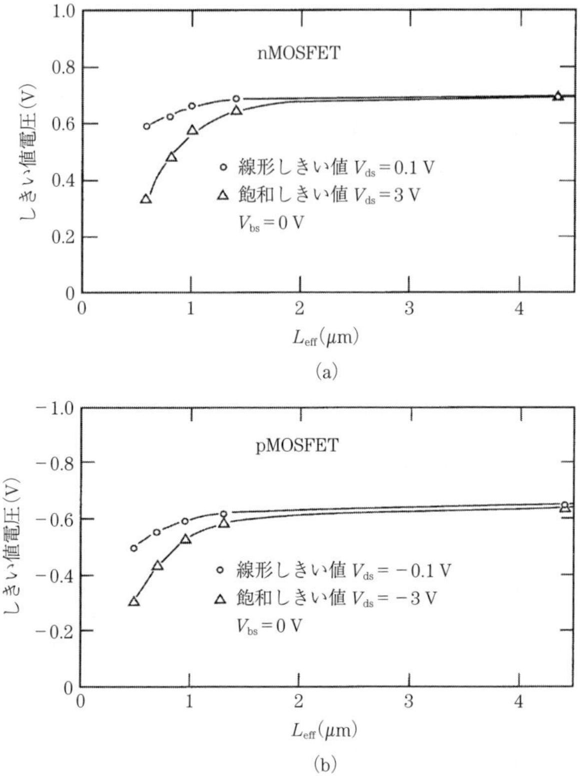

図 6.1　短チャネルでのしきい値電圧低下の例．実測された nMOSFET (a) および pMOSFET (b) の低ドレイン電圧および高ドレイン電圧におけるしきい値電圧のチャネル長依存性 (1 μm CMOS テクノロジー)．[Taur ら (1985) より引用]．

しかし図 6.2(b) に示す短チャネル MOSFET の場合には等電位線が曲線的であり，このため電界分布は 2 次元的になっている．言い換えると，短チャネル MOSFET では電界の x 方向成分と y 方向成分がともに大きくなっている．また同じゲート電圧をかけた状態で，酸化膜–シリコン界面での表面電位が短チャネル MOSFET では長チャネル MOSFET よりも大きくなっている点に注意してほしい．最大の表面電位に着目すると，図 6.2(b) では 0.65 V (下から 4 番目の等高線) をわずかに超えるが，図 6.2(a) では 0.65 V を下回っている．このことは，短チャネルデバイスのほうがしきい値電圧が低いことと対応している．

短チャネル MOSFET で 2 次元的な電界分布が生じるのはソースとドレインが接近するためである．MOS ゲート下にできる空乏層と同様に，ソースとドレインの接合を取り囲む領域にも空乏層が形成される (図 4.20 参照)．長チャネルデバイスではソースと

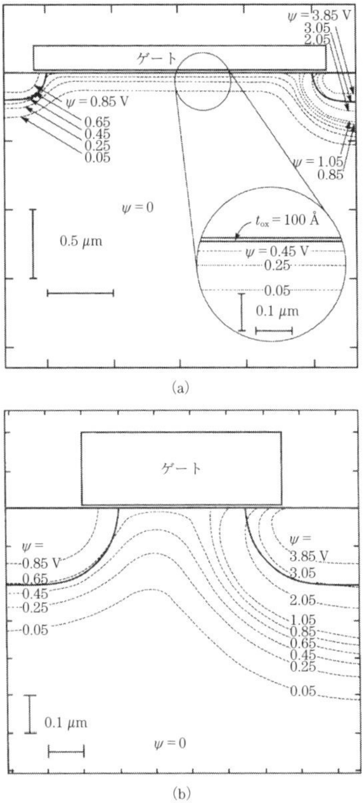

図 6.2　長チャネル (a) と短チャネル (b) nMOSFET での等電位線 (シミュレーション). 表示されたポテンシャル値は p 型中性領域を基準とする. 実線はソースとドレインの (冶金学的) 接合位置を表す. ドレイン電圧は 3 V. 両デバイスともしきい値電圧より若干低い共通のゲート電圧を印加.

ドレインが互いに十分離れているから，ソースとドレインによる空乏層はチャネルのほとんどの部分でポテンシャルや電界分布に影響しない．**しかし短チャネルデバイスではチャネル長が垂直方向の空乏層幅と同程度になっているため，ソースとドレインによる電位の変化がデバイス全体のバンドの曲がり方に大きく影響する．**

6.1.1.1　ドレイン誘起障壁低下

SCE については，ソース–ドレイン間の表面におけるポテンシャル障壁の観点から理解することもできる．図 6.3 により n チャネル MOSFET の場合で説明すると，オフ状態では p 型領域に生じるポテンシャル障壁によって電子がソースからドレインに流れ込むのが防がれている．表面のポテンシャルは主にゲート電圧によって制御される．ゲー

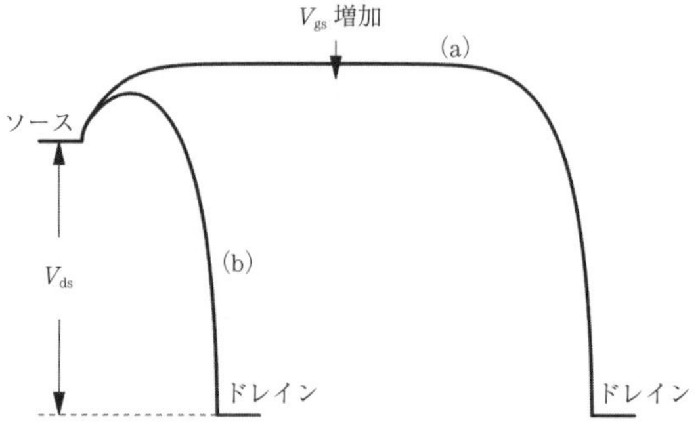

図 6.3　ソースからドレインに至る表面における伝導帯エネルギーの位置依存性．長チャネル MOSFET(a) と短チャネル MOSFET(b) を比較．しきい値電圧より低い共通のゲート電圧を印加．

ト電圧がしきい値電圧よりも低い場合には，ソースから障壁を超えて注入されドレインによって回収される電子の数はごく限られる (サブスレッショルド電流が流れる状態)．チャネル長が大きい場合，デバイスのほとんど全体で平坦なポテンシャル障壁が存在するから，ソースとドレインの電界はそのごく端にしか影響しない．しかしチャネル長が小さくなると，ソースとドレインによる電界はチャネルの中央に向かって侵入し，ソース–ドレイン間のポテンシャル障壁を低下させる．これは短チャネルデバイスのサブスレッショルド電流を増加させる．言い換えると，短チャネルデバイスのしきい値電圧は長チャネルデバイスよりも低くなる．またポテンシャル障壁の頂上は平坦部をもたない形状となる．

長チャネルデバイスでは障壁高さがデバイスのほとんどの場所でゲートにより完全に制御され，ドレイン電圧に依存しない．**しかし短チャネルデバイスでは最大障壁高さはドレイン電圧にも依存し，ドレイン電圧をかけると障壁高さが低下する**．この現象は DIBL (drain-induced barrier lowering：ドレイン誘起障壁低下) とよばれる．短チャネル MOSFET においてサブスレッショルド電流がドレイン電圧の増加によって増えるという現象はこの効果によって説明できる．図 6.4 にチャネル長が異なる 3 つのデバイスのサブスレッショルド特性を，二つのドレイン電圧について示す．長チャネルデバイスにおいては，式 (5.39) から期待されるようにサブスレッショルド電流はドレイン電圧 ($\geq 2kT/q$) に依存しない．しかしチャネル長が小さくなるにつれ，高ドレイン電圧でしきい値電圧が下がる方向へ電流対電圧特性がシフトする．シフト量はドレイン電圧が高いほど大きい．チャネル長が非常に小さくなると (図では $L = 0.2\,\mu\mathrm{m}$)，表面電位がゲートよりもむしろドレインに強く影響されるようになり，サブスレッショルド・スロープが劣化する．極端な場合にはポテンシャル障壁に対するゲートの影響が失われ，ゲート電圧によらない大きなドレイン電流が流れる**パンチスルー** (punch-through) 状態に移

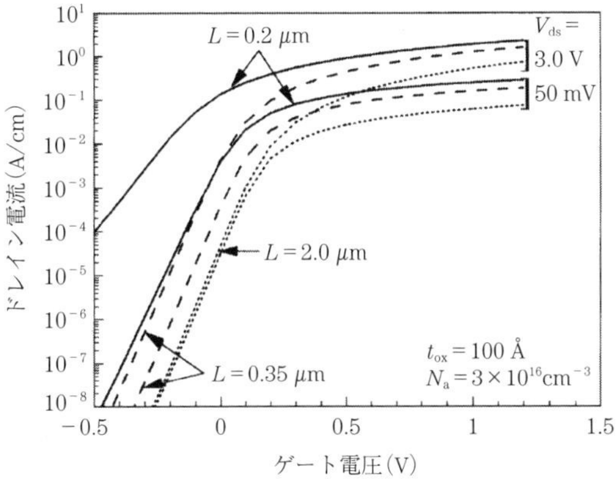

図 6.4　種々のチャネル長とドレイン電圧におけるサブスレッショルド特性 (0.35 μm テクノロジー)

行する．

6.1.2　サブスレッショルド状態での 2 次元ポアソン方程式の解析解

本項では，静電ポテンシャルに対する 2 次元ポアソン方程式を，ソースとドレインにおける境界条件の下に解くための解析的アプローチについて述べる．可動キャリアの濃度が無視できるサブスレッショルド領域を仮定する．これにより偏微分方程式が線形に保たれ，またチャネルでの擬フェルミポテンシャルが関わる電流連続の式の考慮が不要となる．

6.1.2.1　単純化した矩形構造

図 6.5 に示す単純化した矩形構造を用いて 2 次元ポアソン方程式を解く (Nguyen, 1984)．すなわち矩形領域 BEGH 内の任意の点 (x, y) におけるポテンシャル関数 $\psi(x, y)$ を 4 辺で与えられた境界条件を満足するように決定する．矩形の幅はチャネル長 L，すなわち n^+ ソースと n^+ ドレインの間の距離である．ソースとドレインの接合はどちらも階段接合であると仮定する．矩形の高さは，ゲート酸化膜の厚さ t_{ox} と，シリコン中の空乏層の深さ W_{d} とからなる．ソースとドレインの接合深さは W_{d} より深いものと仮定する．この条件はほとんどの CMOS テクノロジーにおいて成り立つ．一般に酸化膜領域 AFGH の誘電率 $\varepsilon_{\mathrm{ox}}$ とシリコン領域 ABEF の誘電率 $\varepsilon_{\mathrm{si}}$ は異なることから，ψ を酸化膜中では ψ_1，シリコン中では ψ_2 と分けて扱う必要がある．両者の境界 AF において，ψ_1 と ψ_2 の微分，すなわち電界は，2.4.1.1 目で議論した 2 次元の誘電体境界条件を満足する．以上より解くべき式は酸化膜領域 AFGH において

$$\frac{\partial^2 \psi_1}{\partial x^2} + \frac{\partial^2 \psi_1}{\partial y^2} = 0 \tag{6.1}$$

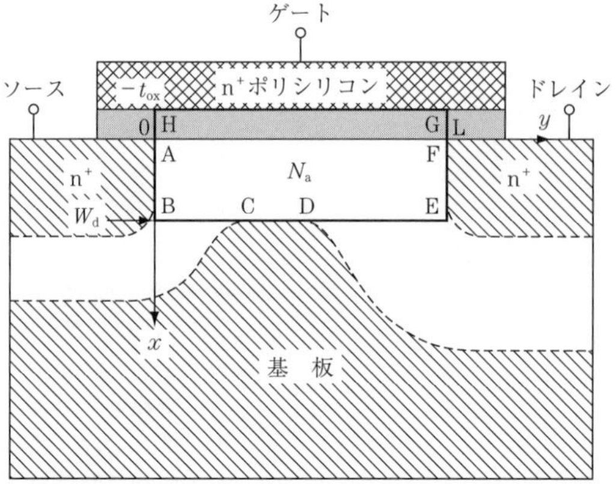

図 6.5　ポアソン方程式を解析的に解くための単純化された短チャネル MOSFET の構造．x 軸をシリコンの深さ方向 (垂直方向)，y 軸をチャネルに沿った水平方向にとる．原点はシリコン表面のソース端である点 A である．斜線部は導体とみなせるポテンシャルが一定の領域を表す (Nguyen，1984 による)．

シリコン領域 ABEF において

$$\frac{\partial^2 \psi_2}{\partial x^2} + \frac{\partial^2 \psi_2}{\partial y^2} = \frac{qN_a}{\varepsilon_{si}} \tag{6.2}$$

である．ただし N_a は基板の p 型不純物濃度 (均一と仮定) である．式 (4.9) とは異なり，式 (6.2) 右辺には空乏電荷密度のみが含まれるが，これはゲート電圧がしきい値電圧より低い場合にのみ成立する．

矩形の 4 辺における境界条件は以下のとおりである．

$$\text{ゲート側：}\quad \psi_1(-t_{ox}, y) = V_{gs} - V_{fb} \qquad \text{GH 上} \tag{6.3}$$

$$\text{ソース側：}\quad \psi_2(x, 0) = \psi_{bi} \qquad \text{AB 上} \tag{6.4}$$

$$\text{ドレイン側：}\quad \psi_2(x, L) = \psi_{bi} + V_{ds} \qquad \text{EF 上} \tag{6.5}$$

$$\text{基板側：}\quad \psi_2(W_d, y) = 0 \qquad \text{CD 上} \tag{6.6}$$

4.2.1 項の 1 次元 MOS の場合と同様に，$\psi_2(x, y)$ は点 (x, y) における真性ポテンシャル $\psi_i(x, y)$ から p 型基板の真性ポテンシャル $\psi_i(x = \infty, y)$ を差し引いたもの $[\psi_2(x, y) = \psi_i(x, y) - \psi_i(x = \infty, y)]$ と定義する．V_{gs} と V_{ds} はそれぞれゲート–ソース間およびドレイン–ソース間電圧，V_{fb} はフラットバンド電圧 (ゲートの仕事関数に依存)，ψ_{bi} はソースまたはドレインと基板との間のビルトインポテンシャルである．階段 n^+–p 接合においては $\psi_{bi} = E_g/2q + \psi_B$，$\psi_B = (kT/q)\ln(N_a/n_i)$ である．基板バイアス V_{bs} が印加される場合は，ψ_{bi} は $\psi_{bi} - V_{bs}$，V_{gs} は $V_{gs} - V_{bs}$ で置き換える必要がある．下側の境界は実は固定されておらず，W_{d} はゲート電圧 V_{gs} に依存する．V_{gs} が一定なら矩形は固定される．4 つの辺上には，式 (6.3)〜(6.6) によってはポテンシャルが確定しない区間が 4 つ存在する．そのうち BC と DE についてはCD と同じ条件を当てはめ，式 (6.6) が下側境界 BE 全体で成立するものとする．FG と HA におけるポテンシャルは両端での値を線形に内挿した値で与えられるものとする．

6.1.2.2 重ね合わせによる境界値問題の解法

微分方程式を解くには，静電ポテンシャルを酸化膜領域で

$$\psi_1(x,y)=v_1(x)+u_{\mathrm{L1}}(x,y)+u_{\mathrm{R1}}(x,y) \tag{6.7}$$

シリコン領域で

$$\psi_2(x,y)=v_2(x)+u_{\mathrm{L2}}(x,y)+u_{\mathrm{R2}}(x,y) \tag{6.8}$$

と分解したうえで，重ね合わせの原理を用いる．ここで $v_1(x)$ と $v_2(x)$ は 4.2.1.1 目で議論した 1 次元 MOS の解である．これらは上側と下側の境界条件と，誘電体界面 $x=0$ での境界条件を満足する．u_{L1}，u_{R1}，u_{L2}，u_{R2} はすべて同次 (ラプラス) 方程式の解であり，u_{L1} と u_{R1} は上側，u_{L2} と u_{R2} は下側，の境界でそれぞれゼロとなる．加えて u_{L1} と u_{L2} は右側境界でゼロ，u_{R1} と u_{R2} は左側境界でゼロとなる．これら関数は v_1+u_{L1} と v_2+u_{L2} が左端でソース側境界条件を，v_1+u_{R1} と v_2+u_{R2} が右端でドレイン側境界条件を満足するように選ばれる．また誘電体界面 $x=0$ での境界条件も満足しなければならない．

1 次元 MOS の解は，空乏近似を用いると，酸化膜領域 $-t_{\mathrm{ox}}\le x\le 0$ において

$$v_1(x)=\psi_{\mathrm{s}}-\frac{V_{\mathrm{gs}}-V_{\mathrm{fb}}-\psi_{\mathrm{s}}}{t_{\mathrm{ox}}}x \tag{6.9}$$

シリコン領域 $0\le x\le W_{\mathrm{d}}$ において

$$v_2(x)=\psi_{\mathrm{s}}\left(1-\frac{x}{W_{\mathrm{d}}}\right)^2 \tag{6.10}$$

となる．ここで ψ_{s} は V_{gs} に依存する長チャネルでの表面電位である．式 (6.10) が微分方程式 (6.2) を満足するよう，ψ_{s} と W_{d} は

$$\psi_{\mathrm{s}}=\frac{qN_{\mathrm{a}}{W_{\mathrm{d}}}^2}{2\varepsilon_{\mathrm{si}}} \tag{6.11}$$

で関係づけられる．式 (6.9) は上端の境界条件，式 (6.3) を，式 (6.10) は下端の境界条件，式 (6.6) をそれぞれ満足している．v_1 と v_2 は $x=0$ において連続である．さらに誘電体界面の境界条件より $x=0$ で電気変位 (電束密度) の連続性，すなわち $\varepsilon_{\mathrm{ox}}\,\mathrm{d}v_1/\mathrm{d}x=\varepsilon_{\mathrm{si}}\,\mathrm{d}v_2/\mathrm{d}x$ が必要であることから，ψ_{s} と V_{gs} について次式が成立する．

$$\varepsilon_{\text{ox}}\frac{V_{\text{gs}}-V_{\text{fb}}-\psi_{\text{s}}}{t_{\text{ox}}}=\varepsilon_{\text{si}}\frac{2\psi_{\text{s}}}{W_{\text{d}}}=\sqrt{2\varepsilon_{\text{si}}qN_{\text{a}}\psi_{\text{s}}} \tag{6.12}$$

ここで変形に式 (6.11) を利用した．この式は以前示したサブスレッショルドでのゲートバイアスを与える式 (5.37)，あるいは式 (4.32) と同じものであり，$\psi_{\text{s}}(V_{\text{gs}})$ の解は式 (4.33) で与えられる．

$\psi_1(x,y)$ の解の残りの部分は以下の級数で与えられる．

$$u_{\text{L1}}(x,y)=\sum_{n=1}^{\infty}b_{1,n}\frac{\sinh\left(\dfrac{\pi(L-y)}{\lambda_n}\right)}{\sinh\left(\dfrac{\pi L}{\lambda_n}\right)}\sin\left(\frac{\pi(x+t_{\text{ox}})}{\lambda_n}\right) \tag{6.13}$$

$$u_{\text{R1}}(x,y)=\sum_{n=1}^{\infty}c_{1,n}\frac{\sinh\left(\dfrac{\pi y}{\lambda_n}\right)}{\sinh\left(\dfrac{\pi L}{\lambda_n}\right)}\sin\left(\frac{\pi(x+t_{\text{ox}})}{\lambda_n}\right) \tag{6.14}$$

u_{L1} と u_{R1} を与える級数の各項はそれぞれがラプラス方程式，すなわち，$\partial^2u_{\text{L1}}/\partial x^2+\partial^2u_{\text{L1}}/\partial y^2=0$ を任意の λ_n において満足すること，また u_{L1} は上端 $(x=-t_{\text{ox}})$ と右端 $(y=L)$ の境界でゼロとなり，u_{R1} は上端と左端 $(y=0)$ の境界でゼロとなることに注意されたい．同様に $\psi_2(x,y)$ の左 (ソース) と右 (ドレイン) 成分は

$$u_{\text{L2}}(x,y)=\sum_{n=1}^{\infty}b_{2,n}\frac{\sinh\left(\dfrac{\pi(L-y)}{\lambda_n}\right)}{\sinh\left(\dfrac{\pi L}{\lambda_n}\right)}\sin\left(\frac{\pi(W_{\text{d}}-x)}{\lambda_n}\right) \tag{6.15}$$

$$u_{\text{R2}}(x,y)=\sum_{n=1}^{\infty}c_{2,n}\frac{\sinh\left(\dfrac{\pi y}{\lambda_n}\right)}{\sinh\left(\dfrac{\pi L}{\lambda_n}\right)}\sin\left(\frac{\pi(W_{\text{d}}-x)}{\lambda_n}\right) \tag{6.16}$$

で与えられ，u_{L2} は下端 $(x=W_{\text{d}})$ と右端 $(y=L)$ の境界でゼロとなり，u_{R2} は下端と左端 $(y=0)$ の境界でゼロとなっている．

$\psi_1(x,y)$ と $\psi_2(x,y)$ が接する境界である $x=0$ では，垂直方向の電気変位 $\varepsilon\,\partial\psi/\partial x$，およびポテンシャル ψ (したがって接線方向の電界 $\partial\psi/\partial y$ も) は二つの材質間で任意の y において連続でなければならない．式中の sinh 因子は各 n ごとに y の異なる関数であることから，u_{L1} と $\varepsilon_{\text{ox}}\partial u_{\text{L1}}/\partial x$ の各項は，対応する u_{L2} と $\varepsilon_{\text{si}}\partial u_{\text{L2}}/\partial x$ の各項と，$x=0$ において一致する必要がある．したがって，

$$b_{1,n}\sin\left(\frac{\pi t_{\text{ox}}}{\lambda_n}\right)=b_{2,n}\sin\left(\frac{\pi W_{\text{d}}}{\lambda_n}\right) \tag{6.17}$$

および

$$b_{1,n}\varepsilon_{\mathrm{ox}}\cos\left(\frac{\pi t_{\mathrm{ox}}}{\lambda_n}\right)=-b_{2,n}\varepsilon_{\mathrm{si}}\cos\left(\frac{\pi W_{\mathrm{d}}}{\lambda_n}\right) \tag{6.18}$$

でなければならない．u_{R1} と u_{R2}，およびそれらの微分から $c_{1,n}$ と $c_{2,n}$ の間にも類似の関係が導かれる．ゼロでない $b_{1,n}$ と $b_{2,n}$ の解が存在するには，式 (6.17) を式 (6.18) で割った λ_n の固有値方程式

$$\frac{1}{\varepsilon_{\mathrm{ox}}}\tan\left(\frac{\pi t_{\mathrm{ox}}}{\lambda_n}\right)+\frac{1}{\varepsilon_{\mathrm{si}}}\tan\left(\frac{\pi W_{\mathrm{d}}}{\lambda_n}\right)=0 \tag{6.19}$$

が成立すればよい．この λ_n に関する陰関数は無数の解をもち，それらを大きいものから順に $\lambda_1, \lambda_2, \ldots,$ と書くことにする (Frank ら，1998).

以上よりシリコン内の 2 次元ポテンシャル分布は次式で与えられる．

$$\psi_2(x,y)=\psi_{\mathrm{s}}\left(1-\frac{x}{W_{\mathrm{d}}}\right)^2+\sum_{n=1}^{\infty}\frac{b_{2,n}\sinh\left(\dfrac{\pi(L-y)}{\lambda_n}\right)+c_{2,n}\sinh\left(\dfrac{\pi y}{\lambda_n}\right)}{\sinh\left(\dfrac{\pi L}{\lambda_n}\right)}\sin\left(\frac{\pi(W_{\mathrm{d}}-x)}{\lambda_n}\right) \tag{6.20}$$

係数 $b_{2,n}$ と $c_{2,n}$ はソースとドレインでの境界条件，すなわち 6.1.2.1 目の式 (6.4) と (6.5) により決定される．ここで表面電位 $\psi_2(0,y)$ に着目しよう．式 (6.20) 右辺の第 1 項は長チャネルでの表面電位 ψ_{s} である．これに加算される第 2 項 (級数項) は SCE を表現するものであり，短チャネルデバイスの表面ポテンシャルを長チャネルデバイスに比べて高める (すなわちポテンシャル障壁高さを減らす)．この SCE 項の y 依存性について調べるため，$z>0$ で成り立つ近似 $\sinh(z)\approx\exp(z)/2$ を用いると

$$\begin{aligned}&\frac{b_{2,n}\sinh\left(\dfrac{\pi(L-y)}{\lambda_n}\right)+c_{2,n}\sinh\left(\dfrac{\pi y}{\lambda_n}\right)}{\sinh\left(\dfrac{\pi L}{\lambda_n}\right)}\sin\left(\frac{\pi W_{\mathrm{d}}}{\lambda_n}\right)\\&\approx\left[b_{2,n}\exp\left(\frac{-\pi y}{\lambda_n}\right)+c_{2,n}\exp\left(\frac{\pi(y-L)}{\lambda_n}\right)\right]\sin\left(\frac{\pi W_{\mathrm{d}}}{\lambda_n}\right)\\&\geq 2\sqrt{b_{2,n}c_{2,n}}\exp\left(-\frac{\pi L}{2\lambda_n}\right)\sin\left(\frac{\pi W_{\mathrm{d}}}{\lambda_n}\right)\end{aligned} \tag{6.21}$$

となる．**この式はポテンシャルが最小となる，あるいはポテンシャル障壁が最大となる点が存在することを示しており**，図 6.3(b) に示した状況と対応する．因子 $\exp(-\pi L/2\lambda_n)$ は λ_n が減ると急激に小さくなるから，SCE による障壁低下はほぼ最大の λ_n，すなわち λ_1 を含む級数項によって決まる．式 (6.21) が最小となるのは二つの指数項が等しく

なるところであり，ポテンシャルが最低 (ポテンシャル障壁が最大) となる場所の y 座標は $y_{\min} = L/2 - (\lambda_1/2\pi)\ln(c_{2,1}/b_{2,1})$ で与えられる．

6.1.2.3　MOSFET のスケール長

上に記した最大の固有値 λ_1 のことを**スケール長** (scale length) と定義し，単に λ と書くことにする．SCE の強さはチャネル長とスケール長の比率 L/λ によって決まってくる．のちの 6.1.2.4 目では，指数項の係数について調べることにより，**SCE が許容できる最小のチャネル長 $L_{\min}$ はだいたい 2λ** であることが示される．λ が V_{gs} に依存すると面倒なので，以後の議論では W_d を $2\psi_B$ 条件における最大空乏層幅 W_{dm}，式 (4.24)：

$$W_{dm} = \sqrt{\frac{4\varepsilon_{si}kT\ln(N_a/n_i)}{q^2N_a}} \tag{6.22}$$

に固定する．ゲート電圧がしきい値電圧よりあまり低くない状態での SCE が実用上主な関心の対象であるから，この単純化は許容できるだろう．図 6.6 に均一ドープ基板における W_{dm} の N_a 依存性を示す．プロットの傾きは両対数グラフ上で概ね $-1/2$ である．スケール長 λ を短くするには t_{ox} と W_{dm} の両方を小さくする必要がある．このため CMOS テクノロジーがより短いチャネル長のトランジスタに移行するとともに基板不純物の濃度は引き上げられてきた．

式 (6.19) において W_d を W_{dm} で，λ_n を λ で置き換えると**スケール長方程式** (scale length equation)

$$\frac{1}{\varepsilon_{ox}}\tan\left(\frac{\pi t_{ox}}{\lambda}\right) + \frac{1}{\varepsilon_{si}}\tan\left(\frac{\pi W_{dm}}{\lambda}\right) = 0 \tag{6.23}$$

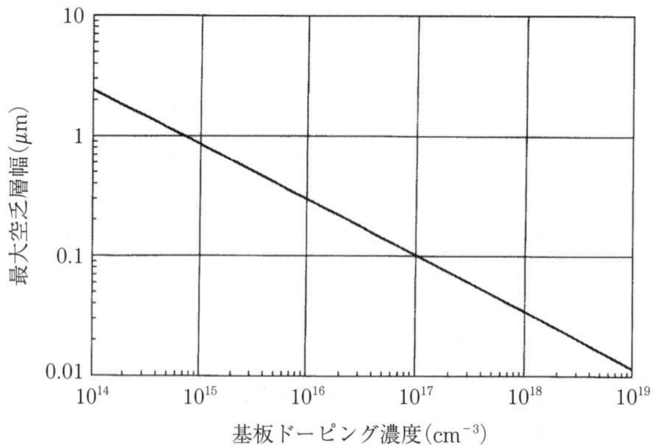

図 6.6　一様ドープ基板における，$2\psi_B$ しきい値電圧条件での空乏層幅とドーピング濃度の関係

が得られる．この方程式は陽に解くことができない．そこでいくつかの代表的な $\varepsilon_{\rm ox}/\varepsilon_{\rm si}$ の値に対して，λ の最大の解が満足すべき $W_{\rm dm}$ と $t_{\rm ox}$ の関係を数値的に求めた結果を図 6.7 に示す．この図を用いると式 (6.23) の解は以下のような特徴をもつことが読み取れる[1]．

- $\lambda \geq W_{\rm dm}$ かつ $\lambda \geq t_{\rm ox}$，すなわち λ は $W_{\rm dm}$ と $t_{\rm ox}$ より大きいか等しい．
- とくに $\varepsilon_{\rm ox} = \varepsilon_{\rm si}$ のとき，λ は図 6.5 の長方形の箱の高さ $W_{\rm dm} + t_{\rm ox}$ に等しい．
- とくに $W_{\rm dm} = t_{\rm ox}$ のとき，$\varepsilon_{\rm ox}$ と $\varepsilon_{\rm si}$ によらず $\lambda = 2W_{\rm dm} = 2t_{\rm ox}$ である．
- $t_{\rm ox}$ が $W_{\rm dm}$ より十分小さい図 6.7 の右下角付近では $\lambda \approx W_{\rm dm} + (\varepsilon_{\rm si}/\varepsilon_{\rm ox})\,t_{\rm ox}$．
- $W_{\rm dm}$ が $t_{\rm ox}$ より十分小さい図 6.7 の左上角付近では $\lambda \approx t_{\rm ox} + (\varepsilon_{\rm ox}/\varepsilon_{\rm si})\,W_{\rm dm}$．

式 (6.23)，あるいは図 6.7 は $t_{\rm ox}$ と $W_{\rm dm}$ に対して対称な形をしているが，$t_{\rm ox} < W_{\rm dm}$ である図 6.7 右下の領域の解のみが技術的に実現可能である．$\Delta V_{\rm gs}/\Delta\psi_{\rm s}$，あるいは図 5.5 における m 値に関する考察からも $t_{\rm ox}/\varepsilon_{\rm ox} < W_{\rm dm}/\varepsilon_{\rm si}$ が必要である．右下角において $\lambda \approx W_{\rm dm} + (\varepsilon_{\rm si}/\varepsilon_{\rm ox})t_{\rm ox}$ であるから，$\varepsilon_{\rm ox}$ を大きくした高誘電率 (high-κ) ゲート絶縁膜は λ を増やさずに $t_{\rm ox}$ を増すのに役立つ．これによりゲート電極のトンネル漏れ電流を減らすことができる．しかし $\varepsilon_{\rm ox}/\varepsilon_{\rm si} \gg 1$ における強い非線形性のため，$t_{\rm ox}/\lambda$ が増すにつれ λ の解は図 6.7 の点線で示した線形近似から急激に逸脱する．このためいくら $\varepsilon_{\rm ox}$ を増しても $t_{\rm ox}$ には $t_{\rm ox}/\lambda = 1/2$，あるいは $\lambda = 2t_{\rm ox}$ で与えられる限界がある．物理の観点からは，これは横方向電界の効果である．縦方向電界とは異なり，横方向電界は絶縁膜材料の誘電率には直接影響されない (2.4.1.1 目参照)．**したがってゲート絶縁膜の誘電率をいくら大きくできたとしても，横方向電界によって生じる SCE**

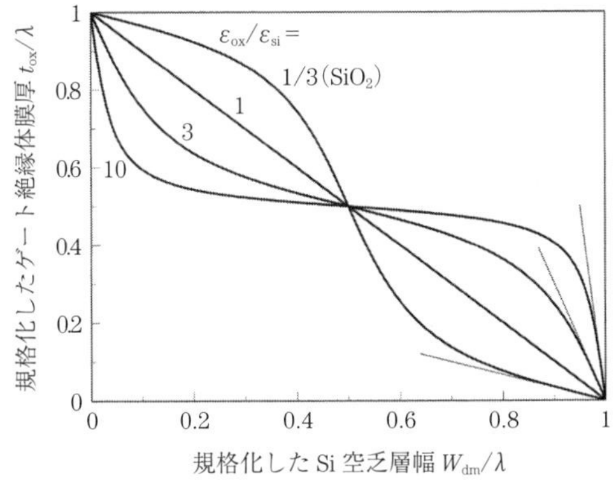

図 6.7　$\varepsilon_{\rm ox}/\varepsilon_{\rm si}$ をいくつかの値に固定したときの式 (6.23) の数値解．右下の点線は $t_{\rm ox} \ll W_{\rm dm}$ での解の漸近線 $\lambda \approx W_{\rm dm} + (\varepsilon_{\rm si}/\varepsilon_{\rm ox})\,t_{\rm ox}$．

[1] 訳注：λ は原点を通る傾き $t_{\rm ox}/W_{\rm dm}$ の直線と図中の曲線との交点より定まる．

を抑えるためにはゲート絶縁膜の物理的な厚さを小さくすることが不可欠である (Xie ら, 2012). このように 2 次元の効果を考慮したスケール長方程式, すなわち式 (6.23) を用いることで, 式 (4.109) に示した 1 次元系の指標 EOT ではわからない現象を理解することができる.

6.1.2.4　短チャネルでのポテンシャルの解

シリコン中の 2 次元ポテンシャルの解は式 (6.20) で与えられる. ただしその係数 $b_{2,n}$ と $c_{2,n}$ はまだ決定されていない. また酸化膜中の 2 次元ポテンシャルは

$$\psi_1(x,y) = \psi_{\mathrm{s}} - \frac{V_{\mathrm{gs}} - V_{\mathrm{fb}} - \psi_{\mathrm{s}}}{t_{\mathrm{ox}}} x + \sum_{n=1}^{\infty} \frac{b_{1,n} \sinh\left(\dfrac{\pi(L-y)}{\lambda_n}\right) + c_{1,n} \sinh\left(\dfrac{\pi y}{\lambda_n}\right)}{\sinh\left(\dfrac{\pi L}{\lambda_n}\right)} \sin\left(\frac{\pi(x+t_{\mathrm{ox}})}{\lambda_n}\right) \tag{6.24}$$

で与えられる. $b_{1,n}$ と $b_{2,n}$ は式 (6.17) により関係づけられ, $c_{1,n}$ と $c_{2,n}$ の間にも同様の関係があることに注意されたい.

ソース端 $y=0$ においては式 (6.4) より $\psi_2(x,0) = \psi_{\mathrm{bi}}$ である. $\psi_1(x,0)$ については, 式 (6.3) より $\psi_1(-t_{\mathrm{ox}},0) = V_{\mathrm{gs}} - V_{\mathrm{fb}}$ であり, $\psi_1(0,0) = \psi_2(0,0) = \psi_{\mathrm{bi}}$ であるが, 間の x においては線形に変化するものと仮定し,

$$\psi_1(x,0) = \psi_{\mathrm{bi}} - \frac{V_{\mathrm{gs}} - V_{\mathrm{fb}} - \psi_{\mathrm{bi}}}{t_{\mathrm{ox}}} x \tag{6.25}$$

とする. 境界条件, 式 (6.4), (6.20), (6.24), (6.25) を適用し, さらに W_{d} を W_{dm} で置き換えると

$$\psi_2(x,0) = \psi_{\mathrm{bi}} = \psi_{\mathrm{s}} \left(1 - \frac{x}{W_{\mathrm{dm}}}\right)^2 + \sum_{n=1}^{\infty} b_{2,n} \sin\left(\frac{\pi(W_{\mathrm{dm}} - x)}{\lambda_n}\right) \tag{6.26}$$

と

$$\psi_1(x,0) = \psi_{\mathrm{bi}} - \frac{V_{\mathrm{gs}} - V_{\mathrm{fb}} - \psi_{\mathrm{bi}}}{t_{\mathrm{ox}}} x = \psi_{\mathrm{s}} - \frac{V_{\mathrm{gs}} - V_{\mathrm{fb}} - \psi_{\mathrm{s}}}{t_{\mathrm{ox}}} x + \sum_{n=1}^{\infty} b_{2,n} \frac{\sin(\pi W_{\mathrm{dm}}/\lambda_n)}{\sin(\pi t_{\mathrm{ox}}/\lambda_n)} \sin\left(\frac{\pi(x+t_{\mathrm{ox}})}{\lambda_n}\right) \tag{6.27}$$

が得られる. ただし式 (6.27) においては式 (6.17) を用いて $b_{1,n}$ を $b_{2,n}$ で置き換える変形を行った.

係数それぞれを算出するためには, 以下の直交関係を利用する.

$$\varepsilon_{\rm ox}\int_{-t_{\rm ox}}^{0}\frac{\sin(\pi W_{\rm dm}/\lambda_n)}{\sin(\pi t_{\rm ox}/\lambda_n)}\sin\left(\frac{\pi(x+t_{\rm ox})}{\lambda_n}\right)\frac{\sin(\pi W_{\rm dm}/\lambda_m)}{\sin(\pi t_{\rm ox}/\lambda_m)}\sin\left(\frac{\pi(x+t_{\rm ox})}{\lambda_m}\right){\rm d}x$$
$$+\varepsilon_{\rm si}\int_{0}^{W_{\rm dm}}\sin\left(\frac{\pi(W_{\rm dm}-x)}{\lambda_n}\right)\sin\left(\frac{\pi(W_{\rm dm}-x)}{\lambda_m}\right){\rm d}x=0\qquad \text{if } n\neq m \tag{6.28}$$

$b_{2,n}$ を求めるには，式 (6.26) と (6.27) の両辺に対応する因子を掛け算し，それぞれの両辺を区間 $(0,\, W_{\rm dm})$ と $(-t_{\rm ox},\, 0)$ で積分したのちに，これら二つの式を加算すればよい．これにより

$$b_{2,n}=\frac{2[(1+A)\psi_{\rm bi}-(A+B)\psi_{\rm s}]}{C\times\pi} \tag{6.29}$$

が得られる．ただし式中の無次元パラメータは

$$A=\cos[\pi(1-W_{\rm dm}/\lambda_n)]\frac{\tan(\pi t_{\rm ox}/\lambda_n)}{\pi t_{\rm ox}/\lambda_n} \tag{6.30}$$

$$B=\frac{4\sin(\pi W_{\rm dm}/2\lambda_n)}{\pi W_{\rm dm}/\lambda_n}\left[\cos(\pi W_{\rm dm}/2\lambda_n)-\frac{\sin(\pi W_{\rm dm}/2\lambda_n)}{\pi W_{\rm dm}/\lambda_n}\right] \tag{6.31}$$

$$C=\frac{W_{\rm dm}}{\lambda_n}-\frac{t_{\rm ox}}{\lambda_n}\frac{\sin(2\pi W_{\rm dm}/\lambda_n)}{\sin(2\pi t_{\rm ox}/\lambda_n)} \tag{6.32}$$

である．同様に $c_{2,n}$ は $y=L$ におけるドレイン側境界条件より算出できる．結果は式 (6.29) において $\psi_{\rm bi}$ を $\psi_{\rm bi}+V_{\rm ds}$ で置き換えたものになる．$A\sim\lambda_n$，$B\sim\lambda_n$，$C\sim 1/\lambda_n$ であるから，$b_{2,n}$ と $c_{2,n}$ は，n が増大し λ_n が小さくなるとともに減少する．

典型的な場合として $\varepsilon_{\rm ox}/\varepsilon_{\rm si}=1/3$ (酸化膜は SiO_2 として)，$t_{\rm ox}/W_{\rm dm}=1/10$ の場合を考えよう．このとき $m=1+(\varepsilon_{\rm si}/\varepsilon_{\rm ox})t_{\rm ox}/W_{\rm dm}=1.3$ である．すると式 (6.23) の最初の解 λ_1，あるいは λ は $1.26\times W_{\rm dm}$ となり，$A=0.81$，$B=-0.09$，$C=0.95$ と算出される．この結果を見ると，$A\approx 1$，$B\approx 0$，$C\approx 1$ とおくことで式 (6.29)〜(6.32) を

$$b_{2,1}\approx\frac{4}{\pi}[\psi_{\rm bi}-0.5\psi_{\rm s}] \tag{6.33}$$

$$c_{2,1}\approx\frac{4}{\pi}[(\psi_{\rm bi}+V_{\rm ds})-0.5\psi_{\rm s}] \tag{6.34}$$

と近似しても良さそうである．これら近似式を用いると，式 (6.20) と (6.21) で与えられる，$y_{\rm min}=(L/2)-(\lambda/2\pi)\ln\left(1+V_{\rm ds}/\left(\psi_{\rm bi}-0.5\psi_{\rm s}\right)\right)$ における最小表面電位は

$$\psi_2(0,y_{\rm min})\approx\psi_{\rm s}+2\sqrt{b_{2,1}c_{2,1}}\exp\left(-\frac{\pi L}{2\lambda}\right)\sin\left(\frac{\pi W_{\rm dm}}{\lambda}\right)$$
$$\approx\psi_{\rm s}+\frac{8}{\pi}\sqrt{(\psi_{\rm bi}-0.5\psi_{\rm s})(\psi_{\rm bi}+V_{\rm ds}-0.5\psi_{\rm s})}\sin\left(\frac{\pi W_{\rm dm}}{\lambda}\right)\exp\left(-\frac{\pi L}{2\lambda}\right) \tag{6.35}$$

となる．$\psi_{\rm bi} \sim \psi_{\rm s} \sim V_{\rm ds} \sim 1\,{\rm V}$ とすると指数部の係数はだいたい 1.5 V である．よって上式で与えられる SCE を 0.1 V 以下に抑えるためには $\exp(-\pi L/2\lambda)$ が概ね 1/20 より小さいことが必要である．**以上より，SCE を許容できるレベルに抑えることができる最小のチャネル長を $\boldsymbol{L_{\rm min}}$ とすると，$\boldsymbol{L_{\rm min} \approx 2\lambda}$ であるといえる．**

式 (6.35) の SCE 項の $\psi_{\rm s}$ に対する依存性より以下のことがいえる．まず SCE は $\psi_{\rm s}$ が小さくなる深いサブスレッショルド状態でより厳しくなる．さらに短チャネルデバイスにおける最小表面電位のゲート電圧による制御性 ${\rm d}\psi_2(0, y_{\rm min})/{\rm d}V_{\rm gs}$ は，${\rm d}\psi_{\rm s}/{\rm d}V_{\rm gs}$ より小さくなる．${\rm d}\psi_{\rm s}/{\rm d}V_{\rm gs}$ は長チャネルデバイスのサブスレッショルド・スロープに対応するから，このことは短チャネルデバイスではサブスレッショルド・スロープが劣化することを意味する．ただし $L = L_{\rm min}$ においては $\exp(-\pi L/2\lambda)$ がまだ小さいので劣化はそれほど顕著ではない．

式 (6.35) による最小ポテンシャルにより SCE によるしきい値電圧低下の粗い評価はできるが，式 (6.20) による 2 次元ポテンシャル $\psi_2(x, y)$ と電流連続の式

$$I_{\rm ds} = \mu_{\rm eff} W(-Q_{\rm i})\frac{{\rm d}V}{{\rm d}y} \tag{6.36}$$

を組み合わせてサブスレッショルドの $I_{\rm ds}$–$V_{\rm gs}$ 特性を計算すればより正確な評価が可能である．ここで $I_{\rm ds}$ は y に依存せず，V は x によらない y のみの関数である．$Q_{\rm i}$ は単位面積当たりの可動電荷密度であり

$$\begin{aligned} -Q_{\rm i}(y) &= q\int_0^{W_{\rm dm}} \frac{{n_{\rm i}}^2}{N_{\rm a}} \exp\left(\frac{q[\psi_2(x, y) - V]}{kT}\right){\rm d}x \\ &= q\frac{{n_{\rm i}}^2}{N_{\rm a}} \exp\left(-\frac{qV}{kT}\right)\int_0^{W_{\rm dm}} \exp\left(\frac{q\psi_2(x, y)}{kT}\right){\rm d}x \end{aligned} \tag{6.37}$$

で与えられる．式 (6.36) を変形し，左辺を y について 0 から L まで，右辺を V について 0 から $V_{\rm ds}$ まで積分すると

$$I_{\rm ds} = \mu_{\rm eff} kTW\frac{{n_{\rm i}}^2}{N_{\rm a}} \frac{1 - e^{-qV_{\rm ds}/kT}}{\displaystyle\int_0^L \frac{{\rm d}y}{\int_0^{W_{\rm dm}} e^{q\psi_2(x,y)/kT}{\rm d}x}} \tag{6.38}$$

を得る．SCE がなければ式 (6.38) は長チャネルの結果，式 (5.36) に帰着し，$I_{\rm ds}$ は W/L に比例する．しきい値電圧低下は短チャネルにおける $I_{\rm ds}$–$V_{\rm gs}$ 曲線 (片対数プロット，W/L で規格化) の，長チャネルを起点とした負方向の移動として表れる．この移動は，図 6.4 の例に示すように，サブスレッショルド・スロープが劣化するほどに L が短くなった場合は平行でなくなる．

以上の議論においては，ソースとドレインの接合深さ $x_{\rm j}$ は空乏層幅 $W_{\rm dm}$ より大きいことを仮定していた．このためソースとドレインの深さが SCE に影響しない結果が

得られた．直列抵抗増加によるデバイス電流劣化を防ぎつつ接合深さを減らすのは技術的に簡単ではないので，この仮定は妥当なものである．ただしせり上げソース–ドレイン構造を用いるなどして $x_{\mathrm{j}} \ll W_{\mathrm{dm}}$ を実現することは可能である．この場合，しきい値電圧 V_{t} の低下は $x_{\mathrm{j}}/W_{\mathrm{dm}}$ に比例して改善することができる (Sleva と Taur，2005)．

上記解析モデルでは明示的に考慮されていない，SCE に影響する現象としてソース–ドレイン領域の空乏化がある．チャネル長 L が 20 nm 程度まで短縮されると，ソース–ドレインの空乏幅 ($10^{20}\,\mathrm{cm}^{-3}$ のドーピングに対して 2〜3 nm) がチャネル長に対して無視できない長さとなり，SCE に影響する (Lin と Taur，2017)．ソース–ドレインのドーピングを減らすほどチャネルとソース–ドレインの境界があいまいになることで SCE が緩和される．解析的なスケール長が予測する SCE はソース–ドレインのドーピングが $10^{20}\,\mathrm{cm}^{-3}$ の場合の SCE と同等である．ソース–ドレインのドーピングを下げすぎると直列抵抗が増えてデバイスの電流が劣化する．

6.2 高電界輸送

6.2.1 速度飽和

5.1.3 項において，長チャネル MOSFET のドレイン電圧が $V_{\mathrm{dsat}} = (V_{\mathrm{gs}} - V_{\mathrm{t}})/m$ に等しくなるとドレイン電流が飽和することを述べた．**短チャネル MOSFET においては，先に触れた速度飽和現象の影響によりドレイン電流の飽和がこれよりずっと低い電圧で起こる．**その結果飽和電流 I_{dsat} は長チャネルデバイスに対する式 (5.31) から逸脱し，$1/L$ に比例しなくなる．バルクのシリコンにおける速度と電界の関係は図 2.11 に示した．MOSFET のチャネルにおける飽和速度はバルクにおける値より若干小さく，電子は $v_{\mathrm{sat}} \approx 7〜8 \times 10^6\,\mathrm{cm/s}$，正孔は $6〜7 \times 10^6\,\mathrm{cm/s}$ と報告されている (Coen と Muller，1980; Taur ら，1993a)．図 6.8 に 0.25 μm nMOSFET の実測された I_{ds}–V_{gs} 特性を示す．図中の破線は長チャネルでの理論式 (5.27) から計算される $V_{\mathrm{gs}} = 2.5\,\mathrm{V}$ での I_{ds}–V_{gs} 特性である．速度飽和により短チャネルデバイスのドレイン電流は $(V_{\mathrm{gs}} - V_{\mathrm{t}})/m$ より大幅に低いドレイン電圧で飽和し，飽和ドレイン電流が低く抑えられることがわかる．

6.2.1.1 速度と電界の関係

実験によればキャリア速度と電界の関係は経験的に次式で表すことができる (Caughey と Thomas，1967)．

$$v = \frac{\mu_{\mathrm{eff}}\mathcal{E}}{[1 + (\mathcal{E}/\mathcal{E}_{\mathrm{c}})^n]^{1/n}} \tag{6.39}$$

ただし電子においては $n = 2$，正孔においては $n = 1$ とする．図 6.9 に示すように，

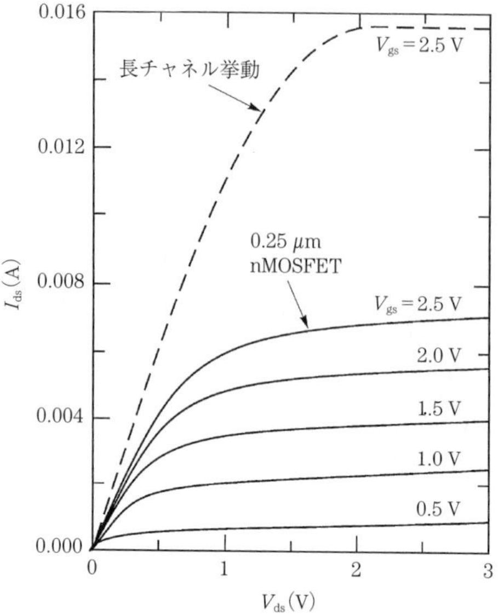

図 6.8　0.25 μm nMOSFET の実測された I_{ds}–V_{gs} 特性 (実線). デバイス幅は 9.5 μm. 破線は同チャネル長において速度飽和がなかったとした場合に期待される特性 [Taur ら (1993a) より引用].

n (≥ 1) はキャリアがどの程度速やかに飽和速度に近づくかの指標となっている. パラメータ $\mathcal{E}_{\mathrm{c}}$ は**臨界電界** (critical field) とよばれ, 電界強度が $\mathcal{E}_{\mathrm{c}}$ と同等以上になると速度飽和が重要となる. 電界が弱いときは $v = \mu_{\mathrm{eff}}\mathcal{E}$ であってオームの法則が成り立つ一方, $\mathcal{E}$ が無限大であれば $v = v_{\mathrm{sat}} = \mu_{\mathrm{eff}}\mathcal{E}_{\mathrm{c}}$ となる. したがって

$$\mathcal{E}_{\mathrm{c}} = \frac{v_{\mathrm{sat}}}{\mu_{\mathrm{eff}}} \tag{6.40}$$

の関係がある. 5.2.1 項において, 実効移動度 μ_{eff} は垂直電界 $\mathcal{E}_{\mathrm{eff}}$ の関数であることを述べた. v_{sat} は $\mathcal{E}_{\mathrm{eff}}$ に依存しない定数であるから, 臨界電界 $\mathcal{E}_{\mathrm{c}}$ もまた $\mathcal{E}_{\mathrm{eff}}$ の関数である. 言い換えれば, **垂直電界が強まるほど実効移動度は減少するが, 速度飽和の臨界電界は高まる** (Sodini ら, 1984). また正孔の移動度は電子よりも小さいので, 正孔の臨界電界は電子よりも大きい.

速度飽和をモデル化するには式 (6.39) における電界 $\mathcal{E} = |\mathrm{d}\psi_{\mathrm{i}}/\mathrm{d}y|$ を擬フェルミポテンシャルの傾き $|\mathrm{d}V/\mathrm{d}y|$ で置き換えても差し支えない. こうすることで, ドリフト電流ではなく, ドリフト電流と拡散電流の合計である全電流 [式 (5.8)] が $WQ_{\mathrm{i}}v_{\mathrm{sat}}$ を超えないようなモデル化をすることになる. ここで W は MOSFET の幅, Q_{i} は単位面積当たりの可動電荷密度である. 速度飽和が起こる状況における電流はほとんどがドリフト電

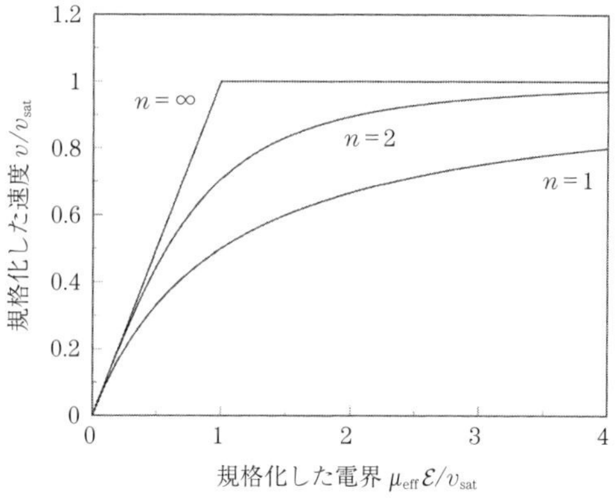

図 6.9　いくつかの速度飽和モデルにおける速度と電界の関係．速度と電界は規格化してある．モデルによって飽和速度への近づき方が異なる．

流であることから，この置き換えが飽和電流に与える影響はほとんどない．本節では以降，式 (6.39) の $\mathcal{E}$ を $\mathrm{d}V/\mathrm{d}y$ で置き換えたモデル式を採用する．

6.2.1.2　$n = 1$ の速度飽和モデル

数学的に最も単純で解析しやすいのは $n = 1$ としたときのモデル式

$$v = \frac{\mu_{\mathrm{eff}}(\mathrm{d}V/\mathrm{d}y)}{1 + (\mu_{\mathrm{eff}}/v_{\mathrm{sat}})(\mathrm{d}V/\mathrm{d}y)} \tag{6.41}$$

である．最初にグラデュアルチャネル近似 (GCA) による取り扱いを議論する．5.1.1 項と同様にして，式 (5.8) における低電界キャリア速度 $\mu_{\mathrm{eff}}\,(\mathrm{d}V/\mathrm{d}y)$ を式 (6.41) で置き換えると

$$I_{\mathrm{ds}} = -WQ_{\mathrm{i}}(V)\,\frac{\mu_{\mathrm{eff}}\,\mathrm{d}V/\mathrm{d}y}{1 + (\mu_{\mathrm{eff}}/v_{\mathrm{sat}})\,\mathrm{d}V/\mathrm{d}y} \tag{6.42}$$

を得る．ここで V はチャネル中の位置 y における擬フェルミポテンシャル，$Q_{\mathrm{i}}(V)$ は深さ方向に積分された反転電荷密度である．なお，$\mathrm{d}V/\mathrm{d}y > 0$ とする．電流の連続性より I_{ds} は y によらず一定である．

式 (6.42) を変形すると

$$I_{\mathrm{ds}} = -\left(\mu_{\mathrm{eff}}WQ_{\mathrm{i}}(V) + \frac{\mu_{\mathrm{eff}}I_{\mathrm{ds}}}{v_{\mathrm{sat}}}\right)\frac{\mathrm{d}V}{\mathrm{d}y} \tag{6.43}$$

となるが，この両辺に $\mathrm{d}y$ を掛けて，左辺を $y = 0$ から L，右辺を $V = 0$ から V_{ds} まで積分することで

$$I_{\rm ds} = \frac{-\mu_{\rm eff}(W/L)\int_0^{V_{\rm ds}} Q_{\rm i}(V)\,{\rm d}V}{1+(\mu_{\rm eff}V_{\rm ds}/v_{\rm sat}L)} \tag{6.44}$$

と $I_{\rm ds}$ を計算できる．式の分子は速度飽和がない長チャネルでの電流，式 (5.10) にほかならない．式 (6.44) より，チャネルに沿った平均的な電界 $V_{\rm ds}/L$ が臨界電界 $\mathcal{E}_{\rm c} = v_{\rm sat}/\mu_{\rm eff}$ より十分小さければ，ドレイン電流は速度飽和効果にほとんど影響されない．しかし $V_{\rm ds}/L$ が $\mathcal{E}_{\rm c}$ と同等以上になるとドレイン電流は顕著に減少する．$Q_{\rm i}(V)$ を与える有用な近似式は式 (5.44)：

$$-Q_{\rm i}(V) = C_{\rm inv}(V_{\rm gs} - V_{\rm t} - mV) \tag{6.45}$$

である．ここで $C_{\rm inv}(V_{\rm gs} - V_{\rm t})$ は電荷シートモデル式 (5.16) がソース端 ($V = 0$，$\psi_{\rm s} = \psi_{\rm s,s}$) で与える $Q_{\rm i}$ である．これを用いて式 (6.44) 内の積分を実行すると

$$I_{\rm ds} = \frac{\mu_{\rm eff}C_{\rm inv}(W/L)[(V_{\rm gs} - V_{\rm t})\,V_{\rm ds} - (m/2)\,{V_{\rm ds}}^2]}{1+(\mu_{\rm eff}V_{\rm ds}/v_{\rm sat}L)} \tag{6.46}$$

を得る．

$V_{\rm gs}$ をある値に固定して $V_{\rm ds}$ を増加させていくと，$I_{\rm ds}$ はある最大値に達するまで増加していく．$I_{\rm ds}$ が最大に達するときの $V_{\rm ds}(V_{\rm dsat})$ は ${\rm d}I_{\rm ds}/{\rm d}V_{\rm ds} = 0$ を解くことで決定できる．式を簡潔にするために無次元のパラメータ

$$z \equiv \frac{2\mu_{\rm eff}(V_{\rm gs} - V_{\rm t})}{mv_{\rm sat}L} \tag{6.47}$$

を導入する．これは速度飽和の影響の程度を表す指標である．すると

$$V_{\rm dsat} = \frac{2(V_{\rm gs} - V_{\rm t})/m}{1+\sqrt{1+2\mu_{\rm eff}(V_{\rm gs} - V_{\rm t})/(mv_{\rm sat}L)}} \equiv \frac{Lv_{\rm sat}}{\mu_{\rm eff}}(\sqrt{1+z} - 1) \tag{6.48}$$

となる．この式は常に長チャネルでの飽和電圧 $(V_{\rm gs} - V_{\rm t})/m$ より小さい．これを式 (6.46) に代入すると飽和電流が

$$I_{\rm dsat} = C_{\rm inv}Wv_{\rm sat}(V_{\rm gs} - V_{\rm t})\frac{\sqrt{1+z} - 1}{\sqrt{1+z} + 1} \tag{6.49}$$

と計算できる．式 (6.49) は $z \ll 1$ においては長チャネルの飽和電流

$$I_{\rm dsat} = \mu_{\rm eff}C_{\rm inv}\,\frac{W}{L}\,\frac{(V_{\rm gs} - V_{\rm t})^2}{2m} \tag{6.50}$$

となる．また $z \gg 1$ においては速度飽和限界の電流

$$I_{\rm dsat} = C_{\rm inv}Wv_{\rm sat}(V_{\rm gs} - V_{\rm t}) \tag{6.51}$$

に帰着し，**このとき $\boldsymbol{I_{\mathrm{dsat}}}$ はチャネル長 $\boldsymbol{L}$ に依存しない．また長チャネルのときのように $\boldsymbol{V_{\mathrm{gs}} - V_{\mathrm{t}}}$ の 2 乗ではなく，$\boldsymbol{V_{\mathrm{gs}} - V_{\mathrm{t}}}$ に比例する．**このことは図 6.8 に示す実験データと整合している．

電流が飽和に達したとき，$V(y = L) = V_{\mathrm{dsat}}$ であるから

$$I_{\mathrm{dsat}} = C_{\mathrm{inv}} W v_{\mathrm{sat}} (V_{\mathrm{gs}} - V_{\mathrm{t}} - mV_{\mathrm{dsat}}) = -W v_{\mathrm{sat}} Q_{\mathrm{i}}(y = L) \tag{6.52}$$

が成り立つ．この式はドレイン端においてキャリアが飽和速度で走行しており，式 (6.41) より $\mathrm{d}V/\mathrm{d}y \to \infty$ であることを示している．ここで式 (6.45) で与えられる $-Q_{\mathrm{i}}$ は正であることに注意されたい．移動度一定を仮定すると，I_{ds} が飽和するとき $-Q_{\mathrm{i}}$ がゼロであったが，これは速度飽和を考慮すると成立しない．しかしどちらの場合でも，GCA モデルの枠組みにおいては，I_{ds} の飽和と $\mathrm{d}V/\mathrm{d}y$ の発散が対応するという点は共通している．

$V_{\mathrm{ds}} > V_{\mathrm{dsat}}$ において GCA モデルは破綻する．このため 5.1.4 項で議論した非 GCA モデルを取り込む必要がある．そこで式 (5.43) と同様にして，$\varepsilon_{\mathrm{si}} d_{\mathrm{si}}\, \mathrm{d}^2\psi/\mathrm{d}y^2 \approx \varepsilon_{\mathrm{si}} d_{\mathrm{si}}\, \mathrm{d}^2 V/\mathrm{d}y^2$ を式 (6.42) の $-Q_{\mathrm{i}}(V)$ に加算すると

$$I_{\mathrm{ds}} = W \left[-Q_{\mathrm{i}}(V) + \varepsilon_{\mathrm{si}} d_{\mathrm{si}} \frac{\mathrm{d}^2 V}{\mathrm{d}y^2} \right] \frac{\mu_{\mathrm{eff}}\, \mathrm{d}V/\mathrm{d}y}{1 + (\mu_{\mathrm{eff}}/v_{\mathrm{sat}})\, \mathrm{d}V/\mathrm{d}y} \tag{6.53}$$

となる．深さのパラメータ d_{si} については式 (5.43) に続く文中で議論した．$-Q_{\mathrm{i}}(V)$ を式 (6.45) で書き換えて，上式を 1 回積分すると

$$\frac{I_{\mathrm{ds}}}{\mu_{\mathrm{eff}} W} y + \frac{I_{\mathrm{ds}}}{v_{\mathrm{sat}} W} V = C_{\mathrm{inv}} \left[(V_{\mathrm{gs}} - V_{\mathrm{t}}) V - \frac{m}{2} V^2 \right] + \frac{\varepsilon_{\mathrm{si}} d_{\mathrm{si}}}{2} \left[\left(\frac{\mathrm{d}V}{\mathrm{d}y} \right)^2 - \mathcal{E}_0{}^2 \right] \tag{6.54}$$

が得られる．この式は式 (5.45) の左辺に速度飽和による第 2 項を追加したものとなっている．ここで $\mathcal{E}_0$ は $y = 0$ における $\mathrm{d}V/\mathrm{d}y$ である．式 (6.53) における非 GCA 項は $V = 0$ $(y = 0)$ において無視できるから

$$\mathcal{E}_0 = \frac{I_{\mathrm{ds}}}{\mu_{\mathrm{eff}} W C_{\mathrm{inv}} (V_{\mathrm{gs}} - V_{\mathrm{t}}) - (\mu_{\mathrm{eff}}/v_{\mathrm{sat}}) I_{\mathrm{ds}}} \tag{6.55}$$

である．式 (6.54) は，ゲート電圧がしきい値電圧より高いとき，電流飽和の前後にかかわらず成立する 1 次の常微分方程式である．ある I_{ds} を与えると，この式は数値的に解けて $y = 0$ から $y = L$ に至る $V(y)$ が得られるから，$V_{\mathrm{ds}} = V(L)$ を求めることができる．数値解析の方法は式 (5.47) の場合と同様である．**式 (6.53) に追加された $\boldsymbol{\mathrm{d}^2 V/\mathrm{d}y^2}$ 項により，$\boldsymbol{V_{\mathrm{dsat}}}$ における GCA の特異点が取り除かれ，$\boldsymbol{\mathrm{d}V/\mathrm{d}y}$ は $\boldsymbol{V_{\mathrm{ds}} > V_{\mathrm{dsat}}}$ において正の有限値に保たれる．**図 6.10 に示すように，GCA モデルによる I_{ds}–V_{ds} 特性は

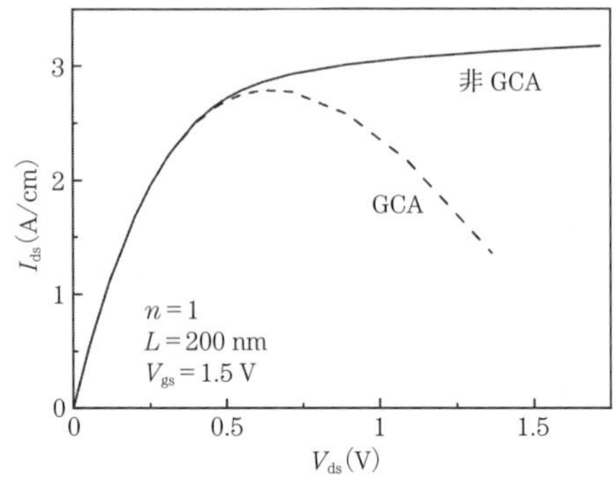

図 6.10　GCA モデルと非 GCA モデルにより生成された I_{ds}–V_{ds} 特性．$n=1$ の速度飽和モデルを使用．MOSFET の設計パラメータは $t_{inv}=3.3\,\mathrm{nm}$，$N_a=10^{18}\,\mathrm{cm}^{-3}$(均一ドープ)，ゲート仕事関数は n^+ シリコン相当であり，$V_t=0.4\,\mathrm{V}$，$m=1.28$ となる．ほかのパラメータは $\mu_{eff}=200\,\mathrm{cm}^2/\mathrm{Vs}$，$v_{sat}=10^7\,\mathrm{cm/s}$，$d_{si}=20\,\mathrm{nm}$.

極大点 (V_{dsat}, I_{dsat}) を境に物理的に妥当でない下降を示すが，非 GCA モデルによれば，三極管領域から速度飽和領域に至るまで有限かつ正の出力コンダクタンスを示す，連続な I_{ds}–V_{ds} 特性が生成される (Taur ら，2019).

6.2.1.3　$n=2$ の速度飽和モデル

$n=1$ の速度飽和モデルには $V_{ds}=0$ での 2 階微分の不連続性問題があることが知られている．式 (6.41) 分母の $\mathrm{d}V/\mathrm{d}y$ は負になるべきでなく，本来は $|\mathrm{d}V/\mathrm{d}y|$ とすべきものだからである (Joardar ら，1998)．連続性の要求を満足するためには，n は偶整数である必要があり，これを満たす n の最小値は 2 ということになる．$n=2$ の速度飽和に基づく GCA モデルにおいて式 (6.42) に相当するのは

$$I_{ds} = -WQ_i(V)\frac{\mu_{eff}(\mathrm{d}V/\mathrm{d}y)}{\sqrt{1+(\mu_{eff}/v_{sat})^2(\mathrm{d}V/\mathrm{d}y)^2}} \tag{6.56}$$

である．これはある V_{gs} における I_{ds} と V_{ds} の関係を与える積分形

$$LI_{ds} = \mu_{eff}\int_0^{V_{ds}} \sqrt{[WQ_i(V)]^2-(I_{ds}/v_{sat})^2}\,\mathrm{d}V \tag{6.57}$$

に変形できる．この積分は，$Q_i(V)$ に式 (6.45) を代入し，

$$WC_{inv}(V_{gs}-V_t-mV) = (I_{ds}/v_{sat})\cosh u \tag{6.58}$$

により V に替わる媒介変数 u を導入することで実行できる．結果は

$$L = \frac{\mu_{eff}I_{ds}}{2mWC_{inv}{v_{sat}}^2}[\sinh u\cosh u - u]\Big|_{u_d}^{u_s} \tag{6.59}$$

となる．ここで $u_{\rm s}$ と $u_{\rm d}$ は式 (6.58) において $V=0$ および $V_{\rm ds}$ としたときの u である．

図 6.11 に $V_{\rm gs}$ を一定として生成される $I_{\rm ds}$–$V_{\rm ds}$ 関係を示す．$V_{\rm ds}$ にはとり得る最大値 $V_{\rm dsat}$ があり，対応する $I_{\rm ds}$ も最大値 $I_{\rm dsat}$ となり，その先には解がない．このときドレイン端に着目すると，$u_{\rm d}=0$ であり，式 (6.57) の被積分関数はゼロであり，キャリアは速度 $v_{\rm sat}$ で走行し，$\mathrm{d}V/\mathrm{d}y \to \infty$ である．電流の最大値は

$$I_{\rm dsat} = WC_{\rm inv}(V_{\rm gs}-V_{\rm t})v_{\rm sat}/\cosh u_{\rm s} \tag{6.60}$$

において $u_{\rm s}$ として

$$L = \frac{\mu_{\rm eff}(V_{\rm gs}-V_{\rm t})}{2mv_{\rm sat}}\left[\sinh u_{\rm s} - \frac{u_{\rm s}}{\cosh u_{\rm s}}\right] \tag{6.61}$$

の解を代入することで得られる．

この飽和動作点より高い $V_{\rm ds}$ を議論するには再び非 GCA モデルを用いる必要がある．式 (6.53) の $n=2$ に対応する式は

$$I_{\rm ds} = W\left[-Q_{\rm i}(V) + \varepsilon_{\rm si}d_{\rm si}\frac{\mathrm{d}^2V}{\mathrm{d}y^2}\right]\frac{\mu_{\rm eff}\mathrm{d}V/\mathrm{d}y}{\sqrt{1+(\mu_{\rm eff}/v_{\rm sat})^2(\mathrm{d}V/\mathrm{d}y)^2}} \tag{6.62}$$

となる．ここに含まれる 2 階微分の項は

$$\frac{\mathrm{d}^2V}{\mathrm{d}y^2} = \frac{\mathrm{d}V}{\mathrm{d}y}\frac{\mathrm{d}}{\mathrm{d}V}\left(\frac{\mathrm{d}V}{\mathrm{d}y}\right) = \frac{1}{2}\frac{\mathrm{d}}{\mathrm{d}V}\left(\frac{\mathrm{d}V}{\mathrm{d}y}\right)^2 \tag{6.63}$$

と変形でき，

$$g(V) = \left(\frac{\mathrm{d}V}{\mathrm{d}y}\right)^2 \tag{6.64}$$

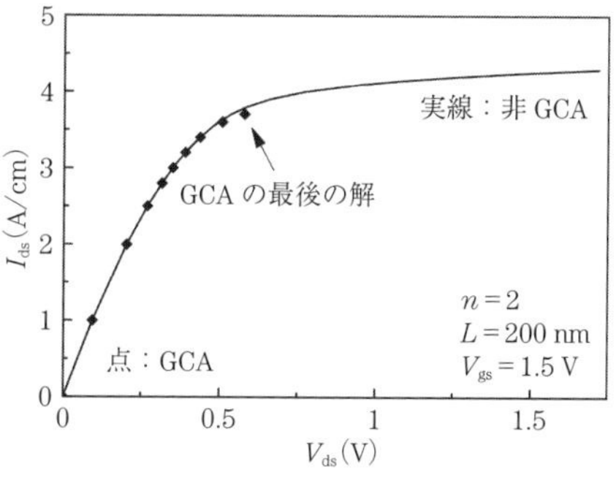

図 6.11 GCA モデルと非 GCA モデルにより生成された $I_{\rm ds}$–$V_{\rm ds}$ 特性．$n=2$ の速度飽和モデルを使用．デバイスのパラメータは図 6.10 と同様．

を定義すると式 (6.62) は $g(V)$ についての 1 階微分方程式

$$I_{\mathrm{ds}}{}^2\left[1+\left(\frac{\mu_{\mathrm{eff}}}{v_{\mathrm{sat}}}\right)^2 g\right]=W^2\mu_{\mathrm{eff}}{}^2 g\left[-Q_{\mathrm{i}}(V)+\frac{\varepsilon_{\mathrm{si}}d_{\mathrm{si}}}{2}\frac{\mathrm{d}g}{\mathrm{d}V}\right]^2 \tag{6.65}$$

となる．ある I_{ds} に対して上記式は式 (5.47) における場合と同様にして数値的に解くことができる．ただし δV のステップごとに解くのは δg の 2 次方程式ではなく 3 次方程式となる．こうして $g(V)$ を得たなら，$g^{-1/2}$ を V によって数値的に積分して $y(V)$ を求め，$y\,(V_{\mathrm{ds}})=L$ より V_{ds} を求めることができる．こうして $n=2$ の非 GCA モデルから得られた，三極管領域から飽和領域にかけて連続的な I_{ds}–V_{ds} 特性を図 6.11 に示す (Taur ら，2019).

6.2.1.4　速度飽和領域に対する局所解

局所的な近似 $(\mu_{\mathrm{eff}}/v_{\mathrm{sat}})(\mathrm{d}V/\mathrm{d}y)\gg 1$ を用いて，速度飽和領域で成立する解析解を導出する．この近似が成立するなら n によらずキャリア速度は v_{sat} にほぼ等しく，式 (6.45) で与えられる Q_{i} を用いると，式 (6.53)，(6.62) のいずれもが次式のように簡単になる．

$$I_{\mathrm{ds}}=Wv_{\mathrm{sat}}\left[C_{\mathrm{inv}}(V_{\mathrm{gs}}-V_{\mathrm{t}}-mV)+\varepsilon_{\mathrm{si}}d_{\mathrm{si}}\frac{\mathrm{d}^2V}{\mathrm{d}y^2}\right] \tag{6.66}$$

式 (6.63) を用いると，式 (6.66) は V_{dsat} から V まで積分できて

$$\left(\frac{\mathrm{d}V}{\mathrm{d}y}\right)^2=\frac{mC_{\mathrm{inv}}}{\varepsilon_{\mathrm{si}}d_{\mathrm{si}}}\left[(V-V_{\mathrm{dsat}}+a)^2+(b^2-a^2)\right] \tag{6.67}$$

を得る．ただし

$$a\equiv\frac{I_{\mathrm{ds}}-I_{\mathrm{dsat}}}{mC_{\mathrm{inv}}Wv_{\mathrm{sat}}}=\frac{I_{\mathrm{ds}}-I_{\mathrm{dsat}}}{I_{\mathrm{dsat}}}\left(\frac{V_{\mathrm{gs}}-V_{\mathrm{t}}}{m}-V_{\mathrm{dsat}}\right) \tag{6.68}$$

および

$$b=\sqrt{\frac{\varepsilon_{\mathrm{si}}d_{\mathrm{si}}}{mC_{\mathrm{inv}}}}\left(\frac{\mathrm{d}V}{\mathrm{d}y}\right)\Bigg|_{V_{\mathrm{dsat}}} \tag{6.69}$$

である．a と b はともに小さな電圧である．飽和領域の始点における境界条件 $[\mathrm{d}V/\mathrm{d}y]_{V_{\mathrm{dsat}}}$ は解析的には決定できない．そこで結果を簡単にするため $b\approx a$ という近似を用いる．もし $V(y=L)=V_{\mathrm{ds}}$ が V_{dsat} より十分離れれば**ドレイン端における $\mathbf{dV/dy}$ は $\boldsymbol{V_{\mathrm{ds}}-V_{\mathrm{dsat}}}$ に対し線形に増加する．これを念頭に式 (6.67) を積分すれば $\boldsymbol{V}$ は速度飽和した地点から先で次のような $\boldsymbol{y}$ に対する指数関数で与えられる：**

$$V-V_{\mathrm{dsat}}+a\approx(V_{\mathrm{ds}}-V_{\mathrm{dsat}}+a)\exp\left[\sqrt{\frac{mC_{\mathrm{inv}}}{\varepsilon_{\mathrm{si}}d_{\mathrm{si}}}}(y-L)\right] \tag{6.70}$$

チャネル長変調モデル (CLM) の考え方によれば $V = V_{\rm dsat}$ となる位置が $y = L - \Delta L$ である．この位置は $V_{\rm ds}$ が増すほどソースに向かって移動し，ΔL は

$$\Delta L = \sqrt{\frac{\varepsilon_{\rm si} d_{\rm si}}{m C_{\rm inv}}} \ln\left(\frac{V_{\rm ds} - V_{\rm dsat} + a}{a}\right) \tag{6.71}$$

と書くことができる．類似した関係式は 2 次元のガウスの法則を速度飽和領域に適用することで導出することができる (Ko ら，1981).

従来のドレイン電流に対するチャネル長変調効果の式 $I_{\rm ds} = I_{\rm dsat}/(1 - \Delta L/L)$ は移動度が一定で $I_{\rm ds}$ が $1/L$ に比例する場合にしか成立しない．$n = 1$ の速度飽和モデルによれば，式 (6.49) より $\Delta I_{\rm ds}/I_{\rm ds} = (1+z)^{-1/2}\Delta z/z = (1+z)^{-1/2}\Delta L/L$ であり，z は式 (6.47) で与えられる．したがって

$$I_{\rm ds} = \frac{I_{\rm dsat}}{1 - \left(\dfrac{1}{\sqrt{1+z}}\right)\dfrac{\Delta L}{L}} \tag{6.72}$$

となる．同様に $n = 2$ の速度飽和モデルによれば

$$I_{\rm ds} = \frac{I_{\rm dsat}}{1 - \left(\dfrac{\sinh u_{\rm s}\cosh u_{\rm s} - u_{\rm s}}{\sinh u_{\rm s}\cosh u_{\rm s} + u_{\rm s}}\right)\dfrac{\Delta L}{L}} \tag{6.73}$$

である．ただし $u_{\rm s}$ は式 (6.61) により決定される.

6.2.1.5 オン状態での短チャネル効果

6.1.2 項で述べた短チャネル MOSFET のモデルは可動キャリア密度が無視できるサブスレッショルド領域 (オフ状態) でのみ有効である．反転層が形成されるバイアス領域 (オン状態) では，2 次元のポアソン方程式は次式のようになる.

$$\frac{\partial^2\psi}{\partial x^2} + \frac{\partial^2\psi}{\partial y^2} = \frac{q}{\varepsilon_{\rm si}}\left[N_{\rm a} + n_{\rm i} e^{q(\psi - V)/kT}\right] \tag{6.74}$$

これは非線形偏微分方程式であるから重ね合わせの原理は利用できない．さらに，この式は $V(y)$ と可動キャリア密度が関わる電流連続の式と連立される必要がある．なお，本項目では真性ポテンシャル ψ の基準をソースのフェルミ準位とする (図 7.13 参照).

ドレイン近傍の 2 次元効果は 5.1.4.1 目で述べた非 GCA モデルで記述できるが，ソース近傍でも 2 次元効果は存在する．$\psi(y)$ の変化は階段状でなく連続的でなければならないから，チャネル領域のポテンシャル (GCA モデルに従いゲート電圧によって変化) に対してソース (nMOS の場合 n^+) の存在が影響を与える．電流がドリフトによって支

配され，$\mathrm{d}^2\psi/\mathrm{d}y^2 \approx \mathrm{d}^2V/\mathrm{d}y^2$ の近似を利用できたドレイン近傍とは異なり，ソース近傍での電流は拡散が支配的であるから ψ を V で置き換えることはできない．

5.1.4.1 目で用いた手法にならい，式 (5.44) による $-Q_\mathrm{i}(V)$ を用いた次の x 方向の 1 次元方程式が近似的に成り立つとする．

$$\frac{\mathrm{d}^2\psi}{\mathrm{d}x^2} = \frac{q}{\varepsilon_\mathrm{si}}N_\mathrm{a} + \frac{-Q_\mathrm{i}}{\varepsilon_\mathrm{si}d_\mathrm{si}} = \frac{q}{\varepsilon_\mathrm{si}}N_\mathrm{a} + \frac{C_\mathrm{inv}(V_\mathrm{gs} - V_\mathrm{t} - mV)}{\varepsilon_\mathrm{si}d_\mathrm{si}} \tag{6.75}$$

すると式 (6.74) と (6.75) の差分より

$$\frac{\mathrm{d}^2\psi}{\mathrm{d}y^2} = \frac{q}{\varepsilon_\mathrm{si}}n_\mathrm{i}e^{q(\psi-V)/kT} - \frac{C_\mathrm{inv}(V_\mathrm{gs} - V_\mathrm{t} - mV)}{\varepsilon_\mathrm{si}d_\mathrm{si}} \tag{6.76}$$

が得られる．これを通常のソースからドレインに向かう横方向の微分方程式として取り扱い，電流連続の式と連立させることができる．たとえば $n=1$ であれば電流は次式で与えられる．

$$I_\mathrm{ds} = Wd_\mathrm{si}qn_\mathrm{i}e^{q(\psi-V)/kT}\frac{\mu_\mathrm{eff}\,\mathrm{d}V/\mathrm{d}y}{1+(\mu_\mathrm{eff}/v_\mathrm{sat})\,\mathrm{d}V/\mathrm{d}y} \tag{6.77}$$

ここで $qn_\mathrm{i}d_\mathrm{si}\,e^{q(\psi-V)/kT}$ は可動キャリアの単位面積当たり密度であって，ゲートによって誘起される成分 $-Q_\mathrm{i}$ と横方向の $\mathrm{d}^2\psi/\mathrm{d}y^2$ に起因する成分をともに含むことに注意されたい．

ある V_gs と V_ds の組に対して境界条件は，ソース端において $\psi(0) = E_\mathrm{g}/2q$ と $V(0) = 0$，ドレイン端において $\psi(L) = E_\mathrm{g}/2q + V_\mathrm{ds}$ と $V(L) = V_\mathrm{ds}$，の 4 つである．ここで n^+ ソース–ドレインのフェルミ準位は伝導帯の端 E_c に等しく，ソース–ドレインの空乏化は無視できると近似している．この条件で式 (6.76) と (6.77) を連立して解けば I_ds が求まる．数値計算においては，$u(y) = \psi(y) - V(y)$ という関数を定義し，式 (6.76) を u の 2 階微分方程式に変換するとよい．すると境界条件は $u(0) = u(L) = E_\mathrm{g}/2q$ となる．ある I_ds において u の方程式を式 (6.77) とともに解くことで $V_\mathrm{ds} = V(L)$ が計算される．以上の式は五極管領域から速度飽和領域に至る連続な I_ds–V_ds 特性を生成する非 GCA モデルとなっている．

このモデルについてさらに理解するため，とくにドレインのバイアスが小さい場合を考えよう．$qV/kT \ll 1$ とすると，式 (6.76) は

$$\frac{\mathrm{d}^2\psi}{\mathrm{d}y^2} = \frac{q}{\varepsilon_\mathrm{si}}n_\mathrm{i}e^{q\psi/kT} - \frac{C_\mathrm{inv}(V_\mathrm{gs} - V_\mathrm{t})}{\varepsilon_\mathrm{si}d_\mathrm{si}} \tag{6.78}$$

と簡単になり，式 (6.77) との連立が不要となる．図 6.12 に $\psi(y)$ の数値解をいくつかの V_gs 値について示す．ソース–ドレインのポテンシャルがチャネルに侵入することで実質的にチャネルが短くなっている様子が見られる．**その短くなり方はゲート電圧 $\boldsymbol{V_\mathrm{gs}}$**

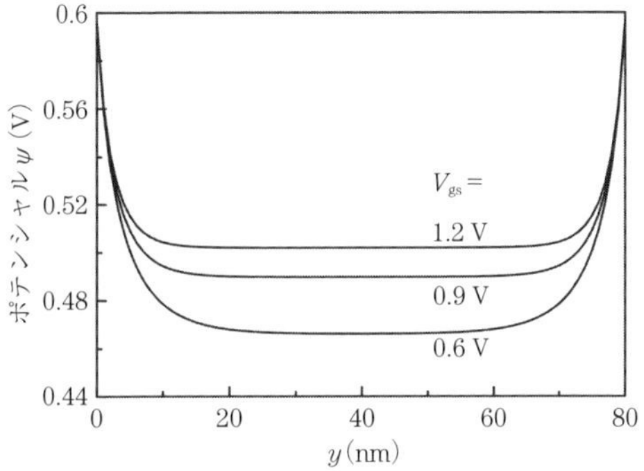

図 6.12　低ドレイン電圧でのソースからドレインに至るポテンシャルの解．デバイスは $L=80\,\mathrm{nm}$ である点を除き図 6.10 と同じ．$10^{20}\,\mathrm{cm}^{-3}$ のソース–ドレイン不純物濃度を想定し境界条件は $\psi(0)=\psi(L)\approx 0.60\,\mathrm{V}$．$L$ がある程度長ければチャネル中央のポテンシャルは概ねゲートによって制御され，$\psi(L/2)\approx (kT/q)\ln[C_{\mathrm{inv}}(V_{\mathrm{gs}}-V_{\mathrm{t}})/(qn_{\mathrm{i}}d_{\mathrm{si}})]$ である．

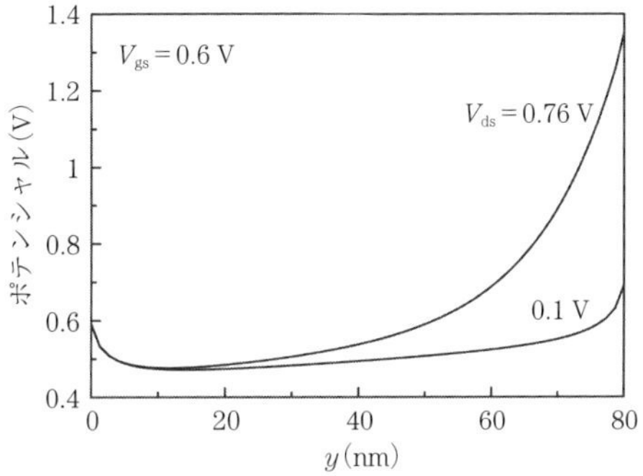

図 6.13　短チャネル MOSFET のオン状態におけるソースからドレインに至る $\psi(y)$ の分布 (Hong と Taur, 2021)

に依存している．V_{gs} が高いほどチャネルの抵抗が下がり，ソース–ドレインの侵入が小さくなり，チャネル長の短縮効果が弱まる．

ドレインのバイアスが高いときにこのモデル式を解くのは面倒であるが，一般的な数値解析ソフトに実装されている有限差分法により解くことができる (LeVeque, 2007)．図 6.13 は図 6.12 で示したのと同じデバイスにおいて V_{ds} として高低二つの電圧を与えたときのポテンシャル分布である．ポテンシャル障壁高さが最大の点 (仮想陰極) において DIBL が発生している．図 6.14 にモデルによって生成された I_{ds}–V_{ds} 特性を示す．

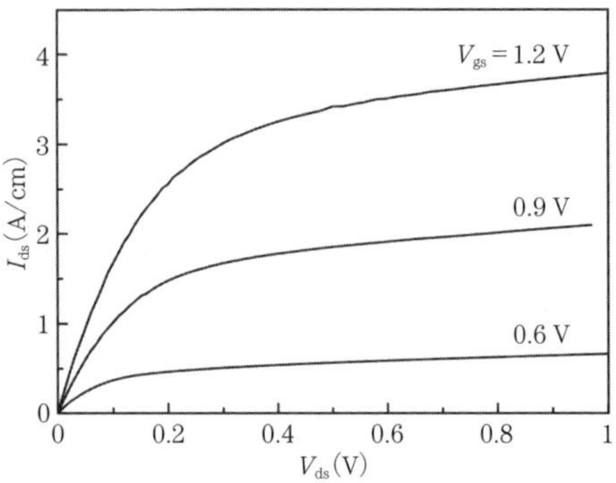

図 6.14　図 6.12 に示したデバイスの I_{ds}–V_{ds} 特性．式 (6.76) と (6.77) を数値的に解くことで得た (Hong と Taur，2021)．

6.2.2　非 局 所 輸 送

6.2.2.1　速度オーバーシュート

ここまで議論してきた MOSFET 電流の定式化は，移動度や速度飽和という概念も含めて，すべてドリフト–拡散近似の枠組みに収まっている．この近似はデバイスの寸法がキャリア散乱の平均自由行程より十分に長く，キャリアの状態が環境と局所的な熱平衡に近くなっている場合に成立する．しかし**ドリフト–拡散近似モデルは高い電界，すなわちポテンシャルの場所による急激な変化，が存在するきわめて短チャネルなデバイスにおいては正確ではない**．そのような場合には，キャリアが局所平衡に至るのに十分な散乱を受けることがないため，キャリアの一部はデバイス中のある領域，たとえばドレインの近く，で平衡状態よりかなり高いエネルギーを獲得する可能性がある．このようなキャリアはシリコン格子との熱平衡からは程遠い状態にあり，一般に**熱いキャリア (ホットキャリア)** (hot carrier) とよばれる．このような状況ではキャリア速度が飽和速度を上回ることができ，この現象を**速度オーバーシュート** (velocity overshoot) とよぶ．

電子の分布関数に対するボルツマン輸送方程式をモンテカルロ法で解くというより厳密な手法で求めた，空間的に変化する高電界中でのキャリア輸送の挙動が報告されている (Laux と Fischetti，1988)．局所的な速度オーバーシュートはまずドレインの近くで発生する．チャネル長が 50 nm かそれ以下になると，速度オーバーシュートはデバイスの広い領域で発生するようになり，飽和コンダクタンスが速度飽和で決まる上限 [式 (6.51) 参照]

$$g_{\mathrm{msat}} \equiv \frac{\mathrm{d}I_{\mathrm{dsat}}}{\mathrm{d}V_{\mathrm{g}}} = C_{\mathrm{ox}} W v_{\mathrm{sat}} \tag{6.79}$$

を上回る可能性がある (Sai-Halasz ら，1988)．

6.2.2.2 バリスティック MOSFET

バリスティック (弾道) MOSFET とはチャネル中で可動キャリアがまったく散乱を受けない仮想的なデバイスである．原理的には，チャネル長が平均自由行程 (キャリアが散乱と散乱の間に走る平均距離) より短くなると，このような状態が生じ得る．通常の MOSFET において，電界に引かれてソースからドレインに走るキャリアはシリコンの格子，不純物 (ドーパント) 原子，そして表面と衝突する．これら衝突は電界による速度の増加 (2.3.1 項参照) を制限し，ドレイン電流を減少させる．低電界の状態におけるこれら衝突の効果は，衝突間の平均自由時間に比例する移動度という量でまとめて表現された (2.3.1 項)．長チャネル MOSFET においてはドレイン電流は移動度に比例する (5.1.3 項)．短チャネル MOSFET においてドレイン電圧が大きくなると高電界散乱が重要となり，この現象は速度飽和によってモデル化される (6.1.2 項)．一方，散乱がまったく存在しなければ，ソースからチャネルに進入したキャリアは電界によってドレインに向かって妨げられることなく加速される．このようなキャリアの速度は，とくにドレイン近傍の高電界領域において非常に高くなり得る．しかしこのような高い速度 (速度オーバーシュート) は必ずしも高電流を意味しない．電流はソースからドレインに至るまで連続でなければならないから，電流はソースから進入するキャリアの量によって制限される．すなわち**バリスティック MOSFET においては，電界加速前のキャリアが比較的低速でチャネルに進入するソース付近が隘路となる**．電流の連続性は，キャリア密度とキャリア速度の積が一定となるよう，ドレイン近くでキャリア密度が低下することで満足される (図 6.17 参照)．

バリスティック MOSFET のドレイン電流をモデル化する鍵は，ソース近傍の低電界領域でチャネルへと移動するキャリアの平均速度を考慮することである (Natori, 1994)．MOSFET のバンド図 (図 6.15) に示すように，ソース近傍には電子のエネルギー障壁が

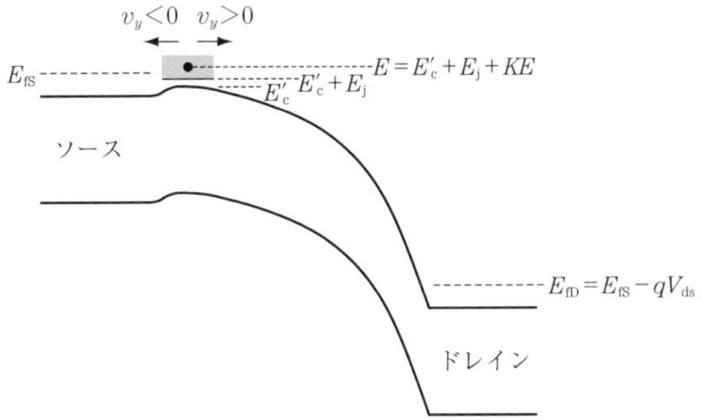

図 6.15 高ドレイン電圧状態での MOSFET の模式的バンド図．破線は縮退ドープされたソースとドレインのフェルミ準位である．ソース付近のエネルギー障壁の頂上において，電子は離散的なサブバンドの状態を埋める．

最も高くなり，電界がゼロとなる点が存在する．この点での伝導帯エネルギーを E_c' とする．この場所において，キャリアは正味の力を受けない準平衡状態にあるから，電子の分布関数はフェルミ–ディラック的だと考えられる．チャネルで衝突が起きないなら，この地点を左から右へ移動する電子 ($v_y > 0$) は最終的にドレインに到達するはずであり，これが正の電流成分をなす．逆にこの地点を右から左へ移動する電子はすべてドレインから直接やって来たに違いなく，これが負の電流成分をなす．したがって，左から右へ移動する ($v_y > 0$) 電子群はソースと準平衡状態であって，その分布関数はソースのフェルミ準位 E_{fS} によって決まり，右から左へ移動する ($v_y < 0$) 電子群の分布関数はドレインのフェルミ準位 $E_{\mathrm{fD}}(= E_{\mathrm{fS}} - qV_{\mathrm{ds}})$ によって決まると考えられる．

4.4 節において，反転層に閉じ込められた電子は伝導帯の下端 E_c' よりも高い最低エネルギー E_j (j 番目のサブバンドの場合) を有する離散的なサブバンドを形成することを述べた．j 番目のサブバンドに属し，左から右へ移動する電子であって，その速度が (v_y, v_z) と $(v_y + \mathrm{d}v_y, v_z + \mathrm{d}v_z)$ の間にあるものを考えよう (図 6.15 参照)．ただし，z はデバイスの幅方向とする．式 (4.61) より単位面積当たりの電子の状態数は $(2g/h^2)m_y m_z\,\mathrm{d}v_y \mathrm{d}v_z$ である．各状態を電子が占めている確率はフェルミ–ディラック分布関数，式 (2.4)，において $E = E_c' + E_j + KE = E_c' + E_j + (1/2)m_y v_y^2 + (1/2)m_z v_z^2$ および $E_f = E_{\mathrm{fS}}$ とおいたものであるから，これら電子の単位面積当たりの電荷密度は

$$\mathrm{d}Q_{j+} = \frac{(2g/h^2)qm_y m_z\,\mathrm{d}v_y\,\mathrm{d}v_z}{1 + e^{(E_c' + E_j + m_y {v_y}^2/2 + m_z {v_z}^2/2 - E_{\mathrm{fS}})/kT}} \tag{6.80}$$

となる．単位幅当たりの電流は電荷密度とキャリア速度の積に等しいから，左から右へ流れる電流成分は，次に示すような，2 重積分をすべてのサブバンドについて加算したもので与えられる．

$$\begin{aligned} I_+ &= W \sum_j \int_{\mathrm{all}\ v_z} \int_{v_y > 0} v_y\,\mathrm{d}Q_{j+} \\ &= \sum_j \int_{-\infty}^{\infty} \int_0^{\infty} \frac{(2g/h^2)qWm_y m_z v_y}{1 + e^{(E_c' + E_j + m_y {v_y}^2/2 + m_z {v_z}^2/2 - E_{\mathrm{fS}})/kT}}\,\mathrm{d}v_y\,\mathrm{d}v_z \end{aligned} \tag{6.81}$$

v_y に関する積分は $u = {v_y}^2$ という変数変換を用いて解析的に行うことができる．さらに部分積分を用い，式 (2.27) で定義されるフェルミ–ディラック積分を用いると，

$$I_+ = \sum_j (4g/h^2)qW\sqrt{2m_z}(kT)^{3/2} F_{1/2}\left(\frac{E_{\mathrm{fS}} - E_c' - E_j}{kT}\right) \tag{6.82}$$

と計算できる．同様に右から左へ流れる電流成分は E_{fS} を E_{fD} で置き換えたものとなり，

$$I_- = \sum_j (4g/h^2)qW\sqrt{2m_z}(kT)^{3/2} F_{1/2}\left(\frac{E_{\mathrm{fD}} - E_c' - E_j}{kT}\right) \tag{6.83}$$

となる．ドレインからソースに流れる全電流 $I_{\mathrm{ds}} = I_+ - I_-$ は結局次式のようになる．

$$I_{\mathrm{ds}} = \frac{4\sqrt{2}qW(kT)^{3/2}}{h^2}\left\{g\sqrt{m_z}\sum_j\left[F_{1/2}\left(\frac{E_{\mathrm{fS}} - E'_{\mathrm{c}} - E_j}{kT}\right)\right.\right.$$
$$\left. - F_{1/2}\left(\frac{E_{\mathrm{fS}} - qV_{\mathrm{ds}} - E'_{\mathrm{c}} - E_j}{kT}\right)\right] + g'\sqrt{m'_z}\sum_j\left[F_{1/2}\left(\frac{E_{\mathrm{fS}} - E'_{\mathrm{c}} - E'_j}{kT}\right)\right.$$
$$\left.\left. - F_{1/2}\left(\frac{E_{\mathrm{fS}} - qV_{\mathrm{ds}} - E'_{\mathrm{c}} - E'_j}{kT}\right)\right]\right\} \tag{6.84}$$

ただしシリコンの $\langle 100\rangle$ 面において，$g = 2$，$m_z = m_{\mathrm{t}}$ (プライムなし，2 重縮退谷)，および $g' = 4$，$m'_z = (\sqrt{m_{\mathrm{l}}} + \sqrt{m_{\mathrm{t}}})^2/4$ (プライムあり，4 重縮退谷) である．式 (6.84) において $E_{\mathrm{fS}} - E'_{\mathrm{c}} - E_j$ および $E_{\mathrm{fS}} - E'_{\mathrm{c}} - E'_j$，すなわちソースのフェルミ準位と障壁の頂上での各サブバンドとのエネルギー差は未定である．これらはゲート電圧によって変化し，一般的にはポアソン方程式とシュレーディンガー方程式を連立して数値的に解いて求める必要がある (4.4 節参照)．

電荷量についても正方向と負方向を別々に積分することで，単位面積当たりの反転電荷密度は次式で与えられる．

$$Q_{\mathrm{i}} = Q_+ + Q_- = \sum_j\int_{\mathrm{all}\ v_z}\int_{v_y>0}\mathrm{d}Q_{j+} + \sum_j\int_{\mathrm{all}\ v_z}\int_{v_y<0}\mathrm{d}Q_{j-} \tag{6.85}$$

積分[2]を実行すると，式 (4.67) に似た次式が得られる．

$$Q_{\mathrm{i}} = \frac{2\pi qkT}{h^2}\left\{gm_{\mathrm{t}}\sum_j\left[\ln(1 + e^{(E_{\mathrm{fS}} - E'_{\mathrm{c}} - E_j)/kT}) + \ln(1 + e^{(E_{\mathrm{fS}} - qV_{\mathrm{ds}} - E'_{\mathrm{c}} - E_j)/kT})\right]\right.$$
$$\left. + g'\sqrt{m_{\mathrm{l}}m_{\mathrm{t}}}\sum_j\left[\ln(1 + e^{(E_{\mathrm{fS}} - E'_{\mathrm{c}} - E'_j)/kT}) + \ln(1 + e^{(E_{\mathrm{fS}} - qV_{\mathrm{ds}} - E'_{\mathrm{c}} - E'_j)/kT})\right]\right\} \tag{6.86}$$

一方，ソースでの反転電荷密度は静電気論よりゲート電圧の関数として計算できる (たとえば式 (5.14) で $V = 0$ としたもの)．ゲート電圧がしきい値電圧 V_{t} より高いとき，Q_{i} は V_{gs} に対して概ね線形に変化し，$C_{\mathrm{inv}}(V_{\mathrm{gs}} - V_{\mathrm{t}})$ と近似できる．ここで C_{inv} は 4.4.2 項で議論した単位面積当たりの実効ゲート容量であり，反転層の厚さとポリシリコンゲート空乏化の効果を含む．

温度が十分低い，あるいは縦電界が十分強いと，サブバンド間のエネルギーは kT を超える．この場合，2 重縮退谷の最低エネルギーのサブバンド ($j = 0$) のみを考慮することで良い近似が得られる (4.4.3.1 目参照)．式 (6.86) が $C_{\mathrm{inv}}(V_{\mathrm{gs}} - V_{\mathrm{t}})$ に等しいとお

[2] 2 重積分は 4.4.3.2 目のように v_y と v_z を極座標に変換することで可能．

いてこの近似を用いると

$$e^{(E_{\mathrm{fS}}-E_{\mathrm{c}}'-E_0)/kT}=\frac{1}{2}\left\{\sqrt{(e^{qV_{\mathrm{ds}}/kT}-1)^2+4\exp\left[\frac{h^2C_{\mathrm{inv}}(V_{\mathrm{gs}}-V_{\mathrm{t}})}{4\pi qkTm_{\mathrm{t}}}+\frac{qV_{\mathrm{ds}}}{kT}\right]}\right.$$
$$\left.-1-e^{qV_{\mathrm{ds}}/kT}\right\} \tag{6.87}$$

となって $E_{\mathrm{jS}}-E_{\mathrm{c}}'-E_0$ が解析的に求まる．この単一サブバンド近似を式 (6.84) にも適用すると

$$I_{\mathrm{ds}}=\frac{8\sqrt{2m_{\mathrm{t}}}qW(kT)^{3/2}}{h^2}\left[F_{1/2}\left(\frac{E_{\mathrm{fS}}-E_{\mathrm{c}}'-E_0}{kT}\right)\right.$$
$$\left.-F_{1/2}\left(\frac{E_{\mathrm{fS}}-E_{\mathrm{c}}'-E_0}{kT}-\frac{qV_{\mathrm{ds}}}{kT}\right)\right] \tag{6.88}$$

となる．ある V_{gs} と V_{ds} におけるバリスティック MOSFET の電流は式 (6.87) と (6.88) から計算することができる．図 6.16 に計算例を示す[3]．$V_{\mathrm{ds}}=0$ では $E_{\mathrm{fS}}=E_{\mathrm{fD}}$ であるから，ソースから来る正方向の電子流 (図 6.15 において $v_y>0$) とドレインから来る負方向の電子流 ($v_y<0$) とは打ち消しあって $I_{\mathrm{ds}}=0$ となる．V_{ds} が増加して $E_{\mathrm{fD}}=E_{\mathrm{fS}}-qV_{\mathrm{ds}}$ が減少すると，負方向に走る電子が減り，Q_{i} を維持するために正方向に走る電子が増える．これにより I_{ds} は増加する．ドレイン電圧が高くなって図 6.15 における障壁頂上での負方向の電子流が無視できるほどに小さくなると電流は飽和する．

バリスティック MOSFET のドレイン電流は通常の MOSFET と同様に飽和するが，その背景となる物理はかなり異なる．通常の MOSFET でのドレイン電流の飽和は速度

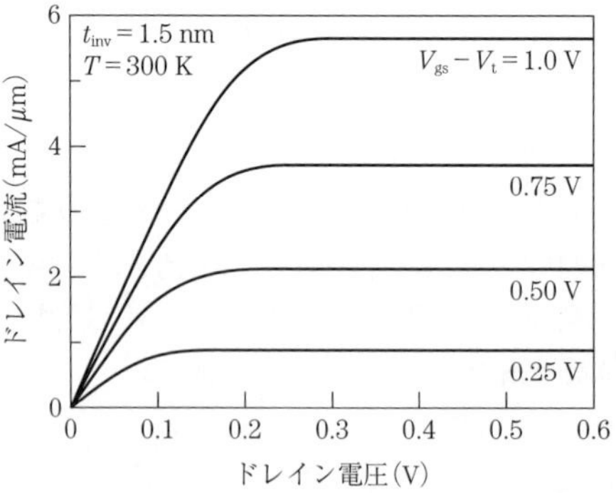

図 6.16　式 (6.87) と (6.88) から計算されるバリスティック MOSFET の I_{ds}–V_{ds} 特性．$C_{\mathrm{inv}}=\varepsilon_{\mathrm{ox}}/t_{\mathrm{inv}}$ である．

[3] フェルミ–ディラック積分の計算には陽関数による近似 (Blakemore, 1982) を使用．

飽和が原因であった．**バリスティック MOSFET の電流が飽和するのは，あるゲートで誘起された電子の密度が与えられたときに，ソースから引き出せる電子流には熱速度分布の正成分によって決まる上限があることによる**．また，バリスティック MOSFET の電流は，$L = 0$ の極限で実現できる上限に対応し，チャネル長に依存しない．

ソースのフェルミ準位が最低サブバンドのエネルギー下限から数 kT 以上高い，すなわち $(E_{\mathrm{fS}} - E'_{\mathrm{c}} - E_0)/kT$ が 1 より十分大きい**縮退条件**においては，バリスティック MOSFET の V_{dsat} と I_{dsat} についてさらに解析式を導出することができる．このような状態は比較的高いゲート電圧において式 (6.87) 中の無次元パラメータ $h^2 C_{\mathrm{inv}}(V_{\mathrm{gs}} - V_{\mathrm{t}})/(4\pi qkTm_{\mathrm{t}})$ が 1 より大きいとき，すなわち電子の面密度 $C_{\mathrm{inv}}(V_{\mathrm{gs}} - V_{\mathrm{t}})/q$ が，2 次元の有効状態密度の 1/2，$4\pi kTm_{\mathrm{t}}/h^2 \approx 2 \times 10^{12}\,\mathrm{cm}^{-2}$ より大きいときに生じる．たとえば $t_{\mathrm{inv}} = 1.5\,\mathrm{nm}$，$V_{\mathrm{gs}} - V_{\mathrm{t}} = 1\,\mathrm{V}$ のとき $C_{\mathrm{inv}}(V_{\mathrm{gs}} - V_{\mathrm{t}})/q$ は約 $1.3 \times 10^{13}\,\mathrm{cm}^{-2}$ である．するとフェルミ–ディラック積分に対して $u \gg 1$ で成立する近似 $F_{1/2}(u) \approx (2/3)u^{3/2}$ (Blakemore, 1982) が使える．$qV_{\mathrm{ds}}/kT \gg 1$ である飽和状態で，式 (6.87) より $(E_{\mathrm{fS}} - E'_{\mathrm{c}} - E_0)/kT \approx h^2 C_{\mathrm{inv}}(V_{\mathrm{gs}} - V_{\mathrm{t}})/(4\pi qkTm_{\mathrm{t}})$ であり，これを式 (6.88) に代入すると飽和電流が次式のように計算できる．

$$I_{\mathrm{dsat}} = \frac{2\sqrt{2}hW}{3\pi\sqrt{\pi q}m_{\mathrm{t}}}[C_{\mathrm{inv}}(V_{\mathrm{gs}} - V_{\mathrm{t}})]^{3/2} \tag{6.89}$$

この式は温度に依存しないことに注意されたい．また式 (6.88) を参照して，飽和電圧を $(E_{\mathrm{fS}} - E'_{\mathrm{c}} - E_0)/kT$ と qV_{ds}/kT が等しくなる V_{ds} として見積もると，

$$V_{\mathrm{dsat}} \approx \frac{h^2 C_{\mathrm{inv}}(V_{\mathrm{gs}} - V_{\mathrm{t}})}{4\pi q^2 m_{\mathrm{t}}} \tag{6.90}$$

である．この電圧は $V_{\mathrm{gs}} - V_{\mathrm{t}}$ よりずっと小さい．なぜなら長さの次元をもつ定数 $h^2\varepsilon_{\mathrm{ox}}/4\pi q^2 m_{\mathrm{t}}$ は約 $0.27\,\mathrm{nm}$ であるのに対し，通常の実効ゲート絶縁膜厚 ($t_{\mathrm{inv}} = \varepsilon_{\mathrm{ox}}/C_{\mathrm{inv}}$) はこれよりずっと大きいからである．

$qV_{\mathrm{ds}}/kT \ll 1$ の線形領域においては，式 (6.87) より $(E_{\mathrm{fS}} - E'_{\mathrm{c}} - E_0)/kT \approx h^2 C_{\mathrm{inv}}(V_{\mathrm{gs}} - V_{\mathrm{t}})/(8\pi qkTm_{\mathrm{t}})$ である．これを式 (6.88) に代入すると，線形領域のコンダクタンスは $I_{\mathrm{dlin}}/V_{\mathrm{ds}} = (4q^2 W/\sqrt{\pi q}h)\sqrt{C_{\mathrm{inv}}(V_{\mathrm{gs}} - V_{\mathrm{t}})}$ となる．**このバリスティック極限のコンダクタンスは移動度やチャネル長に依存せず**，コンダクタンス量子 $2q^2/h$ に W 方向のモード数を乗じたものに等しい (Lundstorm と Jeong，2013)．

6.2.2.3 散 乱 の 理 論

キャリアの速度はドレイン近傍の高電界領域において非常に高い値をとり得るが，それに比例して電流が増えるわけではない．このことを飽和状態にバイアスされた MOSFET のバンド図である図 6.17 を用いて説明する．ドレイン近傍の点では平均キャリア速度 v_{d} は大きいが，反転電荷密度 $Q_{\mathrm{i}} = C_{\mathrm{ox}}(V_{\mathrm{gs}} - V_{\mathrm{t}} - mV_{\mathrm{dsat}})$ は小さい．逆にソースで

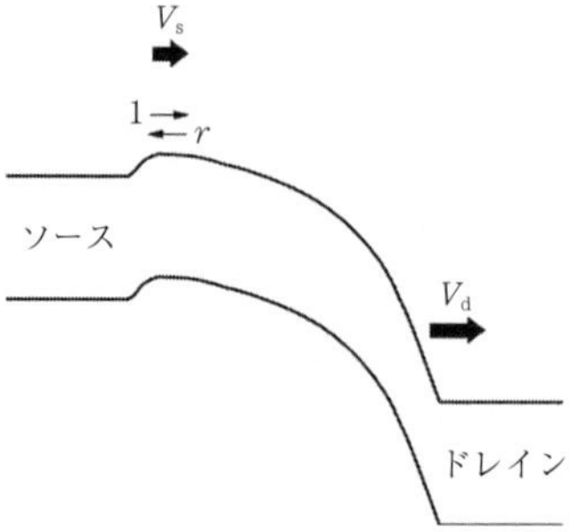

図 6.17　飽和状態にバイアスされた MOSFET のバンド図．v_s と v_d はそれぞれソースとドレイン近傍の平均キャリア速度．ソース近傍のキャリアは入射流 (1→) と反射流 (← r) からなると考える．

は $Q_i = C_{ox}(V_{gs} - V_t)$ は大きいが，キャリア速度 v_s は小さい．ここで V_{dsat} は，電流の連続性より，ドレインでの電流

$$I_{ds} = WC_{ox}(V_{gs} - V_t - mV_{dsat})v_d \tag{6.91}$$

とソースでの電流

$$I_{ds} = WC_{ox}(V_{gs} - V_t)v_s \tag{6.92}$$

が一致するように調整されていると考えられる．この描像によれば，MOSFET の電流がより直接的に関係するのはソース近傍の隘路における平均速度 v_s ということになる．

6.2.2.2 目で議論したバリスティック MOSFET においては飽和電流がソースからの熱的注入速度 v_T で決まっている．単一サブバンド縮退条件における式 (6.89) の I_{dsat} を採用すると，これは $WC_{inv}(V_{gs} - V_t)v_T$ に等しいと考えられるから

$$v_T = \frac{2h}{3\pi m_t}\sqrt{\frac{2C_{inv}(V_{gs} - V_t)}{\pi q}} \tag{6.93}$$

となる．この限界は電界や散乱パラメータに依存せず，ドレイン近傍での速度オーバーシュートによっても変わらない．バリスティック MOSFET の飽和電流は，速度飽和で決まる電流の上限式 (6.51) において v_{sat} を熱注入速度 v_T で置き換えた式に等しいことに注意されたい．電子密度が $C_{inv}(V_{gs} - V_t)/q \approx 10^{13}\,\mathrm{cm}^{-2}$ のとき，$v_T \approx 2 \times 10^7\,\mathrm{cm/s}$ であって，飽和速度 v_{sat} の 2 倍程度である．

関連して散乱の議論 (Lundstrom, 1997) について述べる．一般の MOSFET において，キャリアはソースとドレインの両方からチャネルに注入される (前者からは右方向に，後者からは左方向に)．これらはランダムな衝突によって後方に散乱されうる．$V_{ds} \gg kT/q$ であるような高ドレイン電圧状態では，ドレインから入ったキャリアがポ

テンシャルの崖を超えてソースまで到達する可能性はほぼないと考えられる．すると障壁の頂上におけるキャリアは，図 6.17 に示すように，ソースから入射された大きさ 1 の流れと，反射された大きさ $r < 1$ の流れとからなる．どちらの流れも熱速度 v_{T} で逆向きに動いている．したがってソース近傍での平均キャリア速度 v_{s} は

$$v_{\mathrm{s}} = \frac{1-r}{1+r} v_{\mathrm{T}} \tag{6.94}$$

で与えられるだろう．ドレイン電流は式 (6.92) に v_{s} を代入することで計算できる．反射係数 r はソース近傍の低電界領域における電界と散乱レート (移動度) によって決まる (Lundstrom, 1997)．いったんキャリアのエネルギーが障壁の頂上から数 kT 以上低くなれば，そのキャリアが散乱されてソースに戻ってくることはない．バリスティック MOSFET では散乱がないから $r = 0$，$v_{\mathrm{s}} = v_{\mathrm{T}}$ であって，電流は上限に達する．

ここで r は現象論的なパラメータであって散乱の理論から直接求めることはできない．r を計算するには，詳細な物理過程を考慮したボルツマン輸送方程式をモンテカルロ的手法で解くことが必要である．サブ 100 nm MOSFET での実験データによれば $r \approx 1/3$，$v_{\mathrm{s}} \approx v_{\mathrm{T}}/2$ が示唆されている (Lochtefeld と Antoniadis，2001)．微細化をすると縦横の電界の増加により必然的に移動度が劣化する (図 5.14) ことから，微細化しても r はあまり変わらないのではないかとする議論がある．もしそうであるなら，MOSFET を 10 nm といった程度まで微細化しても，ドレイン電流がバリスティック限界に近づくということは起こらないかもしれない．

6.3 MOSFET のしきい値電圧とチャネルプロファイル設計

MOSFET デバイスの主要な設計パラメータとしてしきい値電圧がある．本節ではオン時およびオフ時の電流に関連して課されるしきい値電圧に対する要求について議論し，派生して基板 (ボディ) 不純物分布を不均一とした MOSFET のチャネルプロファイル設計について述べる．6.3.4 項では最小寸法デバイスにおける不純物数ばらつきがしきい値電圧に与える影響について述べる．

6.3.1 しきい値電圧に対する要求

6.3.1.1 さまざまなしきい値電圧の定義

最初にさまざまなしきい値電圧の定義と，技術的に生じるしきい値電圧に課される要求について述べる．MOSFET のしきい値電圧にはいくつもの異なる定義が存在する．5 章では，最も広く用いられる定義 $\psi_{\mathrm{s}}(\mathrm{inv}) = 2\psi_{\mathrm{B}}$ を採用した．この定義の利点は，その普及度の高さと，デバイス解析において利用しやすいことである．しかしこのしきい値電圧は実測した I–V 特性から直接決定することができない (スプリット C–V 法であ

れば可能である)．5.1.3 項では線形外挿しきい値電圧 V_{on} を導入した．これは低ドレイン電圧での I_{ds}–V_{gs} 曲線において，傾き (線形相互コンダクタンス) が最大の点で引いた接線の横軸との切片をしきい値電圧とするものである．このしきい値電圧は容易に測定できるが，図 5.15 に示した反転層の容量の影響で，$2\psi_{\mathrm{B}}$ しきい値電圧よりも kT/q の数倍程度高い．

もう一つの広く用いられるしきい値電圧はサブスレッショルドの I_{ds}–V_{gs} 特性を表す式 (5.39) に基づく．I_0 をある一定の電流値 (たとえば 50 nA) としたとき，しきい値電圧 $V_{\mathrm{t}}^{\mathrm{sub}}$ を $I_{\mathrm{ds}}(V_{\mathrm{gs}} = V_{\mathrm{t}}^{\mathrm{sub}}) = I_0(W/L)$ となるように決める．このような定義の利点は二つある．第一に，抽出方法が簡単であるから自動測定した多数のデバイスに適用するのに適している．第二に，デバイスのオフ電流 $I_{\mathrm{off}} = I_{\mathrm{ds}}(V_{\mathrm{gs}} = 0)$ が，I_0，$V_{\mathrm{t}}^{\mathrm{sub}}$，そしてサブスレッショルド・スロープから直接計算できることである．以後の議論では引き続き $2\psi_{\mathrm{B}}$ 定義によるしきい値電圧 V_{t} を使い続けることにする．一般に V_{t} は温度 (温度係数)，基板バイアス (ボディ効果係数)，チャネル長，ドレイン電圧 (短チャネル効果：SCE) に依存する．

6.3.1.2 オフ電流と待機時電力

オフ電流はゲート–ソース間電圧 V_{gs} がゼロで，ドレイン–ソース間電圧 V_{ds} が電源電圧 V_{dd} に等しいときにドレイン–ソース間で流れるサブスレッショルド漏れ電流であると定義される．式 (5.39) より，$V_{\mathrm{ds}} = V_{\mathrm{dd}} \gg kT/q$ におけるオフ電流は

$$I_{\mathrm{off}} = I_{\mathrm{ds}}|_{V_{\mathrm{gs}}=0, V_{\mathrm{ds}}=V_{\mathrm{dd}}} = I_{\mathrm{ds},V_{\mathrm{t}}} e^{-qV_{\mathrm{t}}/mkT} \tag{6.95}$$

である．ただし

$$I_{\mathrm{ds},V_{\mathrm{t}}} = \mu_{\mathrm{eff}} C_{\mathrm{ox}} \frac{W}{L}(m-1)\left(\frac{kT}{q}\right)^2 \tag{6.96}$$

は $V_{\mathrm{gs}} = V_{\mathrm{t}}$，$V_{\mathrm{ds}} = V_{\mathrm{dd}}$ としたときの (しきい値電圧での) ソース–ドレイン間電流である．トランジスタがオフのときにソース–ドレイン間にかかる電圧は最大で V_{dd} であり，I_{off} による最悪の待機時電力は $V_{\mathrm{dd}} \times I_{\mathrm{off}}$ である．大雑把に $V_{\mathrm{dd}} \approx 1\,\mathrm{V}$ として，10^9 個のトランジスタを含む VLSI チップの待機時電力を 10 W 以下に抑えるためには，トランジスタ 1 個当たりのオフ電流は 10 nA 以下でなければならない[4]．

$I_{\mathrm{ds},V_{\mathrm{t}}}$ の温度依存性は $\mu_{\mathrm{eff}} \propto T^{-3/2}$ であることを考慮すると小さいが，テクノロジーには依存する．$t_{\mathrm{ox}} \approx 3\,\mathrm{nm}$，$\mu_{\mathrm{eff}} \approx 350\,\mathrm{cm^2/Vs}$，$m \approx 1.3$ の 0.1 μm CMOS テクノロジーを考えると，$W/L = 10$ として $I_{\mathrm{ds},V_{\mathrm{t}}}$ は約 1 μA である．VLSI チップの仕様は通常最悪の温度 100 °C で指定されるが，このような高温では室温に比べてオフ電流が非常

[4] チップ上のトランジスタの一部分のみであれば，あるいは待機時電力に余裕がある場合には，より大きなトランジスタごとのリーク電流が許容される．

に大きい．これは高温によって V_t が下がることに加えて，$\log(I_{ds})$–V_{gs} 特性の傾きが q/kT に比例して劣化するためである．典型的には 100 °C においてサブスレッショルド電流の傾きの逆数は 100 mV/decade である．式 (6.95) の指数因子 $\exp(-qV_t/mkT)$ により $I_{ds,V_t} = 1\,\mu A$ から $I_{off} = 10\,nA$ までの 2 桁の電流減少を得るには，100 °C での V_t として最低 0.2 V が必要である．V_t の温度係数は −0.7 V/°C 程度の負の値をとるので (5.3.2 項)，25 °C での V_t は 0.25 V 以上である必要がある[5].

上記の数値は論理 CMOS テクノロジーにおいて許容できるが，ダイナミックメモリのテクノロジーにおいてはアクセストランジスタのオフ電流に対する要求がはるかに厳しく (Dennard, 1984)，I_{off} は 10^{-13}～10^{-14} A の程度である必要がある (12.2.2 項参照)．これは $W = L = 0.1\,\mu m$ の DRAM アクセストランジスタにおいて V_t が 100 °C で 0.6 V 以上である必要があることを意味する．式 (6.95) と (6.96) は長チャネル，一様ドープなど単純化した近似の下で解析的に導かれたものであって，大雑把な見積もりのために用いた．具体的なデバイスにおけるより正確なオフ電流値は数値シミュレーションによって求めるべきである．

しきい値電圧を下げるときの制約として考慮すべきほかの項目として**バーンイン** (burn-in) がある．バーンインは，初期不良を取り除き製品の信頼性を保つために，ほとんどの VLSI テクノロジーにおいて必要である．通常バーンインは，劣化を加速するために高温かつ過電圧で実施される．これら条件はしきい値電圧をさらに低下させ，チップの漏れ電流を増加させる．理想的には，バーンインのやり方はそれによってデバイス性能を落とさなくてすむように設計されるべきである．

6.3.1.3 オン電流と MOSFET の性能

しきい値電圧の下限は待機時電力の制約から決まる一方で，上限はオン電流やスイッチング遅延を考慮することで課される．MOSFET のオン電流は飽和領域において次式により定義される．

$$I_{on} = I_{ds}\big|_{V_{gs}=V_{dd},\,V_{ds}=V_{dd}} \tag{6.97}$$

ソースが接地され，ドレインが $V_{ds} = V_{dd}$ まで充電されているオフ状態の nMOSFET について考える (図 8.9 に示す CMOS インバータの初期状態に相当)．ゲート電圧 $V_{gs} = V_{dd}$ がこの nMOSFET をオンにするために印加されたとすると，ドレインのノードは初期には I_{on} によって放電され，ドレイン電圧は次の速度で減少する．

$$C\frac{dV_{ds}}{dt} = -I_{on} \tag{6.98}$$

ここで C はドレインのノードにおける全実効容量である．V_{ds} を ΔV_{ds} だけ変化させるのに要する時間は $-C\Delta V_{ds}/I_{on}$ であって，I_{on} に反比例する．したがって CMOS 回路

[5] 脚注 4 に記載したような場合には，より低いしきい値電圧が許容される．

の性能の観点からは，しきい値電圧を下げるほど $I_{\rm on}$ が増加し，スイッチング速度が速くなる.

8 章で議論するように，入力における $V_{\rm gs}$ の立ち上がり時間が有限であるために，放電の式 (6.98) に現れる電流は $I_{\rm on}$ よりもいくぶん小さい．遅延がしきい値電圧にどのように反応するかは回路シミュレーションモデルを使って解析することができる．遅延の逆数で定義された CMOS 性能と，規格化されたしきい値電圧 $V_{\rm t}/V_{\rm dd}$ との関係の典型例を図 6.18 に示す．$V_{\rm t}/V_{\rm dd} < 0.5$ では，性能が $0.6 - V_{\rm t}/V_{\rm dd}$ に比例する式でフィッティング可能である．このことは，たとえば $V_{\rm t}/V_{\rm dd}$ が 0.2 から 0.3 に上昇すると性能が約 30 %失われることを示している．このような遅延への悪影響を防ぐために，**高性能 CMOS 回路では $V_{\rm t}/V_{\rm dd}$ 比は通常 1/4 以下に保たれている**.

6.3.1.4　$I_{\rm on}$–$I_{\rm off}$ 特 性

しきい値電圧の選択は結局 $I_{\rm off}$ と $I_{\rm on}$ のトレードオフで決まる．図 6.19 は典型的な $I_{\rm ds}$–$V_{\rm gs}$ 特性を線形と対数の両方の目盛りでプロットして，$I_{\rm on}$ と $I_{\rm off}$ を一つの図から容易に読み取れるようにしたものである．しきい値電圧の調整とはこの $I_{\rm ds}$–$V_{\rm gs}$ 特性を $V_{\rm gs}$ 軸に沿って平行移動させることとほぼ等価である.

しきい値電圧を $\Delta V_{\rm t} > 0$ だけ変化させると，$I_{\rm off}$ は $\exp(q\Delta V_{\rm t}/mkT)$ だけ減少する一方，$I_{\rm on}$ は $g_m \Delta V_{\rm t}$ だけ減少する．ただし $g_m = {\rm d}I_{\rm ds}/{\rm d}V_{\rm gs}$ は飽和相互コンダクタンス，すなわち $V_{\rm ds} = V_{\rm dd}$ における $I_{\rm ds}$–$V_{\rm gs}$ 特性の傾きである．この点を考慮すると，よく引き合いに出される $I_{\rm on}/I_{\rm off}$ 比は，曲線のシフト $\Delta V_{\rm t}$ によって変化するためあまり意味のある性能指標ではない．実際，ある $V_{\rm dd}$ における $I_{\rm on}/I_{\rm off}$ 比を最大化するには，しきい値電圧を高めて $0 \le V_{\rm gs} \le V_{\rm dd}$ の範囲がすべてサブスレッショルド状態となるよ

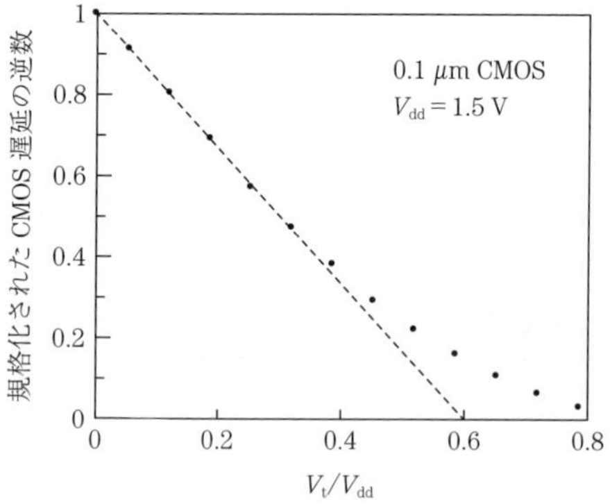

図 6.18　規格化された CMOS 遅延の逆数と $V_{\rm t}/V_{\rm dd}$ の関係．点は SPICE シミュレーションによる．破線はシミュレーションに対してフィッティングされた $0.6 - V_{\rm t}/V_{\rm dd}$ に比例する直線.

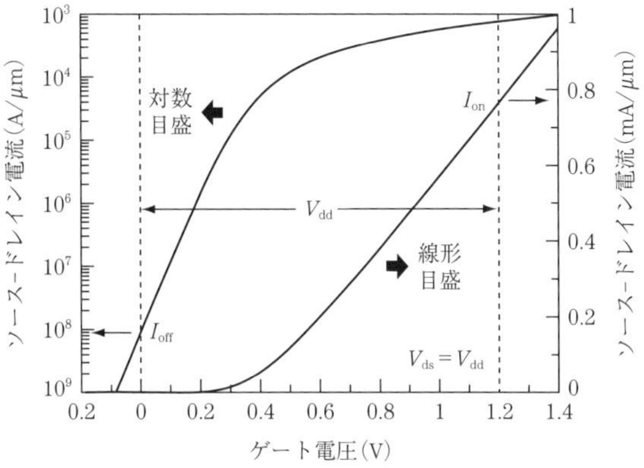

図 **6.19** 線形および対数目盛りの両方をプロットした I_{ds}–V_{gs} 特性. $V_{dd} = 1.2$ V である.

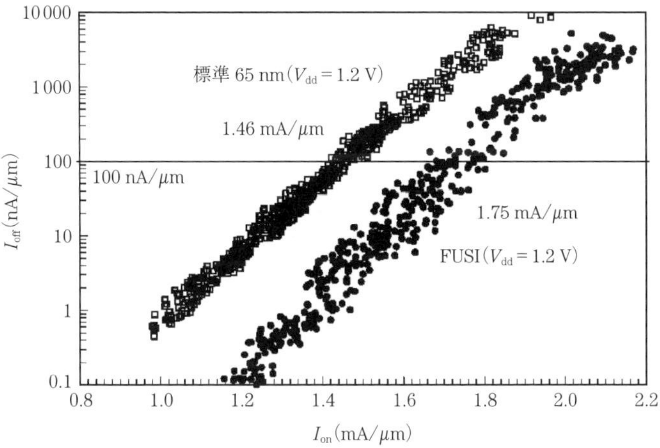

図 **6.20** 実測された 65 nm nMOSFET の I_{on}–I_{off} 特性 (Ranade ら, 2005)

うにするのが良い. しかしこれは高性能 CMOS にとって望ましい動作モードではない. I_{on} が低くなりすぎて, 寄生容量による遅延 (8 章で議論する) が著しく劣化してしまうからである.

VLSI 業界においては製造されたトランジスタの性能指標として I_{on}–I_{off} 特性を公表することが多い. この方法によればしきい値電圧を直接考慮する必要がなくなる. 図 6.20 にその一例を示す (Ranade ら, 2005). 高性能 MOSFET においては, 横線で示した I_{on} = 100 nA/μm を, 性能を測るときの基準とするのが一般的である (Kuhn ら, 2012).

6.3.2 チャネルプロファイル設計

本項では，しきい値電圧やその他のデバイスに対する要求を満足するために MOSFET のドーピングプロファイルをどう設計すべきかを議論する．関連するパラメータとしてはゲート長，電源電圧，ゲート酸化膜厚がある．CMOS テクノロジーの世代とともに電源電圧，しきい値電圧，チャネルプロファイルがどのように変遷してきたかも議論する．

6.3.2.1 CMOS の設計事項

CMOS デバイスの設計では，最適化すべきさまざまな回路特性に関連する一連のパラメータを選択する必要がある．これらの選択においては，技術的制約やシステム互換性の要求にも応える必要がある．さまざまな回路特性はデバイスパラメータを通じて相互に関連しているため，デバイスパラメータ間のトレードオフがしばしば必要となる．たとえば W_{dm} を小さくすると SCE は改善するが，サブスレッショルド電流の傾きは悪化する．t_{ox} を薄くすると電流駆動力が向上するが，信頼性の懸念が増す．あるテクノロジー世代の CMOS デバイスを設計する決まった方法はないが，以下ではこれらのデバイスパラメータをどのように選択すべきかについて，一般的な指針を示すことを試みる．

しきい値電圧は I_{off} と I_{on} を決定する上で重要な役割を果たすため，チップ上のしきい値電圧の高低のばらつきを減らし，設計上確保しなければならない V_{t} の許容範囲 (公差) を最小にすることが重要である．CMOS 技術におけるしきい値電圧公差の最も大きな原因は SCE である．プロセスの不完全性に起因するチップ上のチャネル長のばらつきはしきい値電圧のばらつきを生じさせる．式 (6.35) によれば，チャネル長 L の MOSFET における，ゲートに制御されるポテンシャル障壁は，長チャネル MOSFET に比べて

$$\approx \frac{8}{\pi}\sqrt{(\psi_{\mathrm{bi}}-0.5\psi_{\mathrm{s}})(\psi_{\mathrm{bi}}+V_{\mathrm{ds}}-0.5\psi_{\mathrm{s}})}\,\sin\left(\frac{\pi W_{\mathrm{dm}}}{\lambda}\right)\exp\left(-\frac{\pi L}{2\lambda}\right) \tag{6.99}$$

だけ低い．ここで λ は式 (6.23) から求まるスケール長である．指数部にかかる係数は約 1.5 V であるから，式 (6.99) による SCE が 0.1 V 未満であるためには $L/\lambda > 2$ であればよい．薄い $\mathrm{SiO_2}$ ゲート絶縁膜において $\lambda \approx W_{\mathrm{dm}} + 3t_{\mathrm{ox}}$ である．ただし W_{dm} はしきい値条件 $\psi_{\mathrm{s}} = 2\psi_{\mathrm{B}}$ における最大空乏層幅である．

一方 W_{dm} はボディ効果係数 $m = \Delta V_{\mathrm{gs}}/\Delta\psi_{\mathrm{s}} = 1 + 3t_{\mathrm{ox}}/W_{\mathrm{dm}}$ にも影響する (図 5.5 参照)．5.1.3 項および 5.3.1 項で議論した飽和電流，サブスレッショルド・スロープ，ボディ効果の観点から，m は 1 よりあまり大きくないことが望ましく，たとえば $m \le 1.4$ が望ましい．以上の考察の結果を t_{ox}–W_{dm} 設計平面上に示したのが図 6.21 である．二つの直線 $W_{\mathrm{dm}} + 3t_{\mathrm{ox}} = L/2$ と $3t_{\mathrm{ox}}/W_{\mathrm{dm}} = m - 1 = 0.4$ の交点から，酸化膜厚の上

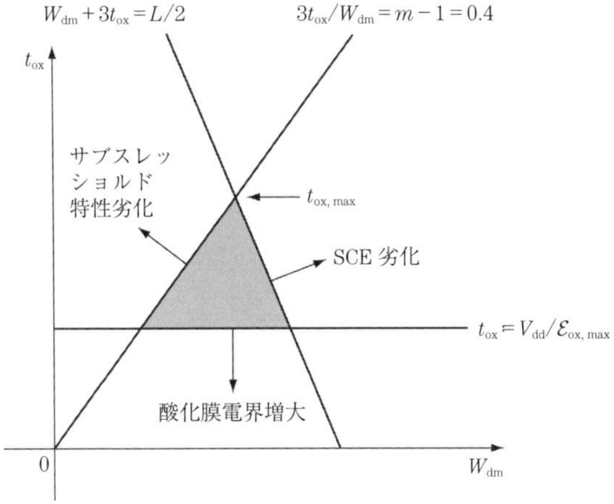

図 6.21　$t_{\rm ox}$–$W_{\rm dm}$ 平面上に示した各種制約．SCE，ボディ効果，酸化膜電界の各制約により囲まれた三角形の領域内が設計として許容できる．

限は $t_{\rm ox,max} \approx L/20$ となる．一方 $t_{\rm ox}$ の下限は技術的制約より $V_{\rm dd}/\mathcal{E}_{\rm ox,max}$ である．ただし $\mathcal{E}_{\rm ox,max}$ は絶縁破壊と信頼性の観点から許される最大の酸化膜電界である．**このようにある L と $V_{\rm dd}$ が与えられたとき，$t_{\rm ox}$–$W_{\rm dm}$ 設計平面上で許されるパラメータ空間は，SCE，酸化膜電界，サブスレッショルド・スロープ (あるいはボディ効果) によって決まる三角形の領域となる**．

酸化膜電界に加えて，量子力学的直接トンネル電流 (図 4.41) もまたゲート酸化膜の薄膜化を制限する．ゲート電流密度は $t_{\rm ox}$ が 2 nm を下回ると急激に増加する．図 4.41 より，厚さ 1 nm のゲート酸化膜のトンネル電流密度はバイアス 1 V で 10^3〜10^4 A/cm^2 である．$L \approx 30$ nm と仮定すると，個々のトランジスタのゲート電流は高々 3 μA/μm 程度であり，オン電流 (前段の駆動電流となる) の典型的な値である ~ 1 mA/μm に比べて小さいから，これがスイッチングの遅延に影響することはない．しかし，たとえば $W/L \approx 10$，$L \approx 30$ nm のトランジスタ 10^9 個がチップに集積されていたとすると，ゲート面積の合計は約 0.1 cm^2 となる．するとオン状態にあるすべてのトランジスタ[6]を通じた待機時電力消費は 100 W を超えるレベルに達し許容できない．

高誘電率ゲート絶縁膜 (4.6.1.6 目) を用いると，トンネル漏れ電流を許容できるレベルに抑えつつ，界面酸化膜を含む複層膜の EOT を 1 nm 以下まで減らすことができる．**図 6.21 で示した基準 $t_{\rm ox,max} \approx L/20$ によれば，EOT の下限を 1 nm とすると，平面バルク MOSFET のチャネル長下限は 20 nm となる**．実際，そのようなトランジ

[6] nMOSFET において最悪のゲート漏れ電流は $V_{\rm gs} = V_{\rm dd}$，$V_{\rm ds} = 0$ のときに起こる (電子が反転層からゲートにトンネルする)．

スタは実験的に報告されている (Cho ら，2011; Shang ら，2012).

6.3.2.2　電源電圧としきい値電圧の動向

図 6.21 に示す設計窓が存在するためには $V_{\rm dd}/\mathcal{E}_{\rm ox,max} \le t_{\rm ox,max} \approx L/20$ であることが求められる．これにより電源電圧には

$$V_{\rm dd} \le L\mathcal{E}_{\rm ox,max}/20 \tag{6.100}$$

という上限が課される．$L = 1\,\mu{\rm m}$ の CMOS テクノロジーでは，ゲート酸化膜は比較的厚く ($\sim 25\,{\rm nm}$，図 6.22 参照)，$\mathcal{E}_{\rm ox,max} \approx 3\,{\rm MV/cm}$ であり，式 (6.100) より $V_{\rm dd}$ の上限は 15 V と計算される．このとき 6.3.1.2 目と 6.3.1.3 目で議論したオフ電流と性能の要求を両方とも満足できる設計を実現するにあたって，電源電圧としきい値電圧の選択には十分広い自由度があり，典型的な設計では $V_{\rm dd} = 5\,{\rm V}$，$V_{\rm t} = 0.8\sim1\,{\rm V}$ である．図 6.22 は 1.0 μm から 0.02 μm に至る論理 CMOS テクノロジーにおける電源電圧，しきい値電圧，酸化膜厚の動向をプロットしている (Taur ら，1995)．チャネル長が短くなるほど $V_{\rm dd}$ を下げることが必要である．これにより性能とオフ電流の要求を両方とも満足することが難しくなっていく．幸い L が短くなって酸化膜が薄くなると $\mathcal{E}_{\rm ox,max}$ が増加する傾向がある (4.6.4 項参照)．これにより $V_{\rm dd}$ の低下をチャネル長の短縮より

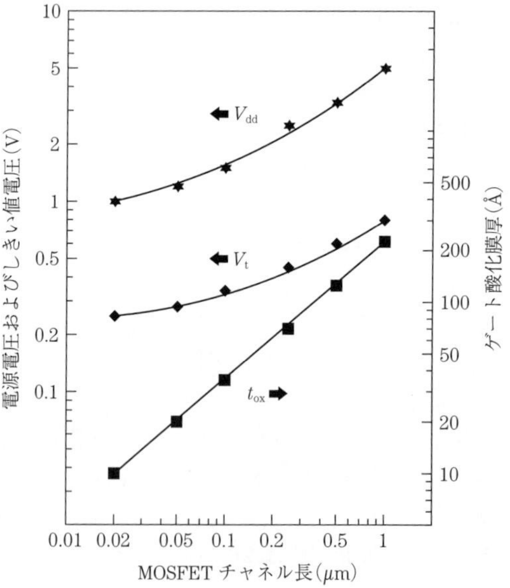

図 6.22　1 μm から 0.02 μm までの CMOS テクノロジーにおける電源電圧，しきい値電圧，ゲート酸化膜厚の推移 [Taur ら，(1995) より引用]

も遅いペースで進めることができている．実験によれば，酸化膜が 3 nm より薄くなると $\mathcal{E}_{\mathrm{ox,max}} \approx 6\,\mathrm{MV/cm}$ である．この値を使っても，式 (6.100) より，$L = 50\,\mathrm{nm}$ の CMOS テクノロジーでは $V_{\mathrm{dd}} \leq 1.5\,\mathrm{V}$ が要求される．電源電圧がこのように低くなると，回路のスピードとリーク電流のトレードオフに直面する．V_{t} を下げればスピードが向上するがリーク電流 I_{off} は指数関数的に増加する．V_{t} を一定に保ったとしても，式 (6.96) に示す $I_{\mathrm{ds,V_t}}$ の増加により I_{off} はテクノロジー世代とともに増加傾向となる．これは 8.1 節で取り上げるサブスレッショルド電流の非スケーリング性の現れである．この理由と，さらに前世代のシステムで用いられた電源電圧との互換性維持のため，図 6.22 からわかるように，**V_{dd} は L に比例するほどには下げられず，V_{t} は V_{dd} に比例するほどには下げられてこなかった．** $L = 20\,\mathrm{nm}$ においては $V_{\mathrm{dd}} = 1\,\mathrm{V}$ とするため，$\mathcal{E}_{\mathrm{ox,max}}$ は $10\,\mathrm{MV/cm}$ にまで引き上げられている．

V_{dd} が L に比例して下げられないことから，CMOS の世代が進むにつれて電界が上昇すること (8.1 節) に加えて，消費電力密度増加の問題も対処が難しくなっていく．8.2 節で議論するが，CMOS 回路の動作時電力あるいはスイッチング電力は

$$P_{\mathrm{ac}} = C{V_{\mathrm{dd}}}^2 f \tag{6.101}$$

で与えられる．ここで C はクロック周期の間に充電され放電される全実効容量，f はクロック周波数である．電力と遅延の間のトレードオフは，図 6.23 に示す V_{dd}–V_{t} 設計平面を用いて概念的に表現することができる (Mii ら，1994)．より高い性能，つまりより短い遅延を実現するには，V_{dd} を高く，あるいは V_{t} を低くする必要があるが，必然的にこれは動作時電力の増加，待機時電力の増加，あるいはその両方を招く．**電源電圧としきい値電圧の組み合わせを適宜選択することにより，CMOS テクノロジーをアプリ**

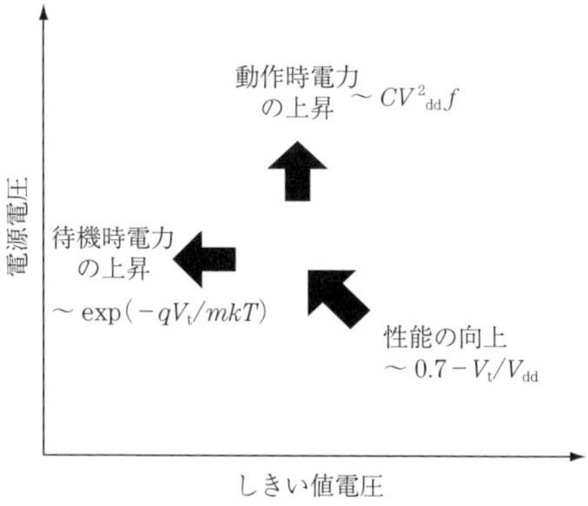

図 6.23　電源電圧–しきい値電圧 (V_{dd}–V_{t}) 設計平面における CMOS 性能，動作時電力，待機時電力のトレードオフ．ここでの性能は CMOS 動作遅延の逆数で定義される．

ケーションごと特有の要求にある程度は適応させることが可能である．高性能 CMOS であれば，設計平面の左上で動作させ，動作時電力と待機時電力を増やしつつ性能を高めることができる．低消費電力 CMOS であれば，低い電源電圧と，加えてもし低待機電力も重要であれば高いしきい値電圧と，を選択することができる．最先端の CMOS 技術では，1 チップ上に複数のしきい値電圧を提供して設計の柔軟性を高めることが一般的である．これによりメモリやロジック回路など異なる機能に応じて異なるしきい値のデバイスを使うことができる．ただし，これによりプロセスの複雑さとコストは増加する．

6.3.2.3　チャネルプロファイルに対する要求と動向

濃度 N_a で均一にドープされた p 型基板を用いると，nMOSFET のしきい値電圧は式 (5.24)：

$$V_t = V_{fb} + 2\psi_B + \frac{\sqrt{4\varepsilon_{si} q N_a \psi_B}}{C_{ox}} \tag{6.102}$$

で与えられる．ここで

$$V_{fb} = \phi_m - \phi_s = \phi_m - \left(\chi + \frac{E_g}{2q} + \psi_B\right) \tag{6.103}$$

である．4.3.5.1 目で議論したように，表面チャネル動作で低いしきい値電圧を得るために，n チャネル MOSFET では n^+ ポリシリコンゲートが，p チャネル MOSFET では p^+ ポリシリコンゲートが用いられてきた (Taur ら，1993b)．この場合 $V_{fb} = -E_g/2q - \psi_B$ であるから

$$V_t = -\frac{E_g}{2q} + \psi_B + \frac{\sqrt{4\varepsilon_{si} q N_a \psi_B}}{C_{ox}} \tag{6.104}$$

となる．右辺の最初の 2 項の和は $-0.1\sim-0.2$ V と小さな値となるから，V_t は概ね第 3 項 ($2\psi_B$ 条件における空乏電荷密度に比例) によって決まる．

式 (4.22) で $\psi_s = 2\psi_B$ としたときの空乏層幅

$$W_{dm} = \sqrt{\frac{4\varepsilon_{si}\psi_B}{qN_a}} \tag{6.105}$$

を用いると，式 (6.104) は W_{dm} と t_{ox} を用いて

$$V_t = -\frac{E_g}{2q} + \psi_B + \frac{4\varepsilon_{si}\psi_B}{W_{dm}}\frac{t_{ox}}{\varepsilon_{ox}} = -\frac{E_g}{2q} + \psi_B + 2(m-1)(2\psi_B) \tag{6.106}$$

と書き換えられる．ここで変形に式 (5.29) を用いた．m と ψ_B はチャネル長やチャネルドーピングによってあまり大きく変化しない量であるから，式 (6.106) はデバイスの

世代とともに縮小するものではない．CMOS の微細化のためには W_{dm} を縮小してスケール長 λ を減らすためにドーピングを増やす必要があるから，m と ψ_{B} はむしろやや増加傾向となる．これは図 6.22 で示した，世代とともに V_{t} を下げるという要求とは逆である．たとえば $m \approx 1.4$，$\psi_{\mathrm{B}} \approx 0.45\,\mathrm{V}$ のとき，n^{+} ポリシリコンゲートを用いると $V_{\mathrm{t}} \approx 0.6\,\mathrm{V}$ となる．この値は 0.5 μm CMOS 世代に対してちょうど良いが，1 μm CMOS に対しては低すぎ，0.25 μm 以下の CMOS 世代に対しては高すぎる．以上のことから，空乏電荷密度を調整して各世代で所望の V_{t} を得るためには不均一ドーピングが必要となる．

式 (6.102) は不均一ドーピングの場合を含むよう，次式のように一般化できる．

$$V_{\mathrm{t}} = V_{\mathrm{fb}} + 2\psi_{\mathrm{B}} + \frac{-Q_{\mathrm{d}}}{C_{\mathrm{ox}}} \tag{6.107}$$

ここで $Q_{\mathrm{d}} < 0$ は $2\psi_{\mathrm{B}}$ 条件におけるシリコン中の空乏電荷密度である．次項において，深さ方向に高濃度から低濃度へと変化するドーピング分布 (高/低ドーピング) は W_{dm} を変えることなく均一ドーピングに比べて空乏電荷密度を増し，その結果 V_{t} を高めることができ，逆に低/高ドーピングは空乏電荷密度を減らして V_{t} を下げることができることを示す．

6.3.3　不均一チャネルドーピング

本項では不均一にドープされた MOSFET のしきい値電圧と最大空乏層幅について考察する．具体例としては高/低ドーピングと低/高ドーピングがある．

サブスレッショルドでの空乏近似を用いることにより，電界，表面電位，しきい値電圧を任意の p 型ドーピング分布 $N(x)$ に対して解くことができる．ここで x は図 4.10 で定義した深さ方向の座標である．電界はポアソン方程式を 1 回積分することで次式のように得られる (空乏層の可動キャリアは無視する)．

$$\mathcal{E}(x) = \frac{q}{\varepsilon_{\mathrm{si}}} \int_{x}^{W_{\mathrm{d}}} N(x)\,\mathrm{d}x \tag{6.108}$$

ここで W_{d} は空乏層幅である．これを再度積分すると表面電位が得られる．

$$\psi_{\mathrm{s}} = \frac{q}{\varepsilon_{\mathrm{si}}} \int_{0}^{W_{\mathrm{d}}} \int_{x}^{W_{\mathrm{d}}} N(x')\,\mathrm{d}x'\mathrm{d}x \tag{6.109}$$

部分積分を用いると，これは次式と等価であることがわかる (Brews, 1979)．

$$\psi_{\mathrm{s}} = \frac{q}{\varepsilon_{\mathrm{si}}} \int_{0}^{W_{\mathrm{d}}} xN(x)\,\mathrm{d}x \tag{6.110}$$

上記式において $xN(x)$ の積分は，区間 $(0, W_{\mathrm{d}})$ における $N(x)$ の重心座標と，同区間での $N(x)$ の積分との積に等しいことに注意されたい．

長チャネルでの最大空乏層幅 W_{dm} が $\psi_{\mathrm{s}} = 2\psi_{\mathrm{B}}$ となるときの W_{d} として定まり，**不均一ドープ MOSFET のしきい値電圧は，区間 $(\boldsymbol{0}, \boldsymbol{W_{\mathrm{dm}}})$ における空乏電荷密度の積分と，同区間における $\boldsymbol{N(x)}$ の重心とから決定される．**

6.3.3.1　高/低ステッププロファイル

図 6.24 (Rideout ら，1975) に示す理想的な高/低ステップドーピング分布を考える．このような分布は濃度 N_{a} で均一にドープされた基板に，1 回以上の浅い低ドーズのイオン注入を行うことで形成できる．熱処理後の注入された不純物の分布は，表面から深さ x_{s} に至る一定濃度 N_{s} の領域により近似する．しきい値条件において空乏層が完全に深さ x_{s} に収まる場合，その MOSFET は濃度 N_{s} で均一ドープされているとみなすことができる．ここで取り扱うのは W_{d} が x_{s} を超えており，電荷密度が空乏層の一部では N_{s}，ほかの部分では N_{a} となるような場合に限る．このドーピング分布について式 (6.110) の積分は容易に実施でき，表面電位，あるいは表面でのバンドの曲がりは

$$\psi_{\mathrm{s}} = \frac{qN_{\mathrm{s}}}{2\varepsilon_{\mathrm{si}}}{x_{\mathrm{s}}}^2 + \frac{qN_{\mathrm{a}}}{2\varepsilon_{\mathrm{si}}}\left({W_{\mathrm{d}}}^2 - {x_{\mathrm{s}}}^2\right) \tag{6.111}$$

と求まる．この式における W_{d} を ψ_{s} の関数として解くと

$$W_{\mathrm{d}} = \sqrt{\frac{2\varepsilon_{\mathrm{si}}}{qN_{\mathrm{a}}}\left(\psi_{\mathrm{s}} - \frac{q(N_{\mathrm{s}} - N_{\mathrm{a}})\,{x_{\mathrm{s}}}^2}{2\varepsilon_{\mathrm{si}}}\right)} \tag{6.112}$$

を得る．表面電位を同一としたとき，これは濃度 N_{a} で均一ドープされた場合の空乏層幅より小さい．

表面での電界は式 (6.108) を積分し，$x = 0$ を代入することで次式のようになる．

$$\mathcal{E}_{\mathrm{s}} = \frac{qN_{\mathrm{s}}x_{\mathrm{s}}}{\varepsilon_{\mathrm{si}}} + \frac{qN_{\mathrm{a}}(W_{\mathrm{d}} - x_{\mathrm{s}})}{\varepsilon_{\mathrm{si}}} \tag{6.113}$$

すると，ガウスの法則によりシリコン中の単位面積当たりの空乏電荷密度は

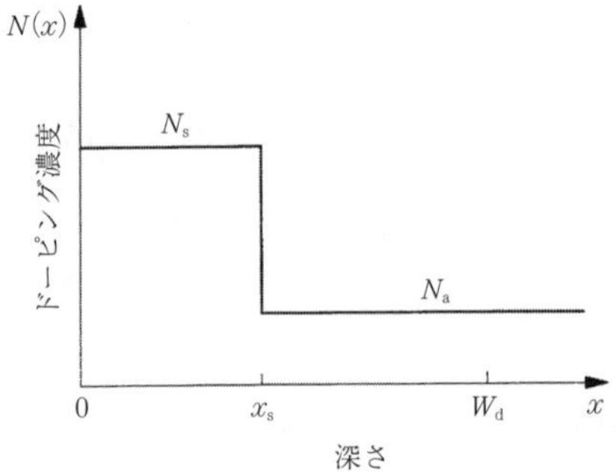

図 6.24　高/低ステップドーピング分布．$x = 0$ はシリコンと酸化膜の界面．

$$Q_{\mathrm{d}} = -\varepsilon_{\mathrm{si}}\mathcal{E}_{\mathrm{s}} = -qN_{\mathrm{s}}x_{\mathrm{s}} - qN_{\mathrm{a}}(W_{\mathrm{d}} - x_{\mathrm{s}}) \tag{6.114}$$

となるが，これは図 6.24 からも直感的に理解できるだろう．**以上より表面への追加的ドーピングの効果は，$0 < x < x_{\mathrm{s}}$ における空乏電荷量を $(N_{\mathrm{s}} - N_{\mathrm{a}})x_{\mathrm{s}}$ だけ増加させることと，空乏層幅を式 (6.112) に従って縮小すること**とであることがわかる．

しきい値状態での最大空乏層幅は式 (6.112) と $\psi_{\mathrm{s}} = 2\psi_{\mathrm{B}}$ より

$$W_{\mathrm{dm}} = \sqrt{\frac{2\varepsilon_{\mathrm{si}}}{qN_{\mathrm{a}}}\left(2\psi_{\mathrm{B}} - \frac{q(N_{\mathrm{s}} - N_{\mathrm{a}})\,{x_{\mathrm{s}}}^2}{2\varepsilon_{\mathrm{si}}}\right)} \tag{6.115}$$

である．しきい値電圧は式 (6.114) と (6.115) を式 (6.107) に代入することで次式のように求まる．

$$V_{\mathrm{t}} = V_{\mathrm{fb}} + 2\psi_{\mathrm{B}} + \frac{1}{C_{\mathrm{ox}}}\sqrt{2\varepsilon_{\mathrm{si}}qN_{\mathrm{a}}\left(2\psi_{\mathrm{B}} - \frac{q(N_{\mathrm{s}} - N_{\mathrm{a}})\,{x_{\mathrm{s}}}^2}{2\varepsilon_{\mathrm{si}}}\right)} + \frac{q(N_{\mathrm{s}} - N_{\mathrm{a}})\,x_{\mathrm{s}}}{C_{\mathrm{ox}}} \tag{6.116}$$

ただし $2\psi_{\mathrm{B}}$ を N_{s} と N_{a} どちらの不純物濃度で定義するかについてはあいまいさがある．ここでは $2\psi_{\mathrm{B}}$ を空乏層端での不純物濃度で定義するという流儀を採用し，$2\psi_{\mathrm{B}} = (2kT/q)\ln(N_{\mathrm{a}}/n_{\mathrm{i}})$ とする．$2\psi_{\mathrm{B}}$ の濃度依存性は弱いので，実際のところどちらの濃度を用いても結果に大差はない[7]．

5.1.3.3 目においてサブスレッショルド特性の傾きの逆数は，m を $\psi_{\mathrm{s}} = 2\psi_{\mathrm{B}}$ における $\mathrm{d}V_{\mathrm{gs}}/\mathrm{d}\psi_{\mathrm{s}}$ として，1 桁当たり $2.3mkT/q$ であることを述べた．不均一ドープの場合であっても，W_{dm} が式 (6.115) で与えられるという違いはあるが，m を与える式 (5.29)：

$$m = 1 + \frac{\varepsilon_{\mathrm{si}}/W_{\mathrm{dm}}}{C_{\mathrm{ox}}} = 1 + \frac{C_{\mathrm{dm}}}{C_{\mathrm{ox}}} = 1 + \frac{3t_{\mathrm{ox}}}{W_{\mathrm{dm}}} \tag{6.117}$$

は依然として成立する．このことは図 5.5 に示す基本概念が具体的なドーピング方法によらないことから予想されることである．同様に基板感度も以前と変わらず

$$\left.\frac{\mathrm{d}V_{\mathrm{t}}}{\mathrm{d}(-V_{\mathrm{bs}})}\right|_{V_{\mathrm{bs}}=0} = \frac{\varepsilon_{\mathrm{si}}/W_{\mathrm{dm}}}{C_{\mathrm{ox}}} = \frac{C_{\mathrm{dm}}}{C_{\mathrm{ox}}} = m - 1 \tag{6.118}$$

となる．要するに，**これまで均一ドーピングの場合について示した空乏層容量，サブスレッショルド・スロープ，ボディ効果係数の W_{dm} を変数とする表式は，高/低不均一ドープの場合でもそのまま有効である**．唯一の違いは，高/低ドーピングに対する最大空乏層幅 W_{dm} は式 (6.105) ではなく式 (6.115) で与えられることである．

---

[7] しきい値電圧の「$2\psi_{\mathrm{B}}$」定義は歴史的慣習に過ぎない．実際にはチャネルの伝導帯が表面において，n^+ ソースの伝導帯から 0.1 V (kT/q の数倍) 程度以内に近づくと，p 型基板のドーピング濃度にかかわらず，チャネルはオン状態になる．このことを勘案して $2\psi_{\mathrm{B}} \approx 1\,\mathrm{V}$ という近似をしばしば用いている．

高/低ステッププロファイルに対するこれまでの議論はほかの場合に一般化することができる．しきい値電圧と空乏層幅に関していえば，区間 $(0, W_{\mathrm{dm}})$ におけるドーピング濃度の積分［式 (6.108)］と重心［式 (6.110)］だけで決まる．図 6.24 の階段プロファイルにおいて，一定の背景ドーピング N_{a} に対する追加ドーズ (単位面積当たりのドーパント数) は

$$D_{\mathrm{I}} = (N_{\mathrm{s}} - N_{\mathrm{a}})x_{\mathrm{s}} \tag{6.119}$$

であって，その重心は $x_{\mathrm{c}} = x_{\mathrm{s}}/2$ である．したがってこれと等しいドーズでピーク位置が x_{c} であるガウス分布の注入 (ただし分布がすべてシリコンに含まれるとして) を行ったとすると，W_{dm} と V_{t} はステップ分布の場合とまったく同じ式 (6.115) と (6.116) で与えられる．あるドーズ D_{I} によって生じるしきい値のシフトは注入の位置 x_{c} に依存する．**$x_{\mathrm{c}} = 0$ とみなせるような浅い表面注入を行った場合，空乏層幅はまったく変化しない．V_{t} の変化は，シリコン–酸化膜界面のシート電荷 qD_{I} による変化と同様に，$qD_{\mathrm{I}}/C_{\mathrm{ox}}$ となる**．ほかのデバイスパラメータ (基板感度，サブスレッショルド・スロープなど) は変化しない．

以上では $N_{\mathrm{s}} > N_{\mathrm{a}}$ を仮定していたが，$N_{\mathrm{s}} < N_{\mathrm{a}}$ の場合でも結果は同様である．そのような不純物プロファイルはレトログレード・チャネルドーピングとよばれ，6.3.3.2 目で議論する．

6.3.3.2　レトログレード (低/高) チャネル・プロファイル

チャネル長が 0.25 μm 以下に微細化されると，W_{dm} を減らして SCE を抑えるために，チャネルへの高濃度のドーピングが必要になる．ここでもし均一分布を使うと，しきい値電圧［式 (6.102)］はデュアルポリシリコンゲートを使っても高くなりすぎてしまう．この問題は 5.3.3 項で取り上げた量子効果を考慮するとさらに深刻になる．電界の上昇に伴って，量子効果により，しきい値電圧がさらに 0.1〜0.2 V 上昇するためである (van Dort ら，1994)．

ゲート下の空乏層幅を大きく増加させることなくしきい値電圧を低下させるためには，図 6.25 に模式的に示すようなレトログレード・チャネルプロファイル，すなわち不純物濃度が表面で低く，奥で高い分布が必要となる (Sun ら，1987; Shahidi ら，1989)．このような分布は，ピーク位置が表面より深くなる高いエネルギーのイオン注入で実現できる．ゲート下の空乏層は高濃度領域にまで広がると仮定する．6.3.3.1 目に示した式は $N_{\mathrm{s}} < N_{\mathrm{a}}$ であってもそのまま成立する．簡単のため $N_{\mathrm{s}} = 0$ である理想的なレトログレード分布を仮定すると，式 (6.116) は次のようになる．

$$V_{\mathrm{t}} = V_{\mathrm{fb}} + 2\psi_{\mathrm{B}} + \frac{qN_{\mathrm{a}}}{C_{\mathrm{ox}}}\sqrt{\frac{4\varepsilon_{\mathrm{si}}\psi_{\mathrm{B}}}{qN_{\mathrm{a}}} + {x_{\mathrm{s}}}^2} - \frac{qN_{\mathrm{a}}x_{\mathrm{s}}}{C_{\mathrm{ox}}} \tag{6.120}$$

同様に式 (6.115) より，最大空乏層幅は

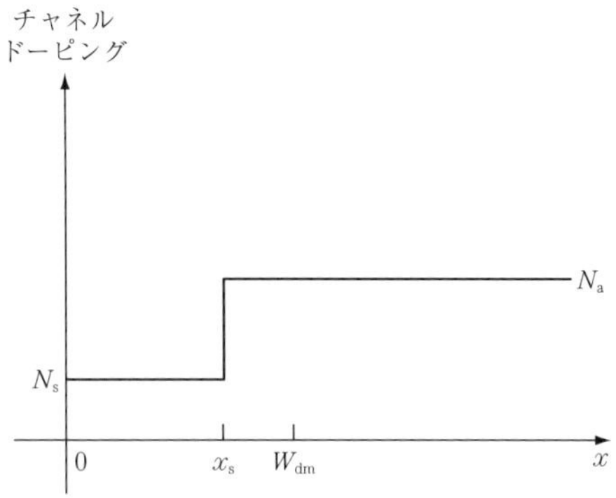

図 6.25 低/高 (レトログレード) ステップドーピング分布．$x = 0$ はシリコンと酸化膜の界面．

$$W_{dm} = \sqrt{\frac{4\varepsilon_{si}\psi_B}{qN_a} + {x_s}^2} \tag{6.121}$$

となる．低/高ドーピングの効果はしきい値電圧の低下と空乏層幅の増加であり，これは高/低ドーピングの場合と逆になっている．式 (6.121) は p–i–n ダイオードに対する式 (3.21) と同じ形をしている．6.3.3.1 目で示したサブスレッショルド・スロープや基板感度などの式は，W_{dm} を式 (6.121) で置き換えればそのまま成立する．

6.3.3.3 極限的レトログレード分布とグラウンドプレーン MOSFET

二つの極限について議論することは有益である．もし $x_s \ll (4\varepsilon_{si}\psi_B/qN_a)^{1/2}$ であれば，W_{dm} は均一ドープの場合 [式 (6.121)] と変わらず，V_t は $qN_a x_s/C_{ox}$ [式 (6.120)] だけ下がる．もう一つの極限は N_a が十分高く，$x_s \gg (4\varepsilon_{si}\psi_B/qN_a)^{1/2}$ である場合である．このとき $W_{dm} \approx x_s$ であって，空乏層の全域にわたって不純物がドープされない状態となる．すべての空乏電荷は空乏層の端に位置する．また式 (6.120) は平方根の項を級数展開することで次式に帰着する．

$$V_t = V_{fb} + 2\psi_B + \frac{\varepsilon_{si}(2\psi_B/x_s)}{C_{ox}} \tag{6.122}$$

シリコン中の空乏電荷密度に由来する最後の項 $\varepsilon_{si}\,(2\psi_B/x_s)$ は，しきい値状態においてドープされていない領域の電界が $2\psi_B/x_s$ で一定であることと，ガウスの法則を考慮することでも導かれる．V_{fb} に含まれる仕事関数差は，ゲートと空乏領域の端である p^+ シリコンとの差である．$m = 1 + 3t_{ox}/W_{dm} = 1 + 3t_{ox}/x_s$ を使うと，式 (6.122) は次のように書ける．

$$V_t = V_{fb} + 2\psi_B + (m-1)2\psi_B \tag{6.123}$$

式 (6.106) と比較すると，極限的なレトログレード分布を用いることで，空乏電荷項 (第 3 項) が均一ドープの場合と比べて半分になることがわかる．基板バイアス V_{bs} が印加される場合には，式 (6.123) の最後の項の $2\psi_B$ は $(2\psi_B - V_{bs})$ と置き換えられ，

$$V_t = V_{fb} + 2m\psi_B - (m-1)V_{bs} \tag{6.124}$$

となる．ψ_B は N_a の弱い関数であるから，式 (6.122)～(6.124) に示す結果は，$x_s \gg (4\varepsilon_{si}\psi_B/qN_a)^{1/2}$ の関係が成り立つ限り，N_a の正確な値には依存しない．すべての基本的なデバイス特性，すなわち SCE (W_{dm})，サブスレッショルド・スロープ (m)，しきい値電圧は，ドーピングされない層の厚さ x_s によって決定される．**この極限的なレトログレード・チャネル分布を備えた MOSFET はグラウンドプレーン (ground plane) MOSFET ともよばれる** (Yan ら，1991)．グラウンドプレーン MOSFET のしきい値状態でのバンド図と電荷分布を図 6.26 に模式的に示す．ドープされない表面から深さ x_s までの領域では電界が一定であり，ポテンシャルの曲がりはない．$x = x_s$ ではデルタ関数状に空乏電荷 (電荷密度は $2\varepsilon_{si}\psi_B/x_s$) が存在し，電界が不連続に変化している．$x_s$ より深い領域ではバンドは平坦となる．p^+ の領域がソース–ドレイン接合の下に存在

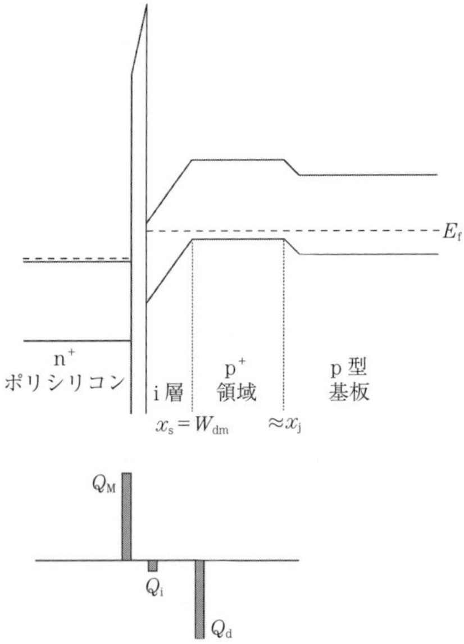

図 **6.26**　極限的レトログレード (グラウンドプレーン) nMOSFET のしきい値状態におけるバンド図と電荷分布

することは，寄生容量が大きくなるので望ましくない．よって理想的には図 6.26 のような低/高/低のチャネル不純物分布とし，ゲート下空乏層の伸びを狭い p^+ 領域で抑えることが望ましい．このような不純物分布は，文献中で**パルスドーピング** (pulse-shaped doping) や**デルタドーピング** (delta doping) ともよばれる．

CMOS デバイスのチャネル長が 20 nm かそれ以下まで縮小されると，電界の増加と量子効果の強まりにより，極限的レトログレード分布と n^+/p^+ ポリシリコンゲートの組み合わせをもってしても 0.2 V といった低い V_t を実現することが難しくなる．これに対処する方法として，適切な仕事関数をもつ新しいゲート材料を探すことのほかに，チャネルへのカウンタドーピング (基板と逆極性の不純物をドープすること) と基板への順バイアス印加がある．基板への順バイアスは，実効的に式 (6.35) の ψ_{bi}(ソース–ドレインとチャネルの間の内蔵電位) を減少させるから，SCE の改善にも役立つ．ただしソースの接合リークを生じさせ，ドレイン–基板間の静電容量を増加させ，サブスレッショルド・スロープとボディ効果を劣化させるという副作用がある．

カウンタドーピングについては，図 6.25 のプロファイルで $N_s < 0$ として数学的に解析する代わりに，図 6.27 に示すように電界と表面からの深さの関係をプロットし，ポテンシャル，電界，空乏電荷について図形的な解釈を与えるのが有益である．均一ドープの場合，$\mathcal{E}(x)$ は基板ドーピング濃度 N_a に比例した負の傾きを有する直線となる．$\mathcal{E} = 0$ となる x 軸との交点は空乏層幅を与える．y 軸との交点は表面電界 $\mathcal{E}_s$ を与え，ガウスの法則よりこれは単位面積当たりの全空乏電荷に比例する．$\mathcal{E} = -d\psi/dx$ なので，$\mathcal{E}(x)$ の

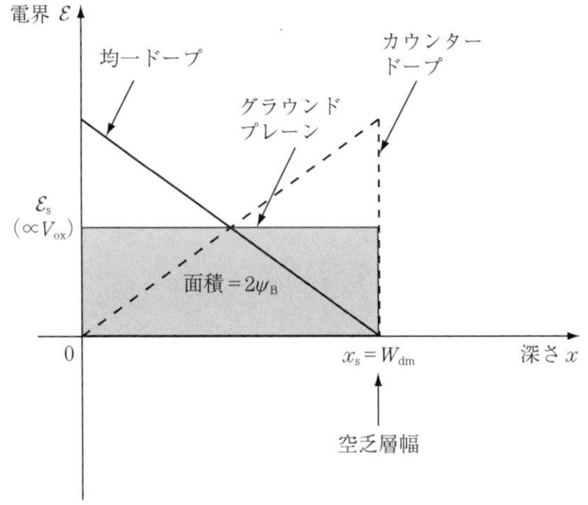

図 6.27　均一ドープ，極限的レトログレードあるいはグラウンドプレーン，カウンタードープ各分布の図式的な解釈．バンド曲がりは $\mathcal{E}(x)$ より下の面積に等しく，しきい値状態でこれは $2\psi_B$ に等しい．

下の三角形の面積は表面電位，あるいはバンド曲がり $\psi_{\rm s}$ に等しい．ゲート電圧が増加するにつれて $W_{\rm d}$ と $\mathcal{E}_{\rm s}$ は増加するが，$\psi_{\rm s}$ が $2\psi_{\rm B}$ に達すると表面反転が生じて空乏層幅は最大値に達する．しきい値電圧の空乏電荷の項 $V_{\rm ox}=\varepsilon_{\rm si}\mathcal{E}_{\rm s}/C_{\rm ox}$ は，$\psi_{\rm s}=2\psi_{\rm B}$ のときの y 軸との交点 (表面電界 $\mathcal{E}_{\rm s}$) と対応する．

極限的レトログレード，あるいはグラウンドプレーンの場合，$\mathcal{E}(x)$ はドープされていない領域内 $0<x<x_{\rm s}$ で一定であり，そこに空乏電荷は存在しない．しきい値条件において，グラウンドプレーンの場合の影付きの領域の面積は，均一ドープの場合の $\mathcal{E}(x)$ より下の三角形の面積とおおよそ同じである．なぜなら $2\psi_{\rm B}$ は $N_{\rm a}$ に対して弱い関数であり，実用上一定であるとみなすことができるからである．よってグラウンドプレーンの場合の $V_{\rm t}$ の空乏電荷項，あるいは y 切片は，均一ドープの場合の半分となることがわかる．これは式 (6.123) と (6.106) が示す結果と一致する．

図 6.27 にはさらにカウンタードープチャネルの例も示した．傾き $\mathrm{d}\mathcal{E}/\mathrm{d}x$ は均一ドープの場合と同じ大きさとしているが，極性は逆である．空乏領域幅とバンド曲がり［$\mathcal{E}(x)$ の下の領域の面積］はほかの二つの場合と同じとした．しかし y 切片 ($\mathcal{E}_{\rm s}$) は 0 となり，このときシリコン中の正味の電荷量は，カウンタードープの電荷と空乏層端での空乏電荷が相殺してゼロとなり，$V_{\rm t}$ は非常に低くなる．カウンタードープをさらに増すと，$\mathcal{E}_{\rm s}<0$ となり，埋め込みチャネル MOSFET となる．

これら 3 つのドーピングについて，しきい値状態でのバンド図を図 6.28 に示す．空乏層幅とバンド曲がりは 3 つの場合すべてで等しくしている．しかし表面電界 (傾き) は大

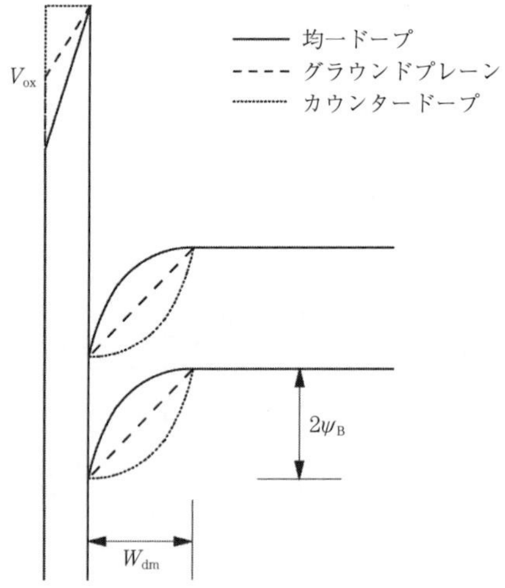

図 6.28　均一ドープ，グラウンドプレーン (極限的レトログレード)，カウンタードープのしきい値条件における MOSFET のバンド図

きく異なるから，酸化膜中での電位降下も大きく異なることになる．

6.3.3.4 横方向に不均一なチャネルドーピング

ここまでは垂直方向に不均一なチャネルドーピングについて議論してきた．ほかに横方向に不均一なチャネルドーピングもあり，極短チャネルデバイスにおいて使われる．nMOSFET の場合，これは中程度の量の p 型イオン注入を，ゲート電極形成後の n^+ ソース–ドレイン注入と一緒に実施することで実現される．これにより図 6.29 に示すように，p 型不純物濃度はソースおよびドレイン端近傍でピークをもち，ゲート中央ではイオン注入がゲートによって遮られるため下がる分布となる．このような自己整合的な，横方向に均一でないドーピングはしばしば**ハロー** (halo)，あるいは**ポケット** (pocket) 注入とよばれる (Ogura ら，1982)．図 6.29 はハローがどのように SCE，すなわちチャネル長 (あるいはゲート長) がばらついたときにしきい値電圧が下がる効果，を打ち消すかを説明している．ゲート長が最も長くばらついた場合である図 6.29(a) においては二つ

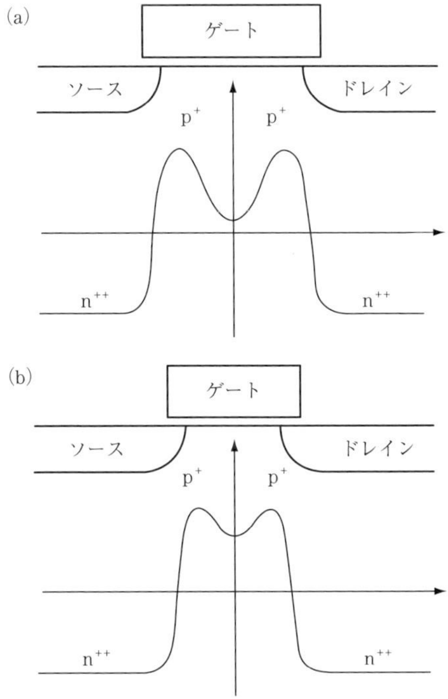

図 6.29 nMOSFET における横方向に不均一なハロードーピング．マスク上の設計ゲート長が同じでも，ウェーハ上の実際のゲート長にはばらつきがある．ばらつき範囲の長いほうの端が (a)，短いほうの端が (b) である．各断面図の下にはソースからドレインに至る水平断面に沿った横方向のドーピング濃度の変化を模式的に示す．

の p^+ ポケットは，ゲート長が最も短くばらついた場合の図 6.29(b) に比べて互いに離れている．これにより短チャネルデバイスでは，長チャネルデバイスに比べて高い平均 p 型ドーピングが形成される．平均 p 型ドーピングを高めることはしきい値電圧を高める．**したがって横方向に不均一なハロードーピングは，チャネル長が短いほどしきい値電圧を高める効果を生じさせ，SCE によるしきい値電圧低下を相殺する**．スーパーハローとよばれる，適切に設計された 2 次元の不均一ドーピング分布によれば，原理的に 20〜30 nm のゲート長範囲で SCE を抑制し，しきい値電圧をほぼ一定とすることができる (Taur ら，1998).

6.3.4　しきい値に対する離散不純物の効果

CMOS デバイスが微細化すると，最小寸法デバイスの空乏層に含まれるドーパント原子の数が減少する．原子の離散性により，ある体積中に含まれるドーパントの数は期待値を中心に統計的にばらつく．たとえば均一にドープされた $W = L = 0.1\,\mu\mathrm{m}$ の nMOSFET において，$N_\mathrm{a} = 10^{18}\,\mathrm{cm}^{-3}$，$W_\mathrm{dm} = 35\,\mathrm{nm}$ としたとき，空乏層内のアクセプタ原子の平均個数は $N = N_\mathrm{a} LWW_\mathrm{dm} = 350$ である．しかし，実際の数はデバイスごとに異なり，その標準偏差は $\sigma_\mathrm{N} = \langle(\Delta N)^2\rangle^{1/2} = N^{1/2} = 18.7$ となる．このばらつきの大きさは平均値 N と比べて無視できないほど大きい．MOSFET のしきい値電圧は空乏層内のイオン化されたドーパントの数に依存するから，このような数の変動はしきい値電圧のゆらぎをもたらし，VLSI 回路の動作に影響を及ぼす可能性がある．

6.3.4.1　簡単な 1 次近似モデル

空乏層電荷量のゆらぎがしきい値電圧に与える影響を簡単なモデルにより見積もる．均一の濃度 N_a にドープされた MOSFET の空乏層内の位置 (x, y, z) における微小体積 $\mathrm{d}x\,\mathrm{d}y\,\mathrm{d}z$ を考える．x 軸は深さ方向，y 軸はチャネル長方向，z 軸はチャネル幅方向とする．この微小体積内に含まれるドーパント原子数の期待値は $N_\mathrm{a}\,\mathrm{d}x\,\mathrm{d}y\,\mathrm{d}z$ である．実際の数はこの期待値のまわりを標準偏差 $\sigma_\mathrm{dN} = (N_\mathrm{a}\,\mathrm{d}x\,\mathrm{d}y\,\mathrm{d}z)^{1/2}$ でゆらいでいる．この期待値からのずれは，均一な背景濃度 N_a の上に，点 (x, y, z) で加算された小さなデルタ関数状の不均一ドーピング (正または負) と考えることができる．第 1 次近似として，この小さなゆらぎのしきい値電圧への影響は，深さ x における，L と W 方向に均一な，単位面積当たり $\Delta D = \sigma_\mathrm{dN}/WL = (N_\mathrm{a}\,\mathrm{d}x\,\mathrm{d}y\,\mathrm{d}z)^{1/2}/WL$ のドーピング (ドーズ) による影響と等価である．x における ΔD によるしきい値電圧のシフトは，式 (6.116) において $(N_\mathrm{s} - N_\mathrm{a})\,x_\mathrm{s}$ を ΔD で，$x_\mathrm{s}/2$ を x で置き換え，ΔD の 1 次の近似項を抜き出すことで得られる：

$$\Delta V_{\mathrm{t}} = \frac{q\Delta D}{C_{\mathrm{ox}}}\left(1 - x\sqrt{\frac{qN_{\mathrm{a}}}{2\varepsilon_{\mathrm{si}}(2\psi_{\mathrm{B}})}}\right) = \frac{q\Delta D}{C_{\mathrm{ox}}}\left(1 - \frac{x}{W_{\mathrm{dm}}}\right) \tag{6.125}$$

この式は背景のドーピングが不均一であっても成り立つ一般的なものであり，微小なドーピングが追加されたときのしきい値への影響がその深さに依存することを示している．表面近くへのドーピングの追加は，表面電位や空乏層幅にほとんど影響することなく全空乏電荷量を増す．しかし空乏層端へのドーピング追加は，式 (6.110) より ψ_{s} を増加させる．これにより $2\psi_{\mathrm{B}}$ 状態に達するのに必要な W_{dm} が減少する．これら二つの効果が相殺することから，空乏層端へのドーピング追加はしきい値電圧にほとんど影響しない．

先に示した $\Delta D = (N_{\mathrm{a}}\,\mathrm{d}x\,\mathrm{d}y\,\mathrm{d}z)^{1/2}/WL$ を用いると，点 (x, y, z) における微小体積 $\mathrm{d}x\,\mathrm{d}y\,\mathrm{d}z$ におけるドーパント数ゆらぎによるしきい値変位の 2 乗の平均 (分散) は

$$\langle \Delta V_{\mathrm{t}}{}^2 \rangle_{x,y,z} = \frac{q^2 N_{\mathrm{a}}}{C_{\mathrm{ox}}{}^2 L^2 W^2}\left(1 - \frac{x}{W_{\mathrm{dm}}}\right)^2 \mathrm{d}x\,\mathrm{d}y\,\mathrm{d}z \tag{6.126}$$

で与えられる．種々の場所におけるドーパント数のゆらぎは完全にランダムで無相関であるから，そのすべての合計であるしきい値電圧ゆらぎの 2 乗平均は，式 (6.126) を空乏層全体にわたって積分することで得られる：

$$\sigma_{V_{\mathrm{t}}}{}^2 = \frac{q^2 N_{\mathrm{a}}}{C_{\mathrm{ox}}{}^2 L^2 W^2}\int_0^W \int_0^L \int_0^{W_{\mathrm{dm}}} \left(1 - \frac{x}{W_{\mathrm{dm}}}\right)^2 \mathrm{d}x\,\mathrm{d}y\,\mathrm{d}z \tag{6.127}$$

この積分は容易に実行できて

$$\sigma_{V_{\mathrm{t}}} = \frac{q}{C_{\mathrm{ox}}}\sqrt{\frac{N_{\mathrm{a}} W_{\mathrm{dm}}}{3LW}} \tag{6.128}$$

を得る．上で触れた 100 nm デバイスの例では，$t_{\mathrm{ox}} = 3.5\,\mathrm{nm}$ として，$\sigma_{V_{\mathrm{t}}} = 17.5\,\mathrm{mV}$ となる．これは 6.1.2.4 目で示した短チャネルでのしきい値電圧低下に比べると小さいが，たとえば SRAM セルにおける最小寸法デバイスでは顕著になる可能性がある．なお，式 (6.128) は，モデルの単純化の結果として，ドーパント数ばらつきの影響を過小評価する傾向にある．

以上の解析では，表面電位がデバイスの長さ方向にも幅方向にも一様であると仮定していた．言い換えれば，空乏電荷密度の局所的凹凸はならされて，表面電位は平均 (合計) の空乏層電荷によって決まるとしていた．しかしこの仮定は，電流がポテンシャルの平均ではなく，最も高い障壁によって決まるサブスレッショルド領域では成立しない (Nguyen, 1984)．したがってこの問題を一般的に解くには，3 次元数値シミュレーションを用いる必要がある (Wong と Taur，1993)．そのような試みの結果によると，式 (6.128) から予測される程度のしきい値電圧ゆらぎに加えて，とくにサブスレッショルド領域において平均しきい値電圧の負方向へのシフトが生じる．これはチャネル中のドーパント原子の微視的なゆらぎによって，表面電位に不均一が生じた結果である．

6.3.4.2 レトログレード・チャネルにおける不純物ゆらぎの影響

ドーパントの離散性によるしきい値電圧のゆらぎは，レトログレード・チャネルでは大きく削減される．図 6.25 の分布において $N_s = 0$，すなわち表面 $0 < x < x_s$ で不純物がドープされていない分布を考えよう．平均のしきい値電圧と最大空乏層幅 W_{dm} はそれぞれ式 (6.120) と (6.121) により与えられ，(x, y, z) における微小体積に関する式 (6.126) は $x_s < x < W_{dm}$ において成立する．そこで式 (6.127) の x に関する積分を x_s から W_{dm} までに限って行うと，

$$\sigma_{V_t} = \frac{q}{C_{ox}} \sqrt{\frac{N_a W_{dm}}{3LW}} \left(1 - \frac{x_s}{W_{dm}}\right)^{3/2} \tag{6.129}$$

を得る．**特別な場合として，図 6.27 に示した極限的レトログレード分布 (グラウンドプレーン) では $\boldsymbol{x_s = W_{dm}}$ となるから，この式が与えるしきい値電圧のゆらぎはゼロになる．**このことは式 (6.122) でしきい値が N_a に依存しないことと整合している．ただしこの場合においては，ドーピングされない層の厚さ x_s のばらつきを抑え，これによる新たなゆらぎの増大を防ぐことが別の技術的課題となる．

現実には，レトログレード・チャネルはドーパントの離散性によるしきい値ゆらぎを減少させるものの，それを完全に除去することはできない．最適設計されたスーパーハローの 25 nm MOSFET (Taur ら，1998) に関して，ドーパントの離散性によるしきい値ばらつきの 1σ は $10 \times W^{-1/2}$ mV (ただし W は単位 μm で表したデバイス幅) となることが 3 次元モンテカルロシミュレーションにより示されている (Frank ら，1999)．これは $W/L > 10$ のロジックデバイスでは許容できるだろう．しかし最小の幅を用い，かつチップ上に大量に配列される結果 6σ の余裕が求められる SRAM のセルトランジスタでは問題となる．たとえば $W = 25$ nm とすると，上記した 1σ は 63 mV となり，6σ は 0.38 V にもなる．またこれらの数値より，式 (6.128) が 1/2 程度の過小評価になり得ることもわかる．

6.4 高電界における MOSFET の劣化と破壊

MOSFET 内の高電界は，絶縁破壊を引き起こすだけでなく，デバイス特性を劣化させることがある．**ホットキャリア効果** (HCE：hot-carrier effects) および**負バイアス温度不安定性** (NBTI：negative-bias-temperature instability) の二つは，今日の CMOS デバイスにおいて最も重要な劣化現象である．本節ではこれらの現象と，関連する物理機構について概要を述べる．

6.4.1 ホットキャリア効果

$V_{gs} > V_t$ がゲートに，$V_{ds} > 0$ がドレインに印加されている n チャネル MOSFET

について考える．図 6.30 に示すように，ドレイン近傍のシリコン中には高電界の空乏領域が形成されている．ドレインに向かってドリフトする電子は空乏領域における電界からエネルギーを得て「熱い」状態になる．このような熱い電子 (ホットエレクトロン) はドレイン近傍でインパクトイオン化を引き起こしたり，ゲート絶縁膜に注入されたりする (4.6.2 項参照)．インパクトイオン化で生じた 2 次正孔は基板電流となる (Abbas, 1974)．ドレイン電圧がシリコンのバンドギャップ電圧 E_g/q より小さくても基板電流は観測されている．このことは電子–電子衝突，あるいは電子–フォノン衝突によって電子が付加的なエネルギーを得ることができることを示唆している (Chung ら，1990)．

図 6.31 にチャネル電流と基板電流をゲート電圧の関数としてプロットした図の典型例を，チャネル長が 0.25 μm，しきい値電圧 V_t が約 0.4 V の n チャネル MOSFET について示す (Chang ら，1992)．V_{ds} は 2.5 V に固定している．基板電流は，サブスレッショルド領域ではゲート電圧とともに増加し，ゲート電圧が V_t をやや上回ったところでピーク値をとり，その後ゲート電圧の増加に伴って減少している．この複雑なゲート電圧依存性は次のように理解できる．インパクトイオン化を引き起こすのに必要な電子はドレイン電流から供給される．$V_{gs} < V_t$ では表面反転層は形成されておらず，ドレイン端近傍のシリコン中の最大電界はゲート電圧にあまり依存しない．その結果，図 6.31 で見られるように，基板電流はドレイン電流にほぼ比例する．$V_{gs} > V_t$ では表面反転チャネルが形成される．V_{ds} は飽和電圧 V_{dsat} (たとえば式 (6.48) で与えられる) を超える大きな値に設定されているため，MOSFET は速度飽和状態にある．速度飽和領域における横方向電界 $\sim dV/dy$ は，式 (6.70) からわかるように y に対して指数関数的に増加する．そしてドレイン端における横方向電界の最大値は $V_{ds} - V_{dsat}$ に比例する．**V_{ds} を一定とすると，V_{gs} を増すにつれて V_{dsat} は増加し，$V_{ds} - V_{dsat}$ は減少し，ドレインでの最大電界強度は減少する．** 図 3.23 に示すように，インパクト化の発生率は電界強度

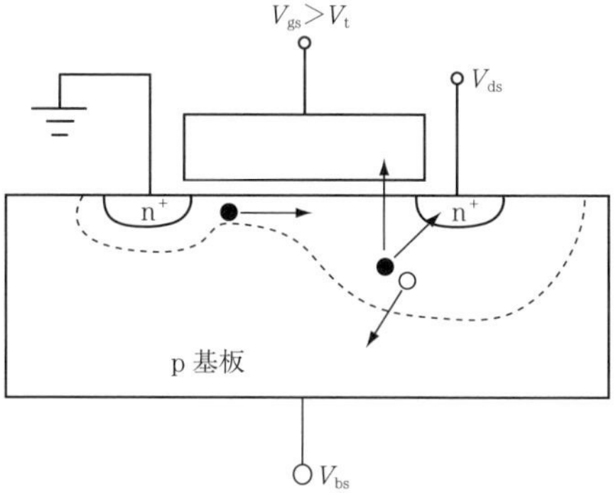

図 6.30 n チャネル MOSFET においてチャネルホットキャリア効果が生じる物理過程を示す模式図．破線は空間電荷領域の境界．

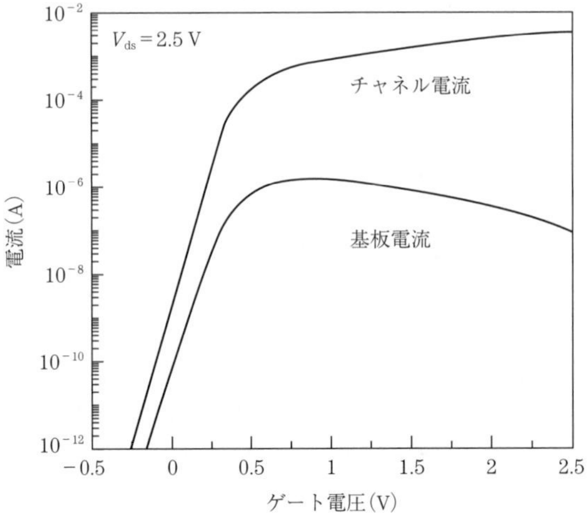

図 6.31　典型的な MOSFET のチャネル電流と基板電流のプロット．チャネル長 0.25 μm，チャネル幅 10 μm の n チャネル FET の例を示した [Chang ら (1992) より引用].

の減少に伴って急激に低下する．結果として V_{gs} が V_t より十分大きくなると，図 6.31 に見られるように基板電流は V_{gs} とともに減少する．より詳細な MOSFET の基板電流モデルについては文献を参照されたい (Hu ら，1985；Kolhatkar と Dutta，2000 など).

ドレイン領域近傍でゲート絶縁膜に注入されたホットエレクトロンはゲート電流となる．ゲート電流は膜中および界面にトラップを生成する可能性があり (4.6.1.3 目参照)，また注入された電子の一部はドレイン近傍のゲート絶縁膜にトラップされる可能性がある．トラップされた電子や生成された界面準位はドレイン近傍の表面電位をシフトさせる．ホットエレクトロンの出元はチャネル電流であるので，このようなデバイス劣化は**チャネルホットエレクトロン** (CHE：channlel hot electron) **効果**とよばれる (Ning ら，1979). MOSFET のオン特性は主にチャネルのソース端近傍の表面電位によって決まる (5.1.2 項参照)．したがって CHE によりドレイン接合近傍に局在した著しいダメージを受けた MOSFET は，ソースとドレインを入れ替えて動作したときのほうがそうでないときより，劣化によるしきい値電圧シフトが大きくなる (Abbas と Dockerty, 1975; Ning ら，1977b)．p チャネル MOSFET の場合には，同様のデバイス劣化は**チャネルホットホール** (channel hot hole) **効果**とよばれる.

回路の構成によっては，MOSFET の端子電圧は V_{ds} が小さいか 0 であり，ソースとドレインは基板に対して逆方向バイアス ($V_{bs} < 0$) となることがある．このようなバイアス条件は，たとえば MOSFET がパスゲートとして用いられる場合に生じる．この場

合，チャネルの電子がソースからドレインに移動する間に多くのエネルギーを獲得することはない．しかし p 基板中の少数電子はシリコン–酸化膜界面に向かってドリフトする間にエネルギーを獲得する．このようなホットエレクトロンは，図 4.47 に示すように，ゲート絶縁膜に注入される可能性がある．注入された電子は，膜中や界面にトラップを生成したり，酸化膜中にトラップされたりする．この場合ホットエレクトロンは基板から注入されるので，このようなデバイス劣化は**基板ホットエレクトロン** (SHE : substrate hot electron) **効果**とよばれる．横方向の電位差が小さいので，SHE による酸化膜へのダメージはほぼデバイスのチャネル領域全体に及ぶ．また，基板中の少数電子密度は温度とともに上昇するので，SHE 効果は温度が高いほど顕著になる (Ning ら，1976)．p チャネル MOSFET の場合には，ホットエレクトロンの代わりにホットホールがデバイスの劣化を引き起こす．なお，SHE が顕著に生じるのは CMOS デバイスが 2.5 V 以上の電圧で用いられ，ホットエレクトロン注入を引き起こすのに十分な基板逆バイアスが印加される場合に限られる (図 4.47 参照)．

ホットキャリアによる劣化は CMOS に印加可能な電圧を制限する主要な効果の一つである．一般にホットキャリアによるダメージを最小化するには，(a) シリコン中のピーク電界を抑制してホットキャリアのエネルギーを下げる，(b) ゲート絶縁膜中のトラップ密度を最小化する，という方向性がある．CHE を抑制するためには，いわゆる LDD (lightly doped drain) 構造がしばしば採用される (Ogura ら，1982)．LDD 構造においては，チャネルと隣接するドレイン領域が，チャネルから離れたドレイン領域に比べて低い濃度でドーピングされる．このように横方向に勾配を設けたドレインのドーピングプロファイルは，ドレイン近傍のピーク電界を抑制する．その物理は定性的には 3.1.2.3 目で議論した p–i–n ダイオードの場合と同様である．ゲート絶縁膜のトラップ密度や，ホットキャリアダメージに対するゲート絶縁膜の感受性は，ゲート絶縁膜の成膜プロセスとその後の集積回路を完成するためのプロセスにも依存する．このためホットキャリア効果を事前に十分正確に予測することはできない．そこで CMOS 技術世代ごとにホットキャリア効果は測定され，モデル化され，回路の設計に取り込まれる．詳細については文献を参照されたい (たとえば Takeda ら，1995)．

6.4.2 負バイアス温度不安定性

高温で MOS キャパシタのゲートに負バイアスを印加すると，酸化膜中に正電荷が蓄積し，界面準位密度が上昇することが Deal ら (1967) によって報告された．p チャネル MOSFET をオンにするためには，ゲート電極に n 型基板を基準として負のバイアスが印加される．また多くの応用においてデバイス温度はかなり高くなり，しばしば 100 °C 近くになる．そのため p チャネル MOSFET の動作においてはこのような現象 (NBTI) が当然に発生し，そのしきい値電圧は時間とともに負方向にずれていく．NBTI について多くの論文が出版されている．NBTI によるデバイスの劣化はゲート絶縁膜のプロセスに依存することが知られており，温度が高く，酸化膜電界が大きいほど劣化が激しくなる (Jeppson と Svensson, 1977; Blat ら, 1991). 短い期間では，劣化はおおよそ $t^{1/4}$ の時間依存性を示す (Jeppson と Svensson, 1977) が，やがて酸化膜電界や温度に依存したある値に飽和する (Zafar ら, 2004).

もし p チャネル MOSFET がソース–ドレイン間にゼロもしくは比較的小さな電圧が印加されている状態でストレスをかけられている場合，NBTI 効果だけが存在し，チャネルホットホール効果は無視できる．このストレスモードではデバイス劣化，すなわち NBTI による劣化，はチャネル長にあまり依存しない．しかし CMOS 回路中のオフ状態の pMOSFET には，多くの場合比較的大きなソース–ドレイン間電圧が印加されている．このため短チャネル pMOSFET のデバイス劣化は，チャネルホットホール効果と NBTI の両方が組み合わさって生じることが多い (La Rosa ら, 1997). NBTI はテクノロジーごとに評価し，その効果を回路設計に取り込むことが必要である．これは一組の p チャネル MOSFET のしきい値電圧の良好なマッチングを必要とする CMOS 回路ではとくに重要である (Rauch III, 2002). CMOS デバイスにおける NBTI の物理メカニズムについて，現在わかっていることの優れたレビューが Schroder と Babcock (2003) により与えられている．

6.4.3　MOSFET の降伏

短チャネル MOSFET のドレイン電圧がある値を超えると，図 6.32 に示すような降伏 (ブレークダウン) が起こる．ドレイン電圧が高いとき，飽和領域におけるピーク電界は非常に大きな値となる．これが 10^5 V/cm 台の半ばを超えると，ドレイン端でインパ

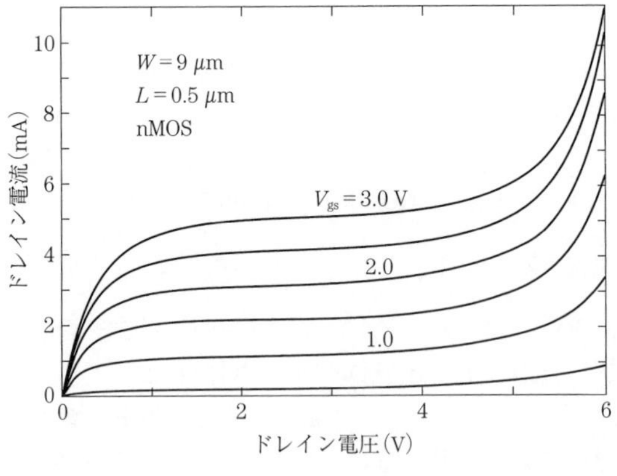

図 6.32　高ドレイン電圧において降伏を示す短チャネル nMOSFET の I_{ds} 対 V_{ds} 特性例 [Sun ら (1987) より引用]

クトイオン化 (3.3.1 項参照) が生じ，ドレイン電流の急激な増加を引き起こす．降伏が起こる電圧は通常 pMOSFET より nMOSFET で低い．これは電子のインパクトイオン化率が正孔よりも大きいこと (図 3.23)，および n^+ ソース–ドレイン接合が p^+ 接合よりも急峻であること，による．降伏電圧はチャネル長に弱く依存し，短チャネルほど降伏電圧は下がる．

図 6.33 に降伏が起こる過程を nMOSFET について模式的に示す．電子はチャネルを流れていく間に電界からエネルギーを得る．そのエネルギーを散乱によって失うまで，電子は高い運動エネルギーをもち，インパクトイオン化によって 2 次的な電子と正孔を生成することができる．生成された電子はドレインに引き寄せられてドレイン電流を増加させ，生成された正孔は基板端子に収集されて基板電流として観測される．基板電流が基板内を流れると，基板の抵抗によって電圧降下が生じ，ソース接合が順方向にバイアスされる．これは MOSFET のしきい値電圧を低下させ，ドレイン電流を増加させ，さらに基板電流を増加させるという正帰還効果を引き起こす．制御不能な降伏が発生する前の低レベルなインパクトイオン化が発生しているときには，基板電流 (図 6.31) はホットキャリア発生の良い観測指標となる．

降伏が起こると，ゲートとドレインがオーバーラップした領域の酸化膜に大量のホットキャリアが注入されることでしばしば MOSFET に回復不能なダメージを及ぼす．降伏現象は VLSI の選別のため用いる高電圧でのバーンインにおいてとくに問題となる．この問題はソース–ドレインの不純物濃度を下げる LDD 構造 (Ogura ら，1982) を用いることである程度軽減することができる．LDD 構造は直列抵抗を増加させピーク電界を緩和するが，代償としてドレイン電流を減少させ，性能を低下させる．基本的に CMOS

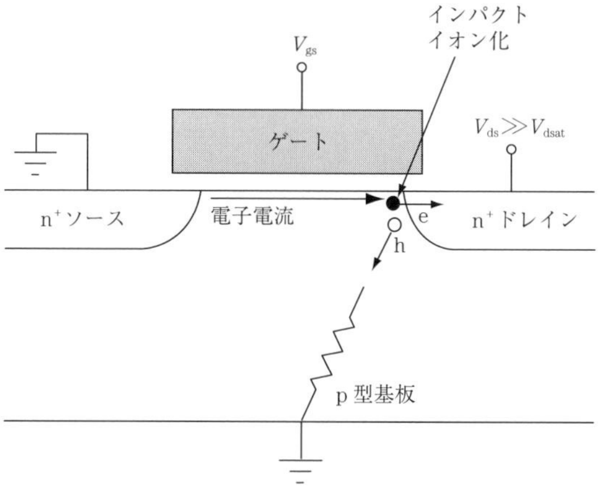

図 6.33 ドレインでのインパクトイオン化

デバイスは降伏が起こる条件よりも十分に低い電源電圧で使用するべきであり，このことは 6.3.2 項で述べた CMOS 設計において鍵となる制約事項である．

7

SOI MOSFET およびダブルゲート MOSFET

この章では，SOI (Silicon-on-Insulator) MOSFET およびダブルゲート (DG：Double-Gate) MOSFET を考察する．バルク MOSFET の場合と同様に，これらは VLSI 回路およびシステムの構成要素として大量生産されている．

SOI 材料 (SOI ウェーハ) には，主として 3 つのタイプがある：すなわち，SIMOX，BESOI，および Smart Cut® (Celler および Cristoloveanu, 2003)[1]である．SIMOX は「Separation by IMplantation of OXygen」(酸素注入による分離層形成) の略である．SIMOX の製造工程には，1) シリコン基板に高エネルギーの酸素を高ドーズで注入する，2) その後，高温でアニールする，という二つの段階が含まれる．2) の過程で化学反応が起こり，化学量論的なシリコン酸化膜がシリコンウェーハ内に埋め込まれるように形成される．2) のアニール段階では，埋め込み酸化膜の上部に残存しているシリコン層の結晶品質も再生される．SIMOX 技術の主要な利点は，(埋め込み酸化膜の上部に形成される) 薄膜 SOI 層の層厚の均一性である．同時に最大の欠点は，再成長されたシリコン層ならびに埋め込み酸化膜の双方における結晶欠陥密度の高さである．BESOI は「bond and etch back」(貼り合わせた後にエッチバックする) という製造方法を意味している．この方法は，2 枚のシリコンウェーハを用いて開始される．2 枚のウェーハは，酸化の後，高温で貼り合わせられる．その後，一方のウェーハがエッチバックされ，酸化膜ともう一方のウェーハとの上部にシリコン薄膜が残る．BESOI ウェーハの結晶品質は，原理的には元のバルクシリコンウェーハの結晶品質と同等である．しかしながら，通常は，ウェーハ面内での顕著な膜厚ばらつきが存在する．これは厚膜 SOI デバイスの場合には許容されうるものである．薄膜 SOI デバイスの場合には，より良い膜厚均一性を実現するために，エッチバック段階でなんらかのエッチストップ技術が用いられる必要がある．Smart Cut® による SOI ウェーハ製造プロセスにおいては，イオン注入と貼り合わせの双方が用いられる．貼り合わせの前に，シリコンウェーハ A には

[1] SmartCut® は SOITEC 社の商標である．

高ドーズの水素が注入され，注入深さにおけるシリコン原子間の結合強度が弱められる．このウェーハ A および別のウェーハ B は，酸化と貼り合わせの後，機械的に分離される．この分離は水素注入によってシリコン原子間の結合強度が弱められた劈開面で起こり，最終的にウェーハ B の上部に酸化膜を介してウェーハ A の一部であったシリコン薄膜が残る．残りのウェーハ A は，製品である SOI ウェーハの製造コストを抑制する観点から再利用される．このウェーハは，その後の高温アニール工程と化学的機械的研磨 (CMP) 工程を経て，デバイス作製に用いられる．

バルク MOSFET と SOI/DG MOSFET の基本的な差異は，後者がシリコン薄膜を用いて作製されるという点である．シリコン薄膜は，バルク基板の単結晶シリコンと同一の結晶品質を有している．6.1 節で議論されているように，バルク MOSFET の場合には，空乏層幅をスケールダウンし，チャネル長を短くするために，シリコン基板を高濃度に不純物をドーピングしなければならない．一方，シリコン薄膜を用いたデバイスでは，デバイス厚はシリコン薄膜の物理的な膜厚で制限されており，高濃度に不純物をドーピングする必要は無い．このため，6.3.4 項で議論された，離散的な不純物原子に起因する MOSFET のしきい値電圧の問題が回避される．SOI/DG MOSFET がバルク MOSFET に対して有するその他の本質的な利点を以下に列挙する：

- 接合容量が非常に小さい
  SOI MOSFET では，ソースおよびドレインのシリコン基板に対する接合容量は，厚い埋め込み酸化膜 (BOX) を介するために非常に小さい．
- ボディ効果が小さい (あるいは無い)
  SOI/DG MOSFET では，ソース／ドレインへのコンタクト以外にシリコン薄膜へのコンタクトが存在しない．完全空乏型 SOI MOSFET でボディコンタクトとして機能するものは，バックゲートすなわち BOX 下のシリコン基板である．通常 BOX は非常に厚いため，ボディ効果係数 m は非常に小さい (図 5.5 および 7.1.1.2 目参照)．DG MOSFET はボディ効果を有さない．
- ソフトエラーに対して強い
  バルクデバイスでは，シリコン基板を貫く高エネルギー粒子すなわち電離放射線の飛跡に沿って少数キャリアが生成される．接合ノードで収集される電荷量があるしきい値を超えると，蓄積されていた論理状態の反転が起こる可能性がある．このような現象は，一般にソフトエラーとよばれている．埋め込み酸化膜の存在が電離放射線の影響を受ける体積を大幅に減少させるため，SOI デバイスのソフトエラーレートはバルクデバイスに対して著しく改善される．

より厚いシリコン膜を用いて形成され，底部に中性ボディ領域 (非空乏領域) が残存している部分空乏型 SOI MOSFET についてはここでは議論されない．その動作は，ゲート空乏層厚をスケールダウンするためにボディに対して高濃度の不純物ドーピングを必要とする，という意味において，バルク MOSFET と同様である．過去には部分空乏型 SOI CMOS 技術を利用したチップ製造がなされていたが，部分空乏型 SOI 技術は 22 nm ノード以降のテクノロジーにおいてはもはや使用されていない．

7.1 SOI MOSFET

図 7.1 に示されているように，SOI CMOS では，通常の MOSFET とほぼ同様の構成要素が，結晶シリコンの薄膜上に形成されている．シリコン薄膜は，(通常 25 nm あるいはそれ以上の厚さを有する) 厚い埋め込み SiO_2 膜によって基板から分離されており，よってシリコン支持基板から電気的に絶縁され，かつ，互いに絶縁されている．SOI CMOS プロセスは，既存のバルクプロセステクノロジーとの適合性があるため，容易に開発されうる．

7.1.1 長チャネル SOI MOSFET

まず，長チャネル SOI MOSFET の動作を考察する．図 7.2 は，垂直方向すなわち深さ方向の模式的なバンド図を示している．バルク MOSFET の動作を考える場合に使用されるパラメータ以外に，図 7.2 に示されているように，シリコン膜厚 (t_{si})，埋め込み酸化膜厚 (t_{BOX})，埋め込み酸化膜の誘電率 ($\varepsilon_{\mathrm{BOX}}$)，バックゲートの仕事関数 ($\phi_{\mathrm{bg}}$)，およびバックゲートバイアス電圧 ($V_{\mathrm{bg}}$) というパラメータが必要になる．

7.1.1.1 ポアソン方程式の解

5.1.1 項で概略を述べたグラデュアルチャネル近似を適用すれば，シリコン層に垂直な断面に沿った 1 次元ポアソン方程式は次のようになる：

$$\frac{\mathrm{d}^2\psi}{\mathrm{d}x^2} = \frac{q}{\varepsilon_{\mathrm{si}}} n_{\mathrm{i}} e^{q(\psi - V)/kT} \tag{7.1}$$

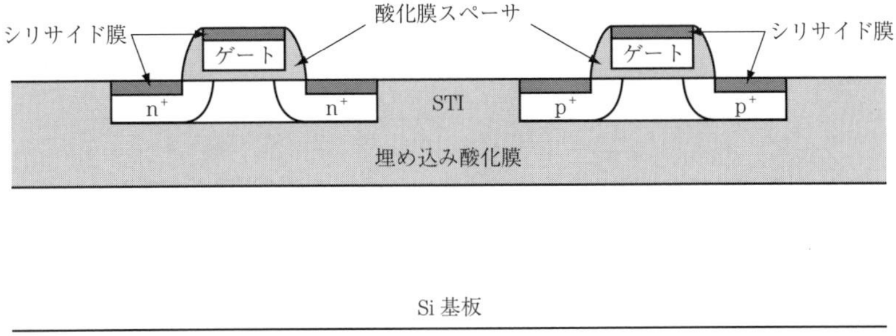

図 7.1　SOI CMOS の模式的な断面図．浅いトレンチ分離 (STI) プロセス，デュアルポリシリコンゲートプロセス，および自己整合シリサイドプロセスが用いられている．

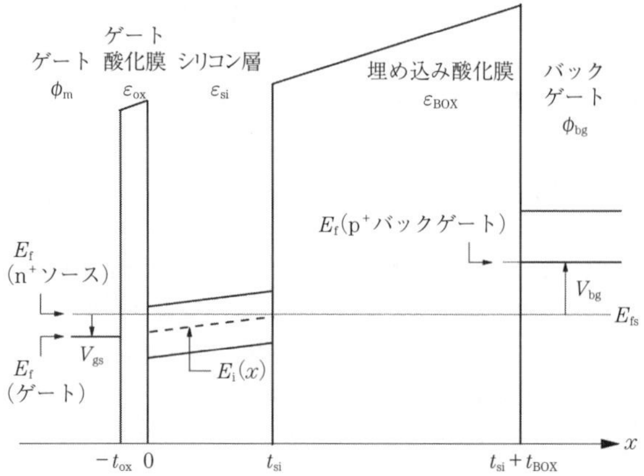

図 7.2　SOI MOSFET の模式的なバンド図．x 軸 (深さ方向) と平行な長い点線は，n^+ ソースのフェルミ準位である $E_{\rm fs}$ を示している．この図は n チャネル SOI MOSFET のゲート中央のバンド図に相当し，ソース領域やドレイン領域は示されていない．

シリコン層のドーピング濃度が無視できるレベルであるという仮定の下では，右辺は可動電荷 (電子) を表す項のみである．ここでは，$q\psi/kT \gg 1$ である場合に n チャネル MOSFET を考えることにする．したがって，正孔密度は無視できる．$\psi(x)$ は静電ポテンシャルであり，ソースのフェルミ準位に対する位置 x における真性準位として定義される．すなわち，$\psi(x) \equiv -[E_{\rm i}(x) - E_{\rm fs}]/q$ である (図 7.2 参照)．V はチャネル内の電子の擬フェルミ準位である．V の傾きがチャネル (y 方向) に沿った電流方向であるため，V は x には依存しない．ソースにおいては，$V(y=0)=0$ であり，ドレインでは，$V(y=L)=V_{\rm ds}$ である．$V(y)$ は，電流連続の式すなわち式 (5.8) を満たす．図 7.2 を参照すれば，境界条件は以下の

$$\varepsilon_{\rm ox}\frac{V_{\rm gs}-(\phi_{\rm m}-\phi_{\rm si})-\psi(0)}{t_{\rm ox}} = -\varepsilon_{\rm si}\left.\frac{{\rm d}\psi}{{\rm d}x}\right|_{x=0} \tag{7.2}$$

および

$$\varepsilon_{\rm BOX}\frac{V_{\rm bg}-(\phi_{\rm bg}-\phi_{\rm si})-\psi(t_{\rm si})}{t_{\rm BOX}} = \varepsilon_{\rm si}\left.\frac{{\rm d}\psi}{{\rm d}x}\right|_{x=t_{\rm si}} \tag{7.3}$$

と記述されることがわかる．ここで $\phi_{\rm si}$ は真性シリコンの仕事関数である．

式 (7.1) の積分から，

$$\frac{{\rm d}\psi}{{\rm d}x} = -\sqrt{\frac{2kTn_{\rm i}}{\varepsilon_{\rm si}}e^{q(\psi-V)/kT}+\mathcal{E}_0{}^2} \tag{7.4}$$

が得られる．ここで，$\mathcal{E}_0{}^2$ は正の積分定数である．これは，図 7.2 に示された SOI MOSFET に対して，つまり，フロントゲート側界面 (薄膜ゲート酸化膜とシリコン

層との界面) のみが反転状態に近い場合に適切な選択である．負の積分定数の場合は，双方のシリコン界面が反転するダブルゲート MOSFET に対して適用される (後述)．式 (7.4) は積分することができて

$$\psi(x) = V + \frac{2kT}{q} \ln \left\{ \frac{\mathcal{E}_0 \sqrt{\varepsilon_{\mathrm{si}}/(2kTn_{\mathrm{i}})}}{\sinh[q(\mathcal{E}_0 x + v_0)/2kT]} \right\} \tag{7.5}$$

が得られる (Taur, 2001)．ここで v_0 は第 2 の積分定数である．式 (7.2) および (7.3) を用いることによって，

$$V_{\mathrm{gs}} - \phi_{\mathrm{mi}} - V = \frac{2kT}{q} \ln \left\{ \frac{\mathcal{E}_0 \sqrt{\varepsilon_{\mathrm{si}}(2kTn_{\mathrm{i}})}}{\sinh[qv_0/2kT]} \right\} + \frac{\varepsilon_{\mathrm{si}}}{\varepsilon_{\mathrm{ox}}} t_{\mathrm{ox}} \mathcal{E}_0 \coth\left(\frac{qv_0}{2kT}\right) \tag{7.6}$$

および

$$\begin{aligned} &V_{\mathrm{bg}} - \phi_{\mathrm{bgi}} - V \\ &= \frac{2kT}{q} \ln \left\{ \frac{\mathcal{E}_0 \sqrt{\varepsilon_{\mathrm{si}}/(2kTn_{\mathrm{i}})}}{\sinh[q(\mathcal{E}_0 t_{\mathrm{si}} + v_0)/2kT]} \right\} - \frac{\varepsilon_{\mathrm{si}}}{\varepsilon_{\mathrm{BOX}}} t_{\mathrm{BOX}} \mathcal{E}_0 \coth\left(\frac{q(\mathcal{E}_0 t_{\mathrm{si}} + v_0)}{2kT}\right) \end{aligned} \tag{7.7}$$

が得られる．ここで，$\phi_{\mathrm{mi}} \equiv \phi_{\mathrm{m}} - \phi_{\mathrm{si}}$ および $\phi_{\mathrm{bgi}} \equiv \phi_{\mathrm{bg}} - \phi_{\mathrm{si}}$ である．これらの方程式は連立陰関数であり，構造パラメータおよびバイアス電圧が与えられた場合に $\mathcal{E}_0$ および v_0 に関して解くことができる．ガウスの法則から，シリコン中の総反転電荷密度は

$$\begin{aligned} -Q_{\mathrm{i}} &= -\varepsilon_{\mathrm{si}} \left.\frac{\mathrm{d}\psi}{\mathrm{d}x}\right|_{x=0} + \varepsilon_{\mathrm{si}} \left.\frac{\mathrm{d}\psi}{\mathrm{d}x}\right|_{x=t_{\mathrm{si}}} \\ &= \varepsilon_{\mathrm{ox}} \frac{V_{\mathrm{gs}} - \phi_{\mathrm{mi}} - \psi(0)}{t_{\mathrm{ox}}} + \varepsilon_{\mathrm{BOX}} \frac{V_{\mathrm{bg}} - \phi_{\mathrm{bgi}} - \psi(t_{\mathrm{si}})}{t_{\mathrm{BOX}}} \end{aligned} \tag{7.8}$$

で与えられる．

7.1.1.2 サブスレッショルド領域

サブスレッショルド領域では，シリコン領域内の電界が一定であるため，反転電荷密度は無視できる．式 (7.2) および (7.3) の差を考えることにより，電界は

$$-\frac{\mathrm{d}\psi}{\mathrm{d}x} = \mathcal{E}_0 = \frac{(V_{\mathrm{gs}} - \phi_{\mathrm{mi}}) - (V_{\mathrm{bg}} - \phi_{\mathrm{bgi}})}{t_{\mathrm{si}} + (\varepsilon_{\mathrm{si}}/\varepsilon_{\mathrm{ox}})t_{\mathrm{ox}} + (\varepsilon_{\mathrm{si}}/\varepsilon_{\mathrm{BOX}})t_{\mathrm{BOX}}} \tag{7.9}$$

で計算される．この際，$\psi(t_{\mathrm{si}}) - \psi(0) \equiv t_{\mathrm{si}}(\mathrm{d}\psi/\mathrm{d}x)$ が印加されている．式 (7.2) と組み合わせれば，フロントゲート表面の電位は

$$\psi(0) = \frac{t_{\mathrm{si}} + (\varepsilon_{\mathrm{si}}/\varepsilon_{\mathrm{BOX}})t_{\mathrm{BOX}}}{t_{\mathrm{si}} + (\varepsilon_{\mathrm{si}}/\varepsilon_{\mathrm{ox}})t_{\mathrm{ox}} + (\varepsilon_{\mathrm{si}}/\varepsilon_{\mathrm{BOX}})t_{\mathrm{BOX}}} (V_{\mathrm{gs}} - \phi_{\mathrm{mi}})$$

$$+\frac{(\varepsilon_{\rm si}/\varepsilon_{\rm ox})t_{\rm ox}}{t_{\rm si}+(\varepsilon_{\rm si}/\varepsilon_{\rm ox})t_{\rm ox}+(\varepsilon_{\rm si}/\varepsilon_{\rm BOX})t_{\rm BOX}}\,(V_{\rm bg}-\phi_{\rm bgi}) \tag{7.10}$$

で与えられる．図 5.5 に示されたバルク MOSFET の場合と同様のボディ効果係数 m は，

$$m\equiv\frac{\Delta V_{\rm gs}}{\Delta\psi(0)}=\frac{t_{\rm si}+(\varepsilon_{\rm si}/\varepsilon_{\rm ox})t_{\rm ox}+(\varepsilon_{\rm si}/\varepsilon_{\rm BOX})t_{\rm BOX}}{t_{\rm si}+(\varepsilon_{\rm si}/\varepsilon_{\rm BOX})t_{\rm BOX}}=1+\frac{(\varepsilon_{\rm si}/\varepsilon_{\rm ox})t_{\rm ox}}{t_{\rm si}+(\varepsilon_{\rm si}/\varepsilon_{\rm BOX})t_{\rm BOX}} \tag{7.11}$$

で与えられる．この式は，$W_{\rm dm}$ を $t_{\rm si}+(\varepsilon_{\rm si}/\varepsilon_{\rm BOX})t_{\rm BOX}$ で置換したものと同一である．ボディ効果係数 m を用いると，式 (7.10) は以下のように書き表せる：

$$\psi(0)=\frac{1}{m}\,(V_{\rm gs}-\phi_{\rm mi})+\left(1-\frac{1}{m}\right)(V_{\rm bg}-\phi_{\rm bgi}) \tag{7.12}$$

サブスレッショルド条件に関する上述の仮定が成り立つ場合には，フロントゲート側シリコン界面の伝導帯端 $E_{\rm c}$ は，ソース側フェルミ準位 $E_{\rm fs}$ より低くなければならない．このことは，$\psi(0)$ が $E_{\rm g}/2q$ よりも少し低くなければならないことを意味する．以上のことから，しきい値電圧 $V_{\rm t}$ を，式 (7.12) が $\psi(0)=E_{\rm g}/2q$ となる $V_{\rm gs}$ の値として

$$V_{\rm t}=\phi_{\rm mi}+m\frac{E_{\rm g}}{2q}-(m-1)\,(V_{\rm bg}-\phi_{\rm bgi}) \tag{7.13}$$

のように定義する．この $V_{\rm t}$ の定義に関しては，図 7.3 に示された例を用いて後述される．

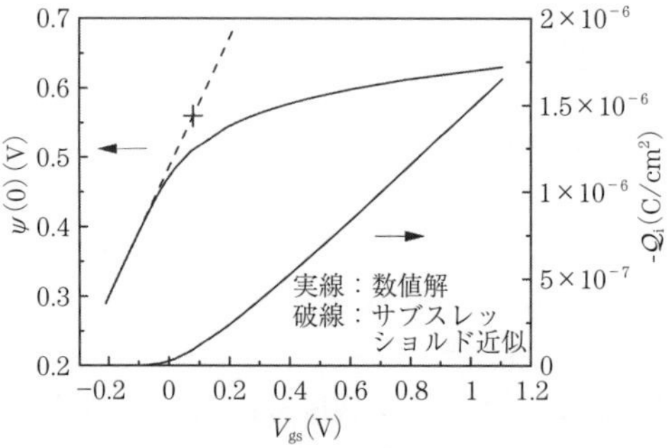

図 7.3　SOI MOSFET のフロントゲート側界面電位 $\psi(0)$ と反転層電荷密度 $Q_{\rm i}$ のゲート電圧依存性を示す図．それぞれの膜厚は $t_{\rm ox}=2\,{\rm nm}$，$t_{\rm si}=10\,{\rm nm}$，$t_{\rm BOX}=25\,{\rm nm}$，誘電率の比率は $\varepsilon_{\rm si}/\varepsilon_{\rm ox}=\varepsilon_{\rm si}/\varepsilon_{\rm BOX}=3$ とした（したがって，$m=1.07$）．フロントゲート側には $\rm n^+$ シリコンの仕事関数，バックゲート側には $\rm p^+$ シリコンの仕事関数をそれぞれ仮定しており，よって $\phi_{\rm mi}=-E_{\rm g}/2q=-0.56\,{\rm V}$ かつ $\phi_{\rm bgi}=E_{\rm g}/2q=0.56\,{\rm V}$ である．また，$V_{\rm bg}=0\,{\rm V}$，$V=0\,{\rm V}$ である．破線は，式 (7.12) のサブスレッショルド近似を表している．十字印は，$V_{\rm gs}=V_{\rm t}=0.08\,{\rm V}$ の場合に，しきい値条件 ($\psi(0)=E_{\rm g}/2q=0.56\,{\rm V}$ となる点) を示している．

ボディ効果係数 m を導入することによって，バルク MOSFET に関して議論されたすべての結果が長チャネル SOI MOSFET に対しても適用される．たとえば，サブスレッショルド・スロープは $2.3m(kT/q)$ であり，これは式 (5.40) で示されているものと同一である (Mazhari ら，1991)．バックゲートバイアスに対するしきい値電圧の感度は

$$\frac{\Delta V_{\mathrm{t}}}{\Delta(-V_{\mathrm{bg}})} = m - 1 = \frac{(\varepsilon_{\mathrm{si}}/\varepsilon_{\mathrm{ox}})t_{\mathrm{ox}}}{t_{\mathrm{si}} + (\varepsilon_{\mathrm{si}}/\varepsilon_{\mathrm{BOX}})t_{\mathrm{BOX}}} \tag{7.14}$$

で与えられる (Lim と Fossum, 1983)．これは，式 (5.60) として導出された基板バイアス感度と同一である (式 (5.60) に関する議論での m は式 (5.28) で与えられるものである)．実際，式 (7.13) は，グランドプレーン MOSFET の場合の式 (6.124) と対照されるべきものである．ほとんどの場合，t_{BOX} は t_{ox} よりもはるかに厚く $m \approx 1$ であり，よって SOI MOSFET ではサブスレッショルド・スロープは理想値である $60\,\mathrm{mV/decade}$ に近い[2]．

SOI MOSFET の特徴の一つは，そのしきい値電圧が，バックゲートに印加されたバイアス電圧によって (ある制限の範囲で) 制御されうることである．このことにより，スイッチング速度と待機電力とのトレードオフの最適化が可能になる．すなわち，チップ内で活性化率が低い箇所に関しては，待機電力を低減する目的で，しきい値電圧を高く調節することが可能である．ただし，BOX 膜厚が 25 nm あるいはそれ以上の標準的な SOI 基板を用いるチップでは，$m - 1 \ll 1$ なので，V_{t} をシフトさせるためには大きな V_{bg} が必要となる．このため，最近では 10 nm 厚程度の薄膜 BOX の利用が多くなりつつある．なぜなら，フロントゲート酸化膜の EOT が $\approx 1\,\mathrm{nm}$ の場合に，$\sim 1\,\mathrm{V}$ の V_{bg} で V_{t} を $\sim 0.1\,\mathrm{V}$ シフトさせることができるからである (Cheng と Khakifirooz, 2015)．

V_{bg} による V_{t} のシフトには制限がある．式 (7.13) は，バックゲート界面が蓄積でも反転でもない場合にのみ有効である．言い換えれば，$\psi(t_{\mathrm{si}})$ は $E_{\mathrm{g}}/2q$ を超えることも $-E_{\mathrm{g}}/2q$ 未満になることもできない．$\psi(0) = E_{\mathrm{g}}/2q$ すなわちフロントゲート側界面のしきい値条件では，シリコン層厚が非常に薄い場合を除いて，電界 $\mathcal{E}_0$ には $0 < \mathcal{E}_0 < (E_{\mathrm{g}}/q)/t_{\mathrm{si}}$ という制限がある (Cristoloveanu ら，2017)．この制限は，式 (7.2) を用いると

$$\phi_{\mathrm{mi}} + \frac{E_{\mathrm{g}}}{2q} \le V_{\mathrm{t}} \le \phi_{\mathrm{mi}} + \frac{E_{\mathrm{g}}}{2q} + \left(\frac{\varepsilon_{\mathrm{si}} t_{\mathrm{ox}}}{\varepsilon_{\mathrm{ox}} t_{\mathrm{si}}}\right)\frac{E_{\mathrm{g}}}{q} \tag{7.15}$$

と書き表すことができる．上式の上限あるいは下限に達すると $\psi(t_{\mathrm{si}})$ はピン留めされてしまい，上限あるいは下限を超えた V_{bg} の変化に追随しなくなる．

7.1.1.3 しきい値電圧を超えた領域

しきい値電圧近傍およびそれ以上のゲート電圧が印加された場合には，式 (7.6) およ

---

[2] これは，長チャネル SOI MOSFET についてのみ成り立つ．7.1.2 項における短チャネル SOI MOSFET のサブスレッショルド・スロープに関する議論を参照．

び (7.7) から得られた定数 $\mathcal{E}_0$ および v_0 を用いて式 (7.5) を解く必要がある．図 7.3 に示された例では，フロントゲート側は n^+ シリコンの仕事関数，バックゲート側は p^+ シリコンの仕事関数がそれぞれ用いられている．式 (7.13) で与えられる V_t は，Q_i–V_{gs} 曲線を直線近似して外挿した直線の x 切片と非常に近い．$V_{gs} \sim 1\,V$ での直線の傾きである $d(-Q_i)/dV_{gs}$ は $\sim 0.94 \times C_{ox}$ であって C_{ox} より小さい．これは，反転層容量の効果によるものである (図 5.4)．

図 7.4 では，複数の V_{gs} の値に関して，反転層電荷密度 Q_i の電子の擬フェルミ準位 V に対する依存性がプロットされている．これは，本質的にはバルク MOSFET の場合の関係式 (5.44) と同一であるが，SOI MOSFET の場合にはボディ効果係数 m は式 (7.11) で与えられる：

$$-Q_i(V) = C_{inv}\left(V_{gs} - V_t - mV\right) \tag{7.16}$$

これは，式 (7.6) および (7.7) から理解することができる．電子の擬フェルミ準位 V における変化 ΔV は，V_{gs} および V_{bg} を同一量変化させる効果を有する．一方，V_{bg} の減少は，V_{gs} を $(m-1)\Delta V_{bg}$ すなわち $(m-1)\Delta V$ を減少することと同等である．したがって，V_{gs} に対する ΔV の全体としての影響は $m\Delta V$ となる．バルク MOSFET の場合と同一形式の $Q_i(V)$ を有するため，SOI MOSFET の I_{ds}–V_{ds} 特性は，本章で再定義されたボディ効果係数 m を用いれば，5.1.3 項で議論されたものと同様となる．同様に，5.1.4 項で議論された非グラデュアルチャネル近似 (非 GCA) モデルで SOI MOSFET の飽和領域特性を記述することが可能である．ここで，式 (7.16) による線形近似は低 V_{gs} でより正確ではなくなることに留意されたい．このことは，図 7.3 の傾き $d(-Q_i)/dV_{gs}$ ならびに図 7.4 の傾き dQ_i/dV の双方が一定ではないことによるものである．双方とも，$Q_i \to 0$ となるにつれて滑らかにゼロまで減少する傾向を有している．

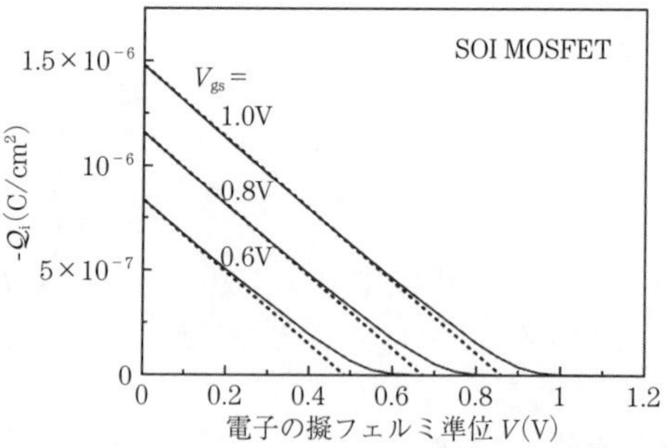

図 7.4　反転層電荷密度 Q_i と電子の擬フェルミ準位との関係を，3 通りのゲート電圧 V_{gs} に対して示す図．実線は数値解を，破線は式 (7.16) に示された線形解をそれぞれ示している．

7.1.2 短チャネル SOI MOSFET

完全空乏型 SOI MOSFET は，デバイス領域下部に導電平面が存在していないために，短チャネル効果 (SCE) の影響を受けやすい，という報告が以前よりなされている (Su ら，1994; Wong ら，1994)．しかしながら，6.1.2 項で議論されている 2 次元スケール長モデルは，SOI MOSFET には適用されない．なぜなら，その境界上の電位が既知であるような閉矩形領域が規定され得ないためである．SOI MOSFET の SCE を調べるためには，TCAD が必須のツールとなっている (Xie ら，2013)．

7.1.2.1 埋め込み酸化膜中の 2 次元電界

図 7.5 は，バルクグランドプレーン MOSFET の等電位線を SOI MOSFET のそれと対照して示している．バルク MOSFET の場合は，2 次元電界が，下部に存在する導電性基板によって囲まれた，ゲート下の空乏領域 (アンドープ領域) に局在している．他方，SOI MOSFET の場合には，ソースおよびドレインからの 2 次元電界が，厚い BOX 領域に広がっている．概念的には，スケール長がゲートと下部導電体との間の実効的な垂直距離によって与えられるため，BOX 領域のより深くまで電界が広がることは SCE を悪化させうる．SCE を緩和する方向の要因は，電界の広がり深さがチャネル長依存で

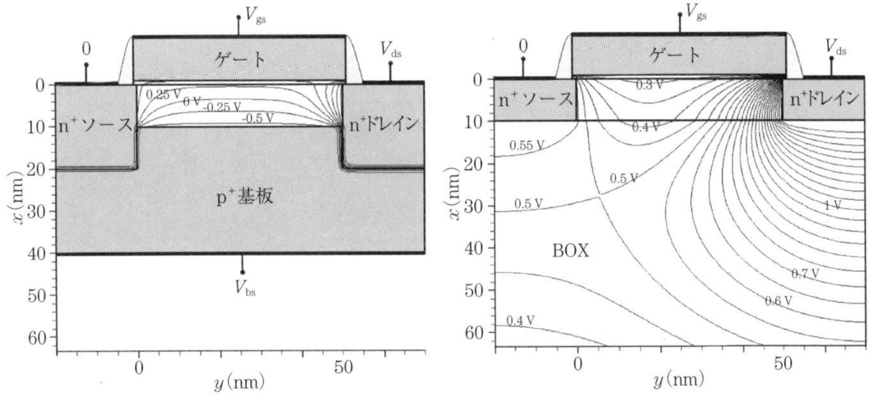

図 7.5 (a) バルク MOSFET と (b) SOI MOSFET の 2 次元等電位線を示す図．双方のデバイスにおいて，$t_{\text{ox}} = 1\,\text{nm}$，$L = 50\,\text{nm}$，$V_{\text{ds}} = 1.0\,\text{V}$，$V_{\text{bs}} = V_{\text{bg}} = 0$ である．バルク MOSFET の場合，空乏領域 (アンドープ領域) 深さは 10 nm である．SOI の場合，シリコン層厚は 10 nm，BOX 厚は 200 nm である．図中の等高線で示された電位は，式 (7.1) で規定された電位，すなわち $\psi(x, y) \equiv -[E_{\text{i}}(x, y) - E_{\text{fs}}]/q$ を表している．V_{gs} の値は，ソース–ドレイン間の界面電位の最小値 $\psi_{\text{s,min}}$ が 0.29 V となるように設定している [Xie ら (2013) による]．

あることである．非常に長チャネルのデバイスの場合のみ，その広がり深さが全 BOX 厚で与えられる．SCE が問題になるような短チャネルデバイスでは，電界の広がり深さは BOX 厚よりはるかに小さい．

図 7.6 は，図 7.5 に示されたバルク MOSFET と SOI MOSFET の V_t 低下 (V_t ロールオフ) を示している．L_{min} を V_t ロールオフ $\Delta V_t = -50\,\mathrm{mV}$ となるゲート長で定義すると，バルク MOSFET では $L_{min} = 29\,\mathrm{nm}$[3]，SOI MOSFET では $L_{min} = 58\,\mathrm{nm}$ となる．SCE についてのさらなる考察に資する目的で，短チャネルデバイスのソース–ドレイン間の最小界面電位と長チャネルデバイスの最小界面電位 [式 (6.21) 参照] との差である $\Delta\psi_{s,min}$ をチャネル長 L の関数としてプロットしたものが図 7.7 である．バルク MOSFET に関しては，$W_{dm} = 10\,\mathrm{nm}$ および $t_{ox} = 1\,\mathrm{nm}$ の場合に式 (6.23) によって与えられる 12.6 nm という λ の値に対応するスケール長モデルから期待されるように，$\Delta\psi_{s,min}$ は L に関してほぼ $\exp[-\pi L/(2\lambda)]$ に比例する．SOI MOSFET に関しては，対数表示した場合の傾きがバルクデバイスのものよりも急峻ではない．このことは，第一に，λ がより大きいことと SCE がより悪いことを示している．第二に，その傾きが一定ではなく，L が短くなるとより傾きが急になる，すなわち，実効的な λ が L の減少とともに小さくなる．これは，図 7.5(b) に示されているように，L が小さくなると 2 次元電界の広がり深さが減少することに対応する．

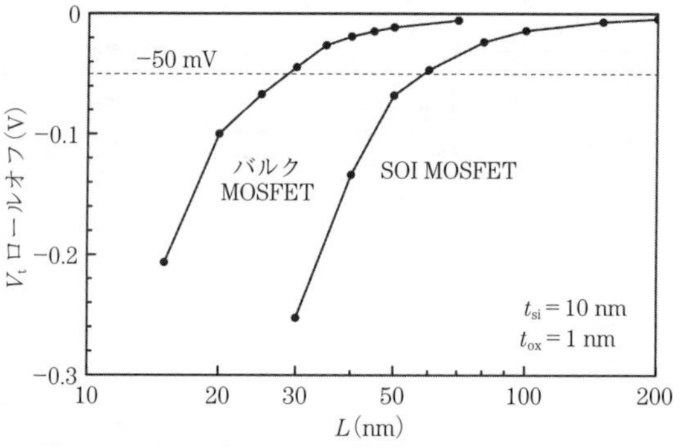

図 7.6　図 7.5 に示されたバルク MOSFET と SOI MOSFET の短チャネルでの V_t 低下 (V_t ロールオフ) を示す図．ここで，V_t は $I_{ds} = 10^{-8}\,\mathrm{A}$ $(W/L = 1)$ となる V_{gs} の値で定義しており，V_t ロールオフは，$\Delta V_t = V_t(L) - V_t$ (長チャネル) で定義している．V_t ロールオフが $-50\,\mathrm{mV}$ となるのは，バルク MOSFET の場合が $L = 29\,\mathrm{nm}$，SOI MOSFET の場合が $L = 58\,\mathrm{nm}$ である．

[3] 図 7.5 に示されたバルク MOSFET は仮想的な構造であるが，$L \sim 20\,\mathrm{nm}$ のバルク MOSFET は実際に作製されている (Cho ら，2011; Shang ら，2012).

7.1.2.2 バックゲートバイアスの効果

図 7.6 および図 7.7 に示されているバルク MOSFET では，$\Delta\psi_{s,min} = 50\,\mathrm{mV}$ となるチャネル長と $\Delta V_t = 50\,\mathrm{mV}$ となる L_{min} とがあまり異なっていない．他方，SOI MOSFET に関しては，$\Delta V_t = 50\,\mathrm{mV}$ となる L_{min} は $\Delta\psi_{s,min} = 50\,\mathrm{mV}$ となるチャネル長よりもずいぶん長い．図 7.5(b) の SOI MOSFET の等電位線をより詳細に検討すると，シリコン層のバックゲート側界面での電位がフロントゲート側界面の ψ_s よりも実際に高いことに気付く．このことは長チャネル SOI MOSFET では起こらない．図 7.8 は，ゲート長 50 nm の SOI MOSFET にしきい値電圧未満のフロントゲート電

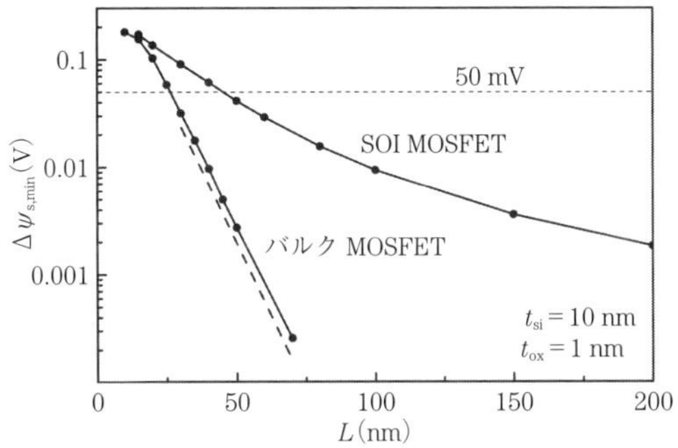

図 7.7 短チャネルデバイスのソース–ドレイン間の最小界面電位と長チャネルデバイスの最小界面電位との差である $\Delta\psi_{s,min}$ を，図 7.5 に示された構造の SOI MOSFET およびバルク MOSFET の双方の場合について示した図．破線は，$\lambda = 12.6\,\mathrm{nm}$ の場合の $\exp[-\pi L/(2\lambda)]$ を示している．$\Delta\psi_{s,min}$ が 50 mV となるゲート長は，バルク MOSFET の場合が $L = 26\,\mathrm{nm}$，SOI MOSFET の場合が 45 nm である．

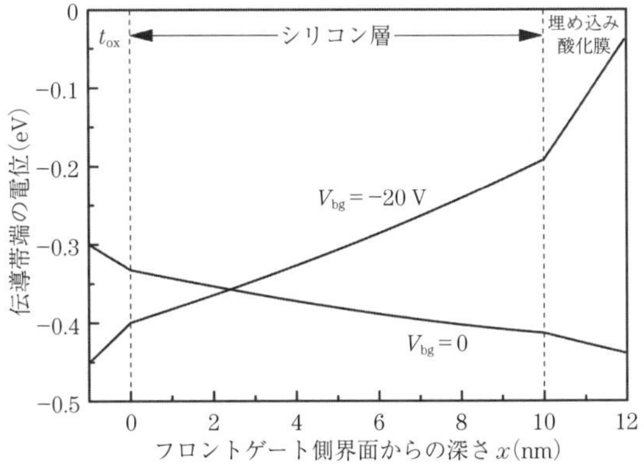

図 7.8 $\psi_{s,min}$ が実現される (ゲート長方向の) 位置におけるシリコン層内の深さと伝導帯端の電位との関係を示す図．x 軸は図 7.2 と同一である．

圧が印加されている場合のシリコン内部における伝導体端の電位 E_c を深さ方向に示している．**ソースおよびドレインからの横方向の電界がバックゲート側のエネルギー障壁により強い影響を有しているため，反転電荷密度はバックゲート側界面で最も高くなっている ($\boldsymbol{V_{bg} = 0}$ V の場合)**．このことは，サブスレッショルド電流へのフロントゲートの制御をシリコン層厚全体にわたって弱め，この SOI MOSFET において ΔV_t が $\Delta\psi_{s,min}$ よりも著しく悪い理由を説明する．

SOI デバイスの基板に逆バイアス電圧が印加されると，シリコン層内に電界が生じ，電子がフロントゲート側の酸化膜–シリコン界面に押しやられる．この状況を実現するために必要とされる基板バイアス電圧の大きさは BOX 膜厚に比例する．ここでは，200 nm の BOX 膜厚と n チャネル MOSFET に対して −10 V から −100 V のオーダーの基板バイアス電圧が仮定されている．BOX が 10 nm まで薄膜化されれば，数 V の V_{bg} でも効果が見えるだろう．基板への逆バイアス電圧印加は，図 7.8 に示されているように，ソースおよびドレインからの電界による BOX 側界面の障壁低下の問題を克服することによって，フロントゲート側の界面での最大電位を回復する．基板への逆バイアス電圧印加は SOI デバイスをバルク MOSFET と同等の動作に戻し，全体としての反転電荷密度，したがってソース–ドレイン間電流をゲートがより制御できるようになる．ここで考慮している例の場合には，−20 V の V_{bg} を印加することによって，SOI MOSFET の L_{min} が $V_{bg} = 0$ V の場合の 58 nm から ∼ 30 %短い 44 nm まで低下させられる．

図 7.9 に示されているように，BOX 側シリコン界面に p^+ 蓄積層が形成されるまでは，逆基板バイアス電圧を増大しても SCE はほとんど改善しない．その点を過ぎると BOX 側界面の電位はピン留めされ，シリコン層内の垂直電界は $-V_{bg}$ によって増大することはない．BOX 側界面の蓄積層は，フロントゲート側界面から距離 t_{si} のところに存在する“グラウンドプレーン”として機能する．この状態では，長チャネル SOI デ

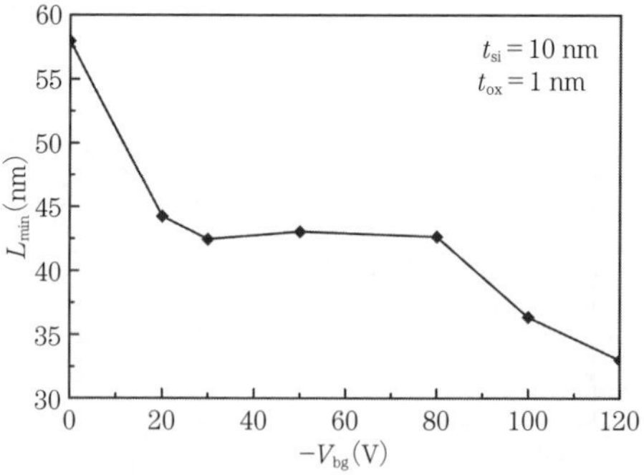

図 7.9　L_{min} と $-V_{bg}$ との関係を示す図．L_{min} は，図 7.6 の場合と同様に，V_t ロールオフが −50 mV のところとして規定されている．BOX 膜厚は 200 nm である．

バイスのサブスレッショルド・スロープはバルク MOSFET と同様になり，空乏層厚を $t_{\rm si}$ で置き換えることによって計算されうる．言い換えれば，式 (7.11) の m 係数が増大し，$1+(\varepsilon_{\rm si}/\varepsilon_{\rm ox})(t_{\rm ox}/t_{\rm si})$ になったことに相当する．他方，ソースおよびドレインの電界が BOX 内に広がらなくなるため，SCE はかなり改善する．図 7.9 に示されているように，このことによって $L_{\rm min}$ は $\sim 33\,{\rm nm}$ まで低減され，図 7.6 に示されたバルク MOSFET のそれとかなり近くなる．実際には，このことを現実的な $V_{\rm bg}$ で実現するためには，BOX 膜厚を大幅に (たとえば $\sim 10\,{\rm nm}$ にまで) 低減することが必要になる．

7.1.2.3 経験に基づく最小チャネル長

式 (6.21) に依拠するスケール長モデルでは，シリコン中の横方向電界 $\partial\psi/\partial y$ は，サブスレッショルド領域においては，ソース側では $\exp(-\pi y/\lambda)$ に，ドレイン側では $\exp[-\pi(L-y)/\lambda]$ にそれぞれ比例し，フロントゲート側界面からの深さやゲート電圧にはあまり依存しない．すなわち，ソースおよびドレイン電界のチャネル中央への広がりが，短チャネル効果を表す指標になっている．このことから，相異なったチャネル長を有する一連の TCAD デバイスにおける横方向電界の指数関数的傾きから $\lambda(L)$ を推定することが可能になる．バルク MOSFET では，横方向電界から推定された λ は L には依存しない．SOI MOSFET においては，図 7.10 に示されているように，λ は L とともに減少する．$40\,{\rm nm} < L < 100\,{\rm nm}$ の範囲では，TCAD シミュレーションから推定された λ は

$$\lambda = t_{\rm si} + (\varepsilon_{\rm si}/\varepsilon_{\rm ox})t_{\rm ox} + 0.18L \tag{7.17}$$

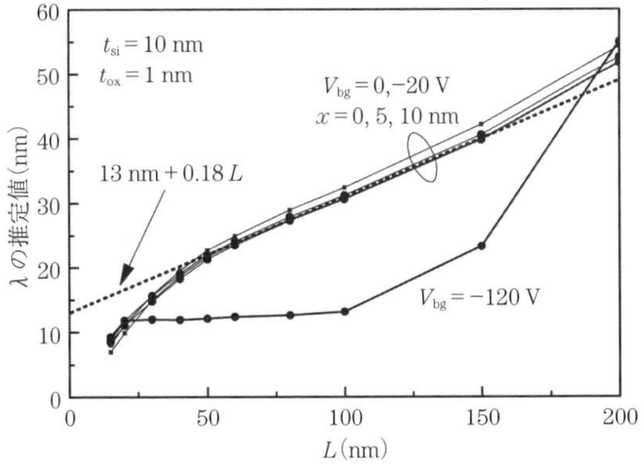

図 7.10 SOI MOSFET の場合に複数のシリコン層厚と $V_{\rm bg}$ に対して推定された $\lambda(L)$ を示す図．$V_{\rm bg}=-120\,{\rm V}$ の場合には，BOX 側シリコン界面に蓄積層が形成されているために，λ は一定で $\approx 13\,{\rm nm}$ である．

で直線近似される (Xie ら，2013)．$L < 2\lambda$ の領域 (この図の場合は $L \sim 41\,\mathrm{nm}$ である) では，高次の項が無視できなくなり，推定された λ は上記近似直線から離れていく．現実には，この領域のデバイスの SCE は厳しく，利用可能ではない．図 7.10 に追加されている $V_{\mathrm{bg}} = -120\,\mathrm{V}$ に対応する曲線は，BOX 側シリコン界面に蓄積層が形成され，バルク MOSFET と同様のスケール長である $\lambda \approx t_{\mathrm{si}} + (\varepsilon_{\mathrm{si}}/\varepsilon_{\mathrm{ox}})t_{\mathrm{ox}}$ が実現された場合を示している．この場合には $m = 1.3$ であって長チャネルデバイスでのサブスレッショルド・スロープ $\mathrm{SS} \approx 80\,\mathrm{mV/decade}$ であり，BOX 界面側に蓄積層が存在しない場合の長チャネル SOI MOSFET の $\mathrm{SS} \approx 60\,\mathrm{mV/decade}$ より悪い．しかしながら，後者のサブスレッショルド・スロープは，SCE がより厳しいために，チャネル長が短くなるにつれて急激に悪化する．双方のデバイスについて SS とチャネル長との関係をプロットすると，あるところで SS が交差し，それよりも小さなチャネル長では BOX 側界面に蓄積層が形成された SOI MOSFET の SS がより良好になる．

SOI MOSFET における $L_{\min}$ と λ との関係には V_{bg} 依存性がある．最悪の場合は，図 7.6 に示された $V_{\mathrm{bg}} = 0\,\mathrm{V}$ の場合で $L_{\min} \approx 2.5\lambda$ である．$-20\,\mathrm{V}$ の V_{bg} を印加すると，電位が最大となるところがフロントゲート側界面に押しやられ，$L_{\min} \approx 2.1\lambda$ まで改善する．$L_{\min}/\lambda$ を k というパラメータで表すことにすると，式 (7.17) と図 7.10 から $L_{\min}$ に関する経験的な式

$$L_{\min} = \frac{1}{k^{-1} - 0.18}\left[t_{\mathrm{si}} + (\varepsilon_{\mathrm{si}}/\varepsilon_{\mathrm{ox}})\, t_{\mathrm{ox}}\right] \tag{7.18}$$

が得られる ($2.1 < k < 2.5$ の場合)．**逆方向バックゲートバイアス電圧が印加されない場合は $\boldsymbol{L_{\min} \approx 4.5[t_{\mathrm{si}} + (\varepsilon_{\mathrm{si}}/\varepsilon_{\mathrm{ox}})t_{\mathrm{ox}}]}$** となり，従前の 2 次元数値解析の結果 (Lu と Taur，2006) と矛盾しない．**中程度のバックゲートバイアス電圧を印加することによって $\boldsymbol{L_{\min} \approx 3.4[t_{\mathrm{si}} + (\varepsilon_{\mathrm{si}}/\varepsilon_{\mathrm{ox}})t_{\mathrm{ox}}]}$ を実現することができる** (図 7.9 で $L_{\min}$ が $-V_{\mathrm{bg}}$ にほとんど依存しない領域に相当)．ここで，式 (7.17) における λ は V_{ds} に依存しないが，係数 k は V_{ds} に依存することに留意する必要がある．すなわち，式 (7.18) は，$V_{\mathrm{ds}} = 1.0\,\mathrm{V}$ の場合である．最近報告された超薄膜 SOI MOSFET の場合のデータ ($t_{\mathrm{si}} = 3.5\,\mathrm{nm}$ かつ高 κ ゲート絶縁膜の場合に $L_{\min} \approx 20\,\mathrm{nm}$ (Khakifirooz ら，2012)) は経験的な式 (7.18) にだいたい合っている．

7.2　ダブルゲート MOSFET およびナノワイヤ MOSFET

7.1.2 項では，デバイス領域下部に導電平面が存在していないために，完全空乏型薄膜 SOI MOSFET は短チャネルまでスケーリングできないという議論をした．デバイス下に導体が置かれる場合には，シリコン層が SOI MOSFET として機能するために必要となるのは絶縁体薄膜である．しかしながら，そのような “グラウンドプレーン” 配置で

は，ドレインと下部導体との間の静電容量が大きくなりすぎ，結果としてスイッチング遅延も大きくなりすぎてしまう．究極には，ソースおよびドレイン領域とのオーバーラップを最小にしながらシリコン層下に配置した第 2 ゲートが，下部導体として機能しうる．この形態がダブルゲート (DG) MOSFET である (Frank ら，1992)．対称的な場合では，双方のゲートは同一の仕事関数を有している．同時にスイッチングされる場合，一つは上部ゲート絶縁体の直下のシリコン層界面に，もう一つは下部絶縁体の上部のシリコン層界面に，計二つの反転チャネルが形成される．真性遅延に関する限り，同一チャネル長を有する対称構造ダブルゲート MOSFET はシングルゲート MOSFET に対して本質的な利点が無いことに留意されたい．なぜなら，ダブルゲート MOSFET においては，電流だけではなく反転層容量 (とゲートフリンジ容量) も 2 倍になるからである．

DG MOSFET の利点は複数ある．第一に，SOI MOSFET の場合と同様に，シリコンボディへのコンタクトは無く，したがって図 5.5 に示された m 係数，すなわち $\Delta V_{\rm gs}/\Delta\psi_{\rm s}$ は 1 であり，60 mV/decade の理想的なサブスレッショルド・スロープが保証される．第二に，10 nm 未満のシリコン層厚を用いる DG MOSFET は，平面バルク MOSFET よりも短いチャネル長までスケーリングされうる．平面バルク MOSFET の場合にはゲート空乏層幅をスケーリングするために高濃度の不純物ドーピングが必要であり，$L \sim 20\,\text{nm}$ でボディ領域の不純物ドーピング濃度が $10^{19}\,\text{cm}^{-3}$ を超えてしまう (図 6.6 参照)．第三に，空乏領域を制限するために不純物ドーピングを行なう必要が無いため，DG MOSFET においては離散不純物数ゆらぎは問題にならない．しきい値電圧はゲートの仕事関数のみで決定される[4]．

高性能 DG MOSFET においては，双方のゲートがシリコン層内のソースおよびドレイン領域と自己整合的に形成される必要がある．アラインメントがずれると，ゲート–ドレイン間のオーバーラップ容量が過剰になったり，ゲートが重ならないシリコン領域が生じてチャネルに大きな直列抵抗を付加してしまったりする．スケール長 λ が 10 nm 以下までスケーリングするのを可能にするためには，シリコン層厚は非常に薄く ($< 10\,\text{nm}$) なければならない (7.2.2 項を参照)．シリコン層厚の制御には，原子の大きさのオーダーの許容度が要求されるかもしれない．図 7.11 は，シリコンウェーハ上の DG MOSFET の可能な 3 タイプの配置を示している (Wong ら，1999)．タイプ A の配置では，ゲートとシリコン層の双方がウェーハ面と平行である．デバイスおよび回路配置に関しては，この構造が従来の平面バルク CMOS 技術と最もコンパチブルである．最大の技術的な挑戦は，下部ゲートを，シリコン活性層の下部に上部ゲートとソース–ドレイン領域と自己整合的に如何に配置するかである．たとえば，犠牲ゲート間に予め形成されたトンネルを通してシリコン層をエピタキシャル成長させる試みがなされている (Wong ら，

[4] 同一チップ内で複数のしきい値電圧を有するデバイスを実現するために，いずれかの極性の薄い不純物ドーピングがなされる場合もある．

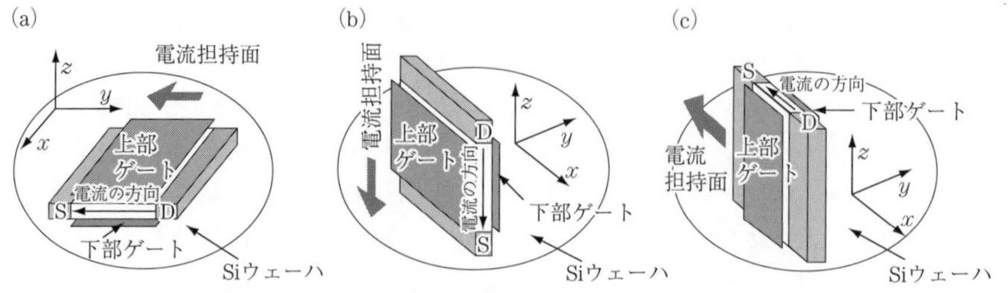

図 7.11　ダブルゲート MOSFET の 3 種類の配置を示す図 (Wong ら，1999)

1997)．タイプ B の配置では，ゲートとシリコン層の双方がウェーハ面に対して垂直である．この形態は，双方のゲートがシリコン層の両側に存在するような垂直 MOSFET である．二つのゲートを堆積 (形成) することは容易である．しかしながら，イオン注入によってゲートと自己整合的にソース／ドレイン領域を形成することは難しい．タイプ C の配置では，ゲートとシリコン層の双方はウェーハ面に対して垂直であるが，電流方向はウェーハ面内にある．この構造は，しばしば FinFET とよばれる (Hisamoto ら，2000)．この配置では，ソース／ドレイン領域を形成するために，平面 CMOS の場合と同様のイオン注入プロセスを用いることができる．MOSFET 幅は，垂直方向のフィンの高さである．フィンの高さは構造的な安定性によって制限されるため，ドライブ電流を増大させるためには複数個のフィンを並列に接続する必要がある．この構造での主たる困難は，リソグラフィの解像度より小さい $<10\,\mathrm{nm}$ 厚のフィンをパターニングすることである．これは，側壁スペーサ技術によって実現されうる (Ogura ら，1982)．FinFET は，22 nm ノードより先のテクノロジーノードにおいて VLSI チップの大量生産に用いられている (Auth ら，2012)．

7.2.1　対称 DG MOSFET の解析的電位モデル

4.2.1 項では，バルク MOS キャパシタに対する 1 次元ポアソン方程式を 1 度積分して式 (4.15) を得たが，この式を閉形式のまま再度積分して電位関数 $\psi(x)$ を得ることはできない．そのため，バルク MOSFET のドレイン電流モデルを定式化するには電荷シート近似 (5.1.1 項) が必要であった．一方で，空乏電荷の項が存在しないために，アンドープの DG MOS デバイスに対する 1 次元ポアソン方程式をそのまま解析的に積分して，シリコン層内のあらゆるところの電位についての解を閉形式で得ることは可能である (Taur, 2000)．この解を拡張することによって，DG MOSFET に対する連続かつ解析的な I–V モデル (解析的電位モデルとよばれる) が電流連続の式から電荷シート近似を用いること無く直接導出されている (Taur ら，2004)．この解析解は MOSFET 動作のすべての領域に対して適用可能であり，連続性を担保しつつ本質的なデバイス物理のすべてを取り込んだものである．

図 7.12 に模式的に示された，一般的な対称ダブルゲート MOSFET を考える．シリコン層はアンドープであるか，あるいはわずかにドープされている (すなわち，不純物濃度がソース/ドレインよりも十分に低い)．同一の仕事関数を有する二つのゲートには同一の電圧が印加される．シリコン層と二つのゲートに垂直な方向の切断面に沿った

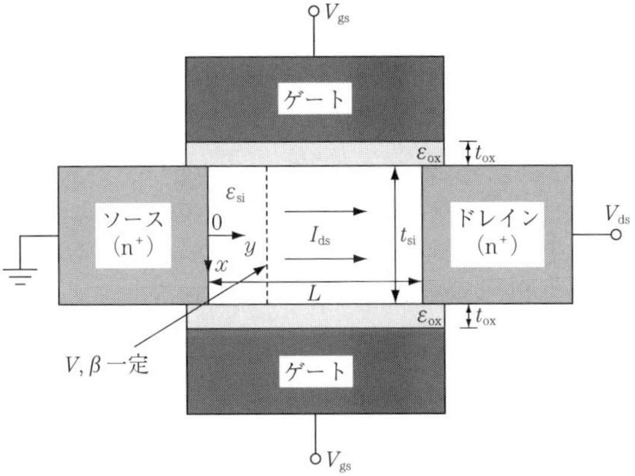

図 7.12　ダブルゲート MOSFET の模式図．$V(y)$ はチャネル内での擬フェルミ準位である．ソースでは $V(0) = 0$ であり，ドレインでは $V(L) = V_{ds}$ である．β は V の関数である．

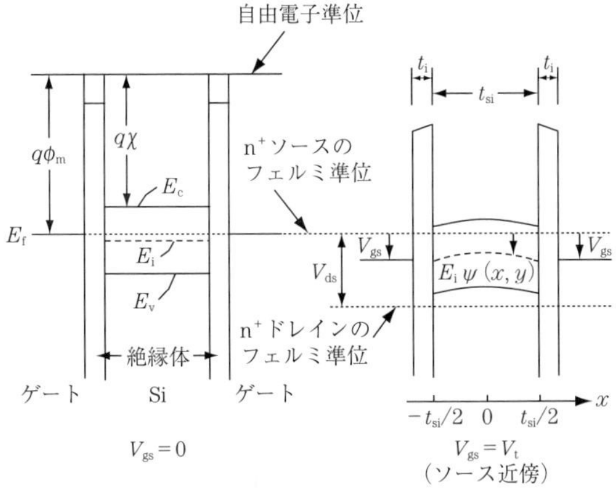

図 7.13　図 7.12 に示された DG MOSFET におけるゲートに垂直な断面に沿ったバンド図．左側は $V_{gs} = 0$ の場合，右側は $V_{gs} = V_t$ の場合を示している．この例では，ゲートの仕事関数は，真性シリコンのそれよりもわずかに低い．右側の $V_{gs} = V_t$ のバンド図はソース近傍を示しており，そこでは $V = 0$ である [Taur ら (2004) による]．

バンド図が図 7.13 に示されている．(しきい値電圧より低い) ゼロゲート電圧の場合には，シリコン層中のみならずゲート絶縁膜中もバンドは本質的にフラットである．なぜなら，空乏電荷も反転電荷も無視できるからである．**シリコン層 (シリコンボディ領域) へのコンタクトが存在しないため，低濃度にドーピングされたボディのフェルミ準位は，図 7.2 および 7.13 に示されているように，ソースおよびドレインのフェルミ準位によって決定される．** $V_{\mathrm{ds}} = 0$ の場合には，ボディ領域はソース–ドレインと熱平衡状態にあり，同一のフェルミ準位を有している．ボディ領域は一般には電荷中性ではないが，低濃度にドーピングされたボディ領域内の空乏電荷による電位あるいは電界は無視できる．たとえば，10 nm 厚のシリコン層中に $10^{16}\,\mathrm{cm}^{-3}$ の (n 型あるいは p 型の) 不純物が存在することによって生じるバンドの曲がりは $\sim qN_{\mathrm{a}}{t_{\mathrm{si}}}^2/2\varepsilon_{\mathrm{si}} < 1\,\mathrm{mV}$ である．図 7.13 の右側に示されているように，ゲート電圧が (しきい値電圧に向かって) 上昇すると，ボディ領域の伝導帯端がソースのフェルミ準位近傍に移動するために，可動電荷すなわち電子の密度が無視できなくなる．

グラデュアルチャネル近似の下では，シリコン層に垂直な断面に沿ったポアソン方程式は，式 (7.1) に示された SOI の場合と同様に，可動電荷 (電子) の項のみを有する：

$$\frac{\mathrm{d}^2\psi}{\mathrm{d}x^2} = \frac{q}{\varepsilon_{\mathrm{si}}} n_{\mathrm{i}} e^{q(\psi - V)/kT} \tag{7.19}$$

ここで，$\psi(x)$ は，図 7.13 に示されているように，位置 x における真性準位とソースのフェルミ準位との差で定義される静電電位 (すなわち，$\psi(x) \equiv -[E_{\mathrm{i}}(x) - E_{\mathrm{fs}}]/q$) である．$V(y)$ は位置 (y) における電子の擬フェルミ準位で，ソース端 ($y = 0$) で $V(0) = 0$ である．ここでは $q\psi/kT \gg 1$ の場合に n チャネル MOSFET を考察することとし，正孔密度は無視する．

電子は主としてソースからドレインへ y 方向に流れるため，電子の擬フェルミ準位の勾配も y 方向である．このことより，V が x 方向に関しては一定であるという主張が正当化される．すると，式 (7.19) は対称条件 $\mathrm{d}\psi/\mathrm{d}x|_{x=0} = 0$ の下で 2 回積分することができ，解

$$\psi(x) = V - \frac{2kT}{q} \ln\left[\frac{t_{\mathrm{si}}}{2\beta}\sqrt{\frac{q^2 n_{\mathrm{i}}}{2\varepsilon_{\mathrm{si}} kT}} \cos\left(\frac{2\beta x}{t_{\mathrm{si}}}\right)\right] \tag{7.20}$$

が得られる．ここで，β は (x に依存しない) 定数であり，境界条件

$$\varepsilon_{\mathrm{ox}} \frac{V_{\mathrm{gs}} - \phi_{\mathrm{mi}} - \psi(x = \pm t_{\mathrm{si}}/2)}{t_{\mathrm{ox}}} = \pm\varepsilon_{\mathrm{si}} \left.\frac{\mathrm{d}\psi}{\mathrm{d}x}\right|_{x=\pm t_{\mathrm{si}}/2} \tag{7.21}$$

より決定される．ここで，V_{gs} は双方のゲートに印加されている電圧であり，ϕ_{mi} は真性シリコンに対する上部および下部ゲートの仕事関数である．言い換えれば，既に定義されているように，$\phi_{\mathrm{mi}} \equiv \phi_{\mathrm{m}} - (\chi + E_{\mathrm{g}}/2q)$ である．式 (7.20) は x に対して対称的

であるため ($x = 0$ はシリコン層の厚さ方向の中央である；図 7.13 の右側を参照)，式 (7.21) に代入することによって，双方のシリコン–絶縁膜界面において

$$\frac{q(V_{\mathrm{gs}} - \phi_{\mathrm{mi}} - V)}{2kT} - \ln\left(\frac{2}{t_{\mathrm{si}}}\sqrt{\frac{2\varepsilon_{\mathrm{si}}kT}{q^2 n_{\mathrm{i}}}}\right) = \ln\beta - \ln(\cos\beta) + \frac{2\varepsilon_{\mathrm{si}}t_{\mathrm{ox}}}{\varepsilon_{\mathrm{ox}}t_{\mathrm{si}}}\beta\tan\beta \tag{7.22}$$

が得られる．V_{gs} が与えられると，β は陰関数表示の式 (7.22) を解くことによって V の関数として求められる．V は，ソースからドレインへチャネル方向 (y 方向) に沿って変化し，β も同様である．$V(y)$ と $\beta(y)$ の依存性は，電流連続の式によって決定される．すなわち，電流 $I_{\mathrm{ds}} = \mu W Q_{\mathrm{i}}\,\mathrm{d}V/\mathrm{d}y$ は，V や y によらずに一定でなければならない．ここで，μ は実効移動度，W はデバイスの幅，Q_{i} は双方のチャネルを含む単位面積当たりの総可動電荷である．$I_{\mathrm{ds}}\,\mathrm{d}y$ をソースからドレインへ積分して $\mathrm{d}V/\mathrm{d}y$ を $(\mathrm{d}V/\mathrm{d}\beta)(\mathrm{d}\beta/\mathrm{d}y)$ と表現することによって

$$I_{\mathrm{ds}} = \mu\frac{W}{L}\int_0^{V_{\mathrm{ds}}}[-Q_{\mathrm{i}}(V)]\,\mathrm{d}V = \mu\frac{W}{L}\int_{\beta_{\mathrm{s}}}^{\beta_{\mathrm{d}}}[-Q_{\mathrm{i}}(\beta)]\frac{\mathrm{d}V}{\mathrm{d}\beta}\,\mathrm{d}\beta \tag{7.23}$$

が得られる．ここで，β_{s} および β_{d} は，それぞれ $V = 0$ および $V = V_{\mathrm{ds}}$ に対応する式 (7.22) の解である．ガウスの法則を適用すれば，

$$-Q_{\mathrm{i}} = 2\varepsilon_{\mathrm{si}}\left.\frac{\mathrm{d}\psi}{\mathrm{d}x}\right|_{x=t_{\mathrm{si}}/2} = 2\varepsilon_{\mathrm{si}}\frac{2kT}{q}\frac{2\beta\tan\beta}{t_{\mathrm{si}}} \tag{7.24}$$

となる．ここでは式 (7.20) を微分した結果を利用している．このとき，$\mathrm{d}V/\mathrm{d}\beta$ が式 (7.22) を微分することによって β の関数としても表現されうることに留意されたい．これらの係数を式 (7.23) に代入して解析的に積分を実行することによって，ドレイン電流の表式が以下のように得られる：

$$\begin{aligned} I_{\mathrm{ds}} &= \mu\frac{W}{L}\frac{4\varepsilon_{\mathrm{si}}}{t_{\mathrm{si}}}\left(\frac{2kT}{q}\right)^2\int_{\beta_{\mathrm{d}}}^{\beta_{\mathrm{s}}}\left[\tan\beta + \beta\tan^2\beta + \frac{2\varepsilon_{\mathrm{si}}t_{\mathrm{ox}}}{\varepsilon_{\mathrm{ox}}t_{\mathrm{si}}}\beta\tan\beta\frac{\mathrm{d}}{\mathrm{d}\beta}(\beta\tan\beta)\right]\mathrm{d}\beta \\ &= \mu\frac{W}{L}\frac{4\varepsilon_{\mathrm{si}}}{t_{\mathrm{si}}}\left(\frac{2kT}{q}\right)^2\left[\beta\tan\beta - \frac{\beta^2}{2} + \frac{\varepsilon_{\mathrm{si}}t_{\mathrm{ox}}}{\varepsilon_{\mathrm{ox}}t_{\mathrm{si}}}\beta^2\tan^2\beta\right]\Bigg|_{\beta_{\mathrm{d}}}^{\beta_{\mathrm{s}}} \end{aligned} \tag{7.25}$$

β_{s} および β_{d} は，$(0, \pi/2)$ の範囲に存在する．**線形領域，飽和領域，およびサブスレッショルド領域の全領域にわたる MOSFET 特性は，この連続かつ解析的な解から得ることができる** (Taur ら，2004)．たとえば，しきい値電圧より高いゲート電圧が印加される線形領域においては，式 (7.22) の左辺は $V = 0$ および V_{ds} の双方の場合に $\gg 1$ であり，したがって $\beta_{\mathrm{s}}, \beta_{\mathrm{d}} \sim \pi/2$ である．よって，式 (7.22) および (7.25) の右辺の最終項が最も大きくなるため，

$$I_{\rm ds} = \mu\frac{\varepsilon_{\rm ox}}{t_{\rm ox}}\frac{W}{L}\left[(V_{\rm gs}-V_{\rm t})^2-(V_{\rm gs}-V_{\rm t}-V_{\rm ds})^2\right] = 2\mu\frac{\varepsilon_{\rm ox}}{t_{\rm ox}}\frac{W}{L}\left(V_{\rm gs}-V_{\rm t}-V_{\rm ds}/2\right)V_{\rm ds} \tag{7.26}$$

と書き表されるようになる．ここで，$V_{\rm t}$ は

$$V_{\rm t} = \phi_{\rm mi} + \frac{2kT}{q}\ln\left[\frac{2}{t_{\rm si}}\sqrt{\frac{2\varepsilon_{\rm si}kT}{q^2 n_{\rm i}}}\right] + \frac{2kT}{q}\ln\left[\frac{q\varepsilon_{\rm ox}t_{\rm si}(V_{\rm gs}-V_{\rm t})}{4\varepsilon_{\rm si}t_{\rm ox}kT}\right] \tag{7.27}$$

である．上式の最終項は，式 (7.22) の $\ln[\beta/\cos\beta]$ に由来する 2 次の項である．この項は，その中に含まれる係数 $t_{\rm si}$ が前項に含まれる係数 $1/t_{\rm si}$ と打ち消し合い，結果として $V_{\rm t}$ が $t_{\rm si}$ に依存しないことを示すために明示されている．式 (7.27) は，これまでの $V_{\rm t}$ の定義とは異なっている．なぜなら，右辺に $(V_{\rm gs}-V_{\rm t})$ を含むからである．電荷シートモデルと同様に，ここで説明された解析的電位モデルは，$V_{\rm t}$ をとくに導入する必要が無い連続モデルである．飽和領域では，$\beta_{\rm s} \sim \pi/2$ かつ $\beta_{\rm d} \ll 1$ であるため，

$$I_{\rm ds} = \mu\frac{\varepsilon_{\rm ox}}{t_{\rm ox}}\frac{W}{L}\left[(V_{\rm gs}-V_{\rm t})^2 - \frac{8\varepsilon_{\rm si}t_{\rm ox}k^2T^2}{\varepsilon_{\rm ox}t_{\rm si}q^2}e^{q(V_{\rm gs}-V_{\rm t}-V_{\rm ds})/kT}\right] \tag{7.28}$$

が得られる．この連続モデルでは，得られるドレイン電流とその飽和値との差は，$V_{\rm ds}$ とともに指数関数的に減少する．

サブスレッショルド領域においては $\beta_{\rm s}$, $\beta_{\rm d} \ll 1$ であり，式 (7.22) の右辺の $\ln\beta$ の項が主となるため，基本的な拡散電流密度の式 $J_{\rm diff} = qD_{\rm n}\,{\rm d}n/{\rm d}x$ から予想されるように，

$$I_{\rm ds} = \mu\frac{W}{L}kTn_{\rm i}t_{\rm si}e^{q\left(V_{\rm gs}-\phi_{\rm mi}\right)/kT}\left(1-e^{-qV_{\rm ds}/kT}\right) \tag{7.29}$$

となる．ここで，サブスレッショルド電流がシリコン層厚には依存するが $\varepsilon_{\rm ox}/t_{\rm ox}$ には依存しないことに留意されたい．このことは，“体積反転 (volume inversion)” が起きていること，すなわち，シリコン層内の電位が厚み方向にわたってほぼ一定であり，可動電荷密度が低いときにはゲート変調 (ゲートに印加される電圧の変化) に直接に従うこと，を意味している．これに対して，しきい値電圧より高いゲート電圧が印加されている場合 (式 (7.26) および (7.28) で表現される場合) にはドレイン電流は $\varepsilon_{\rm ox}/t_{\rm ox}$ に比例するが，シリコン層厚には依存しない．このことは，ゲート絶縁膜界面に高密度の反転電荷が現れると，それがシリコン内部をゲートから静電遮蔽する，という点においてバルク MOSFET の場合と同じである．

上記の解析的電位モデルではシリコン層のドーピングは無視されているが，ドーピングの 1 次の効果は単に空乏電荷 [式 (7.41) 参照] によって生じるしきい値電圧のシフト (大きさは $qN_{\rm a}t_{\rm si}/(2C_{\rm ox})$) として取り込むことができる．n チャネル MOSFET の場合，p 型不純物によるドーピングはしきい値電圧を正の方向へ，n 型不純物の場合は負の方向へ，それぞれシフトする．

7.2.2 短チャネル DG MOSFET

6.1.2 項においてバルク MOSFET に関して記述されたスケール長理論は，境界条件を修正することによって DG MOSFET に適用することが可能である．実際，DG MOSFET の境界は，図 6.5 に示されたバルク MOSFET のそれと比べると，スケール長モデルの適用に関しては，より理想的な長方形形状を有している．DG MOSFET は誘電率の観点では 3 領域，すなわち，一つのシリコン領域と二つの酸化膜領域，を有しているが，対称的な形状のために，電位に関する境界条件は実効的に単一のシリコン–酸化膜界面に帰着される．

7.2.2.1 DG MOSFET のスケール長

図 7.12 に示された対称 DG MOSFET の 2 次元構造を参照して，電位関数 $\psi(x)$ を以下の 3 領域に分割する：シリコン層内における $\psi(x,y)$ $(-t_{\rm si}/2 < x < t_{\rm si}/2)$，ならびに，それぞれ下部および上部酸化膜領域における $\psi^{\pm}(x,y)$ $(t_{\rm si}/2 < x < t_{\rm si}/2 + t_{\rm ox}$ および $-t_{\rm si}/2 - t_{\rm ox} < x < -t_{\rm si}/2)$．サブスレッショルド領域では，可動電荷密度は無視できる．密度 $N_{\rm a}$ で均一に p 型ドーピングされている場合，境界値問題は以下のように記述することができる：

$$\frac{\partial^2\psi}{\partial x^2} + \frac{\partial^2\psi}{\partial y^2} = \frac{q}{\varepsilon_{\rm si}}N_{\rm a} \qquad (\text{シリコン中}) \tag{7.30}$$

$$\frac{\partial^2\psi^{\pm}}{\partial x^2} + \frac{\partial^2\psi^{\pm}}{\partial y^2} = 0 \qquad (\text{酸化膜中}) \tag{7.31}$$

n 型ドーピングされている場合には，$N_{\rm a}$ を $-N_{\rm d}$ で置換する．二つのシリコン–絶縁膜界面では，電位および電界の垂直成分の連続性が要求されるために，以下の関係が成り立つ：

$$\psi(\pm t_{\rm si}/2, y) = \psi^{\pm}(\pm t_{\rm si}/2, y) \tag{7.32}$$

$$\varepsilon_{\rm si}\frac{\partial\psi}{\partial x}(\pm t_{\rm si}/2, y) = \varepsilon_{\rm ox}\frac{\partial\psi^{\pm}}{\partial x}(\pm t_{\rm si}/2, y) \tag{7.33}$$

長方形領域に関する 4 つの (実効的には 3 つの) 境界条件は以下のとおりである：

$$\psi^{\pm}(\pm t_{\rm si}/2 \pm t_{\rm ox}, y) = V_{\rm gs} - \phi_{\rm mi} \tag{7.34}$$

$$\psi(x, 0) = \frac{E_{\rm g}}{2q} \tag{7.35}$$

$$\psi(x, L) = \frac{E_{\rm g}}{2q} + V_{\rm ds} \tag{7.36}$$

7.1.1.1 目で定義されているように，$\psi(x,y) \equiv -[E_{\rm i}(x,y) - E_{\rm fs}]/q$ および $\phi_{\rm mi} \equiv \phi_{\rm m} - [\chi + E_{\rm g}/(2q)]$ である．

図 7.12 の構造には，その 2 次元領域中に，導体によって覆われていない 4 つのギャップが，ソース側に二つ，ドレイン側に二つ存在する．これらの領域に関する境界条件は，ゲート–ソース間あるいはゲート–ドレイン間の電位を直線的に内挿することによって以下のように設定する：

$$\psi^{\pm}(x,0) = \left(V_{\mathrm{gs}} - \phi_{\mathrm{mi}} - \frac{E_{\mathrm{g}}}{2q}\right)\frac{\pm x - t_{\mathrm{si}}/2}{t_{\mathrm{ox}}} + \frac{E_{\mathrm{g}}}{2q} \tag{7.37}$$

および

$$\psi^{\pm}(x,L) = \left(V_{\mathrm{gs}} - \phi_{\mathrm{mi}} - \frac{E_{\mathrm{g}}}{2q} - V_{\mathrm{ds}}\right)\frac{\pm x - t_{\mathrm{si}}/2}{t_{\mathrm{ox}}} + \frac{E_{\mathrm{g}}}{2q} + V_{\mathrm{ds}} \tag{7.38}$$

これは，ギャップ幅 t_{ox} がほかの大きさである t_{si} や L と比較して小さい場合には良好な近似である．しかしながら，一方の t_{ox} が BOX 厚 (埋め込み酸化膜厚) となるような SOI MOSFET に近づくにつれて次第に良好ではなくなる (7.1.2 項を見よ).

短チャネルデバイスの 2 次元電位は重ね合わせによって構成することができる (Liang と Taur，2004)．シリコンに関しては

$$\psi(x,y) = v(x) + u_{\mathrm{S}}(x,y) + u_{\mathrm{D}}(x,y) \tag{7.39}$$

酸化膜に関しては

$$\psi^{\pm}(x,y) = v^{\pm}(x) + u_{\mathrm{S}}^{\pm}(x,y) + u_{\mathrm{D}}^{\pm}(x,y) \tag{7.40}$$

長チャネルデバイスの場合の解は

$$v(x) = V_{\mathrm{gs}} - \phi_{\mathrm{mi}} - \frac{qN_{\mathrm{a}}t_{\mathrm{si}}t_{\mathrm{ox}}}{2\varepsilon_{\mathrm{ox}}} - \frac{qN_{\mathrm{a}}}{2\varepsilon_{\mathrm{si}}}\left[\left(\frac{t_{\mathrm{si}}}{2}\right)^2 - x^2\right] \tag{7.41}$$

および

$$v^{\pm}(x) = V_{\mathrm{gs}} - \phi_{\mathrm{mi}} - \frac{qN_{\mathrm{a}}t_{\mathrm{si}}}{2\varepsilon_{\mathrm{ox}}}(t_{\mathrm{si}}/2 + t_{\mathrm{ox}} \mp x) \tag{7.42}$$

である．これらはポアソン方程式 (7.30) および (7.31)，境界条件 (7.32) および (7.33)，および上部ゲートおよび下部ゲートのバイアス電圧条件 (7.34) を満たしている．関数 u_{S}，u_{D}，$u_{\mathrm{S}}^{\pm}$，および $u_{\mathrm{D}}^{\pm}$ は，式 (7.31) を満たす．なぜなら，$u_{\mathrm{S}}^{\pm}$ および $u_{\mathrm{D}}^{\pm}$ は上部ゲートおよび下部ゲートで消失するからである．さらに，u_{S} および u_{D} は $x = 0$ に関して対称であり，u_{S} および $u_{\mathrm{S}}^{\pm}$ は $y = L$ でゼロ，かつ，u_{D} および $u_{\mathrm{D}}^{\pm}$ は $y = 0$ でゼロである．よって，それぞれを以下のように表現することができる：

$$u_{\mathrm{S}}(x,y) = \sum_{n=1}^{\infty} s_n \frac{\sinh[\pi(L-y)/\lambda_n]}{\sinh(\pi L/\lambda_n)}\cos(\pi x/\lambda_n) \tag{7.43}$$

$$u_{\mathrm{D}}(x,y)=\sum_{n=1}^{\infty} d_n \frac{\sinh[\pi y/\lambda_n]}{\sinh(\pi L/\lambda_n)}\cos(\pi x/\lambda_n) \tag{7.44}$$

$$u_{\mathrm{S}}^{\pm}(x,y)=\pm\sum_{n=1}^{\infty} s_n^{\pm} \frac{\sinh[\pi(L-y)/\lambda_n]}{\sinh(\pi L/\lambda_n)}\sin[\pi(\pm x-t_{\mathrm{si}}/2-t_{\mathrm{ox}})/\lambda_n] \tag{7.45}$$

$$u_{\mathrm{D}}^{\pm}(x,y)=\pm\sum_{n=1}^{\infty} d_n^{\pm} \frac{\sinh[\pi y/\lambda_n]}{\sinh(\pi L/\lambda_n)}\sin[\pi(\pm x-t_{\mathrm{si}}/2-t_{\mathrm{ox}})/\lambda_n] \tag{7.46}$$

固有値 λ_n は，境界条件 (7.32) および (7.33) を式 (7.43) と (7.45) へ，また $x=\pm t_{\mathrm{si}}/2$ において式 (7.44) および (7.46) へそれぞれ適用することによって得られる．これらの等式は ($0 \leqq y \leqq L$ の範囲の) あらゆる y の値に関して成り立たなければならないため，対応する二つの級数の対応するそれぞれの項は互いに一致していなければならない．そのため，s_n，d_n などの非零解については，λ_n は以下の固有値方程式を満たさなければならない：

$$\tan\left(\frac{\pi t_{\mathrm{ox}}}{\lambda_n}\right)\tan\left(\frac{\pi t_{\mathrm{si}}}{2\lambda_n}\right)=\frac{\varepsilon_{\mathrm{ox}}}{\varepsilon_{\mathrm{si}}} \tag{7.47}$$

バルク MOSFET の場合と同様に，最長の λ_n が最小電位への短チャネル寄与の主たるものであり，スケール長 λ で表す．図 7.14 は，λ の数値解を，$\varepsilon_{\mathrm{ox}}/\varepsilon_{\mathrm{si}}$ をパラメータとして，正規化単位で示した図である．最も直感的にわかりやすいのは仮に $\varepsilon_{\mathrm{ox}}=\varepsilon_{\mathrm{si}}$ であった場合で，スケール長 λ は単純に $\lambda=t_{\mathrm{si}}+2t_{\mathrm{ox}}$ と表される．これは，図 7.12 の二つのゲート間の長方形領域の物理的な厚みである．$\varepsilon_{\mathrm{ox}}/\varepsilon_{\mathrm{si}}<1$ の場合には $\lambda>t_{\mathrm{si}}+2t_{\mathrm{ox}}$ となり，$\varepsilon_{\mathrm{ox}}/\varepsilon_{\mathrm{si}}>1$ の場合には $\lambda<t_{\mathrm{si}}+2t_{\mathrm{ox}}$ となる．しかしながら，λ が t_{si} あるいは $2t_{\mathrm{ox}}$ よりも小さくなることはあり得ない．このことは，**非常に高 $\boldsymbol{\kappa}$ の絶縁体を用いる場合であっても，$\boldsymbol{\lambda}$ を実効的にスケールダウンするためには，物理的に薄くしなけ**

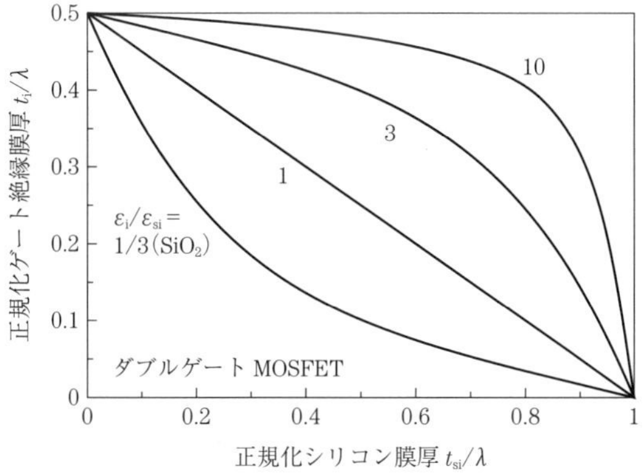

図 7.14　相異なった $\varepsilon_{\mathrm{ox}}/\varepsilon_{\mathrm{si}}$ の値に対する式 (7.47) の数値解

ればならないことを意味している．高 κ 限界では，$t_{si} < 2t_{ox}$ である限りは，スケール長は $2t_{ox}$ に漸近してシリコン層厚に依存しなくなる．シリコン層が厚く，絶縁体層が薄い場合 (図 7.14 の右下側) には，式 (7.47) は $\lambda = t_{si} + 2(\varepsilon_{si}/\varepsilon_{ox})t_{ox}$ と近似されうる．なぜなら，式 (7.47) の最初の正接の引数が $\pi t_{ox}/\lambda \ll 1$ であり，2 番目の正接の引数が $\pi t_{si}/2\lambda \approx \pi/2$ だからである．この表式から，高 κ ゲート絶縁体は，DG MOSFET に対してはバルク MOSFET に対する場合よりもさらに有効であることがわかる．図 7.14 の左上では (すなわち，シリコン層が薄く，絶縁体層が厚い場合には) $\pi t_{si}/2\lambda \ll 1$ かつ $\pi t_{ox}/\lambda \approx \pi/2$ であり，式 (7.47) は $l = 2t_{ox} + (\varepsilon_{si}/\varepsilon_{ox})t_{si}$ と近似されうる．

7.2.2.2　サブスレッショルド領域での 2 次元電位

2 次元電位 $u_S + u_D$ を決定するために，$x = \pm t_{si}/2$ での一致条件から得られる

$$s_n^{\pm} = \mp s_n \frac{\cos[\pi t_{si}/(2\lambda_n)]}{\sin(\pi t_{ox}/\lambda_n)} \tag{7.48}$$

を利用する．これは，$u_S^{\pm}$ を s_n の級数として表現する．

$$u_S^{\pm}(x,y) = \sum_{n=1}^{\infty} s_n \frac{\cos[\pi t_{si}/(2\lambda_n)]}{\sin(\pi t_{ox}/\lambda_n)} \frac{\sinh[\pi(L-y)/\lambda_n]}{\sinh(\pi L/\lambda_n)} \sin[\pi(t_{si}/2 + t_{ox} \mp x)/\lambda_n] \tag{7.49}$$

同様の手法を $d_n^{\pm}$，d_n，および $u_D^{\pm}$ に対して適用することができる．ここで，s_n および d_n は，ソースおよびドレインでの境界条件である式 (7.35)～(7.38) から求めることができる．ソースでは u_D および $u_D^{\pm}$ の双方がゼロになるため，

$$\psi(x,0) - v(x) = u_S(x,0) = \sum_{n=1}^{\infty} s_n \cos(\pi x/\lambda_n) \tag{7.50}$$

および

$$\psi^{\pm}(x,0) - v^{\pm}(x) = u_S^{\pm}(x,0) = \sum_{n=1}^{\infty} s_n \frac{\cos[\pi t_{si}/(2\lambda_n)]}{\sin(\pi t_{ox}/\lambda_n)} \sin[\pi(t_{si}/2 + t_{ox} \mp x)/\lambda_n] \tag{7.51}$$

となる．ここで，$v(x)$ および $v^{\pm}(x)$ は式 (7.41) および (7.42) によって与えられる．s_n を評価するためには，直交関係が必要である．この直交関係は，x の定義域全体に関する固有関数の形で表現される：

$$f_{\lambda n}(x,0)=\begin{cases}\dfrac{\cos[\pi t_{\rm si}/(2\lambda_n)]}{\sin(\pi t_{\rm ox}/\lambda_n)}\sin[\pi(t_{\rm si}/2+t_{\rm ox}+x)/\lambda_n] & -\dfrac{t_{\rm si}}{2}-t_{\rm ox}<x<-\dfrac{t_{\rm si}}{2}\\ \cos(\pi x/\lambda_n) & -\dfrac{t_{\rm si}}{2}<x<\dfrac{t_{\rm si}}{2}\\ \dfrac{\cos[\pi t_{\rm si}/(2\lambda_n)]}{\sin(\pi t_{\rm ox}/\lambda_n)}\sin[\pi(t_{\rm si}/2+t_{\rm ox}-x)/\lambda_n] & \dfrac{t_{\rm si}}{2}<x<\dfrac{t_{\rm si}}{2}+t_{\rm ox}\end{cases} \tag{7.52}$$

これは

$$\int_{-t_{\rm si}/2-t_{\rm ox}}^{t_{\rm si}/2+t_{\rm ox}}\varepsilon(x)f_{\lambda m}(x,0)f_{\lambda n}(x,0)\,\mathrm{d}x=0\qquad(\lambda_m=\lambda_n\ \text{以外}) \tag{7.53}$$

の関係を満たす．ここで，$\varepsilon(x)$ は，シリコン領域では $\varepsilon_{\rm si}$ に等しく，双方の酸化膜領域では $\varepsilon_{\rm ox}$ に等しい階段関数である．最終的に得られる s_n は次式のように書き表される：

$$s_n=\left\{\frac{2\varepsilon_{\rm ox}{\lambda_n}^2\cos[\pi t_{\rm si}/(2\lambda_n)]}{\pi^2\varepsilon_{\rm si}t_{\rm ox}}\left(\frac{E_{\rm g}}{2q}+\phi_{\rm mi}-V_{\rm gs}\right)+\frac{2qN_{\rm a}{\lambda_n}^3}{\varepsilon_{\rm si}\pi^3}\sin[\pi t_{\rm si}/(2\lambda_n)]\right\}\bigg/\left[\frac{t_{\rm si}}{2}+t_{\rm ox}\frac{\sin(\pi t_{\rm si}/\lambda_n)}{\sin(2\pi t_{\rm ox}/\lambda_n)}\right] \tag{7.54}$$

d_n に関しては，単に式 (7.54) における $E_{\rm g}/(2q)$ を $E_{\rm g}/(2q)+V_{\rm ds}$ で置換すればよい．

これらの表式が何を意味するのかを理解するために，$\varepsilon_{\rm si}=\varepsilon_{\rm ox}$ と単純化した仮想的な場合を考える．この場合には，スケール長 λ は，前述されているように $\lambda=t_{\rm si}+2t_{\rm ox}$ である．$N_{\rm a}=0$ とおくと式 (7.54) は次のようになる：

$$s_n=\frac{4}{\pi}\left(\frac{\sin(\pi t_{\rm ox}/\lambda_n)}{\pi t_{\rm ox}/\lambda_n}\right)\left(\frac{E_{\rm g}}{2q}+\phi_{\rm mi}-V_{\rm gs}\right) \tag{7.55}$$

同様に

$$d_n=\frac{4}{\pi}\left(\frac{\sin(\pi t_{\rm ox}/\lambda_n)}{\pi t_{\rm ox}/\lambda_n}\right)\left(\frac{E_{\rm g}}{2q}+\phi_{\rm mi}+V_{\rm ds}-V_{\rm gs}\right) \tag{7.56}$$

も得られる．短チャネル電位 $u_{\rm S}+u_{\rm D}$ において主となる項は $n=1$ のものである．前章で取り扱った式 (6.21) の場合と同様の手順で，ソース–ドレイン間の最小電位を以下のように表すことができる：

$$2\sqrt{s_1d_1}e^{-\pi L/(2\lambda)}\cos\left(\frac{\pi x}{\lambda}\right)=\frac{8}{\pi}\left(\frac{\sin(\pi t_{\rm ox}/\lambda_n)}{\pi t_{\rm ox}/\lambda_n}\right)\times\sqrt{\left(\frac{E_{\rm g}}{2q}+\phi_{\rm mi}-V_{\rm gs}\right)\left(\frac{E_{\rm g}}{2q}+\phi_{\rm mi}+V_{\rm ds}-V_{\rm gs}\right)}e^{-\pi L/(2\lambda)}\cos\left(\frac{\pi x}{\lambda}\right) \tag{7.57}$$

これは，バルク MOSFET の場合の式 (6.35) に対応する表式である．この表式から，$x = 0$，すなわちシリコン層中央の電位がソース–ドレイン電界の影響を最も受けることがわかる．指数関数の係数は $\sim 1.5\,\mathrm{V}$ であるため，SCE が $100\,\mathrm{mV}$ に収まるようなスケーリング限界は，バルク **MOSFET** の場合と同様に，$\boldsymbol{L_{\mathrm{min}} \approx 2\lambda}$ で与えられる．

s_n および d_n の $-V_{\mathrm{gs}}$ への依存性の意味するところは二つである．第一に，SCE は，V_{gs} が低いほど，つまり V_{t} よりさらに低いほど，より厳しくなる．第二に，$\mathrm{d}\psi/\mathrm{d}V_{\mathrm{gs}}$ の値が劣化し，結果としてサブスレッショルド・スロープの劣化につながる．電位が最小となる位置での V_{gs} 依存性を考慮することにより，サブスレッショルド・スロープに関する簡潔な表式が得られる：

$$\psi_{\mathrm{min}} \approx (V_{\mathrm{gs}} - \phi_{\mathrm{mi}}) + \frac{8}{\pi}\left(\frac{E_{\mathrm{g}}}{2q} + \phi_{\mathrm{mi}} - V_{\mathrm{gs}} + \frac{V_{\mathrm{ds}}}{2}\right) e^{-\pi L/(2\lambda)} \tag{7.58}$$

上式右辺の第 1 項は，式 (7.41) の $v(x)$ に由来する長チャネル電位である．第 2 項は，式 (7.57) から導出された短チャネル電位である．これより，サブスレッショルド・スロープは，$(\mathrm{d}\psi_{\mathrm{min}}/\mathrm{d}V_{\mathrm{gs}})^{-1}$ すなわち

$$S \approx \frac{1}{1 - (8/\pi)e^{-\pi L/(2\lambda)}} \times 60\,\mathrm{mV/decade} \tag{7.59}$$

となる．$L_{\mathrm{min}} = 2\lambda$ では，サブスレッショルド・スロープは長チャネルの値よりも $\sim 10\,\%$ 劣化している．

このように電位関数 $\psi(x, y)$ が得られたため，L が与えられた場合のサブスレッショルド領域での I_{ds}–V_{gs} 特性が，式 (6.38) の場合と同様に，2 回の数値積分によって求められることになる．I_{ds}–V_{gs} 特性への V_{ds} の影響，すなわち DIBL，は，パラメータ d_n によってこのモデルに組み込まれている．図 7.15 は，以上に記述されたスケール長モデルの結果を TCAD シミュレーションと比較したものである．同図から明らかなように，$L/\lambda \approx 0.85$ の場合には SCE が厳しい．このモデルは，$I_{\mathrm{ds}} \sim 10^{-6}\,\mathrm{A}$ を超える領域では正確ではないことに留意されたい．なぜなら，しきい値電圧の近傍では可動電荷密度が無視できないからである．

式 (7.54) における不純物濃度に係る項の符号には説明が必要である．なぜなら p 型不純物濃度を高めると SCE が悪化するように見えるからである．しかしながら，実際には N_{a} を増大させると，長チャネルしきい値電圧も N_{a} とともに高くなるので [式 (7.41)]，V_{gs} もより高くしなければならない．N_{a} を変化させる際，V_{gs} を一定にする代わりに中央部電位

$$v(0) = V_{\mathrm{gs}} - \phi_{\mathrm{mi}} - \frac{qN_{\mathrm{a}}t_{\mathrm{si}}t_{\mathrm{ox}}}{2\varepsilon_{\mathrm{ox}}} - \frac{qN_{\mathrm{a}}{t_{\mathrm{si}}}^2}{8\varepsilon_{\mathrm{si}}} \tag{7.60}$$

を一定に保つと，s_n および d_n が p 型不純物濃度の増大とともに減少する．いずれの場合においても，$t_{\mathrm{si}} = 10\,\mathrm{nm}$ およびそれ未満の値に関しては，不純物濃度の SCE への影響は不純物濃度が $10^{19}\,\mathrm{cm}^{-3}$ を超えるまではあまり顕著ではない (Pandey ら，2018)．

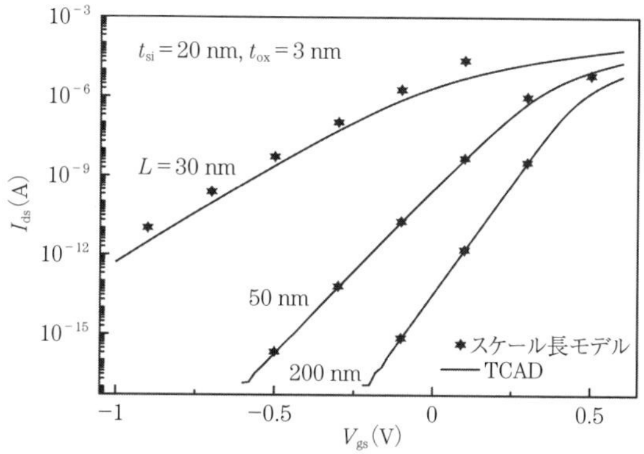

図 7.15　本節で説明されているスケール長モデルの $n = 1$ の項のみによるサブスレッショルド領域での I_{ds}–V_{gs} 特性を TCAD シミュレーションの結果と比較して示す図．デバイスパラメータは，$t_{si} = 20\,\mathrm{nm}$，$t_{ox} = 3\,\mathrm{nm}$，$\varepsilon_{ox}/\varepsilon_{si} = 3$ で，スケール長 λ は 35.4 nm である．I_{ds} は $W/L = 1$ で規格化してある．

7.2.2.3　V_{gs} がしきい値電圧より高い場合の短チャネルモデル

しきい値電圧以上の V_{gs} が印加された短チャネル DG MOSFET に関しては，6.2.1.5 目でバルク MOSFET に関して議論された非 GCA モデルが適用できる．基本となるのはポアソン方程式

$$\frac{\partial^2\psi}{\partial x^2} + \frac{\partial^2\psi}{\partial y^2} = \frac{q}{\varepsilon_{si}} n_i e^{q(\psi - V)/kT} \tag{7.61}$$

と電流連続の式，たとえば $n = 1$ 速度飽和モデル[5]である：

$$I_{ds} = Wqn_i t_{si} e^{q(\psi - V)/kT} \frac{\mu_{eff}\,\mathrm{d}V/\mathrm{d}y}{1 + (\mu_{eff}/v_{sat})\,\mathrm{d}V/\mathrm{d}y} \tag{7.62}$$

ここでは，体積電荷密度を面積電荷密度に変換するために t_{si} が用いられている．可動電荷密度は二つの部分に分けられる：ゲート電界に起因する $\partial^2\psi/\partial x^2$ の部分とソース–ドレイン間電界に起因する $\partial^2\psi/\partial y^2$ の部分である．バルク MOSFET の場合と同様に，ゲート誘導部分，すなわち $-Q_i$ は，GCA モデルに基づく擬フェルミ準位に関する項で表現される：

$$\frac{\mathrm{d}^2\psi}{\mathrm{d}x^2} = \frac{-Q_i}{\varepsilon_{si} t_{si}} = \frac{2C_{inv}(V_{gs} - V_t - V)}{\varepsilon_{si} t_{si}} \tag{7.63}$$

V_{gs} が与えられると，7.2.1 項で議論された解析電位モデル [式 (7.24) および (7.22) において $\beta = \beta_s$ としたもの] によって C_{inv} が計算される．

---

[5] $n = 2$ 速度飽和モデルも同様に利用できる．

式 (7.63) を式 (7.61) から引くことによって

$$\frac{\mathrm{d}^2\psi}{\mathrm{d}y^2} = \frac{q}{\varepsilon_{\mathrm{si}}} n_{\mathrm{i}} e^{q(\psi - V)/kT} - \frac{2C_{\mathrm{inv}}\,(V_{\mathrm{gs}} - V_{\mathrm{t}} - V)}{\varepsilon_{\mathrm{si}} t_{\mathrm{si}}} \tag{7.64}$$

が得られる．これは横方向すなわちソース–ドレイン方向の常微分方程式であり，未知の関数 $\psi(y)$ および $V(y)$ を含んでいる．この常微分方程式は，電流連続の式である式 (7.62) と組み合わせて互いに解くことができる (Hong と Taur, 2021)．この際に，4 つの境界条件がある：ソースでは $\psi(0) = E_{\mathrm{g}}/2q$ かつ $V(0) = 0$，ドレインでは $\psi(L) = E_{\mathrm{g}}/2q + V_{\mathrm{ds}}$ かつ $V(L) = V_{\mathrm{ds}}$．I_{ds}–V_{ds} 特性は，式 (6.78) の前のパラグラフにバルク MOSFET に関して記述されたものと同一の方法で決定される．

7.2.3　ナノワイヤ MOSFET

DG MOSFET が長方形の対称性を有しているのに対して，ナノワイヤ MOSFET は円柱形の対称性を有している．図 7.16 は，ナノワイヤ MOSFET の相異なった断面を模式的に示す図である．ナノワイヤ MOSFET は，サラウンディングゲート (surrounding gate) MOSFET あるいはゲートオールアラウンド (gate all around) MOSFET としても知られている．この円柱形の対称性が存在するために，解析解が得られる．長チャネルナノワイヤ MOSFET の全領域 GCA モデルおよびサブスレッショルド領域における短チャネルナノワイヤ MOSFET のスケール長モデルが提案されている．

7.2.3.1　長チャネル電流モデル

DG MOSFET に関する式 (7.19) とは対照的に，円柱座標系で表示したポアソン方程式は GCA (グラデュアルチャネル近似) の下で

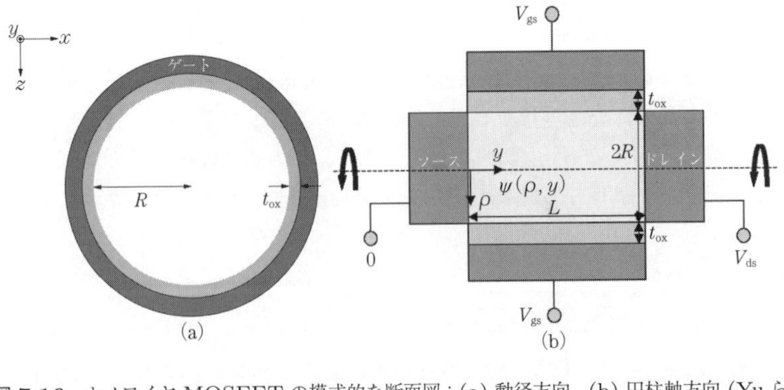

図 7.16　ナノワイヤ MOSFET の模式的な断面図：(a) 動径方向，(b) 円柱軸方向 (Yu ら，2008)

$$\frac{1}{\rho}\frac{\mathrm{d}}{\mathrm{d}\rho}\left(\rho\frac{\mathrm{d}\psi}{\mathrm{d}\rho}\right)=\frac{q}{\varepsilon_{\mathrm{si}}}n(\rho)=\frac{q}{\varepsilon_{\mathrm{si}}}n_{\mathrm{i}}e^{q(\psi-V)/kT} \tag{7.65}$$

の形をしている．対称性に基づく境界条件 $(\mathrm{d}\psi/\mathrm{d}\rho)|_{\rho=0}=0$ を満たす解析解は

$$\psi(\rho)=V+\frac{kT}{q}\ln\left\{\frac{8\varepsilon_{\mathrm{si}}kT(1-\beta)}{q^2n_{\mathrm{i}}R^2\left[1-(1-\beta)(\rho/R)^2\right]^2}\right\} \tag{7.66}$$

である (Jiménez ら，2004)．このとき β はゲートバイアス条件

$$V_{\mathrm{gs}}-\phi_{\mathrm{mi}}-\psi(\rho=R)=V_{\mathrm{ox}} \tag{7.67}$$

で決定される定数である．酸化膜での電位差 V_{ox} をシリコン内の電界で表現するために，動径方向の酸化膜中の電界 $\mathcal{E}_{\mathrm{ox}}(\rho)$ を考える．酸化膜中に電荷が存在しない場合，動径方向のラプラス方程式から $\mathcal{E}_{\mathrm{ox}}(\rho)\propto 1/\rho$ が得られる．比例定数は，シリコン–酸化膜界面 $\rho=R$ での電界の連続性によって決定される：

$$\mathcal{E}_{\mathrm{ox}}(\rho)=\frac{R}{\rho}\frac{\varepsilon_{\mathrm{si}}}{\varepsilon_{\mathrm{ox}}}\left.\frac{\mathrm{d}\psi}{\mathrm{d}\rho}\right|_{\rho=R} \tag{7.68}$$

したがって V_{ox} は次式のように表現される：

$$V_{\mathrm{ox}}=\int_R^{R+t_{\mathrm{ox}}}\mathcal{E}_{\mathrm{ox}}(\rho)\,\mathrm{d}\rho=\frac{\varepsilon_{\mathrm{si}}}{\varepsilon_{\mathrm{ox}}}R\ln\left(1+\frac{t_{\mathrm{ox}}}{R}\right)\left.\frac{\mathrm{d}\psi}{\mathrm{d}\rho}\right|_{\rho=R} \tag{7.69}$$

式 (7.66) を式 (7.69) および (7.67) に代入することにより，β についての陰関数表示が以下のように得られる：

$$\begin{aligned}&\frac{q(V_{\mathrm{gs}}-\phi_{\mathrm{mi}}-V)}{2kT}-\ln\left(\frac{2}{R}\sqrt{\frac{2\varepsilon_{\mathrm{si}}kT}{q^2n_{\mathrm{i}}}}\right)\\&\qquad=\frac{1}{2}\ln(1-\beta)-\ln\beta+\left(\frac{2\varepsilon_{\mathrm{si}}}{\varepsilon_{\mathrm{ox}}}\right)\ln\left(1+\frac{t_{\mathrm{ox}}}{R}\right)\frac{1-\beta}{\beta}\end{aligned} \tag{7.70}$$

β の範囲は (0,1) である．

ドレイン電流は，電流連続の式を積分することによって得られる：

$$I_{\mathrm{ds}}=\mu(-Q_{\mathrm{iL}})\frac{\mathrm{d}V}{\mathrm{d}y} \tag{7.71}$$

ここで Q_{iL} はナノワイヤ長当たりの可動電荷密度であり，次式で与えられる：

$$\begin{aligned}-Q_{\mathrm{iL}}&=q\int_0^R n(\rho)2\pi\rho\,\mathrm{d}\rho\\&=\int_0^R 2\pi\varepsilon_{\mathrm{si}}\frac{\mathrm{d}}{\mathrm{d}\rho}\left(\rho\frac{\mathrm{d}\psi}{\mathrm{d}\rho}\right)\mathrm{d}\rho=2\pi R\varepsilon_{\mathrm{si}}\left.\frac{\mathrm{d}\psi}{\mathrm{d}\rho}\right|_{\rho=R}=8\pi\varepsilon_{\mathrm{si}}\frac{kT}{q}\frac{1-\beta}{\beta}\end{aligned} \tag{7.72}$$

式 (7.23) において行なったものと同様に式 (7.71) の積分を実行することによって，ドレイン電流が

$$I_{\mathrm{ds}} = \mu \frac{4\pi\varepsilon_{\mathrm{si}}}{L}\left(\frac{2kT}{q}\right)^2 \left[\frac{\varepsilon_{\mathrm{si}}}{\varepsilon_{\mathrm{ox}}}\ln\left(1+\frac{t_{\mathrm{ox}}}{R}\right)\left(\frac{1-2\beta}{\beta^2}\right)+\frac{1}{\beta}+\frac{\ln\beta}{2}\right]\Bigg|_{\beta_{\mathrm{d}}}^{\beta_{\mathrm{s}}} \tag{7.73}$$

のように得られる．ここで，β_{s} および β_{d} は，それぞれ $V=0$ および V_{ds} に対応する式 (7.70) の解である．$\beta_{\mathrm{s}} < \beta_{\mathrm{d}}$ であることに留意されたい．

DG MOSFET に関する解析電位モデルと同様に，式 (7.73) は，複数の動作領域，すなわちサブスレッショルド領域 ($\beta_{\mathrm{s}} \approx 1$, $\beta_{\mathrm{d}} \approx 1$)，線形領域 ($\beta_{\mathrm{s}} \ll 1$, $\beta_{\mathrm{d}} \ll 1$)，および飽和領域 ($\beta_{\mathrm{s}} \ll 1$, $\beta_{\mathrm{d}} \approx 1$)，における I_{ds}–V_{ds} 特性を包含する全領域モデルである (Jiménez ら，2004)．ナノワイヤ MOSFET に関しては，V_{gs} がしきい値電圧より低い領域での電流はシリコン領域の面積すなわち R^2 に比例する．一方で V_{gs} がしきい値電圧より高い領域での電流は $[\ln(1+t_{\mathrm{ox}}/R)]^{-1}$ に比例する．この項は，$t_{\mathrm{ox}} \ll R$ の場合には R/t_{ox} に漸近し，結果としてシリコン柱の周囲の長さに比例することになる．

7.2.3.2　ナノワイヤ MOSFET のスケール長

サブスレッショルド領域におけるナノワイヤ MOSFET の 2 次元ポアソン方程式は以下のように表される：

$$\frac{1}{\rho}\frac{\partial}{\partial\rho}\left(\rho\frac{\partial\psi}{\partial\rho}\right)+\frac{\partial^2\psi}{\partial y^2}=0 \tag{7.74}$$

境界条件は，DG MOSFET に関する式 (7.32)〜(7.36) と同様のものである．シリコン中の解は

$$u_{\mathrm{SD}}(\rho,y)=\sum_{n=1}^{\infty}\frac{s_n\sinh[\pi(L-y)/\lambda_n]+d_n\sinh[\pi y/\lambda_n]}{\sinh(\pi L/\lambda_n)}J_0(\pi\rho/\lambda_n) \tag{7.75}$$

のような形をしている．ここで，J_0 はゼロ次の第 1 種ベッセル関数であり，次式を満たす：

$$\frac{1}{\rho}\frac{\mathrm{d}}{\mathrm{d}\rho}\left(\rho\frac{\mathrm{d}J_0(k\rho)}{\mathrm{d}\rho}\right)=-k^2J_0(k\rho) \tag{7.76}$$

シリコン–酸化膜界面での境界条件から，ナノワイヤ MOSFET のスケール長方程式が導出されている (Oh ら，2000)．同等の表現は以下のようなものである：

$$\left(\frac{\varepsilon_{\mathrm{si}}}{\varepsilon_{\mathrm{ox}}}\right)\frac{J_1(\pi R/\lambda)}{J_0(\pi R/\lambda)}=\frac{J_1(\pi R/\lambda)Y_0[\pi(R+t_{\mathrm{ox}})/\lambda]-J_0[\pi(R+t_{\mathrm{ox}})/\lambda]Y_1(\pi R/\lambda)}{J_0(\pi R/\lambda)Y_0[\pi(R+t_{\mathrm{ox}})/\lambda]-J_0[\pi(R+t_{\mathrm{ox}})/\lambda]Y_0(\pi R/\lambda)} \tag{7.77}$$

ここで，Y_0 および Y_1 はそれぞれゼロ次および 1 次の第 2 種ベッセル関数すなわちノイマン関数である．図 7.17 は，λ の最低次の (最長の) 数値解を正規化された単位でプロットしたものである．この図の意味するところを理解する目的で，仮想的に $\varepsilon_{\mathrm{si}} = \varepsilon_{\mathrm{ox}}$ な場合を考えると，式 (7.77) は以下のように簡略化される (Yu ら，2008)：

$$J_0[\pi(R + t_{\mathrm{ox}})/\lambda] = 0 \tag{7.78}$$

J_0 の最初のゼロ点は $\alpha_1 = 2.405$ であるため，

$$\lambda = \frac{\pi}{\alpha_1}(R + t_{\mathrm{ox}}) \approx 1.3(R + t_{\mathrm{ox}}) \tag{7.79}$$

となる．図 7.17 において，$\varepsilon_{\mathrm{ox}}/\varepsilon_{\mathrm{si}} = 1$ に対応する直線の x 切片および y 切片は，$\alpha_1/\pi \approx 0.77$ である．一般に，どのような $\varepsilon_{\mathrm{ox}}/\varepsilon_{\mathrm{si}}$ の値に対しても，λ は，$(\pi/\alpha_1)R$ あるいは $(\pi/\alpha_1)t_{\mathrm{ox}}$ のいずれか大きい方よりもさらに大きい．SCE が許容範囲にある最小チャネル長は $L_{\mathrm{min}} \approx 2\lambda$ で，バルク MOSFET および DG MOSFET と同一である．

7.2.4 DG MOSFET およびナノワイヤ MOSFET のスケーリング限界

DG MOSFET およびナノワイヤ MOSFET のスケーリング限界は，シリコン層厚と酸化膜厚の双方が原子の大きさに近づくにつれて，それぞれの層厚 (膜厚) の量子力学的な限界によって決定されるようになる． 酸化膜厚の限界は，バルク MOSFET に関して 4.6.1 項で議論されたものと同一である．シリコンの物理的な層厚 (t_{si} あるいは R) は 10 nm 未満まで縮小されることが可能であるが，これは図 6.6 のバルク MOSFET のゲート空乏層厚よりも薄い．ゲート空乏層厚は，ボディ領域の $10^{19}\,\mathrm{cm}^{-3}$ という高い不

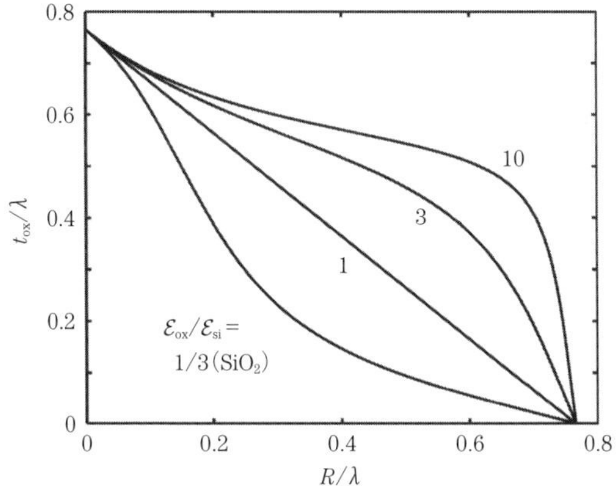

図 7.17 複数の $\varepsilon_{\mathrm{ox}}/\varepsilon_{\mathrm{si}}$ の場合に式 (7.77) の最低次の解を示す図．t_{ox} および R は λ で正規化されている [Yu ら (2008) による]．

純物濃度によって制限される (Taur ら，1997)．シリコン層厚が 10 nm よりも大幅に薄くなると，量子力学的な効果を考慮しなければならなくなる (Frank ら，1992)．

数 nm というシリコン層厚 t_{si} 中に電子が閉じ込められると，その基底状態のエネルギーがゼロより有意に大きくなる．(サブスレッショルド領域における) 電子の波動関数 $\varphi(x)$ は以下のシュレーディンガー方程式によって記述される：

$$-\frac{\hbar^2}{2m^*}\frac{\mathrm{d}^2\varphi}{\mathrm{d}x^2} = E_{\mathrm{j}}\varphi \tag{7.80}$$

ここで，境界条件は (酸化膜の障壁を無限大とすれば) $\varphi(x = \pm t_{\mathrm{si}}/2) = 0$ である．基底状態の波動関数は $\varphi(x) \propto \cos(\pi x/t_{\mathrm{si}})$ であるので，これを式 (7.80) に代入すると

$$E_0 = \frac{\hbar^2}{2m^*}\left(\frac{\pi}{t_{\mathrm{si}}}\right)^2 = \frac{h^2}{8m^* {t_{\mathrm{si}}}^2} \tag{7.81}$$

が得られる．ここで，m^* は電子の有効質量である．

E_0 は，電子状態が存在する最低エネルギー準位である伝導帯端準位 E_{c} を実効的に上昇させ，したがってしきい値電圧を E_0/q だけ上昇させる．図 7.18 は，$m^* = m_0$ (自由電子の質量) を仮定した場合のこのしきい値電圧のシフトを t_{si} の関数として示した図である．有効質量がより小さい場合には，この量子力学的効果はより強くなる．図より明らかなように，シリコン層厚が 2 nm より薄くなると，量子力学的な閉じ込め効果に起因するしきい値電圧のシフトは 0.1 V を超えて急激に大きくなる．このことは，nMOS および pMOS の双方で低いしきい値電圧を実現するために n^+ シリコン (4.1 eV) およ

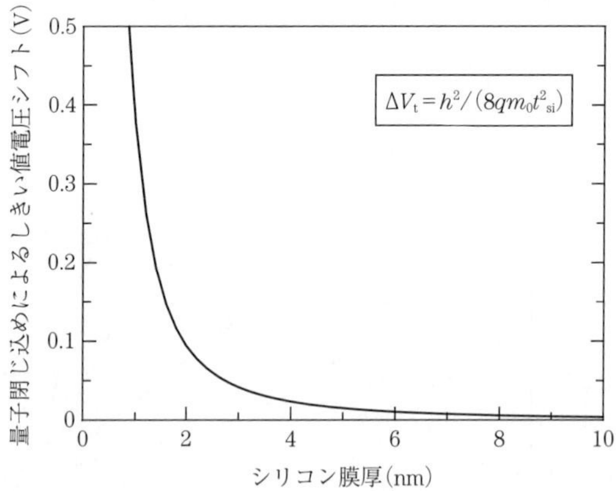

図 7.18　DG MOSFET における量子閉じ込めによるしきい値電圧の上昇をシリコン層厚の関数として示す図．この図に示された関係は，$t_{\mathrm{si}} \leftrightarrow 1.3R$ という対応を考慮すれば，ナノワイヤ MOSFET に対しても適用できる．

び p^+ シリコン (5.2 eV) の仕事関数の範囲を超えるような仕事関数を有するゲート材料を要求するのみならず，シリコン層厚に対する ΔV_t の感度も層厚の許容範囲に深刻な問題を課すようになる．つまり，原子の大きさの層厚制御が要求されることになると考えられる．

ナノワイヤ MOSFET に関しては，動径方向のシュレーディンガー方程式が，基底状態における電子の波動関数がベッセル関数 $J_0(\alpha_1\rho/R)$ で与えられるようなものになる．ここで，$\alpha_1 = 2.405$ は J_0 の最初のゼロ点である[6]．基底状態のエネルギー準位は

$$E_0 = \frac{\hbar^2}{2m^*}\left(\frac{\alpha_1}{R}\right)^2 = \frac{h^2}{8m^*}\left(\frac{\alpha_1}{\pi R}\right)^2 \tag{7.82}$$

で与えられる．これは，R に関しては，式 (7.81) が t_{si} に関するものと同一の依存性があり，$t_{\mathrm{si}} \leftrightarrow (\pi/\alpha_1)R \approx 1.3R$ という対応がある．したがって，$\varepsilon_{\mathrm{si}} = \varepsilon_{\mathrm{ox}}$ という仮想的な場合には，DG MOSFET ではスケール長は $\lambda = t_{\mathrm{si}} + 2t_{\mathrm{ox}}$ であってナノワイヤ MOSFET では $\lambda = 1.3(R + t_{\mathrm{ox}})$ である．量子閉じ込めの程度が同一となる $t_{\mathrm{si}} = 1.3R$ の場合，シリコン部分のスケール長は DG MOSFET とナノワイヤ MOSFET で同一である．しかしながら，同一の酸化膜厚に関しては，ナノワイヤ MOSFET はわずかに小さいスケール長を有する．

高 κ ゲート絶縁膜の膜厚 t_{ox} がトンネリング現象のために 1.5〜2 nm で制限され (4.6.1.6)，t_{si} が量子閉じ込めに起因するしきい値電圧のシフトによって 1.5〜2 nm で制限される (図 7.18) と仮定すると，DG MOSFET あるいはナノワイヤ MOSFET のスケール長の最小値は 4〜6 nm で制限されることになり，これはチャネル長の制限が 7〜10 nm となることを意味する．

[6] ここでは等方的な有効質量が仮定されている．有効質量が異方性を有する場合に関しては Yu ら (2008) を参照．

8

CMOS 性能因子

CMOS VLSI チップの性能は，集積密度，スイッチング速度，および電力消費によって判断できる．CMOS 回路は，待機時電力が実質的にゼロであるという特有の特性をもっており[1]，これにより集積度を高められ，ほとんどの VLSI アプリケーションで CMOS が選択される技術となっている．本章では，CMOS 基本回路要素のスイッチング速度を決定するさまざまな要因について検討する．まずは，MOSFET のスケーリングに関する基本概念の概説から始める．

8.1　MOSFET スケーリング

過去 40 年間の CMOS 技術の進化は，集積度，速度，電力の改善を達成するため，デバイス微細化の道をたどってきた．MOSFET の微細化は，細線の幅を徐々に細くするリソグラフィ技術の進歩によって達成されてきた．6.1 節では，MOSFET のソース–ドレイン間隔，すなわちチャネル長を短くすると，短チャネル効果が生じることを説明した．スケーリング則は，縮小し続けるゲート長に対処するために，デバイス構造と電圧をどのように段階的に進化させるかに関する一連の簡略化されたガイドラインで構成されている．また，このようなスケーリングの筋書きに従って，速度と電力が改善する要因も予測される．

8.1.1　定電界スケーリング

定電界スケーリング (Dennard ら，1974) では，垂直方向の寸法 (ゲート絶縁膜厚，接

[1] 最近までは，このとおりであった．ゲート酸化膜トンネリングは 4.6.1 項を，オフ電流は 6.3.1 項を参照のこと．

合深さなど) を水平方向の寸法とともに縮小し，一方，印加する電圧も同様に低下させせつつ基板不純物濃度を増大させる (空乏幅を減少させる) ことによって，短チャネル効果を制御し続けることが可能である．図 8.1 はこの様子を模式的に示したものである．**定電界スケーリングの原理は，デバイス電圧およびデバイス寸法 (垂直方向および水平方向の双方) を同一の倍率 ($\boldsymbol{\kappa > 1}$) だけ比例縮小することであり，その結果，電界は一定に保たれる**．このことは，スケーリングされたデバイスの信頼性が，もとのデバイスよりも悪くならないことを保証する．

表 8.1 は，種々のデバイスパラメータおよび予想される回路性能因子に関するスケー

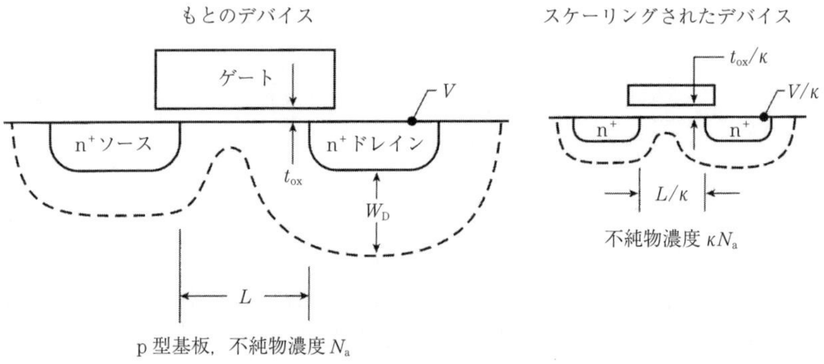

図 **8.1**　MOSFET の定電界スケーリング ($\kappa > 1$) の原理 [Dennard (1986) より引用]

表 **8.1**　MOSFET のデバイスおよび回路パラメータのスケーリング

	MOSFET デバイス，回路パラメータ	スケーリング係数 ($\kappa > 1$)
スケーリング倍率	デバイス寸法 (t_{ox}, L, W, x_j)	$1/\kappa$
	ドーピング濃度 (N_a, N_d)	κ
	電圧 (V)	$1/\kappa$
スケーリング後のデバイスパラメータ	電界 ($\mathcal{E}$)	1
	キャリア速度 (v)	1
	空乏層幅 (W_d)	$1/\kappa$
	容量 ($C = \varepsilon \cdot A/t$)	$1/\kappa$
	反転層電荷密度 (Q_i)	1
	ドリフト電流 (I)	$1/\kappa$
	チャネル抵抗 (R_{ch})	1
スケーリング後の回路パラメータ	回路遅延 ($\tau \sim CV/I$)	$1/\kappa$
	回路あたりの電力消費 ($P \sim VI$)	$1/\kappa^2$
	回路あたりの電力遅延積 ($P\tau$)	$1/\kappa^3$
	回路密度 ($\propto 1/A$)	κ^2
	電力密度 (P/A)	1

リング則を示している．ポアソン方程式 (6.2) をスケーリングしても不変に保つため，基板不純物濃度はスケーリング因子 κ だけ増大させられなければならない．式 (3.15) で $V_{\mathrm{app}} = -V_{\mathrm{dd}}$ とおいて得られるドレイン最大空乏層幅，

$$W_{\mathrm{D}} = \sqrt{\frac{2\varepsilon_{\mathrm{si}}(\psi_{\mathrm{bi}} + V_{\mathrm{dd}})}{qN_{\mathrm{a}}}} \tag{8.1}$$

は，電源電圧 V_{dd} が内蔵電位 ψ_{bi} よりもはるかに大きい場合に，ほぼ $1/\kappa$ に縮小される．(配線負荷を含む) すべての容量は $1/\kappa$ に縮小される．なぜなら，容量は面積に比例し，厚さに反比例するからである．デバイス当たりの電荷 ($\sim C \times V$) は $1/\kappa^2$ で縮小するが，(単位ゲート面積当たりの) 反転層電荷密度 Q_{i} は，スケーリングによっては変わらない．与えられたあらゆる点における電界が不変であるため，あらゆる点においてキャリア速度 ($v = \mu_{\mathrm{eff}}\mathcal{E}$) は不変である．(移動度は，同一の垂直電界に対しては等しい．) よって，速度飽和にかかわるすべての効果は，もとのデバイスと比例縮小されたデバイスにおいて同じである．

MOSFET の幅当たりのドリフト電流は，式 (2.68) に示された電子による電流密度の最初の項を反転層厚方向に積分することによって求められる．

$$\frac{I_{\mathrm{drift}}}{W} = Q_{\mathrm{i}}v = Q_{\mathrm{i}}\mu_{\mathrm{eff}}\mathcal{E} \tag{8.2}$$

これはスケーリングに対して不変である．このことは，ドリフト電流が $1/\kappa$ に縮小されることを意味しており，式 (5.23) および (5.31) に示された MOSFET の線形および飽和電流の双方の振る舞いと合致する．重要な暗黙の仮定は，しきい値電圧も $1/\kappa$ に縮小することである．ここで，式 (6.49) によって表される速度飽和した電流も同様に縮小することに留意されたい．なぜなら，v_{sat} および μ_{eff} が，スケーリングとは独立な定数であるからである．

電圧および電流の双方が同じ因子分だけ縮小すると，スケーリングされたデバイスのアクティブチャネル抵抗 [たとえば，式 (5.23)] は不変である．さらに，寄生抵抗は無視できるか，スケーリングで変化しないと仮定する．回路遅延は RC または CV/I に比例し，$1/\kappa$ に縮小する．**これは，定電界スケーリングの最も重要な結論である．ひとたびデバイスサイズおよび電源電圧が比例縮小されると，回路は同一倍率で高速化される．さらに，回路当たりの電力消費は，$\boldsymbol{VI}$ に比例するために $\boldsymbol{1/\kappa^2}$ で低減される．**回路密度は κ^2 で増大するため，電力密度，すなわち，チップ面積当たりの動作時電力は，比例縮小されたデバイスにおいて不変である．このことは，製造技術の観点で重要な意味をもっている．すなわち，バイポーラデバイスとは対照的に，スケーリングされた CMOS デバイスのパッケージは，より巧妙なヒートシンクを必要としない．スケーリングされた CMOS 回路の電力遅延積は，係数 $1/\kappa^3$ という劇的な改善を示す (表 8.1)．

8.1.2　スケーリングしない要因

定電界スケーリングは，信頼性と電力を劣化させることなく高密度化と高速化を実現するために，CMOS デバイスを縮小するための基本的な枠組みを提供する一方で，物理的な寸法や動作電圧と同じようにスケーリングしない要因がいくつか存在する．**非スケーリングになる効果の主な原因は，熱電圧 $\boldsymbol{kT/q}$ もシリコンのバンドギャップ $\boldsymbol{E_g}$ もデバイス寸法に比例しないことである**．前者はサブスレッショルドがスケーリングしないことにつながる (つまり，しきい値電圧はほかのパラメータのように縮小できない.) 後者は，内蔵電位，空乏層幅，短チャネル効果の非スケール性につながる．

スケーリング係数 κ を適用しても変化しない式 (8.2) で与えられる幅当たりのドリフト電流とは対照的に，電流密度式の第 2 項を積分して得られる MOSFET の単位幅当たりの拡散電流の式 (2.68)，

$$\frac{I_{\mathrm{diff}}}{W} = D_{\mathrm{n}}\frac{\mathrm{d}Q_{\mathrm{i}}}{\mathrm{d}x} = \mu_{\mathrm{n}}\frac{kT}{q}\frac{\mathrm{d}Q_{\mathrm{i}}}{\mathrm{d}x} \tag{8.3}$$

は，$\mathrm{d}Q_{\mathrm{i}}/\mathrm{d}x$ がチャネルの長さに反比例するので，κ だけ増大する．したがって，拡散電流はドリフト電流と同じようには縮小しない．このことは，6.3.1 項および 6.3.2 項で述べたように，MOSFET のしきい値電圧の非スケール化と，その結果として生じるオフ電流および電源電圧への影響に重要な意味をもつ．

内蔵電位が非スケーリングであることについては，最大ゲート空乏幅を考えよう．

$$W_{\mathrm{dm}} = \sqrt{\frac{2\varepsilon_{\mathrm{si}}(2\psi_{\mathrm{B}})}{qN_{\mathrm{a}}}} \tag{8.4}$$

ここで $2\psi_{\mathrm{B}}$ はバンドギャップに相応し，スケーリングでは変化しない．その結果，N_{a} を κ だけ増大しても，W_{dm} は $\sqrt{\kappa}$ だけしか減少せず，縮小した MOSFET の短チャネル効果を抑制することができない．6.1.2 項では，N_{a} を κ^2 だけ増大する必要があることを説明し，デバイスが縮小される際に V_{t} の減少を制御するために，不均一なドーピングプロファイル (6.3.3 項) を導入した (図 6.22).

もう一つの非スケーリング要因は，ポリシリコンゲートおよびソース–ドレインのドーピングレベルに関係する．実際には，ドーピング濃度は固体の溶解度によって制限され，スケーリングに伴って増加することはない．ゲート空乏の効果により，t_{ox} に一定の厚さが加わるため，ゲート容量が C_{ox} より低い程度にしか増大しない．これは，4.3.5 項で述べたように，最終的にメタルゲート技術の開発につながった．同様に，ソース–ドレインのドーピングレベルは増大できないため，ソース–ドレインの直列抵抗と幅の積 (単位：$\Omega \cdot \mu\mathrm{m}$) は，チャネル抵抗と幅の積に比例して減少していない．このため，寄生成分が微細化後のデバイスの全抵抗に占める割合が大きくなり，電流駆動が損なわれる．ソース–ドレイン直列抵抗については，8.3.1 項を参照されたい．

非スケーリング要因の最も大きな影響は，待機時と動作時の両方において，電界が大きくなり電力も大きくなることである． 酸化膜の電界は $2\,\mathrm{MV/cm}$ から $10\,\mathrm{MV/cm}$ に上昇した．幸い，より薄い酸化膜はより高い電界に耐えられ，なおかつ信頼性要件を満たせる (4.6.4 項参照)．電力密度が高くなるということは，チップ性能が標準パッケージの冷却能力である $\sim 100\,\mathrm{W/cm^2}$ に達するため，しばしば電力制限を受けることを意味する．産業界は，微細化による密度の利点を享受するだけでなく，デバイス性能を向上させるために，FinFET (7.2 節)，SiGe pMOS，ひずみシリコン nMOS (5.2.2 項) など，新しいプロセス技術を導入してきた (Kuhn, 2012)．

8.2 CMOS 基本回路

現在の CMOS VLSI チップで最も重要な基本構成は CMOS スタティック (静的) ゲートである．ゲートアレイ回路は，もっぱらスタティックゲート (static gate) ばかりで構成されている．マイクロプロセッサやメモリチップの周辺回路，ほとんどの制御インターフェース論理回路は CMOS スタティックゲートで実現されている．スタティック論理ゲートは，その簡潔さとノイズ耐性ゆえに，最も広く使われている CMOS 回路である．この節では，CMOS スタティック基本回路とそのスイッチング特性について記述する．

図 8.2 に nMOS と pMOS の回路記号を示す．MOSFET は 3 端子のみが表示されることが多いが，4 端子デバイスである．とくに断らない限り，nMOS のボディ (p 基板) 端子はグラウンド (最も低い電圧) に接続されており，pMOS のボディ (n 基板) 端子は電源 V_{dd}(最も高い電圧) に接続されているとする．

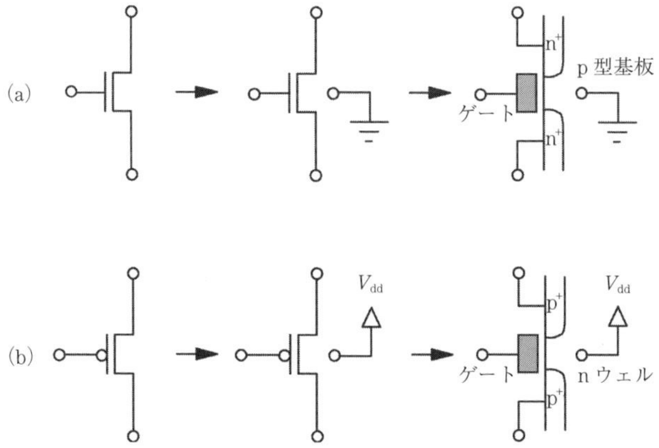

図 **8.2** 回路記号とボディ端子の接続電位．(a) nMOS，(b) pMOS．

8.2.1　CMOS インバータ

最も基本的なデジタルスタティック CMOS 回路はインバータ (inverter) である．CMOS インバータは図 8.3 のような nMOS と pMOS の組み合わせである (Burns, 1964)．nMOS のソース端子はグラウンド (接地電位) に，また pMOS のソースは $V_{\rm dd}$ に接続されている．二つの MOSFET のゲートは互いに接続されており，入力節点 (入力ノード) となっている．また，二つのドレインは互いに接続され，出力節点 (出力ノード) となっている．このような構成の結果，相補的な nMOS と pMOS の性質ゆえに，二つある安定状態では，どちらか一方だけのトランジスタが導電状態 (オン状態) にある．たとえば入力電圧が high，あるいは $V_{\rm in} = V_{\rm dd}$ のとき，nMOS のゲート–ソース間電圧は $V_{\rm dd}$ に等しく，nMOS はオン状態になる．同時に pMOS のゲート–ソース間電圧はゼロであり，pMOS はオフ状態になる．ゆえに出力節点は，オン状態の nMOS を流れる電流でグラウンドに引き下げられる (プルダウン)．このような働きをするトランジスタを，**プルダウントランジスタ** (pull-down transistor) とよぶ．一方，入力電圧が low，あるいは $V_{\rm in} = 0$ のとき，nMOS のゲート–ソース間電圧が 0 であるのでオフ状態にある．しかし，pMOS のゲート–ソース間電圧は $-V_{\rm dd}$ であり，pMOS はオン状態となる．(負のゲート電圧によって pMOS がオンになる) 出力節点はオン状態の pMOS によって $V_{\rm dd}$ に引き上げられる (プルアップ)．このようなトランジスタを**プルアップトランジスタ** (pull-up transistor) とよぶ．出力電圧は常に，入力電圧の逆となる ($V_{\rm in}$ が low のとき $V_{\rm out}$ は high，逆の場合も同様) ため，この回路はインバータ (inverter) とよばれる．**定常状態では片方のトランジスタのみオンするため，静的な電流と静的な電力消費はないことに注目されたい**．電力消費は，回路に充放電電流が流れるスイッチング遷移の間でのみ生じる．

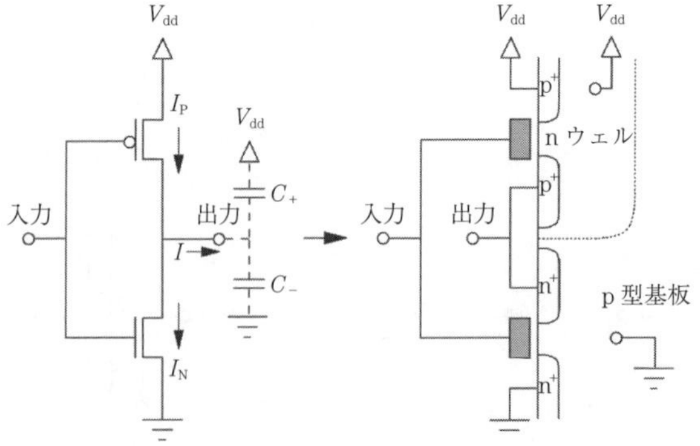

図 **8.3**　CMOS インバータの回路図と断面構造

8.2.1.1　CMOS インバータ伝達特性

CMOS インバータでは，nMOS の電流 ($I_{\mathrm{N}} > 0$) と pMOS の電流 ($I_{\mathrm{P}} > 0$) の両方が，ゲートへの入力電圧 V_{in} と出力接点電圧 V_{out} の関数である．V_{out} を変化させたときの I_{N} と I_{P} の典型的なプロットを図 8.4 に示す．ここでは，V_{in} をパラメータとしている．図 8.4(b) の pMOS では，ドレイン–ソース間電圧は $V_{\mathrm{dsp}} = V_{\mathrm{out}} - V_{\mathrm{dd}}$ であり，ゲート–ソース間電圧は $V_{\mathrm{gsp}} = V_{\mathrm{in}} - V_{\mathrm{dd}}$ であることに注意が必要である．それらは通常の動作では負またはゼロである．また正孔が電子に比べてより緩やかな速度–電界依存性をもっている (6.2.1.1) ことから，I_{P} は I_{N} に比べてゆっくり飽和に入ることにも注

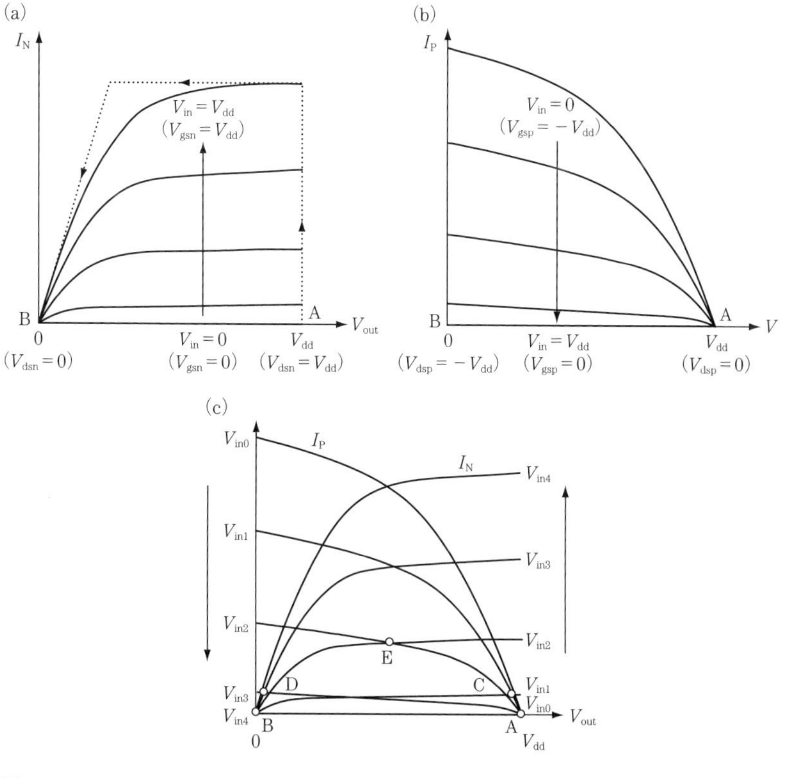

図 8.4　CMOS インバータにおける入力節点 (ゲート) 電圧を 0 から V_{dd} まで変化させた時の出力節点 (ドレイン) 電圧に対する (a) nMOS の電流 I_{N} と (b) pMOS の電流 I_{P}．同じ V_{in} と V_{out} で $I_{\mathrm{P}} = I_{\mathrm{N}}$ となる交点で決まる動作定常点 (白丸) を得るために両方の特性を (c) において重ねた．各曲線は各入力電圧で分類した．$0 = V_{\mathrm{in0}} < V_{\mathrm{in1}} < V_{\mathrm{in2}} < V_{\mathrm{in3}} < V_{\mathrm{in4}} = V_{\mathrm{dd}}$，およびそれぞれに相当する交点 A, C, E, D, B．V_{in} を 0 から V_{dd} に急峻にスイッチングした場合の点 A から B への nMOS におけるプルダウン遷移でのバイアス点の軌跡を (a) の点線に近似して示した．この軌跡はスイッチング遅延を議論する 8.2.1.3 目で使う．

意が必要である．インバータから流出する正味の電流は，$I = I_{\mathrm{P}} - I_{\mathrm{N}}$ である．出力節点の電圧は，$I > 0$ か $I < 0$ かによって増えたり減ったりする．図 8.3 に電流の向きを示した．

定常状態では $I = 0$，すなわち $I_{\mathrm{P}} = I_{\mathrm{N}}$ である．I_{P} と I_{N} が 0 になる動作点が 2 点ある．$V_{\mathrm{in}} = 0$ で $V_{\mathrm{out}} = V_{\mathrm{dd}}$ となる点 A，そして $V_{\mathrm{in}} = V_{\mathrm{dd}}$ で $V_{\mathrm{out}} = 0$ となる点 B である．V_{in} が 0 から V_{dd} の間のそれ以外の値となるときには，対応する V_{out} は図 8.4(c) の $I_{\mathrm{N}}(V_{\mathrm{in}})$ と $I_{\mathrm{P}}(V_{\mathrm{in}})$ の二つの曲線の交点として求められる．このようにして，CMOS インバータの V_{out}–V_{in} 曲線，すなわち，**伝達特性** (transfer curve) が図 8.5 のように得られる．点 C のような低い V_{in} では，V_{out} は高く，nMOS は飽和領域に，pMOS は線形領域にバイアスされる (図 8.4(c) の V_{in1})．点 D のような高い V_{in} では，V_{out} は低く，nMOS は線形領域にあり，pMOS は飽和領域にある (図 8.4(c) の V_{in3})．$V_{\mathrm{in}} = V_{\mathrm{dd}}/2$ に近い点 E (図 8.4(c) の V_{in2}) では，両方のデバイスが飽和している．このとき V_{out} が V_{in} よって最も急峻に変化する遷移領域にある．

図 8.4 の例で示したように，**伝達特性における high から low への遷移が中間点，$\boldsymbol{V_{\mathrm{in}} = V_{\mathrm{dd}}/2}$ で起こるためには，$\boldsymbol{I_{\mathrm{P}}}$ と $\boldsymbol{I_{\mathrm{N}}}$ が釣り合いがとれているのが望ましい．** このためには nMOS と pMOS のしきい値が対称性をもって釣り合っていることが必要である．さらに，pMOS の幅当たりの電流 $I_{\mathrm{P/w}} = I_{\mathrm{P}}/W_{\mathrm{P}}$ は本質的に nMOS の $I_{\mathrm{N/w}} = I_{\mathrm{N}}/W_{\mathrm{N}}$ に比べて低いことから，CMOS インバータでのデバイス幅の比は $I_{\mathrm{P/w}} \approx I_{\mathrm{N/w}}$ であるように

$$\frac{W_{\mathrm{p}}}{W_{\mathrm{n}}} = \frac{I_{\mathrm{N/w}}}{I_{\mathrm{P/w}}} \tag{8.5}$$

でなければならない．長チャネルの極限で，チャネル長としきい値を釣り合わせると考えて，式 (5.31)，図 5.14, 5.16 から $I_{\mathrm{N/w}}/I_{\mathrm{P/w}} \propto \mu_{\mathrm{n}}/\mu_{\mathrm{p}} \approx 4$ となる．短チャネルデバイスの場合は，しかしながら，nMOS の方が pMOS に比べて速度飽和が起こりやすいため，この比は小さくなる．通常，ディープサブミクロンにある CMOS 技術において，幅当たりの電流の比 $I_{\mathrm{N/w}}/I_{\mathrm{P/w}}$ はほぼ 2～2.5 である．したがって $\boldsymbol{W_{\mathrm{p}}/W_{\mathrm{n}} = 2}$ は

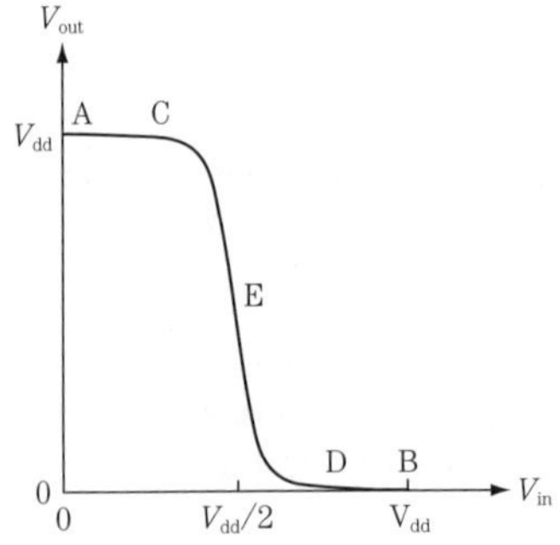

図 8.5　CMOS インバータの V_{out}–V_{in} 特性 (伝達特性)．点 A, C, E, D, B は図 8.4(c) に示した定常動作点 (白丸) に相当する．

CMOS インバータ設計において良い選択である．SiGe pMOS を用いた先端 CMOS 技術では，$I_{\mathrm{P/w}}$ を $I_{\mathrm{N/w}}$ に近づけることで，$W_{\mathrm{p}} = W_{\mathrm{n}}$ の対称設計を実現できる．

8.2.1.2 CMOS インバータノイズマージン

MOSFET の I_{ds}–V_{ds} 特性の非線形な飽和特性のため，V_{out}–V_{in} 特性も強い非線形性をもつ．V_{out}–V_{in} 特性での high から low への遷移での最も急峻な傾き $|\mathrm{d}V_{\mathrm{out}}/\mathrm{d}V_{\mathrm{in}}|$ (最大電圧利得とよばれる) は二つのトランジスタの $g_{\mathrm{m}}/g_{\mathrm{ds}}$ 比 (すなわち，相互コンダクタンスと出力コンダクタンスの比) となる．$I_{\mathrm{N}}(V_{\mathrm{gsn}}, V_{\mathrm{dsn}}) = I_{\mathrm{P}}(V_{\mathrm{gsp}}, V_{\mathrm{dsp}})$ の条件から，以下を示せる．

$$\frac{\mathrm{d}V_{\mathrm{out}}}{\mathrm{d}V_{\mathrm{in}}} = -\frac{g_{\mathrm{mN}} + g_{\mathrm{mP}}}{g_{\mathrm{dsN}} + g_{\mathrm{dsP}}} \tag{8.6}$$

ここで，$g_{\mathrm{mN}} \equiv \partial I_{\mathrm{N}}/\partial V_{\mathrm{gsn}}$，$g_{\mathrm{mP}} \equiv -\partial I_{P}/\partial V_{\mathrm{gsp}}(> 0)$，$g_{\mathrm{dsN}} \equiv \partial I_{\mathrm{N}}/\partial V_{\mathrm{dsn}}$，$g_{\mathrm{dsP}} \equiv -\partial I_{\mathrm{P}}/\partial V_{\mathrm{dsp}}(> 0)$ などである．

伝達特性のノイズマージンを定量化するために，図 8.6 に示すように，同一のインバータを直列に鎖状に接続 (カスケードチェーン接続) した回路について考える．図 8.7 の実線の曲線はインバータ#1, #3, #5, . . . の伝達特性，つまり，V_{out1} と V_{in1} の関係，V_{in3} と V_{out3} の関係，以下同様，を表している．相補な関係にある点線の曲線は，実線を反転したもの，あるいは $V_{\mathrm{in}} = V_{\mathrm{out}}$ の関係を示す一点鎖線に対して鏡像をとったものである．これがインバータ#2, #4, #6, . . . の伝達特性，つまり，V_{out2} と V_{in2} の関係，V_{in4} と V_{out4} の関係，以下同様，をひっくり返した曲線 (入力と出力の関係を逆にした曲線) を表している．2 値の論理状態は，左上隅の点 A と右下隅の点 B で表される．その間の点は完全な論理状態ではない．この図面では，インバータの各段を経たときの節点電圧が遷移する様子を，二つの曲線の間の水平線と垂直線が交互となった軌跡で視覚化している．座標 (V_{in1}, V_{out1}) での実線の曲線上の点 $i1$ からスタートすると，次の点 $i2$ は座標 (V_{out2}, V_{in2}) での点線の曲線上にある．$i1$ と $i2$ の間は $V_{\mathrm{in2}} = V_{\mathrm{out1}}$ なので水平である．次の点 $i3$ は実線の曲線上の座標 (V_{in3}, V_{out3}) に戻り，$V_{\mathrm{in3}} = V_{\mathrm{out2}}$ なので $i2$ とは垂直線でつながっている．以下同様である．この例では，節点電圧は，各インバータ段の後に，左上隅の完全な論理状態 A にどんどん近づいて遷移する．始点が

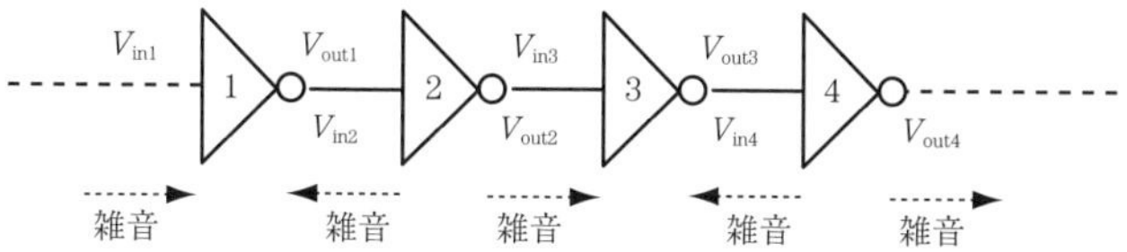

図 8.6 同一の CMOS インバータの多段接続 (カスケードチェーン) 回路．各段での入力への雑音電圧は図 8.8 のためである．

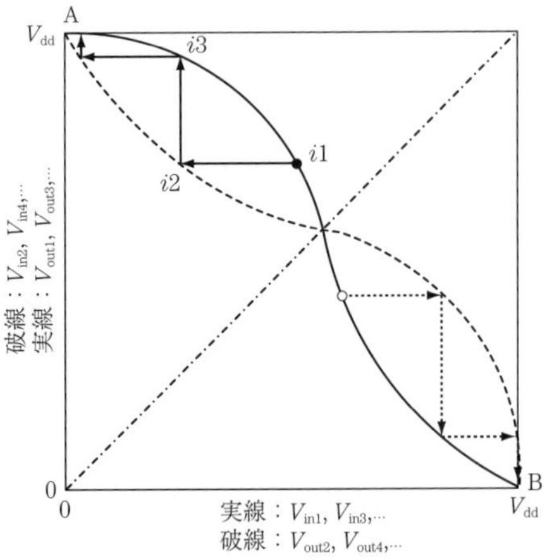

図 8.7　実線の伝達特性は奇数段のインバータのためである．反転した，破線の伝達特性は，偶数段のためである．曲線間をつないでいる線は，連続した各インバータ段における節点電圧の軌跡を示している．

図 8.7 の白丸のように $V_{in} = V_{out}$ の分割線より下にある場合，点線の線分に沿って右下隅のもう一つの論理状態 B に完全に遷移する．このような特性は**再生** (regenerative) とよばれ，節点電圧を完全なデジタル状態のいずれかに復元する．

これまでの描像に雑音を加えるために，図 8.8(a) で示した伝達特性をもつ 2 段だけのインバータ回路を考えよう．インバータ#1 (図 8.6) への正の雑音電圧は，出発点を実線上の $i1$ から $i1'$ へ飛ばす．もしインバータ#2 の入力に雑音がなければ，インバータ 2 段の回路の出力は図に示されるように点 $i3$ となる．もし $i3$ が $i1$ の左側ならば，雑音を伴う 2 段のインバータを経て，節点電圧は論理状態 A により近づく．一方，もし $i3$ が $i1$ の右側ならば，節点電圧は A から離れて論理状態 B に向かう．後者の場合，奇数段のインバータの入力電圧は雑音を伴ったサイクルを繰り返すと増えていき，最後には $V_{in} = V_{out}$ の線を越えてしまい，論理状態は失われる (A から B に反転する)．許される最大雑音電圧は，$i3$ が $i1$ の上に戻ってくるときとなる．

次にインバータ#2 (図 8.6) の入力に，同じ大きさの雑音電圧を負の信号にして加えてみよう．この例では，入力 1 では雑音電圧が正の信号のときに最悪になるのに対して，入力 2 では雑音電圧が負の信号のときに最悪になる．図 8.8(b) に示すように負の雑音電圧は，インバータ#2 の入力を $i2$ から $i2'$ へ飛ばす．最終的に論理状態を失わないための許される最大雑音電圧は，雑音のある 2 段の回路を通った後にちょうど $i1$ に戻ってくるものである．したがって**与えられた伝達特性におけるノイズマージンは，伝達特性とその相補的な曲線の間に入る最大の正方形の大きさから測れる** (Hill, 1968)．SRAM セルのノイズマージンについて同じ結果が得られる方法を図 12.7 に示してある．与えら

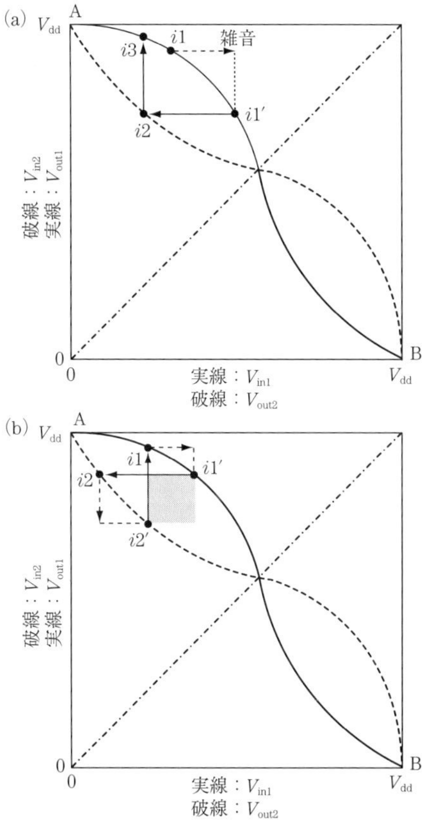

図 8.8　(a) インバータ#1 の入力に加わった雑音による端子電圧の軌跡．(b) インバータ#1 への正の雑音とインバータ#2 への負の雑音による端子電圧の軌跡．斜線部分は二つの伝達曲線に囲まれた最大の正方形を示している．正方形の 1 辺 VNM がノイズマージンの評価基準となる．

れた nMOS および pMOS での，より広いノイズマージンは，伝達特性での high から low への遷移が $V_{\mathrm{dd}}/2$ で起こるように式 (8.5) の幅の比を選べば達成される．

チップ環境における雑音による妨害のほとんどは，隣接する配線や素子で，遷移する電圧がカップリングすることで起こるため，雑音の大きさは，(高エネルギー粒子による「ソフトエラー」のようなほかの自然現象による場合を除けば) 電源からの供給電圧に比例すると予測される．熱雑音は $V_{\mathrm{dd}} \gg kT/q$ である限りは，注意を払うべき大きさをもっていない．したがって CMOS 回路でのノイズマージンの尺度は規格化された $V_{\mathrm{NM}}/V_{\mathrm{dd}}$ となる．ここで V_{NM} は図 8.8(b) の最大の正方形の 1 辺である．大きな $V_{\mathrm{NM}}/V_{\mathrm{dd}}$ (原理的には 0.5 まで) は，大きく歪んでいるが対称性のある曲線 (すなわち V_{in} が低いときから中間程度までは V_{out} が high になったままで，$V_{\mathrm{in}} = V_{\mathrm{dd}}/2$ において急峻に high から low へ遷移をする曲線) で得られる．一定の V_{dd} において図 8.4(c) の伝達特性の説明から，しきい値電圧 $V_{\mathrm{t}}/V_{\mathrm{dd}}$ が高いと $V_{\mathrm{NM}}/V_{\mathrm{dd}}$ が改善することがわかる．実際，最良のノイズマージンは，遅延特性はよくないものの，サブスレッショルド領域での動作で得られる (Frank ら，2001)．V_{dd} が縮小しても，V_{dd} が kT/q 程度にならない限り，$V_{\mathrm{NM}}/V_{\mathrm{dd}}$ は V_{dd} にとくに敏感ではない．デジタル回路機能に必要な非線形 I–V 特性を得るには，kT/q の数倍の V_{dd}, たとえば 100〜200 mV が最低必要である (Swanson と Meindl, 1972)．$V_{\mathrm{dd}} \sim 1\,\mathrm{V}$ 程度では，一般的な CMOS 論理回路の供給電源の選択は，ノイズマージンではなく，8.4.3 項で示す電力と性能の関係に依存している．

8.2.1.3　CMOS インバータのスイッチング特性

次に CMOS インバータの基本的なスイッチング特性について考える．最も単純な入力波形は，ゲート電圧の low から high (あるいは high から low) への急峻な階段状の遷移である．たとえば，図 8.4(a) の点 A にバイアスされたインバータで，V_{in} が 0 から V_{dd} にステップ状の遷移を起こすとする．遷移の前では，nMOS はオフで pMOS はオンであり，遷移の後では nMOS はオンで pMOS はオフである．このとき，点 A から点 B に至る V_{out} の軌跡は，図 8.4(a) に示す nMOS の $V_{\mathrm{in}} = V_{\mathrm{dd}}$ の曲線に沿って移動する．出力節点の全容量 (スイッチングを行う側のインバータの出力容量と，次段あるいは駆動されるすべての入力容量の双方からなる) が二つの容量，すなわち，グラウンド線に対する C_- と，V_{dd} 線に対する C_+ で表されるとすると，プルダウン特性は以下のように求められる (図 8.3).

$$C_- \frac{\mathrm{d}(V_{\mathrm{out}} - 0)}{\mathrm{d}t} + C_+ \frac{\mathrm{d}(V_{\mathrm{out}} - V_{\mathrm{dd}})}{\mathrm{d}t} = -I_{\mathrm{N}}(V_{\mathrm{in}} = V_{\mathrm{dd}})$$

または

$$(C_- + C_+) \frac{\mathrm{d}V_{\mathrm{out}}}{\mathrm{d}t} = C \frac{\mathrm{d}V_{\mathrm{out}}}{\mathrm{d}t} = -I_{\mathrm{N}}(V_{\mathrm{in}} = V_{\mathrm{dd}}) \tag{8.7}$$

ここでは初期状態を $V_{\mathrm{out}}\,(t = 0) = V_{\mathrm{dd}}$ とした．また，$C = C_- + C_+$ であり，グラウンドと V_{dd} に対する容量からなる．簡単にするために，$I_{\mathrm{N}}\,(V_{\mathrm{in}} = V_{\mathrm{dd}})$ 曲線を二つに区分して近似を行う．$V_{\mathrm{out}} > V_{\mathrm{dsat}}$ の飽和領域では，$I_{\mathrm{N}} = I_{\mathrm{onN}}$ で一定とする．$V_{\mathrm{out}} < V_{\mathrm{dsat}}$ の線形領域では, 抵抗値 $V_{\mathrm{dsat}}/I_{\mathrm{onN}}$ の抵抗となり, $I_{\mathrm{N}} = (I_{\mathrm{onN}}/V_{\mathrm{dsat}})\,V_{\mathrm{out}}$ とする (図 8.4(a) には点線で示されている)．解である $V_{\mathrm{out}}\,(t)$ は図 8.9(a) に示されている．V_{in} が 0 から V_{dd} にスイッチすると，V_{out} は線形に I_{onN}/C という減少率で，$V_{\mathrm{out}} = V_{\mathrm{dsat}}$ に至るまで時間とともに減少する．V_{dsat} 以下では，V_{out} は 0 に向かって時定数 $CV_{\mathrm{dsat}}/I_{\mathrm{onN}}$ の指数関数的な減少をみせる．同様にして，V_{in} が V_{dd} から 0 に急峻にスイッチする際の pMOS のプルアップ動作 (図 8.4(b) で点 B から開始する) を

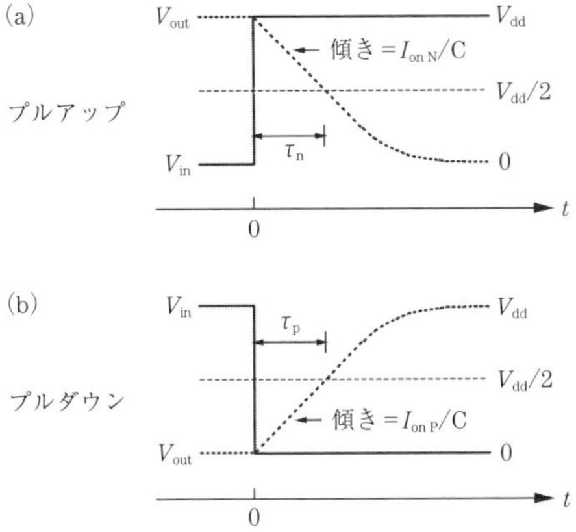

図 8.9 CMOS インバータの出力節点電圧 (点線) 波形．(a) 入力電圧の急峻な上昇 (実線) の際のプルダウン遷移，(b) 入力電圧の急峻な降下 (実線) の際のプルアップ遷移．

図 8.9(b) に示してある．この場合，V_{out} は pMOS の $V_{\mathrm{in}} = 0$ の曲線に沿って移動する．初期の電流の時間に対する増大率は I_{onP}/C で与えられる．

プルダウンの場合に，出力電圧が 0 に達するには相当の時間がかかるため，nMOS のプルダウン遅延 τ_{n} は，出力電圧が $V_{\mathrm{dd}}/2$ に達するのに必要な時間として定義することが多い．図 8.9(a) より明らかなように，プルダウン遅延は次式で表される．

$$\tau_{\mathrm{n}} = \frac{CV_{\mathrm{dd}}}{2I_{\mathrm{onN}}} = \frac{CV_{\mathrm{dd}}}{2W_{\mathrm{n}}I_{\mathrm{onN/w}}} \tag{8.8}$$

ここで $I_{\mathrm{onN/w}} \equiv I_{\mathrm{onN}}/W_{\mathrm{n}}$ は，nMOS の単位幅当たりの電流である．同様に，pMOS のプルアップ遅延は次式で表される．

$$\tau_{\mathrm{p}} = \frac{CV_{\mathrm{dd}}}{2I_{\mathrm{onP}}} = \frac{CV_{\mathrm{dd}}}{2W_{\mathrm{p}}I_{\mathrm{onP/w}}} \tag{8.9}$$

ここで，$I_{\mathrm{onP/w}} \equiv I_{\mathrm{onP}}/W_{\mathrm{p}}$ は pMOS の単位幅当たりの電流である．**CMOS インバータで対称な伝達特性を得るために，式 (8.5) で与えられるデバイス幅の比で設計されているとすると，プルアップとプルダウンの遅延は等しくなる．** pMOS の導電性の低いことは，デバイスの幅を nMOS よりも広げることで補うことができる．最小スイッチング遅延 $\tau = (\tau_{\mathrm{n}} + \tau_{\mathrm{p}})/2$ を得るためのデバイス幅の比は式 (8.5) で得られるものとは一般に異なる (Hedenstierna と Jeppson, 1987)．しかし，最小値といっても差異は小さく，対称 CMOS インバータのスイッチング遅延と最小値との違いは，通常 5％以下である．

8.2.1.4　スイッチングエネルギーと電力消費

CMOS インバータあるいはほかの論理回路をスイッチングすると，ある決まった量のエネルギーが電源から取り出される．まず，図 8.3 で出力節点とグラウンドとの間にある C_- に注目しよう．CMOS インバータのプルアップ遷移の間に，C_- の電荷は 0 から $\Delta Q_- = C_- V_{\mathrm{dd}}$ に変化する．これは，エネルギー $V_{\mathrm{dd}}\Delta Q_- = C_- {V_{\mathrm{dd}}}^2$ が電源からプルアップ遷移の際に流れ出たことを意味する．このうち半分の $C_- {V_{\mathrm{dd}}}^2/2$ は，pMOS の抵抗で充電電流として消費される．残りの半分の $C_- {V_{\mathrm{dd}}}^2/2$ は容量 C_- に蓄えられる．このエネルギーは，次のプルダウンが起こるまで容量中にとどまる．プルダウンの際には C_- の電荷は 0 まで低下し，蓄えられていたエネルギーは nMOS の抵抗を流れて放電電流として消費される．同様に，図 8.3 に示されている出力節点と V_{dd} の間につながれた容量 C_+ には，エネルギー $C_+ {V_{\mathrm{dd}}}^2$ がプルダウン遷移の間に電源から供給される．この半分は nMOS の抵抗で放電電流として消費され，残りの半分の $C_+ {V_{\mathrm{dd}}}^2/2$ は容量 C_+ に蓄えられる．蓄えられたエネルギーは，pMOS の抵抗で次のプルアップ遷移中に消費される．

以上の議論から，グラウンド，あるいは V_{dd} につながっているどんな容量 C でも，充電あるいは放電される際にエネルギー $C{V_{\mathrm{dd}}}^2/2$ を不可逆的に消費することが明らかである．1 対の遷移，すなわち，プルアップからプルダウン $(0 \to V_{\mathrm{dd}} \to 0)$，あるいは，プルダウンからプルアップ $(V_{\mathrm{dd}} \to 0 \to V_{\mathrm{dd}})$ からなる完全なサイクルを考えるのが普通であり，その場合，1 サイクルでエネルギー $C{V_{\mathrm{dd}}}^2$ が消費されることになる．[例外は二つのスイッチング節点間のミラー容量 (Miller capacitance) である (8.4.4.3 目)．]

直流的な電力消費は CMOS では無視できるので，考慮すべき電力消費は，スイッチングに由来するものだけである．(低 V_{t} デバイスの待機時電力消費は，6.3.1.2 目で議論する．) CMOS 回路におけるピーク電力消費は $V_{\mathrm{dd}} I_{\mathrm{onN}}$ あるいは $V_{\mathrm{dd}} I_{\mathrm{onP}}$ に達しうるが，平均的な電力消費はどの程度頻繁にスイッチングが行われるかにかかっている．CMOS プロセッサでは，論理ゲートのスイッチングはクロック周波数 f で制御されている．仮に平均して，総等価容量 C がクロック周期の $T = 1/f$ 内で充放電されるとすると平均電力消費は，

$$P = \frac{C{V_{\mathrm{dd}}}^2}{T} = C{V_{\mathrm{dd}}}^2 f \tag{8.10}$$

である．ここで時間 T 内のプルアップとプルダウンの遷移はそれぞれ，容量 C の半分に関与することに注意されたい．また，たとえば容量が 4 回クロック周期内にスイッチされると (アップ–ダウンのサイクルを 2 回行うと) その容量は 2 回 C に積算される．式 (8.10) は，8.4.3 項において電力–遅延トレードオフの議論で用いられる．

ここまでで議論した簡単な遅延と電力の解析では，V_{in} の急峻なスイッチングを仮定した．通常，V_{in} は前段から供給され，それゆえに有限の立ち上りと立ち下がり時間を

有する．そのため，図 8.4 の A から B，あるいは B から A へのスイッチングの軌跡はもっと複雑なものになる．V_{in} が一定の曲線にとどまるのではなく，V_{in} が上下するに従って，バイアス点は異なる曲線間を移動する．それに加えて，プルアップあるいはプルダウンのどちらの遷移を考えるときでも，I_{N} と I_{P} の両方を考慮に入れないといけない．なぜなら，一方のトランジスタがオンされるとき，他方のトランジスタは完全にはオフにはなっていないからである．これはスイッチングが起こると，**貫通電流** (crossover current/short-circuit current) が V_{dd} 端子とグラウンドの間に瞬間的に流れることを意味しており，式 (8.10) に新たな電力消費項を加えることになる．さらにもう一つ複雑度を増す要因がある．容量 C_- と C_+ は一般に先に式 (8.7) で仮定したような一定のものではなく，電圧依存性をもつ．より広範な数値解析については 8.4 節で取り上げる．

8.2.1.5 準静的な仮定

ここまでの CMOS スイッチング特性に関する議論では，デバイスの応答時間，すなわち電荷が再分布するのに必要な時間は端子電圧が変わる時間スケールよりずっと速いと，明示的ではないが仮定されてきた．これは，**準静的** (quasistatic) な仮定とよばれる．言い換えると，外部電圧の変化にデバイスは瞬時に応答するという仮定である．この仮定は入力の立ち上り，あるいは立ち下がりの時間がチャネル中のキャリアの通過時間よりもずっと長ければ有効である．一般的にはキャリア走行時間は

$$t_{\mathrm{r}} = \int_0^L \frac{\mathrm{d}y}{v(y)} \tag{8.11}$$

と表される．ここで $v(y)$ はチャネル中の位置 y でのキャリアの速度である．電流連続性から $I = WQ_{\mathrm{i}}(y)v(y)$ は y によらず一定なので，式 (8.11) は

$$t_{\mathrm{r}} = \frac{W}{I}\int_0^L Q_{\mathrm{i}}(y)\,\mathrm{d}y = \frac{Q_{\mathrm{I}}}{I} \tag{8.12}$$

となる．ここで Q_{I} はデバイス中の総可動電荷である．

飽和にある長チャネル MOSFET では I は式 (5.31) で表され，Q_{I} は式 (5.71) で与えられる．そこで，走行時間は $L^2/\mu_{\mathrm{eff}}V_{\mathrm{dd}}$ のオーダーである．完全に速度飽和を起こしたデバイスでは，走行時間は L/v_{sat} に漸近し，1 μm MOSFET では 10 ps 程度の，0.1 μm MOSFET では 1 ps 程度の大きさである．これらの値は，それぞれの対応する技術で作製した無負荷 CMOS インバータの遅延に比べて 1 桁以上小さい (Taur ら，1985；Taur ら，1993c)．このことは，スイッチング時間はトランジスタ内のキャリアの再分布に必要な時間ではなく，寄生容量によって制限され，したがって，準静的な方法が妥当であることを示している．

8.2.2 CMOS NAND ゲートと NOR ゲート

前項で取り上げた CMOS インバータは，論理信号を反転させるのに用いられ，バッファ，出力ドライバ，ラッチ (逆向きに並列接続された二つのインバータ) の構成部品という役目を果たす．しかし，インバータは一つしか入力をもたず，論理演算を行えない．スタティック CMOS 論理回路で最も広く用いられている多入力ゲートは，図 8.10 の NAND と NOR である．NAND ゲートでは，いくつかの nMOS が出力節点とグラウンドとの間に，直列に接続されている．また，同じ数の pMOS が V_{dd} と出力節点との間に，並列につながれている．それぞれの入力信号は，インバータの場合と同様に，対となる nMOS と pMOS 両方のゲートにつながれている．この構成では，出力節点はすべての nMOS がオンになったときのみ，すなわちすべての入力が high(V_{dd}) となるときのみ，グラウンドに引き下げられる．入力のうちの一つが low(0 V) である場合，出力節点とグラウンドとの間の低抵抗パス (経路) が絶たれ，他方，pMOS の一つがオン状態となり，出力節点は V_{dd} に引き上げられる．NAND と反対に，図 8.10(b) の NOR 回路は，出力節点とグラウンドとの間に接続された並列接続の nMOS と V_{dd} と出力節点間に直列接続された pMOS で構成される．出力はすべての入力が low であるときのみ，すなわち，すべての pMOS がオンで，すべての nMOS がオフのときのみ，high になる．それ以外の場合，出力は low となる．

nMOS と pMOS，あるいは直列接続と並列接続の相補的な性質から，V_{dd} とグラウンドとの間には，スイッチング時を除くと，低抵抗な直接の経路はない．言い換えると，CMOS インバータと同様に，**どのような入力の組み合わせに対しても，CMOS NAND 回路と NOR 回路のいずれの場合でも，静的な電流や待機時電力消費はない**．しかし，回路の出力抵抗は，導通状態のトランジスタを用いるため低い．

実際の CMOS 技術では，NAND 回路は NOR 回路よりもはるかに多く使われる．これは高い抵抗のトランジスタを並列に，低い抵抗のトランジスタを直列にする手法が好ましいためである．pMOS は移動度が低いため抵抗が高く，直列 (縦積み) で使われることはほとんどない．NAND ゲートでは，低い抵抗の nMOS を直列に高い抵抗の pMOS を並列につなぐことで，プルアップ動作とプルダウン動作におけるバランスを改善し，高いノイズ耐性と高い動作速度を得ている．

8.2.2.1 2 入力 NAND ゲート

例として，図 8.11 の 2 入力 NAND (two-input NAND/two-way NAND/NAND with a fan-in of two) の伝達特性とスイッチング特性について考察する．V_{dd} と出力節点との間に接続された二つの並列な pMOS があるため，2 入力 NAND のプルアップ動作はインバータのそれと同様である．二つの pMOS の一方がオフ状態のときに他方がオン状態になる場合の充電電流は，前項で議論した CMOS インバータのプルアップ時

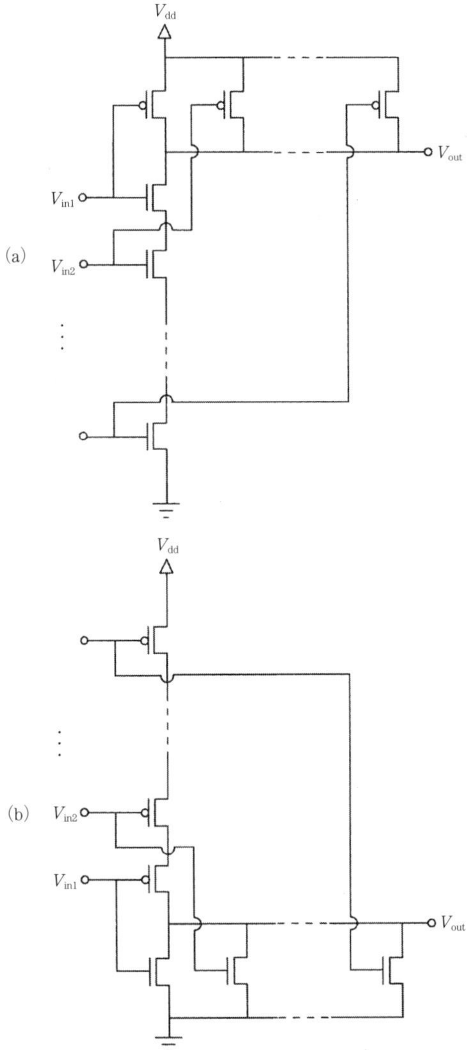

図 8.10 回路構成図．(a) CMOS NAND，(b) CMOS NOR (多入力信号には，V_{in1}，V_{in2}，のように記号をつけている)．

の pMOS を流れる電流と同じと考えてよい．両方のトランジスタがプルアップを行う場合には，合計の充電電流は pMOS の幅が 2 倍になったかのように倍増する．一方，二つの nMOS は出力とグラウンドとの間に直列 (縦積み) 接続されており，このスイッチングの様子はインバータのそれとは大幅に異なっている．下側のトランジスタ N2 では，そのソースはグラウンドにつながれており，ゲート–ソース間電圧は単純に V_{in2} である．しかし，上側のトランジスタ N1 では，ソースが V_x というグラウンドよりも高い電位にある (図 8.11 参照)．V_x は N1 のスイッチング特性にきわめて重要な役割をもつ．なぜなら，N1 のオン状態の度合いを決定するゲート–ソース間電圧が $V_{\text{in1}} - V_x$ で与えられるからである．トランジスタ N1 のソース電圧 V_x は，負の基板バイアス $V_{\text{bs}} = -V_x$ (図 5.19) がかかることを意味し，これは式 (5.59) で説明したようにしきい値電圧を上昇させるため，トランジスタ N1 は基板バイアス効果の影響も受けやすい．

スイッチングには，それぞれ特性の異なる 3 通りの過程が考えられる．これらについて以下で説明する．

ケース A (下側スイッチング：入力 1 が V_{dd} にとどまり，入力 2 がスイッチする場合)
最初は，たとえ $V_{\text{in1}} = V_{\text{dd}}$ であっても，$V_x > V_{\text{dd}} - V_{\text{t}}$ なので，$V_{\text{gs}}(\text{N1}) = V_{\text{dd}} - V_x < V_{\text{t}}$ であり，N2 はサブスレッショルド領域にある．入力 2 の 0 から V_{dd} への立ち上りによる遷移は，インバータにおける nMOS によるプルダウンとほとんど同じである．$V_{\text{in2}} \leq V_{\text{dd}}/2$ の低い電圧の入力があった場合には，トランジスタ N2 は飽和領域にある．トランジスタ N1 は線形領域でも飽和領域でも良く，どちらの場合でも，N2 のドレイン電圧を小さくするだけであり N2 の電流はほとんど影響を受けない．V_{out} と V_{in2} の関係として示されるこの場合の伝達特性は，$W_{\text{p}}/W_{\text{n}} = I_{\text{n}}/I_{\text{p}} \approx 2$ であれば，CMOS インバータと同様である (図 8.12)．$V_{\text{in2}} > V_{\text{dd}}/2$ の高い入力電圧の場合，トランジスタ N2 が飽和領域から外れるため，N1 の抵抗によって電流はある程度減少する．

ケース B (上側スイッチング：入力 2 が V_{dd} でとどまり，入力 1 がスイッチする場合)
トランジスタ N2 が，スイッチング動作のほとんどの間で線形領域にあるのに対し，トランジスタ N1 は飽和領域にある．ゆえに，トランジスタ N2 は，トランジスタ N1 の

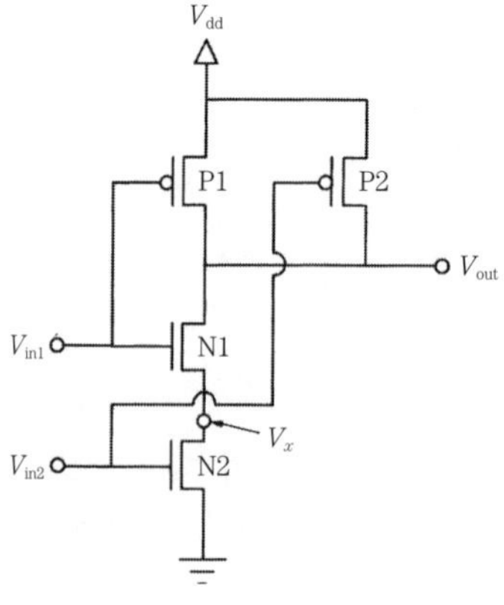

図 8.11　2 入力 CMOS NAND の回路図 (トランジスタには P1，P2，N1，N2 と記号がつけてある．)

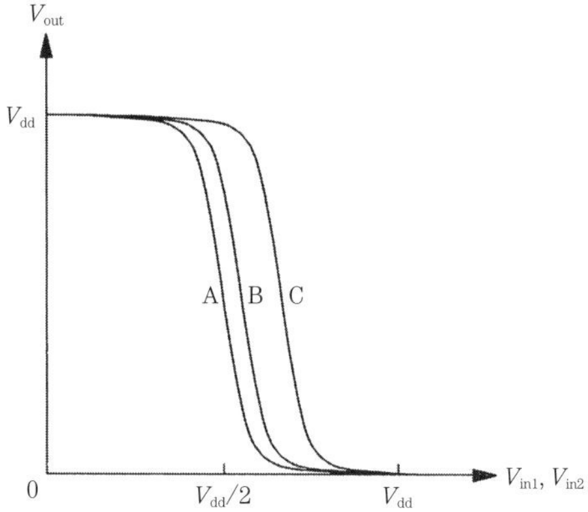

図 8.12　本文で述べられている異なる 3 つのスイッチング状態について求めた，2 入力 NAND の伝達特性 (デバイス幅の比 W_p/W_n は，この図の場合は 2 と仮定した．)

ソース端子につながれた直列抵抗のように働く．二つのトランジスタの間の電位 V_x は，電流の大きさによるが，わずかにグラウンドより高くなる．N1 のゲート–ソース間電圧が $V_{in1} - V_x$ へ低下し，N1 のしきい値電圧がボディ効果によって $(m-1)V_x$ だけ上昇することによって，プルダウン電流は低下する．結果として，図 8.12 の伝達特性で示しているように，high から low への遷移には，わずかではあるが高い V_{in1} が必要である．ケース B では，ケース A に比べてプルダウン電流はわずかに減少するが，スイッチング時間は，出力負荷が重すぎない限り，ケース A の場合と同程度である．これはケース A において，上側のトランジスタ N1 に関する付加的な容量が，V_{dd} からグラウンドに放電される必要があるためである．これらの要因は 8.4.6 項でさらに詳細に議論する．

ケース C (入力 1, 2 が同時にスイッチする場合)　2 入力 CMOS NAND のプルダウン動作におけるワーストケースは，二つの入力が両方とも 0 から V_{dd} に立ち上がるケースである．トランジスタ N2 は，常に線形領域にバイアスされている一方，トランジスタ N1 は，V_{out} の値が小さければ線形領域に，大きければ飽和領域にバイアスされていることがわかる．この場合，nMOS のプルダウン電流は，直列接続の結果，インバータに比べておおよそ 1/2 に減少する．一方，プルアップ電流は pMOS の並列接続により，インバータの場合の 2 倍となる．これにより，伝達曲線の high から low への遷移が，図 8.12 にケース C として示されているように，$V_{dd}/2$ よりずっと大きな V_{in} に変わる．

8.2.2.2　NAND 回路のノイズマージン

異なるスイッチング条件下で伝達曲線の遷移点が移動するため，CMOS NAND ゲートのノイズマージンは CMOS インバータのノイズマージンに劣っている．図 8.13 に示

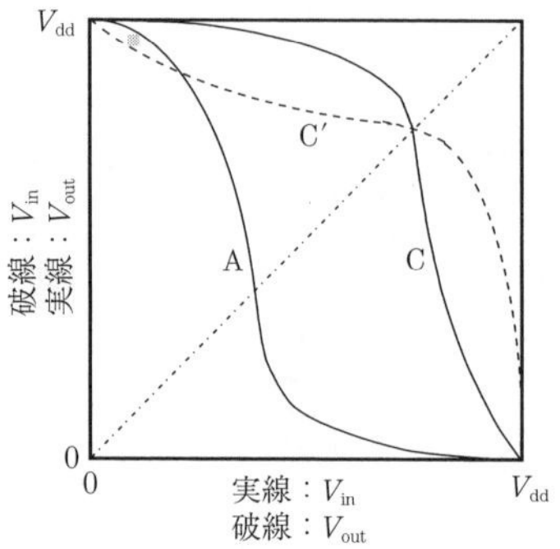

図 8.13　NAND 回路における最悪ノイズマージンの例．曲線 C′ は $V_{in} = V_{out}$ の線を軸とした C の鏡像である (Liu ら，2006)．

す誇張されたケースでは，曲線 A と曲線 C がすべての可能な伝達特性の両極端を表している．幅の選択 (W_p/W_n) において行える最善策は，A と C が $V_{dd}/2$ の両側で対称になることである．最悪のシナリオを考慮する場合には，スイッチング条件 A と C を交互に切り替える NAND 段の多段接続のノイズマージンを考慮する必要がある．つまり，最悪な状況でのノイズマージンは，曲線 A と曲線 C′ (C を反転させたもの) との間に囲まれた小さい側の正方形の大きさで決まる．例で図示したように，ノイズマージンは激しく劣化するが，依然正である．もし電源電圧が低すぎ，ファンイン (入力数) が多すぎる場合は，A と C′ の間に交点がなくなって終わる．これは，スイッチング時に最悪な状況での動作を繰り返すことで最後には論理状態が喪失することを意味する．高いしきい値はノイズマージンには通常有益であるが，スイッチング速度は損なわれる．NAND または NOR 回路において論理の一貫性を保つために必要な電源電圧の最小値は $(5\sim10)kT/q$ 程度である (Frank ら，2001)．

8.2.3　インバータと NAND のレイアウト

8.2.3.1　単一デバイスのレイアウト

CMOS 回路の密度と遅延性能は，個々の製造技術におけるレイアウトの設計ルール (設計基準) (ground rules) で決定される．図 8.14 に，典型的な孤立した MOSFET と，その断面構造図を示す．3 つの主要なマスク層，活性領域 (素子分離)，ポリシリコンゲート，コンタクトホールのみが示してある．CMOS プロセスを完了するには，nMOS と pMOS 領域のチャネルとソース–ドレイン領域へのドーピングのために，これに加えていくつかのイオン注入マスクが必要である．デバイスプロセスあるいはフロントエンド (FEOL: front-end-of-line) プロセスの後に，チップを形成する回路ネットワーク中のトランジスタ間を接続するバックエンド (BEOL: back-end-of-line) プロセスで何層も

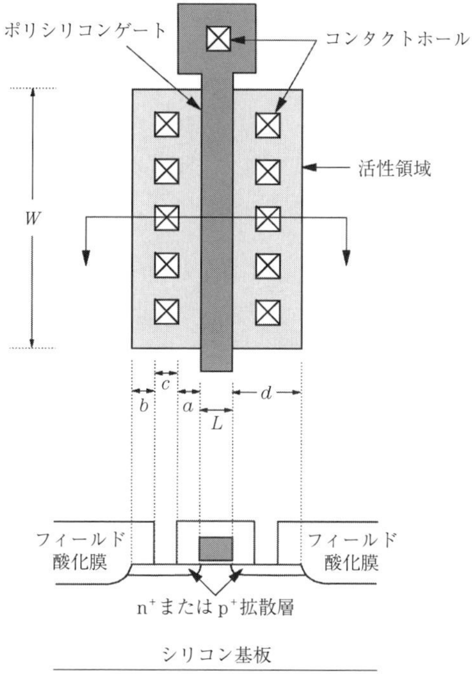

図 8.14 単一の MOSFET の基本的なレイアウトと，これに対応する断面構造 (いくつかの重要な設計基準が図示されている.)

の配線層がつくられる.

図 8.14 では，デバイス長と幅をそれぞれ，L と W で示してある．c で示されているコンタクトホールの寸法は，リソグラフィ技術の限界に応じて定められる．コンタクトホールとゲート間，コンタクトと活性領域端間の間隔はそれぞれ，a, b と表されている．層間の合せ余裕を線幅の偏差や変動とともに許容するために，これらの最小距離は設計ルールとして必要である．加え合わせることで a, b, c は，ゲートとフィールド (分離) との距離，すなわち n^+ あるいは p^+ 拡散層の幅 d を定める．CMOS の遅延に関する限り，拡散領域が広くなると遷移の際に充放電される寄生容量が大きくなるので，d はできるだけ小さくするべきである．サリサイド技術 (8.3.1.3 目) などで拡散層にシリサイドが用いられると，コンタクトホールをデバイスの幅いっぱいに敷きつめずにすむため，幅の広い MOSFET の拡散層面積はいくぶん減少させることが可能である．活性領域の外のポリシリコンへのコンタクト面積は，これにより増加する容量がその下の厚いフィールド酸化膜 (ゲート酸化膜よりも 50 倍以上厚い) のおかげで無視できるので，決定的な要因ではない.

8.2.3.2　CMOS インバータのレイアウト

図 8.15(a) に，$W_{\rm p}/W_{\rm n} \approx 2$ の CMOS インバータの単純なレイアウトを示す．$V_{\rm dd}$，GND，入力，出力に接続される 4 つの金属配線が描かれている．pMOS 領域には，n ウェル注入と $\rm p^+$ ソース–ドレイン注入が 2 枚のイオン注入マスクを用いて行われる．nMOS 領域には，p 型チャネル注入と $\rm n^+$ ソース–ドレイン注入が pMOS とは白黒反対のマスクを用いて行われる．一つの論理ゲート (ファンアウト 1) を出力側次段にもつ，ある段の遅延として定義できる CMOS インバータの真性遅延は，最終段になんらかの寄生成分の影響がなければデバイスの幅には依存しない．これは，図 8.15(a) のような直線状のゲートレイアウトの場合，電流と容量 (ゲートと拡散層) がともにデバイスの幅に比例するからである．**寄生容量への接合の寄与は，図 8.15(b) の折り返しレイアウトを用いることで，劇的に減少させられる**．ドレイン部を，対称配置された二つのソース領域とフォーク型のポリシリコンゲートではさむことで，電流のためのデバイス幅は拡

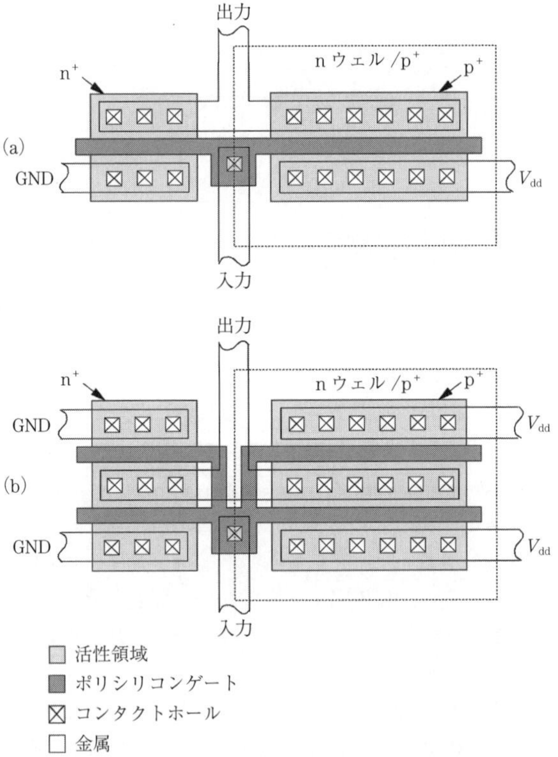

図 8.15　CMOS インバータのレイアウト (a) 直線ゲート，(b) 寄生拡散層容量を最小化するための折り返しゲート

散層の面積を増やすことなく実効的に倍増できる．言い換えると，レイアウト (b) の実効的なデバイス幅あたりの接合容量は，(a) に比べて約半分ということである．ただし，図 8.14 の $a+b+c$ が $2a+c$ と同程度であると仮定している．ソース電圧はスイッチングされないため，ソース領域の面積が遅延に対して重要でないことには注意されたい．

8.2.3.3 2 入力 CMOS NAND のレイアウト

2 入力 CMOS NAND の典型的なレイアウトを図 8.16 に示す．二つの入力ゲートにはさまれたスイッチング節点を用いて，二つの並列接続された pMOS が折り返しインバータのように配置されている．この手法は再び，接合容量を最小化する．二つの nMOS は，入力ゲート間の V_x 節点を介して直列に接続されている．V_x の拡散層にはコンタクトが必要ないので，その幅は最小線幅と同じように狭くできる．すなわち，L, c 同等であり，この部分の容量は比較的小さい．

8.3 寄 生 成 分

MOSFET デバイス構造には，CMOS 回路の駆動電流やスイッチング遅延に悪影響を及ぼす抵抗や容量の寄生成分が存在する．本節では，そういった寄生的な成分としてソース–ドレイン抵抗，接合容量，オーバーラップ容量，ゲート抵抗，配線 RC 成分について取り扱うとする．

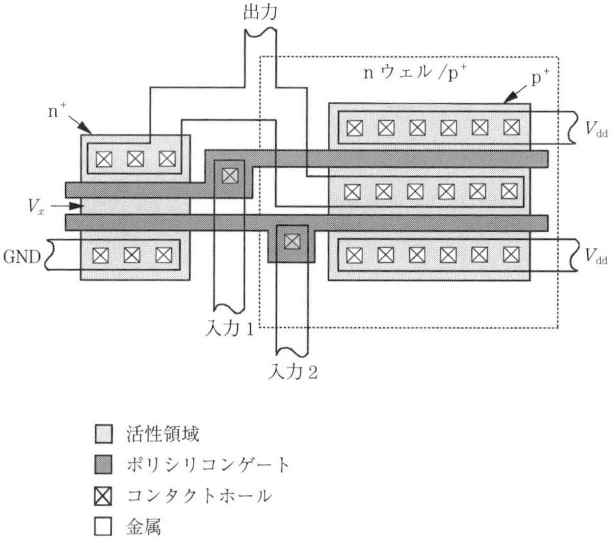

図 8.16 図 8.11 の等価回路に対応した，2 入力 CMOS NAND のレイアウト例

8.3.1 ソース–ドレイン抵抗

8.3.1.1 ソース–ドレイン抵抗の端子電圧への影響

図 8.17 の等価回路を用いてソース–ドレイン抵抗の影響を考える．ソース抵抗 R_{s} とドレイン抵抗 R_{d} は，電圧 V_{ds} と V_{gs} が印加される外部端子，そして**真性 MOSFET** (寄生成分の影響が無く本来の特性を示す MOSFET) に接続されていると仮定する．真性 MOSFET に印加されている内部電圧は V'_{ds} と V'_{gs} である．電流と電圧は次の関係がある．

$$V'_{\mathrm{ds}} = V_{\mathrm{ds}} - (R_{\mathrm{s}} + R_{\mathrm{d}})I_{\mathrm{ds}} \tag{8.13}$$

および

$$V'_{\mathrm{gs}} = V_{\mathrm{gs}} - R_{\mathrm{s}}I_{\mathrm{ds}} \tag{8.14}$$

図 8.17 に示すように，寄生抵抗を含む実際のデバイスは，ソースが接地され，ゲート端子とドレイン端子に V'_{gs} と V'_{ds} が印加され，基板に逆バイアス $-R_{\mathrm{s}}I_{\mathrm{ds}}$ が印加されている真性 MOSFET と等価である．標準的な CMOS プロセスでは，ソースとドレインの領域は対称である．したがって，$R_{\mathrm{s}} = R_{\mathrm{d}} = R_{\mathrm{sd}}/2$ である．ただし，R_{sd} はソース–ド

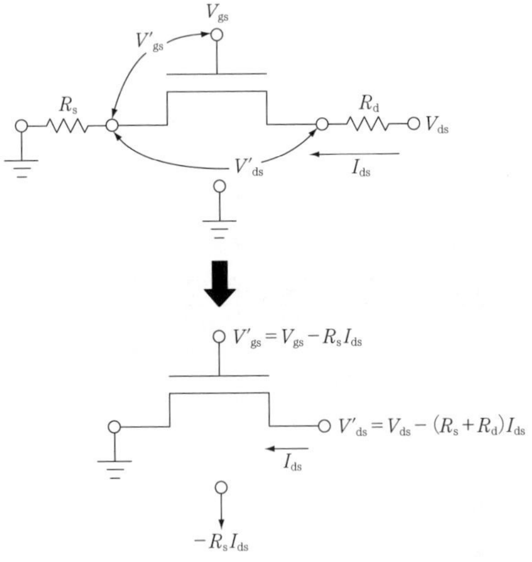

図 8.17　ソースとドレインの直列抵抗をもつ MOSFET の等価回路．上の回路は，端子電圧を再定義した下の回路と等価である．

レイン間の全寄生抵抗である．式 (5.23) より，線形領域におけるチャネルの真性抵抗は次のようになる．

$$R_{\mathrm{ch}} \equiv \frac{V'_{\mathrm{ds}}}{I_{\mathrm{ds}}} = \frac{L/W}{\mu_{\mathrm{eff}} C_{\mathrm{inv}} \left(V'_{\mathrm{gs}} - V'_{\mathrm{t}}\right)} \tag{8.15}$$

ここで，V'_{t} は基板に逆バイアスを印加したときのしきい値電圧である．R_{ch} は，単位を $\Omega/\square$ であるチャネルのシート抵抗率 ρ_{ch} を用いて $R_{\mathrm{ch}} \equiv (L/W)\,\rho_{\mathrm{ch}}$ と表せる．一般的な見積もりでは，$\rho \approx 1/[\mu_{\mathrm{eff}}\varepsilon_{\mathrm{ox}}\mathcal{E}_{\mathrm{ox}}]$ である．ただし，$\mathcal{E}_{\mathrm{ox}}$ は酸化膜中の電界である．$\mu_{\mathrm{eff}} \sim 200\,\mathrm{cm}^2/\mathrm{V}\cdot\mathrm{s}$ かつ 7〜10 MV/cm の最大酸化膜電界を用いると，$\rho_{\mathrm{ch}} \sim 2000\,\Omega/\square$ となり，技術の世代には依存しない．ソース–ドレイン抵抗は，本質的に $R_{\mathrm{ch}} \times W = \rho_{\mathrm{ch}} \times L$ が小さな短チャネルの MOSFET では重大な影響を及ぼす．たとえば，$L \sim 20\,\mathrm{nm}$ の場合，上述の ρ_{ch} の評価法では $R_{\mathrm{ch}} \times W \sim 40\,\Omega\cdot\mu\mathrm{m}$ となり，実際につくられる最良の $R_{\mathrm{sd}} \times W$ の 100〜200 $\Omega\cdot\mu\mathrm{m}$ よりも低い．ソース側の抵抗はとくに問題となり，ゲートによる駆動を劣化させる．

8.3.1.2 ソース–ドレイン抵抗の端子電圧への影響

図 8.18 は MOSFET のソース (あるいは，ドレイン) 領域における電流の流れを示したものである (Ng と Lynch, 1986)．ソース–ドレインの抵抗はいくつかの部分に分けられる．R_{ac} はゲート–ソースあるいはゲート–ドレインのオーバーラップ部の蓄積層抵抗である．ここでは電流は主に表面近くを流れる．R_{sp} は表面層からソース–ドレインの深

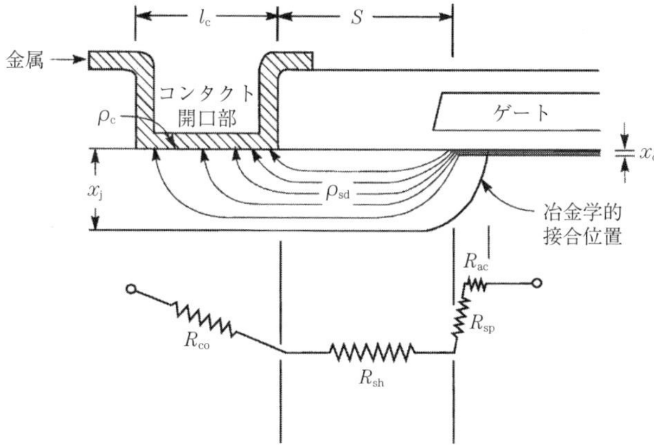

図 8.18 MOSFET のチャネルからソース (または，ドレイン) 領域を経てメタルとのコンタクトへ至る，電流の流れのパターンを示す断面構造図 (下部の回路図は，直列抵抗へのさまざまな寄与の成分を示すものである．z 方向のデバイスの幅は W と仮定されている．) [Ng と Lynch (1986) より引用]

さにまで，均一に電流が広がる過程に伴うものである．R_{sh} は電流が均一に流れているソース–ドレイン領域のシート抵抗である．R_{co} は電流が金属配線に流れ込む領域のコンタクト抵抗である．(コンタクト下部のシリコン中の広がり抵抗を含む.) アルミニウムあるいは銅の抵抗率は極めて低く $\rho_{\mathrm{Al}} \approx 3 \times 10^{-6}\,\Omega \cdot \mathrm{cm}$ または $\rho_{\mathrm{Cu}} \approx 2 \times 10^{-6}\,\Omega \cdot \mathrm{cm}$ なので，いったん電流が金属配線に流れ込むと，抵抗が加わることはほとんどない．VLSI の配線ではアルミニウムの厚さは主に，0.5〜1.0 μm である．式 (2.40) よりシート抵抗は，0.05 Ω/□ 程度となる．長く薄い配線が幅の広い MOSFET につながれている場合を除いて，これは無視できる．図 8.18 にはデバイスの片側の直列抵抗だけが示されている．ソースとドレインが対称だとすれば，デバイスあたりのソース–ドレイン直列抵抗の合計は，もちろん図 8.18 の倍になる．以下ではソース–ドレイン抵抗のさまざまな成分について考察する．

蓄積層のシート抵抗率 ρ_{ac} は，シート抵抗に換算したチャネル抵抗率 ρ_{ch} よりも低い．一般に，表面からバルクへの電流注入は，抵抗の和 $R_{\mathrm{ac}} + R_{\mathrm{sp}}$ が最小になるように行われる (Ng と Lynch, 1986)．R_{sp} の解析的な式は，図 8.19 に示されている理想化された状態，すなわち電流の広がりが均一にドーピングされた抵抗率 ρ_{j} の媒体中で生じるという仮定の下で，求められている (Baccarani と Sai-Halasz, 1983)．

$$R_{\mathrm{sp}} = \frac{2\rho_{\mathrm{j}}}{\pi W} \ln\left(0.75\,\frac{x_{\mathrm{j}}}{x_{\mathrm{c}}}\right) \tag{8.16}$$

ここで W はデバイス幅，x_{j} と x_{c} はそれぞれ接合深さと反転層 (あるいは蓄積層) 厚さである．典型的な $x_{\mathrm{j}}/x_{\mathrm{c}} \approx 40$ という値に対し，$R_{\mathrm{sp}} \approx 2\rho_{\mathrm{j}}/W$ が得られる．通常，電流の広がりはソース–ドレイン間のドーピングが横方向に減少する領域で起こり，局所の抵抗率は非常に不均一になるため，実際には R_{sp} は式 (8.16) よりも複雑になる．高濃度ドーピングで急峻に変化するソース–ドレインの不純物濃度分布の場合，$10^{20}\,\mathrm{cm}^{-3}$ ドーピングで

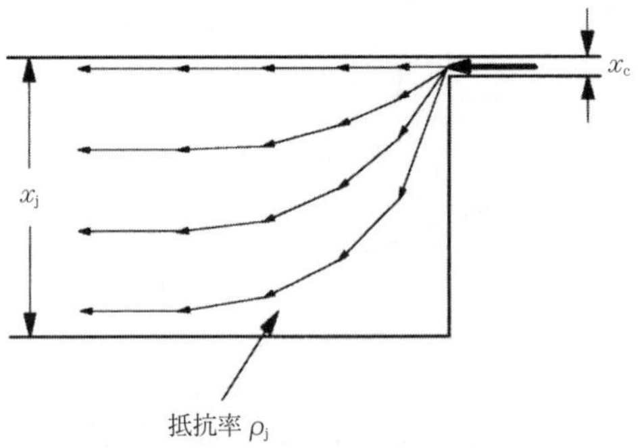

図 8.19　電流が表面層から均一にドープされた，ソース (あるいは，ドレイン) 領域に広がる注入領域に基づく抵抗成分を示す模式図 [Baccarani と Sai-Halasz (1983) より引用]

$\rho_j = 10^{-3}\,\Omega\cdot\mathrm{cm}$ であるため R_{ac} と R_{sp} はともに低く (図 2.10)，$R_{sp} \times W = 20\,\Omega\cdot\mu\mathrm{m}$ となる．

次に，R_{sh} と R_{co} について考察する．図 8.18 に基づくと，ソース–ドレイン拡散層のシート抵抗は，単純に下式のように与えられる．

$$R_{sh} = \rho_{sd}\frac{S}{W} \tag{8.17}$$

ここで，W はデバイスの幅，S はゲート端とコンタクト端との間隔，ρ_{sd} はソース–ドレイン拡散層のシート抵抗 (50～500 Ω/□ 程度の値が一般的) である．デバイス中では $\rho_{sd} \ll \rho_{ch}$ であるため，コンタクトリソグラフィ工程でのゲートに対する合わせ余裕により決まる S を十分に小さくしておけば，この項は通常，無視できる．サリサイドによる拡散層シリサイド化を用いない場合，デバイス幅のほぼすべてにわたってコンタクトを配置すれば，図 8.14 のように $S = a$ となる．

伝送線路モデル (transmission-line model) (Berger, 1972) に基づいて，コンタクト抵抗は次式で与えられる．

$$R_{co} = \frac{\sqrt{\rho_{sd}\rho_c}}{W}\coth\left(l_c\sqrt{\frac{\rho_{sd}}{\rho_c}}\right) \tag{8.18}$$

ここで l_c はコンタクト開口 (contact window) 幅 (図 8.18)，ρ_c はオーミック接触 (Ohmic contact) の金属–シリコン間界面の**コンタクト抵抗率** (contact resistivity) $(\Omega\cdot\mathrm{cm}^2)$ である．R_{co} にはコンタクト直下シリコン中で起きる電流集中による抵抗が含まれる．拡散層のシリサイド化が行われていない場合，l_c は図 8.14 の c に等しい．式 (8.18) は**短コンタクト**と**長コンタクト**の二つの極限をもつ．短コンタクトの極限では $l_c \ll (\rho_c/\rho_{sd})^{1/2}$ となり，界面コンタクト抵抗が次式のように支配的になる．

$$R_{co} = \frac{\rho_c}{Wl_c} \tag{8.19}$$

この場合，電流は，程度の差はあれ，コンタクト領域全体に均一に流れる．一方，長コンタクトの極限では $l_c \gg (\rho_c/\rho_{sd})^{1/2}$ となり，次式が求められる．

$$R_{co} = \frac{\sqrt{\rho_{sd}\rho_c}}{W} \tag{8.20}$$

ほとんどの電流はコンタクトのゲート側の端に流れ込むため，これは l_c に依存しない式となっている．ひとたび長コンタクトの状況になれば，l_c を大きくするメリットは失われる．パラメータ $(\rho_c/\rho_{sd})^{1/2}$ は文献によっては**伝搬長** (transfer length) とよばれる．

金属と高濃度ドープされたシリコンとの間のオーミック接触では，伝導電流はトンネリングまたは電界放出に支配される (3.2.3 項)．コンタクト抵抗率 ρ_c は，障壁高さ ϕ_B と表面ドーピング濃度 N_d に指数関数的に依存する［式 (3.132) および式 (3.133)］．

$$\rho_c \propto \exp\left(\frac{4\pi\phi_B}{h}\sqrt{\frac{m^*\varepsilon_{si}}{N_d}}\right) \tag{8.21}$$

ここで h はプランク定数，m^* は電子の有効質量である．ドーピング濃度とコンタクト材料によるが，ρ_c は 10^{-6}〜$10^{-8}\,\Omega\cdot\text{cm}^2$ であることが多い．

8.3.1.3 サリサイド技術を用いた場合の抵抗

先端 CMOS では，R_{sh} と R_{co} はともに，自己整合シリサイドプロセス，すなわちサリサイド技術を用いることによって大幅に減少する (Ting ら，1982)．図 8.20 に示されているように，サリサイド法では抵抗率の非常に低い (≈ 2〜$10\,\Omega/\square$) シリサイド膜がゲートとソース–ドレイン全体に形成されている．電極間は自己整合プロセスによる絶縁膜スペーサで分離されている．シリサイドのシート抵抗は，ソース–ドレインのそれよりも 1 桁から 2 桁低いので，実質的にはシリサイド層にすべての電流が引きこまれ，R_{sh} に明らかに寄与するのは，シリサイド化されていないスペーサの下の部分だけになる．これにより式 (8.17) の S は，0.1〜0.2 μm に低減され，$R_{sh}\times W$ はわずか，$50\,\Omega\cdot\mu\text{m}$ に低減できる．同時にこの場合，拡散層全体がコンタクト領域となるので，ソース–ドレインとシリサイドとの間の R_{co} も低減される．つまり，図 8.14 で定義した拡散層の幅 d は，式 (8.18) のコンタクト開口幅 l_c になる．この場合の電流は長いコンタクトの極限にほぼ等しく，式 (8.20) を適用できる．

CMOS プロセスでは，$TiSi_2$ (もしくは，$CoSi_2$, NiSi) のようにバンドギャップの中央付近に相当する仕事関数をもつ材料が，n^+ と p^+ シリコンに対してほぼ同じ障壁高さを得るために必要である．実験的に求められた $TiSi_2$ と n^+ (あるいは p^+) シリコンの間の ρ_c は，10^{-6}〜$10^{-7}\,\Omega\cdot\text{cm}^2$ のオーダーである (Hui ら，1985)．それゆえに，式 (8.20) に基づいてシリサイド化された拡散層の $R_{co}\times W$ は，50〜$200\,\Omega\cdot\mu\text{m}$ の範囲にあるといわれている (Taur ら，1987)．シリサイドと金属の間のコンタクト抵抗は，適切に行われている製造工程の下では，界面コンタクト抵抗率が 10^{-7}〜$10^{-8}\,\Omega\cdot\text{cm}^2$ 程度であるので，通常無視できる範囲である．

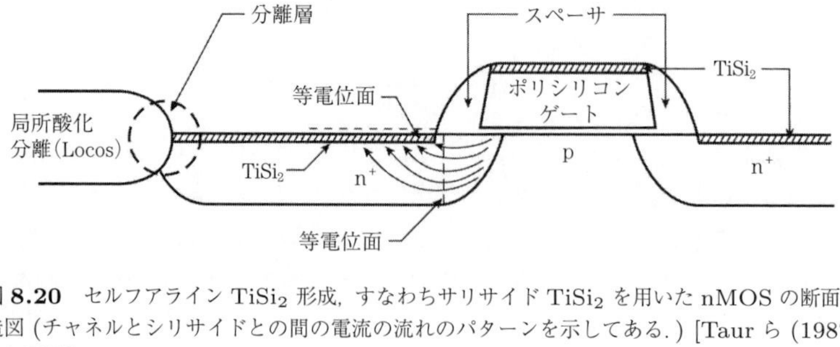

図 8.20 セルフアライン $TiSi_2$ 形成，すなわちサリサイド $TiSi_2$ を用いた nMOS の断面構造図 (チャネルとシリサイドとの間の電流の流れのパターンを示してある．) [Taur ら (1987) より引用]

8.3.2　寄　生　容　量

MOSFET の構造と容量の関係を図 8.21 に示す．5.4 節で議論した真性容量 C_{G} に加えて，寄生容量がある．寄生容量とは，ソース (あるいはドレイン) 拡散層と基板 (またはウェル) との間の接合容量と，ゲートとソース (あるいはドレイン) の重なりによるオーバーラップ容量である．これらの容量は，CMOS 遅延に明瞭な影響を与えるものである．

8.3.2.1　接　合　容　量

ソース (あるいは，ドレイン) と，それに対して反対の伝導型にドーピングされた基板との間の空乏電荷により，接合あるいは拡散層容量が生じる．ソース (またはドレイン) 電圧が変わると，空乏電荷はそれに応じて時間とともに増減する．MOSFET がオン状態の場合，チャネル–基板間の空乏容量 $C_{\mathrm{D}} = WLC_{\mathrm{d}}$ ［図 8.21，C_{d} は式 (4.38) で与えられる］もまた，ソース (あるいはドレイン) の接合容量の一部と考えられることには注意されたい．短チャネルデバイスは一般に，拡散層面積に比べてチャネル面積が小さいので，この容量の寄与は通常小さい．

急峻な p–n 接合の空乏層幅 W_{dj} は，式 (3.15) で与えられる．したがって，図 8.14 に示す $W \times d$ のレイアウトにおける拡散領域に対する全接合容量は次のようになる．

$$C_{\mathrm{j}} = Wd\frac{\varepsilon_{\mathrm{si}}}{W_{\mathrm{dj}}} = Wd\sqrt{\frac{\varepsilon_{\mathrm{si}}qN_{\mathrm{a}}}{2(\psi_{\mathrm{bi}} + V_{\mathrm{j}})}} \tag{8.22}$$

ここで，N_{a} は低濃度ドープ側のドーピング濃度，V_{j} は接合にかかる逆方向バイアス電圧，ψ_{bi} は内蔵電位である．内蔵電位は主に 0.9 V 程度の値である (図 3.4 参照)．式 (8.22) は，ソース (あるいはドレイン) の接合容量が電圧依存性をもつことを示している．ドレイン電圧が高くなると空乏層は広がり，容量は減少する．図 3.5 にはバイアスが 0 の場合における空乏層幅と容量の N_{a} 依存性が示されている．N_{a} の増大とともに接合容量は増大するので，ソース–ドレイン接合下部の基板 (あるいはウェル) に不必要に高いドー

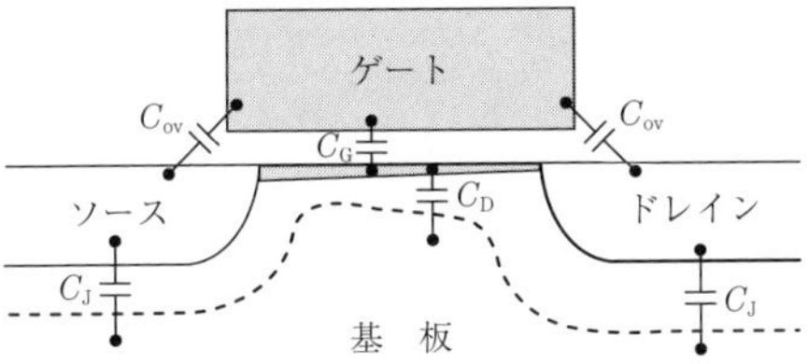

図 8.21　真性容量 (C_{G}) と寄生容量 (C_{J}，C_{D}，C_{ov}) を示した MOSFET の断面構造図 (ソース側とドレイン側の C_{J} は，バイアス電圧によっては異なる値となる)

ピングを行うべきではない．しかし，ドーピング濃度を下げすぎると 6.1.2 項で議論したように，短チャネル効果の悪化やパンチスルーを招きかねない．コンタクトが形成されない拡散層では，リソグラフィの最小線幅と同程度に d は小さくできる．スイッチング節点の拡散層容量は，図 8.15(b) のような折り返しレイアウトを用いて約半分に低減できる．

8.3.2.2 オーバーラップ容量

図 8.22 は，ゲート–ソース間とゲート–ドレイン間のオーバーラップ容量を，直接オーバーラップ，外部フリンジ (fringe)，内部フリンジの 3 つの成分に分解している．直接オーバーラップ成分は，

$$C_{\mathrm{do}} = W l_{\mathrm{ov}} C_{\mathrm{ox}} = \frac{\varepsilon_{\mathrm{ox}} W l_{\mathrm{ov}}}{t_{\mathrm{ox}}} \tag{8.23}$$

で与えられる．ただし，l_{ov} はソースあるいはドレインで，ゲートの下にある領域の長さである．ラプラス方程式を適切な境界条件の下，解析的に解くことで，外部および内部フリンジ成分は以下のように表される (Shrivastava と Fitzpatrick, 1982)．

$$C_{\mathrm{of}} = \frac{2\varepsilon_{\mathrm{ox}} W}{\pi} \ln\left(1 + \frac{t_{\mathrm{gate}}}{t_{\mathrm{ox}}}\right) \tag{8.24}$$

$$C_{\mathrm{if}} = \frac{2\varepsilon_{\mathrm{si}} W}{\pi} \ln\left(1 + \frac{x_{\mathrm{j}}}{2t_{\mathrm{ox}}}\right) \tag{8.25}$$

ここで t_{gate} はゲート電極の高さで，x_{j} はソース–ドレイン接合の深さである．式 (8.24) と (8.25) では，ゲート電極とソース–ドレイン接合が理想的な直角の角をもつと仮定している．典型的な値，$t_{\mathrm{gate}}/t_{\mathrm{ox}} \approx 40$ と $x_{\mathrm{j}}/t_{\mathrm{ox}} \approx 20$ を用いると，上式から $C_{\mathrm{of}}/W \approx 2.3\varepsilon_{\mathrm{ox}} \approx 0.08\,\mathrm{fF/\mu m}$ と $C_{\mathrm{if}}/W \approx 1.5\varepsilon_{\mathrm{si}} \approx 0.16\,\mathrm{fF/\mu m}$ という値が得られる．内部フリンジのほうがシリコンの大きな誘電率のために大きいが，これは $V_{\mathrm{gs}} < V_{\mathrm{t}}$ でゲート下部が空乏化しているときのみ存在している．いったん $V_{\mathrm{gs}} > V_{\mathrm{t}}$ になると反転層が形成され，ゲートとソース–ドレインの内側端との間のいかなる静電結合も効果的に遮蔽する．

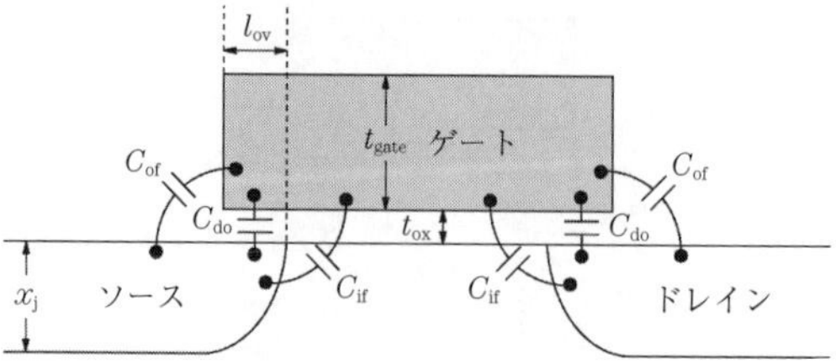

図 8.22　ゲートと拡散層のオーバーラップ容量の 3 成分を示す MOSFET の断面構造図

これらの数値的な見積もりから，$V_{gs}=0$ (ゲート下でシリコンは空乏である) での全オーバーラップ容量は以下のように表される．

$$C_{ov}(V_{gs}=0)=C_{do}+C_{of}+C_{if}\approx\varepsilon_{ox}W\left(\frac{l_{ov}}{t_{ox}}+7\right) \tag{8.26}$$

式 (8.26) は，ソース–ドレイン領域は完全な導電性を仮定していることに注意されたい．実際には，ソース–ドレイン表面の横方向ドーピング濃度勾配によって，オーバーラップ容量はドレイン電圧に依存する．これは LDD (Lightly Doped Drain) MOSFET でよくあることである．

ゲートされていない領域へのホットキャリア注入による，信頼性問題の発生を避けるためには，直接オーバーラップ長は最低 $l_{ox}\approx(2\sim3)t_{ox}$ 程度が必要といわれている (Chan ら, 1987b)．言い換えると，ゲートとソース–ドレインのアンダーラップ (underlap) (オーバーラップの不足) を防ぐためには，このような余裕が必要である．この要求を式 (8.26) と組み合わせると，技術の世代に無関係にゲート電圧ゼロにおいて，$C_{ov}/W\approx10\varepsilon_{ox}\approx0.3\,\mathrm{fF/\mu m}$ が得られる．

8.3.3 ゲート抵抗

現在の CMOS では，抵抗を下げ，n^+ ゲート，p^+ ゲート両方にオーミックコンタクトを得るために，シリサイドがポリシリコンゲート上に形成されている．シリサイドのシート抵抗は 2～10 Ω/□ 程度である．しかし，CMOS 技術の縮小化が進み，デバイスの遅延が改善された結果，ゲートの RC 遅延が無視できないことがある．シリサイドの抵抗率が細線化により上昇する傾向が問題を複合化させている．これは凝集 (agglomeration)，あるいは $TiSi_2$ の相転移を促す核の欠如によるものである．ゲート RC 遅延は交流で見えてくる効果であり，直流 I–V 特性では観測できない．これはリングオシレータ，インバータチェーン，あるいはほかの論理回路などで余分な遅延成分として現れるものである．より最近の CMOS 技術世代では，金属ゲートを用いており，この問題は軽減している．

ゲートの RC 遅延は，図 8.23 の分布定数回路を用いて解析できる．ここで，MOSFET のゲート幅は W，ゲート長は L とし，単位長さ当たりの抵抗 R はシリサイドのシート抵抗 ρ_g (Ω/□) を用いて，下式で与えられる．

$$R=\frac{\rho_g}{L} \tag{8.27}$$

単位長さ当たりの容量 C は，ある点の電位が上昇 (あるいは下降) した際に，供給 (あるいは排出) される反転電荷に主によるものである．良い近似として C はゲート酸化膜容量を用いて表すことができる．

$$C=C_{ox}L=\frac{\varepsilon_{ox}L}{t_{ox}} \tag{8.28}$$

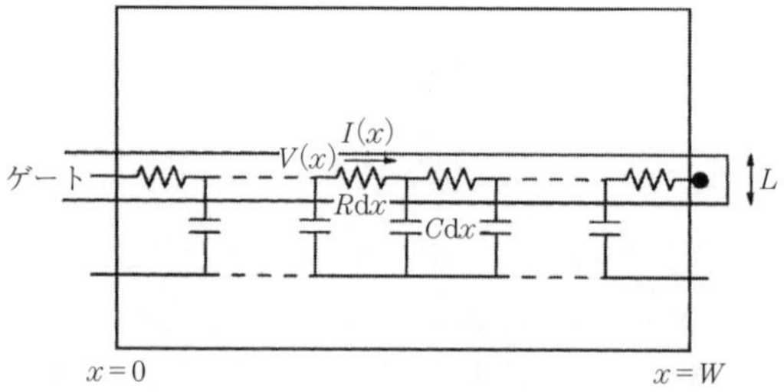

図 8.23　*RC* 遅延解析のための分布定数回路 (下の線路はソース–ドレインにつながっているチャネルを表している．ステップ状の入力電圧は左側に加えられる．)

精度を上げるためには，単位ゲート幅当たりのオーバーラップ容量も C に含める必要がある．

ゲートに沿った任意の点 x において，次のように書ける．

$$V(x+\mathrm{d}x)-V(x)=\frac{\partial V}{\partial x}\mathrm{d}x=-I(x)R\,\mathrm{d}x \tag{8.29}$$

$$I(x+\mathrm{d}x)-I(x)=\frac{\partial I}{\partial x}\mathrm{d}x=-C\,\mathrm{d}x\frac{\partial V}{\partial t} \tag{8.30}$$

式 (8.29) と (8.30) から $I\,(x)$ を削除すると，

$$\frac{\partial^2 V}{\partial x^2}=RC\frac{\partial V}{\partial t} \tag{8.31}$$

が得られる．分布定数回路の RC 遅延を支配する微分方程式は，拡散係数 $D=1/RC$ の拡散方程式に似ている．0 から V_{dd} にステップ状に変化する電圧が $x=0$ に加えられたとすると，境界条件は $V(0,t)=V_{\mathrm{dd}}$，$I(W,t)=0$ と与えられる．これは有限の幅をもった媒質への供給濃度一定の拡散と類似している．この場合の数値解析結果を図 8.24 に示す (Sakurai, 1983)．$t \ll RCW^2/8$ とすると，近似解は**余誤差関数** (complementary error function) を用いて与えられる．

$$V(x,t)=V_{\mathrm{dd}}\,\mathrm{erfc}\left(\frac{x}{\sqrt{4t/RC}}\right) \tag{8.32}$$

ここで，

$$\mathrm{erfc}(y)\equiv\frac{2}{\sqrt{\pi}}\int_y^{\infty}e^{-z^2}\,\mathrm{d}z \tag{8.33}$$

である．$t \gg RCW^2/4$ の場合，近似解は以下のようになる

$$V(x,t)=V_{\mathrm{dd}}\left[1-\frac{4}{\pi}\sin\left(\frac{\pi x}{2W}\right)\exp\left(-\frac{\pi^2 t}{4RCW^2}\right)\right] \tag{8.34}$$

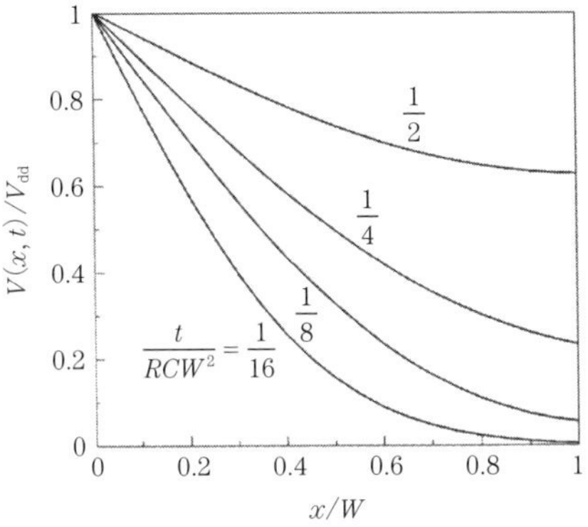

図 8.24　$V_{\rm dd}$ が $x=0$ に与えられた後の異なる時間経過に対する，デバイスの幅方向の局所的なゲート電位分布

図 8.24 より，$V(x,t)$ の $0<x<W$ の範囲の平均値は，$t\approx RCW^2/4$ が経過すると $V_{\rm dd}/2$ に達することがわかる．この値をゲート抵抗による実効的な RC 遅延 $\tau_{\rm g}$ とすれば，式 (8.27), (8.28) を用いて R と C を置き換えると，次式が得られる．

$$\tau_{\rm g}=\frac{\rho_{\rm g}C_{\rm ox}W^2}{4} \tag{8.35}$$

$\tau_{\rm g}$ はゲート長には依存せず，幅の 2 乗に比例することに注意されたい．$\tau_{\rm g}$ を 1 ps 以下にするためには，$\rho_{\rm g}=10\,\Omega/\square$ で，$t_{\rm ox}=1.0\,{\rm nm}$ とすると，デバイスの幅 W は 3.4 µm，あるいはそれ以下に制限されないといけない．**高い電流駆動能力が必要とされる場合には，図 8.25 に示すように，ソースとドレインを，ゲートをはさんで互いに入り込ませ，マルチフィンガー型 (multiple-finger) にしたゲートレイアウトを用いるべきである．**このようなレイアウトには，図 8.15(b) の折り返しレイアウトと同様に，ドレイン接合容量を半減するメリットもある．

8.3.4　配線の R と C

8.3.1 項から 8.3.3 項で議論したほかの寄生成分と異なり，配線容量と抵抗は，8.2 節で議論した CMOS インバータや NAND ゲートのようなごく小規模な回路の遅延には非常に小さな効果しか及ぼさない．しかし，大きな回路マクロや VLSI チップの規模になると，配線の R や C はシステム性能を決める主要な要因となる．とくにスタンダードセル (standard cell) では，配線容量が回路遅延を支配している．本項では，まず配線容量を取り上げ，次に配線抵抗について議論する．

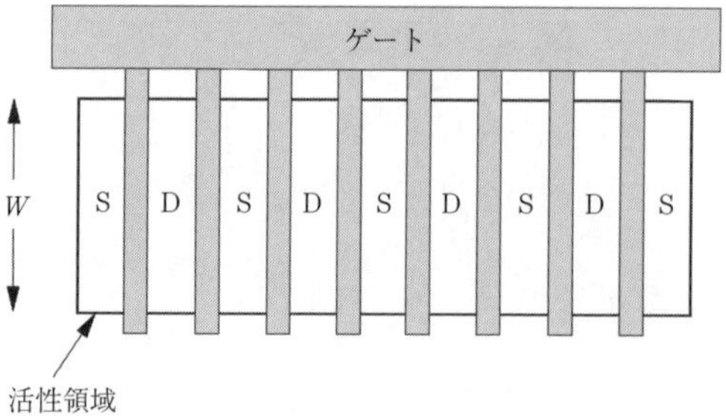

図 8.25　複数のゲートフィンガーで分割され相互に接続されたソース領域と相互に接続されたドレイン領域からなる MOSFET のレイアウト．活性領域 (active region) は，図 8.14 に示すような素子分離マスクによって定義される．すべてのソース領域は金属配線 (図示せず) でつなぎ合わされている．すべてのドレイン領域も同様である．これらを並列に接続することで，合計の駆動電流は $n \times W$ 幅の MOSFET と等価になる．n はゲートフィンガー数で，ゲート RC 遅延は単一 W の RC 遅延で与えられる．

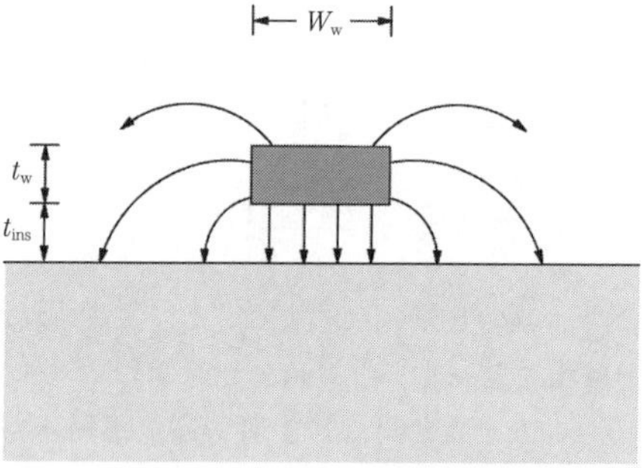

図 8.26　1 本の配線と導電体平面との間の静電結合の様子 (配線下のまっすぐな電気力線は容量の平行平板成分を表す．配線の側壁，あるいは上部から出る電気力線は，容量のフリンジ電界成分を構成する．) [Bakoglu (1990) より引用]

8.3.4.1　配　線　容　量

一般に配線容量は，平行平板 (面積) 成分，フリンジ電界成分，配線間成分，の 3 つの成分からなる．図 8.26 は平行平板容量あるいはフリンジ電界容量を構成する電気力線を示したものである (Bakoglu, 1990)．単位長さ当たりの総容量 $C_{\rm w/l}$ は，2 次元のラプラス方程式を解くことで求められる．その結果を，配線幅と層間絶縁膜厚さの比 $W_{\rm w}/t_{\rm ins}$ を横軸として図 8.27 に示した (Schaper と Amey, 1983)．$W_{\rm w} \gg t_{\rm ins}$ のときだけ，単位長さ当たりの総容量は平行平板成分 $\varepsilon_{\rm ins}W_{\rm w}/t_{\rm ins}$ (図 8.27 のまっすぐな 1 点鎖線) で近似できる．$W_{\rm w}/t_{\rm ins}$ が減少するにしたがって，フリンジ電界成分はより重要となり総容量は平行平板成分よりずっと大きなものになる．このため $W_{\rm w} \ll t_{\rm ins}$ の場合には，総容量は 1 pF/cm (層間絶縁膜をシリコン酸化膜として) の最低値に漸近する．この結果

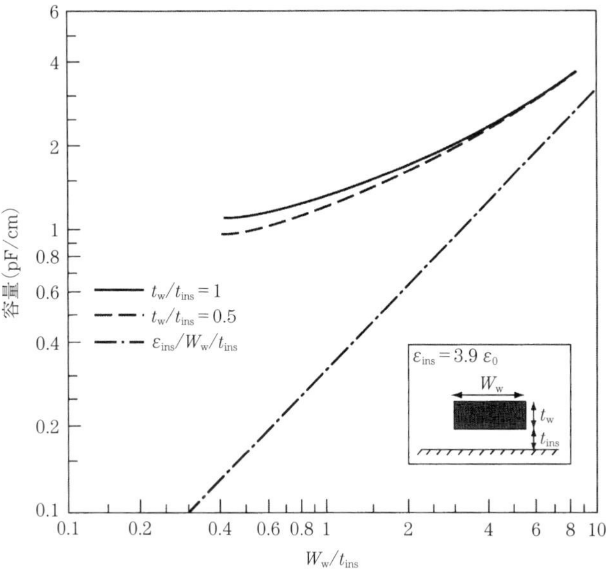

図 8.27 図 8.26 の構成を前提とした，配線幅と層間絶縁膜厚さの比 (W_w/t_{ins}) に対する単位長さ当たりの配線容量 (1 点鎖線の直線は，平行平板近似で求めた容量である．誘電体は比誘電率 3.9 の酸化膜と仮定した.) [Schaper と Amey (1983) より引用]

は，絶縁膜厚さが配線幅と同程度になると，層間絶縁膜厚さを増やし容量を減らそうとすることが有効でなくなることを示している．配線の厚さ t_w を減らすことも，図 8.27 に示されているように，あまり効果的ではない．

現在の VLSI チップでは，高い集積密度を実現するために，ほぼ一対一の配線幅と間隔をもつ最小ピッチで配置された配線がしばしば用いられている．隣接する配線による寄与のために，これが配線間容量をさらに増大させる大きな原因となっている．図 8.28 に，上下の導電平面ではさまれ，線幅と間隔が一対一で配置された配線列の 2 成分の和である総容量の計算値を示す．図 8.28 の挿入図に示すとおり，配線の厚さ，上下の絶縁層 (窒化膜と酸化膜) の厚さはすべて，1 μm と仮定した．容量は，金属配線の幅あるいは配線間隔の関数として計算した．配線幅と配線間隔が厚さよりもずっと大きいときには，容量は上下の導電平面に対する平行平板容量とフリンジ容量の和で支配されている．しかし，配線ピッチが厚さよりもずっと小さい場合には，配線間容量が支配的である．**配線と配線間隔の寸法がおおよそ絶縁膜 (と配線の) 厚さに等しいと，総容量は約 2 pF/cm の値の，幅の広い最小をもつ**．この結論は，特定の寸法が仮定された場合よりも，より一般的なものである．仮に配線幅，配線間隔，配線厚さと，絶縁膜厚さが同様にスケーリングされたとすると，同じ結果が適用できる．2 pF/cm という値は，半径

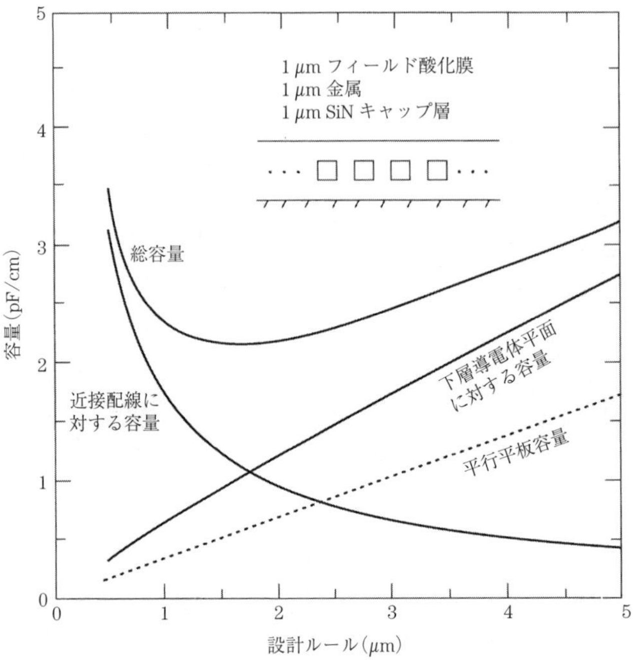

図 8.28　上下の導電平面ではさまれ，一対一の線幅と間隔で配置された配線列の単位長さ当たりの容量の設計ルールに対する変化の様子 [この構造は挿入図に示されている．それぞれの配線の総容量は，導電平面に対する容量と近接配線に対する容量の二つの成分からなる．金属配線と絶縁膜の厚さは設計ルールが変わっても一定とした．平行平板容量も参考のためにプロットされている (点線).] [Schaper と Amey (1983) より引用]

a，b の同軸円筒の単位長さ当たり容量を計算すれば理解できる．

$$C_{\mathrm{w/l}} = \frac{2\pi\varepsilon_{\mathrm{ins}}}{\ln(b/a)} \tag{8.36}$$

$\varepsilon_{\mathrm{ins}} = \varepsilon_{\mathrm{ox}}$ および $b/a = 2$ とすると，上式から $C_{\mathrm{w/l}} \approx 2\pi\varepsilon_{\mathrm{ox}} \approx 2\,\mathrm{pF/cm}$ となる．最近開発された低 κ の層間誘電体では，$C_{\mathrm{w/l}}$ はさらに 2 分の 1 に低減できる．表 8.4 のゲート酸化膜，接合，オーバーラップ成分からなる典型的なデバイス静電容量 $\sim 3\,\mathrm{fF/\mu m}$ と比較すると，配線の静電容量は少なくとも 1 桁小さいため，近距離の回路の遅延に大きな影響を与えない．

8.3.4.2　配線のスケーリング

図 8.29 に模式的に示す配線のスケーリング戦略 (Dennard ら，1974) は，8.1.1 項で述べた MOSFET のスケーリングと似ている．デバイスのスケーリングと同様に，すべ

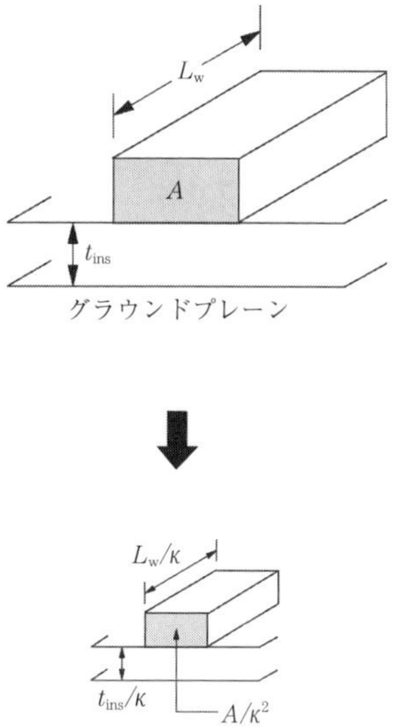

図 8.29　配線と絶縁膜厚さのスケーリング [Dennard (1986) より引用]

表 8.2　近距離配線パラメータのスケーリング

	配線パラメータ	スケーリング倍率 ($\kappa \geq 1$)
スケーリングの仮定	配線寸法 ($t_w, L_w, W_w, t_{ins}, W_{sp}$)	$1/\kappa$
	金属の抵抗率 (ρ_w)	1
	絶縁体の誘電率 (ε_{ins})	1
導出された スケーリング倍率	単位長さあたりの配線容量 ($C_{w/l}$)	1
	単位長さあたりの配線抵抗 ($R_{w/l}$)	κ^2
	配線 RC 遅延 (τ_w)	1
	配線電流密度 ($I/W_w t_w$)	κ

ての寸法 (配線長, 幅, 配線間隔, 絶縁膜厚さ) を同じ係数 κ で表される倍率でスケーリング (縮小) する． 配線長 L_w は，接続されるデバイスや回路の寸法が $1/\kappa$ 倍にされるので，これも $1/\kappa$ 倍にスケーリングする．配線と絶縁膜の厚さは，横方向の寸法といっしょにスケーリングする．こうしなければ，フリンジ容量と配線間結合 (クロストーク) (crosstalk) が不釣り合いに増大するであろう (図 8.28)．表 8.2 に配線スケーリングの規則をまとめた．すべての材料定数，金属の抵抗率 ρ_w，絶縁体の比誘電率 ε_{ins} は一定と仮定した．こうすると単位長さ当たりの配線容量 C_w は不変であるが，配線容量はデバイス容量と同様に (表 8.1)，$1/\kappa$ 倍にスケールダウンされる．先に述べたように，単位長さ当たりの配線容量 C_w は，絶縁膜にシリコン酸化膜を用いると約 2 pF/cm である．一方，スケーリングによらないデバイス抵抗 (表 8.1) と対照的に，配線抵抗は κ 倍にスケールアップされる．このため，表 8.2 に示したように，単位長さ当たりの配線抵

抗 R_w は κ^2 倍に増大する．配線の電流密度が κ 倍になることにも注意されたい．これは配線寸法がスケーリングされると，エレクトロマイグレーション (electromigration) などの信頼性問題がより深刻になるかもしれないことを示唆している．現実には，配線に関連したいくつかの材料，プロセスの進展が，VLSI 製造の分野で何世代にもわたり，エレクトロマイグレーションを制御可能な状態にとどめている．

8.3.4.3 配 線 抵 抗

配線 RC 遅延は，8.3.3 項で用いたのと同じ RC 分布定数回路を用いて解析できる．図 8.24 あるいは式 (8.34) より，配線の入口と反対側の端の電圧は，入力電圧の $1-e^{-1} \approx 63\,\%$ に $t = RCW^2/2$ の遅延を伴って立ち上がる．これを配線の等価 RC 遅延 (τ_w) とし，R, C, W に $R_{\mathrm{w}/1}, C_{\mathrm{w}/1}, L_\mathrm{w}$ を代入すると，下式が得られる．

$$\tau_\mathrm{w} = \frac{1}{2} R_{\mathrm{w}/1} C_{\mathrm{w}/1} L_\mathrm{w}^2 \tag{8.37}$$

$R_{\mathrm{w}/1} = \rho_\mathrm{w}/W_\mathrm{w} t_\mathrm{w}$ を使い $\ln(b/a) \approx 1$ とした場合の式 (8.36) の C_w の値を用いると，この式は

$$\tau_\mathrm{w} \approx \pi \varepsilon_\mathrm{ins} \rho_\mathrm{w} \frac{L_\mathrm{w}^2}{W_\mathrm{w} t_\mathrm{w}} \tag{8.38}$$

と表すことができる．ここで，W_w と t_w はそれぞれ，配線幅と厚さである．ここで鍵となる結論は，デバイス寸法や真性遅延はスケーリングされるが，配線のスケーリングによって RC 遅延 τ_w は変わらないということである．やがて，これが VLSI の性能限界をもたらすかもしれない．その状況の定量的な評価を行うために，通常のアルミニウム配線と二酸化シリコン絶縁膜を用いると，$\rho_\mathrm{w} \approx 3 \times 10^{-6}\,\Omega\cdot\mathrm{cm}$ と $\varepsilon_\mathrm{ins} \approx 3.5 \times 10^{-13}\,\mathrm{F/cm}$ であり，式 (8.38) から遅延は以下のように見積もられる．

$$\tau_\mathrm{w} \approx (3 \times 10^{-18}\,\mathrm{s}) \frac{L_\mathrm{w}^2}{W_\mathrm{w} t_\mathrm{w}} \tag{8.39}$$

これより近距離配線の RC 遅延は，$L_\mathrm{w}^2/W_\mathrm{w} t_\mathrm{w} < 3 \times 10^5$ である限り，無視できることが明らかである．たとえば，断面 $0.25\,\mu\mathrm{m} \times 0.25\,\mu\mathrm{m}$ で，長さ $100\,\mu\mathrm{m}$ の配線の RC 遅延は 0.5 ps である．この値は 0.1 μm CMOS インバータのおおよそ 20 ps という真性遅延と比べても十分，無視できるものである (Taur ら，1993c)．アルミニウムを $\rho_\mathrm{w} \approx 2 \times 10^{-6}\,\Omega\cdot\mathrm{cm}$ である銅で置き換えると，さらに状況は改善される．

上述の見積もりでは，配線の抵抗率はバルク金属と同じと仮定している．これは，金属の線幅が金属中の電子の平均自由行程 ($\sim 30\,\mathrm{nm}$) よりもはるかに大きい場合にのみ有効である．金属線幅が狭い場合，表面散乱や粒界散乱によって抵抗率が上昇する (Koo と Saraswat, 2011)．その場合，配線の RC 遅延は式 (8.39) から予想される遅延よりも悪化する可能性がある．

8.3.4.4 長距離配線の *RC* 遅延

以上の議論から，近距離 (ローカル) 配線の *RC* 遅延は，スケーリングによって削減できなくても，回路速度を著しく制限することはない．一方，長距離 (グローバル) 配線の *RC* 遅延はまったく別の問題である．近距離配線とは異なり，長距離配線の長さはチップの寸法に匹敵し，スケールダウンすることはない．プロセッサチップのサイズは基本的に一定であるため，長距離配線の *RC* 遅延は，その断面積がローカル配線と同様に縮小された場合，κ^2 [式 (8.39)] だけスケールアップする．たとえば，0.25 μm CMOS 技術では，$L_{\mathrm{w}}^2/W_{\mathrm{w}}t_{\mathrm{w}} \sim 10^8 \sim 10^9$ および $\tau_{\mathrm{w}} \sim 1\,\mathrm{ns}$ となり，システム性能は著しく制限される．

解決策の一つは，リピータを使用して，*RC* 遅延の配線長依存性を 2 次関数的なものから線形なものに減らすことである (Bakoglu, 1990)．より効果的な解決策は，長距離配線の断面積を拡大するか，スケーリングしないことである．また，単位長さ当たりの配線の静電容量を一定に保つためには，配線幅に比例して配線間の誘電体の厚みを増さなければならない．このような低 *RC* の長距離配線を構築するには，数層の薄く・高密度の近距離配線がチップの配線を完結させるために必要であるため，さらに多層の配線が必要となる．

配線のスケーリングにおける最良の戦略は，近距離配線のための下層配線のサイズと間隔を，デバイスのスケーリングと歩調を合わせてスケールダウンし，長距離配線のための上層配線では，縮小しないかあるいは少々スケールアップさえするというものである．この様子が図 8.30 に示されている (Sai-Halasz, 1995)．スケーリングされない配線では，長距離の *RC* 遅延は式 (8.39) より示されるように，基本的に変わらない．スケールアップされた (絶縁膜厚さもいっしょに) 配線では，長距離の *RC* 遅延をデバイ

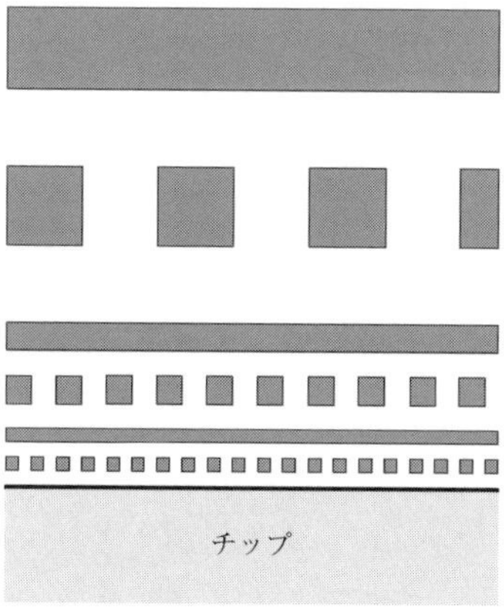

図 **8.30** 高性能 CMOS プロセッサにおいて，集積密度と長距離の *RC* 遅延のトレードオフを改善する階層的配線構造の断面模式図 [Sai-Halasz (1995) より引用]

スの遅延とともに改善することが可能である．最終的にスケールアップされた長距離配線は，誘導性の効果が抵抗の効果より重要になると，伝送線路の極限に近づく．このような状態は，信号の立ち上がり時間が配線長の飛行時間 (time of flight) よりも短くなると起こる．この場合，信号伝搬は RC 遅延ではなく，電磁波の速度 $c/(\varepsilon_{\mathrm{ins}}/\varepsilon_0)^{1/2}$ で制限される．ここで，$c = 3 \times 10^{10}$ cm/s は真空中の光速である．酸化膜を用いると $(\varepsilon_{\mathrm{ins}}/\varepsilon_0)^{1/2} \approx 2$ であり，飛行時間は約 70 ps/cm である．図 8.31 に，式 (8.39) を用いて計算した 3 種の異なる配線断面寸法に対する，配線遅延と配線長の関係を示す．RC 遅延は L_{w} の 2 乗で変化することに注意されたい．配線長がある長さ以下では，遅延は L_{w} に線形で変化する飛行時間で制限される．長距離配線がより長くなると，光速の限界に至るにはより大きな配線断面積が必要である．伝送線路の状況はパッケージの配線でより頻繁に起きる (Bakoglu, 1990).

8.4　デバイスパラメータの CMOS 遅延に対する影響度

この節では，スタティック CMOS 回路の性能因子と，デバイスパラメータおよび寄生要素から受ける影響度について考察する．1.5 V で動作する 0.1 μm CMOS デバイスを例にして，まず，インバータチェーン (inverter chain) の伝搬遅延 (propagation delay) を定義し，ファンアウトと配線容量による負荷の効果について議論する．3 つの性能因子 (スイッチング抵抗 R_{sw}，入力容量 C_{in}，出力容量 C_{out}) を遅延方程式の係数として導入する．引き続いて，さまざまなデバイスパラメータの係数への影響度について詳述する．節の最後で 2 入力 NAND の性能因子について議論する．

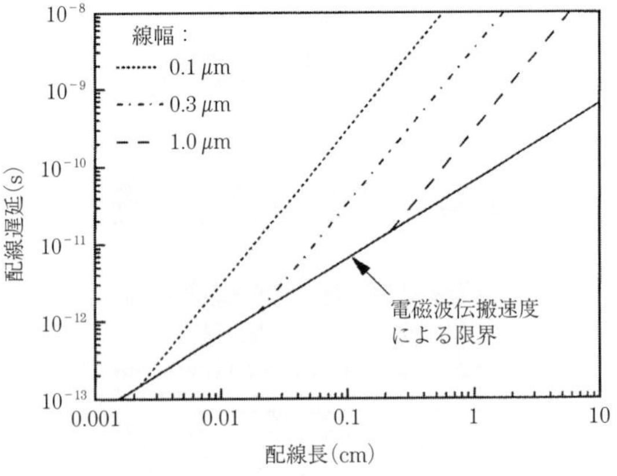

図 8.31　3 種の配線断面寸法 (断面が正方形と仮定) に対する RC 遅延と配線長の関係 (RC 遅延が配線長 L_{w} に対する飛行時間 $(\varepsilon_{\mathrm{ins}}/\varepsilon_0)^{1/2}L_{\mathrm{w}}/c$ と等しくなると，電磁波の伝搬時間が制限的な要因となる．ここでは絶縁膜として酸化膜を仮定した.)

8.4.1 伝搬遅延と遅延方程式

この節では，スタティック CMOS ゲートの伝搬遅延と遅延方程式を定義する．CMOS インバータを，基本的な枠組みを構築するための例として用いるが，多くの記述と性能因子はより一般的な論理機能に用いられる NAND, NOR を用いた回路にも同様にあてはめられる．

8.4.1.1 CMOS インバータチェーンの伝搬遅延

ステップ入力波形の CMOS インバータの基本スイッチング特性はすでに 8.2.1.3 目で簡単に議論した．実際の論理回路では，CMOS インバータは前段の出力によって駆動される．この波形は，有限の立ち上がり，または立ち下がり時間をもつ．スイッチング遅延やインバータ特性を評価する一つの方法は，図 8.32 に示されたインバータのカスケード接続，すなわちインバータチェーンをつくり，それを通過する論理信号の伝搬遅延を解析することである．次段のインバータとともに駆動される配線容量をシミュレートするために，各インバータの出力節点に負荷容量を追加してもよい．

ある CMOS 技術について考える．伝搬遅延は，先頭と最終段を直結した多段かつ奇数段のインバータで**リングオシレータ**を構成し，電源を印加しリングのいずれかの点において発生する発振波形の周波数を測定することで実験的に求められる．持続する発振は，奇数段からなるリング中を，交互になった論理状態 ($0 \rightarrow V_{\mathrm{dd}} \rightarrow 0 \rightarrow \cdots$) が伝搬している結果である．周期は，$n(\tau_{\mathrm{n}} + \tau_{\mathrm{p}})$ で与えられる．ここで n は段数 (奇数) であり，τ_{n} と τ_{p} は各段の立ち上がり入力と立ち下がり入力におけるインバータ遅延である．言い換えれば，1 周期において，論理信号はリングを 2 周伝搬する．

短チャネル MOSFET の電流特性の複雑さと，真性容量と外因性容量の電圧依存性のために，伝搬遅延を数値的に計算するには SPICE での BSIM などの回路モデルが必要である (Cai ら，2000)．スイッチングにおける電圧と電流の波形に関する知見を得るために，例として表 8.3 に示すデバイスパラメータの 0.1 μm CMOS インバータを用いて考察する．すべてのリソグラフィ寸法とコンタクトの境界，たとえば図 8.14 の (a), (b), (c) は 0.15 μm である (図 8.14 の折り返し構造は用いない) と仮定する．電源電圧は

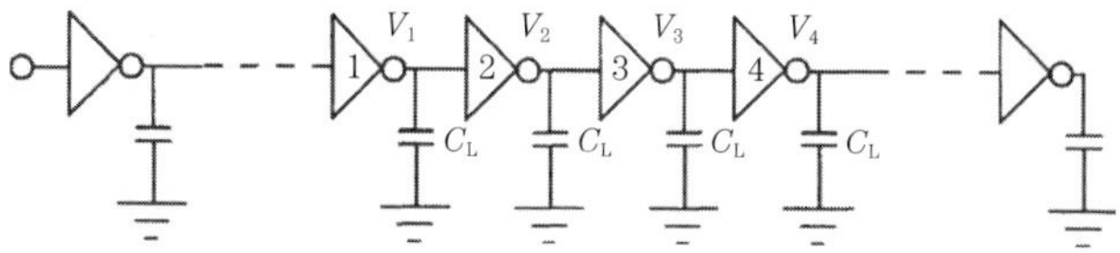

図 8.32 直列接続された CMOS インバータ [(ファンアウト) = 1] (それぞれの三角形の記号は，図 8.3 に示した nMOS と pMOS よりなる，CMOS インバータを示している．電源線は省略されている．)

表 **8.3**　0.1 μm CMOS のパラメータ

	パラメータ	値	
仮定値	電源電圧 V_{dd}(V)	1.5	
	チャネル長 L (μm)	0.1	
	リソグラフィ基準寸法 a, b, c (μm)	0.15	
	ゲート酸化膜厚 t_{ox} (nm)	3.6	
	線形外挿しきい値電圧 V_{on} (V)	±0.4	
		nMOSFET	pMOSFET
	ソース–ドレイン直列抵抗 $R_{\mathrm{sd}} \times W$ ($\Omega \cdot \mu$m)	200	500
	飽和速度 v_{sat} (cm/s)	7×10^7	7×10^7
	基板およびウェルドーピング濃度 N_{a}, N_{d}(cm^{-3})	10^{18}	10^{18}
	ゲート–ソース (–ドレイン) オーバーラップ容量 (片端当たり) C_{ov}/W [fF/μm]	0.3	0.3
	DIBL ΔV_{t} [$V_{\mathrm{ds}} = 0$, $V_{\mathrm{ds}} = V_{\mathrm{dd}}$(V) 間]	0.05	0.11
	ボディ効果係数 m	1.3	1.3
	デバイス幅 $W_{\mathrm{n}}, W_{\mathrm{p}}$($\mu$m)	1	2
算出値	固有チャネル容量 (単位幅当たり) $\varepsilon_{\mathrm{ox}}L/t_{\mathrm{ox}}$ (fF/μm)	0.96	0.96
	ソース–ドレイン接合容量 ($V_{\mathrm{j}} = V_{\mathrm{dd}}/2, N_{\mathrm{a}}, N_{\mathrm{d}}$), C_{j}/A (fF/μm^2)	2.8	2.8
	実効移動度 ($V_{\mathrm{g}} = V_{\mathrm{dd}}/2$), μ_{eff} (cm^2/V·s)	375	85
	オン電流 ($V_{\mathrm{g}} = V_{\mathrm{ds}} = V_{\mathrm{dd}}$), $I_{\mathrm{n}}, I_{\mathrm{p}}$ (mA/μm)	0.56	0.25
	オフ電流 ($V_{\mathrm{gs=0}}$, $V_{\mathrm{ds}} = V_{\mathrm{dd}}$), I_{off}(nA/μm)	0.1	0.5

1.5 V とする．

伝搬遅延を，図 8.32 の直列インバータチェーンに階段状電圧信号を入力して評価する．数段を過ぎると，信号の波形は定常化し，**標準化した波形** (standardized signal)，すなわち伝搬段数によらずに立ち上がりおよび立ち下がり時間が同じ安定した波形となる．評価対象となる段の後に各段の負荷容量を一定に保つために数段のインバータが設けられる．

入力電圧が V_{in} で出力電圧が V_{out} である任意の段 (図 8.3) について，以下の式が成り立つ．

$$C\frac{\mathrm{d}V_{\mathrm{out}}}{\mathrm{d}t} = I_{\mathrm{P}}(V_{\mathrm{in}}, V_{\mathrm{out}}) - I_{\mathrm{N}}(V_{\mathrm{in}}, V_{\mathrm{out}}) \tag{8.40}$$

ここで C は出力節点につながったすべての容量をまとめたものである (時間変化する電圧の節点につながれた容量成分は 8.4.4.3 目で扱う)．もし $V_{\mathrm{in}}(t)$ がわかれば，上の微分方程式を解くことで $V_{\mathrm{out}}(t)$ が求まる．数値的には，時刻 t で V_{in} と V_{out} が定まれば，I_{P} と I_{N} がわかり，次の V_{out} が

$$V_{\mathrm{out}}(t + \Delta t) = V_{\mathrm{out}}(t) + \frac{I_{\mathrm{P}} - I_{\mathrm{N}}}{C}\Delta t \tag{8.41}$$

と求まる．$V_{\mathrm{out}}(t)$ 曲線はこの処置を繰り返せば得られる．

図 8.33 は無負荷 $C_{\mathrm{L}} = 0$ での 4 段の連続した回路での波形 V_1, V_2, V_3, V_4 の例であ

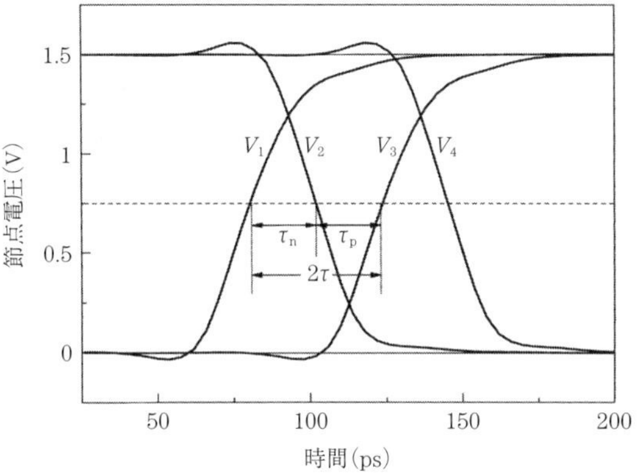

図 8.33　図 8.32 に示した CMOS インバータチェーンの電圧波形 ($C_L = 0$) (遅延時間は，破線で示された $V_{dd}/2$ のラインと，電圧波形との交点から求められる．)

る．V_1 が立ち上がると，インバータ 2 の nMOS がオンして，V_2 をグラウンドに引き下げる．V_2 の立ち下がりはインバータ 3 の pMOS をオンさせ，V_3 が立ち上がる，という動作が以下同様に続く．すべての波形の中間点 ($V = V_{dd}/2$ の点) を通る直線を引き，立ち下がりの伝搬遅延 τ_n をその直線と V_1, V_2 が交わる点の時間間隔として定義する．同様にして，立ち上りの伝搬遅延 τ_p は，V_2, V_3 の $V = V_{dd}/2$ の点の時間間隔とする．ここでの定義は，図 8.9 の階段波形入力に対して用いたものとよく一致する．CMOS の伝搬遅延としては $\tau = (\tau_n + \tau_p)/2$ がより良い定義である．これは，平行な波形 (V_1 と V_3，あるいは V_2 と V_4) 間の遅延時間の半分である．時間 τ は，CMOS リングオシレータの測定遅延でもある．前述したようにこれは，発振の周期を段数の 2 倍の値で除したものと等価である．ここで用いている例では，デバイスの幅 W の比は立ち下がり遅延と立ち上り遅延を等しくする (すなわち，$\tau_n = \tau_p = \tau$) ために，$W_p/W_n = 2$ としている．一般には τ_n と τ_p は異なっており，CMOS 遅延は nMOS か pMOS のどちらか一方に依存することもある．

8.4.1.2　スイッチングにおけるバイアスポイントの軌跡

論理信号がインバータの入力ゲートに到達し，出力節点が完全に high から low，または low から high に遷移するまで，過渡的な電流がインバータの nMOS と pMOS のどちらかに流れる．理解を深めるためにプルダウン，またはプルアップの際に I_{ds}–V_{ds} 曲線を横切るバイアスポイントの軌跡を求めよう．図 8.34(a) は，図 8.32 のインバータ 2 における出力節点電圧 V_2 が V_{dd} からグラウンドにプルダウンされる際に，nMOS (黒丸) と pMOS (白丸) の電流が V_2 とともに描いた軌跡をプロットしている．軌跡の点は

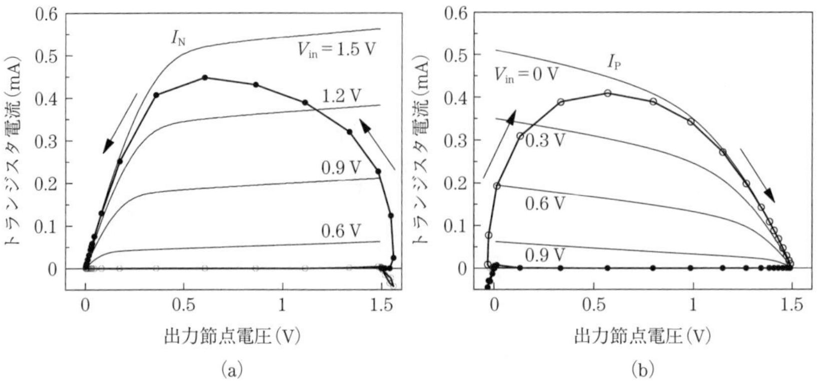

図 8.34　nMOS および pMOS のバイアス点のスイッチング軌跡．(a) インバータ 2 の節点電圧 V_2 のプルダウン遷移，(b) インバータ 3 の節点電圧 V_3 のプルアップ遷移．黒丸は $I_{\rm N}$ を，白丸は $I_{\rm P}$ を表している．バイアス点は，この場合には 5 ps の等間隔でプロットされている．

5 ps 間隔で，nMOS の $I_{\rm ds}$–$V_{\rm ds}$ 曲線 ($I_{\rm N}$) の上に重ねてプロットした．pMOS の電流は遷移を通して非常に少なく，電源グランド間の貫通電流による電力消費が無視できることを示している．出力節点は，はじめは $V_{\rm dd}$ であるが nMOS 電流によって放電され，スイッチングの途中，V_2 がほぼ $V_{\rm dd}/2$ で $V_{\rm in}$ がほぼ $0.9\,V_{\rm dd}$ のときにピークを迎える．この点は図 8.33 における電圧波形 V_2 の降下率が最大となる点でもある．ピーク電流は通常，$V_{\rm gs} = V_{\rm ds} = V_{\rm dd}$ であるときの最大電流値の 80〜90％である．正確なパーセンテージは，デバイスパラメータ (移動度，飽和速度，抵抗値など) の詳細に依存する．同様に，図 8.34(b) はインバータ 3 の出力節点 V_3 がグラウンドから $V_{\rm dd}$ へプルアップされるときのバイアスポイントの軌跡を示している．ここで，nMOS 電流 (黒丸) は無視でき，一方で pMOS 電流 (白丸) は，プルダウン動作と同様に，V_3 がほぼ $V_{\rm dd}/2$ となったときにピークを迎える．二つのバイアスの軌跡は基本的に同様で，負荷の状態には依存しない．$C_{\rm L}$ を大きくした場合，ポイントごとの遅延時間は増加するが，曲線の形は本質的に変わらない．

図 8.33 で定義された 1 段当たりの遅延は，$V_{\rm in} = V_{\rm dd}/2$ と $V_{\rm out} = V_{\rm dd}/2$ の間の時間で定義される．図 8.33 から $V_{\rm in} = V_{\rm dd}/2$ のときに，$V_{\rm out}$ が今までの定常状態値から，まさにスイッチングを始めるところであるのは明らかである．プルダウン遅延 $\tau_{\rm n}$ またはプルアップ遅延 $\tau_{\rm p}$ のどちらであっても，$V_{\rm out}$ は約 $V_{\rm dd}/2$ だけ変わる．たとえば，プルダウン遷移では，$I_{\rm P}$ は無視できる．式 (8.40) は積分でき，

$$\tau_{\rm n} = -\int_{V_{\rm dd}}^{V_{\rm dd}/2} \frac{C{\rm d}V_{\rm out}}{I_{\rm N}} = \frac{CV_{\rm dd}/2}{\langle I_{\rm N}\rangle} \tag{8.42}$$

となる．ここで $1/\langle I_{\mathrm{N}}\rangle$ は $V_{\mathrm{in}} = V_{\mathrm{dd}}/2$ と $V_{\mathrm{out}} = V_{\mathrm{dd}}/2$ の間の nMOS の電流の平均の逆数である．一般的には，容量 C は V_{in} と V_{out} に対して弱い依存性をもっている．ここではそのような効果も取り入れるように C と $\langle I_{\mathrm{N}}\rangle$ を再定義できる．同様にして

$$\tau_{\mathrm{p}} = \int_0^{V_{\mathrm{dd}}/2} \frac{C\mathrm{d}V_{\mathrm{out}}}{I_{\mathrm{P}}} = \frac{CV_{\mathrm{dd}}/2}{\langle I_{\mathrm{P}}\rangle} \tag{8.43}$$

は I_{N} が無視できる pMOS によるプルアップでのものである．8.2.1.3 目で示したようにステップ状の入力の場合は，入力が立ち上がるまたは立ち下がる時間はゼロであり，$\langle I_{\mathrm{N}}\rangle$ と $\langle I_{\mathrm{P}}\rangle$ はオン電流 I_{onN} と I_{onP} にそれぞれ等しい．ここで考慮している伝搬遅延のためには，図 8.34 から推測できるように，$\langle I_{\mathrm{N}}\rangle$ または $\langle I_{\mathrm{P}}\rangle$ はオン電流の約 3/5 になる (軌跡において $V_{\mathrm{gs}} = V_{\mathrm{in}} = 0.75\,\mathrm{V}$ の点と $V_{\mathrm{ds}} = V_{\mathrm{out}} = 0.75\,\mathrm{V}$ の点との間の平均電流)．良く合うと報告されている半経験的な式では，$\langle I_{\mathrm{N}}\rangle = (1/2)\{I_{\mathrm{N}}(V_{\mathrm{in}} = V_{\mathrm{dd}}/2, V_{\mathrm{out}} = V_{\mathrm{dd}}) + I_{\mathrm{N}}(V_{\mathrm{in}} = V_{\mathrm{dd}}, V_{\mathrm{out}} = V_{\mathrm{dd}}/2)\}$ であり，$\langle I_{\mathrm{P}}\rangle$ についても同様 (Na ら，2002) である．

式 (8.42)，(8.43) から CMOS インバータの伝搬遅延は

$$\tau = \frac{\tau_{\mathrm{n}} + \tau_{\mathrm{p}}}{2} = \frac{CV_{\mathrm{dd}}}{4}\left(\frac{1}{\langle I_{\mathrm{N}}\rangle} + \frac{1}{\langle I_{\mathrm{P}}\rangle}\right) \tag{8.44}$$

と書ける．

8.4.1.3 遅延方程式 (スイッチング抵抗，入力ならびに出力容量)

図 8.33 と図 8.34 にプロットされたシミュレーションは，無負荷でファンアウトが 1 の場合である．一般に，C_{L} は 0 ではない．また，インバータの出力が 2 段以上を駆動することもある．この場合，ファンアウトは 2, 3, ... となり，これは直列チェーン内のそれぞれのインバータが，2, 3, ... 段を並列に駆動することを意味する．出力先の次段のデバイスは出力段と同じ幅であると仮定する．あるインバータがそれ自身よりも幅広い次段をドライブする場合もある．このようなケースは n と p の幅の比がいつも同じに保たれているという仮定の下で，非整数を含めた “ファンアウト” を定義することで数式で対応できる．3 を超えるファンアウトは，CMOS 論理回路では遅延増大のためほとんど用いられない．

図 8.35 は，ファンアウトを 1, 2, 3 として，表 8.3 に示すデバイスパラメータでシミュレーションしたインバータ遅延 τ を負荷容量 C_{L} に対してプロットしたものである．式 (8.41) は時間スケール，あるいは遅延，が容量性負荷 C に依存して線形に変わることを示している．このことが，図 8.35 に示すそれぞれのファンアウトで反映されていて，遅延はファンアウトによらずに一定の傾きで C_{L} に対して直線的に増加する[2]．y 軸切片，

[2] M.R. Wordeman (1989)．私的な交流による．

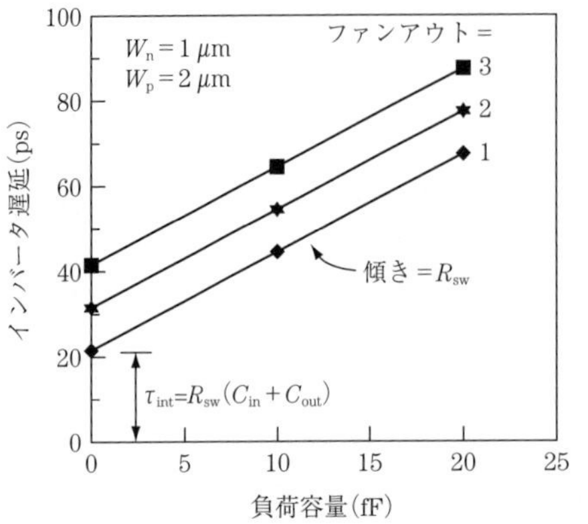

図 8.35　ファンアウトが 1，2，3，それぞれの場合における，遅延時間 τ と負荷容量 C_L の関係

つまり $C_L = 0$ での遅延は，ファンアウトに応じて直線的に増加する．この結果は一般的な遅延方程式としてまとめられる．

$$\tau = R_{sw} \times (C_{out} + \mathrm{FO} \times C_{in} + C_L) \tag{8.45}$$

ここで，FO がファンアウトを表す．この方法で，**スイッチング抵抗** R_{sw} は図 8.35 の遅延–負荷容量線の傾き $d\tau/dC_L$ として定義される．これは論理ゲートの電流駆動力の直接的な指標となる．**出力容量** C_{out} は出力節点における出力段の等価的な容量を表し，ドレインの接合容量とドレイン–ゲート間容量 (オーバーラップ容量を含む) とからなる．C_{out} はレイアウトに依存する．**入力容量** C_{in} は FO = 1 を一単位とした，送信段につながれた受信段の入力ゲート幅で表された等価容量である．C_{in} はゲート–ソース間，ゲート–ドレイン間，ゲート–基板間の容量 (真性容量およびオーバーラップ容量を含む) からなる．容量成分のいくつかは，8.4.4.3 目で議論するミラー効果によるものである．最小の無負荷遅延 ($C_L = 0$)，または真性遅延は以下の式で与えられる．

$$\tau_{int} = R_{sw}(C_{in} + C_{out}) \tag{8.46}$$

図 8.35 で示した 0.1 μm CMOS インバータの場合，この値は 22 ps となる．

遅延方程式 (8.45) は，ファンアウトと負荷状態から遅延を導くだけのものではなく，CMOS 回路の性能を支配する電流と容量という二つの重要な要素を分離するものである．電流駆動力は R_{sw} で表され，これはデジタル回路の場合，大信号相互コンダクタンスに逆比例するとしてよい (Solomon，1982)．インバータのスイッチング抵抗は図 8.33 で定義したプルダウン遅延 τ_n とプルアップ遅延 τ_p に関連する R_{swn} と R_{swp} に分解できる．$R_{swn} \equiv d\tau_n/dC_L$，$R_{swp} \equiv d\tau_p/dC_L$ と定義する．$\tau = (\tau_n + \tau_p)/2$ であるので，結局，$R_{sw} = (R_{swn} + R_{swp})/2$ となる．式 (8.42) と (8.43) から

$$R_{swn} = \frac{V_{dd}/2}{\langle I_N \rangle} \tag{8.47}$$

$$R_{\text{swp}} = \frac{V_{\text{dd}}/2}{\langle I_{\text{P}} \rangle} \tag{8.48}$$

となる．ここで，$\langle I_{\text{N}} \rangle$ と $\langle I_{\text{P}} \rangle$ は既に述べられているように，$V_{\text{gs}} = V_{\text{ds}} = \pm V_{\text{dd}}$ でのオン電流のおよそ 3/5 である．上記の例から抽出されたスイッチング抵抗を表 8.4 に示す．CMOS インバータに対して，$I_{\text{onN/w}}$ と $I_{\text{onP/w}}$ の違いを相殺するために $W_{\text{p}}/W_{\text{n}}$ は 2 に設定した．これにより，$R_{\text{swn}} \approx R_{\text{swp}} \approx R_{\text{sw}}$ で，$\tau_{\text{n}} \approx \tau_{\text{p}} \approx \tau$ となる．

式 (8.45) の入出力容量 C_{in}，C_{out} の両方とも，ほぼ $W_{\text{n}} + W_{\text{p}}$ に比例している．nMOS と pMOS の双方が多かれ少なかれ，オン・オフにかかわらず，節点容量に単位幅当たり等しく寄与するからである．ここでは n デバイスと p デバイスのすべての単位幅当たり容量が，表 8.3 に示すように，対称であることを仮定している．図 8.35 のデータより求めた値を表 8.4 にまとめた．ここで，$(C_{\text{in}} + C_{\text{out}}) / (W_{\text{n}} + W_{\text{p}})$ は，単位幅当たりの真性チャネル容量 0.96 fF/μm (表 8.3) よりも約 3 倍大きいことに注意されたい．

8.4.2 チャネル幅，チャネル長およびゲート酸化膜厚が遅延時間に及ぼす影響

次からの数項で，表 8.3 に示したような真性・寄生のさまざまなデバイスパラメータが，CMOS の遅延時間に及ぼす影響を考察していく．最初の項では，物理的な長さ，幅，厚さが CMOS 性能に及ぼす効果について考察する．

8.4.2.1 pMOSFET の幅と nMOSFET の幅の比が CMOS 遅延時間に与える影響

CMOS インバータにおいて，p 型および n 型デバイスの幅の比 $W_{\text{p}}/W_{\text{n}}$ を変えると，電流駆動力を表す R_{swn} と R_{swp}，ひいては τ_{n} と τ_{p} もまた変動する．図 8.36 は，デバイス幅比の関数として，CMOS インバータの真性遅延時間をプロットしたものである．そのほかのデバイスパラメータは同じである．$W_{\text{p}}/W_{\text{n}}$ 比が増大するにつれて，τ_{p} が減少し，τ_{n} が増大する．$W_{\text{p}}/W_{\text{n}} \approx 2$ のとき，プルアップ時間はプルダウン時間と等しくなり，このとき最も良いノイズマージンが得られる (8.2.1.1 目)．一方，$\tau = (\tau_{\text{n}} + \tau_{\text{p}})/2$ で表される全体の遅延は，$W_{\text{p}}/W_{\text{n}} \approx 1.5$ のときに幅広い最小値を示すものの，$W_{\text{p}}/W_{\text{n}}$ 比にはあまり影響されない．8.4.1 項の例では，$W_{\text{p}}/W_{\text{n}} \approx 2$ を用い，$\tau_{\text{n}} \approx \tau_{\text{p}} \approx \tau = 22\,\text{ps}$ であり，$W_{\text{p}}/W_{\text{n}} \approx 1.5$ の最小遅延との差は 5 %以内である．

表 8.4 表 8.3 に示した 0.1 μm CMOS から抽出された性能因子

nMOSFET スイッチング抵抗 $W_{\text{n}} \times R_{\text{swn}}$ $(\Omega \cdot \mu\text{m})$	2300
pMOSFET スイッチング抵抗 $W_{\text{p}} \times R_{\text{swp}}$ $(\Omega \cdot \mu\text{m})$	4600
入力容量 $C_{\text{in}}/(W_{\text{n}} + W_{\text{p}})$ $(\text{fF}/\mu\text{m})$	1.4
出力容量 $C_{\text{out}}/(W_{\text{n}} + W_{\text{p}})$ $(\text{fF}/\mu\text{m})$	1.7

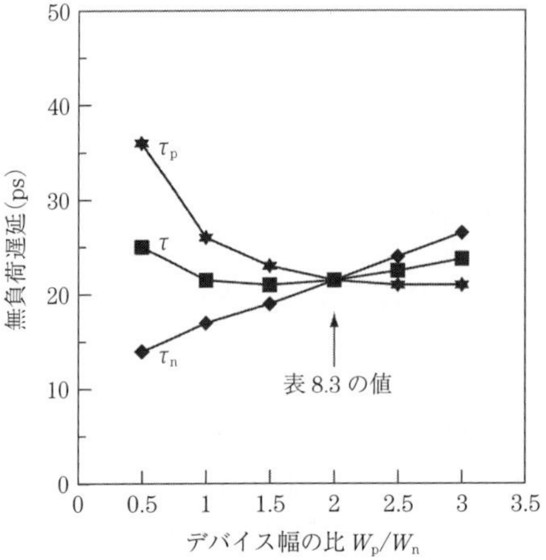

図 8.36　FO $= 1$, $C_L = 0$ の場合の n 型・p 型デバイス幅の比に対する真性 CMOS インバータ遅延の関係

8.4.2.2　大きな負荷容量のためのバッファ段

8.4.1 項の議論から，もし W_p/W_n 比を変えることなく同じ割合で W_p と W_n を拡大しても，真性遅延が変わらないことは明らかである．一方で，$R_{sw} = d\tau/dC_L$ で表されるスイッチング抵抗は，駆動電流が大きくなるため，同じ割合で減少する．したがって，負荷容量 C_L がある場合，遅延は改善される．実際，高性能動作を目的とした場合，回路の遅延がほぼデバイスの性能によるまで，すなわち真性遅延に達するまでデバイスサイズを増大できる (Sai-Halasz, 1995)．これはもし必要ならば，チップサイズを大きくすることで実現できる．なぜなら，配線負荷はチップの寸法に線形に増大する (2 pF/cm, 8.3.4 項) 程度であるが，図 8.25 で示した折り返し (インターデジタル) ゲート構造を用いれば，実効的なデバイスの幅はチップ面積に応じて増大させられるからである．もちろん，長距離配線遅延，チップ電力，コストなども結果として増大する．

実際の CMOS 回路では，デバイスが自身の容量より大きな負荷容量を駆動することは，遅延が真性遅延よりずっと大きくなってしまうため，行わないようにしている．その一つの解決策として，入力部と出力部の間に**バッファ** (buffer) あるいは**ドライバ** (driver) を挿入するという方法がある．ドライバは CMOS インバータ 1 段の場合もあれば多段の場合もあるが，多段構成では段階的にデバイス幅を広げてつくる．ドライバの動作を記述するために，スイッチング抵抗 R_{sw}，入力容量 C_{in}，出力容量 C_{out} をもつインバータが負荷容量 C_L を駆動するということを考える．バッファを用いない場合，1 段分の遅延時間は，

$$\tau = R_{sw}(C_{out} + C_L) \tag{8.49}$$

と表される．もし，$C_L \gg C_{in}, C_{out}$ であれば，もとのインバータの $k\,(> 1)$ 倍の幅を

もつインバータを挿入することによって，遅延時間を改善できる．そのようなバッファ段は，出力段に対して FO $= k$ に相当するが，同時に大きく改善されたスイッチング抵抗 R_{sw}/k をもつ．バッファステージの遅延時間を含む，全体的な遅延は[3]，

$$\begin{aligned}\tau_{\mathrm{b}} &= R_{\mathrm{sw}}(C_{\mathrm{out}} + kC_{\mathrm{in}}) + \frac{R_{\mathrm{sw}}}{k}(kC_{\mathrm{out}} + C_{\mathrm{L}}) \\ &= R_{\mathrm{sw}}\left(2C_{\mathrm{out}} + kC_{\mathrm{in}} + \frac{C_{\mathrm{L}}}{k}\right)\end{aligned} \tag{8.50}$$

となり，バッファの幅について $k = (C_{\mathrm{L}}/C_{\mathrm{in}})^{1/2}$ とすることで，以下の最小値をもつ．

$$\tau_{\mathrm{b\,min}} = R_{\mathrm{sw}}(2C_{\mathrm{out}} + 2\sqrt{C_{\mathrm{in}}C_{\mathrm{L}}}) \tag{8.51}$$

その結果，バッファ段は遅延を C_{L} について線形な式 (8.49) から C_{L} の平方根を係数とする式 (8.51) に削減する．$C_{\mathrm{L}} \gg C_{\mathrm{in}}, C_{\mathrm{out}}$ の重い負荷がある場合，$\tau_{\mathrm{b\,min}}$ はバッファを用いない場合の遅延時間 τ より大きく改善される．かなり重い負荷の場合には，多段バッファを用いた最適化設計が有効である．

8.4.2.3　チャネル長の影響

チャネル長は CMOS 性能に関する重要な因子である．チャネル長が短くなると，駆動段のスイッチング抵抗が高いオン電流によって小さくなるだけでなく，負荷段の真性容量も小さくなる．図 8.37 は，チャネル長以外のデバイスパラメータを同じにしたとき (しきい値のチャネル長依存性はないとした) のチャネル長によるインバータの遅延の変化である．インバータの遅延は，チャネル長 0.1 μm の設計ポイントまでは，チャネル長に対して線形的に改善される．しかしながら，それ以下では，線形性は弱くなる．

8.4.2.4　ゲート酸化膜厚の影響

より薄いゲート酸化膜を用いることで，スイッチング抵抗や動作性能も改善することができる．しかし，スイッチング抵抗と容量を改善できるチャネル長とは対照的に，酸化膜を薄くするとゲート容量は大きくなる．図 8.38 は，酸化膜厚による真性遅延の改善は，チャネル長ほどは大きくないことを示している．負荷による遅延は，図 8.38 のスイッチング抵抗の曲線に示したようにもっと改善する．R_{sw} の t_{ox} 依存性は，寄生抵抗の影響で，線形性が弱い．

ここまでの議論は，回路モデルのうち t_{ox} の変化だけを考慮し，ほかのパラメータは変えずに遅延時間への影響を調べたものであることに注意すべきである．言い換えれば，プロセス，またはデバイスレベルでの t_{ox} と V_{t} または L の相互依存性は考慮されてい

[3] ここで，式 (8.45) を近似として用いた．厳密にいえば同一の駆動–負荷状況の数段を繰り返すことがなければ伝搬遅延はでない．

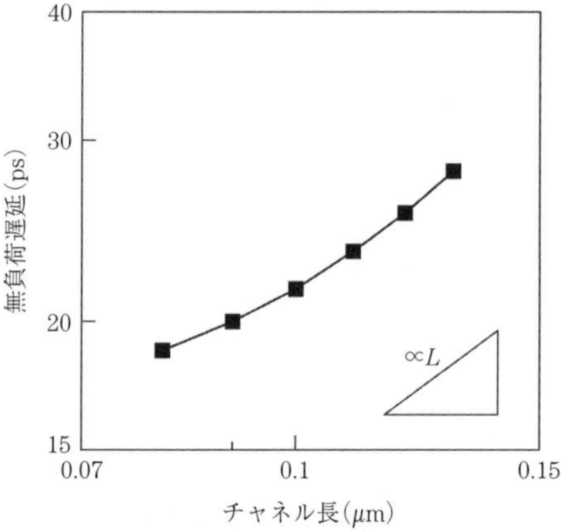

図 8.37　表 8.3 のパラメータをもつデバイスのチャネル長に対する CMOS インバータの真性遅延時間．nMOS，pMOS はともに同じチャネル長をもっていると仮定している．

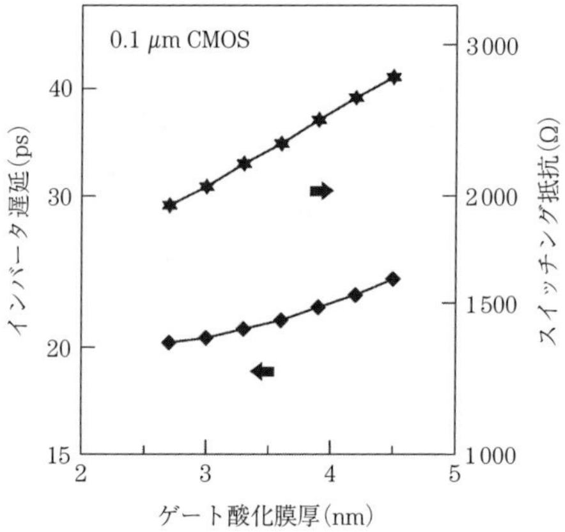

図 8.38　表 8.3 に記した 0.1 μm CMOS における，ゲート酸化膜厚に対する真性遅延時間とスイッチング抵抗．二つの対数軸は比較のため同じ比率である．

ない．デバイス設計の観点からは，薄い酸化膜はチャネル長短縮を許し，それゆえ，より高性能な回路動作の可能性を与える．

8.4.3　電源電圧としきい値電圧が遅延に及ぼす影響

この項では，CMOS 遅延時間の電源電圧およびしきい値電圧依存性を考える．大信号での相互コンダクタンス I_{on}/V_{dd} が高い V_t や低い V_{dd} で劣化することにより，これらの電圧による影響はスイッチング抵抗に現れる．入力容量と出力容量は，双方とも

に $V_{\rm dd}$ や $V_{\rm t}$ の影響を比較的受けない．$V_{\rm dd} = 1.5\,{\rm V}$ とした 0.1 μm CMOS インバータの遅延時間へのしきい値電圧の効果は 6.3.1.3 目および図 6.18 で示した．このとき，$V_{\rm t}/V_{\rm dd} < 0.5$ の範囲における遅延は，経験的な係数 $\propto 1/(0.6 - V_{\rm t}/V_{\rm dd})$ に合わせることができる．あるしきい値電圧 (表 8.3) でのインバータ遅延の電源電圧依存性を図 8.39 に示した．2 入力 NAND ゲートの遅延は，インバータの遅延とほぼ同じ $V_{\rm dd}$ 依存性を示す．2 入力 NAND ゲートの遅延時間については 8.4.6 項で詳しく議論する．

8.4.3.1　電力と遅延のトレードオフ

遅延と供給電圧の関係を示した図 8.39 は，$V_{\rm dd}$ をパラメータとする電力–遅延曲線として，図 8.40 のように書き換えうる．ここで，動作時電力は，インバータが動作可能な最大の周波数 $f = 1/2\tau$ で動作しているとすると，

$$P_{\rm ac} = (C_{\rm in} + C_{\rm out}){V_{\rm dd}}^2/(2\tau) \tag{8.52}$$

と計算される．ここで 2τ は high から low，さらに high へ遷移するスイッチングの 1 サイクルを終えるのにかかる時間である (図 8.33)．式 (8.52) の動作時電力は，グランドから電源電圧に切り換わる間の電流と $V_{\rm dd}$ の積で 90 %を占める．残りは，貫通電流または短絡回路分である．表 8.3 のデバイスでは，室温でのサブスレッショルド・リークによる待機時電力は約 1 nW であり，動作中のスイッチング遷移においては無視できる．図 8.40 から，低い電力–遅延積，またはスイッチングエネルギーは，低電源電圧で

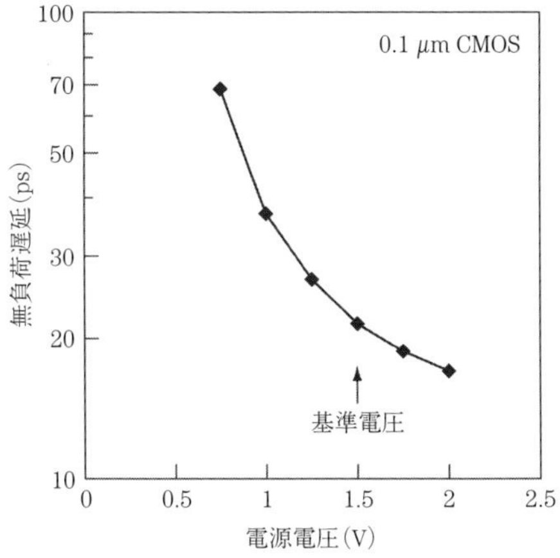

図 **8.39**　電源電圧に対する CMOS インバータの真性遅延時間．しきい値は一定とした (表 8.3)．

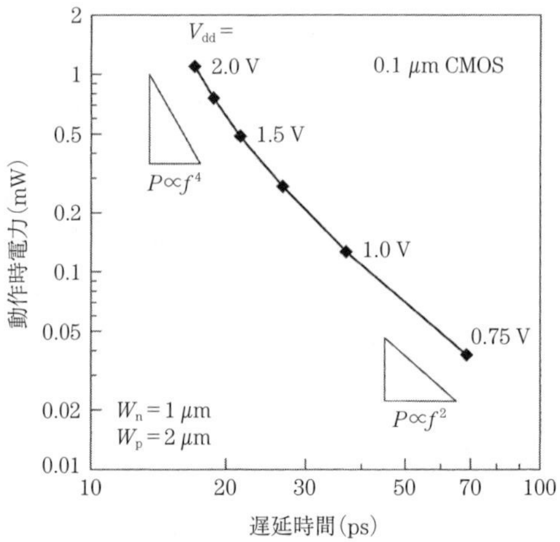

図 8.40　一定のしきい値電圧において電源電圧を変化させたときの CMOS のパワー対遅延 (表 8.3)

得られ $P_{ac} \propto f^2$ となる．**電源電圧を極力高くして動作させる高性能 CMOS では，動作時電力 ($P_{ac} \propto f^4$) の高い代償により最上の特性を得る．**

V_{dd} を減らしても同様に V_t を減らせれば，性能には深刻な損失は起こらない．もちろん，待機時電力は結果として増えてしまう．性能と動作時電力，待機時電力の間のトレードオフを図 6.23 の V_{dd}–V_t 設計平面において概念的に示した．全電力中の待機時部分は時間によらず一定なのに対して，動作時部分は回路の動作によって異なる，すなわち回路が平均としていかに頻繁にスイッチするかによる．クロックドライバのような動作が頻繁な回路では，動作時電力が主となる．速度は，低い V_t のデバイスを用いることで改善できる (Cai ら，2002)．しかしながら典型的な VLSI ロジックチップの主な回路は，スタティックメモリのような，低い活動頻度のものである．その待機時電力を減らすためには，高い V_t のデバイスが必要である．このような回路では，待機時電力のすべてを合算したものを制限するために，高い V_t のデバイスが必要である．

8.4.4　寄生抵抗および寄生容量の遅延への影響

この節では，ソース–ドレインの寄生抵抗，オーバーラップ容量，接合容量の CMOS 遅延時間への影響を，表 8.3 にあげた 0.1 μm デバイスを例として調べる．

8.4.4.1　ソース–ドレイン抵抗の遅延への影響

CMOS 遅延におけるソース–ドレイン直列抵抗の影響は，nMOS および pMOS の電流，したがってそれらのスイッチング抵抗から発生する．図 8.41 は，n および p のス

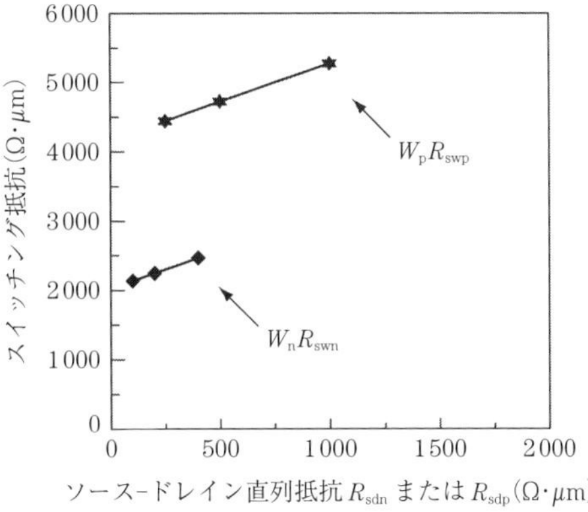

図 8.41　表 8.3 に示した 0.1 μm CMOS デバイスにおける，ソース–ドレイン直列抵抗に対するスイッチング抵抗．$W_{\mathrm{n}}R_{\mathrm{swn}}$ は R_{sdn} に対してプロットされ，$W_{\mathrm{p}}R_{\mathrm{swp}}$ は R_{sdp} に対してプロットされた．

イッチング抵抗への n および p の直列抵抗 R_{sdn}，R_{sdp} の影響を示す．pMOS は単位幅当たりの電流が低いので，より高い直列抵抗を許容できる (性能劣化の比率が同じとしたとき)．表 8.3 で示されている標準値では，$R_{\mathrm{sd}} \times W = 200\,\Omega \cdot \mu\mathrm{m}$ (n 型) および $500\,\Omega \cdot \mu\mathrm{m}$ (p 型) を用いると，両デバイスは電流駆動力の観点からみて，約 10 %ずつ劣化していることがわかる．直列抵抗による性能低下を予測する簡単な方法は，真性スイッチング抵抗に R_{sd} を加えることである．すなわち，$\Delta R_{\mathrm{swn}} \approx R_{\mathrm{sdn}}$，$\Delta R_{\mathrm{swp}} \approx R_{\mathrm{sdp}}$ である．

8.4.4.2　オーバーラップ容量の遅延への影響

軽い負荷をもつ CMOS 回路において，ゲート–ドレインのオーバーラップ容量は性能の悪化に大きく影響する．この容量は，入力容量に加わるだけでなく出力容量にも加わり，フィードバック効果により大きく増幅されてしまうこともある．図 8.42 は (ゲート端当たりの) オーバーラップ容量 C_{ov} に対する入出力容量を示している．表 8.3 で仮定した値は 0.3 fF/μm であり，これは 8.3.2.2 目で議論したように，実現しうるほとんど最小の C_{ov} である．ゲート–ソース容量とゲート–ドレイン容量はともに入力容量に含まれる．出力容量にはゲート–ドレイン容量だけが含まれる．しかし，8.4.4.3 目で説明するミラー効果のため，入出力容量への寄与はもとの 2 倍近くに増大する．0.3 fF/μm の全オーバーラップ容量は，真性遅延の約 35〜40 %を占めると見積もられる．

8.4.4.3　ミ ラ ー 効 果

充電あるいは放電されつつあるコンデンサの両サイドの電圧が時間によって変化する

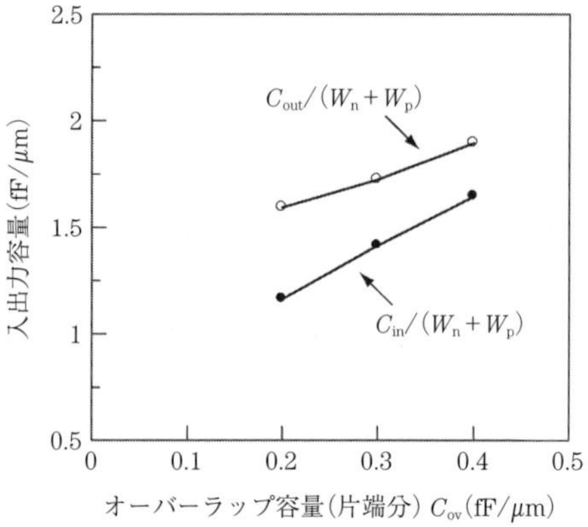

図 8.42　オーバーラップ容量に対する入出力容量．n 型・p 型 MOS ともに同じゲート端あたりの容量 $C_{\rm ov}$ を有するとしている．

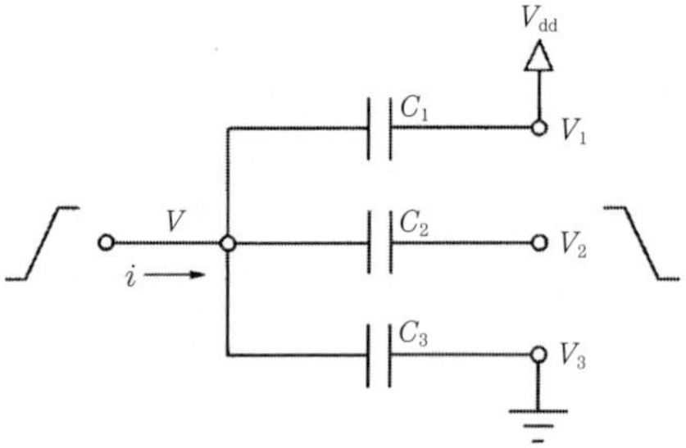

図 8.43　ミラー効果を説明する回路図

とき，**ミラー効果** (Miller effect) が現れる．図 8.43 は，電圧 V の節点に接続された，充電されつつある 3 つのコンデンサの例である．それぞれのコンデンサのもう一端は，異なる電圧に接続されている．充電電流 i は以下の式のように表される．

$$i = C_1 \frac{{\rm d}(V - V_1)}{{\rm d}t} + C_2 \frac{{\rm d}(V - V_2)}{{\rm d}t} + C_3 \frac{{\rm d}(V - V_3)}{{\rm d}t} \tag{8.53}$$

$V_1 = V_{\rm dd}$，$V_3 = 0$ と電圧を固定しているので，上式は，

$$i = C_1 \frac{{\rm d}V}{{\rm d}t} + C_2 \frac{{\rm d}V}{{\rm d}t} - C_2 \frac{{\rm d}V_2}{{\rm d}t} + C_3 \frac{{\rm d}V}{{\rm d}t} \tag{8.54}$$

となる．C_1 と C_3 にはミラー効果は存在しない．しかし，V_2 は時間によって変化するため，${\rm d}V_2/{\rm d}t \neq 0$ となる．もし，V_2 が V とは逆方向に時間によって変化するならば，同じ方向で変化する場合より，電圧 V 端子を一定のレベルまで充電するにはより時間がかかる．たとえば，図 8.33 の波形に見られるように，CMOS インバータの入力ゲート

と出力ドレインの場合がそうである．とくに，$\mathrm{d}V_2/\mathrm{d}t = -\mathrm{d}V/\mathrm{d}t$ ならば，式 (8.54) は，

$$i = (C_1 + 2C_2 + C_3)\frac{\mathrm{d}V}{\mathrm{d}t} \tag{8.55}$$

となる．つまり，コンデンサ C_2 は電圧 V の節点の充電に関する限り，2 倍の容量をもっているとみなせる．別の視点からみると，初期状態の $V - V_2 = -V_{\mathrm{dd}}$ から最終状態の $V - V_2 = V_{\mathrm{dd}}$ に至るために，C_2 に電荷 $\Delta Q_2 = 2C_2V_{\mathrm{dd}}$ が流れ込んだのである．

容量性結合のほかの効果はフィードフォワードである．たとえば，CMOS インバータのゲート電圧が立ち上がったとき，最初に V_{dd} にあったドレイン電圧は，ゲートとの容量性結合により，ほんの一瞬だけ V_{dd} よりもわずかに高い値となる．これは，図 8.33 の V_{dd} を超える V_2 と V_4 の初期オーバーシュートや図 8.34(a) の I–V 軌跡からわかるように，nMOS 電流がドレイン節点を放電するのに時間がかかる間に瞬間的に起こる．

8.4.4.4　接合容量の遅延への影響

出力容量の大部分は，接合容量とドレイン–基板容量で構成されている．図 8.44 は二つのレイアウトにおける入出力容量と接合容量の関係を示している．折り返し (folded) レイアウトでは，接合容量は 8.2.3.2 目で示したように事実上半分になる．これは C_{out} には劇的な変化を与えるが C_{in} には変化がない．図 8.44 から直線ゲートのレイアウトで接合容量は出力容量の 50 %以上であり，折返しレイアウトではインバータの真性遅延 (FO = 1) を約 15 %向上させると推定される．

表 8.3 の 0.1 μm CMOS デバイスの C_{in} と C_{out} を構成成分 (真性ゲート容量，オー

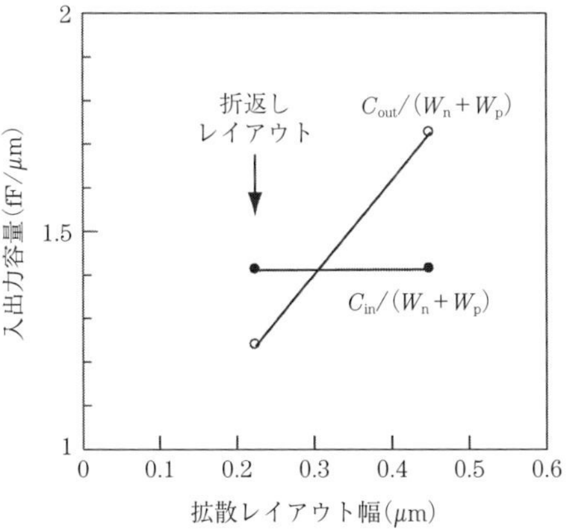

図 8.44　図 8.14 の拡散幅 d に対する入出力容量．直線ゲートのレイアウト (これまでデフォルト) では，$d = a + b + c = 0.45\,\mu\mathrm{m}$ である．折り返しゲートのレイアウト (図 8.15) では，d は実質的に半分にカットされる．

バーラップ容量，接合容量）に分割する．この値は，図 8.42 や図 8.44 のシミュレーション結果の外挿と図 8.37 容量成分から得られる．表 8.5 にその結果を示す．表 8.4 に示されているように C_{in} と C_{out} の値はおおよそ等しい．無負荷時の遅延時間は $C_{\mathrm{in}}+C_{\mathrm{out}}$ に比例する．真性ゲート酸化膜容量はこの約 1/3 に過ぎない．

8.4.5 CMOS 性能における輸送特性の効果

電子および正孔の移動度が nMOS と pMOS のひずみ技術で増大することは，5.2.2 項で議論をした．ここでは，移動度を向上することが CMOS 遅延に与える恩恵を，表 8.3 に示す以前と同じ 0.1 μm CMOS デバイスの回路モデルを使って，調査する．より高い移動度による性能向上は，スイッチング抵抗の因子を通して得られる．したがってファンアウトや配線負荷の条件などとは無関係である．物理的な寸法と節点電圧が決まると，MOSFET の電流は 3 つの輸送パラメータで決定される．すなわち，移動度，飽和速度，直列抵抗である．もし，移動度と飽和速度が因子 $\kappa>1$ で増大し，直列抵抗は $1/\kappa$ だけ減少したとする，この場合，電流は κ だけ増大する．あるいは，スイッチング抵抗が $1/\kappa$ だけ減少する．経験的には以下のように書ける．

$$R_{\mathrm{sw}} \propto {\mu_{\mathrm{eff}}}^{-a} {v_{\mathrm{sat}}}^{-b} {R_{\mathrm{sd}}}^{c} \tag{8.56}$$

ただし，μ_{eff}，v_{sat}，R_{sd} は表 8.3 と比較して変化が小さい場合に，$a+b+c=1$ となる．ここで，各パラメータを変化させることは，nMOS と pMOS の対応するパラメータを同じ係数で変化させることを意味する．図 8.45(a) には，これらのパラメータを変化させたときに R_{sw} がどのように変化するかのシミュレーション結果を両対数プロットで示した．ここで考えた 0.1 μm CMOS の例では，$a\approx 0.61$, $b\approx 0.28$, および $c\approx 0.11$ であった．**相対的には，移動度は，CMOS 性能のための最も影響があるパラメータである**．その理由の一つは，図 8.34 に示すバイアス点の軌跡に基づくと，V_{in} が $V_{\mathrm{dd}}/2$ のあたりにあるスイッチング事象の初期において，遅延時間の多くが消費されている．そのような低い V_{gs} の電流では，$V_{\mathrm{gs}}=V_{\mathrm{dd}}$ のときほどには速度飽和となっていない．速度飽和の程度は，たとえば式 (6.47) のパラメータ z などで示される．z は $(V_{\mathrm{gs}}-V_{\mathrm{t}})$ に比例する．z の値は，$V_{\mathrm{gs}}=V_{\mathrm{dd}}/2$ では，$V_{\mathrm{gs}}=V_{\mathrm{dd}}$ のときを基準として，わずかに $\sim 1/3$ である．したがって，移動度はより重要なパラメータである．

表 8.5　C_{in} と C_{out} の構成要素

構　成　要　素	入力容量 (%)	出力容量 (%)
固有ゲート酸化膜容量	49	18
オーバーラップ容量	51	26
接合容量 (折り返しなし)	—	56

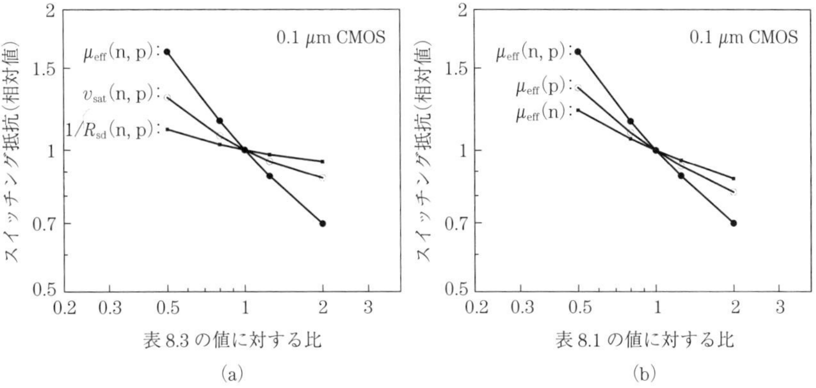

図 8.45 (a) スイッチング抵抗の輸送パラメータ (μ_{eff}, v_{sat}, $1/R_{\mathrm{sd}}$) に対する影響．各曲線は，nMOS と pMOS の両方について，特定の輸送パラメータの相対変化に対する R_{sw} の相対変化を示している．(b) 移動度依存性を電子要因と正孔要因に分解したもの．

図 8.45(b) は，電子と正孔の移動度のスイッチング抵抗への感度をさらに分解したものである．pMOS は nMOS のような速度飽和をしないので，高い正孔移動度が高い電子移動度よりも有利であるのは，驚くことではない．定量的には，式 (8.56) の移動度の指数 a は，$a = a_{\mathrm{n}} + a_{\mathrm{p}}$ のように分解でき，

$$R_{\mathrm{sw}} \propto \mu_{\mathrm{n}}^{-a_{\mathrm{n}}} \mu_{\mathrm{p}}^{-a_{\mathrm{p}}} v_{\mathrm{sat}}^{-b} {R_{\mathrm{sd}}}^{c} \tag{8.57}$$

となる．ただし，この場合には，$a_{\mathrm{n}} = 0.24$ および $a_{\mathrm{p}} = 0.37$ となる．

チャネル長が 10 nm へ向けてさらに縮小するにつれて，R_{sd} と v_{sat} は CMOS 遅延への重要な制限要因となる可能性がある．これらは，スケーリングによってあまり改善しないからである．一方で，6.3.2 項や 8.1.2 項で議論をしたように，垂直電界が不可避的に上昇するので，移動度は減少する．

8.4.6 2 入力 NAND の遅延

これまで性能要因を調べるために，ファンイン (fan-in) 1 の CMOS インバータに注力してきた．基本的な特性の多くが，一般的な CMOS 回路にもあてはまる．しかし，二つ以上の nMOSFET が出力端子と接地の間に縦積みされたファンイン 2 以上の NAND ゲートでは，ほかの 2，3 の付加的な要因を考慮しなければならない．この項では，例として図 8.11 の 2 入力 NAND を用いて，これらの要因について議論する．

8.4.6.1 上側および下側スイッチング

図 8.16 に示したレイアウトと，表 8.3 に記した 0.1 μm CMOS デバイスに基づき，p

デバイスと n デバイスの幅の比を変えてシミュレーションを行った．NAND ゲート中のプルダウン電流はインバータのそれに比べて，nMOS が縦に積まれているために，やや低いので，伝達特性もプルアップ/プルダウンの遅延も W_p/W_n 比が 2 ではなく，1.5 の方が適している．このレイアウトでは，二つの並行する pMOS は折り返し構造をもつ．nMOS は折り返し型ではない．縦積みされた二つの nMOS 間の拡散領域 (V_x 節点) の幅は，この場合，最小のリソグラフィ寸法の 0.15 μm とした．2 入力 NAND ゲートを直列接続するには，8.2.2.1 目で説明した二つの動作，すなわち**上側スイッチング**と**下側スイッチング**を区別して考えなければならない．図 8.11 を参照すると，上側スイッチングでは，入力 1 を通して論理遷移が伝搬し，トランジスタ N1 および P1 が駆動される．入力 2 は V_{dd} につながれ，すべての段で N2 はオン，P1 はオフとなる．一方，下側スイッチングでは，入力 2 に対する前段の論理信号によって，トランジスタ N2 と P2 が駆動される．このとき，入力 1 は V_{dd} につながれる．この二つのスイッチングモードは，図 8.46 で議論をするように，やや異なる遅延特性をもつ．

2 入力 NAND における，さまざまな節点電圧に対するスイッチング波形を調べることは有益である．図 8.46 にプロットしたのは，nMOSFET のプルダウン動作時の入力，出力，および V_x 節点電圧の時間変化である．図 8.46(a) の上側スイッチングの場合，V_x 節点電圧は 0 から始まり，いったん V_{dd} の 15%ほどのピークに達した後，V_{out} とともに 0 に戻る．この V_x の上昇は，上側のトランジスタがオンになったとき，放電電流を流した結果である．図 8.46(b) の下側スイッチングの場合，V_x 節点電圧は高い値ではあるが，V_{dd} よりわずかに低いところから出発する．ゲートが V_{dd} につながれていても，上側トランジスタは，最初は $V_{dd} - V_x < V_t + (m-1)V_x$ のため，サブスレッショル

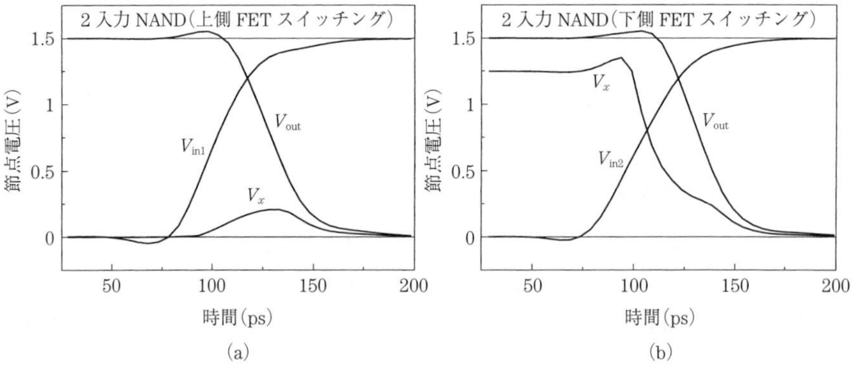

図 8.46　2 入力 NAND ゲートの引き下げ動作時における V_{in1} (上側ゲート)，V_{in2} (下側ゲート)，V_{out} (上側 nMOS と両方の pMOS のドレイン電圧)，V_x (縦積みされた二つの nMOS 間の節点電圧) の波形．デバイスパラメータは，$W_n/W_p = 1.0/1.5$ μm 以外は表 8.3 にあげた値を使用．

ド領域にバイアスされている．(m は 8.2.2.1 目でも議論した，ボディ効果係数である．) V_x の正確な始発点は，上下の nMOS における，サブスレッショルド電流の詳細な兼合いによって決まる．下側 nMOS がオンになったとき，V_x 節点電圧は V_{out} に先んじてグラウンド電位まで下がる．

図 8.47 は，8.4.1.1 目で議論した負荷容量 C_{L} に対する 2 入力 NAND ゲートの伝搬遅延を示している (実線)．破線は比較のため，同じデバイス幅のインバータ遅延時間を示している．式 (8.45) の遅延方程式は 2 入力 NAND ゲートでも適用できるが，R_{sw}, C_{in}, C_{out} の値が異なる．2 入力 NAND の真性遅延は以下の理由で，インバータの遅延より約 34 %大きい (1.34 倍)．最初に容量について考察してみよう．2 入力 NAND の入力容量は，基本的にはインバータの容量と同じである．しかしながら，2 入力 NAND のほうが大きな出力容量をもつ．上側スイッチングの場合，図 8.15(a) のインバータのレイアウトと比較すると，図 8.16 に示した 2 入力 NAND レイアウトの pMOS 側には，ゲート–ドレインオーバーラップ容量 C_{ov} が増えている．(ミラー効果はない．) 下側スイッチングの場合，nMOS による付加成分により，出力容量はさらに増大する．これらは，N1 のゲート容量や N1 のゲートに関するオーバーラップ容量，V_x 節点の小さな接合容量を含む．大きな容量に加えて，2 入力 NAND のスイッチング抵抗，すなわち図 8.47 に示された特性の傾きもまたインバータの抵抗より大きくなる．これは主に，出力端子–接地間の二つの縦積み nMOS から生じる．一方の nMOS がスイッチし，もう片方が電流を低下させる直列抵抗のように動作する．スイッチング抵抗という観点から

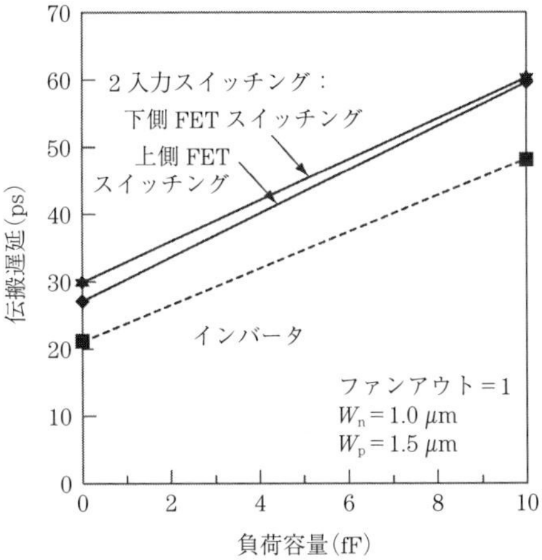

図 8.47　負荷容量に対する伝搬遅延 (2 本の実線は，2 入力 NAND ゲートにおける上側スイッチングと下側スイッチングの場合にあたる．破線は比較のために同じデバイスパラメータを用いた CMOS インバータの場合を示している．)

みると，下側スイッチングよりも上側スイッチングのほうが劣っている．なぜなら先の場合において，直列抵抗がソース–ドレイン間に発生し，ゲートドライブのさらなる減少を招いてしまうからである．図 8.47 はこれを証明している．この例での真性遅延は，余分な容量が抵抗スイッチングのわずかな差を補って余りあるため，下側スイッチングが上側スイッチングより悪い．しかし，重負荷の場合には上側スイッチングが最悪値となり，図 8.47 で示すように，スイッチング抵抗はインバータの抵抗よりも約 21％ (1.21 倍) 劣化する．

ファンイン (>1) の NAND 回路において，スイッチング抵抗の悪化は，次のような簡単なモデルで大まかに予測できる．2 入力 NAND のプルダウン動作中では，スイッチングしない nMOS は V_{dd} に固定されたゲート電圧をもち，スイッチングトランジスタに対しては直列抵抗のように動作する．スイッチングの間，それは主に線形領域で動作するため (8.2.2.1 目参照)，その実効抵抗は V_{dsat}/I_{onN} によって概算できる．ここで，V_{dsat} と I_{onN} は，$V_{gs}=V_{dd}$ における飽和電圧と飽和電流である．これにより，図 8.41 での議論に基づき，nMOS のスイッチング抵抗もほぼ同じ量，すなわち $\Delta R_{swn}=V_{dsat}/I_{onN}$ が増える．R_{swn} および R_{swp} がインバータのための式 (8.47) および (8.48) であるとして，$R_{sw}=(R_{swn}+\Delta R_{swn}+R_{swp})/2$ を使うと，2 入力 NAND ゲートのスイッチング抵抗は，

$$R_{sw}(\mathrm{FI}=2)=\frac{V_{dd}}{4\langle I_N\rangle}+\frac{V_{dsat}}{2I_{onN}}+\frac{V_{dd}}{4\langle I_P\rangle} \tag{8.58}$$

となる．0.1 μm CMOS の例では，図 8.34(a) から $\langle I_N\rangle\approx\langle I_P\rangle\approx(3/5)\,I_{onN}$ および $V_{dsat}\approx(1/3)\,V_{dsat}$ である．これらを式 (8.58) に代入すると，スイッチング抵抗がインバータの 1.2 倍となり，図 8.47 から抽出した数値と一致する．式 (8.58) は，V_{dsat}/I_{onN} の項の前に $(\mathrm{FI}-1)$ を掛けることで，ファンインの数が多くなっても使うことができる．ファンインが増えると，R_{sw} は直ちに悪くなるので，3 より大きいファンインは通常 CMOS 回路では使われない．

8.4.6.2　ボディ効果の遅延への影響

図 8.47 に記した遅延時間は，表 8.3 にあげたパラメータを使って算出したものである．ただし，ボディ効果係数を $m=1.3$ とした．そのほかのデバイスパラメータは同じにしたが，二つの理由のため，m による遅延増大がある．

(1) ドレイン部分のボディ効果により m が増大し，デバイスの飽和電流が減少する．

これは 6.2.1.2 目で，$n=1$ として議論した，飽和電流を示す式 (6.47) と (6.49) より導かれる．n を変化させても，定性的には同じような結果が得られる．pMOS のように飽和速度が低いほうが，飽和電流の値は m に大きく依存する．式 (6.51) のような，電流が完全に速度飽和によって決まる場合には，m に依存しない．

(2) NAND ゲートの縦積みされた nMOS でより重要なのは，図 8.11 のトランジスタ N1 のようにソースの電位がボディ電位より高い場合，ボディ効果によりしきい値電圧が上昇し，電流が減少する．

N1 のソース–基板間の電位差は，図 8.46(a), (b) に示されている V_x の電位によって与えられる．CMOS インバータでも n および p ソース側の直列抵抗が大きいと，この効果は無視できなくなる．

8.5　高周波回路における MOSFET の性能因子

8.1〜8.4 節では，デジタル回路における CMOS の性能因子について述べた．本節では，小信号増幅器などの高周波回路における MOSFET の性能因子について考察する．この目的のためには，pMOS よりも優れた性能をもつ nMOS トランジスタがほぼ例外なく使用される．

8.5.1　小信号等価回路

図 8.48 に，ソース接地構成で使用される MOSFET 増幅器の二端子 (2 ポート) での小信号回路図を示す．直流バイアス回路は示していない．交流入力はゲート–ソース端子に入り，交流出力はドレイン–ソース端子で取り出される．ここでは，大文字の記号は全量を表し，小文字の記号は小信号量を表すという慣例がある (たとえば，$v_{\mathrm{gs}} = \delta V_{\mathrm{gs}}$，$i_{\mathrm{ds}} = \delta I_{\mathrm{ds}}$ など)．すべての i_{gs}，i_{ds}，v_{gs}，v_{ds} は，共通の時間依存性 $e^{j\omega t}$ をもつ複素数［フェーザー (phasor)］であり，ω は小信号の角周波数である．周波数領域表示では，入力端子の電圧の時間依存性の完全な表式が $|v_{\mathrm{gs}}|\cos(\omega t + \alpha)$，すなわち $|v_{\mathrm{gs}}|\,e^{j(\omega t+\alpha)}$ の実部であれば，$v_{\mathrm{gs}} = |v_{\mathrm{gs}}|\,e^{j\alpha}$ となる．同様に，$v_{\mathrm{ds}} = |v_{\mathrm{ds}}|\,e^{j\beta}$ などである．

共通の標準設定として使われるのは，ボディをソースに接地することである．したがって，ドレイン電流は V_{gs} と V_{ds} の関数，すなわち $I_{\mathrm{ds}}(V_{\mathrm{gs}}, V_{\mathrm{ds}})$ となる．その小信号での増分は次のように書ける．

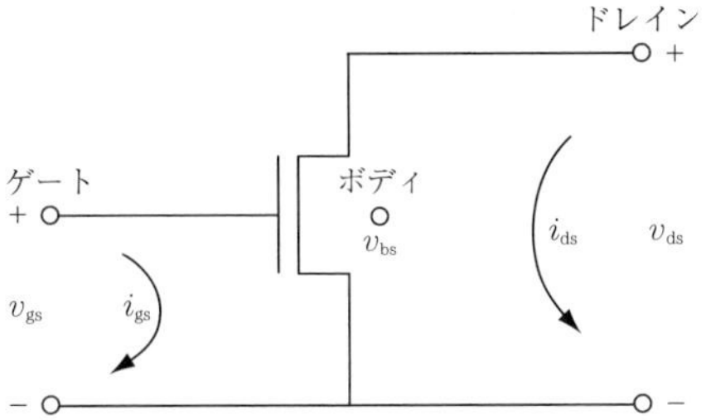

図 8.48　ソース接地構成で小信号増幅器として使用される MOSFET

$$i_{\mathrm{ds}} = \frac{\partial I_{\mathrm{ds}}}{\partial V_{\mathrm{gs}}} v_{\mathrm{gs}} + \frac{\partial I_{\mathrm{ds}}}{\partial V_{\mathrm{ds}}} v_{\mathrm{ds}} = g_{\mathrm{m}} v_{\mathrm{gs}} + g_{\mathrm{ds}} v_{\mathrm{ds}} \tag{8.59}$$

ここで，$g_{\mathrm{m}} \equiv (\partial I_{\mathrm{ds}}/\partial V_{\mathrm{gs}})|_{V_{\mathrm{ds}}}$ は相互コンダクタンスであり，$g_{\mathrm{ds}} \equiv (\partial I_{\mathrm{ds}}/\partial V_{\mathrm{ds}})|_{V_{\mathrm{gs}}}$ は出力コンダクタンスである．

式 (8.59) の伝導性の成分に加えて，ゲート–ソース間，ゲート–ドレイン間，ボディ–ドレイン間に容量性の成分がある．これらは変位電流を生じさせる．たとえば，$I_{\mathrm{gs}}(t) = C_{\mathrm{gs}}(\mathrm{d}V_{\mathrm{gs}}/\mathrm{d}t)$，あるいは $i_{\mathrm{gs}}(t) = (j\omega C_{\mathrm{gs}})v_{\mathrm{gs}}$ であり，正弦波電圧から 90° 位相がずれている．真性 MOSFET の完全な小信号高周波等価回路を図 8.49 に示す．ここでは，式 (8.59) が電圧制御電流源とコンダクタンスで表されている．

周波数領域における二端子ネットワークの小信号解析では，アドミタンス行列がしばしば使われ，端子電流と端子電圧の線形関係を表す．これらの関係は，キルヒホッフの電流および電圧則を等価回路に適用したものに基づいている．図 8.49 に示す回路では，MOSFET の真性アドミタンス行列は次のように書ける．

$$\begin{bmatrix} i_{\mathrm{gs}} \\ i_{\mathrm{ds}} \end{bmatrix} = \begin{bmatrix} j\omega(C_{\mathrm{gs}} + C_{\mathrm{gd}}) & -j\omega C_{\mathrm{gd}} \\ g_{\mathrm{m}} - j\omega C_{\mathrm{gd}} & g_{\mathrm{ds}} + j\omega C_{\mathrm{db}} + j\omega C_{\mathrm{gd}} \end{bmatrix} \begin{bmatrix} v_{\mathrm{gs}} \\ v_{\mathrm{ds}} \end{bmatrix} \tag{8.60}$$

8.5.2　単位電流利得 (遮断) 周波数

真性電流利得 β は式 (8.60) から，出力端子が短絡されている (すなわち $v_{\mathrm{ds}} = 0$ である) として，求められる．

$$\beta = \left.\frac{i_{\mathrm{ds}}}{i_{\mathrm{gs}}}\right|_{v_{\mathrm{ds}}=0} = \frac{g_{\mathrm{m}} - j\omega C_{\mathrm{gd}}}{j\omega(C_{\mathrm{gs}} + C_{\mathrm{gd}})} \tag{8.61}$$

電流利得の大きさは

$$|\beta| = \frac{\sqrt{{g_{\mathrm{m}}}^2 + (\omega C_{\mathrm{gd}})^2}}{\omega(C_{\mathrm{gs}} + C_{\mathrm{gd}})} \tag{8.62}$$

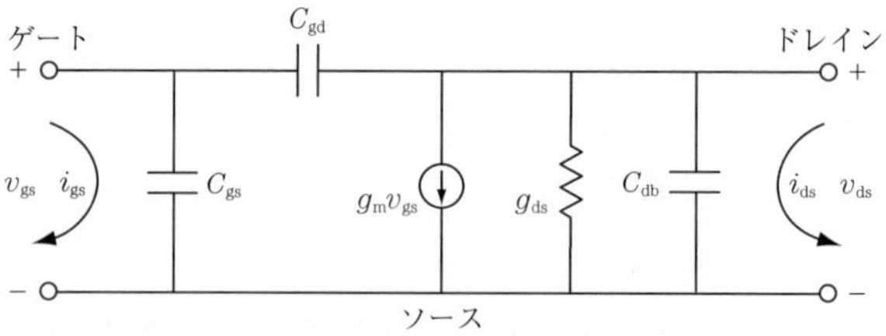

図 8.49　周波数領域での真性 MOSFET の小信号等価回路

となる．真性単位電流利得周波数は，上式で $|\beta| = 1$ として ω について解くことで $f_\mathrm{T} = \omega/2\pi$ から求められる．

$$f_\mathrm{T} = \frac{g_\mathrm{m}}{2\pi\sqrt{{C_\mathrm{gs}}^2 + 2C_\mathrm{gs}C_\mathrm{gd}}} \tag{8.63}$$

文献でよくみられる表現では，分母の平方根の係数は，$C_\mathrm{gs} \gg C_\mathrm{gd}$ という仮定の下で，$C_\mathrm{gs} + C_\mathrm{gd}$ と近似している．表 8.3 に示した 0.1 μm nMOS の例では，$g_\mathrm{m} \approx$ 600 mS/mm であり，$f_\mathrm{T} \approx 80$ GHz である．

8.5.3 二端子ネットワークの電力利得条件

トランジスタの電力利得は，図 8.50 に示すアドミタンス行列で表現される一般的な二端子ネットワークを考える．

$$\begin{bmatrix} i_1 \\ i_2 \end{bmatrix} = [\boldsymbol{Y}] \begin{bmatrix} v_1 \\ v_2 \end{bmatrix} = \begin{bmatrix} Y_{11} & Y_{12} \\ Y_{21} & Y_{22} \end{bmatrix} \begin{bmatrix} v_1 \\ v_2 \end{bmatrix} \tag{8.64}$$

出力側が Y_L で終端されていると仮定すると，

$$i_2 + Y_\mathrm{L} v_2 = 0 \tag{8.65}$$

となる．ここで $\mathrm{Re}(Y_\mathrm{L}) > 0$，すなわち Y_L は受動素子である．もし $v_1 = |v_1|e^{j\alpha}$，$i_1 = |i_1|e^{j\beta}$ とすると，端子 1 側への入力電力は，$|v_1|\cos(\omega t + \alpha) \times |i_1|\cos(\omega t + \beta)$ の時間平均であり，$\frac{1}{2}|v_1||i_1|\cos(\alpha - \beta)$ もしくは $\frac{1}{2}\mathrm{Re}(v_1 i_1^*)$ と等しい．同様に，端子 2 側での出力電力は $\frac{1}{2}\mathrm{Re}(-v_2 i_2^*)$ である．i_1 の項として v_1，v_2，i_2 を表すために式 (8.64) と (8.65) を合わせると，下記の電力利得が求められる．

$$G \equiv \frac{\mathrm{Re}\,(-v_2 i_2^*)}{\mathrm{Re}\,(v_1 i_1^*)} = \frac{|Y_{21}|^2 \mathrm{Re}\,(Y_\mathrm{L})}{|Y_{22} + Y_\mathrm{L}|^2 \mathrm{Re}\,(Y_{11}) - \mathrm{Re}\,[Y_{12}^* Y_{21}^* (Y_{22} + Y_\mathrm{L})]} \tag{8.66}$$

次に $Y_\mathrm{L}\,(\equiv x + jy,\ x > 0)$ を G が最大になるように変える．$Y_{11} \equiv G_{11} + jB_{11}$ および $Y_{22} \equiv G_{22} + jB_{22}$ とすると，上式は

$$G = \frac{|Y_{21}|^2 x}{[(G_{22}+x)^2 + (B_{22}+y)^2]G_{11} - (G_{22}+x)\mathrm{Re}(Y_{12}Y_{21}) - (B_{22}+y)\mathrm{Im}(Y_{12}Y_{21})} \tag{8.67}$$

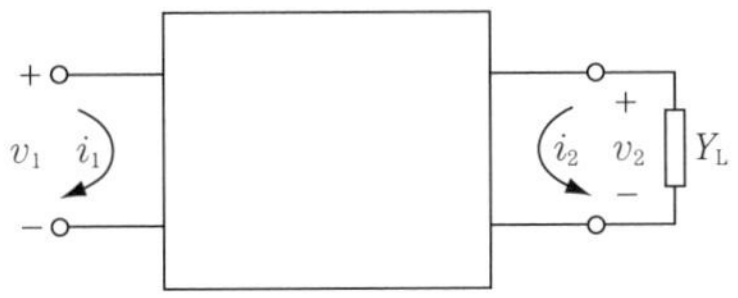

図 8.50 二端子ネットワークにおける入力と出力の電流と電圧の定義．出力はアドミタンス Y_L で終端されている．

となる．基本的な代数により，G がその最大値 (利用可能な最大利得とよばれる) に達するように，$x>0$ と y の最適な組み合わせを選択できる．

$$G_{\max}=\frac{|Y_{21}|^2}{2G_{11}G_{22}-\mathrm{Re}\,(Y_{12}Y_{21})+\sqrt{[2G_{11}G_{22}-\mathrm{Re}\,(Y_{12}Y_{21})]^2-|Y_{12}Y_{21}|^2}} \tag{8.68}$$

電力利得の基準は $G_{\max}>1$ であり，これは項を並べ替え，平方根を除去するために 2 乗した後，$|Y_{21}/Y_{12}|>1$ となることが示され，また

$$|Y_{12}+Y_{21}^*|^2>4G_{11}G_{22} \tag{8.69}$$

となる．

8.5.4　単位電力利得 (最大発振) 周波数

真性 MOSFET の場合，式 (8.60) の行列は $\mathrm{Re}(Y_{11})=G_{11}=0$ であるため，式 (8.69) の電力利得条件は常に満たされる．図 8.49 の真性 MOSFET に寄生抵抗 R_{g}，R_{s}，R_{d} を加えると，図 8.51 の外因性の MOSFET トランジスタの等価回路が得られる．ここでの慣例は，プライムされた (ダッシュが附された) パラメータは真性デバイスを表し，プライムされていない (ダッシュが附されていない) パラメータは外因性のデバイス，すなわち外部からの測定パラメータを表す．また，v_1'，i_1 はそれぞれ v_{gs}'，i_{gs} を表し，v_2'，i_2 はそれぞれ v_{ds}'，i_{ds} を表す．

MOSFET の真性アドミタンス行列［式 (8.60)］は，新しい表記法で次のように表される．

$$\begin{aligned}\begin{bmatrix} i_1 \\ i_2 \end{bmatrix} &= [\tilde{Y}'] \begin{bmatrix} v_1' \\ v_2' \end{bmatrix} = \begin{bmatrix} Y_{11}' & Y_{12}' \\ Y_{21}' & Y_{22}' \end{bmatrix} \begin{bmatrix} v_1' \\ v_2' \end{bmatrix} \\ &= \begin{bmatrix} j\omega(C_{\mathrm{gs}}+C_{\mathrm{gd}}) & -j\omega C_{\mathrm{gd}} \\ g_{\mathrm{m}}'-j\omega C_{\mathrm{gd}} & g_{\mathrm{ds}}'+j\omega C_{\mathrm{db}}+j\omega C_{\mathrm{gd}} \end{bmatrix} \begin{bmatrix} v_1' \\ v_2' \end{bmatrix}\end{aligned} \tag{8.70}$$

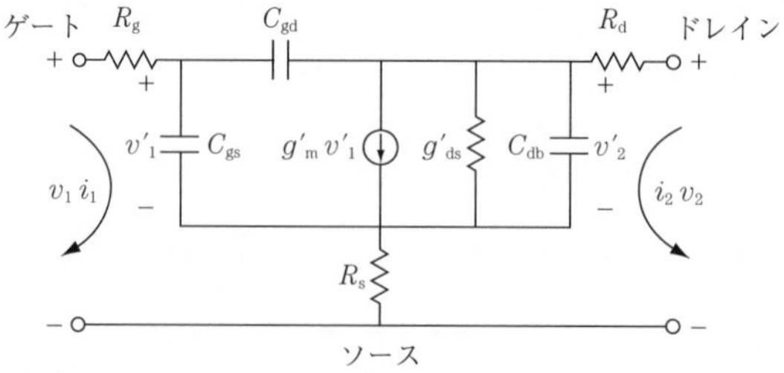

図 **8.51**　寄生成分を含んだ MOSFET の小信号等価回路

外因性の小信号電圧 $v_1\,(= v_{\mathrm{gs}})$ と $v_2\,(= v_{\mathrm{ds}})$ は，以下の行列式によって真性電圧 v_1', v_2' に関連づけられる．

$$\begin{aligned}
\begin{bmatrix} v_1 \\ v_2 \end{bmatrix} &= \begin{bmatrix} v_1' \\ v_2' \end{bmatrix} + \begin{bmatrix} R_{\mathrm{g}} + R_{\mathrm{s}} & R_{\mathrm{s}} \\ R_{\mathrm{s}} & R_{\mathrm{d}} + R_{\mathrm{s}} \end{bmatrix} \begin{bmatrix} i_1 \\ i_2 \end{bmatrix} \\
&= \left\{ [\tilde{Y}']^{-1} + \begin{bmatrix} R_{\mathrm{g}} + R_{\mathrm{s}} & R_{\mathrm{s}} \\ R_{\mathrm{s}} & R_{\mathrm{d}} + R_{\mathrm{s}} \end{bmatrix} \right\} \begin{bmatrix} i_1 \\ i_2 \end{bmatrix}
\end{aligned} \tag{8.71}$$

ここで，式 (8.70) の逆行列が第 2 ステップで使用されている．外因性のアドミタンス行列 $[\tilde{Y}]$ は式 (8.71) から求められる．

$$\begin{aligned}
\begin{bmatrix} i_1 \\ i_2 \end{bmatrix} &= [\tilde{Y}] \begin{bmatrix} v_1 \\ v_2 \end{bmatrix} = \begin{bmatrix} Y_{11} & Y_{12} \\ Y_{21} & Y_{22} \end{bmatrix} \begin{bmatrix} v_1 \\ v_2 \end{bmatrix} \\
&= \left\{ 1 + [\tilde{Y}'] \begin{bmatrix} R_{\mathrm{g}} + R_{\mathrm{s}} & R_{\mathrm{s}} \\ R_{\mathrm{s}} & R_{\mathrm{d}} + R_{\mathrm{s}} \end{bmatrix} \right\}^{-1} [\tilde{Y}'] \begin{bmatrix} v_1 \\ v_2 \end{bmatrix}
\end{aligned} \tag{8.72}$$

寄生抵抗が過度に大きくなければ，$[\tilde{Y}]$ は，R_{s}，R_{d}，R_{g} の 1 次式で表せる．

$$\begin{aligned}
[\tilde{Y}] &= \begin{bmatrix} Y_{11} & Y_{12} \\ Y_{21} & Y_{22} \end{bmatrix} = [\tilde{Y}'] - [\tilde{Y}'] \begin{bmatrix} R_{\mathrm{g}} + R_{\mathrm{s}} & R_{\mathrm{s}} \\ R_{\mathrm{s}} & R_{\mathrm{d}} + R_{\mathrm{s}} \end{bmatrix} [\tilde{Y}'] \\
&= \left[\begin{matrix} Y_{11}' - {Y_{11}'}^2 R_{\mathrm{g}} - Y_{12}' Y_{21}' R_{\mathrm{d}} - (Y_{11}' + Y_{12}')(Y_{11}' + Y_{21}') R_{\mathrm{s}} \\ Y_{21}' - Y_{11}' Y_{21}' R_{\mathrm{g}} - Y_{21}' Y_{22}' R_{\mathrm{d}} - (Y_{21}' + Y_{11}')(Y_{21}' + Y_{22}') R_{\mathrm{s}} \end{matrix} \right. \\
&\qquad \left. \begin{matrix} Y_{12}' - Y_{11}' Y_{12}' R_{\mathrm{g}} - Y_{12}' Y_{22}' R_{\mathrm{d}} - (Y_{12}' + Y_{11}')(Y_{12}' + Y_{22}') R_{\mathrm{s}} \\ Y_{22}' - {Y_{22}'}^2 R_{\mathrm{d}} - Y_{12}' Y_{21}' R_{\mathrm{g}} - (Y_{22}' + Y_{12}')(Y_{22}' + Y_{21}') R_{\mathrm{s}} \end{matrix} \right]
\end{aligned} \tag{8.73}$$

ここで，$Y_{11}', Y_{12}', Y_{21}', Y_{22}'$ は式 (8.70) で与えられる．

式 (8.73) の外因性行列 $[\tilde{Y}]$ に電力利得条件式 (8.69) に等号を用いることにより，電力利得周波数すなわち最大発振周波数 $f_{\max}$ が求められる．$R_{\mathrm{s}}, R_{\mathrm{d}}, R_{\mathrm{g}}$ の 1 次の項のみを残すことにより，次式が得られる．

$$\omega_{\max}^2 = \frac{{g'}_{\mathrm{m}}^2/4}{(C_{\mathrm{gs}}+C_{\mathrm{gd}})^2 g_{\mathrm{ds}}' R_{\mathrm{g}} + C_{\mathrm{gd}}(C_{\mathrm{gs}}+C_{\mathrm{gd}}) g_{\mathrm{m}}' R_{\mathrm{g}} + C_{\mathrm{gd}}[(C_{\mathrm{gd}}+C_{\mathrm{db}}) g_{\mathrm{m}}' + C_{\mathrm{gd}} g_{\mathrm{ds}}'] R_{\mathrm{d}} + C_{\mathrm{gs}}(C_{\mathrm{gs}} g_{\mathrm{ds}}' - C_{\mathrm{db}} g_{\mathrm{m}}') R_{\mathrm{s}}} \tag{8.74}$$

あるいは，$\omega_{\mathrm{T}} = 2\pi f_{\mathrm{T}} \approx g_{\mathrm{m}}'/\,(C_{\mathrm{gs}} + C_{\mathrm{gd}})$［式 (8.63) の近似］を用いて次のように表すこともできる．

$$\omega_{\max}=\frac{\omega_{\mathrm{T}}/2}{\sqrt{g'_{\mathrm{ds}}R_{\mathrm{g}}+\omega_{\mathrm{T}}C_{\mathrm{gd}}R_{\mathrm{g}}+\dfrac{C_{\mathrm{gd}}+C_{\mathrm{db}}}{C_{\mathrm{gs}}+C_{\mathrm{gd}}}\omega_{\mathrm{T}}C_{\mathrm{gd}}R_{\mathrm{d}}-\dfrac{C_{\mathrm{db}}}{C_{\mathrm{gs}}+C_{\mathrm{gd}}}\omega_{\mathrm{T}}C_{\mathrm{gs}}R_{\mathrm{s}}+\dfrac{C_{\mathrm{gd}}^2 g'_{\mathrm{ds}}R_{\mathrm{d}}+C_{\mathrm{gs}}{}^2 g'_{\mathrm{gs}}R_{\mathrm{s}}}{(C_{\mathrm{gs}}+C_{\mathrm{gd}})^2}}} \tag{8.75}$$

$f_{\max}$ は単に $\omega_{\max}/2\pi$ であることに注意．文献によくみられる $f_{\max}$ の近似式は，平方根の第 2 項だけを残すことで得られる．

$$f_{\max}=\sqrt{\frac{f_{\mathrm{T}}}{8\pi R_{\mathrm{g}}C_{\mathrm{gd}}}} \tag{8.76}$$

50 nm 以下のチャネル長をもつ最新の nMOS の f_{T} と $f_{\max}$ の値は 200 GHz のレンジにあり，最新のバイポーラトランジスタに匹敵する．しかし，高周波増幅器としては，MOSFET の電圧利得は，バイポーラトランジスタよりも低い相互コンダクタンスと出力特性のために劣っている．式 (8.60) を用いて，出力が開放，すなわち $i_{\mathrm{ds}}=0$ のとき，低周波での電圧利得を求めると，次のようになる．

$$\left|\frac{v_{\mathrm{ds}}}{v_{\mathrm{gs}}}\right|(\omega\to 0)=\frac{g_{\mathrm{m}}}{g_{\mathrm{ds}}} \tag{8.77}$$

これは，8.2.1.2 目で述べたインバータ伝達曲線の最大傾き $|\mathrm{d}V_{\mathrm{out}}/\mathrm{d}V_{\mathrm{in}}|$ と同じ形をしている．高い g_{m} および f_{T} の値をもつ短チャネルデバイスは，同時に，**ドレイン誘起障壁低下** (drain-induced-barrier-lowering) 効果によって高い g_{ds} をもつ．図 8.34(a) の 0.1 μm nMOS の例では，$g_{\mathrm{m}}/g_{\mathrm{ds}}\approx 17$ であり，11.6.1 項で述べるバイポーラトランジスタの典型的な電圧利得よりも大幅に低い．

9

バイポーラデバイス

構造としては，n–p–n バイポーラトランジスタは，トランジスタのベースとなる共通の p 領域をもつ二つの p–n ダイオードで形成されている．同様に，p–n–p バイポーラトランジスタは，共通の n 領域をもつ二つの p–n ダイオードで形成されている．本書では，**2 種類のバイポーラトランジスタを取り上げる**：図 9.1(a) に模式的に示された従来の**縦型バイポーラトランジスタ**と，図 9.1(b) に模式的に示された最近開発された **SOI** を用いた**対称横型バイポーラトランジスタ** (Sturm ら，1987; Cai ら，2011) である．本章では，バイポーラトランジスタの基本的な性質と動作について説明する．この章では，この原稿を書いている時点で最もよく使われている**縦型 n–p–n トランジスタ**に焦点を当てる．縦型トランジスタと横型トランジスタの大きな違いは，重要なところでは指摘する．

バイポーラトランジスタの定常特性は，エミッタからコレクタへの電流経路に沿ったデバイス領域 (真性デバイス領域) のドーピングプロファイルによって決定される．縦型バイポーラトランジスタの場合の真性デバイス領域を図 9.2(a) に模式的に示す．図 9.1(a) に示す真性領域に隣接する，あるいはそれを囲む残りの領域は，電気的絶縁のため，またはコレクタ電流をベース領域の下から表面にあるコレクタコンタクトにもたらすコレクタリーチスルー領域の形成のための寄生部分である．

図 9.2(b) に正常動作時の n–p–n トランジスタのバイアス条件を示す．ベース–エミッタダイオードを電圧 V_{BE} で順方向バイアスし，コレクタ–ベースダイオードを電圧 V_{CB} で逆方向バイアスする．エネルギーバンド構造を図 9.2(c) に図示する．順方向にバイアスされたベース–エミッタダイオードが，電子をエミッタからベースへ，正孔をベースからエミッタへ流す．ベース層で再結合しない電子はコレクタに到達し，コレクタ電流と

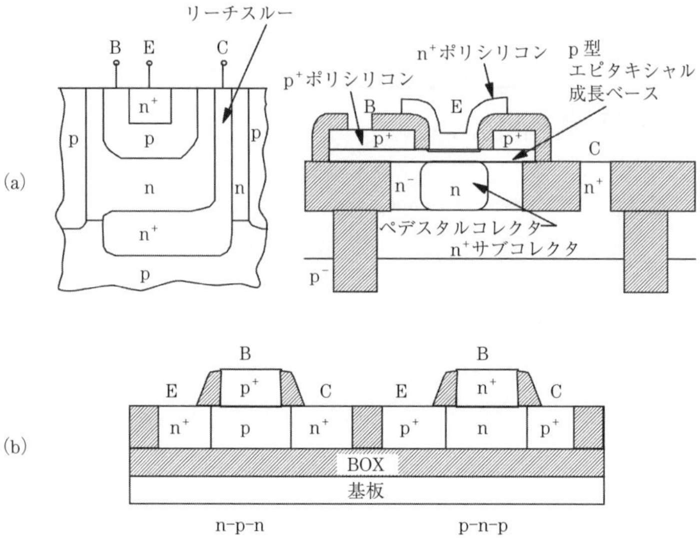

図 9.1　本書で扱うバイポーラトランジスタの説明図．(a) 縦型 n–p–n バイポーラトランジスタ．最もシンプルで低コストなのは接合分離型 (左) である．最も新しいのは，深いトレンチ分離の自己整合ポリシリコン–エミッタ構造 (右) である．(b) SOI を用いた対称横型バイポーラトランジスタ．n–p–n および p–n–p トランジスタは，SOI CMOS に類似した方法で集積することができる．

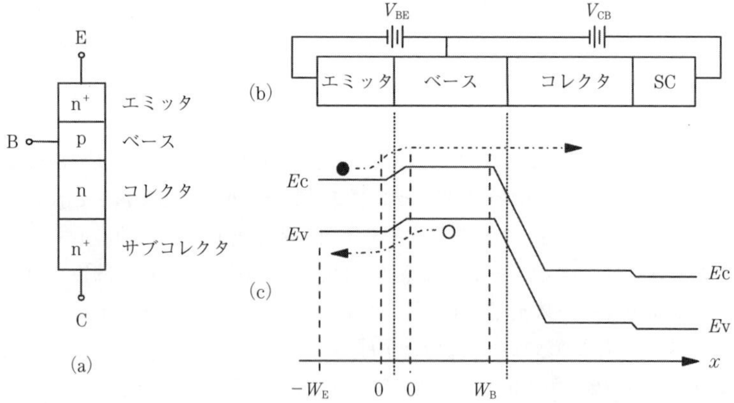

図 9.2　縦型 n–p–n バイポーラトランジスタの説明図．(a) 素子の真性領域を上から順にエミッタ，ベース，コレクタ，サブコレクタと縦に積み重ねたもの．(b) 通常動作時の印加電圧を示す説明図，(c) 対応するエネルギーバンド図，キャリアの流れ，準中性エミッタ領域とベース領域の境界の位置を示す説明図．

なる．エミッタへ注入された正孔はベース電流に寄与する．

図 9.2(c) には，n–p–n トランジスタにおける電子と正孔の流れを示すための座標系も示した．ここで，電子は x 方向に流れるので，$J_{\mathrm{n}}(x)$ は負である．正孔の流れは x 方向なので，$J_{\mathrm{p}}(x)$ も負である．エミッタ–ベースダイオードの物理的な接合は “$x = 0$” に位置していると仮定している．しかしながら，エミッタ–ベース接合の空間電荷層の厚さを考慮すると，図 9.2(c) に示すように，準中性エミッタ領域の数学的原点 $(x = 0)$ は物理的接合の左側に動く．同様に準中性ベース領域の数学的原点 $(x = 0)$ は物理的接合の右側に動く．エミッタ電極は $x = -W_{\mathrm{E}}$ にあり，準中性ベース領域は $x = W_{\mathrm{B}}$ で終わる．ここで注意すべきは，接合には空間電荷層の厚さがあることで，準中性の p 領域や n 領域の幅はいつでも物理的な幅より狭いことである．残念ながら，この本も含む多くの本で，物理的な幅と準中性的な幅を表すのに同じ記号がしばしば用いられる．たとえば，W_{B} はベース幅を表すのに用いられるが，ときとして W_{B} を物理的なベース幅としてみなし，ときとして準中性的なベース幅としてみなす．ここで重要なことは **p–n ダイオードとバイポーラトランジスタのすべてのキャリア輸送方程式では，準中性的な幅を用いることである．**

図 9.1(a) の右側に，典型的な現在の縦型 n–p–n 構造を示す．隣接するデバイス間を電気的に分離するための酸化膜で満たされた深いトレンチ，サブコレクタとウェーハ基板間の p–n 接合による分離，ベースコンタクトのためのポリシリコン，ポリシリコンベースコンタクト層に自己整合したポリシリコンエミッタ，エピタキシャル成長し，成長中にドープしたベース領域などが使われている．また，**ペデスタルコレクタ**は，ベース直下の真性コレクタのドーピング濃度が，その周辺 (外部コレクタ) 領域よりも高いことを示している (Yu, 1971)．ペデスタルコレクタは，デバイス製作の過程でエミッタ開口部が形成された際に，イオン注入技術を用いて非常に単純に形成できる．最先端の縦型バイポーラトランジスタは，エピタキシャル成長中にドープされた SiGe 合金をベースとして用いている．SiGe ベースの縦型バイポーラトランジスタについては，10.4 節で詳しく解説する．ポリシリコンベースコンタクト層に関連する抵抗を低減する一つの方法は，ポリシリコン層の実質的すべての場所にシリサイド層を形成すること (Chiu ら，1987; Iinuma ら，1995)，またはポリシリコン層の垂直の端面にサイドウォールシリサイド層を形成すること (Shiba ら，1991) である．ポリシリコンエミッタでは，ヒ素ドープの代わりにリンを成長中にドープしたポリシリコンを使用し，炉でのアニーリングの代わりにラピッドサーマルアニーリングを行うことで，低い直列抵抗の非常に浅いエミッタを形成できる (Crabbe ら，1992; Nanba ら，1993; Shiba ら，1996)．サブコレクタとウェーハ基板との間には酸化膜による分離が存在しないため，垂直 p–n–p と n–p–n を同一チップ上に集積化するプロセスは非常に複雑で高価である．そのため，縦型 n–p–n と p–n–p の集積は一般的ではない．

図 9.3(a) に，図 9.1(a) の左側に模式的に示した，拡散またはイオン注入後拡散した

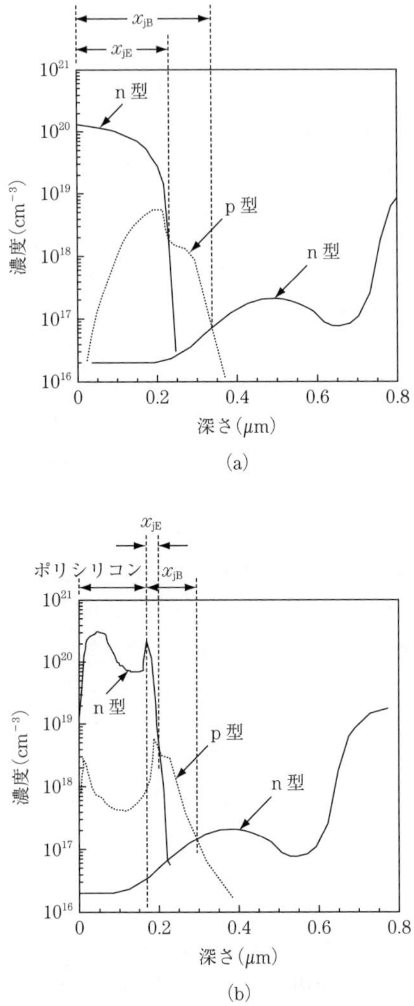

図 9.3　典型的な n–p–n トランジスタの垂直方向のドーピングプロファイル．(a) イオン注入または拡散，もしくはその両方で作製したエミッタの場合，(b) ポリシリコンエミッタの場合．

エミッタをもつ，縦型 n–p–n トランジスタの真性デバイス領域における典型的なドーピングプロファイルを示す．典型的なエミッタ接合深さ x_{jE} は 0.2 μm，またはそれ以上である (Ning と Isaac, 1980)．ベース接合深さは x_{jB} で，物理的なベース幅は $x_{\mathrm{jB}} - x_{\mathrm{jE}}$ に等しい．図 9.3(b) に，ポリシリコンエミッタとイオン注入によるベースをもつ n–p–n トランジスタの縦型ドーピングプロファイルを示す．典型的なポリシリコン層の厚さは約 0.2 μm であり，単結晶領域への n^+ 拡散はおおよそ 30 nm 以下である (Nakamura と Nishizawa, 1995)．したがって x_{jE} は 30 nm 以下である．現在のほとんどの縦型バイポーラトランジスタのベース幅は 0.1 μm 以下である．ポリシリコンエミッタトランジスタのベースは，拡散エミッタトランジスタのベースよりはるかに薄く再現性よくつくることができる．

図 9.1(b) から，SOI を用いた対称横型バイポーラトランジスタは寄生領域が少ないことがわかる．電子電流はエミッタからコレクタへ横方向に流れる．隣接するデバイス間の電気的分離は，先進の CMOS 技術で標準的な STI (浅いトレンチ分離) である．デバイスとウェーハ基板間の電気的分離は，BOX (埋込み酸化膜) により行われる．BOX 分離により，SOI CMOS と同様に n–p–n，p–n–p の集積が容易に実現できる (Cai ら，2011)．図 9.2(a)，(b)，(c) は，サブコレクタ領域を省略し，コレクタがエミッタと同様に n^+ 領域であることに注目すれば，横型 n–p–n トランジスタに適応させることが可能である．

本書では，横型トランジスタのベースドーピング濃度がベース内のあらゆる場所で均一であることを想定している．このようなベースでのドーピングプロファイルは好ましいものであり，容易に実現可能である．図 9.1(b) の説明図では，エミッタ/ベース，コレクタ/ベースの境界が垂直に伸びており，エミッタ/コレクタ間の間隔 $W_{E\text{–}C}$ は n^+ または p^+ のベース外部領域でも BOX 近傍と同じであることを示している．このような垂直方向に直線的で急峻なエミッタ/ベースおよびコレクタ/ベース境界をもつデバイスは，エピタキシャル成長したエミッタ/コレクタ領域を用いて得ることができる (Hashemi ら，2017，2018)．しかし，本稿執筆時点で報告されている横型トランジスタのほとんどは，エミッタ/コレクタ領域を形成するためのイオン注入を用いて作製されている．エミッタ/コレクタを形成するためのイオン注入は，$W_{E\text{–}C}$ のばらつきをもたらす．設計上 $W_{E\text{–}C}$ が小さいデバイスでは，$W_{E\text{–}C}$ のばらつきが，測定されたコレクタ電流のばらつきとして現れる可能性がある．

9.1 バイポーラトランジスタの基本動作

図 9.2(a) に示したように，バイポーラトランジスタは物理的には背中合わせにつながった二つの p–n ダイオードからなる．したがって，バイポーラトランジスタの基本動作は，背中合わせのダイオードの特性で説明できる．正常活性時は図 9.2(b) に示すようにベース–エミッタダイオードは順バイアス，ベース–コレクタダイオードは逆バイアスされる．エミッタからベースへ注入された電子がコレクタに到達してコレクタ電流となる．ベースからエミッタへ注入された正孔がベース電流となる．[測定されるベース電流のほかの成分は，ベース層およびベース–エミッタ空間電荷領域内の再結合に起因するも

のである．これらについては 9.2.3 項で後述する]．バイポーラトランジスタ設計の基本的目標の一つは，ベース電流に比べ，十分に大きなコレクタ電流を達成することである．

コレクタはエミッタからベースに注入されたキャリアを受けとめるだけなので，バイポーラトランジスタの動作は順方向にバイアスされたエミッタ–ベースダイオードの性質で決まる．**現代の典型的なバイポーラトランジスタのベース幅は，ベース領域の拡散長よりもはるかに小さい．エミッタから注入されたキャリアは，コレクタに到達し，ベース領域での再結合は無視できる．**

9.1.1　バイポーラトランジスタに合わせた単純ダイオード理論の修正

バイポーラトランジスタの挙動を定量的に記述するよう 3.1 節で示したダイオード理論を拡張するために，無視していた 3 つの重要な効果を取りこむ．準中性領域内の電界，高濃度ドーピング，エネルギーバンドギャップの不均一の 3 つの効果である．それぞれの効果を 9.1.1.1〜9.1.1.3 目で検討しよう．

9.1.1.1　均一なエネルギーバンドギャップをもつ準中性領域内の電界

3.1.5 項では，p 型と n 型準中性領域で電界がない場合において拡散電流による p–n ダイオードの電流–電圧特性を導出した．無電界の近似は，多数キャリアの電流がなくかつ濃度が等しいときにのみ成り立つ．縦型バイポーラトランジスタでは，図 9.3(a)，(b) に示すように，ドーピング形状には不均一がある．ドーピング形状の不均一は，多数キャリア密度も不均一であることを意味する．さらに，高いベース–エミッタ電圧では，準中性状態を保とうとするために，高濃度の少数キャリアが注入され，多数キャリアの明らかな不均一も起こす．したがって，準中性領域内の多数キャリアの不均一の効果は，バイポーラトランジスタの電流–電圧特性を得るためには無視できない．

p 型領域で式 (2.80) は，

$$\phi_{\mathrm{p}} = \psi_{\mathrm{i}} + \frac{kT}{q} \ln\left(\frac{p_{\mathrm{p}}}{n_{\mathrm{i}}}\right) \tag{9.1}$$

となる．ここで，ϕ_{p} は正孔の擬フェルミポテンシャルで，ψ_{i} は真性ポテンシャルである．(p_{p} が N_{a} と同じなのは低注入時のみであることに注意しよう．) 電界は式 (2.55) により，

$$\mathcal{E} \equiv -\frac{\mathrm{d}\psi_{\mathrm{i}}}{\mathrm{d}x} = \frac{kT}{q}\,\frac{1}{p_{\mathrm{p}}}\,\frac{\mathrm{d}p_{\mathrm{p}}}{\mathrm{d}x} - \frac{\mathrm{d}\phi_{\mathrm{p}}}{\mathrm{d}x} = \frac{kT}{q}\,\frac{1}{p_{\mathrm{p}}}\,\frac{\mathrm{d}p_{\mathrm{p}}}{\mathrm{d}x} + \frac{J_{\mathrm{p}}}{q p_{\mathrm{p}} \mu_{\mathrm{p}}} \tag{9.2}$$

となる．ここで，$\mathrm{d}\phi_{\mathrm{p}}/\mathrm{d}x$ と J_{p} との関係式 (2.78) を使った．式 (9.2) では，バンドギャップエネルギーが均一な領域であると考えたので，バンドギャップエネルギーの関数である真性キャリア密度 n_{i} [式 (2.13) 参照] は x に依存しない．エネルギーバンドギャップの位置 x の依存性は，高濃度ドーピング効果と関連させて 9.1.1.2 目で検討する．

式 (9.2) を，典型的な電流利得 100 をもった n–p–n トランジスタ真性ベース領域に適用しよう．典型的な，しかし，高電流密度であるコレクタ電流密度 $1\,\mathrm{mA}/\mu\mathrm{m}^2$ において，ベース電流密度は $0.01\,\mathrm{mA}/\mu\mathrm{m}^2$ である．すなわち，ベース層内で $J_\mathrm{p} = 0.01\,\mathrm{mA}/\mu\mathrm{m}^2$ である．(図 9.3 に示すように) 典型的なベースドーピング濃度 $10^{18}\,\mathrm{cm}^{-3}$ 台での正孔の移動度は約 $150\,\mathrm{cm}^2/\mathrm{V}\cdot\mathrm{s}$ (図 2.9 参照) である．つまり，$p_\mathrm{p} \approx 10^{18}\,\mathrm{cm}^{-3}$，$\mu_\mathrm{p} \approx 150\,\mathrm{cm}^2/\mathrm{V}\cdot\mathrm{s}$，から $J_\mathrm{p}/qp_\mathrm{p}\mu_\mathrm{p} \approx 40\,\mathrm{V/cm}$ であり，通常の素子動作では無視できるほど小さな電界である．したがって式 (9.2) より，p 型領域では

$$\mathcal{E}(\text{p 型領域}) \approx \frac{kT}{q}\frac{1}{p_\mathrm{p}}\frac{\mathrm{d}p_\mathrm{p}}{\mathrm{d}x} \quad (\text{p 型領域での電子}) \tag{9.3}$$

となり，n 型領域では同様に

$$\mathcal{E}(\text{n 型領域}) \approx -\frac{kT}{q}\frac{1}{n_\mathrm{n}}\frac{\mathrm{d}n_\mathrm{n}}{\mathrm{d}x} \quad (\text{n 型領域での正孔}) \tag{9.4}$$

となる．式 (9.3) と (9.4) は，**多数キャリア密度が均一ならば，電界は無視できることを示している**．電界の効果を考慮するためには，ドリフトと拡散の両方の成分が入った電流密度方程式 (2.68)，(2.69) を用いなければならない．ここで再掲すると，

$$J_\mathrm{n}(x) = qn\mu_\mathrm{n}\mathcal{E} + qD_\mathrm{n}\frac{\mathrm{d}n}{\mathrm{d}x} \tag{9.5}$$

$$J_\mathrm{p}(x) = qp\mu_\mathrm{p}\mathcal{E} - qD_\mathrm{p}\frac{\mathrm{d}p}{\mathrm{d}x} \tag{9.6}$$

である．

もし式 (9.4) を式 (9.5) に代入すると，式 (9.5) の右辺が 0 になること，同様に式 (9.3) を式 (9.6) に代入すると，式 (9.6) の右辺が 0 になることに注意しよう．これは，式 (9.3) と (9.4) で表される電界の近似は，**少数キャリア電流においてのみ成り立つ**ことを意味する．これらはダイオードやバイポーラトランジスタのキャリア輸送を記述するのに適用される．

不均一にドープされたベース領域での内蔵電界　順方向バイアスされたエミッター–ベースダイオードでの p 型ベースでの電子電流を考えよう．$N_\mathrm{B}(x)$ をベースのドーピング濃度とし，単純化のためすべてのドーパントが活性化されているとする．準中性条件から，

$$p_\mathrm{p}(x) = N_\mathrm{B}(x) + n_\mathrm{p}(x) \tag{9.7}$$

となり，したがって，

$$\frac{\mathrm{d}p_\mathrm{p}}{\mathrm{d}x} = \frac{\mathrm{d}N_\mathrm{B}}{\mathrm{d}x} + \frac{\mathrm{d}n_\mathrm{p}}{\mathrm{d}x} \tag{9.8}$$

となる．**内蔵電界** $\mathcal{E}_0$ はベースのドーピングプロファイルのみで定義され，注入される少

数キャリアの効果はすべて無視できる．これは式 (9.3) の p_{p} を N_{B} で置換することで得られ，

$$\mathcal{E}_0 \equiv \mathcal{E}(n_{\mathrm{p}} = 0) = \frac{kT}{q}\,\frac{1}{N_{\mathrm{B}}}\,\frac{\mathrm{d}N_{\mathrm{B}}}{\mathrm{d}x} \tag{9.9}$$

となる．式 (9.3) を式 (9.5) に代入して，式 (9.8)，(9.9) およびアインシュタインの関係式を使うと，不均一にドープされた p 型ベース領域での電子電流として，

$$J_{\mathrm{n}}(x) = qn_{\mathrm{p}}\mu_{\mathrm{n}}\mathcal{E}_0\,\frac{N_{\mathrm{B}}}{n_{\mathrm{p}} + N_{\mathrm{B}}} + qD_{\mathrm{n}}\left(\frac{2n_{\mathrm{p}} + N_{\mathrm{B}}}{n_{\mathrm{p}} + N_{\mathrm{B}}}\right)\frac{\mathrm{d}n_{\mathrm{p}}}{\mathrm{d}x} \tag{9.10}$$

を得る．式 (9.10) は，p 型領域中での**実効電界** $\mathcal{E}_{\mathrm{eff}}$ が，

$$\mathcal{E}_{\mathrm{eff}} = \mathcal{E}_0\,\frac{N_{\mathrm{B}}}{n_{\mathrm{p}} + N_{\mathrm{B}}} \tag{9.11}$$

と書けることを示唆している．式 (9.10) と (9.11) は，どのようなエミッタからの電子注入であっても，すなわち n_{p} がどんな値でも成り立つ．

低水準注入時の電界と電流密度　エミッタからの電子注入が低い水準にあるとき，すなわち $n_{\mathrm{p}} \ll N_{\mathrm{B}}$ のとき，$\mathcal{E}_{\mathrm{eff}}$ は $\mathcal{E}_0$ と同じになり，式 (9.10) は

$$J_{\mathrm{n}}(x) \approx qn_{\mathrm{p}}\mu_{\mathrm{n}}\mathcal{E}_0 + qD_{\mathrm{n}}\frac{\mathrm{d}n_{\mathrm{p}}}{\mathrm{d}x} \tag{9.12}$$

となる．この式は p 型ベース中を流れる電子電流が，不均一ドーパント分布がつくり出した内蔵電界によるドリフト成分と，ベース中の電子密度勾配による拡散成分からなっていることを示している．

高水準注入時の電界と電流密度　エミッタからの電子注入が非常に高い水準にあるとき，すなわち $n_{\mathrm{p}} \ll N_{\mathrm{B}}$ のとき，$\mathcal{E}_{\mathrm{eff}}$ は非常に小さくなる．注入した高濃度の少数キャリアにより内蔵電界は遮蔽されてしまう．したがって内蔵電界による電子電流成分は無視でき，電子電流密度は，

$$J_{\mathrm{n}}(x)|_{n_{\mathrm{p}} \gg N_{\mathrm{B}}} \approx q2D_{\mathrm{n}}\frac{\mathrm{d}n_{\mathrm{p}}}{\mathrm{d}x} \tag{9.13}$$

に近づく．

これは，高水準注入時は少数キャリア密度の電流が拡散電流のみであるように振る舞うことであるが，拡散係数は低水準注入時の 2 倍になる．これが**ウェブスター効果** (Webster effect) (Webster, 1954) である．

9.1.1.2　高濃度ドーピング効果

高濃度ドーピングされた半導体中の不純物では，実効的なイオン化エネルギーがドーピング濃度の増加とともに減少し，見かけ上のエネルギーバンドギャップの縮小が起こ

る (2.2.3 項参照)．モデル化するために，**実効真性キャリア密度** n_{ie} を定義し，次式に示すようにすべての**高濃度ドーピング効果を見かけ上のバンドギャップ縮小とよぶパラメータ $\boldsymbol{\Delta E_{\mathrm{g}}}$ 一つにまとめる**と便利である．

$$p_0(\Delta E_{\mathrm{g}})\, n_0(\Delta E_{\mathrm{g}}) \equiv {n_{\mathrm{ie}}}^2 = {n_{\mathrm{i}}}^2 \exp\left(\Delta E_{\mathrm{g}}/kT\right) \tag{9.14}$$

高濃度ドーピング効果は実効真性キャリア密度を増やす．**高濃度ドーピング効果を取り入れるためには，$\boldsymbol{n_{\mathrm{i}}}$ を $\boldsymbol{n_{\mathrm{ie}}}$ で置き換えればよい**．したがって，高濃度ドーピング効果を取り込むと式 (2.81) の pn 積は，

$$pn = {n_{\mathrm{ie}}}^2 \exp\left[q(\phi_{\mathrm{p}} - \phi_{\mathrm{n}})/kT\right] \tag{9.15}$$

となる．

実験的に ΔE_{g} を決めることは非常に難しく，文献で報告されている値 (del Alamo ら，1985a) もだいぶばらついている．報告データを注意して分析すると，n 型シリコンに対して，$N_{\mathrm{d}} \geq 7 \times 10^{17}\,\mathrm{cm}^{-3}$ では，

$$\Delta E_{\mathrm{g}}(N_{\mathrm{d}}) = 18.7 \ln\left(\frac{N_{\mathrm{d}}}{7 \times 10^{17}}\right) \mathrm{meV} \tag{9.16}$$

となり，ドーピング濃度がそれより低いときは 0 となる (del Alamo ら，1985b)．また，p 型シリコンでは，$N_{\mathrm{a}} > 10^{17}\,\mathrm{cm}^{-3}$ で $F = \ln(N_{\mathrm{a}}/10^{17})$ として，

$$\Delta E_{\mathrm{g}}(N_{\mathrm{a}}) = 9(F + \sqrt{F^2 + 0.5})\,\mathrm{meV} \tag{9.17}$$

に，それよりドーピング濃度が低いときは 0 になるという，見かけ上のバンドギャップ縮小のパラメータについての**経験的**な表現 (Slotboom と de Graaff, 1976; Swirhun ら，1986) が得られる．最近では，多数キャリアと少数キャリアの移動度を統一的に扱う新しいモデルを使って，クラッセンが見かけ上のバンドギャップ縮小を n 型シリコン，p 型シリコンの両方において統一されたパラメータを用いうることを示した (Klaassen, 1990; Klaassen ら，1992)．もし N が n 型シリコンにおいては N_{d} を，p 型シリコンにおいて N_{a} を表すとすると，クラッセンの統一された見かけ上のバンドギャップ縮小は，

$$\Delta E_{\mathrm{g}}(N) = 6.92 \left\{ \ln\left(\frac{N}{1.3 \times 10^{17}}\right) + \sqrt{\left[\ln\left(\frac{N}{1.3 \times 10^{17}}\right)\right]^2 + 0.5} \right\} \mathrm{meV} \tag{9.18}$$

となる．式 (9.16)〜(9.18) により得られるドーピング濃度に対する ΔE_{g} を図 9.4 に示した．

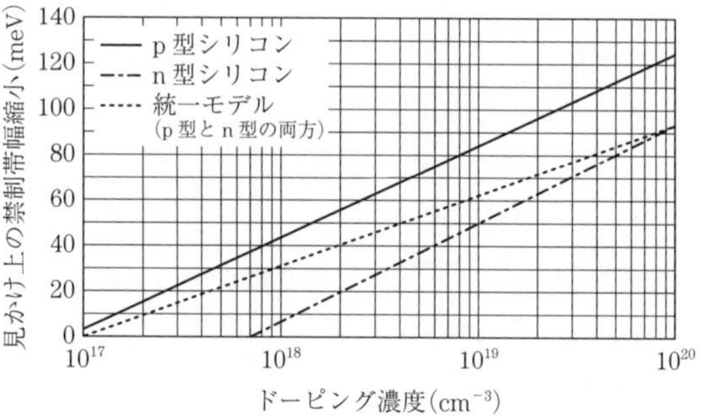

図 **9.4**　式 (9.16)〜(9.18) の経験式により与えられる見かけ上のバンドギャップ縮小

9.1.1.3　不均一なエネルギーバンドギャップをもつ準中性領域での電界

シリコン中にゲルマニウムを入れることで，高濃度ドーピング効果以外でもバンドギャップを変えられる．Ge を含んだシリコンのバンドギャップは小さくなる (People, 1986)．もし高濃度ドーピング効果とゲルマニウムの効果の両方を式 (9.14) の ΔE_g に入れれば，式 (9.15) の pn 積は強くドープされた SiGe 合金中の電子輸送にも用いうる．

エネルギーバンドギャップが不均一ならば，不均一なドーピング形状のみしか取り入れなかった式 (9.3) と (9.4) では，電界は得られなくなる．不均一なエネルギーバンドギャップ効果を取り入れると，電界は，

$$\mathcal{E}(\text{p 型領域}) = \frac{kT}{q}\left(\frac{1}{p_p}\frac{\mathrm{d}p_p}{\mathrm{d}x} - \frac{1}{{n_{ie}}^2}\frac{\mathrm{d}{n_{ie}}^2}{\mathrm{d}x}\right) \qquad (\text{p 型領域での電子}) \qquad (9.19)$$

$$\mathcal{E}(\text{n 型領域}) = -\frac{kT}{q}\left(\frac{1}{n_n}\frac{\mathrm{d}n_n}{\mathrm{d}x} - \frac{1}{{n_{ie}}^2}\frac{\mathrm{d}{n_{ie}}^2}{\mathrm{d}x}\right) \qquad (\text{n 型領域での正孔}) \qquad (9.20)$$

になる (van Overstraeten ら, 1973)．式 (9.20) の導出は，読者に対する宿題としよう．

9.2　理想電流–電圧特性

p–n ダイオードの理想的な拡散電流特性は，3.1.5 項で導出した．ダイオード電流は，電圧に対して $\exp(qV_{app}/kT)$ の依存性をもつ．実際には，バイポーラトランジスタの測定される I–V 特性は，印加電圧の一部の領域でのみ理想的に振る舞う．小さい V_{BE} では測定されるベース電流が理想的ベース電流より大きい．大きい V_{BE} では測定されるベース電流とコレクタ電流の両方が，理想的電流より小さくなる．この項では，バイポーラトランジスタの理想 I–V 特性について議論する．理想的特性との違いは 9.3 節で示す．

図 9.2(a) で示したように，ベース端子のコンタクトは真性ベース領域の脇に位置して

いる．ベース–エミッタダイオードが順方向にバイアスされると，ベース端子からの正孔がまず水平方向 (エミッタ–ベース接合と平行) に流れ，その後上向きになりエミッタに入る．この水平方向の正孔電流の流れに伴う IR ドロップによりベース–エミッタ接合電圧 V'_{BE} が接合部の横方向で変化し，ベースコンタクトに最も近いところで，V'_{BE} は最も大きく，ベースコンタクトから最も離れたところで最も小さくなる．これが**エミッタ電流集中効果** (emitter current crowding effect) として知られる効果である．エミッタでの電流集中が顕著になると，ベース電流密度もコレクタ電流密度も単に位置 x の関数 (図 9.2(c)) ではなくなり，ベース端子からの距離にも依存した関数となる．9.2.1 項で示すように，エミッタ幅の狭さからエミッタ電流集中効果は，**現代のバイポーラトランジスタでは幸運にも無視できる**．したがって，エミッタ電流集中効果を無視して，V'_{BE} はエミッタ–ベース接合部全体で均一であると仮定することにする．つまり，**現代のバイポーラトランジスタのベース電流とコレクタ電流は，いずれも単純な 1 次元輸送方程式 (エミッタからコレクタへの電流の流れに沿った方向) で記述する**ことができる．

n–p–n トランジスタでエミッタから p 型ベース領域へ注入される電子について考えよう．キャリア密度によって電子電流を表す式に直すと便利である (Moll と Ross, 1956)．そのために図 9.2(c) に示された座標系を使って，式 (2.77) から与えられる電子電流密度から始める．すなわち

$$J_{\mathrm{n}}(x) = -qn_{\mathrm{p}}\mu_{\mathrm{n}}\frac{\mathrm{d}\phi_{\mathrm{n}}}{\mathrm{d}x} \tag{9.21}$$

である．後に示すように，p 型ベースでの正孔電流密度は，電子電流密度に比べてトランジスタの電流利得と等しい比で小さい．また図 9.3 に示すように，ベース領域は，現在のバイポーラトランジスタの典型的な値として $10^{18}\,\mathrm{cm}^{-3}$ より大きい，適度に高いドーピング濃度をもつ．したがって，(x 方向の) 電子を流れる経路に沿っての IR による降下は無視でき，正孔の擬フェルミポテンシャル ϕ_{p} は，p 型ベース領域において x 方向ではほぼ一様である (3.1.3.1 目をみよ) ことを示唆する．すなわち，p 型ベース領域において

$$\frac{\mathrm{d}\phi_{\mathrm{p}}}{\mathrm{d}x} \approx 0 \tag{9.22}$$

としてよい．式 (9.21) と (9.22) を合わせて次式を得る．

$$J_{\mathrm{n}}(x) \approx qn_{\mathrm{p}}\mu_{\mathrm{n}}\frac{\mathrm{d}(\phi_{\mathrm{p}} - \phi_{\mathrm{n}})}{\mathrm{d}x} \quad (\text{p 型領域中}) \tag{9.23}$$

ここで式 (9.15) が，

$$\phi_{\mathrm{p}} - \phi_{\mathrm{n}} = \frac{kT}{q}\ln\left(\frac{p_{\mathrm{p}}n_{\mathrm{p}}}{{n_{\mathrm{ie}}}^2}\right) \tag{9.24}$$

を与える．式 (9.23) に式 (9.24) を代入し，項を整理すると，ベース中の電子電流のための，

$$J_{\rm n}(x) = qD_{\rm n}\frac{{n_{\rm ie}}^2}{p_{\rm p}}\frac{\rm d}{{\rm d}x}\left(\frac{n_{\rm p}p_{\rm p}}{{n_{\rm ie}}^2}\right) \quad (\text{p 型領域中}) \tag{9.25}$$

を得る．

p 型ベースから n 型エミッタへの少数キャリア注入による正孔電流密度も同様に導出できる．結果は，

$$J_{\rm p}(x) = -qD_{\rm p}\frac{{n_{\rm ie}}^2}{n_{\rm n}}\frac{\rm d}{{\rm d}x}\left(\frac{n_{\rm n}p_{\rm n}}{{n_{\rm ie}}^2}\right) \quad (\text{n 型領域中}) \tag{9.26}$$

である．

9.2.1　真性ベース抵抗とエミッタ電流集中

図 9.5 に示したような断面をもつ縦型バイポーラトランジスタのベース–エミッタダイオードを考えよう．ベース電流 $I_{\rm B}$ はベース電極から真性ベース部分に入り，広がり，上向きに方向を変え，エミッタに入る．したがってベース電流による実効的な真性ベース抵抗 $r_{\rm bi}$ は，いかにベース電流が真性ベース層内で広がるかに依存する．よく使われている方法の一つに，真性ベースでの電力消費 P で $r_{\rm bi}$ を評価する方法 (Hauser, 1968) があり，

$$P = {I_{\rm B}}^2 r_{\rm bi} \tag{9.27}$$

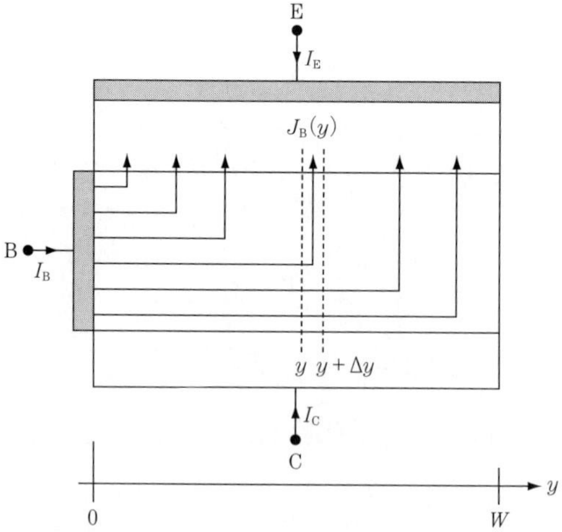

図 9.5　バイポーラトランジスタの真性部でのベース電流の流れを示した説明図．トランジスタは，エミッタストライプ幅 W と片側のベース電極だけをもつ．

のように定義される．

9.2.1.1　低電流での真性ベース抵抗

電流集中効果が無視でき，エミッタに入るベース電流密度 J_B が一様であると仮定できる低電流の場合は，式 (9.27) は簡単に評価できる．これは 9.2.1.3 目で示すように現代のバイポーラトランジスタでは十分に成り立つ近似である．

図 9.5 に示すように，エミッタストライプ幅が W，長さが L で，ベース電極が片側のみにある場合を仮定しよう．y と $y+\Delta y$ の間の真性ベースを薄く切りだしたと考える．この切りだした部分のベース電流による抵抗は，

$$\Delta R = \frac{R_{\mathrm{Sbi}}}{L}\Delta y \tag{9.28}$$

となる．ここで，R_{Sbi} は真性ベースのシート抵抗である [10 章の式 (10.5) 参照]．この切り出した部分を通過する電流は，

$$i_{\mathrm{B}}(y) = J_{\mathrm{B}}L(W-y) \tag{9.29}$$

であり，この部分での電力消費は

$$\Delta P = {i_{\mathrm{B}}}^2(y)\Delta R = \frac{R_{\mathrm{Sbi}}}{L}\,{i_{\mathrm{B}}}^2(y)\Delta y \tag{9.30}$$

となる．ここで R_{Sbi} はコレクタ電流密度の関数であり，したがってベース–エミッタ接合電圧 V'_{BE} の関数となる．電流集中効果を無視した仮定では，真性ベースに沿った平面方向 (y 方向) での電圧降下を無視したことになり，R_{Sbi} は y に依存しない．したがって真性ベース中のベース電流が消費する全電力は，

$$P = \frac{R_{\mathrm{Sbi}}}{L}\int_0^W {i_{\mathrm{B}}}^2(y)\,\mathrm{d}y = R_{\mathrm{Sbi}}{J_{\mathrm{B}}}^2L\int_0^W (W-y)^2\mathrm{d}y = \frac{1}{3}\left(\frac{W}{L}\right)R_{\mathrm{Sbi}}{I_{\mathrm{B}}}^2 \tag{9.31}$$

となる．式 (9.27) と (9.31) を比較すると，

$$r_{\mathrm{bi}} = \frac{1}{3}\left(\frac{W}{L}\right)R_{\mathrm{Sbi}} \quad \text{(片側のみにベース電極がある場合)} \tag{9.32}$$

となる．

9.2.1.2　ほかのエミッタ構造

9.2.1.1 目の計算は，そのほかのエミッタ構造，またはベース電極構造に応用できる．エミッタストライプ構造が同じで，ベース電極が両側に存在する場合，ベース抵抗は 1/4

になる．すなわち，

$$r_{\mathrm{bi}} = \frac{1}{12}\left(\frac{W}{L}\right) R_{\mathrm{Sbi}} \quad \text{(両側にベース電極がある場合)} \tag{9.33}$$

となる．4 辺にベース電極がある正方形のエミッタでのベース抵抗は，

$$r_{\mathrm{bi}} = \frac{1}{32} R_{\mathrm{Sbi}} \quad \text{(4 辺にベース電極がある場合)} \tag{9.34}$$

となる．丸いエミッタでは，

$$r_{\mathrm{bi}} = \frac{1}{8\pi} R_{\mathrm{Sbi}} \quad \text{(丸いエミッタの場合)} \tag{9.35}$$

となる．

9.2.1.3　エミッタ電流集中効果の推定

9.2.1.1 目および 9.2.1.2 目での均一なベース電流密度の仮定は，横方向のベース電流の流れによる真性ベース中の，図 9.5 での $x = 0$ から $x = W$ まででの横方向の IR 降下の最大値が，kT/q に比べて小さい場合のみ適応できる．横方向 IR 降下が無視できない場合，ベース電流密度は y の関数となり，

$$J_{\mathrm{B}}(y) = J_{\mathrm{B}}(0)\exp\left(\frac{qV'_{\mathrm{BE}}(y)}{kT} - \frac{qV'_{\mathrm{BE}}(0)}{kT}\right) \tag{9.36}$$

となる．$V'_{\mathrm{BE}}(y) \leq V'_{\mathrm{BE}}(0)$ なので，$J_{\mathrm{B}}(y) \leq J_{\mathrm{B}}(0)$ となる．これは，エミッタ端でのエミッタ電流密度が，エミッタ中央部に比べ大きいことを表す．これがエミッタ端でのエミッタ電流集中効果である．$J_{\mathrm{B}}(y)$ と $V'_{\mathrm{BE}}(y)$ の一般的な表記は，Hauser (1964, 1968) によって導出された．ここである程度の導出を示すので，興味がある読者は詳細を文献で参照してほしい．ここでは，単にエミッタ電流集中効果の上限値のみを推測しよう．

位置 y での真性ベース抵抗の薄く切りだした部分を通過するベース電流は，

$$i_{\mathrm{B}}(y) = L\int_{y}^{W} J_{\mathrm{B}}(y')\,\mathrm{d}y' \tag{9.37}$$

であり，y と $y + \Delta y$ の間の真性ベースの切りだした部分での IR 降下は，

$$\Delta V'_{\mathrm{BE}}(y) = -i_{\mathrm{B}}(y)\Delta R(y) = -\Delta y R_{\mathrm{Sbi}}(J_{\mathrm{C}}(y))\int_{y}^{W} J_{\mathrm{B}}(y')\,\mathrm{d}y' \tag{9.38}$$

である．ここで，ΔR に式 (9.28) を使った．式 (9.38) で，R_{Sbi} は明らかに J_{C} の関数，すなわち y の関数として表記されている．真性ベース層に沿ったベース–エミッタ電圧の勾配はしたがって，

$$\begin{aligned}\frac{\mathrm{d}V'_{\mathrm{BE}}(y)}{\mathrm{d}y} &= -R_{\mathrm{Sbi}}(J_{\mathrm{C}}(y))\int_y^W J_{\mathrm{B}}(y')\,\mathrm{d}y' \\ &= -R_{\mathrm{Sbi}}(J_{\mathrm{C}}(y))J_{\mathrm{B}}(0)\int_y^W \exp\left(\frac{qV'_{\mathrm{BE}}(y')}{kT}-\frac{qV'_{\mathrm{BE}}(0)}{kT}\right)\mathrm{d}y' \qquad (9.39)\end{aligned}$$

となる．ここで，$J_{\mathrm{B}}(y)$ に式 (9.36) を使った．積分の指数関数部は，$V'_{\mathrm{BE}}(y) \le V'_{\mathrm{BE}}(0)$ なので常に 1 より小さい．そこで，この指数関数部を 1 として，R_{Sbi} を (式 (10.5) から R_{Sbi} はコレクタ電流が増えると小さくなるので) その低電流での値で置き換えると，この電圧勾配の大きさの上限値がでる．すなわち，

$$\begin{aligned}\left|\frac{\mathrm{d}V'_{\mathrm{BE}}(y)}{\mathrm{d}y}\right| &\le R_{\mathrm{Sbi}}(J_{\mathrm{C}}\to 0)\,J_{\mathrm{B}}(0)\int_y^W \mathrm{d}y' \\ &= R_{\mathrm{Sbi}}(J_{\mathrm{C}}\to 0)\,J_{\mathrm{B}}(0)(W-y) \qquad (9.40)\end{aligned}$$

となる．式 (9.40) を積分すると，ベース電流の横方向の流れによる真性ベースでの最大 IR 降下の上限値が見積れる．それは，

$$V'_{\mathrm{BE}}(0)-V'_{\mathrm{BE}}(W) < R_{\mathrm{Sbi}}(J_{\mathrm{C}}\to 0)\,J_{\mathrm{B}}(0)\frac{W^2}{2} \qquad (9.41)$$

である．

現代の典型的な縦型バイポーラトランジスタを考えよう．高電流での速度劣化を防ぐために，コレクタ電流密度は典型的には 1 mA/μm^2 以下である．典型的な電流利得は 100 であり低電流での J_{B} の典型的な値は 0.01 mA/μm^2 である．R_{Sbi} の低電流における典型的な値は，10 kΩ/□ である．もしトランジスタのエミッタストライプ幅が 0.5 μm で，ストライプの両側にベース電極がある場合，$W = 0.25$ μm とできる．この典型的なトランジスタでは，式 (9.41) による真性ベースでの最大 IR 降下が 3 mV 以下であり，室温で 26 mV である kT/q より十分に小さいことがわかる．SOI を用いた対称横型バイポーラトランジスタでは，報告されている J_{B} は高く，シリコン厚 60 nm，エミッタ長 200 nm のデバイスで約 0.8 mA/μm^2 となる (Cai ら，2014)．縦型バイポーラトランジスタと同じベースシート抵抗を仮定すると，式 (9.41) から得られる真性ベース領域での横方向の最大 IR 降下は約 15 mV である．以上から**エミッタ電流集中効果は，現代のバイポーラトランジスタでは無視できる**．もちろん，エミッタのストライプ幅がより広かったトランジスタの初期段階では，エミッタ電流集中効果は顕著であった．われわれの推定は，真性ベース電圧分布のより正確な計算から得られた結果と一致する (Chiu ら，1992)．

9.2.2 コレクタ電流

エミッタ電流集中効果が無視できるとき，コレクタ電流 I_C は，コレクタ電流密度を J_C，ベース–エミッタ接合面積を A_E とすると，$J_C \times A_E$ となる．図 9.2(c) の n–p–n トランジスタの電流の流れを参照すると，準中性ベース領域は $x = 0$ から $x = W_B$ まで広がっている．この薄いベース層での再結合は無視できるので，J_n は位置 x に依存しない．したがって式 (9.25) は積分可能で，

$$J_n \int_0^{W_B} \frac{p_p(x)}{qD_{nB}(x){n_{ieB}}^2(x)}\, dx = \left.\frac{n_p p_p}{{n_{ieB}}^2}\right|_{x=W_B} - \left.\frac{n_p p_p}{{n_{ieB}}^2}\right|_{x=0} \tag{9.42}$$

を与える．ここで下付き文字 B は，ベース領域でのパラメータであることを示す．右辺の第 1 項は第 2 項に比べて無視でき，式 (9.42) は

$$J_n \int_0^{W_B} \frac{p_p(x)}{qD_{nB}(x){n_{ieB}}^2(x)}\, dx = -\frac{n_p(0)\, p_p(0)}{{n_{ieB}}^2(0)} \tag{9.43}$$

とできる．x 方向に流れる電子が負電流を生じるため，J_n が負であることに注意しよう．バイポーラトランジスタの等価回路モデル (9.6 節参照) では，エミッタ電流 I_E，ベース電流 I_B，コレクタ電流 I_C はすべてトランジスタに流れこむ電流であり，$I_E + I_B + I_C = 0$ であることがキルヒホッフの電流則から要求される．n–p–n トランジスタのコレクタ電流密度 J_C の測定値は $-J_n$ に等しく，正である．

式 (3.55) と (9.15) から，

$$p_p(0)n_p(0) = {n_{ieB}}^2(0) \exp(qV_{BE}/kT) \tag{9.44}$$

が得られる．ここで V_{BE} はベース–エミッタ電圧である．(書き方を簡単にするために，接合電圧 V'_{BE} を意味する V_{BE} を，また使用している．) したがって，n–p–n 型トランジスタの J_C は次のようになる．

$$J_C = \frac{q \exp(qV_{BE}/kT)}{\displaystyle\int_0^{W_B} \left[p_p(x)/D_{nB}(x){n_{ieB}}^2(x)\right] dx} \tag{9.45}$$

式 (9.45) は，導出に少数キャリア注入レベルを仮定していないため，**すべての少数キャリア注入レベルに対して有効**である．すなわち，順方向動作 (ベース–エミッタダイオードが順バイアス，ベース–コレクタダイオードがゼロバイアスまたは逆バイアス) の n–p–n バイポーラトランジスタの I_C は，次の一般式で書くことができる．

$$I_C = A_E J_{C0}(V_{BE}) \exp(qV_{BE}/kT) \tag{9.46}$$

ここで

$$J_{\mathrm{C0}}(V_{\mathrm{BE}}) = \frac{q}{\displaystyle\int_0^{W_{\mathrm{B}}} \left[p_{\mathrm{p}}(x)/D_{\mathrm{nB}}(x){n_{\mathrm{ieB}}}^2(x)\right] \mathrm{d}x} \tag{9.47}$$

であり，J_{C0} は V_{BE} に暗黙的かつ複雑な依存性をもつ．式 (9.47) の積分を評価するためには，式 (3.60) で与えられた $p_{\mathrm{p}} = (p_{\mathrm{p0}} + \Delta p_{\mathrm{p}})$ および $\Delta n_{\mathrm{p}}\,(= \Delta p_{\mathrm{p}})$ を使って $p_{\mathrm{p}}(x)$ を決定する．

コレクタ電流は，ベース領域のパラメータのみに依存し，エミッタの特性にはよらないことに注意する必要がある．バンドギャップ縮小やバンドギャップの不均一，ドーパント分布など，すべてのベース領域における効果は，式 (9.47) の積分に含まれる．

式 (9.47) の積分は，D_{nB} と n_{ieB} が x に依存しない，薄く均一にドープされたベースをもつ最新のバイポーラトランジスタについて評価することができる．この場合，$L_{\mathrm{nB}}/W_{\mathrm{B}} \gg 1$ と式 (3.38) から，薄いベースにおける少数電子密度は，

$$\Delta n_{\mathrm{p}}(x) = \Delta n_{\mathrm{p}}(0)\left(1 - \frac{x}{W_{\mathrm{B}}}\right) \tag{9.48}$$

となり，式 (3.60) から以下が与えられる．

$$\Delta n_{\mathrm{p}}(0) = \frac{N_{\mathrm{B}}}{2}\left(\sqrt{1 + \frac{4{n_{\mathrm{ieB}}}^2 \exp(qV_{\mathrm{BE}}/kT)}{{N_{\mathrm{B}}}^2}} - 1\right) \tag{9.49}$$

ここで，N_{B} は一様なベースドーピング濃度である．$p_{\mathrm{p}}(x) = p_{\mathrm{p0}} + \Delta p_{\mathrm{p}}(x)$ を用いると，**均一にドープされた薄いベースについては**

$$p_{\mathrm{p}}(x) = N_{\mathrm{B}} + \frac{N_{\mathrm{B}}}{2}\left(1 - \frac{x}{W_{\mathrm{B}}}\right)\left(\sqrt{1 + \frac{4{n_{\mathrm{ieB}}}^2 \exp(qV_{\mathrm{BE}}/kT)}{{N_{\mathrm{B}}}^2}} - 1\right) \tag{9.50}$$

$$\int_0^{W_{\mathrm{B}}} p_{\mathrm{p}}(x)\,\mathrm{d}x = N_{\mathrm{B}}W_{\mathrm{B}} + \frac{N_{\mathrm{B}}W_{\mathrm{B}}}{4}\left(\sqrt{1 + \frac{4{n_{\mathrm{ieB}}}^2 \exp(qV_{\mathrm{BE}}/kT)}{{N_{\mathrm{B}}}^2}} - 1\right) \tag{9.51}$$

$$J_{\mathrm{C0}}(V_{\mathrm{BE}}) = \frac{qD_{\mathrm{nB}}{n_{\mathrm{ieB}}}^2}{N_{\mathrm{B}}W_{\mathrm{B}}}\left[1 + \frac{1}{4}\left(\sqrt{1 + \frac{4{n_{\mathrm{ieB}}}^2 \exp(qV_{\mathrm{BE}}/kT)}{{N_{\mathrm{B}}}^2}} - 1\right)\right]^{-1} \tag{9.52}$$

が得られる．

9.2.2.1 対称横型バイポーラトランジスタのコレクタ電流式

図 9.1(b) の対称横型バイポーラトランジスタでは，ベースが薄く均一にドープされているという仮定がそのまま当てはめられる．したがって，式 (9.46) と (9.52) から，SOI を用いた対称横型 n–p–n トランジスタのコレクタ電流は，次のようになる．

$$I_C(V_{BE}) = \frac{A_E q D_{nB} {n_{ieB}}^2 \exp(qV_{BE}/kT)}{N_B W_B} \left[1 + \frac{1}{4}\left(\sqrt{1 + \frac{4{n_{ieB}}^2 \exp(qV_{BE}/kT)}{{N_B}^2}} - 1\right)\right]^{-1} \tag{9.53}$$

V_{BE} が大きく，平方根の内側にある第 2 項が 1 よりはるかに大きくなると，式 (9.53) は以下のようになる．

$$I_C(V_{BE}) = \frac{A_E 2q D_{nB} n_{ieB} \exp(qV_{BE}/2kT)}{W_B} \quad (\text{大きな } V_{BE} \text{ での極限}) \tag{9.54}$$

式 (9.53) は，ベース–エミッタ端子電圧 1.5 V に相当する，V'_{BE} が約 1.1 V までの対称横型トランジスタのコレクタ電流の測定値を非常によく表している (Cai ら，2014).

9.2.2.2　縦型バイポーラトランジスタのコレクタ電流式

図 9.3 に示すように，縦型バイポーラトランジスタのコレクタのドーピング濃度 N_C は，ベースのピークドーピング濃度より 10 倍程度小さいのが一般的である．また，9.3.3 項に示すように，さらなる電流増加による速度低下を避けるためには，ベース–コレクタ接合空間電荷領域に入る少数キャリアの密度が N_C より高くならないことが必要である．すなわち，**縦型バイポーラトランジスタは，ベースへの少数キャリアが低注入状態で動作する**．通常，n–p–n の場合は $\Delta n_p \ll N_B$ である．低注入に限定して，適切な近似を最初に行えば，コレクタ電流について解析解が得られる．

低注入近似が適用される場合，すなわち $\Delta p_p \ll p_{p0}$ とすると，$p_p(x) \approx p_{p0}(x)$ となり，式 (9.47) は次のようになる．

$$J_{C0}(V_{BE}) = \frac{q}{\displaystyle\int_0^{W_B} \left[p_{p0}(x)/D_{nB}(x){n_{ieB}}^2(x)\right] dx} \tag{9.55}$$

コレクタ電流は

$$I_C(V_{BE}) = \frac{A_E q \exp(qV_{BE}/kT)}{\displaystyle\int_0^{W_B} \left[p_{p0}(x)/D_{nB}(x){n_{ieB}}^2(x)\right] dx} \quad (\text{低注入}) \tag{9.56}$$

となる．ベースドーピング濃度 N_B が均一なトランジスタの場合，式 (9.56) は以下のようになる．

$$I_C(V_{BE}) = \frac{A_E q D_{nB} {n_{ieB}}^2 \exp(qV_{BE}/kT)}{N_B W_B} \quad (\text{低注入，均一ドーピング}) \tag{9.57}$$

式 (9.57) は，低注入時に平方根の内側の第 2 項が 1 に比べて小さいことに注目すれば，予想できるように，式 (9.53) からも求めることができる．[文献では，**ベースガンメル**

数は，一様にドープされたベースの積 $N_B W_B$ であるベースの全積算ドーズ量と定義されることが多い (Gummel, 1961).]

9.2.3 ベース電流

バイポーラトランジスタの**ベース電流には，3 つの成分**がある．n–p–n トランジスタの場合，それらは以下の 3 つ：(i) ベースからエミッタに注入される正孔，(ii) 準中性ベース領域でエミッタから注入される少数電子と再結合する正孔，および (iii) ベース–エミッタ空間電荷領域で電子と再結合する正孔，によるものである．

ベース–エミッタ空間電荷領域電流は，3.1.6 項で説明した通りである．この電流は $\exp(qV'_{BE}/2kT)$ の依存性からわかる．シリコンバイポーラトランジスタの場合，この空間電荷領域電流成分は，製造プロセスが十分に発達した時点からは非常に小さくなっており，拡大したガンメルプロット上での小さな V_{BE} のみで初めて顕著になる．

注入された電子が準中性ベース内で再結合する正孔による電流は，コレクタ電流と同じ V'_{BE} 依存性をもっている．シリコンバイポーラトランジスタの場合，この再結合成分は，エミッタへ注入された正孔による成分 (i) と比べれば無視できる (Yau ら，2016a)．しかし，少数キャリアの寿命がシリコンに比べて短い直接遷移バンドギャップ材料を用いたバイポーラトランジスタでは，そうならない可能性がある．この再結合ベース電流成分の式を導き出し，シリコンバイポーラトランジスタで本当に無視できるかを検証することは読者の課題として残そう．

以上から，シリコンバイポーラトランジスタのベース電流を考える場合，**ベース電流はベースからエミッタに注入される少数キャリアのみによるものと仮定**しよう．図 9.2(c) を参照すると，エミッタの準中性領域は，$x = 0$ から $x = -W_E$ まで広がっている．エミッタは通常，非常に高濃度にドーピングされるので，正孔の注入水準によって電子の濃度が影響を受けることはなく，エミッタのドーピング濃度である N_E を用いて，良い近似で $n_n \approx n_{n0} = N_E$ と仮定できる．つまり，**ベース電流に対して低注入近似は常に有効である**．そこでエミッタ中の正孔電流，すなわち式 (9.26) を次のように書き換えうる．

$$J_p(x) = -qD_{pE} \frac{{n_{ieE}}^2}{n_{n0}} \frac{d}{dx} \left(\frac{n_{n0} p_n}{{n_{ieE}}^2} \right) \tag{9.58}$$

ここで下付き文字 E は，エミッタ領域でのパラメータであることを示す．$J_p(0)$ はベース電流密度と等しい．**このベース電流は，エミッタ領域のパラメータにのみ依存し，ベース領域の特性とは無関係である**．したがって，エミッタ構造や設計が変わるとベース電流が変わる．この項では，最も一般的なエミッタのパラメータからベース電流を導出するために，式 (9.58) を使う．

9.2.3.1　浅いまたは透明なエミッタ

エミッタの幅が少数キャリアの拡散長に比べて小さいとき，**浅いエミッタ** (shallow emitter)，または**透明なエミッタ** (transparent emitter) と称される．浅いエミッタでは，エミッタコンタクトである $x=-W_{\mathrm{E}}$ 以外でのエミッタ領域内の再結合は無視して，少数キャリア電流密度は位置 x に依存しないとする．

n–p–n トランジスタでは，エミッタコンタクトの正孔電流密度は，次式において定義されるような正孔の表面再結合速度 S_{p} によって表される．

$$J_{\mathrm{p}}(x=-W_{\mathrm{E}}) \equiv -q(p_{\mathrm{n}}-p_{\mathrm{n0}})_{x=-W_{\mathrm{E}}} S_{\mathrm{p}} \tag{9.59}$$

正孔が $-x$ 方向に流れることから，J_{p} は負の電流であることに注意しよう．n–p–n トランジスタの I_{B} は正である．透明なエミッタでは，J_{p} は位置 x に依存しないので，式 (9.58) を整理して積分すると，

$$J_{\mathrm{p}} \int_{-W_{\mathrm{E}}}^{0} \frac{n_{\mathrm{n0}}}{qD_{\mathrm{pE}} {n_{\mathrm{ieE}}}^2} \mathrm{d}x = -\left.\frac{n_{\mathrm{n0}}p_{\mathrm{n}}}{{n_{\mathrm{ieE}}}^2}\right|_{x=0} + \left.\frac{n_{\mathrm{n0}}p_{\mathrm{n}}}{{n_{\mathrm{ieE}}}^2}\right|_{x=-W_{\mathrm{E}}} \tag{9.60}$$

となる．$x=0$ のとき，ホール濃度は式 (3.61) から次のように推測される．

$$p_{\mathrm{n}}(0) = p_{\mathrm{n0}}(0)\exp\left(qV_{\mathrm{BE}}/kT\right) \tag{9.61}$$

ここでも簡単のため，V_{BE} を接合での電圧として使用している．式 (9.60) に式 (9.59) と (9.61) を代入し，${n_{\mathrm{ieE}}}^2 = p_{\mathrm{n0}}n_{\mathrm{n0}}$ の関係を使うと，

$$\begin{aligned} J_{\mathrm{p}} \int_{-W_{\mathrm{E}}}^{0} \frac{n_{\mathrm{n0}}}{qD_{\mathrm{pE}} {n_{\mathrm{ieE}}}^2} \mathrm{d}x &= -\exp\left(qV_{\mathrm{BE}}/kT\right) + 1 - \frac{n_{\mathrm{n0}}(-W_{\mathrm{E}})}{{n_{\mathrm{ieE}}}^2(-W_{\mathrm{E}})qS_{\mathrm{p}}} J_{\mathrm{p}} \\ &\approx -\exp\left(qV_{\mathrm{BE}}/kT\right) - \frac{n_{\mathrm{n0}}(-W_{\mathrm{E}})}{{n_{\mathrm{ieE}}}^2(-W_{\mathrm{E}})qS_{\mathrm{p}}} J_{\mathrm{p}} \end{aligned} \tag{9.62}$$

が得られ，ここから

$$J_{\mathrm{p}} = \frac{-q\exp\left(qV_{\mathrm{BE}}/kT\right)}{\displaystyle\int_{-W_{\mathrm{E}}}^{0} \frac{n_{\mathrm{n0}}}{D_{\mathrm{pE}} {n_{\mathrm{ieE}}}^2} \mathrm{d}x + \frac{n_{\mathrm{n0}}(-W_{\mathrm{E}})}{{n_{\mathrm{ieE}}}^2(-W_{\mathrm{E}})S_{\mathrm{p}}}} \tag{9.63}$$

を得る．式 (9.63) は任意のドーピングプロファイル，エミッタコンタクト上の任意の表面再結合速度をもつ透明なエミッタで成り立つ (Shibib ら，1979)．したがってベース電流は，

$$I_{\mathrm{B}} = A_{\mathrm{E}}\left|J_{\mathrm{p}}\right| = \frac{qA_{\mathrm{E}}\exp\left(qV_{\mathrm{BE}}/kT\right)}{\displaystyle\int_{-W_{\mathrm{E}}}^{0} \frac{N_{\mathrm{E}}}{D_{\mathrm{pE}}\, {n_{\mathrm{ieE}}}^2} \mathrm{d}x + \frac{N_{\mathrm{E}}(-W_{\mathrm{E}})}{{n_{\mathrm{ieE}}}^2(-W_{\mathrm{E}})S_{\mathrm{p}}}} \tag{9.64}$$

となる．

またベース電流は，しばしば，

$$I_{\mathrm{B}} = A_{\mathrm{E}} J_{\mathrm{B0}} \exp\left(qV_{\mathrm{BE}}/kT\right) = A_{\mathrm{E}} \frac{q{n_{\mathrm{i}}}^2}{G_E} \exp\left(qV_{\mathrm{BE}}/kT\right) \tag{9.65}$$

とも表される．ここで，J_{B0} は**飽和ベース電流密度** (saturated base current density) であり，G_{E} は**エミッタガンメル数** (emitter Gummel number) (de Graaff ら，1977) である．浅いまたは透明なエミッタでは式 (9.64) から

$$J_{\mathrm{B0}} = \frac{q}{\displaystyle\int_{-W_{\mathrm{E}}}^{0} \frac{N_{\mathrm{E}}}{D_{\mathrm{pE}}\, {n_{\mathrm{ieE}}}^2}\, \mathrm{d}x + \frac{N_{\mathrm{E}}(-W_{\mathrm{E}})}{{n_{\mathrm{ieE}}}^2(-W_{\mathrm{E}})S_{\mathrm{p}}}} \tag{9.66}$$

および

$$G_{\mathrm{E}} = \int_{-W_{\mathrm{E}}}^{0} \frac{{n_{\mathrm{i}}}^2}{{n_{\mathrm{ieE}}}^2} \frac{N_{\mathrm{E}}}{D_{\mathrm{pE}}}\, \mathrm{d}x + \frac{{n_{\mathrm{i}}}^2 N_{\mathrm{E}}(-W_{\mathrm{E}})}{{n_{\mathrm{ieE}}}^2(-W_{\mathrm{E}})S_{\mathrm{p}}} \tag{9.67}$$

となる．このベース電流は，ベース領域からエミッタ領域に注入された少数キャリアによるもので，$\exp(qV'_{\mathrm{BE}}/kT)$ 依存であることから，しばしば**理想ベース電流** (ideal base current) とよばれる．Yau ら (2016a) の論文で明確に示されているように**ベース電流の測定値が理想的な挙動から大きく乖離するのは，通常，空間電荷領域電流成分が作製プロセスの問題で制御できなくなることが原因である．**

均一ドーピング濃度と均一エネルギーバンドギャップの透明なエミッタ　図 9.3(a) に示したようなエミッタドーピング形状をもつ，n–p–n バイポーラトランジスタを考えよう．エミッタドーピング形状は均一でもボックス状でもない．最も高濃度にドーピングされた領域が均一だと仮定しても，ベース–エミッタ接合には，約 10^{20} から $10^{18}\ \mathrm{cm}^{-3}$ でエミッタのドーピング濃度が変化する遷移領域がある．この遷移領域が，ベース–エミッタ接合容量やベース–エミッタ接合耐圧を決めるために重要な役割をもつ．とはいえ，ベース電流に関する限り，この遷移領域の効果は比較的小さい (Roulston, 1990)．これは，この比較的低濃度の遷移領域では，領域の厚さに比べて正孔の拡散長が非常に長いことによる．結果として，遷移領域はエミッタに入る正孔にとってはほとんど完全に透明な領域である．したがって，少なくともベース電流のモデル化のためならこの遷移領域を無視して，エミッタ領域を単純に均一またはボックス状の不純物プロファイルを仮定することが一般的である．この近似はエミッタ領域のモデル化を比較的簡単にする．均一のエネルギーギャップをもった，均一にドープされた透明なエミッタで式 (9.66) は，

$$J_{\mathrm{B0}} = \frac{qD_{\mathrm{pE}}{n_{\mathrm{ieE}}}^2}{N_{\mathrm{E}}W_{\mathrm{E}}(1 + D_{\mathrm{pE}}/W_{\mathrm{E}}S_{\mathrm{p}})} \tag{9.68}$$

と変形可能で，式 (9.67) は，

$$G_{\mathrm{E}} = N_{\mathrm{E}} \left(\frac{{n_{\mathrm{i}}}^2}{{n_{\mathrm{ieE}}}^2} \right) \left(\frac{W_{\mathrm{E}}}{D_{\mathrm{pE}}} + \frac{1}{S_{\mathrm{p}}} \right) \tag{9.69}$$

と変形できる．

オーミックエミッタコンタクトでは S_{p} は無限大であり，式 (9.68) は，$1/W_{\mathrm{E}}$ となる．ベース電流は，エミッタ幅またはエミッタ深さの縮小に伴い急激に増大する．

ポリシリコンエミッタ　ポリシリコンエミッタを示す最も簡単なモデルは，$x = -W_{\mathrm{E}}$ に位置するポリシリコン–シリコン界面を，有限の再結合速度をもつコンタクトとして扱うものである．この場合，単結晶エミッタ領域が均一にドーピングされているかどうかで，式 (9.66) または式 (9.68) のどちらが使えるか決まる．決まった条件の下では，ポリシリコン層の特性による，表面再結合を評価するためのモデルを構築できる．実際のところ，表面再結合速度はしばしば，測定したベース電流に合わせこむためのパラメータとして使われる．ポリシリコンエミッタ中の輸送現象は物理的にたいへん複雑であり，ポリシリコンの作製方法によって変わる．したがって，測定したベース電流にフィッティングして得られる表面再結合速度は，ポリシリコンエミッタの作製方法にも依存する．ポリシリコンエミッタの性質と製法に関する膨大な論文がある．読者自身で参照されたい (Ashburn, 1988; Kapoor と Roulston, 1989).

9.2.3.2　均一のエネルギーバンドギャップと均一のドーピング濃度をもつ深いエミッタ

エミッタの幅が少数キャリア拡散長に比べて長い場合，**深いエミッタ** (deep emitter)，または**不透明なエミッタ** (nontransparent emitter) となる．深いエミッタでは，ほとんど，またはすべての注入された少数キャリアがエミッタ電極にたどり着く前に再結合する．n–p–n トランジスタにおいて，もしエミッタが均一にドープされ，均一のエネルギーギャップをもち，$x = -W_{\mathrm{E}}$ でオーミックコンタクトをもつとすると，式 (9.58) が与える少数キャリア電流密度は比較的簡単になる．これらの仮定の下で，式 (9.58) は，均一ドープダイオードの n 領域における正孔拡散電流となり，

$$J_{\mathrm{p}}(x) = -qD_{\mathrm{p}} \frac{\mathrm{d}p_{\mathrm{n}}}{\mathrm{d}x} \tag{9.70}$$

となる．したがって，式 (3.66) に相当する正孔の式からベース電流が得られる．すなわち，

$$I_{\mathrm{B}} = \frac{qA_{\mathrm{E}} D_{\mathrm{pE}} {n_{\mathrm{ieE}}}^2 \exp\left(qV_{\mathrm{BE}}/kT\right)}{N_{\mathrm{E}} L_{\mathrm{pE}} \tanh\left(W_{\mathrm{E}}/L_{\mathrm{pE}}\right)} \tag{9.71}$$

である．ここで N_{E} はエミッタドーピング濃度で，L_{pE} はエミッタ中の正孔の拡散長である．相当するベース飽和電流密度とエミッタガンメル数は，

$$J_{B0} = \frac{qD_{pE}{n_{ieE}}^2}{N_E L_{pE} \tanh(W_E/L_{pE})} \tag{9.72}$$

および

$$G_E = \left(\frac{{n_i}^2}{{n_{ieE}}^2}\right) \frac{N_E L_{pE} \tanh(W_E/L_{pE})}{D_{pE}} \tag{9.73}$$

となる．

9.2.4 電流利得

静的エミッタ接地電流利得 (common-emitter current gain) β_0 は，

$$\beta_0 = \frac{I_C}{I_B} = \frac{J_{C0}}{J_{B0}} \tag{9.74}$$

と定義される．

9.2.3 項で述べたように，エミッタのドーピング濃度が高いため，J_{B0} は低注入近似で導出した．また，ベース–エミッタ間の空間電荷領域電流は無視されている．その結果，J_{B0} は V_{BE} に依存しない．しかし，式 (9.47) と関連する議論に示したように，J_{C0} は V_{BE} の関数である．J_{C0} が V_{BE} に依存しないのは，低注入が有効である場合のみである．図 9.6 は，J_{C0} をすべての注入レベルで有効な式 (9.52) を用いて計算した，$V_{BE}=0$ での値で正規化した β_0 の，V_{BE} の関数としてのプロットである．ベースにおける高注入効

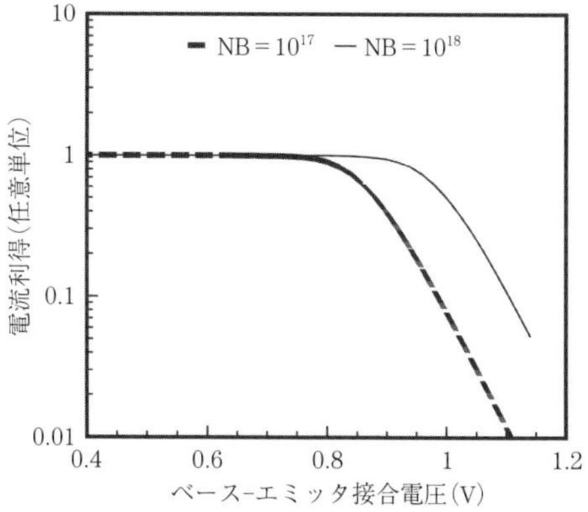

図 9.6 計算された β_0 のベース–エミッタ接合電圧依存性．大電圧時の β_0 の落ち込みは，ベースへの高注入効果によるものである．ベース–エミッタ間の空間電荷領域電流に起因するベース電流は含まれていない．空間電荷領域成分を含めると，プロットの左側の V_{BE} 値において，$\exp(qV_{BE}/2kT)$ として変化する非常に低いレベルから，プロットにおけるフラット領域まで電流利得が上昇していく．

果が発現するまでは，β_0 は V_{BE} に比較的依存しないことがわかる．予想通り，ベースのドーピング濃度が高いほど，高注入への移行が始まる V_{BE} 値は高くなる．なお，J_{B0} は V_{BE} に依存しないので，図 9.6 は**ベースの高注入効果による V_{BE} が大きいときの J_{C0} の立ち下がりも表す**．

バイポーラトランジスタの設計では，図 9.6 の平坦な領域で十分な電流利得を得ることが重要な目的の一つである．この領域は，ベースの低注入領域である．そこで，この領域に注目し，本節以降では**コレクタ電流を低注入近似と仮定して**電流利得を議論する．図 9.6 の平坦領域では，I_{C} と I_{B} はともに $\exp(qV_{\mathrm{BE}}/kT)$ として変化する．

式 (9.55)，(9.66) から

$$\beta_0 = \frac{\displaystyle\int_{-W_{\mathrm{E}}}^{0} \frac{N_{\mathrm{E}}}{D_{\mathrm{pE}} {n_{\mathrm{ieE}}}^2}\,\mathrm{d}x + \frac{N_{\mathrm{E}}(-W_{\mathrm{E}})}{{n_{\mathrm{ieE}}}^2(-W_{\mathrm{E}}) S_{\mathrm{p}}}}{\displaystyle\int_0^{W_{\mathrm{B}}} (p_{\mathrm{p0}}/D_{\mathrm{nB}} {n_{\mathrm{ieB}}}^2)\,\mathrm{d}x} \quad \text{(透明なエミッタの場合)} \tag{9.75}$$

また式 (9.55) と (9.72) から，

$$\beta_0 = \frac{N_{\mathrm{E}} L_{\mathrm{pE}} \tanh{(W_{\mathrm{E}}/L_{\mathrm{pE}})}}{D_{\mathrm{pE}} {n_{\mathrm{ieE}}}^2 \displaystyle\int_0^{W_{\mathrm{B}}} (p_{\mathrm{p0}}/D_{\mathrm{nB}} {n_{\mathrm{ieB}}}^2)\,\mathrm{d}x} \quad \text{(深いエミッタの場合)} \tag{9.76}$$

となる．

静的ベース接地電流利得 (common-base current gain) α_0 は，

$$\alpha_0 \equiv \frac{I_{\mathrm{C}}}{-I_{\mathrm{E}}} \tag{9.77}$$

と定義される．I_{E} はエミッタ電流である．ここで，I_{E} はエミッタに流れ込む電流として定義したので，$-I_{\mathrm{E}}$ は正である．$I_{\mathrm{E}} + I_{\mathrm{B}} + I_{\mathrm{C}} = 0$ なので，

$$\alpha_0 = \frac{\beta_0}{1+\beta_0} \tag{9.78}$$

$$\beta_0 = \frac{\alpha_0}{1-\alpha_0} \tag{9.79}$$

を得る．原理としては，α_0，β_0 のどちらもバイポーラトランジスタの電流利得を示すのに使えるが，実際には，デバイス特性，デバイス設計，デバイス物理を議論するときは，β_0 をよく使う．この本においても β_0 を用いる．(しかし，9.7 節で降伏電圧を議論するときは α_0 を使う．)

β_0 は，しばしばバイポーラトランジスタの性能指標として使われる．しかしながら，二つの電流の比であることから，電流の一方が変化すると β_0 が変化することに注意すべきである．したがって，デバイス設計とデバイス特性を真に理解するためには，β_0 だ

けでなく，I_C と I_B の両方を考慮しなければならない．

デジタル論理回路では，回路速度にトランジスタの電流利得は効かない (Ning ら，1981)．しかしながら，多くのアナログ回路では高い電流利得が望まれる．ほとんどのトランジスタは電流利得が 100，またはそれ以上になるように設計されている．あるバイポーラトランジスタの作製プロセスを基準として，ベースガンメル数またはベースのパラメータを変えることで，電流利得を上げたり下げたりするのは容易である．ベース領域の設計で考慮すべき点は 10.2 節で示す．

均一にドープされ，$W_E/L_{pE} \gg 1$ であるエミッタと，濃度 N_B に均一ドープされたベースという特殊なケースでは式 (9.76) は，

$$\beta_0 = \frac{{n_{ieB}}^2}{{n_{ieE}}^2}\frac{D_{nB}}{D_{pE}}\frac{N_E L_{pE}}{N_B W_B} \quad \text{(均一にドープされたエミッタとベース)} \tag{9.80}$$

と変形できる．式 (9.80) が与える電流利得の大きさを見積もっておこう．もし，典型的な，深いエミッタと薄いベースの n–p–n トランジスタとして，$N_E = 1 \times 10^{20}\,\mathrm{cm}^{-3}$，$N_B = 1 \times 10^{18}\,\mathrm{cm}^{-3}$，$W_B = 0.1\,\mathrm{\mu m}$ を仮定すると，図 9.4 から室温で，$(n_{ieB}/n_{ieE})^2 = \exp[(\Delta E_{gB} - \Delta E_{gE})/kT] \approx 0.19$ となり，図 3.14(a) から $D_{nB}/D_{pE} = \mu_{nB}/\mu_{pE} \approx 2.6$，$N_E/N_B = 100$，図 3.14(c) から，$L_{pE}/W_B \approx 4.6$ となる．式 (9.80) にこれらの値を代入すると，$\beta_0 = 230$ となる．

9.2.5 理想 I_C–V_{CE} 特性

図 9.7 は n–p–n トランジスタの I_B をパラメータとした，理想的な I_C–V_{CE} 特性を示している．それぞれのベース電流曲線はそれぞれ，ある V_{BE} に対応している．I_C–V_{CE} プロットは，バイポーラトランジスタの**出力特性** (output characteristic) ともよばれる．

$V_{CE} > V_{BE}$ では，ベース–コレクタダイオードは逆バイアスになり，トランジスタ

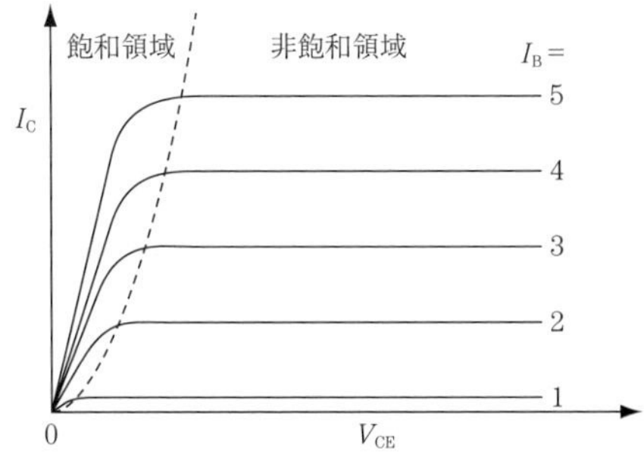

図 9.7 n–p–n トランジスタの理想的 I_C–V_{CE} 特性．破線は $V_{CE} = V_{BE}$ の位置を示す．破線の左側は飽和領域である．破線の右側は非飽和領域である．この領域は順方向活性領域ともよばれる．

は通常の順方向活性状態の動作となる．現在のトランジスタでは，エミッタからベースへ注入された電子のすべてはコレクタで集められ，コレクタからベースへ注入される電子はない．したがって理想トランジスタではコレクタ電流は一定であり，V_{CE} には関係なくなる．電流利得 (I_C/I_B) も一定 (図 9.6 のフラットな領域) であり，I_B 一定の曲線は，図 9.7 に示すようにベース電流のきざみ分だけおたがいに等しく離れる．(しかし，図 9.12 に示すように，実際のトランジスタの I_C は，$V_{CE} > V_{BE}$ でも一定ではなく，同じ I_B に対して，V_{CE} とともに上昇し続ける．)

$V_{CE} < V_{BE}$ では，ベース–コレクタダイオードは順バイアスされ，トランジスタは**飽和**しているとされる．この場合，コレクタ電流はエミッタからベースに注入される電子電流と，コレクタからベースに注入される電子電流の差である．その結果，ある一定の I_B 曲線において，電流利得は $V_{CE} < V_{BE}$ では $V_{CE} > V_{BE}$ よりも小さくなり，V_{CE} の減少に伴って減少する (V_{BE} 固定または I_B 固定で V_{CE} が減少すると V_{BC} が増加する)．V_{CE} がゼロに近づくと電流利得が 1 より小さくなることも示しうる．

コレクタと電源の間に抵抗を接続したトランジスタ (たとえば図 11.11 のインバータ) について，I_C 対 I_B の線形プロットを考えてみよう．V_{BE} を増加させて I_B を増加させると，I_C は $I_B\beta_0$ として I_B に対して直線的に増加する．ここで，β_0 は非飽和領域での電流利得である．V_{CE} はコレクタ抵抗の IR ドロップにより減少する．I_B が十分に大きく，$V_{CE} < V_{BE}$ となると，V_{CE} の減少に伴い電流利得が急激に低下するため，I_C 対 I_B のプロット上では I_C が飽和しているように見える．このことから，図 9.7 の二つの領域に，飽和と非飽和というラベルが付けられている．

デジタルバイポーラ回路は，一般に飽和回路と非飽和回路の二つに分けられる．回路動作中にバイポーラトランジスタが飽和領域にとどまるか，飽和領域と非飽和領域の間で切り替わる場合，飽和回路とよばれる．飽和回路の例としては，(図 11.11 に示す) 基本的なバイポーラインバータや TTL (トランジスタ–トランジスタ論理) 回路などがある．回路動作中，バイポーラトランジスタが非飽和領域のみに留まる場合，回路は非飽和とよばれる．非飽和回路としては，ECL (エミッタ結合論理) 回路がよく知られている (11.2 節で解説).

9.3　典型的な n–p–n トランジスタで測定される特性

一般的なバイポーラデバイスの電流–電圧特性は，測定値が理想的ではない．すなわち，I_C や I_B の実測値のガンメルプロットは室温で 60 mV/decade からずれることがあり，$V_{CE} > V_{BE}$ で実測した出力特性が一定でないことがある．理想的な特性からのずれの程度は，デバイスの構造，デバイスの設計，デバイスの製造プロセス，トランジスタのバイアス条件などに依存する．ここでは，代表的な n–p–n トランジスタでの測定した特性を調べ，それを支配する物理的メカニズムについて考察する．

図 9.8(a) は典型的な縦型 n–p–n トランジスタのガンメルプロットである．9.2 節で述べた理論的な理想ベース電流とコレクタ電流は破線で示されている．図 9.8(a) によれば，I_{C} の測定値は V_{BE} が大きいとき以外は理想的であり，I_{B} の測定値は V_{BE} が小さいときと大きいとき以外は理想的であることがわかる．図 9.8(b) は，SOI を用いた典型的な対称横型 n–p–n トランジスタのガンメルプロットである．a の縦型トランジスタと定性的に同じ特性を示している．

図 9.9 は，代表的な測定した電流利得 $I_{\mathrm{C}}/I_{\mathrm{B}}$ をコレクタ電流の関数として示した説明図である．ベース電流とコレクタ電流がともにほぼ理想的な電圧範囲では，電流利得はほぼ一定で，図 9.6 の平坦部に相当する．低電流では，図 9.8 の実測 I_{B} に示すように，ベース電流が，ゼロでないベースエミッタ空間電荷領域での電流成分をもつため，電流利得は理想値より小さくなる．高コレクタ電流での落ち込みは，図 9.6 の落ち込みに示されたベースでの高注入効果と，9.3.3 項で述べる高電流での準中性ベースの広がりとの組み合わせによるものである．

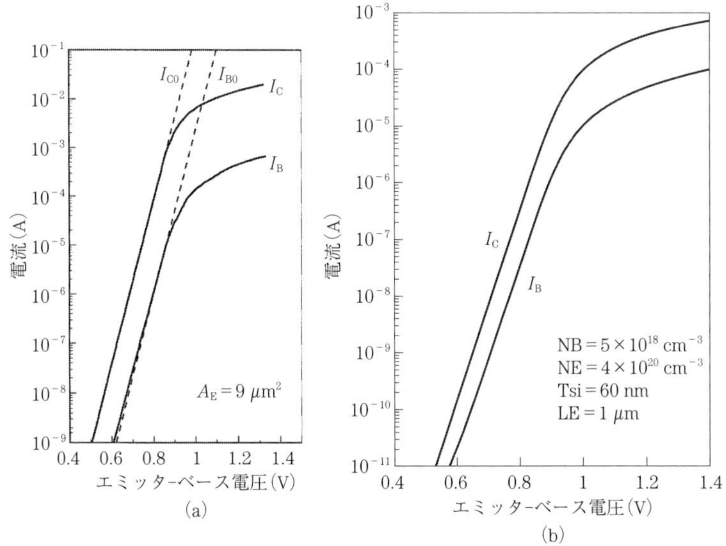

図 9.8　(a) 典型的な縦型 n–p–n バイポーラトランジスタのガンメルプロット．破線は理論的な理想ベース電流と理想コレクタ電流を表す (Ning と Tang, 1984 より引用)．(b) SOI を用いた典型的な対称横型 n–p–n バイポーラトランジスタのガンメルプロット．(a) と (b) の両方で測定されたベース電流は，理想的なベース電流よりもわずかに大きいだけで，良質なベース–エミッタダイオードでのベース–エミッタ空間電荷領域による電流が低いことを示していることに注意しよう．

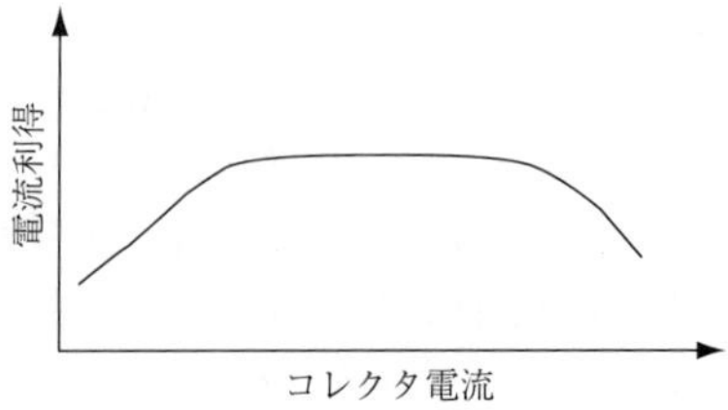

図 **9.9**　典型的なバイポーラトランジスタでのコレクタ電流の関数として表した電流利得 I_C/I_B の説明図

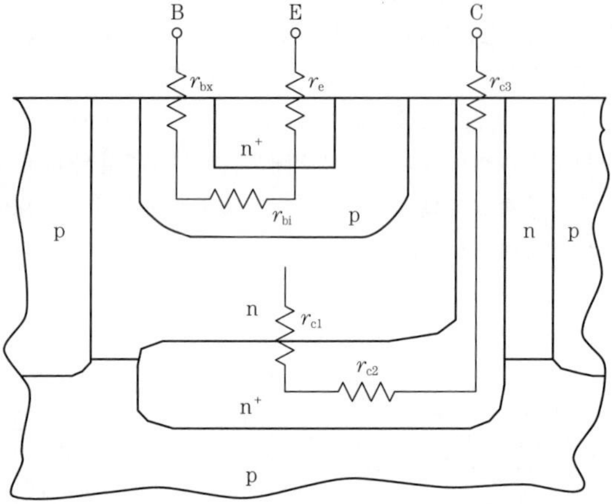

図 **9.10**　典型的な縦型 n–p–n トランジスタの寄生抵抗の説明図

9.3.1　エミッタとベースの直列抵抗の効果

p–n 接合による素子分離を用いた典型的な縦型 n–p–n トランジスタにおける，寄生抵抗の物理的起源を図 9.10 に示す．9.2 節で理想的な電流–電圧特性を記述する際には，これらの寄生抵抗を無視してきた．電流が寄生抵抗に流れると電圧降下が発生し，外部印加電圧とのずれが生じる．

ほとんどの縦型バイポーラ回路では，高速応用に設計されたものはとくに，ベース–コレクタ接合はいつでも，逆方向にバイアスされているように設計されている．デバイス構造からは，これは (r_{c2} を減らすための) 高濃度ドーピングしたサブコレクタ層と，(r_{c3} を減らすための) コレクタ電極を表面に引き出す高濃度ドーピングしたリーチスルーを用いることによる．ベース–コレクタ接合が逆バイアスされていれば，第 1 近似としては，図 9.10 で示したコレクタ抵抗成分はベース–エミッタダイオードを流れる電流の流れには影響を与えず，コレクタ電流にも影響を与えない．(ベース–コレクタ電圧のコレクタ電流への効果は 9.3.2 項で述べる．)

エミッタ直列抵抗 r_e は，薄い n^+ 領域のつくる抵抗が小さいことから，基本的にはエミッタコンタクト抵抗で決まる．ベース抵抗 r_b は二つの成分に分けることができる．真性ベース領域の設計で決まる真性ベース抵抗 r_{bi} と，ベース電極を形成するほかの領域すべての抵抗を含んだ外部ベース抵抗 r_{bx} である．

エミッタ電流とベース電流が流れることによる，ベース–エミッタ電圧降下は，

$$\Delta V_{BE} = -I_E r_e + I_B r_b = I_C r_e + I_B(r_e + r_b) \tag{9.81}$$

である．ここで，$I_E + I_B + I_C = 0$ と $-I_E$ が正であることを用いた．ベース–エミッタ端子間電圧 V_{BE} と接合電圧 V'_{BE} の関係は，

$$V'_{BE} = V_{BE} - \Delta V_{BE} \tag{9.82}$$

である．エミッタとベースの直列抵抗を考慮すると，すべてのバイポーラの電流の式は，V_{BE} を V'_{BE} に置き換えなければならない．そのため，測定されるコレクタ電流とベース電流は，図 9.8 に示すように V_{BE} の関数として評価すると，大きな V_{BE} のときには明らかに理想電流より小さい．

式 (9.47) からわかるように，J_{C0} はベース中の多数キャリア密度とベース幅の関数である．したがって，**測定されるコレクタ電流は $\boldsymbol{\Delta V_{BE}}$ の関数であると同時に，$\boldsymbol{V_{BE}}$ に依存するベース多数キャリア密度とベース幅の関数である．**

一方，式 (9.66) と (9.72) からわかるように，J_{B0} は V_{BE} に依存しない．したがって，**高電流時のベース電流の $\boldsymbol{\exp(qV_{BE}/kT)}$ からのずれは，$\boldsymbol{\Delta V_{BE}}$ のみによる** (Ning と Tang, 1984)．理想ベース電流 I_{B0} と，測定されるベース電流 I_B の関係はしたがって，

$$I_{B0} = I_B \exp\left(q\Delta V_{BE}/kT\right) \tag{9.83}$$

となる．式 (9.81) を使えば，式 (9.83) は，

$$\frac{kT}{qI_C}\ln\left(\frac{I_{B0}}{I_B}\right) = \left(r_e + \frac{r_{bi}}{\beta_0}\right) + \frac{r_e + r_{bx}}{\beta_0} \tag{9.84}$$

と変形できる．ここで，$\beta_0 = I_C/I_B$ は測定された静的エミッタ接地電流利得である．典型的なバイポーラトランジスタの場合，r_e と r_{bx} は V_{BE} に依存しない定数である．また，10.2.1 項で示すように J_C は真性ベースシート抵抗に比例する．したがって，r_{bi} は β_0 に比例し，比 r_{bi}/β_0 は一定で，電流に依存しない．もし $(kT/qI_C)\ln(I_{B0}/I_B)$ を $1/\beta_0$ の関数としてグラフ化すると，傾きが $r_e + r_{bx}$ であり，切片が $r_e + r_{bi}/\beta_0$ である．これを図 9.11 で説明している．

比 r_{bi}/β_0 は，r_{bi} と β_0 の値が電流に依存しない (図 9.9 で示した) 低電流領域で得ることができる．β_0 は I_C と I_B から直接測定でき，r_{bi} は 9.2.1 項で説明したように計算するか，特別に設計された試験用の構造 (Weng ら，1992) を測定するかで得られる．一度，r_{bi}/β_0 の比が決まれば，r_e と r_{bx} は前述したように，図 9.11 のグラフの切片と

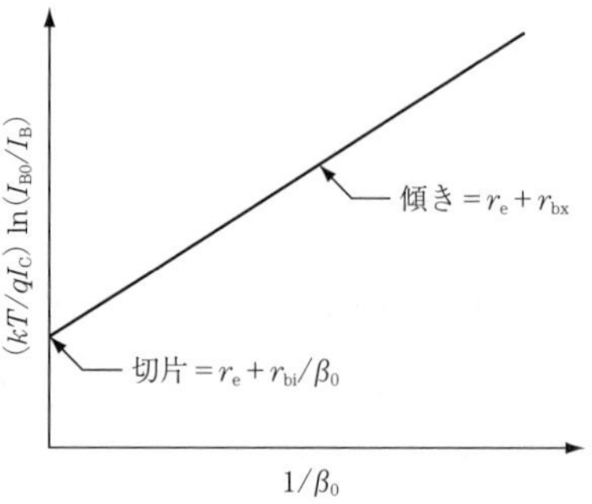

図 9.11　式 (9.84) による，エミッタ直列抵抗とベース直列抵抗の求めかたの説明図

傾きから抽出できる．したがって 3 つの成分すべてが得られる．この方法は，縦型バイポーラトランジスタでうまくいくことが実証された (Ning と Tang, 1984)．しかし，この方法では満足な結果が得られないという報告もある (Riccó ら，1984; Yu ら，1984; Dubois ら，1994)．

トランジスタの r_e の測定では，コレクタ開放にした回路でのベース電流の関数としての V_{CE}，すなわち $V_{CE}(I_C = 0) = (kT/q)\ln(1/\alpha R) + r_e I_B$ の関係から測定する方法が一般的である (Ebers と Moll, 1954; Filensky と Beneking, 1981)．$V_{CE}(I_C = 0)$ 対 I_B プロットにおける傾きが r_e を与える．

9.3.2　コレクタ電流へのベース–コレクタ電圧の効果

ベース幅が非常に狭い現代の高速トランジスタでは，ベース–コレクタ逆方向バイアス電圧が大きくなると，測定されるコレクタ電流が (すなわち，測定される電流利得も) 大きくなる．これは二つの効果の一方，あるいはその両方が合わさって起こる．

(1) V_{BC} に対する準中性ベース幅の依存性
(2) ベース–コレクタ接合におけるなだれ増倍効果

である．次の項で二つの効果をそれぞれ示そう．

9.3.2.1　V_{BC} による準中性ベース幅変調

ベース–コレクタ接合に印加される逆バイアスが大きくなると，W_{dBC} が増え，準中性ベース幅 W_B が小さくなる．式 (9.47) からわかるように，これはコレクタ電流増大の原因となる．したがって $V_{CE} > V_{BE}$ のとき I_C が V_{CE} に依存しないという図 9.7 のようにはならず，典型的なバイポーラトランジスタの測定される I_C は V_{CE} とともに増える (図 9.12)．

アーリー電圧　回路モデルのためには，非飽和領域の I_{C} が V_{CE} に対して線形の依存性をもつと仮定することが多い．線形近似から外挿される I_{C} が 0 となるコレクタ電圧を $-V_{\mathrm{A}}$ と表す．後に示すように，V_{A} が I_{B}，または V_{BE} に依存しないと仮定することは良い近似であり，有用である．図 9.12 にその関係を示す．V_{A} は**アーリー電圧** (Early voltage) (Early, 1952) とよばれる．これは，

$$V_{\mathrm{A}} + V_{\mathrm{CE}} \equiv I_{\mathrm{C}} \left(\frac{\partial I_{\mathrm{C}}}{\partial V_{\mathrm{CE}}} \right)^{-1} \tag{9.85}$$

のように定義される．

実際には (次のエミッタコレクタ間パンチスルーと題した次の箇条書きで示すような) パンチスルーしがちなトランジスタを除けば，V_{A} は動作電圧 V_{CE} より十分大きい．したがって**式 (9.85) の左辺の $\boldsymbol{V_{\mathrm{CE}}}$ の項は，近似的に削除されることが多い**．

I_{C} の方程式，すなわち式 (9.46) と (9.47) は，次のように書くことができる．

$$I_{\mathrm{C}} = A_{\mathrm{E}} J_{\mathrm{C0}} \exp\left(qV_{\mathrm{BE}}/kT\right) = \frac{qA_{\mathrm{E}} \exp\left(qV_{\mathrm{BE}}/kT\right)}{F(W_{\mathrm{B}})} \tag{9.86}$$

ここで便宜のため，関数 F が導入されている (Kroemer, 1985)．これは，

$$F(W_{\mathrm{B}}) \equiv \frac{q}{J_{\mathrm{C0}}} = \int_0^{W_{\mathrm{B}}} \frac{p_{\mathrm{p}}(x)}{D_{\mathrm{nB}}(x) n_{\mathrm{ieB}}{}^2(x)} \, \mathrm{d}x \tag{9.87}$$

のように定義される．ベース中の単位面積当たりの多数キャリア正孔電荷は，

$$Q_{\mathrm{pB}} = q \int_0^{W_{\mathrm{B}}} p_{\mathrm{p}}(x) \, \mathrm{d}x \tag{9.88}$$

である．

与えられた I_{B} で V_{BE} は固定され，$V_{\mathrm{CE}} = V_{\mathrm{CB}} + V_{\mathrm{BE}}$ なので，$\mathrm{d}V_{\mathrm{CE}} = \mathrm{d}V_{\mathrm{CB}}$ であ

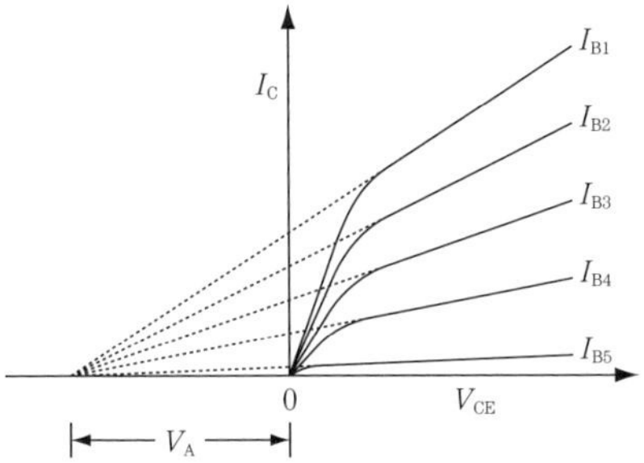

図 9.12　I_{C} の V_{CE} に対する線形性の近似の説明図．I_{C} から線形的に外挿された直線と V_{CE} 軸が $-V_{\mathrm{A}}$ で交差する．

る．したがって式 (9.85) は

$$
\begin{aligned}
V_{\mathrm{A}} + V_{\mathrm{CE}} &= I_{\mathrm{C}} \left(\frac{-I_{\mathrm{C}}}{F} \frac{\partial F}{\partial V_{\mathrm{CE}}} \right)^{-1} \\
&= \left(\frac{-1}{F} \frac{\partial F}{\partial W_{\mathrm{B}}} \frac{\partial W_{\mathrm{B}}}{\partial Q_{\mathrm{pB}}} \frac{\partial Q_{\mathrm{pB}}}{\partial V_{\mathrm{CE}}} \right)^{-1} \\
&= \left(\frac{-1}{F} \frac{\partial F}{\partial W_{\mathrm{B}}} \frac{\partial W_{\mathrm{B}}}{\partial Q_{\mathrm{pB}}} \frac{\partial Q_{\mathrm{pB}}}{\partial V_{\mathrm{CB}}} \right)^{-1}
\end{aligned} \tag{9.89}
$$

となる．式 (3.13) と，$V_{\mathrm{CB}} = -V_{\mathrm{BC}}$ から，

$$
-\frac{\partial Q_{\mathrm{pB}}}{\partial V_{\mathrm{CB}}} = \frac{\partial Q_{\mathrm{pB}}}{\partial V_{\mathrm{BC}}} = C_{\mathrm{dBC}} \tag{9.90}
$$

と書ける．ここで C_{dBC} は，面積当たりのベース–コレクタ接合空乏層容量である．式 (9.89) のほかの二つの微分は直接，求めうる．すなわち，

$$
\frac{\partial F}{\partial W_{\mathrm{B}}} = \frac{p_{\mathrm{p}}(W_{\mathrm{B}})}{D_{\mathrm{nB}}(W_{\mathrm{B}})\, n_{\mathrm{ieB}}{}^{2}(W_{\mathrm{B}})} \tag{9.91}
$$

$$
\frac{\partial W_{\mathrm{B}}}{\partial Q_{\mathrm{pB}}} = \left(\frac{\partial Q_{\mathrm{pB}}}{\partial W_{\mathrm{B}}} \right)^{-1} = \frac{1}{q p_{\mathrm{p}}(W_{\mathrm{B}})} \tag{9.92}
$$

である．したがって式 (9.89) は，

$$
V_{\mathrm{A}} + V_{\mathrm{CE}} = \frac{q D_{\mathrm{nB}}(W_{\mathrm{B}})\, n_{\mathrm{ieB}}{}^{2}(W_{\mathrm{B}})}{C_{\mathrm{dBC}}} \int_{0}^{W_{\mathrm{B}}} \frac{p_{\mathrm{p}}(x)}{D_{\mathrm{nB}}(x)\, n_{\mathrm{ieB}}{}^{2}(x)}\, \mathrm{d}x \tag{9.93}
$$

となる．均一にドーピングされたベースで式 (9.93) は，

$$
V_{\mathrm{A}} + V_{\mathrm{CE}} = \frac{Q_{\mathrm{pB}}}{C_{\mathrm{dBC}}} \quad (\text{均一ドープベース}) \tag{9.94}
$$

と変形できる．

低注入 (すなわち低い I_{B}) で，ベースの多数キャリア密度がその平衡時の値と同じと近似できる，すなわち，$p_{\mathrm{p}} \approx p_{\mathrm{p0}} = N_{\mathrm{B}}$ とできるとき，式 (9.93) は，

$$
V_{\mathrm{A}} + V_{\mathrm{CE}} = \frac{q D_{\mathrm{nB}}(W_{\mathrm{B}})\, n_{\mathrm{ieB}}{}^{2}(W_{\mathrm{B}})}{C_{\mathrm{dBC}}} \int_{0}^{W_{\mathrm{B}}} \frac{N_{\mathrm{B}}(x)}{D_{\mathrm{nB}}(x)\, n_{\mathrm{ieB}}{}^{2}(x)}\, \mathrm{d}x \quad (\text{低い } I_{\mathrm{B}}) \tag{9.95}
$$

となる．式 (9.95) は V_{BE} に依存しないので，図 9.12 の各特性からの傾斜線は V_{CE} 軸において同じ値，すなわち V_{A} で，図で示したように交差する．

均一にドーピングされたベースで式 (9.95) の大きさを見積もってみよう．この場合，式 (9.94) から $V_{\mathrm{A}} = qW_{\mathrm{B}}N_{\mathrm{B}}/C_{\mathrm{dBC}}$ である．$W_{\mathrm{B}} = 0.1\,\mu\mathrm{m}$ で $N_{\mathrm{B}} = 10^{18}\,\mathrm{cm}^{-3}$ のベースでは，$qW_{\mathrm{B}}N_{\mathrm{B}} \approx 1.6 \times 10^{-6}\,\mathrm{C/cm}^2$ となる．$N_{\mathrm{C}} = 2 \times 10^{16}\,\mathrm{cm}^{-3}$ のコレクタでは，図 3.5 から $C_{\mathrm{dBC}} \approx 4 \times 10^{-8}\,\mathrm{F/cm}^2$ となる．したがって，$V_{\mathrm{A}} \approx 40\,\mathrm{V}$ である．

実際には，V_{A} はトランジスタ設計が “最適化” すると変わる．トランジスタ設計の最適化，および V_{A} が設計ポイントによってどのように変化するかについては，10 章で説明する．

式 (9.93) からわかるように，V_{A} は W_{B} の関数であり，W_{B} は先に述べたように V_{CE} の関数である．したがって厳密にいえば，アーリー電圧は，$I_{\mathrm{C}} = 0$ を外挿するために使った傾斜線を引いた V_{CE} での関数である．言い換えれば，I_{C} は V_{CE} に対して線形に増加しない．しかしながら，線形近似は良い近似であり，回路解析やモデル化には有用である．

アーリー電圧はアナログ回路用デバイスの性能指標である．アーリー電圧が高いほど，V_{CE} に対して I_{C} が依存しなくなる．文献で議論されている別のデバイスの数値としては，$\beta_0 V_{\mathrm{A}}$ 積 (Prinz と Sturm, 1991) がある．詳細は，この文献を参照されたい．

図 9.3 のベース–コレクタダイオードのドーピングプロファイルから明らかなように，C_{dBC} は横型トランジスタでは縦型トランジスタよりかなり大きい．したがって，**横型トランジスタの V_{A} は縦型トランジスタの V_{A} よりかなり小さくなる可能性がある．**

エミッタ–コレクタ間パンチスルー　式 (9.94) で示したように，V_{A} は Q_{pB} に比例する．V_{CE} が増えると，W_{B} が減少し，Q_{pB} も減少する．もともと Q_{pB} が小さい，あるいは V_{A} が小さいデバイスでは，Q_{pB} がゼロに近づくまで，あるいはコレクタがエミッタにパンチスルー (突き抜け) するまでに，あまり大きな V_{CE} を必要としない．コレクタ–エミッタ間パンチスルーが起こると，コレクタ電流は非常に大きくなり，エミッタとコレクタの直列抵抗のみで制限されるようになる．パンチスルー，またはパンチスルーに近づいた状態では，素子動作のためのベース電圧によるコレクタ電流の制御はもう行えない．通常の素子動作では，充分に多いベース多数キャリア電荷があるように設計することで，**パンチスルーを避けなければならない．**

9.3.2.2　ベース–コレクタ接合なだれ降伏

逆バイアスされたベース–コレクタ接合部の空間電荷領域の電界が十分に大きい場合，アバランシェ増倍が顕著になる (3.3.1 項参照)．縦型 n–p–n トランジスタのベース–コレクタ接合でのなだれ降伏過程を図 9.13(a) に示す (Lu と Chen, 1989)．エミッタから注入された電子がベース–コレクタ間の空間電荷領域に達すると，電子正孔対をつくれる．2 次電子はコレクタ端子に向かって流れて，測定されるコレクタ電流を増やし，2 次正孔はベース端子に向かって流れて，ベース電流を減らす．

図 9.13(b) のベース電流の測定値の挙動は，次のように説明できる．小さな V_{BE} では，2 次正孔電流は通常のベース電流を打ち消すほどは大きくなく，測定されるベース電流は通常正である．V_{BE} が増えると，エミッタから注入される電子が増え，2 次正孔電流が増え，ベース電流が負になることもある．9.3.3 項で説明するような十分に大きい

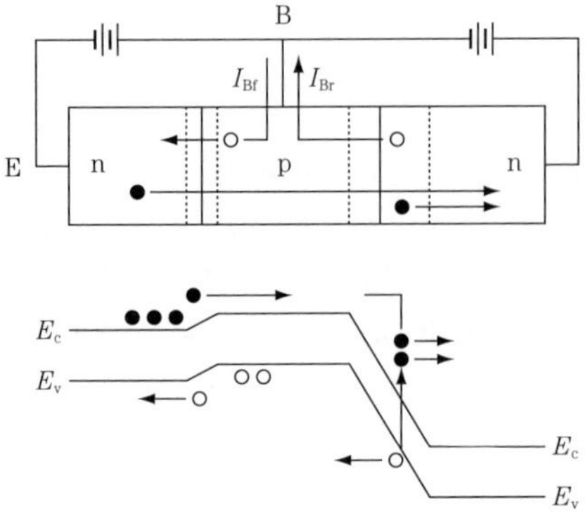

(a)

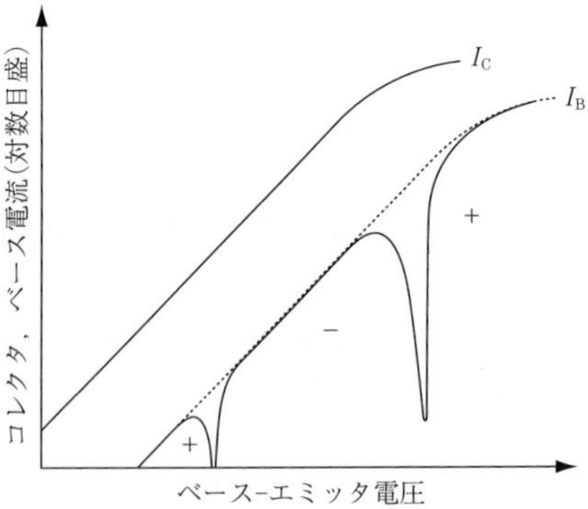

(b)

図 9.13　(a) ベース–コレクタ空間電荷領域で電子–正孔対が発生している順方向活性状態にある縦型 n–p–n トランジスタの説明図．2 次正孔電流 I_{Br} が通常の順方向のベース電流 I_{Bf} から差し引かれる．ベース電極で測定される電流は，$I_{\mathrm{B}} = I_{\mathrm{Bf}} - I_{\mathrm{Br}}$ となる．(b) ベース–コレクタ空間電荷領域で，顕著ななだれ増倍が起こった場合の縦型 n–p–n トランジスタの典型的なガンメルプロット．

V_{BE} では顕著なベース広がり効果が起こり得て，ベース–コレクタ接合の電界は減少し得る．その結果，なだれ増倍が減り，測定されるベース電流は正に戻る．

ベース–コレクタ接合のなだれ現象の大きさは，ベース–コレクタ接合中の最大電界に依存する．ベース–コレクタ接合内のなだれ現象を最小にするために，p–n 接合の最大電界を小さくする手法が使われる．たとえば，コレクタドーピングプロファイルをレトログレード化する，ベースとコレクタの間に低濃度ドープ層を挿入するなどの手法である (Tang と Lu, 1989)．この考え方は 3.1.2.3 目で示した p–i–n ダイオードのものと似ている．

9.3.3 高電流時のコレクタ電流低下

I_C が増えると，J_{C0} のための式 (9.47) の分母項が増える二つの物理的メカニズムがあり，J_{C0} が減る．J_{C0} が低下すると，J_{B0} は I_C に依存しないので，β_0 も一緒に下がる．この二つのメカニズムは，V_{BE} とともに p_p が増加するベースでの高注入効果と，I_C の増加に伴う準中性ベース幅 W_B の広がりである．p_p の増加と W_B の広がりの組み合わせにより，準中性ベースのシート抵抗率が低下する．これは**ベース伝導度変調効果** (base-conductivity modulation effect) とよばれる．

ベース領域での高注入の効果は，式 (9.50) のような全注入レベルに対して有効な p_p の式を用いれば，式 (9.47) の J_{C0} の式に組み込める．ベースのみでの高注入による β_0 の低下結果は図 9.6 に示すとおりである．9.3.3.1 目と 9.3.3.2 目で，ベース広がりとその β_0 の低下への影響について述べる．

9.3.3.1 ベース広がりとカーク効果

縦型 n–p–n トランジスタのベース–コレクタ接合を考えよう．単純化のためにベース領域は一様なドーピング濃度 N_B とし，コレクタ領域も一様なドーピング濃度 N_C であるとする．トランジスタが動作していないとき，ベース–コレクタ接合中の電荷の分布はおおむね図 9.14(a) に示すようである．ここで，x_{B0} と x_{C0} は，それぞれベース側・コレクタ側の空乏層幅である．空乏層幅どうしの関係は式 (3.8) で与えられ，

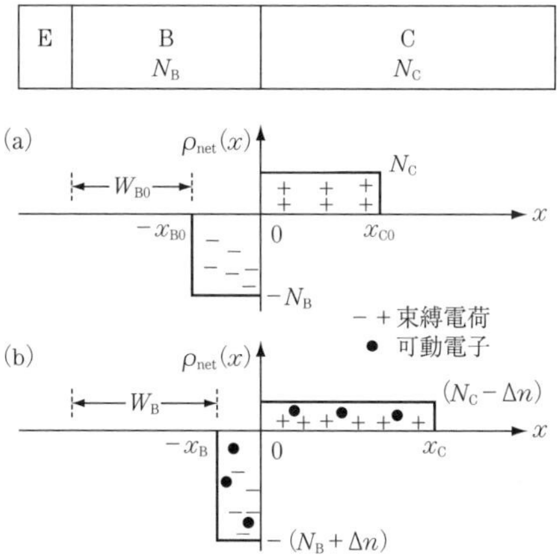

図 9.14 縦型 n–p–n トランジスタのベース–コレクタ接合での電荷分布の説明図．(a) 順方向にバイアスされていないベース–エミッタダイオードの場合，(b) 順方向にバイアスされたベース–エミッタダイオードの場合．

$$x_{\mathrm{B0}} N_{\mathrm{B}} = x_{\mathrm{C0}} N_{\mathrm{C}} \tag{9.96}$$

となる．ベース–コレクタ接合間の最大ポテンシャル差 ψ_{mBC} は，式 (3.9) で与えられる．再掲すると，

$$\psi_{\mathrm{mBC}} = \frac{q}{2\varepsilon_{\mathrm{si}}} \left(N_{\mathrm{B}} {x_{\mathrm{B0}}}^2 + N_{\mathrm{C}} {x_{\mathrm{C0}}}^2 \right) \tag{9.97}$$

である．

n–p–n トランジスタが動作していると，電子はベースへ注入され，ベース–コレクタ空間電荷領域に流れ込む．この可動電荷が空間電荷に加わる．この加えられた可動電荷の濃度がイオン化したドーピング濃度に比べて小さい間は，その推定に空乏近似が使える．単純化のため，可動電荷はベース–コレクタ接合空間電荷領域を飽和速度 v_{sat} で通過するとする．このとき，空間電荷領域中の可動電荷の濃度 Δn は，

$$J_{\mathrm{C}} = q v_{\mathrm{sat}} \Delta n \tag{9.98}$$

の関係で与えられる．ここで，J_{C} はコレクタ電流密度である．ベース側の空間電荷密度は，N_{B} から $N_{\mathrm{B}} + \Delta n$ に増え，コレクタ側の空間電荷密度は，N_{C} から $N_{\mathrm{C}} - \Delta n$ に減る．結果として，

$$x_{\mathrm{B}}(N_{\mathrm{B}} + \Delta n) = x_{\mathrm{C}}(N_{\mathrm{C}} - \Delta n) \tag{9.99}$$

のように，ベース側の空乏層の幅は x_{B} に減り，コレクタ側の空乏層の幅は x_{C} に増える．これを図 9.14(b) に示す．準中性領域ベース層の幅は，$x_{\mathrm{B0}} - x_{\mathrm{B}}$ と等しい厚さだけ広がる．

ベース–エミッタ接合が順バイアスされ，V_{BC} が変わらない，つまりトランジスタがベース接地されているとすると，ベース幅広がりの定量的な推定が行える (Ghandhi, 1968)．この場合，式 (9.97) は，

$$\psi_{\mathrm{mBC}} = \frac{q}{2\varepsilon_{\mathrm{si}}} \left[(N_{\mathrm{B}} + \Delta n)\, {x_{\mathrm{B}}}^2 + (N_{\mathrm{C}} - \Delta n)\, {x_{\mathrm{C}}}^2 \right] \tag{9.100}$$

で置き換えられ，式 (9.97) と (9.100) を合わせ，$\Delta n / N_{\mathrm{C}} \ll 1$ を仮定すると，

$$x_{\mathrm{C}} = x_{\mathrm{C0}} \sqrt{\frac{1 + (\Delta n / N_{\mathrm{B}})}{1 - (\Delta n / N_{\mathrm{C}})}} \approx \frac{x_{\mathrm{C0}}}{\sqrt{1 - (\Delta n / N_{\mathrm{C}})}} \tag{9.101}$$

となる．ここで縦型トランジスタでは N_{B} は通常，N_{C} より十分に大きい，すなわち $\Delta n / N_{\mathrm{B}}$ は式 (9.101) から落とせることを用いた．同様にして，

$$x_B = x_{B0}\sqrt{\frac{1-(\Delta n/N_C)}{1+(\Delta n/N_B)}} \approx x_{B0}\sqrt{1-(\Delta n/N_C)} \tag{9.102}$$

である．

W_B が 100 nm を超えるトランジスタでは，このベース幅の変化は，おそらく測定している I_C に対して有意な影響を及ぼさない．しかし，W_B が 30 nm 以下に設計された最近の縦型バイポーラトランジスタでは，低電流でのベース幅の変化が J_{C0} の顕著な減少を引き起こし，その結果，測定している I_C は V_{BE} に対して $\exp(qV_{BE}/kT)$ より少しゆっくり増加し，測定している I_C のガンメルプロットは室温で 60 mV/decade より少し大きな傾きを示すことになる．

一般的なバイポーラトランジスタでは $N_B \gg N_C$ であるから，Δn が N_C に近づくと x_C が非常に大きくなることが式 (9.99) から推察される．すなわち，Δn が大きくなるとベース–コレクタ空間電荷層が広がり，コレクタ側の空間電荷層境界がコレクタの奥深く，しばしばコレクタ–サブコレクタ境界に至るまで移動する．これは**ベース広がり** (base-widening) または**カーク効果** (Kirk effect) (Kirk, 1962) として知られている．

$N_C \gg N_B$ の対称横型トランジスタの場合，ベース–コレクタダイオードはベース側にのみ空間電荷層がある片側接合として振る舞う．つまり，**SOI を用いた対称横型バイポーラトランジスタでは，カーク効果はない**．エミッタからのキャリア注入による準中性ベース幅の拡大は，ベース–コレクタ間の空間電荷層幅の縮小によるものに制限される．$x_C = x_{C0} = 0$ とするだけで，同様の解析ができる．その結果は

$$x_B = x_{B0}\sqrt{N_B/(N_B+\Delta n)} \quad \text{(対称横型トランジスタ)} \tag{9.103}$$

となる．式 (9.102) と (9.103) を比較すると，ベース広がりは，対称横型トランジスタではベースドーピング濃度によって，縦型トランジスタではコレクタドーピング濃度によって決まることがわかる．同じ N_B をもつ縦型トランジスタと横型トランジスタでは，**縦型トランジスタの方が横型トランジスタよりはるかに低いコレクタ電流密度でベース広がり効果が始まる**．

9.3.3.2 縦型バイポーラトランジスタでの大電流時のベース広がり

縦型バイポーラトランジスタで Δn が N_C に近づくと，n 型コレクタの過剰電子は，式 (9.4) によりコレクタ中にかなりの電界を生成し，ベース–コレクタダイオードにおいて明確に定められた空間電荷領域という概念が成り立たなくなる．また，準中性条件を保つために，過剰な電子は過剰な正孔を n 型コレクタ中に引き寄せる．過剰な正孔をもつコレクタの領域は p 型ベースの延長部となる．言い換えれば，n^+-サブコレクタに到達するまでベースはコレクタに深く広がる．過剰電子の濃度は n^+-サブコレクタの不純物濃度より低いので，サブコレクタに到達すると広がりは止まる．ベースがサブコレク

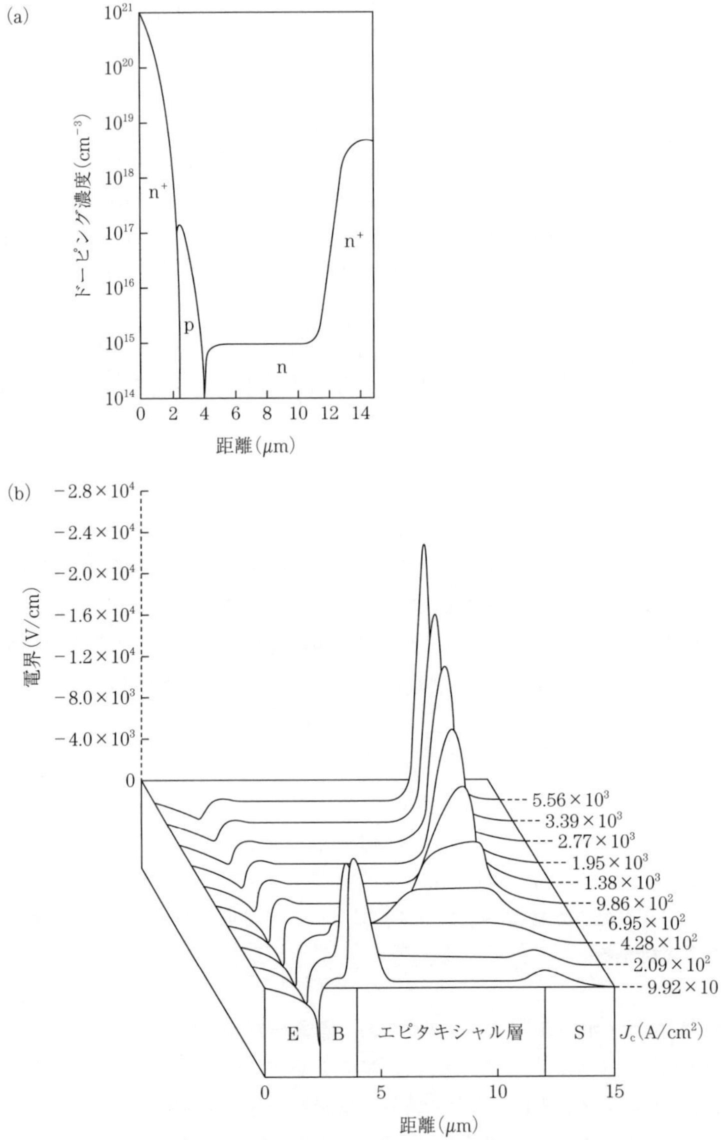

図 9.15　高いコレクタ電流での縦型 n–p–n トランジスタのベース広がり効果を示す数値シミュレーション結果. (a) 計算に用いた素子のドーピングプロファイル, (b) 物理的ベース–コレクタ接合からコレクタ–サブコレクタの境界への高電界領域の移動, (c) コレクタでの過剰正孔の蓄積, (d) コレクタでの過剰電子の蓄積 [Poon ら (1969) より引用].

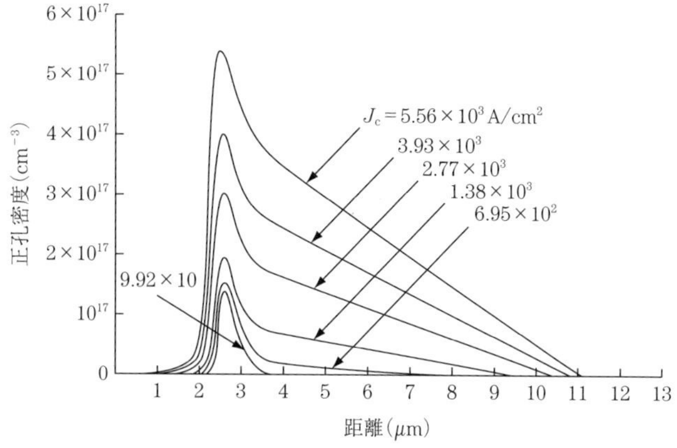

(c)

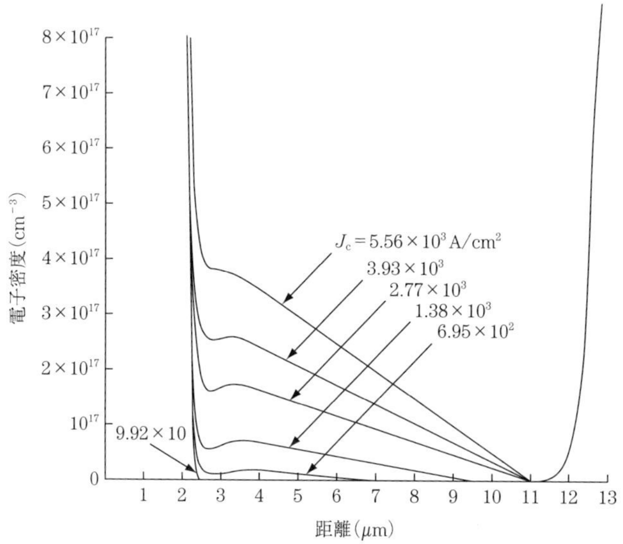

(d)

図 9.15 続き

タに向かって広がるにつれて，それに応じて J_{C0} は減少する．また，もともとは物理的なベース–コレクタ接合に位置していた高電界領域は，コレクタ–サブコレクタ境界の近くに移る (Poon ら，1969)．図 9.15 に示す数値シミュレーションの結果は，縦型バイポーラトランジスタにおける高電流でのベース広がり効果を明瞭に示している．高電界領域の移動は，過剰な電子・正孔のコレクタ領域中の蓄積と同時に起こることがわかる．

実質的なベース広がりが生じるコレクタ電流密度を見積ってみよう．シリコン中の飽和速度 v_{sat} は，約 $1\times10^{7}\,\mathrm{cm/s}$ である．低いコレクタ電流では，n 型コレクタ領域の最大電子密度はコレクタドーピング濃度 N_{C} と等しい．電子密度 N_{C} で維持しうる最大コレクタ電流密度は，$J_{\max}=qv_{\mathrm{sat}}N_{\mathrm{C}}$ である．注入された電子による電流密度が $J_{\max}$ に近づくと，電子電流の流れを維持するために，電子密度は N_{C} よりも大きな値まで増えなければならない．すなわち，高電子電流密度により，過剰な電子密度となる．この過剰な電子が，準中性領域を維持するために過剰な正孔の蓄積を引き起こし，高電界領域の移動を起こす．図 9.15 に示した結果は，コレクタ電流密度がほぼ $0.3J_{\max}$ から明らかなベース広がりが始まることを示している．この値は，報告されている現代の縦型バイポーラ素子の最大遮断周波数のデータ (Crabbé ら，1993a) と一致する．したがって，**明らかなベース広がりを防ぐために，縦型バイポーラトランジスタはコレクタ電流密度が $J_{\max}$ に近づかないように動作させなければならない**．$2\times10^{17}\,\mathrm{cm}^{-3}$ という比較的高い N_{C} では，$J_{\max}$ は $3.2\,\mathrm{mA/\mu m^2}$ である．明らかなベース広がりを防ぐためには，J_{C} は約 $1\,\mathrm{mA/\mu m^2}$ 以下でなければならない．

9.3.4　外部ベース–エミッタ接合に伴うベース電流過多

図 9.16 に，縦型バイポーラトランジスタのエミッタ–ベースダイオードの断面を図式化した．エミッタの直下にあるベース領域は，**真性ベース** (intrinsic base) とよばれ，ベースの残りは全体として**外部ベース** (extrinsic base) とよばれる．エミッタ–ベースダイオード全体では，エミッタと真性ベース，エミッタと外部ベースの二つのダイオードが並列につながっていると考えることができる．真性ベース–エミッタダイオードがここまで考えてきたものであり，外部ベースの機能は，シリコン表面から真性ベースへ電

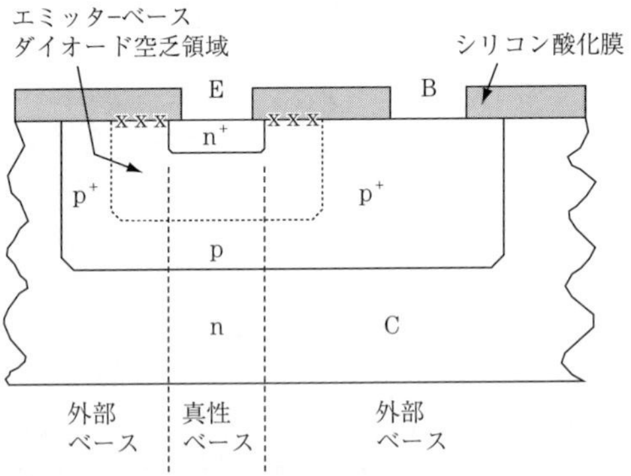

図 9.16　縦型 n–p–n バイポーラトランジスタのエミッタ–ベースダイオードの断面説明図．外部ベースは通常，真性ベースより非常に高濃度にドーピングされている．x x x で示した界面準位の存在が，本章で述べている過剰ベース電流の原因となりうる．

気的接続を与えることである．

寄生抵抗を最小化し，エミッタから外部ベース領域への電子注入を最小化するために，外部ベース領域は真性ベース領域と比べて非常に高濃度にドーピングされている．その結果，エミッタから外部ベースに注入されてコレクタにたどり着く電子によるコレクタ電流成分は，真性ベース領域を通過する電子による成分に比べれば小さい．これは式 (9.45) から容易に結論できる．

それでもなお，外部ベース–エミッタダイオードは，測定されるベース電流に明らかに寄与する．この外部ベース電流は 3 つの成分からなる．すなわち

(a) 外部ベースからエミッタへの正孔注入による電流

(b) 外部ベース–エミッタダイオードにおける空間電荷領域で追加される電流

(c) 外部ベース–エミッタダイオードで追加されるトンネル電流

である．

エミッタから外部ベースへの正孔の注入による電流は，9.2.3 項で説明した真性ベース電流と同じ V_{BE} 依存性をもっている．したがって，この電流は理想的な真性ベース電流に単純に加算され，測定されるベース電流が，その理想的な $\exp(qV_{\mathrm{BE}}/kT)$ の振る舞いからのずれをみせることはない．この追加されたベース電流はエミッタ接合深さ x_{jE} に比例する．図 9.3 から推測するに，ポリシリコンエミッタトランジスタでのこのベース電流は，拡散エミッタをもつトランジスタよりもはるかに小さい．

外部ベース–エミッタ空間電荷領域での電流は，真性ベース–エミッタ空間電荷領域での電流に単純に加算され，両者は同じ $\exp(qV_{\mathrm{BE}}/2kT)$ の挙動を示すことになる．確立されたプロセスによるデバイスでは，両方の空間電荷領域電流は小さく，拡大されたガンメルプロットでのみで気づくことができる (図 9.8 参照)．

一方，外部ベースとエミッタのドーピング濃度が意図したよりも高い濃度の位置で外部ベースとエミッタが重なると，外部ベース–エミッタ接合におけるトンネル電流は非常に大きくなる可能性がある．また，図 9.16 に示すように，外部ベース–エミッタ空間電荷領域にシリコン/酸化膜の界面準位がある場合，界面準位がトンネリングプロセスを補助し，トンネリング電流は著しく増加しうる．図 9.17 に，トンネリングによる過剰なベース電流をもつ縦型バイポーラトランジスタの典型的な電流–電圧特性を示す (Li ら，1988)．順バイアスでは，ベース電流は，$\exp(V_{\mathrm{BE}}/2kT)$ 依存性をもつ空間電荷領域電流から予想されるよりもはるかに大きい．逆バイアスでは，過大なベース電流が電圧に対して非常に急激に増加し，この電流がトンネルによるものであることを示している．幸い，トンネリングによる過剰なベース電流は，外部ベース–エミッタダイオードのドーピング形状とデバイス作製プロセスを最適化することで容易に抑制できる．

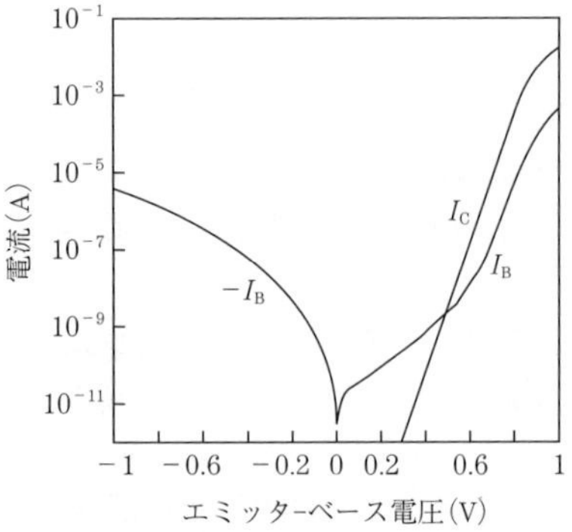

図 9.17　外部ベース–エミッタダイオードで過剰なトンネル電流がある縦型 n–p–n トランジスタにおける典型的な電圧–電流特性 [Li ら (1988) より引用]

9.4　ベース走行時間

電子の拡散長に比べて p 領域のベース幅 W_B が小さい n^+–p ダイオードを考える．このダイオードは n–p–n トランジスタのエミッタ–ベースダイオードを表している．順方向バイアスをかけると，電子がベースに注入され，実質的にすべての電子が再結合することなくベース領域を走行する．p 型ベース領域の単位面積当たりの**過剰な少数キャリア電荷 (電子)** の総量は

$$Q_B = -q\int_0^{W_B} (n_p - n_{p0})\,dx \tag{9.104}$$

である．式 (9.48) を式 (9.104) で使用すると，次のようになる．

$$Q_B(\text{狭いベース}) = -q(n_p - n_{p0})_{x=0}\left(\frac{W_B}{2}\right) = J_n(x=0)t_B \tag{9.105}$$

ここで，**ベース走行時間** t_B は次式で定義される．

$$t_B \equiv \frac{Q_B(\text{狭いベース})}{J_n(x=0)} = \frac{{W_B}^2}{2D_n} \tag{9.106}$$

式 (9.106) を書くにあたり，電子電流での $J_n = qD_n(dn/dx)$ と式 (9.48) を用いた．ベース走行時間は，p 型ベースに流入した定常状態の電子電流が少数電子によりベースを満たすのに必要な時間に相当する．また，少数電子がベース層を通過するまでの平均時間でもある．この値はバイポーラトランジスタでの最大の周波数応答や最大の真性速度のための重要な指標となる．9.3.3.1 目と 9.3.3.2 目で述べたベース広がり効果により t_B は増加し，トランジスタの速度は低下する．

9.5　エミッタ–ベースダイオードの拡散容量

順方向にバイアスされたダイオードでは，印加電圧の変化に応答する空間電荷層の両側にある多数キャリアに関連する式 (3.13) で与えられる空乏層容量 C_{d} に加えて，印加電圧の変化に応答する空間電荷層の両側の少数キャリアに関連する容量成分が存在する．この少数キャリアの静電容量を**拡散容量** C_{D} とよぶ．バイポーラトランジスタの場合，エミッタ–ベースダイオードが順方向にバイアスされることに伴う拡散容量は C_{DE} と表記される．

印加電圧の変化に対する少数キャリアの応答は，拡散と再結合の過程を経て行われる．これらの過程は瞬時には終わらず，少数キャリアの寿命や走行時間程度を要するものである．ゆえに，**小信号が順方向バイアスされたダイオードに印加されたとき，ダイオード内の異なる位置における少数キャリア密度の変化は，異なる位相を有し，単一のものとしては扱えない**．この節では，少数キャリアの輸送を支配する微分方程式から出発し，ダイオードを流れる電流の小信号解析から拡散容量を求める (Shockley, 1949; Lindmayer と Wrigley 1965; Pritchard, 1967)．拡散容量はダイオードの等価回路の伝送線路解析からも求めることができる (Bulucea, 1968)．

9.5.1　順方向にバイアスされたダイオードの小信号電流

小信号電圧 $v_{\mathrm{be}}(t)$ と定常状態の電圧 V_{BE} からなる電圧 $v_{\mathrm{BE}}(t) = V_{\mathrm{BE}} + v_{\mathrm{be}}(t)$ が印加された n^+–p ダイオードについて考える．簡単化のために寄生抵抗は無視できるとしており $v_{\mathrm{BE}}(t)$ は接合電圧を表している．変位電流を含む電流の流れを図 9.18 に示す．ここで，$i_{\mathrm{E}}(t)$ はエミッタの端子電流，$i_{\mathrm{B}}(t)$ はベースの端子電流，そして $C_{\mathrm{dBE,tot}}$ は空乏層容量である．キルヒホッフの法則より

$$i_{\mathrm{E}}(t) + i_{\mathrm{B}}(t) = 0 \tag{9.107}$$

が出る．

式 (2.100)，(2.93)，(2.97) より，p 型ベースの少数キャリアを決める連続の式は

$$A_{\mathrm{diode}} \frac{\partial n_{\mathrm{p}}(x,t)}{\partial t} = \frac{1}{q} \frac{\partial i_{\mathrm{n}}(x,t)}{\partial x} - A_{\mathrm{diode}} \frac{n_{\mathrm{p}}(x,t) - n_{\mathrm{p0}}}{\tau_{\mathrm{nB}}} \tag{9.108}$$

になる．ここで，τ_{nB} はベースにおける電子の寿命であり，A_{diode} はダイオードの断面積である．ベースが一様にドーピングされていると仮定すれば，電子の低注入状態では正孔密度は p 型領域で一定であり，ベースの電子電流はドリフト成分をもたず，拡散成分のみをもつことになり［式 (9.3)，(9.5)，関連する議論参照］，

$$\frac{\partial i_{\mathrm{n}}(x,t)}{\partial x} = A_{\mathrm{diode}}\, q D_{\mathrm{nB}} \frac{\partial^2 n_{\mathrm{p}}(x,t)}{\partial x^2} \tag{9.109}$$

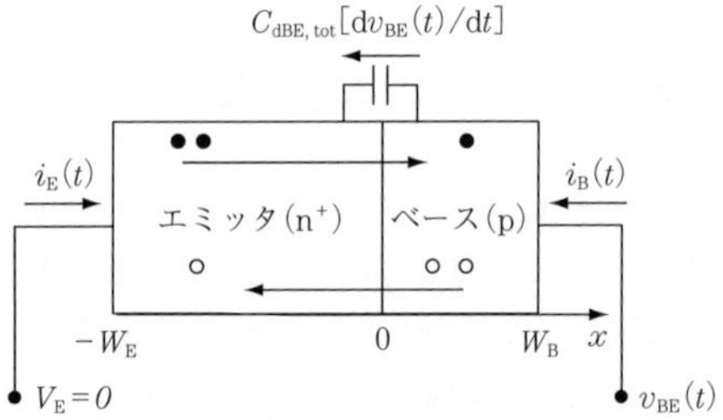

図 9.18　時間に依存した電圧 $v_{\mathrm{BE}}(t)$ が加えられたときの n^+–p ダイオードの電流成分を示す図．ここでは，エミッタ側に関する量を添え字 E で，ベース側に関する量を添え字 B で表している．

が得られる．そして，式 (9.108) は

$$\frac{\partial n_{\mathrm{p}}(x,t)}{\partial t} = D_{\mathrm{nB}}\frac{\partial^2 n_{\mathrm{p}}(x,t)}{\partial x^2} - \frac{n_{\mathrm{p}}(x,t)-n_{\mathrm{p0}}}{\tau_{\mathrm{nB}}} \tag{9.110}$$

となる．

ここで，小信号が時間依存性 $\mathrm{e}^{j\omega t}$ をもつ，すなわち $v_{\mathrm{be}}(t) = V_{\mathrm{be}}e^{j\omega t}$ であると仮定し，電子密度は以下の表式で表されるとする．

$$n_{\mathrm{p}}(x,t) = n_{\mathrm{p}}(x) + \Delta n_{\mathrm{p}}(x)\,e^{j\omega t} \tag{9.111}$$

すると (9.110) より

$$\Delta n_{\mathrm{p}}(x) j\omega e^{j\omega t} = D_{\mathrm{nB}}\frac{\mathrm{d}^2 n_{\mathrm{p}}(x)}{\mathrm{d}x^2} - \frac{n_{\mathrm{p}}(x)-n_{\mathrm{p0}}}{\tau_{\mathrm{nB}}} + \left(D_{\mathrm{nB}}\frac{\mathrm{d}^2 \Delta n_{\mathrm{p}}(x)}{\mathrm{d}x^2} - \frac{\Delta n_{\mathrm{p}}(x)}{\tau_{\mathrm{nB}}}\right)e^{j\omega t} \tag{9.112}$$

を得る．式 (9.112) が常に成り立つためには，時間依存項と非依存項の両方で別々に成り立たなければならない．すなわち

$$D_{\mathrm{nB}}\frac{\mathrm{d}^2 n_{\mathrm{p}}(x)}{\mathrm{d}x^2} - \frac{n_{\mathrm{p}}(x)-n_{\mathrm{p0}}}{\tau_{\mathrm{nB}}} = 0 \tag{9.113}$$

および

$$\Delta n_{\mathrm{p}}(x) j\omega = D_{\mathrm{nB}}\frac{\mathrm{d}^2 \Delta n_{\mathrm{p}}(x)}{\mathrm{d}x^2} - \frac{\Delta n_{\mathrm{p}}(x)}{\tau_{\mathrm{nB}}} \tag{9.114}$$

である．

式 (9.113) は，3.1.3.2 目で解いた順方向ダイオードの準定常状態の少数電子分布を支配するものである (式 (3.36) をみよ)．式 (9.114) は次のように書き換えうる．

$$\frac{\mathrm{d}^2\Delta n_{\mathrm{p}}(x)}{\mathrm{d}x^2} - \frac{\Delta n_{\mathrm{p}}(x)}{{L'_{\mathrm{nB}}}^2} = 0 \tag{9.115}$$

ここで

$$L'_{\mathrm{nB}} \equiv \sqrt{\frac{\tau_{\mathrm{nB}} D_{\mathrm{nB}}}{1 + j\omega\tau_{\mathrm{nB}}}} = \frac{L_{\mathrm{nB}}}{\sqrt{1 + j\omega\tau_{\mathrm{nB}}}} \tag{9.116}$$

を用いた．式 (9.115) は式 (9.113) と同じ形であり，したがって解の形も同じである．式 (9.115) の解が次のようになることを示すのは，読者のための演習として残されている．

$$\Delta n_{\mathrm{p}}(x) = \frac{n_{\mathrm{p0}} q v_{\mathrm{be}}}{kT} \exp\left(\frac{qV_{\mathrm{BE}}}{kT}\right) \frac{\sinh[(W_{\mathrm{B}} - x)/L'_{\mathrm{nB}}]}{\sinh(W_{\mathrm{B}}/L'_{\mathrm{nB}})} \tag{9.117}$$

式 (9.111) を使って，拡散により p 型ベースに流入する電子電流は，

$$\begin{aligned} i_{\mathrm{n}}(0,t) &= A_{\mathrm{diode}}\, qD_{\mathrm{nB}} \left(\frac{\partial n_{\mathrm{p}}(x,t)}{\partial x}\right)_{x=0} \\ &= A_{\mathrm{diode}}\, qD_{\mathrm{nB}} \left(\frac{\mathrm{d}n_{\mathrm{p}}(x)}{\mathrm{d}x}\right)_{x=0} + A_{\mathrm{diode}}\, qD_{\mathrm{nB}} e^{j\omega t} \left(\frac{\mathrm{d}\Delta n_{\mathrm{p}}(x)}{\mathrm{d}x}\right)_{x=0} \\ &= -I_{\mathrm{n}} + \Delta i_{\mathrm{n}}(0,t) \end{aligned} \tag{9.118}$$

となる．ここで

$$-I_{\mathrm{n}} = A_{\mathrm{diode}}\, qD_{\mathrm{nB}} \left(\frac{\mathrm{d}n_{\mathrm{p}}(x)}{\mathrm{d}x}\right)_{x=0} = -A_{\mathrm{diode}} \frac{qD_{\mathrm{nB}} n_{\mathrm{p0}} \exp(qV_{\mathrm{BE}}/kT)}{L_{\mathrm{nB}} \tanh(W_{\mathrm{B}}/L_{\mathrm{nB}})} \tag{9.119}$$

は定常状態の電子電流であり，

$$\begin{aligned} \Delta i_{\mathrm{n}}(0,t) &= A_{\mathrm{diode}}\, qD_{\mathrm{nB}} e^{j\omega t} \left(\frac{\mathrm{d}\Delta n_{\mathrm{p}}(x)}{\mathrm{d}x}\right)_{x=0} \\ &= -A_{\mathrm{diode}} \frac{qD_{\mathrm{nB}} n_{\mathrm{p0}} \exp(qV_{\mathrm{BE}}/kT)}{L'_{\mathrm{nB}} \tanh(W_{\mathrm{B}}/L'_{\mathrm{nB}})} \frac{qv_{\mathrm{be}}(t)}{kT} \\ &= -\left(\frac{L_{\mathrm{nB}}}{L'_{\mathrm{nB}}}\right) \frac{\tanh(W_{\mathrm{B}}/L_{\mathrm{nB}})}{\tanh(W_{\mathrm{B}}/L'_{\mathrm{nB}})} \frac{qI_{\mathrm{n}}}{kT} v_{\mathrm{be}}(t) \end{aligned} \tag{9.120}$$

は小信号電子電流である．(i_{n} が負の値であることに注意しよう．x 方向に流れる電子が負の電流となるからである．I_{n} は定常状態の電子電流の大きさであり，正の値である．)

エミッタに流入する小信号正孔電流は，同様の手法で導出可能で

$$\Delta i_{\mathrm{p}}(0,t) = -\left(\frac{L_{\mathrm{pE}}}{L'_{\mathrm{pE}}}\right) \frac{\tanh(W_{\mathrm{E}}/L_{\mathrm{pE}})}{\tanh(W_{\mathrm{E}}/L'_{\mathrm{pE}})} \frac{qI_{\mathrm{p}}}{kT} v_{\mathrm{be}}(t) \tag{9.121}$$

である．ここで

$$L_{\mathrm{pE}} = \sqrt{\tau_{\mathrm{pE}} D_{\mathrm{pE}}} \tag{9.122}$$

および

$$L'_{\mathrm{pE}} \equiv \sqrt{\frac{\tau_{\mathrm{pE}} D_{\mathrm{pE}}}{1+j\omega\tau_{\mathrm{pE}}}} = \frac{L_{\mathrm{pE}}}{\sqrt{1+j\omega\tau_{\mathrm{pE}}}} \tag{9.123}$$

は，n^+ エミッタ中の正孔の同様なパラメータである．I_{p} はベースからエミッタに流れる正孔電流の定常状態の大きさである．(i_{p} が負であることに注意すべきである．$-x$ 方向に流れる正孔が負の電流となるからである．)

ベースは狭いと仮定されている，すなわち $W_{\mathrm{B}}/L_{\mathrm{nB}} \ll 1$ であり，$\tanh(W_{\mathrm{B}}/L_{\mathrm{nB}}) \approx W_{\mathrm{B}}/L_{\mathrm{nB}}$ なので式 (9.120) は

$$\Delta i_{\mathrm{n}}(0,t) \approx -\left(\frac{W_{\mathrm{B}}}{L'_{\mathrm{nB}}}\right)\frac{1}{\tanh(W_{\mathrm{B}}/L'_{\mathrm{nB}})}\frac{qI_{\mathrm{n}}}{kT}v_{\mathrm{be}}(t) \quad \text{(狭いベース)} \tag{9.124}$$

となる．エミッタが広いと仮定されているので，$W_{\mathrm{E}}/L_{\mathrm{pE}} \gg 1$ であり $\tanh(W_{\mathrm{E}}/L_{\mathrm{pE}}) \approx 1$ である．これは $(W_{\mathrm{E}}/L'_{\mathrm{PE}}) = (W_{\mathrm{E}}/L_{\mathrm{PE}})\sqrt{(1+j\omega\tau_{\mathrm{pE}})} \gg 1$ を意味する．これより，$\tanh(W_{\mathrm{E}}/L'_{\mathrm{pE}}) \approx 1$ であり，式 (9.121) は

$$\Delta i_{\mathrm{p}}(0,t) \approx -\left(\frac{L_{\mathrm{pE}}}{L'_{\mathrm{pE}}}\right)\frac{qI_{\mathrm{p}}}{kT}v_{\mathrm{be}}(t) = -\sqrt{1+j\omega\tau_{\mathrm{pE}}}\frac{qI_{\mathrm{p}}}{kT}v_{\mathrm{be}}(t) \quad \text{(広いエミッタ)} \tag{9.125}$$

となる．

図 9.18 に示した電流成分をもとに，ベース電流は

$$\begin{aligned} i_{\mathrm{B}}(t) &= -i_{\mathrm{n}}(0,t) - i_{\mathrm{p}}(0,t) + C_{\mathrm{dBE,tot}}\frac{\mathrm{d}v_{\mathrm{BE}}(t)}{\mathrm{d}t} \\ &= I_{\mathrm{n}} + I_{\mathrm{p}} - \Delta i_{\mathrm{n}}(0,t) - \Delta i_{\mathrm{p}}(0,t) + j\omega C_{\mathrm{dBE,tot}}v_{\mathrm{be}}(t) = I_{\mathrm{B}} + i_{\mathrm{b}}(t) \end{aligned} \tag{9.126}$$

と表される．ここで，

$$I_{\mathrm{B}} = I_{\mathrm{n}} + I_{\mathrm{p}} \tag{9.127}$$

は定常状態のベース端子電流であり，

$$i_{\mathrm{b}}(t) = -\Delta i_{\mathrm{n}}(0,t) - \Delta i_{\mathrm{p}}(0,t) + j\omega C_{\mathrm{dBE,tot}}v_{\mathrm{be}}(t) \tag{9.128}$$

は，小信号ベース端子電流である．

広いエミッタ領域を充放電するための時定数はエミッタにおける寿命 τ_{E} である．狭いベース領域を充放電するための時定数は式 (9.106) で与えられるベース走行時間 t_{B} で

ある．エミッタ中の典型的な寿命は 10^{-9} 秒より小さく [図 3.14(b) 参照]，現代のバイポーラトランジスタの典型的なベース走行時間は 10^{-11} 秒より小さい．ゆえに，広いエミッタでの低周波での仮定，すなわち $\omega\tau_{\mathrm{pE}} < 1$ では，狭いベースでも低周波であること，すなわち $\omega t_{\mathrm{B}} < 1$ を意味する．t_{B} が 10^{-11} 秒より小さい現代のバイポーラトランジスタでは，$\omega t_{\mathrm{B}} > 1$ という状態はまれにしか得られない．よって，現代のバイポーラトランジスタの拡散容量について考えるには，$\omega\tau_{\mathrm{pE}} < 1$ と $\omega\tau_{\mathrm{pE}} > 1$ の場合を想定する必要がある．どちらの場合でも，$\omega t_{\mathrm{B}} < 1$ である．

9.5.2 低周波 ($\omega\tau_{\mathrm{pE}} < 1$ および $\omega t_{\mathrm{B}} < 1$) での拡散容量

低周波近似において，式 (9.124) は，$W_{\mathrm{B}}/L_{\mathrm{nB}}$ と ωt_{B} の最低次の項のみを残し，展開できる．すなわち，

$$\begin{aligned}\Delta i_{\mathrm{n}}(0,t) &\approx -\left[1+\frac{{W_{\mathrm{B}}}^2}{3{L_{\mathrm{nB}}}^2}(1+j\omega\tau_{\mathrm{nB}})+\cdots\right]\frac{qI_{\mathrm{n}}}{kT}v_{\mathrm{be}}(t) \quad (\text{狭いベース})\\ &\simeq -\left(1+j\frac{2\omega t_{\mathrm{B}}}{3}\right)\frac{qI_{\mathrm{n}}}{kT}v_{\mathrm{be}}(t)\end{aligned} \tag{9.129}$$

である．ここでベース走行時間 t_{B} には式 (9.106) を用いた．同様に，式 (9.125) より

$$\Delta i_{\mathrm{p}}(0,t) \approx -\left(1+j\frac{\omega\tau_{\mathrm{pE}}}{2}\right)\frac{qI_{\mathrm{p}}}{kT}v_{\mathrm{be}}(t) \tag{9.130}$$

が得られる．式 (9.129) と (9.130) を式 (9.128) に代入し，次式を得る．

$$\begin{aligned}i_{\mathrm{b}}(t) &= \frac{q}{kT}(I_{\mathrm{n}}+I_{\mathrm{p}})v_{\mathrm{be}}(t)+j\omega\left(\frac{2qI_{\mathrm{n}}t_{\mathrm{B}}}{3kT}+\frac{qI_{\mathrm{p}}\tau_{\mathrm{pE}}}{2kT}\right)v_{\mathrm{be}}(t)+j\omega C_{\mathrm{dBE,tot}}v_{\mathrm{be}}(t)\\ &= \frac{1}{r_{\mathrm{d}}}v_{\mathrm{be}}(t)+j\omega(C_{\mathrm{Dn}}+C_{\mathrm{Dp}}+C_{\mathrm{dBE,tot}})\,v_{\mathrm{be}}(t)\end{aligned} \tag{9.131}$$

ここで

$$\frac{1}{r_{\mathrm{d}}} = \frac{q}{kT}(I_{\mathrm{n}}+I_{\mathrm{p}}) = \frac{qI_{\mathrm{B}}}{kT} \tag{9.132}$$

は，ダイオードの ac コンダクタンスであり，

$$C_{\mathrm{Dn}} = \frac{2qI_{\mathrm{n}}t_{\mathrm{B}}}{3kT} \quad (\text{狭いベース}) \tag{9.133}$$

は，狭いベース中の少数電子による拡散容量であり，

$$C_{\mathrm{Dp}} = \frac{qI_{\mathrm{p}}\tau_{\mathrm{pE}}}{2kT} \quad (\text{広いエミッタ}) \tag{9.134}$$

は広いエミッタ中の少数正孔による拡散容量である．

順方向にバイアスされたエミッタ–ベースダイオードの小信号等価回路は式 (9.131) から求められる．図 9.19 に集中定数モデルの形でこれを示す．低周波近似においては，拡

散容量は周波数に依存しないことに注意されたい．

9.5.3　高周波における拡散容量 ($\omega\tau_{\mathrm{pE}} > 1$)

この場合，式 (9.125) より次式を得る．

$$\Delta i_{\mathrm{p}}(0,t) \approx -\sqrt{j\omega\tau_{\mathrm{pE}}}\frac{qI_{\mathrm{p}}}{kT}v_{\mathrm{be}}(t) = -\left(\sqrt{\frac{\omega\tau_{\mathrm{pE}}}{2}} + j\omega\sqrt{\frac{\tau_{\mathrm{pE}}}{2\omega}}\right)\frac{qI_{\mathrm{p}}}{kT}v_{\mathrm{be}}(t) \quad (9.135)$$

これより，広いエミッタ中の少数正孔による拡散容量は

$$C_{\mathrm{Dp}} = \frac{qI_{\mathrm{p}}\tau_{\mathrm{pE}}}{kT\sqrt{2\omega\tau_{\mathrm{pE}}}} \quad (\text{広いエミッタ}) \quad (9.136)$$

となる．式 (9.134) と (9.136) を比べると，おおよそ $\omega\tau_{\mathrm{pE}} \sim 2$ までは，拡散容量のエミッタ成分は周波数に依存せず，それ以降の高周波においては $1/\sqrt{\omega\tau_{\mathrm{pE}}}$ に従って減少する．先に述べたように，拡散容量のベース成分の式 (9.133) は高周波領域でも有効である．

9.6　回路解析のためのバイポーラデバイスモデル

使用される回路における，バイポーラデバイスの長所を検討する．回路応用では，まず，デバイスの電気的性質を等価回路成分に置き換える．そして，回路の振る舞い，または等価回路成分の性質から，デバイスの長所を説明する．この節では，10 章で示すバイポーラデバイス設計と 11 章で示すデバイス最適化のために必要な等価回路モデルを示す．まず，容量が影響せず，無視できる定常解析に適したモデルを示し，次に寄生抵抗や容量を含む必要がある小信号解析に適したモデルを示す．

9.6.1　基本定常状態モデル

n–p–n トランジスタのためのエバース–モルモデル (Ebers と Moll, 1954) を図 9.20 に示す．n–p–n トランジスタは，ベース接地に配置された直列の二つのダイオードで表現される．電圧 V_{BE} がベース–エミッタダイオードに印加されると，ベース–エミッタダイオードに順方向電流 I_{F} が流れる．この電流が，コレクタに流れ込む電流 $\alpha_{\mathrm{F}}I_{\mathrm{F}}$ の

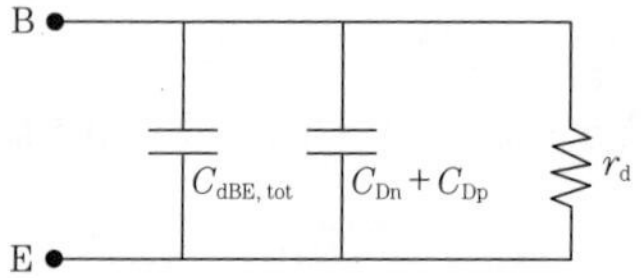

図 9.19　順方向にバイアスされたダイオードの小信号等価回路．寄生抵抗は無視されている．

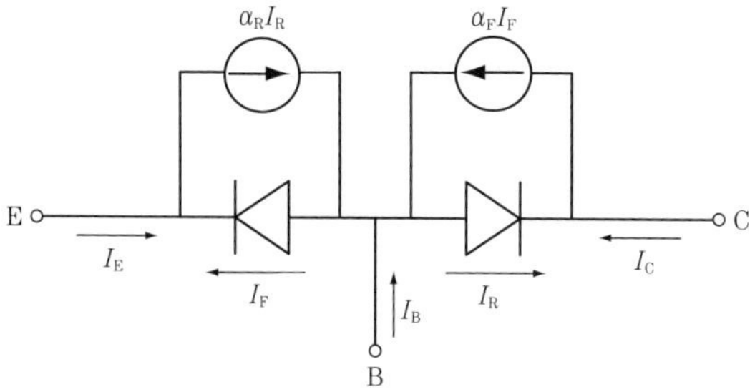

図 9.20　n–p–n トランジスタの基本的な定常状態でのエバース–モルモデルのベース接地等価回路表現

源となる．ここで α_F は順方向でのベース接地電流利得である．同様に，ベース–コレクタダイオードに電圧 V_{BC} が印加されると，逆方向電流 I_R がベース–コレクタダイオードに流れ，エミッタに流れ込む電流 $\alpha_R I_R$ の源となる．ここで α_R は逆方向ベース接地電流利得である．これらの電流を図 9.20 に示す．おたがいの関係は，

$$I_E = \alpha_R I_R - I_F \tag{9.137}$$

$$I_C = \alpha_F I_F - I_R \tag{9.138}$$

と，

$$I_B = (1 - \alpha_F) I_F + (1 - \alpha_R) I_R \tag{9.139}$$

である．エミッタ，ベース，コレクタ電流は，$I_E + I_B + I_C = 0$ の関係がある．

式 (3.66) から，I_F と I_R を，

$$I_F = I_{F0} \left[\exp\left(qV_{BE}/kT\right) - 1\right] \tag{9.140}$$

$$I_R = I_{R0} \left[\exp\left(qV_{BC}/kT\right) - 1\right] \tag{9.141}$$

と表すことができる．したがって，式 (9.137)，(9.138) は，

$$I_E = -I_{F0} \left[\exp\left(qV_{BE}/kT\right) - 1\right] + \alpha_R I_{R0} \left[\exp\left(qV_{BC}/kT\right) - 1\right] \tag{9.142}$$

$$I_C = \alpha_F I_{F0} \left[\exp\left(qV_{BE}/kT\right) - 1\right] - I_{R0} \left[\exp\left(qV_{BC}/kT\right) - 1\right] \tag{9.143}$$

と書き換えることができる．エミッタ–コレクタ端子での相互互換の関係から，I_E と I_C の式の非対角成分は等しい (Gray ら，1964; Muller と Kamins, 1977)．すなわち，

$$\alpha_{\rm R} I_{\rm R0} = \alpha_{\rm F} I_{\rm F0} \tag{9.144}$$

である.

式 (9.144) で示した相互互換の関係は，次のようにも説明できる．$\alpha_{\rm F} I_{\rm F0}$ が順方向活性状態での飽和電流であり，$\alpha_{\rm R} I_{\rm R0}$ は逆方向活性状態での飽和電流であることに注意しよう．単純化のために，ベース–エミッタ接合とベース–コレクタ接合の両方で断面積が単位面積となっている仮想的なトランジスタについて考えよう．このとき，$\alpha_{\rm F} I_{\rm F0}$ は式 (9.47) で分母中の積分を $x = 0$ から $x = W_{\rm B}$ まで行えば得られ，$\alpha_{\rm R} I_{\rm R0}$ も式 (9.47) で分母中の積分を $x = W_{\rm B}$ から $x = 0$ まで行えば得られる．関数の積分値は，積分の方向には依存しないので，$\alpha_{\rm F} I_{\rm F0} = \alpha_{\rm R} I_{\rm R0}$ である．ベースでのドーピングやバンドギャップ縮小パラメータについて何の仮定もしなかったことに注意しよう．これは，Si ベースのトランジスタでも SiGe ベースのトランジスタ (10.4 節の SiGe ベーストランジスタに関する記述を参照) でもこの相互互換の関係が成り立っていることを示している．また，実験とシミュレーションを通しての研究 (Rieh ら，2005) から，典型的な縦型バイポーラトランジスタでは，図 9.1(a) に示すように，ベース–コレクタ接合の面積がベース–エミッタ接合の面積に比べて相当大きいにもかかわらず，エミッタ順方向状態と逆方向状態でのコレクタ飽和電流はほぼ同じであることが示されている．対称横型バイポーラトランジスタの場合，エミッタとコレクタが対称であるため，エミッタとコレクタの相互互換は固有のものである．

エミッタ接地エバース–モルモデルは，回路応用でしばしばベース接地モデルよりも好まれる．そのために，

$$I_{\rm SF} \equiv \alpha_{\rm F} I_{\rm F} \tag{9.145}$$

$$I_{\rm SR} \equiv \alpha_{\rm R} I_{\rm R} \tag{9.146}$$

$$I_{\rm CT} \equiv I_{\rm SF} - I_{\rm SR} \tag{9.147}$$

$$\beta_{\rm F} \equiv \frac{\alpha_{\rm F}}{1 - \alpha_{\rm F}} \tag{9.148}$$

$$\beta_{\rm R} \equiv \frac{\alpha_{\rm R}}{1 - \alpha_{\rm R}} \tag{9.149}$$

と定義しよう．式 (9.79) と比べると，$\beta_{\rm F}$ と $\beta_{\rm R}$ がそれぞれ順方向と逆方向でのエミッタ接地電流利得であることがわかる．式 (9.144)～(9.149) を，式 (9.137)～(9.139) に代入すると，

$$I_{\rm E} = -I_{\rm CT} - \frac{I_{\rm SF}}{\beta_{\rm F}} \tag{9.150}$$

$$I_{\mathrm{C}} = I_{\mathrm{CT}} - \frac{I_{\mathrm{SR}}}{\beta_{\mathrm{R}}} \tag{9.151}$$

$$I_{\mathrm{B}} = \frac{I_{\mathrm{SF}}}{\beta_{\mathrm{F}}} + \frac{I_{\mathrm{SR}}}{\beta_{\mathrm{R}}} \tag{9.152}$$

となる．この電流に基づく等価回路モデルを図 9.21 に示す．

9.6.2 基本 ac モデル

バイポーラトランジスタの ac 動作のモデル化には，トランジスタの内部容量と内部抵抗を取りこまなければならない．通常，大きな素子面積と素子レイアウトの工夫や作製プロセス技術で，寄生抵抗はある程度小さくできる．しかし内部容量は通常関係する素子面積を縮小したときのみ低減できる．結果として，トランジスタの基本的交流挙動は，とくに低電流領域では，抵抗より容量で決まる．はじめは抵抗を無視し，容量のみを考慮しよう．抵抗による効果は，後で足していく．

9.5 節で検討したように，p–n ダイオードの容量には二つの成分がある．多数キャリアによる空乏層容量 C_{d} と少数キャリアに関連する拡散容量 C_{D} である．ここでベース–エミッタとベース–コレクタダイオードそれぞれの空乏層容量を $C_{\mathrm{dBE,tot}}$ と $C_{\mathrm{dBC,tot}}$ とする．また，C_{DE} と C_{DC} はエミッター–ベース，コレクター–ベースダイオードが順方向にバイアスのときの拡散容量とする．これらの容量を定常状態のエミッタ接地等価回路 (図 9.21) を加えると図 9.22 になる．図 9.22 では，完全にするため，コレクター–基板ダイオードの空乏層容量 $C_{\mathrm{dCS,tot}}$ も取り入れた．

9.6.2.1 活性動作領域で動作しているトランジスタのモデル

単純化のため，順方向活性状態にバイアスされた，すなわち順バイアスされたベース–エミッタダイオードと逆バイアスされたベース–コレクタダイオードからなるトランジスタのみを考えよう．(逆方向活性状態にバイアスされた，すなわちベース–コレクタダイ

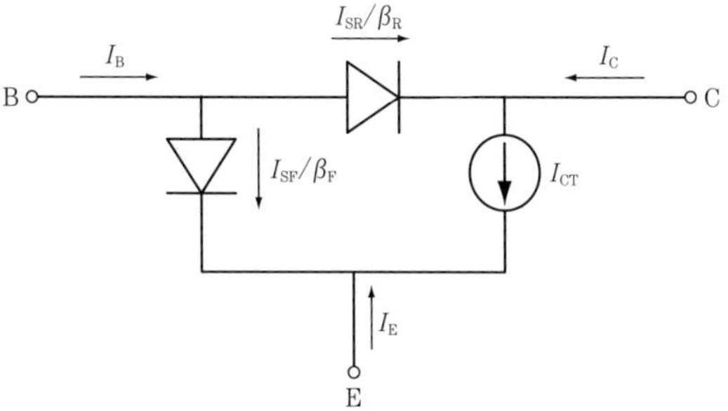

図 9.21 n–p–n トランジスタの定常状態でのエバース–モルモデルのエミッタ接地等価回路表現

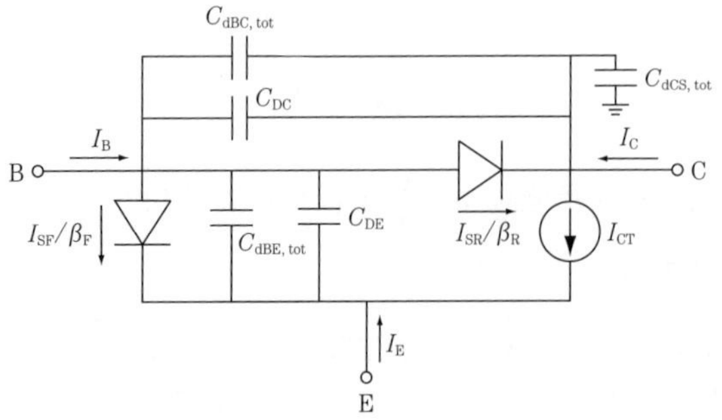

図 9.22　n–p–n トランジスタの ac エバース–モルモデルのエミッタ接地等価回路表現．内部容量を含んでいる．

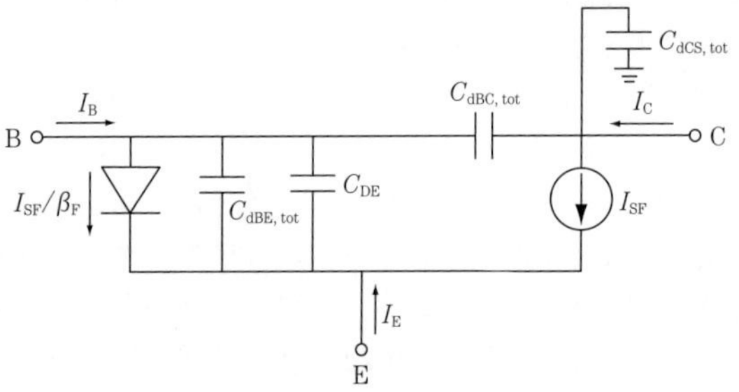

図 9.23　順方向活性状態にある n–p–n トランジスタの ac エバース–モルモデルの等価回路表現．内部容量を含んでいる．

オードが順バイアスされた縦型バイポーラトランジスタは，順バイアスされたベース–コレクタダイオードから生じる非常に大きな拡散容量のために，早く動かすことは不可能である．結果として，高速回路中の縦型バイポーラトランジスタは，順方向活性状態のみで動作する．一方，対称横型バイポーラトランジスタは，順方向活性状態でも逆方向活性状態でも同じように高速にスイッチングすることができる．この特性を利用したいくつかの回路については，11 章で説明する．) この場合，I_{SR} は I_{SF} に比べて無視でき，また $C_{DC} = 0$ としてよい．図 9.22 のモデルは図 9.23 に示すように単純化される．

もし，内部抵抗を図 9.23 の等価回路に加えると，等価回路は図 9.24 になる．ここで，10 章と 11 章での検討のために，ベース抵抗を，真性ベース部分 r_{bi} と外部ベース部分 r_{bx} の二つの成分に分ける．ベース–コレクタダイオードの空乏層容量も，真性部分 $C_{dBCi,tot}$ と外部部分 $C_{dBCx,tot}$ の二つに分ける．(図 9.1(b) のデバイス構造から，対称横型バイポーラトランジスタには $C_{dBCx,tot}$ 成分がないことが推察される．)

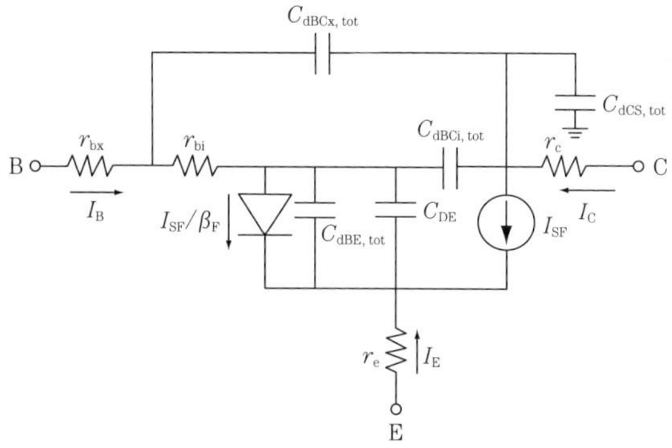

図 9.24　順方向活性状態にある n–p–n トランジスタの ac エバース–モルモデルの等価回路表現．内部抵抗と容量を含んでいる．

9.6.2.2　小信号等価回路モデル

図 9.23 または図 9.24 で示したエミッタ接地等価回路のベース入力端子に，小信号入力電圧が印加したと考えよう．電流と電圧の小さな変動が起こる．小信号等価回路モデルは，このような電流と電圧の変化の関係を与える．最初に，トランジスタの抵抗を無視した，真性デバイスでの小信号等価回路モデルを展開し，その後に抵抗分も含んだデバイス全体でのモデルを展開する．

寄生抵抗が無視できる場合の小信号モデル　(抵抗を無視した) 真性トランスタにおけるエバース–モルモデルを図 9.23 に示す．定常状態におけるベース–エミッタ電圧を V'_{BE} で，コレクタ–エミッタ電圧を V'_{CE} で示すこととしよう．それぞれに相当する小信号電圧は，v'_{be} および v'_{ce} と示す．ここで，慣習として，ダッシュ (prime) がついたパラメータは真性デバイスに関してであり，ダッシュがついていないパラメータは，素子全体でのものである．相当する小信号ベース電流と小信号コレクタ電流はそれぞれ i_{b} と i_{c} となる．真性相互コンダクタンス g'_{m} は i_{c} と v'_{be} の関係を

$$g'_{\mathrm{m}} = \frac{i_{\mathrm{c}}}{v'_{\mathrm{be}}} = \left.\frac{\partial I_{\mathrm{C}}}{\partial V'_{\mathrm{BE}}}\right|_{V'_{\mathrm{CE}}} = \frac{qI_{\mathrm{C}}}{kT} \tag{9.153}$$

と表す．ここで，I_{C} が $\exp(qV'_{\mathrm{BE}}/kT)$ に比例することを使った．真性入力抵抗 r'_{π} は i_{b} と v'_{be} の関係を表す．すなわち，

$$r'_{\pi} = \frac{v'_{\mathrm{be}}}{i_{\mathrm{b}}} = \frac{1}{\left.\dfrac{\partial I_{\mathrm{B}}}{\partial V'_{\mathrm{BE}}}\right|_{V'_{\mathrm{CE}}}} = \frac{kT}{qI_{\mathrm{B}}} = \frac{\beta_0}{g'_{\mathrm{m}}} \tag{9.154}$$

である．ここでは，I_B が $\exp(qV'_\mathrm{BE}/kT)$ に比例することと $\beta_0 = I_\mathrm{C}/I_\mathrm{B}$ であることを用いた．真性出力抵抗 r'_0 は i_c と v'_ce の関係を

$$r'_0 = \frac{v'_\mathrm{ce}}{i_\mathrm{c}} = \frac{1}{\left.\dfrac{\partial I_\mathrm{C}}{\partial V'_\mathrm{CE}}\right|_{V'_\mathrm{BE}}} = \frac{V_\mathrm{A} + V_\mathrm{CE}}{I_\mathrm{C}} \tag{9.155}$$

と表す．ここでアーリー電圧 V_A のために，式 (9.85) を使っている．このとき容量は，

$$C_\mu = C_\mathrm{dBC,tot} \tag{9.156}$$

$$C_\pi = C_\mathrm{dBE,tot} + C_\mathrm{DE} \tag{9.157}$$

となる．

求められた小信号等価回路を図 9.25 に示す．これがよく知られた小信号ハイブリッド π モデルである (Gray ら，1964)．

抵抗を含んだ小信号モデル　抵抗が含まれると，抵抗 r_e, r_c, r_b での I_R による降下のため，素子端子電圧 V_C, V_E, V_B は，それぞれ内部接合電圧 V'_C, V'_E, V'_B と同じではなくなる．単純化のため，r_bi と r_bx を r_b にまとめる．端子電圧と内部接合電圧の関係は，

$$V_\mathrm{C} = V'_\mathrm{C} + I_\mathrm{C} r_\mathrm{c} \tag{9.158}$$

$$V_\mathrm{B} = V'_\mathrm{B} + I_\mathrm{B} r_\mathrm{b} \tag{9.159}$$

$$V_\mathrm{E} = V'_\mathrm{E} + I_\mathrm{E} r_\mathrm{e} = V'_\mathrm{E} - (I_\mathrm{C} + I_\mathrm{B})\, r_\mathrm{e} \tag{9.160}$$

となる．ここで $I_\mathrm{E} + I_\mathrm{C} + I_\mathrm{B} = 0$ であることを使っている．したがって，

$$V_\mathrm{BE} = V'_\mathrm{BE} + I_\mathrm{C} r_\mathrm{e} + I_\mathrm{B}(r_\mathrm{b} + r_\mathrm{e}) \tag{9.161}$$

$$V_\mathrm{CE} = V'_\mathrm{CE} + I_\mathrm{C} r_\mathrm{c} + (I_\mathrm{C} + I_\mathrm{B})\, r_\mathrm{e} \approx V'_\mathrm{CE} + I_\mathrm{C}(r_\mathrm{e} + r_\mathrm{c}) \tag{9.162}$$

となる．最後の式展開では，I_C による降下に比べて小さい I_B による降下を無視している．

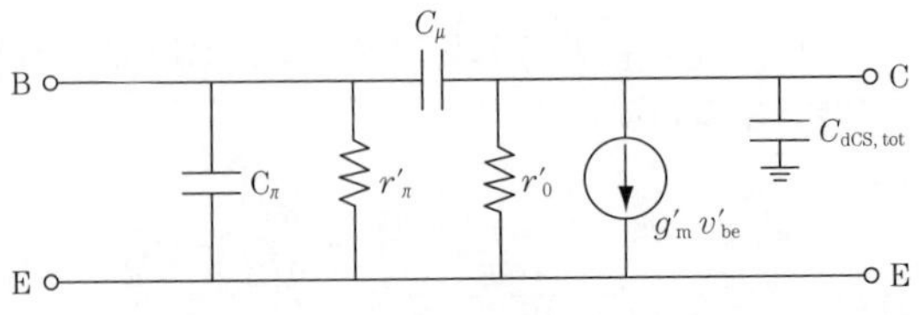

図 9.25　寄生抵抗を無視した場合のバイポーラトランジスタの小信号ハイブリッド π モデル

外部相互コンダクタンス g_{m} が i_{c} と v_{be} の関係を

$$g_{\mathrm{m}} = \frac{i_{\mathrm{c}}}{v_{\mathrm{be}}} = \frac{i_{\mathrm{c}}}{v'_{\mathrm{be}} + i_{\mathrm{c}} r_{\mathrm{e}} + i_{\mathrm{b}}(r_{\mathrm{b}} + r_{\mathrm{e}})}$$
$$= \left(\frac{1}{g'_{\mathrm{m}}} + r_{\mathrm{e}} + \frac{r_{\mathrm{b}} + r_{\mathrm{e}}}{\beta_0}\right)^{-1} \approx \frac{g'_{\mathrm{m}}}{1 + g'_{\mathrm{m}} r_{\mathrm{e}}} \tag{9.163}$$

と表す．ここで，r_{e} と比べて $(r_{\mathrm{b}} + r_{\mathrm{e}})/\beta_0$ を無視し，g'_{m} については式 (9.153) を使った．

同様に，外部入力抵抗 r_π は v_{be} と i_{b} の関係を

$$r_\pi = \frac{v_{\mathrm{be}}}{i_{\mathrm{b}}} = \frac{v'_{\mathrm{be}} + i_{\mathrm{c}} r_{\mathrm{e}} + i_{\mathrm{b}}(r_{\mathrm{b}} + r_{\mathrm{e}})}{i_{\mathrm{b}}} = r'_\pi(1 + g'_{\mathrm{m}} r_{\mathrm{e}}) + (r_{\mathrm{b}} + r_{\mathrm{e}}) \tag{9.164}$$

と表す．ここで r'_π に式 (9.154) を使った．外部出力抵抗 r_0 が i_{c} と v_{ce} の関係を

$$r_0 = \frac{v_{\mathrm{ce}}}{i_{\mathrm{c}}} = \frac{v'_{\mathrm{ce}} + i_{\mathrm{c}}(r_{\mathrm{e}} + r_{\mathrm{c}})}{i_{\mathrm{c}}} = r'_0 + (r_{\mathrm{e}} + r_{\mathrm{c}}) \tag{9.165}$$

と表す．ここで，r'_0 に (9.155) を使った．

素子の容量成分は前と同じであり，C_μ は式 (9.156) で与えられ，C_π は式 (9.157) で与えられる．C_μ は V_{BC} ではなく V'_{BC} によって決まること，同様に C_π は V_{BE} ではなく V'_{BE} で決まることに注意しよう．等価回路は式 (9.163)〜(9.165) により導出でき，図 9.26 のようになる．

9.6.2.3　エミッタ拡散容量と順方向走行時間

式 (9.157) の C_π の成分であるエミッタ拡散容量 C_{DE} は，小信号に応答する順方向活性状態で動作させたトランジスタでの少数キャリアによる．少数キャリアはエミッタ領域とベース領域だけでなく，ベース–エミッタとベース–コレクタダイオードの空間電荷領域にも現れる．したがって，全少数キャリア電荷はそれぞれの電荷の和で表される．

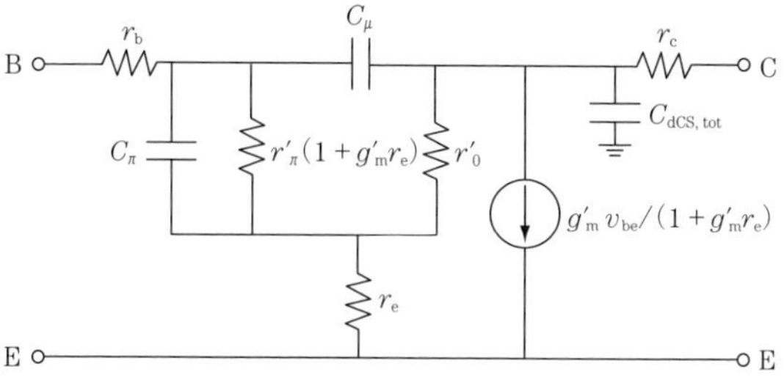

図 9.26　寄生抵抗を含んだバイポーラトランジスタの小信号ハイブリッド π モデル

$$Q_{DE} = |Q_{E,tot,ac}| + |Q_{B,tot,ac}| + |Q_{BE,tot,ac}| + |Q_{BC,tot,ac}| \tag{9.166}$$

ここで，$Q_{E,tot,ac}$，$Q_{B,tot,ac}$，$Q_{BE,tot,ac}$，および $Q_{BC,tot,ac}$ はそれぞれ，エミッタ，ベース，ベース–エミッタ空間電荷領域，ベース–コレクタ空間電荷領域での拡散容量に寄与する少数キャリア電荷を表す．

ここで，少数キャリア量を示すのに使う符号には注意する必要がある．例として，ベース領域に蓄積される少数キャリアを考えよう．式 (9.104) では，ダイオードのベース領域の面積当たりの少数電荷を示すのに Q_B を使った．**ベース領域の総電荷**を示すためには，$Q_{B,tot}$ を使わなければならない．断面積 A_{diode} をもつ単純なダイオードの場合は，$Q_{B,tot}$ は，単に $A_{diode}Q_B$ となる．しかしながら，一般的には $Q_{B,tot}$ は単純に $A_{diode}Q_B$ とは書けない．正確な $Q_{B,tot}$ は 2 次元または 3 次元の数値的シミュレーションによってのみ決められる．とはいえ，前に示した簡単な関係は，とくにデバイス動作を決める基礎的な物理を説明するときには，数学としてしばしば便利である．そこで，多くの場合で $Q_{B,tot}$ の意味で，$A_{diode}Q_B$ を使う．量的なデバイスモデリングでは $Q_{B,tot}$ を使うべきであることは憶えておくべきである．同じような注釈が，ほかの少数キャリアの量 Q_E, Q_{BE}, Q_{BC} にも適用される．

式 (9.166) の右辺にある添字 ‘ac’ は，交流信号に応答する値を，それより大きい値となりうる定常状態での値から識別するためのものである．$Q_{BE,ac}$ と $Q_{BC,ac}$ は，普通相当する定常状態量と同じと仮定する．これは，空間電荷領域での高電界のため，良い近似である．高電界の空間電荷領域では，電子は (図 2.10 に示すような) 1×10^7 cm/s 程度の飽和速度 v_{sat} で走行する．0.1 μm 幅の空間電荷領域では，電子の平均走行時間は，10^{-12} s のオーダーとなる．この値は，一般的な信号の周波数 f の逆数である $1/f$ に比べて小さい．空間電荷領域での電子は交流信号に応答できるということである．

Q_{DE} はそれぞれの少数キャリア電荷成分の**絶対値**の和であることに注意しよう．正味の電荷成分の和ではない．この重要な違いの例として，n 領域のドーピング濃度が p 領域のドーピング濃度と等しい，完全に対称なエミッタ–ベースダイオードをもつ仮想的なトランジスタ (良いトランジスタの設計ではないが，トランジスタではある) を考えよう．このとき，$Q_{B,ac} = -Q_{E,ac}$ となる．$Q_{B,ac}$ と $Q_{E,ac}$ の Q_{DE} への寄与は，$|Q_{B,ac}|$ と $|Q_{E,ac}|$ であり，0 となる $Q_{B,ac} + Q_{E,ac}$ ではない．

もし，真性のベース–エミッタ順バイアス電圧が $v'_{BE}(t)$ ならば，エミッタ拡散容量は，

$$C_{DE} \equiv \frac{\partial Q_{DE}}{\partial v'_{BE}} \tag{9.167}$$

となる．モデリングするために，充電する電流となるコレクタ電流 $i_C(t)$ を考えると便利であり，式 (9.166) は書き換えられ，

$$Q_{\mathrm{DE}} \equiv \tau_{\mathrm{F}} i_{\mathrm{C}}(t) \tag{9.168}$$

となる．ここで τ_{F} は**順方向走行時間**とされる．もし，V'_{BE} を定常状態のバイアス，$v'_{\mathrm{be}}(t)$ を小信号として，$v'_{\mathrm{BE}}(t) = v'_{\mathrm{BE}} + v'_{\mathrm{be}}(t)$ であるとすると，低注入では $i_{\mathrm{c}} \propto \exp(qV'_{\mathrm{BE}}/kT)$ なので，

$$i_{\mathrm{C}}(t) \approx I_{\mathrm{C}}\left[1 + \frac{qv'_{\mathrm{be}}(t)}{kT}\right] \tag{9.169}$$

を得る．ここで I_{c} は定常状態のコレクタ電流である．式 (9.167)~(9.169) から，

$$C_{\mathrm{DE}} = \tau_{\mathrm{F}} \frac{\partial i_{\mathrm{C}}}{\partial v'_{\mathrm{BE}}} = \tau_{\mathrm{F}} \frac{qI_{\mathrm{C}}}{kT} = \tau_{\mathrm{F}} g'_{\mathrm{m}} \quad \text{(低注入)} \tag{9.170}$$

を得る．ここで g'_{m} は式 (9.153) で決まる真性相互コンダクタンスである．

$\boldsymbol{V'_{\mathrm{BE}}}$ **が低注入限界を超えると**，ベース広がりが無視できなくなる．縦型バイポーラトランジスタの場合，コレクタ領域での少数電荷蓄積により Q_{DE} は $\exp(qv'_{\mathrm{BE}}/kT)$ よりはるかに速く増加し，$\boldsymbol{\tau_{\mathrm{F}}}$ **は一定とみなすことはできない** (9.3.3.1 目，9.3.3.2 目参照)．

式 (9.166) を式 (9.168) と比べると，τ_{F} が $Q_{\mathrm{E,tot,ac}}$, $Q_{\mathrm{B,tot,ac}}$, $Q_{\mathrm{BE,tot,ac}}$, $Q_{\mathrm{BC,tot,ac}}$ からの寄与をもつことがわかる．さまざまな寄与の識別を助けるために，τ_{F} は，しばしば各成分の和として表され，

$$\tau_{\mathrm{F}} = \tau_{\mathrm{E}} + \tau_{\mathrm{B}} + \tau_{\mathrm{BE}} + \tau_{\mathrm{BC}} \tag{9.171}$$

と書ける．式 (9.171) では，τ_{E} は $Q_{\mathrm{E,tot,ac}}$ からの寄与に相当する**エミッタ遅延時間**であり，τ_{B} は $Q_{\mathrm{B,tot,ac}}$ からの寄与に相当する**ベース遅延時間**，τ_{BE} は $Q_{\mathrm{BE,tot,ac}}$ からの寄与に相当する**ベース–エミッタ空間電荷領域遅延時間**，τ_{BC} は $Q_{\mathrm{BC,tot,ac}}$ からの寄与に相当する**ベース–コレクタ空間電荷領域遅延時間**である (Ashburn, 1988)．狭いベース領域と広いエミッタ領域に関連する拡散容量は，それぞれ式 (9.133) と (9.134) から推測することができ，これらは τ_{B} と τ_{E} について式 (9.171) で使用することができる．空間電荷領域遅延時間は，相当する空間電荷領域の平均走行時間と等しい．時間は $W_{\mathrm{d}}/2v_{\mathrm{sat}}$ となる．ここで W_{d} は空間電荷層幅であり，v_{sat} は飽和電子速度である (Meyer と Muller, 1987)．バイポーラトランジスタの設計におけるこれらの遅延時間成分への考慮は，11 章で示す．

9.7 降 伏 電 圧

バイポーラトランジスタの降伏電圧は，しばしば 3 つの端子のうちの二つに逆方向のバイアスを印加し，残りの一つの端子を回路的に開放 (オープン) にした状態で決められる．これらの降伏電圧は

BV_{EBO} = コレクタオープン時のエミッター-ベース耐圧
(emitter-base breakdown voltage with the collector open-circuit)
BV_{CBO} = エミッタオープン時のコレクター-ベース耐圧
(collector-base breakdown voltage with the emitter open-circuit)
BV_{CEO} = ベースオープン時のコレクター-エミッタ耐圧
(collector-emitter breakdown voltage with the base open-circuit)

のように表記される．バイポーラトランジスタは通常，ベース–エミッタ接合をゼロバイアス，または順バイアスして使うので，ほかの素子パラメータに悪影響を及ぼさない限り，BV_{EBO} は重要ではない．一方，BV_{CBO} と BV_{CEO} は，意図した回路での応用のために十分に大きくなければならない．BV_{CBO} と BV_{CEO} はしばしば，それぞれ測定されたベース接地とエミッタ接地の電流–電圧特性から決定される．n–p–n トランジスタの測定系と，これにより得られる I–V 特性を図 9.27 に示す．

9.7.1　ベース–コレクタ接合でなだれ効果がある場合のベース接地電流利得

図 9.28(a) のような順方向活性状態にある n–p–n トランジスタを考えよう．これに対するエネルギーバンド図とトランジスタ内の電子と正孔の電流の流れを図 9.28(b) に示す．ベース–エミッタ接合，およびなだれ増倍が起こるベース–コレクタ空間電荷層も書き入れてある．エミッタ電流 I_{E} はベースからエミッタに入る正孔電流と，エミッタからベースに向かって出ていく電子電流の和であり，

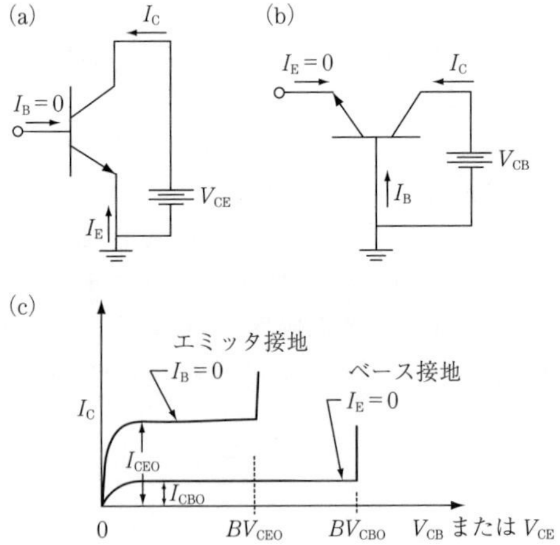

図 9.27　n–p–n トランジスタの，(a) BV_{CEO}，(b) BV_{CBO} 測定のための回路図，(c) $I_{\mathrm{B}} = 0$ でのエミッタ接地 I_{C}–V_{CE} 特性と $I_{\mathrm{E}} = 0$ でのベース接地 I_{C}–V_{CB} 特性．

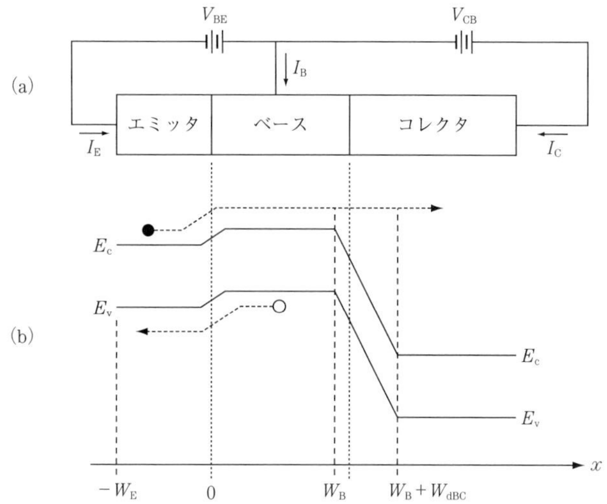

図 9.28 (a) 順方向活性状態にバイアスされた n–p–n トランジスタの電圧と電流の説明図, (b) エネルギーバンド図とトランジスタ内の電子と正孔の流れの表記. ベース–エミッタ接合とベース–コレクタ空間電荷層の位置も示してある.

$$I_{\mathrm{E}} = A_{\mathrm{E}}[J_{\mathrm{n}}(0) + J_{\mathrm{p}}(0)] \tag{9.172}$$

と表される. ここで, A_{E} はエミッタ面積である. エミッタ端子に入る電流と定義される I_{E} は, n–p–n トランジスタでは負の量であることに注意しよう. J_{n} と J_{p} の両方が負である.

電子がベース層を横切ると, その一部はベース層内で再結合する. $x = W_{\mathrm{B}}$ に到達した電子だけがコレクタ電流に寄与する. 逆方向にバイアスされたベース–コレクタ接合におけるなだれ増倍の存在により, ベース–コレクタ空間電荷層を出る電子電流は, 空間電荷層に入る電子電流より M 倍多くなる. ここで M はなだれ増倍係数である (3.3.1 項参照). そこで,

$$J_{\mathrm{n}}(W_{\mathrm{B}} + W_{\mathrm{dBC}}) = M J_{\mathrm{n}}(W_{\mathrm{B}}) \tag{9.173}$$

となる. コレクタ電流 I_{C} は, ベース–コレクタ空間電荷層中に存在する電子電流と等しいので,

$$I_{\mathrm{C}} = -A_{\mathrm{E}} J_{\mathrm{n}}(W_{\mathrm{B}} + W_{\mathrm{dBC}}) \tag{9.174}$$

となる. 式 (9.174) の負符号は, I_{C} はコレクタに入る電流と定義したことによる. I_{C} は n–p–n トランジスタでは正の量である.

式 (9.172)〜(9.174) を使えば，静的ベース接地電流利得 α_0 [式 (9.77) 参照] は，

$$\alpha_0 \equiv \frac{I_C}{-I_E} = \frac{J_n(W_B + W_{dBC})}{[J_n(0) + J_p(0)]}$$
$$= \frac{J_n(0)}{[J_n(0) + J_p(0)]} \frac{J_n(W_B)}{J_n(0)} \frac{J_n(W_B + W_{dBC})}{J_n(W_B)} = \gamma \alpha_T M \tag{9.175}$$

と書き換えられる．ここで，**エミッタ注入効率** (emitter injection effciency) γ を，

$$\gamma \equiv \frac{J_n(0)}{J_n(0) + J_p(0)} \tag{9.176}$$

と定義し，**ベース輸送係数** (base transport factor) α_T を，

$$\alpha_T \equiv \frac{J_n(W_B)}{J_n(0)} \tag{9.177}$$

と定義した．ベース–コレクタ接合でのなだれ効果が無視できるとき，$M \approx 1$ となり，ベース接地電流利得は，

$$\alpha_0 = \gamma \alpha_T \quad (M = 1 \text{ のとき}) \tag{9.178}$$

となる．さらに，薄いベースで再結合を無視すると仮定すると，ベース接地電流利得は単に，

$$\alpha_0 = \gamma = \frac{J_n(0)}{J_n(0) + J_p(0)} \quad (M = 1,\ \alpha_T = 1 \text{ のとき}) \tag{9.179}$$

となる (注意：この章を通して，コレクタ電流は真性ベースに入る電子電流と同等とみなし，ベース電流はエミッタに入る正孔電流と同等とみなして，暗黙のうちに $M = 1$，$\alpha_T = 1$ と想定している.)

9.7.2　トランジスタの飽和電流

9.6.1 項を参考にして，もし I_{EBO} と I_{CBO} を，

$$I_{EBO} \equiv I_{F0}(1 - \alpha_R \alpha_F) \tag{9.180}$$
$$I_{CBO} \equiv I_{R0}(1 - \alpha_R \alpha_F) \tag{9.181}$$

で定義すると (Ebers と Moll, 1954)，式 (9.142) と (9.143) は，

$$I_E = -I_{EBO}\left[\exp\left(qV_{BE}/kT\right) - 1\right] - \alpha_R I_C \tag{9.182}$$
$$I_C = -I_{CBO}\left[\exp\left(qV_{BC}/kT\right) - 1\right] - \alpha_F I_E \tag{9.183}$$

を与える．これらの式から I_{EBO} と I_{CBO} の物理的意味は明らかになる．I_{EBO} は，コレクタがオープンのときのエミッタ–ベースダイオードの飽和電流であり，エミッタ–ベースダイオードが逆方向にバイアスされ，$I_{\mathrm{C}}=0$ のときのエミッタ電流である．これは，BV_{EBO} を測るときに測定される電流の一つである．同様に，I_{CBO} はエミッタがオープンのときのコレクタ–ベースダイオードの飽和電流であり，ベース–コレクタダイオードが逆方向にバイアスされ，$I_{\mathrm{E}}=0$ のときのコレクタ電流である．これは，BV_{CBO} を測るときに測定される電流の一つである．I_{CBO} は図 9.27(c) に示してある．

図 9.27(a) で示した BV_{CEO} の測定系に，式 (9.183) を使ってみよう．V_{CE} が BV_{CEO} に近いとき，コレクタ–ベースダイオードは逆バイアスされていることに注意しよう．また，$I_{\mathrm{B}}=0$ で $I_{\mathrm{C}}=-I_{\mathrm{E}}$ である．したがって式 (9.183) は，ベース–コレクタ接合が逆バイアスされ，$I_{\mathrm{B}}=0$ であるエミッタ接地状態において，

$$I_{\mathrm{C}}=\frac{I_{\mathrm{CBO}}}{1-\alpha_{\mathrm{F}}} \tag{9.184}$$

となる．これはエミッタ接地状態での飽和電流である．この電流を I_{CEO} と表記する．すなわち，

$$I_{\mathrm{CEO}}=\frac{I_{\mathrm{CBO}}}{1-\alpha_0} \tag{9.185}$$

ここで，$\alpha_{\mathrm{F}}=\alpha_0$ であることを使っている．この電流値も図 9.27(c) に示した．α_0 は 1 より小さいが 1 に近いので，式 (9.185) から I_{CEO} は I_{CBO} より著しく大きい．これも図 9.27(c) に示した．

9.7.3 BV_{CEO} と BV_{CBO} の関係

降伏電圧は，何かのモデルから計算するのではなく，通常，実験的に決まる．逆バイアスされたダイオードのなだれ増倍係数 M は，しばしば，次の**経験式** (Miller, 1955) を使い，降伏電圧 BV を用いて表す．

$$M(V)=\frac{1}{1-(V/BV)^m} \tag{9.186}$$

ここで V は逆バイアス電圧であり，m は物質とその抵抗率に依存した 3 から 6 の間の数である．したがって，逆バイアスされたコレクタ–ベースダイオードでは，

$$M(V_{\mathrm{CB}})=\frac{1}{1-(V_{\mathrm{CB}}/BV_{\mathrm{CBO}})^m} \tag{9.187}$$

となる．

$\alpha_0=1$ ならば，式 (9.185) は，I_{CEO} が無限大になることを意味する．これは式 (9.175) から，コレクタ電圧が BV_{CEO} に達するときに，

$$\gamma\alpha_T M(V_{CB}) = \gamma\alpha_T M(BV_{CEO}) = 1 \tag{9.188}$$

となることを意味する．式 (9.187) と (9.188) から，

$$\frac{BV_{CEO}}{BV_{CBO}} = (1-\gamma\alpha_T)^{1/m} \tag{9.189}$$

となる．$1-\gamma\alpha_T < 1$ なので，式 (9.189) は，BV_{CEO} が BV_{CBO} より相当小さいことを示している．これを図 9.27(c) に示した．

この降伏電圧の違いは，コレクタ–ベース降伏では M が無限大に近づくのに対して，コレクタ–エミッタ降伏では M が 1 よりわずかに大きければ良いことに気づけば理解できる．式 (9.178) から，$\gamma\alpha_T = \alpha_0(M=1) = \beta_0/(1+\beta_0)$ である．ここで式 (9.78) を使った．したがって式 (9.189) は，

$$\frac{BV_{CEO}}{BV_{CBO}} = \left(\frac{1}{1+\beta_0}\right)^{1/m} \approx \left(\frac{1}{\beta_0}\right)^{1/m} \tag{9.190}$$

と書き換えられる．式 (9.190) は，トランジスタでは，**コレクタ–エミッタ耐圧と電流利得にトレードオフの関係がある**ことを示している．

式 (9.190) での BV_{CEO} と BV_{CBO} の関係は，コレクタ–ベース接合降伏電圧が，外部ベース–コレクタダイオードではなく，真性のベース–コレクタダイオードで決まっているときのみ成り立つことに注意しよう．標準的なトランジスタでは，デバイス構造や用いた作製方法によって，これが成り立つときも，成り立たないときもある．(真性ベースやコレクタと関係なく，外部ベースが容量を最小化するために最適化されてつくられている現在の縦型バイポーラトランジスタでの BV_{CBO} は，通常，外部のベース–コレクタダイオードではなく，真性ベース–コレクタダイオードで決まる．現在の縦型バイポーラトランジスタの設計と特性については，10 章で示す.) 図 9.29 は，最近の縦型 n–p–n トランジスタに関する文献のデータから，BV_{CEO} 対 BV_{CBO} をプロットしたものである，BV_{CEO} が 2〜4 倍程度 BV_{CBO} より小さいことがわかる．

9.7.4　SOI を用いた対称横型バイポーラトランジスタのブレークダウン電圧

n–p–n トランジスタのベース–コレクタダイオードを考えてみよう．簡単化するために，ダイオードの片側はもう片側よりはるかに高濃度にドープされていると考えるとベース–コレクタダイオードを片側接合として扱うことができる．縦型トランジスタの場合，図 9.3(a) と (b) は，コレクタがベース–コレクタダイオードの軽いドープ側であることを示している．横型トランジスタの場合，図 9.1(b) は，ベースがベース–コレクタダイオードの軽いドープ側であることを示している．したがって，同じ均一なベースドーピング濃度をもち，ベース–コレクタダイオードにかかる逆バイアス電圧が同じ縦型トラン

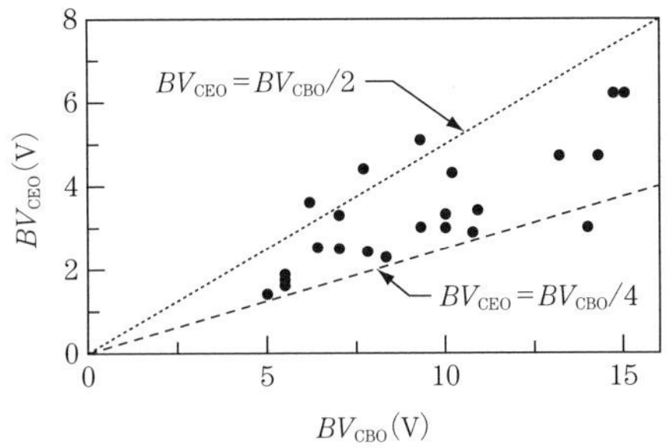

図 9.29　最近の文献で報告された縦型 n–p–n トランジスタでの BV_{CEO} と BV_{CBO} の関係

ジスタと横型トランジスタの場合，ベースコレクタ空間電荷領域の最大電界は，コレクタドーピング濃度によって決まる縦型トランジスタの最大電界の方が，ベースドーピング濃度によって決まる横型トランジスタより小さくなる．したがって，同じ均一なベースドーピング濃度をもち，ベース–コレクタダイオードの逆バイアス電圧が同じ縦型トランジスタと横型トランジスタの場合，ベース–コレクタ空間電荷領域の最大電界は，コレクタドーピング濃度で最大電界が決まる縦型トランジスタの方がベースドーピング濃度で最大電界が決まる横型トランジスタより小さくなる．したがって，同じ均一なベースドーピングプロファイルであれば，**横型トランジスタの真性ベース–コレクタダイオード耐圧は，縦型トランジスタのそれよりも明らかに小さくなる可能性がある**．

横型トランジスタの BV_{CEO} の測定値は，デバイスの製造プロセスの詳細に強く依存する．高濃度にドープされた外部ベース領域と高濃度にドープされたエミッタ/コレクタ領域が重ならないように注意深くプロセスを調整すれば，空間電荷領域の角における意図しない高電界を最小限に抑えることができる．報告されているデータによると，$BV_{\mathrm{CEO}} > 1.5\,\mathrm{V}$ は容易に得られることが示唆されている (Cai ら，2014).

10

バイポーラデバイス設計

バイポーラデバイスの設計は二つに分けて考察できる．最初の段階では，応用に依存しない一般的なバイポーラトランジスタの設計について扱う．このときの目標は，現在の作製技術と調和させながら，トランジスタのすべての内部抵抗成分と容量成分を可能な限り小さくすることである．次に，特定の回路応用のためのバイポーラトランジスタの設計を扱う．この場合，素子の最適設計点は応用に依存する．この章では，一般的なバイポーラトランジスタの設計を扱い，特定の応用へのトランジスタの最適化は 11 章で扱う．

まず，エミッタ，ベース，コレクタ領域がすべてシリコンであるシリコン縦型バイポーラトランジスタの設計を考える．縦型 SiGe ベーストランジスタの設計については，10.4 節で説明する．10.5 節では，SOI を用いた対称横型バイポーラトランジスタの設計について説明する．

10.1　縦型バイポーラトランジスタのエミッタの設計

エミッタのパラメータはベース電流のみに影響し，コレクタ電流には影響しない (9.2.3 項参照)．理論的には，デバイス設計者はベース電流を変えるために，エミッタの設計を変えることができる．しかし，二つの理由から，これは実際にはほとんど行われない．

(1)　デジタル回路応用では，電流利得が 20 以上ある限り，バイポーラトランジスタの性能はベース電流にほとんど依存しない (Ning ら，1981)．多くのアナログ回路応用では，適当な電流利得があれば，ベース電流の再現性がその大きさよりも重要となる．したがって，一度，再現性のある低ベース電流が得られれば，エミッタ設計を調整してバイポーラデバイスのベース電流を調整する特別な理由が実際のところ見当らない．

(2) エミッタは素子作製プロセスの最後の段階で形成する．ベース電流を調整するためのエミッタプロセスの変更は，ほかのデバイスパラメータを変えるかもしれない．

結果として，一度，ある世代のバイポーラ技術が量産可能な状態に至ると，そのエミッタ作製技術は通常，変化させない．バイポーラ技術において素子と回路の特性を変えるためにデバイス設計者ができることは，ベースとコレクタの設計を変えることである．それらはしばしば，エミッタプロセスと無関係に可能であり，したがってベース電流に影響を与えない．

バイポーラトランジスタのエミッタの設計の目的は，エミッタ直列抵抗も最小化しつつ，再現性のある低ベース電流を得ることにある．図 9.3 に示したように，縦型バイポーラトランジスタでは，拡散，イオン注入と拡散で形成したエミッタ，またはポリシリコンエミッタを用いる．

10.1.1 拡散またはイオン注入と拡散でつくられたエミッタ

拡散またはイオン注入・拡散でのエミッタは，真性ベース領域の上の表面領域をまずドーピングして，その後，ドーパントを設計した深さまで熱的に拡散することで形成される．式 (9.71) に示したように，I_B は N_E に反比例する．したがって，I_B とエミッタ直列抵抗 r_E の両方を最小化するために，拡散エミッタは可能な限り高濃度にドーピングする．n–p–n トランジスタでは，リンのかわりにヒ素をドーパントとして一般的に用いる．なぜならヒ素はリンより急峻なドーピング形状を与えるからである．より急峻なエミッタドーピング形状は，薄い真性ベースのために必要な，より浅いエミッタ接合をもたらす．また浅いエミッタは，より小さな接合面積と結合容量をもつ．典型的な拡散エミッタでは図 9.3(a) に示すように，ドーピング濃度のピークが約 $2 \times 10^{20}\,\mathrm{cm}^{-3}$ である．

拡散エミッタは，直接金属で，または金属シリサイド層を介した金属で，コンタクトを形成する．コンタクト抵抗率は 3.2.3 項で示したように使った金属または金属シリサイドの関数であり，またコンタクト近傍の N_E の関数でもある．最近の接触技術の進歩により，$10^{-9}\,\Omega\cdot\mathrm{cm}^2$ に近いコンタクト抵抗率が可能であることが示唆されている (Zhang ら，2013)．しかし，ほとんどの報告されているエミッタのコンタクト抵抗率は，約 $10^{-7}\,\Omega\cdot\mathrm{cm}^2$ である．

図 2.10 に示したシリコンの抵抗率を用いると，深さ 0.5 μm のシリコン領域の面積当たりの抵抗率は，平均ドーピング濃度が $1 \times 10^{20}\,\mathrm{cm}^{-3}$ のとき，約 $4 \times 10^{-8}\,\Omega\cdot\mathrm{cm}^2$ である．したがって，拡散エミッタの r_E は，通常，金属とシリコンのコンタクト抵抗に支配され，ドープしたシリコン領域自体の直列抵抗は，それに比べて小さいといえる．

図 9.3(a) から，真性ベース幅 W_B は，エミッタ接合深さ x_{jE}，ベース接合深さ x_{jB} と，

$$W_B = x_{jB} - x_{jE} \qquad (\text{縦型トランジスタ}) \tag{10.1}$$

の関係があることが推測できる．真性ベース領域設計の目標の一つはその幅を最小化することである．よく制御され，再現性があり，薄い W_{B} であるためには，x_{jE} は可能な限り小さくしなければならない．もし x_{jE} が W_{B} より大きければ，W_{B} は二つの同様の大きさをもつ大きな数の差によって与えられ，大きな変動をもつことになる．

一般的に使われる金属シリサイドは，適切な金属層をシリコン表面に蒸着した後，下層のシリコンと金属を反応させてシリサイドを形成させることでつくる．エミッタのシリコンは金属シリサイド生成プロセスで消費されるので，金属シリサイドをエミッタコンタクトに使うとエミッタ幅 W_{E}，すなわち強くドーピングしたエミッタ層の厚さ，は小さくなる．もしも最初の W_{E} がもともと少数キャリア拡散長より小さい場合，シリサイド形成プロセスにより I_{B} が増加し，大きな変動をもつ可能性がある (Ning と Isaac，1980)．図 3.14(c) に示した少数キャリア拡散長を参照すると，適切に制御された再現性のあるベース電流を得るためには，x_{jE}，または当初の W_{E} は 0.3 μm より大きくなければならないことがわかる．したがって**拡散エミッタは，100 nm より小さいベース幅には適さない**．

10.1.2 ポリシリコンエミッタ

実際のところ，現代のすべての縦型バイポーラトランジスタではポリシリコンエミッタを用いる．この場合，十分に再現性のある I_{B} と低い r_{E} を得るために，エミッタは，ポリシリコン層への高濃度ドーピングと，それに続くポリシリコン層のドーパント活性化によって形成される．シリコン–ポリシリコン界面から測られた x_{jE} は，25 nm まで小さくできる (Warnoc，1995)．ポリシリコンエミッタ技術で，50 nm またはそれ以下のベース幅を得ることができる．ポリシリコンエミッタ形成プロセスレシピは各社独自のものである．ポリシリコンエミッタデバイスの物理に関しては非常に多くの文献があるので (Ashburn，1988; Kapoor と Roulston，1989)，興味のある読者はそれらを参照されたい．

ポリシリコンエミッタトランジスタのベース電流は，式 (9.65)〜(9.67) に，ポリシリコンエミッタを作製するのに用いたプロセスに依存した表面再結合速度 S_{p} を用いれば得られる．S_{p} は通常，測定された I_{B} のフィッティングパラメータとして用いる．一般的には，ポリシリコンエミッタトランジスタの I_{B} は十分に低く，100 を越える電流利得を得ることが容易である．

ポリシリコンエミッタの直列抵抗は，ポリシリコン–シリコンのコンタクト抵抗，ポリシリコン層の抵抗と金属–ポリシリコン接触の抵抗を含んでいる．金属–ポリシリコン接触の抵抗率は，金属–シリコン接触のそれとほとんど同じである．ポリシリコンとシリコンのコンタクト抵抗は，ポリシリコンエミッタの作製プロセスに強く依存し，非常に大きく変わりうる (Chor ら，1985)．報告例 (Iinuma ら，1995; Uchino ら，1995; Kondo ら，1995; Shiba ら，1996) では，ポリシリコン–シリコン界面と金属–ポリシリコン接触の両方の寄与を含んだ総エミッタ抵抗率として，$7 \sim 50\,\Omega \cdot \mu m^2$ が得られうる．

ポリシリコンエミッタの小さな接合深さは，周辺，また垂直方向での相対的に小さな外部ベース–エミッタ接合領域を意味する．したがってポリシリコンエミッタの総エミッタ–ベース接合容量は，拡散エミッタの場合に比べて非常に小さい．0.3 μm エミッタ幅で，ポリシリコンエミッタの総エミッタ–ベース容量は，拡散エミッタの場合に比べて 1/3 以下である．

ポリシリコンエミッタの接合は浅いので，ドーパント形状測定によく用いる 2 次イオン質量分析法 (SIMS) では，しばしば実際の深さよりも深いエミッタ接合を示すことに注意すべきである．図 10.1 に示すように，p 型ベースの SIMS プロファイルにおいて n 型・p 型のドーピング濃度が等しい点でくぼみを示すことから，実際のエミッタ接合深さが得られる (Hu と Schmidt，1968)．これらのくぼみは，図 9.3(a)，(b) でも明らかである．

10.2　縦型バイポーラトランジスタのベース領域の設計

縦型バイポーラトランジスタのベース設計は，望まれるデバイス特性とその設計を実現するための製造プロセスの複雑なトレードオフによって，難しくなりうる．この節では，ベースにおける物理的パラメータと電気的パラメータの関係を導出し，設計のトレードオフを検討する．さまざまな回路応用のためのベース設計の最適化は 11 章で取り扱う．

図 9.16 に示したように，ベース領域は二つの領域からなる．エミッタの直下にある真性ベースと，真性ベースとベース端子をつなぐ外部ベースである．1 次近似 (良い近似でもある) として，真性ベースがコレクタ電流特性を，すなわちトランジスタの真性特性

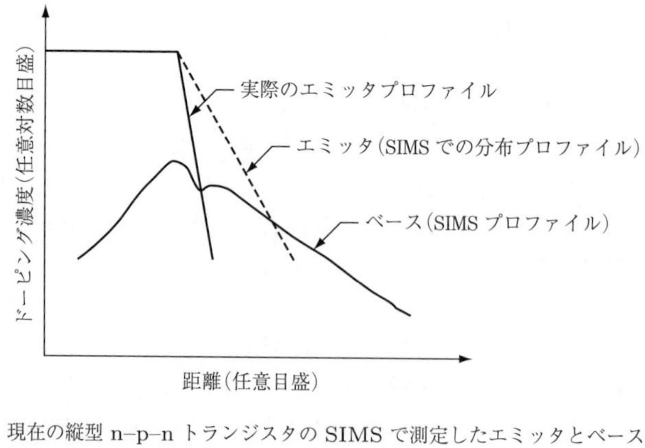

図 10.1　現在の縦型 n–p–n トランジスタの SIMS で測定したエミッタとベースのドーピングプロファイルの説明図．測定されたエミッタの SIMS プロファイルよりも，実際のプロファイルは急峻である．

を決めるとする．外部ベースは，すべてのバイポーラトランジスタで必須の部分であるが，適切に設計されたトランジスタでは，コレクタ電流に明らかには寄与しない寄生成分でもある．

一般的に，外部ベースの設計は非常に簡単である．外部ベースの面積とそれによる容量，および直列抵抗を可能な限り小さくする．これがいかに実現できるかは，用いるプロセスによる．バイポーラ技術の研究・開発における主な関心は，寄生抵抗と外部ベースによる容量を最小化することにある．興味ある読者は，このことに関する非常に多くの文献 (Nakamura と Nishizawa, 1995; Warnock, 1995; Asbeck と Nakamura, 2001; およびその引用文献) を参照されたい．

ベース–エミッタダイオードおよびベース–コレクタダイオードの降伏電圧に対する，外部ベースの悪影響は最小化しなければならない．これは，外部ベース領域のドーパント分布が，真性ベース領域に広がらないようにすることで実現できる．外部ベースの侵入はコレクタ電流を低下させ，定常状態と ac 特性を劣化させる (Li ら, 1987; Lu ら, 1987).

良く設計された縦型バイポーラトランジスタでは，外部ベース領域の侵入は通常，無視できる．したがって，この節では，真性ベース領域の設計のみをさらに検討することにする．この節ではまず Si ベースでの設計を考えよう．SiGe ベースでの設計は 10.4 節で示す．

10.2.1 ベースシート抵抗とコレクタ電流密度の関係

図 9.8 で示したように，典型的なバイポーラトランジスタの I_C は理想的である．すなわち V_{BE} が約 0.8 V 以下なら，$\exp(qV_{BE}/kT)$ で変わる．この理想領域において，n–p–n トランジスタの J_{C0} は式 (9.47) で与えられる．ここで便宜上再掲すると，

$$J_{C0} = \frac{q}{\displaystyle\int_0^{W_B} [p_p(x)/D_{nB}(x){n_{ieB}}^2(x)]\,dx} \tag{10.2}$$

となる．実効真性キャリア密度 n_{ieB} は式 (9.14) で与えられる．この式は，高濃度ドーピング効果だけでなく，いかなるバンドギャップ制御技術による効果を考えても使える．はじめに，ベースの高濃度ドーピング効果を考慮に入れて n_{ieB} を使う場合を考えよう．バンドギャップ制御技術を考慮に入れて n_{ieB} を使う例は，10.4 節で扱う．

デバイスの設計のためには，D_{nB} と n_{ieB} の両方が x の関数としてはゆっくりと変化すると仮定し，ある平均値で近似できるとするとしばしば便利である．その場合，式 (10.2) はしばしば，

$$J_{C0} \approx \frac{q\bar{D}_{nB}{\bar{n}_{ieB}}^2}{\displaystyle\int_0^{W_B} p_p(x)\,dx} \qquad (\text{シリコンベース}) \tag{10.3}$$

と書ける．低注入では $p_\mathrm{p}(x) = N_\mathrm{B}(x)$ で，式 (10.3) は，さらに簡単になり，

$$J_\mathrm{C0} \approx \frac{q\bar{D}_\mathrm{nB}\bar{n}_\mathrm{ieB}{}^2}{\displaystyle\int_0^{W_\mathrm{B}} N_\mathrm{B}(x)\,\mathrm{d}x} \qquad \text{(低電流)} \tag{10.4}$$

となる．式 (10.4) の分母の積分は，ベースのドーピング総量である．これはまたベースガンメル数ともよばれている．真性ベースドーピングにイオン注入技術を使えば，ベースガンメル数，すなわち J_C0 は，非常に精密にかつ再現性をもって制御できる．

真性ベースのシート抵抗 R_Sbi は，

$$R_\mathrm{Sbi} = \left(q\int_0^{W_\mathrm{B}} p_\mathrm{p}(x)\,\mu_\mathrm{p}(x)\,\mathrm{d}x\right)^{-1} \tag{10.5}$$

である．再び，デバイス設計のためには平均的な移動度を仮定すると便利であり，式 (10.5) は，

$$R_\mathrm{Sbi} \approx \left(q\bar{\mu}_\mathrm{p}\int_0^{W_\mathrm{B}} p_\mathrm{p}(x)\,\mathrm{d}x\right)^{-1} \tag{10.6}$$

と書き換えられる．式 (10.6) を式 (10.3) に代入することで，

$$J_\mathrm{C0} \approx q^2\bar{D}_\mathrm{nB}\bar{\mu}_\mathrm{p}\bar{n}_\mathrm{ieB}{}^2 R_\mathrm{Sbi} \qquad \text{(シリコンベース)} \tag{10.7}$$

を得る．これより，**シリコンベーストランジスタのコレクタ電流は，真性ベースシート抵抗にほぼ比例する**．この直接的な関係は，現在のバイポーラデバイス設計で検討される R_Sbi の範囲である，500〜$20 \times 10^3 \Omega/\square$ において有効である (Tang，1980)．

10.2.2　イオン注入による真性ベースと結晶成長による真性ベース

現在のほとんどの縦型バイポーラトランジスタでは，真性ベース形成のために，イオン注入と熱アニールの組み合わせを用いている．この場合，真性ベースドーピング分布はしばしば指数関数的に減衰する裾をもつものの，ほぼ**ガウス分布**となる．現在の縦型バイポーラトランジスタのコレクタドーピング濃度はかなり高く，しばしば $1 \times 10^{17}\,\mathrm{cm}^{-3}$ を越える．この濃度はベースドーパント分布の裾に比べて通常高い．結果として，この低いドーピングの裾はコレクタドーパントで切り込まれ，コレクタ電流にほとんど影響しない (図 9.3 参照)．したがって，検討と解析を単純化するため，ベースドーパント分布の裾引きは無視しよう．

もし，ガウス分布をもつベースドーパントプロファイルが $x = 0$ のエミッタ–ベース接合にピークをもつなら，ベースドーピング濃度は，

$$N_\mathrm{B}(x) = N_{\mathrm{B\,max}} \exp\left(-\frac{x^2}{2\sigma^2}\right) \tag{10.8}$$

と記述できる．ここで σ と $N_{\mathrm{B\,max}}$ はそれぞれ分布の標準偏差とピーク濃度である．イオン注入ベースをもつほとんどの縦型バイポーラでは，ベースのピークドーピング濃度は，コレクタの濃度のほぼ 10〜100 倍である．ここで，検討のために，$N_{\mathrm{B\,max}}/N_{\mathrm{C}} = 100$ を仮定しよう．これはガウス型ベースドーパント分布においてベース幅が，

$$W_{\mathrm{B}} \approx 3\sigma \tag{10.9}$$

であることを意味する．

たとえば，図 9.1(b) の右側に描かれているような最先端の縦型トランジスタは，コレクタの上に成長中にドーピングされた薄いシリコン層をエピタキシャル成長させることによって形成された真性ベースをもっている．この場合，ベースドーパント分布は，ほぼ一様，または**ボックス型分布**が典型的である．

図 10.2 は $N_{\mathrm{B}} = 1 \times 10^{18}\,\mathrm{cm}^{-3}$ のボックス型分布のプロファイルと，同じベースガンメル数とベース幅をもつガウス分布のプロファイルを示している．ガウス分布のピークは，ボックス分布のピークの 2 倍以上であることがわかる．したがって，**ガウスベースドーピング分布の $\boldsymbol{C_{\mathrm{dBE}}}$ は，ボックス型ベースドーピング分布に比べて大きい**．しかしながら，このことだけでは，ベース走行時間や作製の容易さなど，ほかのさまざまな要因やパラメータがあるため，ボックス分布が必ず良いといえない．この先に進む前に，ベース中の少数キャリア輸送はベース中の電界に依存することから，準中性ベース領域での電界を検討する必要がある．

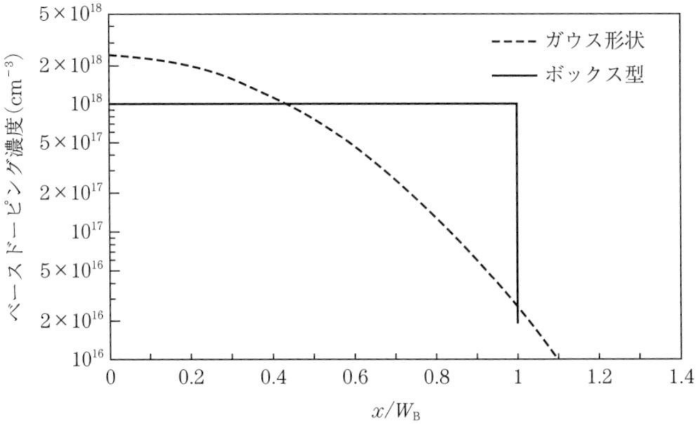

図 10.2　同じ W_{B} と同じベースガンメル数をもつボックス型ドーピングプロファイルとガウス分布ドーピングプロファイル．ガウス形状の場合のピークキャリア密度はボックス型の場合と比べて約 2.4 倍大きい．

10.2.2.1 準中性真性ベース中での電界

n–p–n トランジスタのベース領域中で電子がみる電界は式 (9.19) で与えられる．すなわち

$$\mathcal{E}(\text{p ベース}) = \frac{kT}{q}\left(\frac{1}{p_{\mathrm{p}}}\frac{\mathrm{d}p_{\mathrm{p}}}{\mathrm{d}x} - \frac{1}{{n_{\mathrm{ieB}}}^2}\frac{\mathrm{d}{n_{\mathrm{ieB}}}^2}{\mathrm{d}x}\right) \tag{10.10}$$

である．式 (9.14) を使えば式 (10.10) は，

$$\mathcal{E}(\text{p ベース}) = \frac{kT}{q}\frac{1}{p_{\mathrm{p}}}\frac{\mathrm{d}p_{\mathrm{p}}}{\mathrm{d}x} - \frac{1}{q}\frac{\mathrm{d}\Delta E_{\mathrm{gB}}}{\mathrm{d}x} \tag{10.11}$$

とも書ける．ここで ΔE_{gB} は高濃度ドーピング効果による見かけ上のバンドギャップ縮小パラメータである．

低注入電流では，$p_{\mathrm{p}} \approx N_{\mathrm{B}}$ であり，式 (10.11) が，ベース内のドーピング分布と高濃度ドーピング効果によるベースの内蔵電界を与える．N_{B} が増えると，ΔE_{gB} が増えるので，$\mathrm{d}N_{\mathrm{B}}/\mathrm{d}x$ と $\mathrm{d}\Delta E_{\mathrm{gB}}/\mathrm{d}x$ は同じ符号をもつことに注意しよう．式 (10.11) は，**高濃度ドーピング効果による電界は，常にドーパント分布による電界を相殺する傾向にある**ことを示している．

トランジスタのベース幅を 100 nm 以上で設計した場合，N_{B} のピークは通常 $10^{17}\,\mathrm{cm}^{-3}$，またはそれ以下である．そのような低い濃度では，図 9.4 で示したように高濃度ドーピング効果は無視できる．この場合，傾斜ベースドーピングプロファイルを用いるとベース中に生じる電界によって，ベース層中を走行する少数キャリアによる電流のドリフト成分を高められる．これがいわゆる**ドリフトトランジスタ** (drift transistor) である．このトランジスタは，より均一なベースドーピングプロファイルをもつトランジスタに比べて，高い遮断周波数をもつ (Ghandhi，1968; Sze，1981).

しかし，現代のバイポーラトランジスタは図 9.3 に示したように，$10^{18}\,\mathrm{cm}^{-3}$ より高いピーク N_{B} をもつ．そのようなデバイスでは，$\mathrm{d}\Delta E_{\mathrm{gB}}/\mathrm{d}x$ 項による電界成分を入れなければならない．この項は，$\mathrm{d}N_{\mathrm{B}}/\mathrm{d}x$ の項による電界成分を打ち消す傾向がある．結果として，現代の縦型バイポーラトランジスタでの準中性真性ベースにおける正味の電界は，相対的に小さくなる．言い換えれば，**薄いベースをもつ縦型トランジスタでは，広いベース幅をもつトランジスタに比べ，ドリフトトランジスタの概念が重要でなくなる**．このことは，ガウス分布をもつベース設計の図 10.3 において示されている．

式 (10.8) で与えられたガウス分布のベース形状の場合，低注入での電界は，

$$\mathcal{E}(\text{ガウス分布ベース}) = \left(-\frac{kT}{q}\frac{x}{\sigma^2}\right) + \left(-\frac{1}{q}\frac{\mathrm{d}\Delta E_{\mathrm{gB}}}{\mathrm{d}x}\right) \tag{10.12}$$

である．それぞれの電界成分とその和を図 10.3 に示す．式 (9.17) のバンドギャップ縮小パラメータを用い，ベース幅は 100 nm を仮定している．図 10.3 に示すように，この

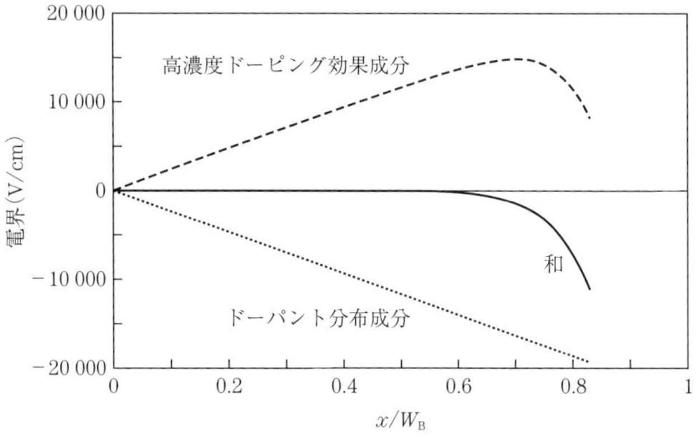

図 10.3　ガウス分布状ドーピングプロファイルをもつ準中性真性ベース領域での電界．総電界は，ドーパント分布による成分とバンドギャップ縮小効果の和である．ガウス分布のパラメータは，$\sigma = W_{\mathrm{B}}/3$，$W_{\mathrm{B}} = 100\,\mathrm{nm}$ と $N_{\mathrm{B\,max}} = 2.4 \times 10^{18}\,\mathrm{cm}^{-3}$ である．

特定のガウス分布状ベースドーピングでは，高濃度ドーピング効果が不均一ドーピングによる効果を，ベース–コレクタ接合近傍領域以外では，ほとんど完全に打ち消す．ベース–コレクタ接合近傍領域では，ベースドーピング濃度は比較的低く，高濃度ドーピング効果は無視できる．このベース–コレクタ接合近傍の低くドーピングされたベース領域は，通常のデバイス動作ではほとんど空乏化しているので準中性ベースにはならない．したがって準中性領域全体での正味の電界はほとんど無視できる．

非ガウス型をもつベースドーピングプロファイルでの電界成分の打ち消しは，図 10.3 で示すようには完全ではないが，明らかに生じる．読者は，同様の計算の多くの例を文献 (Suzuki, 1991) で参照できる．

10.2.3　ベース走行時間の一般的表現

バイポーラトランジスタのベース走行時間は式 (9.106) で与えられる．すなわち

$$t_{\mathrm{B}} \equiv |Q_{\mathrm{B}}|/|J_{\mathrm{C}}| \tag{10.13}$$

である．ここで J_{C} はコレクタ電流密度であり，Q_{B} は面積当たりのベース領域に蓄積した過剰な少数キャリア電荷量である．n–p–n トランジスタでは，Q_{B} は，

$$Q_{\mathrm{B}} = -q\int_0^{W_{\mathrm{B}}} [n_{\mathrm{p}}(x) - n_{\mathrm{p0}}(x)]\,\mathrm{d}x \tag{10.14}$$

で与えられる．式 (9.25) から，ベースでのコレクタ電流密度は

$$J_{\mathrm{C}}(x) = \frac{qD_{\mathrm{nB}}(x){n_{\mathrm{ieB}}}^2(x)}{p_{\mathrm{p}}(x)}\frac{\mathrm{d}}{\mathrm{d}x}\left(\frac{n_{\mathrm{p}}(x)p_{\mathrm{p}}(x)}{{n_{\mathrm{ieB}}}^2(x)}\right) \tag{10.15}$$

である．薄いベース内での再結合は無視できるので，J_C は位置 x によらず一定である．そこで式 (10.15) を変形すると積分ができ，

$$\begin{aligned}
J_C \int_x^{W_B} \frac{p_p(x')}{qD_{nB}(x')\, n_{ieB}{}^2(x')} dx' &= \int_x^{W_B} d\left[\frac{p_p(x')\, n_p(x')}{n_{ieB}{}^2(x')}\right] \\
&= -\frac{p_p(x)\, n_p(x)}{n_{ieB}{}^2(x)} + \frac{p_p(W_B)\, n_p(W_B)}{n_{ieB}{}^2(W_B)} \\
&= -\frac{p_p(x)\, n_p(x)}{n_{ieB}{}^2(x)} + \frac{p_{p0}(x)\, n_{p0}(x)}{n_{ieB}{}^2(x)} \\
&\approx -\frac{p_p(x)}{n_{ieB}{}^2(x)}[n_p(x) - n_{p0}(x)]
\end{aligned} \tag{10.16}$$

となる．ここで，W_B において過剰な電子はゼロという境界条件，すなわち $n_p(W_B) = n_{p0}(W_B)$，$p_p(W_B) = p_{p0}(W_B)$，および $p_{p0}(x)n_{p0}(x) = n_{ieB}{}^2(x)$ という恒等式 [式 (9.14) 参照] を使い，3 行目の式から最後の行を得るためには，$p_p(x) \approx p_{p0}(x)$ という近似を使った．式 (10.16) は，

$$n_p(x) - n_{p0}(x) \approx -\frac{J_C}{q}\frac{n_{ieB}{}^2(x)}{p_p(x)} \int_x^{W_B} \frac{p_p(x')}{D_{nB}(x')\, n_{ieB}{}^2(x')} dx' \tag{10.17}$$

と書き換えられる．式 (10.13) に，式 (10.14) と (10.17) を代入すると，

$$t_B = \int_0^{W_B} \frac{n_{ieB}{}^2(x)}{p_p(x)} \int_x^{W_B} \frac{p_p(x')}{D_{nB}(x')\, n_{ieB}{}^2(x')} dx' dx \tag{10.18}$$

を得る．この式は **n–p–n バイポーラトランジスタの $\boldsymbol{t_B}$ の一般的表現**である (Kroemer, 1985)．この式は，n_{ieB} 中に高濃度ドーピング効果およびバンドギャップ制御技術によるすべての効果を含んでいる．

低注入では，$p_p(x) \approx N_B(x)$ であり，式 (10.18) は，

$$t_B \approx \int_0^{W_B} \frac{n_{ieB}{}^2(x)}{N_B(x)} \int_x^{W_B} \frac{N_B(x')}{D_{nB}(x')\, n_{ieB}{}^2(x')} dx' dx \qquad (\text{低注入}) \tag{10.19}$$

となる (Suzuki, 1991)．**均一バンドギャップ近似** (uniform-bandgap approximation) を使うと，n_{ieB} は x に依存しなくなり，式 (10.19) は，さらに

$$t_B \approx \int_0^{W_B} \frac{1}{N_B(x)} \int_x^{W_B} \frac{N_B(x')}{D_{nB}(x')} dx' dx \qquad (\text{均一な } E_g) \tag{10.20}$$

と変形できる (Moll と Ross, 1956)．ボックス分布では，N_B と D_{nB} の両方が均一であり，式 (10.20) はさらに，

$$t_B \approx \frac{W_B{}^2}{2D_{nB}} \qquad (\text{均一な } E_g \text{ と } N_B) \tag{10.21}$$

と変形できる．これは均一ドープされた薄いベースをもつダイオードの走行時間の式 (9.106) と同じである．

10.3 縦型バイポーラトランジスタのコレクタ領域の設計

図 10.4 に，現代的な n–p–n 縦型バイポーラトランジスタの断面構造図を示す．コレクタは p 型ベースの下部および周囲のすべての n 型領域からなり，4 つの部分に区分できる．エミッタと真性ベースの真下の部分 (図 10.4 の影部) は，活性コレクタ領域である．この領域は通常，単に**コレクタ** (collector) とよばれる．輸送あるいは電流のすべての式で，コレクタと参照される．水平方向に伸びるコレクタ下部の n^+ 高濃度層は，**サブコレクタ** (subcollector) とよばれ，サブコレクタとシリコン表面のコレクタ端子を結ぶ垂直に伸びる n^+ 高濃度領域は，**リーチスルー** (reach-through) とよばれる．残りの n 型領域は寄生コレクタを構成する．この部分はベース–コレクタ接合容量を最小にするために通常，低濃度 (n^-) にドープされている．

基本的にはサブコレクタとリーチスルーは，コレクタ端子と活性コレクタ間の直列抵抗を低減するためだけに存在している．しかし，10.3.1 項，10.3.2 項で議論するが，サブコレクタの真性ベースへの近さ，すなわち活性コレクタ層の厚さは，ベース–コレクタ降伏電圧と高電流密度下でのコレクタ電流特性に大きな影響を有している．

外部ベースと同様に，寄生コレクタは，縦型バイポーラトランジスタでは無くすことができない部分である．通常，寄生コレクタの設計は非常に単純である．寄生コレクタの面積とこれに伴う容量はできるだけ小さくすべきである．図 10.4 に描かれているように，寄生コレクタと外部ベースは p–n ダイオードを構成する．外部ベースの面積が与えられた場合，容量をできるだけ小さくするために，寄生コレクタのドーピング濃度は極力低くすべきである．興味があれば，外部ベース面積の削減と寄生コレクタドーピング濃度の低減の方法が記述されている縦型バイポーラ技術の膨大な文献にあたるとよい

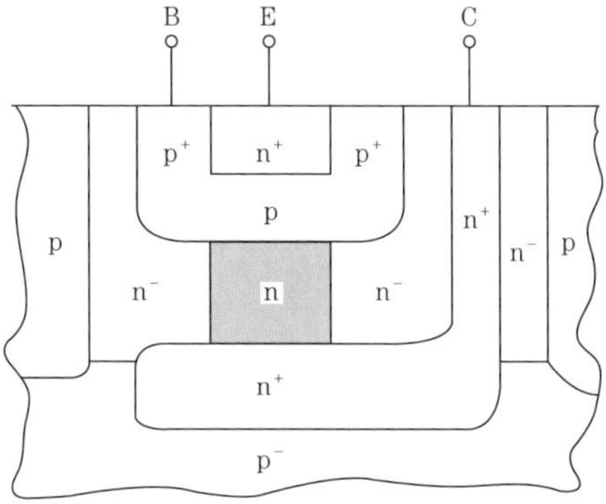

図 10.4 現代的な縦型 n–p–n バイポーラトランジスタの断面構造図．さまざまなドーピングの様子を図示してある．このトランジスタは p–n 接合素子分離を用いている．

(Nakamura と Nishizawa, 1995; Warnock, 1995).

コレクタとサブコレクタだけが，縦型バイポーラトランジスタのコレクタ電流に影響する領域である．(混乱がないときにはコレクタと活性コレクタという呼称を同じものとして使う.) ゆえに，本節ではこの二つの領域についてのみ，さらに議論する．

順方向活性状態で動作するバイポーラトランジスタ，すなわちベース–コレクタ接合が常に逆方向にバイアスされている状態では，コレクタは，エミッタから注入されベースを横切るキャリアの単純な吸込み口として働く．9.3.3 項で議論したように，コレクタとサブコレクタがどのようにコレクタ電流に影響するかはコレクタ電流密度が顕著なベース広がりを起こすのに十分大きいか否かによって変わる．そこで，縦型トランジスタのコレクタの設計は二つの状況下に分けて議論される．一つはベース広がりが無視できる低注入の場合で，もう一方は高注入でベース広がりが顕著な場合である．

10.3.1　低注入動作のコレクタ設計

9.3.3.2 目で述べたように，ベース広がりが無視できる状態を維持するには縦型バイポーラトランジスタのコレクタ電流密度 J_C が，コレクタドーピング濃度 N_C で記述できる最大電流密度 J_{max} より小さくなければならない．すなわち，J_C は以下の条件を満たさなければならない．

$$|J_C| \ll J_{max} = qv_{sat}N_C \qquad \text{(ベース広がりが無視可能な条件)} \tag{10.22}$$

ここで v_{sat} は，シリコン中の電子飽和速度 (約 1×10^7 cm/s) (図 2.11 参照) である．ベース広がり効果を増大させることなしに，J_C を大きくするためには，デバイス特性の劣化を引き起こす可能性があるが N_C を比例して大きくしなければならない．ゆえに**コレクタの設計ではトレードオフを行わなければならない**．こういったトレードオフについて以下で議論する．

J_C と V_A のトレードオフ　バイポーラトランジスタのアーリー電圧 V_A は，C_{dBC} に逆比例する [式 (9.94)]．N_C が増えると大きな J_C を許すが，C_{dBC} は増え V_A は小さくなる．したがって，縦型バイポーラトランジスタでの最大動作コレクタ電流設計目標とアーリー電圧の間にはトレードオフが存在する．

ベースコレクタ接合のなだれ効果による設計でのトレードオフ　9.7 節で議論したように，空間電荷領域での接合内の電界が強くなりすぎると，ベース–コレクタ接合でのなだれ増倍が起こる．ベース–コレクタ接合での過剰ななだれ増倍は，制御できないほどベース電流やコレクタ電流を増やしてしまい，トランジスタを使った回路の機能に影響する．なだれ増幅を減らすにはいくつかの方法がある．最も直接的な方法は N_C を減少させることであるが，これは許容される J_C を比例して低下させる．かわりに，ベース–コレクタ接合位置あるいはこの近傍で，ベースとコレクタあるいはその一方のドーピングプロファイルを接合内の電界を低減するように設計することもできる．

10.2.2 項で説明したイオン注入したベースのドーピング形状は，ボックス状ドーピングプロファイルに比べて低いベース–コレクタ接合電界をもたらす．ベース–コレクタ接合電界の低減のために，コレクタドーピングプロファイルのレトログレード化 (シリコン基板の奥深くに進むに従って濃度が増すような勾配をもたせる) も可能である (Lee ら，1996)．コレクタドーピングプロファイルのレトログレード化は高エネルギーの注入で容易に可能である．図 9.3(a) および (b) に示した縦型トランジスタのドーピングプロファイルは，レトログレード型のコレクタドーピングプロファイルを有している．定性的には，ベースドーピングプロファイルを傾斜させたり，コレクタドーピングプロファイルをレトログレード化したりするのは，ベースとコレクタのドープ領域の間に i 層をはさむのと等価である．3.1.2.3 目で議論したように，ダイオードの p 領域と n 領域の間に薄い i 層を挿入することは，接合中の電界を低減するのに非常に有効な手法である．

コレクタドーピング濃度の低減，ベースドーピングプロファイルの傾斜化，コレクタドーピングプロファイルのレトログレード化などによって，ベース–コレクタ接合におけるなだれ現象を減らそうとすることは C_{dBC} もまた減らすことになる．これはデバイスと回路の性能を改善する助けにもなるであろう (Lee ら，1996)．しかし，式 (9.101) と (9.102) からわかるとおり，これらのベース–コレクタ接合容量を減少させる手法はベース広がりを拡大したり，あるいはより低い J_C でベース広がりを起こしたりする働きももつ．このように，ベース–コレクタ接合のなだれ現象の抑制は，電流密度の許容度を低下させ，その結果，縦型バイポーラトランジスタの最高速度を低下させる可能性がある (Lu と Chen，1989)．ベース–コレクタ接合のなだれ効果とデバイス，あるいは回路の速度とのトレードオフは 11 章でさらに議論する．

10.3.2　高注入動作のコレクタ設計

一般に，縦型バイポーラトランジスタの動作においてベース広がりは避けるべきである．しかし，バイポーラ回路の設計において，トランジスタが大きな負荷容量を駆動している場合などは，ある程度のベース広がりを許容して動作させた方が，回路速度が全体的に速くなる場合がある．11 章で議論を行うように，縦型バイポーラトランジスタをベース広がりが顕著な状態で動作する場合，速度を制限するのはエミッタ拡散容量 C_{DE} である．エミッタ拡散容量の最小化のためにはコレクタに蓄積される総少数キャリア数を最小化すべきである．この目的を達するためには，少数キャリアの蓄積場所となりうるコレクタの体積の最小化もなされるべきである．すなわち，サブコレクタ領域の形成後に成長するエピタキシャル層の厚さを薄くすることでコレクタ層を最小にし，図 9.1(a)

の右側に示した自己整合した種のポリシリコンをもつ深いトレンチ絶縁型のデバイス構造を採用することで，外部ベース–コレクタ接合領域の面積を最小にする必要がある．

しかし，コレクタの厚さが W_{dBC} の厚さと同程度の場合，コレクタの薄層化は C_{dBC} の増大を起こすことがある．また薄いコレクタ設計はベース–コレクタ接合の耐圧を減らすことになる．全体として，低注入で動作させた場合，薄いコレクタを有するトランジスタは厚いコレクタを有するトランジスタよりも動作が遅くなる可能性がある．しかし，ベース広がりが顕著な高注入で動作させると，薄いコレクタを有するトランジスタの C_{DE} は小さくなり，厚いコレクタを有するトランジスタよりも高速に動作する可能性がある (Tang ら，1983).

縦型バイポーラトランジスタのコレクタ設計は，複雑なトレードオフ過程である．記憶すべき重要なポイントは，**ベース広がりは縦型バイポーラトランジスタでは容易に起こり，コレクタ設計のトレードオフの最適化が最大の性能を実現する鍵であるということである．**

10.4 SiGe ベース縦型バイポーラトランジスタ

Ge のエネルギーバンドギャップ ($\approx 0.66\,\mathrm{eV}$) はシリコンのバンドギャップ ($\approx 1.12\,\mathrm{eV}$) より明らかに小さい．Ge が Si に入ると Si のエネルギーバンドギャップが小さくなる (People，1986; Van de Walle と Martin，1986)．シリコンバイポーラトランジスタのベース領域に Ge を取り入れることで，ベース領域のエネルギーバンドギャップおよび関係したデバイス特性を変えることができる (Iyer ら，1987).

典型的な SiGe ベース縦型バイポーラトランジスタのエミッタは，普通の Si ベース縦型バイポーラトランジスタと同じである．どちらのトランジスタでも，ポリシリコンエミッタを用いる．ベース中の Ge 分布に関しては，Ge の傾斜形状としていくつかの種類が研究されている．最も一般的な形状は三角形または線形的に傾斜した Ge 分布である．この形状は，準中性ベースでのエミッタ端で Ge 分布がゼロから始まり，ベース層を横断するに従って一定の割合で増えていく．エミッタ側の端からコレクタ側の端へ線形的に減っていく単純傾斜したベースバンドギャップが得られる．

SiGe ベース縦型バイポーラデバイスの作製プロセスでは，ポリシリコンエミッタの形成プロセスより前に，ベース層に Ge を導入する．ベースとエミッタの形成工程の詳細に依存して，エミッタの単結晶領域での Ge の有無が変わる．エミッタの単結晶部分に Ge が含まれれば，準中性ベースのエミッタ端での Ge 分布はエミッタ接合深さ x_{jE} に依存する．したがって，エミッタ側の端近傍で Ge の濃度は低いが有限の値をもち，コレクタ側の端ではより高い Ge 濃度をもつ台形の分布形状が，典型的な SiGe ベース縦型トランジスタにおけるより一般的な表現となる．ベース内で台形の Ge 分布をもつ SiGe ベース縦型トランジスタは解析解を用いたモデル化が可能である．三角形のプロファイルあるいは一定の Ge 分布のプロファイルは台形の Ge 形状の特殊例として扱える．

10.4.1 項では，ベースで線形的なバンドギャップ傾斜をもつ，ポリシリコンエミッタの SiGe ベース縦型トランジスタを議論し，ポリシリコンエミッタ Si ベース縦型トランジスタと比較する．SiGe ベーストランジスタと Si ベーストランジスタの差について 1 次のオーダーでの説明を望む読者には，この単純な記述が適当である．

エミッタでの Ge の存在は，エミッタ領域での特性を変化させるかもしれず，さらにベース電流特性も変化させうる．エミッタ中に Ge が存在することによるベース電流への効果は 10.4.2 項で考慮する．

ベース中で台形の Ge 分布をもつ SiGe ベースバイポーラトランジスタの特性について後のセクションでより深く議論する．これらで展開されるモデルは，デバイス特性を改善するための，単純な三角形分布を超えた Ge 分布の最適化にも使うことができる．J_{C0}，V_A，t_B の式は，台形 Ge 分布については 10.4.3 項で，一定 Ge 分布については 10.4.4 項で導出される．Ge プロファイルの最適化については 10.4.5 項で議論する．SiGe ベースの縦型トランジスタには，Si ベースの縦型トランジスタでは，ない，あるいは比較的重要でなかった，微妙だが興味深い効果もある．これらについては 10.4.6 項と 10.4.7 項で論じる．10.4.8 項では，SiGe ベース縦型バイポーラトランジスタのヘテロ接合の性質について議論する．最後に，10.4.9 項で，薄い SOI を用いてつくられた SiGe ベースの縦型バイポーラトランジスタのデバイス概念について議論する．

10.4.1 線形的なバンドギャップ傾斜のベースをもつ SiGe ベース縦型トランジスタ

図 10.5(a) の上部に，物理的に分離された場合での n^+-Si 領域と線形の Ge 組成傾斜

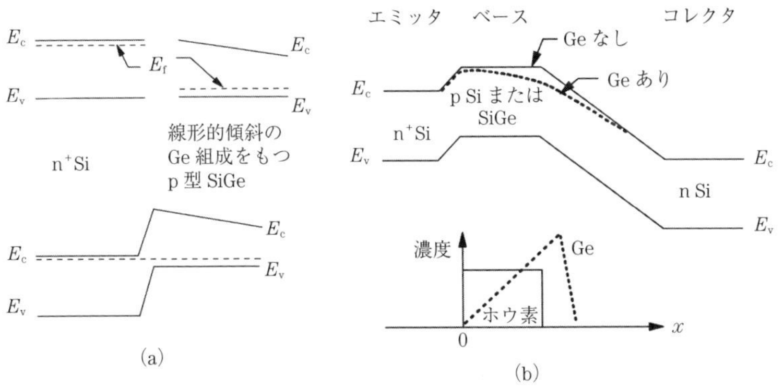

図 10.5 (a) n^+-Si 領域と p-SiGe 領域の，物理的に分離された場合でのエネルギーバンド図 (上部) と，二つの領域を組み合わせてダイオードを形成したときのエネルギーバンド図 (下部) (b) SiGe ベース (点線) と Si ベース (実線) での縦型 n–p–n トランジスタのエネルギーバンド説明図．両方のトランジスタで同じベースドーピング形状をもつと仮定した．

をもつ p-SiGe 領域のエネルギーバンド図を模式的に示す．図 10.5(a) の下部は，n^+-Si 領域と p-SiGe 領域とを合わせて SiGe ベース縦型バイポーラトランジスタのエミッタ–ベースダイオードを形成した場合のエネルギーバンド図を模式的に示す．熱平衡状態では，ダイオードのフェルミ準位は平坦である．図 10.5(b) は，順方向活性状態で動作する縦型 n–p–n バイポーラトランジスタのエネルギーバンド図を模式的に示す．実線は，エミッタ，ベース，コレクタが Si のトランジスタの場合である．点線は，エミッタが Si，ベースが SiGe，コレクタが Si のトランジスタの場合である．

SiGe ベース縦型バイポーラトランジスタは，通常 Si ベーストランジスタと同じポリシリコンエミッタをもつ．したがって，**SiGe ベーストランジスタのベース電流は Si ベーストランジスタと同じになる**．これは，実際ほとんどの報告された SiGe ベーストランジスタで成り立つ．(後で 10.4.2 項で説明されるように，たとえ Ge が単結晶エミッタ領域に入ってもベース電流への影響は依然小さい．)

ベース電流はベース中の Ge の有無に影響されないので，J_{C0} においてのみベース中の Ge の影響を考えればよい．式 (10.2) のパラメータ n_{ieB} は Ge がある場合のバンドギャップ縮小にも拡張できる．すなわち

$$n_{ieB}{}^2(\mathrm{SiGe}, x) = n_{ieB}{}^2(\mathrm{Si}, x)\,\gamma(x)\exp\left[\frac{\Delta E_{gB,\mathrm{SiGe}}(x)}{kT}\right] \tag{10.23}$$

のように表せる (Kroemer，1985)．ここで，$n_{ieB}(\mathrm{Si}, x)$ は Ge がないときの実効真性キャリア密度，$\Delta E_{gB,\mathrm{SiGe}}(x)$ は Ge によるベースの局所的なバンドギャップ縮小，そして変数

$$\gamma(x) \equiv \frac{(N_c N_v)_{\mathrm{SiGe}}}{(N_c N_v)_{\mathrm{Si}}} \tag{10.24}$$

を Ge の存在による状態密度の変化を表すために導入した (Harame ら，1995a，1995b)．高濃度ドーピングによる効果は，変数 $n_{ieB}(\mathrm{Si}, x)$ に含まれる．バンドギャップエネルギーの縮小に加え，Si に Ge が入ると価電子帯端と伝導帯端における縮退が解ける (People，1985)．結果として状態密度 N_c と N_v が小さくなる．ということは，Ge 濃度がゼロでないと $\gamma(x) < 1$ である．ここで考えている Ge の分布では，Ge が入ることによるバンドギャップ縮小は，エミッタ–ベース接合ではゼロで，ベース–コレクタ接合で $\Delta E_{g\,\max}$ になるまで線形的に増えていく．すなわち

$$\Delta E_{gB,\mathrm{SiGe}}(x) = \frac{x}{W_B}\Delta E_{g\,\max} \tag{10.25}$$

である．

10.4.1.1　コレクタ電流

SiGe ベーストランジスタの J_{C0} は，式 (10.2) で，単に $n_{ieB}(\mathrm{Si}, x)$ を $n_{ieB}(\mathrm{SiGe}, x)$

で，$D_{\mathrm{nB}}(\mathrm{Si}, x)$ を $D_{\mathrm{nB}}(\mathrm{SiGe}, x)$ で置き換えれば求まる．したがって，

$$J_{\mathrm{C0}}(\mathrm{SiGe}) = \frac{q}{\displaystyle\int_0^{W_{\mathrm{B}}} [p_{\mathrm{p}}(x)/D_{\mathrm{nB}}(\mathrm{SiGe}, x)\, n_{\mathrm{ieB}}{}^2(\mathrm{SiGe}, x)]\, \mathrm{d}x} \tag{10.26}$$

となる．ボックス状のベースドーピング形状において低注入では，$p_{\mathrm{p}}(x) \approx N_{\mathrm{B}}$ で，x に依存しない．$D_{\mathrm{nB}}(\mathrm{Si}, x)$ と $n_{\mathrm{ieB}}(\mathrm{Si}, x)$ も x に依存しない．したがって，式 (10.23) と (10.26) は Ge の有無による J_{C0} の比を，

$$\begin{aligned}\frac{J_{\mathrm{C0}}(\mathrm{SiGe})}{J_{\mathrm{C0}}(\mathrm{Si})} &= \frac{W_{\mathrm{B}}}{\displaystyle\int_0^{W_{\mathrm{B}}} \frac{1}{\gamma(x)\, \eta(x)} \exp\left[-\Delta E_{\mathrm{gB,SiGe}}(x)/kT\right] \mathrm{d}x} \\ &\approx \frac{\overline{\gamma\eta} W_{\mathrm{B}}}{\displaystyle\int_0^{W_{\mathrm{B}}} \exp\left[-\Delta E_{\mathrm{gB,SiGe}}(x)/kT\right] \mathrm{d}x}\end{aligned} \tag{10.27}$$

と与える．ここで比例係数

$$\eta(x) \equiv \frac{D_{\mathrm{nB}}(\mathrm{SiGe}, x)}{D_{\mathrm{nB}}(\mathrm{Si}, x)} \tag{10.28}$$

は，ベースでの電子移動度における Ge の効果を示している．$D_{\mathrm{nB}}(\mathrm{SiGe})$ は，ベースドーピング濃度と Ge 濃度の関数である $\mu_{\mathrm{nB}}(\mathrm{SiGe})$ に比例する (Kay と Tang，1991)．したがって，$\eta(x)$ もまたベースドーピング濃度と Ge 濃度の関数である．式 (10.27) の最後の部分を出すには積分の中の $\gamma(x)$ と $\eta(x)$ がある平均値 $\overline{\gamma}$ と $\overline{\eta}$ で置き換えうるという仮定を使った．式 (10.27) は **$\boldsymbol{\Delta E_{\mathrm{gB,SiGe}}(x)}$ が $\boldsymbol{x}$ に対する任意の依存性をもっても有効**であることに注意しよう．

式 (10.25) で表される単純な線形的なバンドギャップ傾斜では，式 (10.27) が積分でき

$$\frac{J_{\mathrm{C0}}(\mathrm{SiGe})}{J_{\mathrm{C0}}(\mathrm{Si})} = \frac{\overline{\gamma\eta}\Delta E_{\mathrm{g\,max}}/kT}{1 - \exp(-\Delta E_{\mathrm{g\,max}}/kT)} \quad (\text{三角形 Ge 形状}) \tag{10.29}$$

となる．$\gamma(x)$ の値は，Ge がないときの 1 から Ge 濃度が 20 %のときの 0.4 まで変わる (Prinz ら，1989)．N_{B} が $1 \times 10^{18}\ \mathrm{cm}^{-3}$ を超えている典型的な SiGe ベースでは，$\eta(x)$ はほぼ 1 である (Kay と Tang，1991; Manku と Nathan，1992)．したがって，積 $\overline{\gamma\eta}$ は 1 からそう違わない．文献では，状態密度や電子移動度の補正は，J_{C0} への Ge の効果を議論するときにはしばしば無視される．これは式 (10.29) で $\overline{\gamma\eta}$ を 1 とおくことと等しい．式 (10.29) は単純な三角形の Ge 分布においてよく知られた結果である (Harame ら，1995(a)，1995(b))．電流利得の比は，コレクタ電流の比と等しい，すなわち

$$\frac{\beta_0(\mathrm{SiGe})}{\beta_0(\mathrm{Si})} = \frac{J_{\mathrm{C0}}(\mathrm{SiGe})}{J_{\mathrm{C0}}(\mathrm{Si})} = \frac{\overline{\gamma\eta}\Delta E_{\mathrm{g\,max}}/kT}{1 - \exp(-\Delta E_{\mathrm{g\,max}}/kT)} \quad (\text{三角形 Ge 形状}) \tag{10.30}$$

である．容易に得ることができる $\Delta E_{\mathrm{g\,max}}$ の値は 100〜150 meV の範囲である．これは SiGe ベーストランジスタは通常，同じベースドーパント分布をもつ Si ベーストランジスタにくらべて 4〜6 倍の電流利得をもつことを意味する．SiGe ベーストランジスタの増大した電流利得は，より小さな真性ベースシート抵抗を得るためのトレードオフに使える [式 (10.5) 参照].

10.4.1.2 アーリー電圧

ベースでのバンドギャップ傾斜の V_{A} への効果は式 (9.95) で同じような手法を用いれば求められる．結果は

$$V_{\mathrm{A}}(\mathrm{SiGe}) \approx \frac{qD_{\mathrm{nB}}(\mathrm{SiGe}, W_{\mathrm{B}})\, n_{\mathrm{ieB}}{}^2(\mathrm{SiGe}, W_{\mathrm{B}})}{C_{\mathrm{dBC}}} \int_0^{W_{\mathrm{B}}} \frac{N_{\mathrm{B}}(x)}{D_{\mathrm{nB}}(\mathrm{SiGe}, x)\, n_{\mathrm{ieB}}{}^2(\mathrm{SiGe}, x)} \mathrm{d}x \tag{10.31}$$

である．$V_{\mathrm{A}}(\mathrm{Si})$ の式 (9.95) を使い，式 (10.23) を式 (10.31) へ代入すると，Ge の有無による V_{A} の比が

$$\begin{aligned}\frac{V_{\mathrm{A}}(\mathrm{SiGe})}{V_{\mathrm{A}}(\mathrm{Si})} &= \frac{D_{\mathrm{nB}}(\mathrm{SiGe}, W_{\mathrm{B}})\, n_{\mathrm{ieB}}{}^2(\mathrm{SiGe}, W_{\mathrm{B}})}{W_{\mathrm{B}}} \int_0^{W_{\mathrm{B}}} \frac{\mathrm{d}x}{D_{\mathrm{nB}}(\mathrm{SiGe}, x)\, n_{\mathrm{ieB}}{}^2(\mathrm{SiGe}, x)} \\ &\approx \frac{D_{\mathrm{nB}}(\mathrm{SiGe}, W_{\mathrm{B}})}{\bar{D}_{\mathrm{nB}}(\mathrm{SiGe})} \frac{\gamma(W_{\mathrm{B}})}{\bar{\gamma}} \frac{\exp(\Delta E_{\mathrm{g\,max}}/kT)}{W_{\mathrm{B}}} \int_0^{W_{\mathrm{B}}} \exp\left[\frac{-\Delta E_{\mathrm{gB,SiGe}}(x)}{kT}\right] \mathrm{d}x \\ &\approx \frac{\exp(\Delta E_{\mathrm{g\,max}}/kT)}{W_{\mathrm{B}}} \int_0^{W_{\mathrm{B}}} \exp\left[-\frac{\Delta E_{\mathrm{gB,SiGe}}(x)}{kT}\right] \mathrm{d}x\end{aligned} \tag{10.32}$$

と表される．最後の式変形では，D_{nB} と γ の平均値は x に依存しないというさらなる仮定を用いた．式 (10.32) は **$\boldsymbol{x}$ に対して $\boldsymbol{\Delta E_{\mathrm{gB,SiGe}}(x)}$ が任意の依存性をもっても有効であることに注意しよう．**

式 (10.25) で示した単純なベースでのバンドギャップ傾斜では，式 (10.32) は積分でき，

$$\frac{V_{\mathrm{A}}(\mathrm{SiGe})}{V_{\mathrm{A}}(\mathrm{Si})} = \frac{kT}{\Delta E_{\mathrm{g\,max}}} \left[\exp\left(\frac{\Delta E_{\mathrm{g\,max}}}{kT}\right) - 1\right] \quad (\text{三角形 Ge 形状}) \tag{10.33}$$

を与える．式 (10.33) は単純な三角形の Ge 分布においてよく知られた結果である (Harame ら，1995a)．典型的な $\Delta E_{\mathrm{g\,max}} = 100\,\mathrm{meV}$ では，V_{A} は，室温において 12 倍に増大する．

10.4.1.3　ベース走行時間

ベースでのバンドギャップ傾斜は p 型ベースで電子を駆動する電界を与える．100 nm のベース層におけるバンドギャップ縮小の総量が 100 meV の場合は，SiGe ベーストランジスタは Ge の存在のみでベース中で 10^4 V/cm の内蔵電界をもつ．10.2.2.1 目で示したベースドーパント分布と高濃度ドーピング効果による電界に，これが加わる．低注入でのベース走行時間は J_{C0} や V_{A} と同じような手法を用いれば求められる．結果は

$$\begin{aligned} t_{\mathrm{B}}(\mathrm{SiGe}) & \\ \approx & \int_0^{W_{\mathrm{B}}} \frac{{n_{\mathrm{ieB}}}^2(\mathrm{SiGe},x)}{N_{\mathrm{B}}(x)} \int_x^{W_{\mathrm{B}}} \frac{N_{\mathrm{B}}(x')}{D_{\mathrm{nB}}(\mathrm{SiGe},x')\, {n_{\mathrm{ieB}}}^2(\mathrm{SiGe},x')} \mathrm{d}x'\mathrm{d}x \\ = & \int_0^{W_{\mathrm{B}}} \frac{\gamma(x)\, {n_{\mathrm{ieB}}}^2(\mathrm{Si},x)}{N_{\mathrm{B}}(x)} \exp\left[\frac{\Delta E_{\mathrm{gB,SiGe}}(x)}{kT}\right] \\ & \times \int_x^{W_{\mathrm{B}}} \frac{N_{\mathrm{B}}(x')}{\gamma(x')\,\eta(x')\, D_{\mathrm{nB}}(\mathrm{Si},x')\, {n_{\mathrm{ieB}}}^2(\mathrm{Si},x')} \exp\left[\frac{-\Delta E_{\mathrm{gB,SiGe}}(x')}{kT}\right] \mathrm{d}x'\mathrm{d}x \end{aligned} \tag{10.34}$$

である．再び，ボックス状ベースドーパント分布では，式 (10.34) は

$$\begin{aligned} t_{\mathrm{B}}(\mathrm{SiGe}) \approx \frac{1}{\bar{\eta} D_{\mathrm{nB}}(\mathrm{Si})} & \int_0^{W_{\mathrm{B}}} \exp\left[\frac{\Delta E_{\mathrm{gB,SiGe}}(x)}{kT}\right] \\ & \times \int_x^{W_{\mathrm{B}}} \exp\left[\frac{-\Delta E_{\mathrm{gB,SiGe}}(x')}{kT}\right] \mathrm{d}x'\mathrm{d}x \end{aligned} \tag{10.35}$$

と単純化できる．Si ベーストランジスタのベース走行時間は式 (10.21) で与えられるように $t_{\mathrm{B}}(\mathrm{Si}) = {W_{\mathrm{B}}}^2/2D_{\mathrm{n}}(\mathrm{Si})$ である．そこで，Ge の有無による t_{B} の比は

$$\begin{aligned} \frac{t_{\mathrm{B}}(\mathrm{SiGe})}{t_{\mathrm{B}}(\mathrm{Si})} = \frac{2}{\bar{\eta} {W_{\mathrm{B}}}^2} & \int_0^{W_{\mathrm{B}}} \exp\left[\frac{\Delta E_{\mathrm{gB,SiGe}}(x)}{kT}\right] \\ & \times \int_x^{W_{\mathrm{B}}} \exp\left[\frac{-\Delta E_{\mathrm{gB,SiGe}}(x')}{kT}\right] \mathrm{d}x'\mathrm{d}x \end{aligned} \tag{10.36}$$

である．式 (10.36) は **$\boldsymbol{\Delta E_{\mathrm{gB,SiGe}}(x)}$ が $\boldsymbol{x}$ に対してどのような依存性をもっても有効である．**

式 (10.25) で表されたベースでの線形的なバンドギャップ傾斜では，式 (10.36) は積分でき，

$$\frac{t_{\mathrm{B}}(\mathrm{SiGe})}{t_{\mathrm{B}}(\mathrm{Si})} = \frac{2kT}{\bar{\eta}\Delta E_{\mathrm{g\,max}}} \left\{1 - \frac{kT\left[1-\exp\left(-\Delta E_{\mathrm{g\,max}}/kT\right)\right]}{\Delta E_{\mathrm{g\,max}}}\right\} \quad (\text{三角形 Ge 形状}) \tag{10.37}$$

となる．この場合でも文献では，拡散係数補正係数 $\bar{\eta}$ はしばしば 1 とされ，消されている．$\Delta E_{\mathrm{g\,max}} = 100$ meV において，SiGe ベーストランジスタのベース走行時間は，Si

ベーストランジスタのベース走行時間より約 2.5 倍小さい．式 (10.37) は単純な三角形の Ge 分布においてよく知られた結果である (Harame ら，1995a, 1995b).

10.4.1.4　RF およびアナログトランジスタとしての SiGe ベース縦型バイポーラ

RF およびアナログ応用でのバイポーラトランジスタでの望ましい性質は，短い走行時間，小さいベース抵抗と大きな出力抵抗または大きなアーリー電圧である．図 10.6 に，同じベース幅，同じベースドーパント分布をもつ Si ベーストランジスタに対する SiGe ベーストランジスタの電流利得 [式 (10.30)]，アーリー電圧 [式 (10.33)]，ベース走行時間 [式 (10.37)] の比を，$\Delta E_{\mathrm{g\,max}}/kT$ の関数として示した．これは，ベースで線形的に傾斜されたバンドギャップをもつ SiGe ベース縦型バイポーラトランジスタが，優れた RF およびアナログトランジスタであることを示している．

10.4.2　エミッタ中に Ge があるときのベース電流

SiGe ベース縦型トランジスタの作製において，通常，n^+ エミッタとなるポリシリコン層が上につくられるより前に，所望の Ge 分布をもった p 型ベース層が先につくられる．ポリシリコンエミッタ作製工程の**酸化雰囲気に Ge を曝さないように，ふつうは当初のベース層表面に Ge を含まないキャップ層を設ける**．ポリシリコンエミッタ作製工程では，ポリシリコン層からの n 型ドーパントが下にあるベース層に拡散して，深さ x_{jE} (10.1.2 項と図 9.3(b) 参照) の薄い単結晶の n^+ エミッタ領域を形成する．最終的な x_{jE} の値は，エミッタのアニール条件 (温度と時間，エミッタドーパント種 (ヒ素かリンか，エミッタストライプ幅，およびシリサイドがエミッタポリシリコンの上につくられてい

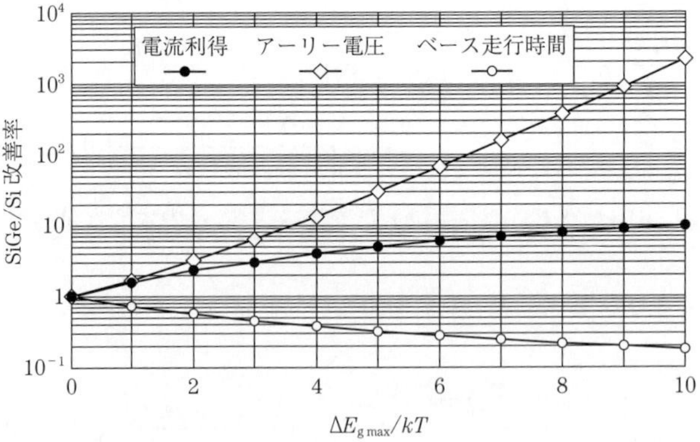

図 10.6　ベースにおいて線形的に傾斜したバンドギャップをもつ SiGe ベースバイポーラトランジスタの Si ベースバイポーラトランジスタに対する電流利得，アーリー電圧，ベース走行時間の相対的な改善率．$\Delta E_{\mathrm{g\,max}}/kT$ の関数として示した．$\overline{\gamma}$ と $\overline{\eta}$ は 1 とした．

るか，によって変わる (Kondo ら，2001)．Ge を含まない最初のキャップ層の厚さによって，最終的なエミッタ–ベース接合がベース層の Ge を含む領域にまで広がるかが変わり，それによって，単結晶エミッタ領域での Ge の有無が変わる．エミッタの構造を変えることはベース電流に影響することから，当初のベース層にあった Ge が単結晶エミッタ領域に含まれるようになったときに，ポリシリコンエミッタ SiGe ベースバイポーラトランジスタのベース電流に何が起こるかを考えたい．

文献として，単結晶エミッタ領域に故意に Ge を入れた報告 (Huizing ら，2001) やエミッタポリシリコン層に故意に Ge を加えた報告 (Kunz ら，2002，2003；Martinet ら，2002) がある．これらの目的は，SiGe ベーストランジスタの電流利得を下げることにある．その利点と SiGe ベーストランジスタの電流利得を下げるほかの方法とを議論しよう．

10.4.2.1　エミッタへの Ge 導入によるバンドギャップ縮小

台形状の Ge 分布の場合の，ボックス状のベースドーパント分布をもつポリシリコンエミッタ SiGe ベース縦型バイポーラトランジスタのエミッタおよびベース領域での Ge 分布を図 10.7 に示す．この Ge の分布形状により，エミッタ–ベース接合近傍で ΔE_{g0} の，ベース–コレクタ接合近傍でピークとなる $\Delta E_{g\,max}$ の，バンドギャップ縮小が生ずる．図 10.7 で示した例では，エミッタ深さ x_{jE} は当初の Ge を含まないキャップ層厚より大きく，エミッタ–ベース接合でのバンドギャップ縮小は $\Delta E_{g0be} > \Delta E_{g0}$ となる．

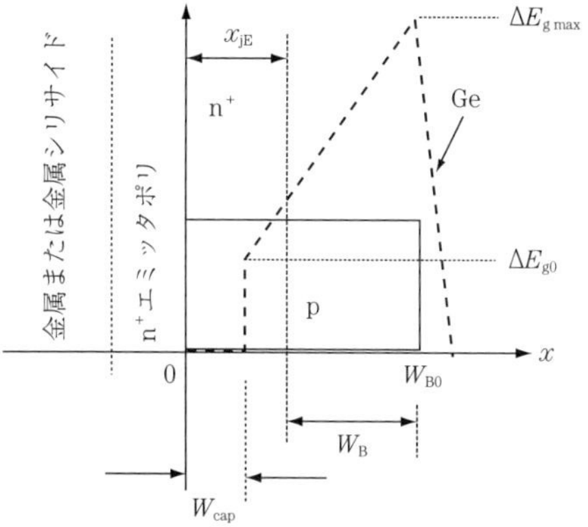

図 10.7　台形の Ge 分布をもったポリシリコン–エミッタ SiGe ベース縦型バイポーラトランジスタのエミッタ領域とベース領域の説明図．当初のベース層厚は W_{B0} であり，厚さ W_{cap} の Ge がないキャップ層を含んでいる．準中性ベースの幅は，ポリシリコンエミッタによるドライブイン拡散の後 W_B となる．ベース幅は，$W_B = W_{B0} - x_{jE}$ で与えられる．エミッタ–ベース空間電荷領域の厚さは図の簡単化のためにゼロと仮定した．$x_{jE} > W_{cap}$ ならば，Ge がない層は最終的な準中性ベース層には残らず，単結晶 n^+ エミッタ領域に Ge がある．

単結晶エミッタ領域にも Ge が存在することが，この領域内でバンドギャップ縮小を起こしている．10.4.2.2 目で，単結晶エミッタ領域に Ge があるときのベース電流を求める．

10.4.2.2　単結晶エミッタ領域に Ge があるときのベース電流

9.2.3 項での例に倣って，図 10.7 のエミッタ–ベースダイオードのエミッタ領域での電流の流れが扱えるように設定し直した座標を図 10.8 に示す．p–n 接合は原点 “0” に位置すると仮定した．エミッタは $x=-W_{\mathrm{E}}$ にあるポリシリコン–シリコン界面でポリシリコン層とコンタクトを形成している．すなわち $W_{\mathrm{E}}=x_{\mathrm{jE}}$ である．

式 (9.65)，(9.67) に従えば，SiGe ベースバイポーラトランジスタの J_{B0} は

$$J_{\mathrm{B0}}(\mathrm{SiGe})=\frac{q{n_{\mathrm{i}}}^2}{G_{\mathrm{E}}(\mathrm{SiGe})} \tag{10.38}$$

のように表される．ここでエミッタガンメル数は

$$\begin{aligned}G_{\mathrm{E}}(\mathrm{SiGe})=&\int_{-W_{\mathrm{E}}}^{0}\frac{{n_{\mathrm{i}}}^2}{{n_{\mathrm{ieE}}}^2(\mathrm{SiGe},x)}\frac{N_{\mathrm{E}}(x)}{D_{\mathrm{pE}}(\mathrm{SiGe},x)}\mathrm{d}x\\&+\frac{{n_{\mathrm{i}}}^2}{{n_{\mathrm{ieE}}}^2(\mathrm{SiGe},-W_{\mathrm{E}})}\frac{N_{\mathrm{E}}(-W_{\mathrm{E}})}{S_{\mathrm{p}}(\mathrm{SiGe})}\end{aligned} \tag{10.39}$$

であり，式中の $S_{\mathrm{p}}(\mathrm{SiGe})$ はポリシリコン–シリコン界面での正孔の表面再結合速度，$N_{\mathrm{E}}(x), D_{\mathrm{pE}}(\mathrm{SiGe},x)$ および $n_{\mathrm{ieE}}(\mathrm{SiGe},x)$ は，それぞれ単結晶エミッタ領域でのドーピング濃度，正孔拡散係数および実効真性キャリア密度である．$S_{\mathrm{p}}(\mathrm{SiGe})$ はポリシリコン–シリコン界面とポリシリコン層内での正孔の動きに依存する．文献 (Ning と Isaac, 1980) で示したように，Si ベース n–p–n バイポーラトランジスタでの $S_{\mathrm{p}}(\mathrm{Si})$ は，ポリシリコン–シリコン界面にほとんど正孔障壁が存在しないことから，ポリシリコン層内での正孔の動きのみに依存する．この単純な例では，$S_{\mathrm{p}}(\mathrm{Si})$ は

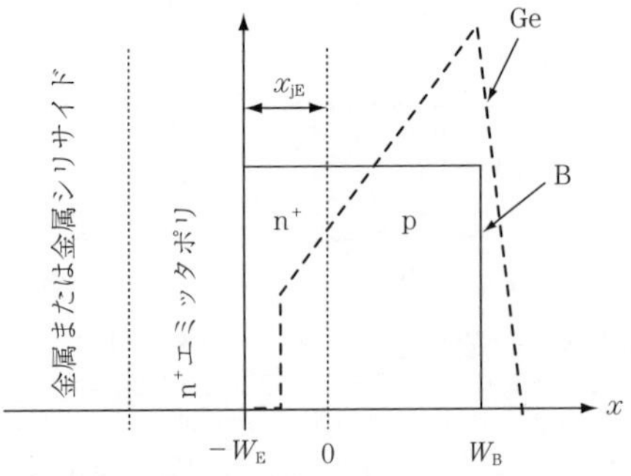

図 10.8　図 10.7 のポリシリコンエミッタ SiGe ベースバイポーラトランジスタのエミッタ中の電流の流れのモデル化のための座標

$$S_{\mathrm{p}}(\mathrm{Si})=\frac{D_{\mathrm{pE,poly}}}{L_{\mathrm{pE,poly}}\tanh\left(W_{\mathrm{E,poly}}/L_{\mathrm{pE,poly}}\right)} \tag{10.40}$$

と与えられる．ここで，$D_{\mathrm{pE,poly}}$ と $L_{\mathrm{pE,poly}}$ は，エミッタのポリシリコンでの正孔拡散係数と正孔拡散長であり，$W_{\mathrm{E,poly}}$ はエミッタポリシリコン層の厚さである．

S_{p} の物理的モデルの詳細にかかわらず，ポリシリコンエミッタトランジスタの動作は，正孔電流がポリシリコン–シリコン界面での正孔の表面再結合速度で主に決まるという実験的に確認された事実に基づいており，薄い単結晶エミッタ領域内での正孔輸送にはほとんど依存しない．そこで，ポリシリコン–エミッタトランジスタの動作は，式 (10.39) の S_{p} が含まれる項で主に G_{E} が決まるという仮定に基づくことになる．言い換えれば，ポリシリコンエミッタ SiGe ベースバイポーラトランジスタでは，

$$G_{\mathrm{E}}(\mathrm{SiGe})\approx\frac{n_{\mathrm{i}}{}^{2}N_{\mathrm{E}}(-W_{\mathrm{E}})}{n_{\mathrm{ieE}}{}^{2}(\mathrm{SiGe},-W_{\mathrm{E}})S_{\mathrm{p}}(\mathrm{SiGe})} \tag{10.41}$$

である．

SiGe ベース領域をモデル化するために 10.4.1 項で用いたのと同じ手順に従い，エミッタのパラメータである $n_{\mathrm{ieE}}(\mathrm{SiGe},x)$ は

$$n_{\mathrm{ieE}}{}^{2}(\mathrm{SiGe},x)=n_{\mathrm{ieE}}{}^{2}(\mathrm{Si},x)\,\gamma_{\mathrm{E}}\exp\left[\frac{\Delta E_{\mathrm{gE,SiGe}}(x)}{kT}\right] \tag{10.42}$$

と書ける．ここで $n_{\mathrm{ieE}}(\mathrm{Si},x)$ は Ge がないときの実効真性キャリア密度，$\Delta E_{\mathrm{gE,SiGe}}(x)$ は Ge があるときの局所的なバンドギャップ縮小である．またパラメータ

$$\gamma_{\mathrm{E}}(x)\equiv\frac{(N_{\mathrm{c}}N_{\mathrm{v}})_{\mathrm{SiGe}}}{(N_{\mathrm{c}}N_{\mathrm{v}})_{\mathrm{Si}}} \tag{10.43}$$

は Ge があるときのエミッタの状態密度の変化を表すためのものである．高濃度ドーピングによる効果は変数 $n_{\mathrm{ieE}}(\mathrm{Si},x)$ に含まれる．式 (10.38)，(10.41) および (10.42) から，Ge の有無による J_{B0} の比が

$$\frac{J_{\mathrm{B0}}(\mathrm{SiGe})}{J_{\mathrm{B0}}(\mathrm{Si})}\approx\frac{S_{\mathrm{p}}(\mathrm{SiGe})}{S_{\mathrm{p}}(\mathrm{Si})}\gamma_{\mathrm{E}}(-W_{\mathrm{E}})\exp\left[\frac{\Delta E_{\mathrm{gE,SiGe}}(-W_{\mathrm{E}})}{kT}\right] \tag{10.44}$$

と表される (Ning, 2003)．

エミッタポリシリコンは当初のベース層の Ge がないキャップ層と接触しているため，ポリシリコン–シリコン界面の Ge 濃度はゼロである．したがって $\Delta E_{\mathrm{gE,SiGe}}(-W_{\mathrm{E}})=0$ で $\gamma_{\mathrm{E}}(-W_{\mathrm{E}})=1$ である．その上，$S_{\mathrm{p}}(\mathrm{Si})\approx S_{\mathrm{p}}(\mathrm{SiGe})$ と推測できる．そこで，式 (10.44) から，当初のベース層に Ge がないキャップ層をもつ，普通のポリシリコンエミッタ SiGe ベース縦型バイポーラトランジスタでは，たとえエミッタの単結晶領域の中に Ge が存在したとしても，ベース電流は当初のベース層の Ge の分布にほぼ依存しない．これが，ポリシリコンエミッタ SiGe ベーストランジスタでのベース電流がポリシリコンエミッタ Si ベースでのベース電流とほぼ同じと測定されたことを説明している

(Prinz と Sturm, 1990; Harame ら, 1995a, 1995b; Oda ら, 1997).

10.4.2.3 透明でない“ポリシリコンエミッタ”

SiGe ベーストランジスタにおいて，電流利得を下げる，または制御しようという試みとして，時として設計者は単結晶エミッタ領域に，薄い Ge を含む層を設ける (Huizing ら, 2001). このとき，薄い Ge を含む層は正孔の局所的な電位の井戸層をつくり，単結晶エミッタ領域での電子と正孔のオージェ再結合を大きく増やす原因になり，ベース電流の顕著な増大となる．そのようなトランジスタでは“ポリシリコンエミッタ”をつくるためにポリシリコン層を使ったとしても，エミッタの単結晶部分は，大きな再結合のため透明ではない．結果としてポリシリコンエミッタのための 9.2.3 項で示した一般的な透明エミッタモデルは適用できない．

今まで，単結晶エミッタ領域に高い再結合領域を加えることや電流利得を減らす同様の手法がトランジスタの特性改善に通じることを示した報告例や理論はない．そこで，このような透明でない“ポリシリコンエミッタ”デバイスをこれ以上議論しない．

10.4.2.4 多結晶 SiGe エミッタ

いくつかの研究では (Kunz ら, 2002, 2003; Martinet ら, 2002)，電流利得を下げるために，ポリシリコンのかわりに多結晶 SiGe (ポリ SiGe) を用いてエミッタをつくっている．ポリ SiGe 層のエネルギーバンドギャップはポリシリコン層のバンドギャップより小さい．縮小したバンドギャップは，ベースから n^+-ポリ SiGe エミッタ領域への正孔の注入を増やす．さらにポリ SiGe エミッタの S_p はポリシリコンエミッタのものとはまったく異なるものである．

しかしながら，電流利得は，J_{C0}，J_{B0}，またはその両方を変えることで変えうることを理解することが重要である．また，ポリシリコンエミッタ Si ベースバイポーラトランジスタと比べて，ポリシリコンエミッタ SiGe ベースバイポーラトランジスタのもつ大きな電流利得は，J_{C0} の増大によるもので，J_{B0} には顕著な変化はないことに注意することも重要である．10.4.5.1 目で示すように，ベース中の Ge 分布を最適化することで，Si ベーストランジスタを上回る性能の優位性に影響を与えることなしに，SiGe ベーストランジスタの J_{C0}，および β_0 を減らすことが可能である．

トランジスタの J_{C0} と β_0 を減らすもう一つの有効な方法は，真性ベースのシート抵抗を減らすことである [式 (10.5) 参照]．ベース抵抗を減らすことでデバイスと回路性能が改善される．したがって，もし小さな電流利得が望ましいなら，デバイス設計者はトランジスタの真性ベースシート抵抗を低減させることを考えるべきである．これは N_B を増やすことで，容易に行える．

ポリシリコンエミッタをポリ SiGe エミッタで替えることでデバイス速度が向上するという理論も実験もない．したがって，これ以上ポリ SiGe エミッタの考察は行わない．

10.4.3　ベース中に台形の Ge 分布をもつトランジスタ

さまざまなグループによって，さまざまな Ge の分布形状が分析され，また実験されてきた (たとえば，Cressler ら，1993a; Harame ら，1995a，1995b; Washio ら，2002 を参照)．ここでは，エミッタ接合の深さについて，二つのケースの台形 Ge プロファイルに焦点を当てよう．$x_{\mathrm{jE}} > W_{\mathrm{cap}}$ の場合を図 10.7 に示す．このとき，最終的なベース層内には Ge がない領域が残っていない．$x_{\mathrm{jE}} < W_{\mathrm{cap}}$ の場合は図 10.9 に示すように，最終的なベース層は，厚さ $W_{\mathrm{cap}} - x_{\mathrm{jE}}$ で残った Ge がないキャップ層を含むようになる．図 10.7 と図 10.9 に示した台形 Ge プロファイルの J_{C0}，V_{A}，t_{B} の比を調べるために，前節で開発した方程式を拡張しよう．

10.4.3.1　台形の Ge 分布でのコレクタ電流

準中性ベースが $x = x_{\mathrm{jE}}$ で始まり $x = W_{\mathrm{B0}}$ で終わることに注意すれば，式 (10.27) の J_{C0} の比にエミッタ深さの効果を容易に含ませることができる．式 (10.27) から

$$\frac{J_{\mathrm{C0}}(\mathrm{SiGe}, x_{\mathrm{jE}})}{J_{\mathrm{C0}}(\mathrm{Si}, x_{\mathrm{jE}})} \approx \frac{\overline{\gamma\eta}(W_{\mathrm{B0}} - x_{\mathrm{jE}})}{\displaystyle\int_{x_{\mathrm{jE}}}^{W_{\mathrm{B0}}} \exp\left[\frac{-\Delta E_{\mathrm{gB,SiGe}}(x)}{kT}\right] \mathrm{d}x} \tag{10.45}$$

となる．

エミッタ中に Ge がある場合 (すなわち $x_{\mathrm{jE}} > W_{\mathrm{cap}}$)　これは図 10.7 に描いた状況

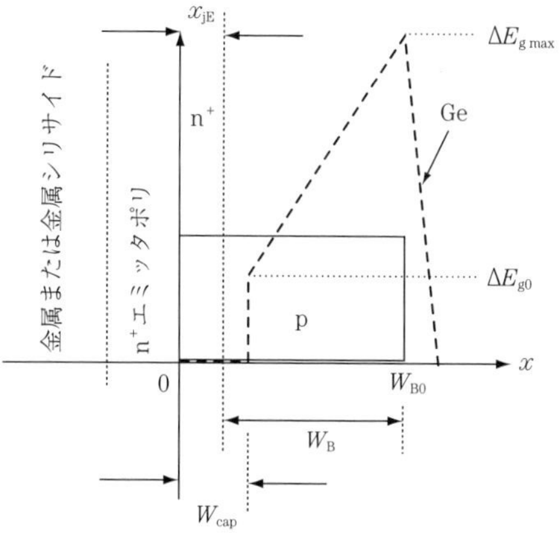

図 10.9　図 10.7 と同じベースドーパントと Ge 形状をもつが，$x_{\mathrm{jE}} < W_{\mathrm{cap}}$ である場合のポリシリコンエミッタ SiGe ベース縦型バイポーラトランジスタのエミッタ領域とベース領域の説明図

である．エミッタ側のベース端でのベースのバンドギャップ縮小 ΔE_{g0be} は

$$\Delta E_{\mathrm{g0be}}(x_{\mathrm{jE}}) = \Delta E_{\mathrm{g0}} + \left(\frac{x_{\mathrm{jE}} - W_{\mathrm{cap}}}{W_{\mathrm{B0}} - W_{\mathrm{cap}}}\right)(\Delta E_{\mathrm{g\,max}} - \Delta E_{\mathrm{g0}}) \tag{10.46}$$

となる．ベース中での位置の関数としてのベースのバンドギャップ縮小は

$$\Delta E_{\mathrm{gB,SiGe}}(x) = \Delta E_{\mathrm{g0be}}(x_{\mathrm{jE}}) + \left(\frac{x - x_{\mathrm{jE}}}{W_{\mathrm{B0}} - x_{\mathrm{jE}}}\right)[\Delta E_{\mathrm{g\,max}} - \Delta E_{\mathrm{g0be}}(x_{\mathrm{jE}})] \tag{10.47}$$

となる．式 (10.46)，(10.47) を式 (10.45) に代入することで，下式が得られる．

$$\begin{aligned}
&\left.\frac{J_{\mathrm{C0}}(\mathrm{SiGe}, x_{\mathrm{jE}})}{J_{\mathrm{C0}}(\mathrm{Si}, x_{\mathrm{jE}})}\right|_{x_{\mathrm{jE}} > W_{\mathrm{cap}}} \\
&= \frac{\overline{\gamma\eta}(W_{\mathrm{B0}} - x_{\mathrm{jE}})}{\exp\left[\dfrac{-\Delta E_{\mathrm{g0be}}(x_{\mathrm{jE}})}{kT}\right]\displaystyle\int_{x_{\mathrm{jE}}}^{W_{\mathrm{B0}}} \exp\left\{\dfrac{[\Delta E_{\mathrm{g\,max}} - \Delta E_{\mathrm{g0be}}(x_{\mathrm{jE}})](x_{\mathrm{jE}} - x)}{(W_{\mathrm{B0}} - x_{\mathrm{jE}})kT}\right\} \mathrm{d}x} \\
&= \overline{\gamma\eta}\left[\frac{\Delta E_{\mathrm{g\,max}} - \Delta E_{\mathrm{g0be}}(x_{\mathrm{jE}})}{kT}\right]\exp\left[\frac{\Delta E_{\mathrm{g0be}}(x_{\mathrm{jE}})}{kT}\right] \\
&\quad \times \left\{1 - \exp\left[\frac{\Delta E_{\mathrm{g0be}}(x_{\mathrm{jE}}) - \Delta E_{\mathrm{g\,max}}}{kT}\right]\right\}^{-1}
\end{aligned} \tag{10.48}$$

エミッタ中に Ge がない場合 (すなわち $\boldsymbol{x_{\mathrm{jE}} < W_{\mathrm{cap}}}$)　$x_{\mathrm{jE}} < W_{\mathrm{cap}}$ のとき，ベース中に厚さ $W_{\mathrm{cap}} - x_{\mathrm{jE}}$ の Ge がない層が残る．この状況が図 10.9 に示されたものである．ベースのバンドギャップ縮小の様子は下式で表される．

$$\begin{aligned}
\Delta E_{\mathrm{gB,SiGe}}(x) &= \Delta E_{\mathrm{g0}} + \left(\frac{x - W_{\mathrm{cap}}}{W_{\mathrm{B0}} - W_{\mathrm{cap}}}\right)(\Delta E_{\mathrm{g\,max}} - \Delta E_{\mathrm{g0}}) \quad (x > W_{\mathrm{cap}}) \\
&= 0 \quad (x < W_{\mathrm{cap}})
\end{aligned} \tag{10.49}$$

式 (10.49) を式 (10.45) に代入すると

$$\begin{aligned}
&\left.\frac{J_{\mathrm{C0}}(\mathrm{SiGe}, x_{\mathrm{jE}})}{J_{\mathrm{C0}}(\mathrm{Si}, x_{\mathrm{jE}})}\right|_{x_{\mathrm{jE}} < W_{\mathrm{cap}}} = \frac{\overline{\gamma\eta}(W_{\mathrm{B0}} - x_{\mathrm{jE}})}{(W_{\mathrm{cap}} - x_{\mathrm{jE}}) + \displaystyle\int_{W_{\mathrm{cap}}}^{W_{\mathrm{B0}}} \exp\left[\dfrac{-\Delta E_{\mathrm{gB,SiGe}}(x)}{kT}\right]\mathrm{d}x} \\
&= \frac{\overline{\gamma\eta}}{\left[\frac{W_{\mathrm{cap}} - x_{\mathrm{jE}}}{W_{\mathrm{B0}} - x_{\mathrm{jE}}}\right] + \left[\frac{W_{\mathrm{B0}} - W_{\mathrm{cap}}}{W_{\mathrm{B0}} - x_{\mathrm{jE}}}\right]\left[\frac{kT\exp(-\Delta E_{\mathrm{g0}}/kT)}{\Delta E_{\mathrm{g\,max}} - \Delta E_{\mathrm{g}}}\right]\left[1 - \exp\left(\frac{\Delta E_{\mathrm{g0}} - \Delta E_{\mathrm{g\,max}}}{kT}\right)\right]}
\end{aligned} \tag{10.50}$$

を得る．$x_{\mathrm{jE}} = W_{\mathrm{cap}}$ のとき，当然，式 (10.50) は式 (10.48) と同じになる．$x_{\mathrm{jE}} = W_{\mathrm{cap}}$ で $\Delta E_{\mathrm{g0}} = 0$ ならば，式 (10.50) は当然，式 (10.29) へ変形できる．

10.4.3.2 台形状 Ge 分布でのアーリー電圧

V_A の比を得るための表式も同じ手順で求められる．その結果下式が得られる．

$$\frac{V_A(\mathrm{SiGe}, x_{jE})}{V_A(\mathrm{Si}, x_{jE})} \approx \frac{\exp[\Delta E_{gB,\mathrm{SiGe}}(W_{B0})/kT]}{W_{B0} - x_{jE}} \int_{x_{jE}}^{W_{B0}} \exp\left[-\Delta E_{gB,\mathrm{SiGe}}(x)/kT\right] \mathrm{d}x \tag{10.51}$$

エミッタ中に Ge がある場合 (すなわち $\boldsymbol{x_{jE} > W_{cap}}$) エミッタ中に Ge がある場合は，式 (10.46)，(10.47) を式 (10.51) に代入すれば

$$\left.\frac{V_A(\mathrm{SiGe}, x_{jE})}{V_A(\mathrm{Si}, x_{jE})}\right|_{x_{jE} > W_{cap}} = \left[\frac{kT}{\Delta E_{g\,max} - \Delta E_{g0be}(x_{jE})}\right] \times \left\{\exp\left[\frac{\Delta E_{g\,max} - \Delta E_{g0be}(x_{jE})}{kT}\right] - 1\right\} \tag{10.52}$$

が得られる．この場合の V_A の比は，ベース層内のバンドギャップエネルギー差 $[\Delta E_{g\,max} - \Delta E_{g0be}(x_{jE})]$ に依存している．式 (10.52) は $\Delta E_{g0be}(x_{jE}) = 0$ のとき，式 (10.33) と同じになる．

エミッタ中に Ge がない場合 (すなわち $\boldsymbol{x_{jE} < W_{cap}}$) エミッタに Ge がない場合，ベース中に厚さ $W_{cap} - x_{jE}$ で Ge がない層が残っている．式 (10.49) を式 (10.51) に代入して

$$\left.\frac{V_A(\mathrm{SiGe}, x_{jE})}{V_A(\mathrm{Si}, x_{jE})}\right|_{x_{jE} < W_{cap}} = \left(\frac{W_{cap} - x_{jE}}{W_{B0} - x_{jE}}\right) \exp\left(\frac{\Delta E_{g\,max}}{kT}\right) + \left(\frac{W_{B0} - W_{cap}}{W_{B0} - x_{jE}}\right)\left(\frac{kT}{\Delta E_{g\,max} - \Delta E_{g0}}\right) \times \left[\exp\left(\frac{\Delta E_{g\,max} - \Delta E_{g0}}{kT}\right) - 1\right] \tag{10.53}$$

を得る．$x_{jE} = W_{cap}$ ならば式 (10.52) と (10.53) は，当然，同じになる．また $x_{jE} = W_{cap}$ で $\Delta E_{g0} = 0$ ならば当然式 (10.53) は式 (10.33) に変形できる．

10.4.3.3 台形の Ge 分布の場合のベース走行時間

ベース走行時間比も同様に導出できる．結果は

$$\frac{t_B(\mathrm{SiGe}, x_{jE})}{t_B(\mathrm{Si}, x_{jE})} = \frac{2}{\bar{\eta}(W_{B0} - x_{jE})^2} \int_{x_{jE}}^{W_{B0}} \exp\left[\Delta E_{gB,\mathrm{SiGe}}(x)/kT\right] \times \int_{x}^{W_{B0}} \exp\left[-\Delta E_{gB,\mathrm{SiGe}}(x')/kT\right] \mathrm{d}x'\mathrm{d}x \tag{10.54}$$

となる．

エミッタ中に Ge がある場合 (すなわち $x_{jE} > W_{cap}$)　エミッタに Ge がある場合，式 (10.46) と (10.47) を式 (10.54) に代入して

$$\left.\frac{t_B(\mathrm{SiGe}, x_{jE})}{t_B(\mathrm{Si}, x_{jE})}\right|_{x_{jE}>W_{cap}} = \frac{2}{\eta}\left[\frac{kT}{\Delta E_{g\,max} - \Delta E_{g0be}(x_{jE})}\right] - \frac{2}{\eta}\left[\frac{kT}{\Delta E_{g\,max} - \Delta E_{g0be}(x_{jE})}\right]^2 \times \left\{1 - \exp\left[\frac{\Delta E_{g0be}(x_{jE}) - \Delta E_{g\,max}}{kT}\right]\right\} \tag{10.55}$$

を得る．式 (10.52) の V_A 比と同じように，走行時間比もバンドギャップエネルギー差 $[\Delta E_{g\,max} - \Delta E_{g0be}(x_{jE})]$ に依存している．$\Delta E_{g0be}(x_{jE}) = 0$ ならば式 (10.55) は予想通り式 (10.37) に変形できる．

エミッタ中に Ge がない場合 (すなわち $x_{jE} < W_{cap}$)　エミッタに Ge がない場合，ベース中に厚さ $W_{cap} - x_{jE}$ の Ge がない層が残っている．式 (10.49) を式 (10.54) に代入して

$$\begin{aligned}\left.\frac{t_B(\mathrm{SiGe}, x_{jE})}{t_B(\mathrm{Si}, x_{jE})}\right|_{x_{jE}<W_{cap}} &= \frac{1}{\eta}\frac{(W_{cap} - x_{jE})^2}{(W_{B0} - x_{jE})^2} + \frac{2}{\eta}\frac{(W_{B0} - W_{cap})^2}{(W_{B0} - x_{jE})^2}\left(\frac{kT}{\Delta E_{g\,max} - \Delta E_{g0}}\right) \\ &\quad + \frac{2}{\eta}\left(\frac{W_{cap} - x_{jE}}{W_{B0} - x_{jE}}\right)\left(\frac{W_{B0} - W_{cap}}{W_{B0} - x_{jE}}\right)\left(\frac{kT}{\Delta E_{g\,max} - \Delta E_{g0}}\right) \\ &\quad \times \left\{1 - \exp\left[\frac{\Delta E_{g0} - \Delta E_{g\,max}}{kT}\right]\right\}\exp\left(\frac{-\Delta E_{g0}}{kT}\right) \\ &\quad - \frac{2}{\eta}\frac{(W_{B0} - W_{cap})^2}{(W_{B0} - x_{jE})^2}\left(\frac{kT}{\Delta E_{g\,max} - \Delta E_{g0}}\right)^2\left\{1 - \exp\left[\frac{\Delta E_{g0} - \Delta E_{g\,max}}{kT}\right]\right\}\end{aligned} \tag{10.56}$$

を得る．式 (10.56) は，エネルギー差 $(\Delta E_{g\,max} - \Delta E_{g0})$ だけでなく ΔE_{g0} にも依存している．これは，先に式 (10.55) で示したエミッタに Ge がある場合とは対照的である．ここで加わった ΔE_{g0} 依存性は，t_B をより改善するための Ge の分布形状を調整するために使える．これは 10.4.5.2 目で議論しよう．

10.4.4　ベース中に一定の Ge 分布をもつトランジスタ

ベースで一定のバンドギャップをもつことに相当する，準中性ベース中で位置によら

ない Ge 分布をもった SiGe ベース縦型トランジスタも広く使われている．空間的に一定の Ge 分布は図 10.7 で $\Delta E_{g0} = \Delta E_{g\,max}$ とすることにあたる．

式 (10.54) をもとにおおまかに考察すると，$\overline{\eta}$ による間接的要因以外ではベース走行時間は改善されないことを示唆される．けれども，ベースで一定の Ge 分布をもつと推定される SiGe ベース縦型トランジスタが，Si ベース縦型トランジスタと比べ，ベース走行時間が優れていることを示す多くの実験的データが文献にある (たとえば，Hobart ら，1995; Schüppen と Dietrich，1995; Schüppen ら，1996; Deixler ら，2001)．この項では，一定 Ge 分布の SiGe ベーストランジスタの特性をより一層評価するために，これまでの節で示した台形状 Ge 分布のモデルを拡張する．

エミッタ中に Ge がある場合 (すなわち $\boldsymbol{x_{jE} > W_{cap}}$) エミッタ領域とベース領域を図 10.10 に示す．式 (10.48) から

$$\left.\frac{J_{C0}(\mathrm{SiGe}, x_{jE})}{J_{C0}(\mathrm{Si}, x_{jE})}\right|_{x_{jE} > W_{cap}} = \overline{\gamma\eta}\exp\left(\Delta E_{g0}/kT\right) \quad (\text{一定のバンドギャップ}) \quad (10.57)$$

を得る．式 (10.52) から

$$\left.\frac{V_A(\mathrm{SiGe}, x_{jE})}{V_A(\mathrm{Si}, x_{jE})}\right|_{x_{jE} > W_{cap}} = 1 \quad (\text{一定のバンドギャップ}) \quad (10.58)$$

を，また式 (10.55) から

$$\left.\frac{t_B(\mathrm{SiGe}, x_{jE})}{t_B(\mathrm{Si}, x_{jE})}\right|_{x_{jE} > W_{cap}} = \frac{1}{\overline{\eta}} \quad (\text{一定のバンドギャップ}) \quad (10.59)$$

を得る．

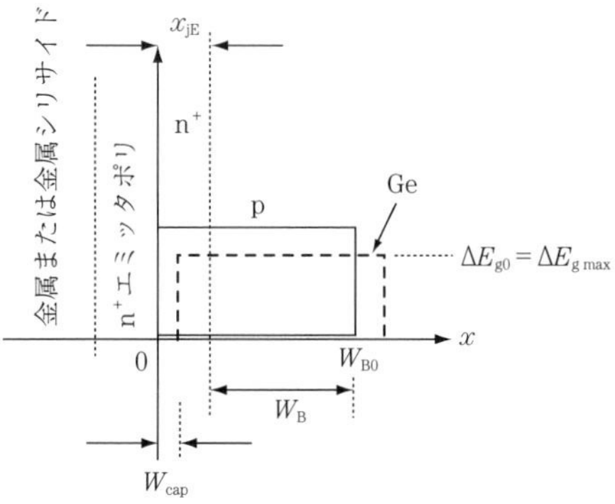

図 10.10 ベース中で一定の Ge 分布形状をもつポリシリコンエミッタ SiGe ベース縦型バイポーラトランジスタの，$x_{jE} > W_{cap}$ の場合のエミッタ領域とベース領域の説明図

エミッタ中に Ge がない場合 (すなわち $\boldsymbol{x_{\mathrm{jE}} < W_{\mathrm{cap}}}$)　当初の Ge がないキャップ層の厚さより x_{jE} が小さいときのエミッタ領域とベース領域を図 10.11 に示す．ここでは，エネルギーバンドギャップは準中性領域全体において一定ではなくなっており，その代わり，**ベース領域はハイ–ローのエネルギーバンドギャップをもち**，Ge のないベースのエミッタ端ではバンドギャップが大きくなる．対応する J_{C0}，V_{A}，t_{B} の比は，それぞれ式 (10.50)，(10.53)，(10.56) から求めることができる．それらは，

$$\left.\frac{J_{\mathrm{C0}}(\mathrm{SiGe}, x_{\mathrm{jE}})}{J_{\mathrm{C0}}(\mathrm{Si}, x_{\mathrm{jE}})}\right|_{x_{\mathrm{jE}}<W_{\mathrm{cap}}} = \overline{\gamma\eta}\left[\left(\frac{W_{\mathrm{cap}} - x_{\mathrm{jE}}}{W_{\mathrm{B0}} - x_{\mathrm{jE}}}\right) + \left(\frac{W_{\mathrm{B0}} - W_{\mathrm{cap}}}{W_{\mathrm{B0}} - x_{\mathrm{jE}}}\right)\exp\left(\frac{-\Delta E_{\mathrm{g0}}}{kT}\right)\right]^{-1} \tag{10.60}$$

$$\left.\frac{V_{\mathrm{A}}(\mathrm{SiGe}, x_{\mathrm{jE}})}{V_{\mathrm{A}}(\mathrm{Si}, x_{\mathrm{jE}})}\right|_{x_{\mathrm{jE}}<W_{\mathrm{cap}}} = \left(\frac{W_{\mathrm{cap}} - x_{\mathrm{jE}}}{W_{\mathrm{B0}} - x_{\mathrm{jE}}}\right)\exp\left(\frac{\Delta E_{\mathrm{g0}}}{kT}\right) + \left(\frac{W_{\mathrm{B0}} - W_{\mathrm{cap}}}{W_{\mathrm{B0}} - x_{\mathrm{jE}}}\right) \tag{10.61}$$

$$\left.\frac{t_{\mathrm{B}}(\mathrm{SiGe}, x_{\mathrm{jE}})}{t_{\mathrm{B}}(\mathrm{Si}, x_{\mathrm{jE}})}\right|_{x_{\mathrm{jE}}<W_{\mathrm{cap}}} = \frac{1}{\bar{\eta}}\left[\left(\frac{W_{\mathrm{cap}} - x_{\mathrm{jE}}}{W_{\mathrm{B0}} - x_{\mathrm{jE}}}\right)^2 + \left(\frac{W_{\mathrm{B0}} - W_{\mathrm{cap}}}{W_{\mathrm{B0}} - x_{\mathrm{jE}}}\right)^2 + 2\left(\frac{W_{\mathrm{cap}} - x_{\mathrm{jE}}}{W_{\mathrm{B0}} - x_{\mathrm{jE}}}\right)\left(\frac{W_{\mathrm{B0}} - W_{\mathrm{cap}}}{W_{\mathrm{B0}} - x_{\mathrm{jE}}}\right)\exp\left(\frac{-\Delta E_{\mathrm{g0}}}{kT}\right)\right] \tag{10.62}$$

である．これらの比は x_{jE} の関数であることに注意しよう．$W_{\mathrm{B0}} - x_{\mathrm{jE}}$ はベース幅で，$(W_{\mathrm{cap}} - x_{\mathrm{jE}})/(W_{\mathrm{B0}} - x_{\mathrm{jE}})$ は Ge がまったくない準中性ベースの割合である．図 10.12 は，いくつかの $\Delta E_{\mathrm{g0}}/kT$ の値に対して，式 (10.62) を $(W_{\mathrm{cap}} - x_{\mathrm{jE}})/(W_{\mathrm{B0}} - x_{\mathrm{jE}})$ の

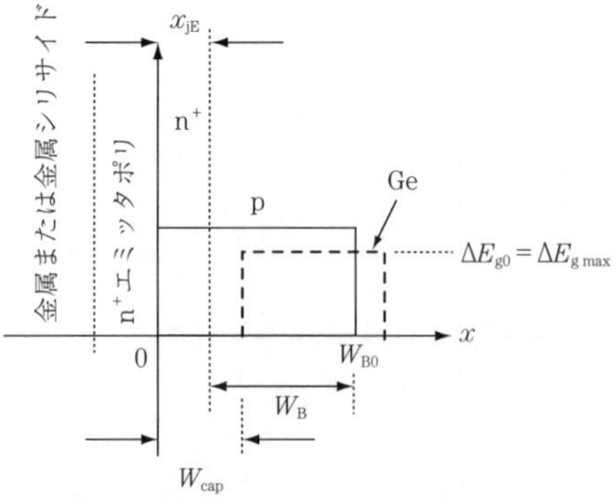

図 10.11　ベース中で一定の Ge 分布形状をもつポリシリコンエミッタ SiGe ベース縦型バイポーラトランジスタの，$x_{\mathrm{jE}} < W_{\mathrm{cap}}$ の場合のエミッタ領域とベース領域の説明図

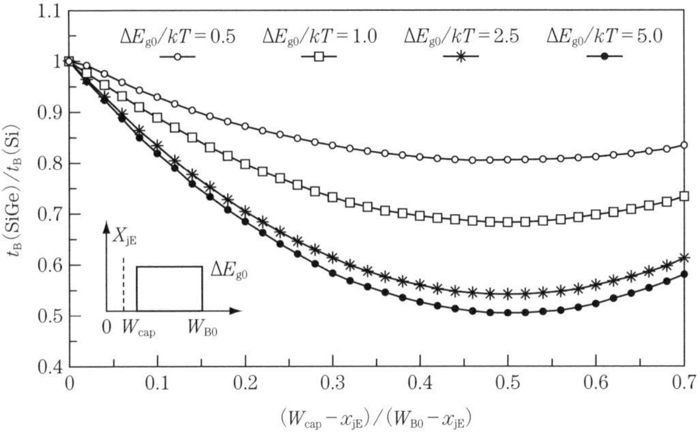

図 10.12 式 (10.62) による，$\Delta E_{g0}/kT$ をパラメータとした，$(W_{cap}-x_{jE})/(W_{B0}-x_{jE})$ の関数としてのベース走行時間比

関数として描いたものである．Ge がない領域が準中性ベースのエミッタ側の端に残っている限り，ベース領域はハイ–ローのバンドギャップをもち，Si ベーストランジスタに対して，ベース走行時間が改善されることが明らかにわかる．実際，$\Delta E_{g\,max}/kT$ と等しい，ある $\Delta E_{g0}/kT$ において，$(W_{cap}-x_{jE})/(W_{B0}-x_{jE}) \sim 0.5$ のときに起こる最大の改善率は，線形的に傾斜した Ge 分布の改善率にほぼ等しい (図 10.6 参照)．Si ベーストランジスタに対する電流利得とアーリー電圧での顕著な改善を明らかにするのは，読者に対する宿題としよう．

$\exp(-\Delta E_{g0}/kT)$ が $(W_{cap}-x_{jE})/(W_{B0}-x_{jE})$ と比較して無視できるくらい Ge 濃度が大きい場合，それぞれの比は下記の値に近づいていく．

$$\left.\frac{J_{C0}(\mathrm{SiGe},x_{jE})}{J_{C0}(\mathrm{Si},x_{jE})}\right|_{x_{jE}<W_{cap}} \to \overline{\gamma\eta}\left(\frac{W_{B0}-x_{jE}}{W_{cap}-x_{jE}}\right) \tag{10.63}$$

$$\left.\frac{V_A(\mathrm{SiGe},x_{jE})}{V_A(\mathrm{Si},x_{jE})}\right|_{x_{jE}<W_{cap}} \to \left(\frac{W_{cap}-x_{jE}}{W_{B0}-x_{jE}}\right)\exp\left(\frac{\Delta E_{g0}}{kT}\right) \tag{10.64}$$

$$\left.\frac{t_B(\mathrm{SiGe},x_{jE})}{t_B(\mathrm{Si},x_{jE})}\right|_{x_{jE}<W_{cap}} \to \frac{1}{\bar{\eta}}\left[\left(\frac{W_{cap}-x_{jE}}{W_{B0}-x_{jE}}\right)^2+\left(\frac{W_{B0}-W_{cap}}{W_{B0}-x_{jE}}\right)^2\right] \tag{10.65}$$

これは，J_{C0} 比および t_B 比は，$\Delta E_{g0}/kT \gg 1$ のときには，ΔE_{g0} と無関係になることを示している．一方 V_A 比は $\Delta E_{g0}/kT$ に対して指数関数的に増えていく．$\Delta E_{g0}/kT$ が大きくなると，t_B 比が ΔE_{g0} にあまり依存しなくなっていくことも図 10.12 で明瞭である．

今まで，Ge 分布が $x = W_{cap}$ で突然にゼロに落ちるという仮定を使っていた．実際には，これは起きえない (急峻に立ち上がり，下がるように設計された Ge 形状での実際の例としては，Washio ら，2002 を参照)．エミッタ端で無限に高い速さでゼロまで下げるかわりに，有限の速さでなら Ge 分布を下げることができる．ベース領域で，エミッタ端での濃度ゼロからある濃度まで立ち上がり，そのあとコレクタ端に向かってある距離だけ一定の濃度となる Ge 形状をもつ SiGe ベーストランジスタのモデルを考えることができる．Ge 分布がある有限の割合で傾斜する場合でも，図 10.11 に示したように急激に傾斜する場合でも，**準中性ベースのエミッタ端に Ge 濃度がゼロまたは比較的低い領域がある限り，一定の Ge となった SiGe ベーストランジスタは，傾斜した Ge 分布をもつ SiGe ベーストランジスタのように振る舞う**．このトランジスタは同じポリシリコンエミッタ，ベース幅およびベースドーパント分布をもつ Si ベーストランジスタに比べて大きな電流利得，大きなアーリー電圧，小さなベース走行時間をもつ．これがなぜ報告された “一定の Ge” の SiGe ベーストランジスタが，基準となる Si ベーストランジスタに対して通常，速い速度，高い電流利得，および大きなアーリー電圧を示すかの理由である．

10.4.5　Ge の最適形状

本節では，最適化または改善されたデバイス特性を得るために，準中性ベースの Ge の形状の設計に，10.4.3 項および 10.4.4 項で得た結果を応用する．最初に電流利得の観点から，次にベース走行時間の観点から考える．

10.4.5.1　電流利得の観点からの Ge 形状

SiGe ベーストランジスタの設計者は，電流利得が高くなりすぎたり，トランジスタ間で変動しすぎることにしばしば気づく．SiGe ベーストランジスタが大きな電流利得をもつのは，コレクタ電流が増えたからで，ベース電流が減ったからではない．したがって，SiGe ベーストランジスタの電流利得を下げる努力は，そのコレクタ電流を下げることに集中すべきである．

ベース走行時間の悪化を伴わない電流利得低減　コレクタ電流を減らす最も有効な方法は，準中性ベースのエミッタ側の端でのバンドギャップ縮小を少なくすることである．これを示すために，図 10.7 に描いた場合を考えよう．この場合の t_{B} の比は式 (10.55) で与えられ，ベース走行時間はベース層内のエネルギー差 $[\Delta E_{\mathrm{g\,max}} - \Delta E_{\mathrm{g0be}}(x_{\mathrm{jE}})]$ の関数である．このトランジスタでは，J_{C0} 比は式 (10.48) で与えられ，あるエネルギー差 $[\Delta E_{\mathrm{g\,max}} - \Delta E_{\mathrm{g0be}}(x_{\mathrm{jE}})]$ では，J_{C0} は $\Delta E_{\mathrm{g0be}}(x_{\mathrm{jE}})$ の増加に伴い指数関数的に増える．したがって，$[\Delta E_{\mathrm{g\,max}} - \Delta E_{\mathrm{g0be}}(x_{\mathrm{jE}})]$ を一定に保って $\Delta E_{\mathrm{g0be}}(x_{\mathrm{jE}})$ を減らせば，ベース走行時間に影響することなく，コレクタ電流，したがって電流利得を減らすことができる．

エミッタ深さ変動に対する電流利得変動率の最小化　設計者は，しばしば電流利得が，エミッタ作製プロセスではあまり変わらないようにしたい．これは図 10.13 に示すような，**エミッタ側での準中性ベースの境界が，Ge が一定の領域の中のみに限定すれば実現できる** (Oda ら，1997; Ansley ら，1998; Niu ら，2003)．10.4.3.1 目で示したエミッタに Ge がない場合のモデルは，今回の状態にも容易に拡張できる．Ge がないキャップのかわりに Ge が一定の領域を使えば良い．このとき，ベースのバンドギャップ縮小は

$$
\begin{aligned}
\Delta E_{\mathrm{gB,SiGe}}(x) &= \Delta E_{\mathrm{g0}} + \left(\frac{x - W_{\mathrm{cap}}}{W_{\mathrm{B0}} - W_{\mathrm{cap}}}\right)(\Delta E_{\mathrm{g\,max}} - \Delta E_{\mathrm{g0}}) \quad (x > W_{\mathrm{cap}}) \\
&= \Delta E_{\mathrm{g0}} \quad (x < W_{\mathrm{cap}})
\end{aligned}
\tag{10.66}
$$

となる．この場合の J_{C0} 比が

$$
\frac{J_{\mathrm{C0}}(\mathrm{SiGe}, x_{\mathrm{jE}})}{J_{\mathrm{C0}}(\mathrm{Si}, x_{\mathrm{jE}})} = \frac{\overline{\gamma\eta}\exp(\Delta E_{\mathrm{g0}}/kT)}{\left(\frac{W_{\mathrm{cap}} - x_{\mathrm{jE}}}{W_{\mathrm{B0}} - x_{\mathrm{jE}}}\right) + \left(\frac{W_{\mathrm{B0}} - W_{\mathrm{cap}}}{W_{\mathrm{B0}} - x_{\mathrm{jE}}}\right)\left(\frac{kT}{\Delta E_{\mathrm{g\,max}} - \Delta E_{\mathrm{g0}}}\right)\left[1 - \exp\left(\frac{\Delta E_{\mathrm{g0}} - \Delta E_{\mathrm{g\,max}}}{kT}\right)\right]}
\tag{10.67}
$$

となる説明は，読者への宿題とする．式 (10.67) を，$\overline{\gamma\eta} = 1$ を用いてエミッタ深さの変化の関数として図 10.14 にプロットした．このプロットから，コレクタ電流の Ge 分布依存性についていくつかの洞察が推測できる．まずエミッタ–ベース接合，またはその

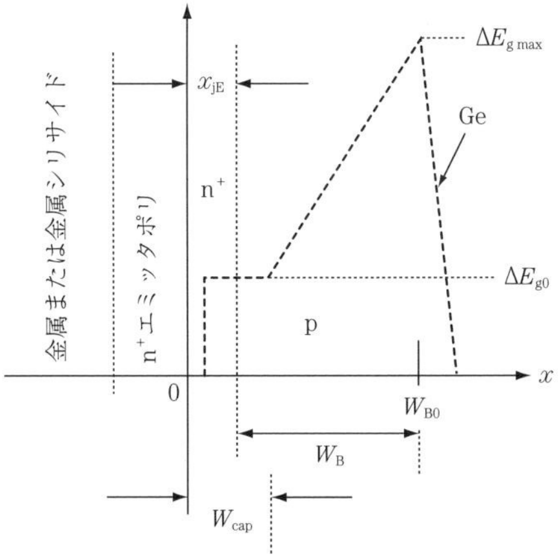

図 10.13　エミッタ深さ変動による電流利得変動を少なくするための Ge 分布形状をもつポリシリコンエミッタ SiGe ベース縦型バイポーラトランジスタのエミッタ領域とベース領域の説明図．簡単化のため，ベースドーパント分布は示していない．

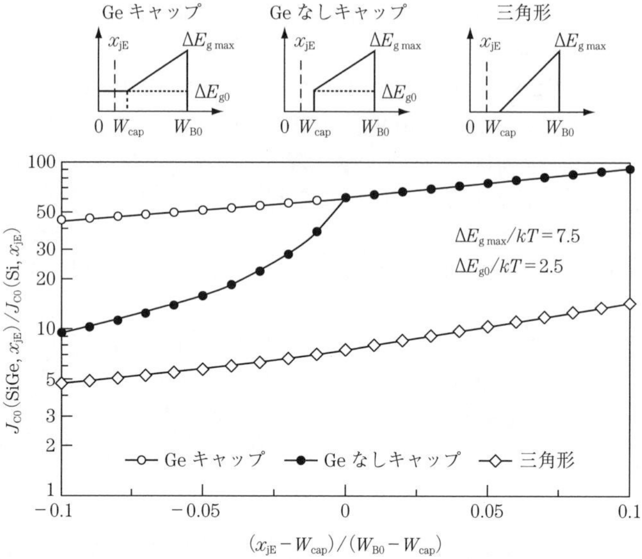

図 10.14　3 つの Ge の形状に対し，$(x_{jE} - W_{cap})/(W_{B0} - W_{cap})$ の関数として描いた相対的なコレクタ電流改善率．$\overline{\gamma\eta} = 1$ を仮定している．

近傍で Ge の濃度が高いと J_{C0} は大きくなる．次に，図で “Ge なしキャップ” として描かれているエミッタ–ベース接合に向けて急峻にまたは階段状に下がる Ge の分布では，エミッタ深さ変動に対し J_{C0} 比が敏感に変化する．これが，SiGe ベース縦型バイポーラトランジスタで，しばしば大きな電流利得変動がみられることの主な理由であろう．

10.4.5.2　ベース走行時間の観点からみた Ge 形状

ここで，図 10.7 で示した台形の Ge 分布のためのモデルを使って，より詳細にベース走行時間の Ge 分布依存性を調べる．

ΔE_{g0} 依存性　まず $x_{jE} = W_{cap}$ の場合を考えよう．この場合，t_B の比は式 (10.55) で $\Delta E_{g0be}(x_{jE}) = \Delta E_{g0}$ とすればよい．図 10.15 では，$\Delta E_{g\,max}/kT = 7.5$ における，$\Delta E_{g0}/kT$ の関数としての比 $t_B(\Delta E_{g0}/kT)/t_B(\Delta E_{g0}/kT = 0)$ を示す．$\Delta E_{g\,max}$ を一定として ΔE_{g0} を増大させると，ベース走行時間は単純に長くなる．したがって，ベース走行時間の観点から，単純な三角形 Ge 形状 (すなわち $\Delta E_{g0} = 0$) が好ましい．

Ge が所望通り減少しない場合　実際には，準中性ベース層において本当に線形的なバンドギャップ傾斜を得るのは難しい．もし望んだよりもゆっくりしたレートで Ge 濃度

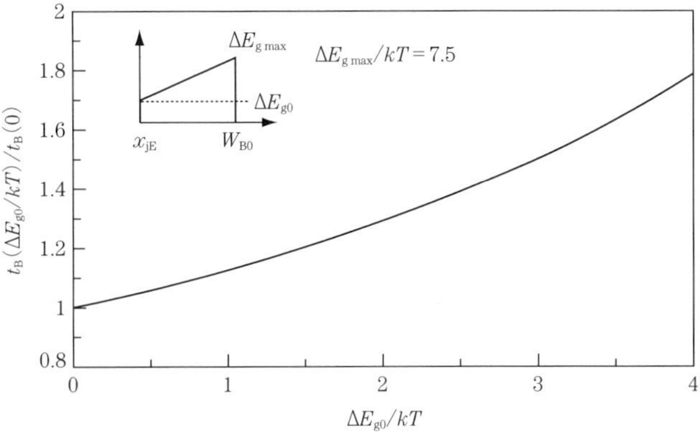

図 10.15　台形の Ge 分布において，$\Delta E_{g\,max}/kT = 7.5$ における，$\Delta E_{g0}/kT$ の関数としてのベース走行時間．$\Delta E_{g0}/kT = 0$ のベース走行時間の比として示している．ベース幅は一定とした．

が落ちていくと，準中性ベースのエミッタ側の端で，ゼロではない，ある有限の Ge 濃度となり，すなわち $\Delta E_{g0be}(x_{jE}) > 0$ となる．そうすると，図 10.15 に示したように，ベース走行時間は悪化し，Si ベーストランジスタと比較して望んだほど改善されない．

望んだよりも早いレートで Ge 濃度が落ちていった場合を考えよう．目標とした設計は，$x_{jE} = W_{cap}$，$\Delta E_{g0} = 0$ で，ある所定の値の $\Delta E_{g\,max}$ をもった単純な三角形 Ge 分布であると仮定しよう．もしもベース層の成長の間に望んだよりも早いレートで Ge 濃度が落ちると，準中性ベースのエミッタ側の端に Ge がまったくない，ある厚さの領域ができることになる．これは 10.4.3.3 目で述べた “エミッタに Ge がない” 場合に相当する．ベース走行時間比は $\Delta E_{g0} = 0$ とした式 (10.56) から求めることができる．準中性ベース幅は $W_{B0} - x_{jE}$ で，Ge がない準中性ベースの部分の厚さは $W_{cap} - x_{jE}$ である．図 10.16 は $\Delta E_{g\,max}/kT = 7.5$ としたときの $(W_{cap} - x_{jE})/(W_{B0} - x_{jE})$ の関数として表したベース走行時間の相対的な変化を示している．$t_B(W_{cap} - x_{jE})$ は，準中性ベースのエミッタ側の端での Ge がない層の厚さが $W_{cap} - x_{jE}$ のときのベース走行時間である．$t_B(0)$ は意図的に Ge がない層の厚さをゼロにした Ge 分布でのベース走行時間である．得られた曲線の形は式 (10.56) のさまざまな項での釣り合いで決まっている．図 10.16 は，ある $\Delta E_{g\,max}$，ベース幅で，ベースでのエミッタ側の端での Ge がない層の厚さがゼロから増えていくと，ベース幅の約 10%になったときにベース走行時間は最小値となることを示している．この結果と前の箇条書きでの ΔE_{g0} 依存性から，Ge 分布は，想定されたものよりも緩やかに落ちるよりも急峻に落ちた方が好ましいことがわかる．ある準中性ベース幅と $\Delta E_{g\,max}$ において，**$\boldsymbol{\Delta E_{g0be}(x_{jE}) > 0}$ となるよりもベースのエミッタ側の端に薄い Ge がない層があった方が良いことがわかる．**

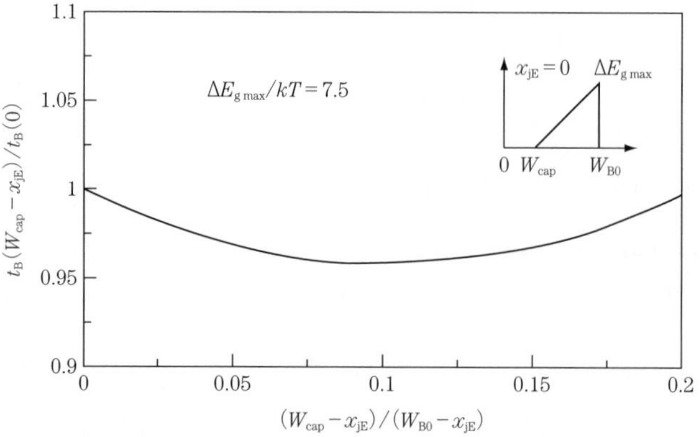

図 10.16　準中性ベース幅が一定の場合の，ベースのエミッタ側の端での Ge がない層の厚さを関数とした，ベース走行時間の相対的変化

10.4.5.3　電流利得とベース走行時間のトレードオフ

図 10.13 に示した Ge の分布は，一定の Ge 分布と傾斜した Ge 分布の和として表せる．つまり，式 (10.66) に変わり，ベースバンドギャップ縮小は次式で表される．

$$\Delta E_{gB,SiGe}(x) = \Delta E_{g0} + \Delta E'_{gB,SiGe}(x) \tag{10.68}$$

ここで

$$\Delta E'_{gB,SiGe}(x) = \left(\frac{x - W_{cap}}{W_{B0} - W_{cap}}\right)(\Delta E_{g\,max} - \Delta E_{g0}) \quad (x > W_{cap})$$
$$= 0 \qquad (x < W_{cap}) \tag{10.69}$$

である．式 (10.68) を式 (10.36) に代入すると ΔE_{g0} を含む部分は落とせることが容易にわかり，積分中では $\Delta E_{gB,SiGe}(x)$ を含んだ部分のみが残る．つまり，一定の Ge の部分は t_B に影響を与えない．ただ $\Delta E_{gB,SiGe}(x)$ だけが t_B 改善に寄与する．$\Delta E_{g\,max}$ が決まると，t_B は $\Delta E_{g0} = 0$ のとき，最小になる．したがって t_B の観点からみて，図 10.16 に示した例は最適の Ge 分布に相当する．

しかしながら，式 (10.27) からわかるように，一定の Ge 部分により J_{C0} が $\exp(\Delta E_{g0}/kT)$ に比例して増える．したがって，ある $\Delta E_{g\,max}$ が決まると，ベース走行時間と電流利得にはトレードオフの関係がある．電流利得は ΔE_{g0} の増加で容易に増やせる．しかし，それは同時にベース走行時間を増やしてしまう．

10.4.6　V_{BE} によるベース幅変調

エミッタ–ベースダイオードの空間電荷層 W_{dBE} の幅は V_{BE} の関数である．W_B が，

V_{BE} で変調されるということである．9.3.2.1 目で，W_B がベース–コレクタ電圧 V_{BC} によって変調されることを示した．トランジスタにおける V_{BC} 起因の W_B 変調の度合いはアーリー電圧で表せる．そこで，V_{BE} による W_B 変調を**逆アーリー効果** (reverse Early effect) とよぶ文献もある (Crabbé ら，1993b; Salmon ら，1997; Deixler ら，2001)．(10.4.7 項で説明した逆方向接続で動作しているトランジスタのアーリー電圧とは混同しないように．)

$N_E \gg N_B$ なので，エミッタ–ベースダイオードは W_{dBE} がベース側のみに存在する片側接合として扱える．式 (3.15) からこの幅は

$$W_{dBE}(V_{BE}) = \sqrt{\frac{2\varepsilon_{si}(\psi_{bi} - V_{BE})}{qN_B}} \tag{10.70}$$

となる．エミッタ–ベースダイオードの空間電荷層のベース側境界は，準中性ベース層のエミッタ側境界でもある．V_{BE} を 0 からある値まで増やすことでオンさせたバイポーラトランジスタでは，W_{dBE} は $W_{dBE}(0) - W_{dBE}(V_{BE})$ の量だけ減り，準中性ベース幅が同じ量だけ増える．以下で示すように，そのようなエミッタ端でのベースの広がりは，普通の Si バイポーラトランジスタでは無視できる効果である．しかしながら，SiGe ベースバイポーラトランジスタでは，エミッタ端近傍でのベースのバンドギャップ形状で増幅されるため，この効果があらわになる．これが，SiGe ベースバイポーラトランジスタが詳細に研究される (Crabbé ら，1993b; Cressler ら，1993a，1993b; Paasschens ら，2001) まで，なぜ文献でエミッタ端でのベース広がりがほとんど議論されなかったかの理由である．

今まで議論してきたすべてのモデルで，準中性ベースがエミッタ側の $x = x_{jE}$ からコレクタ側の $x = W_{B0}$ まで広がると仮定することで，暗黙のうちに W_{dBE} を完全に無視して来たことに注意しよう．この仮定は，W_{dBE} の変動による効果が小さい間は成り立っている．W_{dBE} を無視したことは，エミッタ–ベースダイオードを説明したり，準中性ベース層中の Ge 分布を描くことを非常に簡単にした．

いま考えている場合のように W_{dBE} の変動が無視できないときにも，エミッタ側の端の $x = x_{jE}$ からコレクタ側の端の $x = W_{B0}$ に広がる準中性ベースを扱う 10.4.3 項から 10.4.5 項で導出した今までのモデルや式はいまだに有効である．ここで，**パラメータ $\boldsymbol{x_{jE}}$ は，単結晶域でのエミッタ深さと $\boldsymbol{W_{dBE}}$ の和で表せばよい**．W_{dBE} が V_{BE} で変わるとき，パラメータ x_{jE} は V_{BE} によって同じ量だけ変わる．式 (10.70) は V_{BE} の関数として x_{jE} の変動を計算するのに使える．エミッタ側の端での準中性ベースの広がりは “エミッタ深さの変動” として扱える．

10.4.6.1　低電流での J_{C0} 減少

式 (10.26) から，エミッタ側の端でのベース広がりによる J_{C0} の減少はバイポーラト

ランジスタの動作に特有のものであることは容易にわかる．Si ベーストランジスタでは，この効果は非常に小さく，通常無視される．たとえば，平均濃度 $N_{\mathrm{B}} = 5 \times 10^{18}\,\mathrm{cm}^{-3}$ のボックス状ドーパント分布をもつ Si ベーストランジスタを考えよう．$V_{\mathrm{BE}} = 0.3\,\mathrm{V}$ と $V_{\mathrm{BE}} = 0.7\,\mathrm{V}$ との間での W_{B} の変化は，式 (10.70) から見積もって，約 4 nm である．$V_{\mathrm{BE}} = 0.3\,\mathrm{V}$ のときに $W_{\mathrm{B}} = 70\,\mathrm{nm}$ のトランジスタでは，この変化は約 6 %である．これは，$V_{\mathrm{BE}} = 0.7\,\mathrm{V}$ での J_{C0} が，$V_{\mathrm{BE}} = 0.3\,\mathrm{V}$ で J_{C0} に比べてわずか 6 %減るに過ぎない．もしトランジスタの N_{B} がより大きい，またはイオン注入ベースでは典型的であるエミッタ側の端でより大きな濃度をもったベースドーパント分布の場合は J_{C0} の減少量はもっと減ってくる．

しかしながら，SiGe ベーストランジスタの場合，V_{BE} が増えると，準中性ベースのエミッタ側の端のベースバンドギャップも変わってしまうかもしれない．これは二つの SiGe ベーストランジスタで異なる V_{BE} 値に対する W_{B} を説明した図 10.17 で示されている．

J_{C0} の減少は，電流利得の減少も招く．図 10.18 は SiGe ベース縦型バイポーラトランジスタで測定された電流利得を示している (Crabbé ら，1993b)．非常に低い電流の場合に当初電流利得が減少ではなく上昇をみせるのは，ベース電流のベース–エミッタ間電荷領域による電流成分がゼロではなく有限であることが原因である (図 9.8 および関連する考察を参照)．

次に，図 10.18 の 300 K でのデータに注目してみよう．電流密度が約 2 mA/μm^2 より大きくなったときの速い電流利得の減少は，縦型バイポーラトランジスタでのコレクタ側の端で起きるベース広がりであるカーク効果によるものである (図 9.9 および関連

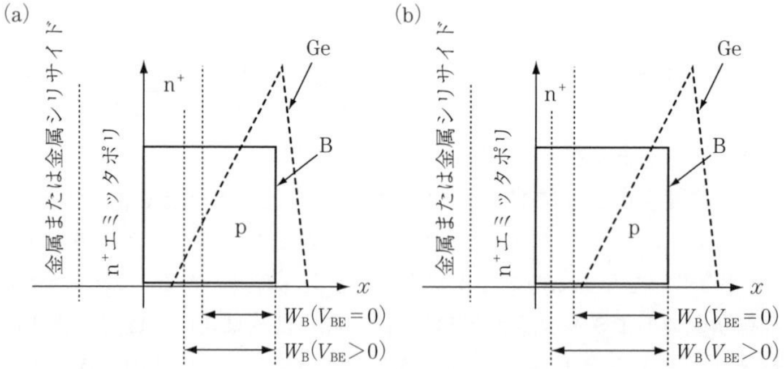

図 10.17　二つの SiGe ベーストランジスタにおけるエミッタ側の端でのベース広がりの説明図．(a) このトランジスタでは，トランジスタが $V_{\mathrm{BE}} = 0$ のバイアスのとき，準中性ベース層のエミッタ側の端を超えた場所で Ge の濃度はゼロに落ちる．V_{BE} が増えると，$\Delta E_{\mathrm{g0be}}(V_{\mathrm{BE}})$ は減る．(b) このトランジスタでは，トランジスタが $V_{\mathrm{BE}} = 0$ のバイアスのとき，準中性ベース層のエミッタ側の端に達する前に Ge の濃度はゼロに落ちる．V_{BE} が増えても，$\Delta E_{\mathrm{g0be}}(V_{\mathrm{BE}})$ はゼロのままである．

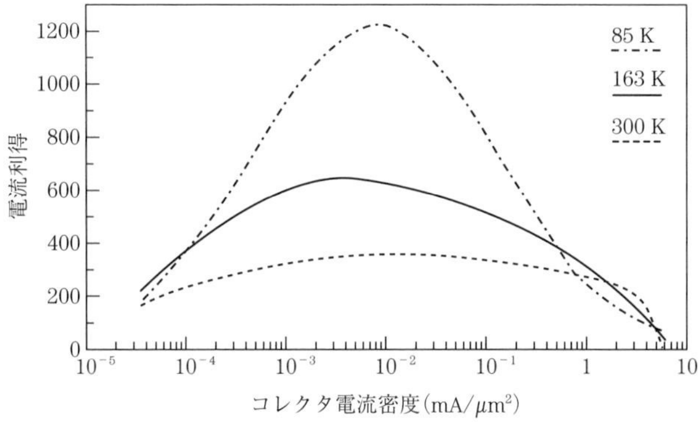

図 10.18 一般的な SiGe ベースバイポーラトランジスタで測定された，コレクタ電流密度の関数としての電流利得 [Crabbé ら (1993b) より引用]

する考察を参照)．2 mA/μm^2 より小さな電流密度で起こっているゆっくりとした電流利得の減少は，エミッタ側の端でのベース広がりである V_{BE} によるベース幅変調効果によるものである．

また，図 10.18 は温度が低くなるときに，V_{BE} による (J_{C} が 10^{-2} mA/μm^2 から 1 mA/μm^2 のときの) ベース広がりが急速に進むことによる電流減少も示している．これは，$\Delta E_{\mathrm{g\,max}}$ と ΔE_{g0} の値は，測定している SiGe ベーストランジスタでは一定だが，電流利得と “エミッタ深さの変動” を増やす $\Delta E_{\mathrm{g\,max}}/kT$ と $\Delta E_{\mathrm{g0}}/kT$ の値は温度が下がると増えるからである．

10.4.6.2 基準電圧としての V_{BE}

回路設計者はしばしば V_{BE} を基準電圧として使う．V_{BE} 基準電圧回路は，あるエミッタ面積では，バイポーラトランジスタのコレクタ電流 I_{C} が V_{BE} で決まるという仮定に基づいている．回路設計者はしばしば，トランジスタの “V_{BE}” という言葉を，目的とする I_{C} の値を得るために必要な V_{BE} という意味で用いる．Si ベースバイポーラトランジスタでは，I_{C} と V_{BE} の関係は単純な $I_{\mathrm{C}} = A_{\mathrm{E}} J_{\mathrm{C0}} \exp(qV_{\mathrm{BE}}/kT)$ であり，J_{C0} は V_{BE} が低注入の場合は，V_{BE} と無関係であった．しかしながら，SiGe ベース縦型バイポーラトランジスタの J_{C0} はベース内のエミッタ側の端近傍の Ge 分布形状に強い依存性をもつ．Ge 形状の小さな変化が “V_{BE}” のかなりの変化となることが示されている (Salmon ら，1997; Deixler ら，2001)．したがって，SiGe ベース縦型バイポーラトランジスタを使って V_{BE} 基準電圧回路を設計するときには，特別な注意を払わなければならない．必要であれば，10.4.5.1 目の議論に従って，V_{BE} 感度を最小にする Ge プロファイルを設計することができる．

10.4.7　逆方向接続状態 I–V 特性

バイポーラトランジスタは通常順方向活性状態で動作する．ただ，故意ではない場合や設計通りの場合があるが，時としてトランジスタは逆方向活性状態で動作する．たとえばトランジスタが回路において飽和しているとき，ベース–コレクタ接合は順方向にバイアスされ，そのコレクタ電流は順方向成分と逆方向成分の差となる．この項では逆方向接続状態と順方向接続状態を比較する．

ベースが三角形の Ge 分布をもつ SiGe ベース縦型バイポーラトランジスタの，通常(または順方向) 接続状態と逆方向状態を図 10.19 に模式的に示す．9.6.1 項で示したように，エミッタとコレクタの相互互換性から，順方向のコレクタ電流は逆方向のコレクタ電流と同じであるべきである．理論では，

$$I_{\mathrm{C}}(\text{順方向}) = I_{\mathrm{C}}(\text{逆方向}) \tag{10.71}$$

となる．図 10.20 に二つの SiGe ベース縦型バイポーラトランジスタにおいて測定された順方向接続時と逆方向接続時のガンメル特性を示す．図 10.20(a) に示したトランジスタでは，I_{C}(逆方向) は I_{C}(順方向) とほぼ同じだが，I_{B}(逆方向) は I_{B}(順方向) より明らかに大きい．図 10.20(b) のトランジスタでは，I_{C} と I_{B} の両方ともが，順方向に比べて，逆方向で明らかに大きくなっている．この微妙な差異を支配する物理モデルを続いて示す．

はじめにベース電流を調べよう．順方向接続と逆方向接続での縦型トランジスタの I_{B} はまったく違う．これは順方向接続と，逆方向接続でのエミッタ構造がまったく異なるからである．順方向接続では，トランジスタはポリシリコンエミッタをもつ．逆方向接続では．トランジスタは複雑な n 型領域 (ペデスタルコレクタ領域や濃くドーピングされたサブコレクタ) をエミッタとする (図 9.1(a) 参照)．また逆方向接続でのベース–エ

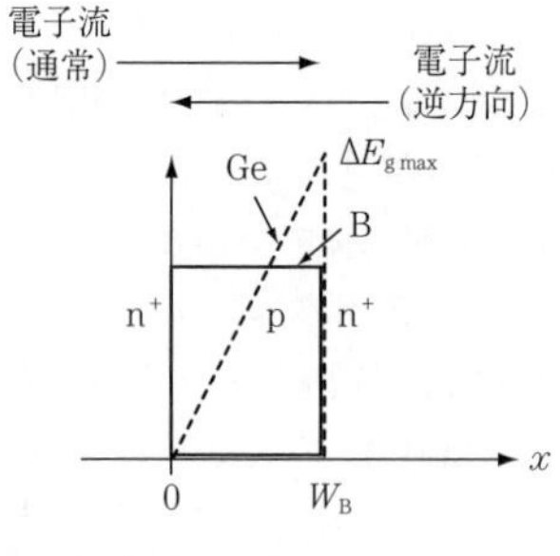

図 10.19　順方向接続と逆接続状態で動作している SiGe ベースバイポーラトランジスタの説明図．順方向接続では，左側の n^+ 領域がエミッタで，右側の n^+ 領域がコレクタである．逆方向接続では，右側の n^+ 領域がエミッタで，左側の n^+ 領域がコレクタである．

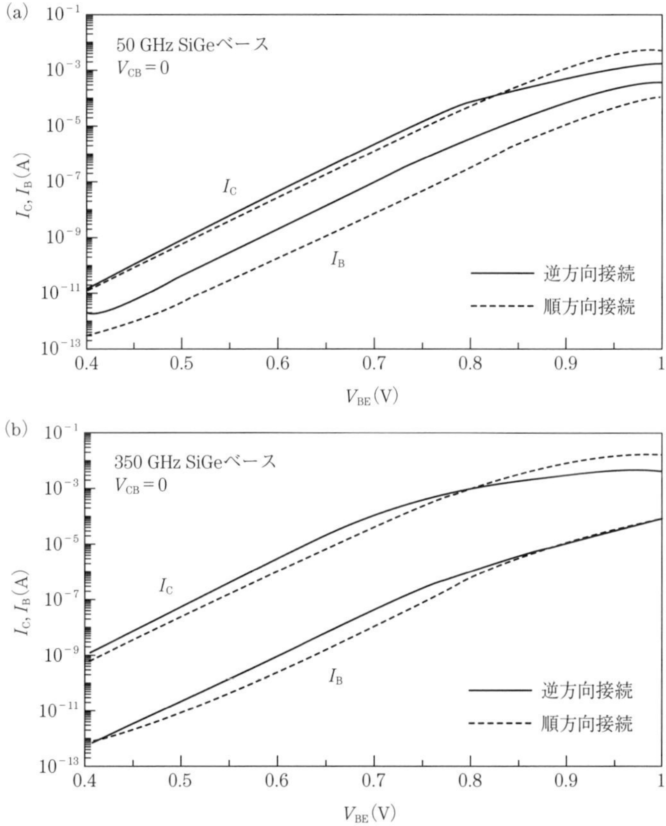

図 10.20　順方向接続と逆方向接続に対し，二つの SiGe ベース縦型バイポーラトランジスタで測定されたガンメル特性．(a) $f_T = 50\,\mathrm{GHz}$，V_A(順方向)$= 55.7\,\mathrm{V}$，V_A(逆方向)$= 1.34\,\mathrm{V}$ のトランジスタ．(b) $f_T = 350\,\mathrm{GHz}$，V_A(順方向)$= 22.2\,\mathrm{V}$，V_A(逆方向)$= 0.16\,\mathrm{V}$ のトランジスタ [Rieh ら (2005) より引用]．

ミッタダイオードの面積 (真性ベース領域に外部ベース領域も加わる) も，順方向接続でのベース–エミッタダイオードの面積 (真性ベース領域だけ) より非常に大きくなる．結果として，I_B は順方向接続に比べて逆方向接続で大きくなる．

コレクタ電流については，図 10.20(a) で示したトランジスタの二つのコレクタ電流は，V_{BE} が約 0.8 V よりも低いときには理想的であり，ほぼ同じである．これは式 (10.71) と一致する．V_{BE} が約 0.8 V より大きいと二つのコレクタ電流は，直列抵抗とカーク効果の相乗効果により理想的な値より明らかに小さくなっていく．順方向接続のエミッタ直列抵抗は，逆方向接続に比べて小さい．したがって，エミッタ抵抗だけを基準にすれば，非理想領域では I_C(順方向) の方が I_C(逆方向) よりも大きくなると予想される．一方，カーク効果は，逆方向接続では明らかに小さくなる．これは，“コレクタ”に薄くドープされた領域がないことによる．したがって，カーク効果だけを考慮すれば，I_C(順方向) は I_C(逆方向) よりも小さくなると予想される．測定された I_C(逆方向) が高 V_{BE} で I_C(順方向) よりも低下するという事実は，その低下がすべて逆方向接続における大きな「エミッタ」直列抵抗によるものであることを示唆している．

直列抵抗やカーク効果が無視できる電圧領域でも，実際のコレクタ電流が式 (10.71) の値と等しくならない二つの効果がある．V_{BE} によるベース幅変調効果 (10.4.6 項参照) と V_{BC} によるベース幅変調効果 (9.3.2.1 目参照) である．二つの効果を別々に調べよう．

10.4.6 項で示したように，V_{BE} によるベース幅変調はコレクタ電流を理想的な値から変える要因となる．順方向接続では，W_{dBE} は主にベース側にある．これは，N_B が N_E よりも小さいからである．V_{BE} が増えると，W_{dBE} は狭まり，同じだけ準中性ベース層はエミッタ側へ広がる．SiGe ベース縦型トランジスタの場合は，この J_{C0}(順方向) の減少は，傾斜した Ge 形状で増幅される (10.4.6.1 目参照)．

しかしながら，逆方向接続では，“N_E” は，N_B より低い．そのため，“W_{dBE}” はベース側ではなく，おもに “エミッタ” 側にある．逆方向接続で “V_{BE}” が増えると，“W_{dBE}” の変化は，ベース側ではなく，“エミッタ” 側で吸収される．つまり，縦型トランジスタが逆方向接続で動作しているときには，“エミッタ側の端でのベース広がり” は無視してよい．したがって，このベース幅広がりだけで，SiGe ベース縦型バイポーラトランジスタでは，J_{C0}(逆方向) と J_{C0}(順方向) が異なる可能性がある．

V_{BC} によるベース幅変調の効果はそのアーリー電圧によって示せる (9.3.2.1 目参照)．I_B あるいは V_{BE} が同じであれば，アーリー電圧が小さければコレクタ電流が大きいことは図 9.12 から容易に推測できる．またベースでのバンドギャップ傾斜をもつ SiGe ベーストランジスタでは，逆方向接続でのアーリー電圧が，順方向接続でのアーリー電圧より小さくなることもわかる．逆方向接続でのアーリー電圧の低さは，一般的な SiGe ベーストランジスタで，I_C(順方向) よりも I_C(逆方向) が大きくなることに，疑いなく寄与している．

図 10.20 に戻って，高い f_T をもつ SiGe ベーストランジスタが，低い f_T をもつトランジスタに比べて，I_C(順方向) と I_C(逆方向) の間で大きな違いをもつのは明らかである．この結果は，今まで述べた二つのベース幅変調効果，すなわち縦型 SiGe ベースバイポーラトランジスタでの V_{BE} によるベース幅変調と V_{BC} によるベース幅変調，と一致する．重要なのは，SiGe ベーストランジスタにおける順方向と逆方向でのわずかな I–V 特性の変化が，順方向接続や逆方向接続で動作するトランジスタを含むバイポーラ回路のモデリングに含まれるべきことである．

10.4.8 SiGe ベース縦型バイポーラトランジスタでのヘテロ接合の性質

ワイドギャップエミッタをもつ**ヘテロ接合バイポーラトランジスタ** (HBT) での小さなベース電流，すなわち大きな電流利得は，エミッタ–ベース接合でのベース電流注入に対する大きなエネルギー障壁のためである (Kroemer, 1957)．ワイドギャップエミッタをもつ HBT では，ベースのバンドギャップ傾斜が無くても，ふつう大きなアーリー電圧が得られる．なぜなら小さなベース電流が，十分な電流利得を保ったままでの真性ベース層への高濃度のドーピングを許すからである．高濃度ドーピングされた真性ベースは，大きなベースガンメル数を意味し，大きなアーリー電圧にもつながる [式 (9.94) 参照]．ワイドギャップエミッタ HBT では，ベースのバンドギャップ傾斜を行わなくても，適切な電流利得と大きなアーリー電圧の両方を同時に得ることができる．もちろん，ベースのバンドギャップの傾斜は，さらに大きなアーリー電圧をもたらす．

文献では，ほとんどの SiGe ベース縦型トランジスタは，ベースにバンドギャップ傾斜をもつか，一定だが狭いバンドギャップをもつように設計されている．バンドギャップ傾斜あるいは一定のバンドギャップのどちらの SiGe ベーストランジスタともしばしば HBT とよばれる．この項では，SiGe ベーストランジスタの二つの種類のヘテロ接合の性質について調べ，ワイドギャップエミッタをもつ HBT の特性と比較する．

10.4.8.1 バンドギャップ傾斜 SiGe ベース縦型トランジスタのヘテロ接合の性質

単純な線形的なバンドギャップ傾斜をもつ SiGe ベース縦型トランジスタを考えよう．Si ベーストランジスタと比較して，線形的なバンドギャップ傾斜は大きな J_{C0}，大きな V_A と短い t_B を与える．I_B は変わらない．図 10.21 に示された二つの SiGe ベースバイポーラトランジスタが (アーリー電圧を無視すれば) 同じ基本電流–電圧特性をもつべ

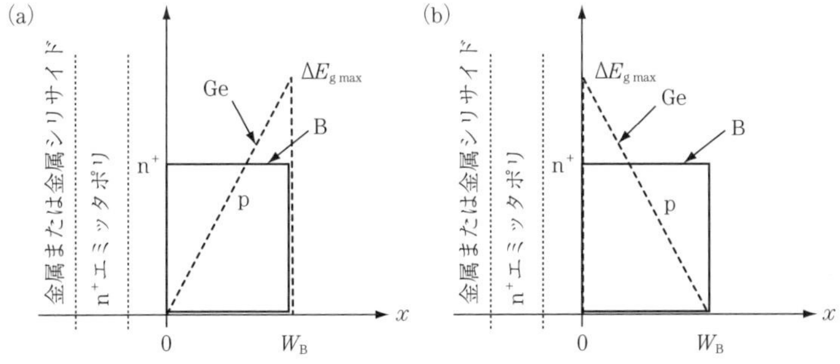

図 10.21 二つの SiGe ベースバイポーラトランジスタのエミッタ–ベースダイオードの説明図．トランジスタ (a) は準中性ベースのコレクタ側の端で $\Delta E_{g\,max}$ となる，傾斜した Ge 分布をもつ普通の SiGe ベースバイポーラトランジスタ．(b) は Ge 分布が逆で，準中性ベースのエミッタ側の端で $\Delta E_{g\,max}$ となること以外は (a) と同じトランジスタ．

き，と式 (10.71) が示していることは興味深い．トランジスタ (a) は普通の SiGe ベーストランジスタであり，トランジスタ (b) は，Ge 分布が逆方向になっている以外は (a) と同じトランジスタである．つまり，トランジスタ (b) では，$\Delta E_{\mathrm{g\,max}}$ はベース層のエミッタ側の端に位置している．この二つのトランジスタのエミッタ–ベースダイオードに相当するエネルギーバンド図を図 10.22 に示す．

最も簡単な近似では，二つのトランジスタは同じコレクタ電流をもつ．しかしながら，V_{BE} や V_{BC} によるベース幅変調などの 2 次的効果を含めると，図 10.21 の二つのトランジスタは，10.4.7 項で示したように，容易に区別できる特性をもつ．さらに，トランジスタ (b) では，ベース領域に減速電界があり，トランジスタ (a) よりもベース走行時間が長くなる．言い換えれば，ベースで不均一なバンドギャップをもつ SiGe ベース縦型トランジスタの特性は，ベースのバンドギャップ傾斜の方向と，ベース内でのバンドギャップの差の大きさによって決まり，エミッタ–ベース接合での電子や正孔に対する障壁にはあまり依存しない．

10.4.8.2　一定のバンドギャップをもつ SiGe ベース縦型トランジスタのヘテロ接合の性質

一定の Ge の SiGe ベーストランジスタと傾斜した Ge 分布の SiGe ベーストランジスタとを明確に区別するために，一定の Ge のトランジスタで，図 10.10 や図 10.11 で示したように，エミッタ側の端近傍で，有限のレートではなく急激に Ge が減少する分布を仮定する．

エミッタに Ge がある場合 ($x_{\mathrm{jE}} > W_{\mathrm{cap}}$ の場合)　エミッタ領域とベース領域における Ge 分布とドーパント分布を図 10.10 に示した．対応するエネルギーバンド図を図 10.23 に示す．エミッタのバンドギャップはベースのバンドギャップより大きい．実際，このトランジスタは，ワイドギャップエミッタをもつ HBT とも考えられる．10.4.4 項で示したように，Si ベーストランジスタに比べて大きな電流利得が得られることはワイドギャップエミッタ HBT と同じであるが，ベース電流の低減によるものではなく，コレクタ電流の増大によるものである．

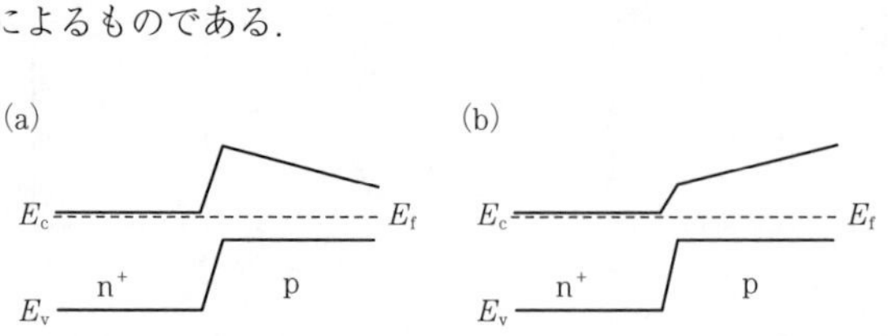

図 10.22　図 10.21 で示したエミッタ–ベースダイオードの，$V_{\mathrm{BE}} = 0$ における，エネルギーバンド図

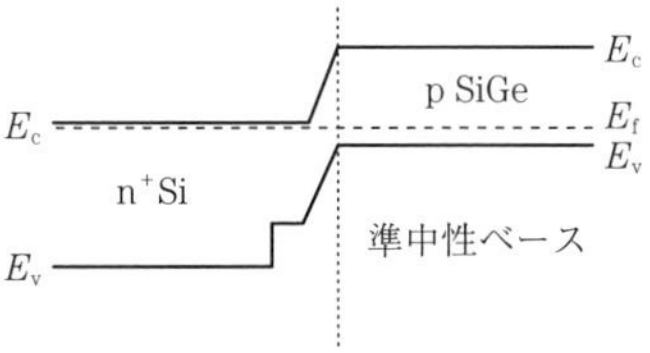

図 10.23 図 10.10 で示したエミッタ–ベースダイオードの，$V_{BE}=0$ における，エネルギーバンド図

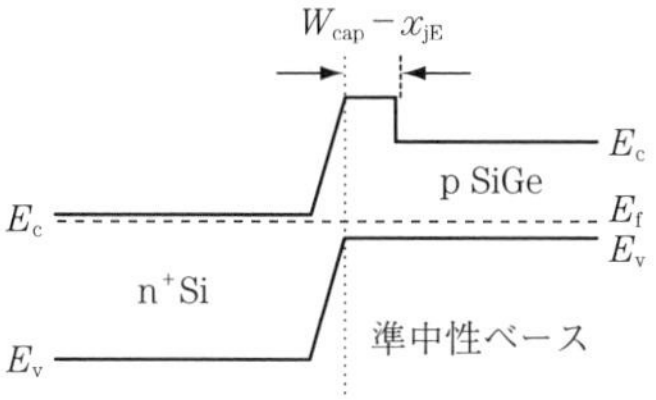

図 10.24 図 10.10 で示したエミッタ–ベースダイオードの $V_{BE}=0$ におけるエネルギーバンド図

エミッタに Ge がない場合 ($\boldsymbol{x_{jE} < W_{cap}}$ の場合) この場合のエミッタ領域とベース領域での Ge 分布とドーパント分布を図 10.11 に示した．対応するエネルギーバンド図を図 10.24 に示す．もしエミッタ–ベース接合近傍の領域に注目すれば，エミッタと準中性ベースのエミッタ側の端は同じエネルギーバンドギャップをもっているので，このトランジスタは，ワイドギャップエミッタをもったデバイスではない．Si ベーストランジスタと比べるとこのトランジスタは同じベース電流をもつ．しかしながら 10.4.4 項で議論したように，このトランジスタは大きな I_C による高い β_0 をもつだけでなく，大きな V_A と短い t_B をも有する．このベースでのハイ–ローのエネルギーギャップは，トランジスタを一定のバンドギャップのベースのトランジスタではなく，傾斜ベーストランジスタのように振る舞わせる．

ここまでの要点は，**SiGe ベース縦型バイポーラトランジスタは，HBT ではなく，バンドギャップ傾斜ベースのトランジスタと考えるのが最も良い**ということである．エミッタ–ベース接合のパラメータではなく，ベースのバンドギャップ傾斜に注目すれば，電子のベースへの注入とベース中での輸送現象に依存するデバイス特性に注力できる．ベースへの電子注入とベース内電子輸送が，SiGe ベース縦型トランジスタを Si ベース縦型トランジスタに比べて優れたものにした．

10.4.9 薄い SOI を用いた SiGe ベース縦型バイポーラトランジスタ

アナログ信号とデジタル信号が混載された応用では，設計者は BiCMOS 技術 (バイポーラと CMOS とが同一のチップ上に集積されたもの) をしばしば好む．この場合には，CMOS が主としてデジタル論理機能の実現に用いられ，バイポーラは主としてアナログおよび RF に用いられる．アナログ信号とデジタル信号が混載されたシステムの観点からは，SOI は魅力的である．なぜなら，SOI 基板は，とくに厚い絶縁膜あるいは高抵抗基板が用いられる場合 (たとえば，Washio ら，2000 を参照)，あるいは基板エンジニアリングが適用される場合 (たとえば，Burghartz ら，2002 を参照) に，デジタル部分と RF およびアナログ部分との間の良好な電気的な分離を実現するからである．

高速 SOI CMOS と互換性のあるシリコンの厚さで，SOI に SiGe ベース縦型バイポーラトランジスタを製造することが可能である (Cai ら，2002a，2003; Cai と Ning, 2006)．実際，薄い SOI を用いて，SiGe ベース縦型 n–p–n，SiGe ベース縦型 p–n–p，および SOI CMOS を集積することが可能であり，設計者は設計の最適化のためにバイポーラ回路，相補バイポーラ回路，CMOS 回路，および BiCMOS 回路から選択することができる (Duvernay ら，2007)．図 10.25 に模式的に示すようなシリコン層が薄い SOI を用いた SiGe ベース縦型トランジスタは，サブコレクタ層を必要としない．このトランジスタは，通常の SiGe ベース縦型トランジスタと同じエミッタとベース構造をもつ．コレクタ領域だけが異なる動作をする．コレクタのリーチスルーは，SOI CMOS のソース/ドレイン拡散のように，シリコンの厚みと同じ深さしかない．

n–p–n トランジスタの基板に大きな正電圧を印加すると，BOX–シリコン界面のコレクタに電子蓄積層が形成されることがある．電子蓄積層は，コレクタの直列抵抗を低減し，ほかのデバイスパラメータにはほとんど影響を与えない．コレクタ抵抗の低減は f_T の改善につながり，ひいては f_{max} の改善につながる．f_T のピーク値の改善はかなり大きい．f_{max} に関しては電子蓄積層の形成による C_{dBC} の増加のため，改善が大きくない可能性がある．この様子は，シリコン層が薄い SOI を用いた SiGe ベース縦型バイポーラトランジスタによる実験結果 (Cai ら，2003) である図 10.26 に示されている．

10.5　SOI を用いた対称横型バイポーラトランジスタの設計

SOI を用いた対称横型 n–p–n バイポーラトランジスタのデバイス構造と関連する寄生抵抗の回路図を図 10.27 に示す．トランジスタを順方向動作させたときの J_{C0} の式は式 (9.52) で与えられる．同じ式が，トランジスタが逆活性状態で動作するときの

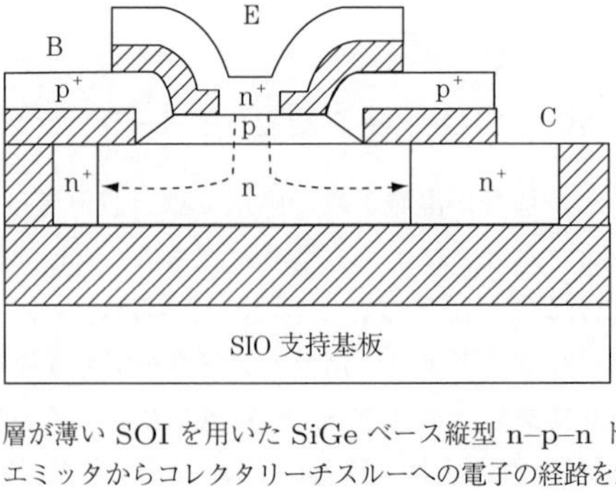

図 10.25　シリコン層が薄い SOI を用いた SiGe ベース縦型 n–p–n トランジスタの断面模式図．破線の矢印は，エミッタからコレクタリーチスルーへの電子の経路を示す [Cai ら (2003) より引用]．

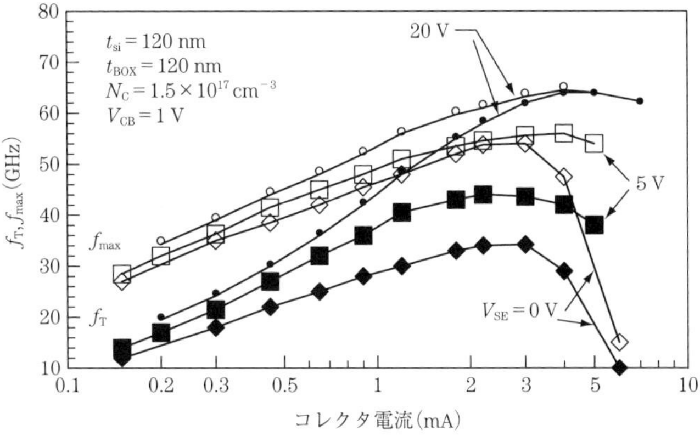

図 10.26 3 つの基板–エミッタ間バイアス電圧に対して，シリコン層が薄い SOI を用いた SiGe ベース縦型 n–p–n バイポーラトランジスタの f_T および f_{max} の測定値をコレクタ電流の関数として示したグラフ．測定したトランジスタのエミッタ面積は，$0.16 \times 16\,\mu m^2$ である [Cai ら (2003) より引用].

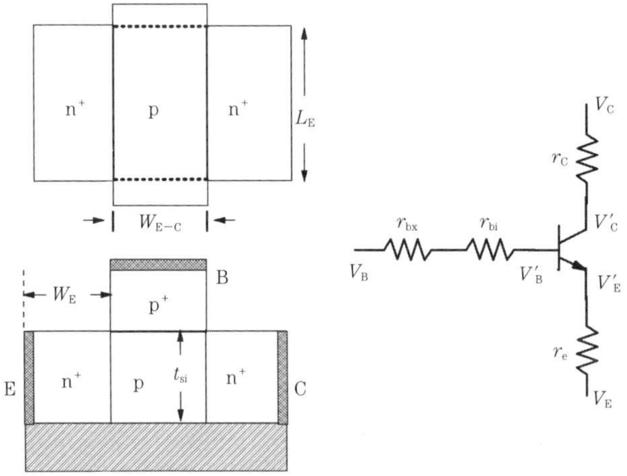

図 10.27 SOI を用いた対称横型 n–p–n トランジスタのデバイス構造の上面図 (左上)，断面図 (左下)，デバイスの接合および端子電圧と寄生抵抗 (右) の概略図．モデリングのため，エミッタコンタクトはエミッタベース接合から距離 W_E の位置にあると仮定している [Ning と Cai (2013) より引用].

J_{C0}(逆方向) にも適用される．このことは，縦型バイポーラトランジスタの解析式が，トランジスタが順方向動作モードのときのみ有効であることと対照的である．この節では，対称横型 n–p–n トランジスタの動作時の I–V 特性とさまざまなデバイスパラメータを記述するための解析方程式を展開する．

10.5.1　エミッタ–コレクタ間隔とベース幅とを決める関係

図 10.28 に対称横型 n–p–n トランジスタの準中性領域，空間電荷領域および熱平衡状態におけるエネルギーバンド図を示す．エミッタとコレクタの対称性より，エミッタ/コレクタ間隔 $W_{\mathrm{E\text{–}C}}$ は与えられた横方向トランジスタに対して固定であり，準中性ベース幅 W_{B} は次の関係によって決まる (Ning と Cai，2013)．

$$W_{\mathrm{E\text{–}C}} = W_{\mathrm{B}}(V'_{\mathrm{BE}}, V'_{\mathrm{BC}}) + W_{\mathrm{dBE}}(V'_{\mathrm{BE}}) + W_{\mathrm{dBC}}(V'_{\mathrm{BC}}) \tag{10.72}$$

動作中の横型トランジスタがコレクタ–エミッタ端子電圧 V_{CE} でバイアスされている場合では，W_{dBE} と W_{dBC} はデバイスがオフのとき，すなわち $V'_{\mathrm{BE}} = V_{\mathrm{BE}} = 0$，$V'_{\mathrm{BC}} = V_{\mathrm{CE}}$ のときに最大となり，したがって W_{B} は最小となる．この W_{B} の最小値は N_{B} と V_{CE} に依存する．式 (10.72) は，**対称横型バイポーラトランジスタのいくつもの設計ガイドラインを**，次に説明するように設定する．

$\boldsymbol{W_{\mathrm{B}}(V_{\mathrm{BE}} = 0,\ V_{\mathrm{BE}} = V_{\mathrm{CE}})}$ は最悪の場合でも有限でなければならない： $W_{\mathrm{E\text{–}C}}$ の公称値は，デバイス製造に利用可能なリソグラフィとパターニング技術，およびエミッタ/コレクタ領域の形成に使用されるプロセスによって決定される．製造プロセスのばら

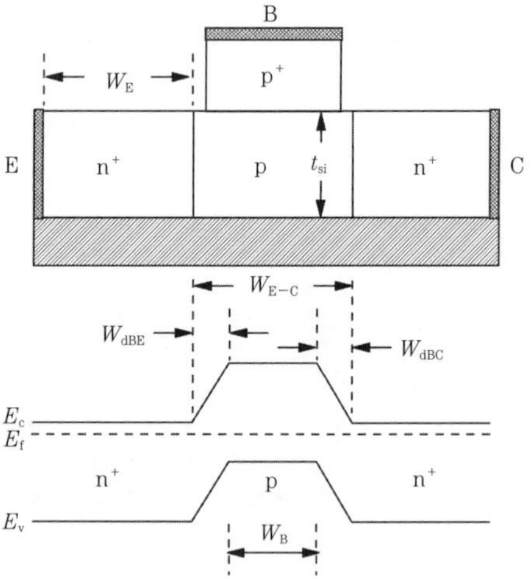

図 10.28　SOI を用いた対称横型 n–p–n バイポーラトランジスタの，デバイス断面と熱平衡 ($V_{\mathrm{BE}} = V_{\mathrm{BC}} = 0$) におけるエネルギーバンド図を示す模式図．物理領域と準中立領域の寸法の関係は示したとおりである．W_{E} はモデリング目的でのエミッタ「接合深さ」である [Cai ら (2011) より引用]．

つきは，チップ上のトランジスタ間で $W_{\mathrm{E\text{–}C}}$ にばらつきがあることを意味する．トランジスタの V_{A} は W_{B} が小さくなるにつれて小さくなるため [式 (9.94) 参照]，最悪の場合の $W_{\mathrm{B}}(V'_{\mathrm{BE}}=0, V'_{\mathrm{BC}}=V_{\mathrm{CE}})$ が目標としている回路応用に必要な最小の V_{A} を満たすように，$W_{\mathrm{E\text{–}C}}$ と N_{B} の組み合わせを十分に大きくする必要がある．

R_{Sbi} の設計目標値　縦型バイポーラトランジスタは通常，真性ベースシート抵抗率が 1〜20 kΩ/□ の範囲になるように設計される．熱平衡状態にある横型 n–p–n トランジスタの場合，式 (10.5) は次のようになる．

$$R_{\mathrm{Sbi}}(V'_{\mathrm{BE}}=0, V'_{\mathrm{BC}}=0) = \frac{1}{qN_{\mathrm{B}}\mu_{\mathrm{pB}}W_{\mathrm{B}}(V'_{\mathrm{BE}}=0, V'_{\mathrm{BC}}=0)} \qquad (10.73)$$

ここで，μ_{pB} は p 型ベース層の正孔移動度である．式 (10.73) の N_{B} と W_{B} の組み合わせは，式 (10.72) を満たさなければならない．図 10.29 は，R_{Sbi} のいくつかの一般的な値について，式 (10.72) と (10.73) から計算された N_{B} の関数としての $W_{\mathrm{E\text{–}C}}$ のプロットである．これによると，$W_{\mathrm{E\text{–}C}} = 100\,\mathrm{nm}$ の場合，5〜20 kΩ/□ の範囲の R_{Sbi} が $1\text{〜}2\times10^{18}\,\mathrm{cm^{-3}}$ の N_{B} で達成できることがわかる．

$W_{\mathrm{E\text{–}C}}$ パターニング技術の検討：横型バイポーラトランジスタの製造は，SOI CMOS とよく似ており，互換性がある．外部ベース $\mathrm{p^+}$ 領域は，CMOS トランジスタのゲートスタックと同様の方法でパターニングされる．ゼロバイアスで $W_{\mathrm{B}} = 10\,\mathrm{nm}$，$N_{\mathrm{B}} = 1\times10^{19}\,\mathrm{cm^{-3}}$，$R_{\mathrm{Sbi}} = 9\,\mathrm{k\Omega/□}$ を目標とするデバイスの場合，$W_{\mathrm{E\text{–}C}} = 34\,\mathrm{nm}$ とな

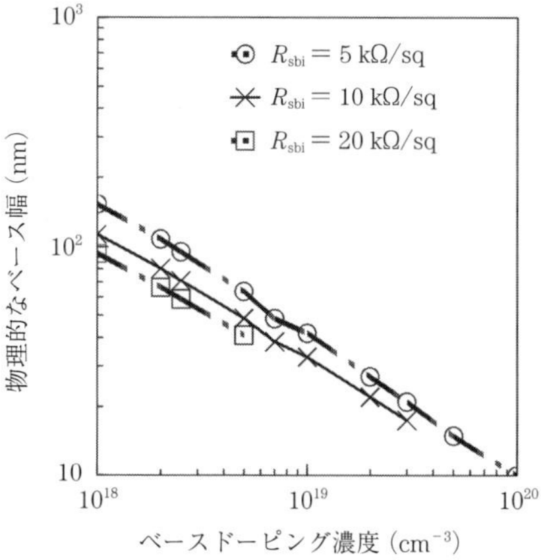

図 10.29　横型バイポーラトランジスタの物理的なベース幅 $W_{\mathrm{E\text{–}C}}$．$W_{\mathrm{E\text{–}C}}$ は $V_{\mathrm{BE}} = V_{\mathrm{BC}} = 0$ で計算される．R_{Sbi} の値は B–E ダイオードと B–C ダイオードをゼロバイアスで接続した場合のものである [Ning と Cai (2013) より引用]．

る．ゼロバイアスで $W_B = 10\,\text{nm}$，$N_B = 5 \times 10^{18}\,\text{cm}^{-3}$，$R_{\text{Sbi}} = 15\,\text{k}\Omega/\square$ のデバイスでは，$W_{\text{E–C}} = 44\,\text{nm}$ となる．つまり，**$\boldsymbol{W_B = 10\,\text{nm}}$ の横型バイポーラトランジスタは，45 nm および 32 nm ノードの CMOS パターニング技術を使って容易に製造できる**ということである．

10.5.2　コレクタ電流とベース電流の解析モデル

順方向活性状態で動作する対称横型トランジスタのコレクタ電流は，式 (9.53) で与えられる．ここで再掲すると

$$I_C(V'_{BE}, V'_{BC}) = I_{C0}(V'_{BE}, V'_{BC}) \exp(qV'_{BE}/kT) \tag{10.74}$$

と

$$I_{C0}(V'_{BE}, V'_{BC}) = \frac{qA_E D_{nB} {n_{ieB}}^2}{N_B W_B(V'_{BE}, V'_{BC})} \left[1 + \frac{1}{4}\left(\sqrt{1 + \frac{4{n_{ieB}}^2 \exp(qV'_{BE}/kT)}{{N_B}^2}} - 1\right)\right]^{-1} \tag{10.75}$$

である．ベース電流は，一様にドープされた**浅いエミッタ**の式 (9.71) から推測できる (図 10.30 の議論を参照)．再掲すると：

$$I_B(V'_{BE}) = I_{B0} \exp(qV'_{BE}/kT) \tag{10.76}$$

と

$$I_{B0} = \frac{qA_E D_{pE} {n_{ieE}}^2}{N_E W_E} \qquad \text{(一様にドープされた浅いエミッタ)} \tag{10.77}$$

となる．式 (10.75) では，式 (10.72) で設定された条件と整合するように，ベース幅 W_B が接合電圧の関数として明示的に示されていることに注意しよう．**式 (10.74) と (10.75) はすべての注入レベルに対して有効である**．したがって，シリコンのバンドギャップの値に近い qV'_{BE} においての横型トランジスタのベース電流とコレクタ電流を計算する解析モデルを開発することが可能である (Cai ら，2014)．このモデルの概要を次に示す．

低注入限界を超えて動作するトランジスタをモデル化するためには，空間電荷領域の幅を決定する際に空間電荷領域での可動キャリアを含める必要がある．対称横型 n–p–n トランジスタの場合，ベース–エミッタダイオードとベース–コレクタダイオードは片側のみでのダイオードとして扱うことができ，対応する空間電荷層の幅は次式で与えられる．

$$W_{dBE}(V'_{BE}) = \sqrt{2\varepsilon_{si}(\psi_{bi} - V'_{BE})/q(N_B + \Delta n)} \tag{10.78}$$

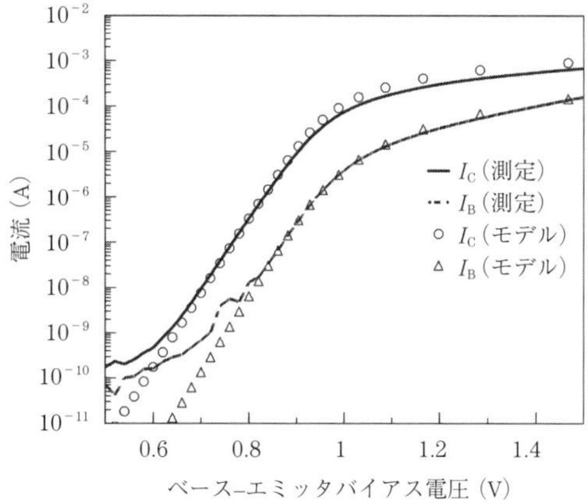

図 10.30　SOI を用いた対称横型 n–p–n バイポーラトランジスタの I_{B} と I_{C} の測定値に対して解析モデルをフィッティングさせたもの．低 V_{BE} で過剰な電流が測定されているのは，実験したデバイスのプロセス関連の欠陥によるものである．このデバイスは，$t_{\mathrm{si}} = 60\,\mathrm{nm}$，$N_{\mathrm{B}} = 2.5 \times 10^{18}\,\mathrm{cm}^{-3}$，$L_{\mathrm{E}} = 200\,\mathrm{nm}$，$N_{\mathrm{E}} = 4 \times 10^{20}\,\mathrm{cm}^{-3}$ である．コレクタを開放にした V_{CE}–I_{B} 測定から決定された r_{e} は $267\,\Omega$ である．測定された電流と計算された電流の比較から，ほかのデバイスパラメータは以下のとおりとなる．$W_{\mathrm{E\text{–}C}} = 57.3\,\mathrm{nm}$，$W_{\mathrm{B}} = 10.3\,\mathrm{nm}$，$W_{\mathrm{E}} = 48.5\,\mathrm{nm}$，$r_{\mathrm{bx}} = 325$ [Cai ら (2014) より引用]．

$$W_{\mathrm{dBC}}(V'_{\mathrm{BC}}) = \sqrt{2\varepsilon_{\mathrm{si}}(\psi_{\mathrm{bi}} - V'_{\mathrm{BC}})/q(N_{\mathrm{B}} + \Delta n)} \tag{10.79}$$

ここで Δn は次式で与えられる．

$$J_{\mathrm{C}} = q v_{\mathrm{sat}} \Delta n \tag{10.80}$$

式 (10.80) において，J_{C} はコレクタ電流密度，v_{sat} は電子飽和速度である．

真性ベース抵抗 r_{bi} は式 (9.32) とデバイスパラメータから計算できる．その結果は

$$r_{\mathrm{bi}} = (t_{\mathrm{si}}/3L_{\mathrm{E}})\rho_{\mathrm{B}}/W_{\mathrm{B}}(V'_{\mathrm{BE}}, V'_{\mathrm{BC}}) \tag{10.81}$$

である．ここで，L_{E} は図 10.27 に示されたエミッタストライプ長，ρ_{B} はベース領域の抵抗率，t_{si} はシリコン層の厚さである．全ベース抵抗 r_{b} は

$$r_{\mathrm{b}} = r_{\mathrm{bx}} + r_{\mathrm{bi}} \tag{10.82}$$

であり，r_{bx} は外部ベース抵抗である．9.3.1 項で説明したように，エミッタ抵抗 r_{e} は，コレクタ開放で測定した電圧対ベース電流のプロットから求めることができる．

r_{e}(これは r_{c} に等しい) を測定すれば，式 (10.72)～(10.82) は対称横型トランジスタのコレクタ電流とベース電流の計算に使える．トランジスタのベース幅 W_{B} は，理想領

域 (室温で I_C が 60 mV/decade で増加する V_{BE} の領域) におけるガンメルプロットのコレクタ電流の測定値と計算値のフィッティングから求めることができる．W_B が決まれば，$W_{E\text{–}C}$ は式 (10.72) から計算できる．エミッタ幅 W_E も，理想領域におけるガンメルプロットでのベース電流の計算値と測定値の比較から求めることができる．外部ベース抵抗 r_{bx} は，理想領域を超える V_{BE} 値における計算および測定されたガンメルプロットの電流のフィッティングから決定できる．

図 10.30 は，測定された電流と上述の解析モデルを使って計算された電流を比較したガンメルプロットである．フィッティングパラメータは W_E と r_{bx} のみである．図 10.30 は，解析モデルが $V_{BE} = 1.5\,\mathrm{V}$ まで測定電流をよく説明することを示している．この電圧では V'_{BE} ではほぼ 1.1 V に相当する．

測定されたベース電流のフィッティングから得られたエミッタ幅のパラメータ W_E は 48.5 nm であることに注目されたい．図 10.31 のトランジスタ (10.5.3 項参照) では，W_E は 45.5 nm である．これらの値は，エミッタでの正孔の拡散長 (図 3.14(c) 参照) よりも小さい．このことは，**エミッタが一様にドーピングされた浅いエミッタのように振る舞う**ことを示唆し，したがって I_{B0} の式 (10.77) が成り立つ．

10.5.3　解析的エバース–モルモデルの方程式

9.6.1 項のエバース–モルモデルは，ベース–エミッタ接合とベース–コレクタ接合の両

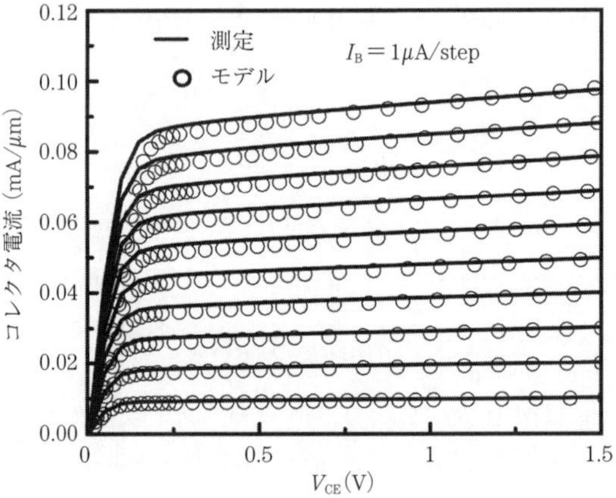

図 10.31　SOI を用いた対称横型 n–p–n トランジスタの出力特性の計算値と実測値の比較．このデバイスは $W_{E\text{–}C} = 98\,\mathrm{nm}$，$t_{si} = 60\,\mathrm{nm}$，$L_E = 1\,\mu\mathrm{m}$，$N_E = 4 \times 10^{20}\,\mathrm{cm^{-3}}$，$N_B = 5 \times 10^{18}\,\mathrm{cm^{-3}}$ である．測定されたガンメルプロットとのフィッティングによるパラメータは，$W_E = 45.5\,\mathrm{nm}$，$r_e = r_c = 450\,\Omega$，$r_{bx} = 400\,\Omega$ である [Ning と Cai (2013) より引用]．

方が順バイアスとなる飽和領域を含む出力特性のモデリングに適している．I_{B} と I_{C} のエバース–モルの式は，それぞれ式 (9.139) と (9.143) で与えられる．エミッタコレクタが対称のバイポーラトランジスタの場合，これらの方程式は次のようになる．

$$I_{\mathrm{C}} = I_{\mathrm{C0}}(e^{qV'_{\mathrm{BE}}/kT} - 1) - (I_{\mathrm{C0}} + I_{\mathrm{B0}})(e^{qV'_{\mathrm{BC}}/kT} - 1) \tag{10.83}$$

$$I_{\mathrm{B}} = I_{\mathrm{B0}}(e^{qV'_{\mathrm{BE}}/kT} - 1) + I_{\mathrm{B0}}(e^{qV'_{\mathrm{BC}}/kT} - 1) \tag{10.84}$$

ここで，コレクタ飽和電流 I_{C0} は式 (10.75) で与えられ，ベース飽和電流 I_{B0} は式 (10.77) で与えられる．

式 (10.72) からベース幅 W_{B} を計算するために必要な空乏層幅 W_{dBE}，W_{dBC} は式 (10.78)，(10.79) で与えられる．飽和領域では，エミッタとコレクタの両方から空間電荷領域へ可動電子が注入される．トランジスタが飽和領域で動作しているときの空間電荷領域の可動電荷密度を適切に反映させるためには，エミッタとコレクタの両方から来る可動電荷を加える必要がある．したがって，式 (10.80) の代わりに，W_{dBE} と W_{dBC} を計算するための式 (10.78)，(10.79) における可動電子の密度を計算するために

$$\Delta n = (J_{\mathrm{CF}} + J_{\mathrm{CR}})/qv_{\mathrm{sat}} \qquad \text{(飽和領域の動作を許容する)} \tag{10.85}$$

を用いなければならない．式 (10.85) において

$$J_{\mathrm{CF}} = J_{\mathrm{C0}}(e^{qV'_{\mathrm{BE}}/kT} - 1) \tag{10.86}$$

は順方向，すなわちエミッタから注入されるコレクタ電流密度であり

$$J_{\mathrm{CR}} = J_{\mathrm{C0}}(e^{qV'_{\mathrm{BC}}/kT} - 1) \tag{10.87}$$

は逆方向，つまりコレクタから注入されるコレクタ電流密度である．

図 10.31 は，SOI を用いた対称横型 n–p–n トランジスタの出力特性の測定値と計算値を比較したものである．ベース–コレクタダイオードが順方向にバイアスされた飽和領域でも，計算された特性は実測データとよく比較できる．

10.5.4 アーリー電圧とエミッター–コレクタ間隔

式 (9.94) より，対称横型トランジスタのアーリー電圧は次のようになる．

$$V_{\mathrm{A}} + V_{\mathrm{CE}} = qN_{\mathrm{B}}W_{\mathrm{B}}(V'_{\mathrm{BE}}, V'_{\mathrm{BC}})/C_{\mathrm{dBC}}(V'_{\mathrm{BC}}) \tag{10.88}$$

式 (10.88) から，エミッター–コレクタ間隔 $W_{\mathrm{E\text{–}C}}$ は，V_{A} の測定値から以下の手順で推定できることが示唆される．

たとえば図 10.30 に示すような典型的なガンメルプロットでの電流の測定値を考える．I_C と I_B の両方が V_{BE} に対して室温で 60 mV/decade で変化する理想的な V_{BE} の範囲がある．これは寄生抵抗の影響が無視できる範囲であり，デバイス端子電圧は接合電圧と同じとみなすことができる．具体的な例として，図 10.30 のデバイスから対応する $V_{BE} = 0.87\,\mathrm{V}$ である $I_B = 0.1\,\mu\mathrm{A}$ を取り出してみよう．この電流に対応するのは $I_C = 4\,\mu\mathrm{A}$ であり，$I_C \times r_e = 1\,\mathrm{mV}$ である．つまり，端子電圧 V_{BE} と V_{BC} を V'_{BE} と V'_{BC} として使用した場合の誤差は約 1 mV である．

I_C–V_{CE} 曲線，たとえば図 10.31 の曲線は，固定 I_B ステップでプロットされている．ガンメルプロット (たとえば図 10.30) から，理想領域内にある V_{BE} に対応する I_B 値を選択する．この (I_B, V_{BE}) ペアでは，V_{BC} は単純に $(V_{BE} - V_{CE})$ となる．このように V_{BC} が決まれば，C_{dBC} は式 (3.26) から次のように計算できる．

$$C_{dBC}(V'_{BC}) = \varepsilon_{si}/W_{dBC}(V'_{BC}) \tag{10.89}$$

ここで W_{dBC} は式 (10.79) で与えられる．したがって，I_C–V_{CE} プロットから測定された V_A を使用し，N_B を知れば，W_B の対応する値は式 (10.88) から求めることができる．そしてトランジスタの $W_{E\text{–}C}$ は式 (10.72) から推定できる．

対称横型トランジスタのエミッタ–コレクタ間隔の推定値は，デバイスの製造プロセスの解明に利用できる．この特性は，製造工程がまだ管理されておらず，再現性もない技術開発段階で特に有用である．

10.5.5 走行時間の解析モデル

トランジスタの最高速度を示す指標として，9.6.2.3 目で述べた順方向走行時間 τ_F がある．τ_F の 4 成分は式 (9.171) で与えられる．すなわち

$$\tau_F = \tau_E + \tau_B + \tau_{BE} + \tau_{BC} \tag{10.90}$$

である．10.5.2 項で述べたように，典型的な対称横型バイポーラトランジスタの実測 I_B は，一様にドーピングされた浅いまたは透明なエミッタをもつトランジスタと一致する．低注入電流利得は，深いまたは透明でないエミッタの式 (9.80) において，分子の L_{pE} を W_E に置き換えることで推測できる．したがって，ベースが狭い場合の式 (9.133) から推測し，浅いエミッタの場合の式 (9.80) を適応することで，次のように書ける．

$$\tau_E(\text{浅いエミッタ}) = \frac{2I_B}{3I_C}\frac{{W_E}^2}{2D_{pE}} = \frac{W_E W_B(V'_{BE}, V'_{BC}) N_B {n_{ieE}}^2}{3D_{nB} N_E {n_{ieB}}^2} \tag{10.91}$$

がエミッタの遅延時間であり，

$$\tau_B = \frac{2t_B}{3} = \frac{{W_B}^2(V'_{BE}, V'_{BC})}{3D_{nB}} \tag{10.92}$$

がベースの遅延時間である．9.6.2.3 目の議論から

$$\tau_{\mathrm{BE}} = t_{\mathrm{BE}} = \frac{W_{\mathrm{dBE}}(V'_{\mathrm{BE}})}{2v_{\mathrm{sat}}} \tag{10.93}$$

をベースエミッタ空間電荷領域遅延時間，

$$\tau_{\mathrm{BC}} = t_{\mathrm{BC}} = \frac{W_{\mathrm{dBC}}(V'_{\mathrm{BC}})}{2v_{\mathrm{sat}}} \tag{10.94}$$

をベースコレクタ空間電荷領域遅延時間と書くことができる．10.5.2 項で説明したデバイスパラメータ W_{E} と W_{B} は，理想-V_{BE} 領域でのガンメルプロットの電流の計算値と実測値の比較から求めることができる．したがって，τ_{F} の 4 成分すべてを計算することができる．算出された τ_{F} は，横型トランジスタの f_{T} と $f_{\max}$ を算出するために使用することができる (11 章で示し，議論する)．

10.5.6 薄いベースの対称横型トランジスタの作製について

10.5.1 項で述べたように，$W_{\mathrm{B}} = 10\,\mathrm{nm}$ の対称横型トランジスタは，45 nm ノードと 32 nm ノードの CMOS 技術で作製可能である．したがって，$W_{\mathrm{B}} = 10\,\mathrm{nm}$ のトランジスタを作製する際の課題は，リソグラフィやパターニングにあるのではなく，10 nm のベースを均一に形成するためのエミッタ/コレクタ形成プロセスにある．

本稿執筆時点で，報告されている実験レベルの SOI を用いた対称横型バイポーラトランジスタのほとんどは，エミッタ/コレクタ領域の形成に高ドーズのイオン注入を用いて作製されている．この結果は，高い駆動電流や低いエミッタコレクタ直列抵抗といった優れたデバイス特性を示す一方で，ナノメートル寸法の制御された均一な W_{B} を達成することを目的とするならば，エミッタ/コレクタ形成のための高ドーズイオン注入を避けるべきことも明らかにされている．高ドーズのエミッタ/コレクタ注入は，横方向の注入歪みが大きく，注入後のアニールに高温 (通常 1000 °C 以上) が必要であるため，デバイス間の W_{B} のばらつきが大きく，デバイス内の W_{B} の均一性が大きく損なわれる．これを図 10.32 に示す．

均一なベース幅をもつ横型トランジスタを製造する一つの方法は，外部ベースをパターニングした後，外部ベース領域の外側のシリコン層を BOX 層まで反応性イオンエッチングで除去し，続いて，成長中にドーピングする横方向シリコンエピタキシャル成長によりエミッタ/コレクタ領域を形成することである．このとき，露出している垂直な真性ベース表面を横方向エピタキシャル成長の成長種として使用する．図 10.33 に示すような新しい切り込みをつくる反応性イオンエッチングおよびエピタキシの概念を用いることで，横方向に成長したエミッタ/コレクタ領域は，金属コンタクト用および/または電気プローブ用のための拡張領域に自動的に接続する (Hashemi ら，2017，2018)．結果として得られるトランジスタは，図 10.32(a) と同様の均一なベース幅をもつ．

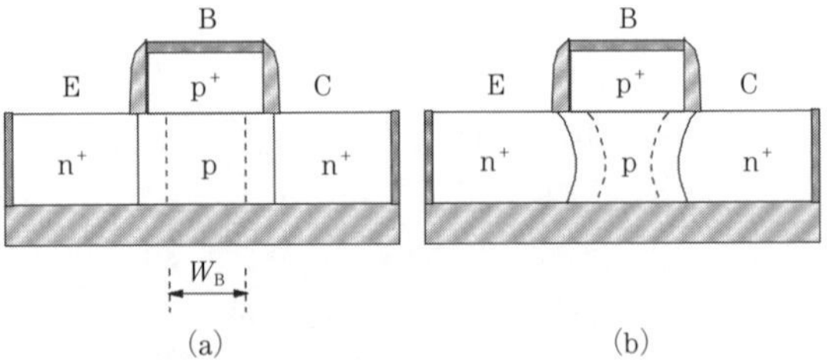

図 10.32　SOI を用いた対称横型 n–p–n トランジスタの構造を示す模式図．破線は準中性ベース領域の境界を示す．(a) 薄いベースをもつトランジスタに必要な均一なベース幅の説明図．(b) エミッタ/コレクタ形成のために高ドーズのイオン注入を用いた典型的なベース幅プロファイルの図．

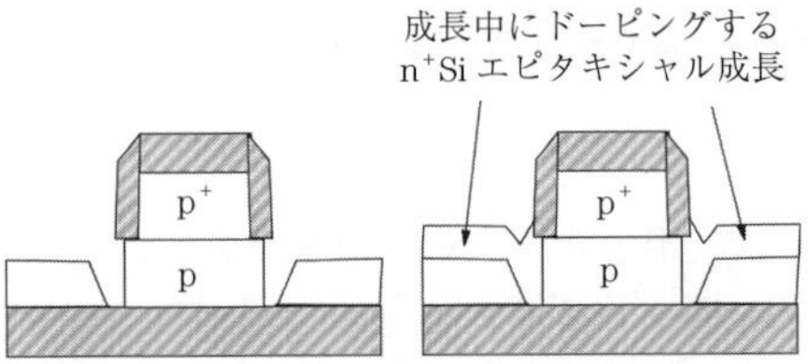

図 10.33　エミッタ/コレクタ形成のための切り込みをつくる RIE およびエピタキシャル成長の概念を示す模式図．左：切り込みをつくる RIE 後．右：エミッタ/コレクタのエピタキシャル成長後 [Hashemi ら (2017, 2018) により引用]．

10.5.7　絶縁膜上 SiGe による対称横型 n–p–n トランジスタ

低注入近似では，コレクタ電流の V_{BE} 依存性は次のようになる．

$$I_C \propto \exp\left[(qV_{BE} - E_{gB})/kT\right] \tag{10.95}$$

ここで，E_{gB} はベース領域のバンドギャップエネルギーである．$(qV_{BE} - E_{gB})$ が同じである限り，異なるバンドギャップをもつ半導体を用いてトランジスタを作製しても，I_C はほぼ同じままである．したがって，I_C を減らさずに V_{BE} を小さくする方法は，トランジスタのベース領域に狭ギャップ半導体を使うことである．同じ I_C のための V_{BE} が低いことから，狭いバンドギャップをもつベースでのバイポーラトランジスタをもつ回路は，Si バイポーラトランジスタをもった同じ回路に比べて，より高速で動作，かつ/または電力損失を低減できることを意味する．

SiGe は Si よりもエネルギーバンドギャップが小さい (10.4 節参照)．SiGe-OI(絶縁膜上の SiGe) をウェーハ基板としてつくる，SiGe エミッタ/コレクタと均一な SiGe ベースをもつ対称横型 SiGe n–p–n バイポーラトランジスタが実証されている．図 10.34 に

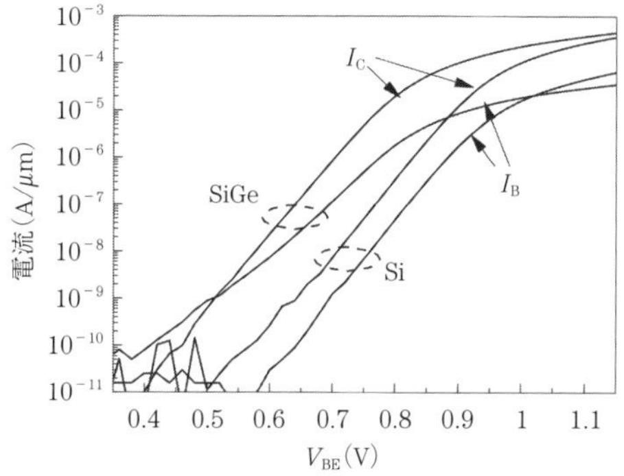

図 10.34 対称横型 SiGe n–p–n トランジスタと比較対象のための対称横型 Si n–p–n トランジスタのガンメルプロット．いずれもイオン注入により形成されたエミッタ/コレクタをもち，$N_E = 4 \times 10^{20}\,\mathrm{cm}^{-3}$ である．SiGe トランジスタは，約 130 mV 低い V_{BE} で，Si トランジスタと同じ I_C を達成する (Yau ら，2015 より引用).

示したトランジスタでは，SiGe トランジスタは 130 mV 低い V_{BE} で比較試料である Si トランジスタと同じ電流に達しており，SiGe の実効エネルギーバンドギャップが Si より約 130 meV 小さいことが示唆される (Yau ら，2015).

Ge はおそらく，対称横型バイポーラトランジスタをつくるためのバンドギャップエネルギーが最も小さい半導体の候補であろう．Ge-on-絶縁体をウェーハ基板としてつくる，エミッタ/コレクタの形成にイオン注入を用いた横型 n–p–n バイポーラトランジスタの実証を試みたが，デバイス特性は不十分であった (Yau ら，2016c)．この製造上の問題点については，参考文献を参照されたい．

10.5.8 対称 Si エミッタ/コレクタ SiGe ベース横型 HBT

概念的には，図 10.33 に示したように，ドープされ，横方向に成長するシリコンエピタキシープロセスを用いて SiGe ベースのトランジスタのエミッタ/コレクタを形成すると，絶縁体上に対称な Si エミッタコレクタをもつ一様 SiGe ベース横型 HBT になる．このような n–p–n トランジスタのエネルギーバンド図は，図 10.35 のようになる．

本稿執筆時点では，このようなトランジスタの実証は報告されていない．しかし，「部分的ヘテロ接合」トランジスタは存在する．このトランジスタでは，ドープされた Si エピタキシャル成長によってエミッタ/コレクタを形成する前に，SiGe 層を BOX に向かって部分的にエッチングするだけである (Yau ら，2015)．その結果得られたトランジスタは，電流利得があまり向上していない．これは，トランジスタが真の HBT ではなく，ホモ接合トランジスタと HBT を並列に並べたものであるという事実と一致する．しかしながら，得られたトランジスタは，優れたベース–エミッタおよびベース–コレクタダ

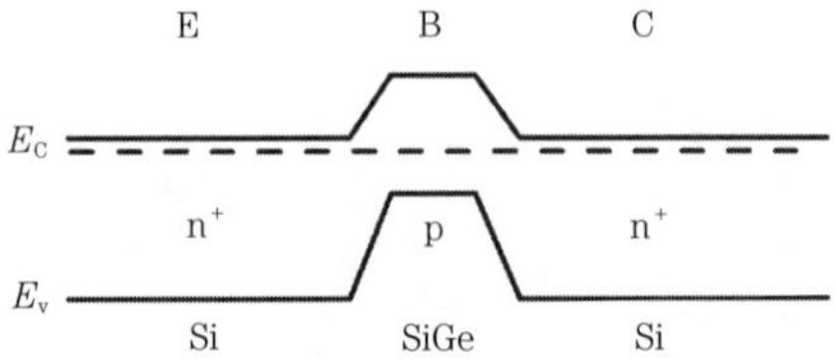

図 10.35　Si エミッタ/コレクタをもつ SiGe ベース対称横型 n–p–n HBT のエネルギーバンド図を示す模式図 [Ning (2013) より引用]

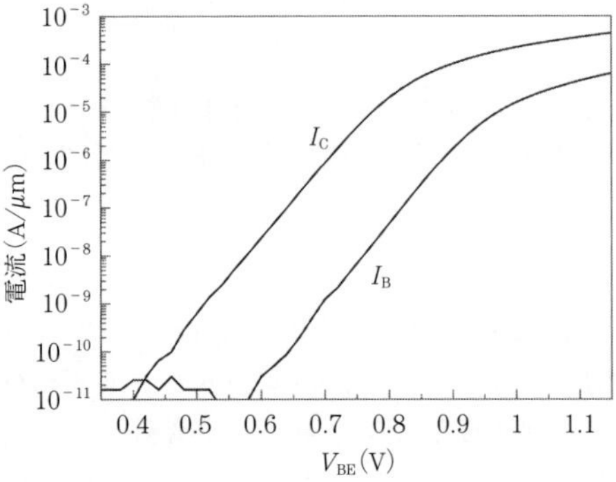

図 10.36　Si エミッタ/コレクタをもつ SiGe ベース対称横型 n–p–n HBT のコレクタ電流とベース電流の予想値．SiGe ベースのパラメータは，図 10.34 の SiGe 横型トランジスタのパラメータと同じと仮定する．

イオード特性を示しており，絶縁体上の対称 Si エミッタ/コレクタ SiGe ベースによるヘテロ接合横型トランジスタが実現可能な技術であることを示唆している．真の Si エミッタ/コレクタと SiGe ベースによる横型 HBT の予想されるガンメルプロットでの電流は，コレクタ電流は図 10.34 で示したトランジスタから，ベース電流は参照した Si トランジスタから推測することで，図 10.36 に示すようになる．このトランジスタの電流利得は約 1000 である．

11

バイポーラ性能因子

10 章で，個々の領域の設計と，バイポーラトランジスタのパラメータを検討した．デバイスが動作しているときは，個々の領域はほかのデバイス領域から分離しておらず，無関係ではないことに注意しよう．一つのデバイスパラメータの最適化はしばしば，ほかのデバイスパラメータに悪影響を与えてしまう．したがって，**バイポーラトランジスタの設計の最適化は，トレードオフのプロセスである．**トランジスタの最適設計はその応用と周辺条件によって変わるので，この設計のトレードオフは，回路レベルまたはチップレベル，あるいはその両方で行わなければならない．この章では，はじめに典型的なアナログおよびデジタル回路応用におけるバイポーラトランジスタの評価のための性能指標を検討し，続いて特定の応用に対するバイポーラトランジスタ設計のトレードオフを検討する．

回路の性能を考えるとき，回路を構成するトランジスタとその他の素子間をつなぐ配線を含まなければならない．配線における信号遅延時間は CMOS 回路と関係づけて 8.3.4 項で検討した (詳細はこの項を参考)．この章では，バイポーラトランジスタと回路の性能の最適化に際し，バイポーラ回路の負荷として働く配線容量を含んだ考察を行う．

まず，バイポーラトランジスタの一般的な性能指標について説明する．続いて，縦型バイポーラトランジスタを使った設計における性能因子について議論する．縦型バイポーラトランジスタと SOI を用いた対称横型バイポーラトランジスタを使った設計の大きな違いが示される．

縦型バイポーラトランジスタと SOI を用いた対称横型バイポーラトランジスタの対比から，対称型横型バイポーラトランジスタのユニークな特性が，バイポーラ回路とアプリケーションの再考を示唆していることが明らかになるはずである．SOI を用いた対称横型バイポーラトランジスタの出現によって可能になる回路や応用の機会については，11.8 節で説明する．

11.1　バイポーラトランジスタの性能指標

単純な，できれば容易に測定できるいくつかのパラメータから，トランジスタの性能を検討できるとよい．しかしながら，それぞれの性能指標の適切性と重要性は，応用に依存していることに注意することが重要である．いくつかのよく使われる性能指標をここで検討しよう．

11.1.1　遮 断 周 波 数

小信号応用では，**遮断周波数** (cutoff frequency)，**遷移周波数** (transition frequency)，または**単位電流利得周波数** (unity-current-gain frequency)，f_{T} は最も頻繁に用いられる性能指標である．短絡した回路負荷をもつエミッタ接地回路において，小信号利得が 1 になる遷移周波数で定義される．増幅器として使うときの最大利用可能な周波数の目安である．

遮断周波数は，バイポーラトランジスタを二端子網で表して解析すると容易に得ることができる．ここでは一般的に使われる遮断周波数の近似を得るための物理的直観的アプローチを用いる．

単純化して真性の遮断周波数 f'_{T} を求めるために，はじめは内部寄生抵抗を無視して，図 9.25 の等価回路を用いる．ここで，慣習として，ダッシュ (プライム) がついたパラメータは真性デバイスのものであり，ダッシュがついていないパラメータは，寄生成分を含んだ素子全体のものである．出力の短絡により，r_0 と $C_{\mathrm{dCS,tot}}$ は影響しなくなり，等価回路は図 11.1 のようになる．

この等価回路から，小信号コレクタ電流と小信号ベース電流は，

$$i_{\mathrm{c}} = g'_{\mathrm{m}} v'_{\mathrm{be}} - j\omega C_{\mu} v'_{\mathrm{be}} \tag{11.1}$$

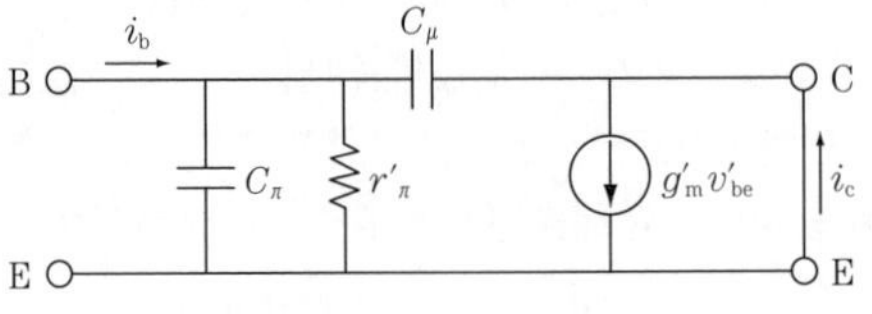

図 11.1　バイポーラトランジスタの遮断周波数を求めるための小信号等価回路．寄生抵抗は含まれていない．

$$i_{\mathrm{b}} = \left(\frac{1}{r'_\pi} + j\omega C_\pi + j\omega C_\mu\right) v'_{\mathrm{be}} \tag{11.2}$$

と書ける．ここで，g'_{m} は真性相互コンダクタンス，r'_π は真性入力抵抗，$C_\mu = C_{\mathrm{dBC,tot}}$ はベースコレクタ接合空乏層容量，$C_\pi = C_{\mathrm{dBE,tot}} + C_{\mathrm{DE}}$ はベース–エミッタ接合空乏層容量とエミッタ拡散容量の和，v'_{be} は印加された小信号入力電圧，i_{b} と i_{c} は v'_{be} による小信号ベース電流と小信号コレクタ電流である (読者はバイポーラトランジスタにおける小信号等価回路の導出のための 9.6.2.2 目を参照されたい)．小信号での周波数に依存したエミッタ接地電流利得は，

$$\beta'(\omega) = \frac{i_{\mathrm{c}}}{i_{\mathrm{b}}} = \frac{g'_{\mathrm{m}} - j\omega C_\mu}{(1/r'_\pi) + j\omega(C_\pi + C_\mu)} \tag{11.3}$$

となる．低周波側の極限では，式 (11.3) は

$$\beta'(\omega = 0) = g'_{\mathrm{m}} r'_\pi \tag{11.4}$$

となり，これは，式 (9.154) より静的エミッタ接地電流利得 β_0 である．

真性トランジスタの遮断周波数 f'_{T} は，$\beta'(\omega = \omega'_{\mathrm{T}}) = 1$ としたときに得られ，式 (11.3) から

$$1 = \sqrt{\frac{{g'_{\mathrm{m}}}^2 + {\omega'_{\mathrm{T}}}^2 {C_\mu}^2}{\dfrac{{g'_{\mathrm{m}}}^2}{{\beta_0}^2} + {\omega'_{\mathrm{T}}}^2 (C_\pi + C_\mu)^2}} \tag{11.5}$$

となり，書き換えれば

$$\omega'_{\mathrm{T}} = 2\pi f'_{\mathrm{T}} = \sqrt{\frac{{g'_{\mathrm{m}}}^2 - \dfrac{{g'_{\mathrm{m}}}^2}{{\beta_0}^2}}{(C_\pi + C_\mu)^2 - {C_\mu}^2}} \approx \frac{g'_{\mathrm{m}}}{\sqrt{(C_\pi + C_\mu)^2 - {C_\mu}^2}} \tag{11.6}$$

となる．相対的に小さな $C_\mu (= C_{\mathrm{dBC,tot}})$ をもった典型的な現在のバイポーラトランジスタでは，$C_\pi (= C_{\mathrm{dBE,tot}} + C_{\mathrm{DE}}) \gg C_\mu$ となる．そこで，式 (11.6) は，よく使われる近似式

$$\omega'_{\mathrm{T}} = 2\pi f'_{\mathrm{T}} \approx \frac{g'_{\mathrm{m}}}{C_\pi + C_\mu} \tag{11.7}$$

または

$$\frac{1}{2\pi f'_{\mathrm{T}}} = \tau_{\mathrm{F}} + \frac{kT}{qI_{\mathrm{C}}}(C_{\mathrm{dBE,tot}} + C_{\mathrm{dBC,tot}}) \quad \text{(抵抗を含まない)} \tag{11.8}$$

を与える形に単純化できる．ここで τ_{F} は式 (9.170) による順方向走行時間であり，I_{C} はコレクタ電流である．

もし，内部寄生抵抗を考慮するなら，図 9.26 に示す等価回路を使わなければならない．この解析は，すべての寄生成分を考慮したときの f_T を得るためにも同様に使える．よく使われる近似は次のようになる．

$$\frac{1}{2\pi f_T} = \tau_F + \frac{kT}{qI_C}(C_{dBE,tot} + C_{dBC,tot}) + C_{dBC,tot}(r_e + r_c) \tag{11.9}$$

ここで，r_c はコレクタ直列抵抗で r_e はエミッタ直列抵抗である．

式 (11.8) と (11.9) は，バイポーラトランジスタのアドミタンス行列表現を用いた端子ネットワークの小信号解析から，8.5 節で MOSFET について論じたのと同様の手順で求めることもできる．詳細は，読者への練習として残しておく．

式 (11.9) は，τ_F の値を決定するためにしばしば使用される．これは，図 11.2 の縦型バイポーラトランジスタの例で示すように $1/I_C$ の関数として $1/f_T$ の測定値をプロットすることによって行われる．低い電流で $1/f_T$ は $1/I_C$ に対して線形的に変化する．式 (11.9) から $1/f_T$ の線形部分を $(1/I_C) = 0$ まで外挿すると，$2\pi[\tau_F + C_{dBC,tot}(r_e + r_c)]$ が求まることがわかる．大電流領域では，測定された f_T は電流の増大によって急激に減少する．これも図 11.2 に示した．この急激な劣化はベース広がりによるものである (9.3.3 項を参照)．

11.1.2 最大発振周波数

遮断周波数は，低電流での真性のトランジスタ速度の良い指標である．しかしながら性能指標として，回路動作時のバイポーラトランジスタの過渡応答を決めるのに非常に重要なベース抵抗の効果が含まれていない．結果として，ほかの性能指標が提案され，検討された (Taylor と Simmons, 1986; Hurkx, 1994, 1996)．比較的単純でよく使われる一つが，**最大発振周波数** (maximum oscillation frequency)，f_{max} である．これは一方向性電力利得 (unilateral power gain) が 1 になる周波数である．よく使われている近似は，

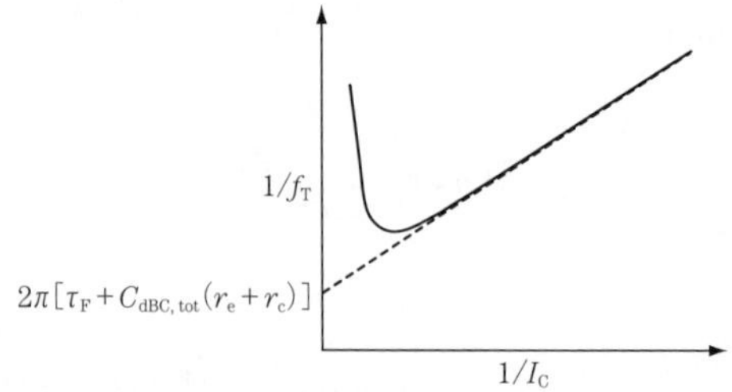

図 11.2 縦型バイポーラトランジスタのための測定された $1/f_T$ と $1/I_C$ プロットの説明図

$$f_{\max} = \left(\frac{f'_{\mathrm{T}}}{8\pi r_{\mathrm{b}} C_{\mathrm{dBC,tot}}} \right)^{1/2} \tag{11.10}$$

となる (Pritchard, 1955; Thornton ら, 1966; Roulston, 1990). ここで, r_{b} はベース抵抗である. 式 (11.10) は, (MOSFET の 8.5.3 項と 8.5.4 項と同様の方法で) トランジスタ全体での二端子網解析を使って求めることができる. 式 (11.10) に到達する手順は非常に面倒であるため, 興味のある読者への練習として残しておく.

重要な点は, f_{T} と $f_{\max}$ のどちらもトランジスタの周波数応答の質的指標に過ぎないことである. ほかにも多くのトランジスタの性能に影響する要素があり, 影響の大きさは回路応用とトランジスタの動作点に依存する. これらは 11.3〜11.7 節でさらに検討する.

11.1.3 論理ゲート遅延

大信号の論理回路応用では, f_{T} も $f_{\max}$ もデバイス性能の良い指標ではない (Taylor と Simmons, 1986). 論理回路では, ゲート遅延または回路のスイッチング遅延そのものが回路中のトランジスタの性能指標としてよく用いられる (デジタル回路では, "回路" と "ゲート" という用語は交換可能なように使われる). 論理回路のスイッチング遅延を測定する最も簡単な方法は, 8.4.1.1 目で述べたようにリングオシレータを構成し, 発振周波数を測定することである.

達成可能な遅延は, 論理回路とその設計点の関数である. つまり, **ある回路に最適化されたトランジスタが別の回路に最適とは限らず, ある回路のある設計点に最適化されたトランジスタが別の設計点に最適とは限らない**. 11.2 節では, 異なる回路設計点に対するバイポーラトランジスタの最適化について議論する. ここでは, 縦型バイポーラトランジスタに焦点を当てる. 縦型バイポーラトランジスタと対称横型バイポーラトランジスタの間に重要な違いがあれば, その都度指摘する.

11.2 ECL 回路と遅延成分

高性能論理応用で最もよく使われるバイポーラ回路は, **エミッタ結合ロジック** (emitter-coupled logic) または **ECL 回路** (ECL circuit) である. ファンインが 1, ファンアウトも 1 の ECL ゲートの回路図を, 図 11.3 に示す. 反転出力 V_{out} と非反転出力 $\overline{V}_{\mathrm{out}}$ の両方が示されている. この回路構成では, ECL ゲートの**スイッチング電流** (switch current), I_{S} は, 電圧 V_{S} と抵抗 R_{S} の組み合わせによって決まる. この電流は一定であり, 回路がスイッチング動作しても変わらない. 二つの抵抗 R_{L} はゲートの負荷抵抗である. 静電容量 C_{L} はゲートの出力に接続された外部の総負荷容量を表したものである. 二つの抵抗 R_{E} は, トランジスタ Q_3, Q_5 とともに二つのエミッタフォロワを形成している. (エミッタフォロワでは, エミッタ電圧はベース電圧に従う. したがって, も

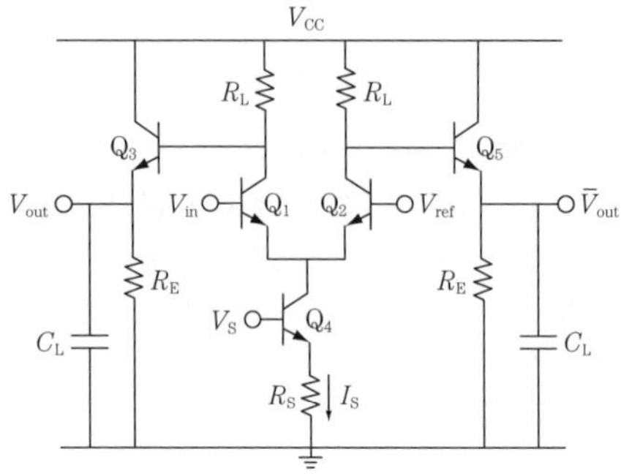

図 11.3　ファンイン ＝ 1，ファンアウト ＝ 1，負荷容量 C_L の ECL ゲート回路図．反転出力と非反転出力の両方が示されている．

しも，Q_3 のベース電圧が上がると Q_3 のエミッタ電圧も同じ量だけ上がる．）入力電圧 V_{in} と出力電圧 V_{out}，$\overline{V}_{out}$ は定められた参照電圧 V_{ref} に対し，論理振幅 ΔV の半分ずつの範囲で，通常，ほぼ対称に上下に変動する．

V_{in} が high に，すなわち $V_{in} = V_{ref} + \Delta V/2$ になると，Q_1 は Q_2 よりも強いオンになり，I_S は主に Q_1 とその負荷抵抗を通して流れる．この負荷抵抗における IR ドロップの結果，Q_3 のベース電圧が下がる．出力電圧 V_{out} が Q_3 のベース電圧に従い low になる．同時に，Q_2 とその負荷抵抗 R_L には無視できる程度の電流しか流れておらず，トランジスタ Q_5 のベース電圧は high の電圧に引き上げられる．出力電圧 V_{out} は Q_5 のベース電圧に従い high になる．このように，V_{out} は入力に対し反転するが $\overline{V}_{out}$ は非反転である．同様に考えると，V_{in} が low に切り替わると，V_{out} は high に，$\overline{V}_{out}$ は low に切り替わる．

ゲートが切り替わると，スイッチング電流 I_S は，一方の負荷抵抗からもう一方へと，向きあるいは経路が変えられる．(この電流切り替えの特性から，ECL ゲートはしばしば**電流切替エミッタフォロワ回路** (current-switch emitter-follower circuit) とよばれる．) 論理振幅 ΔV は一方の負荷抵抗の IR ドロップに等しい，すなわち $\Delta V = I_S R_L$ である．

固定した電圧を入力信号の参照電圧として使うかわりに，入力信号の反転も参照電圧に使える．このとき，図 11.3 における V_{ref} が $\overline{V_{in}}$ で置き換えられる．たとえば，V_{in} が 0 からおおよそ+200 mV まで変われば，$\overline{V_{in}}$ は 0 から −200 mV まで変わる．参照電圧として反転入力信号を用いる ECL 回路は，**差動 ECL** (differential-ECL) または**差動電流切替回路** (differential-current-switch circuit) とよばれる．V_{in} と $\overline{V_{in}}$ は反対方向に動くので，通常の ECL 回路における 400 mV の振幅と同じ電流変化を得るために差動 ECL 回路で必要な振幅は，200 mV で十分である．そこで，通常の ECL 回路に比べて差動 ECL 回路は半分の信号振幅でよい．通常の ECL 回路に比べて小さい差動 ECL

回路の信号振幅は，優れた速度と低い消費電力 (Eichelberger と Bello，1991) をもたらす．しかしながら，V_{in} および $\overline{V_{\mathrm{in}}}$ の配線の両方をチップ上に設けなければならず，差動 ECL 回路では通常の ECL 回路を使ったチップよりも，チップ内で配線をつなぐための配線用経路や配線層が多くなる．

ECL ゲートのスイッチング遅延は，回路の時定数の線形の組み合わせとして表現できることが示されている (Tang と Solomon，1979; Chor ら，1988)．それぞれの時定数は，回路の詳細な構成によって決まる因子で重みづけされる．図 11.3 に示された ECL ゲートの場合，スイッチング遅延は以下のように求められる．

$$T_{\mathrm{delay}} = \sum_i K_i R_i C_i + \sum_j K_j \tau_j \tag{11.11}$$

ここで最初の項は，回路中の抵抗とトランジスタの静電容量の積の和．二つ目の項はトランジスタの順方向と逆方向の走行時間の和である．本稿執筆時点で報告されているすべての ECL 回路がそうであるように，縦型トランジスタを使用する設計の場合，縦型トランジスタはすべて順方向活性状態にバイアスされる．したがって，式 (11.11) に含める必要があるのは順方向通過時間だけである．

議論の簡単化のために，回路中のすべてのトランジスタが同一であると仮定することが多い．その場合，式 (11.11) は以下のように簡単化できる (Chor ら，1988)．

$$\begin{aligned}
&T_{\mathrm{delay}} \\
&= K_1\tau_{\mathrm{F}} + r_{\mathrm{bi}}(K_2 C_{\mathrm{dBCi,tot}} + K_3 C_{\mathrm{dBCx,tot}} + K_4 C_{\mathrm{dBE,tot}}) \\
&\quad + r_{\mathrm{bx}}(K_6 C_{\mathrm{dBCi,tot}} + K_7 C_{\mathrm{dBCx,tot}} + K_8 C_{\mathrm{dBE,tot}}) \\
&\quad + R_{\mathrm{L}}(K_{10} C_{\mathrm{dBCi,tot}} + K_{11} C_{\mathrm{dBCx,tot}} + K_{12} C_{\mathrm{dBE,tot}} + K_{13} C_{\mathrm{dCS,tot}} + K_{14} C_{\mathrm{L}}) \\
&\quad + r_{\mathrm{c}}(K_{15} C_{\mathrm{dBCi,tot}} + K_{16} C_{\mathrm{dBCx,tot}} + K_{18} C_{\mathrm{dCS,tot}}) \\
&\quad + r_{\mathrm{e}}(K_{19} C_{\mathrm{dBCi,tot}} + K_{20} C_{\mathrm{dBCx,tot}} + K_{21} C_{\mathrm{dBE,tot}} + K_{23} C_{\mathrm{dCS,tot}} + K_{24} C_{\mathrm{L}}) \\
&\quad + C_{\mathrm{DE}}(K_5 r_{\mathrm{bi}} + K_9 r_{\mathrm{bx}} + K_{17} r_{\mathrm{c}} + K_{22} r_{\mathrm{e}})
\end{aligned} \tag{11.12}$$

ここでは Chor らが用いたのと同じ K 因子の番号づけを用いた．トランジスタ内部の抵抗と静電容量は図 9.24 に示されている．回路内の抵抗と静電容量は図 11.3 に示されている．切り替わる電流を定めるだけの役割のトランジスタ Q_4 と，抵抗 R_{S} は，回路のスイッチングにはかかわっておらず，式 (11.12) には含まれていない．

実用上，バイポーラ論理ゲートの性能はしばしば，トランジスタの動作電流の関数として特徴づけられる．論理ゲートの電力消費はトランジスタを流れる全電流に比例するので，論理ゲートの性能は消費電力の関数としても特徴づけられる．すなわち，原理的に，遅延対電流と遅延対電力消費の特性は同じ情報をもつもので，回路中のトランジスタの振る舞いはどちらか片方で記述できる．回路の遅延対電流あるいは遅延対電力消費特性は，トランジスタの構造やパラメータを変えずに，回路中の抵抗値を変えることで通常求められる．この場合，コレクタ電流密度はコレクタ電流に比例する．文献などでは，回路遅延はときとしてコレクタ電流密度の関数として，またはコレクタ電流の関数として，プロットされている．いずれにしても，遅延対電流あるいは遅延対電力特性は，特定のトランジスタ設計に対する性能をコレクタ電流密度の関数として反映するものである．

縦型バイポーラトランジスタにおける，式 (11.12) に示された遅延成分の相対的な大きさは見積もられており (Tang と Solomon，1979; Chor ら，1988)，その結果を図 11.4 に模式的に示す．それぞれの遅延成分は鍵となるデバイスあるいは回路のパラメータに依存する．これらの遅延成分の解析はデバイス設計を最適化する際の指針となる．

11.2.1　走行時間成分

式 (11.12) の第 1 項は順方向走行時間 τ_F による遅延である．9.6.2.3 目で示したように，低注入において，τ_F は I_C によらず一定である．しかし I_C が低注入領域を超えると，縦型トランジスタに蓄積される少数電荷総量 Q_{DE} は，I_C がさらに増加するにつれて急激に増加する．図 11.4 では，τ_F 成分が I_C とともに急激に増加することが示されている．高速論理回路は通常，走行時間成分によって遅延が決まるように設計されている (Tang と Solomon，1979; Chor ら 1988)．

11.2.2　真性ベース抵抗遅延成分

式 (11.12) の第 2 項は，真性ベース抵抗 r_{bi} に関係した RC 時定数によるものである．バイポーラトランジスタでは，低注入時には r_{bi} はコレクタ電流に依存しない．しかし，

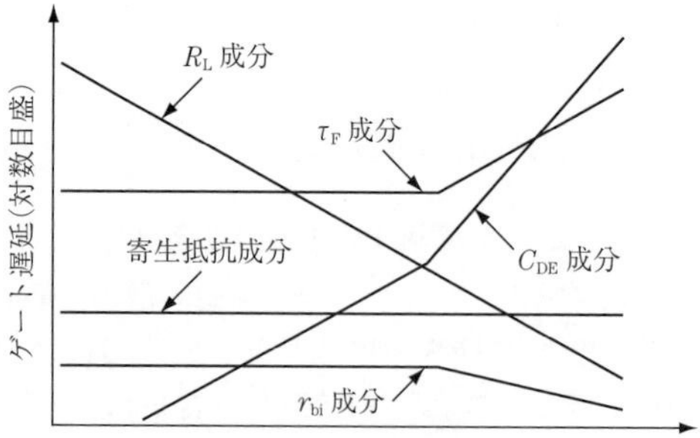

図 11.4　縦型バイポーラトランジスタを用いた ECL ゲート遅延成分の相対的な大きさとコレクタ電流依存性を示す説明図．対称横型バイポーラトランジスタを用いた ECL ゲートでは，τ_F と C_{DE} 成分が大電流でそれほど急激に増加しないことを除けば，曲線は似ている．

I_C が低注入領域を超えると，縦型トランジスタではベース広がりやカーク効果により，I_C のさらなる増加で r_{bi} が著しく減少する．これも図 11.4 に示されている．r_{bi} 遅延成分は通常非常に小さい (Tang と Solomon，1979; Chor ら，1988)．対称横型バイポーラトランジスタの場合，カーク効果がないため，コレクタ電流が大きくても r_{bi} 遅延成分は比較的一定に保たれるはずである．

11.2.3 寄生抵抗遅延成分

式 (11.12) の 3 番目，5 番目，6 番目の項はそれぞれ外部ベース抵抗 r_{bx}，コレクタ抵抗 r_c，エミッタ抵抗 r_e に関連した RC 時定数によるものである．これらの寄生抵抗は，1 次近似ではトランジスタの動作電流によらないので，これらの遅延成分は図 11.4 に示してあるように電流に無関係である．寄生抵抗による遅延成分もまた非常に小さい (Tang と Solomon，1979; Chor ら，1988)．

11.2.4 負荷抵抗遅延成分

式 (11.12) の第 4 項は，負荷抵抗 R_L に関連したすべての RC 時定数によるものである．負荷容量 C_L の大きな回路では，R_L 遅延成分はしばしば R_LC_L 項で占められる．このため R_L 遅延成分は，負荷容量遅延成分とよばれることもある．

図 11.3 を参照すると，論理振幅 ΔV，スイッチング電流 I_S，負荷抵抗 R_L は，下式で相互に関連づけられることがわかる．

$$R_L = \frac{\Delta V}{I_S} \tag{11.13}$$

ΔV は固定されているので，ECL 回路の R_L 遅延成分は I_S に逆比例する．この様子も図 11.4 に描かれている．多くの ECL 回路は R_L 遅延成分を小さくするために，大電流で動作するように設計されている．

11.2.5 拡散容量遅延成分

式 (11.12) の最後の項は，エミッタ拡散容量 C_{DE} に関連したものである．式 (9.168) にあるように，蓄積された少数電荷は，$Q_{DE} = \tau_F I_C = \tau_F I_S$ と書ける．モデリングのために，エミッタ拡散容量は，

$$\frac{(\text{蓄積された少数キャリア電荷})}{(\text{ゲートが状態を変える際の入力電圧の変化の平均})} = \frac{2Q_{DE}}{\Delta V}$$

としばしば近似される．すなわち下式で表現される (Tang と Solomon，1979; Chor ら，1988)．

$$C_{DE} \approx \frac{2\tau_F I_S}{\Delta V} \tag{11.14}$$

したがって，C_{DE} 遅延成分は低注入時には I_C に比例する．縦型トランジスタで I_C が低注入領域を超えると，Q_{DE} は I_C のさらなる増加に伴って急激に増加し，C_{DE} 遅延成分が急増する．これも図 11.4 に示されている．

11.3　バイポーラトランジスタの速度対電流特性

ほとんどの出版では，バイポーラトランジスタの周波数応答 (f_T または f_{max}) を I_C または J_C の関数として示している．多くの場合，高性能論理回路，たとえば ECL ゲートや CML (カレントモードロジック) ゲートのゲート遅延も，その回路を含まれているトランジスタの I_C または J_C の関数として示されている．本節では，バイポーラトランジスタの典型的な速度対電流特性について述べ，縦型トランジスタの特性と対称横型トランジスタの特性とを対比する．

11.3.1　コレクタ電流の関数としての f_T と f_{max}

図 11.5 に SiGe ベースの最新の縦型バイポーラトランジスタの f_T と f_{max} の測定値を I_C の関数として示す．式 (11.9) と (11.10) から予想されるように，低電流では f_T と f_{max} はともに I_C とともに増加する．大電流において，f_T と f_{max} はともに約 4 mA でピークに達する．ピークを超えると，f_T も f_{max} も，I_C がさらに増加するにつれて非常に急速に低下する．この電流による急激な落ち込みは，縦型バイポーラトランジスタのカーク効果によるものである (9.3.3 項参照)．したがって，**縦型バイポーラトラン**

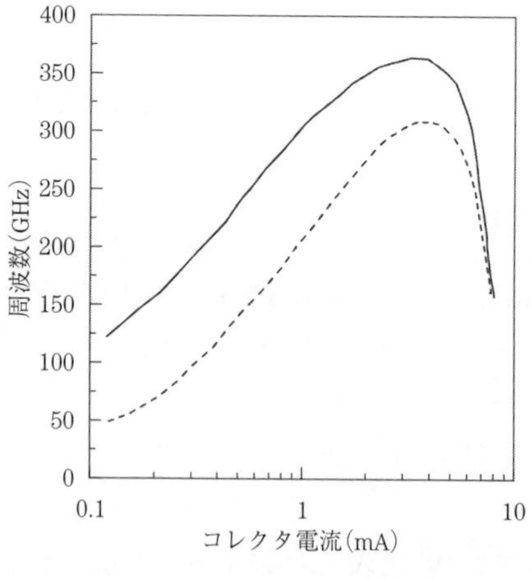

図 11.5　高性能 SiGe ベース縦型バイポーラトランジスタの f_T(破線) と f_{max}(実線) の測定値．トランジスタエミッタのマスク寸法は $0.1 \times 2.0\,\mu m^2$ である [Pekarik ら (2014) より引用]．

ジスタにおいて到達できる最大の f_{T} と f_{max} はカーク効果によって制限されている．

対称横型バイポーラトランジスタでは $N_{\mathrm{C}} \gg N_{\mathrm{B}}$ であるため，カーク効果はない．対称横型トランジスタのベース広がりは，エミッタ–ベース間およびコレクタ–ベース間の空間電荷領域内に限定される (9.3.3.1 目の議論を参照)．その結果，対称横型トランジスタの f_{T} と f_{max} は，ピークを超える電流でもそれほど急激に低下しないと予想される．このことは，f_{T} の実測値でも確認されている (Cai ら，2013)．図 11.6 に，シミュレーションによって得られた対称横型トランジスタの f_{T} と f_{max} 特性を示す (Raman ら，2015)．f_{T} と f_{max} はともに $J_{\mathrm{C}} \sim 17\,\mu\mathrm{A}/\mu\mathrm{m}^2$ に相当する約 0.035 mA でピーク値に達する．図 11.5 の縦型トランジスタと比較すると，横型トランジスタの二つの際立った特徴が明らかである．第一に，対称横型トランジスタのピーク f_{T} と f_{max} は，ベースに傾斜 Ge 分布がなくても，かなり高くできる．第二に，ピークを超えた f_{T} と f_{max} での電流がさらに増加した後の低下はともに比較的緩やかである．

11.3.2 コレクタ電流の関数としての論理ゲート遅延

図 11.7 の実線は，縦型バイポーラ ECL ゲートの遅延対電流プロットを模式的に示している．遅延は単純に図 11.4 で示したすべての成分の合計である．定性的には，**すべての縦型バイポーラ論理回路は同様の特性を示す**．ゲートの遅延は，遅延が R_{L} 成分によって支配される低電流では，電流の増加に対して多かれ少なかれ直線的に減少する．ある中間の電流レベルでは，遅延は飽和し，走行時間成分によって決まるある最小値に達する．より高い電流では，図 11.5 で f_{T} と f_{max} がピークを越えて急激に低下するのと同じ物理的メカニズムであるカーク効果により，電流がさらに増加するにつれて遅延

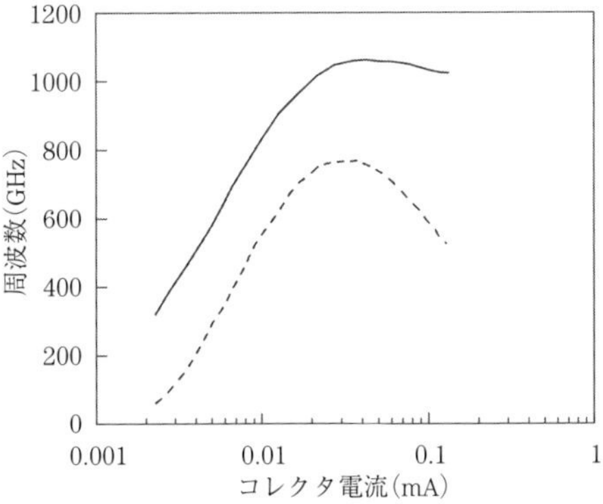

図 11.6 SOI を用いた Si エミッタ/コレクタ，組成一定の SiGe ベースをもつ対称横型 n–p–n トランジスタでシミュレーションされた f_{T}(破線) と f_{max}(実線)．このトランジスタはエミッタ–コレクタ間隔 $W_{\mathrm{E\text{-}C}} = 32\,\mathrm{nm}$，$t_{\mathrm{si}} = 20\,\mathrm{nm}$，エミッタ長 $L_{\mathrm{E}} = 100\,\mathrm{nm}$ で，エミッタ面積 $A_{\mathrm{E}} = 0.02 \times 0.1\,\mu\mathrm{m}^2$ に相当する [Raman ら (2015) より引用]．

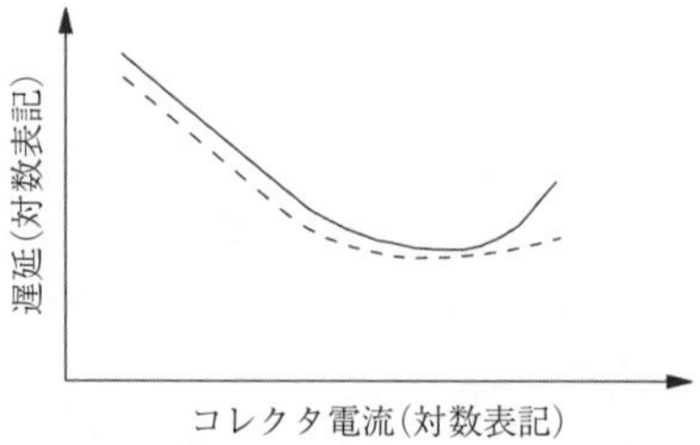

図 11.7　典型的なバイポーラ論理回路の両対数軸での遅延電流特性の模式図．実線の曲線は縦型バイポーラトランジスタで実装された回路のもので，点線の曲線は対称横型バイポーラトランジスタで実装された同じ回路のものである．

が増加する．

本稿執筆時点では，SOI を用いた対称横型トランジスタをもつバイポーラ論理回路を測定した報告はない．しかし，縦型バイポーラトランジスタと対称横型トランジスタの主な違いが，対称横型トランジスタにカーク効果がないことであるという事実に基づけば，横型トランジスタによる ECL ゲートに期待される遅延対電流動作は，図 11.7 の点線の曲線で示されるようになる．最小値に達した後，回路遅延は電流のさらなる増加に伴い緩やかにしか増加しないが，これはベースにおける高注入効果と空間電荷領域における可動電荷による限定的なベース広がりによるものである (9.3.3.1 目と 10.5.2 項の議論を参照)．遅延が小さいのは，同じエミッタ面積であれば，横型トランジスタの方が縦型トランジスタよりも寄生容量が小さいことによる．図 11.7 の縦型トランジスタと横型トランジスタのゲート遅延動作の違いの原因となる物理は，図 11.5 と図 11.6 の f_{T} と $f_{\max}$ の違いの原因となる物理と同じである．

11.4　データ解析による縦型トランジスタの最適化

本稿執筆時点では，対称横型バイポーラ回路特性の実測報告がないため，ここでは公表されているデバイスデータを基に，縦型バイポーラデバイスの最適化のみを検討する．

コレクタ厚の効果　図 11.8 は，二つの異なる縦型バイポーラトランジスタを使用して設計した非しきい値論理 (NTL) インバータチェーンのゲート遅延の測定値を示している．一つはコレクタ厚さが (すなわち，真性ベースとサブコレクタとの距離が) 270 nm で，もう一方は 670 nm である (Tang ら，1983)．薄いコレクタのデバイスは，厚いコレクタのデバイスよりも C_{dBC} が大きい．その結果，遅延が静電容量によって支配される低い J_{C} では，薄いコレクタのデバイスの方がゲート遅延は大きくなる．十分に大きな J_{C} では，ゲート遅延は C_{DE} によって支配される．すると厚いコレクタのデバイスよ

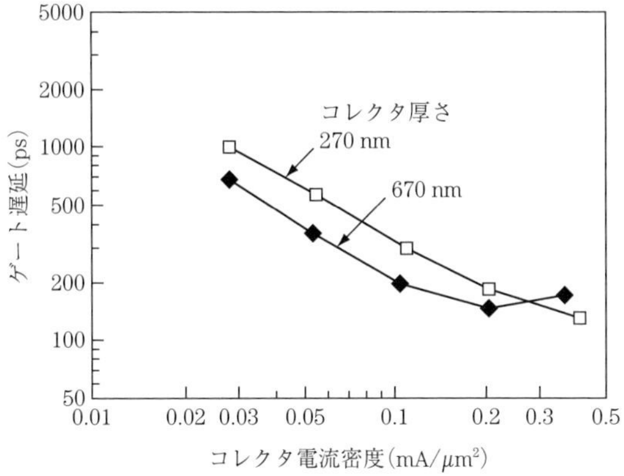

図 11.8　コレクタ厚さをパラメータとした，縦型バイポーラ回路の典型的なスイッチング遅延のコレクタ電流密度との関係 [Tang ら (1983) より引用]

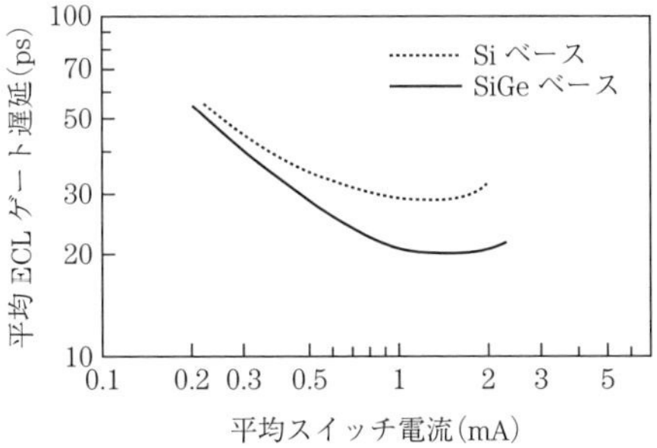

図 11.9　Si ベース縦型トランジスタでつくられた ECL リング発振器と SiGe ベース縦型トランジスタでつくられた ECL リング発振器におけるゲート遅延のコレクタ電流の関数とした測定結果の比較．それぞれの ECL ゲートは FI = FO = 1 であり，外部配線の負荷は 5 fF である．両方のトランジスタは同じエミッタマスクで同じエミッタ面積 $(0.5 \times 12.5\,\mu\mathrm{m}^2)$ をもつ．SiGe ベースデバイスでは，準中性ベースの中で三角形の Ge 分布をもつ [Harame ら (1995a) より引用].

りも薄いコレクタのデバイスのほうが，少数キャリア電荷蓄積が起こるコレクタの体積が小さく，C_{DE} が小さくなり，したがって回路が高速になる．図 11.8 のデータは，バイポーラトランジスタの最適設計が，回路において意図するトランジスタの動作点に依存することを明確に示している．

SiGe ベースと Si ベースの比較　図 11.9 は，同じ設計ルールでほぼ同じベースのドーパント分布の Si ベース縦型トランジスタと SiGe ベース縦型トランジスタの ECL ゲート遅延と電流の関係を示している (Harame ら，1995a)．予想できるように，SiGe ベーストランジスタが Si ベーストランジスタより速く，その違いは低電流領域より高電流領域で大きい．しかしながら，大電流での遅延の増加から明らかなように，両方ともその最大速度はカーク効果で制限される．カーク効果を最小にするコレクタの最適設計は，どちらのトランジスタにおいても，最大性能を改善する．

エミッタ長効果　一般的には，エミッタストライプ幅は，利用可能なエミッタパターニング技術に合致しつつ，できるだけ狭くする．狭いエミッタストライプ幅では，真性ベース抵抗が小さくなる (9.2.1 項参照)．エミッタストライプ幅が決まると，エミッタ面積はエミッタ長で変えることで変えられる．図 11.10 に，片方がもう一方の 2 倍のエミッタ長をもった二つの SiGe ベーストランジスタでのスイッチング電流に対する ECL ゲート遅延の測定値を示している (Washio ら，2002)．

図 11.10 では，遅延が電流の関数としてプロットされている．つまり，与えられた電流に対して，短いエミッタのデバイスは長いエミッタをもつデバイスの 2 倍の電流密度で動作していることになる．R_L 遅延成分が回路遅延を支配する低電流では短いエミッタのデバイスの方が接合面積と関連する容量が小さいため，EC ゲートの高速化につながる．

大電流では，遅延はもはや R_L 成分ではなく，τ_F と C_{DE} 成分によって支配される．9.3.3.1 目のベース広がりとカーク効果に関する議論から明らかなように，ベース広がりが顕著になり始めるかどうかは J_C によって決まる．図 11.10 のプロットで与えられた電流に対して，短いエミッタの素子の J_C は長いエミッタの素子の J_C の 2 倍であるため，電流がさらに増加すると C_{DE} が急激に増加するベース広がりによる弊害は，長いエ

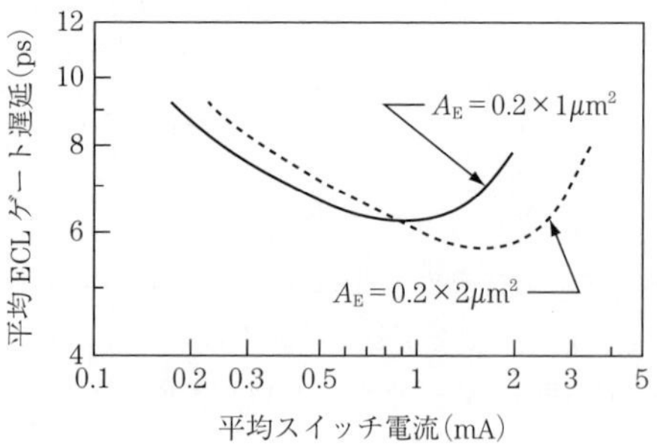

図 11.10　エミッタサイズの効果を示す ECL リング発振器での遅延対電流の特性．トランジスタは SiGe ベース縦型トランジスタである．二つのトランジスタはエミッタ長以外は同じデバイスパラメータをもつ．それぞれの電流で，短いエミッタのデバイスは，長いエミッタのデバイスの 2 倍の電流密度である [Washio ら (2002) より引用]．

ミッタの素子よりも 2 倍低い電流で短いエミッタの素子で起こるはずである．図 11.10 では，実際にそうなっている．

つまり，縦型バイポーラトランジスタを設計して回路動作における著しいベース広がり効果を避けるには，**トランジスタの J_C を $J_{max} = qv_{sat}N_C$ (9.3.3.2 目参照) よりもはるかに小さくする必要がある．エミッタ長は，回路の動作に必要な目標最大 I_C を満たすように適宜調整されるべきである．**

11.5 論理回路でのバイポーラデバイスのスケーリング

バイポーラトランジスタの最適設計は適用する回路に依存するので，バイポーラトランジスタのスケーリングは，適用する回路に照らして議論すべきである．論理回路デバイスのスケーリングにおける基本概念は，支配的な抵抗と静電容量成分を協調的に低減することであり，すべての支配的遅延成分は，トランジスタの平面的寸法の縮小に比例して減少する．こうすることで，あるトランジスタが与えられた回路設計点で最適化されていた場合，スケーリング後も最適化されたままである．この基本概念は，縦型トランジスタのスケーリングにも対称横型トランジスタのスケーリングにも同様に当てはまるが，縦型トランジスタのスケーリングと横型トランジスタのスケーリングでデバイス構造がどのように変更されるかの詳細はまったく異なる．この節では，まず ECL 回路のための縦型トランジスタのスケーリングについて説明し，次に対称横型論理トランジスタのスケーリングが異なる理由とその方法について説明する．

11.5.1 ECL の縦型トランジスタのスケーリング

高性能 ECL 回路の縦型トランジスタのスケーリングにおける目標は，スケーリング係数に比例して回路速度が向上するように，支配的な抵抗成分と静電容量成分を協調させて低減することである．これは，スケーリングの際に，容量比 C_{DE}/C_{dBC} および抵抗比 r_b/R_L が一定であるとした場合に成り立つ．ここで，$C_{dBC,tot} = C_{dBCi,tot} + C_{dBCx,tot}$，および $r_b = r_{bi} + r_{bx}$ である (Solomon と Tang，1979)．

バイポーラのスケーリングにおいて，さらにいくつかの制約がある．まず第一に，電圧に対する電流の指数関数的依存性のため，ダイオードのターンオン電圧は，ダイオード面積に対して感度が低い (与えられたターゲット電流に対して，V_{BE} はダイオード面積の 2 倍の変化に対して約 20 mV しか変化しない)．1 次近似では，スケーリング時のダイオードのターンオン電圧は，一定と仮定できる．その結果，論理振幅 ΔV を含むバイポーラ回路の電圧は，スケーリングにおいても一定となる．電圧がもともと最適化され，小さい場合は，スケーリングでも変化しない (必要に応じて 10〜20 mV 増加する)．第二に，縦型バイポーラトランジスタの N_C は，スケーリング時にカーク効果を同じ程度に維持するため，J_C に比例して変化させる必要がある．第三に，スケーリングで W_B

が狭くなっていくときに，エミッター–コレクタ間のパンチスルーを防ぐために，N_B は高くしなければならない．ベースは，コレクタ側だけでなく，エミッタ側でも空乏化されるが，縦型トランジスタの場合，$N_E \gg N_B \gg N_C$ であるため，エミッタ側の空乏化はコレクタ側に比べてより厳しくなる．エミッター–ベース接合付近のベースの過度の空乏化を避けるために，W_{dBE} が，W_B が減少しても W_B に対する割合を保つようにするべきである．W_{dBE} の N_B に対する依存性より [式 (3.15) 参照]，N_B は，$N_B \propto W_B^{-2}$ の関係で増大させる必要がある．

式 (11.13) に示したように，ある論理振幅において，R_L は，スイッチング電流 I_S に反比例する．r_b/R_L を一定にするということは，r_b も I_S に反比例して変化させるべきであることを意味する．そして，これはデバイス設計とレイアウトを非常に複雑なものに変え，デバイス設計余裕を非常に狭めることになる．より実践的なのは，この抵抗比の要求を外して，静電容量比のみを保つことである．11.2.1 項で議論したように，ゲート遅延の r_b 成分は比較的小さいので，この近似は極めて妥当である．さらに，ベース抵抗は，必要であればトランジスタの物理的レイアウトを変更することで，容易に小さくすることができる．

スケーリング係数に比例した回路遅延の低減を達成するため，スケーリングでは切り替わる電流を一定に保つことが多い．この場合には，スケーリング時に ΔV を一定に保つために，R_L もまた一定に保たれる．ゆえに r_b を一定とした場合，r_b/R_L 比は一定となる．与えられたエミッタ形状に対して真性ベースのシート抵抗 R_{Sbi} を一定とした場合，r_b は一定となる．Si ベースのトランジスタの場合は，電流増幅率を 100 程度に保ちつつ，アーリー電圧を十分に大きく保つため，R_{Sbi} は 10 kΩ/□ 程度に保持される．SiGe ベーストランジスタでは，R_{Sbi} はより小さいのが普通で，通常 3～5 kΩ/□ あたりとなる．つまり，高速論理回路用の縦型バイポーラデバイスのスケーリングでは，特別な努力をせずとも，r_b/R_L はほぼ一定となる．

スケーリングの制限を，スケーリング時の静電容量比への要求とともに表 11.1 にまとめた．デバイス設計と回路遅延に対して得られたスケーリング則を表 11.2 にまとめた．これらの規則は，ECL のゲート遅延がスケーリング係数によって縮小される場合に適用できる (Solomon と Tang，1979)．

表 11.1　縦型バイポーラトランジスタにおける ECL スケーリングの制限と要求

パラメータ	制限あるいは要求
電圧	$V, \Delta V$ = 一定
容量	$C_{DE}/C_{dBC,tot}$ = 一定
ベースドーピング濃度	$N_B \propto W_B^{-2}$
コレクタドーピング濃度	$N_C \propto J_C$

表 11.2 ECL 回路におけるスケーリング則

パラメータ	スケーリング則 *
特性寸法またはエミッタストライプ幅	$1/\kappa$
ベース幅 W_B	$1/\kappa^{0.8}$
コレクタ電流密度 J_C	κ^2
回路遅延	$1/\kappa$

* スケーリング係数 $\kappa > 1$

11.5.2 論理回路の対称横型トランジスタスケーリング

スケーリングの概念は，水平方向の寸法を縮小することによって推進される．考え方は，スケーリングでデバイスと回路の面密度を高めることである．図 9.1(b) および図 10.27 のデバイス概略図から明らかなように，対称横型トランジスタの活性領域 (エミッタ領域) は上方からみた面積を必要としない．エミッタ面積は，エミッタ長 L_E とシリコン厚 t_{si} で定義される垂直平面にある．デバイスの面としてのサイズを縮小する際，満たさなければならない唯一の境界条件は式 (10.72)，すなわち $W_{E\text{-}C} = W_B(V_{BE}, V'_{BC}) + W_{dBE}(V'_{BE}) + W_{dBC}(V'_{BC})$ である．図 10.29 に示すように，$W_{E\text{-}C}$ は，$N_B \approx 1 \times 10^{19}\,\mathrm{cm}^{-3}$ で設計することにより，約 20 nm まで微細化できる．

表 11.1 の縦型バイポーラトランジスタの 4 つのスケーリングの制約と要件のうち，電圧と N_B に関するものだけが対称横型バイポーラトランジスタに当てはまる．図 10.29 の結果は，N_B の要件を満たす設計でのものである．対称横型トランジスタではカーク効果がなく，C_{DE} は常に最小であり，実際においてデバイス設計パラメータではないため，静電容量の制約は適用されない．また，対称横型トランジスタでは $N_C \gg N_B$ であるため，N_C の要件も適用されない．要するに，**対称横型バイポーラトランジスタは，論理回路用の縦型バイポーラトランジスタよりもスケーリング制約が少ない．**

11.5.3 抵抗負荷バイポーラ論理回路の電力損失問題

定電圧というスケーリング制約 (表 11.1) と J_C が κ^2 で変化するというスケーリング則 (表 11.2) は，EC 回路での面方向でのスケーリングにおいてスケーリング係数 κ での速度向上を達成するとき，回路の消費電力はスケーリングにおいて変化しないことを意味する．SiGe ベースの縦型バイポーラ電流切り替え回路では，1 回路あたり約 10 mW で 3 ps の遅延を達成できる (Böck ら，2004)．このような大きな消費電力は，縦型バイポーラ論理回路が大規模な回路数を必要とするシステムには適していないことを意味する．ハイエンドのコンピュータシステム用に開発された高速縦型バイポーラ ECL の最後の世代は，1992 年に報告された (Brown ら，1992)．それ以来，すべてのハイエンドコンピューティングシステムは，スケーリングされた CMOS を用いて構築されている．

高速縦型バイポーラ ECL 回路，あるいは高速縦型バイポーラ抵抗負荷回路全般の消費電力が大きい理由は二つある．第一に，図 9.1(a) のレイアウト回路図から明らかなように，縦型バイポーラトランジスタの総面積は，エミッタ面積で表される活性領域よりもはるかに大きい．その結果，縦型バイポーラトランジスタは，大きなデバイス面積とそれに伴うデバイス静電容量，およびチップ上のデバイスと回路を接続する配線に伴う大きな静電容量をもつ．縦型トランジスタは，意図した高速性を達成するために，それに対応する大電流で動作させなければならない．第二に，許容できない速度劣化を引き起こす縦型トランジスタの飽和領域での動作を避けるため，設計者は電源電圧を高くする傾向がある．この理由は次に明らかになる．大電流と大電源電圧の組み合わせは，大きな電力損失をもたらす．

縦型バイポーラトランジスタの代わりに対称横型バイポーラトランジスタを使う抵抗負荷論理回路が，同じ高速性をはるかに低い消費電力で実現できる理由は二つある．第一に，図 9.1(b) の横型トランジスタ概略図と図 9.1(a) の縦型トランジスタ概略図を比較すれば明らかなように，同じエミッタ面積であれば，横型トランジスタの方が縦型トランジスタよりもデバイス面積とそれに伴うデバイス容量がはるかに小さい．つまり，横型トランジスタは，縦型トランジスタと同じ回路速度を達成する場合に，より小さなコレクタ電流で動作させることができる．第二に，カーク効果がなく，横方向トランジスタは速度低下なしに深い飽和状態で動作させることができる．これにより，次に説明するように，同じ論理回路をより小さな電源電圧で動作させることができる．

図 11.11 は，基本的な抵抗負荷バイポーラインバータを示しており，これは電流切替回路，たとえば図 11.3 の電流切替およびエミッタフォロワ回路における「スイッチ」である．インバータ入力振幅がゼロと ΔV の間で切り替わると仮定しよう．$V_{\rm in} = 0$ のとき，トランジスタはオフで，$V_{\rm out} = V_{\rm cc}$ である．$V_{\rm in} = \Delta V$ のとき，トランジスタはオンし，抵抗に電流 $I_{\rm C}$ が流れ，$V_{\rm out} = V_{\rm cc} - I_{\rm C}R_{\rm L}$ となる．適切に設計された電流スイッチでは，$V_{\rm out}$ の振幅は $V_{\rm in}$ の振幅に等しく，$I_{\rm C}R_{\rm L} = \Delta V$ となる．トランジスタの飽和を避けるには，回路動作中に $V_{\rm C} < V_{\rm B}$ にならないようにする必要がある．図 11.11 のインバータの場合，トランジスタを飽和領域に入れないために必要な $V_{\rm cc}$ の最小値は $2\Delta V$ である．設計者は通常，最悪の状況でもチップ上のトランジスタが飽和領域に入

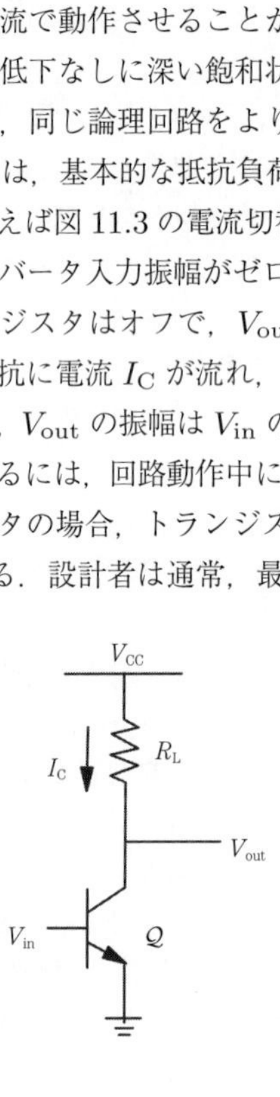

図 11.11　抵抗負荷をもつバイポーラインバータの回路図

らないようにするため,「必要最小値」よりも大きな V_{cc} を使用する. これが, チップ上のすべての回路の消費電力を大きくすることにつながる.

対称横型バイポーラトランジスタでは, コレクタ–ベースダイオードとエミッタ–ベースダイオードが等しく高速にスイッチングするため, 対称横型トランジスタは完全飽和, すなわち $V_{BC} = V_{BE}$ で, 速度劣化なしに動作させることができる. したがって, 横型トランジスタ電流切替回路は, 同等の縦型トランジスタ回路よりも小さな電源電圧で動作させることができる. 図 11.11 のインバータの場合, 横型トランジスタ回路の最小 V_{cc} は ΔV である. (これは, 前述した縦型トランジスタ回路の最小 V_{cc} が $2\Delta V$ であることと比較すべきである). 横型トランジスタ電流切替回路の電力遅延積は, 縦型トランジスタ電流切替回路よりも 100 倍低くなりうると見積もられている (LeRoy ら, 2015; Raman ら, 2015)

11.6 RF およびアナログ回路での縦型トランジスタ設計最適化

一般的に, デジタル回路におけるベース抵抗やコレクタ容量の最小化のようなバイポーラトランジスタ最適化の手法は, RF およびアナログ回路におけるバイポーラトランジスタの最適化にも応用可能である. デジタル回路におけるカーク効果による縦型トランジスタの電流密度制限も RF およびアナログ回路に応用できる. しかしながら, デジタルと高周波/アナログ回路では, いくぶんデバイス設計に違いがある.

デジタル回路の場合, 回路の速度と消費電力が最も重要な要因でありデバイス設計を支配する. RF とアナログ回路の場合は, おそらく最も重要なデバイスパラメータ, または性能指標は f_T, f_{max}, および V_A である. この節では, まず, 大きな V_A の利点を調べるために, 増幅器としてのバイポーラトランジスタを考えよう. 次に, f_T, f_{max}, V_A の間の設計トレードオフについて述べる. 対称横型バイポーラトランジスタの設計トレードオフと最適化については, 11.7 節で説明する.

11.6.1 1 段トランジスタ増幅器

1 段トランジスタ増幅器によってアナログトランジスタにおける性能指標の見識を得ることができる. 増幅器として動作させるためにバイアスされたバイポーラトランジスタの回路構成を図 11.12(a) に示す. ここで, R_L は負荷抵抗である. 単純化のため, 低周波での場合を考える. このとき, 図 9.25 に示した小信号等価回路を使うことで, 図 11.12(b) に示した増幅器の小信号等価回路が得られる. 出力に無負荷の場合, 出力電圧は

$$v_o = -i_o(r_0'||R_L) = -g_m'(r_0'||R_L)v_i \tag{11.15}$$

となる. ここで $(r_0'||R_L)$ は二つの抵抗 r_0', R_L が並列になっている抵抗分を示す. 負の

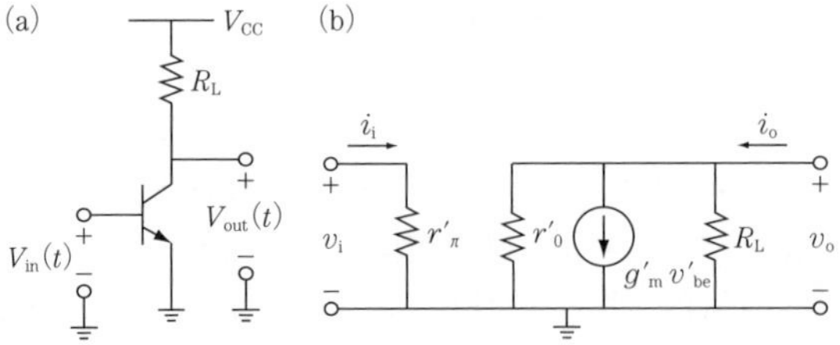

図 11.12　(a) 1 段のトランジスタバイポーラ増幅器の回路構成．(b) 低周波小信号等価回路．

符号は，正の v_i が負の v_o を生みだすことを示している．そこで，開放した回路または無負荷での電圧利得は

$$a_v = \frac{v_o}{v_i} = -g'_m(r'_0||R_L) \tag{11.16}$$

となる．低周波での回路開放時の最大電圧利得は，R_L を非常に大きくすれば得られ，

$$\lim_{R_L\to\infty} a_v = -g'_m r'_0 \tag{11.17}$$

となる．バイポーラトランジスタでは，式 (9.153) と (9.155) を式 (11.17) に代入して

$$\lim_{R_L\to\infty} a_v = -\frac{qV_A}{kT} \tag{11.18}$$

となる．ここで V_A はアーリー電圧である．式 (11.18) では，V_A に比べて小さい式 (9.155) の V_{CE} の項を無視した．そこで，トランジスタが増幅する電圧を扱うのに十分大きな耐圧をもっているという条件下では，バイポーラトランジスタの真性の電圧増幅能力はそのアーリー電圧に比例する．Si ベース縦型バイポーラトランジスタでは，典型的な V_A は約 40 V であり (9.3.2.1 目参照)，真性電圧利得は約 1600 となる．これは，0.1 µm nMOSFET (8.5.4 項参照) で 17 程度しかない MOSFET の真性電圧利得と比べて非常に大きい．

11.6.2　縦型トランジスタの f_T の最大化

遮断周波数 f_T は，式 (11.8) または式 (11.9) によって得られる．f_T を最大にするために，静電容量 $C_{dBE,tot}$，$C_{dBC,tot}$ と，順方向走行時間 τ_F を最小化されるべきである．これらの容量を最小化する最も簡単な方法は，デジタル回路と同様に，寄生容量の小さい最新のデバイス構造を採用することである．τ_F の中で最も重要な成分は t_B であり，これは W_B を狭くすることにより，効果的に短縮できる．しかしながら，W_B だけを狭くすると，真性ベース抵抗の増加とアーリー電圧の低下を招く．

低注入領域では，τ_F は真性デバイス部分のドーピングプロファイルの関数である．τ_F は水平方向のデバイスの寸法や形状に依存しない．つまり，ある縦方向のドーピングプロ

ファイルを仮定すると，もし J_{C} が同じであれば，大きなエミッタのデバイスの τ_{F} は，小さいエミッタのデバイスと同じである．式 (11.8) は，最大の真性の遮断周波数が τ_{F} によって決まることを示している．しかしながら，τ_{F} によって決まる最大の f_{T} に到達するためには，トランジスタを十分大きな電流密度で動作させ，$kT(C_{\mathrm{dBE,tot}}+C_{\mathrm{dBC,tot}})/qI_{\mathrm{C}}$ の項を τ_{F} より小さくしなければならない．残念ながら，縦型バイポーラトランジスタでは，J_{C} が大きくなるとベース広がりが重要になる．いったんベース広がりが見られるようになると，τ_{F} はもはや一定ではなくなり，J_{C} が大きくなるにつれて τ_{F} は急激に大きくなる．ベース広がりが起こると，電流がさらに増加するに従い図 11.5 の f_{T} の測定値が示すように f_{T} は急速に減少する．

図 11.13 は，2 種類の違った N_{C} をもった縦型トランジスタで，I_{C} の関数として f_{T} を測定したものである (Crabbé ら，1993a)．ベース広がり効果から予測されるように，N_{C} の増加に比例して，f_{T} のロールオフ特性がより大電流側にシフトするということが，この図では明らかに示されている．また，縦型トランジスタのピーク f_{T} を上昇させる簡単な方法は，デバイス耐圧が許容される範囲にある限り，N_{C} を高くすることであるということも示している．

遮断周波数は，寄生エミッタ抵抗 r_{e} と寄生コレクタ抵抗 r_{c} により劣化する [式 (11.9) 参照]．したがって，f_{T} を大きくするために，r_{e} と r_{c} は小さく保ち続けなければならない．

11.6.3 縦型トランジスタの r_{bi} の最小化

9.2.1 項で示したように，幅 W，長さ L のエミッタストライプの真性ベース抵抗 r_{bi}

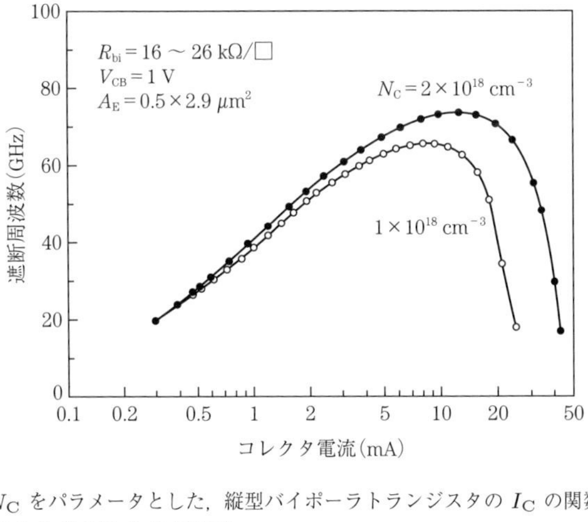

図 11.13 N_{C} をパラメータとした，縦型バイポーラトランジスタの I_{C} の関数としての f_{T} 測定値 [Crabbé ら (1993a) より引用]

は，$(W/L)R_{\mathrm{Sbi}}$ に比例する．ここで，R_{Sbi} は，真性ベース層のシート抵抗である．ゆえに，r_{bi} は，可能な限り幅を狭くした，長いエミッタストライプを作製することにより低減できる．さらに，真性ベースコンタクトをエミッタストライプの片側ではなく，両側に設けることにより，r_{bi} を 1/4 に低減できる．実際，すべての高性能縦型バイポーラトランジスタは，エミッタストライプの両側にコンタクトを有している．ポリシリコンエミッタの場合，電流利得は通常，論点とならない．結果として，R_{Sbi} を，また r_{bi} も低減させるため，真性ベース層はかなり高濃度にドープすることができる．

11.6.4 縦型トランジスタの f_{max} の最大化

最大発振周波数 f_{max} は式 (11.10) により与えられる．それは，f_{T}, r_{b}, および $C_{\mathrm{dBC,tot}}$ の関数である．したがって，r_{b} の増加を犠牲にして f_{T} の増大を図った設計では，f_{max} の減少をもたらす．事実，わずかな f_{T} の減少が許容できれば，r_{b} を大幅に減少させることができ，より高い f_{max} を得ることができる．

$C_{\mathrm{dBC,tot}}$ の減少により，f_{max} は上昇する．しかしながら，$C_{\mathrm{dBC,tot}}$ をコレクタ濃度の低下により低減した場合，ベース広がり効果はより低いコレクタ電流密度で起こり，それによりトランジスタの最大 f_{T} は低下する (図 11.13 参照)．ゆえに，f_{max} の最大化は複雑なトレードオフ問題である．この点は，11.6.5 項でさらに議論する．

11.6.5 縦型トランジスタの V_{A} の最大化

均一ドープ真性ベースに対するアーリー電圧 V_{A} は，式 (9.94) の比 $Q_{\mathrm{pB}}/C_{\mathrm{dBCi}}$ によって与えられる．V_{A} を上げる明確な方法は，Q_{pB} を増大させることである．W_{B} を固定して N_{B} を増加させることによりこれを行うと，τ_{F} への影響は比較的少なく，r_{bi} は低減する．正味の結果として，f_{T} には比較的小さい影響であるが，f_{max} は高くなる．しかし，ポリシリコンエミッタトランジスタでは問題とならないものの，電流利得の低下も生じる．一方，Q_{pB} を W_{B} の増大によって増加させた場合，f_{T} は減少し，f_{max} にも悪影響を及ぼす可能性がある．

V_{A} は，C_{dBCi} を減少させることによっても上げることができる．しかし，N_{C} を小さくしたり，コレクタ層の厚さを厚くしたりして C_{dBCi} を小さくすると，トランジスタはカーク効果を受けやすくなり，その結果 f_{T} と f_{max} の最大値が低下する．

11.6.6 縦型トランジスタの RF およびアナログ設計でのトレードオフの例

ボックス型真性ベースドーピングプロファイルは，ホウ素を成長中にドーピングしたエピタキシャル成長で真性ベース層を形成すれば容易に得られる．ベース層へのカーボンの導入により，ベース層内でのホウ素拡散を，次の工程の間でも抑制できる (Stolk ら，1995; Lanzerotti ら，1996)．図 11.14 と図 11.15 に，ボックス型のベース層ドーピングプロファイルに関するトレードオフ研究の結果 (Yoshino ら，1995) を示す．これら

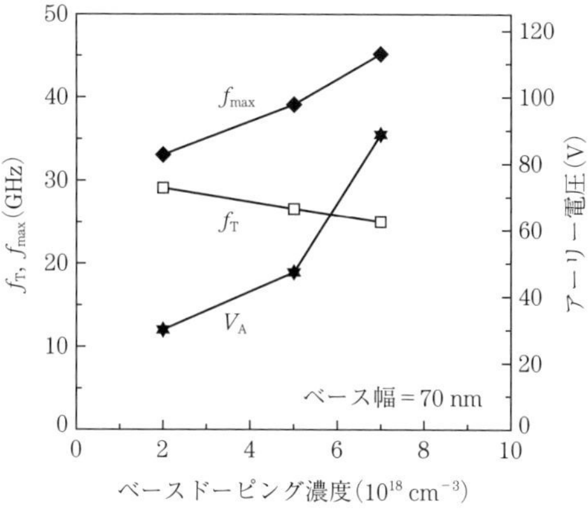

図 11.14 縦型バイポーラトランジスタでの，ベースドーピング濃度 N_B による f_T，f_{max}，アーリー電圧 V_A の変化を示す実験結果．ベースは真性ベース層のエピタキシャル成長によって形成されたボックス型ドーピングプロファイルである [Yoshino ら (1995) より引用]．

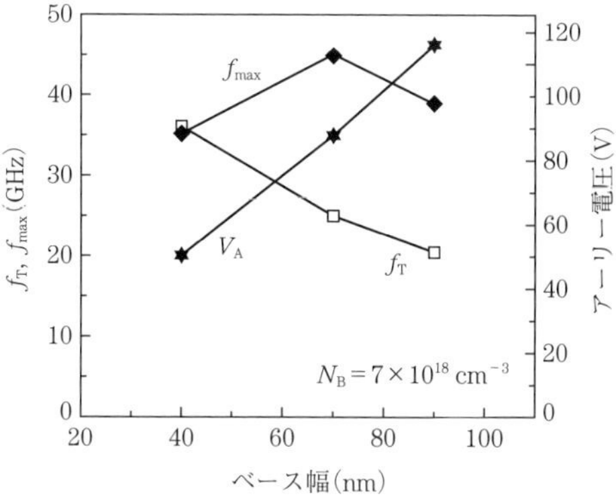

図 11.15 縦型バイポーラトランジスタでの，真性ベース幅による f_T，f_{max}，アーリー電圧 V_A の変化を示す実験結果．真性ベースはシリコンのエピタキシャル成長によって形成された [Yoshino ら (1995) より引用]．

の結果は，f_T がより大きな f_{max} あるいはより大きな V_A とトレードオフできることを明らかにしている．

ベース広がりは，性能劣化を伴わない最大の J_C を制限し，BV_{CEO} は，ベース広がりを最小化するためのコレクタへの高濃度ドーピングの量を制限する．図 11.16 は，文献に報告されている縦型 n–p–n トランジスタの BV_{CEO} と f_T の関係をプロットしたものである．Si ベースと SiGe ベース，さらには InP 系 HBT も，データに含んでいる．BV_{CEO} と f_T の間には，明確なトレードオフ関係があることを示している．予想され

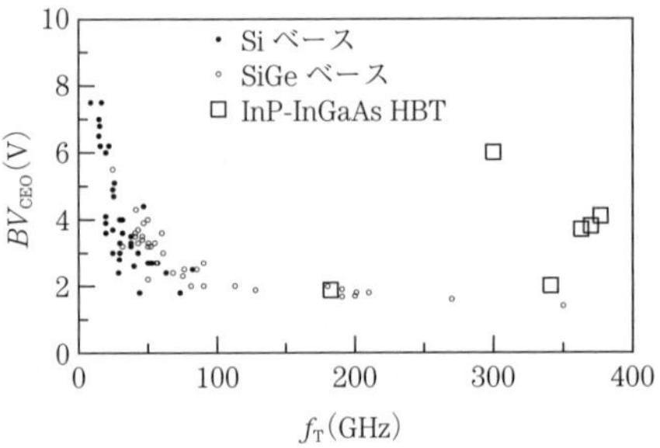

図 11.16　文献で報告されている，いくつかの縦型 n–p–n トランジスタの f_T に対する BV_{CEO}

るように，同じ BV_{CEO} の場合，SiGe ベーストランジスタはより高い f_T を達成することができる．

11.7　RF およびアナログ回路での対称横型トランジスタ設計でのトレードオフと最適化

10.5 節で説明したように，縦型トランジスタとは異なり，対称横型トランジスタの交流および定常状態のパラメータのほとんどは，デバイスの寸法とドーピング濃度を用いた解析解で表すことができる．これらのパラメータにより，RF，アナログ，ロジック回路の多くの特性値を計算することができる．ここでは，RF およびアナログアプリケーション向けの対称横型トランジスタの計算された特性と設計上のトレードオフについて検討する．

f_T と f_{max} を計算するには，デバイスパラメータ $C_{dBC,tot}$，$C_{dBE,tot}$，τ_F，r_e，r_c が必要である [式 (11.9) 参照]．図 10.27 のデバイス回路図を参照すると，全容量パラメータは次式で与えられる．

$$C_{dBC,tot} = A_E C_{dBC}\left(V'_{BC}\right) + L_E C_{BC,fringe} \tag{11.19}$$

$$C_{dBE,tot} = A_E C_{dBE}\left(V'_{BE}\right) + L_E C_{BE,fringe} \tag{11.20}$$

ここで，$C_{dBC}(V'_0)$ と $C_{dBE}(V'_0)$ はそれぞれ単位面積当たりのベース–コレクタとベース–エミッタの接合容量，$C_{BC,fringe}$ と $C_{BE,fringe}$ はそれぞれ単位エミッタ長当たりのベース–コレクタとベース–エミッタのフリンジ容量である．CMOS の場合，フリンジ容量は通常 0.08 fF/μm である．対称横型バイポーラトランジスタでも同じ値が適用されるはずである．エミッタ面積は $A_E = L_E \times t_{si}$ である．式 (11.9) および (11.10) の順方向走行時間 τ_F は式 (10.90)〜(10.94) で与えられる．真性ベース抵抗 r_{bi} は式 (10.81) で与えられる．r_e，r_c，r_{bx}，および W_E の代表的な値は，図 10.30 および図 10.31 に示したようなデバイス電流の測定値から求めることができる．

ベース–エミッタおよびベース–コレクタ空間電荷領域の可動電荷密度が無視できない高コレクタ電流では，空間電荷領域の幅は，式 (10.78) および式 (10.79) で与えられる．ここで，線形領域で動作するデバイスでは式 (10.80) で与えられる Δn を，飽和領域の内および外で動作するデバイスでは式 (10.85)∼(10.87) で与えられる Δn を用いている．この場合，$C_{\rm dBC}$，$C_{\rm dBE}$，$V_{\rm BE}$，$V_{\rm BC}$ が相互に依存するため，$V_{\rm BE}$ と $V_{\rm BC}$ の関数としての $W_{\rm dBC}$ と $W_{\rm dBE}$ の計算がより複雑になる (10.5.1 項参照).

11.7.1 対称横型 n–p–n での低注入における $f_{\rm T}$ と $f_{\rm max}$ の計算結果

しかしながら

$$(n_{\rm ieB}{}^2/N_{\rm B})\exp(qV'_{\rm BE}/kT) < N_{\rm B} \tag{11.21}$$

の**低注入基準**を満たす $V_{\rm BE}$ 値に限定して計算すると，$\Delta n < N_{\rm B}$ であり，$W_{\rm dBC}$ と $W_{\rm dBE}$ は Δn に依存しないと仮定することができる．この場合，式 (10.78) と (10.79) は次のような近似式になる．

$$W_{\rm dBE}(V'_{\rm BE}) = \sqrt{2\varepsilon_{\rm si}(\psi_{\rm bi} - V'_{\rm BE})/qN_{\rm B}} \tag{11.22}$$

$$W_{\rm dBC}\left(V'_{\rm BC}\right) = \sqrt{2\varepsilon_{\rm si}\left(\psi_{\rm bi} - V'_{\rm BC}\right)/qN_{\rm B}} \tag{11.23}$$

式 (11.21) を満たす接合電圧 $V'_{\rm BE}$ は $N_{\rm B}$ の関数である．$N_{\rm B} = 2.5 \times 10^{18}\,{\rm cm}^{-3}$ の場合，対応する電圧と電流密度は $V'_{\rm BE} = 0.96\,{\rm V}$，$J_{\rm C} = 5.74\,{\rm mA/\mu m^2}$ である．$N_{\rm B} = 1.0 \times 10^{19}\,{\rm cm}^{-3}$ では，$V'_{\rm BE} = 1.01\,{\rm V}$，$J_{\rm C} = 15.7\,{\rm mA/\mu m^2}$ となる．つまり，$N_{\rm B}$ が高い対称横型トランジスタでは，かなり高い $J_{\rm C}$ での動作を記述する場合にも低注入近似が有効である．図 11.17 と図 11.18 に示す例は，低注入近似が有効な $V'_{\rm BE}$ と $J_{\rm C}$ の範囲について計算したものである (Ning と Cai，2013).

図 11.17 は，対称横型 n–p–n トランジスタにおける，前項で説明したように計算したコレクタ電流密度の関数としての $f_{\rm T}$ と $f_{\rm max}$ を示している．図 11.17(a) は，ある $W_{\rm E\text{–}C}$ と $t_{\rm si}$ の組み合わせにおいて，$N_{\rm B}$ を増加させると $f_{\rm T}$ と $f_{\rm max}$ が減少することを示している．$W_{\rm E\text{–}C}$ を固定して $N_{\rm B}$ を増加させると，$W_{\rm B}$ と接合容量が増加するが，$r_{\rm bi}$ は減少する．$W_{\rm B}$ と接合容量の増加は $f_{\rm T}$ の減少を説明する．$r_{\rm bi}$ の減少自体は $f_{\rm max}$ を増加させるはずである．図 11.17(a) で $f_{\rm max}$ が減少しているのは，$W_{\rm B}$ と接合容量の増加による劣化を相殺するほどは $r_{\rm bi}$ の減少による恩恵がないためである．

図 11.17(b) は，$t_{\rm si}$ の異なる二つの設計を比較したものである．図 11.17(b) は，$t_{\rm si}$ を下げるだけで，$r_{\rm bi}$ の減少により $f_{\rm max}$ が増加することを示している．$W_{\rm B}$，$\tau_{\rm F}$，$C_{\rm dBE}$，$C_{\rm dBC}$ には変化がないため，$t_{\rm si}$ を下げるだけでは $f_{\rm T}$ にはほとんど影響しない．$t_{\rm si} = 20\,{\rm nm}$ では，$r_{\rm bi}$ の低減により $f_{\rm max}$ の最大値が 900 GHz に近づく．

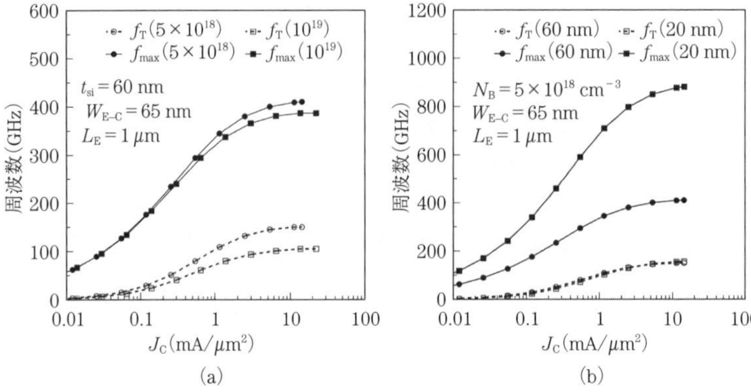

図 11.17　(a) $t_{si}=60\,\mathrm{nm}$ での二つの N_B 値における f_T と f_{max} の計算値. (b) $N_B=5\times10^{18}\,\mathrm{cm}^{-3}$ とした場合での, 二つの t_{si} 値における f_T と f_{max} の計算値. $V_{BC}=-1\,\mathrm{V}$ で, 想定される抵抗は $r_{bx}=20\,\Omega$ および $r_e=r_c=100\,\Omega$ である [Ning と Cai (2013) より引用].

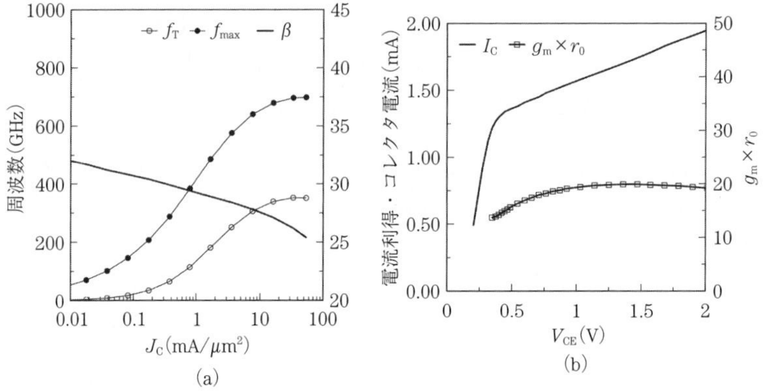

図 11.18　(a) $L_E=1\,\mu\mathrm{m}$, $N_B=1\times10^{19}\,\mathrm{cm}^{-3}$, $W_{E\text{-}C}=38\,\mathrm{nm}$, $t_{si}=40\,\mathrm{nm}$ の横型バイポーラデバイスの f_T, f_{max}, 電流利得の計算値. ピーク f_T が 350 GHz, ピーク f_{max} が 700 GHz のデバイスをターゲットとした. (b) $I_B=80\,\mu\mathrm{A}$ における同じデバイスの出力電流の計算値と, それに対応する自己利得 $g_m\times r_0$ 積 [Ning と Cai (2013) より引用].

図 11.17(b) の $t_{si}=20\,\mathrm{nm}$ の設計では f_{max} の最大値 $\sim 900\,\mathrm{GHz}$, f_T の最大値 $\sim 300\,\mathrm{GHz}$, すなわち f_{max} の最大値は f_T の最大値の約 3 倍である. f_T と f_{max} のバランスを良くするには, $W_{E\text{-}C}$ を小さくして f_T を大きくし, t_{si} を大きくして f_{max} を小さくすれば良い. $W_{E\text{-}C}$ を減らすことで生じる V_A と真性電圧利得 ($g_m\times r_0$ 積 式 (11.17) 参照) の減少は, 必要であれば N_B を増やすことで最小化できる. 図 11.18 は,

f_{T} の最大値が 350 GHz，$f_{\max}$ の最大値が 700 GHz をターゲットとした，このような設計例を示している．図 11.18(a) は，計算されたデバイスの f_{T}，$f_{\max}$，および電流利得を示している．図 11.18(b) は，同じデバイスの $I_{\mathrm{B}} = 80\,\mu\mathrm{A}$ における出力特性の計算値と真性電圧利得を示している．図 11.18 に示す値は，32 nm SOI CMOS (Lee ら，2012) や 22 nm FinFET CMOS (Sell ら，2017) で報告されている値よりも大幅に高い．

図 11.18(a) の電流利得は，設計によっては少し低いかもしれない．Si エミッタ/コレクタをもつ SiGe ベース HBT 構造が使用された場合 (10.5.8 項の議論を参照)，電流利得は 100 より大きくなる．

11.7.2 $f_{\max} > 1$ THz のためのフィン構造をもつ対称横型トランジスタ

CMOS 技術は，垂直に立ったシリコンのフィン構造の側面に反転チャネルを形成する，いわゆるフィン FET デバイス構造へと発展してきた (7.2 節参照)．SOI を用いた CMOS フィン FET デバイス構造は，SOI を用いた対称横型バイポーラトランジスタにも適応できる．フィン構造の横型バイポーラデバイスでは，真性ベースを 2 面または 3 面でコンタクトさせることができ，ベース抵抗を 50 %以上低減させることができる (9.2.1.2 目参照)．しかし，同じエミッタ面積の場合，フィン構造デバイスは，エミッタ–外部ベース間周辺長が長くなるため，ベース–エミッタ間およびベース–コレクタ間のフリンジ容量が平面構造デバイスよりも大きくなる．平面構造のかわりにフィン構造を採用した正味の結果は，フリンジ容量の増加により f_{T} がわずかに低下するが，ベース抵抗の減少により $f_{\max}$ が大幅に増加する．垂直の 2 面にベースコンタクトをもつフィン構造デバイスと平面デバイスを比較したシミュレーション結果を図 11.19 に示す．両デバイスとも，$t_{\mathrm{si}} = 20\,\mathrm{nm}$，$A_{\mathrm{E}} = 20 \times 20\,\mathrm{nm}^2$ (すなわち，フィン幅 $W_{\mathrm{si}} = 20\,\mathrm{nm}$)，$N_{\mathrm{B}} = 5 \times 10^{18}\,\mathrm{cm}^{-3}$，$W_{\mathrm{B}} = 10\,\mathrm{nm}$ で，$R_{\mathrm{Sbi}} = 15\,\mathrm{k}\Omega/\square$ に相当する．この結果は，フィン構造デバイスで 1 THz を超える $f_{\max}$ が達成できることを示している (Ning, 2016)．

11.7.3 基板バイアスによるノイズ低減

アナログ応用に設計されたトランジスタにおいて，低周波ノイズは重要な問題である．SOI を用いた対称横型バイポーラトランジスタの場合，エミッタ/コレクタ形成プロセスに関連する残留欠陥や半導体酸化膜界面の残留欠陥を最小限に抑えることが重要である．第一に，外部ベース層のドーピングには，高ドーズのイオン注入ではなく，成長中のドーピングを用いることが好ましい．これにより，真性ベースに隣接する，ドーピングが不十分な外部ベース領域が意図せず形成されることを回避できる (Hashemi ら，2018; Yau ら，2018)．第二に，界面準位の欠陥を最小限に抑えるためには，金属形成後に水素を含む雰囲気での適切なアニールを行うことが重要である (Yau ら，2016a)．第三に，基板バイアス (n–p–n の場合は $V_x < 0$，p–n–p の場合は $V_x > 0$) を印加して，BOX

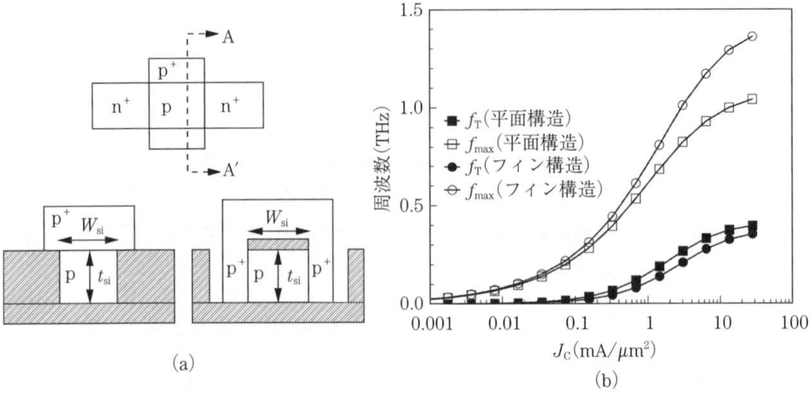

図 11.19　(a) 平面構造 (左下) とフィン構造 (右下) の SOI を用いた対称横型バイポーラトランジスタの AA′ に沿った側面図．平面構造デバイスでは，p^+ 外部ベースが真性ベースに接触するのは上面のみである．フィン構造の場合，p^+ 外部ベースと p 型ベースとの接触は，ここに示したように 2 面，または 3 面になる．上に示す上面図は，平面構造デバイスとフィン構造デバイスの両方で同じである．(b) 平面構造デバイスと，真性外部ベースが真性ベースの 2 つの垂直面に接触しているフィン構造デバイスについて，コレクタ電流密度の関数として計算された f_T と f_{max} [Ning (2016) より引用].

に隣接するベース領域を蓄積化する (Yau ら，2016b)．BOX に隣接するベース領域において蓄積化を引き起こす基板バイアスは，Si/BOX 界面の表面欠陥に起因する低周波ノイズを低減する (Hu ら，2018)．

11.8　対称横型バイポーラトランジスタのユニークな可能性

対称横型バイポーラトランジスタが縦型バイポーラトランジスタに比べて優れている点については，従来の抵抗負荷電流切替論理回路の観点からは 11.5 節で，RF 回路とアナログ回路のパラメータの観点からは 11.7 節で述べてきた．デバイスの静電容量が小さく，カーク効果がないという組み合わせは，対称横型トランジスタにおいて消費電力を大幅に低減し，最大性能を向上させる．

高い駆動電流能力と，同一チップ上に n–p–n デバイスと p–n–p デバイスを集積するときの比較的簡単なプロセスは，縦型バイポーラトランジスタでは不可能な，横型バイポーラトランジスタによる，興味深い，そして刺激的な可能性がある．これは，**バイポーラ回路とアプリケーションを再考する必要性**を示唆している．この節では，このような可能性のいくつかについて説明する．

11.8.1　高駆動電流デバイスとしての対称横型バイポーラトランジスタ

CMOS の面積寸法が微細化されるに伴い，1 ゲート幅当たりの最大駆動電流は，何世代にもわたって約 3 倍以内とあまり向上していない．一次的には，MOSFET の駆動電流は，反転層のキャリア密度とその電荷キャリアの移動度の積に比例する．たとえば，1.8 V の CMOS 世代では，n チャネル MOSFET の駆動電流は約 0.8 mA/μm と報告されていた (Su ら，1996)．22 nm ノードでは，報告されている平面型 n チャネル MOSFET の最高駆動電流は約 2 mA/μm である (Freeman ら，2015)．この駆動電流は，$t_{si} = 60\,\mathrm{nm}$ の対称横型 n–p–n トランジスタで図 10.30 に示した 4.8 mA/μm の駆動電流の測定値と比べると小さい．

SOI を用いた対称横型バイポーラトランジスタが CMOS よりはるかに高い駆動電流をもつ理由は以下のとおりである．

- CMOS と異なり，バイポーラトランジスタにはゲート絶縁破壊の心配がない．その結果，バイポーラトランジスタは qV'_{BE} がベース領域のバンドギャップエネルギーに近づくまで駆動することができる．これを達成するのに必要な端子での V_{BE} は，寄生エミッタ抵抗と寄生ベース抵抗に依存する．図 10.30 のトランジスタでは，約 1.1 V の V'_{BE} で最大電流点が得られる (Cai ら，2014)．
- 横型トランジスタのエミッタ面積は $A_{\mathrm{E}} = L_{\mathrm{E}} \times t_{si}$ である．すなわち，駆動電流は t_{si} に比例する．図 10.30 のトランジスタの t_{si} は 60 nm である．同じデバイスを $t_{si} = 100\,\mathrm{nm}$ で設計した場合，$V_{\mathrm{BE}} = 1.5\,\mathrm{V}$ での駆動電流は約 8 mA/μm となる．$t_{si} = 300\,\mathrm{nm}$ の場合，駆動電流は約 24 mA/μm となる．10.5.6 項で述べた成長中にドーピングした横方向シリコンエピタキシ法を用いてエミッタコレクタ領域を形成すれば，かなり厚い SOI でも対称横型バイポーラトランジスタを作製できるはずである．

この原稿を書いている時点で，CMOS 互換性をもち，CMOS より大幅に高い駆動電流をもつトランジスタの必要性は，「ユニバーサル」なランダムアクセスメモリの探求において最も明白である．ユニバーサル RAM とは，SRAM に匹敵する動作速度と DRAM に匹敵する密度をもち，不揮発性であることを意味する．半導体業界で注目されているユニバーサル RAM 技術には，スピン注入磁化反転型磁気メモリ (STT-MRAM) と相変化メモリ (PCM) の二つがある．メモリセルは，一つのアクセストランジスタと一つのメモリ素子 (STT-MRAM の場合は磁気トンネル接合，PCM の場合は相変化抵抗) で構成される．メモリ素子は通常，アクセストランジスタの上に「隠れて」おり，メモリセルの面積は主にアクセストランジスタの面積によって決まる．

STT-MRAM の場合，アクセストランジスタは，セルの熱安定性係数を満たすのに十分な大きさの書き込み電流を供給できなければならない (Jin ら，2014)．PCM の場合，アクセストランジスタは，リセット時に抵抗メモリ素子が融解温度に達するのに必要な電力を供給できなければならない (Wong ら，2010)．業界で一般的な CMOS プラットフォームに実装する場合，SST-MRAM と PCM の両方でアクセストランジスタの幅が大きくなり，その結果，メモリセルが大きくなる．たとえば，22 nm フィン FET CMOS ロジックプラットフォームに実装された SST-MRAM のセルレイアウトは 216 nm× 225 nm 周期格子でセル面積は 0.0486 μm^2 (Golonzka ら，2018) となり，これは 6 トランジスタ SRAM のセルサイズ 0.087 μm^2 (Sell ら，2017) の約 55 %に相当する．28 nm FDSOI CMOS ロジックプラットフォームに実装された PCM のセル面積は 0.036 μm^2 (Arnaud ら，2018) で，これは 6 トランジスタ SRAM セルのサイズ 0.120 μm^2 (Planes ら，2012) の約 30 %である．ロジックプラットフォームに実装されたこれらの大きなセル面積は，単体の大容量高密度ユニバーサルメモリのセル面積を表していないかもしれないが，最小サイズの FET はユニバーサルメモリに必要な駆動電流をもたないことはよく知られている．したがって，**対称横型バイポーラトランジスタは，その高駆動電流特性から，低コスト大容量高密度なユニバーサルメモリの有力な技術プラットフォーム候補**となるはずである．

システム設計者にとって真に有用であるためには，高駆動電流デバイスは，ユニバーサルメモリセル用の高密度アクセストランジスタであると同時に，望ましい論理デバイスでなければならない．すなわち，高駆動電流デバイスは，マイクロプロセッサやマイクロコントローラのための競争力のある論理技術プラットフォームを形成するものでなければならない．11.5.2 項と 11.5.3 項で，ECL や CML のような抵抗負荷電流切替論理回路に関する限り，対称横型バイポーラが電力，性能，コストの点で縦型バイポーラよりはるかに優れていることが示されている．図 9.1(b) に示すように，p–n–p と n–p–n を統合することで，SOI を用いた対称横型バイポーラトランジスタは，これまで縦型バイポーラトランジスタでは考えられなかった興味深い論理技術プラットフォームを提供する．11.8.2〜11.8.4 項では，報告されているいくつかの可能性について述べる (Ning と Cai，2013，2015; Ning，2016)．

11.8.2　I2L と SRAM の再検討

1970 年代半ばから後半にかけて，VLSI 業界では I2L (Integrated Injection Logic) (Hart と Slob, 1972)，別名 MTL (Merged Transistor Logic) (Wiedmann と Berger, 1972) による展望で，大いに盛り上がった．I2L は圧倒的に高密度な回路である．最小サイズのデバイスを使用し，電流注入のためにゲートごとに一つの p–n–p と，ファンアウトごとに一つの n–p–n を必要とする．したがって，FO = 3 のインバータに必要なトランジスタはわずか 4 個である．

I2L 回路の回路密度が高い理由の一つは，縦型バイポーラトランジスタで実装した場合，縦型 n–p–n トランジスタの下側の n 領域がエミッタとして機能し，上側の n 領域がコレクタとして機能することである．図 11.20(a) に示すように，I2L 回路の n–p–n トランジスタはエミッタ接地 (すなわち底部 n 領域が接地) 構成で接続され，これにより多数の I2L ゲートが一つのエミッタ (底部 n 領域) 端子接点を共有できる．縦型 n–p–n トランジスタの場合，ボトム n 領域をエミッタとする構成は，トランジスタが逆活性状態で動作することを意味し，その結果，エミッタ拡散容量が大きくなり，速度が著しく制限される．最先端の縦型バイポーラ I2L は，最小遅延が 200 ps を超える (Tang ら，1979; Aufinger ら，2011)．この速度制限と 1980 年代前半の CMOS 微細化の急速な進展の結果，縦型バイポーラ I2L はシステム設計者の関心を引かなくなった．

対称横型バイポーラトランジスタは，順方向活性状態でも逆方向活性状態でもスイッチング速度が等しいことから，横型バイポーラ I2L は抵抗負荷電流切替回路に匹敵する速度を達成できるはずである．FO = 3 の I2L ゲートの回路図を図 11.20(a) に示す．10.5 節で説明したように，対称横型デバイスの構造が単純であるため，電流，抵抗，静電容量を，解析解をもつ 1 次元での方程式で表すことができ，その結果，インバータの遅延と電力損失を比較的簡単に計算することができる．図 11.20(a) (Ning と Cai，2013) の I2L インバータでは，Berger と Wiedmann (1974) の端子を指向したモデルを使って計算した．平均消費電力の関数として計算されたゲート遅延を図 11.20(b) に示す．

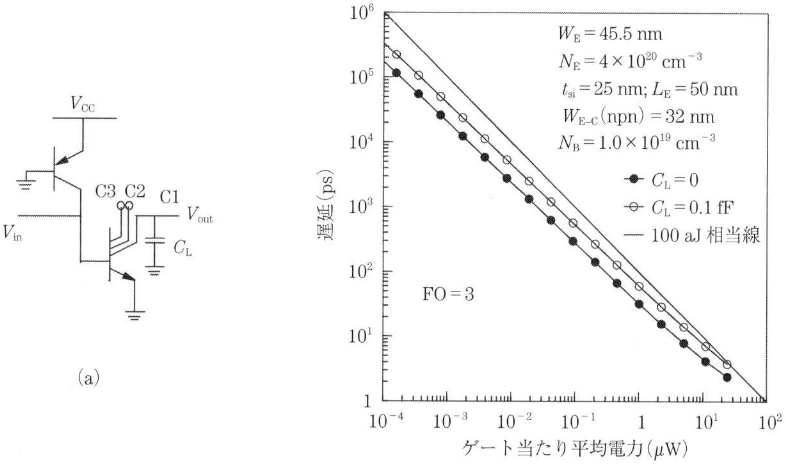

(a)

(b)

図 11.20　(a) 3 つのファンアウトをもつ I2L ゲートの回路図．(b) SOI を用いた対称横型バイポーラトランジスタを用いて FO = 3 で実装した I2L ゲートの平均待機時消費電力に対する遅延の計算値．n–p–n デバイスのパラメータは図中のとおりである [Ning と Cai (2013) より引用].

$C_{\mathrm{L}} = 0.1\,\mathrm{fF}$ の負荷に対して 100 aJ 未満の電力遅延積を示している．

電力遅延積が非常に小さい理由は二つある．(i) 小さなサイズのトランジスタおよび小さな関連する容量と，(ii) 注入する p–n–p トランジスタの $V_{\mathrm{cc}} = V_{\mathrm{BE}}$ という小さな電源電圧である．デバイスの寸法をさらに小さくすれば，10 aJ 以下の電力遅延積を達成できるはずである．

I2L SRAM セルの回路図を図 11.21 に模式的に示す．このメモリセルに必要なトランジスタはわずか 4 個 (2 個の n–p–n と 2 個の p–n–p) である (Wiedmann と Tang, 1981; Wiedmann ら，1981)．これに対し，標準的な CMOS SRAM セルには 6 個のトランジスタが必要である．SRAM セルの面積は，セルをアレイで接続するために使用される配線のハーフピッチ F で比較するのが最も望ましい．対称横型バイポーラトランジスタの I2L SRAM セルのレイアウト例をみると，面積は $4F \times 9F = 36F^2$ である (Ning, 2016)．比較のために，14 nm フィン FET CMOS SRAM セルの面積は $73.8F^2$(Jan ら，2015) であり，22 nm SOI CMOS SRAM セルの面積は $90F^2$(Freeman ら，2015) である．このように，CMOS SRAM セルと比較して，I2L SRAM セルは，はるかに高密度である．

11.8.3　相補型バイポーラ論理回路

CMOS のような相補型バイポーラ (CBipolar) 回路の概念は，古くからある (Berger と Wiedmann，1976)．基本的な構成ブロックは，図 11.22 の回路図に示す CBipolar インバータである．トランジスタの V_{BE} に等しい電圧 V_{cc} で動作する．動作時，n–p–n トランジスタは V_{in} が V_{cc} のときに完全飽和し，p–n–p トランジスタは V_{in} が接地のときに完全に飽和する．先に説明したように，縦型バイポーラトランジスタは完全な飽和モードでの動作に適していないため，CBipolar 回路の開発はずっと報告されていない．SOI を用いた対称横型バイポーラトランジスタは，完全な飽和モードで動作してもスピードにおける損失がないため，CBipolar には理想的である．

図 9.1(b) からも明らかなように，CBipolar 回路は CMOS 回路と同様のレイアウト

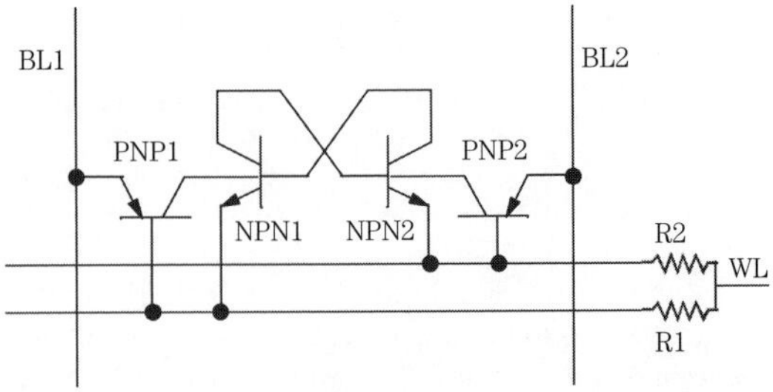

図 11.21　I2L SRAM セルの回路図 [Wiedmann と Tang (1981) より引用]

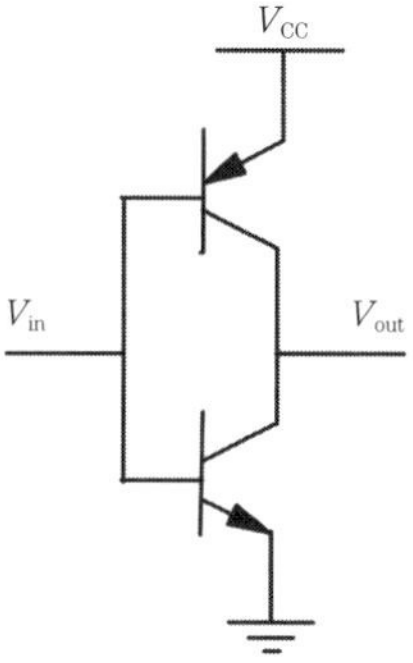

図 11.22 相補型バイポーラインバータの回路図

になっている．CMOS 設計では，最も一般的に使用される回路は NAND ゲートである．シミュレーションによる研究では，対称横型バイポーラトランジスタに実装した場合，CBipolar NAND ゲートが適切に機能することが確認されている (Ning と Cai, 2015).

同じ駆動電流のデバイスを使用した同じ機能回路の場合，CBipolar 回路は CMOS 回路よりも高密度にレイアウトできるはずだが，その理由は以下の二つによる：

(i) 11.8.1 項で述べたように，駆動電流密度 (単位 MOSFET ゲート幅当たりの電流) は横型バイポーラトランジスタが MOSFET のそれよりも高い．

(ii) 横型バイポーラトランジスタのベースへの金属コンタクトは真性ベースの上に直接配置できるが，MOSFET のゲートへの金属コンタクトは薄いゲート絶縁膜から離れて配置される．

言い換えれば，CBipolar 回路は CMOS 回路よりも大幅に集積度が向上すると予想される．

図 11.23 は，すべてがシリコンの場合と 10.5.8 項で述べた Si エミッタ/コレクタをもつ SiGe ベース HBT の場合について，CBipolar インバータの遅延と待機時消費電力を電源電圧 V_{cc} の関数として計算したものである．図 11.23 の CBipolar の対数遅延対 V_{cc} 特性は，図 11.20(b) の I2L の対数遅延対数電力特性と似ている．いずれの場合も，最小遅延は約 2 ps である．両回路とも，遅延は対称横型トランジスタ 1 個のスイッチングに支配されるため，遅延特性が類似していることは予想外ではない．

CBipolar の待機時消費電力は，n–p–n および p–n–p トランジスタのベース電流に支配されるが，両トランジスタが同じシリコンのエミッタ/コレクタをもつため，すべてがシリコンの場合と SiGe ベースの場合で同じである．図 11.23 に示すように，待機時消費電力は CMOS に比べて大きい．したがって，**CBipolar は，待機時消費電力が無視できるほど小さい CMOS に取って代わる技術ではない．**

待機時消費電力を低く抑えるために V_{cc} を 0.5 V 前後で動作させた Si エミッタ/コレクタをもつ SiGe ベースの CBipolar にとって，CMOS と置き換えることは主要目的で

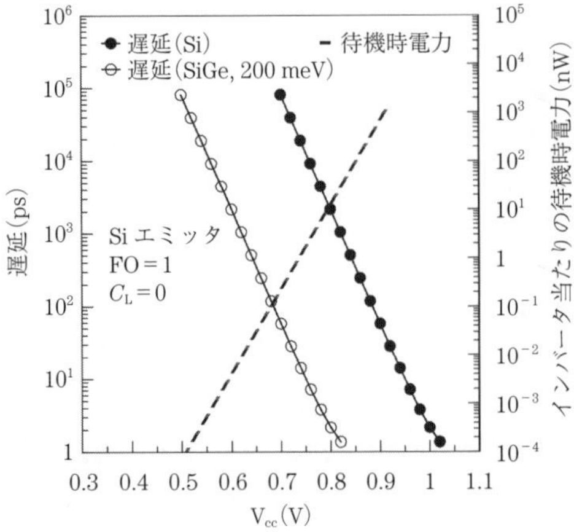

図 11.23　すべてが Si の CBipolar と Si エミッタ/コレクタをもつ SiGe ベース HBT CBipolar のインバータ遅延および待機時消費電力計算値の比較．すべてのデバイスは同じ Si エミッタ領域をもつと仮定し，$t_{si} = 60\,\mathrm{nm}$，$L_E = 100\,\mathrm{nm}$，$N_B = 1 \times 19\,\mathrm{cm}^{-3}$，$W_B = 10\,\mathrm{nm}$ とした．SiGe ベースの遅延は，Si のプロットを 200 mV 左にシフトすることと一致する．これは，SiGe のバンドギャップが Si のバンドギャップよりも 200 meV 小さいと仮定することに相当する [Ning と Cai (2015) より引用]．

はない．しかし，CMOS よりも高密度 (横型バイポーラトランジスタの駆動電流が大きいため) と低コスト (製造プロセスが単純なため) を必要とするアプリケーションでは，重要な論理技術プラットフォームになる可能性がある．また，既存の CMOS 設計ツールと設計手法を活用することができる．アプリケーションの候補としては，11.8.1 項で述べた高密度ユニバーサルメモリが考えられる．

11.8.4　I2L または CBipolar 回路によるオンデマンドな性能設計

高速システム，あるいは超低消費電力システム全体における高速サブシステムの必要性は消えていない．デバイスレベルで，高速システムと超低消費電力システムの両方の要件を満たす CMOS トランジスタを開発することは困難である．CMOS 設計者は通常，チップ設計者が電力と性能のトレードオフと最適化の余地をある程度確保できるよう，いくつかのしきい値電圧オプションを備えたデバイスを提供している．一例として，公表された 14 nm フィン FET (Jan ら，2015) は，超低消費電力トランジスタよりも約 7000 倍大きいオフ電流で，約 3 倍高いオン電流をもつ高速トランジスタを提供している．CMOS システム設計におけるもう一つの一般的な手法は，「ターボモード」動作を可能にすることである．ターボモードでは，システム内のほとんどの演算コアの電力を下げ，一つまたは二つのコアだけを高速に動作させることができる．

I2L および CBipolar 回路は，負荷として抵抗を使用しない．V_{cc} を調整するだけで，I2L 回路や CBipolar 回路の速度を上げ下げできる．V_{cc} を 60 mV 調整すれば，トランジスタのサイズや設計を変えることなく，回路速度を 10 倍変えることができる．図 11.20(b) に示すシミュレーションは，同じ物理的構造をもつ I2L ゲートが 100 ns を超える遅延から 2 ps 未満の遅延で動作可能であることを示している．同様の結論は，図 11.23 に示す CBipolar シミュレーションにも当てはまる．

I2L と CBipolar のオンデマンドでパフォーマンスを変えうる特性は，システム設計者にとって興味深い契機を与える．たとえば，多くのコアを搭載したプロセッサーチップを想像しよう．ほとんどのコアは超低消費電力モードの基本速度で動作し，いくつかのコアは基本速度の 10〜100 倍で動作し，数個のコアはアクセラレータとして基本速度の 100〜1000 倍で動作する．これらすべての可変速コアのトランジスタと回路レイアウトを同一にすることで，設計コストとチップ面積を大幅に削減し，チップとシステムのコストを削減することができる．もちろん，配線接点や接続部でのエレクトロマイグレーションなど，信頼性の問題が生じないように注意する必要がある．縦型バイポーラ I2L 1024 分周回路のオンデマンドな性能が実証された (Aufinger ら，2011)．分周器の動作周波数は，p–n–p インジェクタの電流を変えるだけで，10 MHz から 1.2 GHz まで変化した．最高動作周波数 (1.2 GHz) は，I2L 分周器が縦型トランジスタでつくられているために制限されていた．I2L および CBipolar 回路のこのようなパフォーマンスオンデマンド特性を活用するさらなる可能性については，別のところで論じられている (Ning, 2016).

12

メモリデバイス

これまでの章では，主として論理回路というコンテクストにおける CMOS およびバイポーラデバイスの動作が議論されてきた．この章は，最近の VLSI チップにおけるもう一つの基本的機能ブロックであるメモリについて取り扱う．今日生産される VLSI デバイスにおける大多数が種々の形態のランダムアクセスメモリ (RAM) である．

その動作の観点からは，RAM 機能を有するユニットは，通常，メモリセル (すなわちビット) からなるアレイと，メモリセルを選択し，書き込み，そして読み出す周辺回路とをともに有している．図 12.1 は，RAM ユニットの模式図である．アレイにおいては，同一の行に接続されたビットがワード線信号によって選択される．アレイは，各々に B 個のビットが接続された W 本のワード線を有しており，結果としてその総メモリ容量は $W \times B$ ビットとなる．アレイ内のランダムなビットが，そのワード線およびビット

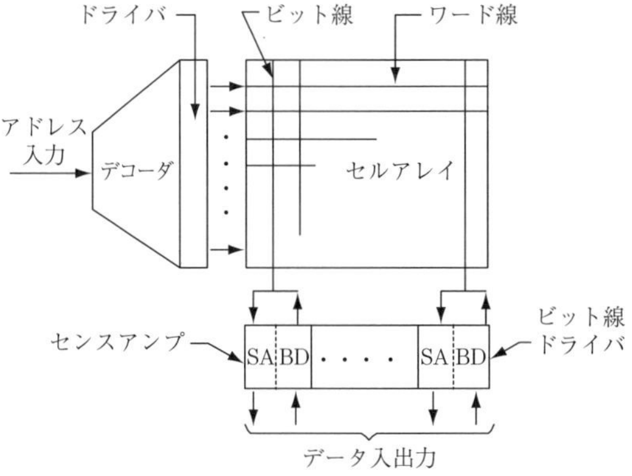

図 12.1　ランダムアクセスメモリの機能ユニットを示すブロック図．この図では，ビット線は単一線か対線のいずれかである [Terman (1971) による].

線に印加された信号を通じてアクセスされる．

メモリアレイのセルにおける情報の保持によって，ランダムアクセスメモリは，スタティックランダムアクセスメモリ (SRAM)，ダイナミックランダムアクセスメモリ (DRAM)，および，不揮発性ランダムアクセスメモリ (NVRAM)，という 3 つのカテゴリに分類される．NVRAM はしばしば不揮発性メモリとよばれる．SRAM はそのアクセス時間が短く，高速に動作する．SRAM は電源に接続されている間のみデータを保持する．現実的にはすべての VLSI チップがある容量の SRAM を含んでおり，通常それらは論理回路の場合と基本的には同一のデバイスを用いて構成される．DRAM のアクセス時間は比較的長く，動作が遅い．DRAM は，データの消失を防止するために，周期的なリフレッシュを必要とする．DRAM は SRAM よりも大幅に低コストである．なぜなら DRAM セルは代表的には SRAM セルの大きさの 10 分の 1 ほどだからである．論理チップに包含しうるものよりも大量の SRAM が必要とされるシステムでは，しばしばスタンドアローンの SRAM チップがその要求を満たすために用いられる．しかしながら，システムコストとサイズを低減する目的で，設計者はしばしばスタンドアローンの SRAM の代わりにスタンドアローンの DRAM チップを用いる．その場合には，比較的遅い DRAM によるシステム性能へのインパクトを最小化する目的で，ある種のメモリ階層構造が一般的に用いられる．SRAM および DRAM は双方とも揮発性であり，チップへの電源が切断されるとデータを消失する．

すべてあるいは一部のデータを全時間にわたって保持しなければならないシステムにおいては，しばしば不揮発性メモリが用いられており，DRAM を置換しているか DRAM にさらに追加されている．不揮発性メモリは，リードオンリすなわちプログラムする (書き込む) ことが不可能なもの，一度だけ書き込むことが可能なもの，および，消去可能で複数回書き込むことができるもの，の 3 つのカテゴリに分類される．最も用途が広い不揮発性メモリ技術は消去可能で複数回書き込むことができるタイプであり，とくに電気的消去可能かつプログラマブル (書き込み可能) なリードオンリメモリ (EEPROM) である．

半導体メモリの開発は，1971 年に初めて出荷された IBM System 370 Model 145 メインフレームコンピュータの主記憶としてバイポーラ SRAM が用いられた際に重要な局面を迎えた (Pugh ら，1981)．しかしながら，11.5.3 項で説明されているように，バイポーラ回路のスタンバイ (待機) 電力は大きく，単一チップ上に非常に大きな容量が必要となるようなメモリに対してはバイポーラデバイスは適さなかった．待機電力が低いという特性ゆえ，CMOS デバイスのみが大規模な SRAM セルアレイを構成するのに適している．結果として，チップ上で CMOS デバイスが利用可能である場合には，CMOS デバイスが SRAM 機能を構成するために用いられている．バイポーラデバイスのみが用いられるテクノロジーを利用した応用例においては，比較的小規模のバイポーラ SRAM セルアレイが依然として用いられている．

Terman (1971) および Sah (1988) による論文は，種々の半導体ダイナミックランダムアクセスメモリセルに関する初期探索研究の詳細を記述している．1 トランジスタ + 1 キャパシタ のメモリセル (Dennard, 1968) が最も高密度なダイナミックメモリセルである．その後，この 1 トランジスタ + 1 キャパシタのメモリセルは標準的な DRAM セルとして一般的に採用されるようになった．NVRAM および EEPROM の場合には，種々のデバイスコンセプトについての初期開発が文献にまとめられている (Sah, 1988; Hu, 1991)．これは現在でも非常に活発な研究がなされている領域である．

半導体産業において，10 年以上にわたって現在もなお非常に活発に研究が進められている新規メモリデバイスが，ユニバーサルメモリである．ユニバーサルメモリとは，DRAM レベルの低廉な製造コストで製造することができ，SRAM レベルの高速性を備え，不揮発性であり，無限の耐久性を備えた，コンピュータ向けデータストレージデバイスを指す．このようなメモリデバイスは，ひとたび商業的に実現可能になれば，コンピュータ産業，通信産業，そして半導体産業に莫大なインパクトをもたらすことが期待されている．メモリセルレベルでは，ユニバーサルメモリは，通常，MOSFET かバイポーラトランジスタであるアクセストランジスタ，および，利用されるメモリ技術に特有のメモリ素子とを有している．たとえば，MRAM (磁気抵抗ランダムアクセスメモリ) の場合にはメモリ素子は磁気トンネル接合，PCM (相変化メモリ) の場合にはカルコゲナイドガラスフィラメント，そして，RRAM あるいは ReRAM (抵抗性ランダムアクセスメモリ) の場合には抵抗性誘電体固体材料である．ユニバーサルメモリについての研究開発は，主としてこのメモリ素子に関してなされている．ユニバーサルメモリをカバーすることは本書の目的を超えている．なぜなら，そのためには，これらの発展しつつあるメモリ素子の物理的メカニズム，材料科学，ならびにエンジニアリングについての詳細な議論を必要とするからである．興味をもった読者は，これらをテーマとする膨大な文献を参照されたい (たとえば，Tang と Lee，2010; Wong ら，2010，2012; Tang と Pai，2020，およびそれらに記載された参照文献)．付言すれば，11.8.1 項で指摘したように，SOI 基板上に形成された対称横型バイポーラトランジスタは，低コストかつ大容量かつ高密度なユニバーサルメモリを実現するためのアクセストランジスタテクノロジープラットフォームとして有効である可能性がある．

本章では，CMOS SRAM セル，1 トランジスタ + 1 キャパシタ DRAM セル，およびいくつかの一般的に用いられている EEPROM デバイスについての基本的な動作原理，デバイス設計，およびスケーリングに関する問題を議論する．バイポーラ SRAM セルについては最も一般的に用いられているもののみが議論される．

12.1 スタティックランダムアクセスメモリ

原理的には，二つの明確な，電気的に安定な状態にプログラムされうるあらゆるデバイスあるいはデバイス配置が，SRAM セルの記憶素子として用いられうる．記憶素子に依存して，単一あるいは複数個のアクセストランジスタが当該記憶素子に接続され，SRAM セルを構成する．この節では，CMOS SRAM セルの基本動作とそれを構成するデバイスの設計ならびにスケーリングに関する問題をまず議論する．その後，一般的に用いられているバイポーラ SRAM セルの基本動作が与えられる．

12.1.1 CMOS SRAM セル

CMOS VLSI 設計において，最も一般的に用いられている SRAM 記憶素子は，図 12.2 に示されているような，互いに交差接続された二つの CMOS インバータから構成される双安定ラッチである．これは，標準的な CMOS 製造プロセスを用いて作製されうる．インバータ 1 は nMOSFET Q1 および pMOSFET Q3 から構成されており，インバータ 2 は nMOSFET Q2 および pMOSFET Q4 から構成されている．二つの安定な状態は，図 12.3 に示されているように，二つのインバータのトランスファーカーブ (8.2.1.1 目) を互いに反転させてプロットすることによって容易に認識される．これは，交差接続インバータ対の“バタフライプロット”とよばれることが多い．

図 12.2 で，一方のインバータの入力が High (H) で出力が Low (L) であり，もう一方のインバータの入力が L で出力が H である．出力が L の第 1 インバータが第 2 インバータを上述の状態に保持し，その逆も同様である．よって，CMOS SRAM の記憶素子は，以下のような二つの安定な状態を有する：一方は，図 12.3 の交点 A で $V_{\rm out1} = V_{\rm in2} = V_{\rm dd}$ であり，他方は交点 B で $V_{\rm out2} = V_{\rm in1} = V_{\rm dd}$ である．この二つの状態は，論理 “0” および論理 “1” と解釈することができる．ここでは，論理 “1” を $V_{\rm out1} = 0$ かつ $V_{\rm out2} = V_{\rm dd}$，すなわち交点 B とし，論理 “0” を $V_{\rm out1} = V_{\rm dd}$ かつ

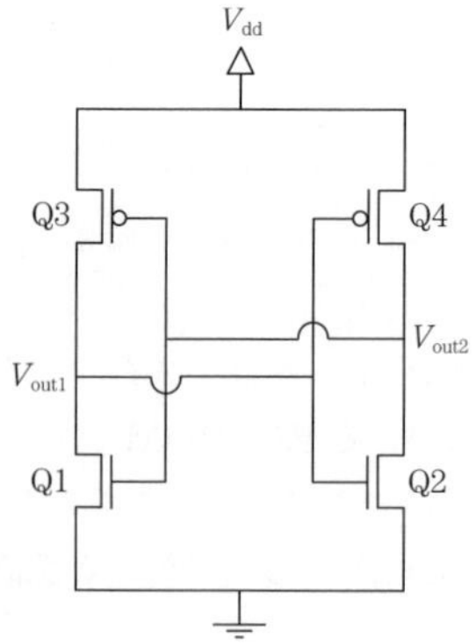

図 12.2　交差接続された 2 つの CMOS インバータの回路図．インバータ 1 (Q1 および Q3) の出力はインバータ 2 (Q2 および Q4) の入力に接続されており，したがって $V_{\rm in2} = V_{\rm out1}$ かつ $V_{\rm in1} = V_{\rm out2}$ である．

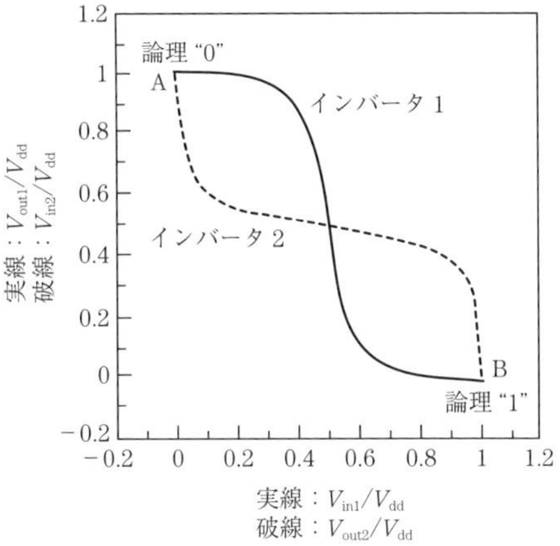

図 12.3　交差接続された 2 つの CMOS インバータのバタフライプロット．インバータ 1 のトランスファーカーブ (実線) が V_{out1} と V_{in1} の関係を示しており，インバータ 2 のトランスファーカーブ (破線) が V_{in2} と V_{out2} の関係を示している．同一かつ対称的なインバータが仮定されている．CMOS SRAM セルでは，通常 nMOSFET Q1，Q2 が pMOSFET Q3，Q4 よりも電流駆動力が大きいため，トランスファーカーブの H から L への遷移は対称的ではない (図 12.7(c) を参照).

$V_{\mathrm{out2}} = 0$，すなわち交点 A とする．双安定ラッチは，外部信号によってほかの状態に強制的に遷移させられるまで，この二つの状態の一方を保持する.

最も一般的に用いられている SRAM セルは，交差接続された二つのインバータと二つのアクセストランジスタから構成される 6 トランジスタセルである．この 6 トランジスタ CMOS SRAM セルの回路図が図 12.4 に示されている．交差接続された二つのインバータは 2 本のビット線，BLT ((真) ビット線) と BLC (相補ビット線) に n チャネルアクセストランジスタ Q5 および Q6 を介してそれぞれ接続されている．アクセストランジスタは，ワード線 (WL) 電圧によって制御される．スタンバイモードでは WL は低く (たとえば，$V_{\mathrm{WL}} = 0\,\mathrm{V}$) 保たれており，アクセストランジスタがオフになり，双方のビット線が交差接続されたインバータ対から絶縁される.

12.1.1.1　CMOS SRAM セルの基本動作

ここでは，CMOS SRAM セルの基本的な読み書き動作が記述される．SRAM アレイあるいはチップに含まれる回路の詳細については，ほかの文献を参照されたい (たとえば，Itoh，2001).

読み出し動作　読み出し動作では，ワード線が H に保持される ($V_{\mathrm{WL}} = V_{\mathrm{dd}}$) ために，アクセストランジスタがオンになり，$V_1$ および V_2 の値によって表現されるセルの論理

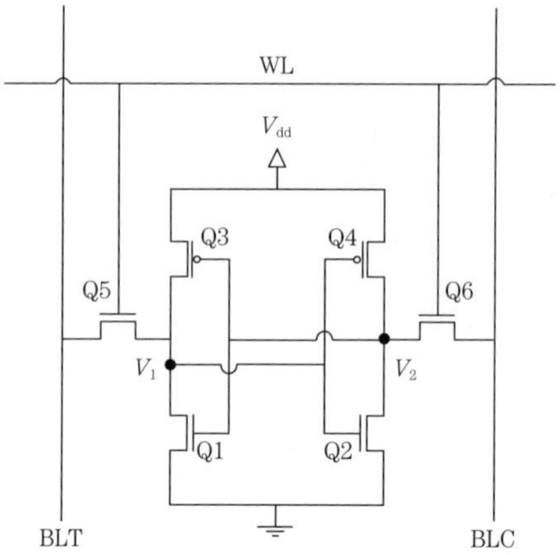

図 12.4　6 トランジスタ CMOS SRAM セルの回路図．ここでは，$V_2 = \mathrm{H}$ $(V_1 = \mathrm{L})$ の場合に論理 “1” が保持されていて，$V_1 = \mathrm{H}$ $(V_2 = \mathrm{L})$ の場合に論理 “0” が保持されているとしている．

状態がビット線を介してセンスされる．この読み出し動作に関する信号電圧とそのタイミングが図 12.5 に示されている．ワード線が選択される (V_{WL} が 0 から V_{dd} に引き上げられる) 前に，双方のビット線が低インピーダンス負荷 Z を介して V_{dd} にプリチャージされる．まず，論理 “0” の読み出しを考える．この場合には，ワード線が選択される前は，V_{BLT}，V_{BLC}，およびノード V_1 はすべて V_{dd} であり，ノード V_2 は 0 である．ワード線が選択されると，Q5 および Q6 がオンになる．オン状態になった Q6 を介して BLC から V_2 へ電荷が流れ，V_2 は上昇し V_{BLC} は下降する．正のビット線電圧差すなわち $V_{\mathrm{BLT}} - V_{\mathrm{BLC}} > 0$ がビット線に接続されたセンスアンプによって読み出される．論理 “1” の読み出しの場合はビット線電圧差は負であり，$V_{\mathrm{BLT}} - V_{\mathrm{BLC}} < 0$ である．読み出し動作の終了時にはワード線がオフになり，セルがビット線から絶縁されて V_1 および V_2 が読み出しサイクル前のスタンバイ時の値に戻る．ここで，電圧 V_1 および V_2 が，読み出し動作の間はスタンバイ時の値からずれることに留意されたい．すなわち，SRAM セルは，読み出されている間は安定性が低くなる．したがって，読み出し動作そのものによってメモリのビットが反転してしまわないことを保証するためには適切な設計がなされなければならない．この読み出し不安定性については後に議論される．

書き込み動作　書き込み動作では，適切な書き込み電圧がビット線に印加され，セルが所望の論理状態に移行させられる．ここでは例として，論理 “0” のセルに論理 “1” を書き込む場合を考える．関連する信号電圧ならびにそのタイミングが図 12.6 に示されている．双方のビット線は，ワード線が選択される前に，V_{dd} にプリチャージされる．時

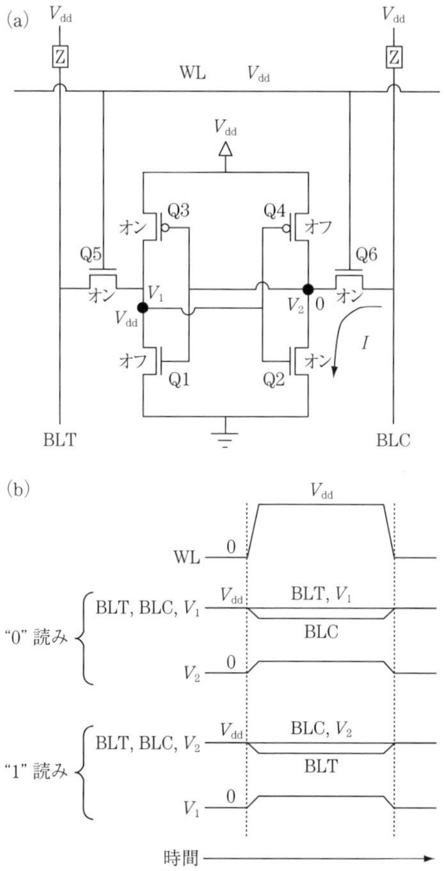

図 12.5 CMOS SRAM セルの読み出し動作. (a) 論理 "0" 読み出しの際の電圧および電流. (b) 論理 "0" 読み出しおよび論理 "1" 読み出しのそれぞれの場合のノード波形.

刻 t_{WE} で "書き込みイネーブル" 信号が与えられ，BLC には $V = V_{\mathrm{dd}}$ が，BLT には $V = 0$ がそれぞれ印加される．BLT に印加された電圧は V_1 を 0 に下げる一方，BLC に印加された電圧は V_2 を V_{dd} に上昇させ，論理 "1" がセルに書き込まれる．書き込み動作の終了時にはワード線がオフになり，当該セルが論理 "1" の状態で絶縁される．

12.1.1.2 CMOS SRAM セルにおけるデバイスサイズの決定

メモリセル密度の観点からは，CMOS SRAM セルを構成するすべてのトランジスタが最小サイズを有することが望ましい．しかしながら，読み出し動作における安定性および書き込み動作における不安定性を考慮すると，CMOS SRAM セルの各々のトラン

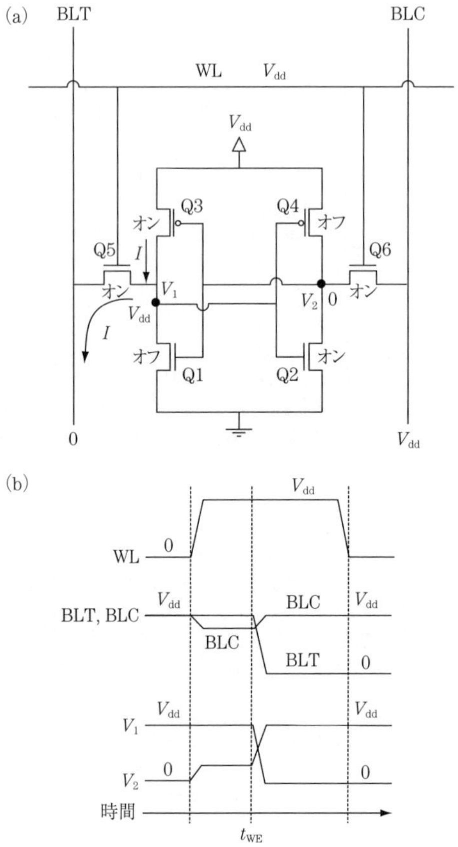

図 12.6　CMOS SRAM セルの書き込み動作．(a) 元々 “0” を保持していたセルに “1” を書き込む場合，すなわち，電圧 (V_1, V_2) を $(V_{\mathrm{dd}}, 0)$ から $(0, V_{\mathrm{dd}})$ に反転させる場合の電圧および電流を示す図．“オン”，“オフ” というラベルは，反転する前のトランジスタの状態を示している．(b) “0” を保持していたセルに “1” を書き込む際の各ノードの電圧波形．

ジスタは，それぞれのコンダクタンスすなわち “強さ” が互いに正しいものでなければならない．その結果，すべてのトランジスタが最小サイズであることは許容されない．

図 12.5(a) に示された “0” 読み動作中の電流経路を考える．この際に要求されることは，Q6 および Q2 を介した電流が V_{BLC} を低下させつつ，一方で，セルの安定性に影響を与えることが無いよう V_2 を上昇させすぎないことである．すなわち，Q2 の抵抗が Q6 のそれより小さいこと，すなわち $R(\mathrm{Q2}) < R(\mathrm{Q6})$ が必要であり，これは Q2 が Q6 よりも強い (チャネル幅が広い) ことが要求されることを意味している．セルの対称性を考えれば，Q1 が Q5 より強くなければならないこと，すなわち $R(\mathrm{Q1}) < R(\mathrm{Q5})$ が必

要であることがわかる.

図 12.6(a) に示されている,元々 “0” を保持していたセルに “1” が書き込まれる場合でトランジスタの相対的な強さを考えてみる.この場合に必要なことは,セルを反転させるために,V_1 を H から L に引き下げることである.よって,Q5 は Q3 と比較してより強くなければならない,すなわち R(Q5)< R(Q3) が成り立たなければならない.同様に,Q6 は Q4 と比較してより強いこと,すなわち R(Q6)< R(Q4) が必要である.

キャリアの移動度を変調する目的でのシリコンへのひずみの導入を行なっていない CMOS では,CMOS SRAM セルの Q3 および Q4 を最も弱いトランジスタにすることは容易である.なぜならそれらは pMOSFET であり,通常 nMOSFET の場合と比較して,それらにおけるキャリアの移動度がおおよそ半分だからである (図 5.14 および図 5.16 を参照).同一チャネル長ならびにしきい値電圧の大きさが同一である場合,pMOSFET は単位チャネル幅当たりで nMOSFET のおおよそ半分の電流を有する.よって,Q3 および Q4 に最小サイズの pMOSFET を用い,Q5 および Q6 に最小サイズの nMOSFET を用いることによって,書き込み動作で要求されるトランジスタサイズ要件を満たすことができる.読み込み動作で要求されるトランジスタサイズ要件を満たすためには,Q1 および Q2 は最小サイズよりも大きくなければならない.CMOS SRAM の設計者は,通常,Q1 および Q2 のデバイス幅を Q5 および Q6 のそれのおおよそ 2 倍にする (たとえば,Seevinck ら,1987 を参照).

ひずみを導入した CMOS では,5.2.2 項で議論されているように,pMOSFET の移動度および nMOSFET の移動度がそれぞれ相異なった値だけ向上させられる.このような場合には,CMOS SRAM セルを設計する際に Q3 および Q4 がセルにおける最弱のトランジスタであることを保証するための注意が払われなければならない.

12.1.1.3 CMOS SRAM セルのスタティックノイズマージン

メモリセルは,システム環境内で当該メモリアレイあるいはメモリチップが用いられている間は,その論理状態を保持しなければならない.メモリセルの安定性は,しばしばそのスタティックノイズマージン (SNM) によって特徴づけられる.SNM は,ある論理状態を保持しているメモリビットをもう一方の論理状態への反転を引き起こすのに必要とされる雑音電圧の大きさである.図 12.4 に関連して既に議論されているように,メモリセルがスタンバイ状態にあるときには,それらはビット線から絶縁されている.しかしながら,読み出し動作あるいは書き込み動作の間に当該セルがアクセスされると,それはアクセストランジスタを介してビット線に接続される.以下本節では,CMOS SRAM セルがスタンバイモードにある場合,読み出し動作時,および書き込み動作時のそれぞれの場合のノイズマージンを議論する.

スタンバイモードの SNM スタンバイモードでは,双方のアクセストランジスタがオフになっている．ここで，論理 “0” をセルが保持している場合，すなわち，安定点 A にある場合 ($V_2 = 0$ かつ $V_1 = V_{\mathrm{dd}}$) を考える．このとき，図 12.7(a) および 12.7(b) に模式的に示されているように，大きさ V_{n} の雑音電圧が当該セルを反転させようとしている状態，すなわち，インバータ 1 の入力に $+V_{\mathrm{n}}$，インバータ 2 の入力に $-V_{\mathrm{n}}$ のバイアスが印加される状態，を考える．このときに対応するトランスファーカーブが図 12.7(c) に示されている．前述されているように，読み出し動作ならびに書き込み動作の双方で下部 nMOSFET が上部 pMOSFET よりも強いことが要求されるため，トランスファーカーブは対称ではなく，インバータ出力の H→L 遷移は $V_{\mathrm{in}} < V_{\mathrm{dd}}/2$ で起こる．雑音電圧の効果は，インバータ 1 のトランスファーカーブを左へ水平にシフトさせ，インバータ 2 のトランスファーカーブを上方へ垂直にシフトさせる．SNM は，二つのトランス

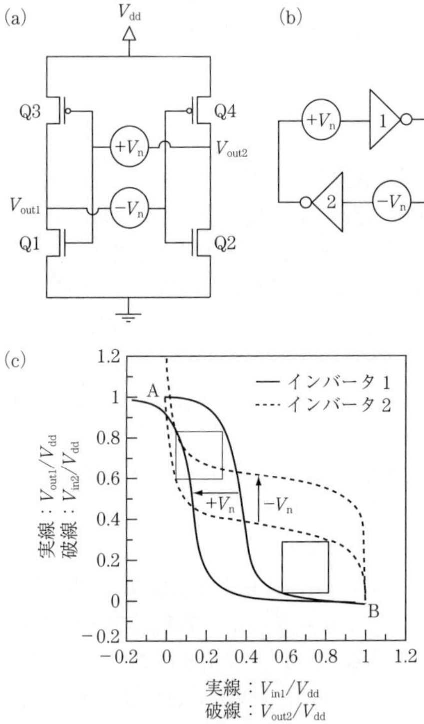

図 12.7　CMOS SRAM セルに，当該セルを “0” から “1” へと反転させる方向のノイズ電圧が印加されている様子を示す図．(a) トランジスタの接続の様子を示す回路図．(b) 回路配置を模式的に示す図．(c) ノイズ電圧がトランスファーカーブに与える影響を示す図．本文で議論されているように，ノイズ電圧が印加されない場合の各インバータ出力の H→L 遷移は $V_{\mathrm{in}}/V_{\mathrm{dd}} < 0.5$ で起こることに留意されたい．

ファーカーブが点 A では交点を有さなくなる，すなわち，点 B でのみ交点を有するようになるように双方のトランスファーカーブをシフトさせる最小電圧である．図 12.7 に示されているような雑音電圧 V_n が加わると，セルは "0"(安定点 A) から "1"(安定点 B) へ反転する．**このような図 (バタフライカーブ) では，SNM は，図 12.7(c) に示されているように，二つのトランスファーカーブの間に挿入されうる最大の正方形の 1 辺の長さとして測定される** (Lohstroh ら，1983)．これは，8.2.1.2 目においてカスケード接続されたインバータチェーンで議論されたことと同様のものである．セルを "1" から "0" に反転させる際の SNM も，雑音電圧の極性を反対にすることで，同様のやり方で導出することが可能である．この場合には，インバータ 1 のトランスファーカーブは右方へ水平にシフトし，インバータ 2 のそれは下方に垂直にシフトして，点 A のみで交点を有するようになる．

読み出し動作時の SNM　図 12.5 に示されているように，CMOS SRAM セルが読み出される際には，L を保持している側のノードはビット線によってプルアップされ，H を保持している側のノードは H のままである．セルが "0" を読み出す場合 ($V_1 = \mathrm{H}$ かつ $V_2 = \mathrm{L}$)，$V_{out1} = V_1$ は H のまま ($= V_{dd}$) だが，$V_{out2} = V_2$ はビット線によって 0 より高い一定の値にプルアップされる．同様に，セルが "1" を読み出す場合 ($V_1 = \mathrm{L}$ かつ $V_2 = \mathrm{H}$)，$V_{out2} = V_2$ は H のまま ($= V_{dd}$) だが，$V_{out1} = V_1$ はビット線によって 0 より高い一定の値にプルアップされる．結果として得られる読み出し動作時のバタフライカーブが図 12.8(a) に示されている．オンになったアクセストランジスタによって V_{dd} に保持されたビット線に出力ノードが追加的に接続されるため，各インバータの H→L 遷移がより急峻ではなくなり，入力が H(V_{dd}) の場合の出力電圧がゼロにならない．**実際，このようにノイズマージンが小さくなるため，CMOS SRAM セルは読み出し時に雑音電圧による擾乱をより受けやすくなる．**

近似的に対称なインバータ (およびその近似的に対称なトランスファーカーブ) を有する，ほとんど設計通りに作製された CMOS SRAM セルでは，8.2.1.2 目で議論されているように，正規化された SNM すなわち V_{NM}/V_{dd} は，V_{dd} がわずか数 kT/q になるまでは，V_{dd} に著しく依存することはない．しかしながら，酷く一致しないサイズのトランジスタで構成された最悪のメモリセルでは，一方のノイズマージンがほとんどゼロになってしまう場合があり (図 12.8(b))，そのような場合には V_{dd} をわずかに低下させるだけで一方の SNM がゼロになり，結果としてそのメモリセルは適切に動作しなくなる．この問題については，次の 12.1.1.4 目でさらに議論される．

書き込み時の SNM　図 12.6 に示された書き込み動作では，アクセストランジスタがオンになって電圧 $(0, V_{dd})$ が (BLT, BLC) に印加され，SRAM セルが "0" 状態から "1" 状態に，すなわち，(V_1, V_2) が $(V_{dd}, 0)$ から $(0, V_{dd})$ に反転される．この様子が，図 12.8(c)

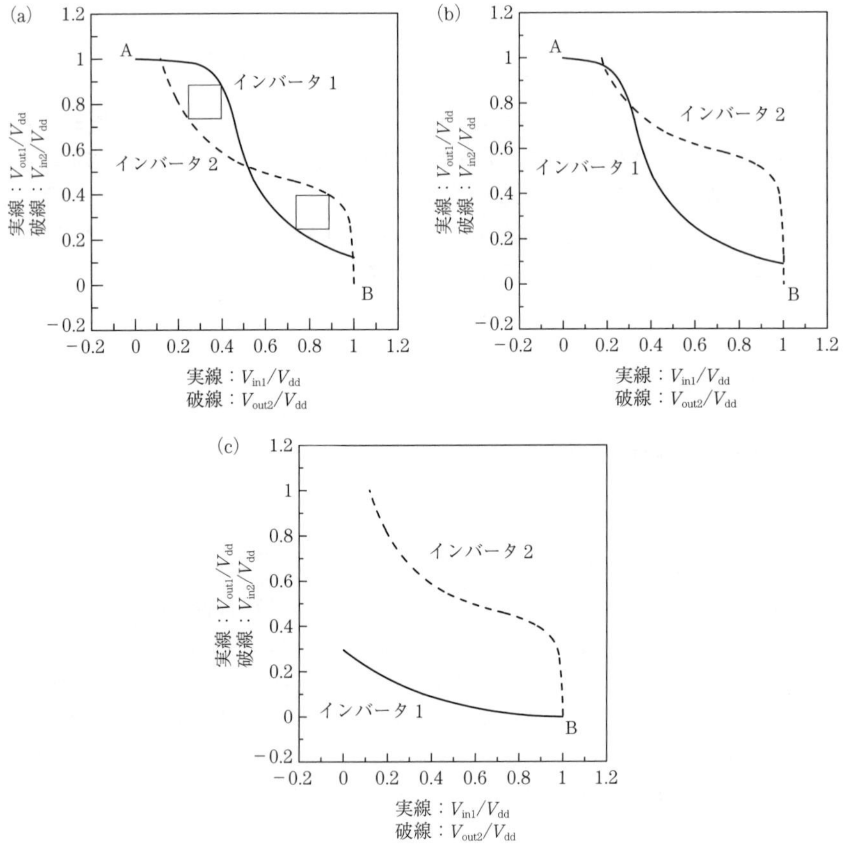

図 12.8　CMOS SRAM セルのトランスファーカーブ．(a) マッチングが取れたインバータの場合の読み出し動作時．(b) ミスマッチ状態のインバータの場合の読み出し動作時．(c) 書き込み動作時．

でプロットされたスタティックトランスファーカーブで示されている．Q5 が Q3 よりも強い，すなわち $R(\mathrm{Q5}) < R(\mathrm{Q3})$ であるため，$\mathrm{BLT} = 0$ への接続が $V_{\mathrm{out1}}(V_{\mathrm{in1}} = 0)$ を V_{dd} よりも充分に低下させ，結果として状態 “0”(交点 A) のノイズマージンが完全に消失し，この交差接続ラッチに許容されるのが状態 “1”(交点 B) のみとなる．

12.1.1.4　CMOS SRAM セルのスケーリングに関する問題

CMOS デバイスのスケーリングに伴う特性とその実現のためのテクノロジーについては，図 6.22 に示されたデバイスパラメータのトレンドとともに 6.3 節および 8.1 節で議論されている．一般的には，V_{dd} および V_{t} の双方がゲート長とともにスケーリングされると，オーバードライブレシオ V_{dd}/V_t は減少している．このことは，I–V 特性，よってトランスファーカーブが，V_{dd} とともにスケーリングされない V_t ばらつきにより敏感になることを意味する．CMOS SRAM セルの SNM がデバイスマッチングに極めて強く依存し，かつ，代表的な SRAM アレイが，デバイスパラメータが統計的に広範囲に分布することになる非常に多数のメモリセルを有しているため，これらのファクタが，次に議論されるように，CMOS SRAM のスケーリングに特徴的な問題を課す．

短チャネル効果によるしきい値電圧ばらつき　シリコンに関しては組み込み電位 ψ_{bi} はほぼ一定であるため，短チャネルデバイスのしきい値電圧ロールオフ [式 (6.35)] は V_{dd} とともにスケーリングすることはない．さらに，t_{ox} や不純物濃度などのあらゆるプロセスばらつきによる効果が V_t ばらつきに加算される．これらはデバイスミスマッチにつながり，SRAM セルの SNM を低下させる．リソグラフィに起因するゲート長のミスマッチは，セル内のトランジスタを対称的に配置することによって最小化されうる．ほかのプロセスばらつきは，通常，着目するセルの極めて近傍のみでは良好に抑え込める．

統計的な不純物ゆらぎによるしきい値電圧ばらつき　微小 MOSFET におけるドーパント原子数の統計的なゆらぎに起因するしきい値電圧ばらつきについては，6.3.4 項で取り扱われている．最小幅がおおよそ 100 nm の CMOS SRAM デバイスに関しては，V_t ゆらぎの標準偏差 σ_{Von} は 30 mV のオーダーである (Wong と Taur，1993; Frank ら，1999; Bhavnagarwala ら，2001)．不純物数ゆらぎに起因するしきい値電圧ばらつきは完全にランダムであり，トランジスタを互いに近接させて配置すること，すなわちトランジスタのレイアウトによって最小化することはできない．実際，V_t ゆらぎは，通常，隣接した同一サイズのトランジスタ対を用い，その二つのトランジスタ間の V_t 差を測定することによって実験的に決定される (Mizuno ら，1994; Tuinhout ら，1996，1997)．しきい値電圧ゆらぎは CMOS SRAM セル内の単一あるいは複数個のトランジスタ対における V_t ミスマッチを引き起こし，最悪の場合には，当該セルの一方の SNM を消失させうる．

高電界効果によるしきい値電圧ばらつき　6.4 節で議論されているように，CMOS デバイスの特性は高電界効果によって変化しうる．一般に，高電界下での使用による劣化により，V_t の大きさが大きくなる．よって，デバイス対が製造時にはマッチングが取れていたとしても，その特性はバーンインストレス後あるいは動作中に有意にマッチングが崩れてしまうこともありうる．先端の CMOS 世代では，負バイアス温度不安定性 (NBTI) による pMOSFET のしきい値電圧不安定性が最も問題である．NBTI は，pMOSFET の V_t ミスマッチのみならず pMOSFET の比較的大きな V_t シフトも起こし得る (Rauch III, 2002).

CMOS SRAM アレイでは，それを下回る電圧ではアレイ内の少なくとも一つのセルが動作しなくなる最小電源電圧 $V_{\min}$ が存在する．動作不良のセルは，通常，著しくミスマッチのデバイスおよびインバータを有している．たとえば，SRAM セルを構成する一方のインバータ (図 12.8(b) の#1) において，nMOSFET の V_t がその分布の下端に位置し，pMOSFET の V_t(の大きさ) がたまたま分布の上端側に位置するために，H→L 遷移が $V_{in} < V_{dd}/2$ へシフトしている場合を考える．このとき，当該交差接続セルにおける他方のインバータ (図 12.8(b) の#2) が分布の反対側にある，すなわち，V_t (の大きさ) が低い pMOSFET が高 V_t の nMOSFET よりもはるかに強く，H→L 遷移が $V_{in} > V_{dd}/2$ で起こるとする．V_{dd} の低下は，オーバードライブレシオ V_{dd}/V_t が既に小さい高 V_t デバイスの電流駆動力に，低 V_t デバイスの電流駆動力に対するよりもより顕著な効果をもたらす．言い換えれば，V_{dd} の低下は弱いデバイスをより弱くし，よって，ミスマッチが悪化して最終的には SNM の一方がゼロになってしまう．

10^9 個のオーダーのデバイスからなり，それらがガウス分布している場合には，平均すれば 2 個のデバイスが，公称値から $6\sigma_{\mathrm{Von}}$ 以上離れた V_t を有することになる．これは，不純物数ゆらぎのみによるとして 0.2 V のオーダーである．サブ 100 nm CMOS 世代で $V_{dd} \sim 1\,\mathrm{V}$ かつ $V_t \sim 0.3\,\mathrm{V}$ にスケーリングされている場合には，このような大きな割合の V_t ばらつきを許容できるように SRAM セル内のトランジスタを設計することは困難である (Bhavnagarwala ら，2001)．意図する電圧範囲における SRAM アレイの機能を保証するために，デバイスサイズ (より大きなチャネル幅) と V_t (待機電力あるいは読み出し速度に影響を与える可能性がある) のトレードオフがしばしば必要になる．

12.1.2 ほかの双安定 (バイステーブル) MOSFET SRAM セル

12.1.1 項で説明されているように，CMOS SRAM セルの記憶素子は，交差接続された CMOS インバータから構成される双安定ラッチである．ほかの双安定ラッチを記憶素子として用いることで，ほかのタイプの SRAM セルも実現されうる．図 12.9 は，古い世代のテクノロジーで製造されるアプリケーションにおいて用いられる 3 つのタイプを模式的に示している．この図には示されていないが，アクセストランジスタはフル CMOS SRAM セルの場合と同様に接続される．図 12.9(a) では，通常の正の V_t を有するエンハンスメント型 nMOSFET の代わりに，負の V_t を有するデプレーション型 nMOSFET が用いられている．図 12.9(c) では，ポリシリコン層に形成された薄膜トランジスタ (TFT) が低移動度 MOSFET として用いられている．TFT 負荷セルは，セル密度に関する優位性を有している．なぜなら，p 型 TFT がセル内の通常の nMOSFET の上部にスタック (形成) されうるからである．これらの記憶素子のノイズマージンはフル CMOS SRAM の場合と同様に解析することが可能であり，スタンバイ電流は負荷デバイス (デプレーション型セルおよび TFT 負荷セルの Q3 および Q4，および抵抗負荷セ

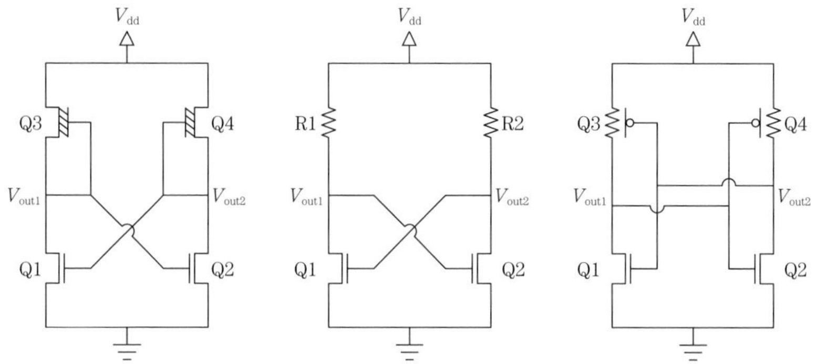

図 12.9　SRAM セルを構成するために用いられるほかの 3 つのタイプの記憶素子を示す回路図．(a) デプレーションプ負荷セル．Q3 および Q4 はデプレーション型 nMOSFET である．(b) 抵抗負荷セル．R1 および R2 は高抵抗である．(c) TFT 負荷セル．Q3 および Q4 は p 型薄膜トランジスタである．

表 12.1　SRAM セルの特徴の比較

	完全 CMOS	デプリーション型負荷	抵抗負荷	TFT 負荷
スタンバイ電流	低	高	中	低
セル安定性	高	高	低	中
セル密度	低	中	高	高

ルの R1 および R2) のオフ電流によって決定される．表 12.1 は，これら 3 つのタイプの SRAM セルをフル CMOS SRAM セルと比較した表である (Itoh, 2001)．フル CMOS SRAM セルと同等のノイズマージンを有するセルはデプレーション型 MOSFET 負荷セルのみである．しかしながら，そのスタンバイ電流は，チップ上の SRAM セルの個数が 20 MB を超えるような現代の VLSI アプリケーションにとってはあまりに高すぎる．抵抗負荷セルは，フル CMOS セルよりも本質的に劣るノイズマージンを有する (Seevinck ら，1987)．プロセスの複雑さ，という視点からは，CMOS SRAM セルには問題が無い．なぜなら，CMOS ロジックプロセスを修正することなく製造に利用できるからである．ノイズマージンが最良で待機電力特性も良いため，高性能先端テクノロジーにおいてはフル CMOS セルが選択される．

12.1.3　バイポーラ SRAM セル

従来のバイポーラ SRAM の記憶素子は図 12.10(a) に示されている双安定ラッチである．双方のバイポーラインバータは，一つのバイポーラトランジスタと一つの負荷抵抗から構成されている．通常の動作では，ラッチ内の一方のトランジスタがオンで，他方のトランジスタがオフである．ここではトランジスタ Q1 がオンであると仮定する．こ

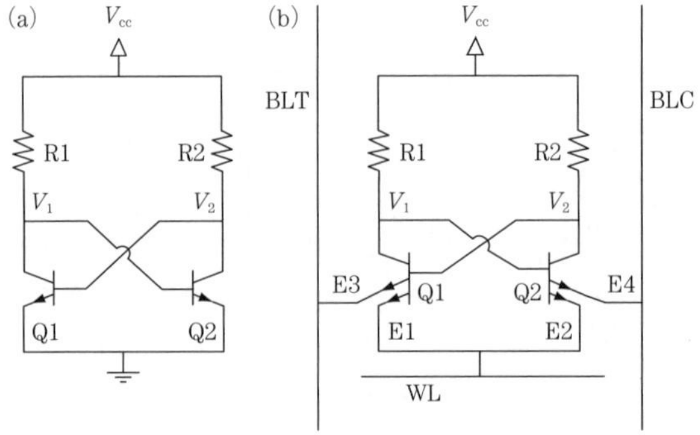

図 12.10　(a) バイポーララッチ．(b) エミッタ接続バイポーラ SRAM セル．

の場合，比較的大きな電流が抵抗 R1 を介して流れる．R1 における IR 降下 (電圧降下) はトランジスタ Q2 のベース電圧 (V_1) が L であることを意味し，Q2 がオフ状態に保たれる．同様に，Q2 がオンの場合には，R2 における IR 降下が Q1 のベース電圧 (V_2) を L に保ち，結果として Q1 がオフ状態に保たれる．SRAM セルを構成するために，ラッチ内の双方のトランジスタが付加エミッタを介してビット線に接続される．このエミッタ接続バイポーラ SRAM セルが図 12.10(b) に示されている．ラッチ内のそれぞれのバイポーラトランジスタは，単に一つのエミッタを有するのではなく，それぞれが二つのエミッタを有し，一方が基本的な双安定ラッチを構成するために用いられ，他方がビット線へ接続するために用いられる．ここでは，Q1 は E1 および E3 と名付けられたエミッタを有し，Q2 は E2 および E4 と名づけられたエミッタを有している．E1 および E2 は双安定ラッチを構成するために使用され，E3 および E4 は，当該ラッチをそれぞれビット線 BLT および相補ビット線 BLC に接続している．

エミッタ接続バイポーラ SRAM セルの動作は，**マルチエミッタトランジスタにおける電流は最大のベース–エミッタ順方向バイアス電圧 V_{BE} が印加されたエミッタによって主として担われる**という事実に基づく．ここで，図 12.10(b) におけるトランジスタ Q1 を考える．エミッタ E1 および E3 が同一の面積を有していることを仮定し，V_{BE1} および V_{BE3} がそれぞれ E1 および E3 に印加されたベース–エミッタ順方向バイアス電圧を表すとする．コレクタ電流はこの二つのエミッタによって担われ，E1 が担う分は $\exp(qV_{BE1}/kT)$ に比例し，E3 が担う分は $\exp(qV_{BE3}/kT)$ に比例する．室温では，コレクタ電流は，V_{BE} の 60 mV の変化当たり 10 倍変化する．したがって，$V_{BE1} - V_{BE3} > 60\,\mathrm{mV}$ の場合には，コレクタ電流は事実上すべてエミッタ E1 によって担われると仮定することができる．同様に $V_{BE3} - V_{BE1} > 60\,\mathrm{mV}$ の場合には，コレクタ電流はすべてエミッタ E3 によって担われると仮定することができる．

バイポーララッチをビット線に接続して SRAM セルを構成する方法はほかにも存在

する．しかしながら，エミッタ接続セルが最も単純なものである．なぜなら，高速バイポーラ論理回路を構成する場合と同様に，単にバイポーラトランジスタと抵抗だけから構成できるからである．さらに，バイポーラ SRAM は，現在ではプロセスの簡潔性が電力消費および/あるいは集積密度よりも重要な，ニッチな応用例でのみ用いられている．その結果，エミッタ接続セルは，ほかのセルよりも低消費電力ではないにも拘わらず (Lynes と Hodges，1970)，最も一般的に利用されているバイポーラ SRAM セルである．ここでは，エミッタ接続セルの動作におけるバイポーラトランジスタの振る舞いが議論される．ほかのバイポーラメモリセルに興味をもった読者は，以下の文献に記載されている議論を参照されたい (Wiedmann と Berger，1971; Farber と Schlig，1972; Hodges，1972; Nokubo ら，1983)．加えて 11.8.2 項で指摘されているように，SOI を用いた対称横型バイポーラトランジスタを形成する技術は，SRAM へのバイポーラトランジスタの適用の再考につながる可能性がある．この新たな横型バイポーラ SRAM 技術が如何に適用例を得ることができるかについて語るためにはさらなる時間が必要となるであろう．

12.1.3.1 理想的なオン–オフスイッチとしてのバイポーラトランジスタ

設計者は，バイポーラ回路を考える際は，バイポーラトランジスタを，V_{BE} が V_{on} よりも低い場合はオフで，V_{BE} が V_{on} よりも高い場合はオンであるような理想的なスイッチとして考えることが簡便である，と見抜いてきた．この方法は，バイポーラトランジスタのコレクタ電流が V_{BE} に指数関数的に依存して増大し，室温では V_{BE} が 60 mV 変化するごとにコレクタ電流が 10 倍になるため，うまくいく．所望のオン電流が決定されると，トランジスタ電流は V_{BE} の小さな変化に応答して，大幅に増大あるいは減少するが，これは理想的なスイッチに期待される性質である．V_{on} の正確な値は，実際の回路例において目標とされるオン電流によって決定される．現代のシリコンベースのバイポーラトランジスタでは，V_{on} は通常おおよそ 0.9 V であり，おおよそ 1 mA/μm^2 のコレクタ電流密度に対応する (図 9.8 参照)．［文献では，V_{on} が 0.8 V あるいはそれより小さく設定されていることがよくある (Meyer ら，1968) このような古い文献で V_{on} に小さな値が設定されている理由は，主として当時のバイポーラデバイスがより大きなエミッタ面積を有していて，コレクタ電流密度がより小さかったためである．たとえば，エミッタ面積が 10 mm^2 で目標とするオン電流が 1 mA であるなら，コレクタ電流密度は 0.1 mA/μm^2 しかなく，よって 0.9 V の代わりに 0.84 V が V_{on} の値として選ばれうる．］

12.1.3.2 抵抗負荷バイポーラインバータの動作

図 12.10(a) の双安定ラッチを構成するために用いられている一つのインバータを考える．このインバータだけを示すのが図 12.11(a) である．これは，n–p–n バイポーラト

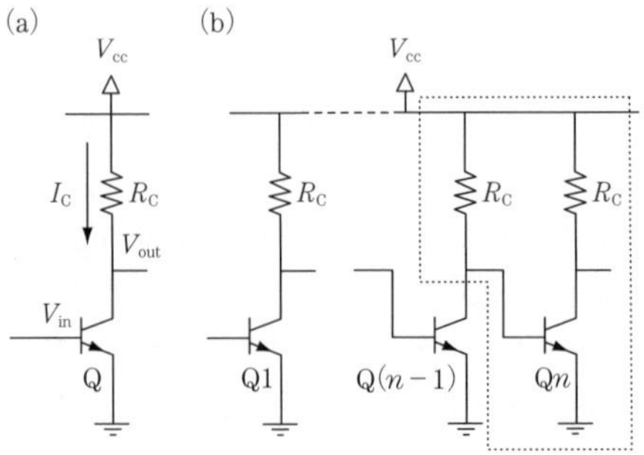

図 12.11　(a) 単体のバイポーラインバータ．(b) バイポーラインバータチェーン．

ランジスタ Q とコレクタ抵抗 R_C より構成されており，電源 V_{cc} と接地との間に接続されている．このインバータは，直接接続トランジスタロジック (DCTL) 回路を構成する基本的な要素ブロックである (Meyer ら，1968)．ここでは議論を簡単にするために，トランジスタの寄生抵抗は無視できるものとする．寄生抵抗の影響については後に議論される．図 12.11(a) より，出力電圧 V_{out} は V_{cc} よりも常に $I_C R_C$ だけ低いことが明らかである．入力電圧 V_{in} が V_{on} よりも充分小さい場合には，I_C は無視できるほど小さく，V_{out} は V_{cc} に近づく．V_{in} が上昇すると，I_C が V_{in} とともに指数関数的に増大し，V_{out} が I_C に比例して低下する．ある V_{in} の値を超えると，V_{out} は V_{in} よりも小さくなる．論理回路が適切に動作するためには，トランジスタがオンの場合の $V_{in} - V_{out}$ に等しい論理振幅が企図されているアプリケーションに対して適切なノイズマージンを与えるようにバイアス条件が設定されなければならない．

図 12.11(b) に模式的に示されているインバータチェーンを考える．トランジスタ Qn がオンであることを仮定すると，トランジスタ Q($n-1$) はオフである．この場合，インバータ $n-1$ の負荷抵抗を流れるのはトランジスタ Q($n-1$) のコレクタ電流ではなく，トランジスタ Qn のベース電流である．言い換えれば，インバータ $n-1$ の負荷抵抗がインバータ n のベースノードのバイアス電流を決定する．チェーン内のインバータの静止状態での電圧は，図 12.11(b) の点線で囲われた部分の回路配置によって決定される．この回路配置の電圧を次に考える．

図 12.11(b) より，インバータチェーン内のバイポーラインバータのバイアス方式が図 12.12 に示されている．エミッタは接地電位に固定されている．すなわち，$V_E = 0$ である．I_B はベース電流，I_C はコレクタ電流である．このとき，V_{BE} および V_{CE} を以下のように定義する：

$$V_{BE} \equiv V_B - V_E = V_{cc} - I_B R_C \tag{12.1}$$

および

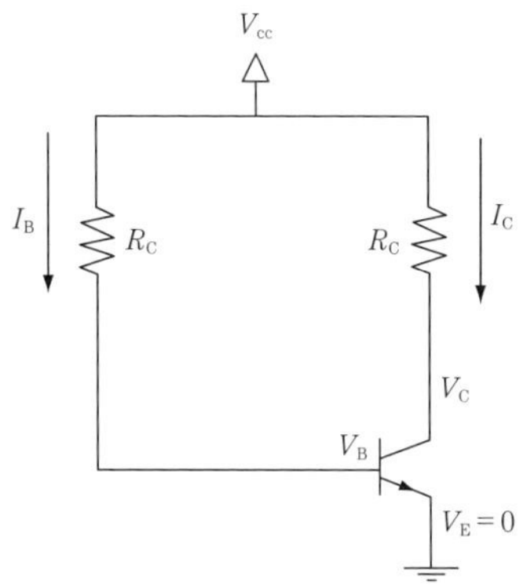

図 12.12 インバータチェーン中の基本バイポーラインバータのバイアス．エミッタには外部抵抗は存在していない．

$$V_{CE} \equiv V_C - V_E = V_{cc} - I_C R_C \tag{12.2}$$

与えられた V_{cc} および R_C の組み合わせに関して，式 (12.1) および (12.2) はトランジスタ電流 I_B および I_C をトランジスタの端子間電圧 V_{BE} および V_{CE} に関連づける．この関連は実は複雑である．なぜなら，電流それ自体が端子電圧の関数であるからである．V_B と V_C との差は，インバータチェーン内のインバータ回路の論理振幅 ΔV を与える：

$$\Delta V \equiv V_B - V_C = V_{BE} - V_{CE} = (I_C - I_B) R_C \tag{12.3}$$

適切な回路動作のためには，$\Delta V > 0$ すなわち $V_{BE} > V_{CE}$ が必要である．すなわち，インバータ回路内のバイポーラトランジスタは，飽和領域で動作することになる．強飽和領域においても，I_C は I_B よりも充分に大きい．したがって，論理振幅は，1 次近似としては $I_C R_C$ による電圧降下で与えられる．以下では，飽和領域で動作するトランジスタの特性と，インバータ端子電圧の負荷抵抗と電源電圧とに対する依存性を議論する．

縦方向トランジスタの飽和領域における電流–電圧特性　9〜11 章で導出されている電流方程式は，非飽和領域で動作しているトランジスタに関するものである．ここでは，それらの式を飽和領域向けに修正して，バイポーラインバータ回路に適用できるようにする．V_B が V_C より大きい場合，コレクタ–ベースダイオードは順方向バイアスされており，結果として電子電流がコレクタからエミッタへ，正孔電流がベースからコレクタへ，それぞれ流れる．エバース–モルモデルにおける完全なコレクタ電流，すなわち式 (9.143) は，以下のように修正される：

$$
\begin{aligned}
I_{\mathrm{C}} &= \alpha_{\mathrm{F}} I_{\mathrm{F0}}(e^{qV_{\mathrm{BE}}/kT}-1) - I_{\mathrm{R0}}(e^{qV_{\mathrm{BC}}/kT}-1) \\
&= I_{\mathrm{C0F}}(e^{qV_{\mathrm{BE}}/kT}-1) - (I_{\mathrm{C0R}}+I_{\mathrm{B0R}})(e^{qV_{\mathrm{BC}}/kT}-1) \\
&= I_{\mathrm{C0F}}(e^{qV_{\mathrm{BE}}/kT}-1) - (I_{\mathrm{C0F}}+I_{\mathrm{B0R}})(e^{qV_{\mathrm{BC}}/kT}-1)
\end{aligned}
\tag{12.4}
$$

式 (12.4) では，$I_{\mathrm{C0F}} = \alpha_{\mathrm{F}} I_{\mathrm{F0}}$ は順方向活性状態での飽和コレクタ電流であり，I_{C0R} は逆方向活性状態での飽和コレクタ電流，そして I_{B0R} は逆方向活性状態での飽和ベース電流である．順方向バイアスされたエミッタ–ベース間ダイオードにおけるベース電流はコレクタ電流に寄与しないことに留意されたい．式 (12.4) の 3 行目では，ベースへの電子注入に関するエミッタとコレクタの対称性を利用し，$I_{\mathrm{C0R}} = I_{\mathrm{C0F}}$ とした (9.6.1 項を参照)．適切に設計されたインバータでは V_{BE} および V_{BC} は kT/q より充分大きいので，式 (12.4) は以下のように単純化される：

$$
\begin{aligned}
I_{\mathrm{C}} &\approx I_{\mathrm{C0F}} e^{qV_{\mathrm{BE}}/kT} - I_{\mathrm{C0F}} e^{qV_{\mathrm{BC}}/kT} - I_{\mathrm{B0R}} e^{qV_{\mathrm{BC}}/kT} \\
&= I_{\mathrm{B0F}} e^{qV_{\mathrm{BE}}/kT}\left[\beta_0(1-e^{-qV_{\mathrm{CE}}/kT}) - \frac{I_{\mathrm{B0R}}}{I_{\mathrm{B0F}}} e^{-qV_{\mathrm{CE}}/kT}\right]
\end{aligned}
\tag{12.5}
$$

ここで，I_{B0F} は順方向モードでの飽和ベース電流であり，$\beta_0 = I_{\mathrm{C0F}}/I_{\mathrm{B0F}}$ は非飽和領域でのエミッタ接地電流利得である．同様に，ベース電流を

$$
\begin{aligned}
I_{\mathrm{B}} &\approx I_{\mathrm{B0F}} e^{qV_{\mathrm{BE}}/kT} + I_{\mathrm{B0R}} e^{qV_{\mathrm{BC}}/kT} \\
&= I_{\mathrm{B0F}} e^{qV_{\mathrm{BE}}/kT}\left(1 + \frac{I_{\mathrm{B0R}}}{I_{\mathrm{B0F}}} e^{-qV_{\mathrm{CE}}/kT}\right)
\end{aligned}
\tag{12.6}
$$

のように近似することができる．ここで，第 1 項はエミッタへの正孔注入に対応しており，第 2 項はコレクタへの正孔注入に対応している．I_{C} が順方向電子電流と逆方向電子電流の差であるのに対し，I_{B} が順方向正孔電流および逆方向正孔電流の和であることに留意されたい．また，一般に，縦型バイポーラトランジスタにおいては $I_{\mathrm{B0R}} > I_{\mathrm{B0F}}$ である．なぜなら，順方向ベース電流がポリシリコンエミッタに係るものであるのに対し，逆方向ベース電流は通常の n^+ シリコン領域に係るものであるからである．加えて，ベース電流注入に関する接合面積が，図 9.1(a) のデバイス断面図から明らかなように，逆方向の場合の方が順方向の場合と比較して著しく大きい．図 10.20(a) に示されているもののようなある種のトランジスタにおいては，I_{B0R} は I_{B0F} の 10 倍ほどになりうる (Rieh ら，2005)

バイポーラインバータの V_{CE}　式 (12.1) および (12.6) を組み合わせることによって

$$
V_{\mathrm{cc}} - V_{\mathrm{BE}} = R_{\mathrm{C}} I_{\mathrm{B0F}} e^{qV_{\mathrm{BE}}/kT}\left(1 + \frac{I_{\mathrm{B0R}}}{I_{\mathrm{B0F}}} e^{-qV_{\mathrm{CE}}/kT}\right)
\tag{12.7}
$$

が得られる．これは，さらに次のように書き表すことができる：

$$V_{\mathrm{CE}} = -\frac{kT}{q} \ln \left\{ \frac{[\beta_0 (V_{\mathrm{cc}} - V_{\mathrm{BE}})/R_{\mathrm{C}} I_{\mathrm{C0F}} e^{qV_{\mathrm{BE}}/kT}] - 1}{I_{\mathrm{B0R}}/I_{\mathrm{B0F}}} \right\} \tag{12.8}$$

同様に，式 (12.2) および (12.5) を組み合わせることによって

$$V_{\mathrm{cc}} - V_{\mathrm{CE}} = R_{\mathrm{C}} I_{\mathrm{B0F}} e^{qV_{\mathrm{BE}}/kT} \left[\beta_0 (1 - e^{-qV_{\mathrm{CE}}/kT}) - \frac{I_{\mathrm{B0R}}}{I_{\mathrm{B0F}}} e^{-qV_{\mathrm{CE}}/kT} \right] \tag{12.9}$$

が得られ，さらに次のように書き表すことができる：

$$V_{\mathrm{BE}} = \frac{kT}{q} \ln \left\{ \frac{V_{\mathrm{cc}} - V_{\mathrm{CE}}}{R_{\mathrm{C}} [I_{\mathrm{C0F}} (1 - e^{-qV_{\mathrm{CE}}/kT}) - (I_{\mathrm{B0R}}/I_{\mathrm{B0F}})(I_{\mathrm{C0F}}/\beta_0) e^{-qV_{\mathrm{CE}}/kT}]} \right\} \tag{12.10}$$

式 (12.8) は V_{CE} を V_{BE} の関数として与え，一方で式 (12.10) は V_{BE} を V_{CE} の関数として与える．これらの式は，V_{BE} および V_{CE} を，V_{cc}，R_{C}，そしてトランジスタのパラメータである I_{C0F}，$I_{\mathrm{B0R}}/I_{\mathrm{B0F}}$，および β_0 から決定するために用いられうる．V_{BE} と V_{CE} との関係が，負荷抵抗および V_{cc} をパラメータとして図 12.13 に示されている．

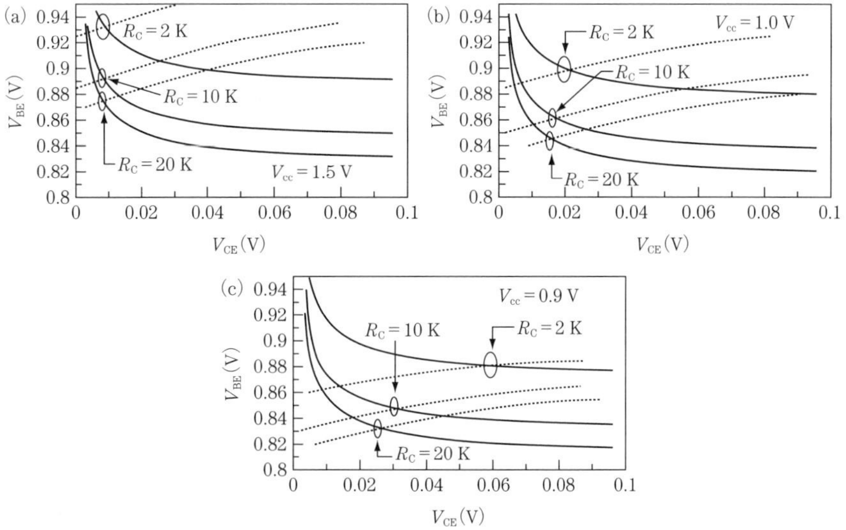

図 12.13　室温でのインバータチェーンにおけるバイポーラトランジスタの V_{CE} と V_{BE} との間の関係を計算した図．この計算に用いられたトランジスタのパラメータは，$\beta_0 = 100$，$I_{\mathrm{B0R}}/I_{\mathrm{B0F}} = 10$，そして I_{C0F} は $V_{\mathrm{BE}} = 0.9\,V$ のときに順方向コレクタ電流 I_{CF} が 1 mA となるように選択されている．V_{CE} 曲線 (破線) は式 (12.8) によって与えられたものであり，V_{BE} 曲線 (実線) は式 (12.10) によって与えられたものである．R_{C} の単位は Ω である．(a) $V_{\mathrm{cc}} = 1.5$ V，(b) $V_{\mathrm{cc}} = 1.0$ V，および (c) $V_{\mathrm{cc}} = 0.9$ V．R_{C} のそれぞれの値に対して，インバータの V_{BE} および V_{CE} の値は V_{CE} 曲線と V_{BE} 曲線との交点 (長円で囲った箇所) で与えられる．

図 12.13(b) を検討してみよう．負荷抵抗を 2 kΩ から 20 kΩ へ増加することにより，V_{CE} がおおよそ 0.022 V から 0.015 V へ減少し，一方 V_{BE} はおおよそ 0.90 V から 0.84 V へ減少している．式 (12.2) はコレクタ電流がおおよそ 1 桁低減することを示唆しており，V_{BE} が 60 mV 低減している事実と矛盾が無い．式 (12.3) で与えられる論理振幅もおおよそ 60 mV 低減しているが，充分に適切な値を保っている．このインバータ回路の電力損失はおおよそ 1 桁低減している．一般に，バイポーラインバータ回路の負荷抵抗の選択は，主としてその速度すなわち駆動電流に関する要求による．電力損失と駆動電流との間には，近似的に線形な関係が存在する．

寄生コレクタ抵抗/寄生ベース抵抗の影響　デバイスの各端子の電圧に関する寄生抵抗の影響は，9.3.1 項で議論されている．ここでは，その議論をバイポーラトランジスタに拡張する．デバイスが有意な大きさの内部コレクタ抵抗 r_{c} を有している場合には，式 (9.2) の R_{C} は $R_{\mathrm{C}}+r_{\mathrm{c}}$ で置換されなければならない．r_{c} が存在することによって，コレクタ電流は $\sim V_{\mathrm{cc}}/R_{\mathrm{C}}$ から $\sim V_{\mathrm{cc}}/(R_{\mathrm{C}}+r_{\mathrm{c}})$ に低下する．真性 V'_{CE} 値は非常に小さいままだが，端子電圧 V_{CE} は $V_{\mathrm{CE}}=V'_{\mathrm{CE}}+r_{\mathrm{c}}I_{\mathrm{C}}$ によって与えられる．この際，V_{BE} はほとんど変化しない．なぜなら，たとえ r_{c} が充分に大きくて I_{C} を半分にするような場合であっても，V_{BE} はおおよそ 18 mV しか低下しないからである．寄生ベース抵抗についても同様に扱うことが可能である．デバイスが無視できない大きさの内部ベース抵抗 r_{b} を有している場合には，式 (12.1) の R_{C} は $R_{\mathrm{C}}+r_{\mathrm{b}}$ によって置換されなければならない．ベース電流は式 (12.1) に従っていくらか減少するが，真性 V'_{BE} 値や V_{CE} はほとんど変化しない．

寄生エミッタ抵抗あるいは外部エミッタ抵抗の影響　電源電圧 V_{cc} が与えられた場合，バイポーラインバータに印加される実効的な電圧は，エミッタ端子に外部抵抗を付加することによって低減されうる．この状況が図 12.14 に示されている．

この図では，エミッタ抵抗 R_{E} がインバータに付加されている．与えられた V_{cc} の値に対して，エミッタ抵抗における IR 電圧降下は，エミッタ電圧を接地電位から $R_{\mathrm{E}}(I_{\mathrm{C}}+I_{\mathrm{B}})$ だけ上昇させる効果を有する．インバータ動作に関しては，この場合の実効電源電圧は $V_{\mathrm{cc}}-V_{\mathrm{E}}=V_{\mathrm{cc}}-R_{\mathrm{E}}(I_{\mathrm{C}}+I_{\mathrm{B}})$ となる．図 12.13 に示された 3 つの V_{cc} の場合の比較から，電源電圧を低下させることは V_{BE} よりも V_{BC} のより大きな低下を引き起こし，結果としてトランジスタがより飽和していない領域で動作することになる．バイポーラ回路設計においては，**エミッタ端子に外部抵抗を追加して飽和効果を低減し，結果として回路速度を改善する**ことは標準的な手法である．双安定ラッチ内にエミッタ抵抗を有するバイポーラ SRAM セルは，エミッタ抵抗が無いものよりも高速である (Mayumi ら, 1974).

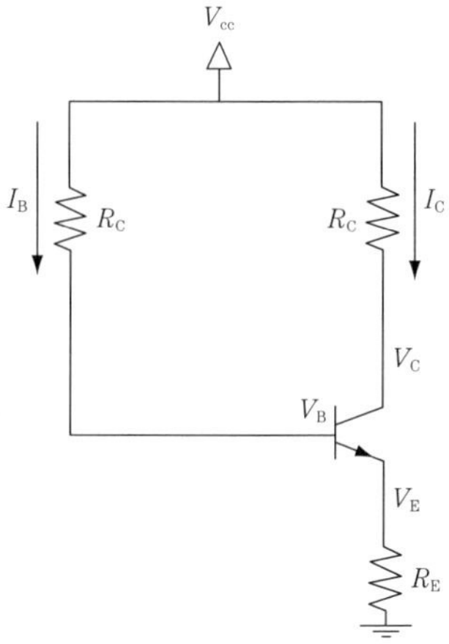

図 12.14 エミッタ抵抗を有するバイポーラインバータ回路

12.1.3.3 バイポーラ SRAM セルの基本動作

ここでは，議論を簡潔にするために，外部エミッタ抵抗の無いセル，すなわち図 12.10(b) に示されたセルを考える．スタンバイモードでは，ラッチ内の一方のトランジスタがオンでもう一方はオフである．このとき，オントランジスタが $V_{BE} = V_{on}$ であるとする．セルを読み出すためには，オフトランジスタを反転させることなく，かつ，アレイ内のほかのセルのメモリ状態を反転させることなく，オントランジスタの電流を一方のエミッタからもう一方のエミッタへ移行させることが必要である．セルに書き込む場合には，アレイ内のほかのセルのメモリ状態を反転させることなく，オフトランジスタの V_{BE} を V_{on} より大きくすることによってオフトランジスタをオンにすることが必要である．スタンバイ時，読み出しおよび書き込み動作時のそれぞれにワード線およびビット線をバイアスする方式は複数存在する．一般的には，ラッチの V_{cc} は，通常，スタンバイ時のワード線電圧と比較して 2 V を超えて高いが，スタンバイ時のワード線電圧は設計ごとに変化する．すなわち，スタンバイ時のワード線電圧は，接地電位でも正でも良く，さらには負の場合もありうる．ここでは，議論を簡単にするために，スタンバイ時のワード線電圧は接地電位とし，SRAM セルを動作させるためにはビット線電圧ならびにワード線電圧が対接地電位でどのように変化させられるべきかを考える．

スタンバイモードおよびセル選択　図 12.10(b) を参照すると，Q1 がオンの場合には，$V_{BE1} = V_{on}$ である．スタンバイモードでは，ワード線は接地されている一方，いずれのビット線にもある程度以上の大きさの電流が流れないことを保証するために，ビット線は V_{on} よりも高い電位に保持される．このラッチの電流は，E1 を介してワード線に流れる．E3 には電流は流れていない．なぜならビット線 BLT が V_{on} よりも高い電位にあるからである．さらに，オフであるトランジスタ Q2 には電流が流れていない．ワード線の電位を上昇させ，ラッチに印加される電圧を低減することによってセルが選択される．図 12.13 に示されている計算結果より明らかなように，インバータ内のトランジスタの V_{BE} および V_{CE} の双方ともインバータに印加される電圧に比較的鈍感である．このことは，1 次近似としては，**オントランジスタの $\boldsymbol{V_{\mathrm{B}}}$ とオフトランジスタの $\boldsymbol{V_{\mathrm{B}}}$ がワード線と同じ値だけ上昇させられることを意味する**．ここで，ビット線に接続されているセルを考える．選択されたセルのトランジスタの V_{B} が非選択セルのトランジスタの V_{B} よりも高いため，選択されたセルを読み出しあるいは書き込むために，非選択セルを反転させることなく，ビット線に電圧を印加することが可能である．

読み出し動作　ワード線電圧を上昇しつつビット線電圧をワード線よりも低い電圧まで低下させることによってセルが読み出される．図 12.10(b) を参照すると，Q1 がオンの場合には，ワード線電圧をビット線よりも高い値まで上昇させると $V_{\mathrm{BE3}} > V_{\mathrm{BE1}}$ となり，電流が E1 から E3 へ移行してビット線 BLT に電流が流れる．この間 Q2 はオフのままであり，ビット線 BLC には電流は流れない．よって，メモリセルの状態が読み出される．読み出し動作終了時には，ワード線およびビット線はそれぞれスタンバイ時の電位に戻る．

書き込み動作　トランジスタ Q2 は，エミッタ E2 および E4 の一方あるいは双方に電流を流すことによってオン状態になることに留意されたい．ここでは，Q1 がオンであることを仮定し，セルに書き込んで Q2 をオンになる (したがって，Q1 がオフになる) ようにする場合を考える．セルはワード線電位を上昇させることによって選択されるが，その電位はビット線のスタンバイ電圧よりも数 kT/q だけ低く保たれる．ビット線電位がスタンバイ電位であるこのような電位配置ではいずれのセルもそのメモリ状態を乱されることはなく，ビット線には電流が流れない．その後，ビット線 BLC の電圧を低下させることによって Q2 がオンになり，V_{BE4} が V_{BE1} よりも大きくなって，フリップフロップ電流が Q1 の E1 から Q2 の E4 にスイッチする．このようにして Q2 がオンになる一方，Q1 はオフになる．書き込み動作は，BLC がスタンバイ電圧に戻った後に完了する．

12.2　ダイナミックランダムアクセスメモリ

DRAM は，一つの MOSFET と一つのキャパシタで構成される．そのため，6 つの MOSFET から構成される CMOS SRAM セルよりも必要とするシリコン領域がかなり小さい．セルは，電荷が蓄積されていない場合に “0” 状態にあり，キャパシタに電荷が存在する場合に “1” 状態にある．キャパシタに蓄積された電荷は，そのまま放置されている場合にはリークして時間とともに無くなってしまう．したがって，周期的な読み出しおよびリフレッシュサイクルが，セル内の電荷状態 (“0” あるいは “1”) をリストア (復元) するために必要とされる．この節では，DRAM セルの基本動作が記述され，その設計およびスケーリングに係る問題が議論される．

12.2.1　基本 DRAM セルおよびその動作

図 12.15 は DRAM セルの回路図である．MOSFET Q は，キャパシタ C へのアクセスおよび電荷の転送 (出し入れ) に利用される．この MOSFET は，しばしば**アクセスデバイス** (access device) あるいは**トランスファーデバイス** (transfer device) と呼称される．これは，通常 n チャネルデバイスである．メモリアレイ配置においては，Q のゲート電極がワード線に接続される，ソースおよびドレイン領域はそれぞれキャパシタとビット線に接続されている．図 12.15 において，V_{node} はストレージキャパシタの電圧を表している．

セル構造　蓄積容量は，データ保持 (データリテンション) と読み出し動作に要求される最小メモリセル電荷量によって決定される (12.2.2 項で議論される)．セル当たりの蓄積容量の代表的な値は 30 fF である．キャパシタが単純な平面構造で，10 nm 厚の二酸化シリコン膜が用いられる場合には，このキャパシタは最大 $A_{\mathrm{C}} = Ct_{\mathrm{ox}}/\varepsilon_{\mathrm{ox}} \sim 9\,\mu\mathrm{m}^2$ の面積を必要とする．このような面積は，1 μm 未満のデザインルールに関しては大きすぎる．リソグラフィによる最小加工サイズが 1.2 μm の 4 Mb DRAM 世代以降は，シリコン基板表面より下部深くに埋め込まれたトレンチキャパシタ (Lu ら，1985，1986) か，トランスファーデバイス上部に構成されたスタックトキャパシタ (Koyanagi ら，1978) が，蓄積キャパシタによって必要とされる面積を大幅に低減されるために用いられてい

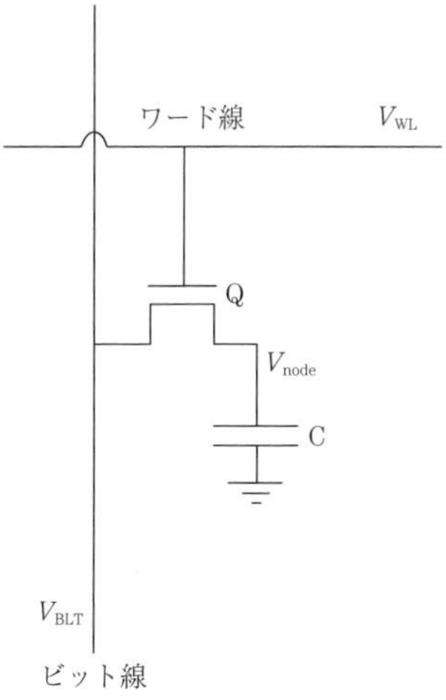

図 12.15　DRAM セルの回路図

る．これらのキャパシタ構造を用いた DRAM セルが図 12.16 に模式的に示されている．SiO_2 よりも高い誘電率を有する絶縁膜も，面積当たりの蓄積容量を増大させるためにしばしば用いられる．DRAM テクノロジーにおけるほとんどの努力は，セル面積，とくにストレージキャパシタ面積を小さくできる製造可能な手段を見いだすことに費やされている．

書き込み動作　DRAM セルに “0” を書くことは直接的である．図 12.15 を参照すれば，やるべきことは，ワード線に $V_{\rm dd}$ を印加してアクセスデバイスをオンにし，$V_{\rm BLT}=0$ にセットして C に蓄積されていた電荷を $V_{\rm node}=0$ になるまで放電するだけである．“1” を書く場合には，蓄積キャパシタを $V_{\rm node}=V_{\rm dd}$ まで充電したい．ただ，そのためには $V_{\rm WL}$ および $V_{\rm BLT}$ の双方を $V_{\rm dd}$ にセットするだけでは不充分である．なぜなら，$V_{\rm node}$ が $V_{\rm dd}-V_{\rm t}$ に近づくと，トランスファーデバイス Q はオフになる，すなわちサブスレッショルド領域に入ってしまうからである．すなわち，$V_{\rm node}$ が $V_{\rm dd}-V_{\rm t}$ を超えて上昇すると，トランスファーデバイス Q のゲート–ソース間電圧が $V_{\rm gs}=V_{\rm WL}-V_{\rm node}<V_{\rm t}$ となり，電荷蓄積レートが突然遅くなるからである．書き込み動作中に $V_{\rm node}$ が $V_{\rm dd}$ に到達することを保証するためには，ワード線は $V_{\rm WL}>V_{\rm dd}+V_{\rm t}$ を満たすように昇圧 (ブースト) されなければならず，このような電圧配置を取ることによって $V_{\rm node}=V_{\rm BLT}=V_{\rm dd}$ となるまでトランスファーデバイス Q はオンのままとなる．蓄積ノードが完全に充電あるいは放電されると，ワード線電圧はスタンバイ電圧に戻り，トランスファーデバイス Q がオフになって蓄積キャパシタをビット線から絶縁する．(ほとんどの設計においては，ワード線のスタンバイ電圧はゼロ (= 接地電位) である．しかしながら，ワード線のスタンバイ電圧を負にすることも可能である．12.2.2 項の議論を参照．)

読み出し動作　DRAM セルの読み出し動作が図 12.17 に示されている．図 12.17(a) は，ビット線 (BLT) および相補ビット線 (BLC) が交差接続 CMOS センスアンプに接続されている様子を示している．このセンスアンプは，セルに蓄積されていたビットをセンスするのみならず読み出し動作の最後で同一ビットを当該セルに書き戻す．BLC は，差動信号を構成するための参照電圧を提供する．これは，読み出されるセルとは同一のワー

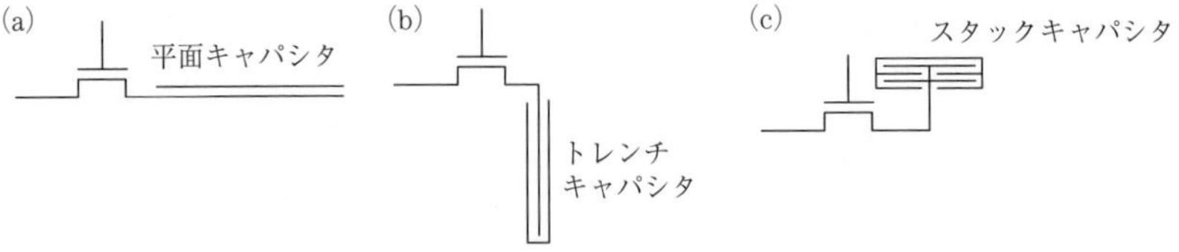

図 **12.16**　DRAM セルの 3 つの構造を示す模式図．(a) 平面キャパシタセル，(b) トレンチキャパシタセル，および (c) スタックトキャパシタセル．

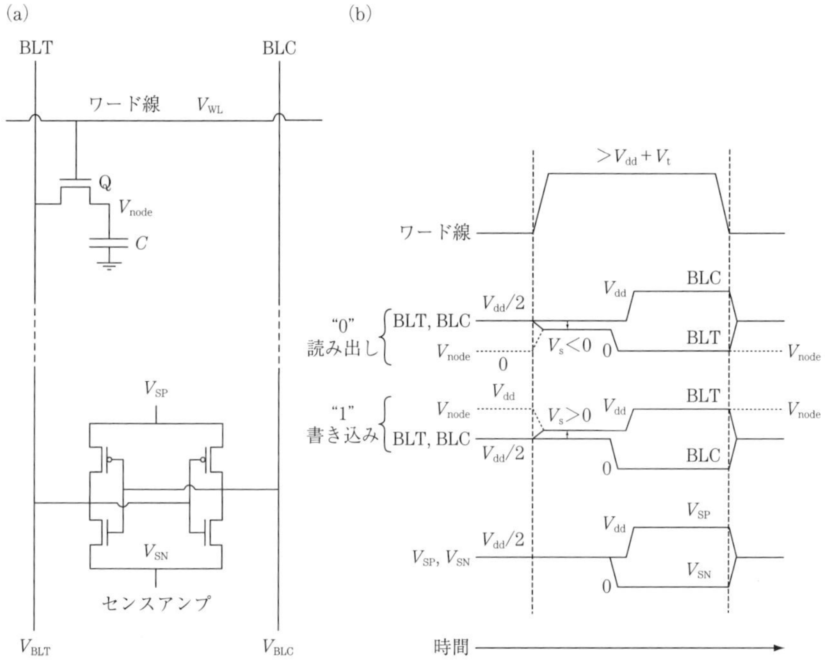

図 12.17 (a) DRAM セルと読み出し/書き戻しのためのセンスアンプとの接続を模式的に示す図. (b) 読み出し/書き戻しに係る電圧波形. V_s が生成された後, まず V_{SN} が 0 にセットされ, それによって BLT と BLC のうちの低い方が 0 になる. その後, V_{SP} を V_{dd} にセットすることによって, BLT と BLC のうちの高い方が $V_{dd}/2$ から V_{dd} に引き上げられる.

ド線上にはない, ほかのセルアレイのビット線であることも可能である (図 12.18 に示されている折り返しビット線配置を参照). 図 12.17(b) は, 読み出し動作に係る電圧波形を示している. まず, BLT および BLC の双方が $V_{dd}/2$ にプリチャージされる. その後, アクセストランジスタ Q がオンになる. 書き込み時と同様に, 後の完全な V_{dd} 書き戻しを保証するために, ブーストされた $V_{WL} > V_{dd} + V_t$ がワード線に印加される. セルに "0" がストアされていた場合は $V_{node} = 0$ であり, ビット線電圧 V_{BLT} が放電されて $V_{dd}/2$ より低くなり, センス電圧 $V_s = V_{BLT} - V_{BLC} < 0$ が生成される. セルに "1" がストアされていた場合は $V_{node} = V_{dd}$ であり, ビット線電圧 V_{BLT} は充電されて $V_{dd}/2$ より高くなり, センス電圧 $V_s = V_{BLT} - V_{BLC} > 0$ が生成される. これらの様子が図 12.17(b) に示されている. センスアンプは, ワード線がオンになる前に, V_{SP} および V_{SN} の双方が $V_{dd}/2$ である中立状態にバイアスされる. BLT と BLC との間でセンス電圧が生成された後, V_{SN} を 0 へ, かつ, V_{SP} を V_{dd} へ, それぞれセットすることによって, センスアンプが活性化される. このことにより, センスアンプは, セ

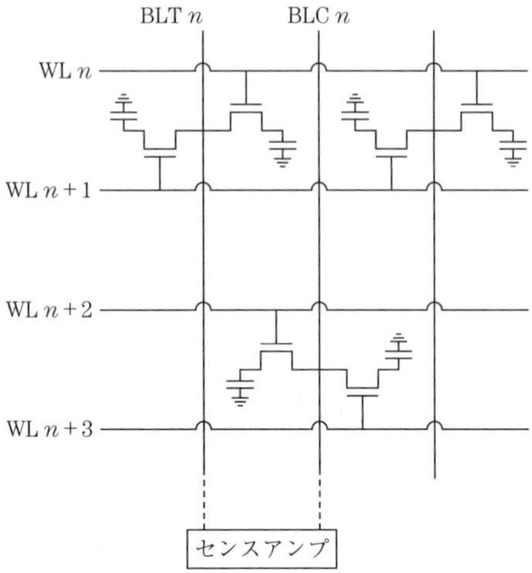

図 12.18　折り返しビット線配置をとる DRAM アレイ内のセル配置を模式的に示す図．隣接するビット線に接続されているセルは同一ワード線上には無い．

ンス信号 V_s の極性に応じて二つの安定な状態のうちの一つに遷移する交差接続ラッチとして動作する．$V_s < 0$ の場合，すなわち $V_{BLT} < V_{BLC}$ の場合には，当該ラッチは $V_{BLT} = 0$ かつ $V_{BLC} = V_{dd}$ の状態になる．逆に，$V_s > 0$ の場合には，反対の状態すなわち $V_{BLT} = V_{dd}$ かつ $V_{BLC} = 0$ の状態になる．このため，セル電圧 V_{node} が開始時の値である 0 か V_{dd} かのいずれかにリストアされる．読み出し動作が終了するとワード線はオフになり，BLT，BLC，V_{SP}，および V_{SN} のすべては中立電圧 $V_{dd}/2$ に戻る．この状態ではセルは絶縁されており，元の “0” あるいは “1” を保持していた状態に戻っている．

読み出し信号　C_{cell} をストレージキャパシタの容量とし，$C_{bitline}$ をビット線に係る容量と仮定する．すると，BLT と BLC の間に生成される差動信号は

$$V_s = \left(V_{node} - \frac{V_{dd}}{2}\right) \frac{C_{cell}}{C_{cell} + C_{bitline}} \tag{12.11}$$

で与えられる．このとき，$C_{cell}/(C_{cell} + C_{bitline})$ はトランスファーレシオとよばれる．大きな読み出し信号を得るためには，“1” 状態の場合は V_{node} が V_{dd} に，“0” 状態の場合は 0 にそれぞれ近接していて，$C_{cell}/C_{bitline}$ が小さすぎないことが必要である．回路設計者は，センスアンプとそれに付随する回路に占有される面積を最小にするために，通常 256〜1024 個のセルを単一ビット線に接続する．各非選択セルのビット線に対する容量の寄与は，オフ状態の MOSFET (表 8.3) のドレイン–ゲート間フリンジ容量とドレイン拡散容量から (デバイス幅当たり) $\sim 1\,\mathrm{fF/\mu m}$ と見積もることができる．すると，

ビット線の総容量 C_{bitline} は，実効的なトランスファーデバイス幅を $\sim 0.3\,\mu\mathrm{m}$ と仮定すると，100〜300 fF のオーダーになる．$C_{\mathrm{cell}} = 30\,\mathrm{fF}$ かつ V_{node} の最大値が 1 V を選択する代表的な DRAM 設計の場合には，トランスファーレシオがおおよそ 0.2 で V_{s} が最大おおよそ 100 mV となる．

折り返しビット線配置 最大読み出し信号が小さくない場合であっても，DRAM 回路は，通常，読み出し時間を短縮するために，生成途中の読み出し信号の一部を検出するように設計されている．このため，ビット線に発生する雑音は，メモリセルを高速かつ信頼性高く読み出すことを困難にする可能性がある．雑音の影響を最小化するために，回路設計者は，図 12.18 に模式的に示されているような**折り返しビット線配置** (folded-bitline architecture) をしばしば採用する．この場合には，BLC は，読み出されるセルと同一のワード線には接続されていないほかのセルアレイのビット線である．BLT と BLC の双方が同一ワード線と交差しているため，ワード線の過渡的な電圧変化が双方のビット線に等しく結合される．よって，センスされる信号はワード線に起因する雑音に対して敏感ではなくなる．折り返しビット線配置では，一つのメモリビットによって占有される最小面積は $8F^2$ となる．ここで，$2F$ はワード線およびビット線の最小間隔である．

12.2.2 DRAM セルのデバイス設計およびスケーリングについての考察

蓄積キャパシタが書き込み動作において完全に充電された場合であっても，セルが読み出されるまでの時間にリーク電流が信号を著しく劣化させる可能性がある．DRAM セルの設計は，主として，リソグラフィの設計基準に従った最小セルと所定の読み出し信号とデータ保持 (リテンション) 時間とに対する要求とを同時に充足させたいという熱望によって深化させられてきている．データリテンション時間は，データリフレッシュの時間間隔である．より頻繁な読み出し/リフレッシュサイクルは，チップの消費電力がより高いことを意味する．DRAM チップに要求される代表的な最悪データリテンション時間はおおよそ 100 ms である．このリテンション時間についての要求は，DRAM セルに許容される総リーク電流の上限を設定する．たとえば，電荷 30 fC を蓄積しているキャパシタ (すなわち，30 fF のキャパシタが，端子間電圧が 1 V になるまで充電された場合) に関して，データリフレッシュの間の電荷損失を 10 %未満に制限したい場合，すべてのリーク源による最大許容リーク電流は 30 fA となる．ストレージキャパシタを構成する絶縁膜は通常充分に厚く，トンネリング電流は無視できるレベルである．同様に無視できるのは逆バイアスされた p–n 接合における，拡散によるリーク電流で，これは 100 °C で $10^{-16}\,\mathrm{A}/\mu\mathrm{m}^2$ のオーダーである (3.1.8 項)．なぜなら，考慮しなければならない接合面積は $1\,\mu\mathrm{m}^2$ に満たないからである．したがって，リーク電流に関する要求は，主としてトランスファーデバイスの設計およびスケーリングに影響を与えることになる．

トランスファーデバイスのしきい値電圧　6.3.1.2 目で議論されているように，しきい値電圧での MOSFET 電流は $W = L = 0.1\,\mu\mathrm{m}$ のデバイスで約 10^{-7} A であり，温度にあまり依存せず，サブスレッショルド電流の傾きの逆数は 100 °C で 100 mV/decade である．30 fA のオフ電流要求を満たすためには，トランスファーデバイスのしきい値電圧は 100 °C で最低 0.6 V すなわち 25 °C で 0.7 V であることが必要である．トランスファーデバイスの V_t 値に関するこの要求は，リテンション時間要求が低減されない限り，スケーリングに際しても低減され得ない．ある種の方式においては，本来の V_t が 0.7 V 未満のトランスファーデバイスが用いられうるが，これは，スタンバイ時のワード線が本来の V_t よりも 0.7 V を超えて低く保持される場合のみである．この状況は，スタンバイ時にワード線を負電圧に保持することによって達成されうる．

トランスファーデバイスのゲート絶縁膜厚　トランスファーデバイスのゲート絶縁膜は，ゲートリーク電流が 30 fA 未満となるように充分厚くなければならない．スタンバイ時には，ゲート電圧は低く，MOSFET はオフである．電荷が蓄積されている場合 (“1” 状態) では，電子はゲートから正にバイアスされたドレインにトンネリングする可能性がある．ゲート–ドレイン間のトンネリング面積を $0.1 \times 0.01\,\mu\mathrm{m}^2$ と仮定すると，ゲートリーク電流は $10^{-3}\,\mathrm{A/cm^2}$ 未満でなければならない．図 4.41 から，$V_{dd} = 1\,\mathrm{V}$ の場合には，ゲート酸化膜は ~ 2 nm より厚いことが必要であることが示唆される．このことは，DRAM のトランスファーデバイスは，1 nm 厚のゲート酸化膜が使われうるような高性能ロジックデバイス (図 6.22 参照) ほどにはゲート長をスケーリングすることができないことを意味している．

12.3　不揮発性メモリ

理論的には，電源から切断された場合にその状態を保持しているようなあらゆる双安定デバイスが不揮発性メモリセルを構成できる．たとえばフューズ (プログラムされると導電状態から非導電状態へ変化する) やアンチフューズ (プログラムされると非導電状態から導電状態へ変化する) の場合のようにメモリセルが再プログラムされ得ない場合には，プログラマブルリードオンリメモリ (PROM) とよばれる．消去することが可能であって再プログラムできる不揮発性メモリは，消去可能プログラマブルリードオンリメモリ (EPROM) とよばれる．これまでの文献によれば，EPROM には，再プログラム可能ではあるが，メモリ消去がたとえば紫外光への曝露などの非電気的手段によってなされる不揮発性メモリも含まれる．電気的にプログラムおよび消去が可能な不揮発性メモリは，電気的消去可能プログラマブルリードオンリメモリ (EEPROM) とよばれる．その名称から示唆されるように，不揮発性メモリはリードオンリメモリである．このことは，システムに用いられる場合には，これらの不揮発性メモリはデータおよびプログラムコードのストレージとして実際に機能し，コンピュータプログラムコードを実行するための (SRAM や DRAM のような) メモリとしては機能しないことを意味する．このリードオンリという制限事項は，以下の議論から明らかになるように，これらの不揮発性メモリが SRAM や DRAM のような書き込みおよび/あるいはエンデュランス特性 (後述) を有していないことによる．

不揮発性メモリ技術の分野は非常に広範で急速に発展しつつある．なぜなら，電源から切り離された場合にその状態を保持しうる双安定素子すなわちデバイスが複数存在するからである．不揮発性メモリ技術における技術的な考慮事項は，(i) メモリの動作速度 (これにはアクセス時間，プログラム時間，および消去時間が含まれる)；(ii) メモリリテンション時間 (プログラムされた後にメモリビットがどのくらい長くその状態を保持するか，の指標である)；(iii) メモリエンデュランス (どのくらいの回数プログラムと消去のサイクルを繰り返した後でもメモリビットが適切に機能するか，の指標である)；(iv) 電力 (これには，メモリビットをプログラムする場合，アクセスする場合，および消去する場合のそれぞれの電力消費が含まれる)；(v) 電源電圧 (これには，プログラム動作および消去動作に必要とされる電圧が含まれる)；(vi) メモリセルサイズ；および (vii) そのメモリ技術のスケーリング特性，が含まれる．不揮発性メモリ技術の選択は，その応用例における要求と関連するコストに依存する．この節では，MOSFET ベースの不揮発性メモリデバイスとその基本的な動作が議論される．不揮発性メモリ技術の回路およびチップ設計の側面については，あまたの参考文献を参照されたい (たとえば，Hu, 1991; Itoh, 2001 およびそれらに記載されている文献)．

12.3.1　MOSFET 不揮発性メモリデバイス

図 12.19 は，MOSFET 不揮発性メモリデバイスの基本的な原理を示している．4.5.1

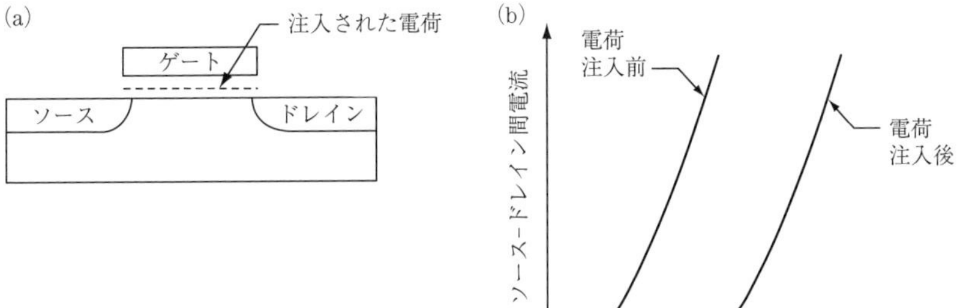

図 12.19　(a) MOSFET 不揮発性メモリデバイスの模式図．(b) 電子注入による MOSFET しきい値電圧の $V_{t,low}$ から $V_{t,high}$ へのシフトを模式的に示す図．

項に示されているように，フラットバンド電圧は，ゲート絶縁膜内の電荷の量と分布に依存する．ここでは，何らかのプログラム手段によって，ゲート絶縁膜内に電荷分布 $\rho_{\mathrm{net}}(x)$ を注入できると仮定する．この電荷分布はフラットバンド条件を維持するために必要となるゲート電圧のシフト，すなわちデバイスのしきい値電圧のシフトを引き起こす．式 (4.79) から，しきい値電圧のシフトは

$$\Delta V_{\mathrm{t}} = -\frac{1}{\varepsilon_{\mathrm{ox}}}\int_0^{t_{\mathrm{ox}}} x\rho_{\mathrm{net}}(x)\,\mathrm{d}x = -\frac{1}{C_{\mathrm{ox}}}\int_0^{t_{\mathrm{ox}}} \frac{x}{t_{\mathrm{ox}}}\rho_{\mathrm{net}}(x)\,\mathrm{d}x \qquad (12.12)$$

で与えられる．ここで，$x = 0$ はゲート–酸化膜界面であり，$x = t_{\mathrm{ox}}$ は酸化膜–シリコン界面である．注入された電荷は，電源を必要とすること無く，数年単位のリテンション時間の期間を通してゲート絶縁膜内にトラップされた状態であり続ける．

図 12.19(b) は，電荷注入の前後での I_{ds}–V_{gs} 特性を模式的に示している．nMOSFET に電子を注入する場合は，ΔV_{t} は正，すなわち，しきい値電圧は注入後に $V_{\mathrm{t,low}}$ から $V_{\mathrm{t,high}}$ へと増加する．通常，ΔV_{t} は数ボルトである．容易に理解できるように，この二つの状態の一方が論理 “0” で他方が論理 “1” である．この MOSFET に蓄積されたビットを読み出すのは，ゲート電圧を $V_{\mathrm{t,low}}$ と $V_{\mathrm{t,high}}$ の間に設定することによって直接的に行なえる．すなわち，一方の論理状態では MOSFET はオンすなわち導通状態であり，他方の状態ではオフすなわち非導通状態である．

図 4.2 には，SiO_2 への電子注入に係るエネルギー障壁が 3.1 eV であって，正孔注入のエネルギー障壁である 4.6 eV よりも著しく低いことが示されている．その結果，MOSFET ベースの不揮発性デバイスは，通常，プログラムおよび消去の際に正孔ではなく電子を利用する．プログラムの際は，電子をチャネル領域からゲート絶縁膜に注入してその注入された電荷の一部あるいはすべてをゲート絶縁膜内に蓄積することにより，しきい値電圧がシフトさせられる．メモリ消去の場合には，通常はゲート絶縁膜領域から電子をトンネリングによって除去することによって，蓄積された電荷を中性化する．以下では，MOSFET ベースの不揮発性メモリデバイスにおける電荷注入，電荷蓄積，および電荷消去に係るデバイス物理を考察する．

12.3.1.1　電　荷　注　入

ホットエレクトロン注入　シリコンから SiO_2 への電子注入は，トンネリングあるいはホットエレクトロン注入である．n 型チャネル MOSFET が用いられる場合には，通常チャネルホットエレクトロン注入が用いられる．n 型チャネル MOSFET におけるゲート電流とチャネル電流の例が図 12.20(a) に，p 型チャネル MOSFET の場合が図 12.20(b) に，それぞれ示されている (Hsu ら，1992)．いずれの場合とも，ゲート電流は電子電流であることに留意されたい．

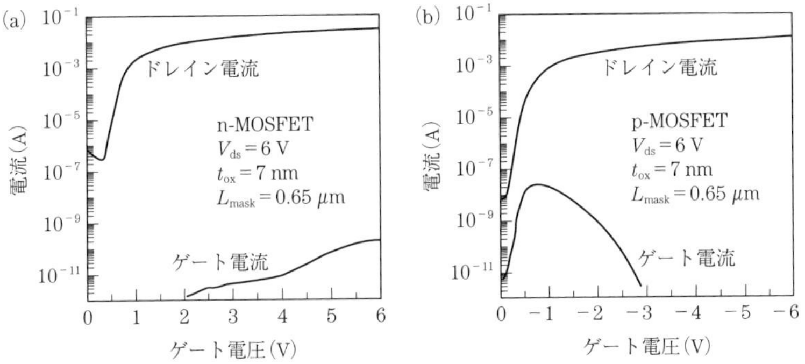

図 12.20 MOSFET の典型的なドレイン電流特性/ゲート電流特性を示す図. (a) n 型チャネル MOSFET. ゲート電流源は，主としてソースからドレインへ流れるホットエレクトロンである. (b) p 型チャネル MOSFET. ゲート電流は，アバランシェ増倍を介して生成された電子の注入による (Hsu ら，1992 による).

6.4.1 項で議論されているように，基板電流はインパクトイオン化によって生成された 2 次キャリア量の直接的な指標であり，さらに，デバイスのチャネル領域における主ホットキャリアの量の間接的な指標である. 図 6.31 から，基板電流，すなわち 2 次キャリア量，はゲート電圧がしきい値電圧よりもわずかに高いところで最大であることがわかる. n 型チャネル MOSFET の場合には，その領域はゲート–ドレイン間電圧，$V_{gs} - V_{ds}$，が負となる領域であり (図 5.2 参照)，ホットエレクトロンのゲート絶縁膜への注入には適さない. ホットエレクトロン注入は，V_{gs} が V_{ds} に近づいたりそれを超えたりするとより起こりやすくなるが，6.4.1 項に説明されているように，その場合にはシリコン中の最大電界は減少する. チャネル中の最大電界に対応するゲート電圧とゲート絶縁膜内の最大電界に対応するゲート電圧の差異のために，n 型チャネル MOSFET におけるチャネルホットエレクトロンに起因するゲート電流が低くなり，注入プロセスが非常に非効率になる. 図 12.20(a) の例では，ゲートへの最大電子電流はおおよそ 10^{-10} A であり，I_g/I_{ds} 比はわずかにおおよそ 10^{-8} である.

p 型チャネル MOSFET が用いられると状況はずいぶん異なる. この場合には，電子注入はアバランシェ増倍によって生成された 2 次ホットエレクトロンを注入することによって実現される. 図 6.31 に示されている nMOSFET と同様に，pMOSFET の基板電流はアバランシェ生成電子の量の指標であってゲート電圧とともに増大し，V_{gs} (の絶対値) がわずかに V_t を超えたところがピークとなる. 低ゲート電圧では基板電流が増大中かピークにあり，ゲートとドレインの電位差 $V_{gs} - V_{ds}$ が正であり (すなわち，V_{ds} が V_{gs} よりも大きな負の値を有しており)，シリコンからゲート絶縁膜へのホットエレクトロン注入にとって好ましい状況である. すなわち，アバランシェホットエレクトロンを生成するのに好ましいゲート電圧が，ゲート絶縁膜へのホットエレクトロン注入にも好ましい．実際，図 12.20(b) に示されているホットエレクトロンゲート電流は，図 6.31 に示された nMOSFET の基板電流のゲート電圧依存性と非常によく似たゲート電圧依存性を示している．アバランシェホットエレクトロンゲート電流が立ち上がってピークとなるゲート電圧ではドレイン電流は低い．したがって，p 型チャネル MOSFET におけるシリコンからゲート絶縁膜へのアバランシェホットエレクトロン注入ははるかに効率的である．図 12.20(b) に示されている例の場合には，最大ゲート電流はおおよそ 10^{-8} A で I_g/I_{ds} 比は最大おおよそ 10^{-4} である．

アバランシェホットキャリア注入は，MOSFET のソースをフローティングにした状態，すなわち，チャネル電流がまったく流れない状態でも誘導されうる．p 型チャネル MOSFET のソースがフローティング状態にあると，その MOSFET のドレインは p^+–n ゲート付きダイオードのように振る舞う．4.6.3 項で説明されているように，ゲート付きダイオードモードでは，基板電流のキャリア (p 型チャネル MOSFET の場合には電子) が，ゲートが界面蓄積側にバイアスされる場合には，ゲート絶縁膜へ注入されうる．

図 12.20 に示されている注入電流では，全体像を説明し切れていない．p 型チャネル MOSFET の場合，低ゲート電圧でアバランシェホットエレクトロン注入が起こる，という事実は，n 型チャネル MOSFET の場合にも低ゲート電圧でアバランシェホットホール注入が起こるべきであることを示唆している．実際，非常に高感度な測定器を用いることによって，n 型チャネル MOSFET の場合に低ゲート電圧でのアバランシェホットホール注入が観測されうる (Takeda ら，1983; Nissan-Cohen，1986)．想定されるゲート電流のゲート電圧依存性が図 12.21 に示されている．低ゲート電圧では，ゲート絶縁膜内の電界は，アバランシェホットホールの注入に有利である．前記の状況よりもいく

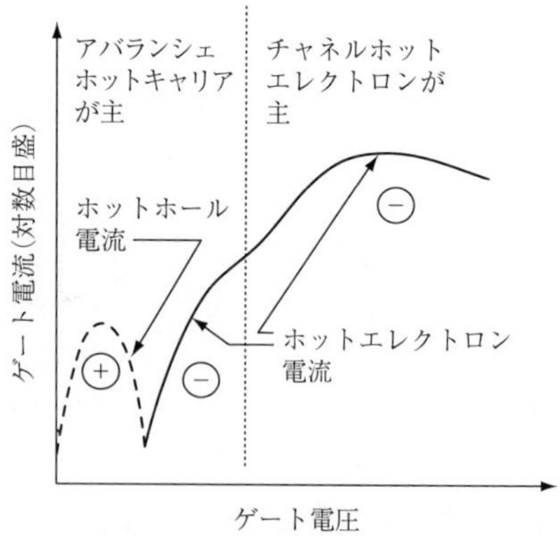

図 12.21　n 型チャネル MOSFET の場合に，ホットホール及びホットエレクトロンのゲート絶縁膜への注入を，V_{ds} が大きい場合にゲート電圧の関数として模式的に示す図

らか高いゲート電圧では，ゲート絶縁膜内の電界はホットホール注入にはあまり有利ではなくなり，アバランシェホットエレクトロンの注入により有利な条件になる．ゲート電圧がさらに高くなると，アバランシェ増倍によって生成されるホットキャリア量が，図 6.31 の基板電流の減少から明らかなように実際に減少し，ゲート絶縁膜内の電界はホットエレクトロン注入により有利になる．よって，ゲート電圧が増大するにつれて，ゲート電流はチャネルホットエレクトロン注入によってより占められるようになる．同様に，p 型チャネルメモリデバイスにおいては，低ゲート電圧でアバランシェホットエレクトロン注入が，高ゲート電圧でチャネルホットホール注入が観測される．

プログラムの際にチャネルホットエレクトロン注入を用いる n 型チャネル不揮発性メモリデバイスでは，低ゲート電圧での 2 次的なホットホール注入は，同一ビット線上の非選択セルに意図しない影響をもたらしうる．注入された正電荷は非選択デバイスの V_t を負の方向にシフトし，このことは，書き込みサイクルが反復された後に，予めプログラム済みのビットを意図せずに消去してしまうか，あるいは V_t が低くなり過ぎてデバイスにリーク電流を発生させてしまうかのいずれかの可能性を招来する．このような“書き込みディスターブ”を回避するために，非選択デバイスのワード線電圧をしきい値電圧よりもはるかに低く保つための注意が払われなければならない (Yamada ら，1996).

ファウラー–ノルドハイム・トンネリング電流による注入　不揮発性メモリデバイスにおける電子注入は，4.6.1.1 目で議論されているファウラー–ノルドハイム・トンネリングによっても実現可能である．図 4.39(b) に示されているように，シリコンの伝導体内の電子は三角形のエネルギー障壁を介して酸化膜の伝導体にトンネリングする．図 4.40 に示されているように，トンネリング電流密度は酸化膜中の電界に強く依存する関数である．10 nm 厚の酸化膜を利用する場合には，プログラムに使う電界は通常 8〜10 MV/cm の範囲である．あまりに厚い酸化膜では，プログラムにより高い電圧が必要になる．その一方で，あまりに酸化膜が薄い場合には，直接トンネリングが起こり，電荷がリークする可能性がある．不揮発性メモリセルに必要なプログラム時間は，代表的には 1 μs から 1 ms である．ファウラー–ノルドハイム・トンネリングの際には MOSFET に意図しない電流が流れることが無いので，**ファウラー–ノルドハイム・トンネリングによるプログラムの際の電力損失は，ホットエレクトロン注入による場合よりもはるかに小さい．**

12.3.1.2 電 荷 蓄 積

シリコン窒化膜での電荷蓄積　理論的には，シリコン酸化膜内の電子トラップが不揮発性メモリ応用例における電荷蓄積として用いられうる．しかしながら，トラップ密度と捕捉断面積との積で表される捕捉効率が，そのような応用例における効果的な電子蓄積媒体としてシリコン酸化膜を用いるためには小さすぎる (Ning と Yu，1974)．シリコン酸化膜単体の代わりに，酸化膜–窒化膜–酸化膜 (ONO) という複合膜が大量の電子を蓄積するために一般的に用いられる．電子は主として窒化膜内に蓄積される．電荷注入が一様で，ΔQ をゲート電極から平均距離 t_{q} にある薄膜窒化膜内の単位面積当たりに蓄積された電荷とすると，式 (12.12) から，しきい値電圧シフトは $\Delta V_{\mathrm{t}} = -t_{\mathrm{q}}\Delta Q/\varepsilon_{\mathrm{ox}}$ となる．一様ではない電荷注入の場合の V_{t} への影響については，12.3.3.5 目および 12.3.3.6 目で議論される．

フローティングゲートでの電荷蓄積　MOSFET のゲート絶縁膜領域内の電荷蓄積をより増大させるために通常用いられるもう一つの方法は，シリコン層とゲート電極との間のゲート絶縁膜内に，代表的にはポリシリコン薄膜よりなる導電性の**フローティングゲート** (floating gate) を埋め込むことである．図 12.22 に示されているように，電荷はフローティングゲートに蓄積される．蓄積された電荷は，フローティングゲート全体に一様に広がる．フローティングゲートが存在する場合には，それと区別する意味で，通常のゲート電極は**コントロールゲート** (control gate) とよばれる．フローティングゲートとシリコン基板との間の酸化膜はトンネル酸化膜とよばれ，代表的にはおおよそ 10 nm 厚である．コントロールゲートとフローティングゲートとの間の酸化膜はインターポリ酸化膜とよばれ，代表的にはおおよそ 20 nm 厚である．フローティングゲートとコントロールゲートとの面積的なオーバーラップは，デバイス領域を超えて広げることが可能である．

フローティングゲートの電位 V_{FG} は，蓄積されている電荷と，フローティングゲートを取り巻くほかの電極との容量結合およびその電圧によって決定される．図 12.22 に示されている容量等価回路 (Wang, 1979) より，

$$
\begin{aligned}
&\Delta Q_{\mathrm{total}} \\
&= C_{\mathrm{FC}}(V_{\mathrm{FG}} - V_{\mathrm{CG}}) + C_{\mathrm{FS}}(V_{\mathrm{FG}} - V_{\mathrm{S}}) + C_{\mathrm{FB}}(V_{\mathrm{FG}} - V_{\mathrm{B}}) + C_{\mathrm{FD}}(V_{\mathrm{FG}} - V_{\mathrm{D}})
\end{aligned}
\tag{12.13}
$$

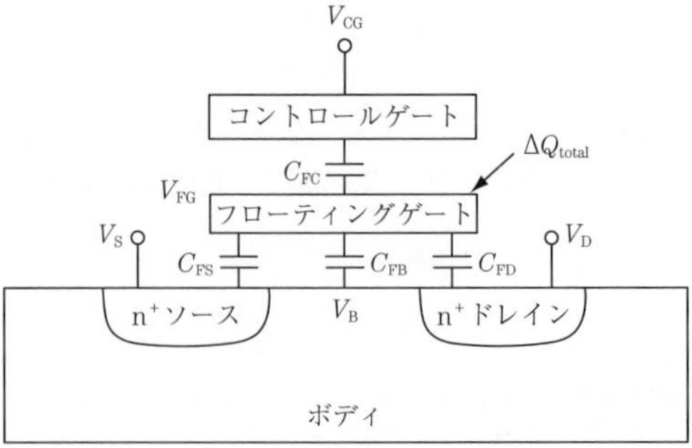

図 12.22　n 型チャネル MOSFET 不揮発性メモリデバイスにおけるフローティングゲートのほかの電極との容量結合．シリコン基板内の空乏層容量は，C_{FB} に含められている．

となり，したがって，

$$V_{\mathrm{FG}} = \frac{\Delta Q_{\mathrm{total}} + C_{\mathrm{FC}} V_{\mathrm{CG}} + C_{\mathrm{FS}} V_{\mathrm{S}} + C_{\mathrm{FB}} V_{\mathrm{B}} + C_{\mathrm{FD}} V_{\mathrm{D}}}{C_{\mathrm{FC}} + C_{\mathrm{FS}} + C_{\mathrm{FB}} + C_{\mathrm{FD}}} \tag{12.14}$$

で V_{FG} が与えられる．ここで，それぞれの電極のフローティングゲートへの結合係数を，分母にある総容量に対するそれぞれの容量の比として決定することが可能である．$\Delta Q_{\mathrm{total}}$ の存在により，フローティングゲートの電位は $\Delta V_{\mathrm{FG}} = \Delta Q_{\mathrm{total}}/(C_{\mathrm{FC}} + C_{\mathrm{FS}} + C_{\mathrm{FB}} + C_{\mathrm{FD}})$ だけシフトする．コントロールゲートの視点からは，$\Delta V_{\mathrm{CG}} = -\Delta Q_{\mathrm{total}}/C_{\mathrm{FC}}$ が，蓄積電荷の影響をオフセットして V_{FG} を蓄積電荷がゼロの場合に戻すために必要である．言い換えれば，フローティングゲートへの蓄積電荷 $\Delta Q_{\mathrm{total}}$ によるしきい値電圧シフトは

$$\Delta V_{\mathrm{t}} = -\frac{\Delta Q_{\mathrm{total}}}{C_{\mathrm{FC}}} \tag{12.15}$$

である．コントロールゲート結合係数 $C_{\mathrm{FC}}/(C_{\mathrm{FC}} + C_{\mathrm{FS}} + C_{\mathrm{FB}} + C_{\mathrm{FD}})$ が大きい場合には，コントロールゲートによってフローティングゲートの電位をより制御することができ，より高い V_{FG} を実現可能で，したがって，印加された V_{CG} によってより高い電界をトンネル酸化膜内に生じさせることが可能になる．しかしながら，C_{FC} が大きいということは，一定量の電荷注入に対するしきい値電圧シフトが小さいことも意味する．

12.3.1.3 電荷消去

EPROM では，消去が必要な場合には，デバイスを紫外光や X 線などの高エネルギーの光子に曝露させることによってデータ消去を実現する．高エネルギーの光子は，ゲート絶縁膜あるいはフローティングゲートに蓄積されている電子を酸化膜の伝導帯を超えるエネルギーレベルまで励起し，励起された電子がシリコン基板に流れ戻る．パッケージされたチップでこのような操作を実行することは難しい．実際には，EPROM は，メモリビットが 1 度だけプログラムされて消去されることの無い応用例で通常用いられる．おそらく最も簡潔な構造を有する CMOS コンパチブルな EPROM は，フローティングゲートアバランシェ注入 MOS (FAMOS) デバイスである (Frohman–Bentchkowsky, 1971)．図 12.23 に模式的に示されているように，構造的にはそれはゲートがフローティング状態にある p 型チャネル MOSFET であり，アバランシェホットエレクトロン注入によってプログラムされる．

EEPROM デバイスでは，消去は通常以下の二つの方法のうちの一つによって実現される．一つ目は，フローティングゲートからコントロールゲートあるいはソース/ドレイン領域へ電子をファウラー–ノルドハイム・トンネリングさせることである．別の場合には，トラップされている電子をホール注入によって中性化することによって消去が実現される．しかし，ホール注入は非常に効率が良くないので，ホール注入による消去はあ

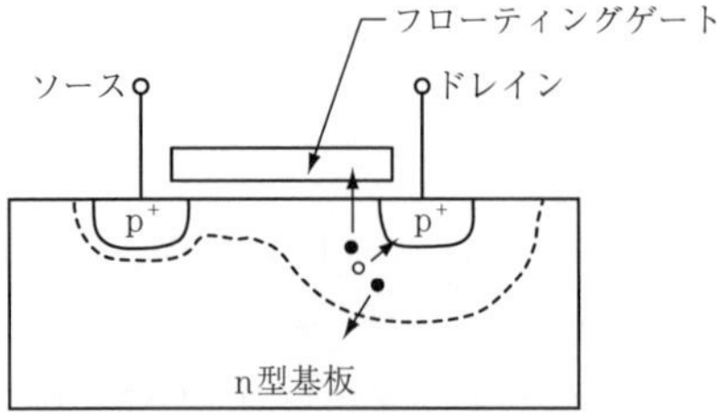

図 12.23　FAMOS デバイスの模式図. 破線は空乏領域の境界を示す.

まり一般的には用いられていない.

コントロールゲートへのトンネリングによる消去では, コントロールゲートとフローティングゲートとのオーバーラップが電子トンネリングを増大させるように工夫されている. 同様に, ソース/ドレイン領域へのトンネリングによる消去の場合には, フローティングゲートとソースおよび/あるいはドレイン領域とのオーバーラップが電子トンネリングを増大させるようにしばしば工夫されている.

フローティングゲートからソースおよび/あるいはドレイン領域へのトンネリングに関しては, 通常はコントロールゲートを接地電位に保ちつつ, ソースあるいはドレインが正の電圧にバイアスされる. ソースに印加された消去電圧 V_S に関しては, トンネル酸化膜に係る電位差 $V_S - V_{FG}$ は, 式 (12.14) において (V_B および V_D の項を無視すれば) $V_{CG} = 0$ とおくことによって以下のように得られる：

$$V_S - V_{FG} = \left(1 - \frac{C_{FS}}{C_{FC} + C_{FS} + C_{FB} + C_{FD}}\right) V_S - \frac{\Delta Q_{total}}{C_{FC} + C_{FS} + C_{FB} + C_{FD}} \tag{12.16}$$

トンネル酸化膜に係る消去のための高電界を実現するためには, ソースとフローティングゲートとの容量結合係数 $C_{FS}/(C_{FC} + C_{FS} + C_{FB} + C_{FD})$ が小さいことが望ましい. 蓄積された負電荷による電界が消去に必要な電界に重畳され, 初期消去速度を向上させることに留意されたい. (同様に, フローティングゲートの負電荷はプログラム中の電界を小さくする方向に働き, プログラム終了時のプログラム速度を低下させる.) 10〜12 V の範囲の消去電圧 V_S に関しては, 消去時間は通常 0.1〜1 秒である. 一般的には, 多数のセルを含むブロックに対して消去動作が実行される. このことは, 次項 (12.3.2 項) で議論される.

12.3.2　フラッシュメモリアレイ

これまで, 不揮発性メモリアレイの個々のビットの基本的なプログラムおよび消去動作を議論してきた. 不揮発性メモリアレイの設計においては, メモリブロックあるいはアレイ全体を同時に消去することが可能であることが望ましい. UV 消去 EPROM では, 高エネルギーの光子に曝露することによってアレイ全体が消去される. EEPROM

の場合は，消去の際に対象となる全ビットを電気的に接続することによって一括消去できる．舛岡は，“フローティングゲートから消去ゲートへの電子の電界放出を用いることによって，全メモリの内容が一瞬のうちに同時に消去される”ように，特別な消去ゲートを設置することを最初に提案した人物の 1 人である (Masuoka ら，1984)．その後，大多数の EEPROM 設計において，種々の方式のフラッシュ消去が一般的に用いられるようになった．さらに，今日では，フラッシュ，フラッシュメモリ，EEPROM という 3 語が同一のものを指し示す語として用いられている．

12.3.2.1　書き込み，読み出し，および消去動作

図 12.24 は，代表的なスタックゲート型フラッシュメモリアレイの書き込み，読み出

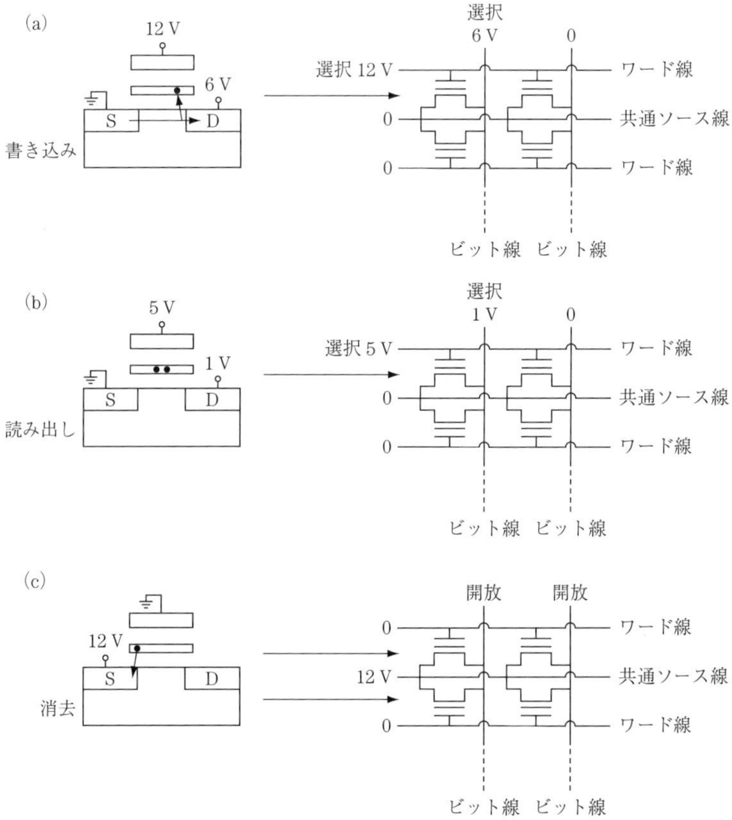

図 12.24　スタックゲート型 EEPROM デバイスよりなるメモリアレイにおけるワード線とビット線の接続を模式的に示す図．(a) 書き込み動作時，(b) 読み出し動作時，および (c) 消去動作時．これは NOR アレイである [Itoh (2001) による]．

し，および消去動作を模式的に示している．書き込みすなわちプログラム動作では，正の大きな値の電圧が選択されたワード線をオンにするために印加され，高いドレイン電圧が選択されたビット線に印加されてドレイン近傍でホットエレクトロンを生成し，それがフローティングゲートに注入される．読み出し動作では，選択されたワード線が，図 12.19(b) に示された $V_{\mathrm{t,low}}$ と $V_{\mathrm{t,high}}$ との間の電圧 (この例では 5 V) にバイアスされ，正の電圧が選択されたビット線に印加される．このビット線を流れる電流はしきい値電圧，したがってセルの電荷蓄積の状態，を反映している．同一のビット線に接続されている非選択のセルすべてには $V_{\mathrm{t,low}}$ 未満のバイアス電圧が印加されており，それぞれの電荷状態に拘わらず非選択のセルのすべてがオフであることが保証される．消去動作では，すべてのコントロールゲートが接地された状態で，すべてのソースに正の大きな値の電圧が印加される．このため，フローティングゲートに蓄積された電子がトンネリング電流としてソースに流れ，複数個のセルから構成される大きなブロックが同時に消去される．ファウラー–ノルドハイム電流は電界に非常に敏感であるため (図 4.40)，トンネル酸化膜厚のわずかな変位が消去速度の大きな広がりにつながりうる．各消去動作の後，すべてのビットがプログラムされる前の状態に戻っていることを確認することが通常は必要である．最初の消去動作で完全に消去されていないビットが存在する場合には，消去動作が反復実行される．

フラッシュメモリアレイでしばしば起こる問題が過消去である．これは，フローティングゲートからトンネリングによって流出した電子数が，プログラムの際にフローティングゲートに注入された電子数よりも多い場合に発生する．さらに，正孔がフローティングゲートにトンネリングするあるいは注入される場合にも起こりうる (図 12.21 参照)．過消去は，プログラムされていないデバイス (セル) のしきい値電圧を図 12.19(b) の $V_{\mathrm{t,low}}$ よりも低下させ，デバイスのオフ電流が意図されている値よりも高くなる．メモリアレイでは，選択されたセルと同一のビット線に接続された非選択のセル (すなわち，図 12.24(b) でワード線電圧がゼロのセル) のうちの多くが過消去状態にあると，その合計リーク電流が大きくなり，選択されたセルのオン–オフ状態の検出を妨げる．すなわち，過消去はメモリアレイの一部を動作不能にしてしまう可能性がある．過消去に起因する問題は，スプリットゲートデバイスを用いることによって回避されうる (図 12.28(b) および図 12.29)．スプリットゲートデバイスの単一ゲート側のしきい値電圧を十分に高く設定しておくことで，フローティングゲート内の電荷レベルに依存せずにセルのオフ電流を制御可能な程度に低く抑えることができる．スプリットゲートデバイスの欠点はそのセル当たりの占有面積である．

12.3.2.2　NOR および NAND アーキテクチャ

図 12.24 に示されたセルアレイアーキテクチャは NOR 配置とよばれる．この配置では，同一ビット線上のセルは並列に接続されており，非選択デバイスはオフ，すなわち

そのワード線が $V_{\mathrm{t,low}}$ より低い値にバイアスされている．デバイス端子，すなわちコントロールゲート，ソース，およびドレインはすべて電源線に接続される．12.3.3 項で詳述されるように，セルのプログラムは，個々のメモリデバイス設計および構造に依存して，ホットエレクトロン注入かファウラー–ノルドハイム・トンネリングかのいずれかによってなされうる．

もう一方のよく利用される不揮発性メモリアレイアーキテクチャが，図 12.25 に示されている NAND 配置である．NAND 配置では，同一ビット線上にあるメモリセルが直列に接続されており，非選択デバイスはオン，すなわち，非選択デバイスのワード線は $V_{\mathrm{t,high}}$ よりも高い値にバイアスされている (Masuoka ら，1987; Itoh ら，1989)．実際，$V_{\mathrm{t,low}}$ はしばしば負の値に設定されており，よってプログラムされていないデバイスはノーマリーオン (normally on) 型の nMOSFET である．読み出し動作に関しては，選択されたワード線は $V_{\mathrm{t,low}}$ と $V_{\mathrm{t,high}}$ の間の値にバイアスされるが，$V_{\mathrm{t,low}} < 0 < V_{\mathrm{t,high}}$ である場合にはその値はゼロ (接地電位) でありうる．

NAND アレイの書き込みおよび消去はファウラー–ノルドハイム・トンネリングによってなされる．書き込みの場合には，選択されたワード線が正の高い電圧，たとえば 20 V，にバイアスされ，非選択ワード線は $V_{\mathrm{t,high}}$ よりも高い中間の電圧，たとえば 10 V，にバイアスされる．セルを電荷注入でプログラムする目的でそのビット線が接地され，トンネリングに必要とされる高電界がトンネル酸化膜内に生成される．同一ビット線上の非選択セルにおける電界は，電荷注入が可能なほどには高くない．選択されたセルへの

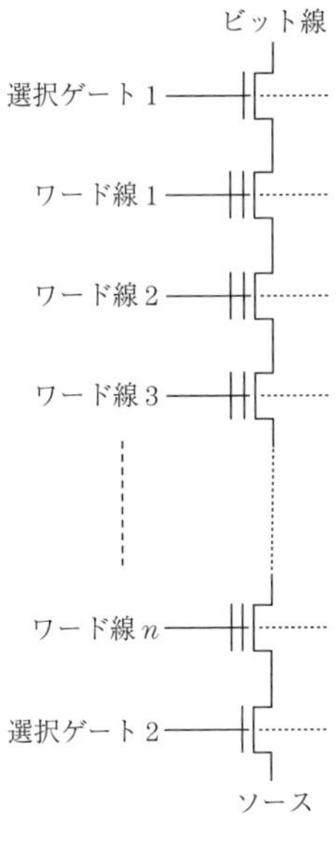

図 12.25 NAND アレイ内で単一のビット線に接続されている EEPROM デバイスの直列接続の様子を模式的に示す図

電荷注入が望まれない場合には，ビット線は正にバイアスされ (たとえば 10 V)，同一ビット線上のいずれのセルにおいても高電界は生成されない．ブロック消去に関しては，すべてのワード線がゼロ電圧 (接地電位) に固定された状態で 20 V の正の電圧がビット線および基板に印加され (基板に印加されるのは，接合破壊を回避するためである)，蓄積された電子がトンネリングによって基板に抜き取られる．

NAND アーキテクチャにおいてはメモリデバイスのソースおよびドレインへのコンタクトが必要とされないため，NOR 配置と比較してセル密度の観点で著しい利点がある．しかしながら，メモリビットが直列接続されているため，NAND アレイの読み出し電流は低く，メモリアレイのアクセス時間は比較的長くなる．NAND フラッシュは，主としてデータストレージに用いられる．代表的な応用例においては，NAND フラッシュにストアされたデータ (プログラムコード) は通常 SRAM あるいは DRAM に転送され，転送されたデバイスにおいてコンピュータプロセッサによってプログラムコードが実行される．NOR フラッシュは，通常，SRAM あるいは DRAM とコンパチブルなアクセス速度を有し，したがってプログラムコードの実行に直接用いられる．

12.3.2.3　エンデュランス

EEPROM デバイスのプログラム (書き込み) および消去には，MOSFET の通常動作時よりもはるかに高い電界が関係する．4.6 節および 6.4 節で議論されているように，デバイスの劣化は MOSFET のゲート酸化膜へのホットキャリア注入と電子トンネリングを伴う．EEPROM デバイスの場合，デバイスが複数回の反復した書き込み/消去サイクルを経るに従って酸化膜が劣化し，メモリウィンドウ (書き込まれた状態と消去された状態との間のしきい値電圧の差) の破綻につながる．この様子が図 12.26 に模式的に図示されている．EEPROM デバイスのエンデュランスは，充分なマージンが無い状

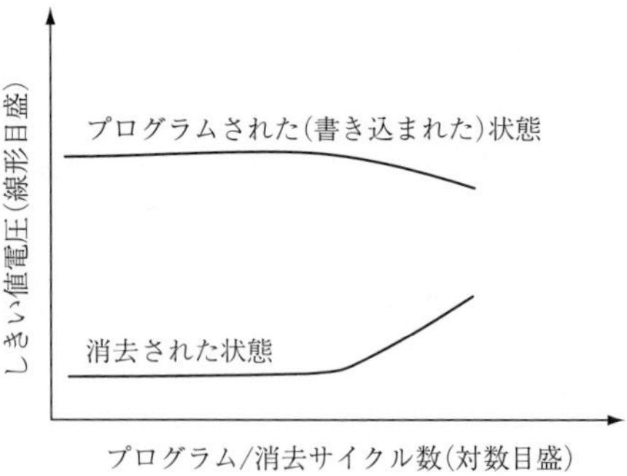

図 12.26　メモリウィンドウの破綻をプログラム (書き込み)/消去サイクル数の関数として模式的に示す図

態までメモリウィンドウが小さくなるまでの書き込み/消去サイクル数で測定される．書き込み (プログラム) と消去との双方の動作で電子が酸化膜の同一箇所を通過するデバイスはエンデュランスは最低であり，しばしば 10^3 から 10^4 サイクルの範囲になる．エンデュランスは，書き込み動作の場合と消去動作の場合とに電子が酸化膜の異なった位置を通過するようにすることによって改善されうる (たとえば，書き込み動作の場合はドレイン側を通過させ，消去動作の場合はソース側を通過させるようにするなど)．市販の大多数のフラッシュメモリは，10^3 から 10^6 サイクルのエンデュランス仕様を有している．

複数回の書き込みおよび消去を経た後の EEPROM デバイスのデータ保持特性を理解することも重要である．4.6 節で議論されているように，酸化膜内に欠陥が形成されると，酸化膜のリーク電流は大きくなり，そのデータ保持特性は劣化する．

12.3.2.4 最近の NAND フラッシュ技術

過去 10 年ほどの期間における VLSI 技術の最も驚くべき発展の一つは，新たなデータストレージ媒体として**ソリッドステートドライブ** (SSD) が広く用いられるようになったことである．これは，データストレージとしての磁気を利用したハードディスクドライブ (HDD) を，移動体電話やパーソナルコンピュータなどのコンシューマシステムからデータセンターのサーバなどのエンタープライズコンピューティング/コミュニケーションシステムに至る，あらゆる種類の電子システムにおいて置換しつつある．このような SSD 製品の基幹となるのは，NAND アーキテクチャ構成 (図 12.25) を有するフローティングゲート EEPROM である．NAND フラッシュチップの製造プロセスおよび回路/システム設計における幾多のイノベーションが，データストレージとしての SSD の隆盛に寄与している．このような NAND フラッシュのイノベーションは，チップレベルの NAND フラッシュメモリのビット密度およびチップレベルのメモリ容量を時間とともに着実かつ印象的に改善しつつ，NAND フラッシュメモリデバイスに本質的に関連するエンデュランス制限を克服しつつある (12.3.2.3 目を参照)．ここでは，これらのイノベーションのうちの 3 つに係る概念が簡潔に議論される．

多値セル　図 12.19 を参照すると，MOSFET の二つの捕捉電荷状態，すなわち，一方は $V_{\mathrm{t,low}}$ に中心をもつ V_{t} の分布を有し，他方は $V_{\mathrm{t,high}}$ に中心をもつ V_{t} の分布を有する状態が，メモリビットのそれぞれ論理 “0” および論理 “1” を表現するために用いられる．よって，一つのメモリビットが一つの MOSFET デバイスに対応する．これが単一レベルセル (SLC: single level cell) である．“0” と “1” との間の動作マージンは，“0” に対する V_{t} 分布のテール (端) と “1” に対する分布のテールとの最小間隔である．この動作マージンは，プロセス技術とメモリチップ/システム設計の関数であり，電圧差 $V_{\mathrm{t,high}} - V_{\mathrm{t,low}}$ よりも小さい．

先端的なメモリコントローラを使用し，洗練された電荷レベル検出技法を用いることによって，NANDフラッシュ設計者は，電圧差 $V_{\mathrm{t,high}} - V_{\mathrm{t,low}}$ によって表現される捕捉電荷総量を1メモリビットよりも多くのビットを表現するために分割することができるようになっている．たとえば，2ビットを表現するように設計されたMOSFETデバイスは多値セル(MLC: multi-level cell)とよばれ，“0,0”，“0,1”，“1,0”，および“1,1”という4つの論理状態を有する．SLCの場合と同様に，それぞれの状態は，対応する V_{t} を中心とする狭い V_{t} 分布によって表現される．よって，MLCでは，各々が $V_{\mathrm{t,00}}$，$V_{\mathrm{t,01}}$，$V_{\mathrm{t,10}}$，および $V_{\mathrm{t,11}}$ に中心を有する4つの狭い V_{t} 分布が，論理状態“0,0”，“0,1”，“1,0”，および“1,1”のそれぞれを表現する．

SLCおよびMLCに同一のフローティングゲートMOSFETが用いられる場合，1ビットを表現するために蓄積される電子数がMLCの場合はSLCの場合よりも小さいことは明らかである．同様に，MLCの動作マージンはSLCの動作マージンよりも小さい．結果として，MLC NANDフラッシュは，通常，SLC NANDフラッシュよりも遅く，書き込みエラーを起こしやすい．よって，MLC NANDフラッシュとSLC NANDフラッシュは同一のアプリケーションマーケットを必ずしも指向していない．

本書執筆時においては，3値セル(TLC: tri-level cell)とよばれる3ビットセルを用いたNANDフラッシュ製品が製品化されて既に数年が経過している．さらに，4値セル(QLC: quad-level cell)とよばれる4ビットセルを用いた製品が市場に登場しつつある．このような多ビットセルテクノロジーはチップレベルでのメモリビット密度を向上させ，よってNANDフラッシュメモリのビット当たりのコストを低下させている．

3D NAND　より微細なパターニング技術の開発に依存する一方で，半導体産業は，チップレベルのデバイス/回路密度を向上させ，システム性能を改善し，コストを下げるための手段として3次元(3D)集積を長期間にわたって追求してきた．これまでは，NANDフラッシュプロセス開発メーカーのみが，大量生産可能なチップレベルの3D集積の技術を習得している．

通常の3D NAND製造プロセス(Fukuzumiら，2007; Ishidukiら，2009; Kimら，2009)は，制御論理回路と第1層のメモリセルを有する通常のシリコンウェーハから開始される．このベース層アレイの上部に複数層のメモリセルが積層され，各層間の相互配線も形成される．複数のメーカーでは3D NANDを多値セルと組み合わせ，チップレベルのビット密度をさらに上昇させている．チップレベルビット密度が非常に増大したため，3D NANDでは相互配線がより短くなり，結果として従来の2D NANDよりも高速な動作を実現できている．

24層3D NAND MLCテクノロジーに基づく第一世代のSSDが2013年頃に導入された．本書執筆時点では，100層以上に積層された3D NANDを利用したSSDが市販されている．

ウエアレベリング (デバイス劣化の平準化) フラッシュメモリの特徴の一つが，メモリチップが複数の消去ブロックに分割されていることである．12.3.2.3 目で議論されているように，NAND フラッシュビットの代表的なエンデュランスはわずかに 1000〜10000 サイクルである．フラッシュメモリシステムが使用されているときには，書き込みが多くなされた消去ブロックの方が，より少ない書き込みしかなされていない消去ブロックよりも，適切に機能しないビットをより早期に有することになる傾向がある．フラッシュメモリコントローラは，しばしば**ウエアレベリング機能**を有するように設計される．これは，フラッシュメモリチップおよび/あるいはシステム全体にわたって書き込み/消去が均一に分布するように書き込みデータを配置することで，上述の問題に対処する機能である．このように，書き込みサイクルの集中による，ある消去ブロックの (ほかの消去ブロックと比較した際の) 早期からの誤作動が防止される．メモリコントローラは各消去ブロックの劣化とメモリチップおよび/あるいはシステムの複数個のセグメントにわたるデータの動きとを追跡している．ウエアレベリング機能を備えることで，SSD は実効的なエンデュランスとして 100,000 サイクルを実現することができているが，これは多くの産業用すなわち企業向け応用例にとって適切な値である．

12.3.3 NOR アレイ向けデバイス

12.3.2.2 目で議論され，図 12.24 に示されているように，NOR フラッシュアレイに使用されるメモリデバイスは，そのコントロールゲート，ソース，およびドレイン端子に電圧が印加された状態で動作させられる．プログラム (書き込み) は，ホットエレクトロン注入かファウラー–ノルドハイム・トンネリングによってなされる．長年にわたって数多くの NOR フラッシュデバイスが開発されてきている．NOR フラッシュはプログラムコードを実行するために十分なほど高速に読み出されることが可能であるため，しばしば “埋め込まれている”，すなわち CPU と SRAM と同一チップ上に集積されることが多い．より適したデバイス選択には，読み出しおよび書き込み速度，書き込み時の電力損失，CMOS ロジックプラットフォームとのスケーラビリティを含む CMOS ロジックプロセスとのコンパチビリティ，およびコストなどの数多くのファクタが含まれる．ここでは，いくつかのデバイスのみに焦点を当て，NOR アレイに適した不揮発性デバイスの基本的なデバイス物理と動作原理に注目する．

12.3.3.1 トンネリングを起こし易くしたフローティングゲートデバイス

フローティングゲート MOSFET の消去に必要な電圧を低減するため，設計者たちはしばしば，デバイスチャネルとフローティングゲート間あるいはフローティングゲートとコントロールゲート間で，電子がよりトンネリングしやすい絶縁膜を利用する．たとえば，シリコン含有量の多い酸化膜はトンネリング電流を増大させることが可能である (Hsu ら, 1992)．フローティングゲートからのトンネリングを増大させる別の技法では，フローティングゲートとソース拡散領域との間に拡張したオーバーラップ領域により薄い酸化膜が用いられる (Johnson ら，1980; Lai ら，1991)．図 12.27 は，このようなデバイスコンセプトの一つを示しており，書き込みの際にはドレイン領域近傍でのチャネルホットエレクトロン注入を利用し，消去時にはフローティングゲートからソース領域へ電子をトンネリングさせる．

12.3.3.2　ソース側注入を利用するデバイス

12.3.1.1 で示されているように，nMOSFET におけるチャネルホットエレクトロン注入は非常に不効率なプロセスであり，ゲート絶縁膜に実際に注入されるのはチャネル電流のごく一部である．この注入効率は，図 12.28 に示されているようなデバイス構造を用いることによって著しく改善される．図 12.28(a) の構造は，ソース端に側壁フローティングゲートを有している (Wu ら，1986)．このデバイスは，実質的には二つの MOSFET が直列接続されたものである．左側 (ソース側) のデバイスはフローティングゲートを有するがコントロールゲートは無く，右側 (ドレイン側) のデバイスはスタックゲート型デバイスである．側壁フローティングとコントロールゲートとの容量結合は弱い．コントロールゲートに正の電圧を印加すると，スタックゲート型デバイスには比較的強い表

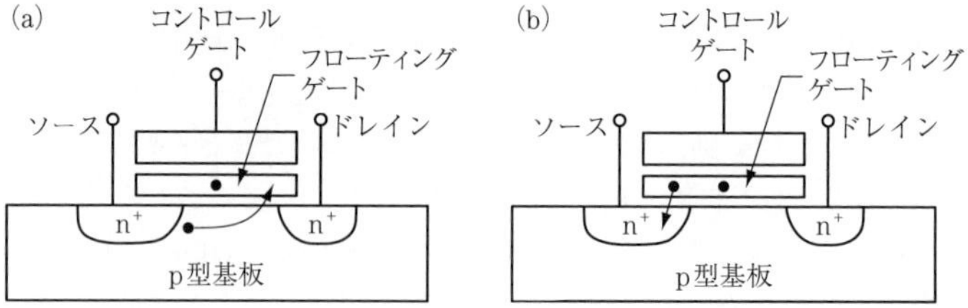

図 12.27　(a) チャネルホットエレクトロン注入によってプログラムし，(b) フローティングゲートからソースへの電子トンネリングによって消去するフローティングゲート不揮発性メモリデバイスを模式的に示す図

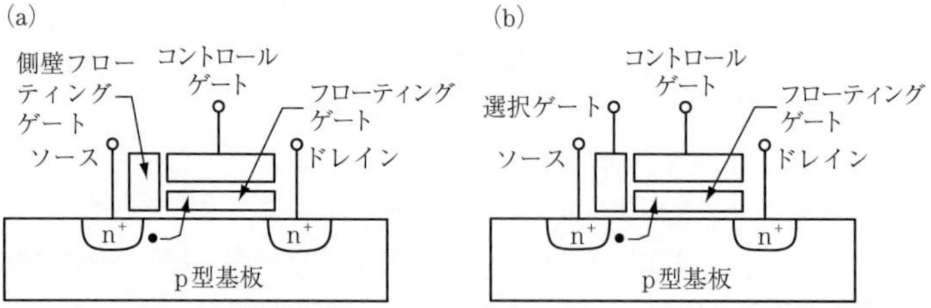

図 12.28　ソース側ホットエレクトロン注入を用いるフローティングゲートデバイスの模式図．(a) ソース端に第二のフローティングゲートを有するスタックゲート型デバイス．(b) ソース端に第二のゲート (選択ゲート) を有するスタックゲート型デバイス．

面反転が引き起こされるが，フローティングゲートデバイス側は比較的弱い表面反転状態にある．強反転しているため，スタックゲート型デバイスの表面チャネルは，フローティングゲートデバイスの拡張ドレインのように機能する．高いドレイン電圧が印加されると，シリコン基板内の最大電界はスタックゲート型デバイスのチャネル領域の側壁フローティングゲート近傍に位置する．それゆえ，側壁フローティングゲートデバイスがコントロールゲートとの容量結合によってオンになっているため，チャネルホットエレクトロンはスタックゲート型デバイスのソース端に注入される．図 12.28(b) に示されている構造では，左側の側壁ゲートがフローティングにされる代わりに第 2 のコントロールゲート (選択ゲート) を構成している (Naruke ら, 1989)．この側壁デバイスはスタックゲート型デバイスとは独立してオンオフすることが可能であり，このデバイスの動作に自由度を追加する．

ソース側注入デバイスにドレイン電圧が印加されている状態では，シリコンチャネル内の最大電界はコントロールゲート電圧とともに増大する．加えて，コントロールゲート電圧を増大させるにともなって，ホットエレクトロンをチャネルからフローティングゲートへ引き抜く電界も増大する．これは，12.3.1.1 目で議論されたドレイン側注入の場合 (ホットキャリア生成に用いられる最大チャネル電界がゲート電圧を上昇させると減少してしまう) と対照的である (図 6.31 参照)．ドレイン側でホットエレクトロン注入を行なう単純なスタックゲート型デバイスと比較して，ソース側注入デバイスはより高いホットエレクトロン注入効率を有している (Wu ら，1986; Naruke ら，1989).

12.3.3.3　分割ゲート型およびスタックゲート型デバイス

図 12.28(b) に示されているデバイスで選択ゲートとコントロールゲートとが (たとえば, それぞれを同一のポリシリコン層で形成するなどの方法によって) 電気的に接続されると, 図 12.29 に模式的に示されているような**スプリットゲート型 EEPROM** デバイスに

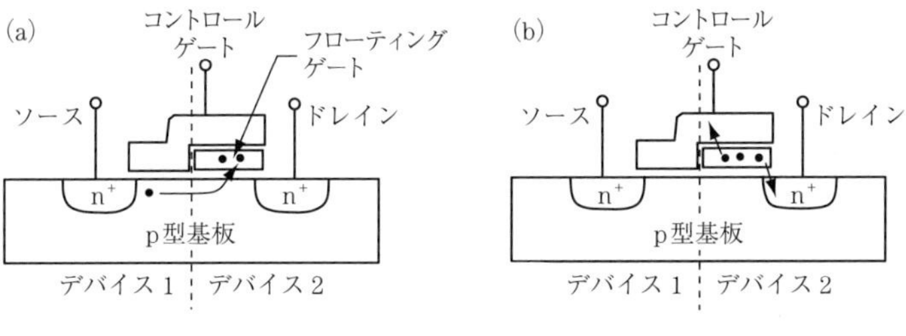

図 12.29　スプリットコントロールゲートを有するスタックゲート型不揮発性メモリデバイスの模式図．(a) チャネルホットエレクトロン注入による書き込み．(b) 消去は，フローティングゲートからドレイン領域あるいはコントロールゲートへ電子をトンネリングさせることによって実現される．

なる．このデバイスは通常の MOSFET(デバイス 1) とスタックゲート型 MOSFET(デバイス 2) とが直列接続されたものであり，ゲート電極を共有している．スプリットゲート型 EEPROM デバイスにはいくつかのバリエーションが報告されているが，それらはコントロールゲートとフローティングゲートとの間およびフローティングゲートとソース–ドレイン拡散層との間の相異なったオーバーラップ結合を有している．図 12.29 に示されているものと最も類似しているもの (Samachisa ら，1987) では，デバイス 1 のチャネル領域がデバイス 2 にとっての拡張ソースのように機能し，チャネルホットエレクトロンがドレイン領域近傍のフローティングゲートに注入される．消去は，電子をフローティングゲートからドレイン領域へトンネリングさせることによって実行される．別の構造では，フローティングゲートが意図的にドレイン拡散層と強く静電結合するようにされており，シリコン基板内の最大電界はフローティングゲートのソース端近傍に位置し，ソース側チャネルホットエレクトロン注入が実現される (Kianian ら, 1994)．さらに，コントロールゲートがフローティングゲートとオーバーラップする箇所のフローティングゲート端を局所的に電界を増大させるような形状に意図的に形成することにより，フローティングゲートからコントロールゲートへの電子トンネリングによる消去が実現される．

12.3.3.4　トンネリング注入を利用する MNOS デバイス

ゲート絶縁膜内の電荷蓄積に基づく最も単純な EEPROM デバイスは，プログラム (書き込み) と消去が窒化膜への電子および/あるいは正孔のトンネリングによって実現されるものである．文献では，このようなデバイスは MNOS (metal–nitride–oxide–semiconductor) デバイスとよばれている．書き込みの場合には, p 型チャネル MOSFET か n 型チャネル MOSFET かに依存して，電子あるいは正孔がデバイスチャネルから窒化膜に注入される．消去の場合には，蓄積された電荷が，シリコン基板かあるいはゲート電極へトンネリングによって流出させられる．電荷はデバイスチャネル上部のゲート絶縁膜に一様に注入されるため，表面電位への影響はチャネル領域全体にわたって一様である．MNOS デバイスの電子および正孔の輸送の詳細に関しては，文献を参照されたい (たとえば，Suzuki ら, 1989 およびその論文に記載の文献)．

12.3.3.5　チャネルホットエレクトロン注入を用いる MNOS デバイス

チャネルホットエレクトロンが MNOS デバイスをプログラムする (書き込む) ために用いられる場合には，蓄積される電荷はドレイン近傍に局在する (チャネルホットエレクトロン効果は 6.4.1 項で議論されている)．その様子が図 12.30(a) に示されている．シリコンの表面電位への蓄積電荷の影響も局在化している．このことは，MOSFET のソースおよびドレイン領域を非対称にする．この場合，そのしきい値電圧は測定の際のバイアス条件に依存する．高ドレイン電圧を有するノーマルモード，すなわち，書き込みの際と同一の条件では，蓄積電荷によるしきい値電圧への影響はほとんど無い．これは，ソース側の表面電位が $2\psi_B$ に到達した時点で MOSFET がしきい値に到達するからである [式 (5.24)]．しかしながら，MOSFET がソース–ドレインを反転させたモード，すなわち，蓄積電荷がソース側にある状態で測定されると，蓄積電荷はソースからの電子の流れを妨げる方向のポテンシャルを誘導し，しきい値電圧が明らかに正の方向にシフトする．この様子が図 12.30(b) に模式的に示されている (Abbas と Dockery，1975; Ning ら，1977b)．よって，デバイスが反転モードで読み出される場合には，メモリ効果は容易に認識される．このデバイスは，蓄積された電子を中性化するためにホットホールを注入するか，蓄積された電子をデバイスのチャネル領域あるいはドレイン領域にトンネリングさせるかのいずれかによって消去されうる (Chan ら，1987c)．

12.3.3.6 セル当たり 2 ビットをストアする MNOS デバイス

プログラムされていない MOSFET では，ソースおよびドレインは構造的に同一である．したがって，ソースとドレインとを反転させて MNOS デバイスを動作させることによって，窒化膜のソース近傍に電子を注入することも可能である．さらに，窒化膜の右端 (ドレイン側) および左端 (ソース側) の双方に電子を注入し，それぞれがデバイスチャネル端に一つずつ存在するような二つの局在電子分布を生成することも可能である．この様子が図 12.31(a) に示されている．当該二つの電荷分布があまりオーバーラップしない限り，これらの電荷分布は個別のものとみなすことが可能であり，メモリ情報の二つのビットを表現するものとして用いられることが可能である．このように，一つの MNOS デバイスに 2 メモリビットを実現することが可能である (Eitan ら，2000)．高

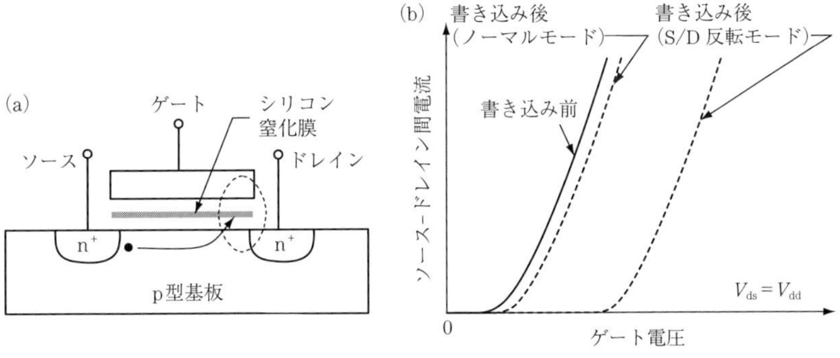

図 12.30 プログラム (書き込み) にチャネルホットエレクトロンを利用する MNOS メモリデバイス．(a) チャネルホットエレクトロン注入の後に電子がドレイン端近傍に蓄積されていることを模式的に示すデバイス断面図．(b) 3 つの状態，すなわち，書き込み前，書き込み後にノーマルモードで動作している場合，および書き込み後にソース–ドレイン反転モードで動作している場合，のそれぞれの状況での高 V_{ds} の場合の電流–電圧特性を模式的に示す図．

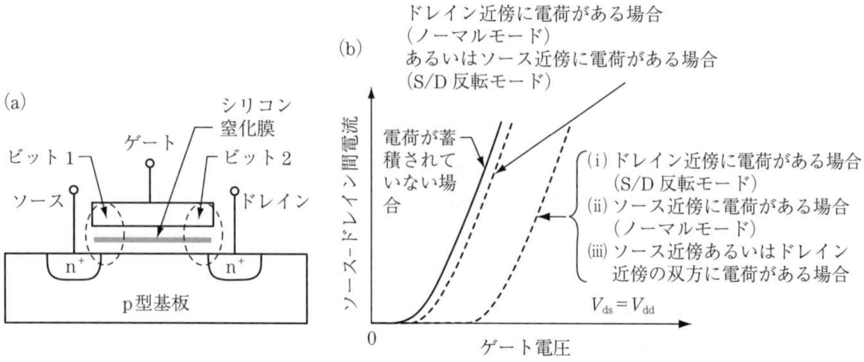

図 12.31　プログラム (書き込み) にチャネルホットエレクトロン注入を用いる MNOS メモリデバイス．(a) ドレイン端およびソース端の双方に電子が蓄積されている様子を示す模式的なデバイス断面図．(b) 高い V_{ds} で測定された場合に期待される電流電圧特性を模式的に示す図．

い V_{ds} 下で測定されることが期待される電流電圧特性が，図 12.31(b) に模式的に示されている．キーポイントは，高い V_{ds} で測定がなされる場合には，測定されるしきい値電圧は，その測定においてソースとして用いられる拡散領域の近傍のゲート絶縁膜内に蓄積された電荷量によって主として決定されるということである．高い V_{ds} では，測定の際にドレインとして用いられる拡散領域の近傍のゲート絶縁膜内に蓄積されている電荷は，測定されるデバイスしきい値電圧には相対的にはほとんど影響しない．

12.3.3.7　ほかの電荷蓄積材料を用いたデバイス

シリコン窒化膜以外の電荷蓄積媒体も探索されている．それらの中で最も興味深いものの一つが，ゲート絶縁膜内にシリコンのナノ結晶からなる薄い領域を埋め込む方法である (Tiwari ら, 1996)．電荷はナノ結晶に蓄積される．ナノ結晶は，ゲート絶縁膜に対する電子のトンネリングによる出入りを増大させる．これは，デバイス当たり 2 ビットという概念の実現にも用いられうる (Kim ら，2003)．電荷蓄積にナノ結晶を用いた不揮発性メモリ製品は未だ開発されていない．

文　　献

Abbas, S. A. (1974). Substrate current – a device and process monitor, *IEEE IEDM Technical Digest*, 404–407.

Abbas, S. A. and Dockerty, R. C. (1975). Hot-carrier instability in IGFETs, *Appl. Phys. Lett.* **27**, 147–148.

Andrews, J. M. (1974). The role of the metal–semiconductor interface in silicon integrated technology, *J. Vac. Sci. Technol.* **11**, 972–984.

Andrews, J. M. and Phillips, J. C. (1975). Chemical bonding and structure of metal–semiconductor interfaces, *Phys. Rev. Lett.* **35**, 56–59.

Ansley, W. E., Cressler, J. D., and Richey, D. M. (1998). Base-profile optimization for minimum noise figure in advanced UHV/CVD SiGe HBTs, *IEEE Trans. Microwave Theory and Techniques* **46**, 653–660.

Arnaud, F., Zuliani, P., Reynard, J. P., *et al.* (2018). Truly innovative 28 nm FDSOI technology for automotive micro-controller applications embedding 16 MB phase change memory, *IEEE IEDM Technical Digest*, 18.4.1–18.4.4.

Arora, N. (1993). *MOSFET Models for VLSI Circuit Simulation.* Wien: Springer-Verlag.

Arora, N. D. and Gildenblat, G. S. (1987). A semi-empirical model of the MOSFET inversion layer mobility for low-temperature operation, *IEEE Trans. Electron Devices* **ED-34**, 89–93.

Asbeck, P. M. and Nakamura, T. (2001). Bipolar transistor technology: Past and future directions, *IEEE Trans. Electron Devices* **48**, 2455–2456.

Ashburn, P. (1988). *Design and Realization of Bipolar Transistors.* Chichester: Wiley.

Aufinger, K., Knapp, H., Boguth, S., Gerasika, O., and Lachner, R. (2011). Integrated injection logic in a high-speed SiGe bipolar technology, Proc. Bipolar/BiCMOS Circuit & Technology Meeting, *IEEE*, 87–90.

Auth, C., Allen, C., Blattner, A., *et al.* (2012). A 22 nm high performance and low power CMOS technology featuring fully-depleted tri-gate transistors, self-aligned contacts, and high density MIM capacitors, Symp. VLSI Technology Digest of Tech. Papers, *IEEE*, 131–132.

Baccarani, G. and Sai-Halasz, G. A. (1983). Spreading resistance in submicron MOSFETs, *IEEE Electron Device Lett.* **EDL-4**, 27–29.

Baccarani, G. and Wordeman, M. R. (1983). Transconductance degradation in thin-oxide MOSFETs, *IEEE Trans. Electron Devices*, **ED-30**, 1295–1304.

Bakoglu, H. B. (1990). *Circuits, Interconnections, and Packaging for VLSI.* Reading, MA: Addison-Wesley.

Balk, P., Burkhardt, P. G., and Gregor, L. V. (1965). Orientation dependence of built-in surface charge on thermally oxidized silicon, *IEEE Proc.*, **53**, 2133.

Bao, R., Hung, S., Wang, M., *et al.* (2018). Novel materials and processes in replacement metal gate for advanced CMOS technology, *IEEE IEDM Technical Digest*, 11.4.1–11.4.4.

Bardeen, J. (1947). Surface states and rectification at a metal semiconductor contact, *Phys. Rev.* **71**, 717–727.

Berger, H. H. (1972). Models for contacts to planar devices, *Solid-State Electron.* **15**, 145–158.

Berger, H. H. and Wiedmann, S. K. (1974). Terminal-oriented model for merged transistor logic (MTL), *IEEE J. Solid-State Electronics* **SC-9**, 211–217.

Berger, H. H. and Wiedmann, S. K. (1976). Complementary transistor circuit for carrying out Boolean functions, U.S. Patent 3,956,641.

Berglund, C. N. and Powell, R. J. (1971). Photoinjection into SiO_2: Electron scattering in the image force potential well, *J. Appl. Phys.* **42**, 573–579.

Berry, C., Bell, B., Jatkowski, A., *et al.* (2020). IBM z15: A 12-core 5.2GHz microprocessor, *IEEE ISSCC Digest of Technical Papers*, 54–56.

Bhavnagarwala, A. J., Tang, X., and Meindl, J. D. (2001). The impact of intrinsic device fluctuations on CMOS SRAM cell stability, *IEEE J. Solid-State Circuits* **36**, 658–665.

Blakemore, J. S. (1982). Approximations for Fermi-Dirac integrals, especially the function $F_{1/2}(\eta)$ used to describe electron density in a semiconductor, *Solid-State Electronics* **25**, 1067–1076.

Blat, C. E., Nicollian, E. H., and Poindexter, E. H. (1991). Mechanism of negative-bias-temperature instability, *J. Appl. Phys.* **69**, 1712–1720.

Böck, J., Schafer, H., Knapp, H., *et al.* (2004). 3.3 ps SiGe bipolar technology, *IEEE IEDM Technical Digest*, 255–258.

Brews, J. R. (1978). A charge sheet model of the MOSFET, *Solid-State Electron.* **21**, 345–355.

Brews, J. R. (1979). Threshold shifts due to nonuniform doping profiles in surface channel MOSFETs, *IEEE Trans. Electron Devices* **ED-26**, 1696–1710.

Brown. K. H., Grose, D. A., Lange, R. C., Ning, T. H., and Totta, P. A. (1992). Advancing the state of the art in high-performance logic and array technology, *IBM J. Res. Dev.* **36**, 821–828.

Bulucea, C. D. (1968). Diffusion capacitance of p–n junctions and transistors, *Electron. Lett.* **4**, 559–561.

Burghartz, J. N., Bartek, M., Rajaei, B., *et al.* (2002). Substrate options and add-on process modules for monolithic RF silicon technology, Proc. Bipolar/BiCMOS Circuit & Technology Meeting, *IEEE*, 17–23.

Burns, J. R. (1964). Switching response of complementary-symmetry MOS transistor logic circuits, *RCA Review* **25**, 627.

Cai, J. and Ning, T. H. (2006). SiGe HBTs on CMOS-compatible SOI. In *Silicon Heterostructure Handbook*, ed. J. D. Cressler. New York: CRC Press, 233–247.

Cai, J., Ajmera, A., Ouyang, C., *et al.* (2002a). Fully-depleted-collector polysilicon-emitter SiGe-base vertical bipolar transistor on SOI, Symp. VLSI Technology Digest of Tech. Papers, *IEEE*, 172–173.

Cai, J., Taur, Y., Huang, S.-F., Frank, D. J., Kosonocky, S., and Dennard, R. H. (2002b). Supply voltage strategies for minimizing the power of CMOS processors, Symp. VLSI Technology Digest of Tech. Papers, *IEEE*, 102–103.

Cai, J., Kumar, M., Steigerwalt, M., *et al.* (2003). Vertical SiGe-base bipolar transistors on CMOS-compatible SOI substrate, Proc. Bipolar/BiCMOS Circuit & Technology Meeting, *IEEE*, 215–218.

Cai, J., Ning, T. H., D'Emic, C., *et al.* (2011). Complementary thin-base symmetric lateral bipolar transistor on SOI, *IEEE IEDM Technical Digest*, 386–389.

Cai, J., Ning, T. H., D'Emic C., *et al.* (2013). SOI lateral bipolar transistor with drive current > 3 mA/μm, *IEEE SOI-3D-Subthreshold Microelectronics Technology Unified Conference (S3S)*, 1–2.

Cai, J., Ning, T. H., D'Emic C., *et al.* (2014). On the device design and drive-current capability of SOI lateral bipolar transistors, *IEEE J. Electron Devices Soc.* **2**, 105–113.

Cai, Y., Sato, T., Orshansky, M., Sylvester, D., and Hu, C. (2000). New paradigm of predictive MOSFET and interconnect modeling for early circuit simulation, *Proc. Custom Integrated Circuit Conference (CICC)*, 201–204.

Caughey, D. M. and Thomas, R. E. (1967). Carrier mobilities in silicon empirically related to doping and field, *Proc. IEEE* **55**, 2192.

Celler, G. K. and Cristoloveanu, S. (2003). Frontiers of silicon-on-insulator, *J. Appl. Phys.* **93**, 4955–4978.

Chan, T. Y., Chen, J., Ko, P. K., and Hu, C. (1987a). The impact of gate-induced drain leakage current on MOSFET scaling, *IEEE IEDM Technical Digest*, 718–721.

Chan, T. Y., Wu, A. T., Ko, P. K., and Hu, C. (1987b). Effects of the gate-to-drain/source overlap on MOSFET characteristics, *IEEE Electron Device Lett.* **EDL-8**, 326–328.

Chan, T. Y., Young, K. K., and Hu, C. (1987c). A true single-transistor oxide-nitride-oxide EEPROM device, *IEEE Electron Device Lett.* **EDL-8**, 93–95.

Chang, C.-P., Vuang, H.-H., Baker, M. R., *et al.* (2000). SALVO process for sub-50 nm low V_T replacement gate CMOS with KrF lithography, *IEEE IEDM Technical Digest*, 53–56.

Chang, C. Y., Fang, Y. K., and Sze, S. M. (1971). Specific contact resistance of metal–semiconductor barriers, *Solid-State Electron.* **14**, 541–550.

Chang, L. L., Stiles, P. J., and Esaki, L. (1967). Electron tunneling between a metal and a semiconductor: Characteristics of Al–Al_2O_3–SnTe and –GeTe junctions, *J. Appl. Phys.* **38**, 4440–4445.

Chang, W.-H., Davari, B., Wordeman, M. R., *et al.* (1992). A high-performance 0.25-μm CMOS technology: I – Design and characterization, *IEEE Trans. Electron Devices* **39**, 959–966.

Chen, H.-P., Yuan, Y., Yu, B., *et al.* (2012). Interface-state modeling of Al_2O_3-InGaAs MOS from depletion to inversion, *IEEE Trans. Electron Devices* **59**, 2383–2389.

Chen, H.-P., Yuan, Y., Yu, B., *et al.* (2013). Re-examination of the extraction of MOS interface state density by C-V stretchout and conductance methods, *Semiconductor Science and Technology* **28**, 085008 (5 pp).

Chen, I. C., Holland, S., and Hu, C. (1986). Oxide breakdown dependence on thickness and hole current-enhanced reliability of ultra-thin oxides, *IEEE IEDM Technical Digest*, 660–663.

Cheng, K. and Khakifirooz, A. (2015). FDSOI technology and its implications to analog and digital design. In *Digitally-Assisted Analog and Analog-Assisted Dig-*

ital IC Design, ed. X. Jiang. Cambridge: Cambridge University Press, 56–97.

Chiu, T.-Y., Chin, G. M., Lau, M. Y., *et al.* (1987). A high speed super self-aligned bipolar-CMOS technology, *IEEE IEDM Technical Digest*, 24–27.

Chiu, T.-Y., Tien, P. K., Sung, J., and Liu, T.-Y. M. (1992). A new analytical model and the impact of base charge storage on base potential distribution, emitter current crowding and base resistance, *IEEE IEDM Technical Digest*, 573–576.

Cho, H.-J., Seo, K.-I., Jeong, W. C., *et al.* (2011). Bulk planar 20 nm high-k/metal gate CMOS technology platform for low power and high performance applications, *IEEE IEDM Technical Digest*, 350–353.

Chor, E. F., Ashburn, P., and Brunnschweiler, A. (1985). Emitter resistance of arsenic- and phosphorus-doped polysilicon emitter transistors, *IEEE Electron Device Lett.* **EDL-6**, 516–518.

Chor, E. F., Brunnschweiler, A., and Ashburn, P. (1988). A propagation-delay expression and its application to the optimization of polysilicon emitter ECL processes, *IEEE J. Solid-State Circuits* **23**, 251–259.

Chung, J. E., Jeng, M.-C., Moon, J. E., Ko, P.-K., and Hu, C. (1990). Low-voltage hot-electron currents and degradation in deep-submicrometer MOSFETs, *IEEE Trans. Electron Devices* **37**, 1651–1657.

Chynoweth, A. G. (1957). Ionization rates for electrons and holes in silicon, *Phys. Rev.* **109**, 1537–1540.

Chynoweth, A. G., Feldmann, W. L., Lee, C. A., Logan, R. A., and Pearson, G. L. (1960). Internal field emission at narrow silicon and germanium p–n junctions, *Phys. Rev.* **118**, 425–434.

Coen, R. W. and Muller, R. S. (1980). Velocity of surface carriers in inversion layers on silicon, *Solid-State Electron.* **23**, 35–40.

Cowley, A. M. and Sze, S. M. (1965). Surface states and barrier height of metal–semiconductor systems, *J. Appl. Phys.* **36**, 3212–3220.

Crabbé, E. F., Comfort, J. H., Lee, W., *et al.* (1992). 73-GHz self-aligned SiGe-base bipolar transistors with phosphorus-doped polysilicon emitters, *IEEE Electron Device Lett.* **13**, 259–261.

Crabbé, E. F., Meyerson, B. S., Stork, J. M. C., and Harame, D. L. (1993a). Vertical profile optimization of very high frequency epitaxial Si- and SiGe-base bipolar transistors, *IEEE IEDM Technical Digest*, 83–86.

Crabbé, E. F., Cressler, J. D., Patton, G. L., *et al.* (1993b). Current gain rolloff in graded-base SiGe heterojunction bipolar transistors, *IEEE Electron Device Lett.* **14**, 193–195.

Cressler, J. D., Comfort, J. H., Crabbé, E. F., *et al.* (1993a). On the profile design and optimization of epitaxial Si- and SiGe-base bipolar technology for 77K applications – Part I: Transistor dc design considerations, *IEEE Trans. Electron Devices* **40**, 525–541.

Cressler, J. D., Crabbé, E. F., Comfort, J. H., Stork, J. M. C., and Sun, J. Y.-C. (1993b). On the profile design and optimization of epitaxial Si- and SiGe-base bipolar technology for 77K applications – Part II: Circuit performance issues, *IEEE Trans. Electron Devices* **40**, 542–554.

Cristoloveanu, S., Athanasiou, S., Bawedin, M., and Galy, Ph. (2017). Evidence of super-coupling effect in ultrathin silicon layers using a four-gate MOSFET, *IEEE Electron Device Lett.*, **38**, 157–159.

Crowell, C. R. (1965). The Richardson constant for thermionic emission in Schottky barrier diodes, *Solid-State Electron.* **8**, 395–399.

Crowell, C. R. (1969). Richardson constant and tunneling effective mass for thermionic and thermionic-field emission in Schottky barrier diodes, *Solid-State Electron.* **12**, 55–59.

Crowell, C. R. and Rideout, V. L. (1969). Normalized thermionic-field (T-F) emission in metal–semiconductor (Schottky) barriers, *Solid-State Electron.* **12**, 89–105.

Crowell, C. R. and Sze, S. M. (1966a). Current transport in metal-semiconductor barriers, *Solid-State Electron.* **9**, 1035–1048.

Crowell, C. R. and Sze, S. M. (1966b). Temperature dependence of avalanche multiplication in semiconductors, *Appl. Phys. Lett.* **9**, 242–244.

Crupi, F., Ciofi, C., Germano, A., *et al.* (2002). On the role of interface states in low-voltage leakage currents of metal–oxide–semiconductor structures, *Appl. Phys. Lett.* **80**, 4597–4599.

de Graaff, H. C., Slotboom, J. W., and Schmitz, A. (1977). The emitter efficiency of bipolar transistors, *Solid-State Electron.* **20**, 515–521.

Deal, B. E., Sklar, M., Grove, A. S., and Snow, E. H. (1967). Characteristics of the surface-state charge of thermally oxidized silicon, *J. Electrochem. Soc.* **114**, 266–274.

Degraeve, R., Groeseneken, G., Bellens, R., Depas, M., and Maes, H. E. (1995). A consistent model for the thickness dependence of intrinsic breakdown in ultra-thin oxide, *IEEE IEDM Technical Digest*, 863–866.

Degraeve, R., Groeseneken, G., Bellens, R., *et al.* (1998). New insights in the relation between electron trap generation and the statistical properties of oxide breakdown, *IEEE Trans. Electron Devices* **43**, 904–911.

Deixler, P., Huizing, H. G. A., Donkers, J. J. T. M., *et al.* (2001). Explorations for high performance SiGe-heterojunction bipolar transistor integration, Proc. Bipolar/BiCMOS Circuit & Technology Meeting. *IEEE*, Minneapolis, MN, 30–33.

del Alamo, J., Swirhun, S., and Swanson, R. M. (1985a). Measuring and modeling minority carrier transport in heavily doped silicon, *Solid-State Electron.* **28**, 47–54.

del Alamo, J., Swirhun, S., and Swanson, R. M. (1985b). Simultaneous measurement of hole lifetime, hole mobility and band-gap narrowing in heavily doped n-type silicon, *IEEE IEDM Technical Digest*, 290–293.

Dennard, R. H. (1968). Field-effect transistor memory, U.S. Patent 3,387,286 issued June 4.

Dennard, R. H. (1984). Evolution of the MOSFET dynamic RAM – A personal view, *IEEE Trans. Electron Devices* **ED-31**, 1549–1555.

Dennard, R. H. (1986). Scaling limits of silicon VLSI technology. In *The Physics and Fabrication of Microstructures and Microdevices*, ed. M. J. Kelly and C. Weisbuch. Berlin: Springer-Verlag, 352–369.

Dennard, R. H., Gaensslen, F. H., Yu, H. N., *et al.* (1974). Design of ion-implanted MOSFETs with very small physical dimensions, *IEEE J. Solid-State Circuits* **SC-9**, 256–268.

Depas, M., Nigam, T., and Heyns, M. H. (1996). Soft breakdown of ultrathin gate oxide layers, *IEEE Trans. Electron Devices* **43**, 1499–1504.

DiMaria, D. J. (1987). Correlation of trap creation with electron heating in silicon dioxide, *Appl. Phys. Lett.* **51**, 655–657.

DiMaria, D. J. and Cartier, E. (1995). Mechanism for stress-induced leakage currents in thin silicon dioxide films, *J. Appl. Phys.* **78**, 3883–3894.

DiMaria, D. J. and Stathis, J. H. (1997). Explanation for the oxide thickness dependence of breakdown characteristics of metal-oxide semiconductor structures, *Appl. Phys. Lett.* **70**, 2708–2710.

DiMaria, D. J., Cartier, E., and Arnold, D. (1993). Impact ionization, trap creation, degradation, and breakdown in silicon dioxide films on silicon, *J. Appl. Phys.* **73**, 3367–3384.

DiStefano, T. H. and Shatzkes, M. (1974). Impact ionization model for dielectric instability and breakdown, *Appl. Phys. Lett.* **25**, 685–687.

Dubois, E., Bricout, P.-H., and Robilliart, E. (1994). Accuracy of series resistances extraction schemes for polysilicon bipolar transistors, Proc. Bipolar/BiCMOS Circuit & Technology Meeting, *IEEE*, 148–151.

Duvernay, J., Brossard, F., Borot, G., *et al.* (2007). Development of a self-aligned pnp HBT for a complementary thin-SOI SiGeC BiCMOS technology, Proc. Bipolar/BiCMOS Circuit & Technology Meeting, *IEEE*, pp. 34–37.

Dziewior, J. and Schmid, W. (1977). Auger coefficients for highly doped and highly excited silicon, *Appl. Phys. Lett.* **31**, 346–348.

Dziewior, J. and Silber, D. (1979). Minority-carrier diffusion coefficients in highly doped silicon, *Appl. Phys. Lett.* **35**, 170–172.

Early, J. M. (1952). Effects of space-charge layer widening in junction transistors, *Proc. IRE* **40**, 1401–1406.

Ebers, J. J. and Moll, J. L. (1954). Large-signal behavior of junction transistors, *Proc. IRE* **42**, 1761–1772.

Eichelberger, E. B. and Bello, S. E. (1991). Differential current switch – High performance at low power, *IBM J. Res. Develop.* **35**, 313–320.

Eitan, B., Pavan, P., Bloom, I., *et al.* (2000). NROM: A novel localized trapping, 2-bit nonvolatile memory cell, *IEEE Electron Device Lett.* **21**, 543–545.

EMIS Datareviews Series No. 4 (1988). *Properties of Silicon.* London: INSPEC, The Institute of Electrical Engineers.

Fair, R. B. and Wivell, H. W. (1976). Zener and avalanche breakdown in As-implanted low voltage Si n–p junctions, *IEEE Trans. Electron Devices* **ED-23**, 512–518.

Farber, A. S. and Schlig, E. S. (1972). A novel high-performance bipolar monolithic memory cell, *IEEE J. Solid-State Circuits* **SC-7**, 297–298.

Filensky, W. and Beneking, H. (1981). New technique for determination of static emitter and collector series resistances of bipolar transistors, *Electron. Lett.* **17**, 503–504.

Fischetti, M. V., Laux, S. E., and Crabbé, E. (1995). Understanding hot-electron transport in silicon devices: Is there a shortcut? *J. Appl. Phys.* **78**, 1058–1087.

Forbes, L. (1977). *Gold in Silicon: Characterisation and Infra-red Detector Applications.* Available from: https://link.springer.com/content/pdf/10.1007%2FBF03215429.pdf (last accessed June 14, 2021).

Frank, D. J., Laux, S. E., and Fischetti, M. V. (1992). Monte Carlo simulation of a 30 nm dual-gate MOSFET: how short can silicon go? *IEEE IEDM Technical Digest*, 553–556.

Frank, D. J., Taur, Y. and Wong, H.-S. (1998). Generalized scale length for two-dimensional effects in MOSFETs, *IEEE Electron Device Lett.* **19**, 385–387.

Frank, D. J., Taur, Y., Ieong, M., and Wong, H.-S. P. (1999). Monte Carlo modeling of threshold variation due to dopant fluctuations, Symp. VLSI Technology Digest of Tech. Papers, *IEEE*, 171–172.

Frank, D. J., Dennard, R. H., Nowak, E., *et al.* (2001). Device scaling limits of Si MOSFETs and their application dependencies, *IEEE Proc.* **89**, 259–288.

Freeman, G., Chang, P., Engbrecht, E. R., *et al.* (2015). Performance-optimized gate-first 22-nm SOI technology with embedded DRAM, *IBM J. Res. Develop.* **59**(1), 5:1–5:14.

Frohman-Bentchkowsky, D. (1971). A fully decoded 2048-bit electrically programmable FAMOS read-only memory, *IEEE J. Solid-State Circuits* **SC-6**, 301–306.

Fukuzumi, Y., Matsuoka, Y., Kito, M., *et al.* (2007). Optimal integration and characteristics of vertical array devices for ultra-high density, bit-cost scalable flash memory, *IEEE IEDM Technical Digest*, 449–452.

Gannavaram, S., Pesovic, N., and Ozturk, C. (2000). Low temperature ($\leq$ 800°C) recessed junction selective silicon-germanium source/drain technology for sub-70 nm CMOS, *IEEE IEDM Technical Digest*, 437–440.

Ghandhi, S. K. (1968). *The Theory and Practice of Microelectronics.* New York: Wiley.

Gildenblat, G., Li, X., Wu, W., *et al.* (2006). PSP: An advanced surface-potential-based MOSFET model for circuit simulation, *IEEE Trans. Electron Devices* **ED-53**, 1979–1993.

Golonzka, O., Alzate, J.-G., Arslan, U., *et al.* (2018). MRAM as embedded non-volatile memory solution for 22FFL FinFET technology, *IEEE IEDM Technical Digest*, 18.1.1–18.1.4.

Good, R. H. Jr. and Müller, E. W. (1956). Field emission. In *Handbuck der Physik*, vol. XXI, ed. S. Flugge. Berlin: Springer-Verlag, 176–231.

Grant, W. H. (1973). Electron and hole ionization rates in epitaxial silicon at high electric fields, *Solid-State Electron.* **16**, 1189–1203.

Gray, P. E., DeWitt, D., Boothroyd, A. R., and Gibbons, J. F. (1964). *Physical Electronics and Circuit Models of Transistors*, vol. 2, Semiconductor Electronics Education Committee. New York: Wiley.

Green, M. A. (1990). Intrinsic concentration, effective densities of states, and effective mass in silicon, *J. Appl. Phys.* **67**, 2944–2954.

Grove, A. S. (1967). *Physics and Technology of Semiconductor Devices.* New York: Wiley.

Grove, A. S. and Fitzgerald, D. J. (1966). Surface effects on p–n junctions – Characteristics of surface space-charge regions under non-equilibrium conditions, *Solid-State Electron.* **9**, 783–806.

Gummel, H. K. (1961). Measurement of the number of impurities in the base layer of a transistor, *Proc. IRE* **49**, 834.

Gummel, H. K. (1967). Hole-electron product of p–n junctions, *Solid-State Electron.* **10**, 209–212.

Hall, R. N. (1952). Electron–hole recombination in germanium, *Phys. Rev.* **87**, 387.

Harame, D. L., Comfort, J. H., Cressler, J. D., *et al.* (1995a). Si/SiGe epitaxial-base transistors – Part I: Materials, physics, and circuits, *IEEE Trans. Electron Devices* **42**, 455–468.

Harame, D. L., Comfort, J. H., Cressler, J. D., *et al.* (1995b). Si/SiGe epitaxial-base transistors – Part II: Process integration and analog applications, *IEEE Trans.*

Electron Devices **42**, 469–482.

Harari, E. (1978). Dielectric breakdown in electrically stressed thin films of thermal SiO_2, *J. Appl. Phys.* **49**, 2478–2489.

Hart, K. and Slob, A. (1972). Integrated injection logic: A new approach to LSI, *IEEE J. Solid-State Circuits* **7**, 346–351.

Hashemi, P., Yau, J.-B., Chan, K. K., Ning, T. H., and Shahidi, G. G. (2017). First demonstration of symmetric lateral npn transistors on SOI featuring epitaxially-grown emitter/collector regions, *IEEE SOI-3D-Subthreshold Microelectronics Technology Unified Conference (S3S)*, 1–2.

Hashemi, P., Yau, J.-B., Chan, K. K., Ning, T. H., and Shahidi, G. G. (2018). Demonstration of symmetric lateral npn transistors on SOI featuring epitaxially grown emitter/collector regions, *IEEE J. Electron Devices Soc.* **6**, 537–542.

Hauser, J. R. (1964). The effects of distributed base potential on emitter current injection density and effective base resistance for stripe transistor geometries, *IEEE Trans. Electron Devices* **ED-11**, 238–242.

Hauser, J. R. (1968). Bipolar transistors. In *Fundamentals of Silicon Integrated Device Technology*, vol. II, ed. R. M. Burger and R. P. Donovan. Englewood Cliffs: Prentice-Hall.

Hedenstierna, N. and Jeppson, K. O. (1987). CMOS circuit speed and buffer optimization, *IEEE Trans. Computer-Aided Design*, **CAD-6**, 270.

Heine, V. (1965). Theory of surface states, *Phys. Rev.* **138**, A1689–A1696.

Henisch, H. K. (1984). *Semiconductor Contacts.* Oxford: Clarendon Press.

Hill, C. F. (1968). Noise margin and noise immunity in logic circuits, *Microelectronics*, 16–21.

Hisamoto, D., Lee, W.-C., Kedzierski, J., *et al.* (2000). FinFET – A self-aligned double-gate MOSFET scalable to 20 nm, *IEEE Trans. Electron Devices* **47**, 2320–2325.

Hobart, K. D., Kub, F. J., Papanicoloau, N. A., Kruppa, W., and Thompson, P. E. (1995). $Si/Si_{1-x}Ge_x$ heterojunction bipolar transistors for microwave power applications, *J. Crystal Growth* **157**, 215–220.

Hodges, D. A., ed. (1972). *Semiconductor Memories.* New York: IEEE Press.

Hong, D. C. and Taur, Y. (2021). An above threshold model for short channel DG MOSFETs, *IEEE Trans. Electron Devices* **ED-68**, 3734–3739.

Hsu, C. C.-H. and Ning, T. H. (1991). Voltage and temperature dependence of interface trap generation by hot electrons in p- and n-poly gated MOSFETs, Symp. VLSI Technology Digest of Tech. Papers, *IEEE*, 17–18.

Hsu, C. C.-H., Acovic, A., Dori, L., *et al.* (1992). A high-speed low-power p-channel flash EEPROM using silicon-rich oxide as tunneling dielectric, *Int. Conf. Solid-State Devices and Materials, Extended Abstract*, 140–142.

Hu, C., ed. (1991). *Nonvolatile Semiconductor Memories Technologies, Design, and Applications.* New York: IEEE Press.

Hu, C., Tam, S. C., Hsu, F.-C., *et al.* (1985). Hot-electron-induced MOSFET degradation – Model, monitor, and improvement, *IEEE Trans. Electron Devices* **32**, 375–385.

Hu, Q., Chen, X., Norstrom, H., *et al.* (2018). Current gain and low-frequency noise of symmetric lateral bipolar junction transistors on SOI, *Proc. European Solid-State Device Research Conf. (ESSDERC)*, 258–261.

Hu, S. M. and Schmidt, S. (1968). Interactions in sequential diffusion processes in semiconductors, *J. Appl. Phys.* **39**, 4272–4283.

Hui, J., Wong, S., and Moll, J. (1985). Specific contact resistivity of $TiSi_2$ to p^+ and n^+ junctions, *IEEE Electron Device Lett.* **EDL-6**, 479–481.

Huizing, H. G. A., Klootwijk, J. H., Aksen, E., and Slotboom, J. W. (2001). Base current tuning in SiGe HBT's by SiGe in the emitter, *IEEE IEDM Technical Digest*, 899–902.

Hurkx, G. A. M. (1994). Bipolar transistor physics. In *Bipolar and Bipolar-MOS Integration*, ed. P. A. H. Hart. Amsterdam: Elsevier, 73–175.

Hurkx, G. A. M. (1996). The relevance of fT and fmax for the speed of a bipolar CE amplifier stage, Proc. Bipolar/BiCMOS Circuit & Technology Meeting, *IEEE*, 53–56.

Iinuma, T., Itoh, N., Nakajima, H., *et al.* (1995). Sub-20 ps high-speed ECL bipolar transistor with low parasitic architecture, *IEEE Trans. Electron Devices* **42**, 399–405.

Im, H.-J., Ding, Y., and Pelz, J. P. (2001). Nanometer-scale test of the Tung model of Schottky-barrier height inhomogeneity, *Phys. Rev. B* **64**, 0753101–0753109.

Irvin, J. C. and Vanderwal, N. C. (1969). Schottky barrier devices. In *Microwave Semiconductor Devices and Their Circuit Applications*, ed. H. A. Watson. New York: McGraw-Hill, 349–369.

Ishiduki, M., Fukuzumi, Y., Katsumata, R., *et al.* (2009). Optimal device structure for pipe-shaped BiCS flash memory for ultra high density storage device with excellent performance and reliability, *IEEE IEDM Technical Digest*, 625–628.

Itoh, K. (2001). *VLSI Memory Chip Design.* Berlin: Springer.

Itoh, Y., Momodomi, M., Shirota, R., *et al.* (1989). An experimental 4Mb CMOS EEPROM with a NAND structured cell, *IEEE ISSCC Digest of Tcchnical Papers*, 134–135.

Iyer, S. S., Patton, G. L., Delage, S. S., Tiwari, S., and Stork, J. M. C. (1987). Silicon-Germanium base heterojunction bipolar transistors by molecular beam epitaxy, *IEEE IEDM Technical Digest*, 874–876.

Jan, C.-H., Al-amoody, F., Chang, H.-Y., *et al.* (2015). A 14 nm SoC platform technology featuring 2nd generation tri-gate transistors, 70 nm gate pitch, 52 nm metal pitch, and 0.0499 μm2 SRAM cells, optimized for low power, high performance and high density SoC products, Symp. VLSI Technology Digest of Tech. Papers, *IEEE*, T12–T13.

Jeppson, K. O. and Svensson, C. M. (1977). Negative bias stress of MOS devices at high electric fields and degradation of MNOS devices, *J. Appl. Phys.* **48**, 2004–2014.

Jiménez, D., Iñiguez, B., Suñé, J., Marsal, L. F., Pallarès, J., Roig, J. and Flores, D. (2004). Continuous analytic I–V model for surrounding-gate MOSFETs, *IEEE Electron Device Lett.* **25**, 571–573.

Jin, Y., Shihab, M., and Jung, M. (2014). Area, power, and latency considerations of STT-MRAM to substitute for main memory, in *The Memory Forum*, a workshop in conjunction with ISCA 2014, June 14, 2014, Minneapolis, MN. Available from www.cs.utah.edu/thememoryforum/jin.pdf (last accessed June 14, 2021).

Joardar, K., Gullapalli, K. K., McAndrew, C. C., Burnham, M. E., and Wild, A. (1998). An improved MOSFET model for circuit simulation, *IEEE Trans. Electron Devices* **45**, 134–148.

Johnson W., Perlegos, G., Renninger, A., Kuhn, G., and Ranganath, T. (1980). A

16Kb electrically erasable nonvolatile memory, *IEEE ISSCC Digest of Technical Papers*, 152–153.

Jund, C. and Poirier, R. (1966). Carrier concentration and minority carrier lifetime measurement in semiconductor epitaxial layers by the MOS capacitance method, *Solid-State Electron.* **9**, 315–318.

Kaczer, B., Degraeve, R., Groeseneken, G., *et al.* (2000). Impact of MOSFET oxide breakdown on digital circuit operation and reliability, *IEEE IEDM Technical Digest*, 553–556.

Kahng, D. and Atalla, M. M. (1960). Silicon dioxide field surface devices, *Presented at IEEE Device Research Conference*, Pittsburgh.

Kane, E. O. (1961). Theory of tunneling, *J. Appl. Phys.* **32**, 83–91.

Kapoor, A. K. and Roulston, D. J., eds. (1989). *Polysilicon Emitter Bipolar Transistors.* New York: IEEE Press.

Kay, L. E. and Tang, T.-W. (1991). Monte Carlo calculation of strained and unstrained electron mobilities in $Si_{1-x}Ge_x$ using an improved ionized-impurity model, *J. Appl. Phys.* **70**, 1483–1488.

Kerwin, R. E., Klein, D. L., and Sarace, J. C. (1969). Method for making MIS structures, U.S. Patent 3,475,234 issued October 28.

Khakifirooz, A., Cheng, K., Reznicek, A., *et al.* (2012) Scalability of extremely thin SOI (ETSOI) MOSFETs to sub-20 nm gate length, *IEEE Electron Device Lett.*, **33**, 149–151.

Kianian, S., Levi, A., Lee, D., and Hu, Y.-W. (1994). A novel 3 volts-only, small sector erase, high density flash E2PROM, Symp. VLSI Technology Digest of Tech. Papers, *IEEE*, 71–72.

Kim, I.-G., Yanagidarira, K., and Hiramoto, T. (2003). Integration of fluorinated nano-crystal memory cells with $4.6F^2$ size by landing plug polysilicon contact and direct-tungsten bitline, *IEEE IEDM Technical Digest*, 605–608.

Kim, K. (2008). Future memory technology: challenges and opportunities, *Proc. Symp. on VLSI Technology, Systems, and Applications*, 5–9.

Kim, W., Choi, S., Sung, J., *et al.* (2009). Multi-layered vertical gate NAND flash overcoming stacking limit for terabit density storage, Symp. VLSI Technology Digest of Tech. Papers, *IEEE*, 188–189.

Kircher, C. J. (1975). Comparison of leakage currents in ion-implanted and diffused p–n junctions, *J. Appl. Phys.* **46**, 2167–2173.

Kirk Jr., C. T. (1962). A theory of transistor cutoff frequency (f_T) falloff at high current densities, *IEEE Trans. Electron Devices* **ED-9**, 164–174.

Kittel, C. (1976). *Introduction to Solid State Physics.* New York: Wiley.

Klaassen, D. B. M. (1990). A unified mobility model for device simulation, *IEEE IEDM Technical Digest*, 357–360.

Klaassen, D. B. M., Slotboom, J. W., and de Graaff, H. C. (1992). Unified apparent bandgap narrowing in n- and p-type silicon, *Solid-State Electron.* **35**, 125–129.

Ko, P. K., Muller, R. S., and Hu, C. (1981). A unified model for hot-electron currents in MOSFETs, *IEEE IEDM Technical Digest*, 600–603.

Kolhatkar, J. S. and Dutta, A. K. (2000). A new substrate current model for submicron MOSFET's, *IEEE Trans. Electron Devices* **47**, 861–863.

Kondo, M., Kobayashi, T., and Tamaki, Y. (1995). Hetero-emitter-like characteristics of phosphorus doped polysilicon emitter transistors – Part I: Band structure in the polysilicon emitter obtained from electrical measurements, *IEEE Trans.*

Electron Devices **42**, 419–426.

Kondo, M., Shimamoto, H., and Washio, K. (2001). Variation in emitter diffusion depth by $TiSi_2$ formation on polysilicon emitters of Si bipolar transistors, *IEEE Trans. Electron Devices* **48**, 2108–2117.

Koo, K.-H. and Saraswat, K. C. (2011). Study of performances of low-k Cu, CNTs, and optical interconnects. In *Nanoelectronic Circuit Design*, ed. N. K. Jha and D. Chen. New York: Springer, 377–408.

Koyanagi, M., Sunami, H., Hashimoto, N., and Ashikawa, M. (1978). Novel high density stacked capacitor MOS RAM, *IEEE IEDM Technical Digest*, 348–351.

Kroemer, H. (1957). Theory of a wide-gap emitter for transistors, *Proc. IRE* **45**, 1535–1537.

Kroemer, H. (1985). Two integral relations pertaining to the electron transport through a bipolar transistor with a non-uniform energy gap in the base region, *Solid-State Electron.* **28**, 1101–1103.

Kuhn, K. J. (2012). Considerations for ultimate CMOS scaling, *IEEE Trans. Electron Devices*, **59**, 1813–1828.

Kuhn, K. J., Avci, U., Cappellani, A., *et al.* (2012). The ultimate CMOS device and beyond, *IEEE IEDM Technical Digest*, 171–174.

Kunz, V. D., de Groot, C. H., Hall, S., *et al.* (2002). Application of polycrystalline SiGe for gain control in SiGe HBTs, *Proc. European Solid-State Device Research Conf. (ESSDERC)*, 171–174.

Kunz, V. D., de Groot, C. H., Hall, S., and Ashburn, P. (2003). Polycrystalline silicon–germanium emitters for gain control, with application to SiGe HBTs, *IEEE Trans. Electron Devices* **50**, 1480–1486.

Kyung, M. (2005). Charge sheet models for MOSFET current: Examining their deviations from the Pao–Sah integral. Master thesis, Dept. Electrical and Computer Engineering, University of California, San Diego.

La Rosa, G., Guarin, F., Rauch, S., *et al.* (1997). NBTI-channel hot carrier effects in pMOSFETs in advanced CMOS technologies, *Proc. IEEE Int. Reliability Phys. Symp.*, 282–286.

Lai, S., Mielke, N., Atwood, G., *et al.* (1991). Highly reliable E2PROM cell fabricated with ETOX flash process, Symp. VLSI Technology Digest of Tech. Papers, *IEEE*, 59–60.

Lanzerotti, L. D., Sturm, J. C., Stach, E., *et al.* (1996). Suppression of boron out diffusion in SiGe HBTs by carbon incorporation, *IEEE IEDM Technical Digest*, 249–252.

Laux, S. E. and Fischetti, M. V. (1988). Monte-Carlo simulation of submicrometer Si n-MOSFET's at 77 and 300 K, *IEEE Electron Device Lett.* **EDL-9**, 467–469.

Lee, J.-H., Kang, W.-G., Lyu, J.-S., and Lee, J. D. (1996). Modeling of the critical current density of bipolar transistor with retrograde collector doping profile, *IEEE Electron Device Lett.* **17**, 109–111.

Lee, S., Johnson, J., Greene, B., *et al.* (2012). Advanced modeling and optimization of high performance 32 nm HKMG SOI CMOS for RF/analog SoC applications, Symp. VLSI Technology Digest of Tech. Papers, *IEEE*, 135–136.

Lenzlinger, M. and Snow, E. H. (1969). Fowler–Nordheim tunneling into thermally grown SiO_2, *J. Appl. Phys.* **40**, 278–283.

LeRoy, M. R., Raman, S., Chu, M., *et al.* (2015). High-speed reconfigurable circuits for multirate systems in SiGe HBT technology, *Proc. IEEE*, **103**, 1181–1196.

LeVeque, R. J. (2007). *Finite Difference Methods for Ordinary and Partial Differential Equations.* Philadelphia: Society for Industrial and Applied Mathematics (SIAM).

Li, G. P., Chuang, C. T., Chen, T. C., and Ning, T. H. (1987). On the narrow-emitter effect of advanced shallow-profile bipolar transistors, *IEEE Trans. Electron Devices* **35**, 1942–1950.

Li, G. P., Hackbarth, E., and Chen, T.-C. (1988). Identification and implication of a perimeter tunneling current component in advanced self-aligned bipolar transistors, *IEEE Trans. Electron Devices* **ED-35**, 89–95.

Li, M. F., He, Y. D., Ma, S. G., *et al.* (1999). Role of hole fluence in gate oxide breakdown, *IEEE Electron Devices Lett.* **20**, 586–588.

Liang, X. and Taur, Y. (2004). A 2-D analytical solution for SCEs in DG MOSFETs, *IEEE Trans. Electron Devices* **ED-51**, 1385–1391.

Liboff, R. L. (2003). *Introductory Quantum Mechanics*, 4th ed. San Francisco: Addison-Wesley.

Lim, H.-K., and Fossum, J. G. (1983). Threshold voltage of thin-film silicon-on-insulator (SOI) MOSFETs, *IEEE Trans. Electron Devices* **ED-30**, 1244–1251.

Lin, B.-J. (2004). Immersion lithography and its impact on semiconductor manufacturing, in *Proc. SPIE 5377, Optical Microlithography XVII*, May 28, 2004.

Lin, H.-H. and Taur, Y. (2017). Effect of source-drain doping on subthreshold characteristics of short-channel DG MOSFETs, *IEEE Trans. Electron Devices* **ED-64**, 4856–4860.

Linder, B. P., Frank, D. J., Stathis, J. H., and Cohen, S. A. (2001). Transistor-limited constant voltage stress of gate dielectrics, Symp. VLSI Technology Digest of Tech. Papers, *IEEE*, 93–94.

Linder, B. P., Lombardo, S., Stathis, J. H., Vayshenker, A., and Frank, D. J. (2002). Voltage dependence of hard breakdown growth and the reliability implication in thin dielectrics, *IEEE Electron Device Lett.* **23**, 661–663.

Lindmayer, J. and Wrigley, C. Y. (1965). *Fundamentals of Semiconductor Devices.* New York: Van Norstrand Reinhold.

Liu, M., Cai, M., and Taur, Y. (2006). Scaling limit of CMOS supply voltage from noise margin considerations, *Proc. 2006 International Conference on Simulation of Semiconductor Process and Devices (SISPAD)*, 287–289.

Lo, S.-H., Buchanan, D. A., and Taur, Y. (1999). Modeling and characterization of quantization, polysilicon depletion, and direct tunneling effects in MOSFETs with ultrathin oxides. *IBM J. Res. Develop.* **43**, 327–337.

Lo, S.-H., Buchanan, D. A., Taur, Y., and Wang, W. (1997). Quantum-mechanical modeling of electron tunneling current from the inversion layer of ultra-thin-oxide nMOSFET's, *IEEE Electron Device Lett.* **18**, 209–211.

Lochtefeld, A. and Antoniadis, D. A. (2001). On experimental determination of carrier velocity in deeply scaled NMOS: how close to the thermal limit?, *IEEE Electron Device Lett.* **22**, 95–97.

Lohstroh, J., Seevinck, E., and de Groot, J. (1983). Worst-case static noise margin criteria for logic circuits and their mathematical equivalence, *IEEE J. Solid-State Circuits* **SC-18**, 803–807.

Lombardo, S., Stathis, J. H., and Linder, B. P. (2003). Breakdown transient in ultrathin gate oxides: transition in the degradation rate, *Phys. Rev. Lett.* **90**, 1676011–1676014.

Lu, N., Cottrell, P., Craig, W., *et al.* (1985). The SPT cell – A new substrate-plate trench cell for DRAMs, *IEEE IEDM Technical Digest*, 771–772.

Lu, N. C. C., Cottrell, P. E., Craig, W. J., *et al.* (1986). A substrate-plate trench-capacitor (SPT) memory cell for dynamic RAM's, *IEEE J. Solid-State Circuits* **SC-21**, 627–734.

Lu, P.-F., and Chen, T.-C. (1989). Collector-base junction avalanche effects in advanced double-poly self-aligned bipolar transistors, *IEEE Trans. Electron Devices* **ED-36**, 1182–1188.

Lu, P.-F., Li, G. P., and Tang, D. D. (1987). Lateral encroachment of extrinsic base dopant in submicron bipolar transistors, *IEEE Electron Device Lett.* **8**, 496–498.

Lu, W.-Y. and Taur, Y. (2006). On the scaling limit of ultrathin SOI MOSFETs, *IEEE Trans. Electron Devices* **ED-53**, 1137–1141.

Lundstrom, M. (1997). Elementary scattering theory of the Si MOSFET, *IEEE Electron Device Lett.* **18**, 361–363.

Lundstrom, M. and Jeong, C. (2013). *Near-Equilibrium Transport: Fundamentals and Applications.* Singapore: World Scientific.

Lynes, D. J. and Hodges, D. A. (1970). Memory using diode-coupled bipolar transistor cells, *IEEE J. Solid-State Circuits* **SC-5**, 186–191.

Manku, T. and Nathan, A. (1992). Electron drift mobility model for devices based on unstrained and coherently strained $Si_{1-x}Ge_x$ grown on ⟨001⟩ silicon substrate, *IEEE Trans. Electron Devices* **39**, 2082–2089.

Many, A., Goldstein, Y., and Grover, N. B. (1965). *Semiconductor Surfaces.* New York: John Wiley & Sons.

Martinet, B., Romagna, F., Kermarrec, O., *et al.* (2002). An investigation of the static and dynamic characteristics of high speed SiGe:C HBTs using a poly-SiGe emitter, Proc. Bipolar/BiCMOS Circuit & Technology Meeting, *IEEE*, 147–150.

Masuoka, F., Asano, M., Iwahashi, H., Komuro, T., and Tanaka, S. (1984). A new flash E^2 PROM cell using triple polysilicon technology, *IEEE IEDM Technical Digest*, 464–467.

Masuoka, F., Momodomi, M., Iwata, Y., and Shirota, R. (1987). New ultra high density EPROM and flash EEPROM with NAND structure cell, *IEEE IEDM Technical Digest*, 552–555.

Mayumi, H., Nokubo, J., Okada, K., and Shiba, H. (1974). A 25-ns read access bipolar 1-kbit TTL RAM, *IEEE J. Solid-State Circuits* **SC-9**, 283–284.

Mazhari, B., Cristoloveanu, S., Ioannou, D. E., and Caviglia, A. L. (1991). Properties of ultra-thin wafer-bonded silicon on insulator MOSFETs, *IEEE Trans. Electron Devices* **38**, 1289–1295.

Mead, C. A. and Spitzer, W. G. (1964). Fermi level position at metal–semiconductor interfaces, *Phys. Rev.* **134**, A713–A716.

Meyer, C. S., Lynn, D. K., and Hamilton, D. J. (eds.) (1968). *Analysis and Design of Integrated Circuits.* New York: McGraw-Hill.

Meyer, R. G. and Muller, R. S. (1987). Charge-control analysis of the collector–base space-charge-region contribution to bipolar-transistor time constant τ_T, *IEEE Trans. Electron Devices* **ED-34**, 450–452.

Mii, Y., Wind, S., Taur, Y., *et al.* (1994). An ultra-low power 0.1 μm CMOS, Symp. VLSI Technology Digest of Tech. Papers, *IEEE*, pp. 9–10.

Miller, S. L. (1955). Avalanche breakdown in Germanium, *Phys. Rev.* **99**, 1234–1241.

Mizuno, T., Okamura, J., and Toriumi, A. (1994). Experimental study of threshold voltage fluctuation due to statistical variation of channel dopant number in MOSFET's, *IEEE Trans. Electron Devices* **41**, 2216–2221.

Moll, J. L. (1964). *Physics of Semiconductors.* New York: McGraw-Hill.

Moll, J. L. and Ross, I. M. (1956). The dependence of transistor parameters on base resistivity, *Proc. IRE* **44**, 72–78.

Muller, R. S. and Kamins, T. I. (1977). *Device Electronics for Integrated Circuits.* New York: Wiley.

Na, M. H., Nowak, E. J., Haensch, W., and Cai, J. (2002). The effective drive current in CMOS inverters, *IEEE IEDM Technical Digest*, 121–124.

Nakamura, T. and Nishizawa, H. (1995). Recent progress in bipolar transistor technology, *IEEE Trans. Electron Devices* **ED-42**, 390–398.

Nanba, M., Uchino, T., Kondo, M., *et al.* (1993). A 64-GHz f_T and 3.6-V BV_{CEO} Si bipolar transistor using *in situ* phosphorus-doped and large-grained polysilicon emitter contacts, *IEEE Trans. Electron Devices* **ED-40**, 1563–1565.

Naruke, K., Yamada, S., Obi, E., Taguchi, S., and Wada, M. (1989). A new flash-erase EEPROM cell with a sidewall select-gate on its source side, *IEEE IEDM Technical Digest*, 603–606.

Natori, K. (1994). Ballistic metal-oxide-semiconductor field effect transistor, *J. Appl. Phys.* **76**, 4879–4890.

Ng, K. K. and Lynch, W. T. (1986). Analysis of the gate-voltage dependent series resistance of MOSFETs, *IEEE Trans. Electron Devices* **ED-33**, 965–972.

Nguyen, T. N. (1984). Small-geometry MOS transistors: physics and modeling of surface- and buried-channel MOSFETs. Unpublished PhD thesis, Stanford University.

Nicollian, E. H. and Brews, J. R. (1982). *MOS Physics and Technology.* New York: Wiley.

Ning, T. H. (2003). Polysilicon-emitter SiGe-base bipolar transistors – What happens when Ge gets into the emitter? *IEEE Trans. Electron Devices* **50**, 1346–1352.

Ning, T. H. (2013). A perspective on future nanoelectronic devices, Int. Symp. VLSI Technology, *Systems and Application (VLSI-TSA)*, 1–2.

Ning, T. H. (2016). A perspective on SOI symmetric lateral bipolar transistors for ultra-low-power systems, *IEEE J. Electron Devices Soc.* **4**, 227-235.

Ning, T. H. and Cai, J. (2013). On the performance and scaling of symmetric lateral bipolar transistors on SOI, *IEEE J. Electron Devices Soc.* **1**, 21–27.

Ning, T. H. and Cai, J. (2015). A perspective on symmetric lateral bipolar transistors on SOI as a complementary bipolar logic technology, *IEEE J. Electron Devices Soc.* **3**, 24–36.

Ning, T. H. and Isaac, R. D. (1980). Effect of emitter contact on current gain of silicon bipolar devices, *IEEE Trans. Electron Devices* **ED-27**, 2051–2055.

Ning, T. H. and Sah, C. T. (1971). Multivalley effective-mass approximation for donor states in silicon, I. Shallow-level group-V impurities, *Phys. Rev.* **B4**, 3468–3481.

Ning, T. H. and Tang, D. D. (1984). Method for determining the emitter and base series resistances of bipolar transistors, *IEEE Trans. Electron Devices* **ED-31**, 409–412.

Ning, T. H. and Yu, H. N. (1974). Optically induced injection of hot electrons into SiO_2, *J. Appl. Phys.* **45**, 5373–5378.

Ning, T. H., Osburn, C. M., and Yu, H. N. (1976). Threshold instability in IGFET's due to emission of leakage electrons from silicon substrate into silicon dioxide, *Appl. Phys. Lett.* **29**, 198–200.

Ning, T. H., Osburn, C. M., and Yu, H. N. (1977a). Emission probability of hot electrons from silicon into silicon dioxide, *J. Appl. Phys.* **48**, 286–293.

Ning, T. H., Osburn, C. M., and Yu, H. N. (1977b). Effect of electron trapping on IGFET characteristics, *J. Electronic Materials* **6**, 65–76.

Ning, T. H., Cook, P. W., Dennard, R. H., *et al.* (1979). 1-μm MOSFET VLSI technology: part IV. hot-electron design constraints, *IEEE Trans. Electron Devices* **ED-26**, 346–353.

Ning, T. H., Isaac, R. D., Solomon, P. M., *et al.* (1981). Self-aligned bipolar transistors for high-performance and low-power-delay VLSI, *IEEE Trans. Electron Devices* **ED-28**, 1010–1013.

Nissan-Cohen, Y. (1986). A novel floating-gate method for measurement of ultra-low hole and electron gate currents in MOS transistors, *IEEE Electron Devices Lett.* **EDL-7**, 561–563.

Niu, G., Zhang, S., Cressler, J. D., *et al.* (2003). Noise modeling and SiGe profile design tradeoffs for RF applications, *IEEE Trans. Electron Devices* **7**, 2037–2044.

Noble, W. P., Voldman, S. H., and Bryant, A. (1989). The effects of gate field on the leakage characteristics of heavily doped junctions, *IEEE Trans. Electron Devices* **ED-36**, 720–726.

Nokubo, J., Tamura, T., Nakamae, M., *et al.* (1983). A 4.5-ns access time 1k × 4 bit ECL RAM, *IEEE J. Solid-State Circuits* **SC-18**, 515–520.

Oda, K., Ohue, E., Tanabe, M., *et al.* (1997). 130-GHz f_T SiGe HBT technology, *IEEE IEDM Technical Digest*, 791–794.

Ogura, S., Codella, C. F., Rovedo, N., Shepard, J. F., and Riseman, J. (1982). A half-micron MOSFET using double-implanted LDD, *IEEE IEDM Technical Digest*, 718–721.

Oh, S.-H., Monroe, D., and Hergenrother, J. M. (2000). Analytic description of short-channel effects in fully-depleted double-gate and cylindrical, surrounding-gate MOSFETs, *IEEE Electron Device Lett.* **9**, 445–447.

Ohkura, Y. (1990). Quantum effects in Si n-MOS inversion layer at high substrate concentration, *Solid-State Electron.* **33**, 1581–1585.

Okada, K. (1997). Extended time dependent dielectric breakdown model based on anomalous gate area dependence of lifetime in ultra-thin dioxides, *Jpn. J. Appl. Phys.* **36**, 1143–1147.

Paasschens, J. C. J., Kloosterman, W. J., and Havens, R. J. (2001). Modeling two SiGe HBT specific features for circuit simulation, Proc. Bipolar/BiCMOS Circuit & Technology Meeting, *IEEE*, 38–41.

Padovani, F. A. and Stratton, R. (1966). Field and thermionic–field emission in Schottky barriers, *Solid-State Electron.* **9**, 695–707.

Pao, H. C. and Sah, C. T. (1966). Effects of diffusion current on characteristics of metal-oxide (insulator)-semiconductor transistors, *Solid-State Electron.* **9**, 927–937.

Pandey, N., Lin, H.-H., Nandi, A., and Taur, Y. (2018). Modeling of short-channel effects in DG MOSFETs: Green's function method versus scale length model, *IEEE Trans. Electron Devices* **ED-65**, 3112–3119.

Pavan, P., Bez, R., Olivo, P., and Zanoni, E. (1997). Flash memory cells – An overview, *IEEE Proc.* **85**, 1248–1271.

Pekarik, J. J., Adkisson, J., Gray, P., *et al.* (2014). A 90nm SiGe BiCMOS technology for mm-wave and high-performance analog applications, Proc. Bipolar/BiCMOS Circuit & Technology Meeting, *IEEE*, 92–95.

People, R. (1985). Indirect band gap of coherently strained Ge_xSi_{1-x} bulk alloys on ⟨001⟩ silicon substrate, *Phys. Rev. B* **32**, 1405–1408.

People, R. (1986). Physics and applications of Ge_xSi_{1-x}/Si strained-layer heterostructures, *IEEE J. Quantum Electron.* **QE-22**, 1696–1710.

Planes, N., Weber, O., Barral, V., *et al.* (2012). 28 nm FDSOI technology platform for high- speed low-voltage digital applications, Symp. VLSI Technology Digest of Tech. Papers, *IEEE*, 133–134.

Poon, H. C., Gummel, H. K., and Scharfetter, D. L. (1969). High injection in epitaxial transistors, *IEEE Trans. Electron Devices* **ED-16**, 455–457.

Prinz, E. J. and Sturm, J. C. (1990). Base transport in near-ideal graded-base $Si/Si_{1-x}Ge_x/Si$ heterojunction bipolar transistors from 150 K to 370 K, *IEEE IEDM Technical Digest*, 975–978.

Prinz, E. J. and Sturm, J. C. (1991). Current gain–early voltage products in heterojunction bipolar transistors with non-uniform base bandgaps, *IEEE Electron Device Lett.* **12**, 661–663.

Prinz, E. J., Garone, P. M., Schwartz, P. V., Xiao, X., and Sturm, J. C. (1989). The effect of base-emitter spacers and strain-dependent densities of states in $Si/Si_{1-x}Ge_x/Si$ heterojunction bipolar transistors, *IEEE IEDM Technical Digest*, 639–642.

Pritchard, R. L. (1955). High-frequency power gain of junction transistors, *Proc. IRE* **43**, 1075–1085.

Pritchard, R. L. (1967). *Electrical Characteristics of Transistors*. New York: McGraw-Hill.

Pugh, E. W., Critchlow, D. L., Henle, R. A., and Russell, L. A. (1981). Solid state memory development in IBM, *IBM J. Res. Develop.* **25**, 585–602.

Ranade, P., Ghani, T., Kuhn, K., *et al.* (2005). High performance 35nm L_{gate} CMOS transistors featuring NiSi metal gate (FUSI), uniaxial strained silicon channels and 1.2nm gate oxide, *IEEE IEDM Technical Digest*, 217–220.

Rao, G. S., Gregg, T. A., Price, C. A., Rao, C. L., and Repka, S. J. (1997). IBM S/390 Parallel Enterprise Servers G3 and G4, *IBM J. Res. Develop.* **41**, 397–403.

Rauch III, S. E. (2002). The statistics of NBTI-induced V_T and β mismatch shifts in pMOSFETs, *IEEE Trans. Device and Materials Reliability* **2**, 89–93.

Raman, S., Sharma, P., Neogi, T. G., *et al.* (2015). On the performance of lateral SiGe heterojunction bipolar transistors with partially depleted base, *IEEE Trans. Electron Devices*, **62**, 2377–2383.

Razouk, R. R. and Deal, B. E. (1979). Dependence of interface state density on silicon thermal oxidation process variables, *J. Electrochem. Soc.* **126**, 1573–1581.

Ren, Z. and Taur, Y. (2020). Non-GCA modeling of near-threshold I-V characteristics of DG MOSFETs, *Solid-State Electron.* **166**, 107766.

Riccó, B., Stork, J. M. C., and Arienzo, M. (1984). Characterization of non-ohmic behavior of emitter contacts of bipolar transistors, *IEEE Electron Device Lett.* **EDL-5**, 221–223.

Rideout, V. L., Gaensslen, F. H., and LeBlanc, A. (1975). Device design consideration for ion-implanted n-channel MOSFETs, *IBM J. Res. Develop.* **19**, 50–59.

Rieh, J.-S., Cai, J., Ning, T., Stricker, A., and Freeman, G. (2005). Reverse active mode current characteristics of SiGe HBTs, *IEEE Trans. Electron Devices* **52**, 1291–1222.

Rim, K., Welser, J., Hoyt, J. L., and Gibbons, J. F. (1995). Enhanced hole mobilities in surface-channel strained-Si p-MOSFETs, *IEEE IEDM Technical Digest*, 517–520.

Rios, R. and Arora, N. D. (1994). Determination of ultra-thin gate oxide thickness for CMOS structures using quantum effects, *IEEE IEDM Technical Digest*, 613–616.

Robertson, J. and Wallace, R. M. (2015). High-k materials and metal gates for CMOS applications, *Materials Science and Engineering R*, **88**, 1–41.

Roulston, D. J. (1990). *Bipolar Semiconductor Devices.* New York: McGraw-Hill.

Sabnis, A. G. and Clemens, J. T. (1979). Characterization of the electron mobility in the inverted ⟨100⟩ Si surface, *IEEE IEDM Technical Digest*, 18–21.

Sah, C. T. (1966). The spatial variation of the quasi-Fermi potential in p–n junctions, *IEEE Trans. Electron Devices* **ED-13**, 839–846.

Sah, C. T. (1988). Evolution of the MOS transistor – From concept to VLSI, *Proc. IEEE* **76**, 1280–1326.

Sah, C. T. (1991). *Fundamentals of Solid-State Electronics.* Singapore: World Scientific.

Sah, C. T., Noyce, R. N., and Shockley, W. (1957). Carrier generation and recombination in p–n junction and p–n junction characteristics, *Proc. IRE* **45**, 1228–1243.

Sah, C. T., Ning, T. H., and Tschopp, L. L. (1972). The scattering of electrons by surface oxide charges and by lattice vibrations at the silicon–silicon dioxide interface, *Surface Sci.* **32**, 561–575.

Sai-Halasz, G. A. (1995). Performance trends in high-end processors, *IEEE Proc.* **83**, 20–36.

Sai-Halasz, G. A., Wordeman, M. R., Kern, D. P., Rishton, S., and Ganin, E. (1988). High transconductance and velocity overshoot in NMOS devices at the 0.1 μm gate-length level, *IEEE Electron Device Lett.* **EDL-9**, 464–466.

Sakurai, T. (1983). Approximation of wiring delay in MOSFET LSI, *IEEE J. Solid-State Circuits* **SC-18**, 418.

Salmon, S. L., Cressler, J. D., Jaeger, R. C., and Harame, D. L. (1997). The impact of Ge profile shape on the operation of SiGe HBT precision voltage references, Proc. Bipolar/BiCMOS Circuit & Technology Meeting, *IEEE*, 100–103.

Samachisa, G., Su, C.-S., Kao, Y.-S., *et al.* (1987). A 128K flash EEPROM using double-polysilicon technology, *IEEE J. Solid-State Circuits* **SC-22**, 676–683.

Schaper, L. W. and Amey, D. I. (1983). Improved electrical performance required for future MOS packaging, *IEEE Trans. Components, Hybrids, and Manufacturing Tech.* **CHMT-6**, 283.

Schroder, D. K. (1990). *Semiconductor Material and Device Characterization.* New York: Wiley.

Schroder, D. K. and Babcock, J. A. (2003). Negative bias temperature instability: Road to cross in deep submicron silicon semiconductor manufacturing, *J. Appl. Phys.* **96**, 1–18.

Schuegraf, K. F. and Hu, C. (1994). Metal–oxide–semiconductor field-effect-transistor substrate current during Fowler–Nordheim tunneling stress and silicon dioxide reliability, *J. Appl. Phys.* **76**, 3695–3700.

Schuegraf, K. F., King, C. C. and Hu, C. (1992). Ultra-thin dioxide leakage current and scaling limit, Symp. VLSI Technology Digest of Tech. Papers, *IEEE*, pp. 18–19.

Schüppen, A. and Dietrich, H. (1995). High speed SiGe heterobipolar transistors, *J. Crystal Growth* **157**, 207–214.

Schüppen, A., Dietrich, H., Gerlach, S., *et al.* (1996). SiGe – Technology and components for mobile communication systems, *Proc. Bipolar/BiCMOS Circuit & Technology Meeting, IEEE*, pp. 147–150.

Seevinck, E., List, F. J., and Lohstroh, J. (1987). Static-noise margin analysis of MOS SRAM cells, *IEEE J. Solid-State Circuits* **SC-22**, 748–754.

Sell, B., Bigwood, B., Cha, S., *et al.* (2017). 22FFL: A high performance and ultra low power FinFET technology for mobile and RF applications, *IEEE IEDM Technical Digest*, 29.4.1–29.4.4.

Selmi, L., Sangiorgi, E., Bez, R., and Riccò, B. (1993). Measurement of the hot hole injection probability from Si into SiO_2 in p-MOSFET, *IEEE IEDM Technical Digest*, 333–336.

Shahidi, G. G., Antoniadis, D. A., and Smith, H. I. (1989). Indium channel implants for improved MOSFET behavior at the 100 nm channel length regime, DRC Abstract, *IEEE Trans. Electron Devices* **ED-36**, 2605.

Shahidi, G. G., Ajmera, A., Assaderaghi, F., *et al.* (1999). Partially-depleted SOI technology for digital logic, *IEEE ISSCC Digest of Technical Papers*, 426–427.

Shang, H., Jain, S., Josse, E., *et al.* (2012). High performance bulk planar 20 nm CMOS technology for low power mobile applications, Symp. VLSI Technology Digest of Tech. Papers, *IEEE*, 129–130.

Shatzkes, M., Av-Ron, M., and Anderson, R. M. (1974). On the nature of conduction and switching in SiO_2, *J. Appl. Phys.* **45**, 2065–2077.

Shiba, T., Tamaki, Y., Onai, T., *et al.* (1991). SPOYEC – A sub-10-μm^2 bipolar transistor structure using fully self-aligned sidewall polycide base technology, *IEEE IEDM Technical Digest*, 455–458.

Shiba, T., Uchino, T., Ohnishi, K., and Tamaki, Y. (1996). In-situ phosphorus-doped poly-silicon emitter technology for very high-speed, small emitter bipolar transistors, *IEEE Trans. Electron Devices* **43**, 889–897.

Shibib, M. A., Lindholm, F. A., and Therez, R. (1979). Heavily doped transparent-emitter regions in junction solar cells, diodes, and transistors, *IEEE Trans. Electron Devices* **ED-26**, 959–965.

Shimizu, A., Hachimine, K., Ohki, N., *et al.* (2001). Local mechanical-stress control (LMC): A new technique for CMOS-performance enhancement, *IEEE IEDM Technical Digest*, 433–436.

Shockley, W. (1949). The theory of p–n junctions in semiconductors and p–n junction transistors, *Bell Syst. Tech. J.* **28**, 435–489.

Shockley, W. (1950). *Electrons and Holes in Semiconductors.* Princeton, NJ: D. Van Nostrand.

Shockley, W. (1952). A unipolar "field-effect" transistor, *Proc. of the IRE*, 1365–1376.

Shockley, W. (1961). Problems related to p-n junctions in silicon, *Solid-State Electron.* **2**, 35–67.

Shockley, W. and Read, W. T. (1952). Statistics of the recombination of holes and electrons, *Phys. Rev.* **87**, 835–842.

Shrivastava, R. and Fitzpatrick, K. (1982). A simple model for the overlap capacitance of a VLSI MOS device, *IEEE Trans. Electron Devices* **ED-29**, 1870–1875.

Sleva, S. and Taur, Y. (2005). The influence of source and drain junction depth on the short-channel effect in MOSFETs, *IEEE Trans. Electron Devices* **ED-52**, 2814–2816.

Slotboom, J. W. and de Graaff, H. D. (1976). Measurements of bandgap narrowing in Si bipolar transistors, *Solid-State Electron.* **19**, 857–862.

Sodini, C. G., Ekstedt, T. W., and Moll, J. L. (1982). Charge accumulation and mobility in thin dielectric MOS transistors, *Solid-State Electron.* **25**, 833–841.

Sodini, C. G., Ko, P. K., and Moll, J. L. (1984). The effect of high fields on MOS device and circuit performance, *IEEE Trans. Electron Devices* **ED-31**, 1386–1393.

Solomon, P. M. (1982). A comparison of semiconductor devices for high speed logic, *IEEE Proc.* **70**, 489.

Solomon, P. M. and Tang, D. D. (1979). Bipolar circuit scaling, *IEEE ISSCC Digest of Technical Papers*, 86–87.

Solomon, P. M., Jopling, J., Frank, D. J., *et al.* (2004). Universal tunneling behavior in technologically relevant p–n junction diodes, *J. Appl. Phys.* **95**, 5800–5812.

Stathis, J. H. (1999). Percolation models for gate oxide breakdown, *J. Appl. Phys.* **86**, 5757–5766.

Stathis, J. H. and DiMaria, D. J. (1998). Reliability projection for ultrathin oxides at low voltage, *IEEE IEDM Technical Digest*, 167–170.

Stern, F. (1972). Self-consistent results for n-type Si inversion layers, *Phys. Rev. B* **5**, 4891–4899.

Stern, F. (1974). Quantum properties of surface space-charge layers, *CRC Crit. Rev. Solid-State Sci.* **4**, 499.

Stern, F. and Howard, W. E. (1967). Properties of semiconductor surface inversion layers in the electric quantum limit, *Phys. Rev.* **163**, 816–835.

Stolk, P. A., Eaglesham, D. J., Gossmann, H.-J., and Poate, J. M. (1995). Carbon incorporation in silicon for suppressing interstitial-enhanced boron diffusion, *Appl. Phys. Lett.* **66**, 1370–1372.

Sturm, J. C., McVittie, J. P., Gibbons, J. F., and Pfeiffer, L. (1987). A lateral silicon-on-insulator bipolar transistor with a self-aligned base contact, *IEEE Electron Device Lett.* **8**, 104–106.

Su, L. T., Jacobs, J. B., Chung, J., and Antoniadis, D. A. (1994). Deep-submicrometer channel design in silicon-on-insulator (SOI) MOSFETs, *IEEE Electron Device Lett.* **15**, 183–185.

Su, L., Subbanna, S., Crabbe, E., *et al.* (1996). A high-performance 0.08 μm CMOS, Symp. VLSI Technology Digest of Tech. Papers, *IEEE*, 12–13.

Suehle, J. S. (2002). Ultrathin gate oxide reliability: physical models, statistics, and characterization, *IEEE Trans. Electron Devices* **49**, 958–971.

Sun, J. Y.-C., Taur, Y., Dennard, R. H., and Klepner, S. P. (1987). Submicrometer-channel CMOS for low-temperature operation, *IEEE Trans. Electron Devices* **ED-34**, 19–27.

Sun, Y., Thompson, S., and Nishida, T. (2007). Physics of strain effects in semiconductors and metal-oxide-semiconductor field-effect transistors, *J. Appl. Phys.* **101**, 104503.

Suñé, J. and Wu, E. Y. (2002). Statistics of successful breakdown events for ultra-thin gate oxides, *IEEE IEDM Technical Digest*, 147–150.

Suñé, J., Wu, E. Y., and Lai, W. L. (2004). Successive oxide breakdown statistics; correlation effects, reliability methodologies, and their limits, *IEEE Trans. Electron Devices* **51**, 1584–1592.

Suzuki, K. (1991). Optimum base doping profile for minimum base transit time, *IEEE Trans. Electron Devices* **38**, 2128–2133.

Suzuki, E., Miura, K., Hayasi, Y., Tsay, R.-P., and Schroder, D. K. (1989). Hole and electron current transport in metal–oxide–nitride–oxide–silicon memory structures, *IEEE Trans. Electron Devices* **36**, 1145–1149.

Swanson, R. M. and Meindl, J. D. (1972). Ion-implanted complementary MOS transistors in low-voltage circuits, *IEEE J. Solid-State Circuits* **SC-7**, 146–153.

Swirhun, S. E., Kwark, Y.-H., and Swanson, R. M. (1986). Measurement of electron lifetime, electron mobility and band-gap narrowing in heavily doped p-type silicon, *IEEE IEDM Technical Digest*, 24–27.

Sze, S. M. (1981). *Physics of Semiconductor Devices*. New York: Wiley.

Sze, S. M., Crowell, C. R., and Kahng, D. (1964). Photoelectric determination of the image force dielectric constant for hot electrons in Schottky barriers, *J. Appl. Phys.* **35**, 2534–2536.

Takagi, S., Iwase, M., and Toriumi, A. (1988). On universality of inversion-layer mobility in n- and p-channel MOSFETs, *IEEE IEDM Technical Digest*, 398–401.

Takeda, E., Suzuki, N., and Hagiwara, T. (1983). Device performance degradation due to hot-carrier injection at energies below the Si-SiO_2 energy barrier, *IEEE IEDM Technical Digest*, 396–399.

Takeda, E., Yang, C. Y., and Miura-Hamada, A. (1995). *Hot-Carrier Effects in MOS Devices*. San Diego: Academic Press.

Tang, D. D. (1980). Heavy doping effects in pnp bipolar transistors, *IEEE Trans. Electron Devices* **ED-27**, 563–570.

Tang, D. D. and Lee, Y.-J. (2010). *Magnetic Memory: Fundamentals and Technology*. Cambridge: Cambridge University Press.

Tang, D. D. and Lu, P.-F. (1989). A reduced-field design concept for high-performance bipolar transistors, *IEEE Electron Device Lett.* **10**, 67–69.

Tang, D. D. and Pai, C.-F. (2020), *Magnetic Memory Technology, Spin-Torque Transfer MRAM and Beyond*. Hoboken, NJ: Wiley.

Tang, D. D. and Solomon, P. M. (1979). Bipolar transistor design for optimized power-delay logic circuits, *IEEE J. Solid-State Circuits* **SC-14**, 679–684.

Tang, D. D., MacWilliams, K. P., and Solomon, P. M. (1983). Effects of collector epitaxial layer on the switching speed of high-performance bipolar transistors, *IEEE Electron Device Lett.* **EDL-4**, 17–19.

Tang, D. D., Ning, T. H., Isaac, R. D., *et al.* (1979). Subnanosecond self-aligned I2L/MTL circuits, *IEEE IEDM Technical Digest*, 201–204.

Taur, Y. (2000). An analytical solution to a double-gate MOSFET with undoped body, *IEEE Electron Device Lett.* **21**, 245–247.

Taur, Y. (2001). Analytic solutions of charge and capacitance in symmetric and asymmetric double-gate MOSFETs, *IEEE Trans. Electron Devices* **ED-48**, 2861–2869.

Taur, Y. and Lin, H.-H. (2018). Modeling of DG MOSFET I-V characteristics in the saturation region, *IEEE Trans. Electron Devices* **ED-65**, 1714–1720.

Taur, Y., Hu, G. J., Dennard, R. H., *et al.* (1985). A self-aligned 1 μm channel CMOS technology with retrograde n-well and thin epitaxy, *IEEE Trans. Electron*

Devices **ED-32**, 203–209.

Taur, Y., Sun, J. Y.-C., Moy, D., *et al.* (1987). Source-drain contact resistance in CMOS with self-aligned $TiSi_2$, *IEEE Trans. Electron Devices* **ED-34**, 575–580.

Taur, Y., Hsu, C. H., Wu, B., *et al.* (1993a). Saturation transconductance of deep-submicron-channel MOSFETs, *Solid-State Electron.* **36**, 1085–1087.

Taur, Y., Cohen, S., Wind, S., *et al.* (1993b). Experimental 0.1-μm p-channel MOSFET with p^+ polysilicon gate on 35-Å gate oxide, *IEEE Electron Device Lett.* **EDL-14**, 304–306.

Taur, Y., Wind, S., Mii, Y., *et al.* (1993c). High performance 0.1 μm CMOS devices with 1.5 V power supply, *IEEE IEDM Technical Digest*, 127–130.

Taur, Y., Mii, Y.-J., Frank, D. J., *et al.* (1995). CMOS scaling into the 21th century: 0.1 μm and beyond, *IBM J. Res. Develop.* **39**, 245–260.

Taur, Y., Buchanan, D. A., Chen, W., *et al.* (1997). CMOS scaling into the nanometer regime, *IEEE Proc.* **85**, 486–504.

Taur, Y., Wann, C. H., and Frank, D. J. (1998). 25 nm CMOS design considerations, *IEEE IEDM Technical Digest*, 789–792.

Taur, Y., Liang, X., Wang, W., and Lu, H. (2004). A continuous, analytic drain-current model for double-gate MOSFETs, *IEEE Electron Device Lett.* **25**, 107–109.

Taur, Y., Chen, H.-P., Xie, Q., *et al.* (2015). A unified two-band model for oxide traps and interface states in MOS capacitors, *IEEE Trans. Electron Devices* **62**, 813–820.

Taur, Y., Choi, W., Zhang, J., and Su, M. (2019). A non-GCA MOSFET model continuous into the velocity saturation region, *IEEE Trans. Electron Devices* **66**, 1160–1166.

Taylor, G. W. and Simmons, J. G. (1986). Figure of merit for integrated bipolar transistors, *Solid-State Electron.* **29**, 941–946.

Terman, L. M. (1962). An investigation of surface states at a silicon/silicon oxide interface employing metal-oxide-silicon diodes, *Solid-State Electron.* **5**, 285–299.

Terman, L. M. (1971). MOSFET memory circuits, *Proc. IEEE* **59**, 1044–1058.

Thompson, S. E., Sun, G., Choi, Y. S., and Nishida, T. (2006). Uniaxial-process-induced strained-Si: Extending the CMOS roadmap, *IEEE Trans. Electron Devices*, **53**, 1010–1020.

Thornton, R. D., DeWitt, D., Gray, P. E., and Chenette, E. R. (1966). *Characteristics and Limitations of Transistors*, vol. 4, Semiconductor Electronics Education Committee. New York: Wiley.

Ting, C. Y., Iyer, S. S., Osburn, C. M., Hu, G. J., and Schweighart, A. M. (1982). The use of $TiSi_2$ in a self-aligned silicide technology. *Symp. VLSI Science and Technology*, 224–231.

Tiwari, S., Rana, F., Hanafi, H., *et al.* (1996). A silicon nanocrystals based memory, *Appl. Phys. Lett.* **68**, 1377–1379.

Trumbore, F. A. (1960). Solid solubilities of impurity elements in germanium and silicon, *Bell Syst. Tech. J.* **39**, 205.

Tuinhout, H., Pelgrom, M., de Vries, R. P., and Vertregt, M. (1996). Effects of metal coverage on MOSFET matching, *IEEE IEDM Technical Digest*, 735–738.

Tuinhout, H. P., Montree, A. H., Schmitz, J., and Stolk, P. A. (1997). Effects of gate depletion and boron penetration on matching of deep submicron CMOS transistors, *IEEE IEDM Technical Digest*, 631–634.

Tung, R. T. (1992). Electron transport at metal–semiconductor interfaces: General theory, *Phys. Rev. B* **45**, 13509–13523.

Uchida, K., Zednik, R., Lu, C.-H., *et al.* (2004). Experimental study of biaxial and uniaxial strain effects on carrier mobility in bulk and ultrathin-body SOI MOSFETs, *IEEE IEDM Technical Digest*, 229–232.

Uchino, T., Shiba, T., Kikuchi, T., *et al.* (1995). Very-high-speed silicon bipolar transistors with *in-situ* doped polysilicon emitter and rapid vapor-phase doping base, *IEEE Trans. Electron Devices* **42**, 406–412.

Van de Walle, C. G. and Martin, R. M. (1986). Theoretical calculations of heterojunction discontinuities in the Si/Ge system, *Phys. Rev. B* **34**, 5621–5634.

van Dort, M. J., Woerlee, P. H., and Walker, A. J. (1994). A simple model for quantization effects in heavily-doped silicon MOSFETs at inversion conditions, *Solid-State Electron.* **37**, 411–414.

van Overstraeten, R. and de Man, H. (1970). Measurement of the ionization rates in diffused silicon p–n junctions, *Solid-State Electron.* **13**, 583–608.

van Overstraeten, R. J., de Man, H. J., and Mertens, R. P. (1973). Transport equations in heavy doped silicon, *IEEE Trans. Electron Devices* **ED-20**, 290–298.

Verwey, J. F. (1972). Hole currents in thermally grown SiO_2, *J. Appl. Phys.* **43**, 2273–2277.

Wang, S. T. (1979). On the I–V characteristics of floating-gate MOS transistors, *IEEE Trans. Electron Devices* **26**, 1292–1294.

Wanlass, F. and Sah, C. T. (1963). Nanowatt logic using field-effect metal-oxide-semiconductor triodes, *IEEE ISSCC Digest of Technical Papers*, 32–33.

Warnock, J. D. (1995). Silicon bipolar device structures for digital applications: Technology trends and future directions, *IEEE Trans. Electron Devices* **42**, 377–389.

Washio, K., Ohue, E., Shimamoto, H., *et al.* (2000). A 0.2-μm 180GHz $f_{\max}$ 6.7-ps-ECL SOI/HRS self-aligned SEG SiGe HBT/CMOS technology for microwave and high-speed digital applications, *IEEE IEDM Technical Digest*, 741–744.

Washio, K., Ohue, E., Shimamoto, H., *et al.* (2002). A 0.2-μm 180-GHz-$f_{\max}$ 6.7-ps-ECL SOI-HRS self-aligned SEG SiGe HBT/CMOS technology for microwave and high-speed digital applications, *IEEE Trans. Electron Devices* **49**, 271–278.

Webster, W. M. (1954). On the variation of junction-transistor current amplification factor with emitter current, *Proc. IRE* **42**, 914–920.

Weng, J., Holz, J., and Meister, T. F. (1992). New method to determine the base resistance of bipolar transistors, *IEEE Electron Device Lett.* **13**, 158–160.

Wiedmann, S. K. and Berger, H. H. (1971). Small-size low-power bipolar memory cell, *IEEE J. Solid-State Circuits* **SC-6**, 283–288.

Wiedmann, S. K. and Berger, H. H., (1972). Merged-transistor logic (MTL) – a low-cost bipolar logic concept, *IEEE J. Solid-State Circuits* **7**, 340–346.

Wiedmann, S. K. and Tang, D. D. (1981). High-speed split-emitter I^2L/MTL memory cell, *IEEE ISSCC Digest of Technical Papers*, 158–159.

Wiedmann, S. K., Tang, D. D., and Beresford, R. (1981). High-speed split-emitter I^2L/MTL memory cell, *IEEE J. Solid-State Circuits* **SC-16**, 429–434.

Wong, C. Y., Sun, J. Y.-C., Taur, Y., *et al.* (1988). Doping of n^+ and p^+ polysilicon in a dual-gate CMOS process, *IEEE IEDM Technical Digest*, 238–241.

Wong, H.-S., and Taur, Y. (1993). Three-dimensional atomistic simulation of discrete random dopant distribution effects in sub-0.1 μm MOSFETs, *IEEE IEDM*

Technical Digest, 705–708.

Wong, H.-S., Frank, D. J., Taur, Y., and Stork, J. M. C. (1994). Design and performance considerations for sub-0.1 μm double-gate SOI MOSFETs, *IEEE IEDM Technical Digest*, 747–750.

Wong, H.-S., Chan, K. K., Lee, Y., Roper, P., and Taur, Y. (1997). Fabrication of ultrathin, highly uniform thin-film SOI MOSFETs with low series resistance using pattern-constrained epitaxy, *IEEE Trans. Electron Devices* **44**, 1131–1135.

Wong, H.-S., Frank, D. J., Solomon, P. M., Wann, H. J., and Welser, J. J. (1999). Nanoscale CMOS, *IEEE Proc.* **87**, 537–570.

Wong, H.-S. P., Lee, H.-Y., Yu, S., *et al.* (2012). Metal-oxide RRAM, *IEEE Proc.* **100**, 1951–1970.

Wong, H.-S. P., Raoux, S., Kim, S.-B., *et al.* (2010). Phase change memory, *IEEE Proc.* **98**, 2201–2227.

Wordeman, M. R. (1986). Design and modeling of miniaturized MOSFETs. Unpublished PhD thesis, Columbia University.

Wu, A. T., Chan, T. Y., Ko, P. K., and Hu, C. (1986). A novel high-speed 5-volt programming EPROM structure with source-side injection, *IEEE IEDM Technical Digest*, 584–587.

Xie, Q., Lee, C.-J., Xu, J., *et al.* (2013). Comprehensive analysis of short-channel effects in ultra-thin SOI MOSFETs, *IEEE Trans. Electron Devices* **60**, 1814–1819.

Xie, Q., Xu, J., and Taur, Y. (2012). Review and critique of analytic models of MOSFET short-channel effects in subthreshold, *IEEE Trans. Electron Devices* **59**, 1569–1579.

Yamada, S., Yamane, T., Amemiya, K., and Naruke, K. (1996). A self-convergence erase for NOR flash EEPROM using avalanche hot carrier injection, *IEEE Trans. Electron Devices* **43**, 1937–1941.

Yan, R. H., Ourmazd, A., Lee, K. F., *et al.* (1991). Scaling the Si metal-oxide-semiconductor field-effect transistor into the 0.1-μm regime using vertical doping engineering, *Appl. Phys. Lett.* **59**, 3315–3317.

Yang, X. and Schroder, D. K. (2012). Some semiconductor device physics considerations and clarifications, *IEEE Trans. Electron Devices* **59**, 1993–1996.

Yau, J.-B., Cai, J., Hashemi, P., *et al.* (2018). A study of process-related electrical defects in SOI lateral bipolar transistors fabricated by ion implantation, *J. Appl. Phys.* **123**(16), Art. 161526.

Yau, J.-B., Cai, J., and Ning, T. H. (2016a). On the base current component in SOI symmetric lateral bipolar transistors, *IEEE J. Electron Devices Soc.* **4**, 116–123.

Yau, J.-B., Cai, J., and Ning, T. H. (2016b). Substrate-voltage modulation of currents in symmetric SOI lateral bipolar transistors, *IEEE Trans. Electron Devices* **63**, 1835–1839.

Yau J.-B., Cai, J., Yoon, J., *et al.* (2015). SiGe-on-insulator symmetric lateral bipolar transistors, *IEEE SOI-3D-Subthreshold Microelectronics Technology Unified Conference (S3S)*, 1–2.

Yau, J.-B., Yoon, J., Cai, J., *et al.* (2016c). Ge-on-insulator lateral bipolar transistors, Proc. Bipolar/BiCMOS Circuit & Technology Meeting, *IEEE*, 130–133.

Yoshino, C., Inou, K., Matsuda, S., *et al.* (1995). A 62.8-GHz fmax LP-CVD epitaxially grown silicon-base bipolar transistor with extremely high Early voltage of 85.7 V, Symp. VLSI Technology Digest of Tech. Papers, *IEEE*, 131–132.

Yu, A. Y. C. (1970). Electron tunneling and contact resistance of metal-silicon contact barriers, *Solid-State Electron.* **13**, 239–247.

Yu, B., Song, J., Yuan, Y., Lu, W.-Y., and Taur, Y. (2008a). A unified analytic drain current model for multiple-gate MOSFETs, *IEEE Trans. Electron Devices* **ED-55**, 2157–2163.

Yu, B., Wang, L., Yuan, Y., Asbeck, P. M., and Taur, Y. (2008b). Scaling of nanowire transistors, *IEEE Trans. Electron Devices* **ED-55**, 2846–2858.

Yu, H. N. (1971). Transistor with limited-area base-collector junction, U.S. Patent 27,045, reissued February 2.

Yu, Z., Riccó, B., and Dutton, R. W. (1984). A comprehensive analytical and numerical model of polysilicon emitter contacts in bipolar transistors, *IEEE Trans. Electron Devices* **ED-31**, 773–785.

Yuan, Y., Yu, B., Ahn, J., *et al.* (2012). A distributed bulk-oxide trap model for Al_2O_3-InGaAs MOS devices, *IEEE Trans. Electron Devices* **ED-59**, 2100–2106.

Zafar, S., Lee, B. H., Stathis, J., and Ning, T. (2004). A model for negative bias temperature instability (NBTI) in oxide and high-κ pFETs, Symp. VLSI Technology Digest of Tech. Papers, *IEEE*, 208–209.

Zhang, Z., Koswatta, S. O., Bedell, S. W., *et al.* (2013). Ultra low contact resistivities for CMOS beyond 10-nm node, *IEEE Electron Devices Lett.* **34**, 723–725.

索　　引

●な行

タウア・ニン　最新 VLSI の基礎　第 3 版

令和 6 年 10 月 30 日　発　行

監訳者　宮　本　恭　幸
　　　　内　田　　　建

訳　者　竹　内　　　潔
　　　　寺　内　　　衛

発行者　池　田　和　博

発行所　丸善出版株式会社

〒101-0051 東京都千代田区神田神保町二丁目17番
編 集：電話 (03)3512-3266／FAX (03)3512-3272
営 業：電話 (03)3512-3256／FAX (03)3512-3270
https://www.maruzen-publishing.co.jp

組版印刷・製本／三美印刷株式会社

ISBN 978-4-621-31026-7　C 3054　　Printed in Japan